李幼蒸 著

A Hermeneutic Analysis of Confucian Analects and the New Ren-Humanist Ethics

《论语》解释学与新仁学 上卷

仁学与现代人文科学的关系论

中国人民大学出版社
·北京·

序　言

本书作者对中华文史著述的赏读及研究可谓终生未辍，唯自新时期起始有认真研读和写作的机会。大致而言，在过去 30 年间，本人在游学欧美期间接续完成了四次关于儒学和仁学的撰述计划，每一计划均大约耗时 5 年，各书名及完成时段为：1. 英文本《关于中国伦理学与学术意识形态的解释学—符号学研究》（上卷"仁学"，下卷"儒学"，1992—1997，德国，先出版于法兰克福，后再版于新加坡）；2.《仁学解释学》（1998—2003，美国，出版于北京）；3.《儒学解释学》（上卷"历史卷"，下卷"精神卷"，2004—2009，美国，出版于北京）；4. 本著《论语解释学与新仁学》（2011—2016，美国）。在过去 30 年间，除了上述系统撰述工作外，与仁学新解释相关的文论亦复不少，陆续发表于刊物和文集。作为 60 年来致力于现代西方人文理论的研究者，作者毕生半数时间却用于"国学研究"，其原因和动机与职场专业学者并不相同。因此，在"现代西方理论与古代中国思想汇通"背景下进行的"国学类"撰述，也就并不容易参与国内外相关专业交流。不过，随着今日人文学界跨学科、跨文化研究方向的展开，相信沿此方向进行的研究也会逐渐增加被理解的机会。目前完成的本书，可以说是甫届八十的本人毕生规划的最后一部"国学类"著作。现在让我对本书著述背景及本书旨意略做说明如下。

本人投入"国学类"研究，源自本人长期以来沿跨学科、跨文化方向对中外人文理论进行综合研讨的兴趣。对中华仁学的兴趣与推崇，反而是在长期交叉关注西方不同领域学理后产生的一种反向认知，此即：中国古典思想和现代西方理论之间存在有一种互质、互补、互融性，这是中华思想今日有可能走向世界的根本原因之一。由于本人未受过任何"专业技术化训练"，故可凭兴趣跨越不同学科藩篱而发现：对于人类人文思想世界而言，在古今与中外、理论与实践之间，在调节了"理解公分母"及"深广透视域"后，其观察、思考、理解的结果，可大不同于国内外专业学科内限定的学术共识，从而才最终悟识到古老中华仁学原来蕴含有如此意想不到的全球化时代的学术理论认知生命力。古典仁学的时代重大意义，一方面关系到中华文明对自身几千年精神文明史的再认识与再评估，另一方面关系到此一源自中华文明的伦理思想精神遗产今日应如何对世界人文学术产生积极的作用。后一问题不可能仅仅出于海外新儒家一代所怀具的那类仅为"弘扬民族文化"之心来加以解决，而是首先要在与时俱进的科学研究实践过程中，对此重大任务进行合乎时代情境的科学理性的交流规划。正是在仁学动机激发下才能够认识到：为了进行此一符合仁学精神高度的学术实践，反而须在认知方法上积极寻求新时代、新环境条件下形成的新知、新学、新理，以便更有效地根基于"旧仁学"以履行"新实践"。于是作者才把握到：东方古典伦理思想与现代西方科学知识的相互批评与有机结合，才是全球化新时代人类向前推进"人的科学"研究规模与水平的正当方式。这样的体认也是与作者对当前世界人文科学事业遭遇的价值观和认识论上的困境之观察与体验密切相关的。这就是，作为今日世界人文学术主流的西方学界，其知识根源几乎完全来自西方文明历史，按其发展逻辑，当其科技工商文明认知蒸蒸日上之际，其人文科学理论竟然大幅度地偏离着科学理性的方向而呈现出理论上停滞不前的局面。

　　《论语》中的仁学就是成君子学，也就是知识分子"义在利先"的人生观养成学。我们今日评估此一看似迂腐的中华历史上的最早之"学"时，可能受到国学界之外学界的广泛质疑并被普遍判断为出于"时代认知误会"。但是对于在新时代提倡复兴古典仁学的主张之不解或误会，乃因并不了解我们所持的知识论和方法论背景。跨学科、跨文化的人文学术治学方向意味着，首先要跨越现行学科界限，合理有序地打通各领域知识资源，以便在重新设定认识论框架后更准确地把握学术现实真相及其问题所在。这样的目的是难以在今已全面职场化的、功利主义导向的学科专业本位框架下达成的。对此我们可以先提出一个反问：为什么人们不对其他文明中传承的、今日广被尊崇的诸远古信仰体系提出类似的质疑呢？两千年前国外的典籍就一定比两千年前中国的典籍更具有现代相关性吗？

　　本人多年来的"比较研究"（主要在现代理论与古典文史之间）就是志在解决这一时代性的人文学术的伦理认识论问题。研读与写作，既是将一个阶段上完成的研究结果加以组织和发表，以参与当前国内外学术对话，同时也是自身研学生涯中的一次临时性的自我总结。读者会发现，在本人上述四部主要相关著述中，虽然总的认识论方向一致，但各书细节方面也在不时调整与改变，一次次地将本人当前思考结果加以再次呈现。本书与此前几部主要相关著作的不同之处在于，本书以仁学基本文本《论语》本身的现代意义阐释为主。《论语》文本，作为中国历史上的第一部书，其思想表达格式是中国秦汉学术时代开始之前出现的那种"格言体文句集结"，即其不是像后世学术理论发展后采用的那种系统论述方式。然而，此书之所以具有这样伟大的时代性价值，竟然恰恰在于其古朴表达的形式本身：一种意在"以言促行"的直观经验性表达法。其价值学上的根据在于：诸格言句不仅均直接来自人性经验本身，而且多表现于实践主体的心理动机层及态度层场域。后者正是伦理心理学因素的存在领域，故具有历史上的时空普适性。为了适切地处理此一特殊表达格式，作者遂决定按照《论语》原著那种零散单句排列形式，逐一进行章句的疏解。古往今来，关于《论语》文本的注释足有千百种之多，新时期以来即不下数十种。但是和大多数此类注释书籍侧重于文词字义与句义的梳理方式不同，本书不再对此类文句表面字义另行疏解，而是对这些两千多年前的伦理性格言句的多重意义层次（按照现代观点对原句本身的义解，对原句义的现代含义之探索，以及对其含蕴的具有无限敞开性的未来学术意义之扩解）予以（一般读者多可理解的）全新梳理。对于章句系列这样进行的多层次意义解释最终凝聚于一个总的说明目的：本书作者何以认为原始仁学可以成为中国乃至世界未来人文科学科学化发展所需的价值观框架及伦理方向性指南。

以上似乎极难获得国内外学界同行的认可，首先基于本人一项重要的《论语》思想思考：在人类诸文明形态的历史上，中华仁学是唯一一种非宗教性的、现世人本经验主义的伦理信仰体系。正是这样的人类文明史上的奇特传统，也使其与一切其他世界主要信仰体系相比，有条件成为唯一可与"关于人的"现代科研事业紧密结合，并为之提供人本主义思维正当性及长期历史实证根据。正是原始仁学的基本特性与现代人文科学的基本特性，在经验理性的大方向上奇迹般地相互符合！但是本人认识到新时期的中国学界的"古今中外"汇通工作，需要几代人的集体努力与合作，于是自新时期开始以来，40年来的"另一半工作"即展开于介绍现代西方新知、新学、新理方法论方面，也就是在为中国学界的跨学科、跨文化人文科研事业提供知识性准备方面略尽一己之力。诸相关努力方面，因涉及本书论述的特殊认识论背景，现列举于下以供了解：

1. 现代欧陆哲学：现代西方哲学一些主要流派，特别是现代欧陆哲学，迄今为止对于把握现代西方理论来说，仍然是认知基础。此一学科重点选择也是为了指出西方古典哲学和现代哲学在认识论总方向上的一种实质性断裂，哲学不再具有传统上的"基础性、指导性地位"，并应进一步朝向跨学科理论综合方向发展（虽然西方职场哲学专家们并不这样认为）。

2. 历史理论：现代西方历史理论新发展，以中西比较历史学研究为知识论准备，其中的目的之一即在于提醒国内学界注意：今日历史理论研究必须摆脱西方传统历史哲学窠臼，对于历史经验和记录必须按照特殊的经验实证方式处理，而不能再借助任何形而上学或本体论方式进行整体论的宏观虚构。（一些西方历史理论专家对此并不承认，其中最主要的沟通障碍是，西方史学界很少有人思考欧陆符号学问题，美国权威刊物《历史与理论》可以说根本不懂"历史符号学"为何物，因为他们只了解美国符号学传统，而后者的所谓"符号学式的思维"本质上是哲学本位的，也就是非跨学科理论性的。）

3. 结构主义：现代西方文学理论与电影理论的结构主义学派，提供国内学界把握当前西方文艺生活及理论潮流的知识论工具。当代文艺理论方法论的发展导致西方传统美学在相当程度上失去了其传统解释力，文艺创作与文艺研究分属不同文化实践，后者应该采取经验实证方向的结构主义-符号学的研究方向。（一些西方职场哲学专家对此并不承认。现代符号学的本质非常不同于美国学派所谓的"符号学史"观点，前者的语义学本位与后者的自然世界本位根本不同。可以断言，对于中国传统思想文化的符号学分析而言，主要基于前者，而不是基于后者。）

4. 符号学运动：国际现代符号学运动，其目的在于提供中西人文学术互动的认知技术性工具，特别侧重于其语义学、认识论和方法论等层面上的跨学科、跨文化方向。本人自 20 世纪 70 年代末起开始与国外主要符号学家联系，1982 年首次参加多伦多大会，从此参加国际符号学活动直到 2014 年结束副会长任期止，可以说积累了对于西方与日本符号学家交往的长期经验。鉴于 20 年来国际符号学研究水准每况愈下，职业学科化后的"符号学"，今已成为欠缺扎实理论基础的文学与语言学界采行的"通俗符号学游戏"。一般来说，西方绝大多数符号学参与者的知识与理论准备，较数十年前降低甚多，所以本人首次在国际符号学提出（普及或通俗）"符号学 1"和（高端或理论）"符号学 2"的学科领域区分法，后者将要求在最广泛的跨学科和跨文化（跨历史）场域和视野上进行有关"人文科学理论"的全方位理论探索实践。可以说长达 50 年之久的国际符号学运动今已失去了其创造性功能及潜力，而有沦为各国各界借其相互谋求学术市场利益工具之虞。其实这正是今日国际人文学术理论方向趋于职业实用化演变的一个自然结果。（自 1977 年下半年引介现代符号学思想以来，本人越来越认识到由皮尔士、莫里斯、日常语言哲学等开创的英美符号学方向与由索绪尔、耶尔姆斯列夫、巴尔特、格雷马斯等开创的结构主义符号学方向，根本不是一回事。二者共同采用的"符号学字根",既成为导致当代国际符号学运动思想杂乱的认识论根源,也成为以学术经营学界帮派势力为目的的学术投机家们得以不断扩大国际地盘的技术性原因。)

5. "中国符号学":在国内外学界提出具有特定含义的"中国符号学"(其主体即"国学符号学")概念,以通过欧陆跨学科理论方向的(而不是自然科学派、比较文学派及哲学派等职场符号学方向的)认识论与方法论,为中国传统人文学术的现代化整理及其有效地走向世界学术提供知识论准备(对此全新领域,国际符号学运动主流尚无足够知识论和语言条件参与)。"中国符号学"作为一个学科范畴名称的设定,是我在参与 2012 年南京国际符号学大会后正式提出的,原因有二:一是认识到跨文化—跨学科的符号学方向今日难以在欠缺此两个基本条件(跨学科与跨文化)的欧美学界组织,二是认识到所谓"中国符号学"学科绝对不能被误解为由外语界和媒体界主导的"中国人从事的符号学研究",因为这样一来任何以此为名号的学术活动都可被随意纳入其内,而使之失去了学术重要性。"中国符号学"应该是在中国人文社会科学各领域内展开的跨学科研究,研究者首先应该是具有各专业基础的学人,其次他们应该进而掌握现代理论知识。国学知识与现代理论的有机结合这样的学术准备,自然不是今日仅在国外汉学界或传统国学界的职场内可达到的。虽然最终认识到此一学术构想并非目前有条件形成,但决定将其理念先予表达,并在本人的各种"国学研究"中加以尝试,以供未来相关学者参考。

6. 解释学:引介当代西方跨学科的解释学方法论,以作为人文科学跨文化、跨学科研究新方向的知识论准备。特别在国内外提出"历史解释学"的全新学术范畴,一方面试图对西方非理性主义的哲学解释学进行批评,另一方面强调解释学与历史学的密切相关性,也就是由此而将中国传统史学的重要学理价值(这是西方汉学界的中国历史研究者未曾进入的理论思考层次)引入国内外相关学界。由于西方历史理论界仍然受到传统历史哲学学术的深刻影响,以及由于他们大多数人不熟悉中国古代文史,本人仍将跨学科、跨文化的可能的历史理论突破，寄望于未来中国学者。

7. 现象学：40年来着重研究、引述和译介胡塞尔现象学思想，但目的与观点和（越来越受到"拉帮结派意识"影响的）当代西方现象学哲学界完全不同，而是纯粹从意识心理学与伦理意志论角度将其学、其思、其理介绍于中国学界（有幸，关于胡塞尔学的研究译介工作已在今日国内新一代学界中积极展开），以为未来人类新伦理学建设从"新心学"角度提供知识论准备。与此同时提出胡塞尔的"理论心学"和王阳明的"实践心学"的比较研究的新方向，并以之作为未来中国新仁学实践的比较伦理学研究的基础之一。本人的胡塞尔学立场与西方现象学主流界呈现的那种将胡塞尔庞大遗著作为营建"新经院哲学"资料库的"专家"们的立场也不尽相同。此外，本人在国际符号学活动场合率先并屡次指出，胡塞尔亦应被视为现代符号学运动的另一创始者之一（心理符号学），至少应与其并未读过的索绪尔结构语言学并列为现代符号学思维之双峰（语言与心理两域）。二者均为当代伦理学理论革新基础。

8. 伦理学：在以上诸研究实践后，以及在结合中国传统思想史的汇通思考后，本人得出的一个至今尚难为国内外人文理论界理解的有关中西人文理论认识论的"突破性结论"就是：哲学学科和伦理学学科应该被视为两个不同的学科，尽管在中西思想史上二者紧密相关。此一有关"伦理学身份"的新定位，是在对哲学、政法学、伦理学、历史学、文学、社会学、心理学、语义学、宗教学等中西领域资料进行批评性整合研究的基础上完成的。（如果命运假我数年，也许我有机会完成另一部相关主题的英文专著，以对西方思想史上这一根深蒂固的"西方伦理意识形态"进行深切剖析。）

以上列举本人在引介现代西学理论方面的"另一半工作"，是为了呈现作者研究仁学的特殊学理背景。以上诸方面，除第8项伦理学外，其实质性内容都（因论述风格和撰述计划的不同）未纳入个人关于中国思想史类的论著中，但本书的分析基础与特殊组织方式，又是与以上领域内的研究结论本质上息息相通的。作者之所以不避"自炫"之嫌列举诸多与大多数人文理论西方留学生非常不同的认识论、方法论的治学观，正是因为此学理背景的特殊性是与本书处理国学研究的方法论特殊性直接相关的。以上列举的现当代西方理论思想其实大多数都不同于今日西方人文理论主流教学的内容与方向。同理，这一特点也是本人的国学类著述难以为职业化学科同行了解的原因所在。不言而喻，我当然认为以上标示的这些具前沿性的理论探索是应该引起业界新一代学人关注的。为此，首先即须摆脱学科本位主义的拘束，然而今日全球化的文科博士培养制度基本上都是学科本位的。这也可以反过来解释为什么 40 年来本人一直在国内外提倡跨学科（跨文化为跨学科的分支之一）理论方向。而真正的跨学科研究却是难以被纳入学界职场专业制度化渠道之内的。（学界往往流行把若干学科主题随意混杂在一起称为"跨学科研究"，而实际上不过是"并列不同学科资料"而已。"跨学科"是指在诸学科理论之间进行的横向深入沟通，为此学人必须先对他学科进行独立的附加研习以做准备。）

虽然本书"导论"和"正文"部分的论述几乎并未涉及有关西学理论的问题，但却提出了不少仁学与西学理论交流方面的说明和解释。至于本书第一部分的"导论"部分，是专门供有意于深入此一课题的学者参考之用的。不喜欢过于理论化表述的读者，完全可以先略过导论直接阅读正文部分（甚至根本不必读导论部分）。但是读者也会发现，按照《论语》文本本身的格式进行的逐一讨论，难免和《论语》正文一样，不时会遇到主题和概念重复的话语，希望读者谅解。为了使每一章句的论述"自成一体"，只好必要时不避重复，以求每一章句解释本身的完整性。实际上，本书正文中的每一章句解读相当于一篇独立"短论"，虽然均可作为单一"文本"分别读解，但对于仁学整体的把握而言，各章句疏解之间都是彼此潜在相关的。

为了使得直意上看似无甚重要的"古代智慧"可显示其现代学术思想的意涵，以及为了从几千年封建主义历史上被长期偏误使用的"道德教条"中抽离其所含原始仁学伦理思想，我们需要采行一种根据现代人文科学理论发展而成的跨学科的、跨文化的观察、分析、解释的综合方法论。目的在于：有效"激活"此两千多年前的原始伦理性话语之现代精神生命力，也就是在历史与现实之间架设起一座有效的思想沟通桥梁。经此"解释学的多方面转换"后，此一创造于封建主义早期的人本主义伦理学思想，不仅不会失去其历史意义，也不会削弱其现实意义，因为其价值并不与现代化的科技工商文明"比肩"，而是可与之平行地展现未来人类文明所需要的另一精神思想视域，这就是人类生存中具有永恒意义的"伦理价值观"（仁学）和"主体实践论"（心学）。以"孔子"标称的此一双元人本主义伦理学，由于深植于永恒人性并已验证于漫长中华历史，遂显示了其时空普适的伦理生命力。自然，为了使此产生于、实践于前科学时代的伦理思想能够在科学化的现时代"复现"其精神本质与实践力量，我们需要对其按照新知、新学、新理进行"既复原又更新的'解释学'分析"。这就是本书作者几十年来一直在做而且在目前这本著作中进一步予以发挥者。为此，我们不得不涉及"跨学科""跨文化""理论化"等当代人文科学的新方向与技术上的诸多新思想因素。我们根据这样的认识论与方法论来处理中国古典文史材料的方式，即姑且名之曰"历史解释学"。为了增加读者对于相关章句理解的背景认识，在本书正文论述部分之外，作者不时以小号字体进行进一步的阐释，标志以"【关于×××的历史解释学申论】"。此类扩大申论部分，仅供有兴趣者参考，不耐"烦琐"的读者自然可以略去不读。

1983 年夏，作者作为"中国社科院哲学代表团"成员在参加第十七届世界哲学大会期间，曾经参加了一个关于"中国哲学"的以海峡两岸暨港澳学者为主的小组会，到会者甚众。会上汤一介先生在台湾学者质询中国哲学和马克思主义的关系问题时，曾经对此做出了回应。关于回应内容，我已不大记得，但可以肯定汤先生表现出了对于相关提问的重视。（我在其他回忆文中提到过，在代表团和汤先生及承担翻译工作的原中国社科院研究人员高宣扬先生共同参加的法国电视台访谈中，汤先生特别赞同了我对法方访问人提问的回答。法方的问题是："你认为未来中国哲学对于世界哲学可能的贡

献为何?"我立即回答道:"中国传统伦理学。"1983 年夏国际哲学大
会场合的这一表达,今日回想,几十年来的研究工作可 [不无欣慰
地] 印证当时所答并非虚应之词。)

　　作者在研究仁学伦理学的过程中,以及在长期阅读西方各派社
会主义思想史的体验中,特别注意到马克思作为当时"跨学科方向
的哲学家"(而非典型德国古典哲学家)的思考方式,其思想范围远
不限于经济理论和社会运动问题,而是涉及更为深远的人类文明未
来发展的伦理学理想问题。他对文艺复兴思潮的盛赞与同时开启的
近代自然科学兴起及近代人本主义文艺创造直接相关,他对法国启
蒙思想运动的盛赞与同时开启的欧洲社会科学研究的兴起直接相关。
(当代西方主流人文理论界,由于其综合多元理解力的弱化而一致贬
低启蒙思想运动价值的趋向,并不代表其见解高出一截,而恰恰暴
露了他们当今的生活态度与思想方法的职业化狭隘性。本人在 2004
年里昂国际符号学大会结束感言中即提出了启蒙思想运动的伟大历
史意义,是不应该将其与其后各种社会政治变迁历史视为一体的。)
马克思曾在对未来理想社会的想象及何为"人的本质"的思考中特
别关注人的精神境界提升的问题,他与恩格斯对文艺复兴时代多才
多艺者的赞叹,亦表明了他们多么重视人格与精神文化和社会科学
学术的建设问题。此种对于人类社会未来朝向于精神文化建设目标
的关注,岂非也与 20 世纪新形成的"人文科学"概念一致?因为在
人类进入科学时代后,一切传统相关知识都应该按照科学理性的发
展进行合理化的再组织。今日自然科学已经毫无疑义地成为人类知
识的主体,在其影响下,人类的社会科学由于属于经验实证领域故
亦不难纳入科学化发展轨道,因此关于"人"的认知此一几千年来
最为重要又最为老大难的问题,自然也应该按照新时代科学理性原
则加以重新思考和改进。人所共知,马克思关于未来理想社会的思
考起源于他毕生对什么是"真正的人"概念之思考。马克思在其理
想社会憧憬中预见到,在人类克服了一切不当社会性缺欠后,即将
更有条件提出"人,认识你自己"的问题。就此观念而言,它与仁
学即"人之学"的观念,在诸多方面何其相似?"人的问题"即"人

如何认识其本身"的问题，这岂非也是与作为"学之学"的孔子思想在价值观上非常一致的观点表达？

本书正文中将随处证明孔子之"学"概念内涵的无限开放性，其君子学即"成人之学"，也即"思考如何成人之学"。马克思关于克服人之本质"异化"的思想和孔孟关于"成君子"的思想，岂非颇有可相互沟通之处？与各种乌托邦人性论不同，马克思的"人"观念即"人之间关系"的概念，而孔子的"人之学"即"仁学"，此"仁"字的"二人偶"字源也正是"人——即人与人的关系"观念的象征性表达。二者均相关于"人如何提高自身对自身认知能力的思考"，而关于"人"的思考，也即与人相关的一切因素、条件、状况、背景的思考。这些相关于人的问题思考，岂非与20世纪最终形成"人文科学"（"人的科学"是在四百年自然科学发展基础上和两百年社会科学发展基础上，于20世纪后半叶才初具规模的新学科系统。五四时代的中国知识分子们对之尚无清晰认识的历史机会）的目标一致？古典时代的"人本主义、人道主义、人类主义"诸概念，到了20世纪科学进一步发展之后也就自然演变为"人的科学"概念。人类对人的关切与思考的方式，也就从莎士比亚或巴尔扎克的"文艺表现方式"演变为现代及未来的"科学研究方式"了。

于是人类科学大家庭今日应该并已经包含三大成员：自然、社会、人文。"人文"以"科学"而不再以"文艺"为其主要的深化思考方式，这乃是20世纪社会文化科学全面化综合发展的结果。而此一关于人的理性主义的思考方向，不仅显著地包含在马克思的哲学思想中，也早已在两千年前的前科学时代包含在孔子的仁学思想中了。本书的目的之一也是要探索含蕴在《论语》中的"孔子理性主义本质"。正是仁学的"学之哲学"喻示了：所谓"学"的理性主义不是根据一时一地人类智者偶然确定下来的固定"教条"，其在思想启迪方面的伟大意义并非表现于历史必然对其加以限定的各种实用主义"教条"上，而是表现在正确的价值观和认识论的思考方向上（含四大维面：现世、经验、理性、实践）。我们今日提出的有关促进原始仁学和现代人文科学互动关系探讨的新仁学理念，也就是按照人本主义永恒的理性主义价值观，借助于新时代科学方法论，对"人之学"进行的一种与时俱进的全新努力。

胡塞尔说他将"作为一名永远的开始者"，这意味着他认识到他的努力不过是在他提出的方向上迈出的第一步。我们也知道孔子关于"生有涯，知无涯"和"入太庙，每事问"等思想含蕴着同样的作为"方向性启示者"和"价值观奠基者"之深意。而其学之所以强调"实践学"也正是喻示着"人之学"将是一个人类集体努力、尝试、探索的长期过程。此一"实践学"的强调也与特重"实践哲学"的马克思思想一致。中西两种"实践观"也就包含着探索、开启、敞开、集体、未来、理想、与时俱进等等范畴，并因此特别相关于各种新科学方法论知识的掌握问题。其内容岂非正相当于现代世界的社会人文科学部分？与来自西方的各种学派有所不同的是，新仁学强调一个新的人类认知时代的开始：中华伦理精神文明的传统智慧必须加入人类整体的人文社会科学研究事业，而不可能像以前一样听任人类有关人与社会的理论研究事业由西方学术传统来控导。（中华传统仅只负责为其提供历史资料，并因对西方学界的"资料学贡献"而获其奖誉。）反之，中国的新世纪人文理论学者也有学术上的理由参与人类共同的人文科学建设，并且要在基本价值观方向上介入人类主流理论研究实践。本书的意旨也正在于此，但由于课题内容的选择，本书的讨论则主要着重于对仁学思想本身的理性主义与人本主义价值观的剖析，以及探讨其与现代人类人文科学理论方向可能的关联问题。

中华精神文明作为人类历史上最以其人文志趣及成就凸显的东方古国文明，自然也最有资格参与新世纪的人文科学建设，并可以其历史上的最为丰富的伦理经验传统，参与人类人文科学发展的事业。所谓新仁学，不过是指对于原始仁学的新理解以及对原始仁学在全球化新时代的新实践领域和新方向的探索。孔子思想奠定了仁学伦理学的一般系统，而孟子思想体现为该思想在特殊历史领域的运用实践。我们在本书中专门讨论《论语》章句的现代意涵，但也不时在行文中涉及《孟子》文本的部分。最后，我们将今日最具有时代意义的《论语》《孟子》文本中的精华语句摘录出来作为附录列于书后，其意义和理由我们在导论和正文中将有说明。实际上，仁学的人本伦理理性义理及其历史上可考的实践力均已包含在《论语》《孟子》两书的这些精华句段中了。

我要在此对《论语集释》（中华书局，1990）的编著者程树德先生表示特别感谢，不仅因为本书中选用的历史旧注多取材于程先生书中之载录，而且对于程先生于故都沦陷期间拒绝在日伪治下工作而选择粗茶淡饭，闭门读书，进而从大量文籍中广泛摘录《论语》旧注进行比较研究，这样的传统读书人的治学精神，令人钦佩。至于程先生作为前辈《论语》学者，彼此学术观点上的异同，则属时代变迁中的自然现象。程先生的大著在总括两千年《论语》思想史料上的重大贡献，自不待言。程先生所录载的历代《论语》释义，对于今日理解《论语》仍然极有价值。对于古人释义思想在今日人文学术系统内之"正误性"为一事，从中把握古人读解《论语》的心态诚挚性为另一事。这是我们转录这些旧解的另一目的：在《论语》每章的讨论中，可参照旧注以比较古今思想方式的异同。

我也要在此对已故台湾前辈国学家胡志奎先生表达敬意。在百十种现代《论语》研究著作中，胡先生的早年《论语》文本解析（《论语辨证》，台北联经，1983），在1949年后的港台国学界贡献卓著。这类文献学的研究与分析是我本人欠缺条件进行的，该书对于我对《论语》文本的构成架构的了解，极具启示性。在本书附录中我从该书中摘录了一些相关段落以供读者参照。

最后，在我40年来最后一部中文专著完成之际，让我再次表示对于已故杜任之先生的怀念与感激之情。没有他的慷慨与坚定的推荐，就没有我其后40年在国内外学界展开学术实践的机会。1977年底我携带刚译毕的《结构主义》（比利时现象学家布洛克曼著）稿件往见杜先生，不想此一会见成为我在"文化大革命"甫结束后迅即由20年的"陋巷"生涯转入学术界的机缘。也正是由于杜先生，次年我即获得了撰写毕生第一篇论文《胡塞尔》的机会。在"文革"结束仅一年之后，我突然获得了向社会提供现代西方理论的机会，对我来说这是具有高度的刺激性的。我与早年赴德跟随豪克海姆研究批判哲学的杜先生，以"现代西方资产阶级哲学"（作为来自苏联的专有学科名词）结缘，没想到等我 1984 年前往美国普大和哥大两校访学回来后不久，获赠了根据杜先生旧稿重新编写完成的著作《孔子学说精华体系》（杜任之、高树帜著，山西人民出版社，1985）。此时我才知道作为现代西方哲学学者的杜先生，原来也如此心仪孔子思想。可惜不久后杜先生离世，我自 1988 年出国以来致力于孔子仁学伦理学研究后的各种新思考，也就没有机会向历史经验如此丰富的杜先生讨教了，特别是一些有关西方哲学、马克思伦理学和孔子思想之间的关联性问题。1979 年底杜先生在山西大学曾主持了首届中国现代外国哲学研讨会，之前我们曾共同商讨杜先生的会议主旨发言稿。那时我们主要就是本着"以学求真"的态度，推进思想开放、理论开放。不觉一晃近 40 年了，这也是我在国内外学习、经历、观察、反省的 40 年，我竟最终认识到，中华精神文明历史上的"第一书"《论语》，可以于全球化地球村时代，为人类人文科学现代化发展事业发挥其在人生观、治学观、价值观上的引领作用。1979年时我们要打破几十年来此一最严格的学术思想禁区，以鼓励学界全面深入认知现代西方哲学和人文社会科学的进展，其动机是为了扩增学术思想界的"以学求真"机会。新世纪以来的今日，我们又要进而打破东方对西方人文科学理论的某种"盲目崇拜"（急功近利的学者为了利用西学牟利，必定先煽发学界崇洋媚外之风），经数十年的"以子之矛攻子之盾"的对话交往之后，提出对其进行独立批评性研究的科学立场，也是出于同一"以学求真"动机。与自然科学和社会科学长足进步相比，以文史哲为主的当前世界人文科学理论颇有蜕化为文教职场内"学术市场化运作材料"之虞，人文科学的正误是非标准问题可能转化为学术市场上价值高低的问题。马克思当年批评的"社会异化观"，今日在西方也已具体化为一种人文科学之"异化观"。然而全球人文学界今日所关念者仅为自身职业化得失问题，根本不关心自身学术理论的"科学性质量"问题（因按照今日学界职场逻辑，学术商品凡有学术市场"销路"者，即可视之为具有其存在"正当性")。没想到，使我们对此西方人文理论危机有深切感觉者，竟然即是中华古老《论语》中之"木铎"。可以说，此种内在的"理论思维冲突感"，才是促使作者（在先前几部相关写作之后）鼓足余勇完成本著的一个主要动因。

本书稿再次获得中国人民大学出版社接受，特在此对出版社领导、徐莉副总编、杨宗元主任以及责任编辑王鑫女士，深致谢忱。

李幼蒸，记于旧金山湾区寓所（ 2016 年 11 月初初稿，2017 年元月初定稿）

目　录

第一部分　导论：《论语》研究背景概述

第二部分　《论语》章句解释及时代意义阐释（上）

第三部分 《论语》章句解释及时代意义阐释（下）

Contents

Part Three　The Exegetic-Semantic Analyses and the Ethical Hermeneutics About the Texts of *Confucian Analects*（Ⅱ）

The Supplements

第一部分

导论：《论语》研究背景概述

一、《论语》与仁学产生的历史环境

从文化人类学和历史社会学角度看，中华古典思想与学术话语形态，可概略地划分为两大类：实践性（其话语特点为：描述性、祈愿性与促动性）和论说性（其话语特点为：系统性、因果性与分析性）。与古希腊思想相比，中国传统论说性话语构成中的最显著的特点为抽象观念的相对薄弱与对严格演绎逻辑的轻忽。如表现为抽象词语的欠缺，往往以具象书写载体承担半抽象观念的表达，因此汉语的象形字源不仅与汉语的"一般性观念"表达的限定性相关，而且与其特有的综合性思维方式关系密切。抽象词语单元的欠缺导致了其时空现象观察域之局限性以及其归纳推理适用域之相对狭窄性。当我们说《论语》是一种人本主义伦理学系统时，所用的现代词语"系统"之含义自然有其特殊所指。

首先，最早的所谓"系统性思想"（如《论语》中所表达者）也是以非系统性形式（格言式话语的非严整呈现）加以表达的，即其系统性和逻辑推论性在思考与表达的语言长度上也颇有局限性，而其"论域"基本上是在直观经验的内外行为层次上铺陈的，其中的"记述""论证""评价""愿望"等不同类别的思想方式，往往以相互叠合的形式实用性地、综合地加以呈现。古代中华传统思想的两大特征是其丰富的事件记述性与道德价值性以及二者间的紧密融合。

尽管远古以来，由于书写工具不便，书写及其记录均为"官方"（各级社会政治实体的权力机构）之事务（公务），而现代史学上大致可考的、流传至今的最早两部中国的"书本"——《论语》（春秋时代）与《孟子》（战国时代），却奇迹般地完全为"民间人士"之独立思想产物。相关"证明"主要为：相对于此前的官方书写物（卜辞字句与金石文）中有关人事与神话内容中的"权力者话语"而言，《论语》《孟子》二书的完成恰恰来自"官方话语"的对立面——民间。因此，两书作者的"书写立场"历史上首次表现为非官方的，或者"非权力持有者意志的"，或者说，作者（群）均为民间之具独立精神之"读书人"或"识字人"（可以推测，这两部书实际上都是在文化进一步发展后才在文本形成技术上有可能"著于竹帛"的）。

其次，两书文本主旨都是对封建主义官方之现状及历史，从伦理价值观角度提出的检讨、批评、规劝甚至抵制。换言之，中国历史上最早的（或流传至今书本中最早的）两部称作"仁学经典"的伦理性思想书籍，其编写和目的竟然是对其前千百年"官方"（权柄持有者）封建主义权势价值观及"泛法家式的"统治方式所进行的一种自由评述及责难。尽管作为系统性思想表达的两部政治伦理思想性书籍的编写方式不同，也就是二者的"思想系统性"的呈现方式及运作领域彼此有所不同，但在基本伦理价值观立场上是一脉相承的。如按照现代知识论角度来看，古典《论语》是通过将诸不同伦理情境下的价值关系、判断智慧与选择指令聚集为一个（潜在的）"实践理性系统"而形成的。但是，其特有的伦理实践观之"系统性"只有通过对其义理整体的深细读解才能"间接地"予以把握，即由读者在读解中对《论语》全书内诸零散表达的指令句系列进行（大多潜在地）归类、排序、分层之后，并在经过现代认识论和方法论重新"读解整理"后所形成的认识论框架内，才能把握各具体指令句的确义以及诸指令句间的思想关联。以上所说的《论语》的潜在系统性关系，呈现为一种象征性的"伦理思想关系整体"，此即在心言行三维上，有关方向、前提、基础、目的、方法、态度、动力等思想的伦理实践学参量及其互动关系问题，历史性地呈现出两套经验直观性的伦理思想表达。

《论语》文本的奇特性在于，早在科学时代来临的两千多年前的亚洲历史环境内，这部中华文明"第一书"（兼指其书本产生的时序和其精神价值的地位），由于其所持现世人性经验主义立场，其思想义理竟然在人类历史上独一无二地呈现出一种超越时空的历史永恒性。《论语》不是一部随意收集的古代格言集，而是一部含有上述诸伦理实践学要件的"思想系统"（其"系统性"却仅潜在地存在于其格言表达方式的零碎性上，并被掩盖于不少后儒插入的非原初的章句中），此系统可奇迹般地有能力与人类现代伦理精神文化实践中的"一般认识论"和"一般方法论"相互有效地沟通。其伦理实践学功能甚至可充分跨越时空而普适于现代人类精神文化创造的事业。这是仁学伦理学今日得以和现代世界范围内的人文科学现代化发展息息相关的理由所在，也是我们于新世纪对其时代性价值如此珍惜的原因之一。实际上，以上对于《论语》的仁学伦理学含蕴的现代化意义的认知，如上所述，也只有当中华文明与西方文明融通后，借助于西方自然、社会、人文科学提供的现代科学性知识论工具才得以达成。换言之，古老《论语》是经现代化思想之理性激发及强化后，才在现代中国和世界领域内焕发出其与时俱进的新生命力的。当然，《论语》的原始肌理为一事，《论语》在儒教历史上的作用为一事，《论语》在全球化新世纪的可能作用又为一事。我们的研究涉及此三件事，故显然有别于历来专注于重复《论语》之历史表现及作用的学界研究传统。也就是，我们今日对《论语》的现代重要性的评估，甚至不低于（如果不说超出于）现代国学家有关古代儒家思想传统的评估。古代儒学是在封建专制主义的儒教意识形态框架内对《论语》《孟子》加以功利主义利用的（包括将其"圣化""神化"以便更有效地使其服务于儒教皇权制度）；现代化的今日，我们则是要根据现代人文科学理论发展对中国传统思想史进行客观科学的重新认知后，再进而从现代新人本主义伦理学角度，对其加以"复原"、重组和运用。本书所谓的"新仁学"，首先即指对《论语》中的"原始仁学"部分予以逻辑性的"复原"，使其摆脱儒教意识形

5

态加予它的各种非仁学限制。

虽然现代有关古代思想史研究的理论根据与方法和古代大为不同，但由于人类语言机制内在的局限性，我们仍然需要广泛使用古人使用的词语与标称来表达新的思想内容（我们的西方理论翻译，特别是现代西方文史哲理论翻译，也需要进行类似的"旧语言、新运用"尝试），为此所能做到的就是：在把握和运用古代词语时，采取与古人在"用法"方面有所不同的读解方式，并在论述中于必要时，为固定未变的汉语字词之古今含义差异性及其古今语义相通性分别加以说明。为此，建议读者不必对我们论述话语中使用的传统词语只按传统上的习惯意义及其惯习加以读解，而应按我们的论述展开中所暗示的新语境和新定义对其进行相应的把握。不仅如此，由于《论语》及其相关伦理思想的特殊经验直观性表达方式和其偏重语用学表意的特点，我们也不得不参照《论语》及其思想的古代非逻辑性的表达特点，采取相应的灵活方式进行阐释，以求最终有效烘托出《论语》及其仁学伦理思想整体的面貌及其深远的、具时代性的内涵。至于较为系统的相关论述，有兴趣的读者可以参照作者的其他著作。我们将处理历史文本的原初意涵和对其进行的相应现代化解释之间的"互动理解关系"，称作"历史解释学"，即如何根据新知、新学、新理组织历史话语的有效"现代义解"。自然，此一概括说明的确义，须在细读本书正文部分后才可增加具体的领悟。实际上，历史解释学的要点在于坚持一种双重读解法：读者首先必须和古人一样按照"历史原义"进行文本读解，其次则须按照现代语义学和逻辑学对其进行"理解的重构"或系统性的再整理，以期将孔子伦理实践指令句系列中之"一以贯之"精神，体践于我们的现代仁学解释学陈述中的"多元一致性"之内。

按照这样的历史解释学观点，我们的研究论述不仅不同于传统的《论语》研究，而且在学科名称上首先需要重新划界，这就是将历来混用的传统学科名称"儒学"和"仁学"加以必要的区分。这两个名词，在古代高度实用性的混合用法中往往合二为一，但在我们对其进行的新"用法"中，二者就分别代表着两套所指者系列。

"儒学"指"儒教社会历史上的思想学术文化史",其包罗极为广泛,并与其封建时代的社会基础合成为一统一的历史文化大系统对象。反之,"仁学"在我们的用法中专指《论语》《孟子》两书中的伦理实践学思想,其内容构成非常单纯,而其长期以来也一直为该儒学大系统所采用,于是在历史上相当于呈现出一部"儒学与仁学的互动关系史"。此一复合性历史与单纯性思想的互动关系形态,与原始仁学样态并不相同。这样的与传统不同的传统语词的区分性用法,其产生当然可溯源于本书无法涉入的现代欧陆符号学、解释学思想。如果研究者不熟悉现当代符号学、语言学、语义学、文学理论等,也许较难理解:为什么同一来自古代文献的词语可以合理地按照两套方式综合读解及贯通研究? 这就是如前所述,在对古典文本的"一次读解"中,可按与古人一样的方式把握其传统上的"综合实用性"的意义;而在对其进行的"二次读解"中,则按历史解释学的新方式,把握其被隐蔽的原始真义和将其义理系统还原后所显露出来的现代新义(被掩盖的"原始义理"于是可从其历史上存身于其中的"儒教系统"中"浮现"出来)。

我们对于传统儒学和《论语》进行的区分首先表现在"对象规定"方面。一方面,我们将"原始仁学"的"第一内容"限定在《论语》文本之内,排除其他历史书籍中标榜为孔子言论的各类文本,而将其"第二内容"限定在《孟子》一书中;另一方面,我们所提出的《论语》《孟子》原始仁学立场,也导致我们将此二书定义为"先秦真书",而不将其与由秦后儒学所规定的"先秦思想"系统相混淆。与原始《论语》相距百年左右出现的《孟子》一书,由于从春秋时代到战国时代的社会文化快速发展,尽管其作为《论语》思想在特定方向上的进一步展开,但其在论说的方式与系统性表现方面已与《论语》显著不同。除了篇章组织的丰富化和完整化外,孟子思想表达的系统性更趋明显,实际上它可能是中国历史上最早的一部"论述性文本"(即由单一或少数"作者"一气呵成之"文章集合")。但是,就其伦理思想精神而言,《孟子》不仅与《论语》一脉相承,而且是以《论语》为其思想基础的。此外,作为不同历史时期的作品，《孟子》的仁学思想也成为对原始《论语》的仁学思想的重要的甚至必要的补充。两书于是共同构成了中华精神文明史上两大奠基性的伦理学经典。不过本书正文的主题主要相关于《论语》章句之读解，即意义引申。

1. 传统思想与现代理解间的语言沟通问题

中华文明史可区分为传统期和现代期两个本质上不同的区段，前者长达数千年，后者仅百余年。前者在社会与文化的各个方面自成一体，后者在接触西方文明后性质与方向发生了根本性改变。百年之后，随着世界各文明体的相互融合进程加速，现代中华文明也已成为人类文明整体的组成部分之一。中国现代期历史开启以来，中国学者对于自身漫长传统中的历史与文化，开始从人类文明整体的角度对之加以重新理解和选择性地传承，其中思想学术史部分业已成为"国学"现代化事业之核心。此一现代中国学者对于传统思想史和学术史的研究历程（作为中西思想交流的产物），也大致呈现为两个阶段，其标志虽然相关于现代历史阶段和文化区划问题。在此现代期对传统期进行的现代化反思中，首先面对着一个文字技术性理解问题：传统期和现代期对于传统期产生的同一传统话语系统的读解，自然有所不同，即对于同一传统文献中的字词的意义的把握方式，由于受到两个文明阶段中不同的政治、社会、学术、理论、文化内的环境巨变之影响，二者之间不免同异互见。与传统学者身处的（历史人类学上的）"单维"认知语境不同，可以说，现代学者则处于"三维认知语境"之内，此即：传统中国语境、西方思想语境与中西互动语境。此一"语义学互动关系网络"的复杂性，当然是中西思想全面融通后的结果，而此"复杂性"还可依据西方思想本身之近代期和现代期间的区别而划为两种形态：西方古典思想和西方现代思想。这就是，仅据西方思想学术史本身而言，其复杂性即已表现在两个层面上：历史发展中的前后变异性，以及在其"社会科学"和"人文科学"两大学术区块中的分合关系之演变性。不言而喻,无论于近代期还是于现代期,两大区块都是在统一的近代—现代西方科学技术史变迁环境下和影响下形成的。今日学者在读解中国传统思想文本时如果脱离了上述三维语境及其互动关系,其理解方式及结果,虽然表面上看似"贴近古人",却不免因囿于故言之复述而无益于传统与现代的学术思想间创造性的积极沟通。

中国国学,作为客观对象为一事,作为研究方法为另一事,新时期的新国学与民国时期的旧国学间的区别就表现在研究立场和方法上。(所谓"新国学"当然不应该指曾经长期中断或弱化了国学文教之后的、凭空而起的"补课阶段"。)其中具体的区别性则表现在对待传统字义词语的理解方式上。与此相关的新方法论则主要相关于我们过往 40 年来引入并一直应用着的、欧洲大陆方向的符号学和解释学。这两种现代西方人文科学认识论与方法论的新趋向(由于当代西方人文理论界名词混乱以及各派竞争学科标称用法的风气,必须指出,此处所使用的学科标称"解释学"与"符号学"可以说完全不同于西方的"哲学解释学"与"英美符号学"),却特别与中国国学的现代化革新事业直接相关。本书作者对此已多有译介与论述(参见本书"部分参考资料选目")。而中国国学现代化的上世纪"前期",特别是民国时期的国学学界,以及当代海外华裔人文学术乃至当代国际汉学界,对于上述"三维读解语境"问题可以说认识甚少,因为此三类人文学术界一向较少深入现当代西方人文学术理论前沿。原因之一为,长期以来,三者均将长远学理研究与当前社会应用混为一谈,企图实用主义地将传统学术思想话语的"固有经典性"价值,直接用之于功利主义取向的职场环境。这样的土洋两种实用主义学术观导致了国学学术内理论思维现代化的发展迟缓。作者在本书导论中首先提及此一现代中国学术思想史上存在着分期的事实,是希望读者对于本书的论述分析方法与海内外国学界主流论述方法之间的差异性,能够预先加以注意。因为人文学术研究的本质首先表现于其"方法理论"上(意义阐发

9

有待于跨学科的知识性准备），而非表现于其"材料内容"上（博闻强记可纯粹在传承文本上完成）。

正如本书作者屡次强调的，国学现代化研究的主要困难在于我们今日必须利用"旧字词"来适当地表达"新意涵"，此"新"字还不是指从现代新思想角度对旧语言进行的新引申，而首先是指对于使用中的旧字词在古代所表达的意思如何重新把握其古代原有之确义。此"新"字虽然是指新的理解，但所理解的对象却仍然是古代之思想。这就是说，我们今日认为古人对自己的思想意涵的表达有时"不够确切"！为什么？其实此一指摘意思不难理解，这就相当于说，例如，今日来看炼金术话语所要表达的思想不够确切，因其所用语言的精细度已非科学时代所能接受，虽然该语言在前科学时代仍然有其当时有效的、虽然比较模糊却持有其实用性意义上的"确定所指"。（即如按照科学性原则看，其文词意涵并不确切，但按照文化人类学观点，即可在其中找到一种"模糊类型的准确性"：对语词指涉的"模糊范围"本身的确切描述有助于读者预先规定自身的"语义确定性之期待范围"。）我们今日要重述他们的"准科学话语"时，是不是要用另一套科学观念而不是用他们自己的方式去把握他们的"真正"意思呢？传统中医文献也可作为更为适当的例子。今日学界已经公认，传统中医配方应该用现代医学方法和语言对其加以重新表述、检测和改良，那么传统中医使用的非现代的含义模糊的词语，也牵涉到"两套语义指涉性关系"：按照现代医学科学，中医术语的指涉性是模糊的；而在中医学理本身框架内，该模糊性名词也有其经验上的"确定指涉者"，此即一种"模糊形态的准确性"。其"所指者"或许不是明确的"个体"，而是相对明确的"区域""功能"或"系统"。我们还可用比较极端的例子来凸显前述的两套语义学关系：现代人类学家对于土著人的文化思想表达，是要按照他们自己的话语方式进行现代的理解，还是要使用现代人类学学术思想对其进行改述？（当然作为具有另一种形态的古代中华文明与土著文化完全不同，但在此问题上仍有其某方面的比喻性解释力：如对漫长的、具有不同变形的巫术文化传统的现代"读解法"问题。）

对于这些主题相关于"科学类或经验直观类现象"（如化学、医学、天文学、原始文化），读者或许对于我们的说明较易理解，然而我们的文史类主题的相应理解问题则要远为复杂。因为广义自然科学有其理性上统一的正误判断的客观标准，故易于检验；而人文学术，不论古今中外，都是具有数千年思想遗存在内的、相对语义模糊的领域（在对象单位规定和描述、推理、判断等方面欠缺客观标准）。现代人文科学事业，包括现代国学研究，都属于在相对模糊的中西传统人文话语对象上，追求其现代相对意义确切的和有效运用的一种新的科学理性实践。（民国时代的"旧国学"完成了其第一阶段的、前现代理论性的"国故重解"工作，我们的新国学时期则须进而结合人类人文社会科学的新理论对其进行第二阶段的"国故重解"。）

今日国学研究的复杂性在于，其研究对象是"社会人文思想"，其对象直接指涉着社会文化现实，后者在存在范畴上正与现代西方社会人文科学所指涉者相同，二者的差异性源于彼此在思维与语言表达层面上的方式不同。现代国学面对的字义学困扰在于，古人思想和表达的"机制"与受到系统科学思维训练的现代学人不同。简言之，现代科学的目的在于客观正确反映（再现）对象，而古代学术思想家的目的主要在于如何将文化学术传承作为社会文化实践中的各种"实用工具"（传统思想的实用主义在传统社会文化中的使用价值为一事，其在现代人文科学研究上的使用价值为另一事）。现代学术字词仅只是表达所指者及其意义的再现工具，古代思想字词则将字词的"再现功能""评价功能""使动功能"等加以叠合，此一传统实用主义的语义功能叠合性特点，正反映了古代学术思想家特有的一种心智构造与行为惯习间具有的叠合性特点。其"实用性目的"主要相关于信仰、道德、政治、伦理、美学等领域的心理与行为"综合模态"的形成，其思维的实用性方面借助于非常复杂而精巧的古汉语语义学机制加以体现。其主要特点有二：第一，所谓汉字的多义性，主要因汉字字形的历史稳定性（指春秋战国以来的高级文明阶段而言）和字形可代表的意指的众多性（汉字多义性），即

11

一个"字形壳"（汉字形体）可随着历史文化习俗的变迁而在基本固定的字形内，纳入逐代增附的近似义或差别义；第二，如此多义的诸汉字在文句中的确义，须依赖直接、间接语境的"语义性支持"加以"限定"。这两个特点的结合遂为语言使用者带来极强的表意灵活性和修辞丰富性。（从文学观点看，两千多年的文言文书写文本系统的表意丰富性和美学性，是任何其他文明语种所望尘莫及的，自然也是现代汉语白话文难以追及的，是全球化时代更加不可能也不应该加以"模仿"的。）而其思想话语的"语动学"特点，又使言说者的表达意愿含有丰富的祈愿性和促动性因素，从而在其思想表达方式上侧重于达成话语的目的论效果，而非达成"如实"再现客体对象及其性质的"准科学性"效果。这就是古代汉语语义学的一种实用主义特质。这样的语言特点虽然并不便于对"客观对象"进行科学性的准确表达，却恰恰便于成为用以传达信仰、动机、行为、目的等"主客交动对象域"内思想的特优语言工具系统。在此，对于外界现象的描述和认知也是直接服务于其既定信仰、动机、行为和目的综合性实践之需要的。

　　由于古今学者思想家的思维形态已然具有根本的差异性，对于同一对象（传统文献），古今学人对其把握和表达的话语方式自然也应该不同。然而由于现代化时期内古今中外思想融通的过程缓慢，结果前一现代期（民国时期）的国故学方式基本上难以摆脱传统话语本身固有的语用学特点，特别是在相关于"内在对象"（信仰、动机、目的、综合性行为方式等）的表达话语时，也就未能对上述叠合性或综合性话语方式或字义用法进行区分。其结果是，现代学者往往采用相通于传统学者的思维方式，对于传统学术思想话语进行同一方式的把握。民国时期国学家们的旧学修养自然比较深厚，但在思想方式上不免因循守旧。至于现代西方汉学，其学科特点使其至今并无条件在主题范围和理论深度两方面符合于"现代化国学"的理论性要求，因为其学科职能是西方学界内的"少数族裔文化研究"，以至于在汉语和历史方面与现代西方理论方面，都尚不可能达到世界学术理论主流水平。（我们不得不注意一种学术外的职场社会学倾向对于学术思想沟通理解上的决定性作用：职场功利主义倾向于将职场学术集团现时主张与应用方式，作为其追求职场"利益"的"工具"，故其客观效果自然导致其易于排斥无关于或有损于其职场利益追求的、纯粹学术真理探讨的方向与方式。）

本书作者早在1985年向港中大中德哲学会议提交的论文中即已指出：现代学者首先应该区分原始对象语言和本人使用的现代研究语言（参见《结构与意义》）。现在我们则进一步明了此一方法论必要性的根据何在：古今人文思想话语的功能不同，却共同面对着相同的传统话语对象及共同的汉字系统，因此现代学者必须从方法论上首先解决这样的古今中外思想沟通上的语义学障碍问题。然而另一方面，我们也要认识到，正是这种就科学性功能看起来不精确的传统语言表达方式，在传统历史文化环境内却保持着一种实现"语动学功能"的特殊优点。仅从文学欣赏的角度看，传统话语形态必然具有永恒的不可取代的美学性价值。于是，如将文史哲宗艺领域内的文言文转译为白话文，其丰富综合的文学性表意功能及实践促动功能，均将大为弱化或基本消失。五四时代的白话文运动是以在现代科学和生活领域内如何利用传统汉语来有效表达现代思想与生活的现实任务为目的的，但绝对不能以为这表明古代文言文系统为"落后"，现代白话文系统为"进步"。因为两套语言系统的文化功能不同，各自均有各自的用途，不可相互取代。我们甚至可以断定：中华思想史上的传统文学价值已然是现代化以后永远不可企及的至高水平，即古代文学是现代文学永远不可能超越的。但此中有一"解释学的但书"：在现代工业文明时代"文学"作为文化类别的作用已然发生了根本性改变，人类精神文明已然超越了其传统上的"文学形态期"而进入了"人文科学期"。然而，对于现代国学研究来说，其学术任务与文学欣赏完全不同，其研究传统学术思想的方式与"欣赏"或"体验"传统学术思想的方式即须加以区别，也即今日必须使用表达现代思想的白话文来"处理"（综合性把握）表达古代思想的文言文和当时的"口语文"。因此就须涉及如何维持一种"解释学的"古今交流读解法和分析法问题：既须首先按照古人古语方式把握其"原初旨意",又须接着按照现代方式分梳其原初综合性、叠合性的语义构成,以便借此综合性方式既能够像古人一样把握传统文献的"原义",又能进而挖掘古人自身未必意识到的"隐义"。换言之,许多现代学术工具甚至有助于我们较古人更为清晰地把握传统话语的"实义"。(即部分上使得古代只能下意识地"容受的"知情意语义内涵,在现代语言系统中,浮现至可直接把握的读解层面。)在此读解语义学的工作基础上,我们才能进而考虑中国传统学术思想与现代西方学术思想的"异质性对话"问题,也就是中西学术文化思想汇通的问题。同理,这也就是相对于同一中国传统思想对象的研究目的而言,古今学者的不同研究方式如何相互有效沟通的问题。

今日使用的古代词语如"仁义""仁学""儒学""道家""道"等(随意举出的几个字例)其含有的意素,都广泛地与其他多义的古汉字内之意素处于相互叠合或融通的语义联系中。传统汉字系统尽管现代以来已经在现代文化学术环境内经历了相对规范化调整,但其原始汉字之间的广泛语义融通性仍然存在。于是,以往几千年形成的古汉语语义学环境和现代百年来形成的"国故学"语义学环境,仍然在不同程度上在不同方面影响着我们,使我们在现今的词语意义把握中表现出定式化或僵固化的读解倾向。本书作者几十年来也在时时不断地对此古今词语语义情境的复杂性增深着"感觉",并一次次地进行着读解方式上的自我再调整努力。迄今为止,我们还远远不足以达至自身对各代话语的综合性语义构造的准确把握。作者几十年来致力于此一古今中外人文思想话语间的有效沟通、理解的认识论与方法论研究,但本书的论述,由于目的不同,并不涉入纯粹理论性探讨问题,而是企图通过对古典话语句段的直接分析,以经验直观的方式,进行古今思想汇通的一种尝试。

2. 古代道德意识的产生

道德现象的生物性、社会性、历史性与心理性根源,今日可以从不同学科角度进行研究，但本书的主题并非在此，而是仅就已知历史记载及一般人性经验，对道德与伦理现象的人性论背景进行初步的溯源，以供本书的仁学伦理学研究之用。

早在前文明时期的群体生存方式中的原始人，其性格和体质条件的自然差异性导致人与人之间在气质与本能层面上表现出不同的强、弱、狠、懦、机敏、迟钝等心性特点与行为倾向。此类身心体质性特点上的差异性，直接塑造了部落内"领袖"与"部众"的功能性差别，决定了各自在集体组织内之权势地位的差异性。此类原始人之间的性格特质的差异性，可概略地被刻画为偏于"强狠狡诈"型和偏于"屈顺迟钝"型。在文明史的初级阶段，随着"文化"或"文明"的发展，上述二分法中的特质刻画也随之丰富化，人际间可从纯粹弱肉强食（相争）倾向，进化至不同程度的"人际同情"（相亲）倾向。人性之间的此一二分法，可开始被刻画为"善"（对他人具较多同情心与相助心，即呈现较多狭义的"人性"）和"恶"（对他人具较多欺凌心与奴役心，即呈现出较多的"兽性"）倾向。（此一人与兽在生物动物类上的原始自然共同性，一直以不同程度、不同形态体现于文明进化后的广义"人性"中。）此两大类人性偏向，随着人类智力的发展而各自进行着演化，遂使上述原始"善"与"恶"的两大形态进一步丰富化或多元化，并均体现于人性的"逊弱"特质与"强悍"特质的原始社会文化表现中。此类关于人性原始善恶倾向的存在，与群体秩序的维持形态之发展为两事。自殷商文明史至现代时期开始前的传统社会形态，即为以不同程度、不同方式形成的所谓东方专制主义秩序体（君王专权制与封建分权制）。毫无疑问，古代社会中由领袖具有的专制功能所形成的稳定社会秩序，对于群体的存在与文明演化而言是必要的正面条件。随着历史文明的发展，不同群体之间按照文化发展程度与地缘关系结成了不同的、相互竞争生存的"敌友关系"。原始人之间行为中的比较粗糙的"丛林法则"，其后进化为不同集团间的权势互动分合形态，在单一社会集体内与不同社会集体间，体现于人性中的暴力与智力的运用形态也就同时获得了进一步发展。原始的、源于动物本能的弱肉强食暴力观，在文明文化发展到一定程度后，演变为兼用暴力与智力的强权功利观。"暴"与"智"的结合与演化（丰富化），遂成为古代历史发展形态的基本特征之一。

历史文化的飞跃发展体现为原初"思想意识"的出现，其特点是超出了借助专制暴力维持的群体秩序中的（相当多动物均在低级程度上分有的）用智文化阶段，之后出现了对事物具有观察和评判兴趣的原初"文化人"。其观察和评判的对象主要是决定着社会状态的集团统治者之作为及其效果。于是，统治者与文化人都在前述初步"善恶"倾向中发展出更为稳定的"道德意识"，也即从前道德思想性的盘算"好坏利弊"的纯"用智与较力"阶段，演化到具有"善恶是非"意识阶段，并进而增加了与前二者相关的自然性与经验性的权势信仰阶段。无论古今，"道德"和"伦理"这两个最常用词的意指性非常含混。此处所说的泛指"道德意识"应该区分为两种现象：以社会秩序与领袖意志为中心形成的成员"忠顺意识"（守法性）和从文明史上萌发出的"善恶意识"（正义感）。当然，"善恶"既可用于标识前者中的"顺逆"，也可用于标识后者中的"是非"。前者是"法律性评价"的原型，后者是"伦理性评价"的原型。二者为不同类型的评价意识（不同于利害意识）。在本人的各种论述中，前者的正当性主要用"道德"一词标识（其基础为权力规定的法则性），后者的正当性主要用"伦理"一词标识（在具体论述中不时难免会有混用）。从文化人类学角度看，两种正当性的评价意识的"主体"根本不同：前者为集团秩序支配者，后者为原初形态的"独立个人"（原初"文化人"）；前者的身份是"集体"，后者的身份是"个体"。于是随之我们看到原始道德现象的一种双元性：一是作为集团支配意识中的双重行为规范，即硬性的刑罚制度与软性的道德规范；另一是民间文化人对于前者所支配的社会状态的价值性评判意识。最初文化性的所谓"思想"主要即指从原初集体性的行为层面的利害分辨和权势畏惧意识，过渡到具相对思想独立性的"文化人"个体对此集体秩序状态进行的反思性"善恶判断意识"。此一个体性的"伦理意识"是相对于集体性的"道德意识"而滋生的，其结果即从早先由权势者统御被统治者的、下意识的"群体一体性"社会心理形态，演化到统治者与被统治者在意识层分划出相互价值观对立的关系形态。从精神潜力演化的角度看，文明的进步即表现于此种"个体伦理意识"的萌发上：从早先有关利弊观察与分辨的集体生存面上的纯智能提升（作为更早的原始"文化人"的巫史星医等为纯粹"用智者"，其身份相当于集团统治者之"技术性工具"），发展为包括权势者与被支配者之间关系层面的"善恶感"及其评价标准的出现。"好坏"的感觉由单纯的"利害"内涵，扩展为包括"善恶"的内涵。从动物性的"利害"感向人类性的"善恶"感的演化，历经了极其漫长而不可考的发展期，可视之为一种人类文明踏入"精神性层面"的一次划时期"突变"：人类从其准动物性阶段具有的单维"利害"分辨能力，进化至其文明人阶段的兼有"利害"与"善恶"的双维判断能力。同理，此时人兽共有的原始"智"机能，现在对于人类而言，必须分化为利害判断性的"智"与善恶判断性的"智"，后者可能最早出现于原始诗歌文化中。

以上的描述并非可能直接得自对于远古社会本身的研究，而是只能间接推测于古今文史记述经验。从肯定为战国初期以后编写的《书经》来看（在其之前并无"长篇文章"与"流通书本"的历史实物的遗存），其内容即相关于"权力者"之"智愚"和"善恶"表现及其与人民的"道德性关系"。儒家学者在其按照时序路线编写的远古政治神话的想象故事中，表达了儒教对政治秩序（其构成人员包括：超自然的天道权力根源及天道选定的权力者组成的"统治系统"，与服从此双元权力源的、提供着维持集体生存所需生产劳务的人民）与道德秩序（由天道约制权力者可能的暴虐，权力者通过其领导力表现的爱民作为，人民对宽善统治者的敬爱与对恶虐统治者的憎恨等）的观念。由于因果关系认知能力的发展，古人逐渐将人之间的善恶问题，主要归结为统治者对待人民的态度及其行为效果方面（相关于统治者的智慧高低）。统治者的爱民惠民道德义务的原则是由所谓超自然的天与天道予以"绝对性规定的"（即不容违背的，否则遭受天谴，此天谴可能通过民众反抗与更换统治者的形式加以实行）。至于如何提升统治者的爱民惠民目标，古人心中只有一种方法：启发统治者的（积极性的）道德自觉及（消极性的）开明自利意识。因此古代的道德意识主要指政治道德，因为只有在"邦有道"时，社会上其他道德现象才有可能出现。于是在孔子之前的、其实情难考的原初社会性思考中，政治道德的维持与提升依赖两类天真的观念：想象中的天的客观约制力和判决力，以及人民在现实中对统治者良知萌发的期盼。为了促成统治者的良知觉醒，贤良臣下的劝导成为一种虽乏效能而或有可能相对实行的途径。直到孔子之前，此类"王权劝导者"本身其实也是统治机构的组成部分（幕僚谋士的功能主要为利害规劝，此类"原始知识人"在功能上类同于更早的巫史类"最早知识人"），其劝导的效能是极其有限的。结果，无论是想象中的天道的约制力，还是现实中君王的良知力，或是贤臣的劝导力，在先秦及秦后的传统专制主义历史上都难以促成理想政治道德的充分实现。此种政治道德的实现，在后世的想象中被赋予所谓"三代"或"文武周公"这样的历史标签。实际上此种历史想象千百年来仅只起到一种"理想政治"的"象征性表达者"的作用，即后世儒家将其作为历史现实中对各种"邦无道"现象进行批评时所依持的、官方允许持有的"道德标准之共识"。其实历代儒家政治批评者所真正依据的并非什么纯属理想传说的"三代"，而是自然人性中的善恶本能意识。后者正与同样根源于人性经验的、春秋时代才形成的仁学思想倾向相一致。

按照古代简单化的政治道德分析方法，将"治世"的形成解释为统治者集团（君、臣、士）的品德优良作用的结果，其品德表现最终体现于政治层面上。于是上述个人与权势团体两个维面上的道德行为特质被简单化、统一化为个人道德性品质的好坏高低（作为个人的善恶与作为政权效果的善恶）。文化思想水准的进步也体现在从具体对象向一般对象的转移上。善事与善，恶事与恶，遂在认知上渐渐区分开来。于是，原初"思想者"在回顾记忆与传说中的历史时，既有一个关于善恶事件的认知，也有一个关于善观念与恶观念的认知。这个善与恶观念遂各自形成一综合性整体，包括：诸善恶事件记忆，一般善恶观念，以及包含二者的历史文化现象分类（兼含事件与观念），我们用字母符号表之为历史传统或惯习中的"善因素"（G）与历史传统或惯习中的"恶因素"（B）。在此所谓历史上的善恶因素，乃指任何具体行为与现象中显示的善恶因素，而任何具体现象、事件、行为中都会不同比例地包含两类因素。但是在历史现象中具体事件如呈现出以或善或恶因素为主时，往往即可将该事件或过程简称为善或恶。让我们在以上未免过于简略的描述之后记住一件肯定的历史事实：历史长河中存在着人性发展中自然演化而生的 G 传统和 B 传统。它们分别体现在历史上出现的人性性向、思想观念、行为倾向与事件效果中，但往往以不同比例共同地存在于同一现象或事件中。

3. 仁学思想的划时代出现

无论是按照儒家标准还是按照现代人本主义伦理学标准来看，所谓"孔子思想"的重大意义之一即表现为：该思想代表着中华文明历史上首次出现了不仅是非官方的而且是个人意志本位的、有关社会正义与个人良知的伦理价值观表达；而其更为重大的精神、文化层面上的意义则表现在：孔子仁学伦理思想将其道德原则与文明观念，历史上空前地直接挂接到普遍性的人本伦理理念上，而不是挂接到任何权势系统上（如宇宙天道或世间王权）。此一从殷商统治者权益至上本位形态朝向人间普适公平性本位的"意识形态上的"历史突变，完成了中华精神文明史上的一次本质上的"革命性的"升扬，也即在民族伦理观念次序上，将纯粹代表现世人间正义的"仁"理念，高置于代表现世人间至高权力者"王"之上（而将传统上作为王之绝对基础的"天"排除于人本主义伦理学之外），也即相当于将权势者"王"仅视为实行道义原则"仁"之"工具"。此外，此一在人类文明史上更具人类普适性的伦理思想贡献则表现在：首次提出了人类生存上高扬精神文化价值观的大方向，也就是一种

"以学为文"的文明存在意义观的创发。结果，孔子伦理思想的历史功能竟然大大超出了其起源期的实践意图，即以其参与政治改良任务之失败过程，铺垫了其后两千多年为中华文明精神文化创造担负起伦理价值观方向指南的使命。不仅如此，《书经》中表现出的那种"皇权政治道德观念史"，在孔子思想中演化为一种"个人良知人格伦理学"，并在中国历史上促成了在客观统治者权威侧的"道德学"与个体良知侧的"伦理学"之间的固有思想对峙。我们将《论语》文本中使用的核心概念"仁"字，作为其人本主义伦理学体系之总称。孔子思想也就可在伦理学的意义上更准确地被称作"仁学"，其含有的人类普适性的个人伦理思想本位的特点，使其自然地与其后立基于儒教官方权势本位上的"儒学"，在构成、功能、目标、效果诸层面上形成了明晰的区分。顺便指出，现代分析法就是要将古代遗留话语文本中的错综复杂的混合的言语表现加以分梳，以便使得其中以潜在形式发挥作用的不同社会文化功能得以相互分离，从而可更准确地察验它们各自在综合历史过程中的不同作用。

传说中的孔子或孔门仁学思想的突然临世，之所以成为中华精神文明发展史上划时代的文化突进事件，主要因为该事件对于其前千百年的历史文化观念进行了精辟的思想性总结（"集大成"），首次清晰地提出了一个具有永恒性意义的人本主义伦理精神信仰系统，时至现代化今日，此系统甚至表现出一种意想不到的具有普遍启示性意义的重要伦理价值观。与一切其他影响深远的信仰系统相比，仁学信仰体系呈现出人类历史上独一无二的、现世经验理性的思考方向。正是此一现世经验理性性格使其在现时代、新世纪增附了历久弥新的重大意义，也即因此而可表现出与现代人文社会科学在认识论和方法论上的一致性的关系。因此，与各现代超世信仰系统对人文科学研究事业避之唯恐不及的趋势不同，中华仁学伦理学反而越来越呈现出与人类人文科学未来发展可相得益彰的倾向。如前所述，仁学，即"人之学"，也即"关于人及其活动之研究思考"，竟可戏剧性地、美学性地乃至理论性地以单字词"仁"作为其总称。这个字以及这个字所代表的各级对象遂成为中华伦理精神文明发展中的关键性转折点，也可以说是中国历史上精神文化史开始期之标志。

但是也是从此重要的伦理思想出现开始，我们开头提到的汉字语义学融合或混同现象也发生了，这就是"仁"字与前述 G 倾向的关系。G 代表着仁学之前人性中一切不同程度上朝向于"善良"的心言行倾向，而当其后仁字提出并逐渐成为共同使用的思考与理解工具后，人们开始习惯于用"仁"字代表了一切"G"方向上的心言行表现（自然是在无意识的过程中渐渐形成的惯习）。虽然"仁"代表的思想和言行与历史上的 G 倾向具有多方面的重叠性，而且"仁"显然也是来源于 G 的，但孔子的"仁"还包含着许多非属 G 传统的、个别性特创的伦理实践性功能。"仁"的"实质性内容"来源于G，一方面我们设定 G 为社会性惯习或"公言"的历史文化根源之总称，而另一方面仁学作为"伦理实践学系统"却是"个别性的创造"，是 G 传统之外的独立伦理思想之系统化创生。不过事实仍然是：成为历史公言及其历史根源的是远为古老的 G 传统，而不是后来出现的"仁"系统！此 G 作为历史共识和公言当然也是其他思想派别中具有价值观上类似观点倾向的共同来源。

我们在此提出这样一种历史文化人类学上的人性倾向二分法观念，是为了在我们的思想史研究中避免不必要的概念混淆，即历史上的"善传统"本身和其中创造性产生的"仁系统"，在我们的研究中应该加以适当的区分。因儒教时代开始后，人们习惯于把作为历史一般人性倾向的"善"现象与作为特殊伦理思想系统的"仁"现象混为一谈，从而混淆了对于相关文化思想史上的价值观异同与因果关系分析。周秦汉以来在儒家和儒教主导的思想史上，由于权力者政治意识形态的特殊运作，"仁"被广泛视为 G 的代称（为了特加"利用"其"名号"，而特意人为扩大了仁学在历史影响中的"幅度"，却反而因此降低了、模糊化了仁学自身固有的伦理性功能），"仁"也就易于被视为各派论述中使用的、相当于 G 的公言。当这样的标称取代成立后，遂也暗示着，此一受到统治者"神圣化加持"的标称"仁"，不仅意指着 G 这样的一般历史倾向传统，而且使其可包含着或牵连到任何来自此 G 传统的其他非仁学的向善思想，从而进一步增加了仁学系统的混沌性或歪曲了仁学的伦理学纯粹性。换言之，此一潜在的意识形态技巧的奥妙是：先是圣化孔子及其"仁"之学，其次将"仁"与任何"善"或"好"相混用，最后将儒教标示的一切举措称之为"好"，从而使儒教统治者的正当性被视为根源于已被圣化、准神化了的"仁"的创作者。这样的儒教社会所驾驭的"仁学观"遂首先模糊化了仁学本身的基本立场及其实践学的个体化主动性和运作的系统性，儒教之学——"儒学"遂与仁学混同为一。我们的解释学的仁学与儒学研究，首先也就是要将二者在构成与功能上分离，从而还原仁学本身的自成一体性。只有这样的原始仁学之解释学还原的结果，才能复原仁学固有之性能并使其有可能在现时代发挥积极的伦理思想效用。

如果"仁"及仁学主要与 G 传统相联系，那么现在再来看其"对立面"B 为何。B 作为强悍、残暴、狡黠（智慧的一种）公私层面上的传统人性惯习之总称，是自人类出现以来即根深蒂固存在的，远较 G 传统的历史久远（向恶倾向来自人类的动物类起源，而向善倾向为人类朝向文明阶段演变后才逐渐出现的）。当文化进一步发展后，B 行为惯性逐渐呈现为组织性增强和智慧性丰富化的特点，古代历史"暴君"或"暴虐行为"渐渐被视为一种行为和观念的系统化倾向。此一具体化为"强横政军倾向"的历史惯性，自春秋战国以来被"法家""术士""说客"等代表的"权势计谋学"予以个别化、系统化或准理论化的发展。其中最主要的称代即为泛指的"法家"。我们遂可用"（广义）法家"表示这类有史以来的全部类似倾向，而用"（狭义）法家"专指史书上的政治家及谋士，如管仲、商鞅、韩非等。

4. 仁学、法家、儒家、儒教

汉代成立后所形成的新的社会政治形态及其思想样式，可统称为"儒家"。（如果沿用战国时期用词的话：那时的派系单元称之为"家派"，"家"与"派"相通，故称之为"先秦百家"或"诸子百家"，因此与"法家"对举的是"儒家"。）汉代统治者为了宣扬其正当性，故特别要以"儒家"称谓对立于公然标榜"法家"的暴秦帝国。"儒"字来源可能较早，但直到春秋《论语》时代尚未成为"家派"之称谓。其作为"儒家"的用法也是颇具随意性的。作为传说中的晚周"诸家"之一的"儒家"和作为汉帝国及其意识形态确立后而"追溯"（重构）其源的"百家"之"儒家"，并非一回事。先秦之"儒"及"儒家"含义较窄，可能泛指"文书类""教育类""文化性匠艺"类等先秦"文化人"。而在汉代创立几十年后社会文化获得显著发展以来，"儒家"的指称大大丰富化，特别增加了其道德性和初起的学术性意涵。于是我们看到了"罢黜百家、独尊儒术"事件所代表的儒教思想世界之建构时期。正如同一时期司马迁在史学领域进行的"整齐百家之言"一样，学术思想界也对此前几百年思想传说进行了"整齐化"的工作，同时也部分根据当时统治集团的意识形态需要，部分根据传自先秦的各派思想观点，对各种历史传说及传承资料进行了"再组织"的工作。其结果之一即包含了其后两千年至今我们所熟知的"先秦时代"文化思想形态。这个通过汉初"再组织而成的"历史及思想史内容，并非即是先秦时代真实情况记录之可靠完整再现，应当说其中相当部分乃是汉代儒家在爱好文化的诸侯王主持下进行的历史思想传说资料重构之结果。虽然我们可以从中相对地追溯其先秦时代之"部分真相"，但难以根据古代文化学术粗简条件下所完成的初期历史编纂学结果对其前漫长历史过程真迹进行充分复原的工作。有鉴于古史材料遗存的传说性质，我们自然也难以据其对古代学术及概念名称的来源进行准确的溯源工作，其中一个主要的古代文本理解的难点正是相关于古汉语本身的特殊构造的。此外，对于现代研究者而言，我们也很难摆脱自那时以来两千年至今的固定话语语境的"汉字用法"。胡适以来关于"儒学"的字源学分析，以及清代考据学的大量原始字义溯源学的各种研究，按照当前相关的新方法论，可以说均需要重新加以检讨和改造，不可视之为现代汉字语义学研究的"基础"。字形未变的汉字之意义当然是随时代、随环境而变异的，其"形成学"（象形字与形声字）与其历史语义学之间的关系是错综复杂的，绝对不是直线因果性的。因此对于现代的古史研究而言，根据文献中的字义进行机械的字源学分析并非真的较为符合现代科学标准的研究。

正是在《史记》重构历史传说和"五经"编订先秦学术思想传说的西汉时期，"儒家"这个概念呈现出多方面的复杂性，其用法具有高度政治实用主义特征。其实我们完全应该建立一门"'儒家'概念的符号学分析"专业。这样一种现代专业的研究可使我们将其直接的"显明所指"与其间接的多元"隐蔽所指"都包含在内，对之进行综合分析。这样我们就会首先发现一个貌似矛盾的字义构造性特点：古代学者早就指出的"儒表法里"的汉制，本质上就是汉代称之为法家暴虐代表的秦制之继续。（人所共知的所谓"秦承汉制"早已为汉代开启的儒教历史之本质提出了证明，此即法家制度。）在政治制度的实体上，汉帝国与秦帝国可谓一脉相承，它们共同奠定了历经两千多年的中华文明中的专制帝国历史形态（以秦代的法家中央集权为主，以传自周代的、大为弱化的封建诸侯制为辅）。但是在政治与社会的政策的实行上，汉与秦在内容与宽严上有所不同，此实因彼此的历史处境和因时制宜的具体政治目标选择的不同，所以秦汉之异表现于表层，二者之同则凝固于深层。

历史上的所谓暴虐与宽仁，乃出于统治者的不同处境和不同的利害需要，以及相关于各自掌握的认知与技术的手段之差异，二者之别并非基于各自社会制度与道德思想等方面的差异性。由秦代完成的中国统一客观上促进了据其而立的汉代社会文化的发展，其结果之一也反映在汉儒对意识形态作用之认知与提升上。历史上权力意识形态的成熟和发展是与权势规模的大小成正比的。汉代统治者意识到，应该在意识形态层面上制造出"法家"与"儒家"的二分法，使之表面上标志秦朝和汉朝的政权"道德性"特征，用以产生使两个政权分别代表"善政"和"恶政"的持久宣传效果，由此而加深自身政权之道义"合法性"以及本政权"已获天道绝对势力支持"之客观规律性。（因此，历史上胜方永远称自身为善，称败方为恶，同时宣传"天道"永远支持"善方"，实即"胜方"。）这样的出于政治道德意识形态宣传考虑的混淆词语的用法，自然加重了古代思想学术语言意义的含混性。其最简单的、不难理解的效果是用"儒家"直接代表"善"（政治上的宽仁与思想上的自由），用"法家"直接代表"恶"（暴虐与欺诈以及思想垄断）。把一个本来作为政治史和思想史上的客观思想行为倾向的"名称"转化为"道德性标志"，其混淆效果有二：一是掩盖了汉朝与秦朝都采取着同一的"法家在实践上所支持的政治制度与策略"，而此"法家"之根源正可溯源于其前数千年的社会文化历史中的一致性的恶倾向（产生于B传统）；另一则是掩盖了以儒家为标榜的汉朝自身的与秦朝大同小异的暴虐行为——作为权势制度建立之必需过程（如汉代自身即曾加以贬斥的武帝穷兵黩武事业。秦皇汉武在暴虐上没有区别，其社会文化上的政策选择之区别则源于各自的时代环境与条件之不同）。经过这样的意识形态方向的词语之语义转化，"秦汉之间"变为"儒法之间"，又随之变为"善恶之间"。其标榜"善政"之代表的手法之一即广泛而有选择性地采纳传统上的特别是来自孔子的仁学词语与部分思想，以作为其在"武略"之后开辟（秦帝国尚无足够时间顾及的）"文政"的历史经验来源。历史上文政部分在发展过程中的自然丰富化遂发展了秦制本身尚未有的文化生活，称作"儒学"的后者的出现，客观印象上则有助于加强秦汉制度之间的区别，以至于千百年来人们一直误判的"秦后仁政"的封建主义历史神话诞生了。实际上，"文"与"武"是任何专制政权长治久安必备之两端，而要点在于此"文"端完全是建立在"武"端的基础上的，由"武"所控制并为武服务的；也就是儒家思想是由法家思想所制导的；或者更准确说，儒家是"较完整的，或扩大的，或丰富化的"法家之组成部分；但也可以倒过来说，法家是广义儒教的"制度化硬体"的组成部分。

历史上秦代之法家实践不过是在秦国进行长期侵略谋划过程中不得不集中实行的狭义法家之"征服哲学"而已。通过此一历史意识形态的制作，凡以汉朝及其"儒家"为标榜的帝王制度均可自我标榜为历史上的"仁政代表"了。于是历史上似乎只有一个"最坏者"——秦始皇法家，即两千年儒教历史上的逐代统治者可众口一词地"将人间众恶归诸秦皇一人"，言必称"暴秦"遂成为一种有用的掩盖历代儒教皇朝所应分担的"为恶责任"。（殊不知正是秦始皇为以后两千年儒教奠定了制度性基础，所以秦始皇才是两千年儒教社会的真正奠基者，其自标的名称"第一个皇帝"，可谓名实相副。）所以大家纷纷和秦代划清界限，并乐意厕身于汉制开创的、号称遵行"三代遗制"的王权系谱内。其实严格说来，正是秦与汉共同创建了中国封建专制主义形态，秦为此帝制奠基过程的前半段，汉为此帝制奠基过程的后半段。秦为汉奠定了政权形态的基础，汉在此基础上，在武与文两方面，完善了封建专制帝国的制度与规模。此一由秦代片面创立而由汉代全面充实的统治制度可称之为儒教，而法家即为被包含在、被融化入儒教系统之内的制度基础性部分（儒教制度之"硬体"）。

我们根据人性现实与历史的直接、间接的经验，将历史过程中两类价值方向性表现的标志，称之为 G 与 B（也即"善倾向"和"恶倾向"），当然不是基于严格的史学分析方法，而是一种仅适用于我们对于历史事件价值倾向描述需要的语言工具。此种概略式代表的历史倾向二分法，其实即相当于日常所说的好坏、善恶、君子小人等等"正负二分法"一样，只不过以字母方式使此二分法的所指域最大化而已。其作用只是为了在我们选择的分析层次上的一种特征描述的方便性。如前所述，当"仁"与仁学在春秋以来的周秦汉几百年间，在作为文明史上逐步形成和发展的共同"教育传统"和"宽仁政策"等历史实践领域内被吸纳和发挥越来越显著的辅助作用后，自西汉造经时代开始被视作前历史倾向二分法之另一"代称法"。于是，属于 G 传统的"政治文化倾向"（文教与善政）与春秋时代才建立的"仁学"往往被混为一谈。实际上孔子仁学也是从 G 传统中发展而成的。换言之，G 传统中的文教部分和政策部分（基于某些统治者天性爱民及君臣采取的重文政策态度）是自古以来一直程度不等地存在着的，是历史上一些统治者和上层社会不时会基于同一历史自然倾向偶然采行的，这类历史上的"宽仁"政策本身并非孔子的发明。然而自从孔学在西汉时名义上获得特殊地位以来（被人为封为经学始祖和 G 传统的唯一权威性代表），汉代以来的统治者通过此变形的描述法，一来将孔子和仁学视为任何封建统治者均可能因客观需要而不时采行的 G 倾向的政策和文教施为之历史根据或道义源头，二来通过此"至圣先师"的圣化封号而示人以本朝政权具有道义上权威的合法性。另外，法家之名被西汉以来统治者作为政治道义的反面在表面上加以排斥，而实际上却汲取其"精华"——暴力专断制度。在意识形态上统治者对于法家传统的最显著发展为：进一步丰富化了"权势天授"神话论的构成，此即汉代趋于具体化的"天人合一"论。统治者本身干脆被称为"天之子"，再通过将孔孟人性论的"孝学"（对亲）塑造成制度转化性的"忠孝学"（对帝），自然强化了"君为人民父母"的观念，于是在"天、君、民"之间形成了一条政治化的准孝学关系链。

此外，汉代儒家政治意识形态创立者的最高明创造表现为：在法家天道（不可测的天神权势）、儒教帝统历史（万古一系的政治权势谱系）和宣导前二权势系统学说的神圣性儒学（道德权势谱系）三者之间，建立起某种实践逻辑性联系。而至圣先师孔子则被封为以上三套权势系统的总代表：借助于仁学因符合人性善恶辨析需要具有的心性影响力，将其作者"准神化"后，使其担任儒教帝王专制系统的"永久国师"功能。儒教制度运用的"儒学"的主要作用即在于支持及阐释含有宗教、历史、思想三层面的一种综合性的权势意识形态系统。在将孔子及其主要相关于君子品德教养的思想学问所具有的真实思想精神感动力与三套权势系统具有的绝对道德性混合为一，从而通过加予孔学的此一政治意识形态功能，迫使仁义观为帝王专制服务（即通过颠倒仁政观的原初实践学次序，不是借君行孔子之"仁道"，而是借孔子行帝王专制之道）。

让我们再回来看以 G 与 B 标称代表的历史上的两类集体行为价值性倾向，与和其相混的孔学和法家之间的关联。G 与 B 只是我们对远古以来人类文明发展史上的集体行为倾向使用的泛称（传说中可举"文武"和"桀纣"为典型例），而仁学和狭义法家则为可靠历史中的具体思想和施为（各自均可有宽严不等的内涵）。二者各以不同方式，在材料内容上，分别与 G 和 B 相叠合，并且均分别滋生于其中，但二者均属文明史进一步发展后对 G 与 B 传统进行"组织性精化"的产物。于是在春秋时期，出现了作为具体思想与行为方式的仁学思想系统与作为"渐趋系统化践行的"法家策术系统。二者产生于、作用于大约同一历史时期，却在不同层面上（精神思想面与政治行为面）采取着截然对立的价值观和实践观。而秦汉以来二者却被两汉"儒教"糅合在同一"大一统"政治与文化综合系统中。二者的历史命运不同的是，法家在秦后实际上被全盘吸收进儒教权势系统之内，而仁学则在被代表法家意识形态的儒教对其加以片面化、歪曲化后，成了同一儒教系统的品德教养学部分。孔子的君子之学，在政治实践层面上，是要读书人得君以行道（仁道或仁政之道），而儒家采行的君子之学（仍以孔子为名义）则是要读书人在"德才兼备"后可有效地为既定帝王权势目标效忠。仁学的"致公"之学，遂演化为儒教的"供帝王驱使"之学。自此之后，统治阶级采取的任何"刑德"举措中的"宽仁"部分和"教化"部分，都被说成是秉承着帝师孔子之教。（皇权制度的"权利秩序"中皇家之私利永远为第一位，人民的利益不仅为第二位，而且因其具有服务于皇家利益的功用方可获得其存在权利。整个封建主义"国家"均为支持皇家私利之基础及工具。）

实际上在历史上任何时期的统治者，都是按照具体处境和个人性格的特点，而选择或严或宽、或暴或柔的"政策"的，因为作为诸不同具体"人"的统治者和官吏，其善恶秉性与残暴怜悯习性都会以不同形式自然有所表现（所谓"明君"与"昏君"均属历史上的偶然行为，此乃"人治"之自然结果）。此一现象的根源正是与 G 和 B 倾向中的人性历史发展一脉相承的。结果，不过是出于君主品德的偶然特性以及不同客观处境与不同的利害考虑，统治者可能表现出来的待民宽或待民严之偶然作为，一经将此侧重文教政策方面的实用性政策选择挂靠到孔子名下，就可在印象与宣传上增加统治者权势的道义正当性：尊崇孔子教导（此种"统治正当性"的灌输自然也成为使民"易使"的心理术工具）。正是将作为伦理学系统的仁学与历史上统治者善良本能之偶然流露的 G 传统加以混淆，遂有助于帝王统治者在道德上美化自身和愚弄臣民。同时，自然因此也就将仁学和儒学混为一谈。儒学对仁学的本质性颠覆，首先即体现在瓦解仁学伦理学本身的系统性结构上。经此结构性瓦解，仁学的各种零散材料遂可被意识形态操弄者加以任意选择性利用，而将其混杂效用均称之为"来自至圣先师孔子"。通过圣化、神化"孔子"名号以使其承担意识形态方向性支配的作用，此一两千年来加以"人为制作的"名号"孔圣人"，与历史上传说的"历史人物"孔丘，以及与作为《论语》文本思想"作者代称"的孔子，在今日读解中必须加以区分。以孔子作为《论语》作者之名的仁学，其精神和宗旨只能体现于其思想整体内的实践逻辑系统性上，而非可以以其作品中的任何个别组成部分来以偏概全。仁学的众多指令句"材料"同样来自历史公言 G 传统，而其运作诸选择材料的"实践学统一性"（一以贯之）本身才是其思想体系存在性基础。

将仁学和法家与自古至今一直存在的 G 传统和 B 传统混淆后，就会看不出仁学和法家各自具有的系统性特点，就会简单化地将任何宽仁举措视为在贯彻着（由被人为圣化的孔子所代表的）仁学思想。而将仁学等同于儒学后，更会将儒学视为代表着仁爱精神与宽仁政策（王道）的更为完全的道德思想体系总称，会把一个号称为儒家的法家政治制度视为在支持着仁政事业，而将历史上的"众恶"均归之于实为其自身"产生根源"的秦政。以至于现代学者们竟然以为应该恢复儒家治国方向，此实因将历史上任何宽仁政策均误会为该帝王遵从孔子之教的缘故。固然，将仁学与 G 传统等同后，或将仁学视为 G 之精粹凝结后，出于期待现代统治者采行"仁政"的愿望，遂可发生系统的概念混淆性。其根本原因即在于未能区分品德性向层面上的人性永久存在和（软硬）权势制度性层面上的人为制作。结果，一方面，由于不当混淆和随意牵连历史概念，遂将历

29

史上的表面现象作为判断现代社会政治合宜性的廉价方法；另一方面，由于同一混淆作用而失去了对"法家"身份之深刻辨析：未能分辨狭义法家（作为中国历史上最具理性化效力的政治经济策术智慧学本身，"法家"名称之"善指"）与广义法家（作为泛指历史上"暴虐与欺诈"思想行为传统的古老历史根源，后者大体重叠于B传统）。前者指政军经方法论层次上的中性智术学，后者指权力者以行恶为目的的人生观与政治伦理观，而历史上前者往往作为后者的手段学部分被运用着。不过，从历史文化人类学角度看，中国历史上的政军经智慧技术性的发展，主要是在广义法家权力哲学发展中形成的；法家权力哲学促进了各种权力技术学的发展，后者本身的技术化中性身份自然使其可为各种政治动机与目标服务，但在由法家权力哲学运作下形成的中国漫长儒教社会史上，此一中性的斗争策术学与智慧学基本上是为儒教政权利益服务的。

实际上，G倾向和B倾向，作为公私行为倾向，均属历史经验事实上的人性所固有，永远不会消失，而其表现方式和程度则依赖外界条件（环境格局和贯彻手段）的变化而变化。就历史现象而言，二者严格来说仅指"价值性因素系列"，往往不同比例上同时存在于同一现象中。因此严格来说，不能把作为恶因素系列总称的B，等同于法家传统。"法家"所指相关于具体历史事件或过程，其与B在历史上往往多叠合，但并非因此即不包含G因素。我们往往就其主要倾向对其进行道德评价式描述。但仁学则是个别性的特定伦理学思想体系，具有其价值观、认识论、实践论等思想面层次上的"软性（思想）制度网"；类似地，法家作为历史上特定的政治权力现象具有其现实面层次上的"硬性（权势）制度网"。仁学本身仅只是一种思想的存在，体现于传承文本中，此思想的作用和效果存在于精神文化领域；法家本身则兼含思想和政、经、军行为，表现为历史社会性实体过程。所谓儒家（主要指思想、文化与学术现象，但也可泛指制度与政策），或更适切说"儒教"（兼指思想、信仰、制度、历史各方面之整体），其取自仁学的只是其品德教养学成分及文化宣传性功能，而取自法家的则是其全部制度性的及策略性的诸要素

（按照现代语言，兼具其"权力哲学"和"功利手段"），尽管经其对法家加予的意识形态改造和补充而有效掩盖着、混淆着其特有的法家式存在。简言之，儒教的实体为法家（"汉承秦制"即指此），此法家整体包含的三大部分（强势残暴的社会权力垄断，唯利是图的计谋策略，天道势力的迷信崇拜）已为儒教全部吸纳，其补充的主要部分为（不是改变法家本身，而是在法家整体上加以增添文化意识形态"武器"，从而使其综合性效能进一步强化和丰富化）：形成了兼含思想学术统系与帝王权势历史统系的意识形态系统。在此意义上，两千年的儒教制度可以说正是强化了的、丰富化了的、扩大了的法家制度形态，即原初法家之一种变形式发展。

按照现代观点对于儒教从各个方面持批评态度为一事，客观地看到两千年儒教历史在数千年的中华文明史的积极正面作用为另一事。儒教制度在其道德性上的负面特点与其在中国族群历史延存方面起到的积极作用是共同存在的。不仅民族历史赖之以延存，而且其作为"历史舞台"搭建者与维持者的（历史社会学上的）功绩也极其巨大：由于此历史舞台的存在，中华文明的精神文化创造得以在其"社会物质性基础"上展开。所以，儒教制度作为人类生存的"工具性机制与条件"，对于精神文化实践与积存的间接性贡献，自然应与其按照现代普适价值观衡量出的道德性缺欠分别看待。我们在此似乎有意"挑剔"儒教历史上的正负优劣表现，实际上是为了将纳入其历史存在的仁学系统从其中解脱出来，以使其可在全球化时代积极发挥中国乃至世界的精神文化上的创造性作用。我们当前的仁学研究目的，不仅是为其历史上的表现性质进行"正名"，而且是为了如何根据现代新知、新学、新理，通过合理的再解释，以使其获得精神生命力的"复兴"。通过以上论述我们认识到，G 与 B 惯性或倾向作为历史事实过程中的人性自然表现，实际上为一切古代粗略形成的思想派别所"共有"或"分享"。历史上具有道德上正反二特性的自然倾向，并不同于含有类似倾向的特定思想派别本身，虽然各种思想派别（作为思想系统）与相关历史现象（作为历史事实）都会"牵扯到"二者。关于法家、儒家（儒教）和仁学三者的关系问题，首先应考察代表中国两千年文字史过程的三个标称：儒教、儒学、儒家。此三者作为中国历史的不同侧面（政治制度、学术思想、品德风格）如果都由"儒教"来概括性代表，那么其政治制度的"硬体"（核心）即为法家，其品德风格教育体系则为仁学（即在纯粹教育技术性层面上"运用"《论语》中的品德智慧学）。单从思想派别层面看，在"儒、法、仁"三者之间直接形成了立场与方法上对立的就是法家与仁学，因为二者在动机、目标、方法、价值观、人生观诸层面上都可以说处于截然对立的关系之中。

我们还可以进一步说，仁学伦理学的产生就是在与法家潮流（兼含思想与活动）直接对峙中发生的，是中华精神文明在其法家部分的"历史压强"下产生的。当在孔子仁学之后出现了孟子仁学时，当由春秋时代进入战国时代后，上一结论更为明显：《孟子》就是仁学士君子与作为各式法家（权力哲学信奉者）代表的诸国领袖之间的"伦理性对话"（价值观对立的双方之间的相互辩诘）。所谓"法家"的历史实践者当然不限于曾经最充分对其加以利用的秦始皇，而是相对地包括战国时代各国一切统治者，他们无不采行法家策略术，只是由于处境和条件的不同，彼此表现的"法家特色"各有不同罢了（战国时代各国统治者均有称霸天下的"法家野心"）。只不过是秦始皇将法家精神贯彻和运用得最成功而已。至于孟子和王侯之间的对话式对立，更是清晰地表现出仁学伦理精神与法家权力哲学之间在价值观上的根本对立性（并非实指历史过程中"两造间真实的对立"，而是《孟子》作者在借助历史故事来表达先秦历史上普遍存在的政治伦理对立观而已）。

5.《论语》与仁学

现代研究《论语》与仁学的主要"基础"就是传承的《论语》文本。此一在四百年左右期间由不同时代、不同人士在同一原始文本基础上陆续编写而成的伦理学系统文本，反映了春秋、战国、秦汉等不同时代、不同人物（大致而言）共同认可的一种民族性的思想共识。前后参与编写者各以不同的"共识度"尊奉着由原始作者"孔子"所设定的价值观框架。所谓由特定"作者群"设定的价值观和实践观框架，在内涵与界限方面自然具有其一定的原始"模糊性"。我们今日从其内涵与边界大致的轮廓中设法进一步较准确地勾勒其意义及结构关系，也就是要对流传至今的文本进行进一步的"选编工作"，主要是将与该仁学核心背离或无关的思想成分排除，以完成初步的"原始仁学还原"工作。

本书将《论语》文本中与仁学大方向明显不同的部分加以排除（稍后再论），而将可大致符合仁学思想宗旨的文本部分视作我们新仁学采纳的、符合原始仁学精神的《论语》核心部分。我们称之为"真孔子言"者，不过是以此说法表示根据现代伦理性义理标准，认为此部分最可呈现完整的仁学伦理学框架。严格来说，"仁学"也有广狭二义。作为中华文明伦理价值观总称的广义仁学，可以说不同程度上、不同方面地渗透于历史上一切中国人（包括统治者与被统治者），这是指其代表的如下总体共性而言：现世观、人本观、理性观、实用观、善恶观、爱智观。而狭义仁学，与上述大体为被动性的广义仁学不同，作为孔孟原始仁学的核心部分，其特点是根据上述统一价值观进行的个体主动实践性。广义仁学（主指受动性价值观）与狭义仁学（兼指主动性价值观与主体实践论）导致所谓初段仁学实践（"有教无类"）与高段仁学实践（"好仁者稀"）的二分法。初段部分适合于一切人士（主要是一切"读书人"）心言行之自我伦理性提升，这是可将《论语》比喻为中华文明史上的"圣经"的主要理由之一。凡具有仁学信念倾向者均有可能接受其初段部分表达的仁学伦理价值观和道德实践学方面的启示，此一部分也可基本上相通于、类似于其他文明、宗教及学派所共有的"现世道德公言部分"。高段部分则相关于有志于自觉参与仁学伦理性思想实践的人士，其主要特点为投入主体独立意志力和在人生观上贯彻其主动实践学。此二者均非初段仁学信仰者或倾向者所可能有兴趣参与者，古今均如此，而现代化今日尤甚。"好仁者稀"所意指者，即参与高段仁学信仰与实践者必为少数，而仁学伦理学的核心精神潜力也来自高段仁学。至于现代化今日，更是只有高段仁学部分可独立地参与世界人文科学再造事业。其初段部分则可与现代世界法制文明共有的现世道德性规范相互融合，其"行善去恶"主张，与各宗教传统的现世道德学部分可以说相当吻合，因为各宗教系统同样含有其关于现世生存的人道主义规范部分。（区分性在于：其他文明传统持超越性人道主义，中华文明传统本质上持现世性人道主义。）至于各个历史上根深蒂固的信仰系统对于此"人类道德共识"提供的不同"理由性解释"（哲学性的、神话性的、历史性的、科学性的等等），则可不必参与信仰价值观的"准理论性根据"的"形而上"问题讨论的部分。而恰恰是人本主义的仁学伦理学，因其理论根源上的经验主义谦逊性和理性可行性，使其有可能成为不同信仰体系在现世道德领域内共识搭建之实践学平台。

我们在此不无突兀地将仁学实践学粗分为高段和初段，而自古以来《论语》及其仁学都是标榜其人间普适性的。而且由于《论语》将适合一切人和少数"仁人志士"的指令句均一同纳入单一书本之内，本来即有利于宣表《论语》，作为价值观信仰系统，可相当于西方《圣经》，即可成为一切信众之共同信仰对象。一方面，《论语》的确含有这样的普适性部分（初段仁学）；而另一方面（又特别在今日），其中众多指令句均非"适合"大众者（"好仁者稀"为此而发）。《论语》文字为古代日常口语，没有多少今人难解的字句部分，所以我们的高初之分不是相对于文字义理而言，甚至其中的最高义理，在单纯理解的意思上也是人人可以理解的。我们区分高初段仁学的道理不在于此，不在于对其文字义理的把握难易上，而在于对其切实的践行的需要与能力上。所谓高段仁学是指需要并可能按照仁学要求进行全部"内实践"贯彻者，也即按照仁学实践学程序进行自我伦理意志力建设者；具体说，也就是对于三达德关系系统进行认真心理建设及践行者。

二、《论语》与仁学伦理学的构成特点

　　根据自古至今相关学术研究可以断定，今传"《论语》文本"，为由春秋至后汉大约四百年陆续编订而成，其最初"落笔"（可能仅为"落实于"口头记忆文本上）乃诸直传弟子所为，其中并无孔子亲自"落笔"文句（即并非孔子当初自行记载的文句）。在以上假定下，我们应该区分以下各种意思：

　　第一，我们根据"新仁学"原则从《论语》文本中加以选定的所谓"核心部分"，即基本部分。此部分中的"主要部分"估计主要来自《论语》"初次文句集解"结果，因此可假定，这部分的内容最有理由被看作最接近孔子其人（作为仁学思想创造者）的原始思想；因此进而假定，表达于此主要部分中的孔子本人思想，也即最符合我们新仁学所认定的部分。我们将《论语》的"核心部分"的思想称为"原始仁学"，其中"原始"之意虽然的确在一定程度上相关于较早编写的部分，但在本书的用语中我们用其特指构成一个"仁学伦理学"体系的部分。（"核心"或"基本"指"文本"，"原始"指"思想"。）因此，此一完全来自《论语》文本的"核心部分"也是根据"新仁学"观点进行重新选择与重新排列的结果，这样一种"再编排"工作也相当于新仁学的学术项目之一。

　　第二，在初次集解后的几百年中陆续增加的文句估计不在少数，就上下论分编来看更如是。对各增入文句的撰写时间大多无从直接判定，但"原始仁学"文本部分与《论语》其他部分之间在内容和风格上明显不同。本书选论的《论语》章句主要是原始仁学部分。

第三，所谓"原始仁学"部分肯定也包括不少后来编入的部分，所以"原始仁学"是就内容言（因此扩大的"原始仁学"包括孟学），其中文句产生的在先性仅为一假定。也就是，对于《论语》中似乎不同于"初次集结"文句思想的（假定为）后加的文句，如其思想基本上与我们选定的"原始仁学"间具有相对的一致性，我们也尽量纳入本书讨论中。这样做的理由是，我们并不希图（也不必要地，甚至不应该地）只将所谓"孔子本人亲述者"作为"真正的仁学"，而是将"仁学"视为一个由孔子本人奠基，而在其后四百年中陆续编写而成并合乎统一仁学精神的文本整体。因为本质上（后面将论述）我们将"仁学"视为中华民族伦理精神的集体结晶。

第四，但是，本书正文中收入的、本人加以解释的诸《论语》文句，比上述"核心部分"多。虽然本书的宗旨并非关于"《论语》读解史"，但同一《论语》文本的确在两千年来被儒家"完整地"加以研读，因此存在着一个"《论语》全书读解经验"的历史事实，后者影响着并表现着历代《论语》解家对待《论语》的观点与态度。对此，我们当然也应相对地加以研究（除了其中明显违背仁学思想者外）。

第五，初次集结者与其后陆续编写者在形式上的主要区别是：前者句简，且极少牵扯历史背景，主题内容多相关于一般正反人性而少涉具体事端；其后陆续编入文句则较多历史传说背景，遂增加了仁学思想的"复合性"以及《论语》读解的"技术性难度"。其中使我们的"历史解释学"论述最感困难者为：这类后加文句虽然牵扯史地人物名称，但其文句意旨在句中基本"自足"，所谓叙事名称及内容，均为表达文句意思之修辞性因素（这是《论语》一书自古至今可供大多数人读解的"技术性"原因之一）。但是历代解家在注疏解释文句意思时，往往据后世"史学"材料以及"儒家思想"随意牵连实为后出的史书中的内容与后世出现的儒教教条，对之加以

"扩解"或"曲解"。此一情况可以说是历代《论语》解家"失误"的主要原因，各种解家之间的"争辩"往往源于各自所据的历史传说或儒家义理不同，可谓多属舍本逐末之论。对此，我们在正文中均——阐明澄清之。新仁学对于《论语》旧解的一些无法避免的"违古重释"，反可证明为什么对于正确理解《论语》来说，基于古今中外人文学理新发展的一门"新仁学"实乃出于学术性研究之必要。

第六，《论语》中的确有一些文句必须参照传说史事为解（如陈恒弑君章），对此，我们尽量摘取共识性较大者作为参照。自古至今的扩解及曲解还源于各家根据历史上无穷无尽的史著与文集随意进行"自由心证"之故，即传统儒家往往试图根据揣测中的"故事之主客观情境"做其"合乎情理的句外推理"。这类古今疏解相当于在"借用《论语》以发已意"，或变相地行"六经注我"。应该说这类最受今日不熟文史的大众读者欢迎的《论语》思想解释，对于真实《论语》思想认知可谓没有任何助益。

1. 原始仁学之构成及性质

本书论述的所谓仁学伦理学，有兴趣的读者请参见《仁学解释学》与《儒学解释学》二书。至于仁学伦理学的设定则相关于本书作者对于一般"人本主义伦理学"的认识，对此进一步的讨论可参见《形上逻辑和本体虚无》与《历史与伦理》。在此，我们只能将此伦理学学科"仁学伦理学"的范围划定如下：仁学伦理学兼含 E1（人际关系正义论与精神文化方向）、E2（主体伦理学）、E3（生存价值观），也即，"仁学伦理学"兼含人际关系性、主体态度性和生存价值性三部分。在认识论上 E1 和 E2 都须以 E3 为前提（"未知生焉知死"，"鸟兽不可与同群"），而在实践论上 E1 和 E3 都须以 E2 为前提。在价值观上，则 E1 与 E2 都须以 E3 为前提。E1 作为价值观兼涉政治实践与文化实践两域，对于孔门仁学形成学而言，E2 则从政治转向文化。所以在 E1-E2-E3（人际价值、主体意志、生死信仰）的伦理三连贯层次上，可谓古今同一。

本书论述的"仁学伦理学"则特别集中于其"实践学"方面，因此严格说应称之为"仁学伦理实践学"。仁学伦理实践学包含广狭二义：狭义为，作为蕴含于《论语》文本之内的"内实践"（内学）部分；广义为，根据此内实践进行的各种"外实践"（外学）。二者在古代分别相关于先秦仁学原典（《论语》《孟子》）和仁学思想在秦后历史上的作用（传统历史上可统称之为"泛文学"的文史哲艺创作实践）。先秦仁学原典主要即指《论语》和《孟子》两书。二者之间，有主次之分：《论语》的主要部分今称作"原始仁学"之经典或简称"孔学"；《孟子》称作前者的发展或"第二仁学"，也可简称为"孟学"。两书性质的主要区别为：《论语》所呈现者为仁学伦理思想之基本，其主要内容为一种有关君子（仁学伦理实践者）人格的品德养成学及实践主体的伦理态度学；《孟子》所呈现者主要为一种士君子之政治伦理态度学。之所以可将两部中国最早出现的、以民间个人作者身份完成的格言体《论语》与长篇对话体《孟子》文本称作一种"学"，主要基于两书具有的一种隐含的伦理性义理表达的系统性和其基于共同人本主义立场而具有的一种人类历史上的价值学时空普适性。

【关于"原始仁学"和"新仁学"的历史解释学申论】

本书所谓的"原始仁学"除前所说明者外，还可进一步更严格地加以"定义"。在本书及作者本人的一贯论述中，"真《论语》""原始仁学"等标称的意思均已说明。但是，按照历史解释学，我们仍有对之进一步分析之空间。此即：我们是否并不应该在无形中接受一个几千年封建社会传下的关于孔子作为"圣人"的假定，按此，我们会假定"相当于仁学思想作者"的"孔子"（个人或团体），即最早的《论语》作者，是我们所说的仁学伦理学系统的"创作者"。因为按照我们一贯区分儒学和仁学的立场，称之为"仁学"者似乎即是今日认定的"仁学伦理学"。实际上，完全有可能的是：《论语》的最初"作者"所完成者并非如此完善，《论语》中若干佳言良句或为其后有识者陆续插入者。为此，我们甚至不能假定"仁学完整的框架"是否"搭建"于孔子当时。再者，扩大而言，如果把"仁学"及《论语》的

"作者"内涵扩大到包括四百年中的"两套参与者"（今定仁学伦理学内容的全部作者和一切参与《论语》文本的编写者），那么我们新仁学根据孔孟文本今所大致规定的"仁学伦理学"是否即完全"存在于"孔孟文本之内？这样的问题提出乃因，如同我们一直指出的，读解《论语》章句必须结合幅度不同的各相关"语境"来把握。我们就是按照这样的前提来从传统文本中选用相关章句的。但是此一相关"语境"既含有章句文本本身直接暗示的"历史传说背景"，也含有一般历史传说的可能相关背景。同时，我们对章句的把握显然也与我们现代人的各种知识背景间接相关。如同本人早已指出的，本人对于仁学伦理学的定义是直接与本人采纳的现世人本主义伦理学概念相关的，是根据此现代伦理学思想对于《论语》章句进行"选择"的，其中自然含有本人"主观性"因素。（应该承认本书中贯彻的《论语》选学"或"仁学选学"是含有主观判断因素的。）

根据以上所论，无论如何，我们所说的"原始仁学"都不是某种"历史原件"，而是还有更深刻的"历史解释学"的"操作性"因素的介入。因此我们对于《论语》中的或孔孟中的"原始仁学"文本的圈定，含有现代学人观点影响下形成的一种"再整理""再构造""再编排"的"操作性"。于是我们可以承认，无论我们对于"原始仁学"还是对于"仁学伦理学"的呈现，其中的"再构成"因素也应当纳入"新仁学"实践学的内容之中。不过，此一"再组编"的过程应该被区分为两个部分：文本部分和读解部分。对于文本，我们仍然严格限定于孔孟原本，不采纳任何现代人的解释语句，虽然其中牵扯的"选学"仍然含有其"再组织"因素，但这是在"古典文本之内的再组织"；而对于读解而言，其中的"再构成"则涉及读解心理过程，不是单纯落实于文字者，即在读解原始文句时，读解所引入的各种不同的（包括不同意识界程度的）"语境"是与读解者的现代认知储备相关的。在此意义上，遂呈现了"读解的再构成"概念。于是，文本再构成与读解再构成，均在一定的意义上属于"新仁学的新内实践"部分，其实也就是古今中外对话的综合性结果。

本书主要研究仁学基本经典《论语》，也就是孔学，但会不时在论述中涉及孟学，并在附录中将两书中与"士君子"（仁学实践者）的人格与行为规范有关的重要格言及语录列出，以有助于读者集中把握仁学伦理学和仁学实践学的核心部分。原始仁学是通过口头及书写的文本完成和表达的，汉代以来所传承至今者为《论语》的书写文本。按照传统的简称法，两书连用时可以简称为《语》《孟》或《论》《孟》。本书的宗旨则是通过对《论语》主要文句的逐章分析与解释，以较具体细致地展现原始仁学的本身意涵与其现代合理引申意义。为此，我们仅只在本书导论部分对于仁学伦理学的性质及构成予以简略的综述，以增加读者在读解本书正文前对其思想整体及各种背景关联的认识。如本书序言所言，本书的研究和阐释方式不同于业界通常的讨论方法，因此读者如预先对本导论提供的"思考框架与路线"有所了解，或可更方便于把握本书所解释的《论语》正文中之意涵。但是读者（特别是不喜欢理论化综述者）也可以不阅读导论部分而直接阅读正文，以获得更为直接、具体的了解。

（1）基本价值学原则及主体意志力确立

仁学在本质上相当于与其同音、同义的"人学"（"成仁"之学即"成人"之学，也即成君子之学），它以零散格言集结的方式，从个人主体实践者角度，呈现出一个有关现世人本经验主义世界观、人生观、价值观、文化观和实践观的思想与信仰系统。

汉字"仁"在不同语境中所指者宽窄各异，可分别有如下指称：一般伦理价值理念"向善"，特定道德价值观"人际公平"，相关伦理实践指令"行仁"与"爱善憎恶"态度，以及特定品德性向养成如"爱""诚""勇""智"等等品质。（参见《仁学解释学》）

现世经验世界作为仁学唯一的生存关注对象域及实践域，与各种宗教伦理学的主要区别在于，仁学的关注域与实践域仅只是现世生存世界，不仅不关注所谓永生或"天国"问题，也根本不畏惧死亡的问题。对于仁学而言，死亡仅只是生存的边界概念。

人间爱（狭义"仁"）为基本道德态度原则。基于此现世经验主义人生观，仁学与各宗教的或各俗世的伦理信仰体系，几乎共同地将人际之"爱"，而非将对任何超越性对象（天国、神及永生）之"崇拜"，作为首要的现世信仰价值。对此同一价值信仰"爱"而言，仁学与其他体系的不同，主要是在爱之"合理性根据"方面。仁学价值观及其实践观根基于实际人性经验即人的内部意志（内部"命令"，即良知)，而各超越性信仰体系则根基于超越性实体的或逻辑性理念的外部"命令"(神言或逻辑)。

人际公平(义)为第一社会政治道德理念。作为仁爱理念之社会性体现的"公平"与"正义"观，同样基于人性经验现实(人性中"善"性向之发扬)，而非基于任何超越性"命令"或"逻辑原理"。

以学(智)作为士君子现世人生精神境界及认知能力提升的渠道，仁学即一种个人借助理性增智方式("学")获得个人及集体的生存智慧学。作为伦理信仰体系，仁学与各种宗教信仰体系的最大不同是：秉持"理解"(智)在"信仰"之先的经验理性主义原则，即"因理而信"，"因可重复的实证而信"，而非"因信而信"或"因信而理"，故其"理在信先"的思考方向与一切现代科学经验思考方向一致。体现"智"的"知识学习"，不仅为仁学实践的方法论，而且由于其特殊的重要性，而可称之为一种"学的人生观"。此种重智人生观自然与其专注现世精神生存的人生观完全一致，因其所持的"以智达信"原则是一种运用现世经验理性的表现。

以现世经验理性(智)作为社会政治文化的认知与实践的方法。由于以上诸种特点，仁学思想在其历史、政治、社会、文化、学术等领域的应用或实践，也完全遵照经验理性原则与方式加以贯彻，尽管因处于前科学时代的中国历史环境内，其具体理性经验能力具有明显的历史局限性。此种局限性主要体现于人对客观世界的认知与活动的实践力获取方面，但并非体现于人对"主体世界"(品德、态度、意志)的伦理实践力养成方面。仁学伦理学于是呈现为一套超越时空的、具有持久效力的、较为完整的"主体伦理实践态度学"模式，此模式具有的超越时空的现代性与世界性，也与人类文明史上导致自然科学发展的普遍人性经验理性主义实践完全一致。

仁学伦理学以其具有的系统性的伦理实践智慧为特点，也即呈现为一种主体伦理实践智慧学。

仁学实践学以其践行者"仁者"、"君子"、"士"或"士君子"的养成及内外实践法为内容。所以仁学也可简称为"(士)君子人格学"（在相当概略的意义上，在我们的语词使用习惯上用"君子"偏于指"狷者型"，用"士"或"士君子"偏于指"狂者型"）。在特定实践学的意义上，仁学属于一种主体伦理学或主体伦理实践学类别。

以追求人类集体现世仁义目标（"仁义"，即仁爱原则及其实现原则——正义）作为社会、文化、学术实践的第一原则。仁学之实践学基础为个别性士君子主体品德与意志的形成，而其动机及目标是朝向集体共利方向的。换言之，仁学伦理学关注集体正义问题，而不关注（西方伦理学视为基本的）个人生死问题（"未知生焉知死"），但其实践学的基础是主体性个人的特殊人格构成及运用。（西方汉学家称其为反个人主义的"集体主义"乃过简之论，因为不曾区分动机、目的与实践方式等方面。今日读解中自然应该区分其伦理意志力的个人主义与其目标和基础的"人类主义"。）

仁学作为主体伦理实践意志学，是通过士君子个人智仁勇三达德及其互动的实践学艺术进行运作的。仁学的具体内容即相关于一种如何养成及运用三达德因素的实践智慧学。

士君子作为仁学实践者是在政治、社会、文化环境内养成的，其形成学特点为：在各种不当外界压力及诱力下养成个体道义良知及其实践意志力。此种个体良知与集体权势之间的正反张力关系可成为仁学实践学的动力源。

仁学实践学的历史形态表现为实践领域的一种辩证性转换，其原始伦理性关注对象为：不义社会政治现状及其改良目标，而其在历史现实中的具体实践方向却转化为伦理精神性文化建设目标。换言之，仁学伦理学的社会政治正义性关切以及仁者在各种外力压强下采取的独立献身志愿（士精神实践），最终演化为中华精神文化、思想、学术发展的价值观方向和实践学动力。

仁者或仁学实践者，即不同程度上能够践行仁学精神的历代"读书人"，他们遂成为中华文明历史上主流文化、思想、学术的主要创造者和推进者。尽管他们生存于传统社会，其"职业"大多为履行单一性的"读书做官论"，但每人均为正面意义上的"双重人格"体现者：作为行政官吏与作为文化人。二者在动机层面上统一为仁学伦理模型体践者。

（2）仁学伦理信仰体系及其实践方法

纯粹伦理理念崇敬原则。仁学排除了人间的及超自然的个体偶像崇拜。"仁"作为精神性、实践性、最高综合性伦理概念，其所指的"理念性和范围伸缩性"使其不囿于任何历史上体践该价值的具体对象，从而宜于成为"伦理精神价值观"的总体象征（兼具类似于宗教性崇拜的那种切身虔诚性，但其崇敬对象不是个体，而是一切优秀个体所体现的理念本身）；在实践功能上相当于一种"非神论的"理性信仰学（仁学伦理学的实践学合理性使其不越界成为任何"反宗教信仰者"，但也不将任何超越性信仰价值观纳入自身的伦理逻辑及实践理性系统）；仁学对大众信奉的各宗教持一种"敬而远之"的理性态度（"敬鬼神而远之"），视其为人类历史文化上的自然产物，有其积极自存理由（因不致力于人文理论思考的广大人民需要宗教类信仰系统的心理支持作用），但无关于人本主义的仁学信仰系统。在现实精神生存中彼此平行运作，各行其是，在基本义理上互不相干，但在现实生活中以及在现世人生道德性问题上可形成共识与合作。

仁学的伦理理念崇敬形态，使其本质上不同于其后儒教及儒学具有的那种政治类导向的综合崇拜系统，后者包括：对作为宇宙最大势力根源的天道之崇拜，对作为人间最大势力根源的专制帝王之崇拜，以及对法家传统权力哲学（暴力英雄主义）之崇拜。仁学的崇敬对象仅只是作为伦理理念的"仁"，并以此隔离于历史上各种其他权势崇拜类型。也可以说，仁学的"崇拜"是针对其伦理理念（仁）本身的。

仁学的个人主体意志力机制作为信仰与实践的唯一基地与力源，使其排除了任何外在的或超自然的道德制约说。仁学伦理学"逻辑"基于正向人性经验本身内的效应潜能，而非基于天命、神力和各种现世权势。

仁学之人性主义使其排除了各种"非相关于伦理性的因素"，如：死亡恐惧，超经验力势畏惧与崇拜，性禁忌原罪观，以及一切反自然的禁欲主义。原始仁学不同于其后片面复兴了仁学精神的宋明理学在其实践论上采取的教条性的禁欲主义。可以宽谅的解释是：原始仁学所建立的仅只是原则层面上的判定，而宋明理学却不得不在儒教社会条件下进入实践细节上的进一步选择；儒家对儒教原教旨主义的普遍信从，部分的原因在于时代理性知识有限性造成的一种认知误区之"共业"。其结果导致人们将皇权制度和个体崇拜视为"历史之当然"。

仁学伦理学的人本主义积极生存观使其对立于任何消极的出世观，即对立于其后出现的道家、道教、佛教的消极人生观。仁学的积极入世主义使其对立于一切悲观厌世主义。仁学伦理学与各种宗教伦理学的显著区别使其可与现代人文社会科学充分融合，而各种宗教观不可能介入人文社会科学实践，因彼此在信仰、认知、实践上没有交集。仁学实践论与人文科学实践论之间则息息相通，因彼此的前提、基础及方向大体一致，此即经验实证主义倾向与现世理性主义倾向。

信仰学与动力学为一币之两面，二者均不同于认知学。仁学与宗教在产生信仰与动力方面类似，但仁学在诉诸人性本能之后有其自身的认知学形成潜力，宗教则以直接的形象性打动力支持其信仰学和动力学。有认知不一定有实践动力，有实践动力并不需要有理性化认知基础。只有仁学及新仁学是将认知、信仰、动力三者加以统一的、具有多元"一以贯之"特性的伦理实践学。

与作为最高伦理价值理念"仁"并举的最高伦理实践规范"义"，成为仁学实践的理念与方向的总称。仁学实践学可简称为一种"义学"，即有关"合宜于"贯彻仁理念的现象与行为之伦理性抉择学。在仁义概念合用时，仁偏重于指原则规定，义偏重于指践行方式。

仁学之人本主义表明，其体现与实现仁学目标的基础为士君子主体意志力之树立，故仁学实践学即是士君子之立志学。仁者以自觉养成伦理意志力机制为其人生哲学之目标及过程。

仁学立志学采行一种"学之人生观"：仁者以现世经验性品德类

及理性知识类学习为其"学之人生观"的实践方式。

仁学品德学体现为"三达德"品质之能力的养成:仁(狭义)代表价值维,智代表知识、智慧与技能维,勇代表践行力度维。动机与行为的形成及展开必须同时协调运作此三维上的诸多心理因素,以确保其实践中的价值方向正确(向善)、方法论有效(理性)以及成功贯彻(力行)。此三达德的根本体现者为心理界的潜能与价值观上的态度朝向性,它们均属"二级价值"代表者,即均朝向于"一级价值":真善美(仁学的本义充分包含着此一现代一级伦理价值系列)。

仁学实践学区分为内实践与外实践两域,即动机态度形成域与行为运作域。二者之间可因境而异地维持不同程度和方面上的互动关系,包括彼此相对的分离性运作。三达德一方面其本身即为仁学内实践之内容,另一方面又作为伦理实践贯彻过程中的三维心力驱动力机制,须渗透于内外两域全部"节目"或"步骤"之中。

实践场域:侧重心理域的内实践或"内学",与在内实践基础上在外在世界进行的外实践或"外学"——外实践既为内实践之对外实践,也兼为对内实践之反向实践——二者之间存在着相辅相成关系、相互作用关系以及相互"表达"关系。仁学的固有场域为其基于人类天性本身的、稳定不变的"内实践",而其学与行"对外"之展开所形成的、在价值观与认识论方向上与内实践一致的各种随境而异的"外实践",其内容则是随着历史的变化而可进行调节与改变的。外实践是内实践与历史之间理性互动的结果。

实践态度:在仁学价值方向不变的前提下,实践主体可分为进取与退守两型,即作为实践学的"义学"之行为下含两个类型(大致符合于独善与兼济),分别相关于主体性格(狂与狷,或偏于积极有为与偏于被动有守)和环境条件(社会性场域内的有道与无道,或一般性地顺与逆)。对于进取型,其所侧重者在于当具环境可行性时之积极外实践投入(政法与文教的革新参与),而其基础或前提仍为积极内实践;对于退守型,其所侧重者在于当不具环境可行性时的消极外实践与积极内实践(品德修炼与知识进取)。仁学实践智慧学立场为：不论外境如何变化，可因主体在内外实践节目上的随机选择，而立于"不败"之地（以至于在任何遭遇下可保持"君子无入而不自得"之心境），即通过内外实践方式交相伸缩调配以维持仁学实践之"总目标"贯彻之完整性与能动性（独善与兼济各自具有的分值之总值，呈永续性全面增长态势，可不因外在条件变迁而"减值"）。在内外两域的实践行为间存在着相互促进、检视、控导的互动关系（以外实践的效果验证动机结构的有效性，以动机结构的自调适来推断外实践的有效性）。需要指出，虽然按照我们的新术语所说的内实践与外实践的关系，在行为层面上与传统术语所说的独善和兼济关系颇多相合之处，但两对概念的定义并不相同。独善与兼济的对举，是单纯就主体行为与社会行为间的分合关系言，而内实践（内学）和外实践（外学）则就主体行为心理域与心外领域的内容言。因此，独善可兼含内外实践，兼济则必含内外实践。内实践与外实践相互支持，相辅相成，虽然外实践的内容随境而异，独善与兼济则大体上必指行为领域与方式之分离。

实践技术：主体在内学与外学之间分别地及相关地推进。三达德学即内学，其机制的培育即立志学的形成。此为学者毕生内学之功，不可中断（"造次必是"），内学为外学正当性及有效性之保障及动力源。外学（知识、技能、活动）据经验理性主义原则追求切实之真知积累及合理行为选择。

实践理性：仁学实践学的理性主义表现在其强调动机、目的、手段三者之间的可验证一贯性（实践逻辑的一致性），此所谓"理性"无须额外的逻辑性支撑，但须坚持内外实践方式的全面一致性。

孝学模型：此为前科学时代的传统社会形态中仁学采取的一种人性经验理性主义道德观，其根据在于亲子天然之情可通过实践性的"移情作用"逐级推广为各种人之间的"亲善态度"之养成，并使之作为伦理学理论与实践可行性的普遍人性论基础；孝学遂被原初人性经验主义用作促发"性善"潜质的自我修炼场域。换言之，亲子关系成为实行仁学价值——爱人和博爱——的人本主义的人性论基础：亲子天然情感（互爱）可成为逐步扩展其人际间适用范围的根基。所谓"孝学",虽然表现为将此关系在社会性的家庭内加以制度化规定,但其超越社会道德规范的伦理实践学意义,才是其在历史上持久有效的更深刻原因。对他之爱(以及由此引生的泛爱和正义信念)根源于经验主义人性(个别性的亲子之爱按照人性经验主义可扩大为任何同类之爱,此为仁学属于人类博爱主义之征),而非来自任何超自然力之"命令"或"威胁"(仁学之善观来自对人性固有善质的激发,而非来自人性出于畏惧超自然权势的惩戒而不得不行善的勉强,故仁学排除了"罪观"与"业观")。其特点是:出自自身内在天性而产生的自愿"向仁"与"好义"性向(非受迫而勉强为之);同样由此人性论,原始仁学的"伦理学准逻辑论"含有明确的善性有限观("好仁者稀";孟子的"性善论"不可按现代科学语言把握,它只不过是一种"促动性"修辞法)。作为孔学实践论之强化的孟学,将此孝学之实践力的相对性转换为绝对性(性本善),以期增加仁学实践力的认识论根据,但今日不必将其理解为一种论证性表达(今日学者往往直意理解《孟子》文句,误将其话语视作学理逻辑性表达;历史上的"人性善"与"人性恶"二分法属于古代简单化论断,按照仁学,人自然是可善可恶,其善恶倾向比例又是随人而异的),而实应将其理解为"促动性修辞式表达法"。孟学的"一本说"仍可视为孔学与孟学所兼具的伦理人本主义"实践学逻辑"之根据。"亲子之情一本论"表现了仁学的理性主义"一贯论"。孝学既表现着社会性家庭本位的人性正向惯习,又被"实用主义地"普遍化为一般人际关系方向的实践"基础":"亲子关系"既为一种基本人际关系,也为一般性仁爱理念的原始可能性之初级显示;既可成为仁学理性推论之经验性根基,也可成为仁学实践性之运作性根基。

友学模型:仁学的友学为其孝学沿仁爱实践原则向外拓广之第一步骤,并为"学之学"程序中的方法论组成部分之一。作为仁学实践的实际步骤,仁学外实践为朝向集体合作进行仁学实践之学。"交友"(互助、交流与合作)为内外实践中人际互动的必要步骤,交友既为学习之助力,也为仁学生存价值观之体现(以文会友)。

47

"友谊"成为同修间共同朝向伦理价值正向努力的途径之一（以友辅仁）。前者对立于人际间相互利用、相互取悦（言不及义）之俗常观，后者对立于相互合作以谋集体私利的帮派观（党同伐异）。友学象征着仁学伦理学中的独善（内学）与兼济（外学）是一体两面之学，其外实践之集体性也即人际协同性之学。实行于主体自身的内实践不过是整体仁学的一个有机组成部分。友学是仁学伦理实践理念与方式之集体性的象征式表达。

辨伪学：仁学辨伪学与其"反乡愿学"基本一致，可视为一种体认仁学方向和对抗反仁学言行之智术工具。在对己方面，"三省吾身"不仅为自身进德之术，亦为查验自欺、自伪之契机。而在对他方面（人与事），其体践仁学实践之真伪，尤为涉及内外两端之理性辨析功夫。辨伪学（"反乡愿学"）涉及内学与外学两部分，即分别相关于对象方之动机真实情态（心术学）和其言行真实情态之把握。由于仁学是经验主义的，面对的实践对象是各种社会文化现象，而现象之内外构造不可能直观把握，故仁学实践学另立辨伪学名目以为实践者事先澄清及确定其内外实践对象真相的间接认知艺术。

君子小人二分法：仁学作为"爱人之学"，辩证地处理人际交往中的"俗"与"贤"的关系（泛爱众而亲仁）。仁学实践学将对庶众之泛爱观与对同仁之亲爱观加以区分，此为基于"好仁者稀"及"唯上智与下愚不移"之人性事实存在而拟定的爱之等级与类型观。仁学之博爱观是分类与分等的，以使之适当地对应于不同的人际关系事实：亲子之爱、邻人之爱、贤德之爱。高段仁学伦理学特为士君子志愿者所设，而其普适性初段义理则可为一般人采行，故仁学实践学将人众区分为"大众一般"（成君子学）与"小众特殊"（士学或士君子学）两大类，以分别处置其各自合宜性的实践学方略。

士君子的两种形态：基于人性经验主义，仁学实践学将士君子的实践学风格区分为两类：狂与狷，二者分别代表积极对外"兼济"型和积极对内"独善"型。二者既可相关于个性差异，也可相关于外界条件而进行的策略性选择。狂与狷指涉的是气质类型与行为风格，而非指实践场域的区分（独善与兼济），也并不必然相关于内实践与外实践的区分性。

仁者士精神面对的压力环境：秦后大一统的帝王专制基础除包括法家硬件系统外，还包含作为帝王权势合法性意识形态根源的天道观，帝王制度中的时间系谱学神话的历史意识形态帝统观，以及将儒学学术思想作为帝王思想权势意识形态工具的道统观。在儒教历史上的仁学士精神，即潜在地、片面地生存于、创造于以上诸种软硬件权势系统之综合历史性压力场域中。由孔学创始、由孟学完成的此一仁学士精神实践论，作为中华文明中的文化、思想、学术历史上特有的伦理精神，展现为一种良知主体在此综合历史压力场下实践的伦理方向的生存样态。

仁学伦理实践态度学为双向性构成：爱善与憎恶，即对一级伦理价值（真善美）的朝向性追求与对各级各类反价值的朝向性抵制，两类意志力朝向性，在伦理动力学上"相辅相成"。"追求性朝向"与"抵制性朝向"各自产生的意志力与动力性的"品色"各异，但"追求"与"抵制"的立场均实行于同一仁学总方向内。

仁学价值观所遵行的一级价值，如称之为"真善美"者（《论语》中与之相应的字词可为："道""仁""诗""乐"），实属人类各价值信仰系统之共识，并非仁学伦理学之创造。仁学伦理学的特点非来自其遵行的此一人类价值观共识，而来自主体个人对此价值系统遵行的"特殊态度与方式"之设定。中西共识的真善美三价值范畴概称，其实与"仁"的人本主义价值总称之诸亚类完全对应："真"价值，在中华文明史上体现于史学认知上，不仅有《论语》中孔子直接表达的对历史真实的经验主义态度，而且有其后两千多年传统史学家们普遍信奉传承的"纪实"精神，虽然由于古代知识论程度较低所能达到的纪实程度具有相当限度性；"善"价值，在此作为其所表之狭义，正与"仁"之狭义一致，即一种仁爱观；"美"价值，在孔子时代颇可以诗与乐为代表，其后两千多年则全面覆盖于中华文化文艺史，无须赘言。（中华文明的核心就是"美文之文明"。）

【关于"价值"与"重要性"区分的历史解释学申论】

本书仅在伦理实践学层次上讨论价值观问题，而不涉及现代一般价值理论问题。按此，我们首先区分了基本生存需要与在其基础上形成的欲念对象间的区别，例如"食物"与"美食"、"饮水"与"饮料"等的区别。人之基本生存需要可划分为自然类与社会类两组，社会组织和政治环境等即属于基本生存需要范畴，因人是社会性生存动物，无社会秩序即无法（基本）生存。但同理，在此也同样存在着"任何社会政治秩序"与"良好社会政治秩序"的区别。无论是自然类还是社会类的"基本生存条件"都不称之为"价值"（为针对本书论题使讨论简化，不设定"正负价值"范畴），而是将"良好或甚好生存条件"称之为"价值"，即伦理性欲求对象。故"价值"在此仅只是相对性、实用性的规定，甚至为符合"二分法选择性"的规定。虽然社会政治域含有价值对象，但此领域活动及其价值对象追求，均非原始仁学自以为可涉及者。因为即使是"良好社会政治"价值的产生也是在"社会政治力学场"内的复杂多元行为合力的产物，故绝非仁者按照仁学伦理学所可处置者，这正是"孔子从政失败"意象所暗示的结论。原始仁学最终退出政治实践场一事，自然与仁学对此领域之"关切"或"伦理性朝向"的文化实践学为两事。因此，两类基本生存条件本身不是价值，只是价值创造的自然物质性条件和社会物质性条件而已。

在此我们应该进而澄清一种习见的概念混淆：对象的文化价值性与对象的生存条件保障性。相应地，存在着两类关切：对生存及价值创造条件的关切与对价值创造本身的关切。这是两类关切，而非一类关切。世人渴望"社会政治清明"不等于认为社会政治成就本身即是价值之创造，而应视之为价值创造条件之形成（19世纪欧洲乌托邦思想对此未能加以明确区分）。人类历史的"实体"是社会政治，但社会政治本身不是价值，而是价值形成的准物质性条件，包括其安全性条件和经济性条件。由于漫长的传统封建主义落后的历史形态之故，此一基本生存条件长期不得满足，由此产生的对之存有的长期强化关切，往往导致将"生存条件关切之对象"与"精神价值对象"混为一谈。由此概念混淆引生的另一混淆发生于何谓"重要性"概念上。关切、重要性、价值性、欲念等等概念，虽然都是维特根斯坦所说的"家族概念"，在日常用语中难以区分，但是为了尽量争取思维明晰，所谓"符号学分析"，正是要借助传统含混性语词，结合相关语境，来分辨其各自不同的细致意涵。在此，人们易于混淆的是两种不同的"关切重要性"概念，即对于人来说"重要"究竟是指什么。空气的重要性相关于自然物质性生存条件，此正可类比于社会物质性生存条件，当此类条件变化时，引生的"关切""欲念""重要性"都随之而变。但在此例中，三者之同一"对象"均非价值本身。而另一方面，价值或价值之对象对于我们也同样是"重要的"。但是显然，这是两种重要性，即"价值对象的重要性"和"价值创造者（人）生存条件的重要性"。

2. 《论语》指令句的文本呈现方式

具有理性批评意识的古今各《论语》"文本批评者"多认为，《论语》中部分章句为不同时期不同编写者依据"不约而同的"大体一致或类似观点陆续编写而成，但《论语》仍被普遍看作"一部书"，而不是一部"多作者的格言汇集"。虽然我们不难察觉在此编写过程中"原初者"与"后续者"的区别性，全书毕竟完成于、作用于一个历史上大致统一的"中华文明体"内，并最终"编辑于一手"之内。因此，作为与该古典文明体相对的现代历史文明中的读解者，我们今日采取的"《论语》解释学"的立场首先为：根据现代人类认知成果，企图从此历史文本整体中重构原始仁学伦理学系统，目的并非真的在于追溯"原初文本集结"部分（这不仅是不可能的，而且是不必要的），而是在于传承《论语》文本，经"现代解释学重组"后，呈现自成一体的原始指令句系统。不过此一解释学重组原则本身仍然基于一种"古今中外伦理解释学互动"之结果。所谓重组原则所根据者为现代伦理价值思想理论，而根据我们的历史解释学观点，原始仁学部分竟然与现代人本主义伦理思想大体相合。

历来辨析的所谓"真《论语》"，是指据传统的孔子圣人崇拜信仰而判定的所谓真实属于孔子之言的部分，但这是一个不可能实行的思想史判断。何况，所谓"作者及其言论的真实性"本身，并非即相当于我们的"《论语》重组"工作之基础或目的。此外，原始仁学之"价值"并非单只表现于诸章句之字面内容上，而是也在直接、间接的综合读解作用下，呈现于诸章句间的结构性关联上。现代仁学伦理学研究的特点之一就表现在：从传统的个别章句读解本位，扩展到章句间关系的读解本位。为此，我们首先从《论语》文本中抽绎归纳出该系统和其原则与方法整体，然后以此重构的仁学系统为标准来进而判断《论语》上下论中诸篇章的"真确性"或"可取性"（符合"原始《论语》"系统的一致性），据以对之进行判断取舍。这样的取舍标准固然会与文本的编写先后性推断有相对的关联性，但参与编写的先后次序本身也并非我们的取舍标准（指令句价值并非直接相关于章句编写先后性次序）。这样也可避免卷入所谓"在先""在后""真本""伪本"的文本形成学方面的难以明确辨识又并非相关于章句价值问题的事实性真伪问题。简言之，这类有关章句编写前后的辨识与我们的研究关系甚小，因为我们对《论语》《孟子》两书的价值学认识，主要是根据其在秦汉后两千年中已经表现出来的合乎仁学本义的精神文化性的作用来判定的。我们现将其表达方式与功能概略列举于下。

二中择一对比法：原始仁学伦理学思想是通过系统呈现的诸"指令句"加以综合性的表达的。所谓"指令"一般是指，章句格言包括某类伦理因素对立情境及相关二元对比模式（含对立、合取、比较、因果等不同"二元选择类型"），《论语》作者在相关情境（语境）下，在二元选择项间，提出应当择此去彼的规劝性与激发性意见。《论语》中数百个这样的行为选择与搭配的指令句，彼此之间潜在地存在有相互支持的某种实践学"逻辑"关联性。此种实践学关联性即为实践主体构成了一个相关于价值、信仰、品德、意志、动力、原则、方法、目的的伦理性认知与实行的指导意见系统，今可将其视为一种实践性类型的"伦理学"（我们给伦理学一词加引号，以提醒注意其伦理思想呈现形态不同于西方文明传统上的"逻辑推论性系统"）。此一同时具有认知性与促动性的指令句系统，呈现了数百个特定情境下的二元对立或对比关系样式，主体可在此指令句关系系列中逐一完成诸价值性选择的决定，而其中的"逐一选择性"实际上潜在地联系于原始仁学包含的价值规范性整体。二元对比模式之张力情境及选择指令系列，既呈现出了仁学价值学的立场表达，也成为激发主体（仁者）进行正向伦理价值抉择的促动力机制。

象征性语词：原始仁学充分利用汉字具有的特殊语义学构造，即利用词与句兼具个别性（具象性）与一般性（抽象性）的特点，通过具象性字词表达准抽象性或一般性的意涵。后者偏重于认知性，前者偏重于促动性。

实践选择学的系统性：《论语》的数百个指令句虽然各自分别地表意，但每句均含有双重显隐表意法：一方面，每句指令的确义须由读者自动参照相关他句的意思加以综合性把握，即只有在《论语》整体框架内，通过阅读主体自身的"一致性读解联想力"，形成潜在的适当多元读解语境（即读解中"默默"聚集若干相关的指令句以作为正向与反向的相互参照因素，最终潜在地形成一相关于选择判断的多元语境张力场），以具体完成对相关个别性指令具体旨意的确切把握和认定；另一方面，更为充分的一致性读解实践，则须相关于主体对社会历史经验语境的思考与体验，以潜在地形成一扩大的参照语境。《论语》指令句解释学就体现在：读者最终通过"文本整体性"和"现实整体性"此双重选择情境来规定诸个别字词与句段之确义（"深读《论语》"就是指对文本全体和诸个别章句进行的多元综合性理解）。这也就是能否"恰当读解《论语》"的奥秘所在。如果仅只孤立地、按照字面来理解句义，就或者对之理解片面，或者造成对相关旨意的误解或重点失焦。由于文句字面都是简单易解的，读者如对任何个别章句的意思加以字面把握就以为掌握了仁学思想，即难免陷入"浅尝辄止"的误区（正如今日读者对于法国罗兰－巴尔特的任何个别通俗篇章与文集而有所欣赏后就以为理解了其人的文学理论一样）。读者切忌失于"以偏概全"。此类误读《论语》的现象自古至今无处不在，甚至表现在一些"《论语》专家"的论述中。对《论语》的深刻理解（尤其是对于高段仁学义理的理解），并非仅只基于对字面意思的把握即可，而是也须以古今相关伦理学的知识为前提。本书提出的所谓解释学的《论语》读解法，也要求有志于深入钻研的读者能够同时参照古今中外一般伦理学思想，如此还可有助于理解，为什么一方面中华古典仁学今日可增附其现代学理价值，另一方面又必须与时俱进地转换其实践领域。对此本书作者已有多种专著论述，而本书的《论语》疏解方式与前不同，目标读者既包括学人也包括一般伦理思想爱好者。本书正文部分是按照《论语》章句顺序，以经验直观方式进行的解释性梳理，按照《论语》顺序逐次对诸章句的本义及其现代引申义进行详细说明和阐释。

非严格逻辑性编选方式：《论语》作为孔子或孔门提出的诸伦理实践指令句格言的汇集，是由孔门弟子和其后的各代信奉者，在几百年间陆续地、直观地、个别地、经验式地积累和编选而成的，对此编写过程的可靠历史细节我们一无所知（各种关于编写者的故事传说，本书虽研究参考但均不以之为据）。这样的非学术性表达方式，合乎先秦社会文化条件及思想习惯。但是该伦理话语呈现的原始零散性，实际上遮掩了其仁学伦理思想的系统性和实践学合理性。"善读《论语》"也就意指着读者能够在阅读过程中自动追溯其各部分间的系统性关联。

《论语》编选及构成的特点：《论语》编选过程不仅历经数百年，而且历经先秦和秦后社会政治本质上（君权掌控的地域大小、权力垄断集中程度、组织方法的复杂等方面造成的制度性差异）大为不同的两个历史阶段（春秋战国的诸国并存时代与秦后大一统帝王专制时代），因此在文本内容构成上其义理一致性与驳杂性并存，大部分文本的真正仁学思想与少部分非仁学或反仁学思想并存。此外，作为现代《论语》读者，今日读解实际上相关于三个不同的历史认识论背景时段：先秦诸子思想、秦后儒教儒学以及现代社会及其知识环境。传承至今的所谓"先秦思想"，实乃汉代收录编辑的"诸子百家"文籍，其内容虽然大体推测来自由"春秋"中期到"战国"晚期期间出现者，但相关载录及系统表现的文本形式（著于竹帛后）大多完成于汉代，也就是今传"先秦思想文集"内容大多经过汉人的实际收集、想象补充和组织编写，并非一定是原初先秦思想之如实再现。这段历时约三四百年的历史却是中华精神文明飞跃发展的速变期，口头与书写的议论型文本也大量出现于此时。但是从《论语》到《孟子》两部最具代表性的先秦文本来看，百余年间文化上可谓发生了"遽变"。从口语格言体向书面论说体的转变过程本身，后世没有留下任何可靠的记录（现代诸多战国史专家均指出相关史料遗存之贫乏，本书作者认为其原因绝非秦帝国焚书措施所致。参见《儒学解释学》上卷）。所以，大致而言，"春秋"与"战国"不仅是中国政治史形态上的两个阶段，也是"思想形态"上的两个阶段。而在此期间出现的各种口头与文字的先秦思想"遗存"，都是在其书写文本形态上最后落实于秦后的汉代的。那时的刻印术尚未完成，其后千百年间逐代手工抄录的（含重编与错漏）留存于后世的全部古代文献的"实况"如何，未可仅据现存资料的传统身份定论。为此，现代读者必须首先根据古今文本辨伪学成就对于原始流传文本进行"真伪辨别"和"纯杂辨别"，也就是在读解之前先须对于今传《论语》文本进行其构成性分析。这个现代中国史学辨伪学开创的工作，中国哲学界和儒学界基本上涉入尚浅，因而不仅妨碍着人们对于《论语》的正读，而且妨碍着人们对于《论语》所体现的仁学伦理学的现代伟大意义之深入理解（参见《儒学解释学》）。

《论语》内在一致性的保持：关于《论语》的构成的问题，前面已经谈过。在此让我们进一步了解相关分辨工作的必要性。虽然现代中国史学辨伪学家们，继承唐宋以来的特别是清代辨伪学家们的思路，对于《论语》构成的凌乱性多有指陈（如本书附录中载录的资料所示），但是侧重史料真伪的史学家们对于作为历史文本的《论语》与《孟子》的"伦理学价值"，难免有失察之虞。即他们没有看到在其文本编写的"凌乱性"或"无序性"背后，包含着某种相当一致性的、通过象征方式表达的"伦理实践学的准逻辑性"（"一以贯之"）。为此，对于现代伦理学读解来说（而不是对于"《论语》读解历史学"研究来说）自然首先需要删除与仁学逻辑明显不一致的或正相反对的、往往是秦后儒者插入的章句，以便初步呈现《论语》文本的义理整体性（而非所谓"《论语》文本"的真实性）。尽管几百年中参与该书编写的编写者和掺入者可能甚多，但是应该看到，使得《论语》成为"一本书"的根本原因在于：始终存在着特定的若干连续的编辑者，这些编辑者不约而同地或心思一致地对于各种零星凑集的章句维持着一种"整齐百家之言"的共同眼光。我们假定，400 年间跨时空的"《论语》编辑部"，心有灵犀一点通地维持着某种相对一致的编选观点。此种基于中华精神文明与文化土壤中的"民族精神一致性"，实为使得《论语》大体成为"一本书"和一个伦理学体系的根本原因。重要的是，可以推测，因时代环境不同而导致的编写者间观点上的差异性，并未阻碍彼此之间对于《论语》内容保持着一种基本的"共识"，其结果导致：虽然逐代对于《论语》文本有所掺加，但对于原初语句部分很少进行删削。此种对于"在先流传的文字"的尊重意识以及假定为"原初部分"的共同赏识，遂在《论语》中保留了其中那些最珍贵的语句。

关于《论语》的思想一致性或一贯性，正如前面已经指出的，还应更具体地这样理解：无论就编写者而言还是就古今读者而言，此一致性或"系统性"并非完全明显地呈现于文本表面（虽然此一文本表面已经表现出可观的一致性），而是被包容在、混存于文本整体内，所谓仁学本身的整体性须由文本整体内的主要部分"潜在地、结构性地组成"（此种编写原则的结构性，对于古代编者而言还可能是部分意识地、部分下意识地加以实行的），只有经过主动积极的文句选择性工作，才能使得仁学思想的整体性浮现。等到后汉张禹作为最后一位（假定）"《论语》主编"完成该书定稿后，大致可以说，《论语》大部分内容之编订，就编辑学而言，的确可谓"出于一手"了（经过单一"总编"对于《论语》的不同"版本"，即不同地区的口头传承文本，进行最后的材料选择与编整定稿）。具体说，多数研究者认为，《论语》的上、下论内容形成明显的分划。尽管历经数百年的传说文本过程，《论语》之最终"成书"仍基于最初编写阶段上出现的一种"原始编写统一性"（不论其多么简陋），其统一性成就比较明显地大致体现于"上论"部分内（除了各篇末尾以及各篇之内插入的若干后儒补加句段）。如果没有上论中（假定编写于战国初期）这样的观点大致统一性的、奠基性的编写工作，《论语》即无从具有继后如此一致性地进行"补长工作"（假定表现于战国后期和两汉时期）的文本基础。一般认为，上论偏于相对一般性的原则与理念的呈现，下论偏于相对具体化的应用（表现为一些近似于孟子与荀子思想的插入）。但是实际情况并非如此划一，按照我本人的看法，逐代参加编写者并非严格按照编写的时间顺序进行"补写"，而是可能不时在《论语》最初编定的文本框架内的不同文段（甚至不限于仅在诸篇之末）内，由于不同的想法，而随意插入之。这个历代相关辨伪学中的难点，对于本书作者来说，妨害有限。因为，有关上下论间和各篇主要章句与篇后掺入章句间的各种所谓"真伪"区分，在本书中都按照作者所持的统一标准加以"删削"了，而并不考虑历代讨论中的所谓前后真伪问题。实际上，上论中就存在有不少掺入的可疑章句，下论中（特别是第十五篇）也含有极其重要的章句，还不要说《论语》全书中"子曰"部分与"曾子曰"部分的思想倾向多有不一致处了。（所谓孔子之书中包括如此多"曾子言"即可暗示，《论语》一书最好被视为孔门的集体创作，而"孔子"名称可被视作孔门之唯一权威性"代表者"。）同理，我们的选择方法也不对《论语》中标出的言说者的身份进行严格区别，主要以其言说内容本身的价值为取舍标准。

关于古代文籍身份即《论语》身份问题：必须注意，古人重实用性思维，偏重于关注文史类主题对象，以及古代写作刻印技术条件的不备，导致并非同步"出版"的"书本"的形态，大多具有内容与主题短小及驳杂性的特点。以至于标志为单一作家的"专著"，其内容不仅多只是一部"文集"，而且不能确定为一人所作。《庄子》一书为其显例。因此，古代标志为单一作者的作品，至多为其"诸篇短文之汇集"，而且不排除为不同时代多位作者托名为一人的文章汇集。在此意义上可以说，《孟子》因其各篇文章的主题与风格的高度一致性，的确可（从现代文本学和修辞学角度）证明为出于一人或极少数共同写作者的"统一性、一次性"创作之成果。除此之外，"百家"中许多著作都为主题仅只大致相类的文章汇集（还不要谈，相当多所谓"先秦典籍"已证为汉人的拟古之作）。同理，在严格的意义上，《论语》在文本构成学上，显然也可以被视为一部"文集"，因如前所述，历代一些研究者均指出了其作者来源不一、编写时间不一的特点，更因为《论语》本来即宣称为孔子殁后诸弟子的"集结之作"，也即本来即宣称为孔门诸弟子之集体作品（尽管其思想内容来自各人对同一孔子言论之记忆）。在此，对于《论语》的"身份"问题，我们则须特别根据其思想内容的高度一致性和历史独创性而视之为义理上的（非编辑上的）"单一作者作品"。《论语》承载的仁学思想本身为一"个体性创作"。但从文本学角度看，我们可将传承《论语》文本按照其内容观点一致性程度大致分为三类：a. 大约三分之二按其伦理思想内涵为"孔门原本"；b. 大约十分之二全属所谓"伪作"，即其内容或无关于伦理思想本身（如上论第十篇），或与 a 部分观点相违（如下论第二十篇）；c. 此部分内容观点与 a 近似但在伦理学价值上较弱，不过仍为古代儒家普遍接受者。基本上，我们完全根据现代知识及伦理理性对《论语》文本内容价值的判断进行以上区分，而不直接采取古人有关"真伪"问题的判断及有关"真实作者"的推测。本书对此相应的处理原则为：将 b 部分完全删除；在本书正文中纳入 a 与 c，即呈现思想史上大部分儒家读者所接受而今日不同程度上均具有其伦理价值的章句；但从 a 内摘取大部分核心文句，作为《论语》之"核心部分"，这些文句具有超越时空的普适伦理性价值，除了对相关章句进行较为详细的解释外，还将其全部章句本身作为"高段仁学"部分列于书后。

现代《论语》读解原则：本书特别强调，现代《论语》读解法应该完全抛弃"历史实情还原法"这样的传统的读解法误区（请注意，两千年的儒家几乎无人不相信"今不如古"和"三代之治"的神话，可以由此认清他们是如何深固地共同受到前科学时代的封建认识论意识形态的知识论局限性的影响）。我们只将各种有关孔子及孔门的"历史传说"视为读解《论语》的"理解文意的语境参照"（这也是我们不将《论语》《孟子》二书以外的相关于孔子的众多传统文献列为仁学伦理学系统之内的理由之一），而不将其作为任何"历史事实依据"。换言之，我们基本上排除历史事实传说在今日《论语》读解中的作用，这样也就不再存在对于所谓追溯"孔子原话"的学术需要。此种读解方略也使我们可以摆脱历来有关《论语》

文本"真假""先后"的文献学"实证性辨析",而代之以仁学伦理性义理一致性思考原则。即,凡《论语》中合乎或接近仁学义理精神的章句即视为"读解有效文本",即所谓"真文本";凡《论语》中不合仁学主旨的章句即加以排除。简言之,我们是将《论语》中在义理上相互一致的诸部分之总和,而非《论语》全体,作为有效仁学伦理学材料的。

儒学历史语境的关联:固然存在着先秦仁学伦理思想一致性的判准,但是必须明确,《论语》文本及其仁学思想都是在秦后两千年的儒教历史中存在和发挥作用的,其中既包含先秦仁学思想在历史长河中的一贯性延伸,也包含着此一先秦仁学思想在儒教与儒学的社会文化环境中"被读解时",在特定历史文化环境作用下,所增添的"儒学读解统一化"作用。毕竟《论语》是在儒家历史语境中显示其作用的。换言之,我们自然需要在仁学与儒学的互动关系中把握先秦仁学的伦理学"效果",其中也就自然包括"《论语》全书"与"仁学思想"之间的关系问题。

《论语》作为"指令句汇集"(相当于"指令词汇库"),每一章句(伦理命令句)均担负双重作用:作为相应具体情境内的价值观抉择步骤之"处方",以及作为仁学命令句总体内的复合选择规划的"组成单元"。《论语》指令句读解过程相当于针对直接、间接伦理情境的心态、行为综合抉择的一种"配方术"。

孔子作为原始仁学叙事系统内的"实践学角色"的领导性、组织性功能:相关史实性假定,仅只发挥其一种起信性、引导性、促动性作用。对孔子形象的生动性描述,用以强化仁学伦理教化中的知情意触发作用。但是在研究中我们不将孔子其人的其他历史传说部分纳入我们的《论语》解释学内,对于孔门弟子亦然。我们并非以此来否定各种其他相关典籍中孔子及弟子言行的可能历史"真实性",而是不将这类记载视为相关于我们的仁学解释学宗旨。历史故事作为思想表达方式,因此,《论语》读解必须与各种"史学传说及记载"中的相应孔子及孔门故事加以区隔(后者至多仅只起着某种间接、隐在的读解语境作用)。这是本书作者提出的孔孟解释学读解法的必要原则之一。

仁学伦理思想的系统性和整体性：在任何个别指令句读解中都需同时间接浮现各种其他相关指令句，彼此可形成一潜在的、选择性出现的读解系统性（在指令句表达方式的无序中形成相关伦理实践论的"解释学秩序性"）。任何指令句都是"生存于"大小不等的仁学思想系统内的。对《论语》《孟子》的读解切忌断章取义。历代迄今不少"大儒"发生此类"误读"，其原因主要在于过分受到来自其他资料的历史传说内容的影响。历代解家彼此相关于"史实"的无谓争论，都是源自个人依赖的典籍中的"传说"之不同。如果关于"蛮荒时代"的连影子都不存在的"古事"，古人都可任意编造、虚构远古"帝王故事"等，那么关于较近的先秦人物自然"有甚多传说记忆资料"可供人们进行任意想象性的"创编"了。问题是：我们作为生于科学时代的现代人还有任何正当理由去"附和"古人之"绘声绘影"的习惯吗？

原始文本读解中的"非相关成分"的排除法：凡不合仁学逻辑学整体的《论语》中的插入部分（哪怕是原初部分），均须在有效读解中排除，使其不发生作用（而非对其历史真伪性进行判断。我们的古代思想的评价工作，依据今日"理性法官"的判断，而非无谓地自行纠缠于古人之传说）。此一古典读解的解释学原则的本质，不是难以判定的历史上章句之"真伪"问题，而是其意旨与仁学伦理学在义理上是否具一致性问题。自然，凡属显然为后儒添加的"非原始的"（所谓假的）文句，也大多是与仁学义理在思想上不一致者（如插入的不少近似于道家出世主义和儒教专制思想的部分）。

《论语》之功能：通过较一般或较具体的伦理价值选择情境中诸明显的或隐含的两种伦理实践方向的二元对比性的陈示，以激发读者在其实践过程中的相关价值对比中，进行二中择一的正误决定。此种价值学选择决定的《论语》特有修辞术表现在：在具体个别章句与《论语》整体两个层次上的双重价值观冲突结构中，直观地促成其伦理实践激发力之产生。故本书在每章之后列出相关对比词语以显示诸价值观特征，用以凸显相关对比选择情境中的体现诸伦理价值的仁学实践者之心言行特征。必须明了，指令句的分析性讨论与指令句的直接促动力效果为两事，理解与感悟，感悟与决定，决定与实行，均属不同的《论语》读解功能。时至今日必须认识到，只有《论语》原始章句及其系列本身才具有实际的心行促动力（此伦理实践促动力完全来自仁学"内实践"本身，而此内实践完全体现于原始仁学章句系列本身之内），因为其言辞打动力不仅产生于文本的综合性修辞学因素集合，而且验证于、继续重复于诸代历史过程中。简言之，此种"外国人"难以同等程度感受到的《论语》打动力，并非单纯地"藏于"《论语》文本之"内"。请注意：今传《论语》文本实乃两千多年来"身经百战"后的"历史积存"，《论语》文本含蕴着其民族性的"历史精神厚度"，故对于高端仁学的读解而言，读者也应该一定程度上在读解中想象地"生存于"中华文明的历史过程中。

《论语》读解歧义性的根源：《论语》本身由于时代认知、环境、实际需要、人员和技术（书籍、写作）的不同需要，历代编写者会根据不同时代所侧重的不同方面，对原始文本进行有限的增删，同时各编写者维持思想"一致性"的思维力不同。如朱熹的《论语》解释明显高于历史上其他学者的原因即在于他具有的较他人更敏锐坚定的"推理一致性"，甚至表现出比现代新儒家许多人在某些方面更强的思维一致性能力。顺便指出，大多数宋明理学家都异口同声地将禅学视为儒学之"异端"，尽管他们都可能在感性上喜爱过禅意诗学文句，但是理学家一代具有的较强古典伦理实践学"认识论"意识，使他们都能看出儒学或仁学与佛学在基本立场上正相对立，而民国以来的现代儒家们则大多失去了这种认识论意识。为什么？因为现代学者反而易于受到功利主义和实用主义的诱惑，不分青红皂白地企图援引一切看似"民族性"的理论资源，而对此"近西学"本来并非中华文明本身的产物并显然有损于非宗教性的仁学伦理学义理一事实视而不见。故《论语》文本最终呈现出思想复合性或驳杂性。此复合性文本的特点导致历代儒者的任意性读解得以形成，因在使用《论语》文本时可以在读解中相应地最佳比例地组配自己所需的直接有用的文句（多为具体性的，因此可能与仁学体系根本相违背的）和间接有用的（义理性的）文句，以作为施用于"具体情境与主题"的"药方"（design, prescription）。大体上，经学家们和儒教从政者们将仁学义理仅当作品德元素（virtues）之源，而将儒教既定条规和政治目标作为其读解的意识形态框架（如汉代撰写的《大学》与《中庸》实际上相当于设定一"孔孟理解应遵守的儒教意识形态框架"），以确保《论语》思想内容可通过选择性的读解使其适切地为儒教政治需要服务。但在儒教官场意识形态控导之外，文学家、哲学家们往往具有较多相对独立的思想自由度，他们遂成为仁学义理的真正体现者和传递者（carriers），其思想、学术、文化之具体实践，即成为历史上仁学之真正"载行者"，并不同程度上自觉地按照《论语》之"固定义理渠道"，在各自的文史哲创作中，将原始仁学思想及精神有效地传递至今。自然，古人，包括孔门师生自身，都不会想象到此一中华文明史上的思想精神奇迹有可能在几千年后的全球化时代，即在世界学术思想舞台上，发挥其历久弥新的伦理思想导航的作用。

3. 仁学精神在文化学术史上的功能及表现

（1）《论语》的儒学读解和仁学读解

汉儒歪曲、利用先秦孔学并圣化、神化孔子以使其可参与儒教意识形态的构成及运作，然而也正因儒教对《论语》的重视与利用，遂使得《论语》文本得以历经几千年而大致完整地保存下来。因为儒教权势对仁学伦理学的此一利用方式，并非是通过删除其中不符合儒教意识形态需要的文句来实行的，而是或者通过插入个别儒教思想字句，或者通过对不合儒教需要的文句加以"略而不用"、"降低关注"或"熟视无睹"的方式来完成的（特别是通过儒教意识形态框架来瓦解《论语》自身的"系统性"或"整体性"读解方式），这种只增未减的方式导致原始仁学本身得以在漫长儒教史上保存下来。

今日我们的仁学解释学采取的"复原读解法"则是有如"剥洋葱"一般,将历代所加予的不当"外皮"剥去而使其"核心部分"及其轮廓较为清晰地显露出来。这就是,或者将与《论语》主要思想体系显著不一致的"插入"字句加以"删除",或者对于历代儒家歪曲性的《论语》释义予以更正,或者根据现时代全新学术思想语境对《论语》原始语句含义进行适当的调节与扩解。

本书作者前已完成的《仁学解释学》与《儒学解释学》等著作的目的即在于:对于《论语》文本进行直接的仁学思想复原工作,以及对于仁学与儒学之间的叠合与区分关系进行分析,以期更有意义地呈现仁学伦理学系统本身的轮廓与结构。本书的目的则在于通过对诸章句的读解分析,以便更具体地显示仁学伦理学的作用方式及其现代意义。然而,我们所谓的"《论语》解释学"工作则是在传统读解经验与现代释义之间寻求"异质性有效互动"的结果。今日仁学研究一方面仍要充分注意两千年来儒家读解《论语》文本的"原生态"(为此我们主要根据程树德先生的《论语集释》以每章原句所选录的相关历代旧解作为参照例示),另一方面在读解此仁学经典内容时企图在伦理学思维上更适当地限定"仁学"之范围及功能。此一原典读解中的"解释学片面性",乃基于作者提出的"新仁学"对于"历史文本解释学处理"原则。在古今中外全新互动语境中进行的仁学重解工作(作为我们"新仁学"的一部分),当然是基于本人根据现代伦理理性和全新历史经验加以设定的,不过我们从《论语》中选择的有效章句实际上包括了《论语》原本的大部分内容。为此,我们首先将《论语》上下论各自的末篇几乎全部加以删除(不仅因为此两"末篇"明显属于"竹帛著文"时代在操作上便于加附于《论语》文本整体者,而且主要因为其内容或者与《论语》主题无关,或者与《论语》义理宗旨相反)。申言之,新仁学不仅因为《论语》编写并非孔子本人所亲为而更有理由对此几百年间编写的原始《论语》文本内容不予完全采信,而且,即使对于推测为"孔子本人"思想之直接记录的章句,我们也须斟酌其与原始仁学整体是否具有"一致性"而定取舍。

我们予以"还原"的"真《论语》",如前所述,不是为了本来也办不到的溯源"最初集结部分",而是按照本书作者设定的现代人本主义伦理学思想加以删选重组的,其目的在于重新审定原始仁学中今日仍然有效的部分,并借以组织新时代所需要的人本主义实践伦理学框架。我们新仁学的目的不是为了单纯"弘扬祖先文化",更不是为了对于传说中的孔子其人再次复兴一种"历史人物崇拜"。(历史个人崇拜和现代个人崇拜都是有损于科学研究事业的。遗憾,今日对孔子予以塑像崇拜,其心理和行为与对各种神祇的崇拜心理与行为岂非具有类似性?)我们和民初学者在"《论语》观"上的主要区别是:他们一代主要是在传统儒学框架内继续推崇《论语》思想的,我们这一代则是先在研究现代西方学术思想理论后再返回中国学术思想史的,并在经过中西理论比较研究后,在人类共同的人文科学事业框架内对其加以判定的;前者仍然侧重于其民族传统文化中的价值,后者则是兼顾到其在中华思想史和现代世界人文理论两方面的意义价值而对其进行的双重肯定。按照我们的新仁学观,《论语》不仅属于中国,也应属于世界;《论语》绝对不应被"物化"为某一"历史文物"以作为现代人之珍玩,而应被视为"现代学术良知力"源泉加以提倡和推广。现代人类人文科学理性并不承认儒教历史上对"圣人"及"圣书"的宗教式崇拜本身的估价,孔子其人作为"圣人"以及《论语》作为"圣书"的概念,都是儒学史上的儒教历史意识形态的产物,今日自然仅可成为现代学术对传统历史与思想史的研究对象。新仁学选择《论语》文本中的大部分文句作为仁学思想的原始资料,首先因为发现它们以自身特殊方式可构成一个符合现代科学与伦理学的理性主义大方向的、义理上较完整的人本主义伦理实践学体系;其次发现此一伦理实践学体系可被视为现代中国乃至世界的新人本主义伦理学建设的基本历史资源;更为鼓舞人心的发现在于,此一中华伦理思想经验进而可与现代人文社会科学展开积极互动,以在全新历史语境内对世界人文科学革新事业发挥全新的伦理思想指南的作用。

（2）仁学作为非宗教性的伦理信仰学

从商周到秦汉的政治史，为一自然演变及渐进的过程。随着经济与文化的发展，周初分封诸侯国及其他由蛮夷变华夏的新兴属国逐渐各自发展壮大。各大小权势集团的政治独立性程度逐渐增强，也随之逐渐发生了各集团之间的争权夺利的冲突，最终导致全面争战局面。经过春秋战国几百年的相互侵伐吞并，最后由最强盛之秦国统一了中国。自此开始了中华文明的大一统时代。在此连续漫长的先秦历史过程中，基于现世功利主义精神的鬼神崇拜与祖先崇拜始终存在，不过是逐代表现方式有所不同而已。因此不能把本质上是"非神论的"《论语》《孟子》思想立场（这是具有分析眼光的西方传教士几百年前就加以判定的）与秦后儒教的政治文化立场相提并论：不能说是秦汉恢复了商周鬼神崇拜，而只能说，孔孟在鬼神崇拜盛行的中华历史环境中同时提出了与前后各准宗教性习俗传统不同的现世理性主义的伦理认识论主张，并独立地在其后鬼神崇拜继续的历史中延存下来，在文化学术领域发挥着其自身独特的现世性的、经验理性的伦理思想方向的引领作用。春秋战国几百年期间，随着文化的发展，出现了各种民间思想活动，其内容有些参与着政治演变过程，有些仅只是纯思想性表达。《论语》《孟子》二书实属当时特立独行的思想创发，其内容的历史、社会、政治层面上的指涉内容，今可看作《论语》《孟子》文本编作者借以宣扬其伦理思想的"表达媒介"，而不必视之为相关于至今难以核查的历史事实。此一看法也就直接排除了有关二书及其作者对于当时历史过程的任何实际参与或影响的问题（不是否定此类实际历史影响的可能存在，而是将此类传统儒家一向采用的、实际上难以考证的"史学性设定"，作为"解释学非适切项"，排除于仁学伦理学的研究之外）。我们不妨将其出现及其后的影响力看作与中华文明相关历史平行存在的一种特异思想现象，从而可加强这样的认知：二书的历史性意义及作用反倒主要存在于大一统后两千多年历史上的文化、思想、学术领域内。

虽然应该注意此种历史文化史上的思想平行发展现象，但也要注意此种"平行性"的非平允性。在仁学产生之前、之时、之后的准宗教性流行的春秋战国时期，各时期的宗教性或迷信性程度和方面并不一样，因此仁学产生的春秋晚期，应该合理推测也恰为社会上的准宗教性的政治压力相对较弱的时期（历史上政治权势与宗教文化永远是相辅相成的，相互需要的）。周代与其前的殷商神权时代相比，其人本性倾向已然在发展中，并构成为适合仁学滋生的社会文化条件。而秦汉儒教大一统时代的"准宗教性"反而较春秋战国时期更趋强化，乃因大一统强权的法家意识形态的要求空前增强，遂扩大深化了各种有助于强化专制统治机器的政治意识形态形式，如天道论、灾异论、星象论、史统论、帝统论、师统论、圣师论、圣经论、谶纬论等等。此类秦汉文化史上的迷信思想，均与强化、深化、圣化帝王专制主义的需要相关。在此意义上，秦汉社会文化等于在较高的层次上恢复了殷商神权政治传统，也就是二者都与春秋战国时代中央权力松散时期出现的"人本位倾向"相反，而是呈现出一种繁简程度不同的"准神本位"信仰观。尽管春秋战国时期的鬼神思想相对淡薄，但诸国统治者的政治意识形态仍然倾向于编造帝王史统和宣扬天人合一权力观，只不过在大一统力势形成之前，诸地方统治者尚无实力对其进行强力践行而已。正是在此意义上，至少在明显逆反殷商反人本性的神权主义的意识上，仁学的创生者表现出了勇敢而坚定的人本主义的"反潮流精神"。

秦汉以来儒家文化开始部分采用孔子思想，将其纳入具有现世准宗教性的儒教政治社会与文化学术之内，这代表着儒家政治学对于平行存在的孔子伦理学的单方面的"借取"或利用。但是此一儒家利用孔子思想的方式（移孝为忠用于皇权崇拜，个人品德修养用于忠君奉公，均无关于仁学方向的文化学术活动）引生了多种类型的思想活动。孔学的君子学的部分内容既可成为官吏养成的品德教育学，在此过程中也可同时形成读书人对特定对象（孝、忠、友）养成所需的基本品德的机会。此种君子品德教养学，虽然主要被统治者用于为帝王权势集团服务之目的，但在公私文化学术领域内也可作用于读书人伦理人格之形成。后者遂可成为文艺学术创造活动的重要心理学资源，并可作为儒教政治文化的"副产品"而引生丰富多彩的中华文化成果。简言之，孔学的作用具有公私两个方面。在公的方面，按照孔子政治伦理性标准，儒教政治并不符合仁学的以民为本的仁政理念；但在私的方面，由于帝王政治对于文化私领域的相对宽容性，《论语》《孟子》文本作为基本品德养成术教程，亦可成为仁学精神在文化领域内发挥积极独立作用的社会性条件。顺便指出，《论语》的历史性存在及其历史性作用为两事。《论语》中出现的人物，对于现代《论语》解释学来说，均应被视为"《论语》叙事网络"内之诸"角色"，各自在文本内承担一定的意义表达作用，我们的《论语》解释学也仅将此类故事类内容视为编写者在表达思想时使用的不同修辞学手段（当然并非意在排除诸角色的可能历史指涉性，而是将此历史事实指涉性视为"解释学的非相关项"加以排除而已）。

（3）仁学的萌发、形成以及发挥作用的诸历史阶段

我们将此三个阶段大致称之为：a. 殷周前的初级文明时代；b. 周代封建文化时代；c. 秦后儒教大一统的儒学时代。从文化人类学角度看，仁学思想是在中华历史从前文明阶段走向文明阶段的过程中长期逐渐萌发滋长的产物，其思想最终成形于后神教政治统治的（殷商及之前的）、前帝王大一统的"东周时期"（春秋战国）。而《论语》及仁学实际发挥作用的时段，实为秦后两千年的儒教历史时期。简言之，以政治道德性革新为目标的先秦原始仁学（以政治伦理学作为其话语形态的原初仁学文本），是在秦后帝王专制环境内，以间接曲折的方式发挥其伦理性的精神、文化、思想、学术的引领作用的。此一历史功能转化的主要代价是：排除了真正原初的仁学政治伦理学目标（例如，孔子的"借君行仁之道"，被转化为"借仁行君之道"。孟子的"民为贵"和"一夫纣"等价值观，与儒教"天之子观"没有任何共同之处）。仁学是在与其伦理思想截然对立的法家思想所支持的儒教大一统时代，"辩证地""择善固执地""解释学地"完成其伦理实践学的"跑道转换"功能的，即其主要作用从政治领域转换为文化领域（仁学在政治领域为儒教道德利用的

事实与仁学在文化领域发挥独立伦理性作用的事实，为两种社会文化作用，为两套历史事实）。

在此背景理解下，我们可进一步将"仁学"的内涵扩解为：a.《论语》和《孟子》中的原始仁学思想（狭义）；b. 原始仁学被儒教尊奉的法家政治哲学利用的效果（文教事业软体对法家暴力实体的调和辅助作用）；c. 原始仁学在不同程度上被儒教学术意识形态加以片面利用的学术结果（"五经"、诸子、《史记》等书籍的编成）；d. 在作为法家本位的儒教帝王专制社会环境下，仁学不同程度上的主要作用领域为：文学、艺术、史学、哲学。仁学思想在诸精神性实践领域起着伦理价值观和人生观的影响和引领作用。（所谓"天不生孔丘，万古如长夜"，其所指非应为政治权势领域，而应为精神文化领域，因"中华文明"的物质性载体固然是政治军事，而其精神价值完全积存于文化、思想、学术领域内。）当然此种仁学作用与儒教意识形态支配作用相互形成了混合交织的存在。a 与 d 应该说是中华仁学历史实践的主要构成部分。a 正是在 d 中相对地保持着其独立伦理意志力的创造性作用的：面对多重权势意识形态压制下维持着独立的"孔孟伦理精神"的大方向，并因此在漫长封建专制历史中发挥着一种中华文明中特有的士君子"处逆生存美学"，即在逐代流逝的儒教政治的社会物质性框架内，实行着长久永续的独立精神文化品之连续性创造。前者仅只是历史的物质性舞台或"躯壳"，后者才是历史的"真实生命"和精神存在。

从商周到秦汉的政治史，随着经济与文化的发展，为一自然演变及渐进过程。周初分封诸小国及其他由蛮夷变华夏的新兴边缘国逐渐各自发展壮大，并逐渐增强了各自的政军经独立性，也随之形成了从此连绵不断的诸权势体之间的争强斗胜的历史过程。经过几百年的相互侵伐吞并，最后由最强盛之秦国统一了中土。中华文明的大一统实体的形成实乃先秦诸权力集团之间相互侵夺争斗的最终结果。然而历史的"伦理辩证法"表现在：此一"不义的军政史过程"的历史结果却也成为中华文明的社会文化内容其后获得空前发展的物质性"外因"。（揆诸世界史发展，此类貌似荒谬的"历史伦理性辩证法"随处可见：侵略行为结果可能成为被侵略地的社会文化发展的动因；其中的显例之一是，侵略国强加于被侵略国的宗教信仰，最后反成为后者本身愈演愈烈的积极信仰，甚至成为该信仰的日后主要支持国；换言之，"奴隶方"最初被迫接受了原初奴隶主的信仰后，反演变为比原初奴隶主更"虔诚"的信仰者。）自此开启了中华文明史上的大一统时代。在其连续历史过程中，在封建专制主义机构权势空前扩大后，鬼神崇拜的意识形态功能也空前增强，二者相辅相成，我们于是看到了秦皇愚蠢求仙的实际作为以及两汉时代迷信的疯狂发展。这样的"准神本位的"儒教式政治宗教与孔孟现世人本主义仁政观，在价值观方向上和实践学方式上，均无共同之处。今日读者需要把《论语》中表达的"借君行道"中的"君观"与秦后出现的"皇帝观"加以区分。两种语境中的"忠君观"之"忠"字意义也根本不同：在孔子，那是"踩在君王肩膀上对'仁理念'之忠"；在秦后，则是"忠于为帝王家之权益献身"。因此不能把《论语》《孟子》的思想立场与秦后政治文化立场相提并论。原始孔孟思想在先秦时期的可能历史地位不可能介入先秦历史主流，仁学的人本主义伦理信仰观既不可能在当时的历史政治现实中发挥任何积极作用，也不可能影响当时传自商周的神鬼崇拜传统。我们可以形容说：原始仁学是在中华文明史上的特殊时期（春秋战国）突然闯入历史舞台的"一道彗星之光"。

秦后以来儒家文化开始部分采用孔子思想，将其纳入儒教政治社会与文化学术之内，这代表着儒家政治学对于平行存在的孔子伦理学的单方面"借取"或利用。但是此一儒教利用孔子思想的方式（如含：移孝为忠等服从帝王权位的道德观以及其个人品德修养的教育观，文化思想学术内容方向之控制，儒教学术意识形态统系观的建立等等）引生了多方面的社会文化效果。孔子的君子学的部分内容既可转化为官吏忠诚训练的品德教育学，在此过程中也可同时成为读书人对特定对象（孝、忠、友）养成基本品德的教育机会。此种君子品德学，虽然主要被用于和服务于帝王事业，但在文化学术领域也可相对分离地作用于个人诚实心态之养成。后者遂可成为文艺学术独立创造活动部分之心理学资源，并作为儒教政治文化的"副产品"而形成了一种依稀可辨的独立仁学精神方向的文艺生命之表现（文学、史学、艺术创作中的道义批评思想，个人理想追求精神之表现，朝向仁学的独立伦理意志力之养成，禀赋良知者永远流露的"愤世嫉俗"态度等）。简言之，孔学的实际效用具有公私两个方面：公的方面，按照孔子政治学标准看并不合格；但在私的方面，由于帝王政治对于私领域的相对宽容性（前科技时代统治者尚缺乏对于社会全体进行全方位极权控制的技术性手段和思想意识），遂成为仁学精神在文化、学术、思想领域内可进行主动实践和相对独立表现的外在社会条件。

4. 仁学精神及其历史延存的儒教环境

"孟学"作为仁学政治理想（"民为贵"）与法家政治现实之间的（通过个体良知与权势集体之间的"对话体文本"加以表达的）对峙关系，可相当于反映封建主义社会现实的一部"历史道德经验总结"，也预示着仁学政治理想主义思想在封建主义现实中的彻底失败，以及其对立面法家权力哲学思想在古代历史现实中的彻底胜利，其结果即秦帝最终取得了全方位的胜利。仁学思想的独立文化生存与法家政治的独立历史发展，可以说相对而生，显隐互存。秦帝国的建立为中华文明发展史奠定了永续性的、以法家思想为中心的封建专制社会形态（制度性法家"硬体"的确立）。作为其后继者的汉代，对此秦制"硬体"加以继承、发展或完善，此即援引了其他思想"软体"对之加以调节和补充，以使该主要在"战时条件"下完成的秦制"硬体"，可以在"平时条件"下发挥同样有效的全方位的专制统治的作用。诸"软体"思想中也包括作为个人品格教养手段的仁学教育学部分，以及所谓"诸子百家"（诸子百家作为"材料"和"手段"，均成为法家权势集团利用和操纵的"思想材料"，前者成为后者对其役使的对象，而并非是前者"改造"了后者）。

"秦汉"作为两千年儒教封建专制主义制度奠基者，其制度性本质完全是来自比诸子百家更久远的广义法家思想传统及长期有效政治实践的。如果我们理解，所谓"广义法家思想"，远远不只是由商鞅、韩非加以系统实践并进行理论化总结的该先秦狭义法家思想流派，而是可向前溯源于前商周及史前史时期的"弱肉强食"野蛮时代之"丛林法则"（广义法家思想源流即前述 B 传统）。广义法家思想与实践传统，实乃中华文明史上的自然产物。此种准法家及前法家乃至正统法家的漫长不可考的先秦历史，到了秦汉帝国时代，不过是将此一直延存的广义法家历史传统之构成加以丰富化、文化化、伪道义化以及实践智慧合理化而已。换言之，秦汉统治者不过是将先秦各时期诸统治者们徒有其欲望（见《孟子》文本中之诸君王）而尚乏其实现能力的无限扩权冲动，落实为历史斗争中形成的"治术机制"，并"进化为""发展为"更完善的、更有效的专制统治机构。另外，此种成功的权力实践智慧也导致了文明体秩序的长期有效延续。正是在稳固的儒教制度支配下，在历朝充斥残暴皇权压制轨迹的历史过程中，中华文明的文化思想史却也因之获得了持续发展的物质性基础。我们不妨将秦汉以来的中华文明史，看作由两条平行展开的不同路线编织而成的：一条是物质性儒教政治生态连续史，另一条则是精神性仁学文化思想创造史。前者不过是后者的"物质性支撑"，其本身并不具备独立价值性；后者才是中华精神文明史的主要实体内容。中华精神文明史的主体是文化与思想，而非为后者提供物质性存在基础与框架的皇权秩序体。

作为儒教制度"硬体"的"法家"，如前所述，其内容要素包括：集团暴力制度，内外权谋欺诈，帮派私利垄断，权势迷信制造。其中每一特点均与仁学思想针锋相对。而中华文明史遂具有了此双重性的"历史构造"：法家主导的暴力统治下的社会秩序形态和仁学主导的精神文化创造实践。在此一双重构造性的"形成因"中，包含着被"法家"（通过其含文化部分的"儒教"制度运作）加以片面歪曲性利用的仁学部分。于是，仁学一方面作为法家-儒家统治机器的"文教道德润滑剂"而被利用，并因而幸获其完整的存在（取得了实与其在道义上相对立的权力者所赋予的"合法存在性");另一方面,在此"儒教合法性"外衣下,仁学在"物质上"所依附的儒教硬体内,既可维持着其历史上的有效生存,又可在精神文化领域内发挥其独立的伦理精神引导作用。虽然仁学在此法家-儒家专制制度下无法实现其政治伦理性目标以及在前科学时代欠缺发展其文化创新的知识技术性手段,但它仍然有效地藏存住其自身"独立的伦理精神意志元气",表现出了一种积极投入未来历史实践的仁学精神准备态。

仁学伦理学的历史功能主要表现在两个方面:精神文化实践的方向性指南及其实践的促动力源。进一步思考会了解,上述以传统类别名词如法家、儒家、仁学、道家等等所指的历史现象,都是针对各类现象的主要思想行为倾向规定的,而作为具体历史现象,每一类别的历史实体的全部内容都呈现程度不等的混杂性,甚至各类别之间还存在着程度不等的相互叠加性与融通性。例如,当我们谈到法家或广义法家实为自远古至晚清主要政治史和政治思想史的共同暴力统治倾向之总标志时,并不排除历代法家本位政治实体各自也程度不等地包括其他思想性或政策性因素的运用。因此,我们虽然须根据其各自特点而把殷商神教时期和两周封建时期加以区分。但仍须看到,广义法家的暴力统治制度实为前民主时代的各历史时期共同承继着的政治制度基础,而各政治实体在不同环境下各自采取的各种"教化""怀柔""宽容"等治术策略之间彼此均可有所不同。另外,当谈到具有较高暴力倾向的殷商所传承的"广义法家"传统时,经秦汉"狭义法家"之"法家强化阶段"而过渡到具有永续性的秦汉帝王儒教专制类型时,其各自的广义与狭义的"法家"之特点侧重并不一样。因为法家特有的所谓"暴力统治制度",其"暴力特质"的语义中可包含不同的"暴力因素":从杀戮迫害的残酷性、规模性到控制制度的严密性、全面性、有效性等等,其各自综合的历史过程可表示出不同的法家性质要素组合。而当我们对历史法家范畴加以精细化把握后,"法家"这个中华政治历史原型,在其权势垄断方面,可相比于人类历史上任何"权势本位主义"的社会倾向。这些去除了原始历史肉体暴力因素的现代物质技术性的"广义法家"权势力量体系，遂形成了现代仁学所面对的全球化时代另类非暴力形态的压制伦理良知及其文化思想展开的、资本主义方向的权势压力场域，如一种由跨国垄断的资本主义势力集团所形成的那种人生观上与文化观上的垄断性压力环境的出现。例如，在现代资本垄断集团支配的文化环境与媒体环境中，人文科学必定遭受经费与交流环境方面的打压，并系统地推广商品化消费主义与通俗文艺方向，而企图阻碍独立的精神文化创造活动的开展。马克思的社会理想主义毕生关念的就是此一由"金钱至上观"引导的"人之异化"文明前景。（更为严重的精神文化性挑战甚至表现在未来"电子人造人"时代的到来，届时"人"之精神性本质将被彻底瓦解。）

最后，让我们把仁学伦理思想的若干要点概述于此：

• 强调动机层伦理学所引发的人生精神价值目标，确立主体意志学，坚守行为的价值学方向。

• 儒者在动机与行为风格上形塑了一种儒家文化的"复线"性格（儒学倾向与仁学倾向的混存）。

• 在儒教与仁学的张力环境中激发着创造精神文化（文、史、哲、艺）作品的内在冲动。

• 仁学精神具有在伦理动机层次上的逐代永续传继力。

• "仁"（人）字的多重意义：作为统称（作为伦理实践学名称）与专称（作为德性类别名称）的不同所指，作为态度方向和行为动机的"提举力"及"激发力"，作为伦理学中的最高价值范畴。

• 由于中华文明史的特点及其局限性，儒教文化史上的仁学精神创造，主要表现于文、史、艺等领域。中华文明史上具有无与伦比丰富性的文化学术遗产，为其进入现代化-全球化阶段后的各种新形文化学术实践，准备了充沛的精神储积与经验资源。

在我们对历史思想进行的现代研究中，不可避免地仍然要借助于前科学时代使用的专有名词，这就是我们研究中的"古今中外对话体"在其表达和风格上（在传统型学者看来）不免"怪异"的原因。本书中我们会不时在"仁学""儒学""儒教"的使用中或区别，或分辨，或叠合。尽管身份与构成不同，但我们仍可在仁学和儒教之间进行对比性思考。固然，同样作为"思想现象"，仁学似乎与儒学最为可比，但此种可比性正因为其过于明显而未必呈现出比较关系的深刻含义。儒教，一方面包括儒学，后者自然可以与仁学形成多方面的异同对比性；而另一方面，儒教作为多元制度化综合体，其与仁学的"异质性对比关系"可呈现两个重要的方面：一者，其中作为价值观和实践观的方面恰可与儒教内涵的法家相对比；另一者，儒教又恰是仁学实践学寄存于其内、其上的历史环境。历史上，仁学一方面须待儒教的建立及其连带产生的诸多物质性条件而可寄生于其上，另一方面又在价值观和实践观上与其两个核心部分（法家与儒学）相对立。此种历史过程中的分与合的关系，反过来影响到仁学实践学的展开特点。我们于此可明确指出，在显在的社会物质性层面上，仁学与儒教混为一体（此所以现代国学家们可反驳说二者实际上为"一回事"）；而在潜在的精神文化功能上，二者之间具有明确的区分性。物质性因果关系层面上的混合存在与精神性功能层面上的分离存在或平行存在，为两种不同的刻画"历史存在形态"的方式。

5.《论语》"作者"之身份及其"写作"过程

本书在把握诸章句意旨时，注意区分（据合理推测）原初编者具有的较多"义理一致性"或"仁学系统性"与其后历代续编者具有的、经过大一统时代儒教观点调整过的"实用主义'接受学'与'运用学'上的一致性"，换言之，即存在有一种仁学的义理一致性与一种儒学的实用一致性。如前所述，《论语》历代参加编写者共同分有着一种"准集体性的编写品质"，虽然逐代编写者之间观点可能存异，但均有意识地尽量保存了"原始《论语》文本"思想的统一性。因此，尽管后续编写者可能插入义理上与《论语》主旨不合的文句，但我们有理由假定，在先完成的重要仁学章句均被后世编者保留了下来（即历代参与编写者的工作为"只增未删"）。

因此，今日对《论语》的伦理价值学肯定，不是针对其全部现存内容，而是只针对其中今可判定为维持了仁学伦理学整体性的部分。对于古代儒家，也许恰恰是现存"《论语》整体"才表达着一种更令他们满意的"学理一致性"，因为此一最后由张禹完成的《论语》全书的"综合一致性"，乃是对"先秦仁学"与"秦后儒学"进行的一种实用主义的"统一化"，其结果特别适合于儒教时代以来一切读书做官论者所需要的那种"理想"与"现实"的"融合方式"。换言之，同一部《论语》，古今人对其内容进行的"内部结构性调整方案"不同。国学家们如果以为只有完全恢复古代儒家的《论语》价值观判断才是今日学术正途，就是陷入了一种"解释学的时代误会"。不过也要看到，虽然历代读者各自依不同的环境、学养、思想力而对于同一《论语》文本（作为综合性文集）在"整体性程度和方式上"进行着不同的读解，但是扩展视野来看，大家都生存于同一"中华文明圈"中，尽管彼此所处的环境条件不同，但是在此有关人际关系正当性问题上，大家也都不同程度上潜存着类似的良知性向，从而保存住了历代读解态度的大体一致性。因周秦汉尽管政治制度有异，其各自的社会文化环境仍然具有传统的相继性。这就是为什么连最极端的古史怀疑派对于《论语》的价值都甚少怀疑。至于当代自幼欠缺人文学养的新青年一代，特别是那些生活在海外的、青少年长期失学失教的一代，他们对于历史、政治、社会、文化、学术之古今中外的综合复杂关系根本没有辨识能力，所以才会对于看似"简单的"《论语》文本视若无睹，不屑一顾，而纷纷朝向实际上更为肤浅而影响力貌似更强大的其他信仰体系。趋炎附势心态是表面上不同方向倾向者们所共同沾染的"历史共业"，此种"时代心态"才是阻碍他们真实自我提升的根本性原因。

关于《论语》作者身份问题，我们首先应该区分其"思想作者"（孔子）和"文本作者"（诸弟子及后世编写者）。大致来说，《论语》中孔子为原始口头文本的"主要作者"，若干主要弟子为其"次要作者",诸弟子的工作主要为对该口头文本的"记忆与编辑"(当时不可能存在有可方便使用的"笔纸"类工具供弟子们随时记录,如后世众多语录作品那样),包括在口头记忆的方式上进行文句的集结、编整,并形成了最初的"口头章句汇集"。其后,当书写工具进步后,所谓后世编写者的工作,除继续参与文句及文本整体的编辑加工外,还包括将口头文本转变为书写文本(竹帛刻写,方便于幼年学子之读记)。关于《论语》真实编写过程,不可能采取历史上的各种无法考证的传说。但可以假定,第一次编辑阶段一定有一"单一的"或"统一的""写手"(个人或若干人)作为文本实际的"二次作者"(如称孔子本人为"一次作者")或"总编",他负责收集整理口头材料并组织诸格言文句的选定。《论语》的精华为其指令句聚集的系统性或相对完整性,此种完整性最初可能以时空零散方式逐渐形成于孔子个人及亲近弟子,但最终集成于孔子身后诸弟子即诸信奉者的"思想聚集整理"的集体合作过程。

我们于是也应该推测仁学思想的"原创者"之存在,此"单一性作者"(个人或团体)的思想可能来自一真实历史人物(a),或者不一定来源于历史上或有其名的"孔丘"其人,而可能是:完全假托于该历史人物的某真实历史人物(b),或假托于某一虚构历史人物(c)。我们做此假设并非为了核查该思想作者之历史身份问题,反而是要排除或淡化今日《论语》读解中有关《论语》人物的史学关联意识。《论语》文本作为两汉或汉魏"文物遗存",某种意义上类似于今日挖掘的考古文物实体。今日对任何考古实体(特别是欠缺文献对应的先秦文物)的科学研究,都倾向于保持与历史传承的史籍文献内相似内容的"比附性"研究。但两类文品(考古文物与传承史籍)的形成过程不同,不能根据二者内容某方面的相关性,就将二者视为反映同一历史实体的不同真实历史存在物(书本与实物的不同反映形式)。但是,由于即使是 a 类情况,其思想内容材料大多来自以往集体智慧总结,而更重要的是《论语》文本(可能主要是上论)整体的形成相当程度上取决于一次集结时此单一型"第二作者"的"个别性"统一化工作。《论语》的思想材料的来源虽然是"述而不作",即来自历史上的集体经验积累,但是仁学理念的产生与仁学实践学的基本结构,决然是"功能性单一作者"(the single hand by function)的独立创造结果(此"单一性"推测基于对现存文本的内在"一致性"事实的判定)。在此意义上,作为思想作者的孔子其人乃是中华文明史上最伟大的伦理精神理念的创造者(针对《论语》自身"隐在系统性"而规定的一种"一致性写作行为"的存在而言)。《论语》的无与伦比的价值正在于其仁学义理的整体性框架的设置。如无此表现在伦理学认识论和实践论上的整体性与系统性,一部单纯的道德格言集的价值将大为降低。

让我们顺便也来看一下《孟子》文本的身份问题。《孟子》一书的作者身份一定不同于《论语》文本的作者身份,其单一性存在形态与《论语》作者的集体性存在形态之差异性,可从文本形式、内容构成、思想重点、修辞风格等方面的高度一致性加以判定,但在基本思想方向上《论语》与《孟子》二书也是高度一致的,虽然在论说对象类别上彼此大为不同。加以《孟子》的少数内容被直接编入《论语》(见胡志奎书),二者的"合流"性明显,按照合理性推测,应均基本形成于战国时期(可能分别存在于战国前期与后期)。二书构成的统一思想系统可共同称为"仁学",或《论语》作为"原初仁学"和《孟子》作为"第二仁学"。本书的主要研究对象是《论语》,但也作为附录选录了《孟子》文本中的与士君子人格学相关的章句系列,以直观呈现仁学伦理实践学整体的风貌。

关于作为一部"作品"的《论语》,其"编写"是几百年间陆续完成的。按照台湾学者胡志奎先生的研究,《论语》编撰过程可划分为三个阶段:

春秋末战国初的第一次编定,其主要内容为今本的上论(含不同口头版本)。

战国中、末期《孟子》形成后的《论语》第二次编定,其主要内容为今本下论(含不同口头版本)加上个别插入的《孟子》等先秦其他文句。

战国末至后汉张禹期间陆续补充编辑直至张禹最后第三次完成的编定工作。（以上结论参见胡志奎《论语辨证》，台北，联经出版事业公司，1983；并可直接参见本书附录中的相关摘录。）

不过，由于隋唐之前书写文本载体主要并非纸张印刷性"书本"，历代书籍之传继多靠手工抄写，故不能排除原初文本在汉后历次传抄过程中其个别文句遭受更动或掺加的可能性。后代转抄中的变动，除少数可能的"笔误"外，更多的文字性改动源于汉字的多义性、同音性等等，从而为后代改者根据个人不同的领会而在原汉字基础上进行的自以为是的随意改动提供了"技术性条件"。最严重的"乱改"例为"五十以学易"句，即属明目张胆地故意歪曲性改动（实为儒家故意为之，以便用第一儒经《易经》压制《论语》于其下），用以附会仁学与儒经的关联性。实际上《易经》的义理与《论语》的义理截然对立。至于孔子见老聃之类的胡编乱造，纯属道家在思想界的争强斗胜等传说，则根本不值一提（参见《儒学解释学》）。

6. 《论语》中常见的重要语词释义综述

由于中国古代思想、语言、社会文化背景的特殊性以及西化以来西方理论词语的全面引入导致的思维方式与表达方式的现代化，我们很难以有条有理的方式明晰表达此"古今中外观念交汇"的错综复杂效果。为此本书不得不（不避难免文词重复地）围绕诸相关主题对之分别予以说明。大致而言，我们不时须采取一种兼用"化整为零、集零为整"的论述方式，以便从方方面面、不同角度综合地呈现我们的《论语》读解研究。本节论及的诸问题，在正文各相关章句解释中将续有阐发。

仁与善传统：《论语》与其他先秦典籍、传说、信仰共同分享着同一"周礼文化思想"（指周代历史中的主流思想与实践传统，非指后儒所编写的《周礼》一书内容）中的"道义性"部分，此部分为秦后大一统历史政治所同样接受者，而其根源并非限于《论语》。只因后世儒教圣化孔子，故将一切良好"公言"皆视为孔子所造（如作为"儒学创始者"及"五经"编写者的历史虚构等）。所以我们应该在综合性历史过程中区分出政治制度（历来法家传统）、人际斗争的技术性智慧（战国计谋学的精化）、文化精神的认识论方向（仁学思想的浮现）、文教工具的形成（仁学品德教养学）以及政策选择性组配方略（法家对"百家"的利用）等等不同组成方面。儒教制度下，硬软二手策略都是皇帝统治制度的不同工具，它们均来自周秦汉时代共同的经验智慧传统。

仁："仁"字作为仁学伦理价值学的总称和特称，虽为孔门之独特创造，但也相关于历来各代同类思想倾向之泛称（相当于前述 G 传统）。在其历史表现中"仁"字含有二义。广义：公言中关于仁义之思与言（即均指社会公言中有关所谓"宽仁"原则之共识）；狭义：为仁学人格学或君子学特有之伦理品德如仁爱、仁慈等。"仁学"作为孔孟伦理学整体之专称，并非仅相关于有关"仁义"思想情感之表达，而是特别应指涉一种主体伦理意志学原则及其应用的实践学艺术，也就是一种伦理实践学主体朝向伦理价值的态度学机制。"真理"（或真善美）为一事，对"真理"之态度为另一事，前者多来自历史或文化史上的共识，而后者特别来自"孔孟学派"。所谓仁学，作为伦理思想整体，应当视为传说的孔子其人或《论语》中"孔子角色本位"（由诸个人或同时期诸个别集团组成）之独立创造，而非仅指其"述而不作的"相关历史传承材料，如对历史上周礼制度及公言中 G 因素之吸纳部分。孔子的"述而不作"所指为孔学思想的历史经验性根源及价值观来源，但仁学作为伦理实践学体系则专指在特定时期、由特定个人或集体之"独一性创造行为的结果"，故严格来说不仅为"述而有作"，而且为"历史上空前绝后之大作"。没有这样的独特思想创造行为，就不可能形成仁学的整体论思想结构。其整体系统性之主要表现为：一方面是对公言之组配中的义理一贯性，而另一方面是作为仁学之核心的"士君子学"或"士学"之人格内涵的统一性，此即士君子或仁者对整体化的公言系统之接纳和践行之"坚定态度"的规定。此即所谓"仁学态度学"，它表现为一种伦理意志力养成和践行的伦理实践程序。我们可从本书正文以及本书附录所列"孔孟士君子章句集列"中体验到该主体伦理实践学意志论之全面内容及其表达方式。

"君子"含有多义：如指君主、臣子、读书人、好人、仁士等，大致可分为"社会地位"与"品格操守"两类。其对立方为"小人"，此名词亦可分为与上述相同的两类指称。两词的确义由其出现的相关语境决定。在《论语》中"君子"之特殊语义学价值在其与"小人"对举时专指品德优良义。君子、仁者、士君子等名称有广狭二义。广义上大致相当于"好人"，用法极为宽泛，为世间所通用。在仁学所专用的狭义上，则指前述特定仁学实践学主体应有的人格结构，此为中华精神文明所特有者。《论语》之仁学在其实践学通俗意义上可泛称为君子学，即以同一君子观点表达对三类对象——本身（仁学实践主体）、他人、治者（权势持有方）——该如何互动实践的指示标准。此伦理实践学的视点为一伦理实践学主体（君子），而其对象为三类（一者对己，另二者对他）。三类人己对话或互动均遵照同一君子实践观践行。"君子人格学"应该说是仁学初段与高段共同期许于其受益者的，而"士学"或"士君子学"可以说是专门针对高段仁学信仰者的。在本书此类不免模糊的词语用法习惯中，不妨说"君子"主要指人际关系环境内实践主体按照仁学标准能"有所不为者"（"狷者"），反之，"士（君子）"则特指实践主体按照仁学标准能"积极有为者"（"狂者"）。此处的狷与狂都是按照仁学伦理学标准加以规定的。

"儒家"：作为秦后出现的混杂历史文化现象之"通称"，含不同"身份"，即在秦汉儒教法家政治制度下形成之特定政策、思想、学术、策术、信仰之综合称号（指思想倾向或派别），以及相关参与人士之身份（指人物）。即其中"家"字可兼指人士与派别（家派）。

仁学在历史中的作用：a. 导致历代士君子们多有愤世嫉俗、怀才不遇等与世抵牾的不满心态及其于自身创作的文化品内之相应情感流露。b. 此一内心良知对历史现实中的社会现状之不满、批评及变相抗拒的心态与言行（表现于诗词曲赋及哲史著述），代表着士君子坚守一种"向仁"之态度及动机倾向，其心态与作品遂成为实现及传递仁学精神之具体场域（通过精神文化品之创作实践其仁学信仰）。c. 此一与世不谐及内心抗拒现实的态度未必时时为仁者所自意识，或仅呈现为其意识界内的混合存在（此种局限性，部分来自自保本能约束，部分来自对政治现实格局的习惯性随遇而安），但不同的态度因素可在不同的实践渠道上（读书、从仕、隐居、创作等）表现出不同的伦理心志学实践轨迹。如南宋时代被称为中华历史上精神文化发展之最高峰，即因在该历史时期出现了空前众多及优良之精神文化作品。外敌侵占及威逼态势的客观环境所形成的士君子抵抗精神，形成了一种精神文化生存方式，即在由外敌形成的"典型法家侵略者压强"下所促生的仁学精神反抗意志力之勃发。欠缺此种伦理精神的钱钟书先生（以及众多受教于现代西语文化的"比较文学学者们"）即未理解"反抗心志之结果"与"反抗心志存在本身"间的区别性。前者因客观条件的不具备而难以实践成功，此与后者的真实精神存在（心理意志的存在）为两事。即由政治史体现的物质性实体的存在与由文化品体现的精神性实体的存在，二者并非一事，但前者可成为后者的形成因之一，而唯后者才是文明体历史延存中的真实的"价值成就"部分（特指其具有的精神传承与激发后人的民族性功用价值，即一种作为"承先启后"的精神传承的枢纽作用）。倘非如此，孔子思想，除了作为儒教统治者的意识形态工具外，就什么真正价值也没有了。实际上，孔子思想主要属于前述非官方的中华文化精神创造史（仁学史），而非属于将其利用为"帝王师"的封建皇权统治史（儒学史），虽然前者可为后者在某方面加以利用。

儒教政治军事史与仁学精神文化史：二者为中华文明史上在价值学功能层次上的两个平行存在发展的"历史系列"。前者形成"物质性环境创造的时间系列"，后者形成"精神性文化创造的时间系列"，二者之间存在着全面互动关系，前者并为后者的物质存在性基础。但从人类"历史哲学"视域看，二者在各自历史功能上"身份"

差异明显，前者相当于"社会物质性环境"，后者相当于"文化精神性创造"。

理解力与激发力：《论语》诸原初指令句的实践学促动力与对其进行的现代理解为两事，虽然后者可有助于前者效力的现代延续性，但仁学实践力只能实现于《论语》原始章句系列整体本身，即实现于原始章句的修辞学句式系统内，而不可能直接实现于对诸章句的现代化解释内。章句理解的机制与章句文本结构的激发力机制并不相同。仁学实践学的动力源存在于原始文本本身，所以筹划新世纪新仁学外实践形态的新仁学，必须以原始仁学的内实践机制为其认识论与实践论的永恒双基础。

古代话语与永恒意义：本书主张把握仁学章句之伦理学精神，而非泥执于《论语》及其历代义解之章句直指内容，因古今中外历史与文化语境迥异，如直接泥守古人旧言将不仅不足以实践该章句的伦理性意旨，反而可能阻碍了今人对于仁学原始义理精神之把握和实践。换言之，我们须关注的是其中具有人类永恒伦理性意义的部分，这些部分间接地呈现于其整体性存在中，并直接、间接地联系于古今中外真实的历史环境，并在义理上可有效相通于现代各种历史环境：政治、社会、文化、学术等等。

仁学之激动力：作为兼具动物性肉身与人类性精神的"人"，其"人性"中兼含善恶二性向，其程度相关于个人先天特质与遭遇环境之间的互动结果。"恶"与"善"二因素（各因素存在于、表现于不同的"心言行物"层次）之间对立或矛盾的历史性事实，形成了一种辩证的伦理性激发力或行动意志力，即"恶"可成为激发"善"的动因之一（见后详论）。

士学的仁学意义："士"字的原始"武士"意凸显着"勇"的品质，而在仁学实践学中被精神化后，肉体之勇遂转化为精神之勇，从而在人类文明史上刻画出一种特定伦理实践人格形态：士君子以其意志力之"勇"可在身处逆势时有效坚持其伦理精神性目标之持续性贯彻。

士君子之抗势精神：按照仁学，权势与职位可承载伦理性正向或伦理性反向的"权力具有者",后者可涉及社会文化各域。仁学认为,对于道义上正确的权势者及居高位者,自然应该坦诚服膺之,并共同在顺势中各依其位地追求共同的公义目标;而对于错误的权势者及居高位者,士君子则须勇于对抗,在逆势中,敢于以下抗上,努力于参与价值观上的拨乱反正作为。同样由于历史上主客观认知与行动所需的条件不备,所谓士君子的伦理意志力主要表现于其态度动机上,其随之而生的效应行为也仅相当于一种态度的表达,而非必然即可成为义理目标之实现:如古人采行的各种"求仁得仁"方式。古代主要以社会、政治、军事、宗教现象体现诸权势形态,近代以来可扩及其他层面,特别是经济、文化与学术领域。此种关系与情态的普在性亦表现在现代学界:学人合作研学的过程中,学人团体中存在有学术、能力、资历、职位、影响力方面的差别。学界"权威势力"往往成为对学术方向、方式和学人本身进行不当支配和控制的力源,从而损坏了科学研究的正向发展。经此"学术异化"作用,人文学术活动往往蜕化为党同伐异、拉帮结派的工具。

礼学是一道德性信仰与实践的象征行为体系,相当于封建社会中"公义原则与实行方法"之组合(含静态与动态两部分的程序化规定)。程序的坚持("祭礼爱羊"例)为对假定正当程序(相当于古代传承的事实成为"正当性"的象征表达面)的坚持,即对社会正义目标的坚持。仁学之"礼学"包括制度、仪式、心态、行为、道具、环境等各相关层面,其作用在于察验外在过程中形成的一种"心与行相互督察、相互促动的道德目标的践行系统"。

仁学所说的"古人"和"古时":此种在思想方向上隐指远古理想历史而其实际之指称空洞化的言辞惯习,可借其"半实半虚"("半实"指其针对"人间历史","半虚"指其不可直接指涉事实)称谓作为"社会理想"之普适代名词。此仁学理想主义在原则上是以传说的"原初历史幻想"为其准实证性基础的,此仁学理性主义的实质则是对于当下现实的永续不满与批评。所谓三代"理想主义"实际上相当于"现实批评态度"之代称。儒家政治观念的实用主义性格表现在其仁学价值观与儒教现实观的"共存"上:利用儒教道统教条主义对"三代神话"的信奉，以之作为"意识形态上安全的"批评政治现实的表达技巧。

仁学之"天"：不同于作为儒教天道神教之准神祇力源的"天"，后者具有可作为决定人事之能动性的无上大力势，尤其可主宰统治者之命运。仁学之"天"则为一经验象征性的"准逻辑性观念"，除作为"宇宙自然"之部分代称外，特指无法预测之"未知因"以及"天性义理"之代称。义理称作"天之理"（此时之"天"相当于"最高"之自然，故同于"天性"一词），乃以象征崇高性、至高性的"天"形象刻画源自人性经验之"伦理性善性本能倾向"；用自然界空间之"高"比喻人世间义理价值之"高"。在孔孟话语中"天"有时似乎亦给人以具有"准神祇性"的印象，此时之"人格神"的似是而非的意涵仅为一修辞性比喻，即相当于一有用的未知力源"x"，而非具有独立决定性作用之势力源。孔孟伦理学与一切历史上的宗教伦理学的本质区别即其现世经验性人本主义，其经验主义的"人心"为决定伦理行为的唯一力源（此即"人能弘道"之根据）。

仁学伦理学的历史形成因：《论语》作为一部空前绝后的"伦理态度学"经典之产生，乃因当时其他社会、政治、学术、思想、技术、经济等"物质性外力"构成粗简，尚未形成显著的社会历史推动力，故有利于古代智者想象出主体态度与意志力可成为精神上独立对峙于君王权势的力量。此种偶然形成于春秋时代的"政治伦理学实践模式"，当时空环境和物质文化条件改变后，遂可成为在文化、思想、学术领域内类似的"良知对峙权势"的隐喻性理想主义基础。在古代社会政治结构简单的环境下，伦理性问题域可相对独立地呈现并有效地累计其独立的体察和判断。人性中的态度结构是不变的，尽管行为造成的外部成就在文明历史中不断发展，在复杂社会文化环境中个体的态度和行为与其后果的互动关系越来越复杂，但基于不变的基本人性的个体之态度决定机制并未改变。

原始仁学的完整延存：《论语》文本是在后汉才完成定稿的，之所以没有受到前汉专制与迷信现实影响而过多插入非仁学内容，乃因一种"尊古"的民族文化习惯（实用主义性格导致相互不一致而各有其用处的不同思想习惯之安然并存）。所以可以推测，《论语》的绝大部分内容都是前汉初时就存在的，其主要部分由先秦传继下来，主要作为各级官方学子的品德教育启蒙读物。正由于尊古文化风气与《论语》具有的初级品德教材的功用，其先秦文本的特殊风格才没有被触动（可间接验证《论语》修辞学具有的真实精神促动力）。至于文本本身较少地（最大限度较少地）包括当时必定盛行的诸多迷信内容，则反映了编者集体分享的伦理信仰中的民族性理性本能一面。理性，一方面指较少迷信内容，另一方面指全体文句在实践学方面的合理性十分显著（经验性、实用性、整体关系在实践学方面的搭配性等；而如外在迷信惯势具支配性地位时，独立君子人格学的合理实践性将受到阻挠）。《论语》文本体现了中华文明原初形成的一种理性主义精神：重思想的经验性、实证性、系统性、实践合理性。

儒教制度与仁学良知：经过后儒在其中插入儒学思想类文句后，《论语》的读解虽然一方面其"原始仁学"部分可激发良知实践的主动性和促进相应伦理意志力的养成，而另一方面则使读者（在儒教专制压力下）只能在儒教框架内进行其政治性思考（源于中华文明史上将传承政治制度视为历史上的"自然之理"）。前者有助于产生士君子长期的或显或隐的特立独行精神（仁学学派中的"激进左派"与"守成右派"），后者有助于产生读书人的趋炎附势的犬儒主义（自欺欺人与钩心斗角）。此误导作用乃因仁学话语中存在着历史上似乎被允许及加以鼓励的臣子忠谏义务（柔性限君与策术贡献的混合物），因此认为此一"对上"批评性行为在儒教专制体制内原则上是存在的（如当明君与有利形势出现时，可畅想"尧舜之治"）。因而此对抗性可不至于导致君臣之间的直接冲突，但实际上因进谏而忤逆君意遭黜遭诛事例史不绝书。实际上，此一表面上的对权力者的道义限制性，完全取决于皇帝集团的偶然正面品质的强弱，故其劝导效能甚低，于是才有了"伴君如伴虎"之言。此一历史性事实也因为古代知识的有限性（借君行道为所知唯一途径）而可延续几千年之久。重要的是，封建专制主义统治结构本身制造了君王滥权的客观条件：坏人居位可能无恶不作。而大臣间之争执冲突动辄即可吁请皇帝诛杀异己者！而此辈都是"读圣贤书人"，何曾因此而成为"君子"？此种人际关系中的暴戾气氛不仅存在于君臣之间，而且存在于臣子之间。如此视人命如草芥的宫廷政治生态，现代一些新儒家们竟然可视之为理想政治原型！"假仁假义"是儒教制度下必须采行的自保与攻人的处世智慧，现代人岂能因古书上之"良政善行"之美言而信以为真？

《论语》研究的双重性：a. 一方面视之为儒学时代读书人对《论语》的读解史，该经典由一称作圣人的孔子所创立，通过历代儒者对《论语》的读解方式，可全面把握该"历史性读解效果"的复合性实态（儒学本位式读解和仁学本位式读解的混合性）；另一方面，通过此种综合性读解来查看《论语》文本构成及其读解方式中所含的两类信仰学倾向（仁学和儒学）之间的互动关系，以理解古人是如何以此综合性的、折中性的方式把握吸收《论语》思想的，即查看此两套不协调倾向之张力系统组成。（本人的《儒学解释学》一书即侧重于此类阐释目的。）b. 根据现代读解立场予以还原的仁学本位观来重构有效《论语》仁学文本，保留其中纯仁学伦理性成分，进而研究此相对纯化的仁学文本自身的意义结构（参见《仁学解释学》）及其与现时代各方面的关联性。（本书即为此目的所作。）

读解的双功能：传统伦理思想表达话语（口头的和书写的文本）含两种不同的功能，即论说和促动。如果说《孟子》兼含二者，那么《论语》仅含后者，即通过读者对系统性的二元对比和二元选择指令的"领受"（通过声音媒介或文字媒介），来引发受者在知、情、意三维上的综合一致性反应。对于文本的激发功能，当然也须间接基于人性内含的基本认知信息。《论语》提供的认知信息来自永世不变的日常生活中的直观人性经验和人际关系经验，后者具有常识的显明性，故可充作激发性文句所必需的经验认知部分。《论语》的此一激发作用主要发生于动机层面及恒在的人际关系层面，而非发生于社会性、文化性、政治性的行动层面。如果说《论语》文本也在社会性层面上积极论说并具体"建言"，如像古希腊时代讨论伦理学、政治学那样具有历史环境的具体性，那么《论语》的伦理性激发作用反而将大大降低（同理，基本上根植于儒教历史环境中的各种儒学思想，正因为其对历史过程的真实介入性，今已成为过时的智慧经验总结）。《论语》的社会性建言的现代意义，甚至历史上的意义，主要作为通向动机层次上的"内容面"之"表达面"，后者的社会政治性话语所真实指涉的主要是动机和态度层次上的问题，所以我们才称仁学是一种动机或态度伦理学。此种文本构成和作用的特殊方式，即所指和作用均相关于心理动机及态度层面，从而保证了其意义价值的恒久性。

仁学高段内实践与新仁学外实践：新仁学的目标之一在于，按照新知、新学、新理，一方面更为准确完整地还原原始仁学的面貌，另一方面探讨原始仁学与人类现代精神文明现实的可能关联性及仁学在全球化时代的新实践方式。在此意义上，新仁学的内实践虽大致等同于并依据于原始仁学的内实践（此为基本人性的不变部分，不随时而变），但其外实践部分呈现出无限的开放性。当前的仁学外实践的场域为人文科学，其目标则朝向现代人文科学理论的伦理方向性调整，也即显示了一种新世纪"外实践转向"的必然性：从儒教历史上的泛文学式的精神文化"外实践"，朝向全球化时代人文科学理论建设的"外实践"。

"朝闻道夕死可矣"的合理含义：此指令句之所指不是"成道"而是"闻道"，此即相关于仁学的人生观、认识论、实践学的一个简明的人生观总则："士君子"范畴仅只指涉其人"识真已足"，而未涉及其人有无能力行道或达道的问题。此一认识论-实践论规定即可使得仁学实践论成为主体自足性的，成为一种主体可在方向与判准上不存疑念而又可趋于自强不息的人生观。识真，也包括识无能行道之真，此即知不可为而为之的最深刻意涵。此句中后一个"为"字表示通过积极行动方式加深对识真（不可为）之体认，而非指"或有可能成功于万一"（如是则仍然掺入了实利性动机，而表示"闻道"志意之不纯）。此一命令句的本质是在强调：通过义无反顾地坚定介入仁学伦理实践路线，卒可因信奉"只计其义不计其功"

原则而达至在正确方向上勇往直前的目的。在古代主客观条件都不具备的情况下提出和主张的此种知不可为而为之的人生观与策略观，自然大多是以主体仅能获得消极伦理性体验为其结局的，但此一看似欠缺积极成果的仁学实践学精神本身，在历史上可将一种根植于主体心志内的伦理精神态度传承下来。此种心理与精神的历史传承，当外界环境条件改善后，新的内外互动机会将可能产生积极后果。换言之，此种民族精神本身的历史性绵延的意义是：在民族精神层面上，士君子集体载负的虽乏"外效"而有"内效"的仁学实践体验，可加深一种遇挫不馁的集体性主体意志力品质营建氛围。也就是，此种历史性传承的方式，其目的不在于外实践的成功，而在于仁学精神内实践的历史延存之成功。此一伦理性内实践的逐代延存，一方面可成为历代仁学实践之可能文化表现的资源，另一方面可成为未来主客观有利条件到来时导致实践成功的集体伦理精神性准备。历史上仁学实践学的本质遂表现为：集体性士君子群通过延续不断的精神文化的实践而维系的一种民族性伦理生存意志力。因此，"知不可为而为之"，也隐含着一种伦理观与政治观的本质分离性。于是，可以再理解为，前一个"为"指政治，后一个"为"指精神。其中的辩证法关系在于：义理上二者因果上相关，而实际上（历史上）二者相互矛盾。故《论语》的仁学精神之寓意为：通过对"不可为的"（无实效的）政治改革理想之坚持，以导向一种"可为的"（有成果的）精神文化之创造。仁学，即人之学，是朝向于人类文明中精神生存创造目标的。法家方向的儒教政治的功用是促成中华文明史上物质性历史秩序的存立，而仁学的功用是引导在此物质性秩序内进行精神文化的创造。历史的"主体"或"价值性内容"是后者，此后者仅只是支持前者生存的"物质性基础"。

动机层与不同实践层：在基本动机和目标层上的一般理智性认知或决定，与其相关诸实践层次上的贯彻质量不是一回事。动机层与实践层上的抉择间的相互不符表现为：言行不一、计划失败。在仁学实践学上存在着动机层内实践与行为层外实践之间的不一致，此即为"自诚明学"提出的理由所在：主体应如何深化自身的意志力营建以实现自身实践学上的"一以贯之"目标。如一人在最基本层次上决定治学求真而不是求利（读书做官），但其求真的实践中并无相应的求真步骤，而是仍然采行着惯常的被动遵行现成轨则的方式，后者可能恰是有利于在该亚层上实践"成功"的一种方式。于是，在基本层次上所持"求真"态度，却体现为在某亚实践层次上仍旧采行"求成"的态度；结果也就是该实践者未曾在整体实践过程中实际贯彻其求真态度，虽然该人对此可能并无意识（仁者与儒者的叠合性关系即如此）。即其求真的意志力并不足够，或者，因任何求真志向都涉及智、仁、勇三维及三者的相关关系有效运作，其求真实践须同时践行于此四者（智、仁、勇及其关系组成的网络整体）组成的整体之内。此种多元化实践学的要求具有静动两方面，即认知和行动两方面。因民族文化条件的局限性，古人所能践行者往往仅只是片面性地存在于基本的动机层和静态体认层上，而并未将其抉择贯彻于诸相关实践学亚层上。因任何社会性实践都相关于客观存在的知识和技术条件之在先完成的准备，而实践者往往并不具备或忽略了一切主、次层次上为全面践行而进行的客观条件之准备。例如，在其亚层实践上（如方法论知识追求上）主体可将现成易得而非充分适当的认知条件（如古人在其政治学和人文学术领域内因欠缺足够充分的社会认知资源而难以完成其实践计划；或者，现代学界内以科学哲学作为探求人文科学理论的认识论-方法论的非适当性准备）作为其政治改革或学术探求的方法等。如果古人中的此类缺失主要源于集体性、时代性的客观知识论欠缺，那么现时代学者的类似缺失乃基于个人伦理意识与实践机能上的欠缺。考虑到仁学具有的双重目的（对士君子和对大众），对于常人而言，通过教育培养其遵守客观社会道德规范即可；而对于士君子，则须在较高、较深层次上培养其独立自我约制和前进的伦理实践意志力。正是后者的造诣深广度相关于其动机层与行为层上充分有效的实践。

三、《论语》与仁学伦理学

1. 仁学伦理学简述

一般伦理学应该包含两大部分：个人人生价值观与人际关系正义论。"善"作为伦理性总称应该同时指涉二者，而此二者的性质与根据并不相同：何谓（个人）幸福与何谓（人间）正义，为两类不同的设问方向。中华仁学表面上似乎主要相关于后者：人际关系正义性。（此所以国外学人以为中国思想只偏重集体主义而缺乏个人主义，故道家式的个人主义特为现代西方学界所推崇。实际上，这样的看法不免失之肤浅。）实际上其相关于前者的部分已经包含在其后者的实践学中了：对"人际正义"的"朝向性"规定本身即含蕴着对个人幸福观之规定，二者均统一于对"仁"的朝向性。这样的规定方式按照现代思考似乎有武断之嫌，实际上，认为伦理思想只能呈现于"逻辑推理"形式的观点也同样有独断论之嫌，因逻辑推理思考方式本身也有其适用性条件，西方传统上的所谓道德哲学恰恰受到西方文明史上的"唯逻辑主义"之偏见的影响，遂导致其伦理学思想受到一种逻辑教条主义的束缚。孔孟仁学思想呈现的所谓伦理学形态与西方哲学传统所遵行者完全不同，却以其特殊方式呈现出更加适切于人类普适的"真实伦理情境"，其"根据"乃基于对人性历史经验的真实体察，并通过其实践学系统，借助于"以言促行"的民族思想性惯习加以贯彻。因此，上述伦理学的两个基本领域均非以论说的（推理的）方式而是以直陈规定的方式加以呈现。其"正当性"非基于任何人为设定的推理逻辑系统证明，而是直观地来自人之天性本身。具体而言，仁学大致具有以下四种功能：仁学义理价值的提出（伦理价值观、人际正义观），仁者对此价值系统的态度与践行（主体态度学、君子人格学），仁学对社会文化的价值判断（政治伦理学、大众教养学），以及仁学作为仁者个人思想学术实践的指南与动力（文艺思想创造、学术思想实践）。仁学任务的重点体现于第二项与第四项的主体实践侧。第二项相关于仁学伦理人格养成，第四项相关于个人文化思想创造。狭义伦理学主要包括人际关系正义学和主体伦理态度学，这正好是西方伦理学传统未加以突出讨论的部分，而广义伦理学兼含前者和个人幸福论，后者反而是西方伦理学传统特别着重的部分。

其实，个人人际关系态度学和个人幸福观均属于"伦理学"内之"二级性"问题，即主体实践学的问题。此即一种有关于主体应如何实践以达至伦理学"一级"价值学目标的思考。西方形上学和宗教学的伦理学理论，多侧重于价值学本身的概念定义、理论分析和超越性价值信仰的设定等，其价值学从一开始即包含社会正义和个人幸福两方面，却往往使之分而治之，前者最终归类为社会政治法律层面的实际问题解决，后者形成个人本位的独立性思辨课题，即什么是个人或人生的"幸福"以及理由何在。仁学价值学在较弱的程度上也包括这两部分，而其价值学的认定或规定所依据的是人性自然主义或直观经验主义，即通过有关社群中的人性表现及其历史经验中积累的理性智慧，来直观地从中认定其伦理性"道理"及相应实践方式之所在，而非以逻辑推理方式间接论述其"理由"之所在，如适用于数学与物理学的"逻辑学"未必适用于人生与文化的"推理方式"。（这也是胡塞尔现象学伦理学思考方向的基本错误所在。胡塞尔尚未完成从其"心理逻辑学"向伦理学的过渡，其本人的伦理学学说未超出新康德主义时代的认识论窠臼。）而仁学伦理学之重点即由此转向了二级伦理实践学问题。就个人幸福价值观而言，同样包括幸福价值的认定和个人对此价值的态度问题。

仁学的"学"字义在此同时包含着一级性和二级性价值观两部分，而且同时包含着人际关系学部分和个人态度学部分。我曾在《仁学解释学》中指出，人本主义伦理学可分为伦理学 1 和伦理学 2 两部分，现在可再予补充说，每一种伦理学可再分为一级性（价值学）和二级性（实践学）两个部分。此双重分类法可以说潜在地贯穿于原始仁学全体。如果伦理学 2 指人际关系价值（一级性）和主体态度学（二级性）（仁学的主要部分），伦理学 1 就指个人幸福观（一级性）及如何达此个人幸福（二级性）的方法学。对于后者，"学"作为价值本身的标志（一级性），代表着文化和精神内涵，也即仁学所谓的"文"。对古人而言，"文"为个人幸福之价值观体现和实践目标之标称。"学文"则为达此幸福目标的方法（二级性），"学"既代表目的（文化类实践）又代表方法（学习智慧）。因此孔子在其"学文"指令句中所处理的正是西方伦理学的中心主题：个人幸福观问题，即以"学文"为个人幸福内容之"规定"（而非论证，因此所谓"规定"乃直接根据于人性本能域内的直觉经验及其相应外在的历史经验佐证）。

与前期希腊哲学的超越性的观念至上主义和后期希腊哲学的经验主义的感官享乐主义不同，仁学的幸福观通过一字义变通的"字壳"——"学"，借助"指实性方式"所意指者，其实仅朝向于一总的"价值观方向"，而其"学"之内容可与时俱进地予以填充或变通（此即我们的新仁学所指出的仁学伦理实践学之内在的开放性）。此学的原初"内容"的现世性、经验性、仪节性可由当时相关于人际关系的社会惯习"礼学"的内容加以象征性的规定。仁学的"学"之学的观念形成学（通过当时历史文化条件所决定者），并不限定其"内容面"，但却限定着其人性经验主义的为学之态度的方向性。"入太庙"章的象征性启示是，学者须随境变异地不断增扩其知识范围，而对所未知而需知者应"日日新"地不断加以学习。与古代礼仪相关的学之内容，在其他文化历史语境中，即可完全转换至任何其他领域。于是"向学"本身即仁学视为最佳个人幸福方式之表达。同理，在此，仁学甚至将伦理学 1 和伦理学 2 加以统一（一以贯之），即将仁者内实践本身（此内实践之学习，即同时通向伦理学 1 和伦理学 2 的价值学目标的行为过程）当成了目的本身。仁学的主体品德观（智、仁、勇）和君子文化观（"好文"）均统一于此内实践中。仁者之个人幸福即体现在如下两域中：人际间追求正义的实践（广义的学习）和人本身的文化追求（狭义的学习）。孔子所说的"好德如好色"之"好"或"乐"字，已将二实践域统一了：既好德，又好学。有关人类事务的理性知识学习即为仁学认定的最高君子幸福观。《论语》通过"祈愿语式的促动力"，在行为层面上展现了（而非在论证层面上论证了）二者间的统一性。在本书不拟涉及的一般伦理价值学论述的方面，仁学伦理学也呈现出与西方思想传统不同却更加适切的思维次序合理性观念。按此，西方人认为的一级价值范畴"善""好""（幸）福"，其本身虽然具有价值方向性意素，但并非可被视为"伦理价值"本身，而是属于一般生物性与人类性生存本能范畴（种类生存者之本能需要的满足）。具体来说，我们不能满足于如此抽象地说：我信奉并追求"好""善""福"，因为这就等同于说"我追求合乎本能需要的正常生存"，如"需要空气、水、食物"等"生存条件"。我们会在对《论语》章句的解读中不时遇到这类价值观概念的辨析。

2. 仁学之"学"的双功能：认知与信仰

从比较人类思想史形态来看，西方传统的纯认知性方向（科学性方向）和东方传统的实践性方向之间存在着明显的区别。就人类伦理思想史而言，以上区分也大致存在。中华文明中的仁学思想的独一无二的现世经验理性主义，使其具有兼含认知性与实践性的双功能。前者使其在思维方向上与重认知性的科学传统间具有一致性（经验与理性），后者使其实践性性格在信仰力方面相通于东西宗教性的信仰能力。

历史上儒学和佛学之所以容易相互融通，以及儒学可被称为狭义的"儒教"（政治类宗教），即在于二者间具有形式上的所谓"以学致信"特点。佛教特别以其学（经、传）之特点区别于其他宗教。在此意义上，仁学作为一种伦理信仰学就与佛学（更不要说部分地包含着仁学的儒学）作为一种伦理信仰学之间具有表面上的相似性。但是，除了我们前已明确指出的仁学伦理学与各种宗教伦理学在大方向上的基本区别不论外，仅就"以学致信"的实践论而言，其中之关键字"学"，其内涵在二者之间也并不相同。在（此处无法展开的）二者间的复杂异同关系中，我们只需在此指出仁学与佛学之间具有一个关键性差异点：尽管二者在学习态度上具有片面的相似性，仁学之"内学"也是指"人格修炼术"，但其"外学"部分则完全朝向于现实理性世界，原始仁学当时之文化对象"礼"与"诗书"，仅只为以象征方式所代表的现世存在之"外界"，并非局限于当时采行的"礼制"与当时积累的"诗书文本"本身。所以孔子有时干脆暗示仁学在通向一个没有边界规定的"文"领域（兼指其指涉"现世文化域"与"现世人文学"而言），即其学的实践场域与朝向对象，均具有全面的现实世界开放性。反之，佛学之学的对象则是固定的、具体的"经文"或"经、论、律"等固定教条系统。我们之所以可以将儒学或儒教也称作（或比喻为）一种另类"宗教"，首先也是因为其"学"的对象是狭义上固定的（崇拜对象与经典系统）和至少是广义上固定的（时空限定域中的文化与文籍）。如果按照儒教来理解仁学，被儒教利用的仁学自然也禀赋着与儒学在某方面一致的特征；但如按照我们新仁学的观点，原始仁学经解释学扩解后，就可因其本身的固有特点而在其"学之伦理学"领域进一步扩展其开放性，以至于可以使其和现代科学理性之"学"有机地连接在一起。反之，无论佛学还是儒学，都不可能与现代人文科学形成这样的有机性连接。（有趣的是注意到：一切宗教都关注自然科学，但没有宗教关注人文科学。宗教厌弃哲学，因哲学讲理性逻辑，宗教讲信仰崇拜。）尽管在数量上佛学与儒学相比相差极大，但"儒学"所学之"对象域"仍然是有限的，故其有被视为准宗教的理由。相反，"仁学"的本义并不包含任何固定的"学"之领域限定性。狭义仁学（原始仁学）专指历史上永恒固定化了的仁学"内实践"，而广义仁学（仁学外实践）指涉仁学内实践与人类现世历史上一切社会文化现象之间的理性互动关系，其最新历史发展则表现于有关"人之科学"的无限开放的外实践领域。

【关于"学"的历史解释学申论】

仁学实践学相关于主体和其一级对象思考参数（现世、理智、伦理）之间的关系或态度的规定，但不涉及体现诸思考对象的历史性实物（学习内容）的规定，因此此一态度关系遂可由任何历史性实体加以代表、体现和充实。在传说的《论语》编写时代，此"学"的对象包括：1）a. 客体侧：礼意、礼行、礼节、春秋文化（诗、书、礼、乐）；b. 主体侧：主体向学信仰的心理学基础（品德结构）和坚持人格意志建设实践学方法（智、仁、勇）。2）在历史可考的《论语》应用时代（秦后两千年左右），除 a、b 外，逐渐增加 c——政治社会内容和 d——经史子集诸学术性、文化性内容。3）在现代社会，除 a、c、d 外，增加 e——现代人文社会科学。4）新仁学：在原始 b 和 a、c、d 中历史地体现的 b 以及 e 外，增加新世纪跨学科、跨文化的新方法论 f。但任何历史阶段的仁学实践学均含有 b 对象，即内实践学。

3. 仁学实践论的双朝向性：向善与对恶

广义上我们习惯于把一切所欲者皆称作价值或有价值者，但狭义上我们仅称"价值"为精神性所欲者，以区分于物质性、生物性、生理本能性欲求。其实所说的"价值"并非是中性的对象、欲求或性质，而是合乎人本主义伦理性（仁学性）要求者，或称之为"正向价值"。性质与此相反或对其进行损害的生物本能性、生理性及社会性欲求等，按照仁学标准称作"恶"者，有时亦可称之为"负向价值"。我们这类复杂而并不完全严格合乎逻辑的用法，也是源于人类现象的构成复杂性，以及几千年来语言标示与描述的实用习惯性，因而存在着我们前面提到的、无法避免的人文语言系统本身的传统语义含混性。所以，我们的仁学实践学分析并非可完全按照"社会学"及其他相关社会科学那样的"更靠近自然科学的科学式方法"加以描述。于是，我们所说的文明史上的 G 传统和 B 传统，其标准也是根据仁学价值观（或称之为人性论价值观，以对比于反人性论的、偏于动物性的价值观）立场确定的。在此论说前提下，所谓"价值"当然是相对于人而言的伦理性正向可欲物，其具有"人类主观性"是自不待言的。

于是，在仁学伦理学范围内，"向善"即是"向仁"，即朝向于"体现正向价值"者。价值虽然是"由人所定"者（所以仁学人本主义认识论不接受价值客观地存在于世界、宇宙等等形而上学说法），但从人的观点看它们"存在于"各种相关对象上，此类对象即称作"价值"。在仁学伦理学的论述中我们采取这样的现代名词"价值"，于是代表"恶"者即可描述为代表"负向价值"。在求善和抗恶的二元化、双向化的实践描述中，向善即追求正向价值，对恶即追求对负面价值的抵制。所谓"对恶"，如在古代，当邦无道时，可对应于"积极介入"（狂者从仕）、"积极抵制"（狂者自卫）、"消极抵制"（狷者退守）等，各自均具有不同的实践域、实践对象、实践目标的"搭配法"。在此"向仁"与"对不仁"的二分法中，当仁学从其"从仕"实践域转为"从文"实践域后，仁者的实践目标与方式即同时分出了主次轻重：积极向仁和对峙于"不仁"，后者实为在面对不仁时改为采取"积极的守势"（狂者）或"消极的守势"（狷者），其向善态度与对恶态度之间并不对称。在此情况下，实际上其"对恶"部分已包含在"向善"部分之内。与"从仕"实践域的对等二分法不同，此时之"对恶"只是完成"向善"过程的组成部分而已。换言之，仁学和法家在价值观上对立，但在实践观上则因彼此价值观的对立而导致彼此分离。仁学实践观本身的"向文"朝向性包含着一种貌似与现实妥协、回避的软弱态度，实际上含蕴着一种重大的历史哲学意涵：在由法家主导的政、军、经物质性历史进程中，开辟一与之分离的精神文化建设进程。其实践学中的"对恶"部分主要含二者：对其正确认知和对其智慧防备，二者实践方向一致，均为确保仁学实践学的向文之"仁学本务"的有效贯彻。所谓仁学实践学实为由其"朝向仁之实践"和其"面对阻碍向仁实践之抵御性实践"共同组成，二者之比例随着社会历史条件的变化而变化。

仁学原则本质上含蕴着一种人类文明主义，而人类集体性存在为一历史性现象，仁学实践学虽然具体体现于有觉识之个体上，但对于相关于人类精神文化发展的集体性事业而言，诸个人短暂的一生不过是此集体性事业的诸多一次性参与者。当各代优秀读书人不同方面、不同程度上参与仁学文化学术实践时，即可于逐代之间形成统一的伦理精神实践精神历史流。"学为己"者非指学而为谋求自身利益，而是指学以有效参与此历史精神文化长流。"为己"意指着成就一己之融入此历史仁学实践流的独立精神志向。至于此志向随历史境遇条件而呈现何种形态，则为智慧技术性问题。仁学精神于此表现为看重（自身可掌握的）动机状态，而不看重（须待客观条件出现始能产生的）效果表现。而从仁学的人类主义看，动机之表现本身实亦为一可有效融入历史仁学精神流的"客观效果"。而促发仁学伦理学形成的现世性根源则为历史上长存的、人性内和人际间所流露之无穷无尽的恶行恶迹。恶，非如西学哲学或宗教主张的那样，为一种超越性、形上性的抽象体（"原罪"或"业障"），而为人际间的现世人性中的经验性现象和对象，故根据其现世性、经验性、人际性原则的仁学伦理学，其实践论中的"对善朝向性"必定对应以或同步于"对恶抵制性"。仁学既是向善学也是对恶学，善恶均属人类生存经验本身。但是，"对恶学"并非"抗恶学"，"对恶"为"防备恶对善的侵害，而非为与恶之直接对抗"，后者非仁学实践之任务，且非仁学有能力介入者（孔子仁学的实践学转向中之"形成因"即在于此。此一表面上显露仁学"弱点"的实践学"逃避"〔反鲁〕，实为仁学在人类历史哲学框架内的、具有文明史上空前重要性的"新任务规定"。）此一关系相同于仁学外实践的"施为目标"不应该是政、经、军场域，虽然后者必然为其"认知目标"（孔学原初的实践域转向意义相同）。不要以为仁学因此即削弱了其历史性意义，如果记起前面所说的历史进程上的双线并行展开的说明，即可知社会物质性与文化精神性两条"异质性"历史轴线是不必相互"定义"的。

"向善"具"正向理想界"之实践朝向性，"向恶"具"负向现实界"之实践朝向性，对此价值相反之二实践朝向性均可含积极与消极的程度性区分。在仁学看来，对恶性比向善性具有更直接、更切近的感应性。在仁学的具体历史生存及延续经验中，其"对善实践"与"防恶实践"不仅为一币之两面，而且往往后者比前者占据的"时空域"更大；换言之，历史上仁者往往是在主要卷入"防不仁实践"的生命过程中努力探索其"向仁实践"的；而且在文化构成上，后者比前者更为复杂艰困，并相当程度上有待于历史的客观正向发展。（如近现代以来民主制度与科学知识的发展。）

在漫长历史过程中，仁学实践往往体现于其内实践的历练及文化域内的传继上，其内实践的三达德关系之经验也日趋丰富化。内实践机制本身不变，但内实践经由其历史外实践的磨炼所形成的"内实践运作经验"自然含有其历史沉积。对此而言，仁学的二相反实践域具有同样的效能，甚至对恶学的仁者初级伦理意志力的锻制要更为有效。为此，在某种意义上，对恶学比向善学更具有实践力的真实性或切实性，此真实性还含有积极对恶（勇为）与消极对恶（自卫）两类，故比向善学主要含具一类（勇为）的现实触及面更广，还不要说"自卫本能"比"疾恶如仇"更具主体安危相关性。虽然由于两条历史轴线的现实交叉性及活动性，导致仁学实践者必然在生活中卷入社会物质性维面，但此时在物理上的同一行为链仍为两条异质性亚链之交叉物（综合地表现于主体的"心言行物"层面上），各自潜在地朝向于不同的职能之目标（如同一为国殉难行为之职能性履行质量及良知义理性高度的"异质性同在"）。因为社会物质性历史的"实践力学"（由法家权力哲学和智慧学所主导者）与文化精神性历史的"良知心学"的性质与机制完全不同，所以后者不可能以其自身性能（仁学内实践）投入前者之实践目标；但同一主体也可能具有儒教职能性的"另一半人格"（作为历史现实中的人，自然可以同时兼选多个人生观实践路线，即参与多个生存方向行动，虽然在其一生中各兼选路线的比例可以随意改变。此外，所谓"兼选"，不必局限于形体活动界限，而可更深刻地分划于心理态度结构，故其"外显部分"可呈现混合性表现而其文化功能性却可有不同的"意义实现"），其实践轨迹完全依从儒教外在规则履行，及参与着"法家政治力学场"内的规定任务，此一"部分"不必等同于同一身体的"仁者实践部分"。（如在评价文天祥与史可法在亡国之际捐躯的事迹的伦理精神价值的高低时，其异同之辨即涉及"集体性职能规则履行程度"与"个人性良知内力发扬高度"这两套评价标准。）

之所以说对恶学比致善学更适合表现仁学良知学的实践，乃因致善学为参与主体在政治力场博弈条件具备时的主动投入，具有在此过程中同时获取"增附利得"的附带效果，而正是此效果反而可能有助于主体私利心之滋长。而对恶学往往指单方面的"抵御侵压"行为，无主体自身利得之增附而只有自身利得乃至生命之丧失，故交遇双方的关系是：主体单纯面对着"恶力"本身，形成了良知与权势的纯粹道义性对峙。（其生物层基型即"以强灭弱"的动物性斗争，也即由人类性向动物性的明确回降过程。古代人类物质性生存史，即人之"人性"与"兽性"的内在冲突史：由野蛮向文明前进，还是由文明向野蛮倒退！）实质上，对于仁学实践的对恶学而言，其主体的实践位置仍然设于仁学实践学线路，但被迫与来自某一内部或外部法家实践线路的压力源交叉。所谓前者对后者的抵御性"对恶实践"，虽然此时仁学对恶实践之对象来自法家线路，但此抵御性（对恶性）实践本身仍然属于仁学实践线路，即相当于仁学实践者自身的保卫（个人或集体）行为，以便在实质上或精神上护佑本身、本派有效仁学实践环境之存在。我们须按照实践场域、渠道、对象、目的来判别实践者之"实践立场"，而非以其外实践的各种外在交遇方的身份来对实践者自身的身份进行判定。以下我们对于仁学对恶学部分的若干相关概念进一步说明。

对恶学之肌理：第一动机不是 A（"爱他"）而是 B（"憎恶"），在此 B 属现实界（实感），A 属理想界（观念）。

恶之实指：人际关系事实和对此社会性事实的个人心理性事实之反应（即事实）。

憎恶＝抗势：抵抗恶力对价值之侵犯，一方面相关于保卫主体对价值的朝向性，另一方面相关于主体及主体方自身存在的安危性，故其"相关性"是双重性的（排除向善阻力［被动］与保卫主体存在［主动］），其动力机制更"自然地"、"强烈地"（相比于对他人的爱和同情）、"直接地"、"必然地"产生于个人心理事实。即人之自卫本能（无论是对主体自身还是对主体方人群）远远大于"爱邻"本能（"爱邻"基于"事实"者的范围窄小，"爱邻"基于"理念"者的范围无限，后者之发生乃基于主体之理念，非基于主体之心理现实）。

"学的人生观"作为对峙恶的方式：仁学、西方古典哲学、宗教都是注重主体伦理性品质之开发的，但目的不同。哲学和宗教的个体伦理价值观主要源于对人类求生本能，其目的为构思克服个体死亡恐惧之术，故其理念朝向于各种超越现实经验域的设想。仁学伦理学因排除了"死亡恐惧"与"永生贪念"，故其基本关切朝向于在现世与现实生活中如何实现伦理精神价值。仁学作为"学的人生观"，意在通过朝向现实经验域内不同种类之"学"实践以促进人生幸福感（安于现世精神文化创造之生存方式）。

"性"非属仁学伦理对恶学的对象：仁学无性禁忌。"性"本身非伦理学相关项，作为"恶"之表现的"性相关暴虐"，其中的伦理性相关项非为"性"本身而为与"性"相联系的任何形态的"对他暴虐"，所以性本能非属伦理性因素。而一些宗教则将二者在本质上相连接，视性本身即为反道德之渊薮或伦理性相关项，因而不区分外在的"诱因"与内在的"不义"。各宗教教义中多有设定性禁忌的规条，从而均将人性之一项自然本能视为生存之"敌"，此为其"反人本主义"的主要根源之一。其中含有的文化人类学根源本书在此不加探讨。人本主义的原始仁学伦理学的非宗教性特点，于是也可戏剧性地体现在其排除了性禁忌一事上。（性本身不仅与恶无关，且为人类生存幸福的重要相关对象，而几千年文明时期唯此基本人生问题从未满意解决，而"性禁忌"成为妨碍对此问题进行合理思考的重要原因之一。）这是仁学具人本主义特征的最显著标志。实际上性成为宗教性势力压制个人独立意志的手段，即以压制自然性欲来实现其对主体独立意志力的控制。与认识论上歪曲原始仁学人性论的宋明理学不同，原始仁学持"食色，性也"的自然价值观，将价值信仰、性本能、自我融为统一的实践论体系。仁学伦理学的主要对峙方，不是个体人的性欲（正如原始仁学中的"学"具开放性一样，仁学中的"性"因为其伦理性相关性故亦含有技术性层面上的开放性，故也可包含现代合理的新型性观念。换言之，在对一切"性"相关方面进行周全再调整后，如何在合理原则下最大限度地为各种不当"性禁忌"松绑，将是未来伦理学、社会学、法律学、医学生物学、公共卫生学综合思考解决的任务），而是人际关系中的各种不当权势，包括通过迷信传播制造的超越性权势崇拜与畏惧（神祇类绝对权威或逻辑必然性规律）。超越性力势源是通过对人性本能的压制实现其对主体意志力的压制的，而仁学伦理学恰恰要依赖此被压制的主体意志力来经营其对于超越性力势禁忌之破解。只有在将溯自几千年前的性禁忌排除后，才可转向处理一更严重的损害"性伦理观"的现象："性的权力侵夺"与"性的金钱化"。不是什么西方形上学发明的"女性物化或异化"这样的"理论误导性"理由，而是有关性公平与各种不当权力支配的互动关系问题。

　　"死"不是"恶"：死亡不是仁学伦理学的相关项，仁学伦理学以其"现世"人本主义区别于一切宗教的"来世"神本主义。现世主义即将此生物之"生过程"视为个人唯一真实生存，其人本主义伦理学即关注于如何在此有限现世生存中组织个人之最高合理精神价值的创造活动，其个别性精神创造结果将融入人类集体精神生命长河。故个人的身体生存短暂性与其精神生存在人类全体存在中的长久性相互统一。仁学之生死观基于仁学人本主义和文化主义人生观：个人有限生存为人类持久生存的组成部分，其最高目的为现世

精神文化的创造（善的最高表现及成果），其对立方——恶，既不是
两性也不是死亡（二者均为人性之天然，也为普通大众与生俱来的
至深观念，以此为基形成了文明史上永存的宗教信仰，宗教的文化
人类学的合理性在此。宗教的需求与人对死亡的畏惧和对永生的观
念永远共存）。仁学，至少高段仁学，之所以是小众之学，即因唯有
能从人本主义辨析生死关系后而不畏死者方可践行之。但性与死也
不是伦理性价值（虽然避免不当而死与追求自然性爱亦为仁者之自
然需要，然而此仅为与其"智慧学"相关者，此即孟子所说的"食
色，性也"），而是相当于"空气与水"这类的物质性生存条件与状
态因素，虽然是个人进行仁学价值实现的物质性条件，但不是其伦
理性相关项。正如历史上的政经法军是精神文化实践的社会物质类
条件，但其本身不是伦理价值性本身一样。

4. 仁学内实践（三达德关系的结构）与其对象分阶

按照本书对于"仁"及"仁学"一词的理解，首先，我们区分
了其作为"一种伦理学总称"及作为"一种品德学专称"的不同用
法；其次，我们将此品德学（三达德理论）视为仁学实践学之基础，
按此定义，"仁学"即一种伦理实践学；再次，我们进一步明确了仁
学实践学本身与其各种实践应用相关面（对象、主题、运作）之间
的区分，在此意义上"仁学"即指其"主体实践机制"及内部运作
（内实践学），特别相关于"三达德关系学"之结构、功能、运作。
仁学内实践的核心即三达德（智仁勇）关系学。仁学实践学主要体
现于管束自我和培养自我的内实践，即以三达德内实践来强化自我
意志力机制。仁学的"自我"就是"综合统一运作三达德的心理机
制"本身。反之，宗教的自我学则是通过压制自我主动性，以养成
个人对于外在精神力势源的绝对服从意识与意志。仁学实践学的特
点之一则可比喻为某种"结构主义"，它包含内外二领域。在外实践
域通过随境而异地综合运作不同的原则与指令，以适当地应对各种

相关具体伦理情境；在内实践域则通过不同原则和指令句的连接运作关系，对其"自我"进行培育、管理、监督、改善，以塑造自我之意志力机制（兼含其所需品质及其搭配的静态心理能量储备及其实践力发动的动态迸发机制）。

我们将在本书正文诸章句解读中不断指出，历代以来人们对于《论语》之有意无意地"误读"或"偏读"，首先都是因为对智、仁、勇三维之选择性的有所偏重之故，其根源或在于主体自身判断力及独立意志力之弱化及缺失，或在于由历史客观背景的制约力所产生的时代集体性识别力之缺失。此一情况同样特别可以说明现代以来新儒家各派思想偏颇的读书人性格特质之根源。但是，更深一层看，此一对"三达德学"的认知上和运作上的失误更在于未能将品德学心志关注力针对三达德之间"正效关系"本身，即所谓对三达德关系的积极运作，其要在于对三达德间的恰当的静动关系方式予以"自调准"。所谓"实践"或"内实践"，即对此"三主类品德间关系"的建立及协调运作之意。

原始仁学的历史环境与其后两千年来的有效"应用"（或"影响"）间的历史环境，虽然内容上大有不同，但二者（周初开始三千年来）基本上处于类似的社会、文化、思想形态中。虽然秦汉时期将此"中国有史记录历史期"在制度上和文化史上一分为二，却仍然保持着三千年的"思维形态一致性"，其外在标志之一即表现为汉字语义学的一致性。所以自孔子时代起，尽管书写文化远未正式展开，所使用的"汉字语义学"大体仍然有效沿用了两千多年。此种稳定的汉字语义学构成（包括代有增减的诸汉字之义素构成的不断增减变迁）决定着"古人"得以几千年来维持思维方式不变的历史事实。此种思维方式稳定的态势现代以来遭遇丕变，直接原因即汉字语义学结构随着来自国外的新知、新学、新理而产生的"语义学系统"所遭受的"现代化变革"。相应地，我们对于《论语》及仁学现在得以并应该进行此一解释学-符号学的（辩证学的）重解（既还原又扩解，先还原后扩解），不仅由于新知、新学、新理的关系，也直接地缘于有此一对汉字语义学的革新理解之故。另外，我们也要注意，尽管现代化以来中华文明的文化环境发生巨变，但此一自孔子时代起绵延至今的汉字语义学-语用学功能，仍然保持着其独立有效性，即现代中国思维方式中含有一种涉及古今中外不同因素的超多元性。因此，我们的《论语》解释学要呈现一种"复式读解法"：根据古今"语义学"兼采双重读解法。一方面，按照原始法读解，是要依靠原始汉字语义学及其文本结构来遵行"古法"进行读解，以获得与古人读解相同的"语动学效果"——经由读解古代文本以产生相同的心志反应，即维持住三达德互动关系产生的悟识性和促动性效果。（如果按照现代思维方式对之进行纯理智性读解，如按照汉学家那样的主要依据字面进行的读解，即会失去了在原始读解中起动力机制的语言学条件。）另一方面，是根据现代知解条件对原始仁学之构成及功能进行"客观的"描述与分析，并进而考虑将其挂接到现代知识世界来。两种读解法的目的是不同的。

按照传统读解法，智仁勇为三主要品德单位的专称；按照新仁学读解法（如本人以往相关著作中多次所示者），此三汉字既是三个"品德单位"专称，也可扩解为三个"品德类"的类名指称，所以本人常用"三维"词（仁维、勇维、智维）代之，它们大体对应于"价值维""动力维""智解维"；按照原始品德学理解，三达德直接成为内实践中产生主体特定伦理心态的原因，其对应的"心志态度或立场"具有纯心理性效果（类似于传统上读《论语》时的效果）；如按新仁学扩解法，"三品德维或类"的关系性态度或立场的样式，将是一构成性复杂的"心态机制"，它涉及主体的价值观、智慧论、实践论三方面之合成效果。因此。"三达德关系体"既可以（应该）按照传统方式进行"语动学式的"读解，以期在"悟解"和"促动"之间形成有机的联系，也可以（必须）在现代乃至一般伦理学框架内从现代伦理学认识论角度，客观地把握其关系与功能。

不仅如此，《论语》读解学还涉及一种"受者类型学"，即仁学的可能受者为何种人。"为政以德"指统治者，"好仁者稀"指极少数仁者,"有能一日用力于仁矣乎"可泛指"读书人","小人之德草"可遍指大多数人。《论语》《孟子》二书随不同章句的旨意与实践层次的不同以暗示其不同的适当读者对象群,所以,实际上,虽然仁学高标其宗旨,而在初段仁学的意义上实可面对大多数人("束脩以上")。此一事实即表示,仁学本身在目标与效果两方面都涉及不同的场域、对象、等级、目标与功能,即《论语》所相关的读者对象群之构成是多元而分级的("泛爱众而亲仁"),我们因此将其功能概略分为初高两段或两级。因此,本书作者才可能一直以来均切实感受到"《论语》文本"的此一复式构成。在古代社会文化系统里,原始仁学构成时期的二分法(君子、小人)中所含职业性区分的意指(官吏与工、农、商),因时代的巨变已失去现代意义可不予讨论,在两千年的历史中,仁学作为"成君子学",其主要相关者(君子)亦应分为三级。仁学对于各级人士的作用是:

普通人:作为普适人生观指南。

读书人:作为人文实践的价值观导向。

士君子:作为伦理实践主体意志力形成的基础。

此一三分法的必要,乃因古代大多数劳力者非识字者,故不可能直接从文化学术资源中接受影响。而"读书人"则可普遍获得受此影响的客观条件,但其中只有少数人心言行有可能较严格地符合仁学伦理实践性要求,大多数读书人仍属于"好仁者稀"范围(按高段标准),各自因读书习练而不同程度上仍有受益条件(按初段标准)。但是现代社会以来,随着知识普及即社会文化结构变化,一方面"普通人"均已至少成为初级"读书人",而另一方面"读书人"中的大部分已成为各类技术性知识分子,其接受古代读书人的仁学教养资源的机会显著减少(其知识虽"高"但非属人文类别)。但和古代一样,其中仍然会潜存有伦理及人文学术实践上的"好学者",其现代化知识条件甚至远超越古代水平。在此情况下,我们遂倾向于将与仁学相关的读者和实践者重新划分为两级,此即《论语》的积极读者潜在地存在于初高两个阶段。

　　"《论语》学"可以在伦理价值观上沟通于古今中外。本书正文相关的《论语》章句解释的目的正在于以诸具体章句阐释为单位，实现沟通"古今中外"思想的目的，而不是简单地复述古人之言论，故在此导论中先将《论语》三达德学本身及受者之现代有效的复式结构予以概述。

四、儒教历史上的仁学

儒教意识形态系统中的天、帝、君、亲、师五类（五级）权势系谱网编造学，将孔子圣化、神化为其中"师尊权威系统之祖师"，并在儒教法家权势观及其制度性框架内，将"孔子"形象及以其为标榜的思想学术纳入该综合权势意识形态框架内，以使"仁学"成为为儒教帝王统治系统服务的品德学工具。由于古代道德话语单位本身的模糊性和多义性，通过对思想语境与社会语境的人为操纵，即可将正确理解仁学的相应语境加以撤除与替换，从而可方便于对于仁学系统进行片面性、歪曲性的运用和据儒教道德价值观予以定向的控导。于是在儒教意识形态综合系统语境下运用的仁学，首先遭到了结构系统性的瓦解，《论语》《孟子》文本内诸指令句，在"儒教语用学中"被"拆解"为诸零散备用的"元件"，即可按照儒教本身功利主义的需要，随意对诸"元件"加以另行组配使用。如孟子的"天视自我民视"中的"天"字，在脱离孔孟伦理学整体框架后，即可将其曲解为具有神格意志性的力势源，被视作人间事务的总因果、总裁判，从而根本瓦解了孔孟思想的人本主义原则，而将其纳入了法家意识形态编织的天道学之内，从而使皇帝（天之子）成为天意命定的统治者以及人民命运的不可违背的绝对主宰。（参照大约与《孟子》同时编写的《书经》中相关篇章对于"天、帝、民"

关系的叙述。顺便指出，《书经》一书从内容上推测绝非原始资料，历来认定的几篇"真书"《商书》，估计亦为后世揣摩之作，更不要说其思想内容完全与《论语》《孟子》对立的事实了。如是殷商原作，孔孟本人岂能不读不知？知后如何不会注意到该书为与自身思想对立的"官方之书"？在此补叙这一重要观察，以表明本人在《儒学解释学》中对顾颉刚先生晚年拟对《书经》进行彻底研究的重大计划的早先判断，其要点今日须有所调整。此处无法详论。）

更为严重的歪曲为：将《论语》作者孔子其人编造为代表帝王权力系谱的"五经经典"之编著者，从而直接将"五经"与《论语》混入一个潜在的"儒家理论系统"，以方便儒教对仁学品德学话语进行片面的、技术性的利用。尽管"五经"的思想内容与仁学经典《论语》《孟子》思想内容具有相合的部分（因均产自同一社会文化史过程），但作为道德与伦理思想的整体框架而言，"五经"与《论语》《孟子》具有本质的差异性。就思想话语的意义与效用而言，重要的不是诸话语单元的孤立内容，而是由诸话语单元内容组成的系统之思想整体性。当伦理思想系统被拆解后，其内容间的"逻辑链条"断裂，其组成内容遂失去了其原先在系统内的结构性意义及诸部分间的整合功用。仁学的身份和功效完全是由其整体性和结构性决定的。这也是自古至今那些只能选择性孤立地读解《论语》《孟子》文本诸个别章句而将其任意挂接到其他价值观念系统中时必然减弱或失去其对《论语》之正解的原因。（参见《儒学解释学》）

当然，实际上《论语》与其仁学系统在"物理上"仍然完好无损地保存在《论语》书本中，即使有后儒对之进行的不尽正确的掺入或补充，原始的（或指仁学义理上有效的）章句仍然（假定）完好保存着，于是善于从仁学整体把握《论语》的读者，仍然可以自行在读解中对于"正误章句"进行（在不同下意识程度上）分辨和重组。我们以上所说的"系统拆解"是指儒教用"五经"系统（软件）和帝王制度（硬件）作为对于《论语》的解释学的支配性读解语境，强行以之取代《论语》中本来即只是在潜在中存在着的仁学本身的系统（《论语》的早期口语格言体的散乱汇集形式，自然也方便后儒对之加以拆解和片面的读解和利用）。此种取代作用当然只实现于读书人的读解过程中，而读书人必然同时生存于多个虚与实的制度化读解环境内，因时代知识论的历史性贫乏而易于屈从于儒教设定的支配性意识形态与社会制度的压力网，从而倾向于按照儒教意识形态指定的方向和方式来理解和使用本来产生于儒教成立之前的《论语》《孟子》文本。

但是，仁学的"文本式存在"的"物理整体性"（即"书本整体"的存在），因其直接符应于人性本身的思想情感因素，仍然可导致部分良知较强的读书人可以在某种程度上，产生其"仁学整体思想汇聚"的组织力（觉识）。即读书人通过对《论语》《孟子》文本整体的阅读，可在不同程度上，相对地、部分地吸收真实仁学思想的意义效果。正是这样比较积极的"《论语》《孟子》读解效果"之多方面的逐代接续性的积累，成了仁学伦理学思想在两千年历史上与儒教-儒学意识形态维持相对平行存在的可能性之原因。在读书阶段，读书人的受教内容可自成一体，而在进入社会（从仕）之后，则不得不将其此前获得的抽象的仁学价值观在现实的儒教综合制度网络内予以"儒学实践具体化"，并在此儒教权势系统的思想方向压制下，开始忽略儒学和仁学在各自伦理学思想的基础上和前提下根本不同的结构性事实。（《论语》文本可谓包含着三套"系统"：1. 仁学儒学混合在一起的《论语》全部；2. 我们认为"乱中有序"存在的"原始仁学"静态精华部分；3. 敏识读者在读解中及实践中自行"重组调配"的动态的实践逻辑秩序。）简言之，真实深入的仁学读者应该能够在原始仁学本身内（《论语》精华部分），即仅在以"仁"为最高价值理念的推理次序中，进行结构性的、系统性的选择实践。例如，按照儒学经典"五经"的理论，天道和作为天神之子的皇帝，为人世至高价值及威权之体现者；而按照仁学伦理学，至高价值为体现最高人道的仁范畴（相当于：孔子用此抽象单字"仁"，在价值学上"贬低"了三代以来存在的"天神"与"君主"的具体权势）。

按此，任何统治者不过是实现仁学价值观的"工具"而已。帝王统治者只可能是伦理价值的"服务者"，并须受到仁者所代表的、作为较帝王天道等"更高"的仁学理念对权力者进行的道义性监督。试想，在两千年来的儒教帝王专制历史中，除清初黄宗羲偶尔表达的仁学政治伦理学观点外，任何兼读仁学与儒学的"读书人"何尝达至此种并非复杂难辨的政治伦理学的概念区分呢？正是仁学伦理学通过将义理性的"仁"置于最高价值性位置的立场，可在理论上瓦解儒教所虚构的帝王制度享有的天道权威的绝对性。同时仁学之仁也不合于作为儒家哲学的形而上的"理"与"道"概念。孔子之道即指仁或向仁之途径，此与老子说的形上学的"道"不是一回事。仁学的"人能弘道"指令也已明确否定了所谓天道的绝对权威性。仁学所主张的日常经验主义认识论正可表达一种最彻底的"人本主义"，即"现世人性经验本位"的认识论。顺便在此再次指出，清末民初时代的读书人虽在读书阶段与古人受到同一儒学加仁学教育系统的灌输，但外界环境已大为不同，儒教社会的瓦解导致儒学失去了实行其历史上意识形态统御的社会性和知识论手段，"读书人"（民初学人）思想因之获得了解放，遂可立即将西方常识级的"理性工具"拿来连接上仁学伦理实践学的人本主义理性价值观，以至于可成为产生民国学术"黄金十年"的现代思想史发展之原因。此一"黄金十年"的"根源"为精神性的，即来自传统仁学伦理学精神的。而后来的海峡两岸暨香港、澳门的新学人统统失去了此种坚实的仁学精神资源，遂成为各地逐势而为、随波逐流的以学谋利者。

因此今日不难看出仁学在儒教历史上的存在与作用方式的若干主要特点如下：

《论语》《孟子》思想为历史上"前政治具体化的思维形态"，"五经"为历史上"政治具体化的思维形态"。故前者可成为符合不变人性的永恒性伦理理想标准，后者则仅为符合特定历史时空内权势制度需要的具体意识形态系统。

《论语》文本章句编写原则的变化，反映了读书人对于仁学理念坚信的程度以及对于日渐增强的君主权势进行直接、间接的"抵制力"的程度。

士君子心态在儒教社会中的"间接抵制"的形态，表现于心言行上的"违上背时"态度，后者外显于其文史哲艺创造性实践中。于是呈现出《论语》提供的"理想标准"与历史上各种具体负面"现实权势"间的必然对立性或相背性。仁学思想遂在精神文化领域实践内提供了一种伦理性实践的促动力。可以说，传统中国诗学中的潜在"反叛性"特征（途穷而诗兴），可普遍印证并流露出一种民族性的"仁学理念与儒教现实"之间的永恒情绪冲突形态。

1. 儒教与仁学的互动关系

关于儒教与仁学或儒学与仁学的互动关系问题，我们也要从"历史人类学"角度看到其中的积极性一面。儒教历史相当于仁学存在及其绵延的"社会物质性条件"，在中国历史中这就是"皮"与"毛"之间的一种存在性关系，即使二者在性质上差异显著，但彼此之间具有一种物质性的或社会物质性的因果关系：没有儒教历史就没有仁学的存在。此一客观的断言甚至在逻辑上通向一个看似自我矛盾的另一组存在性关系：法家主导的社会权势基础也即仁学主导的精神文化的物质性存在条件，二者之间存在着"精神方向上"的对立及"物质支持性"的互动关系。此一历史上的客观事实，也与所说的仁学为君子"处逆美学"的解释一致。历史上仁学实践常处于"处逆状态"，实源于此种以法家为其硬件基础的儒教与仁学间存在的"双向共存关系"。虽然一方面儒教和儒学，通过将自身偏于主题一般性或心理性的仁学观念选择性地纳入儒教时代具体性的政治、社会、学术、文化的制度性渠道，以至于瓦解及歪曲了仁学自身的伦理价值观系统，遂可通过现实政治机制及表现其学术意识形态的"五经系统"，对《论语》文本中的原始仁学进行拆解、改造、曲解，以使其在读解逻辑上被拆散的内容成为主要可为儒教皇权政治服务的"品德类教育学工具"；但是另一方面，经过儒教"改造"而仍然保存下来的、包括原始仁学在内的《论语》全书，亦可因此而成为历代儒士必读的书籍（正由于其思想层级属于前政治性的，故其内容尚欠缺与儒教政治直接冲突的实质性话语表达，故可被法家统治者视为"思想上安全而可用的读物"。《论语》文本的特定语言构造使其潜在地可按两套系统读解，两套读解之间既分离又叠合）。

更为深层的原因在于，古代中国思想传统上较弱的"理性逻辑力"，使得后儒中很少有人能够在读解《论语》《孟子》文本时完整地贯彻孔子所言的"一以贯之"态度（放弃"一以贯之"原则成为儒者按照儒教要求读解《论语》的原因之一，放弃"一以贯之"即相当于松懈了仁者主体的意志力机制）。此一历史上的"《论语》阅读学"本身遂形成了其特有的"双层心理效果"。在单纯阅读《论语》时，虽然存在着直接（文本内的儒学补缀部分）及间接（"五经"作为思想限制语境）的限制性，但《论语》文本内的"原始仁学系统"的实际存在，仍可潜在地在不同程度的"系统性"上渗入儒士内心，使其在此读解阶段，按照各自不同的觉识力，有可能随之产生对于"原始仁学实践学逻辑系统"的较完整的领悟（特别是在读书人尚未进入儒教政治社会之前的"青春期"，即"前从仕的"读书阶段），此一读书人成长期的《论语》读解过程有助于其最初仁学人格模型之形成。在此"前政治制度化的"人格形成本身遂成为原始仁学思想存在、播延并于日后参与精神文化品"生产"的心理资源。在此意义上，儒教的政治历史存在也成了仁学的精神历史存在的客观条件，这也是儒者中具有其潜在的"儒-仁"双重人格的客观条件。当儒者按照儒教文教程序进入政治制度渠道后，其原有的一般性、抽象性伦理理念，遂逐渐被具体化、规范化为儒教政治道德观念，从而将仁学理念具体化为儒学现实，也就是使其最终偏离了仁学的目标而成为皇朝权势系统使用的信仰工具。此一儒者人格发展的"两阶段论"毕竟促成了第一仁学阶段的养成，后者至少导致仁学思想本身以某种方式潜存于读书人心内。于是对于本质上属"好仁者稀"类的士君子精英，遂可不时以不同方式表现出其对于反仁义理念的儒教腐败制度和活动的"下意识的"反抗性：如史上常见的怀才不遇、愤世嫉俗、受诛受贬、退隐著述、忧国忧民等等格式化的士君子风骨表现，均属此类"不屈于儒教现实"的仁学精神之（至少是下意识的）流露。秦汉以来历代儒者一致以"三代标准"作为贬斥儒教政治现实的方式，即为儒者间永远存在有"仁学理想与儒教现实间伦理性冲突张力"之表征。

但是也要客观地看到，儒教社会，这个真正存在过的漫长历史社会，在提倡、组织人民不分贫富朝向读书、向学的政策与施为上，的确客观上发挥了促进中华文明"向文"发展的推动力（此一"和谐共存"的历史可能性，自然也是源于仁学思想本身的、前政治垄断期时所构想的民族性文化观）。向文与好学，固然是仁学根据其伦理思想所主张者，但也是儒教从其政治功利主义目的出发所提倡者，二者在客观上形成了一定的"合流"（而此一"好文"倾向自然也可为中土一切阶级人士所共同接受）。与秦政纯依暴力恐吓夺取权势的做法不同，秦后儒教（有鉴于秦政政策面之偏颇）采行"文武兼备"或"儒表法里"战略，遂为臣民对于政治权势的自愿服从设计了长期间更有效的、心理思想类的"屈从机制"：通过移孝为忠策略（汉代将周代所谓的孝学加以教条主义僵固化，以作为其通过强化封建主义的宗法制度以巩固集权社会的策略工具）培养"德才兼备人才"，而"品德教育学"（《论语》为其标准教科书）可同时有助于统治者大面积培植"德才兼备"人才。这样的方针客观上倒也有助于促成儒教社会将"《论语》文本"作为读书人向学、向文人生观养成的"基本教材"。《论语》于是内在地具有了此双功能：作为一般品德学培养手段和作为其从仕奉公的"德才资格"养成手段。前者虽然仅只停留在仁学内实践阶段，但其含有的向学向文的外实践本身的"精神朝向性信仰习惯"，可在心理上形成一种潜存的"向学向文目标"的无限开放性，遂有可能在历史上形成仁学文化观"遇时而发"（正向转化）的历史条件。于是"读书人"即可在儒教规定的外实践轨则之外，在未来全新时空环境下，另行寻找其更具有精神文化生产性价值的外实践的渠道。这就是原始仁学在全球化现时代得以焕发其外实践新生命的本质性原因所在。

以上分析可再概述如下：

古人两阶段的品德训练为：做官以前（身处体制外阶段）为一

113

般性人生观养成阶段（"学"之阶段），青少年学习阶段读书人心态与目的单纯，尽管抽象地朝向于未来官场目标（读《大学》的启示），但同时保持着较单纯的向仁理想主义（读《论语》《孟子》的启示）；从仕以后（进入体制内窠臼后）即须按照儒教制度规定的方向、职能、规范全面调整心态，以遵行儒教制度性规定（"行"之阶段），而其由读《论语》《孟子》而产生的"外实践"部分，很快就因须按照儒教制度法则行事而渐失其原初的以仁心行政务的伦理意志主动性。但其"向仁心态"及相应的"仁学式外实践"却可在精神文化领域内不同程度地展开。也即在做官以前仍然存在有一个朝向大公理念志向的君子人格养成期，也即一"抽象的"（单纯基于人性的，未遭受社会限制性压力的）仁学伦理观形成的阶段，也即集中于内实践强化的阶段（精读《论语》《孟子》的时期）。此种在前体制内进行的早期仁学教养学阶段，可成为读书人在其后从公之余以及退职之后按照仁学人生观进行相对独立的个人精神文化性创造的心志根源。

现代以来，此种传统受学方式中断，虽然排除了过时的儒学知识系统，但也同时丢弃了其青少年时代伦理性品德修养部分，即现代教育制度中排除了古典的"向仁心志"培养期。现代人从读书阶段开始即以技术性知识获得为目的，并以职场与法制社会规定的行为方式生存，而不再有古人在进入职场前经历的个人朝向仁学品德和志向建立的、独立的人生观养成阶段，故其主体独立性选择意志顿失。古人在体制外存有的立志阶段，其独立志向养成是内容上浪漫主义的，非可紧密相关于具体社会政治面上的实践的，但也因此基本上是纯粹伦理性朝向的（以伦理态度为政，多不可行，却因此而维持了伦理精神的存在。王安石变法等即为其例）。《论语》《孟子》思想可作为读书人品德养成的主要资源，故其可完全专注于个人主体精神结构的养成。等到进入儒教体制内其实践被具体化了之时，在前为学期间养成的志向被"压塑或改造"为一般性的儒教官吏品德类型。于是儒教社会的"读书做官实践者"，如上所言，为一具双重人格者：作为孔孟思想体验者（仁学理想主义）和作为儒教官吏行为者（儒学实用主义）；后者控导着前者，但前者随着环境和"任务"的变迁而可呈现出程度不同的"活跃性"，因此原初仁学理念也或明或潜地始终存在着。这也是民国初期中国最后一代早年经受旧学熏陶者，当外在的儒教制度束缚被消除后，得以在民初自由环境里如此具有创造力地朝现代化学术思想前进的伦理精神根源。现代人因无此品德修养及伦理精神动力源养成阶段，当抽象地读解古人立志话语时，其精神活动处于抽象性、想象性的被动状态，根本欠缺真实的伦理品德性滋养，所以同时也就欠缺着主体主动实践的选择意志力。因现代化的学校教育从一开始就是在既定规范和规则框架内之技术性朝向的，进入职场后此技术性实践进一步强化，在先、在外初步地、抽象地、想象地获得的传统伦理性认知，远不足以克制现代化体制内的既定方向性与规则性的全方位技术性压力。

此外，我们还需要区分传统思想的"自治运作域"与"相互影响面"这两个概念。如说《论语》及仁学形成了历史思想文化上的一个"自治域"，或形成了一条潜在上相对独立的"精神文化历史实践发展链"，意思是指"仁学思想整体"在儒教历史上及中华文明史上一直维持着该整体在读书人精神层面上潜在的独立而完整的"心理存在"（可验证于其文史哲艺作品创作结果），随之也可程度范围不等地，对于传统读书人在其心理状态与其社会文化实践方面，有效产生某种文化价值观上定向的思想影响力。此一过程虽然物理上发生于各外在历史社会文化环境内，但在该全部外在整体环境内维持着其特有的影响范围和内容。此一"大圈"内的"小圈"的独立精神存在为一事，而"大圈"与"小圈"之间另外存在有相互作用，则是另外一回事。如儒教为"大圈"，仁学为"小圈"，二者各自独立存在及功能运作为一事（历史与其内特定思想的既包容又分离的现象），但儒教与仁学二类相对独立的社会文化体及其历史之间的相互影响为另一事。仁学"小圈"内的自主性功能及效果为一事（此为仁学系统的独立自动行为），仁学与儒教之间的外在性相互作用为另一事。即仁学对儒教的被动性影响（即儒教利用仁学的方面），不属于仁学自治域的积极作为之效果，儒教对仁学者的影响（如限制读书人只能在儒教框架内思想和行动）也不属于仁学自治域积极作为之效果。儒教"吸收"仁学成分一事属于儒教行为之结果，不属于仁学的自治域主动运作之效果，或者至多为二者之间外在性互动的综合性结果。我们在此要从文化人类学角度注意分辨思想体之间的相关的对象、目的、作用、方向等"实践学参量"，此四者均属于仁学自治域内的因素，但它们对于诸多非相关的对象产生的"事实上的"影响，则非属合乎本身目的的影响。（犹如一作家写作时有一类心目中的对象，作者与此类对象共同构成一运作自治域，但其对于未纳入对象范围的其他对象，甚至反对的对象，所产生的任何客观"影响"均非在其所计虑之内。况且此类外在的影响，实为多方面相互作用的综合结果。）即此类非目的性"结果"显然不属于仁学系统本身独立产生的"结果"。

以上在混同存在的历史综合体中企图"乱中有序地"追溯不同实践性实体之"功能性存在之分离性"，对于现代读者可能不易明了。简言之，我们的历史解释学要求分辨以下二者：儒教政经军权势体经营上的历史线路，与仁学在精神文化品创造过程中形成的历史线路。毫无疑问，前者为包括后者在内的中华文明史上的社会物质性存在条件，而后者则是中华文明史上的精神价值性体现。如果没有这些文史哲宗艺精神文化层次上的精神文化品的创造性实践，而只有物质性权势机构之连续营建，那么中华精神文明也将不复存在。从"历史哲学"角度看："文明"的核心必然是其"精神文化成果"，而社会物质性建设的意义仅在于支持前者的创造性展开。

2. 儒学与仁学在历史现实中的"生存混同"与在文化学术上的"功能分离"

由于受到留存典籍的历史次序观念的影响，我们具有的关于各种典籍出现时间的观念与其历史实情可能并不一样。加上大量伪书的出现和其逐渐掺入统一的"中华书库"之内，更增加了有关典籍出现时间及其出现环境与历史影响方面错误性因果关系认知的可能性。考虑到这一情况以及根据一般情理，我可以这样推测：虽然仁学思想突发于"封建迷信历史长河"中昙花一现之瞬间，但自其创生之后，即同样令人惊奇地成为在此漫长中华文明史上相对独立的精神存在。在考虑到传说中的战国时期（"中央集权政体雏形"实际失去作用的两三百年期间：于西周之后，秦汉之前）真实思想活动以及汉代编辑成书的所谓"战国思想"之间的可能差异后，仍然应该承认，历史上大致自由形成于该时期的各种"先秦思想"，包括仁学，在秦后大一统格局真正形成后，一方面陆续落实于书写文本，促成了历史上学术文化世界的正式出现，另一方面各自纷纷散落于、渗透于社会各阶层、各角落，也成为儒教社会中的不同显隐文化活动及风习之产生源泉。这就是说，历史上的政经军实体的连续构建与延存为一事（历史存在论之物质性框架），在该连续体中相对分离地出现、延存、产生影响的精神文化活动为另一事。于是"仁学"作为思想实体（物理地存在于《论语》文本内），在不同历史时期和在不同社会环境下，与各种思想惯势及周围环境因素共同形成了一种"多元互动关系形态"。在此意义上，仁学的影响或参与各种互动作用的现象应该说从未中断过，但此儒教历史现象与《论语》中之各种政治道德性主张为两事。

　　就可考的秦后历史两千年看，仁学的影响场域，除少部分在政治领域外，大部分在文化与学术领域。正如"三代"仅只是皇权时代的观念性存在一样，"仁学"整体也是一种观念性存在，其与历史现实各因素的互动关系和其观念上的以及集中体现该观念的（体现于《论语》中的）文本上的整体存在，也为两事。"三代"与"孔孟"作为官民观念上的信仰为一事，将其应用于政治现实为另一事。既然不会有三代"让贤美谈"之实行，自然也可无"仁政理念"之真正实施，但这一结果并不妨碍二者在纯粹观念的层次上作为被接受的合理存在，即不需再像我们习常所说的那样一概视之为权力者的一种有意识的"欺骗行为"。后者的"阴法阳儒"政治制度的现实也只是一种自然的实用主义之智慧综汇的客观结果，非如现代简单

117

化想象的那样视之为封建专制社会统治者特意设计与制造的一种"政治意识形态"系统。同理，民间个人也是实用主义地将现实环境条件与观念思想加以融通，以形成其适合于现实环境的有用的心言行方式。以上比较客观的分析所强调的是，无论儒教、儒学还是仁学，在古代历史上其发生和实行的方式各有其历史发生的自然性，造成彼此分歧、分裂、互动、融合的因素是错综复杂而多元的（但此一涉及历史社会学的分析不属于我们的历史解释学范围）。社会文化领域内的各不同"实践者"自然各自"依利依势"而行其各自之"所是"，未必均为"谋后而定"者。

如果这样，在社会政治领域，大多数实用主义的读书人也是按照此功利主义的综合方法，趋利避害地参与其社会实践的。纵观两千年儒教社会文化史，"读书从仕儒学观"和"以学为文仁学观"，可以说是平行存在着的。公私、官民二领域内的思想行为方式之间具有一定的分离性。就其以书本上的仁学思想同时"介入"官方职业制度化生涯和私人精神文化实践而言，也就存在有两种不同的仁学路线与儒学路线及其"交织方式"。如果连孔子本人都曾存在有理想与实际不相结合的倾向，后世读书人在处理环境条件与心言行关系方面也会形成不同的"思想与现实的实用性结合方式"：《论语》作为一个固定思想文本的整体悟解为一事，其选择性地与不同社会文化场域现实因素结合或互动为另一事。既然《论语》思想在创始之初都不必完整地予以实践或实现，在后世环境中也有同样的理由不必对仁学信奉者苛求其应充分的践行。（孔子所言"好仁者稀"岂非早已预言此一历史前景？）此即：孔孟所言在其观念层上可以较完整地产生系统心理影响，但在社会政治文化现实中仅被"选择性地予以实践"（如在好学论、品德论、孝亲论、文学论等方面）。

同样的，正如仁学在春秋战国时代不可能实行于当时现实政治环境中一样（还不谈其本来未含具体政策实行的部分），在秦后大一统环境下也有同样的"理由"不必要求其实际被实行于现实政治域。按照《论语》故事，原初仁学本身，在春秋之时即已最终转入了文教文化领域（孔子归鲁），后世其实践倾向主要表现于文化学术领域自然也就顺理成章了。（在此我们为儒教时代的读书人只能在政治领域成为"儒者"，而未能像孟子要求的那样在政治领域成为"仁者"，进行一次解释学的"宽谅性解释"，即源自历史性自然。）换言之，仁学的主要"历史存在"即是"实践"于文化学术领域，包括其原初倡言的"周礼"，孔子也仅将其施之于文化社会领域。所以实际情况并非后世儒者"背弃"了孔教，以至于在政治生活中完全屈服于皇室权力，而是历史上的"《论语》读者"一贯地都只能、只需如此。所谓人本主义仁学在专制主义儒教中的"幸存说"，也是出于一种有认知性误导之虞的推断，即实际上仁学一直就是以这种选择性方式发挥其作用的。反而是当社会物质性条件提升丰富化后，也即秦汉后学术知识文化丰富化发展后，仁学才在文化学术领域内获得了自身发展的机会。（我们的历史解释学在此再次呈现出一种"辩证法结论"：儒教作为中国历史的制度性硬体的"组织者"，既成为压制仁学伦理学精神的原因，也成为后者在其文化实践中的社会物质性条件的提供者。）

因此，不是两千年来仁学在与儒学有意的"对立关系"中坚守其故志，而是在历史客观条件下（主要指政治形态与知识条件）仁学之内实践与外实践互动关系的自然演变之结果。对此，原始仁学的实践学转换场地之历史本身，已可为后世儒者的"背仁向儒"抉择做出一种合理的说明。此即：在理念层面上，仁学提出了一种完整的伦理理想主义；但在现实与实践层面上，也预断了前者的不可实现性。仁学的这种"自我矛盾性"蕴含着一种历史性深意：其"伦理性理念"的较充分、较成熟的实践，只可期待于遥远的人类未来。我们的新时代新仁学，即企图破解此中华仁学之"历史精神文化性密码"的一种努力。

准确而言，仁学思想本身因主要作用于动机层及价值观认知层，其所完成者为在此两个内外层面上的"准理论体系"之完成，却远非表示，在其当初产生和延存的历史时期内，仁学相关的因果性及应用性认知与实行条件已然完备。故长久以来其正面表现也只存在于这两个层面上，结果即"观点立场正确而无法有效实施"，或者

119

说，其知识论根本未涉及各种社会文化实施的层面。此一仁学特点也因此使其信奉者易于在社会文化实施层面上与"反仁学之举措"实行妥协，此首先即因仁学者尚难获得对相关历史情境的正确认知。但在动机层面和价值观层面上，历代儒教读书人均可因仁学思想的自由灌输而不断表达"正确仁学思想"，却难以在目标及计划的设计及实施方面见其功效。再如后来王安石变法及南宋军政措施事件，其"失误"均根源于时代在社会政治制度与认知方法及技术条件等方面的不备。尽管如此，在此过程中读书人之向仁心态之存在亦为明确事实，并可成为中华文明精神发展史上的重要成果及未来积极展开之土壤。

【关于仁学实践的历史解释学申论】

就仁学理念之正面影响看：近读《册府元龟》中魏武帝时刘毅之谏论，叹服其伦理性观点之正确及表达言语之精美，即对于时人心言行之"反仁"表现之指陈极为正确精辟，故从人性辨析角度看，其见识言谈至今有效。但此有效性仅存在于人性表现的动机伦理性层面，而其相关匡正之建言则照例欠缺可行性。就仁学理念所误言的"性本善"来说，近日在系统重读《资治通鉴》时注意到，在魏灭蜀、晋灭吴两大功业中所谓"功臣"们间的嫉贤妒能、争风吃醋竟可导致务必要将对手置于死地而后快。这些"读书人"的心性凶狠，更有当时残暴冷血不输始皇的吴王、孙皓之类帝王的存在。我们那些动辄追慕儒家良风善俗的现代儒家研究者，实应首先重新研究一下封建主义历史上的"恶行史"。实则：逞恶之条件一出现，"坏人"立即可脱颖而出，此前其人之"仁义道德话语"不过是野心家追求私利的用世欺诈手段而已。这就是为什么一定要"推翻此座封建主义大山"的理由所在。于是我们看到，不仅作为伦理思想系统的仁学，而且任何伦理性思想行为，都呈现出一种认识论的二元性：其中主体的动机、对象、目标、行动之实际状态为一事，其所引生的相关心言行的形式、意义、效果为另一事。历代文学家其人生观与实践学的朝向都是社会政治类的，或都是朝向外实践层面上的对正义的追求和对不义的抵制的，但在此实践过程中所"真实达到者"，大多并非其所设想和其所朝向者，而是在此过程中所自然随带引生的精神文化表现。辛弃疾与陆游的思想行动均朝向抵制侵略、失土恢复，而其在此过程中实际完成的为文学性作为，即伦理精神的勃发与美学的再现。此类现象也来源于同一历史模式：孔门仁学思想直接朝向于得君行道，最后其"道"由朝向政治转入朝向精神文化。关切与行动为一事，效果与传承为另一事。此义更为凸显之例为黄宗羲：早先曾经亲身投入政军行动，积极参加抗击侵略者的斗争，并在此抗敌过程中养成了坚定的维护仁义的斗志与经验，但之后历史大局遽变，从此将其先前抗清意志转向于纯粹思想学术建设；顾、黄、王均由政治军事领域转为日后思想学术实践，其目的仍朝向未来中国之社会政治改良，而其现实选择则已转入学术思想实践。其前其后两类不同实践方式均载负着同一仁学志向或伦理意志机制。

再如文天祥所谓的"辛苦遭逢起一经"（我们愿将此处之"经"解释为在指《论语》），正可表现出历代"仁人志士"对此"一经"义理之矢志不渝乃跟源于同一伦理良知，此同一精神种子，由于主客观认知和实行条件的客观限制，而不得不产生目标、行为以及效果上的分离性。历史上永久感动南宋以来中国人的此一被誉为史上唯一"完人"的文天祥之慷慨就义事件，其永恒感动力之伦理心理学根源也是完成于一种"二元化转折"表现。如果仅只是忠君爱国行为，史上千千万万，并非稀见。文天祥事例的"奥妙"在于：在此中华文明体遭遇历史上天翻地覆毁灭之当头，文天祥参与此历史大变革过程的动机结构渐渐从传统的"忠君爱国"转化为、进入到最高精神层面上的"良知与权力"的对峙极境。军事实践行为的目的从护国卫君的具体性政军层面，转化为面对毁灭文明之敌的巨大恶力时，所义无反顾投身其中的、一般化的（generalized）抗恶的伦理精神层面。"一经"之信奉从爱仁一极转化为"对恶"一极，其个人在此特殊历史情境中突然增附了不只是代表宋朝（相对于古人而言），而且代表中华文明（相对于古今中国人而言）乃至于代表人类文明（相对于文明史而言，因为当时百年来驰驱亚欧的蒙古侵略者扮演着破坏人类文明事业的野蛮人角色）的独一性象征：良知面对巨恶时所表达的个人不屈精神，遂增附了文明集体不屈意志的民族生命代表性。文天祥"过零丁洋"时之"一经"正同于文天祥《正气歌》中之"孔曰成仁孟曰取义"，此"经"也即代表经典仁学之《论语》《孟子》学！以上历史事例均表现出：诸位仁者（仁人志士）之外实践从政军域转入精神文化域的结果，乃缘于其在前者内之失败。此一"双联现象"（同一人在政军域之失败与其在精神文化域之成功），在伦理学意义上具有相互解释的关系，同时也可喻示我们一再指出的"历史哲学"：在社会物质层面上虽交织在一起而在精神文化意义层面上却分离展开的两条历史线路。作为儒教职业性轨道上的

"失"与其在仁学义理性轨道上的"成",在"自然生存上"实行于一体,而在"历史功能上"则分离于两侧。

于是我们可以了解,仁学在儒教社会两千年历史上何以可能成为其学术文化思想的方向性主导力量。问题是,我们要在其各代完成的实用主义式的"融通方式"中客观地估量仁学影响力所占据的比例。在其主要起作用的文史哲宗艺领域,仁学思想也是在与各种主客观环境和其他思想的"互动"中显示其作用的;换言之,我们要在此混杂、综合的主客观互动关系中瞥见、析出那些主要来自《论语》《孟子》文本的思想因素,并将这些因素尽可能地集中起来,作为仁学(作为此独立思想实体)产生历史上积极作用的证据。在此意义上,我们就可以明白无误地赞扬仁学在中华文明历史上起到的无与伦比的伦理性思想的引导作用,虽然这种积极清晰的作用是与其他外在历史因素混杂在一起的。我们将具体可得的《论语》《孟子》文本与其在历史、文化、学术上的"效用表现"结合在一起,将原始《论语》《孟子》文本蕴含的思想和历史上的仁学内外实践轨迹,作为一个整体,总称之为"仁学思想"。因此,孔孟思想不只是静态地存于固定文本中,而是也动态地存在于历史文化现实中;换言之,"孔孟思想"实乃产生于、作用于、散在于历史生活中,并被人们后来反思、搜集、编写于《论语》《孟子》文本之内。

经过历史解释学的分析,古人精神性向共识中所集合的"孔孟思想1"与我们今日采纳接受的"孔孟思想2",可谓大部分重合,而仅有少部分相异。我们可以在此意义上为其兼含静态与动态的"思想生态总体"另外起一独立的名称"历史仁学"(兼含文本与历史影响,兼含体悟与实践),这也就是仁学"内实践"与其古典"外实践"之总和。历史上的"良风美俗"在此扩大的意义上均可从中追溯孔孟思想影响的痕迹,此类历史事实是我们现代对古典仁学进行重估的另一种主要理由。经此理解,历史上的"恶政丑俗"将可视为与仁学及其影响分离的历史因素,但不必将二者混为一谈。这就是我们换一种说法时所说的,儒学与仁学二者为在历史上起着不同作用的历史思想。在前述历史实用主义思维方式下,读书人将二者自然地混杂在一起，随着时代的不同，二者的消长比例不一（如在汉儒、宋儒、清儒之间的异同现象）。我们今日的任务（新仁学）则要将二者加以区分：在文本构成上加以选择，在思想行为对象上加以分解，也就是在静态仁学文本与动态历史仁学两方面进行合理的重组，以使其历史上以混杂实用方式表现的仁学核心可被合理地抽离出来，使其有效运用于现时代。为此我们仍然要在历史仁学之混杂综合的形态中充分把握和认可其中仁学元素的积极作用，并将其"安全地"从"历史尘封"中解放出来。这也是我们的历史仁学解释学的宗旨之一。

　　综上所述，我们再把所谓仁学解释学的含义简示于下：仁学解释学的研究目的是为了恢复仁学态度学本域、本理、本身作用，即还原其含有的"态度学机制"（a），以作为面对古代学术事业（b）之"态度"，但不是将 b 与 a 直接"编连在一起"。本书正文中各章句解释单元内之"含义引申"与"现代意义"部分，均相当于在 a 与 b 相交"界面"上的论述，即 a 对 b 之反应。古代儒学（"五经"）作为儒教学术将二者编连在一起，现代新儒家将西哲、佛学与儒学、《论语》和《孟子》更为曲折复杂地编连在一起，遂进一步破坏了 a 的原生态。仁学态度学与未来对包括仁学在内的各种伦理科学研究不同。此即，将 a 作为态度学机制为一事，将 a 作为科学研究对象为另一事（根据语言学、心理学、逻辑学、社会学、哲学、基因学、生物学、神经生理学、历史学、文艺学等现代科学），后者远非今日已然成熟的学术，但均已发展为可继续科学提升的实践基地。不过其结果仍不可取代 a 本身作为伦理实践学机制的作用。（简言之：区分原始伦理态度学的历史现实功用与现代对该态度学进行的科学研究。）经此反复辨析仍应注意到一个不变的事实：仁学之生命力完全含蕴在原始仁学及其内实践本身之内。

五、历史现实环境与仁学精神实践

　　我们已将"原始仁学"的核心规定为仁学所固有的"内实践"，因其根基于人性经验，故其内容具有历史时空环境上的普适性。我们并将该内实践之"外射"（社会文化实践场及过程）确定为"外实践"，后者必定随着政治、社会、文化、知识、技术等客观条件在历史上的演变而随之改变，但各种不同的历史外实践类型间，均贯穿有同一内实践的"导航机制"，故仁学的不同历史外实践类型间具有价值观方向上的（而非内容、目标、方式、方法上的）某种同构性。所谓新仁学即对原始仁学及其古典外实践的现代义理进行还原论的分析，其分析结果则可作为新时代进行新的外实践规定之伦理性依据。在现时代，并特别在全球化新时代，新仁学一方面为对于传统仁学之内外实践域之重构性解读，以期还原其历史表现之真相，另一方面为在此研究基础上构想仁学外实践域在新时代的内容和任务，但后者相应的内实践之肌理应与原始仁学在其历史上的功能完全相同。就内实践而言，原始仁学与新仁学的外实践创新之间，更具有密切的相关性或因果关系性。由于仁学实践学本身的初高段之分，实践者须践行的原始仁学之程度及完整性也有所区别，其区别性不仅由其实践域的不同加以区分，而且与各域对应的三达德实践之"深浅"不同而各自有别。所谓"深浅"，不仅指相关于各品德维及其关系的感应运作之深度问题，以及相关于对《论语》基本章句积极感应的条目数量之多寡问题，而且（特别）相关于对《论语》有效章句系统读解的整体性、关联性、运作的协调性等实践学质量上的差异性问题。当所谓《论语》可为全民之民族历史信仰守则言时，乃指人人均可选择性地感应及择取部分章句指令作为自身心言行之规范，即对其价值观、智慧观、实践观均可有不同程度、不同侧重的信仰及采行。历代迄今，《论语》中相当部分已成为并可继续成为一切读书人从中汲取"生活伦理智慧"的民族历史经验性资源。正是在此宽泛的意义上，我们仍可将《论语》视作一部全民族的信仰之经典。

仁学诸多伦理性指令句最初也是来自《论语》之前的社会文化中的向善传统（G）的。此一部分内容实与中华社会良善风俗史大幅度重叠，其中特别属于"仁学"的部分，并非简单地指涉 G 方向上的"为善佳言"内容或其坚实的程度，而是特别指涉实践者对各指令句综合协调运用的智慧程度，而此种主体之自我综合控导能力，正取决于君子之"立志学"形成的质量与强度。我们之所以在现代人文科学及其理论和仁学内实践之间搭配此一关联性，正因为仁学之立志学、三达德关系学、原始仁学的激发力特征等，正可成为当前新人文科学革新事业在面对艰难的时代环境和人类知识论压力的情况下的一种伦理认识论方向指南，以及一种朝向人本主义伦理学实践的"积极驱动力"。按此理解，《论语》原始三达德关系学模式遂可继续成为现代人文科学实践中所需的新"三维伦理实践机制"之变形。在任何主体伦理性实践中，相关的促动性机制可涵括三个性质上不同类的实践维面（含各自分有的方向、场域、量度）及其一致性的互动关系（所谓"一以贯之"的今解）。

我们经此进一步梳理遂可在更准确的意义上理解独善与兼济、出与处、君子与小人、内学与外学等等的区分原则之现代意义为何。按照我们的仁学之内学外学分划，即按照态度学实践及其"外射对象上的实践"（外实践、应用、展开等等）的区分法，在原始仁学时代的狭义上，"独善"含态度学实践（内实践，即伦理意志力构成）

以及独立可行之外实践（外实践，如研学与创作），也即由颜子之学所象征表达者，其特点即表现在与社会文化"权势关系网"（官场社会）自行分离后所实行的严式"学为己"治学观。在此内域及私域，唯（少数）"能成士君子者"可为之。但就由此内学向外学的扩展或运用而言，其外实践施为为一事，此施为之"普遍效果"为另一事。"德风德草"之别即可指此。我们也正是在此意义上称《论语》为民族之"信仰学经典"的，即其文本的技术层普及性可导致广大民众在不同程度上具有分享仁学教益的条件（外实践的风气效果与学理效果），不必指望广大民众可有兴趣积极探求仁学义理，却可自然而然地（兼因历史风俗传承及"德草"效果）达至"仁学初段"境地，其中可包括者如：君子小人二分法的认知，现世伦理价值观方向（爱善憎恶），一般"好学"人生观之养成，以及"向善"的历史习俗传统。

一般来说，"仁学"实体应指涉四个相关部分（如果不说组成部分的话）：原始经典（《论语》《孟子》文本）、经典文本之古今义解、原始仁学内实践、仁学之各种外实践。前三者可视为仁学学术之狭义，第四者为仁学外实践场域，及与仁学实践学相关的历史上诸不同社会文化领域。"内"指心理域，"内实践"指实践主体在心域内之活动，"心"既指实践场域也指实践对象。"外"指世界、历史、社会、文化等，"外实践"指实践主体在心域外的各种相关活动，涉及心外诸场域及诸相关对象。"仁学本身"或狭义仁学，应该仅指其"内实践"，而广义仁学才包含上四项中之后三者。如"心"与"文"在历史上均为仁学实践之场域，也为其"对象"（"心"既含主观侧，即被视为实践域时；也含客观侧，即作为实践对象时），仁学精神或原则同时朝向于、体现于、实践于心理内域与人文外域，但仁学本身并不包括心理与人文。严格说来，"仁学本身"仅包括其"观念"（仁义价值观）、"内实践机制"（三达德）与"主体综合调动意志力机制"（立志）。此三者为仁学的静态结构，三者的"综合运用"即形成了动态的"内实践"，后者在心理场域和世界场域的"践行"（贯彻与追求）即动态的"外实践"（含将心理域视为对象时之实践），它包含着：实践对象、实践场域、实践方法、实践目标、实践过程等。所谓"实践对象"还涉及"实践方向与方式"的类型问题，在此不拟深论，现仅举一例说明之：当说到仁学的实践域与实践对象从政治领域转换为文化领域时，其中前后两个实践场域（政治与文化）固然不同了，但仅就"政治对象"概念言，还涉及"朝向于改良"的目的和方式的实践与朝向于"批评与研究"的目的与方式的实践之间的区别（"批评"可以是目的在于"推动改良"，但也可以止于"评价认知"）。换言之，"研究政治"与"参与政治"为两个不同的外实践类别，虽然就牵扯到的"对象"与"场域"而言，二者相同。

因此，仁学本身或原始仁学，在广义上属于"内实践"，但此"内实践"实包含着两种样态：相关仁学理念本身（静态观念系列）以及其在心域内之自我实现（动态转化或形成过程：将观念变成行动机制的过程及结果）。"内实践"既可指此二者，也可以专指后者。其中相关的"内与外""静态与动态"等特征，其实都是相对性概念，主要是相对于各种外实践特征而言加以区别的。上述"心"作为场域与作为对象之不同，其实还牵扯到心作为"对象"时，可同时相关于"内实践"与"外实践"，即分别作为"内在机制形成过程中之对象"与"对心理进行学术研究时的对象"。可见我们所说的"内""外""静""动"等定语都具有语用学特点。在"人的科学"中不可避免地存在着语词的天然含混性。就此而言，现代分析哲学派特别重视的维特根斯坦的"自然语言分析"法，其实并不适合于处理历史、社会、文化、学术中的复杂语义世界的认知问题。（一个极为重要的认识论问题在此仅简要提示一句：英美分析哲学派与认知科学派是难以全面、深入、确切地被应用于我们的仁学研究的。我们所说的"符号学"与"解释学"与二者均少关联性。而百年来海峡两岸暨香港、澳门的大部分文科留学生均来自英美地区，由此可以想象人文科学思想交流之困难。）

在分辨了"实践场域"与"实践目的和方式"后（而非"实践过程"全体），二者可纳入"仁学本身"。这就是，存在着"仁学本

127

身的建设"与"仁学的实践展开"这两个不同的相关于仁学的实践论阶段，因此将二者简称为"仁学之内实践"（仁学内在实践力之建设）与"仁学之外实践"（仁学外域实践力之应用）。严格说来，所谓"仁学"即仅指前者，非包括其精神指向的各种"应用"。狭义仁学即指：士君子人格学建设，即仁学伦理意志力建设，也即仁学三达德运作艺术等等。此种内实践学内容正是古代书院修炼所侧重的内容，而不是指相关的儒教文史哲学术本身。正是就这方面看，阳明学比朱熹学更接近仁学内实践域的意旨，朱熹欲借助强化学术外实践以提升仁学内外两方面的精神文化创造的任务，但其外实践构想因囿于儒学儒教框架反而限制了仁学内实践的深化。这是广义心学对其"道问学"不满的主因。以现代为喻，仁学指学者人格学建设，而非指其将此人格加以运用于其中的人文科学实践本身。换言之，这也就是"阳明学心志修炼"与将阳明精神施用于文化学术事业二者之间的区别。此外，这样的对有关仁学"身份"的厘清具有现实意义：将仁学之内外实践区分后，外实践域及实际过程与内实践的分离，一方面导致了"学"的无限开放性，另一方面导致了"仁学本身"范围的合理"限定性"。所谓新仁学，仍然包括本章开头所列举的四者，其核心仍然是历史上已完成的原始仁学及仁学内实践，以及在新环境下之外实践，其中包括对原始仁学的现代化整理与新解。内实践的文本实体本身不变，但其范围和解释均须使其合乎现代化认知和客观条件。新仁学的范围于是为：一方面"向后"朝向于原始仁学的"结构性再还原"，使其历史上一直存在并起作用但非被意识到的实在内容与功能进一步清晰显示；另一方面按照其"为学""为文""据人性论以摆脱诸'传统禁忌'"的全面内容开放性，将其现代外实践的场域和对象转换到现代化人文科学未来改革发展的大方向上来。

中华仁学虽然形成于中国历史早期，但其伦理态度学的基本学理内容已大体完备，因为其所根据的事实资料来自人类文明历史时期不变的人性经验，并已充分具体地验证于其前其后漫长而稳定的历史人际关系经验过程中。但是，在不同的社会文化历史环境内，仁学作用的对象和方式不同。《论语》解释学的目的之一，就是将古时《论语》中的仁学之对象、目的、方法等同构性地转换到与今日社会文化环境相应的、符合新时代典型需求的精神文化实践之中。仁学的君子学着重于个人伦理意志学及品德学的修炼。古人在同质性甚高的传统社会文化历史中形成的士君子学模型，自然可在其对象、目标、方法上维持其长期一贯的理念有效性，并在不同程度和不同层级上，可同时作用于仁学小众与一般大众。然而今日历史环境迥异，在民主法治与科技工商社会中，高段仁学伦理学价值及其影响，不仅不可能施用于今已全面朝向物质享受追求的广大劳工民众，而且也不可能施用于科技工商等领域内的泛技术型知识分子，也甚至不再能适用于大多数已被全面职业化改造了其心态的社会科学及职场人文科学学者，因为他们现今多满足于通过职场制度内规定的程序来实现其个人物质性幸福追求之人生目标。简言之，在现代化的今日社会中，其有效作用对象应仅局限于人文科学理论界内少部分有志于学理创新的学者们，以及仅局限于非功利地热衷于精神文化的创造者们，当后者有志于超越职场学术文化目标的局限而朝向于精神文化追求的目标时。仁学的现代作用范围看似已然大幅收缩，而其现代实践者却有望成为（因如今最具有客观的条件，即知识类与技术类条件）人类精神文明及其核心部分——人文科学理论未来发展的"少数创新志愿者"。后者恰恰应该担负起在后工业化时代对于人类价值、信仰、文化与历史方向等基本精神生存意义问题进行深层次再思考的任务，此任务正是当代世界各地（大多出身于法政工商界的）从政者们视为次要而加以忽略的。中外古典时代的"读书人之社会文化道德批评及相应思想情感表现"（泛文学实践），也就须演化为"人文知识分子的人文科学理论研究学"（人文科学理论实践）。这一仁学"士君子"任务的历史性转化事实（仁学关注对象和实践者范围的历史性转向）不仅不是"窄化"了仁学的重要性，反而大大提升了仁学的重要性。因为，人文科学理论今日可谓空前地担负着对于人类文明大方向进行重新反思和综合再检讨的重责大任。（全球化时代大众主流的兴趣主要针对科技工商建设任务，而极少有兴趣和条件关注建设"人的科学"的任务。）对此任务进行理性主义反思与再检讨的能力，则取决于至今尚未获得令人满意发展的、现代化的人文科学理论的提升。仁学或新仁学担负的重大时代使命，也就同时表现为积极参与并在伦理方向上引领人类人文科学现代科学化革新发展的事业。

纵观横览人类文明史，其基本内容可划分为两大部分：控制社会秩序与组织物力生产的斗争（W）和认知人类生存意义与创造精神文化的努力（S）。W 的内容即历史上人际间、族际间的政治、军事、经济领域的发展史及相互斗争史，其结果即历代各地域的政治经济秩序的控制与组织活动；S 的内容即人类对于自然宇宙的认知（物的知识）的进步以及对于社会、历史、文化、思想的认知（人的知识）与创造的提升。W 属于广义物质性生产的历史过程（包括人类基本感性欲求的满足及其满足条件的维持与创造），S 属于广义精神性历史发展。如前所述，两条人类历史路线呈现出价值观的平行性，虽然在具体完全的历史过程中二者多有相互交织。传统上人们把 W 的部分视为人类历史的主要内容，也就是把政治、军事斗争史视为人类文明史上的第一主题。但是，随着全球化时代的到来，人类文明已经发展到一个新的转捩点：进入了需要在物质文明高度发展后重新强化关于人类对自身历史、社会、文化、精神进行科学化理解的新时期。（此一文明史观也正与马克思等 19 世纪社会主义理论家的长远目标非常一致。马克思所特别关注者为：当理想社会到来时，"人认识自己"将成为人类最重要的任务。）即在物质文明飞速发展的同时，开始精神文明建设的新时代，而此新时代的精神文明建设的核心即关于人的科学的创建与提升（这也是马克思思想的目的之一：将人从机械性的劳力时代提升至精神文化创造的时代）。为此人类智慧必须在今日绝大多数人类均参与物质性文明建设的时代，重新培育、组织精神性文明建设的人才。前者涉及的大多数人与后者涉的少数人，形成了极不相称的对比。而物质文明发展导致的人类生存全面职业化发展，也使得大多数人文事业工作者主要成为普通人文学科职业家，其认知性与价值观准备均不足以承担那些甘愿减少其物利享受以便能够献身于人文科学理论探索的少数人的任务（今日高段仁学志愿者的第一主观条件即返归原始仁学品德学要求，首先即为克服今日通行于全世界的"以学求名利人生观"）。在此全球化世界中全体人类的欲求和目标渐趋一致的态势下，如何培养少数人文理论创新志愿者的问题，已经极难在职业制度化无所不在的西方人文学界解决。当此之时，中华传统仁学突然发现了其伦理精神生命复兴的历史机遇。其时代性任务即为对古今中外的人文学术理论成就进行跨学科、跨文化的重新再整理和再创造。现代中华仁学者的学术思想抱负，按照孔子的精神，必然包括古今中外文化学术的全部领域，而非自我矮化地局限于几千年前民族性的有限领域。

我们看到，人类几千年文明史上的主要历史主题都集中于人类文明过程中的"社会物质性基础"的营建部分，其本质相当于历史过程形成之"社会物质性框架"之营建或人类精神实践之"社会物质性手段"之准备，也即社会秩序与物质条件之形成，其功用主要在于维持社会生活秩序之正常运作，以及借此满足人类生存的基本感性欲求。回顾马克思等19世纪众多社会主义者的"未来社会理想"，其中必然含有他们尚未进一步充实化的精神文化内容。我们所说的"现世精神文化"与宗教来世天国理想中期待的"神圣崇拜心灵"不同。后者的内容相关于对无限期的永恒衣食住行无忧的单纯生存状态之渴望以及对赐予此状态的"大势力者"永远实行表达感恩的崇拜礼仪，其中至少没有"文史哲思想"什么事！（因此今日各地大图书馆内的几十万、几百万文科图书也都与宗教信仰没什么关系！难道信仰者都是不读古今中外文科理论书的人群？）除此之外，其他类的"美好内容"为何也从未见提及，所确知者仅为："你可永远地活下去！并不至于下地狱。"（获取永远的感官快乐和永远免除感官痛苦。此二者岂非人类日常生活中的希求？它们并无关于人类的现世精神性追求。）

19世纪各类社会主义者都怀抱着丰富具体的精神性想象，怀抱着对于人类未来纯粹精神性创造的愿景。（所以19世纪的欧洲是人

131

类"思想类文学"的最高峰和理想主义的最高峰。此一人类文化潮流演变至 20 世纪已然转化为"人文科学"了。自此以后，人们不再可能像 19 世纪的人那样再把小说文学与诗歌，把编造故事与抒情文艺，视为高级人生认知方式了。）此前一切社会政治类努力都是为了给此人类社会理想阶段中的真正精神性目标准备各种"物质性条件"而已，但此物质性条件本身并不相当于价值，而是未来的更完美的精神文化价值创造之准备性条件。就此而言，仁学理想与此人生观和世界观何其相近！人类生存中的"高端精神世界"之创造性实践，在新世纪的今日，则主要相关于世界与人类本身的认知科学化的提升（对于"人及人类"生存意义的全面深刻的科学性认知之提升，才是人类文明的真正归趋，而非无休无止的对物质性欲望的追求）。

尽管人文思想的历史远远长于自然科学的历史，但后者数百年来的科学化或理性化提升的程度为前者所望尘莫及。人类文明正有待于在全新的标准上重新规划其精神生存的形态。换言之，从人类文明全程来看，W 仅相当于"历史舞台"之搭建工作（包括搭建者之衣、食、住、行的满足），而 S 才是此舞台上的主要"表演"工作承担者。任何 W 部分都是在历史时间过程中不断汰旧换新的"社会性与自然性的物质发展过程"而已，而 S 部分则是历史时间过程中逐代积存的、永远存续的"精神创造成果之积累"。因此，W 应当被视为历史之"手段"，S 才应被视为历史之"目的"。那么，什么是"中华精神文明"的"实体"呢？此即其精神文化创造品及其思想界的永续积存，而历代政经军过程仅只作为前者产生的物质性条件，并随着历史发展而一一"随风而去"。而此 S 代表的传统的精神实践，在全球化的新时代，应该朝前所未有的高端科学化方向发展。精神生命形态的存在为一事，精神生命的提升和科学化发展为另一事。人类生存的意义正在于不断积累、提升 S 领域内的精神文化成果。按照仁学精神，S 中的"物的知识"部分（S1），自近代以来也已取得长足永续的进步（自然科学），不仅未来将继续有序的发展与提高，而且其技术性成果也已成为 S 所需要的"物质性基础"部分。

相比之下，"人的知识"部分（S2）则极为落后。在 S 部分内，虽然物知识创造方面成功显著，但就人类生存目的而言，人类对自身的认知的重要性本来应该高于对于物的认知重要性，所以人的自身认知（涉及历史、文化、学术、价值、信仰等）才是人类文明中更为重要、更须加以有效提升的追求目标。

一切宗教因将现实生存当作朝向想象性来生生存之"准备"，从而完全忽略现世人文科学研究事业，甚至视之为"阻力"。当前，世界资本主义文化完全以物质性财富积累为目的，一切文化类活动均被纳入前者的框架与需求内。人类认识自身的必要性，实际上超过任何其他认知类别的重要性。但是此一目标的达成今日正遭遇越来越复杂、越多元的障碍和阻力。其主要原因为"W＋S1"形成的新文明类型产生了历史上空前的多元技术化权势的"物化垄断"局势，后者对于人性物欲本能的全面诱导操控能力，遂取得了历史上空前的发展，以至于 S2 自由发展所需要的主体伦理性意识和意志，在全球范围内（不分其"左、中、右"立场如何），正遭遇到系统的、根本的忽略或瓦解。不言而喻，此种主体伦理良知的文化性瓦解，直接导致了"人文科学"方向和内容被系统地加以"扭曲""变形""变性"。因为，现代主体伦理意志力的大幅度弱化，使得 S2 的实践者根本失却任何抵制物化权势控导与诱惑的主观力量。

不过，此一历史性局面也呈现出某种隐在的积极因素：一方面，人类全球化历史发展中 W 的良性发展可能提供较之前更为稳定的社会经济生存环境，后者对于 S2 的积极发展而言实乃必要的外界条件，而 S1 的发展也为 S2 的发展提供着各种相关的认知性和技术性实践条件。S2 的进一步提升应该说也获得了全球化新时代提供的较之前更为充分的所需物质条件。正当此人类文明史发展的关键时刻，完全出乎意料地，中华仁学再次有效地"莅临"全球化时代的人类历史场域（有如在殷、周鬼神时代历史中的仁学之突然"降临"。殷、周神鬼崇拜文化源于人类畏惧和崇拜暴力权势的心理。而孔子仁学的全新人本伦理价值观的历史作用之一，正在于瓦解其前数千年流布的此一权势崇拜文化传统）。而今日新时代中华精神文明史的任务，已从古代的社会政治文化域与泛文学创造域，转换为、扩大为、晋升为全球化时代的人文科学现代化革新领域了。

我们于此再次体会到，仁学的现代价值体现在其伦理学或政治伦理学的价值学层面上，而非体现在其政治实践的技术可行性层面上（仁学属于人文科学而不属于社会科学）。对于后者，人类当然要依赖现代自然科学和社会科学的知识成果继续其现代化的科学发展（恢复仁学精神绝对不是要在社会政治层面上返回古代封建主义时代）；但对于前者，我们仍须看重原始仁学的伦理性义理的时代有效性。仁学的功用不再表现在其对政治现实改善方面的指导性作用（虽然在封建主义的儒教时代，仁学伦理学对于儒教的政治调节作用有其相对的实用性贡献），反而表现在其无助于（按照现代政治伦理学标准）政治现实改善，却有助于阐释政治现实本身在历史上发挥的真实功能（无关于社会政治的"运作实践"，但有关于对社会政治运作进行理解的"认知实践"。须知，现代社会政治活动并不需要任何"仁学者"的参与！今日与大众福祉相关的社会政治问题，是一个纯粹须在现代法制框架内解决者，而不可能是依赖任何传统道德性教育解决者。现代新儒家等企图将儒教古代"治世之方"应用于现代，这不仅是源于其不懂现代社会科学，也源于其根本误解了儒教和儒学的性质与功能）。孔子对春秋政治现实黑暗之感叹，实相当于预见到未来儒教历史政治现实黑暗之前景。反过来，此一仁学事实性判断，通过"立"与"位"的功能对立性说明，划分出了物质性政治域与精神性伦理域之间的本质区别，并因此区别而得以开创文化域内的另类精神价值性追求的历史实践空间。中华文明因此而得以在古典文化学术及相关君子人格理念长久持存方面展开了另一精神文化世界。其中历史封建主义政治实体可仅被视为支持中华民族精神文化生命的一段"物质性载体"。

六、古典仁学与新仁学：回顾与展望

仁学，或古典仁学，实际上由原始仁学文本（仁学内实践文典）及其在两千多年中的外实践历史表现所共同组成（原始方案和历史实施）。此一实践伦理学观念及其实践经验，已属于人类历史上完结之伟大精神遗产。此一综合伦理精神遗产在中国历史进入现代期的百余年，逐渐发挥着其多方面的影响力。我们于是将现代人对此仁学遗产的再解释及对其在未来相关精神文化领域中可能的伦理思想引导作用的思考与研究称为"新仁学"。新仁学是指对古典仁学的再理解以及在全球化新时代的可能作用之研究，也就是指有关古典仁学与现代精神文化世界间互动关系的研究。因此，新仁学所指包含两大部分：一是对原始仁学（核心内实践）及其儒教时期外实践，通过历史解释学的"重构"，有效呈现出其古代真义与现代意义；另一是以原始仁学及其古典外实践的精神资源作为价值方向和动力学基础，以朝向于全球化时代现代人文科学的理性化改革事业。简言之，新仁学所包含者，一为原始仁学的"解释学还原论"，一为其对现代人文科学建设的伦理价值观方向指南的构想（促进人文科学之现世人本主义、求真实证主义、历史经验主义等治学实践）。

新仁学作为中华文明的伦理精神遗产与现代世界科学新知的结合，不仅可体现中西文明在精神文化领域的一种历史汇通，而且可体现中华文明伦理思想在全球化世界发挥的一种方向上的引领作用。历史解释学的启发性在于：中华原始仁学与现代西方人文科学的结合，可形成一种创造性的"化合作用"，即中华文明的伦理精神及其随带的精神动力与来自西方的科学文化传统的有机结合，将为人类精神文明的前途开辟全新的学术思考方向，用以平衡纯粹来自西方文明的唯商业化物质主义的发展大方向。如果说现代人文科学的理性化革新仅只是一个无限开放的理想目标，那么中华仁学伦理实践学，也就是原始仁学的"内实践"，因其蕴集自人性本身，故已是历史上完成并不会改变的人类文明中稳定的伦理价值观基础。其自身作为"伦理内实践"的动力机制，因其经受过两千年历史考验，已属大体完成之人类价值观和实践论系统，此系统正是以其原始样态存留于《论语》或孔孟文本中的。本书的主体部分即为按照仁学的原始呈现方式（乱中有序的格言句系列）进行疏解，以便更清晰地剖解其原始意旨与古今作用，并进而阐发古典仁学在新时代蕴含着的亦必与时更新的重大意义。

原始仁学在新时代外实践场的转向，不仅进一步解释了从其原初政治性关切到其后文化性实践学转向的必要性和含具的深远历史意义，而且指出其在新的历史时期应如何按其固有原则参与组织其新的精神文化实践。这些新仁学外实践场域的选择涉及以下的二元分划领域，包括：在伦理文教领域，区分大众对于初段仁学精神的吸纳与高段仁学实践的提升；在现代文化学术领域，区分大众文化与学园文化；在学术职场领域，区分实用性人文职场学术与高端人文科学理论探讨；在现代信仰领域，区分超越性宗教信仰与现世人本主义理性伦理学信仰；以及在人类文化学术领域，区分科技、工商、医、农等主流文教学术方向与人类伦理精神文化之文教学术方向。新仁学参与的未来人文科学理性改革事业，必然地须在历史社会文化领域内组织其多类型的二元化生存和实践。在以科技、工商为主流的技术性文化时代确保其独立精神文化及学术研究的正确实践与实现，继续维持与强化仁学实践主体的"动力学机制"，遂成为新仁学参与学者自身必要的心理品质前提与认识论基础。

1. 原始仁学的永恒历史存在及其新时代的学术外实践

（1）原始仁学作为永恒确立的"内实践"

大体而言，《论语》内容由关于伦理意志力构建的真实"内实践"与关于"借君行道"的理想政治"外实践"组成。后者的失败或转向，使得原始仁学的真实成就即体现为其内实践思想之确立，并展现为历史上真实的伦理人格性与文化思想性的创造性存在。先秦原始仁学的真实外实践是在仁学转换实践域后展现于两千多年的历史长河中的。此一文化性（而非政治性）外实践涉及人类普适的三分法价值域——真善美，此即史学记述性之"真"，君子人格在儒教社会文化生活中感受和反应之"善"，以及各类文士在文学艺术中对真与善进行表现性创造之"美"。儒教社会的读书人的双重身份及表现（遵行既定皇权秩序规则之儒教官吏和凭借仁学实践的人格风范），导致儒者虽然读"孔孟书"，却只能按儒教制度行事，故虽参与政事，但不可在方向与规则上越雷池一步，其真善美三类价值性追求只能表现在人格风度（虽然也相对地包括政事圈内的心言行）与人文创作领域。二者都在一定的方式与程度上贯彻着仁学内实践原则，并因此践行过程而在历史上保存和传递了仁学内实践之"精神生命力"。所以我们才说中华仁学是具有历史生命力的、获得了历史实践验证的伦理思想。但是，由于儒教社会属于前现代科学阶段，不具备符合现代科学技术水准的认知和方法，所以在其古典学术性研究的素质上，只能完成资料性准备的部分。也就是，前科学时代的儒教文明阶段尚无条件开展现代人文社会科学研究。由于仁学之"学"具有的开放性、前瞻性以及其内具的现世经验理性性格，遂在中华文明进入现代历史期后，得以迅速与人类现代知识系统合流，从而开启了仁学的新型外实践阶段，这就是我们所说的新仁学阶段的到来。

137

今日及未来的仁学实践，须一方面根据纯化还原的孔孟文本贯彻其内实践，另一方面根据新时代的社会文化环境及条件，借助新时代的人类知识能力，全面拓广、构思其现在及未来全新的外实践。所谓新仁学即对原始仁学进行的解释学还原及构思古今中外全面互动中的新人文科学建设方向。现代的新仁学与《论语》文本的关系，是我们按照现代新知、新学、新理和新理性观所确定的。今日对此原始仁学的再接受，乃因其本身内含的永恒人本主义伦理学价值，并非源于人们对于民族历史文本及被古代圣化的作者之个人或传统经典的崇拜态度。因为现代理性并不承认封建主义历史上有关"圣人"及"圣书"所评价者，新仁学仍然信守现代有关"封建主义文化"继承问题时的精华与糟粕二分法原则，故不可能采取一些新儒家派那类夸大精华、忽略糟粕，对传统一味颂扬的唯情主义及泥古主义。何况孔子作为"圣人"以及《论语》作为"圣书"，都是儒学史上的封建专制主义意识形态运作之产物，并长期被儒教权势加以歪曲性利用，新时代的科学观点不可能延续此种反进步观的封建复古主义。（海外汉学界有人竟然呼吁恢复"天地君亲师"传统，此一荒唐提法倒不是源于其人思想之封建主义残余，而是源于其人对现代人文学理认知之肤浅。而此种认知肤浅性又是内嵌于其所在学科本身特有的理论肤浅之中的。）为此，我们对《论语》原本内容首先加以斟酌评估，选择了《论语》文本中的大部分被视为具有永恒伦理性价值的章句，并识别出这些古典伦理性指令句构成了一个符合现代理性的完整伦理实践学体系。遗憾，由于其固有表达形态的限制性，我们也只能以相应章句分离方式逐一加以论述，而不拟勉强将其编入一个"体系形式"中。所以此一"系统性"及"整体性"仍然须通过原始表达形式加以重构性体悟，也就是《论语》作为伦理实践学的所谓"完整性"和"体系性"，均"潜存于"各相关章句本身及其关系间，对其把握和领悟均首先依存于对诸具体章句的"直观体悟"以及读者自身实践中进行的各种"关系性重构之联想"（在诸相关指令句间形成的思想联系）。

（2）儒学作为权势意识形态与仁学作为纯粹伦理思想

原始仁学的现代认识论意义相关于仁学实践具有的无限开放性。《论语》中的单字词"学"，其原初内容所指仅只为其一切"可能所指对象"之象征性的虚位代表，但该"学"之现世对象域必相关于五大现实人类生存层面：自然、人性、历史、社会、文化。此一"学"之扩大域也就远非局限于儒教历史中规定的学术文化研究范围。换言之，仁学之"学"的对象并非限于"原始仁学"象征性所指者本身，而是含蕴着一种在其确定伦理价值观上限定的内容开放性。中国及人类的现代期开始后，认知对象早已无数倍地扩大和复杂化，仁学之学的对象也自然须随之扩展。所以当前的"仁学事业"，绝对不是仅为对于古典典籍的"复习"及表达崇敬而已，也绝对不可能生搬硬套地将一切古典（这是一种"文物欣赏式的"庸俗典籍观：因为古典典籍之"价值"不是体现在其有效思想性上，而是体现在其历史文物性上。"善本学"很大程度上就是基于这种"好古美学"而受到重视的，现代国学家必须区分这样的传统艺术式欣赏观和现代学术思想观。正是在此意义上王国维的学术思想及其贡献始终是新旧参半的）直接应用于现代社会文化之内，但仍必然相关于新时代有关"人"的一切新研究、新实践、新任务。学人同样是在此领域，同样是面对此对象，但学人是否秉持仁学精神治学，所导致的学术成果则根本不同。我们应该注意此一看似简单却经常造成思维混淆的原因。这就是前面指出过的："仁学"作为一种特殊伦理性概念具有广狭两义：认知与促动。仁学伦理实践学的动力学存在于其古典文本内在的结构关系上，读者应该用心察验此种"读解关系"的存在，而为此首应树立"智仁勇三达德"的立志学基础。

（狭义）"仁"作为一德，仅为一"具体品德"之代称（仁爱），也为品德结构组合中必要的促动力因素之一，实际上智仁勇均属具体品德类维面上的不同动力因素。如"君子"为具品德者，而智、勇仅为人格性能品质之一（"德"亦有二义：品质之概称和道德性品质。但后者也可用于任何实践方向，如对任何对象之"忠诚"）。但

（广义）仁还可作为最高伦理性范畴之总称，其伦理性价值域即包括现代名词表达的真善美三大类。此一超级最高价值学范畴实为仅具方向性指标的"空的"价值性范畴类泛称，其中没有具体伦理性内容而仅具有价值性类别与方向之规定（如属人类的而非属神鬼的，属理性的而非属迷信的，属现世的而非属来世的，属人际关爱的而非属相互残害奴役的，属主体自由的而非属权势压制的等）。仁则为"善"（按今日习惯理解）范畴之下位的、具有综合性指称力的最高范畴，为一伦理学要素体系（仁学）之总称（参见《仁学解释学》）。我们在新仁学实践中要想方向正确，必须首先克服原始仁学中由汉字特殊语义结构所造成的思维混乱。因为按照传统语境读解，此一大家熟悉的语义环境可自然而然地导致我们按照"儒学语境的理解限制性规范"进行习惯的读解。但是当将仁学置于现代语境时，读者一方面涉及新知、新学形成的新语境问题，另一方面遭遇到新旧语境交汇时的"解释学处理"的问题。我们在古代语境和现代语境之间为同一仁学内实践沟通其不同时期的外实践，以显示其古今一体的伦理思想一贯性，此即所谓《论语》解释学。其解释学的技术性关键即仁之"学"的虚位开放性：儒教历史上的"泛文学式创作"的"学"之对象域与价值观方向，与现代世界中"人文科学式研究"的"学"之对象域与价值观方向间具充分同构性，但彼此间践行"人之学"的方式与方法完全不同。恰恰是《论语》中"学"字（论语的实质即"学的哲学"或"学的人生观"）的"象征化简略性"反使其成为跨越时空的、文化学术世界上的一个具有广泛结合力的总称。

这样我们就可以更清晰地理解，为什么现代读者应该从认识论上（而不是从个人道德信仰喜好上）与古代儒家的《论语》及仁学的把握方式加以必要的区分。此一区分首先体现在我们屡屡提出的所谓"儒学"与"仁学"的二分法问题上。按照前述，此"仁"字可与"道"字等一样被加以各种充实化或具体化。如儒学可用"儒"字取代"仁"字以作为儒教社会最高伦理实践价值观总称，遂可吸纳原始仁学的品德实践学运作系统但改变其最高价值学方向及功能，使其成为仅为儒教皇权制度服务的工具。同理，历代改朝换代时的暴力运动所高举的"义旗"（替天行道）可附会以（具体化以）任何迷信式内容（须知：唯有发明"神怪迷信力"等"特异功能手法"最具有"愚众煽动力"效果，此为人类历史上屡见不鲜者。惜乎今日广大民众的趣味趋于"技术性形态的幼稚化"：人人不读历史只打电玩和读漫画书），即"道"可被加以任意编造的、有直观煽动力的、具有神秘暗示力的象征姿态手法，以作为其惑世聚众之手段。而智仁勇品德组合仅成为被封建主义统治者加以利用的次级心理行动品质工具，以使之效忠于封建统治者的根本利益。于是，仁，无论是作为总称还是作为品德专称，都只有在完整的仁学体系内才有其相应功能之体现；真正的原始仁学读解必定在其完整体系内实现结构性的把握，使得各个部分发挥相互制约及互补的作用。而儒教对于《论语》的利用恰恰首先要瓦解其体系的完整性，以便将被"拆散"的诸部分纳入另一儒教体系内加以利用。历史上儒教窃名者的策略于是为：将仁学总称与其本来的体系内容分离，然后对其分别加以孤立运作。仁学总称被代之以特定的具体化范畴（即根据权势者的具体利益需要所编造的最高价值观，将原始最高价值"仁"予以实质上的"降等"。换言之，用代表"权力"的"最高者"，如"天""神""天子""帝王"等，取代了代表"伦理"的"最高价值'仁'"），原始仁学体系则按照特定意识形态系统被实用主义地、选择性地用作权势者的新系统所需的宣传及求利之工具（参见《儒学解释学》）。

2. 新仁学实践的时代困境

在所谓诸子百家中唯"仁学"和"法家"（传统上说的儒家与法家的对比称呼，已经采用了儒教的含混性用语，故请读者习惯于我们的对举法，因唯"仁学"和"法家"因各自之"构成"比较单纯，便于加以明确描述）为两个内涵、外延均明确的思想派别和实践方

141

向，虽然二者的"外实践"的构成（对象域与价值观）完全不同：一者是文化学术领域，另一者是政经法军领域；一者相关于仁义良知与精神文化的建树，另一者相关于物质权势经营的智慧与实行。与"仁学"为春秋战国时期特定作者群之"人为创造物"不同，"法家"作为思想与实践方向的总称，根基于不断演进中的人类天性本身，源远流长，实乃古代漫长历史上自然形成的一种泛"权力智慧学及其物财创造经验"之集合，故远不限于几位先秦"法家人物"。法家传统甚至可一直溯源于史前史的纯粹野蛮时代或溯源于茹毛饮血的丛林法则时代，然而其基本特质及其文化性发展在变化多端的文明史时期仍不难保持价值观方向和实践观风格上的一致性。广义的"法家思想"或"法家实践智慧"，可以说在自古至今的千万年中在本质内容和方向上维持着长期一贯性，并一直成为人类前现代时期社会秩序维持之基础及历史发展之驱动力。相比之下，仁学则为精神文化史的驱动力，其"价值观素材"的历史来源（可溯至文明初期以来的 G 传统）自然远远短于法家的历史来源（可溯至丛林法则时代的 B 传统）。我们在此再次指出，这两种历史上的思想行为倾向虽然均源远流长，但其于历史上形成稳定的"思想行为倾向模式"，则均因各自在本实践场域内完成了自身内部的"制度化和体系化"创造，遂可以各自的历史名称有效延续其功能于古今历史过程中。

不言而喻，广义法家思想与实践，基于其人性与社群生存方式的人世普遍性，自然也体现于非中华历史文明世界中。欧洲的马基雅弗利主义可为类似思想表达之显例。法家权力哲学与马基雅弗利权力哲学之间具有类似性，而前者远比后者丰富与内涵明确，为了描述方便，我们甚至可以用"准法家"或"广义法家"一词来统一标识一种人类泛历史权力观（用历史性"具象物"作为一般性概念之代称），也即将此人性普遍倾向中产生的类似思想与行为态度统称为一种"权力组织学"。与溯自人类丛林法则时期的法家思想传统相比，与其对立的仁学之"仁义至上观"，是直到文明史发展到一定程度后才出现的。但是，自二者大约在历史上同时期形成比较系统的思想与行为倾向以来，仁学与法家共同成为历史人性经验中恒存的、在价值观上则往往正相反对的价值观与实践观体系。具体来说，在春秋战国时期，二者均曾体现为不同的政治观点和实践，并表达于各自有关仁政与霸政的论述中。而自中国文化史获得飞跃发展的秦汉以来，二者各自体现并实践于文化学术与政治军事领域，并代表着各自不同的伦理价值观（体现于世界观、人生观、实践观上：一者相关于"物质权势经营"，另一者相关于"精神文化经营"）。此一历史发展事实表现为中国历史上的两种对立的精神与实践趋向：作为政治史主体思想的广义法家（儒家为法家的社会文化性变体及发展）和作为文化史主体思想的广义仁学。后者通过其难以真正实现的对仁政理念之永恒表达（三代仁政理想乌托邦之"怀乡病"）相当于客观上否定了实际政治史上的法家价值观倾向。从历史哲学角度看，一切体现着法家思想的政治、军事、经济等"施作过程"的重要性，仅只存在于其权势力量延存之当时，而一切由仁学引导的重要的文化实践产物则可长久流传下来，沉淀于人类精神生存过程之"活的"（living）储积中。此种仁学与法家的历史性命运对比，源自孔孟时代，其后产生了二者之间在价值观上和实践观上相互分离的历史进程：法家主导政治经济史，仁学主导精神文化史。然而在历史过程中二者又结合为一种特殊的社会物质性共存体：仁学精神文化实践的积极成果使其代表了符合人类文明史上的价值性"主体"或"目的"，而法家政治实践的积极方面则承担了文明史上的"手段"或"物质性基础"建构的作用。此一结论正与历史上封建主义权力者之认知相反。封建社会"权势者"所支配和经营的事业之成果，从精神文化价值观角度看，所起到的是一种物质性存在的（虽然是必不可少的）"手段""条件""环境"的作用，或"搭台者作用"，其"成果"即物质性"文明舞台"之设立。精神文化层面上的"实践者"才是历史上的"价值""目的""意义"的创造和体现者，即为参与"精神文明舞台"上表演的"角色"。人类文明史上得以积存与流传的是仁学精神实践结果，而法家权势实践的业绩则随其存在的历史时期结束而一同流逝（在历史的记忆中法家的政军建构结果或正面或负面，均按其"社会物质性条件"层面上的成就而定义）。因其在历史长河中的陆续积存，仁学的精神文化实践则可不断参与未来人类文明集体生命创造，此即：仁学实践则永远随着人类生存而可全部完整地延存于精神文化成果的积存中，并因而始终保持着其"现前的及向前的精神存在性"。

客观来看，贯穿于古今中外历史上的广义法家或广义马基雅弗利权力哲学的本质，可超越历史上的传统政治军事领域而一般化为任何"权势机制营建术与权势运作智慧术"。此种权势营建力在人类文明晚近时期可体现于一切类型的权势学生态上，首先即体现于马克思时代开始关注的"垄断资本主义"形态上。在全球商业化之今日，权势营建术更具有历史上空前多元化的发展，不仅包括传统上的政经法军领域，而且甚至渗入一切精神性权势营建领域，如宗教性权势域和学术性权势域。在现代全球商业化时代，历史上形成的仁学与法家间对峙的古典形态，也将大大扩充和呈现其进一步的多元化展开。随着传统仁学今日彻底被归入人文学术领域后，与现代权势学对峙的仁学本身将只存在于人文学术领域，而现代意义上的"人文科学"已经一跃而为今日人类文明史上的"精神文化"之主体了（此精神文化实践方式自然与为满足感性快乐的大众娱乐文化之间具有本质上的差异性）。今日"仁学"与（由现代资本权势代表的）"准法家路线"间的对峙形态，也就体现为现代人文科学中蕴含的广义仁学伦理学价值观与各种泛资本权势所支配的文化意识形态之间的对峙形态。（中华仁学与西方人本主义、理性主义、科学主义思想文化传统的异同性问题，自然为极其重要的研究课题，但本书无法在此继续加以申论了。）

（1）仁学伦理学的新反思与新仁学实践

同理，在现代及未来的人类文明史上，现代化社会结构及各种资本权势体系仅只是仁学精神实践目标的手段和环境。人类文明史上形成的现代商业技术制度化发展，正是现代人文科学革新所面对的同一客观的唯物质主义支配的全球化文化局面。新仁学将依据此认识论和价值论高度来重新检讨人类人文科学重建的前景和基础问题。全球化时代新仁学的历史任务可归结为两大方向的规定：一是，如本书导论及正文反复提及的，作为现代人文科学科学化革新的人本主义伦理学指南；二是，通过本节的仁学"历史哲学"的解释而进一步明确人类的文史哲艺的精神文化实践与政经法军的物质文化实践之间在彼此的目的与手段方面呈现着的一种合理的平行关系，从而可更明确地理解未来精神文化及其当前中心体现者——人文科学——的无与伦比的重要性。应当看到，我们在新世纪追求的未来人文科学发展的目标，与马克思时代一些社会主义者所憧憬的未来理想社会中将精神文化创造作为人类文明最高任务的想象，在价值观上非常一致。因为，文明的本质不仅是维持全体人类在生物性快感层面上的时间性延存，而是也须包括其在现世精神层面上的创造性生存。前者（物化）仅为文明之手段，后者（精神化）方为文明之目的。所以，人类文明的物质性实践及其连带产生的感性娱乐追求的幸福观，与人类文明的精神性实践的幸福观，实为人类历史上的两条互有交叉而实乃各自独立的平行发展线路。在理想的状态下，前者为后者提供了良性物质类生存条件；在不理想状态下，后者也须在艰困条件下坚持自身的独立发展。

本人在《仁学解释学》中提出 E1 与 E2 的伦理学类型的分类观，一者为主体有关人生价值与意义的选择，另一者为主体相对于人际间实践心志结构的建立。西方传统伦理学主要相关于前者：正义价值观认同与个人幸福论认同的选择学。在本书中我已非正式地将此伦理学图式扩大为三项式：E1（人际关系正义论：社会性与文化性价值选择性认定）、E2（主体伦理学：主体对社会性价值的选择性承认与践行）、E3（生存价值观：主体对生与死自然现象的认定）。但是我们在此仍然集中于 E1 和 E2 的关系问题，而将本人原先拟定的伦理学二元论归结为一种伦理实践学一元论，并因此而在根本的伦理学思考层次上与古希腊伦理学取得一致性关联。此实践学一元论即为：伦理学是关于人生价值观问题的智慧选择学。其基于人性经验主义善端的人生方向和目标之选择为：通过理性伦理学思想不断地扩大与增深人类的认知范围与深度。此认知对象、内容与方向可概括划分为二：宇宙自然与人类本身。与希腊人兼顾二者并最终以其关于自然之认知推向科学建设性的不断提升之目标相反，古代仁学伦理学的认知主要针对人类本身或人类关系学本身的体认，仁学即人之学。《论语》文本中的第一字"学"，即直观地象征了此一人生价值观的定位。（再次表现为：由历史性的"具象物'学'"指涉一般性的概念"人生观"）"学"之内容在认识论上又划分为二：一是关于主体个人的认知和关于与人相关的社会、政治、历史、学术、文化等的认知，但此类认知的展开取决于中国古代尚不具备的一般科学知识与技术条件，故古典仁学的外实践智慧学部分呈现无限开放态（相比之下其内实践智慧学已然"一劳永逸地"充备），直到中西文化汇通后方始具备了对其进一步发展的知识论条件。二是仁学伦理学所特有的主体实践学技术——主体态度学或动机学。这一仁学特有的"学"，实际上仅为一种主体在面对客观现实时如何自我调适心志结构以便"正确地"朝向（作为伦理性对象与目标的）主体实践过程中心、身、意志力建设的一种"品德技术学"。准确说，所谓态度学即主体身处于和面对着内外压力场时如何重新建构自身心志结构以使得主体有可能"正确"朝实践目标前进或准备前进的仁志心态构成学。在此我们开始将原先设为平行或平等的 E1 与 E2 的关系，调整为目的和手段的关系。仁学伦理学遂由居第一位的（在伦理学认识论意义上以人生求知为第一价值观）而内容上为"虚"的（由于知识工具的欠缺而未曾加以充实的）E1，和居第二位的（实为仁学之主要部分）而内容上为"实"的（关于心志建设的实用心理技术智慧）的 E2 共同组成。此 E2 本身遂成了一个完整的实践学系统——仁学伦理实践学之"内实践"，这也就是本书正文要加以阐述的内容。

现在，让我们把中华仁学精神展开的历程大致划分为三大阶段：春秋战国时期（三四百年），秦后儒教时期（两千余年），以及全球化世界化时代（20 世纪末开始）。如上所述，E2 的特殊构成与方向为：主体面对各种权势结构压力时的自我伦理实践性建设技术学。《论语》通过格言修辞学面对各种伦理情境逐一提供有关"价值关系选择'病'［困境］"的诊断与治疗的"处方"。）在第一时期，原始仁学形成时的春秋战国环境所提供的权势结构，仅为周代封建政治意识形态系统（作为软、硬实体的周礼）和诸侯国的分治系统。在第二时期，秦汉之后形成的"《论语》读解史"过程中的仁学伦理学所面对的，为其范围、构成、复杂性均已倍增的儒教帝王专制政治系统及其意识形态系统的综合体。在此过程中（即在原始仁学与中国历史的真实互动关系历程中）仁学实践学主体所面对的为一庞大综合权势结构，其性质仍然是政治性的。在现代第三时期，仁学实践主体所面对的权势集团对象已经不是政治性的了，其面对的"相关权势集体"反而变为空前复杂的社会、文化、学术综合对象域。一方面全球化时代的仁学身处和面对的权势结构空前广大和复杂，而另一方面其仁学伦理学实践的目标也空前地扩大和深化，并在与世界文明汇通后，朝向于人类生存的根本精神性目标问题。在世界各文明体共同面对此人类精神生存的目标问题时，知识论上落后数千年的仁学却在心志实践论上显示出其含具某种相对于现代人文思想与实践领域的独一无二的适当性：在面对物化社会文化权势结构综合体时，在企图独立地、创造性地反思人类命运和方向时，学者和思想家首先必须关注主体独立伦理意志力的重建问题。在此第三阶段，即世界化阶段，仁学伦理学面对的权势结构综合体的主要部分，理论上也将扩散到整个现代文明世界。来自西方文明体的科技、工商物质化文明形态，已然成为来自中华精神文化传统的仁学所必须直面的、世界新文明体中在价值观上相互多元化冲突的复杂格局。面对着世界化的新历史格局，仁学传统也必须相应地构思和组织其更合理的新实践形态。

（2）新仁学的理性主义大方向与人本主义伦理信仰学

由于人类自然语言系统的实用性和不精确性，任何科学性学术都必须另行创建专门词语系统。但本书以及其他本人相关的研究均设置于"自然语言"与"科学语言"之"中间域"，企图借助自然语言对各种"语义模糊对象"进行较有效的分析，以便更恰当地表达和论述（既与历史现象也与现代现象有关的）相关学术性主题。这样，在思考与行文中也尽量使用日常及传统词语，通过各种特殊表达法以传达较准确的原文意涵。特别是许多传统概念，都不得不一方面继续采用之，另一方面赋予其更适当的"用法"。即使普通行文中的常识性词语也须不时专门被加以重新说明。如"内"与"外"两个字中，此"内外"可指对象域之内外，也可指主体行为之内外。心理域可以作为主体自我建设之"场域及对象"二者（称之为内实践），但也可指对此二者进行的观察、思考、研究，即称之为外实践者，因其超越了主体之伦理意志力的自我建设内实践范围。这样，我们可称对"自我"之品德系统的建设为"内行为"，对其进行的思考和研究则仍属"外行为"，因此处之"内与外"乃指实践之场域——"心理"及"世界"。同理，作为自我品德建设之内实践，其相关因素也包括外界对象（环境、事件）。外界对象也同样既可相关于内实践，也可相关于外实践。现代符号学和解释学认知会有助于我们"活学活用"日常语言，使其表意功能较为精确化。简言之，使得日常语词的所指者范围呈现合理的"收缩态"并提升其明晰性。这样的语言使用法要求读者更须关注论述中设定的各种语境，而不应忽略论述中相关语境的"词义协同规定"的特点，以避免将传统字词完全按照定式化的传统儒学方式读解。

传统仁学伦理学，虽然含有 E1 和 E2 两部分，即主体伦理动机学（对集体公义的认知与实践的朝向性选择）和现世理性幸福观（个人幸福方式选择），但属于后者之"学"的仁之人生观，其实质实践学内容有二类：一为先秦前学术时代之"正确行事"部分（"学"之对象为履践《周礼》行为），另一为秦后广义文艺学与广义文献学两部分（"学"实践于精神文化创作与文史学术研究）。公义朝向性态度选择和个人幸福观选择均属于个人的人生观中之相关于公私实践两部分，即指在"公域"与"私欲"的两类外实践。二者均根基于同一仁学内实践：个人品德组合或伦理意志力机制之建设。本书作者目前认为，现代以来，仁学的外实践已可将 E1 和 E2 统一到泛"为学观"之同一体系内，并在本世纪进而凝聚为同一的"人文科学建设与精神文化创造"的"学实践与文实践"领域。在这样的现代"精神文化外实践"中，仁学的内实践（于此再申"内实践"
范畴含两义：广义含以"内域"为对象的外实践，如当对其进行的
客观研究思考时；狭义含"内域"中三达德运作机制及伦理意志力
机制的主观建设）中的后者（作为主体伦理意志力形成实践），自古
至今不变（需要分辨：作为狭义"智维"的品德基本性向，以及作
为广义"智维"运作的"工具——知识经验"。换言之，三达德中之
"智维"含广狭二义：一者指品德性智慧本身，此乃古今不变者；一
者指"知识工具"，此为与时更新者）。那么我们如何理解仁学与现
代人文学之间的关联呢？此一问题可归结为 E1 和 E2 之间的关联性
问题，虽然 E1 和 E2 各自具有独立的形成机制（价值学系统的确立
与主体意力的形成），二者均可在复合性的"仁"之学框架内获得
统一。E1 与 E2 的这种统一性，即意志力三达德机制与实践学方向
和功能之间的一致性（体现在价值学方向、实践原则、处世智慧等
方面）。于是，今日当新仁学实践学之"学"内容彻底更新扩大后，
前一 E1、E2 之间的一致性维持仍然依旧。所以说传统仁学和新仁
学是同构的，但二者之"学的实践学"（外实践）构成则完全不同
（参见《仁学解释学》）。

　　仁学的人生观价值学方向决定于现实人性经验本身，此人性经
验含有不同成分、方面、明晰、潜质等。这些因素都是经验性现实
的组成部分，仁学价值学项目即基于这些人性现实因素及对其施予
的经验性理性的"开发"或"运作"（实践）。现实与实践均属于经
验理性世界。其中的实践理性同样来自人性经验与世界现实的互动
结果，故其结果也均可在经验现实内验证。其实，世界上一切思想、
主张、施为，无不是人性经验与环境现实的交接、互动的产物，彼
此之间的不同，源于选择的精神实践（思想）与社会实践（活动）
的方式不同。在此意义上，一些宗教表面上宣称基于超经验、超现
实、超现世的思想判断和主张，仍必基于现世经验，其中提出的超
经验话语不过是欲在人性经验界产生不同的态度反应而已。正如
"非现实形象性的音乐"可通过打动听觉的方式引生情感联想及快慰
一样，各种非理性的、情绪打动性的"神话故事"的功能，同样不

过是借助"不符合现实经验逻辑的叙事型吸引因素"来激发受者的情感和快慰的，其具有的"激动性功能"所引生效果的方式与理性推论功能并无关系；而其效果与音乐产生的单纯情绪性效果的类型也不同，直接涉及人类生活方式与精神活动方式本身。但其以信仰代替思维的实践方式，相当于阻绝了根植于人性经验的"学"的实践方向。而仁学伦理信仰学的"本质"与其主要"实践方式"——"学"，却与一切宗教信仰形态"相反地"开辟了"向学的"现世理性精神生活追求的文明大方向。就宗教之属于人性经验现象而言，畏死与永生之人性本能期盼本身，于是成为在集体性仪程式组织活动中群体心言行统一化运动惯习的真正形成因。其"信"乃群体性组织行为的效果，个人之"信"必待该组织集体之信仰组织化运作及其制度化落实后方得以产生。由于超越性信仰需要（作为人性心理根源），正像人类性本能需要（作为人性生理根源）一样，也是产生于现世人性经验性本能的，故将永远有其正当存在的理由，并可成为（非属人文思想理论界的）大众所需要者（畏惧死亡和追求永恒物财丰腴的生存，为俗常大众永恒的"人类梦"产生之自然主义根源）。但是此类信仰生活方式与人文科学目标没有共同之处，如前所述，二者必须"各行其是"，避免活动交叉。

在压制"学实践"而高扬"信实践"的西方宗教史上，希腊文明开始的自然科学的理性主义之学曾经为其大敌，而当自然科学摆脱宗教威权控制取得历史上突破性前进后，以及当宗教将其原有的政治权势部分让出而重新整顿其精神权势制度及调整其功能后，两三百年来，宗教与科学重新取得合理的分离存在并达至和平共处的一种"互补"局面。几百年后的今日，甚至在科技工商全面兴起后，二者之间，在相关于文化文教领域内，竟然形成了某种新型权势集团间的分域合作共治局面：

第一，宗教继续承担维持现代社会公民道德教养和施予生存慰藉的职能。

第二，宗教对人类安乐生存形成了"音乐艺术性般的"安抚作用，有如今日实验性的心理医生：通过心理诱导言辞可达到使患者精神安定的效果。

第三，宗教与科技工商彼此最大的功利主义共享的方面为：鼓励人类智能朝向自然科学、科学技术方向及物质化财富生产方向发展（宗教的物质性生存完全依赖科技工商的强大资本支持，宗教开启的天堂界存在方式实为科技制造的物质享受之永续延存的梦想。宗教、科技、财经三者，遂在物财享受层次上和科技共享层次上完成了历史上空前的统一性），而且二者一致地忽略着人类朝向有关人类生存自我理性认知及现世精神文化价值升扬的思考兴趣，甚至排斥对人类自身生存意义及其社会历史的知识性探讨。结果出现这样的新时代现象：宗教之来世想象活动与科技工商的唯物质主义的现世生产消费活动二者之间，不仅可以完满地并行不悖，而且可以相互在实践上补强。（通过宗教式的安抚作用，［因生活于动漫游戏与歌星影视时代导致的全面］精神空虚的技术化大众，可以更加心理安稳地投身于纯技术化工作。）实际上正是科技工商在物质上支撑着宗教类文化的发展。

第四，宗教的来世人生观朝向，结果与科技工商导致的俗世物利消费主义方向同样并行不悖，即前者的所谓"属灵精神方向"与后者的"属物精神方向"在功能上具有协同互补性，不过是一者处理实际的现世生存，一者处理想象性的来世生存，而其相关于现世理想生存的内容完全一样（物质类生产与感性文化方向。宗教的打动力根源为"故事性"和个体性神圣崇拜，故亦属感性类文化。音乐、美术、宗教均非基于理性的文化现象）。结果自然科学的现实经验理性主义"科学"与宗教信仰的非现实、非理性的"神话故事艺术"之间形成了完美的实用主义结合。

第五，结果：人类朝向科技工商的"物之知"和人类朝向超现实世界想象的"灵之信"，与人类朝向现世经验性自身之理性化认知的"人之学"均无关系。

第六，此一双联文明方向战略的组合——现世唯物质主义生产消费观与来世唯灵主义信仰观，之所以难以变动，因现世经验世界研究的人文科学在两方面均受其控制：物质生存上依赖前者，思想

151

方向传播上受制于后者的非理性主义在大众间之支配性势力，二者共同有可能导致学者主体失去独立自主的实践意志力（一切宗教均要求信徒"无我"，即放弃自我独立选择意志，以便完全屈从于各种超越性大力势）。

第七，不可否认，无论是科技工商唯物质主义社会形态还是大众超越性信仰，都是难以改变的现代人类正常生存方式，仁学介入之目的并非意在对其有所改变（源于仁学外实践域的历史性转换），而是意在防止其介入并控制人文学术的自由实践，从而阻碍人文科学理论的科学化发展。

仁学在传统上的主要文化功能即在儒教权势压强下形成、维持、推进现世经验伦理理性精神文化思考的意志力机制，此种特殊的历史文化功能，在今日由西方主导的科技工商文化时代，恰可有效介入当前全球商业化时代的人类文明大方向思考问题，以及因而介入为此目的所需的人文科学理论科学化发展的任务。未来新仁学的实际任务是在人类文明世界版图内争取一安全的"精神活动自留地"，以供少数有志向的、有能力的人文理论志愿研究者专心于从事自由科学探讨工作，其所创造的精神文化作品应该与各种权势集团领域严格分离，互不干扰。此一伦理性任务的有限性早已含蕴在原始仁学思考之中——"好仁者稀"（因此，此类精神文化核心事业的志愿投入者必定属于小众团体）。大众必朝向各种"俗文化"或"属灵式的俗文化"，因其惧死和幻想延长俗世永生的梦想永远不会减弱或消失（此种欲求的存在与其贪求名利权的本能完全一致），而其有关人生意义及理解社会历史因果关系问题的好奇心则非常薄弱（因为此种精神探求无关于个人名利权的获取），因此唯物质主义人生观和宗教心理安慰术，因符合大多数人之本能欲求，故必在可展望的将来长期成为人类文明史上的主流形态。

3. 新仁学前景之展望

我们必须适切地把握仁学的身份和功能，才不会使其与在历史现实中混同存在的其他现象相混淆。如"食色，性也"句，我们指出食色为非伦理性相关物，但也非伦理性否定物，"富贵利达"也均非伦理性相关项，但也非伦理性否定项。而当指责学人耽于或不当求取任何物欲享受而损害到仁学实践目标时，该自然物或自然个体才被称为"错误"，故该伦理性不当之判定是相对性的，其褒贬不是针对对象本身的（性、财、物、技、艺等），而是针对主体相对于对象之态度与行为的。孔子所言"三人行必有我师"和"虽小道必有可观"的章句更须在与以下章句对照下求其确解：如"君子不器"，"毋友不如己者"等。仁学在此类指令句中的褒贬都是相对于实行方式、背景、目的而言的，其"确解"都是在与《论语》中其他相关句式的"关系网"内加以限定的。实际上，前句所反对者仅为君子对待技艺的态度和方式，即不应使技艺拘囿君子心志结构中的主次轻重关系，而并非直接相关于技艺匠术本身。技艺匠术本身是伦理价值中性的，行为者在相应情境内对技艺的态度与使用方式才是具伦理价值相关性的，即所警惕的是读书人"耽于"技艺性事物之心态，而非强调"禁止君子人从事技艺性工作"。实际上众多仁学士君子因持仁学之志而多与世情悖逆，遂只得靠普通技艺为生，况且学者为学必然包括各种技术性强的科目，如今日学者须机械性介入古汉语与外语的技术性学习等。仁学实践学所教导者反而正在于鼓励处逆君子不可因身处贫贱（即从事匠艺类"贱职"）而自堕心志，实际上反而以其身处之"贫贱"作为其伦理志向高洁之表征。在解读《论语》章句时，必须区分其中使用的自然物及自然物之相关部分、相应情境以及君子相关心态这三者间的不同而常混合存在的"综合现象"。这就是仁学实践学和现代符号学均强调应善于采取同中有异、异中有同的分析法，以增加所见、所用语词"指涉"的"对准性"。

而历代儒家随着社会文化历史的发展往往易于对古典文献中不变的字形句式，按照汉字演化后的"后起义"而对同一字的"在先义"实行着"误读"，于是才会出现理学家、道释家等的一厢情愿式的仁学观念误解。结果，他们各本自身的思想方式和用字方式对先秦古典文意加以随意变通。后儒不仅可将"天""道""性"等汉字简单化地用作表达抽象性观念的字词，而且可普遍地将适当限欲与禁欲混为一谈（或许受到当时流行的僧佛文化的影响，以为"禁欲"是提升精神之有效方法，从而暴露了古人另类伦理实践学幼稚病）。仅就此汉字语义学特征看，清儒之古汉字字源学考证等，只可作为供进一步科学分析的经验材料，而不可视为合乎现代科学标准的语言科学定则。本节提出的汉语意义理解问题，也是我们的《论语》读解学应该特别关注的方面。在本书正文中，我们会随时进行相关说明。

（1）新仁学与现代学术

按照以上解释，在我们将古典仁学与现代世界及其各种文化学术相联系时，更须注意如何将古典直观性言语与现代理论性言语加以恰当地"匹配"或"对应"，以使二者之间（古典与现代之间）形成合理的沟通方式。我们的新仁学的提出，意在根据古典仁学伦理学态度，对于现代人文科学之理论化前沿进行科学理性的和现世人本伦理方向的革新努力，为此学人应该在现代历史社会文化环境及学术职场之内、之旁、之余，形成一治学心志上与之分离的"学术自治区"，以便有效参与和推进此人文科学革新事业。此一设想的根据及方式，可类比于前面描述的古代读书人在儒教职场上"从仕之余"所自觉投入的独立精神文化创作工作，或如宋明时代不少读书人自觉地在远离市廛的"山林"创造与官场分离的书院环境，以期朝向更符合仁学精神的"学"实践。在未来职场改革发展中，如果能够在职场体制内安排此"学术自治区"当然更属理想。（本书作者多年来在国内外试图建议成立这类在学术职场主流之外的、不参与职场竞争文化的独立研究中心，即出于同一想法。可惜最终归于失败。）

《论语》解释学的研究，强调区分"对象研究"与"对象施为"这两种实践方略观：二者朝向的对象相同，但实践的目的和方法不同。就现代人文学术职场而言，除了仁学内实践的前提外，问题表现在如何区分文教分科职场的常规工作（其目的为"以学求成"）与职场内外独立构想的跨学科、跨文化的科学探索（其目的为"以学求真"）。正是由于"《论语》解释学"研究的结果，我们才得以认识到《论语》蕴含的精神事业价值可能如此宏伟，并认识到其在全球化新时代应该发生作用的方式应体现为在仁学伦理学与现代人文科学事业之间建立起必要的互动关系。一方面我们因此仁学还原论才得以认识到，不能像几千年来那样把仁学再看作可充作现代政治实践智慧之指南；另一方面也得以认识到，不能把《论语》当作"非物质性文化遗产"这类文物加以崇拜和颂扬（现代西方资本主义主宰的世界社会文化形态中，一切都被纳入"竞争游戏规则"之内，仁学治学观必须与此世界风气保持距离）。反之，应该将在《论语》文本中"沉睡"了几千年的"原始仁学"唤醒，使其在国内外发挥具有普适性的人本主义伦理精神的创造性作用，以便促使其"学的人生观"继续在精神文化领域发扬光大：从最早的"政治文化""文学文化"过渡到现代与未来的"科学文化"。

海外新儒家几十年来由于其现代人文科学认识论认知薄弱，故难以投入这样的古今中外、理论实践的全面综合汇通工作。我们在"施为对象"与"认知对象"之间所做的同中之异、异中之同的辨析，才使我们对于古典仁学的古今真实功能获得了更为准确的理解。结果导致我们提出了此新仁学观念，即将今日仁学的现代外实践域主要限定为现代人文科学及其理论。按此理解，社会政治活动本身以及与其相关的科技工商主导文明的历史环境，各有其与新仁学"为学之'道'"无关的自身的"历史逻辑"及运作力场。更准确说，现代仁学实践的对象域，虽然为人文学术职场与文化环境，但其实践目标与以同一对象为对象域的学术职场及市场的实践目标和方式并不相同，以至于仁学学术实践不可与职场人文学术实践混为一谈，尽管二者的"对象域"相同。（易于理解的比较为西方汉学和中国国学的关系，二者的对象域相同，而各自的具体实践条件、目标、方略、技术等等均不相同。如今海内外均将二者混为一谈，甚至导致"喧宾夺主"，导致出现"外国的国学"比"中国的国学"还要"更国学"这样的荒唐现象。）因此，新仁学的人文科学革新事业虽生存于人文科学界整体之内，却并无意也不能改变业已完全职业化了的、已成为"社会文化经济综合体一部分"的人文学术职场界，因后者对于大多数人文学者及文化人起着承担其以职业化学术求生存的实用性功能。虽然彼此列于同一职业名称下，彼此的学术动机与职场任务则大不相同。新仁学的志业虽然强调要排除支配着现代世界社会文化方向的科技工商势力所施予的全盘商业化学术思想方向性的影响，却根本无意于（自然也不可能）积极涉及现实社会文化学术环境及方式的"改革"任务。正如古典仁学存在于儒教儒学体制内却以其个人独立方式维持着自身的"思想自治区"一样。（试想：陆游与辛弃疾在社会生活中担任的职位及怀具恢复失土的军政关怀为一事，两人独立"经营"着的诗词创作"事业"为另一事；朱熹短暂从仕生涯看似为其"正业"，实际上其退居家园后经营的学术建设与思想创发才是他的独立精神事业。有鉴于此，我们根本不能将来自西方现代社会的全盘职业制度化文明视为人类当然的生活方式！对于中国人文科学发展事业来说，更不能以"国际标准"作为衡量高低的依据。）

新仁学方向的人文科学，亦不得不"在职业延续上"生存于全球商业化科技工商社会与社会人文科学整体之内，因而其"自治区内之学术实践内容"虽然亦将此整体世界环境作为研究对象，却并不将其作为"施为"对象。二者之间的跨域思想与实践交流自然为另一类问题，却已不再属于新仁学的实践学的任务范围了。正如古典仁学与儒教儒学相互之间也存在着互动关系，但彼此在思想目标上各行其是一样（如仁学自身相对独立地维持着其"思想自留地"，儒教自身则有效推进着中国社会政治史前进），二者并不影响彼此的不同"存在样态"。简言之，学界必须纠正传统上人文学术思维模糊的缺点，以便真正明确自身的精神事业之任务或使命之所在。此外，不可泛泛地将通常对于社会现实的"自然关切"与"认知必要"，误解为自身对社会现实进行研究的"学术性关切"（认知性研究与实践方略的研究，属于两个思考层次）。这样的分辨不仅不是贬低了仁学的价值，反而是在更深层的意义上提升了仁学的价值，如果人文学者能够真实体悟到"精神"高于"物质"的人类文明史上的根本价值观方向及实践原则的话。若非如是，即不可能将仁学的"学为己"人生观践行于现代人文科学改进事业。因为正是同一仁学伦理学价值观使我们有能力判断出当前西方人文科学的危机现况而不应该按照其所指引的方向与方式治学。西方人文社会科学是我们的研究对象和重要学术理论资源之一，但绝对不再是前进的"理论基础"了。这就是本人新时期 40 年来研究当代西方人文理论得出的结论。（可参见本人相关中外文论著，特别是在 *Semiotica* 上的批评性文章。）

同理，正如仁学作为独立思想运作体与其所存身的整个历史过程和环境并非一事而二者之间仍然存在有各种外在性的互动作用一样，存身于现代世界与中国的新人文科学环境的新仁学，与其和整体世界社会文化学术环境的关系，也属于同一性质。正如传统仁学的外实践不可能影响代表中国历史的儒教政治过程一样（其主要历史驱动力完全是所谓"法家权力哲学"），新仁学外实践自治区既不可能也无意于影响代表人类全体历史方向的科技工商主导的世界社会文化学术。其根本原因在于：绝大多数人民对于仁学及新仁学的精神文化目标没有兴趣，而对于（使个人可有效通向名利权的）科技类研究及感性文化的兴趣则是稳固而强烈的。故"民主政治"与科技工商主导的唯物质主义文明方向是相互一致的。但是同理，新仁学与新世界之间的相互作用的可能性属于另一类课题：即如何在现代社会物质性环境提供的生存框架内，继续其朝向理解和推进人类精神文化新高度的努力。新仁学的治学"自治体"的提出，是在规定了其特定对象、内容、课题、目的、方式之后构想的。仁学思想实践体（包括其文本、思想、对象、目的、方向）作为"学术自治体"，可与各种社会、文化、学术、政治等历史现象单元（包括宗教）之间发生种种社会文化领域内的相互作用。此种相互作用产生了相互影响的效果，但这类互动关系产生的"外在客观效果"与该思想体本身按照仁学伦理实践学方略针对特定对象和目的产生的"合乎目的的效果"并无不同。我们仍应对此种"内作用"和"外作用"加以区别。例如历史上仁学、儒学、儒教、佛教、道教等等文化体之间的频繁相互作用及其结果均属各种"外在作用效果"。

如前所述，此种"多重内外作用"必然导致现象表现上的"对象单元分界"含混性，而我们的"解释学"却需要在功能上对其加以区分。其实这就是，我们要将相关于仁学实践学目的与对象的因果逻辑性后果，与其所涉入的一般非合乎其目的性的外在影响及后果加以区别，后者是仁学的非目的性影响与其他社会文化体之"外在"相互作用的效果。此类外在互动效果受动于社会文化总体运作机制（社会学层次上的互动作用），而非形成于仁学实践学程序本身。在同一职场环境内，单一主体的"物理性身份"相同，其研究对象的物理性身份也相同，但因按照仁学实践学和按照职场程序化所实行的学术实践分属两种"实践程序"，故应区分出两种不同的"因果关系"和"评价关系"。此一情况类似于古代深读孔孟思想的儒家官吏之处境：儒者按照仁学精神实现的"仁者式人格"提升及其文化实践为一事，而在儒教政治制度内作为"合格官吏"的道德性操守为另一事，尽管现实中二者当然是混为一体的，但主体的人格结构是由两条显隐程度不同的"心理作用路线"凑成的。其中涉及的可区分性相关于该主体对于"仁学伦理学"整体的感受与体检深度。我们在此类例子中所关注者为仁学与儒学这两套"思想逻辑"间的异中之同、同中之异的因果关系。按照现代仁学解释学所得出的"真正仁学实践与效果"的图画和古代读书人自以为达成的仁学实践与效果是不一致的。如儒家均认为自身从仕奉公行为即相当于按照孔学精神在参与着仁政类实践，实际上其实践的对象、目的、方式、方向均安排于、受制于皇权与法家的权势框架之内，而只有在其诗画自娱、文史著述中的"文学式"创作嗜好中才践行着合乎仁学精神的活动并表现着合乎仁学义理的情怀。

（2）人类历史的平行进程：物质与精神

回顾中西历史哲学和思想史，我们可以发现在人类有关进步与未来的各种理想或憧憬中，存在有三大类不同的价值目标，这就是：公平正义、物质丰裕、精神文化。围绕着这三类不同的追求目标，各自发展了不同类型的知识论智慧。于是出现了政军法类认知系统、科技经济类认知系统、文史哲与宗教认知系统。根据有关人类历史的这样的普遍化分类法，东西方历史及思想史未来应该加以有效的统一化处理。

于是，东方的泛法家传统与西方的泛马基雅弗利传统，在未来的比较历史学研究中也应加以重新统一处理。二者作为人类历史发展动力的根源恰恰是人性本身：来自动物性始源的人性自私与争强斗胜本能。当此本能叠加上强横性格与狡诈智慧时，就成为原初社会权势结构形成的具体动力。人类几千年的历史的"硬件"遂成为各种类型权势构建的过程，随着文明的逐步发展人类权势史上逐渐增加着公平因素，因为在其发展过程中个人良知因素与社会制约性结构也以不同方式介入运作。在权势关系史发展的一个侧面上我们可以看到社会公平性的逐渐改善，但在另一个侧面上我们又发现其以另类变形的方式继续存在着；在一个侧面上我们看到了"道德性进步"，在另一个侧面我们也看到"道德性的退步"或"反道德性的增强"（而各种后果的真实原因均非相关于主观侧的道德性或伦理性问题，因一切都是"社会冲突力学场"的产物）。两三百年来人类社会经济显著发展导致的技术性进步与随之产生的商业化资本主义经济形态，也同时显露出其另类负面效果。这就是两三百年来其中不免掺入众多幼稚的乌托邦幻想的社会主义思潮此起彼伏演化至今的原因之一："资本加技术"所形成的垄断权势形态正在全面形塑人类物质化文明的大方向（还不要说电子与生化科技的进步正在呈现"人造人"的未来可怕前景）。此一现状正是在西方校园中至今马克思著作仍被作为重要资本主义批评思想加以研讨的原因之一。相关的社会公平问题固然为人类永恒关切之一，而相关的人类未来的精神理想之内容，则为另一种更为重要的关切。欧美一切社会主义思想所关注的差不多都是前者——分配正义问题，却很少探讨后者——何谓理想社会的精神文化内容。我们的仁学伦理学却从几千年前就"瞭望到"此一人类精神生存层面（精神文化问题的朝向与竞争公平问题的朝向，表达着两种不同的人生观志趣）。"学诗"与"之之"，实乃"精神文化开发"之一种原初象征性代名词。凡此种种其实均与人类对社会和人文的科学性认知的提升相关。如果说"政经法"的社会科学正在有效地提升其科学性研究成果，那么"文史哲"的人文科学却依然呈现着其千百年来的混乱性。结果，我们东方人一方面要从西方的现代人文科学发展中积极汲取其技术性知识（语言学、心理学、社会学、文学理论、历史理论、艺术理论等等）进步的成果，另一方面必须打破百年来由留学文化造成的对于哲学玄理流行和科学机械化思维等亦步亦趋的被动局面。为此，我们首先需要从中华文明传统中"复兴"的是有关精神价值观与实践自主性的传统历史精神资源（参见《结构与意义》新版）。

仁学伦理学是人性良知在几千年历史上与法家权势学传统对峙中逐渐形成并通过其两千年儒教历史中的文化学术实践方式维持着其生命力的。仁学因此是形成于广义良知与广义权势对峙关系的历史过程中的，此对峙关系在不同历史形态下——如先秦时代（可再细分为春秋与战国时期）、秦后时代（即儒教时代）与全球化现代——具有不同特点。显然，在不同历史时代存在着具有不同形态和功能的权力体。中文中"权力"与"权势"意思相当，可互用。如进一步细致化其修辞学表达，前者偏于指"力之运作"，后者偏于指"力之机能"，实际上二者紧密重叠，且均以"力"为其核心意素。所谓"力"，即指人际关系中之"支配力"也。法家与仁学的对立，其中的"（暴）力"与"（人）文"的对立，实即"利"与"义"的更为基本性的对立。因"力"仅只是手段，其目的是"利"，由力而至霸，"霸"不过是支配力强化实践后的运作权力之"势"。权力与良知间的此一双元对立组，兼含本质与方法二者：此即"利与义"之间在"动机-目的"层面上的对立关系，以及"力与文"在"实践方式"层面上的对立关系，也即在法家与仁学二者之间存在的一种双元对立性。此即，所对立者不仅相关于动机与目的，而且相关于方式和方法——暴力身体性机制与精神逻辑性义理。物理学家托夫勒所说的权力三要素——暴力、财富、知识，都是"伦理中性的"名称，恰可形容法家权力哲学的特点，也是其在中华政治权力史上成功的原因。但是在此一复合经验常识的概括中，其三联体之所指都属于广义的权力学方法层。三者之中还可将后二者归为狭义方法范畴，因单纯的财富和知识都不足以成就完整的权力体。在此，权力既可被视作狭义上的"目的"本身，以对比于财富和知识等获致权力的"手段"，其本身在广义上也仍属权力学的手段范畴。在权力现象的原始阶段，"暴力"为其直意，而随着历史、社会、文化的发展和复杂化，"暴力"（身体性伤害能力及行为）仅只为一"比喻性名词"，故须以单字词"力"取代之，或将狭义的"暴力"归为广义的"暴力"（即"力"）之一类而已。此权力学中所谓广义的"力"，即指"人际关系支配能力"，其特殊能力的大小和形态固然相关于客观环境与主体条件（均与财富和知识相连），但该"权势能力"即为兼具静态面与动态面的人际支配性关系之整体，其"根源"仍然为心理性的，或人际关系心理性的：权势体之最初纯粹个人心理作用机制和其发展（展开）后的社会权势网机制，二者之间彼此在复杂性和规模上完全不同。后者虽然与前者共同基于原初人际关系中的身体与心理作用机制，但发展后的社会权势网中的个人心态与人际关系形态的复杂性，权势手段（力、财、知）的大小及其复杂性等等，结合成为更高一级的综合的"心、人、物"社会组合结构，于是就不可简单化地再归结为原初的人际心理作用机制了。与"良知"（也同样由内外实践化的"智、仁、勇"诸元素综合构成者）对峙者，即为此综合性权势结构。二者之间的对峙关系（对立关系），虽然主要指二者在伦理性实践学方向上的对立，但中外历史上的各种相类的具体对立的表现形态间有异有同。所以在权力与良知的对立关系中我们也应该区分出其"个人伦理维"和"社会结构维"二者。

所谓仁学与法家的对立，本质上是政治与文化二维面上的一种对立性并存关系。仁学以其"政治伦理话语"作为"表达面"，而其实际所指的"内容面"其实是精神文化域，而不是与政治直接相关的人际关系域。仁学以其对良善政治的期待与投入（《论语》故事的内容）最终对历史政治生态产生的影响微乎其微，故并不直接相关于社会公平改进与大众福祉提升的问题（此所以封建主义社会两千年如一日般）。其伦理性价值在其良知关切本身，而非在其关切之社会性直接效果，即并非在其社会政治类行动目的的达成。最终实际体现于历史中者为其关切之"间接效果"，此即相关精神文化品中之思想创造。古今中外传统的道德哲学和伦理学，几乎无不以社会政治性改善，即最终大众福祉的提升，作为"仁人志士"的最终目标。仁学伦理学不仅其话语内容同样如此，而且历代政治从业者无不深受孔孟文本思想影响而有不同程度的从仕改良作为。但是，如我们前面指出的，秦汉奠定的中华历史模式是法家模式，是法家的"政治哲学"对"仁学政治伦理学"的压制与利用。在两千年的历史现实中，除仁学参与儒教政治的有限正面作用外（仁学品德学思想对儒教政治起的正面作用主要体现于手段层，而非目的层。所以从汉至清的两千来年中我们能够看出什么"道德性的进步吗"？还不要说清代作为外族入侵者的附加暴力因素了），其真正的独立贡献（与法家统治者无关地）表现在精神文化领域。在传统社会中，这就是文史哲宗艺等领域内的优秀创作及其传承。这些精神文化作品构成了民族精神的永恒宝藏，这才是仁学精神对于中华历史的真正贡献。

在政军经领域内的具有伦理精神价值的表现，也应归入精神文化实践总体之内（作为在该社会性领域内良知与权势对峙中的一种伦理精神类实践）。传统"文官武将"的双重身份——儒教臣子与仁学精神追求者——应该在功能和效果上加以区分。作为臣民按照儒教官方道德规范的自我牺牲行为，与其在同一历史中的个人按照仁学普适义理要求的献身行为，应该分别加以评估。由于法家权力哲学和仁学伦理学之间的本质对立性，仁学实践学的各种智慧学其实反而均为针对其潜在或明在的对立面法家而产生的，都是相关于如何在对立面法家环境（或来自本国或来自敌国的暴虐环境）内有效追求与之对立的独立仁学目标的。此目标的"真正内容"并非《大学》里规定的"修身齐家治国平天下"这样的儒教规定的目标，而是在此社会政治类实践过程中另行体现的独立精神文化目标（自然不是其实践者自身意识到的），即不是表面上参与的利民与治国的政治类目标，而是借助此儒教规定的政治类行为过程而在文史哲宗艺领域内所表现的独立"仁学精神实践记录"（含文本与行迹两方面）。

这些仁学精神文化记录，本质上是仁学精神在与法家限制性环境的或明或隐的对立中产生的。因此，仁学永远不要误以为自身可以有效影响"政治力学机制"以及与其相关的"大众事务"。（按照仁学的智慧学观察，仅仅一句"好仁者稀"就足以瓦解西方哲学书呆子们的复杂的"道德哲学思辨"了。）此二者只是仁者在客观可行性渠道与框架内所关注、研究并予以适当性反应的对象和场域（儒家实践）而已，但并非是由其良知促动和朝向的伦理精神实践的对象和场域（仁学实践）。此一"政治归政治、文化归文化"的历史事实可证：权力与良知的所谓对峙，其中的良知部分固然相关于权力现象，但权力世界只是其关注、认知、借力的对象，而不是其施为或参与改变的对象。（儒教在两千年的历史中何曾被仁学的"民为本"原则实质上触动过？）因为，良知存于主观个体精神，权力基于客观集团结构，而精神性良知永远无法左右未曾分享仁学良知的广大人众（这就是为什么人类历史上需要法制与宗教这些"外加的"道德约束力源），而后者正是政治权力的"施为与操纵对象"。

（集体）权力与（个人）良知的对峙关系，反映着人类历史上平行存在的两套"生存路线"：权势传承路线和精神文化传承路线。支持精神文化良知力的历史使命即为了维持和创造性发展精神文化生存线，借此以维持人类生存的精神性意义与价值。为此，仁学必须"处理"与各种权势的对峙关系，以有效护卫自身仁学实践的贯彻。这样做并非为了"介入"或"施为于"权势间的"冲突力学场"。因为仁学和法家二者的"实践学逻辑"完全不同，仁者介入该"力学场"将失去其真实有效运作的基本能力（可比喻为"秀才遇见兵"），此"对峙性"包含其传统的硬性暴力形态（如"帝王将相"施予的身体性暴力形态）和其现代软性压力形态（如资本权势支配的社会文化域内的文化学术垄断形态）。仁学固然可以并应该期待政治生态的良性发展，但没有条件参与其运作。即使历史上偶然出现了"哲学王"（如"明君""良相""清官"），其有效治理也必极为短暂，因政治生态最终决定于人际冲突与互动的关系控制力本身（政治力学场），其中涉及众多偶然及繁杂因素，后者无关于仁学良知（"好仁者稀")的定向促动力。良知要求不可能诉诸大众，也就是精神文化事业不可能寄望于大众。（今日电子时代，人们还能对普遍耽于游戏、动漫、发财的青年一代怀抱这类精神性期待吗？所以，时代进一步启示：新仁学只可能是少数人文理论志愿者的任务，尽管此任务具有前所未有的时代重要性。）

然而，无论是权势方还是大众方，在封建主义或资本主义社会中，虽均非仁学"积极施为"之对象，却是"消极施为"之对象，后者之"施为"实为"防备或抵制"意，即为了防止自身仁学实践受到阻碍而产生的不同程度上的"自卫性或抵制性"实践（所以《论语》只指示你如何"微行言逊"和"危邦不入"）。例如，既然好仁者稀，必然意味着"俗众"为人群之主要构成；既然"中人不可语上"，彼等虽并非仁者之"友"，但仍可为其担任社会性职责时施为之对象（主持公道，惩恶除暴等）。同一仁学实践者的双重性，一为在社会渠道上的"泛职场人员行为"，另一为仁学渠道上的"仁学实践者行为"。二者在目的和功能上应该加以区分，因为仅仅后者是相关于精神文化目标的，虽然在行为层面上二者自然相互交缠。今日人文学职场文化岂非某种程度上相当于古代"官场文化"：入衙处公（相当于今日职场内的等因奉此）与返邸吟诗（相当于今日的自由创作）。两千年来古人在奉公（作为职业）之余毕竟留存下来了如此众多的按照个人志趣创作的精神文化作品。当然，古代仁学的精神文化创作方式（人之思想感情的美学式抒发）与现代仁学的精神文化方式（人之认知的科学研究）已经发生了历史性的变化。

在良知与权势的对峙关系中，权势方当然也是良知方的观察和研究对象，也是良知方借以逆向自我塑造的环境手段。良知者，即有能力充分体现三达德的个体意志力者。作为大众的一员，不同程度上的仁学实践者，固然同样期待并贡献于公共事业，但此事业本身不是仁学施为的对象与其自身的目标。仁者作为"好人"（初段君子，今之良善"公民"）与作为"仁者"（高段士君子，今之人文精神理论研究志愿者）担负着不同的责任，仁者对于良好环境的期待，对于其仁学目标而言，不过是"利用"环境的条件以进行自身真正的精神文化创造任务。此任务与社会政治环境的善恶状态只有外部性关联，二者的目标不一样。即"仁政理念"的真实目标并非仁政内容本身（善政的达成），而是越过"仁政内容"朝向精神文化目标（精神文化品的产生）。此一现象的最佳说明即现代民主社会的主要内容（科技工商与大众幸福）无关于高级精神文化创造事业的发展（全球消费文化的泛滥与人文科学的衰弱二者间的必然合力结果）。所谓精神文化实践即为与对人之本质认知及对生存方式提升探讨相关的活动。（几千年来的各类乌托邦式的理想主义者很少这样思考：广大人民在最终获得了"幸福生活"后该干什么？就是吃喝玩乐吗？"人间天堂或神间天堂"就是这样无限地重复着吃喝玩乐吗？）

其实此一仁学实践学内的分离现象，最终表现于人类历史价值观的双元性本身：人类基本目标为求社会政治的改良，其目的为实现"大众安居乐业"，但此一千百年来的人类"共识"并不等于精神文化目标的达成，却可被视为精神文化实践的外部条件的形成。在此历史共识中包含着两种平行的价值观：社会公平之实现（在政经军法领域）与精神文化之创造（在文化思想学术领域）。二者之间存在着外部互动关系，但在价值观的类型上并不相同：一者的实现不等于另一者的实现。孔子所说的"富之，教之"两段论为此义之原初象征性表达，其中的"教之"仍属于社会行为层面，但其"寓意"可通过孔子的"为文"含蕴的方向性指南而呈现出无限的精神内容开放性。因此按照我们的历史解释学，其意旨可转化为：此一历史上的二元性或平行性价值逻辑，在合理调整后可趋向于一种"二元统一论"：社会政治的改善在其履行大众幸福的初级目标之后，应进而朝向促进精神文化创造的高级目标，甚至应该将此过程解释为：前者为历史文明的"物质阶"目标，而后者才是历史文明的"精神阶"目标；前者为人类本能自然欲求（称之为"需求"）之满足，后者才是人类精神欲求（称之为"价值"）之升华。于是，人类的"历史哲学进程"刚刚要完成其"物质阶"目标——富裕与公平，而今日需要进而展望其"精神阶"目标——人对自身本质、价值、生存意义的人文科学理性的认知（而非传统的单方面的"本体论哲学性认知")。现在我们可以进一步深化对原始仁学从其政治外实践场转向精神文化内实践场的历史事实所蕴含着的一种"历史解释学深意"的理解：此一仁学实践学的历史实践场域和方向的转移，意味着物质性政治与精神性文化的历史进程分离性；前者为人类生存之条件及手段，后者为人类生存之目标与意义。二者形成了人类历史上的永恒"双线平行性展开"：社会物质性生存线与文化精神性生存线的"历史共在"。前者的实践逻辑为权力智慧学，后者的实践逻辑为良知伦理学。二者在具体历史过程中存在有外在互动关系，但各自并不内在地参加彼此运作场内的"线路编织"。

【关于仁学作为一切信仰体系的实用性"共识"的历史解释学申论】

仁学的二重双功能——客观认知与主观的价值立场设定，以及客观认知与实践之动力机制的建立——与大同世界乌托邦之类的双功能性，以及与各种宗教的双功能性，在彼此具"双功能性"一事上类似，虽然在各自的"认知机制"（认识论）方面不同（客观经验、超经验设想、情绪性本位主义），但是它们都属于"信仰体系"，而与纯粹科学研究活动不同，因此各信仰体系的个人主体内部均形成了一种独立自主的实践力能源（相当于作为启动性的"电池能量"）。作为实践力能量，宗教来自超越性力源（神本主义），仁学来自人性内部的"良知力"（人本主义）。二者在主体的内在动力源机制上类似，但在此"动力源"的"启动机制"根源性上不同。同理，宗教、其他信仰系统与仁学，在各自的"现世经验界"的一级价值观系列上（爱人、诚恶）又具有类似性，但对此价值系列的根源的解释不同。仁学将其同样视为来自人性内部之"善根"（行善与制恶的双向良知力），即来自人类本性（作为多层次、多方面的主体心理世界）；而宗教认为价值信仰只能来自超越人类及其现世经验的想象性的"神力"。因此，仁学的为善能力基于人本主义，为个体人的主动行为（因"自觉"而决定"向仁"），而宗教认为其只能来自超越性神力的被动性顺从行为（或因"畏惧严惩"，或因祈求永生，或因基于崇拜，或因感于神启而被激发去"行善"）。按照仁学人本主义，"向仁"的主动性程度及其激发力同样是人性经验主义的：其"价值根苗"经验地显露于亲子关系现象，故其"孝学"实为据此而设置的一种"亲子情感深度开发机制"。以此基本人性经验为基础，经验性地并等差性地逐渐扩及友、邻、社群、生物等域。又为了经验主义地进一步组织此"人际亲善感"的扩大化，除上述一般性的情感扩散机制外，设置特殊"行善实验域"：如针对鳏寡孤独类、死丧哀戚类乃至弱小生物类（"弋不射宿"，"君子远庖厨"）的同情心激发，此即选择特别易于触动"同类互感"神经之现象，以之作为发动、扩大、强化"一般爱邻"或"'爱'心态一般"的潜能。凡此种种都是基于现世人性经验加以理解和实行的。与宗教的区别是，尽管上述仁学的人性开发方式也均为各宗教所采行，但对于仁学言，一切均基于、止于人性经验本身，唯此人性经验为一动态的、发生的、多层次的"自动生体"，它含有对"善"的各种不同程度的"自动感应性"。仁学实践学就是要通过经验理性主义的方式对其（人性矿源）进行有效开发。但宗教则将此类经验性程序一概视为"受命行为"，即最终来自超越现世经验的神力。（按照仁学的人本主义认识论：大多数人的为善倾向部分来自天性，可不同程度地直接唤起之；但大多数人的为恶倾向也同样来自天性，对此的克制须基于外在的人为法制，而非可完全寄望于对神力的畏惧。如历史上大饥荒到来时或社会秩序突然崩坏时，任何对神的畏惧都不足以阻止残暴施恶行为。）

如不涉及各种"行善"机制的"根源性解释"的领域，各派的价值观立场在社会人群的公平正义观念上应该十分接近。所以仁学实践论主张，各不同信仰体系应该首先在大家共同参与的现世生存领域形成同一人类社会内之"可行性共识"，以共同促成现实世界的和平安定共识之实现，至于对此共识的"理论性解释"则可各听其便（如不同画派、乐派风格不同，并不可、不必强使之同）。此一结论也同样适用于各种不同的"社会科学的价值观立场"：应当努力寻求人类的"价值观共识"，至于对此共识之背后的、理论性的解释，因其属于经验理性论述领域，可以纳入人文社会科学总领域另行处理。至于各种理论思维偏见如何在经验域之外另行构造非经验性话语之"增论"，虽亦可悉听其便，但不应令其混入彼此在经验域内达成的理性共识部分。也就是，在此"现世经验界价值观共识"领域内，大家的"采行方式"应该属于所谓应该共同遵行的经验理性方式。正是在此人类经验理性共识领域，人文社会科学和仁学的主要方法论内容均可被各方采纳，因为经验理性归纳法至今为止仍然是人类各种社会性行为（包括历史与政治）唯一具有经验可行性的方法论（科学方法论）。简言之：经验理性认知属于一切正常人类之共识部分（因基于共同人性，如同基于共同的衣食住行需要），而对此共识所加的各种"准理论性、思辨性、想象性解释"，在考虑到存在有同一"和谐共存"需要之共识，不同信仰方向的集团之间应该接受同一经验性的人间正义之共识。此即，各自不同的准理论性生命解释方式，不应纳入人间"和谐共存机制"之共识内，以至引发各种不必要的解释性争论。此即不同信仰集团之间必须采行的"求同存异"生存观，而在此不同信仰共存体中，初段中华仁学信仰体系最有可能被各信仰派系共同遵循，因其所依据的历史文化智慧也属于经验性共识。试举最简单的一个例子：病理诊断和处方必须百分之百基于医学科学成果，即经验理性成果，不可将各信仰体系的超经验神迹医疗宣传混入医学科学程序。任何当今现世神迹宣传与当今个人崇拜的另类医疗观均不应纳入此共同接受的医学科学之内（科学共识）。但在此经验科学性共识之外，如有人习惯于自行增添非经验性的、浪漫主义的解释或期待，如祈祷、占卜或风水等，只要此类"增释"不干涉人类集体科学经验理性共识部分，自无不可。此类可影响人的情绪感受的"心理慰藉"方式，可以合理地显现于文艺作品中，自然也可以合理地显现于各种神话叙事中。

第二部分

《论语》章句解释
及时代意义阐释（上）

【作者注】以下《论语》篇章载录编号完全依据洪业等编《论语引得 孟子引得》中的编号顺序。《论语》的"断章"方式，古今学者多有分歧，我们选择《论语引得 孟子引得》中的断章编写法，并非认为其更为"可取"，而仅仅是出于方便。毕竟今日《论语》解读均应以传本章句文字本身为据。

本篇作为《论语》第一篇，将孔子言与弟子言近乎规则性地间行列入，因二者在意涵、风格与重点上有所差异，此种于首篇兼采孔子言与弟子言的编写法，或为文本初编时诸参与弟子有意所为，以同时呈现一种"原经句"与"释经句"同列的效果，但也可能为后世编者之"再布置"所为。故我们不必机械性地以为《论语》文本中在前者多属"真"、在后者渐增"伪"。《论语》为数百年各代参与编写（编述）者分别参与之逐代编辑之结果，其中成文前后关系及观点异同关系，很难准确辨析。

学而第一

1-1. 子曰："学而时习之，不亦说乎？有朋自远方来，不亦乐乎？人不知而不愠，不亦君子乎？"

对比项：学/喜，友/乐，无闻/不愠。

意旨：仁学持现世理性人生观，借由学习以确立价值观及锻制实践力。

旧解摘要：

《朱子文集》："己之未知未能而效夫知之能之之谓也⋯⋯凡未至而求至者，皆谓之学。"毛奇龄《四书改错》："学者，道术之总名。"程树德："古人则以修身为学⋯⋯孔子以言行寡尤悔为学。"《焦氏笔乘》："人须是识得'造次必于是，颠沛必于是'。"《集注》："程子曰'以善及人而信从者众，故可乐。'"《论语述何》："友天下之善士故乐。"阮元《揅经室集》："生平学行始末也⋯⋯所恃以传于天下后世者，朋也。"《朱子语类》："己为学之初，便是不要人知⋯⋯心中略有不平之意便是愠。"梁清远《采荣录》："首言为学，即曰悦，曰乐，曰君子⋯⋯盖知人皆惮于学而畏其苦也⋯⋯此圣人所以为万世师。"

含义引申:

《论语》以"学"字置于全书、全篇、全章、全句之首,视学问之"知"为人生第一要务。此种朝向现世经验理性目标的人生态度,遂与朝向(作为超越现世经验性力势源的)神祇崇拜的人生态度,形成了基本的对立性,后者视非理性之"信"为人生第一选择。知之实践的"学"遂与信之实践的"祷"相互对立。两种对立人生观虽表现在实践之对象与方式等方面,但均直接涉及心态和行为层次上的差异性。"学"意指着理智性过程,根植于人之经验理性的爱好,而非根植于任何超自然权势之命令。"学"意味着对未知存在进行理智认识性探索的意愿和行动。春秋时代"学"的直意"对象"首先指当时已渐趋于人本位意识的以及人际关系中心的(现世人际间及现存人与已故祖先人之间)现实世界内之"礼仪"(已非如殷商时期偏重人神交际性的原始宗教性的"礼仪"),孔学之礼学更进而将其重点归结至行礼者对自身心理状态的自觉关注,即相关之内在的德性,从而将"学"之人生学之实践,在对象、方式、心态等方面首次明确限定在现世人本经验域。"礼"即现世人际关系各层次间、各方面上道德行为规范总体之泛称。按照仁学,学之对象"礼",即周礼,其产生根源为人世间之历史习俗的自然沿革。"吾从周"即相当于孔子指出其礼学之来源为西周历史现实,从而相当于在学之来源上做了纯粹现世经验性规定:作为原始仁学对象之一的礼学,为人类历史的经验的传承。"习"字意指着学之意愿和学之行为的长期性、规律性,从而用"学与习"二字代表个人人生的基本态度类型和行为方式,此行为方式,按照《论语》,是理性的、理智的,其对象是现世的、人事的和人际的,其习得和实行均属于个人现世经验性的自觉努力。由于学的对象"礼"即人际间的"道德性规范与规则系统",因此仁学的"学人生观"是运用于人世间的并为人际道德性方向的,不仅不是产生于及朝向于想象中的神祇或"来世"的,也不是朝向于宇宙自然探索的。仁学之学是人之自反之学,是关于人本身之学的,特别是关于人之心理品质(内)与精神目标(外)之学的,从而进一步明确了仁学的人本主义立场。

　　"学"与"习"和其应有的直接心理效果"悦"（满足），共同构成一种"三者联为一体"的人生观指令：以学为态度和方向＋以习为贯彻实行→产生主体心理快乐。"悦"意指着：事实上可能的主观效果，伦理上应然的主观效果，以及进一步对学习原则的肯定。即提出一种以对人世正当伦理关系问题之学习为"至乐"的人生观，此指令句从而表达着心志、行为、效果相互之间具有实践一致性的人生观，并以此命令句方式为个人幸福观定位：此一理性之"学"的实践观即含蕴着人生幸福的方向、方式和场域的思想指南。"朋"句为前句之延伸。一方面将他人（学友）揽入（设为）主体关怀之对象（由一己扩及友朋），友朋进入一己学习情境，与一己形成"相互共学形态"。友朋既是一己学习实践之"对象"也是参与一己学习的"共同主体"，从而显示了学习实践的人际共同性。"学"是个人行为，也是人际间的共同行为。"乐"字与"悦"字同，亦具有自然和应然两义，并进一步肯定着此基本命令句的伦理性价值和方向。此一"学"的个人人生观和实践观是在学友群集中完成的，因此暗示着仁学之"学"在理念层次上可成为人际关系间相互精神联系之纽结。然而此一人间（友朋）共学情境属于"学"方式之理念，而非"学"目的之理念。"学为己"意指，"学"之目的主要在于学者个体之精神上受益效果本身。"悦与乐"和"不愠"在态度方向上一致，作为指令句其延伸义在于：在"学"之仁学实践中应具有"不畏孤独和社会排斥"（"人不知"）的个人独立态度与意志，即使极端情况下友学之乐不存，学者仍应孤身奋进不懈（"学为己"）。学为乐态度可成为仁者克服任何客观困境之主观条件。所以仁学即为一种"学之人生观"。

　　以上三句的合义是：伦理性学习态度和行为"本身"可被视为个人人生目的（独善其身），也就是，此一学的人生观之首要目的在于以学之实现于、完成于己身（内己之学）为已足（"处"即独善），而视学之客观效果（外己之学）为仁学人生观之"第二事"（"出"即兼济）。即直接"为己"之学为首要，直接"为他"之学为"次要"，二者之间的次序关系，为仁学实践智慧学特有的立场。在此，为己与为他仅指学行行为的"外观"，二者实际上二而一，一而二

173

（见后论）。此一形式上的实践方式及次序性区分，是为了进一步坚实学之实践的贯彻力，即将学之"内实践学"的实行条件完全集于己身，以根本地保障学之"自主可行性"。也即"学为己"可坚固其"遁世无闷"之志。"不愠"之诚在《论语》开初的提出即预示着仁者的非世俗方向的人生观选择易于命运多舛，故（在极端情况下）以文会友之悦的欠缺，可由学为己之"独乐"所补充。（用以暗示：因好仁者稀，有志于仁学者必有违时逆势之心理准备。）

【关于"学"的历史解释学申论】

《论语》伦理学之主实践场域为主体自身（心理品质之精炼），而非主体行为的外在效果。学的人生观在《论语》上的直义是伦理性的，即人际关系性的，也即人间现世性的，它间接而具体地反映着《论语》伦理学的固有价值态度的性质和方向。"学"作为仁学实践学的第一阶，实通过此指令暗示出仁学固有的前提：仁价值是通过现世经验性的"学实践"而达到的，也就是通过个人理智性精神领悟而实现的，并非通过任何超越性命令而获取的。学之价值学目标为作为仁者"理性信仰"之仁，此目标是通过经验理性实践而达成或接近的。此一"学"范畴与仁学的很多价值和指令相连通，其经验性、现世性、理智性特点遂使仁学在本质上与一切历史上的超越性信仰教导之学不同。本章正像本书他章一样，其现代读解法具有"复合式"特点，即须同时考虑到以下三种不同的"读解机制"及其合理的贯通：章句之"初义"，全书构成及读解变迁中之"附加义"，以及今日合理的（与在前诸义方向一致的）"扩展义"。"学"遂由原初"德行之学"，逐步扩展至一切理智性类型的"读书"与"学术"。其古今中外的读解一致性则表现为主体对待"理智之学"的态度本身。因此，作为可通向人生满足（悦）的"学"本身即是仁学的价值项目之一。在孔孟时代"学"观念之对象域可能极其狭窄。随着秦后社会文化的发展，学的对象范围日渐扩大。但"学"的基本意义是：运用个人理智和意志来增加任何在仁学实践中有用的"知识"及"技能"。此一基本经验理性主义的意涵，随着后来历史社会文化的发展而可始终保持。"学"字本身的实践学特色蕴含着其伦理学的经验主义、理性主义方向。不过，需要指出，我们在此演绎仁学的学之人生观和伦理学时所关注的主要为其心志态度和人生观方向二者。此一态度方向是在仁学之智仁勇三达德及其互动关系中形成和实行的，三者中的仁与勇的相关作用直接根植于、来源于心志，而其中"智"（狭义指经验性智慧，广义含知识掌握）的效力相关于社会文化条件。中华传统文明的乏科学理性文化的总背景，实际上大大限制了"智维"的发展，虽然三达德中智维的存在和在传统文化条件下的特定类型的实践，仍然形成了对于任何智维活动的开放性。

现代意义：

仁学以学为其伦理实践学之目标、方向、方式、对象，即以学作为人之理想生存样态，呈现着一种理性认知的人生观。此一相对于现世性人己关系世界形成的个人本位的"学人生观"，固然在内容和方向上对立于任何超自然的信仰之学和任何科技的实用之学（广义的"器学"），但与后二者之间也可形成积极的互通共存关系。仁学的"学人生观"相关于人之生存价值问题的理性探索实践，其动机、方向、方式和目标直接协于现代人文科学。后者今日在全球化科技工商文化主导下已被实用主义制度化，因而大为减弱了其朝向人文真理本身思考的理性实践力度。在科技工商主导的纯功利主义的、唯物质主义化的新世纪内，作为人之学的现代人文学术理论的研究，不得不经受着不可改变的（因其符合绝大多数人重物质享受的本能需要）世界拜金主义的时代文化大方向。一种独立人文科学系统的重建和发展，首先依赖于人文学者具有朝向人文科学真理探求的坚强意志力之存在。仁学所倡导的"学为己"的学习理念，因其禀具的非功利主义价值观，内在地含有不依附、不屈从任何非科学理性力势诱引的力量，足可抵制学术商业化时代的"市场化学术价值"观，此正源于"学为己"可体现为学界基本的"义利之辨"（求真与求成之辨）。故本章关于仁学之学的价值观原则，可以直接成为现代人文科学革新运动的伦理性"学"人生观指南。《论语》"为学"之首章已经开宗明义地宣布了中华仁学的人本主义伦理学与人类的"人之学学术研究"具有内在的一致性。

1-2. 有子曰："其为人也孝弟，而好犯上者，鲜矣；不好犯上，而好作乱者，未之有也。君子务本，本立而道生。孝弟也者，其为仁之本与！"

对比项：爱人/害人，本立/志定。

意旨：仁者以自身品德养成为其心言行实践之基本。

旧解摘要：

《集注》："此言人能孝弟，则其心和顺，少好犯上，必不好作乱也。"《焦氏笔乘》："谓孝弟为仁本，终属未通……以孝弟为立人之道，于义为长。"江声《论语竢质》："古字'仁'、'人'通。'其为人之本'，正应章首'其为人也孝弟'句。不知六书假借之法，徒泥仁为仁义字，纷纷解说无当也。"程树德："宋儒不通训诂，遂至沿袭其误，强事解释。于是程叔子谓'性中有仁，曷尝有孝弟来'。"《集注》："言君子凡事专用力于根本，根本既立，则其道自生。"陈天祥《四书辨疑》："孝弟举，则三纲五常之道通，而国家天下之风正。"

【关于章句选择的历史解释学申论】

我们解释《论语》章句的选择原则是尽可能多地纳入今日仍具有直接、间接伦理性意义者，包括章句中同时含有今日有效的以及今日完全无效的过时内容。一般来说，我们的处理方式是仍将原章句全体列入而仅就其中有意义的部分文句进行解释。《论语》第一篇，按照历来学者的看法，应该最具有"原初真实性"，此即为孔子本人之"真言"。然而奇怪的是，本篇内反多以间隔方式插入诸多弟子言。对此现象只有一种解释：《论语》文本形成的几百年间，诸代后儒自行插入自撰章句的行为，并非遵照"孔子言在文本内靠前，弟子言在文本内靠后"的原则，而是可能以随意方式插入。而作为文本"第一篇"者，反而有意系统地插入"弟子言"。所谓"弟子言"，实乃后儒据春秋后历史演变而据自身新的体会所重新编写者，特与孔子言部分交叉混存，以增加自身的分量。如导论所解释，一方面我们不因此而对字面上的孔子言与弟子言部分因所标示的言者身份定其高下，而另一方面也要关注，大体而言，可在此两部分之间看出其思想上的相对差异性。此种差异性竟可反证出"孔子言"（"子曰"）部分似乎大多显示出其编写时的在先性。

《论语》本文读解中最需谨慎面对的就是"孝"及"孝学"概念。一方面，孝学是礼学中的中心组成部分，为传统家族本位社会各时期中的道德教养和践行的体系，此为理解儒教宗法制度社会生活不可忽略的主题；但另一方面，此儒教宗法制度也是中国进入现代历史时期后最先予以瓦解的封建主义社会制度的固有部分，显然既不再也不应有效于现代社会者。学理上更须注意的问题是，虽然孝学是自周代以来贯彻三千年的中华文明社会基本体制与文化，但在先秦和秦后两个历史阶段中，孝制与孝学的构成、功能与伦理性意义颇为不同。正是在秦后帝王专制时代之后，随着统治制度专断性的强化，孝制和孝学也愈益"具体有向地"成为帝国专制统治工具的基本环节，特别是在儒教"移孝为忠"的意识形态手法运作下，家族宗法系统明确转化为帝国专制体系的基层单位。本篇第二章即匆忙将孝学列为"仁学的学之学"的主要实践部门，甚至立即将孝学的功用挂靠在"忠君"范畴内，不仅在内容主次安排上颇显突兀，而且在风格上也与前后诸章有异。本章前句之所以未被研究者加以质询，正因"孝"字本身的指涉含混性和多元性。不仅从侧重于仁学论域一般性的孔子观点来说，没有必要立即将学的实践予以社会政治化，而且孔子论礼和论孝时的重点多置于心理上的诚敬态度或心术上。不过后句中列入"孝弟为仁之本"尚称自然（特别是考虑到秦后儒家调整后孝学观而言），此处之"本"字，可意指仁者礼学实践之家族学"基本"。虽然这样日常化的理解对于仁学的学之学的深义把握来说不免产生弱化的效果（孔孟谈"孝"重在孝与仁心培育的因果性关系，极具合理性，而汉儒之孝观则侧重于其对应于帝王制度的作用）。

含义引申：

孔子的"孝之学"应视作基本仁学实践学的组成部分，孝学即礼学之主项目，礼学应被主要理解为观念上的"礼制"系统，其学之目的最终落实于"礼意"或"诚意"。对于今日读解本章来说，也应该从孔子的仁学实践学角度对其加以把握，使之与汉儒在制度上僵固化了的"孝学"加以区别（因此《论语》必须与《孝经》加以区隔）。于是，"孝弟为本"的意思仅表示经由"血缘关系"可自然培养向仁之心念。按此，本章的重点应着重于"君子务本，本立而道生"两句，侧重于"本"与"道"的因果联系性教导。就汉字本身说，无论"道"还是"本"均可随语境设定不同而在不同指涉内容层级上加以使用。《论语》中的"道"的用法尚未扩及后世道家将其视为价值性至高目标之意，而仅泛指一般"道路""途径"之意，在本章中此"途径"自然指"学"。"本"字在本章内如指君子对至高价值总称的"仁"，那么"仁"即是孔子之"道"，且为人间至高之道，而"学"则是达至"仁"之"道途"（在此，"道"一指目标，另一指途径）。于此可见"仁"与"学"之间的内在相连关系。"君子"与"小人"的随境而异的对比性意涵有三：职能地位性（官、民），文化性（读书人、非读书人），道德性（有品德者、无品德者）。本书所指"君子"多相关于三者的前项，有时特指官吏（春秋时代"读书者"的可能职业即"从仕"）。故原始仁学主要针对"君子类"人，即具有伦理性品德、志向或成君子潜力，并可能具有官方职守的少数"知识分子"（此为当时"知识分子"唯一可能的"工作内容"），仁学视此"君子类"人为政治清明、社会安定、教养传承的参与者与推动者（权势在君王，方向在君子），故有识者为其设定个人人生观和知识能力养成的"伦理智慧术"，助其成为"合格君子"，以在正确方向上实行诸官方任务。此一简化的古典"知识"（学）和"知识分子"（读书人）定义，虽不同于后世乃至现代的社会、知识、知识人的定义，其中含有的仁学"君子"的基本伦理性品质，则仍体现于古今不同社会历史内容中。本章涉及的具体实践方式——孝制度及思想，为传统社会一贯采行的"道德养成制度原型"，其社会政治功能今已不复存在，但于本章读解中可作为任何合理社会中基本社会单元形态之"象征性代称"加以把握。

【关于人性实践论的历史解释学申论】

"本立而道生"的现代引申义是：君子人生观与实践观为一有静动实践双结构之终生程序性整体，其基本特点是在实践目标与方法（道）和实践动机与基础（本）间确立必然因果性意识，此即君子行为必具有其"伦理价值信仰之基本及认知与实践之预定步骤"。本章的实践学次序是：本、立、道三环节。在此，道为志向展开途径之泛称。本章所强调的是"原则"（本）、目标（道）与其确立（立）的一致性和次序性关系。"立"即认知性和实践性层次上的心志确定性，其效用在于"牢靠地行走于道途"，而此心志树立行为须基于、引生于动机和目标所依据之价值学基础上。"本"为主体志向和认知的混合物，非仅是理性的认知，也非仅是单纯的决意心态，而是价值信仰和实践机能的有效结合，即"心、言、行"的三结合。唯有完成了此信仰（仁）、智慧（智）、意志（勇）的结合，才能切实走上仁学伦理实践之途。此一综合性、实际性的伦理行为之"本"观，表现出仁学特有的理念和情志一体化的实践"力能学"特色。重要的是,"务本"与"本立"均为主体发自个人内心的自主性行为。深入推敲,此仁学之"本"即为作为其价值观基本范畴的"仁",由此显示仁学实践学是基于具此根本性的价值学本源,一者显示仁学之本不同于人性与社会自然倾向中的欲望(名利权),再者指出仁学自有其本身自足的精神价值性"基本",而非相关于任何其他信仰体系内导出之基本。此外,本章也指出仁学实践学的一般实行逻辑:前提与步骤之间的次序性关系。由此指出仁学之"本"对仁者行为方向与方式的制导性:仁者行为是由自我主导的、具有其价值学基础及实践方向和步骤的程序性过程("礼学")。此一仁学重本说,正是仁学抵制俗常名利权本能欲念和外界有助此欲念实现的社会条件的一段警语,即通过仁学之主体伦理性价值学之实践原则和适当程序之确立,来抵制各种非伦理性外力所激发的俗常名利权欲望。本章宜与前章合读,以使论述对象特别针对"学伦理学"之实践程序性方面。

现代意义:

本章警语岂非正是针对现代社会、文化、学术界内功利主义和私利主义人生观而发者?如今日人文学者所采行之"本"(人生观)非来自"学为己"的以学求真的伦理性原则,而是来自各种"学为人"(受人赞许、尊敬、钦慕、畏惧等)的功利主义动机,其目的则为以学求利。而求利之渠道由现代社会功利主义共识和客观机构提供,学者遂成为循此内外交加(在"内求己私"及"外助己私"的合力下)轨则与渠道前进的准技术性的(故必为以求利为人生观的)"学员"。此类学人必以"求成"(通过遵行符合本身物利目标达成的、功利主义的制度规则程序)取代"求真"(按照无关于名利权追求的科学理性原则治学方式)。对于存在有客观真伪检验标准的科学来说,此一今日遍在的功利主义自然无碍,而对于不存在、少存在显见客观正误标准的人文科学而言,其实践结果自然难以有助于甚至直接阻碍着相关学术科学性水准之提升。本章有关人文学者在人生观方向上"回归基本"之论(本章之"本"与"立"的实践学因果关系),于现代学界而言,喻示着人文学者能否朝向人文科学事业实践须以其是否有能力立"求真之本"而定,如此学人才可有意志力应对、防止全球化时代外诱力极其强大的"唯成是问"的功利主

179

义学术潮流（这正是当前西方人文学界所极难克服的时代困局）。

1－3. 子曰："巧言令色，鲜矣仁！"

对比项：言善/心恶，似真/实伪。

意旨：伪善者必借假仁假义之善言以有效行其最终欺诈侵夺之目的。

旧解摘要：

《集解》："包曰：'巧言，好其言语。令色，善其颜色。皆欲令人说之，少能有仁也。'"《集注》："致饰于外，务以说人。"《四书辨疑》："致饰于外，言甚有理。必有阴机在内，而后致饰于外，将有陷害，使之不为堤防也。语意既已及此，其下却但说本心之德亡，而不言其内有包藏害物之心。所论迂缓，不切于事实，未能中其巧言令色之正病也……内怀深险之人，外貌往往如此……为此巧言令色而无阴险害物之心者盖鲜矣。"李二曲《四书反身录》："凡著书立言，苟不本于躬行心得之余，纵阐尽道妙，可法可传，俱是巧言。"

含义引申：

本章特举伪装君子者之混世惯习，以强调仁学之真伪辨析原则之重要性。因为世间欲为恶必借伪诈以行，其伎即在于善伪，"道义话语制伪技巧术"遂成为仁学智慧学必须加以破解的对立面。辨伪之法则为：细察任何言者之心言行三者间种种不一致的"隐蔽迹象"，从中探察言者所隐藏之真实动机与其行诈伪之隐蔽目的为何。按此，任何言行表面上给予的"正面印象"本身，不论如何铿锵有力、义正词严，既不可遽视之为正确论断，亦不可遽视为其本身真实思想之表达。凡善伪者，亦必使其言说表现出的貌似合理的"手段"和其内心隐藏的真实"目的"，通过"花言巧语术"以使其"脱去关联"。故有识者的智慧即通过观察分析其言行细节之不一致处（尚且非仅指其自我矛盾处。实则，"察觉不一致"为察觉"自我矛盾"之起步）隐蔽的诸"环节"间"所设计的、促使伪言易于得逞的因果关系"为何，借以察验其真实目的及行动步骤之所在，并据以回溯其远程与近程之真实动机，以达至对其计划中的心言行链接结构之洞识。此一警语的要点在于分析善伪者之哗众取宠、以伪乱真的话语修辞学策略之精妙性质。所察为"巧言令色"，所获在"内心动机与目的"。当"美词丽句"（或指其词丽，或指其理惑）出现时，受者无从遽以断定虚实，故须自始即存"察其言观其行"之态度，以注意并积累其言行中之诸多细节间的"破绽"，以作为稍后进一步推断之据。而自古至今，世人多无"察言观行"之习惯，而是易于根据言谈意涵表面之"吸引力"而定己心之从违，此所以凡善于巧言令色之作伪者，多可因众昧俗愚而轻易得逞。言行内容表面上"合乎正义"，既不等于所表达的思想正确，亦不足以反映言行者本人品德之高低，因任何言行所含之"正确性印象"本身恰恰均可为作伪者特意设计与制作之效果（其最简单例为今日传销业或一些广告业，即最善于设计制作此类"特定印象生产术"者）。但本章巧言令色之戒，非仅限于恶人、阴谋家之类作为，而可能更为广泛地指涉众多言实不符、哗众取宠者。其失乃因心志不坚，或出于无知或出于虚荣，或仅因求闻不求达，而诉诸此类易于得逞之"修辞惑人法"，并将其视为个人成功之术。

现代意义：

本章之意实可相通于自古希腊以来人们熟悉的各种"诡变派"修辞学伎俩之复杂化发展。而辨析话语真伪的动机性原则的提出，与具体辨析能力的具备，为不同之两事。因历代以来人们习惯于遵行当时"公认的"思想方式与学术程序，极难避免"跟随大流"而普遍地"中着"（以语词好恶印象定个人选择方向）。现代以来，即文化、学术、思想日益职业化、规范化、程序化以来，此一传统人性倾向反更趋深固。治人文学术与参与文化实践者更应深思此一自古以来绵延不绝之思想轻浮惯习。巧言令色之效果，即"哗众取宠"之谓（在高级文化与学术表达层次上的"修辞学运作法"意义上），在商业化时代获得了无数倍大于古代的技术运作可能性，特别是在社会政治领域，不同派系之间存在着大量通过"巧言令色"而可不难得逞的社会文化效果运作之空间。此一警语具有的现代重要性可谓空前显著：一来，高技术化时代人类大多数知识均属专门性领域，学者对于本业之外的广阔知识范围大多所知有限，难以对各门类具体问题进行独立判断；二来，现代人文科学的功利主义转向导致学者多可通过"合法地"制作学术话语的"修辞学诱导术"，以在学术市场上达到任何一种"促销"本身学术话语成品之实利目的（当代西方理论界甚至有人公开宣扬：思想无所谓真假，凡可产生效果者即为正当）。二者共同构成了今日社会文化领域内人文话语市场化的"话语效力制作技术"之发达。此种发展之根本原因在于学术之"技术性制度化"的强化，从而导致"义理面"与"程序面"之分离，而后者遂可成为以"美词丽句"取成之捷径。今日甚嚣尘上的"泛广告术文化"，其性质正可刻画为广义的"巧言令色法"。本章的现代性意涵在于强调读者应该对任何人文理论话语本身，正像对于任何商品的广告宣传一样，首先进行真伪分辨技术性层面上的分析，而不可只跟着自身"感觉走"（这正是今日消费社会文化中日日发生之随大流现象）。这也正是人文科学的科学性革新事业的一项重要要求，即学术投机人士惯于利用去旧创新过渡期中的种种判准之含混性与广大受众的专业无知性，通过"新颖话语诱导制作术"，以产生"巧言令色"之效果。特别是在"后现代主义"时期的反理性氛围下，倡导唯修辞学宣传效力是求的"后现代主义之泯是非共识"，更为学术思想理论的"巧言令色论述法"提供了伪理论性论证。世界人文学术话语的"巧言令色"的普在性，今已成为人文科学理论革新发展的最大障碍之一。至于其现代化的"以言行伪术"中最值得关注的特点有二：一为，恰恰是"巧言"最易使人轻信，因所谓"巧"即有意针对听者"受取弱点"而制作者；另一为，巧言令色并不排除在过程的某环节上运用"真实材料"以作为取信于人之"利器"，而此一"真言"不过是其整体"造伪设计过程"中的、可操控的技术性因素。而世人往往以此一"真"作为推测彼一"伪"亦属真之论据，故必落入善于玩弄"真假交替修辞术"的狡黠者之窠臼。

182

1-4. 曾子曰："吾日三省吾身：为人谋而不忠乎？与朋友交而不信乎？传不习乎？"

对比项：自省/立德，交友/忠信，学仁/传善。

意旨：君子通过自反心言行以验行自身求仁志向之坚确。

旧解摘要：

《四书辨疑》："忠当以心言，信当以言论。心无私隐之谓忠，言有准实之谓信。"

含义引申：

此章曾子言被纳入《论语》首篇，非常可能为《论语》编写第二期所为。此"曾子"角色偏重于"狷者"型仁者，主要申之于德性与学习方面，即潜在地着重于（对上之）忠、信与学（传）。此一"传"字历来注家解释不一。因"子曰"句中皆无此字，以及春秋战国时代尚乏"注疏"类作品遗存证据，故此字当作"传继"解为宜。所传继者或指具体师教，或指任何周礼等仪节规范之传承。汉以来学术逐渐形成后，此字可扩大为指经学、子学、史学等；现今则可用以泛指对一切传承知识与经验之"学习"。"忠"与"信"义近，因此本章强调者实为"信与学"二事，即在对他关系中守信，在对己关系中重学。也即本章从两侧强调：对待他人的自我动机和行为之适当性检验，以及主体对自身学习心态及行为之检验。扩大言之，仁学内实践者须思考对他方式和对己方式二者，即实践主体须在此两方面或两个方向上推进仁学实践。本章首先提及的"自省"要求，在扩解中亦具有深意。该警示与宗教性教条中的各种在"他令"督责下的"自律学"不同，自然也与日常必有的"自我利害权衡"之"自省"不同。一方面，强调仁者的"上进"是依靠自身的努力的（不是依靠超经验性力量之赐予及督促的）；另一方面，根据经验主义指出任何人都是意志和能力有限之现世人，其仁学实践能力及效果是自身有意识努力及改进之结果，此一自我反省和自我批评的方法即自我仁学实践能力提升或改进的步骤之一。此一自我努力方式即强化自我意识之自监督、自检视的一种实践学。无此自我反省实践，即无自我伦理学实践贯彻之可能性。这是仁学为人本主义及主体实践学的明证之一。关于"自我反省"的此一指令句为一种单纯的自励行为，表达着仁学主体实践学之方向与方式。

现代意义：

本章曾子言之所以成为仁学实践学主要信条之一，乃因其原所宣扬的（对上）忠信品德，也符合人际关系中的公认普适交往原则——诚信。此原则一方面体现着仁学的现世人本主义方向（现世人际关系学原则），另一方面强调着人际关系原则贯彻的实践学基础：相互之间的自觉信诺（而非在他力督责下的被迫信从）。此一原则不仅相关于人际关系正确贯彻的心术学保障，而且成为仁学"爱人"这一最高原则的内涵之一，即"爱"须体现为相互关系中之诚实态度而非相互利用或欺诈。此一实践学原则，不仅与其后法家术士的传统诈谋学方向相反，而且更与今日商业化时代的"伪信义宣传"不同。商业化行为的伪忠信心态与职业性作为，可用"童叟无欺"招牌为例。此类商家宣扬的"忠信"原则均根基于自身利害原则而定，即以"公义口号"作为谋私利之工具而已（而商化的广告性"诚信宣表"的真实目的在于：通过"服务他人"之欺骗性宣传以达到"从他人处取利"的实际目的）。原始忠信与策术的原则性对立，如果并非仅表现在实践学层面（仁学实践学也有贯彻过程中之运作策略性需要），则表现为价值学层次上的必要：人际关系中的一种相互诚信态度之要求。此一原始伦理实践学风格与后世各种功利主义，尤其是与现代商业主义的人生观，可谓截然相反（尽管操守良好的商业行为的确信守其宣传的承诺，而其根本动机乃将"诚信"仅作为一种通过不实宣传运作的"取利手段"而已）。此一根据"义利之辨"价值学原则提出的道义要求，如果因现代社会的商业化复杂性发展而不可能、不必要再体现于社会实践学层面上，则仍然可体现于学术与文化思想实践学层面上。忠信不仅对具体交往者而言，而且可泛指对于一切对人对己之承诺而言，从而直接相关于学术求真及学术求利的不同价值学选择。因学术求利者亦必采取"学术求真"口号进行自我标榜，而其实际心意则在于获得私利。

本章关于忠信之教可扩大为兼指对人与对己，对人之忠信即为对己之诚信，此即合于仁学实践学中之"诚学"义理：对己诚为对人诚之基础。此一诚学的心学原则，正为人文学术现代化革新目标在技术性层面上所必须具备的品格。人文学者如无此朝向以学求真的诚信品格，其学必取哗众取宠方式而无以达科学性目标了。

1-6. 子曰："弟子入则孝，出则弟，谨而信，泛爱众，而亲仁，行有余力，则以学文。"

对比项：孝弟/谨信，爱众/亲仁，行仁/学文。

意旨：爱分三类（孝弟，敬贤，博爱），仁者"学文"（文化，文艺，人文学术）以达之。

旧解摘要：

《四书剩言》："姚立方云：'文，字也，非《诗》《书》六艺之文。言弟子稍闲，使学字耳。'"《皇疏》："或问曰：'此云"行有余力，则以学文"，后云"子以四教：文、行、忠、信"，是学文或先或后，何也？'答曰：'《论语》之体悉是应机适会，教体多方，随须而与，不可一例责之。'"《集注》："文，谓《诗》《书》六艺之文。"黄震《日钞》："所谓文者，又礼乐射御书数之谓，非言语文字之末。"《反身录》："今之教者，不过督以口耳章句属对作文，朝夕之所启迪者而鼓舞者，惟是博名媒利之技。蒙养弗端，童习而长安之，以致固有之良日封日闭，名利之念渐萌渐炽。诵读之勤，文艺之工适足以长傲遂非，率意恣情。"陆陇其《松阳讲义》："即有能教者，有都从利禄起见。束发受书，即便以利禄诱之，不期其为大圣大贤，而但愿其享高官厚禄。这个念头横于胸中，念头既差，工夫必不能精实，只求掩饰于外，可以悦人而已。"

含义引申：

本章句式与1-2句式类似，由独立的两个句子联成，前句举"仁爱之学"的渠道为亲孝关系，后句则据亲子之爱的基本以扩充人际关爱至一般人类。前句德性的引申为"人际信义"，后句的引申则将孝亲之学扩大、提升至"文化或文学之爱"（"文"者，即特指关

185

于人的［非关于物的］思想与精神事业实践方向）。同理，本章中后句不仅具有一种超越时空的普遍性，而且标志了中华文明文化发展之总方向：朝向于"文"。

【关于仁爱的历史解释学申论】

本章为仁学有关仁者对人对己的人生观及其实践的简明指南，含以下几点：

第一，按照人性现实提出分等之人际爱思想，首为家族孝弟之爱（自然天性的"血缘之爱"），后乃扩及对他人之爱（"人类之爱"）；在非指家族关系的一般情况下，对他之爱中特别强调亲爱于仁者（按伦理文化等级辨别的"尊贤之爱"）。此为仁学"博爱观"特有的等差规定，既凸显对"仁"价值的至高无上推崇，又强调其人本经验性基础。仁学表现出一种矛盾的构成性特点：价值学的理想主义和实践学的现实主义。为了在实行中克服此种矛盾张力而在智慧经验层面上提出了一种折中性的"权（衡）观"（后来的中庸说为其发展）。但是正是仁学的权（衡）观在现实中，即在遭遇大多数人之"仁心不实"者的实践时，也最易于蜕化为"乡愿"。

第二，仁爱原则按照不同人性实际加以规定，非按照抽象义理加以规定。仁学的泛爱原则以及爱分级次原则，均基于人性经验的可能性。家族关系为孔孟时代社会构成的基本单位，也为仁学伦理学形成和实践的主要场地。孝弟原则均为前述人际关系中在家族场合之"仁爱"总原则的诸子目。家族关系为社会关系之基础层，亦即为仁学伦理学理论原则与实践方法形成和运用的基本领域。此一仁学孝弟学为历史上家族关系内体现人际关爱的特殊原则和规则，也为实行仁学"泛爱人"精神的发生学之历史性起点，故于本章中先予提出。家族亲爱、对他友爱、仁者敬爱，三种不同类型的仁爱，均根据于人性经验可能性之实际加以提出。特别是最后一种"亲贤之爱"为中华仁学所特有，其深意正在于将历史上视为最高类的、惧势畏权的"敬上"之爱，代之以伦理性的"敬贤"之爱，从而以其仁学伦理观，永恒地对峙于历史上的王权神权至上观。

第三，生活方式——行有余力，则以学文。这是非常重要的仁学人生观和智慧学的最简明指南，显示了原始仁学的基本价值学对立范畴——物利追求与精神追求。不仅如此，此一对立中的"物利追求观"通常包含现世、来世两界，因为来世永福观，不过是表达着将现世物利追求在时间上无限延长而已。在人生观上，敬上与尊神即从现世与来世两界对于物利享受的加强化的追求观念。此处之"文"则完全意指对现世精神兴趣的追求，所以本质上反而是一些宗教信仰在支持物利追求，仁学信仰在支持精神追求。（试看，哪里有任何宗教教义在宣扬神祇崇拜与畏惧之外复提倡文化提升目的者？）本章之"学"字与《论语》首句中的"学"字相互一致，而"文"字在孔孟时代可泛指当时粗简的"现世文化行为"，如礼乐诗书（当时均非指文籍，而指合乎仪节规定的言语与行动），而随着其后在中国历史上的展开，其衍生字"文学"更可代表现实界内精神生活和文化行为的进一步丰富化的内容及方向。"文"范畴的提出本身相当于通过与世俗性、物质性欲求大方向对立的方式来表达仁学精神性的生存目标。"行有余力"即指对于君子类人士提出的特殊要求，即唯君子人可禀赋此"余力"。"爱人"如为仁学对于大众的普适性要求，"学文"则专为对于君子人加附的要求。此一高低人生关爱目标的仁学分级制，亦为调节仁学理想主义与人性经验性现实限制的设定（因此，原始的"君子小人"二分法，其确指多端，并非单指人的道德品格的高低，而亦为泛指人之综合性"向仁"潜能的强弱）。尤为重要者为：本章中的"文"与本篇首章中的"学"之原始义与其后不断丰富的衍生义，虽"内涵"大不同，却可奇妙地"容装"于相同的字形"学"中，而在汉字语义学机制内形成了前后增义间的"可贯通性"，学之确指即可随境而异地加以规定。结果，"文"成为未来的人文、文学、文化、学术诸现象之历史性汉字"基底"，"学"则成为未来"学术"现象之历史性汉字"基底"，二者的联合岂非即相当于今日之"人文科学"范围？

现代意义：

本章之爱众、亲仁、学文三意，具有涵括人本主义仁学伦理学的三大价值观的功能，重要者为，三者之间的有机联合之总精神价值范围含：（不分信仰的）人类之爱，人本伦理价值之至上性（与现世权势至上观与来世神力至上观对峙），以及前二者在仁学实践学中朝向的"人之科学"。故本章意旨对于古今中外人生观方向相互贯通的立场表达的最为明显。

【关于孝学的历史解释学申论】

孔孟孝学作为古代道德实践学的传承基础，本质上源自亲子自然情感关系，以及其在社会政治领域中发挥的关键性作用。但此孝文化非创始于孔孟或仁学，而只是由孔孟将其首次置入仁学体系内作为仁学伦理学的"准实践学基础"和其"内学"的基本运作区域。此基础作用和运作区域作用具有时代历史局限性，今已大部分失去其古代多方面的社会与道德的功能性。在今日《论语》读解中，可将其理解为"特殊历史性能指"，用以表达所含蕴的超时空的一般仁学精神之"所指"，即孝弟关系经解释性转换后可相当于某种"基本人际道德品质形成之实践场"加以把握（以此亲子天然亲爱关系为"基础"以培育一般人际间之亲爱关系）。而在仁学义理认知方面，"古典孝学"也可相当于一般人际基本关系准则的一种特殊"读解逻辑"（以此人性自然主义本能的经验性存在作为伦理价值观可行性之"准证明"），也就是人际关系中的爱原则作为仁学人本主义原理的明晰而通俗的表达。此一泛仁爱观代表了仁学的人本主义本质，其最高实践学价值为人际爱，而非宗教所持的最高实践学原则——想象中的人神互爱（因爱神而能爱人，与因爱人而爱人，在"伦理学认识论与实践论"上具有本质差异性：自发之爱与受命之爱）。此一含有三段话语的指令句其实包括伦理学的两大界域：人际关系域和个人生存域。二者均适用于今日人本主义伦理学原则。前者指不同类型的"与人为善"原则，后者指朝向精神目标的个人生存方向指南。从"亲仁"原则即可推演出"见贤思齐"和"成人之美"指令，此亦符合仁学"学为己"和"以文会友"指令，凡此种种均为今日人文学术改革所必须具有的仁者实践学态度。此一产生于、自觉于人心的态度，直接对立于今日全球学术商业化时代诸职业领域内的、以律法加以约制的"以邻为壑"及"商场如战场"的人际竞争关系中的态度。就人文学界而言，只有采取仁学"学为己"和共同追求科学性治学目标的态度，才能够达至此一以仁求真的目的。再者，今日本章最相关的原则为"亲仁"和"学文"两端。二者均对立于商业化社会文化主流之习俗和原则。全球商业化社会将人际关系普遍置于相互争权夺利或相互竞争格局之内，即将个人人生观普遍逼向追求个人名利权的大方向，并导致"读书人"之学术修养异化为各种准技术性性格（即"文科类技术性"，也即因以"学术文化"作为职场生存手段而被衍生出的一种技术性-程序性的学术实践方向），从而使其远离了传统人文学术求真善美的伦理性目标。

1-8. 子曰："君子不重则不威，学则不固。主忠信。无友不如己者。过则勿惮改。"

对比项：自重/学坚，忠信/友贤。

意旨：仁者自重，力于学友于贤，改过以迁善。

旧解摘要：

《集注》："轻乎外者，必不能坚乎内。"《韩诗外传》："南假子曰：'夫高比所以广德也，下比所以狭行也。'"《皇疏》："此章所言谓慕其志而思与之同……同志于胜己，所以进德修业。"《四书辨疑》："东坡云：'世之陋者乐以不己若者为友，则自足而日损。'"黄氏《后案》："陆子静曰：'人之技能有优劣，德器有大小，不必齐也。至于趋向之大端，则不可以有二。同此则是，异此则非。'"

含义引申：

此章中前句强调君子之心言行三层次上的正向实践，须基于态度和言行之持重风度（古时从仕君子所需之"官场威严"今可转义为学术实践所需的"态度严肃"），从而再次强调动机层有关诚敬心性之修炼具有仁学实践的首要性。本句之由"内重"导致"外威"的因果性判断，可逆向推理出由"外威"导致"内重"的因果性推断。此与"言不及义"所诫者正相一致。此章后句相关于仁者学习之正确态度：见贤思齐与改过迁善，以践行"以友辅仁"的仁学目的。仁学实践学关系到人际关系学，也就是人己关系学，特别是一般友学。友学兼含理念和方法两个层面：友人既是仁之（亲爱）对象或目标，又是"致友学"的途径。在此，友人的条件是"可以辅仁"者，并非任何以利相合者，故必乐以"某方面超出自己能力"者作为"良师益友"。其间接之深层意义为：君子交友的目的首先在于追求自身践行仁义之品德的养成，其次在于进入兼济阶段后即须集思广益以推仁。见贤思齐之教对应着如何克服人性弱点——妒忌高于己者之人性本能。"勿友不如己者"不是"不与不如己者交"之意，而是以此反向指令以增强对前者义理的认知。正如《论语》中许多其他的章句表达法一样：其指令确义必须在具体语境中综合把握，本句式只不过是将友学的另一方面（扶助弱者）在此略而不谈以突出友学的主要方面——见贤思齐。于是"勿友不如己者"的真意反而是：应"优先与贤者交"（"亲仁"）。此即为仁学友学的"以友辅仁"（此处"辅仁"兼及独善与兼济两方面）总原则在"兼济

189

侧"之一种应用。

【关于"过学"的历史解释学申论】

在某方面向强于己者的他人学习，即承认自身缺欠（过错及不足）之必然存在，故希通过与贤友交往以利于自身缺欠之改正。此一警语除针对人性嫉贤妒能弱点外也针对人性虚荣心弱点——掩饰自己过错或自身弱点的本能倾向。此后句指出，如不勇于改过（源于人性弱点：惰性与虚荣）即不能进德，以之暗示"自身进德"的最大障碍在于自身无克服本身人性弱点的义理之勇，从而将仁学实践学再次落实在自我态度轴上，显示出仁学是一种相关于主体动机或态度的伦理实践学，它与重遵纪守法的行为主义集体道德学宗旨在思想类别上相反。

仁目标直接体现在自我内心，其外在言行的伦理性（仁学性）不由外在行为之社会规范正确性衡量（不仅因为外在行为正确性可能只源于社会习俗或利己动机，而且可成为行为者借以作伪取利的机会，故言"民免而无耻"），而须经由个人内心是否自诚明态度来衡量。"改过"遂成为进德的必要步骤和途径。"改过"可扩解为"弃旧向新"之步骤，实即自我学习和自我改进努力之象征性代称。仁学之"改过学"即"迁善学"，其中自然涉及仁者须具备"正视和承认自身任何弱点"之意识。不仅强调君子不以改过迁善为耻，而且不因犯过及缺点存在而致自馁自弃（此为另类自私本能之流露）。仁学认为君子作为具自然身之人必难免有过或存有欠缺，故仁者心言行实践学并不依存于绝不犯过及恒具优点之自期上，而是依存于自身有过能改、向善自强的自觉努力决心上。此种过错观与宗教学的"原罪观"相反，并表明仁学认识论-实践论与各种宗教具有的"原罪观"认识论-实践论相反。仁学的经验性的"人性过错观"与宗教的具逻辑必然性的"先天罪恶观"的根本差异性，具体地反映出了仁学人性论与宗教神性论之间的性质区别。进而，仁学的"改过实践"基于自力，而宗教的"除罪行为"基于恳求神力的救赎。因此，本句不仅指出君子应及时不吝改过，而且暗指过错乃人生人性之自然，本不必以"罪"视之。而宗教之原罪观则为宗教精神所持的内在信条。

仁学的过错观还包含着一个更重要的意涵：个人伦理责任及能力之有无问题。按照马丁·路德的观点，个人无责任、无能力解决来自远祖的原罪，而只能依赖主的恩典予以拯救。伦理责任为一，伦理实践能力为另一。路德思想的本质是排除个人有伦理实践的独立意志力，也就是排除人本主义的、自然主义的人性意志力，从而根本上否定了人本主义伦理学的基础。仁学视过错与欠缺为人生之自然。仁学要旨在于强调个人具有改过向善的责任和潜能。改过即意味着人有自行改过的"人性能力"，而仁者更特别具有此种自我改过实践的超常意志力。所以本章关于改错的指令句具有伦理学认识论和实践论上的重要意涵。仁者即为有能力实行现世伦理目标者，其方法即培育锻炼自身之士君子人格，以之作为可贯彻仁学目标之心理条件。仁学之友学实相关于君子之"自身素质"之培养学部分。向学和改错为仁者同一自强努力之相关部分。

现代意义：

对于人生态度和性格的"厚重性"要求（对照于"言不及义"章），即对于主体意志力须具"厚重性"之要求，作为人文学者之基本条件，其义可引申为：现代人文学术的科学性革新，要求学者具有坚实的主体意志力，如此才有能力维持学术性和社会性实践的自觉严肃性和有效性（包括谦虚向他学习和勇于承认自身缺点，如此，何来结党营私、党同伐异之通弊？）。本章因此相关于学术内容的严肃性和追求严肃学术的态度性构成。此一君子学要求的心志严肃性，即为仁学意志力坚定性之反映，而因此方可显示学者具有抵制各种社会与学术界不当压力的能力，秉持此种自我能力方可坚持自身学术求真方向的努力。

本章后句中的见贤思齐和"改过迁善"部分的指令对于现代人文学术革新目标来说均具有直接的相关性，因学术革新取决于学界（跨界）集体性合作行为。彼此互学精神和要求，实即等同于今日急需的跨学科、跨文化的相互学习的要求。而学术职业化和学科本位主义均对此"秉公治学"要求持抵制态度，其结果必导致学者之间不肯承认自身学术弱点并不肯向他人学习。"改过迁善"之教甚至具有重大的认识论意义：人文学术理论需要不断汰旧更新，"旧"者非指其内容产生时间老旧而为其学术"错误"之代称。学术革新必须汰换过时及错误部分，执行此一强化进学决定，即相当于自我"改过"意。故"改过"，亦包括改正自身学术中滞后和错误部分，此为人文学术科学化革新必有之步骤。而人文学术商业化状态下的功利主义治学观念，不相关于学术自身之正误，而相关于其学术市场上是否具有"流通价值"或"流通有效性"。故仁学的"改过学"作为一种学者的态度，可成为抵制或克服学术功利主义的人文学者自强手段。仁学之改过学的基础当然还首先在于承认人文学术中存在有不易辨析的客观性的（虽然不是自然性的）正误、是非、善恶之别，也就是真伪与高低之别。改过迁善遂成为弃伪向真、由低趋高的仁学实践学之组成部分。就人文学术革新性前进而言，也就包含着诚于、勇于承认自身学术记录中之各种去伪存真（改过与改进）努力之必要性。否则"文过饰非"的功利主义心态（往往以商界视为自然的"扬长避短"策略对应之）将成为学者拒绝自我学术革新的内在阻力。

1-9. 曾子曰："慎终追远，民德归厚矣。"

对比项：尊逝/敬祖，民纯/德厚。

意旨：送丧祭祖为联系过往、现在、未来三域存在者之仪节，亦为君子生命自广之方式。

旧解摘要：

《集解》："孔曰：'慎终者，丧尽其哀。追远者，祭尽其敬……民化其德，皆归于厚也。'"《皇疏》："一云：'靡不有初，鲜克有终'，终宜慎也。久远之事录而不忘，是追远也。"

含义引申：

本章为曾子言。我们仍可从字里行间依稀感觉到孔子与曾子对于仁学言论选择的微细差异性。同言"孝"，孔子侧重亲子之情本身，曾子则偏重相关制度性规定，更不要说其与"忠"的关系（即侧重于对"君上"的至尊部分）。同言"祭"，孔子之言侧重于行祭者内在诚敬之心的有无，曾子则暗示"祭祖制度"本身含有的"约制力"方面。"祭祖"可以成为表现祭者与逝者家族人性情感联系的场合，也可成为对于"准鬼神势力"的崇拜。仁学论述是侧重于对于"仁"义理本身的绝对信仰，还是侧重于对所谓体现仁的君王权势及祖先（准神鬼）权势之"崇拜"，此一区别暗含着仁学本身与后世流行的"儒学"之间的貌似而实异的差异性。后者区分于前者的本质即在于将"信仰仁义观"中心转移为"崇拜各种虚实权势观"。儒教与儒学的本质即为一种"权势崇拜意识形态"。此种权势崇拜在历史上体现在各种虚实"权势系谱"的营建上。仁学精神的存在性根基于人类的生物性加社会性本能（人性）及精神文化存在的接续性，故"精神"非属单纯个体现象，而必为继往开来的祖先与子孙间的种族一体精神连续现象，个人的仁学精神基于历史的仁学传统，此亦为社会道德性存在的理由。仁学作为人际关系正义学和己他关系自我学的合成物，具有其历史性维面。此章通过丧祭礼仪表现了仁学之人本主义本质：伦理价值存在于古代、现在、将来的人类存在物本身。个人的存在意识将通过时间维度上的记忆性延展而深厚其构成，并融入文明集体的生命长河之中。

【关于"祭学"的历史解释学申论】

祭祖和丧葬是对待已逝者的态度，为礼学的主要组成部分之一，也为仁学人本主义的重要标志之一。对祖先的崇拜等同于对先人的尊敬与对古今一体事实之体认。丧葬礼仪（其对象从视祖为"神鬼"向视祖为"先人"的人本主义倾向演化）也为对今人祭者存在价值的一种间接肯定，强调此种生人与死者的人类存在的价值性关系：将个人的生存价值纳入族系整体内，以强化"人本性"人际关系内涵，通过生人生存延长意识以强化个人对族系（群体）道德（即人本性道德）价值的依附关系。孔学的丧祭学的人本主义演化表现在：一是强调崇敬已故先人本身，而不是崇拜附加的神格因素（逝者的"准神格"作用，"鬼神"之古义多为"已故者"）；二是将丧祭仪式的重心从"受祭者死人侧"转移到"致祭者生人侧"，也即从"求他助侧"转移到"诚己心侧"（他句中"祭神如神在"，其含义为：知其不存在，而心理上故意想象其存在，以表达尊敬感情之实在性。此一"如"字蕴含着仁学的人本主义理性观）。祭祖仪式相当于以象征方式和心理想象方式实现人际关系的超越时空的长存性：祭者通过将自身精神生命纳入家族谱系，以完成个人精神生命预先延长化的意识。我们可以从中理解远古文化演进中显示的一种人本经验主义的发展。从商代真神崇拜中心到周代的纯祖先崇拜中心的人本主义化的演变，标志着中华文明从原始宗教性道德信仰向人本主义伦理性价值观的转化痕迹。但是来自法家根源（天道迷信与人际权谋之结合）的儒教文化之含混实用主义（一种由"有用"动机促成的机会主义）同时包含着此一仁学原始朴素的人本主义（隔代亲子间的延伸性存在意识）和来自原始自然鬼神崇拜民俗的（意在寻求超越性护佑的）准神格意识的共在，体现为仁学人本主义伦理学因素和儒学政治需要的一种混合性存在。对于现代读解来说，传统仁学的历史性存在（《论语》中的纯仁学因素的历史性表现）须从其历史的混合性存在中进行功能性分离后再加以体认。仁学人本主义倾向是在远古中华人神混合文明历史过程中渐渐滋生的，我们应该从中华文明史中宗教文化部分和人本主义部分的互动消长关系中体察后者在历史存在中的相对"精神独立性"。

现代意义：

本章的现代含义是，以人本主义立场在精神层面上延续人类集体之精神生存的永续性。此精神永续性观念，既非宗教性绝对个体泥执主义的"个人灵魂永存"，也非经验虚无主义的"人生譬如朝露"，而是将个人物理性短暂生存与群体文化精神性长期生存加以统一。按照仁学精神，本章一方面（慎终追远）从种族生物性延续意识发展为人类现世精神性延续意识；另一方面，此一精神性延续的历史后果从古代的民间品德方面（民德归厚）可发展为人类精神境界提升方面。此精神境界的现代体现则为对于人及人类本身的理性化认知。此一强调精神方向的人生观的经验实证主义的根据在于：个人的所谓思想和精神，都是产生于和延存于人类集体生存过程中的。个体拥有的精神和思想，其"实体"都是集体性存在，而非个体性存在（就其产生根源、现实作用与未来影响各部分言）。思想与精神都是流通于超越个体时空存在局限的人类集体存在中的。无此集体性精神存在，即无个体性精神存在。原始祭祖文化（从在先的一般敬神文化转化为其后的敬祖文化）遂可成为个体在精神上体认个体生存之"集体性"的场合。古代祭祀活动即体现着、培育着此种群体生存延续性观念。周代社会文化对"鬼神"（死者）的祭祀礼仪之发展，为中华文明原始朴素人本主义观念的智慧性创造：从泛自然神崇拜向属于人际关系范畴的祖先崇拜之过渡，也即通过对在先之"人"（非神）的怀念和敬意来"实现""人"（群体人）之续存性。敬祖（故人）遂成为精神上扩展个人精神生存长度感的方式之一。生存者对曾经生存者的"精神关念"与生存者之间的"精神关念"完全同类（"祭如在"意指着祭者与被祭者的真切的情感交流的发生，此为人本主义及人类主义情感纽结的强化表示。而对纯粹神鬼的崇拜则表现为对任何其权势者的畏惧性与乞求助佑性之自私关念）。其认识论上的深意是：物理性-生物性的"个体空间存在"与社会性-精神性的"群体时间存在"的"跨界"（生死之界）的内在连接性。通过家国祭祖仪式实行的此一人本主义精神（在已逝者与生存者两类"人"之间的）血脉相连方式，是内在于传统社会政治整体形式的。当后者瓦解后，传统社会的祭祖仪式的"具体化象征性"和"准宗教性"，将被文化精神传承的"抽象象征性"和"伦理性"所替代，以与时俱进地体现同一民族人性论信仰。即历史上的血统系谱具体性将为伦理精神生命传承的"抽象性"所取代。仁学的伦理精神传统也将与时俱进地革新其认知性基础，从传统生物实用主义的准宗教性（血缘性的祖先崇拜）连续性意识，扩大进化至人类全体存在面的古今精神文化连续性意识，此即体现在历史、社会、政治、文化等领域的思想学术生命的连续性。本章的生物性人本主义古今连续性，遂可演化为精神文化与人文学术的古今连续性之存在论"根基"。

1-10. 子禽问于子贡曰："夫子至于是邦也，必闻其政，求之与？抑与之与？"子贡曰："夫子温、良、恭、俭、让以得之。夫子之求之也，其诸异乎人之求之与？"

对比项：心愿/践行，闻政/从政，谋利/行道。

意旨：仁者关怀天下而其践行则进退有方。

旧解摘要：

《吕氏春秋》："孔子周流海内，再干世主，如齐至卫，所见八十余君。"《史记》："孔子历七十二君。"《集解》："郑曰：'言夫子行此五德而得之，与人求之异，明人君自愿求与为治也。'"

含义引申：

按照本章两句连贯读解，无位而关注公务和公益，仍属君子自我仁学实践学之本分。前句区分君子志向和君子的职位，即心志的有无和职位的有无是相互分离的，二者并非一事。无位而希图有位以获得行仁的外在条件，此乃古时仁者外实践之必有选择。本句通过君子自荐以行道和小人趋炎附势以干禄在外表行为上的类似性与二者在动机和目的上的差异性对比，以凸显章旨。由此可见《论语》善用同中见异（动机与目的）和异中见同（行为与手段）的修辞法。"必闻其政"中之"闻"字应理解为"关心"，也就是怀具治世之抱负为仁者人生观必有之义。此一抱负今日应变通理解为仁者对一切重要世事之"关心"（不等于"施为"）。后句则表达了仁者现实处境的永恒矛盾：希望从政（今可泛指"得位"）以行其仁政之志（任何仁学参与的外实践项目），但不愿通过不当乞求或争夺以得其位（如此必定同流合污）。古代仁学之政治实践预先限定于封建等级制度内，故以此制度的秩序之存在为其实践学前提。今日读解不应纠缠于当时之历史现实及认知条件之得失，而应从其历史行为表现中察验其动机与目的之伦理性本身（由客观察验主观）。

仁学之真实关切为政治伦理性思考，而非"政治实践学"作为。故《论语》故事通过孔门"政治行事"（外实践）之失败或徒怀理想以表现其对政治事务所含伦理性部分之"关切"（内实践）。客观上，此句显示了政治为两种相反动机及行为的交汇点：伦理性与私利性。从政既是个人为民谋福之渠道，也是个人争权夺利之渠道，而二者之间难以从表面加以辨别，其含混性遂成为狡黠者（或乡愿者）善于遂私之条件，以及君子易于受挫之原因。同时也正是此领域可成为历史上最终试炼政治从事者伦理性心志之展示台。后句表达的孔子须"待召"而从政之态度，显然表达着仁者与现实政治方式的天然不适合性，从而喻示着仁者对于政治的关注实际上仅存在于理念和精神层面，并因之而只能（通过转换跑道）实现于文化领域。此一中国历史上的原始政治伦理学模型——从政意愿与从政条件之间的永恒矛盾——成为后世君子从政遭遇大多不顺之原型（趋利者多善政治，趋义者多善文化）。也就是，人本关怀的仁学政治学和封建专制的儒学政治学之间在伦理学层面上具有根本对立性。

本章合孔子言与弟子言而成，子贡以"温、良、恭、俭、让"形容孔子之求仕态度，颇有后儒"曲解"孔子心志之嫌。孔子以致仁理念为政，其立场乃以良知对权势时之"得君行道"，故士君子首须具刚勇气度，当仁不让，何须通过"温、良、恭、俭、让"示人以谦逊若此？此与以"恕"字曲解"一以贯之"章类似，似为后儒或儒化弟子意图软化仁学"刚性"性格之思想流露。

【关于"实践态度"的历史解释学申论】

本章句组中之仁者态度学反映了原始仁学与秦后儒学的一种基本区别。前者严格分辨从政者之动机，而后者放松从政者之动机辨析，例如不再分别从政者之最高信仰的性质是朝向仁与仁政，还是效忠天道皇权。儒教时代从政者的任何动机（其定式化的教养程序已然预先规范了动机的"齐-化"）实际上均须纳入统一的儒教制度中的官定的行动渠道：此即或在先的权贵举荐，或其后的考试制度。仁学的动机要求遂掩埋在儒家的按照既定帝王制度需要而单向展开的"儒者心态行为之技术性程序化"轨道。儒者自身动机纯化的内在性仁学标准，遂被儒学学习上的外在性"遵纪守法"标准所取代，而此一以学朝向官场晋阶之成法，也同样成为个人求富贵之法（儒教政治善于交相运作人性内之"义利"二本能，而"利"之比重远大于"义"，况且所谓"义"也已被纳入求"利"手段之一：唯效忠君上者可得"利"，被"忠化"之"公义"遂被儒教意识形态巧妙地转化成获"私利"之手段）。结果，仁学志向被儒学志向取代，儒教社会通过将"天之子"树立为人间第一高位而将儒者对天子的忠诚视为第一品德，而恰是此一品德亦被儒教制度安排为个人取得荣华富贵的条件。私利追求遂与对权势的顺从合二为一。

"学而优则仕"指令的内在含混性为：一者意指，品学兼优者应积极参与仁政以行仁道；另一者意指，学之目的即在于最后做官以求富贵。儒学政治学的实用主义在于：同时利用此两种方向相反的激励资源（对帝王利益之献身与对自身富贵之追求）以殊途同归地达至同一服务于王权（作为道德品质的标准）、获利于王权（作为权势者对服从者给予奖励之标志）的目标。仁学伦理学遂被儒教道德学加以瓦解、利用和歪曲。儒学制度之"功名观"本身就同时包含着这两个方面，从而对二者均加予了制度性之"辖制"（仁学实践学之歪曲）。对仁义观一侧，驱使读书人纳入儒教政治程序轨道；对富贵观一侧，则约制其过分私利意图以使其不得无限徇私。实际上，除使两种动机相互影响外均以来自法家之权术制度学形塑出同一帝制官僚型的读书人的复性人格（被儒教权势在意识形态上具体化了的"仁义"倾向，与被儒教权势定义化的功名倾向）。但相对而言，儒家之此一双元人生观之重心，仍为合乎读书人人性之私的"读书以求富贵"（儒学道德性的奥妙正在于通过更为合乎人性自利本能的功名观来"裹胁"或"控导"读书人的向善本能之实行方向，通过将二者——精神与物欲——的实用主义的糅合以形成维持专制皇权制度所需的"干部群体"）。而此历史结果却正与孔子提倡的读书以行独善兼济之志的真仁学从政理念标准相对立。尽管后者也为儒教制度表面上所吸收，而其政治社会实用学程序则必可使此制度性"求成"标准将制度外仁学的"求义"标准加以吞没。因儒教之"义"已非仁学最高原则层面上的义范畴，而是蜕化为儒教制度性的"程序性正确"范畴（儒家的"政治正确"），也就是，儒教制度完成了一切以皇室本身利益为儒学最高利益的意识形态转化。故具有仁学情怀的读书人于此冲突情境中经常遭遇逆境或贬逐，此一历史性事实体现了仁学和儒学的根本性对立，却也成为仁学精神转化为文化精神创造（文学、史学、艺术）的内在动力：一种根源于儒教与仁学内在对立的精神激发力（古代文人的所谓"愤世嫉俗"表现可为其证）。

秦汉政权共同建立的法家本位的儒教帝王专制主义，形成了较前大为严格的大一统强制社会结构，此客观压制结构迫使读书人全体屈从于帝王统御意志。其中的人性论软弱根源，恰在于孟子所指出者：读书人虽多有向善之心，而此原始初心一旦与儒教权势现实接触，大多瓦解于其不能实行"威武之屈"与"富贵之诱"之教。此种伦理性人格的软弱性，部分上缘于古代文化中的"知识"与"理智"的不发达，故读书人既不能跳脱历史政治传承格局，也不能深辨古代汉字语义学的意识形态操弄术。权势者遂可在相同的或类似的字词外表掩盖下实现系统的概念偷换伎俩，并最终成功地在历史现实中以儒学的主导性取代仁学的主导性，前者通过将后者吸纳在内以达到将仁学伦理价值主导性永远加以压制的认识论-实践论效果。

现代意义：

儒教历史上读书人的外实践目的，客观上即表现在通过"读书做官"以达部分分享皇权体系权势之目的。官员的权势既是其个人利得的条件，也是其个人奉公的条件，同一外在权势条件可用于两种性质完全不同的目的。古代为官是获取个人名利权的主要途径，现代社会中此一个人实践的环境、条件和方式已经完全改观，追求私利和公义的方式趋于多样化，但一个根本关系没有改变：主体实践动机与目的和客观权势场的互动关系类型问题。此即为仁义和名利追求的二分法之持续存在的永恒原因，以及个人实践与如何"居位"（某种程度与方式上得以分享权力）行志的关系之持续存在的永恒原因。例如，思想学术工作是为了求真还是为了求名（精神权势之一种）？艺术工作是为了求美学创造还是为了获取名利？社会政治工作是为了追求实现众善还是为了追求官员一己私利？凡此种种，古今一体。外在的"求成"行为可以是为求获得一己私利的条件，也可以是为求实现人文实践"求真"的条件，二者也是外在表现似同而本质相异。

本章的另一隐含的喻示性结论为：现代社会中"仁者"（以追求仁学伦理实践为己志者）不必再是政治领域的参与者。其含义兼涉两方面：一者，在现代民主法治社会中，政治参与行为完全被纳入由客观法律规范的程序与规则系统中。成功的从政者即相当于成功地通过该官方行为程序检验者，其相关因素为其"积极合法尊法"之智慧能力，而非为其心志动机之伦理性实态。"道德"观念已被彻底外化为行为层面上的正确（合法）表现，而非指内在的德性状态。（动机与行为的关联失去了逻辑性必然关系。）再者，历史发展至今，社会的文化学术方面的类型与范围的时空扩大化与复杂化，使合乎伦理性方向的文化实践反而需要参与者具有真正伦理价值观信仰（不仅是合乎外在社会之"法"，而且是首先合乎内在伦理之"法"）。其精神领域的重要性远高于政治领域的相关重要性。

本章显示的"孔子周游不遇"的意象正象征地喻示了：真仁者并不宜于实际参政（人类的政治生态的历史现实机制，与人类的政治伦理学的观念性存在机制，可谓完全不同。孔子仁学思想〔作为"内容面"：content plane〕不过是将前者当作后者的"表达面"〔expression plane〕而已）。当现代民主政治开创了人类历史全新局面后，一方面，与传统政治学文化不同，政治实践不再真正取决于从政者的主观道德品质，而是取决于其顺应客观历史情势及遵从外在道德与法律规则的"自控能力"，从而将传统上政治功利主义与伦理理性主义之间的难解难分关系大幅度地加以分离，也即一劳永逸地

199

将"好人政治观"排除于法治社会制度之外；另一方面，与传统精神文化相同，仁学伦理精神实践今已主要被导向人文科学领域。在后者正在全面显示其危机性和至高重要性的新世纪，仁学伦理学的实践学向人文科学革新事业的转向和介入，也同时喻示了历史仁学之历史性"新生"之到来（"新仁学"即为以"原始仁学"之内学机制，实践现代精神文化及人文学术事业之谓）。

1-14. 子曰："君子食无求饱，居无求安，敏于事而慎于言，就有道而正焉，可谓好学也已。"

对比项：安逸/畏难，勤行/慎言，友贤/问学。
意旨：仁者以学为志，勤学苦练，不耻下问。
旧解摘要：
《集注》："不求安饱者，志有在而不暇及也。敏于事者，勉其所不足。慎于言者，不敢尽其所有余也。然犹不敢自是，而必就有道之人以正其是非。"《石渠意见》："是皆以言行为学也。今之学者，惟务记诵辞章以取科第而已。"《反身录》："今人生平志在温饱，是以居官多苟，事业无闻……故人品定于所志，事业本乎生平。"
含义引申：
本章属"子曰"句型，其主题偏重于普适性。不求安逸，少说多做，求师问能，这些看似平常之教，实则针对人性好逸恶劳的普遍倾向而发。"饱"与"安"意象直接联系于物质享受和金钱追求，它们恰是常人欲求习性所相关者，并与仁学勉力向学的人生观直接冲突。士君子首须克服自欺欺人与畏难求易等习性，方有条件认真向学。此处仁学之"学习"，无论古今，均指伦理性（仁义性）或义理性（思想性）学习，而非指实用性（含读书做官论之学）或技艺性学习。后者与个人物质享受目的往往一致，即其相关学习过程可直接通向最终的物欲满足，故在实行上引发的来自人性的阻力甚小（世人所谓"好学"实含有此两种不同之心态与行为，正如"勤劳"可致力于"义"，亦可致力于"利"），并因此暗示了义理性学习和技艺性学习之基本二分法，凸显了前者（求仁所必备者）实为一违反人性好逸恶劳本能的精神性要求，也从而呈现了精神性努力与物欲性追求之间在动机与目标上的基本对立性（古代之"克己复礼"原则即为调节二者所设）。然而，世人往往将二者混同以自欺欺人：借同一"学"字及其外部表现之略同，以混淆其涉及的不同动机、目的和对象。

仁学实践论体现着一种关系论的和相对性的特点，如本章中在物质享受和精神享受的对比中，其价值学判断仅表现于二者的对比关系中，即在此关系中区分价值性高低而并未涉及对物质性欲求一方加以绝对性否定的任何禁欲主义含义。即在不损及精神性实践之时，仁学并未否定物质性享受本身（食色，性也），此与某些宗教性原则对物质性享受本身的否定在本质上相异。所谓"本质上"，即指仁学价值学乃人本经验主义的，而非受制于任何超越性教义解释的。此即，仁学人生观并未否定物质享乐本能的正当性，而是对具有妨碍精神性追求作用的各种物欲予以合理限制。在此问题上提出的仁学原则性宣示，如"克己复礼"之类，亦仅在价值学关系性层面上区分主次轻重观念而并未进入如何"克己"的具体细节。当理学家们将"克己"具体化为各种"禁欲法"时，反而实质上违背了仁学精神。而精神性欲求和物质性欲求均共同根植于人性本身，仁学实践学强调的是对二者之间消长关系加以适当性调节。至于何谓适当性，何谓"权衡"，如何处理义利两种人性欲望之间的关系等问题，原始仁学显示出一种合乎人情的开放性立场，可留诸实践者们随境而宜地另行处置。

现代意义：

本章对于现代学者的人生观和实践观具有基本的启示性意义。首先，现代商业化社会将名利追求人生观视为合乎社会公义的正当动机和目的，却恰对立于人文科学科学性发展所需之学者人生观，因学者如以名利追求为治学之目的，学术即成为达成名利之手段，如此一来其手段之"有效性"或"正当性"将无关于学术本身的性质，而主要相关于其可为学者带来名利成就的效力。学者必须以人文学术本身的科学性发展为标准进行取舍，才能够有效推进人文学术事业，为此人文学者不得不放弃或降低唯名利是求动机，方可践行真正的科学革新发展计划。此正与仁学之"谋道不谋食"指令句同义。同理，本章意旨并非在直意上排斥物利与荣名，二者均为人类社会生活中发生之自然，而仅为关注学者动机与其人文事业在伦理态度层面上的因果关系问题，所反对者为学者将名利视为人生追求之动机及目标。仁学对人间宗教惯习与物利追求均持"存而不论"或"敬而远之"立场。其所论者为仁学一般原则，并未纠缠于相关实施细节，故具有超越时空的明显普适性。在此人文领域，名利欲求今日实际上涉及生活中各个方面，自然足以成为阻碍学者持有为真理而治学的纯真动机。本章后句中之"勤于问学"要求，今可泛指一切必要的"虚心求教"态度和行为：不仅涉及见贤思齐，而且涉及"与时俱进"，即学者不应囿于学科成规而应积极于扩知求新之意。前者今日之难，表现在个人生存于普遍求利追名时代，嫉贤妒能必成为社会惯习；后者今日之难，则因学者基于治学求利动机，必急攻求利之术，而缓于为求真而孜孜于新知新学。今日如何面对此远比古代复杂千百倍的学术文化困境，正为今日求真学者自身须认真思考和解决的时代任务。

1-15. 子贡曰："贫而无谄，富而无骄，何如？"子曰："可也。未若贫而乐，富而好礼者也。"子贡曰："《诗》云：'如切如磋，如琢如磨。'其斯之谓与？"子曰："赐也，始可与言《诗》已矣。告诸往而知来者。"

对比项：贫谄/富骄，贫安/富让。

意旨：君子安贫乐道，所志在仁，必不以富贵为念。

旧解摘要：

《吕氏春秋》："古之得道者，穷亦乐，达亦乐。所乐非穷达也。道得于此，则穷达一也，如寒暑风雨之节矣。"《集注》："谄，卑屈也。骄，矜肆也。常人溺于贫富之中，而不知所以自守，故必有二者之病。无谄无骄，则知自守矣。"黄氏《后案》："苏氏云：'忘乎贫富然后为至。'"黄氏《后案》："切磋者必判其分理之细，道学似之。

琢磨者必去其瑕玷之微，自修似之也。"苏子由《论语拾遗》："士至于此，必其切磋琢磨之功至，夫子善其知所从来。"

含义引申：

本章仍由"子曰"句式与"子贡曰"句式联合成章。而两句之间的关联性则较为清晰，即以并列弟子言与孔子言来显示仁者风骨表现之两种境界："贫无谄"与"贫而乐"。仁学教诲往往结合顺逆情境来谈君子心志之历练，以端正士君子之精神文化实践方向的正确性。仁学是动机学、态度学，也是外实践方向学。仁学实践学包含内外实践学两侧的方法论，其内实践方法论即品德养成论。各种品德均为君子随境而异地运作和搭配三达德互动关系（可比喻为中医"处方"）之"成分"（"药分"）。

本章中前两句分别代表着两个正向的品德级次：贫而（对上）不谄，富而（对下）不骄，以及贫而（在下）自得其乐，富而（在上）好礼。君子唯有安贫乐道及不趋炎附势之能，始可践行其各项仁学目标，而势利心产生首先即源于人心之希冀富贵，如此必不能抗逆势以求仁。孔子强调，君子之品德操守须在诸不同顺逆情境中进行淬炼，方可持守践行，故引"如切如磋，如琢如磨"诗句，以喻示君子须于贫富变迁磨炼中自进。"贫富态度学"为仁学成君子学之一。此外，本章清晰分辨了"伦理性相关项"（谄骄）与"伦理性非相关项"（贫富）。大多数人必为"致富贵者"，而"致仁义者"必为少数人，只要彼此不实践于同一场域，即不必相互冲突。二者如按动机和实践场域互换地位，则必两失之。

现代意义：

《论语》指令句有些是专对士君子（以仁义自期者）而发的，有些则为对一切人（以个人幸福为目的者）而发的。在广义上，仁学也可以说是遍及一切人之教诲，甚至包括昏君与乡愿辈，即望其改过自新之意。在此意义上方有孔子所言"君子如风，小人如草"的教育学思想。此一义理必然发挥其教化作用于儒教两千年历史上。然而随着现代历史中的社会文化高度复杂性发展，这样的教化作用今已不复存在，因法制化和商业化社会形态已然彻底改变了社会、政治、文化之间的关系格局。虽然在理想的意义上，此一仁学普遍教化之义未来未必不会重新以另类方式恢复其适用性，即当人文科学革新计划获得进展后，或许对于现时普遍商业技术化的大众也可产生促其朝向精神文化方向提升的一定影响力。

前段所谈现代物质建设与精神建设应具有"和平共处"的理想安排的想法，离今日世界现实尚甚遥远，二者在全球化时代实际上处于相互冲突之中。于是，本章教诲之现实相关性为：人文学术方向的正确与否赖学者是否仍能坚持"贫富不移其志"的治学观（即以"好仁者稀"类自励），如此方可有能力不趋炎附势（崇洋慕外为其一，借古自重为其一，论资排辈为其一，逢迎拍马为其一，结党营私为其一，嫌贫爱富为其一）。无诌与安贫，前者对人，后者对己，此种品格态度为士君子基本品德之必需，而与之逆反之态度不仅古今一体，且可谓于今而尤烈。揆诸今日商业化社会，此一警语似乎全失现实教化之可行性，因商业化社会人生观恰正视个人求富谋利为当然之义，而求富之道必含诌上媚富等"心术利器"（商人文化更以"唯利是图""用计使策"为天经地义）。考之于人文学术研究，学者如效法商人式的名利目标治学，必然流于以学术为求富贵之方向。如前所述，古代儒家之读书做官论内已含视去贫贱求富贵为合理之共识，故在根本处违反了仁学读书以求仁的价值观，亦成为历代仁者与儒教制度产生内在冲突的结构性因由。但是，即使在儒教社会，即使倡导读书做官论，在行为层次上仍须强调此一嫌贫爱富道德观，而在现代商业化功利主义社会文化中此传统教谕已丧失殆尽，致使人文学术职业本身亦有随之蜕化为纯粹名利追求工具之虞。

此句中"贫"之意象具有极深刻内涵，因读书人唯于此境始得验证其向学心志的纯粹程度。贫而乐与安贫乐道同义，而此正为常人所难能者，故孔子特加以强调，以之作为仁者人格形成之锻炼条件。向真学者于商业化-制度化时代如有志于参与人文学术科学化革新事业，必定遭遇学界普遍朝向功利主义的职业化-制度性的客观条件之约制，而不得不长期处于孤立无援之困境。此时"贫"意象

（因其较具切身生动性）遂可扩解为更广泛的"困"意象（较具普遍性），古今仁学实践学也即均可具体化为一种君子处困学，后者包括抵制物质性艰困和心理性艰困二者。古人欲以此品德条件致力于仁政实践，因传统社会条件的客观限制，自然不可成功；而现代学界仁者如具此特立独行、坚韧不拔的品格，客观上、技术上则仍有可能在人文学术领域独立践行其真理探讨计划。虽然现代社会的物质性条件与文化性条件远比古代优越，所欠缺者却为古代士君子具备之坚强伦理实践意志力。现代人文科学科学化革新事业与从业者品德的关系，其实具有一种客观因果必然性，即学者之向真意志实为其学术朝向科学化方向提升之必要条件。

1-16. 子曰："不患人之不己知，患不知人也。"

对比项：人知己/己知人。

意旨：君子以学为志，不求闻达，知人即为获知之途。

旧解摘要：

《集注》："不知人，则是非邪正或不能辨。"《反身录》："吾人学非为人，之知不知原于己无损……惟是人不易知，知人实难……正直君子易知，邪曲小人难知。"

含义引申：

本章"子曰句式"内容仍然属于人性一般层次而不包含具体历史细节的限定性。

本章亦通过"知人"与"人知"的动机或目的间的区别，以及同一"患"或"求"的方式相同之对比式，来凸显仁学实践学的不同选择情境。此一辨析实为"学为己"原则必有之选择。独善须自进，兼济须知人。后者所触及之"学为人"中之"为"与"学为己"中之"为"含义不同。"为己"意指为己学养之提升而非为获他之赞誉，"为他"意指学以求为人知而邀名取利。此为仁学立志学中千古不变之原则，而自古至今却难以被读书人遵行，此所以"遁世无闷"为难。因名利欲念属人性本能，少有人能事事时时克服之，故孔子曰"好仁者稀"。通常情况是，人们因自律不严而倾向于将两种不同动机和目的在表面上相类的行为混为一谈。因此孔子于一"知"字上立义，足发深省，除上述人际交往之间不求一己名利之得外，还引申至另一智慧学层次上的问题：如何以此原则用于认识及验证他人？观察人如何行独善兼济之选择，即可察验其向仁实践之真际。

现代意义：

此一指令句于今日人文学界之关系反最具启示性，因现代社会人际关系空前复杂，无论求自进或求知人均非易事。在今日商业化和法制化时代，合法竞争主义为：众人皆可"按照各种既定法制规则系列以求私利"（混淆了外加法则性与内律道德性）。但此"法律正义性"原则不同于仁学的"伦理正义性"原则。在此情况下，"行为合乎规则"即为"正当"，一般来说不须另行牵扯内在动机。特别是，现时代随着战后全球各国均逐渐采行唯经济发展是问的总路线，教育、学术、就业规模数倍、数十倍扩增于前，并使之成为"学习技术性知识以完成职场就业目的"的经济学链条的组成部分。其中传统的伦理性因素日益淡化或几近于无。此一"泯真伪、重实效"的后现代主义社会文化观，虽不至影响（甚至大有助于）科技工商学术事业的积极发展，却可严重降低人文学术理论职业之思想水准与理论效力。人文学界如亦持"职业化功利主义"逻辑，将导致学术规范全面受制于学术市场化之决定机制的随意性，其逻辑性结果是，学人、教师、学生之知识结构和学术方向的唯职业化制度规范朝向性，必将使之普遍减弱或丧失独立追求学术真理的意识与意愿，而均改为朝满足学术市场竞争需要之方向前进。传统上求真知的精神创造性志趣，将为现代求职场内物质性成功的人生观所取代。换言之，学术求利化观点将成为人文学术职场生存的大方向。在此情况下，仁学伦理学的治学观的介入或将成为学界少数有识者之精神指南，其存在和培养或具有莫大的时代性意义。应该认识到，人文科学现代化的发展方向和市场化文化方向二者间，存在着结构功能上的对峙性。

人类如不认识人文科学具有的此种与伦理价值学相关的实践特

殊性，在今日学术商业化时代，人文学者将注定以追求学界功利性成就为人生目标，即最终均以自身获得的"学术影响力"之大小作为自身学术成功与否的标志。"学术影响力"本身则可进而被同化于商业化社会的"泛知名度评比机制"（类似于"名牌商品"评估机制）。而学术市场化环境内学术实践及其产物（学术商品）的知名度，则可以像经济领域内的商品一样，通过各种纯技术性运作及商业宣传化炒作手段加以鼓吹。凡此即为：学习目的必在于"求人知"，求人知乃任何社会性成功之必要步骤。在此泛商业化社会文化中，以职场生存为其人生观实践场域之人文学者，亦不得不紧跟时潮，将扩大和提升自身知名度作为其个人学术成功之判准。有如今日影片之"内在"价值亦须转化为外在票房价值加以评估一样。60年代欧洲文艺电影可以严厉批评好莱坞电影文化的拜金主义，今日此种批评意愿已然失去动力。70年代西方社会讥讽日本社会为经济动物，而如今当全球均以成为彻底的"经济动物"（含"机械性动物"）为人类生存唯一价值体现后，就再也听不到此类批评了。此外，现代商业化社会文化中的无所不在的广告事业，岂非均为"求人知"动机与目的的系统化或企业化发展？在此泛资讯世界中生存，"求人知"甚至已成为学生自我推销与进入社会之必要媒介。应该看到，对于科技工商事业来说，参与者之求名利人生观和知名度自广术，与其自身学业的质量提升，具有正面因果关联性；而对于非职业化的、有志于真理追求的人文学者来说，则必具负面因果关联性。在此大环境下，今人须比古人具高数倍之良知力与意志力，方可应对此全方位的名利诱惑环境。本章有关勿以"求为人知"（追求知名度）为治学目的的告诫，可说在逻辑上直接相关于人文科学理论的前途问题，所以对于现代人文学术发展改造事业来说，具有极为重要的认识论和实践论的启示意义。

为政第二

2-1. 子曰："为政以德，譬如北辰，居其所而众星共之。"

对比项：政/正，暴虐/仁德。

意旨：政即正，政治应为以治行正，而非以暴行霸。

旧解摘要：

《论语稽求篇》："包氏无为之说，此汉儒掺和黄老之言，何晏本习讲老氏，援儒入道者。其作《集解》，固宜独据包说，专主无为。夫为政以德，正是有为。"《集注》："政之为言，正也，所以正人之不正也。德之为言，得也，行道而有得于心也。北辰，北极，天之枢也。居其所，不动也。共，向也。言众星四面旋绕而归向之也。"王夫之《读四书大全说》："若更于德之上加一无为以为化本，则已淫入于老氏无为自正之旨。"

含义引申：

孔子论政只及原则而少及实务，即其言论多仅涉及政治之伦理学原则及方向。此章文简，看似空泛，却反映重要的历史事实：历史上的政治多属黑暗，故孔子特以与现实相反的理念表达对政治本质的批评性判断与期待。仁学政治学的要旨在于指出：如无伦理性目标和施为，本应服务民众的政治即因统治者具支配性权势反必成为个人及集团役众谋私之工具。因此仁学所谈政治均属伦理价值观层次上的问题，并于《论语》全书中时时暗讽当时政治现实之恶。几千年历史上人们对"三代"的历史乌托邦幻想，实为其否定封建主义政治现实的一种民族性批评学方式。实则，孔孟仁学的政治理想主义主张始终与先秦及秦后的传统政治现实相反。等到秦汉大一统时代，与仁学伦理学正相对立的法家权术学完成了其中国征服事业后，建立了稳固的帝王专制主义制度，中华文明的政治史发展可以说正好证明了或标志了孔孟仁学政治学理念之失败。因秦后两千余年儒教社会均沿袭秦代法家社会政治制度，有效维持着皇权至上的（儒法结合的）儒教政治形态。

虽然如此，孔孟的仁政理想却在文化层面上成为中华文明中文化、思想、学术实践中同样根深蒂固的伦理性方向的指南。此章"为政以德"原则遂亦成为儒教两千年历史上仁者据以在下意识上敢于违逆历代帝王专制霸政威压的伦理价值观的批评性纲领。孔子的仁政观不得实现于政治领域，却可体现于精神文化领域。在此意义上，仁学重道德方向的政治观表现出了对法家重霸道的政治观的一种根本批判性。严格来说，春秋战国仁学之提出，正发生于前数千年原初法家暴力政治传统和后两千年制度性深化及合理化的（升级版的）法家政治传统二者之间的"历史间歇时期"，有如中华历史长河中民族良知之"昙花一现"。仁学伦理学可以说正是受到政治黑暗历史现实的逆向激发而出现的。因此，孔孟言论中无不充斥着对当时执政者的批判。对于春秋时代的"统治者"，孔子称之为"斗筲之人"；对于战国时代的统治者，孟子以"独夫纣"喻之。两人均通过远古政治理想主义传说的正义标准对当时的政治表现进行了根本性否定。这样的理想与现实的对立性，也就表现出仁学与法家之间在理念上永恒的对立性。因此，早在东周时代中国政治即已被仁学视为"末世"，春秋时代之文王周公等传说，战国时代之尧舜等传说，均被视为和用作仁学的政治学批判观的象征性表达手段。同理，两宋理学家，本孔孟仁学原初理念，对于秦汉大一统后的千年儒教政治亦持理论上的否定态度。所谓"孟后无真儒"实即对儒教政治史现实的否定性判断之委婉表达。秦汉统治者却将自己的道德标准与孔孟倡导的仁学标准加以混淆，以其基于法家权术学的"儒教"及"儒学"，在中华历史上成功地役使了（因其本身欠缺具体实践性的政治学部分而易于被曲解和套用的）孔孟的品德学，通过"移孝为忠"的意识形态手法，使仁学品德教养学服务于皇权政治家适任品德培育之目的。通过对"战时"秦朝推行的纯暴力政策加以制度性-政策性"改善"（制度性功利主义效能之提升），以使其为"平时"汉朝的"新法家"政权（儒教）服务，即通过儒法混合之儒教君主专制政治术，以其法家权术学统御"百家"（一切自由思想之代称，史上并无"百家"之实指）；并通过圣化、神化、虚化孔子，将其装扮为儒教"五经"意识形态系统的"至圣先师"，迫使其成为辅佐和支持帝王制度的神权专制统治的"帝师偶像"。此汉制新法家比秦制旧法家大为完善，故应视汉制为秦制的同一方向上的发展。此一秦后历史上的发展遂继续验证了孔子本章警讯之意义：法家物质主义方向的历史现实与仁学伦理精神方向的文化实践在价值观上的永恒对立性。

【关于"仁政观"的历史解释学申论】

《论语》中此类政治道德层次上的原则性言表，仅在于表达对政治的伦理价值观之关注。由于古代各种知识与技能有限，治世方法欠缺，作为中华文明历史上首批伦理批评者的孔门思想家们，所关注的只是从政者的品德是否端正的问题，而非有条件思考如何按照仁政原则改变社会制度。反之，反仁学伦理观的法家权术传统的思想家们，则在顺应法家路线的历史现实条件下，专门从争权夺利的技术性智慧角度思考征服术与统治术之改进问题，提升了政治历史上真正具可行性的政军扩权术智慧与技能，并一次次地在历史上实际达成了法家事业的重大成就。自然，孔门从政失败的故事也喻示着仁学政治观之功用并非体现于历史上的现实政治层面上，而是体现于文化思想学术层面上，在法家制导的政治现实过程之旁，平行地表达了、实现了对其进行伦理性批评的思想意识。可以说，显的法家的政治现实史与隐在的仁学的政治现实批评史，在中华文明史上形成了平行的存在。其后中国历史遂由两大部分组成：一为由"秦后"儒法思想支配的社会政治形态及其历程，另一为由"先秦"仁学思想引导的文化学术形态及其历程。二者之间虽然互动紧密且某种意义上相互为用，彼此之间却存在着价值学上的根本分歧。孔子对当时从政者的普遍贬斥，相当于"主观上"否定了历史现实中的中国政治生态（其所肯定者仅为传说中的，即理想中的周初仁政形态），而其平生经历的"不遇"与"周折"则"客观上"喻示了传统政治现实在价值学上的低微性。一方面以得君行道为其仁学实践学目标，而实际上却提出并朝向于"学"与"文"的实践方向，其仁学之宗旨岂非只在于高扬未来文化学术层面上的价值，而贬低（不可救药的）政治学层面的价值？"斗筲"之讥不仅在于为封建官吏定位，而且在于为封建政治现实本身定位。其后孟子于战国时代，在各国争权夺利之政治自私本质进一步发展和暴露之后，对于封建社会的政治现实进行了更为明确的指斥，从此历史上争权夺利与精神文化间的对立关系遂成为历史之常态。

现代意义：

按照仁学政治伦理学观点，政治如同经济、军事等一样，只是维持社会与文明进行文化与精神发展的物质性条件而已，其本身，即权势本身，并不具有价值性身份。正是无法实行的仁学的政治伦理观表明，政治权势的正当目的只在于为人类精神文化活动准备物质性生存条件而已；换言之，历史上权力政治仅为精神文明延存之物质性手段，精神文化才是人类文明之真实目的，长存于历史上的岂非仅是精神文化之积存？本章的现代意涵相当于逆向地表达了一种"文化上的北辰"对历史政治现实晦暗区的"一道明光"。在现代人文社会科学条件下，我们应该认识到政治理念和政治实践分属"理论学术"和"应用技术"两个不同的层次，不可混同。在仁学政治伦理学领域内不必涉及实用性政治实践问题，或者可以将二者大致分列于人文科学和社会科学二域。虽然仁学政治理念不能被浪漫主义般地视为政治实践的可行性方略，却可永远成为人类政治生活的伦理性原则和理想尺度，后者可用以衡量历代政治现实之道德性得失（此所以比喻夫子为"木铎"），而不至于盲目采行唯权力是求的儒教实用主义政治观。在人文社会科学研究中，应该突出理念研究和技术研究这两个不同的领域和层次。同时，在新的科学观点下，理念和实行的关系不是在目的和手段间直接连通的关系，而是相互之间加以调节的关系，理念部分主要成为政治生存中价值性判断的标准而已。按此标准甚至可得出人类政治不可能"臻于完善"的结论。在唯名利权是求的普遍人性现实中，实际情况必然是"好仁者稀"，此岂非正与同一孔子宣示的"为政以德"在仁学实践论上相互矛盾？我们正应从此以矛盾方式表达的孔子话语中领会其真实引申之意：伦理学所能处理者仅为精神文化领域，也就是政治伦理理念将被合理地进一步相对化。就此原始仁学的"道德空想主义"而言，其现代性意涵不仅不可能成为现代政治实践的指南，也不再可能成为现实政治的伦理性方向的判断准则（孔孟伦理学绝非政治实践学）。反之，经此解释学的转换，仁学政治理想主义即可获得新时代之"实践力之新生"，即可在现代人文科学发展事业中发挥其伦理性价值学判准的引导性作用。

2-3. 子曰："道之以政，齐之以刑，民免而无耻；道之以德，齐之以礼，有耻且格。"

对比项：政刑/无耻，德礼/知耻。

意旨：仁政最终目的，为求民众精神素质之提升，而非为仅助其依法谋利。

旧解摘要：

《集注》："道，犹引导，谓先之也。政，谓法制禁令也。齐，所以一之也。道之而不从者，有刑以一之也……盖虽不敢为恶，而为恶之心未尝忘也。礼，为制度品节也。格，至也……一说：格，正也。"《朱子语类》："圣人为当时专用政刑治民，不用德礼，所以有此言。圣人为天下，何曾废刑政？"

含义引申：

本章"子曰句式"的仁政观仍然具一般性，故不难维持其超越时空的普适性。此一礼学政治精神兼含法术和礼学两部分，自商周时代起此两种文武政治功能不过是在各时期各自所占比例及关系类型不同而已。孔子对此"二元治术现实"完全了解，而特意在二者之间进行"实践论分裂"，以凸显政治文化中道义部分的重要性。《论语》的思想表达方式多为在所选论的相对关系中对其中一侧之特意（夸张式）强调，其意非在于否定另一侧之必要，而在于指出所强调的一侧易于被忽略。孔子指令句取"纠偏"之法。"刑礼并用"本为传统社会乃至任何社会秩序维持之必需要件，本章意在指出，政治现实多用政刑之威，而忽略德礼之教，故应大力补充后者，使其成为良政成立的文化性条件。所言虽为老生常谈，其含义却须结合《论语》中其他相关章句综合把握。其中的"德与礼"部分应该兼顾治者与被治者双方，德性与礼仪原则应同时用于约束王与民两侧。至儒教时代开始后，其治术主要为将此道德性要求作为促使民众自愿、自动效忠、服务皇权的意识形态工具，而可因此增加暴力统治之外的辅助控导功能。其所谓"爱民"之德政亦仅可安排于专制制度整体之内而卒使仁学条文成为服务于专制政治的"软实力"手段。如果皇权政治之"政刑"部分完全袭自秦皇法家之传承，此限制性的儒家"德礼"部分亦应视为法家政治哲学的发展，即在硬性暴力统治之外增附的软性诱导工具，以通过此软硬兼施的策术更有效地强化、固化封建皇权的统治基础。《论语》的政治学表达主要关系于政治的伦理层面，其寓意方式不只一端。从被治者一侧看，此章普遍地意指着一个至关重要的政治学和伦理学真相：社会政治秩序维持和政治伦理性目标是两回事。仁学指出，政治秩序本身的建立非即相当于政治道德教化事业的完成。"刑"即"法制"的简称，其伦理学引申义却是：守法者之行为可能并不出于道德心，结果，合法行为并非基于道德动机，二者应该加以区分。仁学伦理学的政治抱负在于良政带来的治者与被治者的品德的提升，而非仅在于政治秩序的建立（在孔子，社会秩序仅是促进精神文化的手段）。

本章的此一事实性判断再次支持了仁学的反乡愿观：行为之善可能掩盖了内心作恶动机，极言之，"坏人"可以在行为上长期地一直表现为"好人"，直到后来客观条件演变为（操纵为）实行其真实自私目标之时。因此，行为之善可能成为同一人下一时段行为恶的预先掩饰性步骤。当然，此句的直接意思是：仁学政治学的真正目的是促使人民成为有德之人（从而使其成为精神文化的实践者，而非成为争权夺利者），而使人因畏惧受罚而勉强遵守法律即达不到此一仁学道德性目标。但是，正是仁学的此一"迂腐"立场客观证明了仁学的政治学理念是不可能实现的，因其客观上违反着大多数人（含治者和被治者双方）的自利本性。因此，"民免而无耻"中重要的是一"免"字，即作为"手段"的秩序有效性，却无关于作为"目的"的遵守秩序者之精神品质。实际上，即使在民主社会，所谓民众的"道德品质"也主要指其在外在法制秩序约束下形成的"合法的"心理和行为习惯而已。本章孔子的"不切实际"之言，正向其众多类似的对政治现实之"苛责"一样，喻示着仁学并非政治学，其所为者实为：通过政治性批评话语呈现一种精神文化实践方向之指南。

【关于"法与德"的历史解释学申论】

马丁·路德亦在其宗教改革倡议中强调内在信心与外在律法的对立性，以此区分来强化信徒对"最高者"信仰的真纯性。此一立义非仅相关于宗教生态纯化的外部要求，实际上凸显了其学之界域的扩大性：将信徒行为的合乎规范性要求转化为（扩大为）信徒信仰本身的基本性——"为信而信"，从而提升了耶稣人格的价值学层级。孔子此句的意涵与其有类似性：仁学的目的不只在于有助于良好政治的推行，而且在于扩大关注人民心态素质的提升本身。单只畏罚而守法显然无关于个人心志状态的伦理性品质之提升。而仁学政治学的最高目标不仅是治世而已，而且是要进而提升人民的精神素质。对此更高的政治哲学目标而言，俗常的政治学自然无法企及。我们由此"不切实际"的过高之论中可以理解，仁学为一种促进自身伦理学层次上的进德预备学，而从政不过是其仅存在于理想域内的实践学节目之一而已。不过，此一思考方式有助于区分政治学要求与政治伦理学要求的不同。政治不应是为当权者（儒教统治者集团）谋其名利权等私利的工具。儒家历史上的所谓"治世"也主要指其有利于统治者集团权势稳固及建功立业的程度而已，唐代之功业岂非也主要指帝王将相扩张其权势之成功？而历史上诸多"乱世"中的帝王之暴虐表现，仅看一部《资治通鉴》即可了然于胸。司马光的最大贡献即在于其详尽记载了历代帝王将相间残暴斗争之事实，从而将何为封建主义政治之本质表露无遗。因此封建主义政权的目的本身并非是要在精神文化层面上实现仁学伦理实践上的目标。正是从仁学角度看，不少现代史家才会断言政治功业不彰的两宋在精神文明创造上的贡献远大于唐代。由于时代知识论的局限，孔门思想本身并不具备达到治世或"我与点"的浪漫境界的认知和方法，其言论却在目的和动机层次上间接地明确表达了人类历史上具有永恒意义的仁学伦理学的价值观。孔子思想是一种朝向精神理想境界之遥望，一种思考如何使人成为人的文明价值观之表达。

现代意义：

本章的现代伦理性含义则是：仁学通过此自相矛盾的表达（"好仁者稀"岂非已证明促使多数人主动为善之不可能性？）为现代政治学提供了一个重要的补充：社会性法律健全与个人性伦理品德为两回事。政治学的行为主义只适用于前者，无关于后者。其进一步的引申是：任何行业的合法执行者（包括如合乎学界规范的成功学者）都可能是"行正而心曲"的人格分裂者，其内心在"算计着"另外一套"有朝一日条件成熟时再以违法方式博取己利的策略"（此即所谓到处存在的"钻法律空子"的行为，可于今日全球化商业竞争文化以及政法界中屡见不鲜）。

不难理解，本章中之政治伦理方向学中透露的伦理态度学思想，不仅适用于政治社会层面，也适用于其他社会文化层面，包括人文学术层面。仁学为伦理态度及伦理目标的方向学，而今日人文学术与精神文化（而非通俗文化）正面临着对于一种现代伦理态度学的迫切需要。政治生活中的"民免而无耻"的效果将同样传布于社会文化学术的方方面面，结果导致法治社会中文化人与人文学者内在德性实态的一种"去功能性"效果：人们的思想将朝向如何依法取利的泛技术学，而不朝向如何达到客观认知的真理学。原因在于，政治生活完全由法律制度进行管理所导致的内在德性必要性的弱化或消失，其效果同样波及人文学术和文化界。故政治的民主化虽然有助于提升大多数人民的"自利技术"能力，却无助于其强化自身伦理精神性要求。而政治场域和政治行为的社会文化效果却是最为强烈的。在此情况下，仁学政治伦理学含有的以政治服务于精神事业的更高伦理性主张，将在人文学术革新事业中显示其特殊的作用。

215

我们应于孔学对伦理性方向与态度的最强烈的关注中，理解其于新世纪人文科学现代化发展中隐含的指导作用。因为，人文科学如无求真态度，必沦为学人"合法的"（因此即长期行之有效的）牟利工具，从而损及人类对自身之心理、历史、社会、文化的科学性认知之有效提升。

【关于政治伦理的历史解释学申论】

原始仁学政治学为追求道德价值目标之学以及相应的自我态度动机学，其中相关于社会政治改善的知识技能部分并非其宗旨所在，故不足以作为今日社会政治层面上的认知与实践手段。但此类原始政治伦理知识论的重要性在于其中包括着仁学伦理态度学精义，我们今日读解《论语》，正是要通过其原初政治道德话语来理解其含蕴的伦理性态度学立场。换言之，"古代政治类话语"可成为"现代伦理性价值"的"表达面"。政治历史的内容逐代不同，而其中涉及的人际关系态度学规定则具有其"永恒性"，后者正可作为人本主义伦理学历史性存在性之明证。本章原始仁学政治伦理学思想——"德礼观"，除相关于在古代历史中改善政治秩序的功能外，其现代性意涵可涉及一个现代政治未曾涉及的更高精神层次问题，即政治经济生活如何可有助于提升人民的精神素质和增加社会的精神文化创造力？这是全球商业化的今日被普遍忽略的课题。人们以为无限追求人民的物质性需求的满足即可达到人类生存的幸福目标，从而全面"庸俗化"了"幸福"的内涵。西方的宗教文化的补充作用仍属于巩固现行社会政治秩序方面，其所谓永恒精神目标实为超出现世经验世界的畅想（其内容仅只是世俗幸福观之时间上的无限延长向往而已），其目的和方式均与现世社会精神文化目标本身无关。宗教的精神目标反而是朝向于"去现世精神文化目标"的：以其朝向来生的生活努力，在时间上和心力上，"排挤"了信众对现世精神文化需要的关注力。

2-4. 子曰："吾十有五而志于学，三十而立，四十而不惑，五十而知天命，六十而耳顺，七十而从心所欲，不逾矩。"

对比项：立志/为学，向仁/不惑。

意旨：君子立志为学，依序而进，不论顺逆，以识道为其安。

旧解摘要：

《皇疏》："十五是成童之岁，识虑坚明，故始此年而志学也。"程树德："是以立为学立，本汉人旧说，其义最长。"刘宝楠："诸解立为立于道，立于礼，皆统于学，学不外道与礼也。"《皇疏》："人年未五十，则犹有横企无崖。及至五十始衰，则自审己分之可否也。"王弼："天命废兴有期，知道终不行也。"《反身录》："此章真夫子一生年谱也。自叙进学次第，绝口不及官阀履历事业删述，可见圣人一生所重惟在于学，所学惟在于心，他非所与焉。"顾宪成《四书讲义》："这章书是夫子一生年谱，亦是千古作圣妙诀。试看入手一个学，得手一个知，中间特点出天命二字，直是血脉准绳一齐俱到。曰志曰立曰不惑，修境也。曰知天命，悟境也。曰耳顺曰从心，证境也。"程树德："此书（指《四书讲义》）传本极稀，仅《小石山房丛书》有一卷。顾氏东林领袖，其学在朱陆之间，亦明代学者中之表表者。"

含义引申：

此一准命令句为两千年儒家读书人的人生规划时段示意图，但并非完全符合《论语》原始仁学的人生观，我们宁可解之为更符合秦后儒教政治环境中要求的一种由学入仕以至终老的固定人生模式。因"耳顺""不逾矩"等规范与孔孟所教"志士不忘在沟壑"的、为仁学而奋力终生的英勇气概并不相合。所以此种适合于古代社会形态不变时的士大夫阶层之人生哲学，今日不应予以泥解。此句的意义应在象征性层面上理解，其重点不仅在于立志，而且在于此"志"的时间轴上的次序性、系统性的持续展开。此即主张，君子人生应为一有动力、有方向、有计划、有步骤的统一实践过程（一以贯之的理性实践观），其中既定的伦理性追求方向首先与世人贪求（生前死后）物利、随波逐流、趋炎附势的"非伦理朝向"的机会主义、实用主义的人生观相互对立。此章中处理"不惑""天命""耳顺""从心所欲""不逾矩"等具体心态描述，虽可按照儒学的《大学》教义解释为儒者之人生观典范（故本章很可能为后儒插入者），但其中不免含有"反仁学"因素（如导向某种步骤呆滞、因循守旧、随遇而安、无积极反省的、程序固定化的人生图示）。此外，此一表达君子人生有序安排轨迹的指令句，还含有一个积极的特点：人生观方向的彻底现世主义和理智主义，即其人生眼界不仅明显限制于此世经验界，而且暗示君子应根据自身理性与意志主动追求其实现。现世目标与主动追求（对比于宗教提出的来世目标和神意引导），遂也表现出了仁学人本主义之特质。"七十"象征"死前"，即人生的结束期，而"从心所欲"代表"心态安适"或"精神满足"，也即"此生无憾"（无"延长此生"之多余性奢望）之意，这也反映着一种现世幸福观态度。此一态度表明，现世性个人努力本身即一种经验性的、人性自然的、合理程序化的行为方式。

本章也暗示，君子之心志内容，不在于其追求目标之最终达成的程度，而在于能够坚守行为目标方向的正确性程度。在此意义上，本章的确也相对地反映了中华文明史上读书人自然具有的一种现世经验主义（应该强调：此一两千年来为读书人信奉的人生观实行示意图，是完全局限于此生界域的。此一事实显示出一种坚实的伦理精神方向：中华文明的现世主义本质），故与仁学伦理价值学的总方向是一致的。其人生观分时段有计划的前进观也暗示着，所谓"立志者"即"按既定方向和步骤自觉进行人生实践的自强不息者"，显示出主体于现世人生各时段均具有一种"伦理实践性的自安与自强"的心态（"察其所安"之意），因此也即维持一种时时处处心理有安顿的理性精神境界。

现代意义：

古代士君子理念中的外实践志向、目标、实践领域等，主要表达于社会、政治、军事等"官事"领域，其直意要求今已完全失去现实意义。仁者的实践域今日必须转为文化、学术、艺术、思想方面，其价值观特别须落实于诸文化领域内，相关于各自真善美文化目标的追求。特别就人文社会科学来说，学者求真目标首须集中于心志之确立，并按照仁学求真的内在理念将此心志依序"外实践于"现实世界。此种预先系统规划并关注各实践阶段上之认真贯彻的理性人生态度，直接相关于志向实现的有效性大小，其中含蕴的主体独立意志力实践才有力量抵制学界外在反科学的公私功利主义潮流压力。本章暗示的君子人立志学含蕴的实践一贯性、次序性、节奏性、坚定价值信仰性诸特点，将可对于人文科学理论家的特立独行的意志力之形成，产生决定性的影响。现代人文科学理论革新事业实为人类文化史上的前所未有的重大革新使命，真实参与此一使命的决定，必要求学者具备独立坚强的意志力，并长期有计划有步骤、一以贯之地有效、有序实行。

本指令句具有的现代象征意义在于：仁学立志学的方向性、整体性、次序性、自觉性、成败不计而至死不渝的"一贯性"（系统性）特点，反映着一种可用于现实世界内"实战"的、主体伦理实践力的创生。只有这样的主体独立意志力与实践力的存在，方可有主观的条件以应对未来彻底改造人文科学理论的艰难任务。此一仁学人生观与实践观具有的主体独立性、主动性，恰可与现代化学术社会形成对比：在现代完全制度化了的职场与市场的"客观决定论"机制已预先规定了学术职业家在治学的标准、方向、方法、程序、资格方面的全面被动性和完全被决定性（可以说，这是我们深入今日成熟的西方人文学界生态本质的主要参照点）。

2-5. 孟懿子问孝，子曰："无违。"樊迟御，子告之曰："孟孙问孝于我，我对曰：'无违。'"樊迟曰："何谓也？"子曰："生，事之以礼；死，葬之以礼，祭之以礼。"

对比项：孝亲/依礼，尊生/敬往。

意旨：君子循孝修德，以亲子之爱为基，以达仁普爱为得。

旧解摘要：

《皇疏》："言行孝者每事须从，无所违逆也。"《集注》："无违，谓不背于理。"程树德："朱子因欲申其师穷理之说，其注《论语》到处塞入理字……自古无如此解经法也……如此章'无违'明是不背于礼，乃偏作理，而于下节言礼天理节文以自圆其说，可谓心劳曰拙者矣。昔人谓《大学》自经朱子补传后已非孔氏之书而为朱子之书，吾于《论语》亦云。"

含义引申：

本章将人一生三阶段的"孝礼"——孝、葬、祭——加以统一的论述，不仅是对仁学之"孝学"的概括表达，而且表现了原始仁学的人本主义特质，其重点显然表现在人之"现世生存"以及广义"亲子关系"的价值学立场。此一"生-死-死后"的三阶段孝学整体关注性，标志着、体现着仁学伦理学的对象相关于人际关系集体性的生存形态。孝学对象为对族亲于现世生存过程中之生、死、祭诸阶段之正确态度与行为的礼学规定。本章孔子言"无违"，历代多解释为"勿违逆长辈之心意"，但如解之为"勿违背孝学礼规"则更可维持孝学解释的一致性。仁学礼学的本质为一种现世主义道德学，所相关的"人"之生存三阶段为生前、死时、死后。其中"祭"阶段因涉及"人鬼之间"似有涉及"来世观"之嫌，而纵观《论语》多处有关礼与祭的章句，可知此一"人鬼界面"之重点在生者之一侧。"祭礼"实为在世者所设，用以管制、调节生者对待已逝者的追念深度（并含蕴着对待无限延存于时间轴上的前后全体族亲之"集体性存在"的体认），表现出在精神层面上维持人生逐代连接的统一人类生存观。仁学祭礼的人本主义表现在：通过对已逝者"媒介"这一心理上假定性延存，实行对生者的伦理态度之管控。死者因此在人本主义的意义上是因其相关于生者而维持其受尊价值性的，准确地说，逝者是经由生者的祭礼想象行为而发挥其为生者"服务"的作用的。其人本主义实质更体现在：礼学的目的是强化人际联系在情感上的深度和行为上的合规范度，从而可把仁学之礼学（经由孔子思想调节过的周代礼教）定位于"人际关系学"上，并以此达至祭礼含蕴的两个重要结论：人生关切凝聚于此世，此世目的在于维持人际关系正当性本身。二者在本质上均排除了超世目标和超越性崇拜。

此一于人类文明史上独一无二的中华人本主义伦理学价值观与实践系统，却被其后强大的"法儒道释"四元"准政治宗教性"的意识形态权势体系所压制，导致了秦汉以来儒学、儒教采用了与原始仁学、孝学同一的词语，却用以表达和实行其包括生前孝敬和死后祭奠在内的、符合帝王制度规范的儒教礼学系统。朱子在注解中将传统的"礼"字扩解为"理"字，程树德先生对此有所批评。实则，古代持辟佛立场的"哲学家"朱子与现代信仰佛学的法学家与文献学家程树德先生相比，却表现出了更具逻辑性的思维能力。程先生的现代理论认知来自西方法学，而法学不属人文科学理论，其中华古典学的研究则纯然为"现代儒家"的，即儒道释混而为一的（现代以来，在西方法治主义影响下，大批政法学者承担着参与和解释社会政治活动的主要角色，但其善于结合实际的优点往往为其欠缺现代人文理论素养所遮掩而不自知，因世人按照传统习惯将"政经法"之"文"与"文史哲"之"文"混为一谈，二者实际上的分界越来越显著）。各派现代新儒家学者的最大特点为弱化了和失去了传统伦理逻辑思维能力，而我们的宋明理学家们有时反而表现出了较强的伦理逻辑思辨能力。朱子《四书集注》的革新性正表现于其对原始仁学之部分地还原或合理扩解方面，如企图将具体的"礼"扩大为一般性的"理"，在此相当于将"理"泛指为"道理一般"，从而将"礼"扩解为"正确行为规则"。其实程树德指出的理学家对孔子原义的"曲解"当然是正确的，但未看出此类理学家的"扩解"实为其按照原始仁学本身所进行的理论化、一般化的努力，并未违背仁学义理之宗旨，也就是通过此同音异形字实现了本章孝学义理意义效力之一种合理的扩展。毫无疑问的是，封建主义时代孝学的具体礼规已然全面不合于现代社会全新的政经结构，但其含蕴的"孝学礼意"因深植于人本主义伦理学精神之中，故保有其永恒价值。

现代意义：

仁学和一切宗教以"畏死"与"永生"作为立教前提的思维惯式不同，其"死亡观"也是基于现世主义、自然主义和人本主义的。死被视为"生之边界"，本质上属于"生"的阶段。仁学不视死亡为须加避免之"恶"与"悲"，而视之为必须自然对待之经验性必然。仁学反将作为生之边界的死亡观作为强调人本主义伦理学立场的重

221

要契机。生者对族亲长辈的生前身后礼敬的态度，一方面表现为对现世亲子关系的情感价值之无上珍重，对于越过生之边界的尊长的特殊"孝敬"态度亦可强化现世人际孝学关系之深度；另一方面，此一对长者、逝者的特殊礼敬态度可相当于通过实行家族个体间延续精神生命的"强化记忆之礼仪"，以扩大集体性精神生命存在的连续性意识。此一形成于中国历史社会中的重生尊祖传统所表达的一种现世人本主义，今日可扩解为人类社会全体的精神连续性生存观。原始仁学重视的"祭祀之礼"的人本主义方向与宗教的及准宗教的祭祀礼仪的神本主义方向，在各自"准理论性根据"方面并不相同。存在于周礼文化历史阶段的仁学之"祖先崇拜"观念，其实质性目的仍然在于维持和强化现世生者之间的族亲情义和宗法秩序，而非等同于殷商时代出于畏惧和祈愿而产生的对于神鬼势力的崇拜。孔子的"敬鬼神而远之"句，通过"以行示义"表达法，以仁学之"人本原则"取代了传统的"神本原则"。因此，我们要从《论语》诸多章句中读出此一划时代的"认识论革新"思想。

原始仁学的祖先祭祀观，不再是先商周及后秦汉视逝者为准神祇的祖先"神化观"，在儒教文化史上二者常被混淆。孔子仁学思想的革命性人本主义创新正表现在：将在先与在后流行的"神格祭祀观"的本质实质上转化为"人格祭祀观"。此一人本主义转化的原始仁学的"礼学"（含生前孝学与身后祭学）于是体现了一种仁学的现世人本主义，其中的"祭如在"思想的"经验心理性"与宗教性敬祷神祇鬼的"超验想象性"在认识论与实践论上的区别性，正是仁学而非儒学可与现代科学性人文思想结合的原因所在。

2-7. 子游问孝。子曰："今之孝者，是谓能养。至于犬马，皆能有养；不敬，何以别乎？"子夏问孝。子曰："色难。有事弟子服其劳，有酒食先生馔，曾是以为孝乎？"

对比项：孝亲/养生，尽责/亲爱。
意旨：君子实践以爱人为宗，以孝亲为普爱之基。

旧解摘要:

《集注》:"甚言不敬之罪,所以深警之也。"《盐铁论》:"善养者,不必刍豢也,以己之所有尽事其亲,孝之至也。故匹夫勤劳犹足以顺礼,歠菽饮水,足以致敬……故上孝养志,其次养色,其次养体。贵其体,不贪其养。体顺心和,养虽不备可也。"

含义引申:

本章"子曰句式"的内容基本上仍然表达于一般性层面上,具有跨时空普适性。

本章中"犬马能养"的比喻,因其句简,旧解多含有无谓之随意性,如指为:犬马养人,人养犬马,犬马自养等等。甚而有曲解为"对父母所养之犬马亦加养护"之意,此种因古人字句简洁而或刻意求异之释义习惯相当普遍,多无可取。实则,诸解之寓意相同处为:"能养"之事实无关于"礼敬"。孝学涉及内心动机与外在行为两方面,强调孝者以诚意为重。即孝学要求对亲长和祖先怀具真实敬意与情感,如此发之于外,方可谓实行了真孝道,如此方可如实表征于表情、言谈、行动上。重要的是:仁学孝学之第一义为践行真孝心,其发于外者为孝行,后者为前者之"流露"。一方面,如仅据此露于外者察验孝行之真伪则无法克服"有行无心"之蔽,而另一方面,孝行表现恰可以作为察验有无孝心之方式。此数句意思均在于孝学实践中的"真伪"与"深浅"之辨。总之,仁学提倡孝学的方法为:由外返内以逆向察验"孝心实态",由内向外以察验"孝行实态",通过内外交相察验以促进孝学实践之完善化。

仁学的孝学一方面视家族内之各种孝关系为士君子仁学实践学之基础,即视之为仁学实践学的"发生学基地";另一方面强调亲子之间的爱为人际爱中的最基本形态。此种孝学在其后儒教、儒家文化中被转化到移孝为忠的意识形态轨迹中。但是仁学本义中的孝学特别重视的是亲子人性关系中的人际真爱本身,故为仁学持人本主义立场之征。同样混淆难辨的是,后世儒教强调的敬长思想是密切结合合于儒教政治的专制主义教条的,家长-家族制度成为儒教社会政治制度(宗法社会)之基础。按照一般人情自然为"父慈子孝",而在此互动关系中，传统孝学对"子孝"一贯比对"父慈"更为强调。此种对于亲子人性自然情态关系的"礼学干涉"具有某种人本主义伦理学深意。按照人性自然，双亲对于子女自然更为关爱，因子女为自身身躯之直接"产物"，为自身之生物学的直接延伸，故此种自然情态易于存在。而子女对于双亲之自然情感联系，在无礼教干预下则相对淡化。双亲对子女之一体感自然深厚，不须提醒；子女对双亲之一体感的天然性随着自身新家庭的成立而有自然趋弱的可能，因此须特加提醒之。结果在宗法家族制度下，早先视为天然的亲子之情，被纳入社会制度化环境内加以"综合性运作"，将早先天然亲子关系塑造为一种严格的家族等级关系。这也就是从先秦仁学的"亲子互爱"的人本主义孝学观向秦后"以长制幼"儒教等级支配观的转化。在汉字"孝""礼""学"等"字壳"内，新权势集团完成了将先秦仁学伦理学向秦后儒教道德学的制度性转化。

【关于"孝学"的历史解释学申论】

原始仁学之孝学的深意具有明显的人本经验主义的理性基础：亲子之爱为广义人际仁爱之唯一发生学基础（孟子所谓的"一本说"）。即在对子女与对双亲的互爱关系中，培育君子"逐阶扩大"其爱本能的孝学实践程序。结果，孝学在儒教社会中的社会学意义与孝学在仁学伦理学中的认识论和实践论意义非常不同，后者只不过是依赖于亲子之间真实爱敬情感联系的存在，以巩固仁学之人性论价值观和实践论的基础。孝学于是也成为实现普遍人际关爱的实践学基础。无亲子间的仁爱关联，即无一般人际间关爱之人性论根基。

仁学特重传统孝文化隐含的认识论-实践论意义，足可相比于宗教伦理学依赖超越性权势存在的意义。仁学伦理学的"爱学"根基于可实证的家庭生活内部的人际经验性本能，而宗教伦理学的"爱学"则须通过超越性想象的神灵教化观与奖惩观之中介，以及集体组织性的教化灌输法之强制，才得以有效宣导。仁学之"爱观"实现于现世经验界之人性本能，宗教之"爱观"实现于神祇权力之督导，后者不免于含有"因惧罚而施爱的被动性"，前者则着力于现实经验域内之人性"激发"（促进人性中之自然向善本能之生发）。但是，如果从维持社会政治秩序效率角度看，仁学主要针对具"向仁"性向者（有自制意志力者），而其对广大民众仅有十分间接的影响力

（风行草偃关系），故仁学并无可能作为孔门当初理想中的"治国之本"。

对于任何社会性群体而言，作为处理众人之事的政治必然须依据外在的强制力（"刑"机制），而与之相配的民众道德性能力之提升，亦须另类的"外来约制力"，包括超经验的想象的神祇约制力，此即宗教自古流行至今的社会学根源之一，因只有宗教性的教化组织力才可有效激发广大群众的"向善"信念与行动。这是科学时代各宗教文化存在的实用主义理由之一，而此群众"向某道德式指令"有效归附信从之"真实根据"，一是源于畏惧神罚，二是源于宗教为之提供的"畏死求永生心愿"的心理安慰治疗术。（一些先进国家的心理治疗术往往有其功能上的类同处。）此类"使信技术学"中尚有甚粗劣而特有效之"简易疗法"：如通过实意的"疾病治疗术"，像义和团式的"功法治百病"等，再如带黄巾、念符咒以凸显其归附于强大组织之标志，更有干脆采简易体操术以代替复杂瑜伽等等以促使信众相信自身因此"皈依"而已在身份上高于了常人（虔诚往往是虚荣心之伪装心态）。此等愚民之术几千年来无代无之，亦为历代有识仁者所痛斥者。而此等历史上的愚民之术往往遇时趁机复起，不过调换名头、技法，并利用民主时代"诸教平等"之法律保障，以行其"现代化的"新愚民造势之术。（此等现代化的新迷信运动之受众也包括众多各级技术性"知识分子"，因其所谓"高级知识"属于科技类，无关于人文知识，其"文史无知"的程度等同于仅有中小学学历者。而以其"此一知识"随意取代"彼一知识"，竟造成了社会严重认知歪曲。物理学家不可能冒充医学家，但二者均可下意识地"冒充"有能力判断文史哲学术问题者！此一现象的喻示力亦含一币之两面：一方面科技人士凭其社会地位而妄图"指导"，固然暴露其"狂妄"，却更加暴露其"无知"或"虚伪"［以"彼一知"作为"此一知"的虚假资格的伪凭据］；而另一方面人文学术事业竟可以被社会随意"拨来拨去"一事亦可证，人文知识的科学性水平还远远达不到"知识就是力量"的高度。此类群体信念的教成，于是多需来自宗教权势体系及其特具"诱导技术"的组织化督导作用。在此意义上，正是作为准宗教性的儒教政治制度［尽管其目的为维持权势者之特权］才可有效地维持一种民众道德性信念与习惯，虽然后者实质上是以法家暴力手段维持的社会政治秩序为基础的，经儒教意识形态术加以丰富化后，可在群众"因畏惧而顺从"的道理之外，另加附上"因崇拜而信从"的辅助力源。）

现代意义：

孝学为古代社会环境和知识条件下个人基本道德实践渠道与方

式之表现，于今日现代化社会已失去其多方面的社会功用，但仍残留于今日亲子关系的自然情感关系中。然而，古典孝学作为仁学实践学维持君子"内心诚敬"心态，今可转化为精神文化与人文学术活动中要求实践者具备的同类心态。"伪孝"与"伪学"，在其心言行不一致方面也具有同态性，本章意旨遂可作为察验、纠正、维持与贯彻各种现代精神文化事业中正确实践方式之启示，也可作为一般"动机真伪辨别学"的组成部分之一。

　　2-10. 子曰："视其所以，观其所由，察其所安。人焉廋哉？人焉廋哉？"

　　对比项：原因/动机，目的/方式，其求/其安，察迹/揭伪。
　　意旨：君子为学志在知事知人，于人之心言行一致否察验其人格与素质。
　　旧解摘要：
　　《集解》："孔曰：'廋，匿也。言观人终始，安所匿其情也。'"《皇疏》："情性所安最为深隐，故云察也……江熙云：言人诚难知，以三者取之，近可识也。"《集注》："事虽为善而意之所从来者有未善焉，则亦不得为君子矣……安，所乐也。所由虽善而心之所乐不在于是，则亦伪耳。岂能久而不变哉。"《四书辨疑》："观人之道，必先视其现为之事。现所为者虽善，未可遽以为君子也；现所为者虽不善，未可遽以为小人也。（举王莽、伊尹二相反例）……须更观其事迹来历从由，以察本心所主定止之处，则王莽心主于篡汉，伊尹心主于致君，至此则君子小人善恶之实始可判也。"《松阳讲义》："知人原不是易事。其实非人之难知，只是不细心去看耳。既欲知人，若但求之毁誉，索之语言文字，又或为论心不论迹之说，探之于践履之外，其不为人所欺者鲜矣。"
　　含义引申：
　　本章为有关仁学真伪辨别术的关键指令句之一，陈述如何察验思想及思想者内心之有意无意隐蔽的"背后真实性"之方法。其立论在于：人心易伪，不论是自欺欺人还是有意欺人，均须假外部取悦于人的施为表现以达行伪目的，故须按照人之可资察验之外部表现法以合理逆推表现者的真实动机和行事目的。此章作为仁学辨伪技术学，其要点在于强调从当事人心言行三个方面显露之言行表达特点及诸特点间的关联方式以判断：该表达之真实目的"落实"于何处，其达此目的的方式或渠道如何，再据前二者推测其动机或原因为何。

对于常人而言，由于内心脆弱，多在外界"威压"与"利诱"环境下，选择多方面掩盖自身真意的、借助环境易于容纳之伪言伪行的自保策略，以待人处事。因此，当事人言行所表达者，往往为其深思熟虑后通过特意编造以产生"取悦于人"或"自欺欺人"效力之虚假言论。此连句之最关键点在于"察其所安"三句：通过观察当事人所表达者之口实、内容、方式、效果之间的不一致处，即有违心言行合理性之"漏洞"，以逆推其真实心意，包括推测其动机与目的之方向、规模、深浅等特点，以相应地测知其人之人格、意图和潜力等细节。由此可见，仁学实践学特重人之志向的方向与品质问题，察验其人表现真伪的目的，所察验者不仅在于该真伪实态，而且据以察验其人之人格特质，用以作为"深入认知"其人产生真伪表现之"潜力"如何。"人焉廋哉"之结语，为对此一真伪辨析法有效性之肯定，此即：人之作伪是可以被细心察验揭示的，如果判断者细心正确贯彻此一"察伪智慧学程序"的话。

为了促进各种仁学实践计划的有效展开，正确了解各种相关对象之真相为实践有效性之前提。此一看似普通的处事智慧经验，不仅自古至今为大多数人所忽略，也同样被各种"士君子"（有志于正向目标者）所忽略。"失察于真伪验证"实为人性之通病，故历史上善于制伪的狡黠者多可顺利利用人们的轻信与浅思而在时机到来时突变其（前所伪装之）术以得逞。简言之，仁学的察人知人之术，其主旨意在强调：须系统、全面、长期地"关注与研究"对象之心言行表现流程，方可据此综合全面的鉴别程序以获得关于实践对象之正确资讯。

现代意义：

此一浅显格言实际上意义深远，因基本人性古今中外同一（现代西方理论思想家动辄反对"人性不变"的经验判断，而对于仁学看重的诸多基本人性特点均视而不见），故本章具有永恒普适效力。因社会生活及人际关系之展开，人际互动之正面效率等，均取决于互动者之相互正确理解。此一判断也适用于自我认知方面，"己对己"也是一种特殊"人际关系"。前者较易理解，后者的意义是：学者如何清醒认识自身意图、能力、方式之"真伪"，即如何确知自身是否因自身性格弱点而先已陷于自欺陷阱之中而不意识。此一判断直接相关于君子进学之方向性正误及方法之效率。如将古代道德行为层面扩及现代社会与文化学术层面，对己与对人"作伪"或"自欺"（包括学界流行的自欺性共识）可直接毁及行为事业与治学目标。

今日法制商业化世界中，合法作伪已成为社会共识及生活常态（合法商业诈欺即为竞争主义之本质。策略、计谋之运用今被视为竞争游戏中双方之合法"策术"，甚至为法律保护之"商业机密"之部分，故博弈双方必通过"行诈作伪"等竞比智力高低的斗智法，以达击败对手以获己利之目的）。人文学术界如受此作为社会主流的商业化竞争主义风气影响，则可能根本上限制了自身求真意志的存在及提升。因此，古代乡愿辈主要表现其术于社会政治范围（今日此范围内已不需如此"多余的"假仁假义表演，而可依"游戏规则"合法谋利），今已转化为可达人文科学及文化之全域。在全球商业法制化社会中，职场人文学者为了按照同一社会逻辑生存，也不得不采行此商业化竞争模式，以至于"商场如战场逻辑与风格"亦必渐成学界主流生态。在此学术环境内，身处职场竞争关系中的各人文学者也必强化、精化、普遍化其早已有之的（古代所谓的"文人无行"）"以文互斗"的技术和技巧。在此趋势下，人文学术将结构性地蜕化为职场人士借以谋私利之手段，而离人文科学的科学化发展渐行渐远。

【关于"辨伪"与"识真"的历史解释学申论】

新仁学的学术实践自然首须提倡在"人文科学事业"领域与"人文、文化、媒体"等功利主义领域之间进行严格划界,二者运用的"文史材料"同一,而彼此对之运作的态度、目的、方法迥异。真正的人文理论科学研究者,因此仍须沿用原始仁学的各种"辨伪术"以首先完成对"实践对象域"真相之把握;因此辨析言论动机真伪的原始仁学"反乡愿术",可施之于、必应施之于现代人文科学革新事业的各个方面,并甚至应成为人文学术科学化革新的必要智慧技术学之一。其目的首先在于辨析学界和学者的学术行为之本质,是出于功利主义-实用主义-机会主义动机参与集体的学术市场趋利目标(全盘纳入职业化程序者自然如此),还是出于求真动机而以追求科学真理为目的。例如,现代史学辨伪学,其要点即在于注重辨伪方法或技巧,包括察验历代文史作伪之学者的动机(如汉代经师的以学谋利之治学观的长期负面影响)。今日世界人文科学界内最需加以科学化改进者首先即为"历史学",而史学家们在其学术实践中却多职业化地(拉帮结派)依势而行,普遍欠缺学术自反与改进的心态,因任何学术方向方法的革新,都会涉及学术权威者借以循集团造势方式谋利的既定学术实践格局。在此功利主义心态支配下,历史学者自然倾向于不关心史学辨伪学的成就,怯于正视自身治学方向和方法的科学性得失。试举现代史学史为例。早自中国"古史辨"学派最初成功的十年,一度同样标榜史学辨伪的若干民国"大师"们,即已感觉古史辨派的科学辨伪实践可能"颠覆"这些自认为既具有批评旧学意识又自认为旧学扎实的"大师们"所自以为是的学术基础,于是纷纷以种种"口实"反戈一击,转而将原先视为"同志"的古史辨派视为"洪水猛兽"而加以排斥。其中具有"洋学历"者之反应尤为凸显,结果反而暴露出这些看似"兼通中西"的大师们的根本问题,正在于其学术结构本身之固有缺欠(傅斯年、胡适等之学术进步观的"虎头蛇尾"表现,正因其性格中欠缺了为求真而择善固执素质,终究最后为肤浅的时代功利主义所误)。然而正是这些借学术事业谋建学术势力者的"动机结构",导致他们成了学术方向上的"作伪者",并因此误导了其后几十年的史学发展方向。他们自己,因理论知识准备和自反意志的不备,对此当然并不意识,其中的学霸们固然为以其史学生涯追求精神权势为目的者,而其中品格上确为正人君子者,仍不抵社会名势观之误导,以至于在其追求学术真理道路上陷于意必固我之境(傅斯年史学为其显例,参见《儒学解释学》)。仁学学术观以求真为目的,故不会屈从于商业化学术社会的非科学性趋向,因而亟思克服之。

本句组虽仅提出一般方法原则,即密切察验心言行三者在一定时间段上的、多层面上的各个单一"表现"之间的"相符性"（"一贯性""一致性"）的程度，但此一指令的更深部分是：仁者必须时时有此辨伪意识及辨伪意志（相当于求真意志），这取决于仁者之心志结构本身，即取决于当事人是否有足够坚强深厚的仁学实践力（内实践或仁学之"内学"）。如有此实践意志力，才有辨伪实践的动机和魄力。而时人的问题是往往在此最初、最一般的层次上，即在社会文化学术环境的普遍偏见与职场利诱压力下（包括竞争主义学场风气的鼓动下），集体地丧失了学术实践的伦理志向，随之必自然转为通过学术经营以曲意追求名利权的目标。为达此系统性的"曲意阿世"目标，人文学者必辅之以自欺欺人的各种策略手法。学者辨伪意识为其辨伪能力之前提，其次才是辨伪技术性问题。今日人文科学理论革新实践与仁学动机辨伪术之间实际上存在有内在的关联性。辨伪意识的欠缺实即向真意愿的欠缺，学者随之自然丧失了对学术辨伪的方法论的关注。今日"古史辨"派理性批评学术观在全球华裔史学界的普遍式微，反过来证明以西方汉学集团垄断其方向的华裔史学界的功利主义，已压倒了史学求真意识。此一人文学术界的功利主义趋向，实际上已经遍及世界全体人文学术理论领域（参见《历史与伦理》）。

2-11. 子曰："温故而知新，可以为师矣。"

对比项：温故/知新。

意旨：君子为学，执旧取新，以力行其继往开来之志。

旧解摘要：

《论语稽》："师即谓此温故知新之学，非为人之师也。凡人于故者时时寻绎之，则于故者之中每得新意。"程树德："温故而知新，则所业日益，不待外求师而即可以为我师矣。"顾宪成《小心斋劄记》："必有事焉而勿正，心勿忘，勿助长，极尽此温字形容。忘则冷，助则热，惟温字乃是一团生气，千红万紫都向此中酝酿而出，所谓新也。"程树德："如朱子之说，所谓新者即故中之新，非故外别有新也。"

含义引申：

本章"子曰句式"亦凸显了指令句内容的一般普适性。"故"与

"新"实为一事，二者均相关于学习之经验性对象或知识之完整过程。朱子所谓"故中之新"，即基于"故"之"新"。温故特言往事或往昔所知易忘，故须不断提醒学者复习旧知，以作为进一步吸收新知新学之基础。本章强调，对仁者而言"即故而求知"的必要性，此亦仁学属"经验理智主义方向"之标志，故与一切超经验盲信主义截然对立（一切传统主流宗教均强调其"知与信"朝向人间历史上的遥远故旧，无以急求新知新学为号召者）。仁学强调知而后信，而知无穷尽，信有变迁，故与历史上任何违反科学精神的"唯信主义信仰体系"在精神方向上根本不同。作为"功能概念"的"师"字在此具有特别深意，非指学子对于师长权威的"迷信"，而暗示着知识的直接来源除了自身直接的经验现实外，尚有集合了人类以往主要经验的"导师"掌握的经验性现实，从而排除了以任何超越性神灵或作为"神之人子"的帝王权威为其知与信根源的可能性。此一"师"字也即现世经验性知识根源之代称，于是学者可在古今经验性知识引导下不断增附自身之新知、新学、新理。所谓"真理"者，即现世可验证的真确认知之谓。此章呼应《论语》之"为学"首章，通过学与知的关系指出了古代中华精神文明的现世唯智主义大方向。此外，本句看似简单的更深层次意义是，人类知识来自由古至今的、由今至未来的一贯性经验流，"故"即过往经验认知之记录，称之为知识及其引导的根源，即相当于宣称知识来自过往经验性积累，所谓师者乃先我一步取知于经验世界理智性实践者。基于此认知经验主义立场，未来的知识必然沿未来的经验积累而成立。此一"师从"现世经验的行为为经验性的，所师从的对象——过往记录——也是经验性的，由旧趋新的求知连续性即现世认知经验的一贯性。因此，仁学中知与信几乎"同位"，知即信，信即知，而二者均来自经验现实并得自经验理性，信也必以经验理性为根据。所谓"现世经验性"可兼指作为知识之来源的"现实"以及作为知识借以被汲取的人之"理性"。这是两千五百年前中华精神文明初兴时期的最伟大的理性主义精神方向之表现，当同时期世界其他文明纷纷朝向于超越现实经验的"灵界"对象之时。对超越性灵界的朝向性，实为对于"大势力"的朝向性，也就是出于求护佑与恩典的功利主义民族性动机。而仁学的朝向性则反其道而行之，所朝向者为人类现世经验理性本身以及以其为根基的人本主义伦理观。

现代意义：

本章对于现代认知态度和方式极具认识论启迪意义，除前述经验性认知原则外，无论就社会文化认知或就学术性认知而言，都不可忘却历史性经验，而认知的大方向自然是不断向前的，是不断地把过往与未来加以有效连通的。认识过去是为了促进当前和未来的认知之提升，而绝非意味着单纯滞留于过去的经验。即人类认知一定得是"古为今用"的，而此"用"非指实用主义地滥用，而是指合乎理性地善用。人文科学知识一定得是基于经验事实或准经验事实以及逻辑理性的。本章中的"师"（象征地指称历史上一切对于经验理性知识的创立有贡献者，甚至不限于指个体，而是泛指一切经验知识之源泉）之意正在于指出：人文知识的来源为人类经验性认知积累，而非为来自任何超乎现世经验及理性的、想象中的超越性智慧之启示。此一现世经验主义、实证主义的仁学知识实践论，亦完全符合未来人文科学理论革新的大方向。

2-12. 子曰："君子不器。"

对比项：义理/技能，目的/手段。

意旨：君子以学求真，明辨主次轻重，不为技术性知识所限。故不可泥于技能性认知之偏，其学、其行必朝向价值观上和实践论上的全面性认知。

旧解摘要：

《读四书丛说》："体无不具，谓明尽事物之理以全吾心之所具。用无不周，则事物之来皆有以应之。"《论语稽》："《周官》三百六十，皆各有所治，惟冢宰无所不统。则不器岂易言哉！"《论语劄记》："器者，以一能成名之谓……君子之学，德成而上，艺成而下，行成而先，事成而后……若以无所不知无所不能为不器，是犹未离乎器者矣。"

含义引申：

本章"子曰句式"短至四字，而意义深刻，并具有普适永恒重要性，其要旨为：君子人或仁者之性格或能力的特质（态度方向和认知条件）不应限于技术性或技能性范围。仁学伦理性实践者不仅需要立志和强行，而且必须关注自身知识结构的方向正确性与方法合理性，以期确保自身知识整体的多方面有效性，特别是要确保"义理性"知识和"技术性"知识搭配与主次关系的合理性。仁学实践学实为以伦理精神驾驭实践技术之学。"士"作为"狂型"仁者、须兼具智仁勇品德，其实践兼具认知和行动两方面。此古代"知行合一"之士模型，即勇于身体力行的古代读书人型范。此读书人或爱仁（仁）、知仁（智）、行仁（勇）者，因兼具根本性思维和实践能力，在古代环境中即相当于"思想领袖"式人物。其精神方向使其不可能成为仅具一偏技能的技术化人士，后者在古代可指从事各种身、心类劳作者，其心态则多为与精神价值性思考无关而仅持其单一技能以谋一己物利者。仁学则强调：仁者或士君子，首应精神气局宽广，志向远大，故不仅非可以技能人士自限，也不应满足于成为一"技术型"读书人。读书人如自满于一技之长（包括成为一学之"专家"）及其带来的物利保障，其人气局必狭，自难认知和关注社会文化中的大是大非问题。

【关于义理与技术区分的历史解释学申论】

仁学君子学在秦汉专制社会建立后被片面地施用于服务帝王专制社会，故其实践学"上限"受到结构性限制：从仁学最高范畴"仁"（作为伦理价值学性理念）向儒教制度内所体现的现世最高道德性权势执柄者"帝"（具有准神格性质）及准政治宗教迷信根源之"天"的转化，使得仁学意义上的"君子不器"更难实行。某种意义上各类"臣工"乃至经师，均属"准技术人员"身份（就其经学的语言性和教义性思想和行为的双僵化技术性运作者而言，中国学术活动初起时的汉代"经师"为其典型；同理，现时代以一家学术理论技术细节为专长借以"成家"者）。其中"吏""幕"等固为文案技术人员（包括文案和其他从幕人士），经过"文学式考试"成为主官者，亦为严格按照既定政法知识历练程序"行事"者，其本质亦为"法政型"技术人员。他们在此具体服务性的严格行政职位上自然难以再对高端伦理性的、政治伦理价值性的问题进行深度反省思考。在严格意义上，儒教制度即广义从政技术人员的养成机制，一切"儒家"人士在其一生学行基本固定轨道（读书为官）上已经被加以系统的"器化"，即成为按既定社会技术性程序执行皇帝交付的任务者以及按既定法律和命令予以贯彻实行者。只有在此轨道之外的有限"业余时间"内才可有自由精神活动的机会。自然，同一文化现象"名目"下不同事项的内容中其所含"义理性"和"技术性"的相对性比例自然有所不同。汉代经师作为中国最早的"学者"类型，其为学性格实为功利技术性的，虽然，前汉经师与后汉经师，各自表现出的学术思想性关注与文字技术性关注之比例及方式已有不同。自理学时代起儒者的"思想性"（"义理性"或"性理性"）关注明显增加，而由于时代科学性经验知识之薄弱，理学相应的知识论和方法论部分之提升仍然有限，而就其"思想方向"而言，则确为精神性朝向的，故相对地反映着一种"回归原始仁学"的人格倾向（一种从学术语言技术性向学术思想精神性的"志向方向性"的转化姿态）。

现代意义：

此章言短而义长，今日须从不同角度"解释学地"加以把握。就人文学术理论家或思想家而言，"君子不器"仍可直意解。"不器"指不可止于一"器"（工具类知识），非指思想家不可兼有或曾有技术性知识（"不试，故艺"）。严格来说，今日所谓"匠人式学者""资料员式学者""文物赏鉴型学者""抄袭性学者"等，即指那些止于"器式"类型的学者，虽然他们处理的"学理话语"本身属精神性、思想性而他们对此精神类学术话语的"教条式运用方式"及与其相连的功利主义目的，使其学术实践具有明显的准技术性特点。此一运作学术话语的方式（抄袭式）和目的（以学求利）的治学特点即可使得从业者本质上归类于"器类知识分子"（此一类别的定义，不仅指其知识本身的偏技术性，而且指其运作者之功利性）。因为，他们为其"器学志向"所限，没有能力进而参与理论性和思想性创新工作（包括民国以来大量国学界的文献学家，如善本学家、目录学家等，其贡献只限于文献技术性层面，因为此类传之于古代的文献学知识与现代文献学科学之间已有巨大差距，现代文献学者如不肯谦虚、认真地探讨相关的新知新学，而以"固守本民族前科学时代文献之旧物"为其神圣事业，即因深受此心胸眼界狭窄之误而最终导致民众学术不得真实进步）。广而言之，今日世界学术职业化、制度化、程序化所导致的人文科学后果，也同样是西方人文知识分子和学人全面趋于"器化"的表现之一。人文学术职场程序化发展实即学术人格之"技术化蜕化"的表现。人文学术成为各式准资料技术性处理者，人文学术理论实践如为其技术性器局所限，其泛抄袭性理论话语制作方式的被动性，实亦相当于遵从着"器"性之学术思维方向实践。尽管所表达的被抄袭的原知识内容不属器性类知识，此抄袭模仿式理论话语制作术（美其名曰"著述"），仍应被视为"器式"性之学。如，阳明话语自然非属"器"类之学，而泥执阳明话语以作为自身职场谋利之资者的运作方式，仍属"器"类之学。西学理论从业者同然。

此一指令句的今日意义还在于指出，科技工商主导一切的时代中社会文化的全面技术性固化发展，导致广大民众性向的全面准技术化演变，其结果亦必导致以学为职的人文学者们趋向功利主义的僵化的治学观。此一现代工业文明时代普遍知识论"器化"的趋向和原始仁学"向文"精神方向的对立性，也就自然制约着人类精神文化的历史发展。

对"君子不器"口号的理解须相对于语境及其"对立面"来把握。广义"器"字，可对立于"思"字，"器"式之学，在某种意义上即相当于今日广义的"技术化之学"。与此相对，仁者正是基于伦理性价值信仰和科学理性原则（而不是根据固定的职业化程序）而主动、积极、独立、自由运作的知识者。社会中除需要大多数人从事技术性工作外，也需要有能够于各种技术性工作领域外进行精神文化层面上创造性独立思考者（相对于价值、信仰、方式等根本性问题进行不断反思的思想家类型的学者）。而今日此种工作（本应由人文科学处理者）也已被科技工商主导的全球商业化社会发展全面纳入了职业程序性轨道，受到学术教育市场的全面技术性规则的制约，人文科学理论家们大幅度地失去了独立创造性思考的机能（兼涉心志动机与知识准备两方面）。故"君子不器"格言于今日商业技术化世界具有特殊重要的启示性意义。

今日世界各地人文学术事业的全面商业化、制度化发展导致的结果是：僵化的学术文教制度化可结构性地产生学术思想的准机械化成果，也即知识技术化或"器化"的发展。更为重要的是，此一问题还须辩证地从反面加以理解。由于科学技术日新月异地发展，人文社会科学中的义理性部分和技术性（方法性）部分同时增长，二者的互动关系影响到彼此自身的有效发展，今日投身人文学理的学者也必须与时俱进地不断增加自身的"技术性"（方法论）知识准备，以作为进行思想创新实践所需的技术性手段。没有相应的技术性知识的提升，也就没有思想理论层面上的科学提升。技术知识与科学思想之间的互动关系，也须视作"君子不器"的仁学认识论-方法论总要求的内容之一（可比之于"经学"与"小学"间的关系）。所以，"君子不器"仅应理解为理论家不为"技术"（器）所支配而非不须掌握技术性知识。现代人文学者特别是其理论家们，其学术思想任务遂无数倍地大于古人了：他们既需要不断增加技术性知识又不可深陷于技术性求知轨道。实际上，新仁学的人文学术方法论不仅须同时包括思想性和技术性部分，而且需要二者相互促进、相互检验，以实现全面性的认识论与实践论的完善化。因此，按照新仁学，《论语》中的"器"义，应该主要从其相对意义上的"功能"角度来定义。"器"在此一方面指"知识方法的技术性程度"，另一方面指"学术认识论的技术化方向"，"君子不器"今日非应指克服前者，而应指克服后者。一方面，仁学必以技术性器学（实用性社会科学）为自身实践学之工具；而另一方面，纯技术性器学不应成为决定人文学术伦理学方向上思想自由之阻碍。思想与技术是相辅相成的。

2-13. 子贡问君子。子曰："先行其言，而后从之。"

对比项：查实/信从，言诺/行实。

意旨：君子必言行一致，可由其行以验其言之虚实真伪。

旧解摘要：

《礼缁衣》："子曰：'言从而行之，则言不可饰也。行从而言之，则行不可饰也。故君子寡言而行，以成其信。'"《皇疏》："王朗云：'明君子之道，言必可则，令后世准而从之，故曰"而后从之"。'"《集注》："周氏曰：'先行其言者，行之于未言之前。而后从之者，言之于既行之后。'"

含义引申：

本章"子曰句式"内容仍具普适性，即仅相对于人性特点立论，而无涉及具体历史环境。本来这类警语多为"言而有信""言必践行"一类。此章将言行次序翻转，通过"先行后言"之表述以凸显仁学重"行"尤甚于重"言"的观点。在行与言的对比中，强调行先言后，特别针对"只说不做""言而无信"的普在人性弱点。言行不符，言而不行，虽为人情之常，而特为重视自身实践真实性之君子人所深诫。仁学指令句以纠正人之弱点为目的。其实践学之人性论根据为：通过激发人性中的正向潜质以压制同一人性内之负向潜质，故仍属于人性内部进行自调节实践，其中含有的"可塑性"（人性自制的可行性）即属一种自然人性观。在由指令句促成的人性"正负潜质"冲突中产生当下顿悟之效果（觉悟），卒使相应正潜质浮出并成长为正向品质。因此我们看到，《论语》中的诸指令句的感染效力均完成于人性内部，即通过自身意志力借助人性自身的"善恶意念共同潜在"的经验性"人性潜力"和主体意志力的能动性以实行各种"改过迁善"作为。其后据此意进一步发展的孟学"性善论"，不过是代表一种"激发人性善根"的促动性表达语式，非可实证性地予以直意理解。在此，"性善"与"人性可善"同义。客观而言，孔孟对人趋善之主观呼唤与其达成的幅度为两事，此所以孔子有"好仁者稀"之惋叹，而孟子有"人之所以异于禽兽者几希"之警示。

现代意义：

此章之言行关系论即相当于指出：言行不一即言而无实或无诚

237

于行之意。此即针对世人多习惯于大言、空言、梦想而不认真实践（行）之普遍陋习而发；并尤其针对伪善者如乡愿辈借哗众取宠言谈以欺人谋利之作为。揆诸今日人文学术及文化界，其通病往往在于：言论的目的不在于学术上"行实"，而在于通过"以言获效"的社会性惯习以博取个人一时之名利。此"行"字并可引申为"言之有物"或"言之有据"，即学术话语及思想表达的形成须有经验现实或理性推测之根据，而非仅在于按照环境内职场竞争谋利的条件来经营"哗众取宠"（业界成绩）之效果。也即指出，人文科学或文化思想之话语表达须具有"科学性的言之有物"内涵（真实理性运作之结果）。故"先行后言"指令在今日文化界与学界的意涵主要在于：实践者应构思并发表"有意义的"（可验证、可理解、可实行的）言论（著述）。就现代人文学术话语产生方面的错误倾向言，所谓"言而无行"可能内在于其本来即"言而无实""言不可行"。故其论断、预测、许诺等言论均欠缺现实可证性或现实可行性，而徒成为按照职场化程序性与功利主义"职场共识"来进行的"制度化操作"：其产品之质检不依于客观科学而依于学术市场价值。在商业化社会的唯利是图的相互竞争文化中，有意识地制造"不实之言"（广义的"广告术文化"）更为业界取得成功的不二法门。按此商业化文化学术风习，"言（许诺）在行（实现）先"今已被视为生活之常态；换言之，今日人文学界普在的"言在行先"惯习表明，"（虚）言"本身即可履行职场运营过程及市场获利效果，而无须其后的"（实）行"之完成，由此产生的各种学术性和文化性的负面结果岂非不言而喻？由于学术质检标准为准学术市场价值规律，而非科学规范，其最后产品之"实"即为由市场价值转换而成的名利权本身，后者一旦获取即可进一步脱离科学规范系统而自行储积于成功个人及团体之"学术身价账簿"内，成为历史上永久之资财。故在人文学界，一如在艺术界，一旦"获名"，此"名"本身即可随着时间流逝而自动增值。于是，人文界之"知名度制造术"实际上成为阻碍人文学术理性化提升的一种内在障碍。其障碍性不仅表现在以其可能的"以假乱真"本质进行学术品质误导，而且因其"大名"之存在而直接成为阻滞学术思想正向发展之势力。

2-14. 子曰："君子周而不比，小人比而不周。"

对比项：周/比，群/党。

意旨：群而不党为君子，党同伐异为小人。

旧解摘要：

戚学标《论语偶谈》："比与党有别。《周礼》五家为比，五族为党。比人少而党多。比为两相依附，如邻之亲密。党则有党首，有党羽，援引固结，蔓延远而气势盛。此比字对周说，正于其狭小处见不能普遍，犹未至于党之盛也。"《集解》："孔曰：'忠信为周，阿党为比。'"《皇疏》："周是博遍之法，故谓为忠信。比是亲狎之法，故谓为阿党耳。若互而言，周名亦有恶，比名亦有善者。"《集注》："周，普遍也。比，偏党也。皆与人亲厚之意，但周公而比私耳。"

含义引申：

本章"子曰句式"仍具超越时空的人类普适性。其中的"周"与"比"皆指特定之态度与行为。同类倾向虽可发生于各种社会"集群"现象之内，但因彼此动机、目的与方式之不同（以友辅仁与结党营私）而可分属不同社会行为类别。《论语》中此类简要指令均须参照书中其他相关指令予以直接、间接地汇通比对，对其进行综合解义，而不可泥执于字面。按照本章规定的"周"与"比"的意义，前者为"因公义"而集群，后者为"因私利"而聚众，二者之判别须同时参照实践者之心迹与行为。本章指令的衍申意正相关于两类集群行为间的功能辨析问题，因"言"可伪，"行"亦可伪。辨伪术，反乡愿术亦应施之于行为表现层面。如今日学界拉帮结派、"山头"林立的普遍现象中，诸学霸无不以传播学术思想为其职场崇尚科学之标榜，而其实质为通过学术活动集结势力以大幅增扩个人及帮派之名利权，此一现象即可称为"比"。同一弟子群或师徒集团，其性质与功能，均可透过对其表面行为及自身宣表言辞之分析，察检出其聚势行为之真实背景。与此相反，孔门仁学集团的聚众讲学、以文会友、以友辅仁行为，则可为"周"之显例。本章亦为仁学侧重于动机层上察验之例，其思考方向自然区别于今日各种行为主义思想方式，故难以为西学接受。西学着重于已然后之行为事实判断，中学绝不忽略行为事实之观察，但尤其着重于察验行为之前的隐蔽动机部分。前者倾向于外单侧思维，后者倾向于内外双侧思维。

现代意义：

本章指令句如应用于历史、社会、政治活动领域时意义显明，不须赘言，而较不易辨析者为文化与学术界表现出的类同现象。今日全球商业化社会中此一"聚众谋私"趋向可谓比比皆是。出于现代化学术职场竞争生存的需要，学界师生拉帮结派、互为奥援、党同伐异，几已成为职场学界集体借学谋私之常规。一方面，互联网时代思想意见民主化传播似乎势不可当；另一方面，晚近商业化侵入互联网倾向则严重伤害着学术思想的有效自由传播。例如，不仅是由于各种互联网运作集团均须具有雄厚财务基础，而且表达学术思想的讯息传播亦需经济势力支持。世界媒体文化全面商业化发展（当金钱资本深入电子媒体世界后），在其提供的技术性沟通便利性中已含有方向性之技术化"内控机制"。于此全球商业化时代，人文科学活动尤其难以验证其学术话语之真伪，因市场价值效应必然与学术品质衡量全面混同，而学界之追名逐利治学观亦必使此一"资本权势效果"与"学术真理品质"混为一谈。人文学术职场活动将进一步蜕化为准商品化生产活动。如是，国际学术竞争文化内的种种权权连接垄断共治趋向，一如商品市场，将彻底全面地控制人文科学发展之走向。本章基于人性自私本能而于两千多年前提出的指令句，岂非反而特别适用于人类私利本能在全球商业化大环境内空前膨胀之后之现时代？

2-15. 子曰："学而不思则罔，思而不学则殆。"

对比项：学/思，固/臆。

意旨：君子为学，学而复思，学思兼行，学而致真。

旧解摘要：

《集解》："包曰：'学而不寻思其义，则罔然无所得。'何曰：'不学而思，终卒不得，徒使人精神疲殆。'"《集注》："不求诸心，故昏而无得。不习其事，故危而不安。"《经义述闻》："'殆，疑也。'谓思而不学，则事无征验，疑不能定也。"程树德："朱注释为危殆，义亦扞格难通……钱大昕谓：'宋儒不明六书，往往望文生义。'"

含义引申：

本章"子曰句式"，不论古今，仍具人性普适意义。学与思的相互关系属于仁学实践学的方法论重点之一：从他人获知（学）和从自己思考（思），二者须交相并用始能形成真实认知。此一治学与以学自进过程中的学思关系，可谓古今同理。今日人文学界，因其学科特点所限，颇多学人及思想者难以真正贯彻学思并用原则及方法，以至于或学而乏思，或思而乏学。而因"文科话语"颇可经由变相"抄袭转述"加以形成及表达，其职业程序之顺利实行可无关于学习内容之真实性验证问题。此一内在于文科（兼含学术与文化）的学习特点，代代相传，已成为人文学术和文化思想难以理性化提升的主因之一。至于"思而不学"者，今日更是比比皆是，此于"文人""才子""作家""媒体人"中尤为多见。此类"文士"善于积极"运思"以迅获名利，故不耐认真研习前人、他人知识成果，其关注"对象"为各类媒体市场化的"实现成功之条件"，故可针对（除其本业知识外而欠缺通识的）读者大众而随意借题发挥，以进行"诱信"，此时其职业所需者非专深学术知识准备，而为可资吸引读者大众关注之"文笔修辞手法"，即主要以通过话语本身之运作产生较大社会文化效应为目的。思想影响力的大小，遂可脱离作者与读者的各自相关知识程度，而主要诉诸"当下读者接受效果之条件性思考"，并依据对"影响力"大小之估测以决定写作之策略（对象群选择、目的、手法、效果预估）。因此"文士"遂与"读者大众"结成了认知性层级上的"匹配性关联"，最终共同形成了"思想界"的主流态势。按此思想影响力形成法，社会文化中"思想力"的产生亦必相关于各种社会性势力之作用方向，其本质与方向遂可由"读者

241

大众"和"集团势力"所共同决定（双方合力之结果）。如果不考虑历史、社会与文化的客观情况，所谓学术与思想的"价值"或"影响力"，即可完全由同一知识层级上的作者与读者双方的互动关系加以决定。如仅据此"读者接受效果"来判断学术思想之"价值大小"，而不预先判定作者与读者的知识条件，此一学术思想价值判定法将不可能具有科学性根据，而此情况今日正是于世界人文学界无处不在者，特别是易于出现在其历史上、学术上与文化上出现过长时间认知性断裂的社会中。如此简单的学术思想价值判断机制竟长期不为学界与文化界所认识，可见人文学界急功近利、自欺欺人、视而不见的人性弱点是多么严重。如不辨析学术之真伪问题与成败问题，学术活动即可随意安排而形成表面上的"活跃状态"（职场与出版品现象），从而可有效掩饰学界质量之真相。

现代意义：

此一指令句含有两个层次：学与思的关系层次和学与思各自质量为何的层次。本句实可在此两个层次上介入有关今日人文科学革新事业问题的分析。一方面，因人文学者欠缺独立思考之诱因，其学术思想产生程序本身即欠缺主动创造性；另一方面，"文士"（各种文化从业者）因其"思"（凡具强烈社会成功欲望者即可时时产生运思与表达冲动）多大于其"学"（因此事取决于学者之态度和努力），故其思之深度及广度也因此而难以提升和扩展。此一现象今日充斥于世界人文学界和文化界，中外皆然，虽然各有程度与方面的差异性。一方面，人文学术界的职业程序化、制度机械化促成了准资料性、抄袭性的研究方式；另一方面，商业化的文化界采行的趋炎附势、急功近利的思想方式。而此二者均受制于今日全球化世界内科技工商力势潮流在结构上加予的强大压制力。实际上，近现代以来，人类的人文学术知识积累已经颇为丰富，本可有助于学者和文化人首先积极提升自身理性知识水平后再转而为学为文，却因时代功利主义人生观的局限性，科技工商时代的学人与文士不少均采取功利主义的趋炎附势态度，放弃了学术与文化求真善美的动机与目标，而改换以各自的职场内求成功的动机与目标，致使"学"与

"思"较古代形成更加严重的相互脱节的状态。陷于泛抄袭性治学方式的学者可"不思而学",因此其学成为单纯的"复述他言"(洋言或古言)。因创造性之学与抄袭性之学,在出版品接受度上无别,从而造成民族学术发展上的、深度的以伪乱真之治学生态。急功近利的文士自可"不学而思",唯以哗众取宠为务,故其思即必易于成为无根之论。然而重要的是,两种负面倾向在文化商业化世界均可畅通无阻,因表达思与学的"言谈本身"今日即相当于可被学界大众"消费的"文化商品,此具一定知名度的学术商品(由市场价格决定的学术"品牌效应")一旦被学界职场消费完毕之后,即履行完其"职能"之后,也就不再相关于其内容面的学理高低判定问题了。学术商品一旦消费完毕之后,即可实际积存于职场名利权管控机制内,划归为学界职场内之公认成果,并体现于职场制度内的相关学者之名利权"积分簿"上。

时当全球商业化的新世纪,人文学术如欲有以作为,首应从此"学与思"的认识论、方法论入手,切实遵行"以学求真""以文求善"的新理性主义大方向。而欲做此选择,现世理性主义的仁学人生观当可提供有用的价值观指南。由此可见,仁学与人文科学及精神文化在实践学上存在有深刻的内在联系。学思关系本质上首先即为学术实践品质之保障的问题,也即学术产品思想合乎经验实证原则的程度问题。今日之"思"的意义,可特指其切实符合客观现实之深度;今日之"学"的意义,可特指其认真研究基于经验理性与理性逻辑的人类知识成果。二者交相并用,相辅相成,始可形成有价值的人文学术与文化思想。否则,极易自然形成的活跃之学术思想表象,反而正足以遮蔽人们对学术思想价值之判断。今日互联网时代,海内外网络"思想家"已千百倍多于历史上任何时代,而人们却往往不得以网络垃圾视之。其共同的本质即为"不学而思",此风气造成的海内外成千上万的"流行思想家网红们"均显露出一种共同经历过的知识断裂时期造成的浮薄气习。而"网红"以及其在不读书时代轻易集结的"粉丝群"结成了网络世界上的"影响力集团",此一虚拟集团势力的存在遂进一步成为蒙蔽著作者与读者对于自身文化思想实践水准真实认知的假象。

2－16．子曰："攻乎异端，斯害也已！"

对比项：正知/偏知，求真/求用。

意旨：君子以学求正求真，不入歪门邪道。

旧解摘要：

《论语补疏》："汉世儒者以异己者为异端……升以习《左氏》者为异端，钦又以斥《左氏》者为异端。惟贾逵通五经之说，奏曰：'三代异物，损益随时……今三传之异亦犹是也。'又袁绍客多豪俊，并有才说。见郑康成儒者，未以通人许之，竞设异端，百家互起……儒者执一不能通，故各有一端以难之，是为竞设异端。康成本通儒，不执一，故依方辨对，谓于众异之中，衷之以道也。是即康成之攻乎异端矣。道中于时而已，故孔子曰：'我则异于是，无可无不可。'各执一见，此以异己者为非，彼亦以异己者为非，而害成矣。"《论语足征记》："《颜氏家训省事篇》：'古人云多为少善，不如执一……多能乃圣人之事，常人而务多能，必至一无所能……多为少善者，攻异端之害也。害在攻，不在异……昌黎遂以异端与佛老并言。'"《皇疏》："攻，治也……异端，谓杂书也。言人若不学六籍正典，而杂学于诸子百家，此则为害之深。"程子曰："佛氏之言比之杨墨尤为近理，所以其害为尤甚，学者当如淫声美色以远之，不尔则骎骎然入于其中矣。"《陔余丛考》（赵翼）："张凤翼谓能攻击异端则害可止。"《论语发微》："断断专一即《中庸》之'用中'，《大学》之诚意……郑注云：'两端，过与不及。'……异端即两端……孟子言'……执中无权，犹执一也。权者，能用之之谓也。'"程树德："此章诸说纷纭，莫衷一是，此当以本经用语例决之……《论语》中凡用攻字均作攻伐解。"《四书恒解》："古今称异端必曰杨墨佛老……后世一切法术怪诞皆托老子，老子何尝有是耶？"《反身录》："儒外异端之害浅而易辟，儒中异端之害深而难距。世之究心理学者，多舍日用平常而穷元极赜，索之无何有之乡。谓之反经而实异于经，谓之兴行而实不同于日用平常之行，是亦理学中之异端也。"程树德："程子以佛氏……宋儒作伪之言，不可为训。圣量至广，无所不容。"

含义引申：

本章"子曰句式"为一般普适性的警句，但如无语境限定，意旨并不明确。古汉语用字普遍取本义与语境合解方式，字词本义如脱离语境或涉及语境不完整，即会产生歧义，以至于无法确解含有相关字词的语句之确义。本章简短而其字义不明者有二：名词"异端"与动词"攻"。就《论语》中类似情况言，可以参照仁学义理和其他句例予以相应灵活释义。按此，本章句意可不必按前儒随意泥解法把握。历代儒家受儒教教条主义拘束，其解释今日多已失效或不通。我们也很难按照文本产生时的传说历史环境来推测原始仁学"异端"之范围：如一偏之见、雕虫小技、辟世自安观点，商周迷信传统，以及特别是崇尚暴虐的法家传统等。在此情况下，我们只应根据《论语》思想整体来大致推测可与本句句义相应者当为何。为此，我们不妨略过当时"异端"为何的问题而改为专注于仁者对待"异端"（泛指任何价值观上或违背、或掺混于仁学思想者）应持的态度。一者为不应信从该异端，以免仁学思想方向混乱，另一者反为将重要异端作为认知对象及实践对立方加以认真"对待"。但此二指令的共同前提是：仁学有可称之为"异端对立面"者，即存在着足以败坏仁学思想一贯性实践之其他价值观和方法论。此二解则可统一为：须研究"异端"而批判之，却不可为其所惑。在此意义上，仁学作为士君子之"伦理对恶学"，直面各种对立面正为其实践学必有之义，所谓仁学之"直道"观。此即重视"异端"之害，积极认知并应对之，而非听之任之或与其相安无事。就历史现实而言，所谓"异端"似最应指心言行上"似是而非"者，如假仁假义之乡愿，而非指一目了然之敌手。此外，尤其应就其思想信仰方面而言之"异端"，如此所应定义者反为后世学术思想发展后所出现之"儒道释"思想。而儒教正是将其与仁学冶为一炉而综合实用之。

【关于"异端"的历史解释学申论】

如以"仁"意指正向最高伦理价值系统之总称，面对不同历史情境中诸多反仁学势力环境，自然也包括思想学术界（而非俗常生活界，因庶众心理多倾向于简单化的祈神求福迷信）之反人本主义伦理学的"异端"。仁学实践学即为在与各种"异端"冲突与斗争中延存其精神志业者。在《论语》所及的春秋战国时期，"异端"或可合理地进而包括孔子提及的在不同方面的似是而非者：如"怪力乱神"者（鬼神迷信：就祭祀文化而言），忘世出世者（道家：就遁世无闷而言），穷兵黩武者（法家：就军战征伐而言）等。至孟子战国末期时代仁学的"主要异端"更可专指倡导暴力征伐及阴险用术的法家术士派之"权力哲学"等。在秦汉大一统之后，国家内部各种争斗需要大幅降低，原始仁学（此与由"仁、道、释"合成之儒学有别）之"异端"中的显明者，可指与其精神方向大异的不同思想派别，如前有老庄，后有道释，因二者均对立于仁学伦理学的根本价值学前提及其现世伦理实践学目标。至于"仁"之间接性所指，或可针对根基于秦汉专制制度建立后糅合诸家而成的儒教制度与儒学学术思想全体。出世之学与仁学本质上对立，而秦后历代读书人，不仅因体制威压之迫，而且因辨析不精之惑，导致其在心言行方面普遍顺应了帝王专制及其天道支持神话从而普遍忽略了"仁"才是至高价值的仁学本质。此一划时代的历史变革之内部原因在于，儒教的软硬系统，通过将仁学加以政治学去势化，使其有效异化为导使臣民忠君爱国之品质教化工具。经此限制和控制，仁学的认识论界限（仁爱理念至上性与仁者人格的独立性）招致瓦解，在儒教意识形态环境引导下，反可与反仁学的出世性（兼含现世出世性的道家和超世出世性的道释）相混合，以使此在儒教控导下的杂学并存的局面辩证地有利于儒教专制主义的统治。而实际上，作为儒教意识形态的"儒学"（非泛指古代之"学"），严格说来，实可被称为仁学之最大"异端"，因其在信仰、思想、学术、政治、人格等诸多方面的主张均与《论语》主体中表达的仁学伦理学原则貌似相类而实际相反。此即，在仁学大方向上歪曲仁学本质后却采纳了其甚多具体品德教养学方法的儒学，因与仁学在此品德教养学层次上的表面类似性，而可成为思想上最可以伪乱真的"仁学之异端"，也即成为孔孟学所严诫的一种思想制度化了的"乡愿"。

宋明理学虽然同样受到道释思想的影响，但在儒教统治时代回归仁学基本精神方面表现出了空前重要的复兴仁学本身的意识与作为（除仁学的政治伦理学原则外）。宋明理学的反异端思想的强化和其仁学还原主义的态度一致。仁学的"异端学"（与仁学在外部思想上的对立）遂可与"乡愿学"（与仁学在内部品格上的对立）结合起来，丰富了仁学的"对立面"之构成。此外，仁学的斗争性强化表现出一种内在的抵制儒教制度的理念性（下意识的）本能。其根源为：一者，儒教的法家构成性因素在政治价值学层次上实与仁学原则对立，故仁者在其历代反法家思想的"精神批评史"上（文史哲艺作品创造上）的积极表现可谓不绝如缕；再者，在社会文化价值学层次上，仁学与道释思想具有根本的对立性（近代国人对此历史事实的认知模糊不清，往往采取封建主义历史陈言，动辄将"儒道释"杂拌混同于仁学思想。其实此三合一思想范畴乃帝王时代的维稳意识形态策术之产物，今已没有其任何合理性因素）。学者如欲涉及伦理学上的原则性思考则必须面对此二主要"异端"——仁学在认识论和实践论两方面上的明显对立面。宋明理学家均讨论此类反异端问题，而现代新儒家们则反而对此伦理学原则性对立关系视而不见，足可见知识和理论话语的丰富化（学）与思维的真实逻辑性为两事，以至于一些古代封建时代的思想家们反而会比现代科学时代的思想家们，在某些方面，表现出更多的仁学感悟性与理性思维能力。

现代意义：

宋明理学一方面在思维理性化的态度上较前提升，而另一方面在理性化的方法上仍停留于前科学时代的、来自道释玄学的准演绎方式上，后者与孔孟原初仁学伦理学的经验理性主义的认识论和方法论大为不同，也因此反可在特定的意义上称其为原始仁学之"异端"，即"性理学异端"。现代以来，西学东渐后，特别是当新仁学今已进一步更为明确地从传统的社会政治领域退出而投入要求思维更须逻辑精细的现代人文科学领域时，如何面对众多"学术思想异端"一事，自然更为当务之急。而今日仁学伦理学，作为人本经验理性主义思想，其主要"异端"已非古代在理论上构成粗疏的儒学及道释学，而为来自现代西方的各种反理性的和教条主义的人文学术理论及形而上学伦理学思想。不过，更从深远的世界精神思想大势来看，旨在复兴原始仁学伦理学精神的新仁学自然必须主要面对新世纪全球范围（相当于古代之"天下"）内的"时代学术之主要异端"，即世界学术主流中的反理性主义和教条科学主义这两大异端，而非过多卷入根基于儒教思想史的、学理上落伍的而且其影响仅及于两岸的"国际汉学-儒学垄断势力集团",后者实为全球化现代学科职业化竞争环境内产生的新仁学之异端。同时,在今日学术世界我们也应淡化思想史上"异端"具有的情绪性、党派性色彩,而将其定位为:在价值论、认识论、方法论、实践论等人文学术理论探讨实践中,与仁学的现世人本主义伦理学理性原则产生相互冲突者。经此学术化的字义调整,我们甚至应该同时注意到,作为思想理论对立面的"学术异端"本身当然也可能在其他方面包含着正向的重要学理价值的部分。对此,新仁学学术实践甚至还要积极学习其各"对立面"的优点部分,而非"以言废学",一概予以排斥。我们不应再像宋明儒那样在简单化的论域上进行非黑即白的断言。

本章的现代深意在于:仁学具有自成一体的基础性的实践逻辑性部分,此部分不应受到各种"反仁学的认识论和方法论"思想(异端)之侵蚀,特别是各种虚无主义和极端相对主义之修辞学蛊惑。扩大言之,非理性主义和各种哲学中心论的教条主义均可成为未来人文科学理论革新事业中之"异端",受其影响或实用主义地对其加以吸纳,均可为害于人文学术科学化革新事业。今日以西学理论为主流的世界人文科学理论问题丛生,然而随着人类知识的普遍进步,人文科学在各科技术上的进展也是极为显著的,这些知识成果都应该是新仁学学术实践的研习对象。即使如此,仁学的"辨异端"方法论,在介入人类人文科学现代化前进的任务中,仍然具有其特殊的重要相关性。在全球化时代人文科学面临全面转型之际,其科学发展的主要瓶颈,正是存在于理论思想大方向上的混乱性以及违反科学理性实践的科学化趋势。也正因此,源自仁学辨伪学的"辨异端"观点,显露出一种独一无二的、与时代思想学理相关的"正本清源"之卓识。

2-17. 子曰:"由!诲女知之乎?知之为知之,不知为不知,是知也。"

对比项:诚己/自欺,已知/未知。

意旨：君子以诚为学，必无自瞒，故可在改错与知新中交替前进。

旧解摘要：

《群经平议》："此'知'字与下五'知'字不同。下五'知'字皆如字，此'知'字当读为志……《集解》《集注》皆如字释之，误矣。"《皇疏》："若不知云知，此则是无知之人耳。"陈栎《四书发明》："强不知以为知，非惟人不我告，己亦不复求知，终身不知而后已。"《反身录》："吾人之所以博学审问慎思明辨者，惟求此知。此知未明，终是冥行……此知未明，学问无主……此知既明，犹水之有本，原泉混混，逝者如斯夫，不舍昼夜。"《焦氏笔乘》："淮南子曰：'精神已越于外而事复反之，是失之于本而求之于末也。'……世之言学而不蹈此者几希。"

含义引申：

本章"子曰句式"亦为针对人性的普适告诫语。"孔子角色"作为一"伦理指令句系统"的表达者，实指其表达句义的"角色功能"之意，不必泥执于各不同传说中之具体人物本身。因东周时代知识粗浅，士人所不知者较今日多千百倍。在此句中，所谓"知"的"表达面"乃指"知礼"，非即指"关于自然及社会的一般知识"。但如前章关于"异端"之教，其旨在于仁者对异端之态度，而非论及异端本身，本章之旨亦非相关于"知本身"，而是学者对知或致知应有的态度。（仁学认识论的特点为其态度学及由其引申的主客关系性，仁学之要不在于其"对象侧"，而在于"主体侧"。）因此，今日读解时则可将此"知礼"表达面扩解为"相关领域或课题内所可能及应该具有的一切知识"。具体到学者个人，则因其相关专业不同而有不同的知识范围。就后者而言，一般来说，也是"所知"大大少于"应知"；或者因为知识为一渐进过程，学人自然不断面对着己所未知而有待未来获知的领域。

本章普适之教在于：此一事实学者必须牢记于心而时时思念充实之。本章看似老生常谈，实包含着学者治学求真的基本态度性要

249

求，即学者首应对自诚实。有意欺人或强行以学欺诈者毕竟为少数，大多数学人属于"自欺欺人"（有效自瞒遂可继而达于自欺之境）类型。此一倾向在人文学术治学风格上犹属常见。盖因学者心志不坚，怯于面对自身之短，故多有意无意地采用自欺欺人之学界应对策略。如此类学者众多即可形成分门别类领域内之"学术共识"，以作为诸不诚学者在心理上和行为上积极贯彻此类以不知为已知的集体性自我欺瞒之需要。再者，对于非因软弱而欲积极借学谋私利的学界"枭雄"而言，因其谋霸夺利策略所需，可通过有意夸大已知或制造伪知的"学术共识"，以大规模地实行此学术上以伪乱真（以不知为已知策略之极致）之策略。此种集体欺瞒倾向反可于功利主义时代在知识信息空前膨胀之现代人文学界领域内无数倍地呈现。就难以客观衡量高低深浅的人文学术和文化活动来说，因知识的占有量大小已成为以功利为心的学者们进行职场竞争的重要资本，以不知为已知或以伪知为真知的倾向（此为学术商业化竞争时代采取"电子广告术"进行学术招摇者所必需者），自然泛滥于人文学界与文化界。本章之主题非相关于如何求知，而相关于学人"安于伪知"的乡愿态度这类一般情况，故完全适用于刻画今日国内外之人文世界。

现代意义：

此章关于诚实求知的警示，尤其适合于现时代人文学界及文化界，因今日人文学者应知者与所知者之间存在着大幅度差离。集体所知内容相当程度上被决定于职业化学术环境之内，受到学科制度内的选择性控导，在此制度化知识积累过程中形成的学科知识的量与质，带有先在的受限性。同时，职场内学术竞争的需要使得集体求知活动进而受到竞争环境规律的影响而自然强化了人文学界"制伪以乱真"的"市场化运作之需求"。在此一外在于却紧密相关于人文学术的双重约制力系统的影响下，学者和文士个人的知识构成与治学态度已然深受学界功利主义制度化的限制，而在学科内外竞争环境内，因求真动机弱化、求利动机强化而自然普遍地滋生了为增加个人竞争资本而以投机取巧方式获知或作伪的态势。学界普遍商业化作风的蔓延，则导致学人、文化人在客观压力与主观需要两方面因素的促动下，极易倾向于通过拉帮结派、党同伐异操作，在各界学霸权权联合以形成学术垄断格局下，集体地塑造名实不副的自身及本集团的学术造诣之假象。其结果必然导致有意或无意地普遍采取"以不知为已知"的夸示自身学养形象的作风。于是我们看到，在难以验证虚实真伪的现代人文社会科学领域内，将不知、不深知、不切知的学术对象，夸张为"已熟知"的现象，已属司空见惯之职场竞争的必然逻辑。在当代推动跨学科、跨文化人文学术的发展，也就自然遭受到国内外各学科本位主义学术"权威"（他们往往即为各学科急功近利学术生态的制造人和学术权势集团的操柄者）之阻遏，此种学科本位主义立场也属深层意义上的"以不知为已知"倾向。凡此种种均因人文学者和文士不能采取仁学"学为己"和"以学求真"治学原则之故。

今日中西人文学者理论家们，本应把握全球化时代大量出现的各种相关新知、新学、新理之资料，以努力革新个人与集体的知识结构，然而深陷功利主义的大多数世界人文学者均无意为此，甚至视而不见地意识不到应为此。盖因其知识范围和程度的适当性感觉决定于职业性需要而非决定于追求学术真知之需要。况且，学界历史上积存下来的、由历代"名家"（今均可操纵转化为各种为己所用的现代商业化文品品牌）代表的各种染有不同程度功利主义的"学术共识"，遂可成为当前学霸加以把持和操弄的"伪权威性"材料，它们含有的"历史性学术霸权"威力已然预先决定了学人的趋炎附势的治学态度。学人哪里会怀疑到这些历史上权威们遗存的学术共识，多经由当前学霸集团的操控而代表着学界垄断性霸权势力之"历史渗透"？受到此类源远流长的学术共识控制的学人，实际上陷入了复杂的客观利害关系网络的集体性制约，难以产生独立治学意志或进行自由治学方策的选择。因此本章此一警句对于现代人文科学发展来说具有一种额外的重要启示性。因学术职业化和商业化的影响，学术积累所需的"投资"（获得新知、新学、新理）相关于学术利得性收益之大小，随之产生的"成本估算"往往干扰着朝向纯粹科学真理探讨而忽略利得性收益的革新学术所需的"投资"

251

意向。

　　此外，学界不当权势集团为了个人及业界整体利益，可能不断制造新的虚假"学术共识"，即在人为功利主义促动下形成的职场圈子内，集体地采取"以不知为已知"的盗名窃誉式的人为操作手法，以至于故意地忽略甚至排斥本应予以吸纳的新知、新学、新理，以确保其对业界学术话语权的垄断能力。现代人文科学的科学化发展事业必然因此人文学界之霸权主义而遭受系统的阻碍。一种吊诡之论为：恰因人文学术本身科学性不彰之内在弱点和今日其相对进一步弱化的社会地位，于是在此领域内反易于滋长并实现其以学求霸的庸俗志向。以学求霸（追求"学阀""权威""大师"之名号及相关师生权势网之编织，不以为耻，反以为荣）之学术上的必然缺失，因无显而易见之"科学标准"对其加以鉴定，故不易在人文学界受到业界有效的抵制，从而反可易于滋蔓。人文学界，本应成为人类积极对之加以科学性改造之对象，却反而因其本身亟待革新之传统性弱点，反而易于成为后现代主义社会文化中进行功利主义商业化操弄之领域。新仁学的实践学辩证法于是为：在此特应积极有所作为的领域内，在任何学术性实践之前，反须最先在学界倡导学者自身人格之建设。我们在学界革新的百业待举之先，之所以首倡"新阳明学"，其道理即在于此。

　　2-18. 子张学干禄。子曰："多闻阙疑，慎言其余，则寡尤；多见阙殆，慎行其余，则寡悔。言寡尤，行寡悔，禄在其中矣。"

　　对比项：勤学/存疑，敏察/谨行，避失/寡悔。
　　意旨：君子志学求真，以自大妄言为戒，富贵利得非其所计。
　　旧解摘要：
　　《群经评议》："皆于学《诗》时研求其义，非学求禄位之法也。《史记弟子传》改作'问干禄'，则史公已不得其旨矣。"《郑氏述要》："《尔雅》禄训为福，是干禄即求福。"程树德："释禄为福，较旧注俸禄为胜；然意在为圣门辩护……昔元儒许鲁山常言：'儒者以治生为急。所谓干禄即问治生之道，孔子之答，与"君子谋道不谋食"一章同旨。谚云："天不生无禄之人。"人之至于困苦穷饿者，必其人行止有亏，为众所厌恶。孔子教子张以言行寡尤悔，而禄即在其中，言似迂而实确，洵万古处世之津梁，治生之秘诀也。'"《读四书大全说》："故朱子之教人，亦谓不得不随时以就科举。特所为科举文字，当诚于立言，不为曲学阿世而已。夫子之告子张，大意亦如此……故虽云'不志于穀，不易得也'，而终不以辞禄为正。"程树德："讳言禄仕，乃宋儒沽名恶习。轻薄事功，为南宋积弱根由。二者均不可为训。"程子曰："修天爵则人爵至。君子言行能谨，得禄之道也。子张学干禄，故告之以此，使定其心，而不为利禄动。若颜渊则无此问矣。"《松阳讲义》："自圣学不明，士束发受书，便从利禄起见，终身汲汲，都为这一个禄字差遣。一部"五经""四书"，几同商贾之货，只要售得去便罢了，未尝思有益于身心，有用于天下。"程树德："陆氏之言切中时弊，与上所述各明一义，所谓'言各有当'也。"

含义引申：

本章诸子句的确义取决于以下诸变动因素：同一汉字原始字义不明，其字义存在着历史上前后之变异，相关人物仅起"角色"作用，其历史性传说均不应介入章句义解。在《论语》文本形成过程中，社会文化环境前后有别，前后参与编写者之间思想观点不尽相同。

本章诸多解家的辨析多集中于章前与章尾句中关于"禄"的确义，而此一置于章前章尾且与全章主旨不甚相关的"开场白"与"总结语"，完全可能为后儒所掺入，用以调和儒教时代学人普遍关注治学与利益的关联性。（孔子其他章句均凸显"义利之别"，士君子特以"在陋巷"之颜子意象为标榜，何来利禄之念?）故其含混之义可于此章解释中忽略不计（程树德先生就此批评宋儒和赞扬元儒的观点，可谓源自其"时代误会偏见"。孔子提出授课"束脩"要求，何尝会持"拒绝劳务报酬"的观点？不过是就诸相关意念在主体动机结构内占据的次序等级而分高低轻重而已。一般来说，《论语》中多以此类"相对性夸张法"的修辞术凸显所强调的价值在相关情境内之重要性）。

本章实为孔子针对当时士人"为官求禄"或"以学求利"（当时读书人唯一的正业）之企图，以提出相反的以学求仁的治学之道。其要点即为指出学人应如何确立积极求真知的态度，并据以构思与行动。在此，知与未知之间自然需界限分明。其闻见部分均来源于现世经验性知识领域（而非神启之类），本章的"切实与切身"性再次证明仁学是经验主义的，也是理性主义的，因为理性学人必据有经验根据的认知进行思考和行动。重要的是理性明智地对待（思、言、行）已知域与未知域之间的边缘性和模糊性地带，此即"阙""慎"之教提醒之初衷。此一"怀疑主义"不仅为"合理主义"，而且仍为一种积极"行动主义"。怀疑主义不仅强调严分已知和未知（慎言），而且强调要积极拓展已知域。另外，面对行动之需时，要创造性地处理已知域和未知域间的"不确定性"对象，并提出适当而有效的认知与行动间合理关系之策。（慎行）思考和行动的智慧正在于处置此"不确定"类课题。因此，怀疑主义或存疑主义（其最杰出的相关修辞学例即为"敬而远之"之教）不仅是理性的，而且是积极的、探索的、创造的、勇敢的。"慎"表现在思考和行动两个层次上，前者警惕以不知为已知，后者警惕无经验理性根据的盲目行动。本章表达的孔子对求知态度与方式的简略自述，实即仁学为求现世经验主义之"实证"意，可谓与现代科学观的大方向完全一致，此为今日对孔学具有之现代性价值最应关注者。

现代意义：

此一原始仁学的"理性怀疑主义"（对貌似已知实为未知者之怀疑）和"理性经验主义"（闻见为知）实为一种合理的"理性主义"及原始实证主义之表现，其功用不仅反映在思考方向上而且体现在行动方向上。本章的重要性表现在孔子就此日常切近场域（最具直接经验可能性者）持守的一种基本理性态度，后者在展开后可扩大至现实中的方方面面。一方面对于各种超自然的"想象之知"持怀疑态度，另一方面对于非来自"闻见"（经验）的玄虚之思（如认识论虚无主义和唯理主义形上学）不予采信。此一古典仁学与现代认识论和实践论的关联处，即为严守经验性之知识判定与实证性之未知判定。本章强调的原始经验性验证原则再次表明，仁学的认识论和学习观是属于现实经验理性主义方向的，与其相关的原始治学态度和行动方向也完全符合现代科学理性的治学观。一言以蔽之，仁学是内在相通于现代科学的，而宗教信仰是外在隔离于现代科学的。仁学之"学"（知、学、教、述）本质上即代表着一种以"求真知"为生存目的的人生观。

2-19. 哀公问曰："何为则民服？"孔子对曰："举直错诸枉，则民服；举枉错诸直，则民不服。"

对比项：耿直/屈顺，举荐/弃置，公正/民服。

意旨：君子举贤避佞，处事以公。

旧解摘要：

《集解》："包曰：'举用正直之人，废置邪枉之人。'"刘氏《正义》："直者居于上，而枉者置之下位。"顾宪成《四书讲义》："谓之直，必是曰是，又能匡人之是；非曰非，又能匡人之非。独立自信，略无依违。此等人下之公论极向之，上之人最易恶之，所以举之为难。谓之枉，必是可为非，又能阿人之非；非可为是，又能阿人之是。曲意求容，略无执持。此等人下之公论极鄙薄之，上之人最易爱之，所以错之为难……圣人下此二字，将君子小人之情推勘到纤毫含糊不得处。"

含义引申：

本章意旨明显而难以实行，因专制时代最高决策者率多暴虐贪欲之徒，而所谓贤者多刚直不阿、不屑媚上之君子；反之，善于迎合上意者必为趋炎附势、阿谀奉承之小人。此乃封建专制社会史上社会人情之常态。本章难以实现的主张，遂间接反映了人治社会中不可避免的用人多失当之内在矛盾。本章中之"直"与"枉"字义非相关于认知问题，而相关于品格问题，故具有超越时空的普遍性意义。在法治社会的现时代，个人品德上的直与枉问题，由于外在法治规则可对之予以客观的约制，遂失去了人治社会中原有的政治道德层面上的重要性。但是，在仍须要求学者具备适当品德以沿正确方向治学的现代人文学术与精神文化领域，学者与文化人之品格的直与枉的相关性，反而显示出其空前的重要性。

现代意义：

本章对比句的二中择一式的要义为：在两种品质间确立其相关行为外部间的因果关系。表达此一因果关系的原始政治语境在转换到其他语境后，该因果关系并不改变。这就是本章指令句意义的普遍性所在。从现代社会形态和现代政治学角度看，此种人治社会内择别好人坏人为官的治世法，自然已失去其现实意义。所谓"选贤与能"原则已可为法治社会的"合格原则"所取代，因此在现代社会中从业者的"内在品德"问题已可并必须被客观法制具有的选择和约制机制所取代。但就现代社会中的人文学术和文化现象而言，对"贤直"人格与"佞枉"人格的分辨却越来越具有相关性与重要性。内在品德问题即心术学问题，其间直与枉的区别直接关系到人文学术和精神文化的方向和质量问题。更为重要的是，不仅对从业学者和文士而言如此，而且对相关领域内的"领导系统"中的主事者的选拔问题而言，更是如此。实则，所谓人文学术领域的管理系统，除学术管理制度外，还应包括相关行政人士、学术组织领袖以及学术权威人士三者。学术管理制度涉及社会的方方面面，甚为复杂，此处不论。而与三类学界领导人士相关的"直枉"问题，甚至比学者本身的品格直枉问题更具相关性。今后人文学术事业的革新任务，首先相关的是对于学术事业进行积极组织的学界"合格领袖"存在与否，而非诸个别优秀学者本身。就组织学术事业而言，学界"领导力"（含其个人品德与能力两方面）比起学术权威的影响力，具有数十倍以上的重要性。简言之，艰困无比的人文学术革新事业之推进，取决于学界"正确组织力"（领导机制）的存在，而非寄托于若干优秀学者的出现。因未来人文学术事业也完全是一集体组织化事业，尽管此集体属于"少数"，而正因此反更需要将此少数人从事的高度复杂的人文科学事业加以优化组织。本章提倡的人品要求及其角色安排，亦只能实现于此领导和组织的运作中。

2-21. 或谓孔子曰："子奚不为政？"子曰："《书》云：'孝乎惟孝，友于兄弟。'施于有政，是亦为政，奚其为为政？"

对比项：政/正，友孝/公义。

意旨：君子志仁，于公于私，待人接物，一求其正。

旧解摘要：

刘氏《正义》："夫子定《五经》以张治本，而首重孝友。"《集解》："包曰：'或人以为居位乃是为政……所行有政道，与为政同耳。'"《论语述何》："政者，正也。"《四书稗疏》："（按《集注》）意谓定公为逐其君兄者所立，孔子耻为之臣，而托孝友之言以讥之。审然，则孝友为借词，而父兄只为口实矣。后世士大夫不合于时，托言归养，乃不诚于君亲之大者，岂圣人而为此哉？"

含义引申：

旧儒注解多就孔子行迹推测本章所言所指为何，此类涉及传说身世的解释法在此仅可作为理解句义之参考。古人设譬之社会文化环境与今迥异，今日解义重在揭示章句内容所蕴含的普遍性主题，为此我们可将章句原始的"家政国政一体观"转义解释为"私德公德一体观"。本句直意所指古代奉公原则与功效问题，亦应相关于私人生活领域。即仁学实践原则应贯彻于公私一切领域，从而显示仁学为具普适性的君子伦理学。参与公务与否部分上取决于外在机缘，而在非公务领域之实践可完全决之于个人。在仁学君子学看来，人生实践或"出"或"处"，其实践学理则均属一体，"处"可能即为"出"之准备，况且具体来说，孔子本来即认为孝学为政学之本，因均基于同一仁爱原则也。此即谓，君子如无奉公机会，在孝亲交友等私人领域同样可践行其仁义实践。

本章通过孔子"失位"之情境以喻示仁者之伦理性践行不必有公私之分，何况孝亲实践亦为从仕奉公之本。除强调君子出处原则同一、在朝在野心志同一外，还暗指君子因邦无道而退处之时，实相当于进入了为未来可能从仕的准备期。此一君子人与统治者间可合可离的仁者态度学，仍可对于儒教时代读书人产生激发其坚持某种独立精神的启示，即可促使其在内心深处（通过文史实践）"下意识地"形成独立于皇帝意志的士人格。虽然由于客观上强大的社会政治势力的压制态势之存在，君子人难以在认知上和行动上超脱环境限制而完全皈依于此一仁学原则，却可在君子内心形成一种与时相忤的相对独立的生存态度。（汉后形成的道家人格虽然在根本伦理学立场上违背仁学入世态度，却可在其隐遁山林的选择中表现出一种与权势者至少是"不合作的"独立人生观。）古代读书人之外部"职业"（儒）为服务于皇权制度之官吏，其内心潜在的"志业"（仁）则可体现为抒发愤世嫉俗情感的诗作和史作。二者之间本质上亦形成一种张力关系：行为上按照儒学原则"被动"遵从儒教轨辙以奉公或退隐，而精神上则隐然（或不意识地）按照仁学精神在文化界的伦理象征性轨道上，独立自强地践行独立的精神文化性创作。后者于是构成了一种促使先秦仁学精神得以完整地延存于、部分地作用于儒教君主专制主义时代之"文艺生存空间"。君子人在公私两域内表现出的内在矛盾与自我张力心态，也即成为仁学精神在儒学社会内坚持其准独立存在之隐在迹象。

现代意义：

本章内容及其潜在历史传说语境（君恶或不遇）表明仁学之真实作用体现在中华文明的精神文化建设领域内。按照我们的历史解释学，仁学政治伦理学的真正含义是，仁政不可能仅只将品德教养作为其成功实践之保障。《论语》论述的历史经验已然证明者，在其后儒教两千年的封建专制政治史上又不断继续实证。（否则何必不断发生"替天行道"之口实？）同理，仁学与文化学术实践之间的因果性关联，已然验证于历史事实，今可逻辑地将其推演于现代社会中的文化学术领域。先秦简单社会中的王政与家族的单维二元社会构成，今已演变为任何"物质性权势管控领域"（Ａ. 由政军、科技、工商组成）和任何"精神文化实践领域"（Ｂ. 人文社会科学与精神文化）之间的多维二元化的、相对分离性的社会构成。新时代的仁学伦理实践学的适用域将主要在Ｂ领域。

本章有关孝学与政学在"用正"的仁学伦理价值观上应维持一致性的喻示意，固然应转换为今日在Ａ域与Ｂ域中"用正"的仁学伦理价值观。但人类文明史上的"物质性硬体存在"与"精神性软体存在"的平行共存性，于现时代更趋明显，因为二者内部的"发展逻辑"完全不同。简言之，Ａ域内运作的"权势运作力学场"的"历史逻辑"与Ｂ域内的"精神文化创发心学场"的"历史逻辑"之间存在着明确的差异性。科技工商现代化以来Ａ的力学场更呈现空前的复杂化，世界各地该力学场内的任何伦理性因素的可能作用都是有限的，仅只作为多元参与运作因素之一而已，仁学价值观自然也不一样。所以，正如在古代一样，无论是仁学还是"儒学"在今日Ａ域中的"作用力"（影响力）都是有限的（就其相关力道、层次、方面而言）。与此相反，现世人本主义伦理学或仁学伦理学在Ｂ域中的可能作用力或影响力，却是具有决定性的。仁学在任何Ｂ域中具有的此种相关性，甚至远远超出在漫长儒教历史上它所起过的作用，因为仁学对于真善美价值观持有的这种极为突出的人本主义立场与现代人文科学和精神文化创造之间，存在着因果性的必然作用关系。简言之，没有仁学实践学，就难以想象现代人文科学的有效科学化发展。这样一种二者之间的因果必然性关系，如果说并不存在于创造了仁学的中国古代，那么却意想不到地显示在人类全球化新世纪的当代。【注：本章所使用符号Ａ、Ｂ仅用于本章，借以化简关系性表达方式而已。】

2-22. 子曰："人而无信，不知其可也。大车无輗，小车无軏，其何以行之哉？"

对比项：信/行，行动/工具。

意旨：君子必以信诺为其践行之方。

旧解摘要：

《集解》："包曰：'輗者，辕端横木以缚枙者也……軏者，辕端上曲钩衡者也。'"戴震曰："大车鬲以驾牛。小车衡以驾马，其关键则名輗軏。辕所以引车，必施輗軏而后行。信之在人，亦交接相持之关键，故以輗軏喻信。"《皇疏》引彦升曰："车待輗軏而行，犹人须信以立也。"

含义引申：

本章"子曰句式"表达的意思具有普遍意义。人际间的互信为君子人立身行事之基本条件或有效方式，其意旨在于指出人际关系间的有效互动必基于相互谅解和互信，此种合作态度的双边性是不可单方面加以改变的。按照古典仁学，信用非仅为行事之条件，亦为人际间相互尊重之表现。本章专注于"信"与"行"之间的因果关系问题，此即：如无信用，即无互动关系中所期待之成果。按照仁学精神：一方面，信即互动行为成功之"前提或条件"；另一方面，信也可表达人际关系中本应存有的相互友善态度。在原始仁学中，两意实为一体。而如从法家策略学角度看，二者则不必为一，虽然法家为了促进互动或互利行为之成功，须伪示以内外一致，借以通过"虚假友善表现"以增加"诈欺"对手之效果。本章论及信与行之间的因果关系，严格来说不够准确，而应指真信与正行之间的关系。因"信"与"使信"非一，心言行背后的真心与言行之效果无关，故对一事件而言，有效之伪信完全可以达成其行之效果。法家作为中华计谋学始祖，自然最善于伪示人以自身行止中有信有义，而其实践学之关键正是要系统地采行"言行不一"策略。以至于唯技巧地贯彻"言行不一术"，方可最终取胜。

现代意义：

今日商业化功利主义时代，在法律制度下，处于相互竞争关系中之人持唯利是图人生观或"合法求利"处世观。世界商业化的本质就是人间社会采行全方位的竞争文化观。此竞争社会关系中必包括各种"损人利己"的伎俩（计谋策略），相互关系中的"信用"遂仅相当于一种纯粹"计策手段"（取信于人的手段）。在人文学术事业互动关系中，如不守信用或玩弄欺骗性信用，不仅立失为学求真之义与以友辅仁之义，而且因难以建立有效合作关系而减少己方获利机会。故在日常学术关系中，外在维持的信用之有无或真伪，可成为学者是否禀诚意治学之标志。在现代人文学术界，如学人持个人主义态度参与业界竞争，亦必处于同样的商业化竞争文化中。竞争文化的本质即为：利用智慧谋略以在商场如战场的"交战关系"中取胜（击败对手）。于是，在"学术商场"中，学人为了取胜，必然仿效商界同样的竞争求胜策略以期获取人文学界之名利权收益。不言而喻，在唯利是图、以利相交的学术生态中，"信用"往往成为利诱性、手段性的策略性"姿态"，一旦"利尽"，其信用策术立失其效。我们在此再度认识到，人文学术的科学化事业绝对不能采行商业化时代的通行人生观与处世观，否则人文学术仅能成为"文化性商品"供职业化学人在学术市场上进行供需交易而已。

2-23. 子张问："十世可知也?"子曰："殷因于夏礼，所损益可知也；周因于殷礼，所损益可知也；其或继周者，虽百世可知也。"

［3-9. 子曰："夏礼，吾能言之，杞不足征也；殷礼，吾能言之，宋不足征也。文献不足故也，足则吾能征之矣。"］

对比项：史/实，文献/历史，远古/传说。

意旨：仁学以历史经验为据，既不盲信神鬼，也不曲顺妄言。

旧解摘要：

《集解》："马曰：'所因，谓三纲五常。所损益，谓文质三统。'"《困学纪闻》："三纲之说始于白虎通……（载三纲说的）纬书亦起于西汉之末。"《东塾读书记》："孔子言夏殷礼不足征，一二世已如此，至十世（言其极远也）恐不可知。"王夫之《四书训义》："子张以圣人垂教以为天下之经，将俟之百世，而非但为一时补偏救弊之术……子曰：有万世不可易之常道焉。"《笔解》："韩曰：'孔、马皆未详仲尼从周之意，泛言文质三统。非也。后之继周者得周礼则盛，失周礼则衰，孰知因之之意其深矣乎？'"

含义引申：

本两章"子曰句式"具有多方面的重要性，均有关于仁学的认知方式以及所倡"周礼"内容来源诸问题。章句内容虽然关系到难以察验的古代历史沿革，却足可反映孔学的准实证主义的"认识论方向"及治学态度，故亦具有相当的普遍性。古代解家为秦汉大一统以来儒教制度与儒学文化确立后的儒学者，其认知驳杂，辨析随意，对于两章之解释今可取者甚少。"旧解摘要"中所选《困学纪闻》与《笔解》中两条，按照章句本身文辞谨慎推演，较为合理。凡牵引"三纲五常"与"三统论"等儒教教条者均属增解，且均属秦后混淆仁学与儒学之例。此类混淆解释的手法主因利用了"周礼"一词之含混性以及其后伪制《周礼》一书之误导性。而自汉代"五经系统"意识形态编成后，儒学与仁学之混淆关系遂更加难以辨析。因此，就以往《论语》之释义来看，凡援引章句外的"儒经"或历史传说进行增解而导致其结论违背仁学义理者，本书均予排除之。《论语》原编部分甚少涉及历史故事，而其后编写部分以及显为后儒插入的章句则含有较多历史情节部分。一般来说，凡所引或所涉及的故事相关于章句本意的内容，我们自然需要参考，而凡以故事史事作为章句意思之佐证者，本书则予排除。本书的宗旨为"还原"及论述"原始仁学"，而非妄求不可能完成的严辨所谓《论语》"真伪"的工作，自然也非一部"《论语》读解史"。

【关于"实证性"的历史解释学申论】

此两章之义理对于仁学之现代认识论基础问题极具重要性，因其表明了仁学思想所根据的现世经验主义和人本主义。原始仁学之外实践域主要体现于当时之礼学文化及相关行为，而礼学之根据仍只相关于人世历史经验，也就是，礼制仪节等均来源于历代传承的历史性惯习，尤其是西周以来其内容渐趋丰富稳定之所谓周礼制度及风习。按照本章孔子所言，其所尊奉的周礼及其制度是产自历史现实之传承的，而非来自任何神启。"因于""所损益"皆属历史经验性观察和推论的字眼，即根据在先历史之遗存实迹而可相对合理地推测该历史之存在。原始仁学实践学既然以周礼为其外实践行为之准则，此仁学伦理学自然也为根基于人类现世历史事实之智慧。

此两章因此蕴含着一种理性主义的历史认知原则：认知人世问题须本于经验记录，人类关于自身的知识来自文明社会知识人的经验性记忆积累，而非来自任何超自然的智慧启迪。君子对于人类历史过程应该根据经验性观察思考而按照经验理性推论原则加以认知。不仅人类知识来自人世经验本身，人类伦理价值性信仰及其实践方式（如周礼）亦来自历史经验，故仁学价值信仰为基于历史经验的一种人本主义伦理学。不过古代历史记录意识和记录工具简陋，当世可掌握的历史记录与口头记忆均极短缺。此种所谓经验性历史认知原则仅成为一种认知理念，却难以充分体现于古代历史传承内。故孔子坦言时代历史知识的疏漏性，此类"历史学性质的"议论实相当于一种经验性伦理认知的准认识论根据。实际上，我们惊异地看到，早在商周神话迷信盛行时代，孔子即首先发明此等理性主义存疑论（"不知为不知"），其自认为所知之礼则仅可推及"殷周"（此时段推测的有限性即表示着一种经验实证性）。而所谓有征之"三代"，今日自然不可视之为三代历史史实。一般来说，《论语》文本甚少牵连历史传说或神话式思考。因实际上"三代"本身亦仅据口头传说而已，其中可视为"有征者"不过是当时"可验之于传承礼则"而已。而所谓"有征"，不过是指"承继之传说如此，且合乎常情"。今日推测，古人在无可靠书面史料条件下之"有征"，一方面基于经验理性推测，而另一方面亦基于"常情感觉"，后者即为古今同一"人性"倾向之表现。这也是仁学原始思想具有人本主义性格的一个佐证。一个重要的古史考证学问题是：按照《史记》与《书经》记载，孔子时代《书经》诸篇内容似应早已留存，而却极少反映于《论语》文本中，更不要提《论语》文本的书写形态之"简短口语性"所反映的时代文化粗简特征使我们今日极难想象：如《尚书》文本那样的长篇叙事篇章可能与《论语》这样的简短文本制作存在于同时代。细读今传《书经》文本，疑古甚强之顾颉刚氏之言尚不及钱玄同之直感有启示性（参见《古史辨》第一册）。本书作者今已认为，该《今文尚书》一定如同钱氏所言为战国以来儒家所为，甚至为汉之后的另一"整齐百家之言"。至于历来已被断为伪书的《古文尚书》百篇，更无论矣。

本两章的仁学实践学人本主义涉及多个层次。首言礼制来自前代历史，其次暗示其实际上只来自所谓"可征的"历史，也就是孔门时代可予以某种相对经验性验证（损益情况）的历史（当时之"可征"概念与现代之可征概念不同，我们仅取其思考态度与方向的一致性而已，无须深究其细节之准确性）。此礼制人本主义因此是经验理性的，即由人根据经验观察加以推断的。作为仁学实践学准则总称的周礼，在此甚至与夏商周传说的圣王传承并不发生任何关联，而可直接来自孔门自身的现实社会经验性回顾，此为仁学现世经验人本主义性质获得增强的证据。仁学实践学并不在此希求任何超越性前提的支持，而只满足于自身经验理性判断，其伦理学认识论遂具有高度人世经验性特征。仁学的价值观的人本经验主义，不仅不同于任何超自然的"巨大力势源"信仰，而且不同于任何超经验的形上学推理。本章的要点遂为：以经验性历史作为政法社会之礼学的"准认识论基础"，作为仁学的伦理实践论原则和方法的礼学与礼制，也就是来自历史经验性传承本身。仁学呈现的某种"初级史学经验实证主义"，与现代历史科学精神一致，其后在漫长儒教历史中展开为一相当于"世界史学奇观"的历史著述系列，其"秉笔直书"的史学家精神于是印证了上述孔子"实证论史学观"的影响，尽管由于时代知识技术条件的限制，此种征实精神并不一定能够体现于具体史学实践成果中。但其征实性史学观态度的存在是不容置疑的。此一历史事实也表明，仁学的"求真"之学与在其精神影响下发展的后世大量史学创作均表明：中华文明的理性主义的求真传统，是一种历史学方向的致"真理"传统；中华古代文明中的理性精神传统，属于"史学类理性形态"。

现代意义：

这两章的现代引申意义表明：此一仁学理性主义的史学认识论原则（中国传统人文学术的主要形态为史学形态），完全与现代人文社会科学原则一致。仁学不仅在知识来源方面而且在伦理原则方面均以现世历史经验本身为根据。事实认知与价值传承二者共有的经验人本主义，充分地证明了仁学与现代人文社会科学的科学精神的一致性。此一仁学精神历史经验对于现代人文学术特别是对于现代历史理论具有的启示性即为：科学时代的人文社会科学、历史学及伦理学，均应与自然科学及科技工商技术学一样，采取经验实证主义的立场。而在今日西方学界，无论古典历史哲学还是现代历史理论，都以不同方式充斥着与现世经验理性或与人本科学主义背道而驰的思考倾向。按照本书作者的跨学科、跨文化人文科学认识论立场，今日人文科学革新事业发展中的中心领域，不再是传统哲学，而是最具跨学科、跨文化典型性的历史科学。在此意义上，仁学伦理学对现代历史理论领域的介入，将标志着人类人文理论新方向的到来。

2-24. 子曰："非其鬼而祭之，谄也。见义不为，无勇也。"

对比项：知义/行勇，伪敬/求私。

意旨：君子见义勇为，小人谄媚求私。

旧解摘要：

《论语稽求篇》："鬼是人鬼，谓人之为鬼者，专指祖考言，故又曰其鬼。"《四库总目提要》："鬼实通指淫祀，不专言人鬼。"《集解》："非其祖考而祭之者，是谄求福也。"《集注》："知而不为，是无勇也。"《集解》："义者，所宜为也。而不能，是为无勇也。"《论语注义问答通释》："事非其类而对言之……一则不当为而为，一则当为而不为。"

含义引申：

此章语境不明但明示君子人应严其义利之辨，须据义以勇为，勿趋利而谄上。祭祀为由来已久之习俗，祭者往往将诚敬之心和求佑之愿相连接，甚而将前者视为获取后者之手段。孔子之"礼学解释学"则于历史上首次明确地将商周以来的"因畏惧及贪求而乞鬼神之惠助"的自私与迷信的祭祀目的，改革为或纯化为以祭者与受祭者间情感沟通为目的。此一祭祀文化的"仁学纯化与革新"之可行性基础，则为血亲自然情感纽结之天然存在。祭者如祭祀本族逝者或本族系之神鬼，其诚意之纯与不纯，或仍难验证，但如所祭者为他族之神鬼，因其中血缘或家族中天然诚敬心之不具，故可暴露致祭者行为纯然出于自私功利之目的。通过此一同样属于辨伪学一类之"心言行辨析法"，孔子对当时必常闻见之习俗所含"自私自利、趋炎附势"动机予以痛责，本章所深责者复为一"谄"字。人心好谄之习实根植于人性，何能除之，本章无非起到一种洞鉴千古人心实态之镜鉴作用。古代皆知祭与戎为国中两大事，孔子对祭祀习俗背后之真际的揭示表明，世间所谓人与神间的"崇敬"姿态，本质上乃基于人性之自私求惠动机。同理推之，善于行诒者必非尚义者，无仁义之心必无义勇之力。而趋炎附势，怯懦徇私，岂非千古不变之人性普遍的弱点？

【关于中华人本观的历史解释学申论】

按照仁学的祭礼观，祭礼宗旨不应在于乞求受祭神鬼之护佑（此种功利主义的致敬鬼神的传统，甚至成为趋炎附势、奴颜婢膝习俗之原型），而应在于生者对逝者的怀念、感激、敬爱，用以体践与强化包含过往、现在与未来之人类一体观。其所致祭者之实际"回应、回报"的可能性，固然为大多数参礼者所相信，却恰非仁者关念之所在；仁学祭祀观的人本主义动机表现在借此礼敬过程以实现和检验生者对逝者之真情实感的联系。表面上，沿自远古历史的祭礼仪节朝向于"鬼神"，其真正作用之对象却为祭者自身。孔子通过将传统迷信习俗"人本主义化"和"人道主义化"，一方面将其作为君子人提炼自身品德的一种实践方式，而另一方面通过此促使生者与逝者心灵沟通的"生动化"的方式，形成了隔代人间一体化的伦理性意识。因此，仁学祭礼观也就隐含着一条重要的人本主义认识论-实践论原则：家族祭祀礼仪基于真实的亲子自然情感，祭祀即延续亲子之情的一种方式；而非视已逝祖先为"在天之灵"，因其近乎神故萌生对其加以"利用"的心思。结果，仁学的祭礼观与当时、在先、其后几千年的中国社会祭祀现实具有直接的对立性。对于法家及儒教而言，尽管亦强调祭者之诚敬心态，而其主要功能为将祭者置于神秘化祭礼场合，以使其产生对无上"大势力者"之敬畏与屈顺心态，以之作为祈福求惠资格之表现。前者之"敬爱"与后者之"敬畏"分别刻画着祭礼的不同风格，暗示着无私致哀与崇拜求惠的动机层差异性。如前所述，仁学祭祀观于是表现出一种"准人本主义倾向"，其功能相当于仁学孝道之延伸，从而（客观上）确保了祭祀行为的自然人本性和现世经验性。此为仁学为人本主义伦理学的又一明证。

本章句组中的后句与前句似无直接关联，实则并列了君子人应有的二主要品格：见得思义和见义勇为。见义勇为除通常所含"助人"之意外，还标志着仁学的实践学性格，即由"谦谦君子"（有所不为）上升至"勇往直前之士君子"（必有所为）的"大勇"气概，即表现出一种敢于冒险犯难而非明哲保身的士精神。作为现世经验人本主义者，孔子不得不同时推举狂狷二类仁者作为型范，其中退而"独善其身"（遁世无闷）的文化创造型似乎为仁学实践学的主要楷模，然而其中挺身而出、敢于犯难（见义勇为）的勇于行之心志，才是更真切的人生激情之所在。历史上理想与现实的"中和"结果，自然呈现出一种静中有动、柔中有刚、时时准备复起而大有为的"精神豪杰"气象。（所以最足以见孔子真精神的格言为："吾未见刚者。"仁学精神之产生实乃源于一种精神英雄气概之历史性勃发也。）

本章的关键在义、勇、为三字所传达的观念组合。其原始性理想意当为：在应为和必为之间不应存在懦弱性犹豫，而应有冒险犯难的行动性勇气。以此决志心态来标志仁者勇于实践的性格。此为仁学实践学之"仁义精神总原则"，而此一仁学基本精神遂成为其后孟子据以强化仁学实践学力度之"义勇学"的根据。在先孔子之"仁爱学"和在后孟子之"义勇学"遂成为一以贯之的完整仁学实践学系统。

现代意义：

本章之教——士君子不应谄媚求惠而应见义勇为，正为现代有志于参与人文科学现代化革新者及有志于参与公正健康文化事业开拓者所应具有的理想学人品德，如无此种独立主体品格，人文科学之有效实践将无以进行。此即，在学术思想上锐意创新者，必为性格上刚勇者（此一性格学之古代史例，西方可指马丁·路德，东方可指黄宗羲）。因唯有此种品格方可显示一种不屈从潮流（趋炎附势以图利）和敢于冒险抗势（天崩地裂，权威垄断，金钱资本）的向真精神。此种抵制权势引诱及压制的主体独立意志力，只能根基于仁学伦理学信仰，无此种现世人本主义的唯真善美是求的信仰和实践意志，即不可能抵制外力对自身名利权欲念之蛊惑，亦必因此在遇大势威压时而即屈顺求安。正是在孔子此一仁义学原型的启发下，仁学实践学才进而具体化为孟子所说的"富贵不能淫（对利诱）与威武不能屈（对力势）"。如今，原初仁学实践学面对的社会政治类负面环境，今当解释学地转换为全球化时代金钱权势处处笼罩的文化学术环境。环境之构成不同，而其对于新仁学实践学所形成的利诱与威压之性质可谓古今同一。原始仁学在传统历史环境内成功地成为广义精神文化领域创造力的根源，新仁学在现代全球化历史环境内亦应成为新精神文化形态前进的推动力。

八佾第三

3-3. 子曰："人而不仁，如礼何？人而不仁，如乐何？"

对比项：仁义/礼乐，心伪/行敬。

意旨：君子理义言行须本乎仁义心志之实存，无实心之礼敬即属伪善。

旧解摘要：

《集解》："包曰：'言人而不仁，必不能行礼乐。'"《皇疏》引江熙云："所贵礼乐者，以可安上治民移风易俗也。然其人在则兴，其人亡则废。而不仁之人，居得兴之地，而无能兴之道，则仁者之属无所施之。故叹之而已。"《集注》："李氏曰：'记者序此于八佾、雍彻之后，疑其为僭礼乐者发也。'"《汉书翟方进传》："不仁而多材，国之患也。亡所施用，则不能行礼乐，虽多材，只为不善而已。当夫子时，礼乐征伐自大夫出，而僭窃相仍，习非胜是。欲不崩坏，不可得矣。"

含义引申：

本章的直意为：无仁心即无真礼乐！"礼乐"为周礼或其制度与

268

思想之文化性象征，反映着社会道德意识、风俗、仪节、规范、原则等。孔子礼学尤重表里如一，心在行先。而唯先有仁心之真实持存才会有真实礼乐行为之表现。故礼仪实行应为具仁心者之真实体践。此"礼乐"如相关于社会公共行为或政治行为则可泛指：政治行为如无仁心动机和目的则不可能产生正向社会政治效果，即政治家内心如无仁爱，其仁义言行无非为假仁义以求已私而已。此一命令句对于其后儒教专制主义等于一伦理价值学的预先否定。因历代皇帝无不以天下为私有，以己为独尊，以维持皇权至上为政权首要目的，而视其他一切公私事务仅为其一己固权行私之手段，故其必以役使百姓满足帝王皇族骄奢淫逸生活和扩土辟疆为目的（对此事实孟子早言于战国时代）。历代文士在仁学思想影响下时时将此违反仁义之儒教政治弊端曲折表之于诗文。此类无代无之的文士之愤世嫉俗表现的实质为：出于自由之天性而表现出的对于当前社会政治的不满。可惜中华历史中欠缺相应的知识积累和思想条件使知识分子有能力参透儒教帝王制度之反仁学之本质，更谈不到对其进行人为改变的可能性了。不过，从孔孟到明清，几千年来因"天不生孔丘，万古如常夜"，历代良知未泯之士人无不知现状之负面，故常以"三代虚构理想"讽之，却在认知上只能简单化地将此负面现实归之于作为表层原因的君子小人消长之理，却不能思考决定君子小人现象出现的制度性根源为何。两千年来的"君子小人批评学"实乃儒教制度与人性实际合力之产物：表象上看确为君子小人问题，而该问题之基础则为社会政治制度本身。正因特定社会制度之存在，人性中的偏于"君子"与偏于"小人"的潜在倾向才有滋生、发展、激化之客观条件。

【关于"礼意"的历史解释学申论】

此章如扩解之，无疑亦可据以推出：世间因乏"真礼乐"故可证现实中乏真仁心，而如统治者无真仁心如何可能期待出现仁学政治？考之全书诸相关句，此意实为《论语》思想主线之一：以周初礼乐为理想中的仁学政治典范象征，因时人有礼行而无礼心，可见其实行周礼仪节另有不可告人之自私目的。此一推断实蕴含着对当时实际政治现实之根本性否定（所肯定者仅为传说中的文武周公，所否定者则为当前为政者中"斗筲之人"）。而当时之政治现实也即相当于其后两千年中国封建专制社会政治之"雏形"（秦后比先秦往往更坏），在其与仁学政治理想标准比较时，其政治道德水准只是每况愈下而已（尽管封建帝王掌控之幅员和国力可不断扩大、提升）。仁学政治学理念的提出，相当于为封建社会的政治伦理学水准规定了一个永恒的否定性判断标尺。后世具仁心之儒者称誉孔子为"天下之木铎"，即以仁学伦理学价值观，而非以历代皇帝制度之权势功业，作为中华文明的精神指南（此"木铎"意象为伦理价值观的，深合仁学之义；而儒教编造的"素王"意象，则为政治权势类的，不仅无关于仁学，而且为对孔子人格之深刻俗化、矮化和侮辱）。此可视为仁学在儒教历史上持续延存之标志。仁学"反乡愿学"则预先对于皇帝制度的"先己后人"隐私中之虚伪"爱人"表达予以理论上的否定。历代皇权通过伪造"天人合一迷信"及"历史权力系谱"而将自身身份定为"天下至尊"（宇宙第一大势力在人间之"第一代表"）一事，即为其从根本上反仁学伦理学之证。

孔孟大公无私的政治思想风度与其后诸帝王之以权势谋私利之间，存在着本质上的对立性。按照儒教编造的意识形态，帝王及其官吏系统于理应有远远高于广大人民的物质性享受与支配性特权，因其特权具有"宇宙大势力或宇宙规律"之基础（此义即包含在"五经系统"中），此类"历史权力学忽悠"实乃儒教意识形态长期宣传的结果。于此却可证明中国儒教政治文化内涵的高度不平等性，尽管此种不平等权势的规定格式，确实也提供了一种稳定的封建社会秩序。毋庸讳言，任何"秩序"之存在，都比毫无秩序好。此一客观事实却一方面为封建统治者提供了大行己私之借口，另一方面又为唯恐天下不乱的各代野心家提供了相反的造势理由。历史上急于稳固秩序者与急于颠覆秩序者往往为同类秉性的翻云覆雨之辈。不过，的确不容否认，如无某种哪怕是极其不道德的社会秩序，则任何精神文化事业均不得发生，中华仁学及其两千年造就的人文创造成果正是发生于"万古如常夜"的儒教专制帝国历史中的。儒学为一套数千年行之有效的和直接为帝王制度论证、辩护、服务的思想系统，仁学则为对此帝王制度中的反仁学伦理学原则实质进行批判的思想系统。如果我们不区分二者，如何使现代一味颂古者的主张与"推翻三座大山理论"相一致呢？

现代意义：

本章相当于提出一察验世人口是心非、言行不一的双重对比分析模式：动机与行为或心术与效果，二者可以一致，也可以不一致

（假仁假义）。言行不一为历代儒教统治者之通例，其所谓"功业"（国富兵强）往往体现为皇权本身之不断增扩权势之举的口实而已（以扩土辟疆为其为政真实之心志，如此以炫示一己之大能及留名于青史，此即法家权力哲学之践行）。然而现代历史虽然在民主政治制度方面较前大为改进，而人类之唯物质财富是求的生活目标却导致另一种文化精神衰退问题，此即今日来自西方文明的全球社会文化中的商业化泛滥。商业化社会文化基于众人合法求利原则，按此逻辑，相互利益冲突的行为者间惯于隐蔽真实动机而在彼此利益竞争关系中以追求自身利益为人生之至理（一如历史上奸商贾贩通过欺诈策术以最终达损人肥己目的为人间至理一样）。此一现代社会性惯习如施用于人文社会科学则必然导致破坏科学实践中的求真准则。"真仁心"与"伪礼乐"的对立性历史事实，今可特别比喻为现代人文科学领域内学者动机与行为之间关系的一种伦理性判断准则。据此可断定，学人如无求真知之动机（为此必须抑制求名利权的本能冲动），其学术实践即无从维护其学术方向与方法之正确性；与此相应，人文科学在结构上也即难以成为真正的科学性活动。

至于社会道德性行为问题，本章尤其比喻贴切。在现代社会中"道德"基本为准法律性概念，道德行为仅表示外在行为符合法律规范，而不实在相关于行为者之内心伦理性真际。商业文化中的各种竞争伎俩可为明证：今日西方普遍尊奉的行为主义、实用主义等，专以控导外部行为规范为目的，对于相关之动机如何则普遍忽略之。此一逻辑完全可行之于科技工商政法经世界，却绝对不能行之于人文科学与精神文化领域，否则后者仅能成为前者之装饰与附庸（前述"二元论或二轨论历史哲学"之原因在此）。反之，外在合法的（正常的）即"合乎法律道德"的行为，反而有可能成为掩盖其内心"反伦理性动机"的"手段"。（关于客体道德学与主体伦理学之区分，请见本书作者相关论述。）虽然全球商业化的人类文明大方向不可逆转，但我们仍可寄望于一种相关于、有利于"人文科学现代化建设任务"的"自留区"的存在（也就是坚持这样的一种文明发展二轨论：物质性社会实践方式与精神性文化实践方式，应该各自维持其本身的实践逻辑）。此一构想的历史原型，实即儒教社会与其仁学文化之历史上的并存性：公平而言，儒教帝王专制制度几千年来毕竟容许了（除了晋末八王之乱那类非人历史阶段外）古代儒士在文艺学术领域内凭据各人真实爱好（而非如今人那样着眼于市场化成功）逐代完成了各自的精神文化创作，从而使得中华历史古国成了名副其实的文史之邦。

3-4. 林放问礼之本。子曰："大哉问！礼，与其奢也，宁俭；丧，与其易也，宁戚。"

对比项：礼奢/礼俭，丧易/丧戚。

意旨：君子诚内敬外，恭俭以行，一本于真。

旧解摘要：

《论语注义问答通释》："本之说有二，其一曰仁义礼智根于心，则性者礼之本也。故曰中者，天下之大本。其一曰礼之本，礼之初也。"《读四书大全说》："盖以人事言之，以初终为本末。以天理言之，以体用为本末。"《集注》："易，治也。孟子曰：'易其田畴。'在丧礼，则节文习熟而无哀痛惨怛之实者也。戚则一于哀而文不足耳。礼贵得中，奢易（节文习熟）则过文，俭戚则不及而质。二者皆未合礼。"范氏曰："夫祭，与其敬不足而礼有余也，不若礼不足而敬有余也。丧，与其哀不足而礼有余也，不若礼不足而哀有余也……俭者物之质，戚者心之诚，故为礼之本。"黄氏《后案》："郑君注云'简也'，陈仲鱼谓斥时人治丧以薄为道也。朱子训易为节文习熟，必增说无实之义，皆未必是也。式三谓易，坦易也。包说为是。异端家齐生死，而治丧皆简率，后人丧中祭奠如吉礼，又用僧道赢钺以喧杂之，皆由于坦易也。取俭取戚者，俭则有不敢越分之心，戚则有不忍背死之心，是礼中之本也。"《论语稽》："易者，变除之次（易训变易之易）……礼无仪节则失之野，丧不变除则过于哀……特春秋时酬酢往来，专尚繁文，而临丧不哀。"《群经评议》："戚当读为蹙……《说文新附足部》有'蹙'字，曰：'迫也。'古无

'戚'字，故假'戚'为之。言居丧者或失于和易，或失于迫蹙，然与其和易无宁迫蹙，为得礼之本意耳。《南史顾宪之传》'丧易宁蹙'，是知'戚'字固有作'蹙'者，其义视包注为长。"《朱子语类》："其他冠婚祭祀皆是礼，故皆可谓与其奢也宁俭。惟丧礼独不可，故言与其易也宁戚。丧者人情之所不得已，若习治其礼有可观，则是乐于丧而非哀戚之情也。"鹿善继《四书说约》："天下事实意为本，苟无其实，繁文愈盛，只增其伪耳。"

含义引申：

本章实际上提出两组对比："奢华/简朴"，"简易/哀戚"，各有偏颇，均源于失却为礼之本——诚敬。前者指一般礼仪，后者专指丧礼，其中心之意在于强调行礼者须以真心实意为本，而于吉凶两种礼仪场合提出因失诚敬而易于发生之偏差：或将礼仪视为炫示傲人之机（行之过度），或临丧而乏哀戚之心（行之不足）。故本章中"俭"与"易"外在表现的逾度性相同，而在二不同场合则一者为当，一者反为不当。此一对比项寓意法颇可显示《论语》教谕方式之巧妙。

本章旧解杂多，虽然主要源于古代用字简约及字义演变无常，但解者往往以后世之实情为据以取代《论语》编写时期之实情，遂相应地企图人为改变字义，以为今昔社会文化风习不变。在两种对比关系（奢与俭和哀戚与敷衍）中，前一对比项间取"俭"，后一对比项间取"哀戚"，在此"俭"与"易"为一事（依旧解意未通）。本章之意似乎在指出：非俭与不俭之外在行为问题，而是诚与不诚及哀与不哀之内在心态问题。在联系到其他相关语句时，礼之奢俭问题还有另一种在封建社会中除表现"诚敬"与"哀戚"存在与否以外的喻示作用：吉凶礼仪的实行与行礼者之社会地位相应与否。"防奢"之教就包含着检验和防止君子"僭越"之意。孔子解释的周礼，在于维持社会的秩序稳定和行事公平，所以强调各级人等对于此周礼社会秩序的尊重和服从，尊王攘夷也为此目的之一。在此等级社会秩序的维持中，孔子最关注者为诸侯的各种僭越心态，而祭礼行为则是一种对此进行察验的机会。

儒教社会统治术由两种机构组成：法家的暴力统治机构（军与

刑）和儒家的礼制等级机构。二者源远流长，早已实行于先秦时代，而汉代以来对之加以结合、完善、充实而已。儒教社会礼制的僵化等级结构所具有的防止在下位者有僭越之心以破坏现存社会秩序安定的作用，可以在此（通过将封建等级制度"加括号"）还原为强者所禀具的僭越性本能。另外，本章意旨表达法（因《论语》表达法多就外部行为特点回溯心态实际，而内外二者之间的"因果或表意"的关系可随时代环境不同而有异）自然含有不尽完善因而相对含混处。此亦为后世解释混乱的原因之一。本章两句，如朱子所指出的，分别相关于吉凶两类场合，前者重在防奢，后者重在防简。但前句所指奢俭关系问题也完全可行之于后句——借凶礼以"炫示"的动机仍然存在。对此，我们也不可泥求其表意的准确普遍性，而可按相关特点出现"概率"之大小相对地提出一般性判断。即，对于远古伦理思想表达法，应按其在当时思维方式下所欲表达的思想加以理解，而不必按后世或今日的习见情实予以妄测。

现代意义：

炫示心、傲视心、僭越心意思相似，均为出于性格强者之争强斗胜动机。在现代社会中，政治、科技、工商、文化全部领域均将个人竞争原则视为天经地义，但须通过法制社会制定的规则与规范来控导竞争活动之有序性与公平性。此种合乎人性自私本性的法治主义却无从导致孔子所要避免的"民免而无耻"的结果。不过，此处孔子的唯德主义却显露了孔子伦理思想本身的矛盾性：一方面知好仁者稀，另一方面又期待为政者均具有足够完美的德性。我们于此可以再次理解为什么孔子仁学无从实践于政治领域。但此一抵制僭越心的教导非常适合于人文科学领域。在此领域只制定外部规范无关于学术内容的提升，因为此一领域属于"自由事业"，难以对其内容加以客观正确的规范。正是在此领域内的质量提升有待于超越俗常的竞争求利心态而转化为集体求真心态。后者的维持首先有待于学者排除唯名利权是求的求胜竞争心。古代社会政治层面的"僭越心"，与今日学界意在超越学界正当行为规范而制胜竞争对手的心态如出一辙。如学人仅以学术活动作为求胜手段（出人头地，权威垄断），自然可于此竞争文化环境内相应发明各种各样的潜在"违则"手段以期经由变相运用"计谋策术"等方式"出奇制胜"。拉帮结派、党同伐异、排他垄断等常见学界现象，均属其通例。而凡此种种，其以学求胜之心，正缘于学人失去《论语》开篇教导的"以文会友以友辅仁"之心。今日学术界的种种"党派经营术"和"学术操弄术"，本质上即因欠缺仁学之为学以诚精神。今日学界大谈《论语》，学者（特别是获得国际标准认可者）仅以其中一条自我察验即可知此类古籍推崇与自身人生观及治学观究竟有无真实关系："以文会友，以友辅仁"。

3-5. 子曰："夷狄之有君，不如诸夏之亡也。"

对比项：华夏/夷狄，文教/蛮荒，秩序/道义，政治/文化。

意旨：仁政理念以文教行道义，以政治助文化，非为役使文化以支持强权也。

旧解摘要：

《翟氏考异》："汉人称《论语》为经者，惟《于定国传》一见。唐则昌黎此文而已（原道篇）。《于传》所引文与《商书》小异大同，犹似未的。盖《论语》虽久并五典称经，其读标经目，自昌黎始之矣。"《皇疏》："此章为下僭上者发也……言中国所以尊于夷狄者，以其名分定而上下不乱也。周室既衰，诸侯放恣……反不如夷狄之国尚有尊长统属，不至如我中国之无君也。"释惠琳云："有君无礼。不如有礼无君。"《邢疏》："此章言中国礼仪之盛而夷狄无也。"《论语发微》："此盖指鲁之僭乱无君臣父子之义，同乎夷狄，不如灭亡之为愈。"《四书辨疑》："诸夏蔑弃君命，而无上下之分，是为亡其君矣（非实无君）。此夫子伤时乱而叹之也。"《四书训义》："自帝王以来，长有诸夏者，唯此君臣之分义而已矣。上下相临也，恩礼相洽也，威福相制也，故天下统于一。"

含义引申：

按照仁学政治伦理精神，君主及其官僚系统实质上仅相当于维持秩序与实行善政的"管理集团",其本身虽非承担精神文化创造任务却担负有支持或维护一国精神文化活动之责任。惜乎儒教政治,本末倒置,反将精神文化事业视为"精神上"辅佐帝王权势稳固之工具。本章旧解混乱,不仅缘于字义本身的歧义性,而且缘于仁学与儒学之权力观的似同而异性。然而不论诸相反的解释为何,今日看来竟然可以均含有同一寓意。如一者强调礼制的首要性,诸侯争权,周王形同虚设,在"实权"的掌握上反不如夷狄君王;另一者可意指夷狄君王虽有实权而无礼制,其具实权的君王之存在亦无补于夷狄社会因无礼制故仍然非属礼仪之邦。尽管在两种解释中,前者似称赞夷狄之亦有君王,后者似贬低夷狄君王的重要性,二者均隐含如下喻义:周礼本身在封建政治生活中的至上性。因此,君主之价值并非直接在其实权之有无,而在于其权力是否有助于维持礼制的正常运作。从孔子处处盛张"仁"字及"周礼"的价值至上性来看,周礼为仁之社会性体现者,"王权"则为周礼之实行者,从而隐含着将历代帝王的身份在仁政价值系统中予以"功能化"定位。

现代意义:

本章也可沿上述两个解释方向来扩大其可能的现代含义。按照孔子仁政观,权力者的秩序维持功能与在该秩序下实行的精神文化活动为两事。因此,权力者之权势"大小"与其所维持的社会秩序内的精神文化价值之"高低"亦为两事。仁学含蕴的权力与文化之功能性分离观使我们认识到:权力应该服务于文化,而非反之。孔子所深贬的权臣相对于诸侯以及诸侯相对于周王的上下争权夺利状态,表面上为了维护王权至上观,本质上则是为了维护周礼秩序观,而周礼本身正是实现仁学文化目标的社会性条件。所以,孔子对"乱臣贼子"的斥责,所斥责的根本"对象"是人际间的"争权夺利""强取豪夺"之"恶"。此种由孟子加以最精准概括与预言的几千年历史上法家传统的称王争霸权势观,现代以来已逐渐退出人类政治史主流,却以另一种形态复活于人世间,此即 19 世纪马克思等社会主义思想滋生之原因:资本机制在经济领域中促进经济生活提升的同时带来了另类商业化"争权夺利"社会文化形态。延至全球化时代，此一经过"现代化的"社会文化形态已然扩及全球人文学术世界。即使在权势利益含量甚浅的人文学术界和精神文化界，由于无所不在的商业化规则的渗透，也可同样成为另类"争权夺利"之地。学界拉帮结派、营建山头、垄断方向、唯利是图，此类商业化类型的（不再是政军争斗类型的）人文学术世界，虽然按照"准丛林法则"形成了新的学术实践学，却全面地背离了科学性追求方向。本章所言者实相关于"秩序"及"周礼秩序"之有无问题，"有君"为有秩序，"夷狄"为"无周礼"，今解即无正确伦理价值观意。

3-6. 季氏旅于泰山。子谓冉有曰："女弗能救与？"对曰："不能。"子曰："呜呼！曾谓泰山不如林放乎？"

对比项：越制/炫势，权欲/仁心。

意旨：仁学伦理学因法家权力学膨胀而生，道义之求与权势之求，遂形成既互融又平行的二历史进程之动源。

旧解摘要：

《集解》："马曰：'旅，祭名也。《礼》，诸侯祭山川在其封内者。今陪臣祭泰山，非礼也。冉有，弟子冉求，时仕于季氏。救，犹止也。'包曰：'神不享非礼。林放（相传林放故里于泰山附近）尚知问礼，泰山之神反不如林放耶？欲诬而祭之也。'"黄氏《后案》："元赵天麟上书言：'东岳者。太平天子告成之地，东方藩侯当祀之山。今乃有倡优戏谑之徒，货殖屠沽之子，干越邦典，渫渎神明……父慈子孝，何用焚香？上安下顺，何须楮币？'"

含义引申：

本章诸旧解皆难通，因字句过简而句义涉及含混历史传说之故。如孔子究竟是责备季氏僭越还是责备冉有失职？如指冉有，冉有之不能劝阻或因"无能为力"，如此即非冉有之失，何须责备？按诸注疏，孔子对季氏之责可含两方面：其一，季氏以大夫行诸侯礼；其二，其人（何人？冉有还是季氏？）认为泰山神可接受其"谄祭"，此相当于进而诬泰山神之"低能"（接受此谄媚）。本章涉及当时盛行之山川大祭，似亦有孔子亦信鬼神之疑。然而，此一"旅"祭本身并非本句意指之"相关项"，仅只以其作为当时所行之风俗习惯而已。孔子非礼仪之发明者，而为礼仪之正确履行者，其所重首在参礼者之态度。礼仪惯习为客观历史之自然产物，孔子同样生存于该公共礼仪系统之内，其所可有个人创意者，仅为通过设想的特殊态度与方式，来实行此现行社会惯习而已。故孔子也必须参与当时政治制度与风俗习惯等"历史客观秩序"，以之作为实践仁学的现实可行渠道。故其指令句之"相关项"乃为"僭越"态度与行为本身。即季氏违礼祭山例之受责一事，无关于泰山神之是否实存（如同"非其祖而祭之"非相关于已逝祖之鬼是否存在，而仅相关于违礼往祭者之贪求动机），而相关于在此既定祭山仪节行为中流露的"僭越性"本身（本章指令句具有普适性者在此，而非在表现此僭越性的历史条件和惯习）。至于季氏僭礼之喻，以及本书其他批评僭越的类似指令句，都反映了仁学实践学的一个重要关切方面：认真面对人性追求"支配他人"（争权夺利）的嗜权本能，并对其加以贬责。因此祭礼中的僭越行为所暴露者实乃致祭者具有的扩权意念，仁学指令句的真实对象即"权势贪念"本身。

【关于仁爱与权争的历史解释学申论】

《论语》中对政治僭越例的批判，表达着现世社会人性中普遍存在的争权夺利倾向，孔子视人间贪欲为作恶之本，而诸恶中最严重者即"权势贪婪"。按照孔子的观点，周礼的等级名分制度的用意主要不在于协助君王独享其特权，而在于借其至高权势机制以约制普遍存在的诸侯争权夺利的野心。持政治人治观和"好人政治观"的仁学，将品德培养和私欲防止作为其善政可行之"技术性条件"，故从积极与消极方面特重品德之正反表现，予以相应褒贬。而人类争权夺利本性与趋炎附势本性看似相反实相辅相成，二者同属人类社会中潜存的动物界丛林法则之遗毒：视争强斗胜为人间英雄事业。本章颇可暗示：人类历史上的永恒挑战即如何解决权力与良知间的对峙关系问题。权力欲望之特点为：随着权力之扩增，嗜权欲望亦随之而不断扩增，季氏成为鲁国的权臣后，其通过祭礼表现出的（或意在震慑他人的）进一步僭越行为，即标志着其权力野心的膨胀势头，故孔子特别加以谴责。其后随着争权夺利历史的展开，出现了"第二仁学"孟学。孟学遂可在战国历史政治文化快速发展后将仁学主题集中于良知与权势的永恒对峙态势。此一历史发展，一方面表明了中华文明的历史即一部政治权力膨胀史或权力消长平衡史，另一方面则反映了由孔学向孟学发展的仁学伦理实践学的本质在于：仁学须直面历史上、人世间的人际权力斗争的永恒挑战及危机。

现代意义：

本章借历史故事为喻，显示了人类嗜权的"恶本性"之事实，以及仁学对与之对抗的"善本性"之寄望，二者共同形成了此一权力与良知的历史对峙关系型例。此一"力与义"以及"善与恶"的双元仁学对峙关系模型，遂成为历史上仁学伦理实践学之基本内容。作为现世人性中永恒存在的一种"正反对峙偶"，在现代社会与全球化历史中，自然继续存在于方方面面。所不同者，现代人类在知识与技术方面获得了历史上空前的成就，创造了各种有效解决这一对峙关系的方法与途径。唯独在文化和人文学术领域，此一对峙关系仍然继续普遍存在着，虽然以多重性隐蔽的形式。文化学术与权力追求的关系问题，应该成为新世纪特别加以探讨的伦理学中心问题之一。

3-7. 子曰："君子无所争，必也射乎！揖让而升，下而饮，其争也君子。"

对比项：争利/争义，遇利谦让/当仁不让。

意旨：君子处事待人，有其必让而不争，有其必争而不让，唯以道义为之准。

旧解摘要：

《皇疏》："颜延之云：'射许有争，故可以观无争也。'又引李充云：'……射艺竞中，以明能否，而处心无措者胜负若一。由此观之，愈知君子之无争也。'……故射仪曰'失诸正鹄，还求诸身'，求中以辞养，不为争胜以耻人也。又曰：'射，仁道也。发而不中，不怨胜己者，反求诸己而已。'因称此言以证无争焉。诚以争名施于小人，让分定于君子也。"《集注》："言君子恭逊，不与人争，惟于射而后有争。然其争也雍容揖让乃如此，则其争也君子，而非若小人之争矣。"《反身录》："君子学不近名，居不谋利，谦以自牧，恬退不伐，夫何所争？"《松阳讲义》："世间有一等人，惟知隐默自守，不与人争，而是非可否亦置不论。此朱子所谓谨厚之士，非君子也。有一等人，惟知阉然媚世，将是非可否故意含糊，自谓无争。此夫子所谓乡愿，非君子也。又有一等人，激为高论，托于万物一体，谓在己在人，初无有异，无所容争。此是老庄之论，亦非君子也。是皆不可不辨。"

含义引申：

本章再以"子曰句式"表达跨越时空的一般性道德义理。循礼之"争比"与私利之"争比"，在"争胜"之形式上类同，而在动机与目的上迥异。孔子示喻，多以同中辨异、异中辨同方式进行，以使人印象深刻。此一君子间循礼之"争"，为争仁赴义行为的原型之一。而射礼为君子间切磋技艺、历练能力之场合，用以增强勇气与意志。能力、勇气与意志，并为见义勇为、当仁不让所需之品德因素。《论语》善用对比、对立、反差等修辞学手法表达伦理实践促动目的，以有助于激发受者之感应效果。在此射礼情境例中，其多元对比项为：争与不争（行为形态），义与非义（动机方向），礼与非礼（行为方式）。意在表明仁学实践学标准恒一，而行为选择方式则随境而异。君子在私利方面固须"退让"，而在行义方面则须"争前"，一者为逊，一者为争，各自的目的与动机相反。此句的另一深意则相关于君子"争之以礼"的人格风度学方面（朱子言"雍容揖逊"）。尽管于义当争，而其"争"之心态与方式仍须依礼而行，以维持并显示一种君子风度，此即：非意在夺胜以傲人，而在于通过射仪学问之竞比（切磋）以达同人间学养共进之目标。

现代意义：

仁学提出的君子与小人的人格型二分法，主要相关于只可间接察验之"动机"层面。此种重行为动机而轻行为效果的道德辨析原则，与西方伦理学传统和现代道德学均不相同。在古代社会构成较为简单、知识技术较为简陋的情况下，此一重动机辨析的道德判定法不仅有其合理性也有其实际效用。因在古代社会行为形态较简单的状态下，动机与效果之间的因果关系亦较为明显，其人格判断与社会功能之间联系较为直接。而在现代复杂社会中，人的行为动机与行为效果之间插入了众多中间性因素，彼此的因果联系关系已空前复杂化。同时现代知识与技术条件均无数倍大于古代，提供了更有效的处理社会、政治、文化事务的方法。在此情况下，中国历史上的君子小人截然二分的分析与处事法，虽然在判断人品方面仍可参照，但已相当地失去了其道德意义与社会效用。因现代社会，特别是在其晚近以来进一步商业化之后，人之"正当营私"观念获得了法律承认和保障，人之间的"争私利"意识只要合乎法律规则即一概视为合理。传统上的"让利争义"的品德二分法已在观念和现实两方面失去意义。在现代化职业竞争社会中，合法争名夺利行为（准商人行为）不仅为社会道德所容许，而且为商业化社会所鼓励（鼓励强者顽强胜出）。物质财富生产效力已成为最被看重的社会价值。然而，与此"商业主义"社会文化观不同，在经济社会之外仍然存在正被严重忽略的"精神文化"事业，其目的、功能与方法，不应同化于经济社会的行为规则，而应平行地维持和创造其特殊的现代与未来的正确存在与运行方式，其中心课题即现代人文社会科学之科学化发展问题。正是在此领域可以发现，本章提出的"君子风度"原则不仅可行，而且必要。

今日此指令句的意涵在于：有意求真之学人（仁者）和他人的人生观及伦理实践目标不必相同，故不可一概而论。就人文学术活动而论，学者间自然需要在追求真理的活动中相互争辩以达共同追求之学术真相，其中自然不能掺杂求名利权的私利动机和手法。今日学界错误倾向不仅表现于学者欠缺求真心意，而且在实践方式上多方面按照商业化法则相互竞争，学人不仅一般地表现出唯利是图的治学观，而且特别地表现为聚势垄断之取胜法。其学术真伪之争辩不在于通过"正当"（即"合乎礼法"）切磋学术以共求真知，而在于通过"不当"（拉帮结派、党同伐异等）手段争强斗胜，以满足其谋求学界精神霸权之目的。在人文科学与文化事业领域，今日同样存在相互为夺私利而"争斗"之勇，以及存在为义（学术真理）而须"争辩"时却普遍表现出"避争"之怯（按照商业化"风度"：表面上讲求"和气生财"，私下里讲究"钩心斗角"）。结果我们看到，一方面有借学术活动以"争名夺利"之风气，另一方面有怯于"当仁不让"（勇于抗势以求学术真理）之气魄。更有甚者，学术山头对于少数肯于抗势求真的努力则加以合力打压。学术界的争名夺利与仗势欺人作风岂非正是"同构于"古人在社会政治领域内所习见者？

3-8. 子夏问曰："'巧笑倩兮，美目盼兮，素以为绚兮。'何谓也？"子曰："绘事后素。"曰："礼后乎？"子曰："起予者商也！始可与言《诗》已矣。"

对比项：仁本/礼行，心志/言行，质地/丽饰。

意旨：君子务仁义之本，言行随之，故其为学为文均以是衡之。

旧解摘要：

凌廷堪《校礼堂文集》："近儒皆以古训为不可易，而于礼后之旨，则终不能会通而发明之，故学者终成疑义。窃谓《诗》云'素以为绚兮'者，言五彩待素而始成文也。"全祖望《经史问答》："夫巧笑美目，是素地也。有此而后可加粉黛簪珥衣裳之饰，是犹之绘事也，所谓绚也，故曰绘事后于素也。而因之以悟礼，则忠信其素地也，节文度数之饰，是犹之绘事也。"《集解》："孔曰：'孔子言绘事后素，子夏闻而解，知以素喻礼，故曰礼后乎。'"《困学纪闻》："商为起予，理明辞达也。回非助我，默识心通也。"《四书近指》："夫后之为言，末也。后起于先，然不可离先而独存其后。"

含义引申：

本章难解在于后句中"礼后乎"之"后"字何义，而此"后"字实相关于此处"礼"之确指为何，旧解纷纭实源于此。因"礼"可指"仪节"但也可指"礼意"（礼行之心态）。如指外在"仪节"则须解为"礼不应在后"；如指"心意"，则礼即"素地"，应在礼行

（诵诗为广义礼学之节目）之先。我以为应指后者，即行礼之心态。按朱子注，此引句为所谓逸诗，"言人有此倩盼之美质"（素地），方可加以"华采之饰"；即如礼以忠信为质，"苟无其质，礼不虚行"；故言诗非相当于"玩心于章句之末"。在此以素比质，以绘比饰，以示质在饰先，也即表示实质在修饰之先（行有余力以学文，即先行仁义而后学文，仁为本，文为副）。如引申之可谓：思想内容在文艺表现之先，仁义信念在礼仪行为之先，仁义为本，礼仪为辅。以此区分伦理学之内在与外表，区分伦理性实践之表与里。对此今可将之一般化为：内容在形式之先。原始仁学实践于礼学，礼学即体现仁学，而孔子特在仁本之前降低礼学的等级，以强调礼之本在仁，行之本在心，行为之伦理性根于动机和品德，否则美化之礼仪行为即相当于行伪取利，其负面效果不久亦将显露。

本章之意在《论语》中的不同情境内多次言之，一者可相当于辨伪学，即礼为表，仁为里，二者非一；再者可相当于实践之"次序学"，即仁心修炼为先，礼行规范为次。如反之，一味经营礼行之表面，则一来失之于本，二来进而有饰伪之嫌。简言之，君子首重内心，其次方为致力于按义理履践外部行为。因此，外部礼仪行为虽同样重要，实际上，相当于履行过程中之技术性层次。

现代意义：

内容在形式之先，义理在方法之先，价值在智术之先，此亦为现代人文学术及文化事业应遵循的正则。而时当科技工商文化时代，伦理性动机和精神性内容遭到全面的排除和贬低，学术和文艺均从而偏重于形式之华丽与其影响力效果，于是视人文与文艺为唯物质主义人生之"文化附庸"。在此时代，人文科学话语被当成职场学人追名逐利的工具，遂以形式上的花样翻新作为其文化市场上哗众取宠之资，故无须精神之"质"而仅凭物质娱乐之"形"，即可成为满足大多数技术化人口所需之浅文化要求。本章之今义在于重复强调古典时代公认的"思想"在"形式"之先的教诲，仍应行之于人文学术与高端文艺领域。如今之文学与文艺作品均全面受制于其"市场价值机制"，即文化消费者之接受度，故无不以取悦广大受众、扩大作者与作品的知名度为唯一创作动机与目的，一如商家为迎合市场所需进行消费商品之设计与生产，因此必然也需要广告术与包装术作为市场上推销其学术商品之术，从而首先即导致其学术与作品之"素地"尽失。

3-12. 祭如在，祭神如神在。子曰："吾不与祭，如不祭。"

对比项：祭祖/思诚，人事/鬼神。

意旨：原始仁学之"人本性"祭仪，为其怀祖及诚敬养成之方，非关乎受祭者之有无也。

旧解摘要：

《集解》："孔曰：'祭如在，言事死如事生也。祭神，谓祭百神也。'"《集注》："程子曰：'祭，祭先祖也。祭神，祭外神也。祭先主于孝，祭神主于敬。'"黄氏《后案》："韩子读墨子篇云：'孔子祭如在，讥祭如不祭者。'"洪氏注言："祭如不祭，吾所不与。与，许也。"《朱子语类》："孝心纯笃，虽死者已远，因时追思，若声容可接……祭外神，虽神明若有若无，圣人尽其诚敬，俨然如神明之来格，得以与之接也……神之有无，皆在于心之诚与不诚，不必求之恍惚之间也。"

含义引申：

按朱子注，"祭"指祭先祖，"祭神"指祭外神，必亲与之祭始得致其诚，故"诚为实，礼为虚"。此章含有多重寓意性。其直接意为仁心应在行礼之先，祭礼亦然。而祭礼相关于在世者与已逝者的关系，而已逝者为祭拜之"祖"，其间接意素有三：人、鬼（先祖）、神（百神）。祖曾是人，死后之"鬼"亦属过去之"人"范畴，因两种观念均存在于历史上和现实中。孔子的人本主义则一方面倾向于将先祖范畴还原至"人"范畴，另一方面对超经验神祇之可能性问题不置可否（有如"加括号"后存而不论）。孔子以此"不置可否"（"如"意指着产生心态实效的功能）的语气将"神祇意涵"排除于实际计虑之外。孔子通过此示意方式中的"轻重缓急"和"显隐次序"以"凸显"祭礼之人本主义伦理实践学的重点是祭者之态度学，而非被祭者之"本体论"。对现世主体之"态度实在性"之强调，相当于弱化了被祭者"存在性"之祭礼相关性。

　　本章含义重要而喻指丰富，既涉及祭者心诚之术亦谈及致心诚之"心理方法"——专注于维持及时之思念（对曾为先祖者）以及诚敬之想象（对不能眼见其存而应假定其实存者）。实则，对已逝先人与对假定其存在之神祇的"诚祭心态"，均须通过积极心理想象（"如"）行之。对于产生诚敬心态的效果言，显然祭祖（生人与"已死之人"之间的交流）为易，祭神（生人与"非人"之间的交流）为难。二者前后并列于句，表现出"比拟"之意，即后者之"如"可通过比拟于前者之"如"而得以实现。此"如"字之用即含有其所谓"在"仅相当于"有如在"或被"假定在"之意，但均非实际在意。（董仲舒所谓"祭然后能见'不见之见'"。）

　　对于家祭来说，祭者与受祭者之"祭"行为仍属人际间交通范畴，其间"在"与"不在"之意较为明确：1. 曾经在世；2. 假定（想象）现在天界；3. 通过仪式使其在想象中出现。而此时诚敬心态之较易于产生实基于"1"，故仍属于"人情之常"。而在祭外神场合，其"在"与"不在"纯属想象范畴，其存在假定性在句中仅具象征功能性，故实际上可归之于"非相关性因素"。在此处，"存在假定性"的礼仪作用主要在于促生祭者之诚敬心态。虽然前一"如"与后一"如"在其"产生之心理机制"上不同，而二者之效果同一：在祭者心间实际产生诚敬心态。然而，正是此一"如"字却隐含着孔子之"去神鬼论"的重要立场（革命性立场），因通过此"如"字暗示此仅为一实用性"假定"。"我不与祭，如不祭"，不应实指参祭与不参祭，此"与"字应指"持真实诚敬心态而祭"，即"真实投入"之意。反过来前后诸句强调祭者的品德要求也反映出参祭时因并"无对象之现实存在"，而在祭祀行为中将自商周以来到其几千年俗常共识中认为的"虽不曾实见而仍视为实有的"神鬼之"存在问题"，置于仁学伦理学系统的非相关性范畴中。古代中华文明普遍信奉的鬼神存在的此一"宗教性"内涵，就在仁学（人学）的体系中通过此一"贬抑方式"而在认识论上加以实际排除了（对之"存而不论"即"置入括号"中使其在论理中"失效"）。"与祭"的合礼性（作为伦理实践的合格性）非验证于祭者对"鬼神存在的信仰"之坚实性，而验证于祭者相对于受祭者所产生的"诚敬心态"的真实性上。祭祀情境中"伦理相关性因素"不再指鬼神之有无（不可实证），而专指祭者心态之有无（可实证）。此为原始仁学通过"行为语法"加以显示的朴素伦理学认识论之表达。

【关于古仁学与祭礼关系的历史解释学申论】

此一祭礼的现世主体相关性，在商周迷信泛滥之后和两汉大兴迷信之前，可谓历史上昙花一现地形成了人本主义的仁学信仰文化方向（孟学的人本主义统一性为"昙花二现"的另一思想史奇迹）：一则在思想上排除了人类历史上超越性、超世性神怪崇拜的惯习之伦理相关性；二则将家祭的目的加以彻底改变，从其前其后千百年来主在"保佑生者作用"的功利主义动机，转变为"怀念与敬重"的生者强化其情义品质的动机，亦即通过对先祖怀念中的合理想象性的"心理加工"，以及通过先祖神圣象征性再现仪式，从主客观两侧规范现世生者之心志与行为。此一祭礼根源虽可远溯商周祭祖神以求护佑的"宗教神话观"，却通过伦理实践学的"行为艺术"将其改变为基于亲子关系的"经验现实观"。此即通过指令句重点的调整（在祭祀实践中，主体"实际心态"的重要性"大于"对象"想象身份"的重要性）和祭祀行为目的的改变，而实行了一种相对的"去神怪化"功能或"人本经验化"功能。由此可见，孔孟仁学表现出中华文明思想史上的一次人本主义化的精神革命。

此句的重点是祭者的态度学而非被祭者的身份学，其中"神"字的含混性意涵，也反映了商周时代文化变迁中的特定观念语义演变中的含混性。仁学伦理实践学在历史事实（迷信传统）和思想理念（人本主义）之间有所交叉时，采取"加括号法"和"轻重轩轻示意法"，以对二者在具体章句情境中的相关性，予以实用主义修辞学上的处理，从而智慧地在其仁学实践学中实行了一次人本主义的伦理学认识论革命。因此，我们不必认为《论语》是试图追溯孔门自身对"神鬼"身份的实际观念的理解。一者，在当时知识条件下，士人不可能对此科学性问题有明确认识；再者，孔门于此类祭祀场合的思想主要着重于心与行的关系问题，侧重于"人心"本身的诚敬素质的构成问题，而非侧重于被祭者的存在论身份之实质的问题。而此类祭祖、祭神的场合其重点与其说在于祖、神本身，不如说在于参祭的生者如何"运作"此祭祀的"心态"，包括如何"看待"此祭祀过程中的诸相关因素，也即如何"利用"此类因素或如何"仁学实用性地"解释这些因素。经此分析，我们可以区分出孔门祭祀观的实质在于：通过祭祀活动以达其"经营心学"之实在目的，即象征性地借助对祭祀中超越性的祖、神的示敬行为，以现实地复现与强化"人道情怀"。此种态度与秦汉以后封建社会强化各种祭祀活动的超越性神格色彩大为不同。祭祀的神格化的目的在于利用超越性神秘力势观念与仪式，通过制造君权神授的政治意识形态，以期巩固自身现世统治权势的绝对性。而正派儒家自然也希望借此"上下相互误导迷信"的神秘意识形态以对君权有所限制，其动机虽善并确有一定积极作用，却因欠缺了伦理学理念的纯粹性，反可能进一步违反了仁学伦理学的认识论基础：人本主义（人性论）。即试图以超越性的神佑迷信取代仁学君子学之个人自觉性意志力之确立。

孔孟学的主旨在于期待及促成基于人本主义"仁"理念之士君子的自觉与自决意念，而非乞求超越性的神祇护佑（这是中华仁学与一切宗教信仰之间的本质性区别所在）。祭祖非为求护佑而为寄情思，遂使祭礼观脱离其传统的"利用神鬼"的自私观，转向伦理主体的自我精神升华观。（仁学与宗教的本质性区别在于：宗教必诉诸信徒之自利心，如永生、天堂、地狱、福报等，仁学必诉诸仁者之无私性义理良知。）"祭神如神在"句所相关的是行祭之生者，"有是乎?"相当于"敬鬼神而远之"的"怀疑主义者"语气。孔子的"存而不论""远之"等存疑主义或实用性轻度"怀疑主义"的姿态，正合乎其"不知为不知"所主张的人本经验主义和理智主义：知识基于经验和理智，如论题对象无相关经验佐证时只应存而不论。

仁学所再解释的祭祀意义，为其在原初简陋认知与文化条件下完成的一种奇妙的"人本主义转化过程"：将时代袭自远古的各种行之有效的风俗迷信仪规作为其实行士君子心学养成的手段和方式。因此，仁学祭礼学的真实目的在于通过此社会风俗强化祭者在心言行层次上的自身品德修炼。其心理过程也可通过一种伦理实践"对象"之转换反过来理解："一次对象"为"受祭者"，目的是祭者对其表达诚敬心意；"二次对象"则为"祭者本身"，即其对受祭者的致敬行为可对其本身产生"自反作用"，从而使得祭祀行为也重复性地成为增益实践者自身品德的新机缘。我们在对此精神思想倾向进

287

行分析时，当然不是暗示说孔门创学之际是在有意识地贯彻此一人本观意识，而是通过其字里行间之侧重点来察觉其中实际贯穿着的现世人本位态度。

现代意义：

本章再次申明仁者主体之心态与行为的主次关系和主从关系，此一关系的原则也可以和应当同构地反映于现代情境，此即人本主义伦理价值信仰对于学术文化实践的方向性的指导关系问题。本章再次通过将超越性力势崇拜置于"非相关地位"的方式来强化人本主义的伦理主体性构成的作用。此种有关基本价值信仰的人本主义立场之"宣示"，表达了仁学伦理学思想在人世间的永恒效力。特别在现世理性经验主义的科学时代到来后，仁学作为人类历史上唯一流传的现世经验理性主义（相对于各种宗教信仰和形上学本体论信仰）伦理学思想，遂独一无二地、奇妙地增附了其介入现代人文科学革新建设目标的可能性与必要性。

3-13. 王孙贾问曰："与其媚于奥，宁媚于灶，何谓也？"子曰："不然，获罪于天，无所祷也。"

对比项：势力/公义，求义/求利。

意旨：仁者求仕以行道义，非欲媚势以求私利。

旧解摘要：

《集解》："孔曰：'奥，内也，以喻近臣。灶以喻执政。贾执政者，欲使孔子求昵之。'"《皇疏》："贾诵此旧语以感切孔子，欲令孔子求媚于己，如人之媚灶也。"《集注》："媚，亲顺也。室西南隅为奥。灶者，五祀之一……故时俗之语因以奥有常尊而非祭之主，灶虽卑贱而当时用事，喻自结于君，不如阿附权臣也。"《四书典故辨证》："媚奥之讽，殆指南子而言也……奥者，室中深隐之处，以比南子。灶是明处，盖谓借援于宫阃之中，不如求合于朝廷之上耳。"《日知录》："时人之语，谓媚其君者将顺于朝廷之上，不若逢迎于燕退之时也。"《集解》："孔曰：'天以喻君也……如获罪于天，无所祷于众神。'"《皇疏》:"明天神无上,王尊无二,言当事尊,卑不足媚也。"《集注》:"天即理也……言但当顺理,非特不当媚灶,亦不可媚于奥也。"《四书改错》:"宋儒拘滞,总过执理字……汉魏后儒引此句皆明指苍苍之天。"

含义引申:

本章因牵连不同的史事传说故歧解纷纭。实则,孔子不过是以当时祭祷习俗为喻表达仁学伦理学态度而已。奥、灶、天均为受祭神祇方之不同等级对象,对之祷求的难易次序亦取决于其神格之等级。其比喻所依者为习俗——诸神祇间等级与势力之大小各异,祭者"取媚"(乞求)之态则同一。此非表示孔子本人承认此一习俗之道理,"习俗"代表现实中具"社会可行性"之活动方式,孔子不过是利用此"现成可行的"活动方式以表达其伦理性立场而已(我们的历史解释学即含有将古人话语中的意义构成合理"转换为"现代表达法的目的)。本章语句之风格类似于有关孔子因不遇、不仕而遭讥时之幽默性答复。因此,奥、灶、天等形象在此仅起着比喻性作用。在诸超越性存在中,作为其中最高者的"天"非如"百神"般具有具象性神格,按当时及一贯习俗,天虽确实具有主宰人间的意志力,但亦兼具自然性("宇宙"泛称)以及"准逻辑性"("根源范畴"之象征性称谓)。朱子将其在此理解为"理"之象征义代称并非不可。后儒及程树德先生指出宋儒以形上学之概念"曲解"孔孟原始意固为事实,但此为理学家之按照象征的同构性比喻方式采取的"解释学之扩展",该比喻并未损害原义中"逻辑关系"之表达。此种理学式的"仁学回归主义",比某些后儒妄推字源和妄改字义的方式要更符合仁学精神。(我们于此类例子中应该看到某些宋明理学的哲学家比某些现代的新儒家派的哲学家更具有理性思维能力。至于纯粹从政法角度读解古典中的人文义理的现代"法界学人",其失误即在于我们经常谈到的一种时代认知性缺欠:未能区分"政经法"和"文史哲",并对后者的现代知识论很少了解。)

现代意义:

本章传达的仁者不遇、违时、不仕等意,于《论语》中多见。

古时之"君子外实践方式"仅只有从仕一途。故在今解中"求仕"与"从仕"应超出政治领域而可泛指一切具某种伦理性之"行业"或"工作"。仁学于古代如无法真实全面实现于政治生活中（只能以读书为官方式片面地、曲解地实行于儒教社会中），今日虽同样难以实行于现代政治生活中，却可在历史上空前地有可能、有必要地联系于现代学术与文化领域。也就是，仁学的同一义利之择原则，特别可应用于现代人文科学革新事业，其在有关学术与文化领域内不应因小利而害大义的原则，可谓直接相关于现代人文科学理论发展之前景。

3-14. 子曰："周监于二代，郁郁乎文哉！吾从周。"

对比项：史迹/传说，仁义/理性。

意旨：经验实证为仁学伦理及历史思想之原则。

旧解摘要：

《集注》："监，视也。二代，夏商也。言其视二代之礼而损益之。郁郁，文盛貌。"辅广《论语答问》："三代之礼，至周大备，则以气数至此极盛，而前后相承，互为损益，至此而始集其大成也。"潘氏《集笺》："此知《春秋》虽据鲁新周，然必托始于文王，故孔子曰：'文王既没，文不在兹乎？'以是知'周监于二代，郁郁乎文哉'，谓文王之法度也。自杞宋不足征，乃据鲁作《春秋》。鲁，周公之后。周公成文武之德，而制作明备。孔子从而损益之，故曰从周。从周者，即监二代之义，谓将因周礼而损益之也。"

含义引申：

本章寓意在于，仁者为伦理精神方向上的文化实践者，周礼为来自其前历史演化中的仁学来源之一。周礼基于孔子当时可部分验之，即可据以合理推测之的周代现实，此一"据实为信"之仁学观，即其基于人本经验主义之征。此章重点为后句之"吾从周"，即以孔子所说的周礼为其伦理价值学标准或伦理实践学根据。此周礼不仅被孔子视为其可加以经验性验证的历史性现实，而且视为具有历史演变根源之事实。仁学即以历史现实中可察验者为其伦理学信念之认知性根据。孔子此言的重要性在于：其思想表达的根据是历史现实中可察验者，以及据此进行的合理经验性逆测，此即现实中所能见（"监"）之"周礼形迹"（非作为理念的"周礼本身"），而此周礼形迹（东周各国之实际政治风俗）作为伦理学思考话语的"表达面"，其"所指"或"内容面"则是可据该形迹经验性合理推想的或创造的周礼理念本身（表之以"文武周公"）。也就是，周礼理念仍然是通过对周礼形迹之伦理性思考而形成的。孔子的所谓周礼理念，因此是孔子根据周礼形迹所进行合理想象性推测的、以"周礼理念"为标志的伦理思想，后者过程中的察验、推测、整合、创新等步骤则纯属孔子或《论语》作者"（authorship）之"主动创造"的结果，据此理解所言的"述而不作"，实为"述而加作"：述其所已有和作其所尚无（由总体性历史之展开加上个别性独立创造）。后者之产生乃孔门师徒在对现实社会的观察和对自我及他人内心之体察后（即对"人性及人际关系现实"体察后）进行的独创性产物，所以既是伦理人本主义的也是现世经验主义的。此一同时强调外在制度化与内在行为规范化的周礼价值性，其最终之价值学理根据，不在历史之"外"，而在人性之"内"。"在人心之内"者，遂再一次证明了仁学伦理价值学的人本经验性：来自生存于同一历史环境和条件下的"你我他"之集体内心经验。这是仁学之人本主义价值学与经验性自我学的逻辑性结合例之一。

【关于仁学实证论的历史解释学申论】

"吾从周"句意深远，具有鲜明的政治伦理学认识论含义，即指其经验性和人本性。孔孟文本中虽不乏尧舜禹等传说中的远古贤君词语（其中一些传说的古帝名称可能仅为后儒插入者），但在孔子话语中的"吾从周"则表达了孔子在"文武周公"和"尧舜禹"之间的"认识论区隔"：仁学主要以"可考"（可据实合理推想）的"周初"（"郁郁乎文哉"）为其经验世界的真实边界，此即可实际"从之"者，而非仅可作为"理想"者。此句的经验性认识论则包含着两个层次：以历史上较近者（周初）作为仁学一般经验性认知形成之根据，以及以与较近之周初具有经验上可"联系者"（春秋时期）作为仁学具体伦理学思想的经验性根据。同时，对于较远的殷代和假想中的夏代，作为周的历史前身，即使少可直接察验，亦均可断定属前代经验性历史之过程。其中无一字及于超自然之因素，遂与当时及前后必为社会风俗主流的神祇与天道迷信形成了鲜明对比，仁学遂因此而成为迷信时代之思想挑战者。孔孟学，是在经验性的夏商历史推想、可相对察验的周初文化创造结果以及纯直接经验性的春秋战国现实表现此三者之"历史认识论联结"中，创生出历史上独一无二的仁学伦理动机学和态度学的。孔孟学的"直接对象"都是纯经验性的负面政治现实（以更为源远流长的广义法家和春秋战国的狭义法家的权势中心史为其代表），而其"间接对象"都是准经验性的正面政治理想——周礼。孔孟学遂在伦理性负向现实与伦理性正向理想的相互对峙张力中，为中华文明构思着伟大的文化精神蓝图、种植着仁学心学的种子。凡此种种都可推衍于此一"吾从周"的简要立场自表中。

孔子仁学即诞生于周礼文化中，为周礼文化的"左派"分支之产物（如果把秦汉后的儒表法里之学比喻为周礼的"右派"分支产物的话，此"右派周礼"即秦后"儒教儒学"之直接来源），其内容完全来自孔学根据自身亲历经验所进行的主观性创造。而客观的周礼历史轨迹一方面间接地成为仁学产生的土壤，另一方面成为仁学实践学的方法论工具。原始仁学的"构成"则具复合性特点：周代历史现实规范仪则之留存，一方面为仁学实践构想提供了"可行性条件"，另一方面为仁学伦理价值观体系的形成提供了借其进行推想的实物模型。春秋历史现实仅呈现了想象中的"周礼"之不完全遗迹，但可据此察验的历史遗迹，按照仁学理念，来"合理想象"作为理想政治原型之"原初周礼"（此所谓周初推想中的"周礼理念"实等同于春秋时代现实的"仁学理念"；就仁学而言，所谓据周礼以建仁学，从本质上说，实可为据仁学以建周礼）。仁学的"现实主义"不仅基于其心理性现实立场（据自身心理现实），而且基于其社会历史性的现实立场（据周礼之现实遗迹）。后者含上述直接与间接二义，即作为批判对象之"真现实"（斗筲之人）和作为据此遥想理念的原初"虚现实"（文武周公）。周代历史中产生的仁学所开创者，实为精神文化性建设的方向。人本主义文化思想为人类历史经验中的自然产物，非源自超自然赐予。在某种意义上可以说，中华文明史是由准法家（儒教）暴力政治史和仁学精神文化史复合而成，后者即延存于前者提供的历史现实构架之中。于是不难理解，仁学思想史是在与法家权力史之"对峙关系史"中辩证地产生的。本章所说的"文"，可兼及人文、文化、文学、人文学术等。在此意义上，所谓"周礼"传统，仁学所未言者，

292

主要为作为中华历史"硬体"的法家传统，而其所直言者，即为以精神文化创造为中华文明的精神文化之大方向。

现代意义：

仁学的现世经验人本主义特性体现于其历史观、文化观、社会政治观等各个方面，故与现代人文科学的经验科学化大方向完全一致。其中并不包含任何超自然观念和玄虚化观念。此一仁学经验主义的"周礼观"表明，文化价值观及伦理学理念均产自人类历史经验本身，自古至今均如此，故并非来自某种天启作用，从而在人类历史上，作为文化历史实践体系（而非仅作为一种"思想"），近乎独一无二地高扬着人类自身的价值与责任。人必须为自己负责，人必须创造超越动物文化水平（丛林文化）的人的"类文化"水平上的精神目标。此外，人类思想能力来自人类自身现世历史经验本身，故来自"经验性事实"。此一认知立场与自然科学立场完全一致，不过是彼此的对象域不同而已。故仁学伦理学思想所体现的中华民族的精神气质和思想倾向，不仅是人本经验性方向的与实证实践性方向的，而且是精神伦理性方向的。此一仁学本性，与现代人文科学伦理学何其相似！所以今日人文科学的向前发展，于理必可在人本主义伦理学价值观引导下，沿经验人本主义理性方向继续推进，而不应趋炎附势地追随什么"国际接轨"的商业化功利主义。此一仁学和人类人文科学的新仁学关系论，岂非也在地球村时代大大提升着中华文明的世界精神地位？

3-15. 子入大庙，每事问。或曰："孰谓鄹人之子知礼乎？入大庙，每事问。"子闻之曰："是礼也。"

对比项：求知/勤问，知识/经验。

意旨：仁学以现世人本经验理性为基，非来自天启神谕，故其知其识必与时更新。

旧解摘要：

《汉书韦玄成传》："'礼，王者始受命，诸侯始封之君，皆为太祖，以下五庙而迭毁。'周公是鲁始封，为鲁太祖，故庙曰太庙也。"
《明堂位》："大庙天子明堂。"《群经评议》："鲁僭王礼，大庙之中，
牺牲服器之等，必有不循旧典者，子入大庙每事问，所以讽也。"
《论语述何》："鲁自僖公僭禘于大庙，用四代之服器官，其后大夫遂
僭大礼。每事问者，不斥言其僭，若为勿知而问之，若曰此事昉于
何时，其义何居耳。以示天子之事，鲁不当有也。或人习而不察，
故正言以告之。"《集注》："大庙，鲁周公庙。此盖孔子始仕之时入
而助祭也……孔子言是礼者，敬谨之至，乃所以为礼也。"《论衡》：
"孔子未尝入庙，庙中礼器众多非一，孔子虽圣，何能知之？"《读四
书大全说》："尹和靖虽知亦问之说，只要斡旋圣人一个无所不知，
无所不谨，而诚伪关头早已鹘突……圣人之知则必以信为知。未信
而问，问出于诚，圣人之所以忠信好学不可企及者正以此耳。"《吕
氏春秋高注》："孔子入大庙，每事问，是不丑不能，不恶不知。"

含义引申：

诸旧解多就事件历史背景进行揣测（如孔子初入仕行助祭职时
所为，或因鲁僭礼而暗讽之等），不可为据。实则，史事传说或许确
为该句的形成因之一，而今日对该句之理解，则只宜在呈现之词语
本身内，结合仁学整体意旨及其现代合理关联性加以把握，而不必、
不能根据无法查证之传说故事进行增解。一般来说，我们应该将每
一指令句尽量作为独立指令，在仁学整体内把握其恰当之义。朱注
曰："孔子言是礼者，敬谨之至，乃所以为礼也。"我们则将本句扩
解为"不耻下问"意，因礼仪细则多端，随境而异，非可尽知，故
每遇不知而须知者，好学者必虚心求教以增新知（同于"三人行必
有我师"）。"礼器仪节繁多"可象征世上未知待知事物无穷，故君子
治学为不断求教他人他事的过程，即使首屈一指"博学"如孔子者
亦须如此，遑论他人。此一陈述句在仁学认识论上极其重要。它继
续标明了孔子礼学之象征性含义为：仁学为人世历史经验之学，为
理性实证之学，为经"人际间求问"而获知之学。"仁学"实体现为
按照周代"礼学"进行实践者，涉及人生一切方面，而其实行兼含
语言性和非语言性部分。此周代"礼学"（实含仪节与心术二者，当

时尚与"学术"无关），今日读解，其义即相当于"社会人际性义理、规范与实行的仪节程序"等，为一兼及内外的精神文化性存在。此句强调学无止境，不耻下问的"治学态度"，即使身为"礼学大家"亦必有所不知者，而仁者不须无所不知而须时时处处积极求知（礼学本身即来自历史、社会、文化、生活惯习的历史现实）。同时，此章也再次证实孔子所说的"述而不作"态度，表示自身仅为"传学者"，而非"发明者"，"礼学"内容为一先在传承的客观历史存在，非礼学家所发明者，而孔子仁学乃借助历史传承之现行"礼行之教"以实行其自创的"心术之教"。故此句之意不在于显示其谦逊，而在于暗示知识的来源为无穷尽的历史客观世界，其内容非一己所可能尽知。后儒夸诞称"至圣先师"为"生而知之"者，此为神化孔子之儒家的违孔编造，而此句实际表明孔子之学自然亦属"学而知之"者，因此可排除知识的神秘性来源。就其经验性知识来源论，仁学之"知"必来自历史经验传承，就其解释、组织、整理、运用此相关知识论，仁学之"思"自为人间千古之独创。

现代意义：

"周礼"内容可兼涉礼制、礼器、礼行、礼意（义解）、礼心以及后世方才出现的狭义儒家礼学（关于礼之学术）等对象。扩大言之，今按比喻解之的"广义礼学"可涉及价值信仰、社会制度、行事规则及相关学术思想诸方面，其学术性部分自然相当于古代"前人文学术"之一种。"入大庙每事问"句的现代意涵为：知识来自无限广阔的社会历史经验事实，君子必不能无所不知而（于义而非于利）须勉力求（经验之）知。此为孔学以学、以知为人生观之另一表达。至于"知"的内容自然古今迥异。本句相当于对于孔学乃仁学经验主义之另一明证，遂可进一步增强现代人对仁学伦理学与现代人文科学理论之间具有内在一体性的认知。仁学作为人生观信仰学，其朝向历史经验进行认知追求的"知性信仰学立场"，不同于各宗教信仰学的"唯信主义立场"。仁学对于现世社会性经验理性知识的至高珍惜，与其他信仰系统对现世社会性经验认知之忽略，形成了另一种"知识论立场之对比"。

295

3-16. 子曰："射不主皮，为力不同科，古之道也。"

对比项：中的/穿鹄，力射/礼射，德性/才能。

意旨：君子竞学为仁德，非为利得，故其所争者在合于义而非在增名势。

旧解摘要：

凌廷堪《周官乡射五物考》："郑注：'不主皮者，贵其容体比于礼，其节比于乐，不待中为隽也。'……主皮者，不失正鹄也。布候谓之正，皮候谓之鹄。"刘履恂《秋槎杂记》："主皮之射则胜者复射，不胜者不复射，是尚力也。"《集注》："古者射以观德，但主于中而不主于贯革，盖以人之力有强弱不同等也。"程树德："主皮当训中，非训贯革也。"朱子语类："问明道云：'射不专以中为善如何？'曰：'如内志正，外体直，只是要中。'张蒿菴曰：'不主皮当作主于中而不主于贯革为塙。'"

含义引申：

本章字词涉及春秋时代射礼之定义，诸旧解各因不同文典和传说，故其偏误首先即为所用字义之传统上各家解释不同所累。如"皮""主"等字，"主皮"有释为"中的"（中靶以示准）者，有释为"穿鹄"（射穿以示力）者。至于周代射礼或射仪的内容，因所据《周礼》《仪礼》等均为秦后儒学根据不同传说的揣摩之言，复因先秦射仪、射礼的内容又因时因地不同而不尽相同，根本无从确定本章所记细节为何。昔儒所谓"解经"多因汉字多义故可各据不同传说及相关记载中之故事与器物的附会之言，随意牵引，互别异同。相比之下，宋儒之解最为适当，因其以文词本身义理及仁学整体思想为准，较他解更侧重于思想义理一致性。因而本章之意自然在于强调射礼之义在于"射准"，而非在于"较力"。即使将"力射"（武射）义排除，按照"礼射"仍可有两不同意：或为某种相互竞比之目的，或仅为共同参与仪节舞乐之风雅。如为后者，其义亦与全句意合。但如参照仁学整体精神与孔子教导，即应理解为程朱选择之前者，其寓意为：君子以射会友，竞比中鹄，所比者为心态之端正与技艺之纯熟，而非在于竞比臂力之大小。如此，"中鹄"可直喻为"方向正确"，既可扩解比喻为一切仁学实践之方向正误问题，也可扩解比喻为关于一切学习之方向正确性问题。此一射仪或射艺的比喻方式借用两种参量之对比：就外部表现言，为射准与力强；就内在动机言，为德性与体力。中的与德性的关系，涉及古人之解释：以为射手之德性既相关于心理素质也相关于是否体现技艺之精熟。方向与能力（可还原为德性与体力）的区分，相当于礼学实践中涉及的价值因素关系中"相关项"与"非相关项"的区分。此一射礼比喻极其生动并准确地指出，仁学实践学重在动机方向的"正确"（其外部验证法为技艺与射中程度），而非在于相关行为结果之"成绩"：穿透力道（因此涉及个人天然能力之大小）。

【关于仁学"射喻"的历史解释学申论】

君子以礼会友，以友辅仁，"竞技"为相互促进学艺之方，所比者为实践方向之正确而非在实践结果之高低，此固因彼此主观条件不一，实主因仁学之目标在实践中心志朝向之正，而非在实践成绩之广博。按此射喻，仁学要求君子自强不息，学为己，即以自身正向进学为目的，非以凭借才能与人争比高低为目的。而常人偏偏多持"学为人"态度（忽略动机与目的之"正方向"），视学习为与人争比之资。《论语》有鉴于此普遍人性倾向，遂从不同角度，就不同情境，设法端正君子治学态度（方向）。然而人性自然实乃或自觉或不自觉地追求利得、钦慕虚荣、喜爱争比，如可胜他人或获名利时即可力学，如不可胜他人或难以获名利时即弃学。至于等而下之者，因自视能力不足而采取各种投机取巧方式意在用计胜人。此处射喻中之"力"即可影射个人天赋之效以及个人讲求技巧以期达至"取胜"之目的。然而此句的最深比喻意涵仍相关于"学为己"之人生观与治学观的总则。治学为己的目的已经逻辑上内在地排除了与人争比的动机和目的，因此治学方向问题非相关于与人争比目的，而是相关于对自身"以学修己"之内在精神需要。也即，如何在方向和技能上求自身实践学上的最大值，并追求在此努力中之"心安理得"。此心安理得即"无入而不自得"，君子治学必可因此信念而毕生立于不败之地。因已达"好学如好色"之自然境界，一如食色必然属纯粹"为己"之事，学习亦应、亦可成为纯粹"为己"之事。

现代意义：

此一重要的"礼射喻"之意涵更具有最重要的时代针对性：人文学界应提倡以"学为己"为乐，而非视治学为与人争比之资（"学为人"）。试观历代读书做官论（光宗耀祖论，衣锦还乡论）却无不是逆反孔孟教导而行，仅此一端亦可证儒学与仁学在人生观上的根本对立性，因儒教读书做官论以"出人头地"为人生目标和成功（求胜）标准。如衡之以现代社会，更是处处流布着反孔孟仁学精神的一般功利主义庸俗人生观：努力为学竞争，以超越他人为直接生活目的。从人文学术角度看，此一社会历史文化的大趋向，不仅是人生观庸俗化的问题，而且甚至直接损害着人文科学的科学化发展。因为，如以"学为己"为动机，即可自然通向为学求真的大方向（以射中标的"真理"为目的，为"心安"之根据）；而如以"学为人"动机（通过胜过他人以取得职场成功为目的，并以之获其"心安"），则必然通向曲学求胜、争比求成、拉帮结派的大方向。而今日商业化职业化环境则可为后者提供无限多于古代的方便与机会。"射不主皮""学为己"等孔子格言，因相关于读书人动机本身，不仅对于今日人文学术现代化发展具有世界性的重大意义，而且对于世人以"人之学"为人生观信仰而言，更具有普遍性价值。如果此一高尚治学理念无法击破现代化的商业化时代人人追逐的"金钱梦"（到处存在的极端消费文化与赤裸裸地以金钱相诱惑的彩票文化，可为时代文化精神彻底蜕化为"唯物欲是求"的人生庸俗化之表征），至少可以为时代文化之精神性弱化趋向之病因做出准确诊断。人文学者如将学术作为职业手段，按照今日职业化即竞争化现实，其相互竞比之判准将完全决定于职业化既定制度及学术市场之规律，而后二者均不须以学术真理追求为标准，其学自然亦无关于真正的人文科学之发展问题。

3-17. 子贡欲去告朔之饩羊。子曰："赐也，尔爱其羊，我爱其礼。"

对比项：礼器/示心，诚敬/自炫。

意旨：仁学致祭必使礼器（物）、礼节（行）、礼意（心）内外相互一致。

旧解摘要：

《集解》："郑曰：'牲生曰饩。礼，人君每月告朔于庙，有祭谓之朝享。鲁自文公始不视朔。子贡见其礼废，故欲去其羊。'"《集注》："鲁自文公始不视朔，而有司犹供此羊，故子贡欲去之。"《四书训义》："朔之必告，崇天时以授民以奉天也，定天下于一统以尊王也，受成命于先公以敬祖也，其为礼也大矣……君之怠荒而不君尔，非敢以为礼之可变而革之也……君虽无礼而官不废事，则犹可复于他日焉……去之则竟不复知有告朔之名。"王肯堂《论语义府》："事敬而礼成，是岂可废哉？礼虽不行于朝廷，而羊供则礼犹存于有司，故羊之存即礼之存也。"

含义引申：

仁学亦视周礼为维持人心良善与社会公平之规程，其各种仪节之严格践行为周礼运作之基本，故视仪规之废弛为人心背礼行私之迹象。于是礼器之过奢、过简亦可成为显露参祭者心术趋于不端之符号。"周礼"为仁学产生之时在认知与实践上可以据现实认知获得的仁学实践之具体渠道，并兼为其经验性根据（现实中可取部分）与伦理性理念（据现实而推想者）的总称（以历史具象表达的伦理学思想）。按朱子注："礼虽废，羊存犹得以识之而可复焉，若并去其羊，则此礼遂亡矣，孔子所以惜之。"按《四书训义》："君之怠荒而不君尔，非敢以为礼之可变而革之也。"黄侃云："君虽不视朔，而孔子月朔必服以朝，是我爱其礼也。"因朔礼为周政维持天人秩序与上下分际之大礼，执政者如废之，忠于周礼之臣即不当曲从为君者之非。由此可见礼大于君。仁者遵礼而行，非可盲从统治者之意。原始仁学以传承"周礼"为其伦理实践学之践行方式，通过礼仪规则的严格遵行以维持内外两侧之行为正当性效果，即体现内在德性与社会秩序，故视礼仪规则的废弛为内伦理与外道德两侧之缺失，此礼废敬失状态可成为逐渐损及社会文化大局之根苗。为此，须从废弛之礼仪规则的恢复着手来进行匡正。礼仪的郑重实行对于正确

299

维持礼学亦属同样必要。一者，礼行的程序性质量反映着"礼心"之实态；再者，礼行的程序性质量可反过来作用于（提示于）礼心质量的提升，二者是内外相辅相成的。一者，礼行可以反映礼心的实态，借此可以维持和改善君子实践学的心态，纠正礼行之失即为纠正礼心之失；再者，礼行也是礼心的形成、维护、发展之步骤。孔子于本章中故意以讥刺语气在细小之祭品经济价值与巨大之礼行伦理价值之间进行异质性对比来反衬后者的重要性。其更深寓意为：孔子暗示弟子，在此情况下，为官者应勇于违背君主之私心杂念而暗中独立地准备恢复统治者所废弛的礼制。因为此一废弛迹象可成为更严重的进一步僭伪行为之前奏，故仁者须对其防患于未然。本章在权力者和"高于"权力者的礼制之间形成对比性张力关系，以之阐明周礼理念高于君王权力地位的含义。

现代意义：

本章再次表明，孔子认为"周礼"（相当于原始形式的"宪章"与其制度）为高于统治者的最高价值之代表。仁为世间最高伦理价值本身，（周）礼为仁之施作规则与场域。"仁一般"与"礼一般"的提出，为仁学人本主义伦理学信仰之完整表达，因其排除了一切其他权势存在之至高性，如历来的王神一体至上观与后来之天道帝统至上观。故而在价值观、认识论、实践论三方面，仁学都与儒学（儒教）在理念上根本对立。仁者之"借君行道"观念即为协助或促使君主遵行周礼而发。如君主违反周礼之某礼制或仪则，仁者作为从仕者应根据周礼仪则予以适当抵制，而非盲目屈从于权势者之不当行为。本章事例并暗示，君主废礼及僭礼意味着其个人野心开始滋生而有蔑视周天子（作为周礼运作之最高执行者）之意，故应起而抵制。如前所述，本章之仁学深意为：礼制"大于"王权，仁义理念本身也即"高于"作为实际掌权者的诸侯，遂使政治伦理学理念——"礼"（作为"仁"之实践学之规范）高于具体权力拥有者。失权之周王则可作为"周礼"系统内之一最高象征性存在，用以压制诸侯权力者人人潜在具有的争夺野心。作为对峙于现实权势的仁学而言，其"对立方"乃历史上实际的持权者。按此理解，从仕仁者在伦理理念（礼）与不当权势（君）的对峙关系中应坚决背君王（权）之势力而取周礼（义）之践行。（同理，在人文学术实践中也应该敢于以科学性之"义"对峙于学术权势之"力"。）

因此，本章寓意仍属仁学义利之辨之一型，因僭礼与废礼都是鲁君私欲增长、野心膨胀之端倪。而本例中的弃羊与存羊之意，不唯相关于执政者存礼废礼问题，且相关于为仁学理念下之"君臣"关系正名。孔子以此讽喻口吻暗示从政君子应有勇气以义理对抗君权之失当。此一权势与良知间的对峙关系遂成为其后两千多年间封建历史中颇富戏剧性的连环上演之剧目。另一方面，权势者的"悖背义理"（违礼）行为多假仁假义行之，不易察觉，故仁学实践者须于其各种貌似合规之违礼迹象中见微知著，有以因应。此种违礼、悖理、损义的表现多可验于其言行不一之中。虽然在伦理学逻辑性次序和实践性次序方面心在行先，而行的质量不仅为心的质量的"检测计"，也为心的质量的"强化器"。虽然动机学首重心之培育，心与行的实践学联系也表明二者的互动一体性。按此，在理论上，君子的各种外实践行为也均须"中规中矩"，学者并可据此心行一体性来通过外在行为的正确践行，以同时察验实践者本身之品德修炼程度。本章特殊句之义理于是反映着一般性的伦理实践学道理。因此，本章寓意在于：当历史、社会、文化、学术状况中出现了违背学理规范的社会潮流时，仁者应勇于对违反科学事业的学术权势进行抵制与规劝，而非出于私利一味趋炎附势。今日全球化时代，职业制度化无所不在，其问题特别表现于各国人文学术理论事业逻辑上"与世不谐"的命运。学术制度具有之客观"权势力"与学者具有的主观"良知义"之间也会相应地产生类似的互动关系，其间有关于科学理念与利害实际之间冲突的复杂性，自然亦远大于古代情境。对此对峙情境的克服，正是当前人文学术理论家无法回避之时代责任。

3-18. 子曰："事君尽礼，人以为谄也。"

对比项：敬上/尽职，媚上/求利。

意旨：君子事上以诚，非为谄求，而为敬业。

旧解摘要：

《集解》："孔曰：'时事君者多无礼，故以有礼者为谄。'"《论语训》："事君以尽礼为事，今人但以礼文其谄，是以礼为谄也。"

含义引申：

从《论语》文本编写角度看，本章与上章在意旨上的明显差异性（抗君与顺君），颇似后儒欲以本章之意"中和"上章，呼吁不必对君"绝对服从"之意。当然也可能实为初编者有意将二者并列以实用主义地用相反之两实例表达臣子对君应"有违有顺"的完整"君臣关系"。历代读解者自然取后一解释。本章上引二旧解意思则似相反。一者为"误以行礼为谄"，另一者为"致礼以行谄"。句式可做相反之二解，然均表明"礼"与"谄"在外表上相似而实非。臣下对君上的行为究竟为尽礼还是行谄，自然应最终验之于真实心态。即，同一礼仪行为可为真诚示敬，也可为谄伪之术。此外，"君"具双重身份：最高权势者和最高秩序维持者。二者虽然表里一体，但他人对此"一体身份"的态度却可有不同的针对性。求利之途针对君之权势，求义之途针对君之职能。前者对君的"表面尽礼"为其进行谄媚的手段，目的在图私利；后者对君的"真实尽礼"为其借君行道的手段，目的在行公义。而二者在各自行礼的表象上均为"尽礼"。综合而言本章之意为：应以正确态度忠实履行"礼义"，既不可视"礼行"为谄欺手段，也不应担心被误会为媚上行谄反不尽礼敬之责。因任何在上位者均为人与位阶之"合体"，故本章所诫者二：君子对上，既不应失其职能上之礼敬，也不应借行礼敬之机以迎合其私好以间接求本身之利得。此一"上下两难关系"，古往今来无处无之。

现代意义：

本章可扩解为相关于一切在下位者与在上位者之间的正误态度关系：互敬以道义与媚谄以互利。正确之"礼行"（理法）包含支持与批评两种态度，二者均属正当。对于现代人文学术界的等级关系系统来说，此义也完全适用。一般学者对"领导"或"权威"的态度，既可能持正当尊敬与支持态度，也可能持批评与抵制态度，一切取决于职场内居其"上位者"之言行正当与否。但学者如以私利为先，必然丧失以理求义的意识与勇气。况且现代化社会中所谓"在上"者非尽指个体，而是可泛指学界及社会内影响学者私利（名利权）之一切相关势力：等级关系、派系势力、媒体势力、金钱势力等等。面对此全面性、综合性的权势系统，人文学者如何自处，岂非首先决之于其自身动机？

3-19. 定公问："君使臣，臣事君，如之何？"孔子对曰："君使臣以礼，臣事君以忠。"

对比项：上下/互敬。

意旨：仁学区分职责功能之高低与人我之平等，故不以位阶论贵贱。

旧解摘要：

《困学纪闻》："尹和靖云：'君臣，以义合者也。'"《皇疏》："君若无礼，则臣亦不忠也。"《经正录》："以尊临卑者易以简，当有节文。以下事上者易以欺，当尽其心。"

含义引申：

本章与前两章义理相连，或可证此三章之布列为原编者有意为之，遂成此"正、反、合"的连贯表达。三章实均相关于在上者和在下者之间正当的相互关系。按照仁学政治伦理学，君臣互敬，共遵同一周礼制度与仪节行事，而本章重点实在于强调为君者应首先自律，端正操守。而人情之常，权势者多颐指气使，视下如仆，而致使在下者因生怨而不尽忠职守。帝王制度下为君者具有绝对权力，故易于并有能力违背君臣互敬原则（为臣者无此能力，故违背君臣之礼者多来自君主）。此一君臣以礼相待原则虽然亦为儒家口头禅，而因制度性关系及人治固有之人情偶然性，除少数朝代执行较优外，余无足论（为君者仅因臣下发忠谏之言即予处死之极端例，史书亦不乏载），遂成为封建专制主义社会无可救药之弊端。

现代意义：

现代民主法制社会，以法代礼，自然可更有效维持社会公平秩序，故古典仁学政治学理念已然完全失去其在社会政治领域中的意义，并可确证，人类政治生态决定于复杂的"政治力学"，非可由个人主观道德意识决定其正误方向，历来持此政治道德论者，不过是以其"假仁假义"作为行此"力学关系机制"的修辞学式掩护手段而已。然而，今日历史发展事实反而进一步补证：仁学伦理学理念之潜在真实功能，非在其以之作为"义理表达面"的政治学方面，而是在其解释学意义上所转换的文化学术方面；不在其直指的"政"上，而在其涵指的"文"上。就此而言，仁学今日反而突然复兴其原始真义，即找到了其在历史扩大场域表达和追求其促进现代人文科学革新发展和发扬人文事业义理之契机。就此而言，本章教谕之适当性尤为显著。在全球商业化风气影响下，人文学界亦易于形成各种等级结构，即通过拉帮结派、营建山头以聚势谋利。学界等级结构内位势上下者之间的相互态度直接决定学术作风与学术成果。今日学界制度化发展以及商业化竞争态势的环境，均可扭曲学界"上下"正当关系。学界等级结构内形成的上下权势支配关系，尤其考验学者上下间如何正确处置学术之公义与私人之利得的"伦理态度学"问题。

3-21. 哀公问社于宰我。宰我对曰："夏后氏以松，殷人以柏，周人以栗，曰：使民战栗。"子闻之，曰："成事不说，遂事不谏，既往不咎。"

对比项：权力/恐惧，治民/爱民。

意旨：仁政以爱民利民为目标，非以穷兵黩武为事业，故严斥仗势虐民之君主。

旧解摘要：

苏子由《古史》："哀公将去三桓而不敢正言。古者戮人于社，其托于社者，有意于诛也。宰我知其意而亦以隐答焉。曰使民战栗，以诛告也。孔子知其不可，曰此先君之所以为植根固矣，不可以诛戮齐也。"《集解》："孔曰：'宰我不本其意，妄为之说，因周用栗，便云使民战栗。'"《集注》："宰我又言周所以用栗之意如此，岂以古者戮人于社，故附会其说与？"《容斋五笔》："古人立社，但各因其本地所宜木为之，初非求异而取义于彼也。"《集解》："包曰：'孔子非宰我，故历言三者，欲使慎其后也。'"《皇疏》引李充云："斯似责宰我，而实以广道消之慨，盛德衰之叹。言不咎者，咎之深也。"《集注》："孔子以宰我所对非立社之本意，又启时君杀伐之心，而其言已出，不可复救，故历言此以深责之，欲使谨其后也。"《论语意原》："哀公心存残忍，以栗为使民战栗。宰我闻之而不复辨，是以责之曰：汝欲成遂其残忍之事，故不说不谏乎？汝以失之于既往，而不复咎之乎？"

含义引申：

本章之解分歧。据邢疏，"社"为五土之神；据《正义》，宰我以"周栗"为使民"战栗"妄对，故孔子非之。本章意涵不明，可有多解。但"使民战栗"的解释多认为曲解了周礼立社之本意。然本章语气古朴，似确暗示历史事实与现今理想之间的对立，宰我的解释似据政治现实以发（以制造民众恐惧作为维持统治之方法），并非无据。故孔子的回应实为"往事不必谈论"之意，并非否定宰我的事实性陈述，而是表达对于"周礼立社"之史实可存而不论或持"既往不咎"的折中态度，以借此契机正向发挥传统礼制的现时作用。此即：周初史事是非，今人不必纠缠，而今日之要务仅需根据周礼正解行之即可。按《集解》，"事已成，不可复解说也。事已遂，不可复谏止也。事既往，不可复追咎也"，于是呈现了孔子在面对历史现实（祭神迷信，威压政治）和政治理想时的一种偏重于切实实践的态度：对其尊重的周初违礼事实传说存而不论，而据可验证的当下事实惯习直陈以正面理想。此种"实用主义"或"折中主义"并非显示了仁学本身的不彻底性，而是显示了仁学产生时的环境本身的历史情状之复杂和相应知识论的欠缺。此种认知性不足的历史文化事实，反而可证产生于当时环境的仁学伦理学是多么难能可贵。本章显示了孔子（角色）其人朴质可爱的一面：既要采行唯一可依赖的现行"礼学"作为其实践之方，又要"排除""回避"该礼学牵连之历史事实中的违背仁学理念的部分。

【关于仁政观的历史解释学申论】

本章此一颇具经验实在可信性的描述，今日自然暴露了原始仁学当初所依赖的"周礼"本身之"理想面"与其历史上的实情间的不一致处。然而此种不一致处并未损及仁学学理本身，因其所依赖于周礼者本来即为其理想化后之"想象"（文、武、周公或三代），而非为以周礼之名代表的殷周历史事实。于是，可以说，本章显示了孔子仁学思想的一种形成学特点：在古代知识与文化粗简之时，一方面根据现实人际关系的实际观察确立了基本伦理学原则（因其仅相关于人际关系和己我关系此一人世间常在现象，故具有持久有效性），另一方面在仁学实践学方面又不得不基于现存制度风俗间的可取部分，以作为其具体施行的方式。按其当时知识论所可能产生的推理方式，复根据此不完善的周礼遗存作为"推测"周初理想周礼之想象性根基，意在表示其实践主张具有历史现实根据。实际上，孔子思想含三种不同的组成部分：1. 仁学理念；2. 现实政治社会观察；3. 对周初理想政治社会的想象。用"2"与"3"作为表达"1"的"理据"。而本章透露的周初社祭实情（可能具有实物遗存或据另一种传说获得者）与其自身宣称的周初理想相矛盾，从而显示了历史上的"周礼"并非如此完善。孔子此处的存而不论态度相当于：并非不知其史实上的瑕疵，而因为维持仁学实践学的可行性，于义不得不提出原始周礼观以作为仁学理想之历史依托。其实此一史事所暴露者并非降低了仁学的学理分量，反而高抬了孔子及孔门所完成的更具独立创造性的仁学伦理学体系本身。虽然其来自历史传承的"认知材料"均属"述而不作"，而用此材料搭建的"实践学结构"却属于孔门集团之独创。仁学伦理学是在中华文明历史上以法家政治本位为基型发展的漫长历史连续长流中的一次短暂时期内突然迸发而绵延不绝的灿烂思想火炬。另外，本章之表达方式仍含有更为深刻的意涵：对比呈现了法家政治暴力观（"使民战栗"）现实与仁政仁爱观理想。本章前句实相当于对前者的事实性陈述，而后句孔子所言"既往不咎"间则间接暗示着承认前句所言为实，而因不得不依赖周礼来源之历史认知而采取一种"委曲求全"的处置法。此种貌似"折中主义"的态度，却反向间接地暗示出孔子思想对于"现世真实"的一种执着性。

现代意义：

现代民主政治已相当地体现了仁学政治伦理学原则（与霸政对立的仁政观）。在文化学术思想领域，仁学伦理学原则仍有可发挥其方向导正作用的空间。在学术方向和作风方面的作用前已多次论及。本章涉及的历史事实与伦理思想的关系的问题，也具有独立的认识论启示性。具体说，本章在人文社会科学认识论上具有两种特殊喻示意义：一者，要求在不可验证的历史传说和大致可验证的当前历史经验间加以区分；另一者，要求在对待往昔不可验证的历史记录认知和对待当前所经验的事实判断和伦理应用（含可行性与伦理性两方面）这两种实践论（往昔现实之认知法以及当前与未来的实践论关系）之间划界。此一原始的准实证主义"认识论"和"实践论"，符合往昔认知性和未来选择性的某种理性倾向，其特点就是对于人的理智功能加以合理的区分。对于往昔历史认知的怀疑主义，其实符合于经验理性人本主义态度。再者，此一双划界的认知性和实践性的实用智慧，也间接证明了古代伦理学人本主义和现代伦理学人本主义之间的历史一致性。

3-22. 子曰："管仲之器小哉！"或曰："管仲俭乎？"曰："管氏有三归，官事不摄，焉得俭？""然则管仲知礼乎？"曰："邦君树塞门，管氏亦树塞门；邦君为两君之好，有反坫，管氏亦有反坫。管氏而知礼，孰不知礼？"

对比项：功绩/品德，霸道/仁政。

意旨：仁学从动机与效果两侧查验霸政与仁政之别，非仅以功绩论是非也。

旧解摘要：

《九经古义》："盖当时有以管仲为大器者，故夫子辨之。"《皇疏》引孙绰云："功有余而德不足，以道观之，得不曰小乎？"《集注》："器小，言其不知圣贤大学之道，故局量褊浅，规模卑陋，不能正身修德以致主于王道。"程树德："以三归为藏货财之所,最为有力。"《集注》："或人又疑不俭为知礼……此皆诸侯之礼而管仲僭之,不知礼也。"《四书通证》："管仲三归反坫,桓公内嬖六人,而霸天下,其本固已浅矣。管仲死,桓公薨,天下不复宗齐。"《朱子文集》："夫子之于管仲,大其功而小其器。"《读四书大全说》："今以管仲言之……既非如霍光、寇准之不学无术,又非如释氏之不立文字,瞎着去参,而其所以察乎事物以应其用者,亦可谓格矣……以视小儒之专己保残以精训诂,不犹贤乎?"程树德："船山此论最为宏通,所谓解人不当如是耶?"

含义引申:

孔子在《论语》中谈到管仲时表达两种不同的评价,其实再次表现出一种古朴的"符号学式"的对象观:同一人物在不同社会文化方面的不同作用,构成了不同的观察与分析对象。一方面是对于维持中国整体安危时通过强齐称霸以组织周人抗敌的功绩,另一方面是其人不知勤俭而多有"僭越"封建礼制的行为。孔子在不同场合,就不同方面,客观评价同一个人的不同道德性是非表现。孔子对于完人难得之叹,反映了他本人在品人论事时的一种看似矛盾或两可的态度:将对具体历史情境中之政治作为的评价和对君子人的期待,合集于同一人物事例中。故本章暗示:不可因为管仲有成就霸业与维系中国统一之功而轻忽其有越位贪求的个人品德之失。实际上此种倾向为当时诸侯及大夫所普遍具有,也为春秋以来等级制度严格性逐渐松解后各权势者之间普遍日益增强的争权夺利倾向之最初表现。

本章特就现实政治人物中最优者指出其人仍欠缺仁政要求的伦理情操之事实,一方面用以表达"全仁不可得"之感慨,但另一方面又(在他章中)现实主义地指出其人在客观道德功业(国家之维护)上具有的极高贡献。本章与孔子盛赞管仲政军功业一章均被《论语》编者收入一事,隐含着孔门编者有关历史与伦理间复杂关系的含混思想:从现实角度看,当同一历史人物之私德有亏而功业极高时该如何对之评价,此功业相关于国家之存亡问题;而从仁学标准看，即使功业有成而因其就征战成绩论是非，并非即可符合仁政的理想主义高度。孔孟均关注和讨论此复杂问题，但囿于时代社会历史知识粗简，均并未对此做出较为完整的"科学性"分析（其后《荀子》和《论衡》在"义利之辨"这类问题上有更加贴近于政治实际的解释，但亦无关于相关问题的理论性阐释）。我们不必以此苛求古人，而是更须以其处理复杂价值学关系的方式探索其伦理学态度本身。孔孟学的独特优点为其在伦理动机学层面上（而非在政治行为层面上）凸显"义利之辨"原则具有的认识论合理性。实际上，我们可以将其思考方式视为将公共领域的"功利面"暂时排除于论域之外，以突出个人领域内在相关于"义利关系"时的态度学。此一"义在利先"的原则对于仁学全体来说必须贯彻于全体论域，而孔孟两人的仁学实践学主要是以个人（君子与小人）作为对象立论的。正是为了（修辞学式地）凸显义利之辨的主导性，反特别选择管仲这样在公共领域立有大功者作为"伦理性挑剔"的对象，以反衬"仁义"价值的至高性，所以才会有孟子后来关于管仲的特意夸张之否定语。

【关于法家的历史解释学申论】

《论语》《孟子》中有关管仲主题的特殊论述，其实牵扯到极为重要的有关"历史与伦理""法家与仁学"的错综复杂的理论性与评价性问题。现将相关方面列举如下：

1. 狭义"法家"指人物与事件兼含权势追求、暴力行为、策术方略三者；广义"法家"仅指其运作方式特点：暴力行为与策术方式，但不涉及其动机目的的道德性方面，也即并非在具体历史事件层次上的描述。

2. 狭义法家作为历史现象，其含具的上述三要素也有程度上的区分，如管仲型、商鞅型、韩非型、始皇型、汉武型等等均有上述"三维"上的不同程度及不同相关关系上的特点，彼此有其共同性（所以统称之为法家），而亦有其不同性。最初之管仲型与商鞅型在动机、目的、手法等等上面的区别尤其明显（二者之"霸道色调"不同，即同一"霸"字在孔子和孟子时代含义不同，孟子所用"王霸"对举中之"霸道"，即指战国"已无天子"时代诸侯专横暴虐、相互侵伐之政风，与春秋"尚有天子"时代"以力尊周、抵御夷狄"时的"霸道"不同）。孔子所用之管仲型例与孟子所用之管仲型例并不相同，我们不必视之为对"同一历史人物管仲"的不同评价，而是彼此对管仲型例的"想象中认定的特征方面"不同，也就是两人使用"管仲隐喻"的方式不同。

3. 本质上孔学主要以伦理"动机表现"为论述对象（借仁政观谈动机学），孟学则以政治现实中的"善恶表现"为论述对象（借政治行为建言谈善恶问题），但其论述均非具体相关于政治策术问题（孟子的政治行为建言均属不可行者，不过是借以对统治者的政治行为予以道德性评价而已），即均非相关于政治行为层面上的具体策术"施作"问题。在此思想背景下观察思考管仲现象时，却不得不涉入"具体政治性问题"：国家保卫问题，华夏与夷狄的关系问题，政治家非哲学家问题（如以"哲学王"取代"统治者"为仁政理想，即相当于预先退出了具体政治领域），也即将主题转换为了有关具体人物与事件中的"历史功过标准"问题。

4. 孟子之管仲论述较易理解，因其完全排除了"保卫国家"的实际政治学任务之需要——在当时政治域所谓"霸道"之必要性，"道德教条主义地"纯粹依赖"反暴反战理念"来评价具体政治情境中之最佳决策问题，对于其中的政治家个人人格的道德性品质与其所完成的政治事业客观上具有的政治行为道德性问题未加区别。但是，孟子按照仁政理想通过自己"定义"的"管仲事例"在一般政治哲学层次上表达的价值论判断，在该选择的论述层次上当然也是符合仁政原则的。

5. 孔子关于管仲诸章的论述则（一反其大多数"一般性"语境地，我们也不排除其中含有后儒添加者）触及了当时该具体政治行为的是非问题，包括：一般来说政治家"用霸"是否正当；事实上因"九合诸侯"完成了维护尊上统一和保卫中国的任务；功业如此重大，其"私德"部分颇有可议处，孔子通过对此指责以表达仁政的完整理念。

6.《论语》中管仲诸章（不考虑难以考证的诸章"真正的作者"问题）却在《论语》中的"仁学伦理学"主题论述整体"之外"展示了一个与其在"历史哲学"层次上相关的问题：由法家传统主导的中国历史上的"政治实体"建构逻辑（政经军史过程）与由仁学思想引导的伦理精神文化建构逻辑（文化、艺术、学术史过程）的互动关系、交叉叠加关系问题。没有前者后者无以发生和延存，没有后者前者成为纯粹争权夺利、毫无精神价值的"升级版丛林社会之人类再现"。从《论语》思想"构建艺术"来看，其可靠性、持久性正在于其尽量不涉及历史上具体事件之是非问题，而是通过将各相关具体历史性成分隐然"置入括号"方式，以确保其动机伦理学问题处理的纯洁性（文武周公之类仅具象征性而已）。但是，当不得不触及某些史实性问题时，实际上（在其思想方向上）特重历史现实根据性的孔子亦流露其在（基于历史现实形成的）伦理性理念和当下所见历史事实不一致时言语间的犹豫处，如"使民战栗"章中的语气以及明显的"实用主义式的"态度表达。在该章中一方面借弟子言曲折地暗示该难以承认的历史真实（因视"周礼"为仁政理想原型），而以"成事不说，遂事不谏，既往不咎"将其"存而不论"（有如对待神鬼问题的态度）。但是，该章的"深意"却正隐藏在弟子发现的"使民战栗"传说上，此即周初政治现实并非如相信的那样基于"统治者之仁爱心"，而是基于"使民恐惧而不敢为乱"的法家策术。此一"暗示深意"才真正表达了历史真实。孔子思想不啻是在与此种历史真实对峙中形成者（作为"第二仁学"的孟子思想的形成则显然如此），但是为什么要以此一隐晦暗示方式表之呢？此一仁学"逻辑性空隙"却要敞开仁学之"学"的未来更为复杂的问题情境，而此主题不是原始仁学时代有条件同时处置者：法家政治与仁学义理间的"历史哲学关系性"问题。管仲话题也是一样，一方面指其私德之缺之"遗憾"，另一方面又大肆颂扬其功绩，其中包含的"暗示"甚至更为重要：唯独有向仁之心怀的法家式的"真正政治家"（就其具有政治实践能力及地位者言）方可实现某种类同于"仁政性质"的"业绩"，而后者不是仁学者所可践行者。

7. 原始仁学以政治实践作为其"思想表达面"，而其实际"实践域"却是精神文化域。此意其实在《论语》读解中已可认知，好仁者稀、斗筲之人、好德好色、失败归鲁等一系列断言已足证：仁政不可能适合于可作为政治历史实践的蓝图或方案。但是，《论语》写作法一方面要高倡仁学理念，另一方面又要"证实"仁学政治之不可行，此一矛盾修辞术的"深意"则是：同时呈现（难以实现的）"理想"和（潜在地可用于部分实现理想的）"现实"。"同时呈现"意味着：具异质性构造的二者在历史上形成了交叉的"界面"，也即，二者既（因异质性）分离也（因同在同一历史过程中而）交汇。孔子在上述例子中呈现的这类历史现实与仁学理想间的"异质性交汇"关系，一方面暗示了其后真实历史过程中诸个别人物同时承担的政治现实运作之"功能"（作为权利集团一分子的"官吏"）及精神文化创作者之"功能"（作为中华文化实践者之"文士"）。我们在区分儒学和仁学的历史解释学分析时相关的"单位"不是肉体人而是其"功能"。

311

8. 孔子在《论语》中以暗示方式呈现的上述"矛盾"或"对立双方"均相关于"仁学"之"学"的敞开性内涵。在原始仁学时代此"学"字所指为"学习品德、礼仪和诗乐",其后在儒教历史上其所指也大致在此文化层次上;但在宋明理学的"仁学还原论"时代,已明确地增加了"理论性思想和学术"的意义,遂进一步扩大了"学"的指涉域;而在现时代社会文化构成大变后,"理论性思想和学术"之对象已然成为现代科学域了。此一关于"学"的指涉域的不断扩展,暗示着仁学涉及的传统的"理想与现实"的错综复杂关系问题将成为全球化时代仁学之"新实践"内容,即对"理想与现实"在历史上的异质性交汇现象之"多元化对峙性肌理"进行更为理性化的思考研究。孔子仁学的话语中最初对二者间分离与关联的"多元相互关系面"的主要提示,遂在人类的认知工具和能力于两千多年大为发展后,通向了今日新仁学的分析研究课题。此种"物质与精神"的互动关系涉及诸多参量与维面间的复合关系网,包括:社会权力与精神文化间的不同构成、建构、功能、合作与冲突,主体个人具体实践的不同场域和内容,伦理价值的不同体现方式等等。所有这些今日可以深入分析的部分在原始仁学中仅能表达其最初虽属直观的却极其重要的感悟和暗示。

现代意义:

此一有关政治人物两面性(政治成就和道义缺失)的例子也可充分表现于今日人文社会科学界的学人态度上。首先须承认在学界"德才兼备"并非易得之事。同一学者在学术上的客观成就及其客观影响为一事,而其人品优劣为另一事。但是学术上的问题在于,二者之间可能相互抵消,即一时性、一方面的学术贡献,可能因其人的品德不佳,日后被用作损害学术公义的"导火线":在先的客观成就,成为在后进行负面破坏学风之"手段"。同理,学术权威的成就带来的权势地位,也可被用作日后垄断和盘剥同行的一种条件,而在先的成就恰可作为掩盖其后劣行的口实。所以,同一人物的成就和品德的关系不仅涉及人物人格的完美性问题,也涉及同一人前后学术实践效果的正反差异性问题。本章内容对于现代社会文化的寓意仍然深刻:即使文化学术方面确有莫大贡献而被公认为"权威"或"大师"者,亦不可据此"正当资格"以实行"不正当的"个人及集团学术文化垄断势力之操作。

况且此种人文学术"权威"现象的弊端，往往来自学界人士对于"权威"效果之商业化炒作，以使其成为学术帮派争权夺利之特权条件。"学术权威"概念之荒谬非来自其一时实际之学术贡献，而来自学界帮派对其进行功利主义"利用"之效果。不幸，此类现象今乃无处无之，特别是在工商大鳄支持、合作、利诱之下形成的更具影响力的跨国跨界学术垄断集团势力，颇可严重歪曲、误导精神实践和思想探索之真善美方向。再如，宗教有教化信众遵纪守法、安居乐业之大功，但如基于此类社会功绩与影响力所形成的精神权势，妄图以之阻碍或影响人文社会科学之科研活动及方向，即妄图以其"来世想象中之正误观"控导、取代"现世现实文化中的正误观"，其负面作用将显而易见。故现代社会不仅应坚守"政教分离"原则，而且应坚守"学教分离"原则，更应将现世人之"学"与来世神之"学"加以严格分离，勿使同一"学"字被有心人特加操弄为混淆正误之策术。

3-24. 仪封人请见。曰："君子之至于斯也，吾未尝不得见也。"从者见之。出，曰："二三子，何患于丧乎？天下之无道也久矣，天将以夫子为木铎。"

对比项：权柄/木铎，势力/良知。

意旨：仁者非权斗历史推动者，而为精神文化创造者，权势与良知为历史进程中两大异质性促动力。

旧解摘要：

《集注》："封人，掌封疆之官，盖贤而隐于下位者也……木铎，金口木舌，施政教时所振以警众者也……或曰：'木铎所以徇于道路，言天使夫子失位，周流四方以行其教，如木铎之徇于道路也。'"汪烜《四书诠义》："主得位设教，信理不信数也。然夫子究不得位，天之理其未可信欤？抑天意之在夫子更有厚于得位者，是则非封人所能逆睹也。"《皇疏》引孙绰云："达者封人，栖迟贱职，自得于怀抱，一观大圣……将天假斯人以发德音乎？夫高唱独发无而感于当

313

时列国之君，莫救乎聋盲，所以临文永慨者也。然元风遐被，大雅流咏，千载之下，若瞻仪形，其人已远，木铎未戢，乃知封人之谈，信于今矣。"

含义引申：

中华文明史含有两个不同的层面：伦理精神文化层面和物利权势组织层面。孔子仁学起着对前者认知性及实践性指南的作用。仁学实践学由显隐两个层面组成。其实践"方向"为伦理精神，其实践"对象"为现世现实，其实践"目标"则为在文教文艺领域内进行精神文化创作，而其"精神实践域"却须建基于物质权势域内。仁学实践学的所谓智慧学无非主张：如何将此"物质依存性"在主观上降至最低以最大限度地贯彻自身独立的精神文化目标。孔子周游不遇，表面上为其理想实践失败之象，而本质上却喻示了其伦理实践学之成功转向，并暗示仁学精神必须在构成上与其相反的物质权势环境中生存。本质上看，仁学实践学之所以成为士君子"处逆学"，乃因其精神实践之构成与其必须寄生其上的历史环境的构成之差异性。此章指令句作为普遍判断，足证仁学创生期，即孔孟时代，所面对者为恶劣历史社会环境，并因此喻示着历史上之仁者永远处于艰困环境中。在此艰困而晦暗的环境内，伦理实践学于是发挥着一种木铎般的警醒作用，以张显伦理精神实践的方向正确性与有效创造性。伦理精神遂与历史现实形成反差性对比。孔子的木铎意象即表现出仁学对历史现实的方向性警示功能。本章可解释为孔学历史意义之定位，也即春秋战国部分士人在仁学精神初萌时对未来中华文化精神方向之民族性定位。其精神方向性的定位作用，可谓平行于先秦法家对于未来中华历史格局的定位作用。二者之间在实践内容上的平行的存在与前者仍须寄存于后者之格局内的关联性，必然蕴含着后者本身包含着其彼此正向的相关性。也就是，客观来看，仁学一方面视"周礼现实"远不如"周礼理想"，但仍然属于自身必须依其存在的"周礼范畴"，其中的"周礼因素"正是二者可以平行共存之根源。

【关于"木铎"喻的历史解释学申论】

此一意义深远之木铎意象，呈现出中华历史学上的一种"解释学的"功能：中华文明体的精神文化价值观方向的定位。显然可见，孔子仁政观或德政观并非论述于政军经治世层面，故通观《论语》均无孔子关心周礼国家的功业大小问题，其"克己复礼"说，虽然就个人言为品德教养问题，而就国家言，乃"复原周初之周礼"问题，其仁政观之最高关切乃纯粹精神性、伦理性的，而非人民物质性生存所依赖的各种经营方术问题，更无关于可使国家强盛的法家方略问题。称赞管仲之卫国功业，一因其"九合诸侯"维持周制之完整存在，一因抵御夷狄（代表文化上反周礼）以防周礼受损，二者均属"以政治进行防卫"之功，而非涉及开疆辟土之功业。管仲之"政军性功业"被孔子"解释学地"转换为"文化性功业"。作为具有现实感的孔子当然懂得管仲之"法家策略"的现实必要性，但在其仁学伦理学思想建构中，为了维持其思想体系的结构一致性而特意将政经军历史面排除于该体系之外，以在实践学层次上维持仁学的自成一体性。仁学对此历史上两套建构过程（物质性建构与精神性建构）的"默认"（以孔子的管仲评价二元论为代表）事实，也从外部因果关系上说明秦后中华文明史上两个过程如何得以长期在战略层次上"和平共处"（仁者在封建主义时代的"处逆学"特征则发生于"战术层次上"）。孔子思想作为方向性指南的"木铎"，其具体运作仍然是在物质性历史面建构的场域中。"木铎"遂呈现出一种兼跨两域、两过程之"中介"：仁学最终在儒教建构的历史地盘上逐代鸣响着其伦理精神性价值观的"醒觉"作用。

现代意义：

原始仁学是通过历史现实的社会政治层面的善恶是非判断及其"无法实行的"改革建言而形成的。其伦理学价值及意义并非体现在其有关社会政治发展"预见性"方面，而是体现在其于社会政治现实之外开辟伦理文化精神生活层面上。后者遂可于不同的社会政治环境内和不同的生存领域内延续其伦理思想启迪作用（木铎功能）。此一仁学伦理实践学的作用方式看似粗简，却自古至今效用依旧，因其针对的是人性本身的两种倾向之间的"内在冲突"，并于此冲突情境中激发出二中择一的"良知冲动力"。此一至为简明的"二元对立"即广义的"义利之辨"说，在现代文化与学术实践领域即可具体化为"学术求成"（利）与"学术求真"（义）间的"二中择一"情境。仁学于此科技工商主导人类生存大方向时代，竟可因其历史性经历与文化品积累，而在受到时代严重阻碍的人文学术世界和庸俗化的文艺世界内，发挥其伦理性精神方向的引导作用。伦理价值学作为独立于社会历史现实的思想系统，其意旨完全相关于精神文化活动之构建问题。今日世界人文学术乱象空前，其显著之缺失表现为伦理价值性观念之混乱。而此一人文科学化发展的困局却被职业化的人为制度规范性的"秩序"加以掩蔽，职业化导致的程序性求成，代替了纯粹科学性求真的目标。人文科学界的"去科学化"倾向，已经显示为系统化确立之态势。在此世界范围内的现代人文科学危机中，不想中国古代的人本主义伦理学传统竟获得了于新世纪重新"进场"的机会，甚至获得了于人类历史上发挥其更重要的精神方向引导作用之机缘。仁学在本身首先经历"现代化复兴"（解释学的"复原"）之后的人文事业引导作用，也正体现于其参与整顿人类人文学术世界伦理方向的、历史上空前的时代重任之中。孔子"木铎比喻"在今日世界因科技工商无所不在的全球化控制势力而导致人文科学全面陷于标准混乱之际，竟有必要脱颖而出，发挥其学术伦理学大方向上的指导作用。孔子时代的实属乌托邦的"政治天下观"（儒教时代解释的所谓"大同世界"）正可解释学地转换为地球村时代的"文化世界观"。此一事实将可被视为中华文明对于人类整体文明做出文化精神层面上的重大贡献和发挥其方向性影响力的一种历史机运。

3-26．子曰："居上不宽，为礼不敬，临丧不哀，吾何以观之哉？"

对比项：爱民/虐民，礼失/无道。

意旨：仁学以礼仪践行查验人心之是非善恶，也即为由外显以见内真之方。

旧解摘要：

《皇疏》："此章讥当时失德之君也。为君居上者宽以得众，而当时居上者不宽也。又礼以敬为主，而当时行礼者不敬也。又临丧以

316

哀为主，而当时居丧者不哀也。此三条之事并为乖礼。"《集注》：
"居上主于爱人，故以宽为本。为礼以敬为本。临丧以哀为本。既无
其本，则以何者而观其所行之得失。"

含义引申：

本章指责君臣相互不以礼相待，参加祭祀行礼亦非出于诚心。
孔学是对封建主义时代的政治社会文化的批评学，其后人性趋恶的
表现日甚一日，是非不辨，理想与现实的分裂日益严重。本章以及
《论语》全书中"以德治国"建言虽非可行，而仁学对封建主义"人
治"制度的道德性批评，却可客观陈述封建等级制度的内在反道德
弊端。孔子"仁政学"的意义不在于其作为政治学层次上的可行性，
而在于其对政治生态道德性的正确判断。孔学作为"历史木铎"，所
比喻者即为其含有的永恒道德性批评价值。

仁学伦理学首先就是社会文化道德批评学。诸旧解中对于朱子
"本"说或责之以"迂阔"或责之以"画蛇添足"，其实本章要点正
可如朱子归之于"失礼之本"。理学家求本之思想代表着思维逻辑性
的强化，众多后儒反而欠缺此种逻辑性思维意识，但此"本"字不
必再如理学家当初那样妄求其形上学根源，而须像孔孟学本身那样
在现实经验领域求其人性论根据。（先秦仁学与理学家回归的"准仁
学"在认识论上的区别，首先即表现于前者的"人性经验推理"与
后者的"形上玄学推理"的差异上。）孔子时代思想家不可能将此潜
在的理性推论思想表之以逻辑性推理形式（如古希腊哲人那样），而
其将义理通过见之于行事的方式予以具象化表达的方式，则显示着
一种经验理性的"礼之本"意识。仁学于是通过将"仁"理念推至
人类生存最高价值概念，以使其超越了封建时代君王具"至高性"
的法家权力主义偏见，并继而以体现仁之"礼"（即具有一定普遍
性、一定抽象性之"礼则"）作为政治实践中之"最高"制约原则，
从而将政治现实中之权势专制力贬低至须受制于客观礼则的较低的
"位阶"。于是在中华文明中的伦理思想层次上，仁学对于现实政治
权势形成了一种道义性压力。此即为"礼为本"之深意所在。理学
家一方面有鉴于千年来秦汉帝制之遗毒而努力回归于原始仁学，另

一方面因历史文化条件局限性而片面采用了道释两家的"脱离现实的"抽象推理方式，以期仅在思想与心理层次上求伦理思想的"理论思维的提升"。理学家在道学、佛学的刺激下，一方面追求伦理思想层级的"抽象提升"，另一方面试图将其准理论思维的成果挂接于原始仁学，的确也代表着一种"思维姿态"上向前的意识。

现代意义：

本章即以"礼之本"思想对于封建社会的现实政治和制度做出了一种道义性裁决，表现出一种对于他们尚难明其根本何在的封建主义现实之伦理批评性意识。此思想实际暗示仁者须以自身本性中之良知对峙于（对比于）现实中之不当权势。此种原始的良知与权势的对峙观，今可解释学地转换至一切相关领域。而对于后儒将"礼"溯源至"天理"这类古代迷信思维，今可将其"天"字去除而使其归之于人世之"理"，也即"仁理"，从而正可合理地转化为今日所说之"公理"。公理理念本身就意味着伦理性价值具有高于一切现实权势价值的位阶（伦理价值高于权势价值）。人文学术的革新事业之着手处，正在于首先须克服此学界内不当的等级制度之约制和随之而生的学术思想方向的固化系统之支配。因此，古代社会生活中的"违礼"现象，也可比喻为今日学术界的"违理"现象。此古典之"理"（"礼"中含有之"理"）于是即可相通于现代科学理性之"真理"。良知与权势的对峙，即人世间精神的伦理信念（理）与物质的力势威压（力）之间的永恒伦理观间的异质性对峙。仁学实践学的要义即体现于可加以普遍化的"理"与"力"的历史对峙性。

里仁第四

4-1. 子曰："里仁为美。择不处仁，焉得知？"

对比项：近仁/增益，求利/求义。

意旨：君子以敬贤亲仁为增益自身之方。

旧解摘要：

《困学纪闻》："致堂云：'里，居也。居仁如里，安仁者也。'"《荀子·劝学篇》："故君子居必择乡，游必就士，所以防邪僻而近中正也。"《孟子》："夫仁，天之尊爵也，人之安宅也。"《皇疏》引沈居士云："言所居之里尚以仁地为美，况择身所处而不处仁道，安得智乎？"

含义引申：

本章中之"仁"字兼含三义素：人、品德、理念。以"仁人"扩解为仁义之言行以指出，君子人应主动亲近仁德之人、之事、之思，以之作为自身进德之阶。此章与"以文会友，以友辅仁"章同旨，以此原则对比于古往今来世人多采行之"交际为利"惯习。

现代意义：

本章之现代意义仍然是君子应该持"泛爱众而亲仁"态度以待人、处事与治学，因此在治学方向上必然是以符合仁义观为依归，非以图名利为依归。揆诸现实，无论国内外（国外尤甚，现代尤甚，因彼此历史传统和今日发展不同），今日人文学界早失此仁学治学观的高尚理念。本章"亲"字不仅指便于就近讨教进学，而且尤其在于增加一层"亲敬感"，从而标示出，学者之间交往非仅为一种智性互利行为，也是一种相互感通道义行为，从而表现出仁者之学不仅为一种智性追求，更为一种伦理美学之体现。仁学之"博爱"的核心为高于"泛爱众"之"亲仁"，即其高段仁学之"爱"表现为相互道义认同间的伦理情志之连通。此一为学境界怎可于今日世界见诸一二？因于此民主竞争时代，人人（包括人文学者与文化人）处于相互利害竞争关系中，彼此之间仅存合作取利中的"获利快感"，哪有真正信仰者间之"亲感"？结果，现今人文学界诸学派团体与活动，实际上多表现为"拉帮结派谋求集体私利"之现象。此种当前世界商业化时代人文科学采取的"以学取利"治学观，根本无关于人文科学的科学化发展，因其学术实践已为学术市场化机制所全面垄断。此种全球学术商业化态势，唯持仁学良知大勇者可突破之。

4-2. 子曰："不仁者不可以久处约，不可以长处乐。仁者安仁，知者利仁。"

对比项：仁/不仁，处约/处乐，安仁/利仁。

意旨：君子为学，求安于仁，故可不因顺逆得失而动其心志。

旧解摘要：

《皇疏》："夫君子处贫愈久，德行无变……若不仁之人久处富贵，必为骄溢也……假令行仁获罪，性仁人行之不悔，是仁者安仁也。"《集解》："包曰：'惟性仁者自然体之，故谓安仁也。'王曰：'知者知仁为美，故利而行之也。'"《集注》："惟仁者则安其仁而无适不然，知者则利于仁而不易所守，虽深浅不同，然皆非外物所能夺矣……谢氏曰：'仁者心无内外远近精粗之间，非有所存而自不亡，非有所理而自不乱……知者谓之有所见则可，谓之有所得则未可，有所存斯不亡，有所理斯不乱，未能无意也。安仁则一，利仁则二。安仁者，非颜闵以上去圣人为不远不知此味也。诸子虽有卓越之才，谓之见道不惑则可，然未免于利之也。'"程树德："此章圣人不过泛论，谢氏乃借此以贬抑圣门，真别有肺肠矣。朱子不察而误采之，可谓全书之玷。"《朱子语类》："利仁者见仁为一物，就之则利，去之则害。"《四书训义》："外境之足以夺心，非境能夺我也。心无所得，则性情一寄于外物得丧，而不能不随之以流。故学者因其性之所近，而专以其事求于心以自成其德之为亟亟也。"《反身录》："处约最易动心，不必为非犯义而后为滥。只心一有不堪其忧之意，便是心离正位，才离正位，便是泛滥无闲，将来谄谀卑屈苟且放僻之事未必不根于此。故吾人处困而学，安仁未可蹴几，须先学知者利仁，时时见得内重外轻，不使贫窭动其心。"

含义引申：

"仁"字可统指伦理学范畴，如善、仁爱、仁者等，也可特指具仁德品质之个别事与人（如具体事业或具体仁者）。《论语》以仁与不仁对举，替代通常的善与恶的对举，即在伦理学范畴等级系列的下一级设置了仁学伦理学的"最高范畴耦"，此即不是"善恶""正误""好坏"等"一级"价值性范畴，而是在具体人类历史现实中限定了某种界域（人或人类）后的"准一级"对立耦，而此对立耦还可兼指一般（仁与不仁）和个别（仁者与不仁者）。"仁"字的妙用不仅可用以表达伦理价值、理念价值，而且可表达实践层次上的相关因素，如仁者动机行为方式上诸规定。所以"仁"不相当于西哲的一般"善"（西哲传统中颇多见其"善"观念的含混性：如含私利之好、公义之好、伦理性之好、功利性之好等），而是相当于特定善（见本书导论），即指人世中的和人际间的善，此善可带有许多仁学伦理学本身的特殊规定性，因此是一种"人学"的伦理学范畴，是人之间的而不是（例如）人神之间的伦理学范畴。"仁"范畴首先就排除了神祇的相关性（"敬鬼神而远之"），并排除了形上学、本体论的玄学基本性（"能近取譬，可谓仁之方也"），遂进而通过其实践论重点而强调了主体伦理态度学的中心性。

本章后句中的"知者利仁"，诸解纷纭，本书作者以为可含二解：一者为旧解中所说的"借以得利"，故含负面意，但也可释为"君子以智慧推进仁学事业（利于仁，非利用仁）"。二者均可合于全章意旨，不过后句重点略异而已。而"利用仁"之意也可含两意：为己利而"利用仁"（不好）与为"人众之利"而"利用仁"（好）。本章首以仁与不仁对立，依旧解而将持仁状态分为两级，然二者均属仁者范畴，彼此有持仁分量上的轻重而已。本章从仁学实践角度进一步强调理想仁者与一般求仁者之别，特将前者之"人"与"仁"达至合体的状态，视之为仁学伦理实践学理念，用以作为激发君子人不断向上努力之动力。同时揆诸现实人性，孔子亦知君子人者间对于体仁行仁的资质多有掺杂，即往往从仁学可带来某种哪怕是高尚利得而理智地选择向仁，故有对仁"利用"的色彩。朱子引谢氏言叙此，以强化仁理念本身之纯粹性与其实现之混杂性的区别，不为无益。程树德对此的看法则不免偏颇，未知此实为理想与现实之间必有之差异性也。

本章强调仁者的某种实践学品质：积极面对顺逆两境时的能力与心态，君子如具仁德，即可一生不论顺逆均达"无入而不自得"之境。最后两句为此指令句关键：仁者以"仁"为动机、目标、准则，即可以"仁理念"本身为安身立命之对象及目标，故可无入而不自得，并可有效地相对于自身及相对于他人而积极正确地安处顺逆两境。此处之"仁"作为客观理念和个人品德（三达德）之总称，兼含理想和实行，故仁学本身即为知行合一之学，即以仁理念为信仰总目标，而以合乎仁理念之事业作为体现、实现此总目标之途径与方式。

现代意义：

此一仁学实践学要求特别适用于今日学界。在现代复杂混乱的人文科学环境内，学者应坚守正确治学态度和方向，方可在顺逆两境不馁不骄，不畏孤立与压制，不受潮流裹胁与利诱。也即按照孟子所说"富贵不能淫，威武不能屈"精神，始能有足够勇气逆势而行。而今日仁学实践学的形式和方式已经古今迥异，不仅不须而且不能体现于社会政治层面。因为现代全球化时期社会政治生态已经丕变，其实践机制已然全面社会结构化而大幅度、全方位地脱离了伦理精神层面。（在民主法制化时代，社会的道德性为集体性、制度性的客观机制进行约制之效果，非众人独立品德效果之集合。行为合法性、合规则性结构性地取代了个人之独立伦理品质。）仁学作为主体伦理实践学的实践对象和领域，将大幅度偏转向文化学术领域。即在科技工商全面控导社会方向的时代，处于弱势的人文学术理论如欲保持其独立求真能力，必须具备相应"抗势"（学术商业化趋向）之意志。此一主体伦理意志力的养成及实践，今日只有中华传统仁学伦理学可为之提供实践学指南。在今日全球化唯物质化商品制造与消费是求的时代，面对文化精神价值之丧失，有待于更具科学理性的人本主义伦理思想和人文科学的思想创新，来激发有识之士对人类文明未来价值取向进行批评性的再思考。

4-3. 子曰："惟仁者能好人，能恶人。"

对比项：爱善／憎恶。

意旨：仁者严辨善恶是非，爱憎分明，乡愿者为保私利而混淆善恶是非，故唯仁者勇于不避是非，唯义是从。

旧解摘要：

《集解》："孔曰：'惟仁者能审人之所好恶也。'"《集注》："盖无私心，然后好恶当于理。"王柏《标注四书》："程子论阳复则曰：'仁者天下之公。'"

含义引申：

本章此一"爱憎分明"教谕，其矛头直接对准所谓乡愿辈，后者处事待人，避谈是非，一以自身利害为准。乡愿辈表面上的"与人为善"和"善处人际关系"等"和为贵"理由，可能反而正显露其"圆滑"品格。仁者在人际关系相处中不仅应是非分明（智辨），而且应爱憎分明（勇行），正因其主要关切在于人间公义和人际正义，其信念具有现世性、经验性，因而其善恶观均基于现世人际关系中之是非问题。故唯因能爱善（人）故必能恨恶（人），憎恶必因爱善，爱善必致憎恶。此一指令句的关键在"能恶人"，并以此主张而可立别于某些宗教的善恶模糊观或放弃善恶分辨之念。与人为善和勇于对恶是二而一、一而二之事。本章进而强调，仁学是仁者"战斗之学"，是"犯险对恶之学"，其义理英雄主义正表现在敢于因憎恶而犯险。如无此义理性对恶抗争的意志，如何能践行"成仁"之义？如取出世人生观，即将个人关念脱离开现实人际关系，自然导致爱憎不必分明，甚至泯除爱憎意识。仁学与道释之不同正在其爱憎分明。仁学亦与法家不同，二者虽然同样"勇于"对"恶"，仁者之"恶"为"仁"之反面，法家之"恶"等同于"仁"，二者"憎恶"态度一样，而所"恶"者相反。此外，本章甚为明确的爱憎观，还可纠正对于孔子"恕观"之误解。因历代"恕观"错解者将其曲解为无原则地普遍尽量宽恕义，即近于宗教所言"绝对之爱"或"不生恶念"。而仁学的"与人为善"乃为当交遇对方非"恶人"时必有的"泛爱众"态度，而恰因有此"仁爱观"，才逻辑地采行对待"反仁爱者"之憎恶观。虚伪倡导"无恨纯爱"博爱观者，恰成为瓦解仁者伦理实践意志力者。

现代意义：

爱憎分明乃基于是非分明，也即相关于真伪分明。"真伪分明"亦须为人文学者之第一品质，而现代以来此一为学求真品质均被泛商业化的职场内之"利害分明"计较心所替代。仁学持伦理价值至上态度，强调仁者不论所遇顺逆必应不中断其所为（"造次必于是"，"必有事焉"），包括见义勇为。此"义"字今日特别可施之于人文学术领域，也即求真学者对于学界的正误是非问题必须勇于正视及介入，敢于批评性地朝向学界作风、方向、成果改善等相关于学术活动真实问题。因此学者不应以个人利得为念（商人的"和气生财"观），而应关注并介入科学研究的大是大非问题中。持仁学信念的学者方有足够的认知、毅力、勇气避免为学术山头党同伐异的势力所压制。但若学人如商人般采取唯利是图治学观，自然或以"和气生财"或以"趋炎附势"态度混身于职场谋一己生计之利。因此，仁学的此一"爱憎"实践观，今日正可从古代的社会政治领域转换到现代人文科学领域，仁学与现代学术发展的价值学与实践学方面的关联于此明确可见。明代书院读书人欲以其"正义情怀"对抗官场宦官恶势力，可谓"伦理实践策略学"之误会，因良知学不可能直接对阵于"物质性力势"。所谓"理与力"的"适切性对峙"，只能实行于同一文化学术层次内。同理，今日学术良知对峙于全球化时代的不当资本势力之干预，当然不是指人文学术应该或适合参与经济运作实务，而是在认识了资本经济与人文学术的因果关联后，如何避免跟随时潮陷入物质化窠臼。其价值学关切为一事，其相应实践学方式方法为另一事。正因媒体文化于义必然混合于社会经济层面故其社会实践的实用性方向使其不同于须维持自身运作独立性、分离性的人文科学事业。于是现代媒体之"文"与现代人文科学及精神文化创造之"文"，也就不是同一类"文"。

历史解释学研究的结论是：今日（主要来自西方的）人文学术理论的科学化发展，反而正需要前科学时代的（主要来自东方的）此种以求真善美为人生观的仁学精神之引导，以及只有仁学伦理意志学介入，方能予以有效贯彻。质言之，今日人文科学理论家，为了切实贯彻其学术性目标，必应具备学理价值观上的"爱真憎伪"之品质。此种古典伦理学的要求却正与商业化时代"趋利避害"的普遍学术投机主义相对立。人文学者如以求利为心，必趋炎附势、"择木而栖"，选择高大粗壮之木作为栖身之所。如此则学界生态必由以求真之念转为以学聚势之图，学术遂蜕化为纯然聚势之具，其中必唯以利害为念，何来学术理论实践中的是非善恶之辨？此外，如上所言，人文学者亦不可将媒体界所施为的"社会性善恶辨析"对象误当作自身可直接朝向的"学术理论上的真伪辨析"。社会性的是非肌理与学理上的是非肌理非属同质性的，此一微妙区分恰同于古代儒家官吏面对的社会性的是非与儒家文士面对的思想义理的是非，前者属于"社会性实践"，后者属于"精神文化实践"，二者虽然在价值学思考层次上一致，但作为实践性施为对象则各属不同领域。

4-4. 子曰："苟志于仁矣，无恶也。"

对比项：仁义/奸恶。

意旨：君子拒恶扬善之道非在于讲求"避恶之法"，而在于"致仁之方"。仁义在心，不仅自然无恶，且敢于抗恶。

旧解摘要：

苏辙《论语拾遗》："无所不爱，则无所恶矣。"《集注》："其心诚在于仁，则必无为恶之事矣。"《岭云轩琐记》："本书之意盖谓无恶于志。"《群经评议》："此恶字即上'能恶人'之恶。"《贾子道术篇》："仁主于爱，古之通论。使其中有恶人之一念，即不得谓之志于仁矣。"《论语训》："仁者爱人，虽所屏弃放流，皆欲其自新，务于安全。不独仁人无恶，但有志于仁皆无所憎恶。"程树德："俞氏、王氏之说并是，《集注》失之。"

含义引申：

此章句简而义深，历来解者分歧。其要旨实为：个人去恶之法，非在于讲求去恶之方，而在于增仁之术。因儒道释之"意识形态性误导"，曲解及违背孔学者多有。本章旧解中如苏、俞、贾、程等无恶论即为其例。如苏辙云："能好能恶，犹有恶也。无所不爱，则无所恶矣。"俞樾《群经评议》云："仁主于爱，古之通论。使其中有恶人之一念，即不得谓之志于仁矣。"《论语训》言："不独仁人无恶，但有志于仁皆无所憎恶。"程树德对此二解表示赞成，其按语谓："俞氏、王氏之说并是，《集注》失之。"如此严重错解，首先源于解者未能在仁学全体框架内据章句本义理解，不过是在章句外据己意行"自由心证"而已。

诸旧解中唯朱熹解最当："其心诚在于仁，则必无为恶之事矣。"因为本句文简，"无恶矣"中之"恶"究竟何指？指仁者"为恶"还是指仁者"去恶"？此类简略表达在语法上可以两解，也难免便于解者凭己意自由心解之。正确的解释法，当然首先要据仁学本身之

"道德逻辑"予以把握，其次要据前后句、上下文进行合理"揣测"。按此二原则均应将本章理解作"仁者决不作恶"，而绝不可能解释为"仁者无恶人之心"。上句刚说"能恶人"，下句怎么能立即以"不能恶人"自行反驳之？错误解者均因对于仁学体系欠缺整体性把握，故致"脱境"自解。（此等"小儿科级"错解竟可频频发生于古今大儒身上，可证正确思想推理实少相关于博闻强记也。而世上"读书人"往往以自身记诵之博作为自以为是之根据，不过是自欺欺人而已。）其认知误差的根源往往来自解者的佛学、道家一类信仰，以为君子应不问是非地与人为善，因此不应生恶人之心（不知道这类儒者是如何消化《孟子》的），以至于说："不仁而丧其良心，矜之而已，虽谓之无恶可也。"（《论语意原》）

此外，历代解家也多有泥执字义做机械性推论者，如以为"仁者爱人"就是不分良莠"爱一切人"，以为"怜悯罪人"就等于不对其人其行"憎恶"。其实，本章显系上章之补充。上章指对人，此章指对己。朱熹等即据此为解，遂表现出其逻辑性思考能力高出众儒一筹。程树德对朱子解《论语》大多持批评态度，其批评却往往失当，部分原因在于其并非现代哲学家或理论家，而其理论化思维却又深受自身佛学信奉之拘束。现代儒家往往把仁学之"理论性问题"与道释之理论混为同一类理论，不知二者根本不是一回事。古往今来众多以佛学掺混仁学者，实已根本失却仁者心志，徒以"做好人"之口实践行其"避恶求安"之人生观，以此"不费代价"之法以期臻于精神上"高人一等"之境。称之为明哲保身则可，称之为孔孟信徒则大不可。更严重之副作用为，因此类迎合人性"畏险求福"本能而可吸引广大求私福之信众，聚众成势，再加以组织化，遂有能力在社会媒体层面维持其所谓"话语权"，实即争得如媒体世界之（数量化的）"知名度"而已。此即相当于最终依信众人数集成之"名势"作为自身思想主张正确性之"根据"。实则，信仰自可信仰，但不应以之涉入现代人文科学事业。至于现代新儒家解者，首须克服传统儒家识见的时代局限性。因而对于古代儒教社会之学者而言，其已经受到儒学"五经系统"的意识形态"软制度"框架之思想约束，故其《论语》读解中之仁学伦理学整体逻辑已然瓦解于先，诸章句因脱离仁学整体而自然易于被逐一孤立为解于后，此一倾向也是今日《论语》需要根据新知、新学、新理重新读解之证。

【关于"憎恶"的历史解释学申论】

本章可谓换了一个角度来看待何谓君子问题，即如以仁义为理念、为信仰、为行为规范，则其人从"逻辑上"即可不至于"作恶"。此章看似直白简单，无甚深意，实则不然。因仁者与乡愿或与较乡愿更恶者，在外在表现上并不易时时处处区分清晰，故常见的情况往往是貌似"好人"者，一旦机会到来，即会"原形毕露"，此即因其非真仁者，故仍可不时借"仁义言论"暗中为日后个人"为恶"准备诈欺性条件。本章更深的含意为，多数常人本来均因境遇改变而可为善可为恶，只有真正注重仁学修炼者方可免于"有意作恶"，否则一旦作恶机会到来或处威逼之下，"好人"也不难变为"坏人"。其实大多数人属于此种类型，所谓人之"可善可恶"即指常人行为之善恶多来自外界环境之决定作用。所谓"常人"即欠缺独立伦理意志力修炼者也。重视动机学的仁学则强调：有为善动机者即可少有恶行。由于在动机和效果之间存在差异性，故本章意在指出，君子首先要确保动机为善，因此导致恶行之可能性可在客观上降至最小。仁学的实践学倡导"三达德说"，必三者齐备并相互协调一致作用始可得道义上最佳行为结果。此章的确义于是取决于所谓"志于仁"的"仁"之所指为何了。如仅指狭义的"仁"（智仁勇德性之一），则尚须有勇与智二"品德"始可增加仁行成功的可能性。如泛指作为仁学总称的仁，其中包含勇与智二者，其产生与动机相反的负面行为效果的机会当可最小。实则，仁学知任何行为（包括公私行为、个人集体行为等）之结果均属不可必期，仁者所应、所能确保者，为个人动机层面之正确性。关于"无恶也"句，钱穆译为"他对人，便没有真所厌恶的了"。不想钱氏对《论语》章句可错解到如此地步！此正因作为"文献学家"的钱氏未能通贯《论语》整体来把握仁学之义理。我们不得不指出，晚清大儒俞樾，民国政法科学出身的程树德先生，以及博闻强记如钱穆氏等，在其伦理学思维逻辑方面，尚弱于某些宋明时代的理学家们。

现代意义：

试看第二次世界大战时的德日大批知识分子们的行为表现：当时东西方不少一流人文思想家竟然纷纷为其"祖国"之侵略行为辩护而迅速改变其思想方向与人格！改变的原因在于外部威胁蛊惑与

内心软弱之主客观交互作用，故这些知识分子本人（特别是一些著名哲学家）的伦理性操守均不足以维持其独立判断力与践行力（可笑的是，战后西方学界可以忽略此类人之道德信仰与战时行为而仅因其任何一种获得的知名度而对其继续尊崇之！）。此一现代思想史现象足证："读书人"如无独立伦理学意志力，则不可能实在地维持住其良知。二战时不少法国知识分子的懦弱和虚伪的表现，其原因也同样在于此，只不过威胁和蛊惑的方式有所不同而已。大体而言，威胁引生的恐惧为首因，蛊惑提供的"可用于自我欺骗"的"理由化话术"则为引至其易于屈服恶势力的"心理助力"。一胁一诱，即足以使人向恶势力屈服，甚至进而积极参加集体做恶事业。二者均源于知识分子本无充足的仁心（不具备仁者的伦理性爱恨意志），故易于在受到环境胁迫或利诱的影响下而自欺欺人地参与"作恶"。在今日复杂的人文科学界，要想治学行为效果正当，也同样要求动机正当或伦理性心志明确而坚定，此正为大多数人文学者所易于忽略者。

　　本章强调动机与效果之间须具内在的一致性。比之于人文学术亦然：朝向科学真理的学者，如具求真动机，其学术实践之正确性机会自然较大；如乏学术求真动机而以学术求利为念，自然易于循趋炎附势方向治学。适逢环境趋恶时，学人自然或因畏惧或因图利而采弃真求利的治学方向。历史上此一现象可谓屡见不鲜矣。本章含有的另一古今适用的隐喻为：在诸多不易辨别真伪的"行善言行"间，须越过其表面言行而逆推其心际（心术），虽人心隐蔽，如以此逆推法查验，多可获得一定的积极结论。此一返回动机查验的原则可有助于克服受到伪善者言辞蛊惑之蔽。法治社会中，善恶是非心态如旧，只不过人们的言行更趋谨慎以免因不慎而"违法"，而其可能作恶之意图可促使其人利用法律空隙以行己私。如在今日西方人文学界，人们很少关注学者之动机如何，而仅满足于就其言行表面"就事论事"，故不能探究到学术话语背后的隐蔽意图所起的决定性作用。

329

4-5. 子曰："富与贵是人之所欲也，不以其道得之，不处也；贫与贱是人之所恶也，不以其道得之，不去也。君子去仁，恶乎成名？君子无终食之间违仁，造次必于是，颠沛必于是。"

对比项：仁义/富贵，求志/无止。

意旨：士君子爱仁乐道，颠沛流离，不离其志。

旧解摘要：

《礼坊记》："君子辞贵不辞贱，辞富不辞贫。"《荀子·性恶篇》："仁之所在无贫穷，仁之所亡无富贵。"《集注》："不以其道得之，谓不当得而得之。然于富贵则不处，于贫贱则不去，君子之审富贵而安贫贱也如此。"《集注》："终食者，一饭之顷。造次，急遽苟且之时。颠沛，倾覆流离之际。盖君子之不去乎仁如此，不但富贵贫贱取舍之间而已也。"《四书讲义》："平居无事，不见可喜可嗔可疑可骇，行住坐卧即圣人与众人无异。至遇富贵贫贱造次颠沛，鲜不为之动矣，到此四关，直令人肺腑俱呈，手足尽露，非能勉强支吾者。"高攀龙《高子遗书》："今于富贵贫贱看得透，心中湛然，方见仁之真体。有此真本体，方有真功夫。所以君子终食亦在此，造次颠沛亦在此，实落做得主宰，摇撼不得，方是了死生学问。"潘德舆《养一斋劄记》："富贵贫贱乃入道之第一关，此关不通，于道永无望矣。"

含义引申：

对物质享乐的喜好和对物质匮乏的厌恶，均出于人性自然，同于人之喜甜厌苦、喜美厌丑之天性。而欲得此喜爱和拒此厌恶，即需获得富贵和摆脱贫贱。而仁学伦理学选择学则为相对于具体伦理情境在两种并存而相反"天性"（向利与向义）间的二中择一之学，当两种相反人性倾向同时存在、相互冲突时，即以其天性中之"向义端"压制其"向利端"。依人本自然主义，仁学并不绝对反对低端身体性欲求，而是当高端与低端人性欲求在特定情境内发生冲突时，能以高端欲求压制低端欲求。高端精神性需求即真善美理想，低端身体性欲求则朝向于名利权。仁学伦理学的实践学艺术，主要即为解决此二者之间冲突的问题。解决之道亦基于人本经验主义：于此两种人性对峙中促发舍低就高的伦理价值性抉择意志力。本章可能为两独立句段之合成。就"君子去仁，恶乎成名?"来说，其含义简单而重要无比。因古今中外人性同此，其理今日依然有效，特别是当涉及重要仁学伦理学情境时。此句含有这样的前提：富贵并非仁者最高的人生需求，而大多数人因受制于身体性欲求则多将富贵视为第一人生目标（今日此一倾向已达有史以来之最，如"身价比""富豪榜""彩票财"等等已成为人生俗世理想之当然鹄的! 耽于此类人生观者，视孔子"木铎"已如同时代之笑柄），为此而不惜舍弃精神性或伦理性目标。伦理主体性的功能即在于形成以此种精神性欲求超越身体性欲念的需求和能力。但是，仁学的人性相对主义并非如宗教般对身体性欲求加以绝对否定，而是只在其妨碍高端仁学目标时才加以约制，即在高端仁学实践学选择情境中将低端欲求列为选择实践的"非相关项"或"次级相关项"，但不一定涉及被约制者（食、色、名、利、权等）本身的"好坏"问题。此一人本主义立场可证，仁学伦理学乃在经验人性内立论，其"善恶观"均基于人性本身。

【关于义利之辨的历史解释学申论】

此章在《论语》原初文本中可能属于前章，解者间颇多歧见。《集解》解释此句为"不得成名为君子"，《集注》解释为"何所成其名乎"，意思相同。考虑到古人用字颇多通假，有人将此"成"字释为"称"字，可使意思更显，即"何以称之为君子"。但"名"字本身在此似亦可多解，如可指"名实相副"意，结果与前解义同。康有为《论语注》对此章义理可谓公然曲解，彼先引《中庸》之"必得其名""不失显名"，复引《穀梁》"名誉不障"等，接着多引含"名"字的双字词以示"无在而不言名"，并批老庄"戒名"及宋儒"言道过高，遂误采之，以好名为大戒"，甚至说"遂为小人罗织君子之计，动辄诋人以好名。于是人避好名而好利，风俗大坏，皆由于此"。（不知"求利"与"避名"间有何因果关系?）康氏对本章的附会错解至此地步，不知名利同为人心所好，不过类型不同，相互不得形成对立关系。其解表明康氏虽已接触西学有年而竟失却古人尚存的基本义理辨析的能力。康氏思想的特征亦表现出两百余年奴化教育后之所谓清季思想解禁期内士人表现出的"新知新识"尚不成熟之普遍特点，故其学竟可愚昧到返归西汉经师的唯功名主义，而将"好名"本身视为正确（秦汉以来儒教最大意识形态之一在于：个人屈从于皇权，皇权回赐以名利，并通过制度性安排，将二者纳入固定程序，结果彻底混淆了伦理学的仁学和意识形态的儒学。至于唐代通过科举制度而使得天下英才"入我彀中"之策，更可证明封建专制主义将学术文化视为统治工具的本质，其要点即在于通过激发士人之名利权欲念以使其因此而甘于为帝王所役使也）。在伦理学认识论上，清末民初人士往往比宋明人士在"逻辑性思维"上反更不如，而时代"好名"之蔽岂非亦拜有清两百余年对汉人施予的精神压制之赐乎？

由于古代字词使用不规范和古人行文简略的习惯［主因书写技术不便，由此形成的汉文书写不规范的历史事实，反被后人视为古人学问"艰深"的证据，殊为可笑。我们岂非可由此"经师专家型文匠"之以其文字技术性之"雕虫小技"自傲于人之习性，深识此辈性格本质上之轻浮性？（文字学上的"炫技"也为一种炫技。）其学风不是"厚重"（所谓"实学"），反而透露出一种技术型文人骨子里的轻浮与浅薄：将思想性、理论性思维转化为技术性思维］，更因今传《论语》一书于最终集成之前，其历代编者之选、作方式差异性，不仅导致其章节字词、句段中含有语义不明处，而且显然插入了不同时期、不同立场编辑者添加的句段。此一编写过程中形成的文句繁杂性，本来仅只是后人自然难以解决的有关古代编写技术性差错问题，结果反成为历来解家各逞己意为之作或标新立异的"客观条件"。（如古代文化条件粗简造成的文字语法不规范事实，反而成为清儒借以逞其文字技术性特长之条件，其因将汉字语义学问题混同于文字溯源学问题造成的经学释义学偏颇事小，因此而误导了时代精神思想大方向事大。）一般解家虽有真伪意识，但亦泥于何谓"真孔门"，何谓"伪孔门"，而从不考虑一历史事实：除司马迁"世家"外，并无其他可靠传记性资料可资凭证。因此所谓"实情真伪"问题本身即成为问题。历史事实如难考证，思想之所谓"真"（学理上"正当"）标准，则仅可合理地兼指相关文句内之"思想内协性"及《论语》整体内之"思想一贯性"，而非可指历史上的相关人物之"真假性"。（历代以来，不少经典学者均轻忽可加合理处置的思想性分析，而着重于难以处置的"本事"类猜测。）换言之，我们现代人只能通过据其义理进行读解的最大一贯性来进行传承材料之正当取舍。本书之所以称之为"伦理解释学"即指此一古代经典的读解法亦相关于我们的伦理学新观念，因而也在相当广义上可

（间接而适当地）联系于现代人文理论问题，从而使我们的《论语》读解法不同于前人。但重要的是，正是此一新仁学的"符号学-解释学"读解法，反可使我们的《论语》理解更接近原始仁学意旨。与西方哲学不同，现代正解的符号学-解释学其旨大不同于今日海内外以此两词作为学界"拉帮结派"标称者之学，有关"学科正名论"问题，读者可参照作者相关著述。

本章关于仁者"无须臾违仁"的夸张性形容，自然为了强调持仁心志之坚实性。其目的在于防止任何诱力可能趁主体精神松懈之间隙而侵入，以至于最终瓦解了仁者之心志。在经验主义的仁学伦理学体系中的此一极端性表达，可发挥如同西方哲学伦理学的形上逻辑主义起到的那种"准绝对性"的论说效用。仁学不以逻辑性推理为其"准绝对性"基础，却以对人性经验内在的"善根"之存在信仰为其伦理实践学之基础。此伦理之志随仁者身体生存而长存，以示其深固而不可移。此一强烈的对仁者心志之强调，可首先从认知上有助于排除读书人的任何软弱、退却之借口（如其"善根"足够深固），以促成其以"求仁"（今所谓"伦理性真理"）为生命最高目标之信念。《论语》每章情境仅相当于君子人面对某具体伦理性选择时之"语境"。明代高攀龙言："今于富贵看得透，心中湛然，方见人之真体。有此真本体，方有真功夫。所以君子终食亦在此，造次颠沛亦在此，实落做主宰，摇撼不得，方是了生死学问。"高君之言自然仅可触动有"仁学慧根"者。故本章指令句对于士君子学者亦可产生促发心志之劝谕性功效。看似简单的闻达之辨竟可引生千百年来（尤其现代化的今日）人们争辩其是非曲直的问题，可见其根植于人性深处，故孔子明确指出"闻达之辨"含有伦理实践学上的"大是大非"问题。

我们反复提及，此一古今闻达辨析今如主要相关于人文学术实践领域，故已假定其并非如古人所言具有一种普适必然性。因为大多数其他行业人士均可将闻达二者兼顾，并且还可使其互为因果，以至名可助达，有达者必可增名。最明显例为今日运动会上，运动员之"争名"（位次大小，为国争光之类；此一现象虽然仅具有民俗虚荣价值，但相关因果关系乃属事实）已成为其求"达"（真实成绩提升）之标志。今日幼儿教育中广泛使用竞争法以促进幼儿成长，故自幼即知以"获名"为荣，其中"名与达"之间完全一体。儒教几千年之"以考争名""以诗鸣高"，"名"等（大名鼎鼎、盛名在外、如雷贯耳之类民间俗好均可用之于学人之间）均可直接为"达"之"符号"，即达之标志。至于现代科技工商界，从教育到职场，"争名"更成为激励自身业务前进的动力之一。凡此种种均因其中含有一个前提：其求名之环境与方式，必含"名实相副"前提与客观检验之保障，因此其"名"方可作为其"达"之准确"代表"。

古代"文事"单简，"标准"与"规则"明确，诗赋文章之"好坏"有其可资判定的共识，故其名实关系易于统一。龚自珍、康有为等清季大儒，按照儒学文化标准看自然都是公认之佼佼者。我们前面对之加以批评者，则相关于其意图在儒学范围与轨则"之外"直接"面对现实"时所引生的问题。正因季世网禁松弛后出现了摆脱儒学制度局限而可自由发挥的机遇，才再次出现了其中涉及的"闻达之辨"关系问题，即士君子动机层深处之"纯性"才成为值得关注的问题。此即，其以旧学基础应对新现实的"知识论"出现了问题，其人是否对此问题觉识并有效改进，直接相关于其个人"闻达之辨"识悟之深度。古代读书应考惯习可直接与"光宗耀祖"之"好名"正面相连，此一将人性与制度有效结合的现象当然与儒教应考与官场内容之格式化、定式化有关，其相关"社会共识"大致根基于可保障"名实相副""闻达一体"的儒教社会文化制度。我们的历史文化学研究也只是在扩大了评价范围、超越了儒教制度限制而考察儒者与仁学的对应关系时，才察觉儒家读书人普遍含有的"高层处违仁"性向，后者当然主要是客观条件使然，但也在"较高、较深层次上"瞥见儒家人格的"结构性缺欠"——即儒学本质上"违背"仁学"认识论"与"实践论"之关键性标志（此即儒教将仁学予以"异化"之结果）。但是在已成为社会惯习的"社会高层"（政治哲学）与"心理深层"（三达德内容之深化）的"中间地段"，即儒教社会正常生活场域，读书人和儒者在其心言行方面"合乎仁学要求"的倾向，岂容视而不见？不仅如此，在此"中间阶段"内，古代儒者之人格普遍优于现代人之人格处，又岂容视而不见？这也是我们盛赞民初人文学者人格操守和能力表现之所以显著高于当代全球商业化时代受到欧美新风影响的知识分子的理由所在，此正因为他们"后无来者"地秉承了"正面儒学精神遗产"之故。

应该看到，在该限定范围内，优秀儒者可达至的"君子人格学"境界，均实现于在该受限定的社会文化环境内。在此"社会文化中间段"内由仁学精神促发的古代君子人格学现象，的确正是所谓中华优秀精神文化之创造力根源。故苛责于康、龚者，并非在其传统文化层次上持有的"君子风度"方面，而是在其超出儒教范围后。〔如龚自珍作为文士，其自我志向宣表，其边疆学抱负，以及其儒家行迹在海禁初启之际，均须相对于"新社会性与知识性现实"重估其合宜性。其中表现的文士心言行关系上的"不着调",遂成为时代儒家知识分子之典型。（龚、康二氏性格上不加遮掩的"好名心"，必然使其急于利用现有客观条件以实现其个人之"闻"，因而未能诚实客观关注时代之巨变，以及自身应如何随之而急行"自新"之策。此种民族知识分子心态的缺点，岂非也同样可见于当代？）人文学者正因其在"闻达之辨"问题上有此动机层上的"原初之失"，遂因好名之累而不能彻底自反。康氏弟子梁氏之所以高出一截，主因其动机层状态高于乃师，故能诚实感受时代新知、新学、新理之"重大压力"而履践"学在行先"之民族精神复兴之要件，其人之所以足当中国"最后国士"之荣，即在其心志之正确朝向性上，而非止于其中西学识本身。依靠日中文字相通的方便性所完成的初步引介西学的工作，自然不免仅属知识论之初阶而已。而其有关中华文明精神新方向开拓之意义，则为同时在后众多欧美留学人士望尘莫及也。其后因社会制度变革，以儒学仅为其职业对象的"教授"等，则统统在人格结构上失去了为"士"之资格。一般来说，百年来现代人文知识分子因其仁学践行不实，其动机层之失最终导致其在"新知新学"和"现实判断"两方面均未能充分"与时俱进"。此一学术精神滞后的事实非尽属客观之必然，而主因在科技工商时代人文知识分子失去了传统上能够深解"闻达之辨"的士精神。

现代意义：

此章的现代重要性在于，当历史时代巨变后，社会结构和观念已根本改变，在民主法制保障下，个人求富贵成为全球商业化时代大众普适之人生目标，而作为体现社会政治常规之"道"的法制已成为客观存在，个人"循道"而进行被动、易为、必为之职场活动，实无关于主体之独立价值性抉择。此一所谓"道"者，今已演变为个人或集体求私利之合法渠道，而且，求富贵已成为守法求利行为之正当结果。故对个人言，求富贵私利与顺从社会法制实际上"并道而行"。而社会性法制遍及社会人生各个领域，此一被社会认可的一切客观法则均具有了政法客观强制性和法律正义性。就人文学术而言，在此环境下，任何现成有效的职业性法则系统也分享了此一社会客观正当性和符合公义性。然而，正是仁学的现代意义指出，在社会性公义法则之外的高端人文学术和精神文化领域，仍然存在有不受法治社会管辖的主观性、精神性、伦理性原则发挥其独立作用之必要空间。虽然此仁学适用领域已经并必须大为缩小其范围，但在此人类高端精神生活领域内，仁学伦理学思想的关键性和必要性作用，反而（甚至较古代）进一步凸显出来。在此意义上，少数人文学界"学理求真志愿者"（即放弃职场求利目的者）以求学术之"仁义"（真善美）而不以求富贵为最高人生目标的态度，可与现代大众社会的唯物质主义人生观各安其类、和平共处。为此，在人文学界内部，还须区分大多数"以文求职类"与较少数"以学求真类"。此即，后者不仅须与科技工商技术人员之志向相反，而且也须与文化和人文学术界大多数以文谋生的职业家相反，因为后者与前者的职业化人生观并非在志向上不同，而仅只是在其"实践渠道或手段"上不同。

在今日人文科学科学化发展事业中，此一仁学警示（安贫乐道）更具有最切实的意义。其衍申意指更为尖锐：仁学者须勇于在各种体制要求外（非指身处职业圈外），谋求真正以求真为目标的学术实践。再者，当《论语》今从其千百年来儒教规制中解脱而复原其"仁学本色"后（有如出土文物经剥离擦洗处理后），方可在剥离了其服务于皇权的儒学功利主义浸染后，更有效地融入现代文化学术环境以期发挥历史上空前重要的精神文化使命。（今日新儒学家之蔽首先即在泥执于儒教时代以孔孟学话语服务于社会政治目标的观念，而不知将二者加以"认识论分离"的必要性。进而言之，新儒家学派此一百年来学行方向表明，他们对于现代社会文化科学的求知心薄弱，使其误以为仅凭西方哲学教条或仅达西方职场博士位阶即可达"沟通中西"的任务。）对于现代人文学界和文化界而言，个人的动机和方向直接相关于学术文化产品的质量。揆诸现实，今人因处于时代依法求利生存环境，故其人生目的多弃真善美而趋向名利权，此一全球化趋向与本章警示可谓风马牛不相及。而对于文化人及人文学者而言，此指令句正可对时代弊病提出最鲜明之针砭：人文知识分子如缺乏独立心志，则难以从事求真之学。（其他知识分子则无此独立心志之必要，因其自私欲求与科技工商时代目标完全一致。民主时代种种作为多出于集团求利目的。）

此外，商业技术化时代亦鼓励一切人"立志"以竞争求利，而此立志竞争目标正与功利主义环境条件一致，故其"立志"内容也具有纯技术性和程序固定性，因此与主体的精神独立性这一仁学特定的要求没有关系。本章所言的"立志"，为精神伦理性之"志"，而非物化功利性之"志"。虽然，仁学实践论也包含着"功效"层面，而功利主义之志则不包含伦理性层面。此章的第三段进而强调仁者持志的百折不挠的坚毅性。此一仁者立志意象今日仍然具有现时代极其重要的意义。因为人类文明正处于精神文化全面高速萎缩时期，人文科学理论失去其科学求真目标与动力，主因人文学者受制于体制内科技工商势力约束，为生计所迫而不敢越雷池一步。更重要的是，在商业化大潮的浸透下，人文学者失去"精神性大我"，而纷纷为蝇头小利所诱，趋炎附势遂成主流。当此之时，人文科学理论正需敢于特立独行者之参与，仁学者通过逆反学界功利主义潮流，勇于朝向学术求真目标。为此，确立新仁学之志（不仅深植于原始仁学之内实践，而且朝向于新世纪人文学术革新之大方向）自然为根本中之根本。

4-6. 子曰："我未见好仁者，恶不仁者。好仁者，无以尚之；恶不仁者，其为仁矣，不使不仁者加乎其身。有能一日用其力于仁矣乎？我未见力不足者。盖有之矣，我未之见也。"

对比项：仁义/至善，好仁/憎恶。

意旨：仁义为人间至上之道，君子好仁行义，其为善亦必兼憎恶。

旧解摘要：

《皇疏》引李充云："所好唯仁，无物以尚之也。不仁，仁者之贼也。奚不恶不仁哉？恶其害仁也。"李氏《论语劄记》："不使不仁者加乎其身，恶之深也。"《集注》："盖好仁者真知仁之可好，故天

337

下之物无以加之。恶不仁者真知不仁之可恶，故其所以为仁者必能绝去不仁之事而不使少有及于其身。"《集注》："盖为人在己，欲之则是，而志之所至，气必至焉。故仁虽难能，而至之亦易也。"《读四书大全说》："志立自是奋发敢为，则抑以气听于志，而志固为主也……不志于仁便有力亦不用，便用力亦不在仁上用……非力不足，则其过岂非好恶之不诚哉。好恶还是始事，用力才是实著，唯好仁恶不仁，而后能用力。非好仁恶不仁，虽欲用力而恒见力之不足。是非好仁恶不仁之为安行而高过于用力者之勉行可知矣。"程树德："王用诰云：'船山以用力为好恶之实事实功……似胜《集注》说。'"刘氏《正义》："若此身未废，而遽以力不足自诿，是即夫子之所谓画矣。夫仁，人心也。人即体制素弱，而自存其心，志之所至，气亦至焉。"《松阳讲义》："庆源辅氏曰：'此章三言未见，而意实相承。初言成德之未见，次言用力之未见，末又言用力而力不足者之未见，无非欲学者因是自警而用力于仁耳。'"

含义引申：

《松阳讲义》云："此章三言未见，而意实相承。初言成德之未见，次言用力之未见，末又言用力而力不足者之未见，无非欲学者因是自警而用力于仁耳"。刘念台曰："夫子既言好仁，又言恶不仁，一似复语。然所好者必合之所恶而后清。"可是，刘接着解释道"盖人心本有仁无不仁"，只取旧解中的合乎经验现实者，而略去所谓"本体论式"推测之言（如"性善论"等）。本章中所言"恶不仁者"，不仅再次印证在前之句"无恶也"之意（此即本章所言的"不使不仁者加乎其身"），并进而表达仁者亦为勇于"憎恶"者（仁学的"憎恶观"亦证其现世人本主义，故与出世宗教"泯是非""泛宽恕"观相反）。如此显明的解释合理性，现代人竟不能辨析，可再证博闻强记与合理思维确为两事也。

此章再以"仁与不仁"相对举，以之作为仁学理念层最高的正负价值间对比，并由此推出"好仁"与"恶不仁"之对比（在程度和风格上的对比）指令句。前者指价值本身，后者指主体态度。"无以尚之"强调"仁"范畴在仁学内的至高性，即强调仁者应用此字作为统领思想行为的价值观"总纲"。按照仁学实践学，仁者必须同时持有爱与憎的相反相成的"双联一体态度"，以使此两极端价值相互反映，即相互逆向地"体现"对方。本句紧接孔子所叹：虽为人而未能向仁一事，非因不能而因不为，以此暗示仁学为人主体自我抉择之学。对于士君子而言，致仁之方根本上在于自身意志力强弱，而非在于任何外力的决定性（此与依赖超越性的宗教学正相对立），因此仁学即自我意志学。"我未见力不足者"即相当于指明伦理实践意志力具潜在性，而此可能性甚难变为"现实性"，乃因实践者连"一日"充分用力于仁事亦不为也。此一表面上的因果性推断句，实为劝谕性及激励性指令句之变体，以"能力"的"客观性"陈述来激发此潜在"能力"之实现。孔子以此夸张式语气显示，真实情况根本在于：人因贪利畏难而"不肯为"。"好仁者稀"句看似与此句相矛盾：既知其不可得，奈何仍期待之？我们应"解释学地"确切领悟：古人"陈述句"往往为"祈愿句"之特殊表达法。而仁学的实践学方向又恰在于开掘"人能为，人应为"之潜能（以激发读书种子良知潜力之萌发）。也就是：按照仁学实践学的艺术，其方法论体现在"能够"和"应当"的现实结合上。实则，仁学意志论基于人性潜能域内的此两个可能性上：潜力内的实有可能性以及潜力内的"可能变现实"（应为）的可能性。仁学为伦理实践学，其功能有二：价值观之陈述和实践力之激发。因此，仁学即客观学与主观学的统一。

【关于"好仁"的历史解释学申论】

本章以及《论语》全书充斥着这样的看似相互矛盾的主张："好仁者稀"与"我未见力不足者"。固然，前者为客观判断句，后者为主观祈愿句（以判断句式逆向表达之）。但此一随处可见的"矛盾思想"既显示出仁学伦理学本身的经验局限性，又显示出其经验合理性。前者据现世经验"指认"天性好仁者甚少之事实，后者则同样据现世经验以期"激发"确实潜在于人性中的良知：向自期为仁者的士君子们之人性良知发出伦理性精神呼唤。中华仁学伦理学的民族性人本经验主义特点为：其学既为人性经验事实性"陈述"，又为针对基于经验事实性良知之行动力"激发"；既具理智上的认知性，又具行为上的实践性。之所以称仁学具有经验合理性，乃因其实践学是现实中唯一可能实现"近仁远不仁"的直接人际感应法。士君子随天赋不同而分为"本性好仁"与"依智得仁"两阶。仁者间之各自"仁性成分"（如阳明学所云"成色"）可有差异，此所以有颜子、曾子所说的"不可企及"的夫子和孔门诸贤之间的差别：所谓圣与贤的两级性区分。实则，所谓"至圣"，即理念本身之义，"孔子"形象的功能仅相当于"仁者型范"理念而已。以上所言虽然基于中华文化本身的经验，但因该经验核心完全属于人类共同的"人之性"，今日岂非可完全合理地（通过解释学的转换）扩及全体人类的精神世界？

现代意义：

现代人文学者之仁学志向必须验之以正反两面：爱仁与憎不仁。二者相互显示对方之真实存在。进而可知，能全心爱真善美者必亦为能坚定憎伪恶丑者（所谓乡愿即至少不能以其"全心"致仁故亦因而怯于对恶。如此多现代《论语》研究者及爱好者，因受宗教思想影响而企图将"憎恶"一端取消，结果从根本上违背了仁学精神而不自知。此不自知心态较其认识上违背仁学义理更为严重，因代表着其人理性悟力与实践力之"双弱化"。而其误读《论语》之关键在于欠缺"一以贯之"读解《论语》的能力）。爱善与憎恶共同属于仁学实践学所含之一币之两面，在学术实践中即体现为真学者必能同时"爱真"与"憎伪"。此爱憎两端存否即可验证学者持真拒伪意志力坚定否，如具此一严辨真伪的坚定性，学者遂可勇于对抗学界与文化界之种种违反真善美之现象，并奋力于人文学术之拨乱反正实践。同时本章指出，学人如能（敢）憎"恶"即可不参与"为恶"，也即能敢于拒斥学术虚假浮薄风气并不为其鼓动之名利权所诱。

本章之现代意义还相关于时代社会文化的巨大变迁。一方面，我们必须使仁学实践学从其古代政治社会实践领域脱离；另一方面，对于民主社会内之文化学术生态而言，基本上也不再存在如古代政治社会领域内导致持异见者动辄有生命安危之虞的情况。今日学界因"致良知"而违逆学界权势者所可能带来的风险已大为降低，故"依智向仁"的客观可能性实反大增。今日为学之要，虽表面上决于"客观"，其实本质上乃决于"主观"，此为时代进步为人文学术革新发展带来的佳音，因读书人今所需斟酌者仅为"向真"与"向利"间之选择而已。换言之，当此一仁学治学观直接关系到其学术实践之最终质量时，其"拒利向真"的努力所将付出的"代价"仅只为一己"物质性享乐"之失而非为个人"生存性有无"之危。然而，揆诸现实，今日海内外学人因已大幅失去主体伦理意志力，不仅谈不到抵御"威武"，而且连微小"富贵之诱"亦不愿丧失。如无爱真之心，学术文化等遂可纯粹成为争名夺利之手段。故功利主义时代对于人文学术（此即孔子力倡的为"文"之学）造成的最严重影响为：结构性地弱化或排除了《论语》所呼吁的学人之"良知意志"。（包括百年来出现大批以"语孟朱王"文本为其职业化工具的"学术职业家"们，彼辈多为"说良知"者，而非"行良知"者，以说代行，即"以今用古"，此即现代泛滥之乡愿治学文化观也。顺便指出，本人发现海外学界专家们连"乡愿"概念究为何意亦可根本误解，此类学风之轻浮是不可能在文理不通的国际汉学界内部加以克服的。）

4-7. 子曰："人之过也，各于其党。观过，斯知仁矣。"

对比项：仁者/改过，乡愿/饰过。

意旨：君子为学，必行改过迁善、去非达是，故具改过之诚者必亦为好学者。

旧解摘要：

《集解》："孔曰：'党，类也。小人不能为君子之行，非小人之过，当恕而勿责之。观过，使贤愚各得其所，则为仁矣。'"《皇疏》："小人不能为君子之行，则非小人之失也。犹如耕夫不能耕，乃是其失，若不能书，则非耕夫之失也。若责之，当就其辈类责之也……又引殷仲堪云：言人之过失各由于性类之不同，直者以改邪为义，失在于宽恕；仁者以恻隐为诚，过在于容非。是以与仁同过，其仁可知。观过之义，将在于斯者。"刘开《论语补注》："人之过于礼而用其情者，各于其亲比而深讳之，如父为子隐，子为父隐，虽有偏私，而情不得不如此也，故观过可知仁矣。如周公过于爱兄，孔子过于讳君……夫人之过用其情而不免于私比，其不失为忠厚，亦犹是也。"

含义引申：

仁学思想为一种人本主义伦理观，即本人性之常而视现世现实领域为其伦理实践学场地。孔子作为理想之仁者，既言非生而知之，复言人孰能无过。可叹儒家后学一意神化孔子，等于从基本上违背了仁学认识论前提。仁学视士君子为读书人中自强不息、改过迁善、矢志向仁的努力者。努力、进步、改过，为一个统一的经验实践性过程的不同方面。成仁者非天生之必然，而仅为天生之可能。但从仁学实践学角度看，该学强调仁之学者首应"立志"于"仁学原则"之上。等到确立此仁心（仁志确立），其后实行此志意时即可大体少失，如因人性自然局限仍不免有失（过），亦可大体免于大过（恶）。善有等级，恶亦有等级。上章指出，如有成君子之心，其过错当可不致导致大恶，此为对成仁者的最低要求。本章则表明，君子人亦必有失误过错之时，对此人性之常不必苛责，能切实改正即为真君子。两章之引申义相当于否定了现实中完美"圣人"之存在（仁学预先即否定了后世神化历史仁者的反仁学伎俩），并表明自我不断纠正错失，乃仁学实践本身固有之义。

"孔子形象"，按照《论语》解释学，不过是起着"伦理型范"（ideal type）的作用而已。今日珍视《论语》首应从传统上的"圣人崇拜"模式转变为思想性的"理念感悟"模式。（海外华人社区历来大兴祭孔盛典，而参祭者多为工商界人士，可谓素少深读《论语》者。孔子遂仅被视为"民族性祖神"加以崇拜而已。）学者如无独立真伪辨析意识，而仅有利害成败意识，必处处扬长避短，用以藏拙图利（此即为全球商业化时代所盛行之自我优点宣传术。所谓"重视隐私观"主要即出于防止他人了解自身弱点而加以损害的自卫心理）。《论语》从内外动机行为的方方面面、各个角度切入主题，一者从内心呼吁学人须立志于根本，一者从实践或外部行为及结果来检验仁学实践之质量和效力。其目的不仅在于一般的"改错"和取得进步，而且在于"发现自身问题以改进之"。即先是由内及外，然后是由外及内，而后者之主要目的在于发现本身过错是否源于心志本身之问题。仁学的"过学"不仅在于改正外部行为质量，而且在于通过此行为过错检验以察知和改善内部心志的"品质结构"，也就是在于通过外实践上的缺失以调节"心志结构"本身。对于仁学动机学而言，后者可以说是仁学之"过学"中的更重要的目的。不仅如此，"观过知仁"的深意在于：不仅可从过错的性质逆推心志状态，而且可从其对待"改错"的态度而进一步察验其心志之构成。士君子如果志意真纯，必然"闻过心喜"，因必视之为自身向善提升以及强化向仁意志力之契机也。

现代意义：

仁学的"过学"为君子在实践学方面提升自我方法的重要组成部分之一。此一自我"察验自身之过"的"技术"，对于现代人文科学革新来说具有直接的启示性，因为现代人文学术滞后的直接原因正在于学者倾向于回避自我弱点，其本质乃在于惧知自身学术实践准备及其能力不足之真相，此既缘于学人欲以此躲避知识挑战性之懦弱，更出于不愿将个人"过失"显示于他人从而削弱自身职场竞争条件之顾虑。然而此一学人惧闻己过的心理，一般来说主要源于时代学人"以学求成（职业成功）"的通病。以学求成的机会主义和功利主义治学态度，必然易于陷入商业化后的学界"尔虞我诈"和"哗众取宠"的惯习之中。此外，即使非出于名利心驱使，学人惧识己过（如自身知识的不足与落后）也源于自身的性格软弱，如无奋发图强、力学求真之志气，故不得不采取自欺欺人的方式苟存于学界。当此种风习蔓布于学界后，一种集体性的"扬长避短"帮规更可形成派系集体性虚伪与自瞒的后果。其更为严重的发展则通向集体营造权威论断势力，以通过贯彻长期性"扬长避短"策略维持本派之学界霸权地位。此种以学求利治学观，由于目的在于求利非在于求真，自然没有什么"对错意识"，只有如何在学界玩弄商业化竞争技巧以获得垄断地位的思考了。这样的出于集体谋利的拉帮结派治学观，不言而喻，自然也成为阻碍新知、新学、新理发展的学界阻力。

学界保守态度多半与权威营建和学术垄断逻辑上相关联。其实"知过识错"本为改过、改进的前提，如无此进学步骤即无以使得学术真实进步。而当科技工商时代人文学术只能通过前者安排的固定职业化格局而寄生于"现代科举系统"后，必以求存求利为其集体的人生观与治学观，因而更进一步滋生了以不知为已知、以错知为正解的集体性的党同伐异倾向。结果，学术实践方式及学术话语制作程序，均可被视为职场牟利工具而已。孔子的"过学"隐含的一种合乎现代学术的认识论和方法论意义，还远远未被人们认识。知何谓过错，察知自身过错，改正自身过错，此"知错改错观"，岂非正是学人不断弃旧迎新、与时更新、去旧日之我成今日之我的一种力求自身知识进步的人生观与治学观？知识上的"改过"即抛弃或重解"旧知"以获得"新知"的步骤，这也完全等同于自然科学实验室内经过千百次实验错误而最后获得正确结果的过程。认真求学者之最深挂虑即自身知识偏误而不自知，此为学人具"改过意识"（具"知误取正"意识）和"改过勇气"（具努力求知之勇）的先决态度条件。孔子时代以日常问题为喻者，因最为切近地关系到学人心态问题，故实相通于现代求知态度问题。与此伦理性人格对立的现代功利主义者，之所以在学术讨论批评中意必固我，即因将个人学术行为的名利效果视为首要而放弃治学中的任何改弦易辙，因任何"新的知识努力"所要求的"增加的时间和精力投资"不符合其自身"学术商品经营"的"成本核算"。所以最佳策略就是"不承认自身学术缺欠"，甚至极力弥缝之（知过而不改）。由此可见，本章孔子之"过学"实乃察验人格及心志的一种重要的"认识论-实践论工具"。

4-8. 子曰："朝闻道，夕死可矣。"

对比项：悟道/至福，求真/达道。

意旨：仁者践行仁义，志在求真，故以深识现世之真为达道，而视来生之念为虚妄。

旧解摘要：

《集注》："道者，事物当然之理，苟得闻之，则生顺死安，无复遗恨矣。朝夕所以甚言其时之近。"李恕谷："闻非偶然顿悟，乃躬行心得之谓……方不徒生，亦不虚死，故曰可矣。"黄氏《后案》："年已垂暮，道犹不行，心甚不慰，世治而死，乃无憾也。依朱子说，是因至道难闻，老将死而昧于道，深叹其不可也。"《新序杂事》："式三谓此言以身殉道也。朝闻当行之道，夕以死赴之，无苟安，无姑待，成仁取义，勇决可嘉矣。"《皇疏》引栾肇云："济民以道，非以济身也。故云诚令道朝闻于世，虽夕死可也。伤道不行，且明已忧世不为身也。"程树德："魏晋时代道家之说盛行，此章之义正可借以大畅玄风……皇氏生齐梁之世……其特识尚在宋儒之上。"《论语或问》："或问：'朝闻夕死，无得近于释氏之说乎?'曰：'吾之所谓道者，固非彼之所谓道矣。且圣人之意又特主于闻道之重，而非若彼之恃此以死也……人事当然之实理，乃人之所以为人而不可以不闻者……若彼之所谓清净寂灭者，则初无所效于人生之日用，其急于闻之者，特惧夫死之将至而欲倚是以敌之耳。'"

含义引申：

本章内此一"道与死"的强烈意象对比，实为变形的"道与生"意象之对比（因"死"非仁学伦理学的"实践学相关项"），也就是同一现世性人间内之"道"（真理）的目标与"利"的目标间的对比。仁学断言：肉体生命的精神生存目的在于践行真善美价值；生命的物质性延续的主要意义只在于为此精神性目标提供"物质存在性"之支持而已，以此在精神与身体间，在识真与名利间，以及在价值学信奉上定出高下之分；岂止是高下之分，而且是"对立"关系之设定，此为手段与目的在价值论、认识论和实践论上的多方面对立观之系统性表现。此指令句一是凸显了"现世仁学之道"的至高性，一是强调了君子应以达此人生至高点为最终目的。通过此一具有情绪上强烈对比性的表达，一则在价值认识论层次上暗示，人

345

生虽短暂，而其中含有无关于个体人生长短的至高集体性精神价值之存在：此即为"人之学"（仁学）之意义。以"仁"字统称一切现世基本精神价值，与物质性、身体性欲求价值相对立。一则在仁学实践学层次上强调君子应具有必要时"不惜一死"以坚持完成认知、实行、实现仁道目标之"决心"。此决心即可称为仁学之"大勇"，也可称为"义理性赴死之勇"。短短七字，意蕴万千，既指明仁学价值所在，亦指明仁者应以何种态度对待人生精神目标问题。此态度学本身为"多维性"的，含智仁勇三维面上的实践学选择，特别是其中的认知和勇决二维，不仅涉及精神方向，而且涉及主体意志力的发动机制。仁学为主体"勇于实践"之学。就其作为品德总称言，仁含智仁勇三达德；就其作为精神性价值总称言，仁被包括在真善美各域内。"朝闻道"因此与"学为己"同义，"为己"者为己求认知真理之谓。"夕死可也"意味着此生因获知所求真理"于愿已足"，也即在认知真理的实践方向上做到"尽其在我"（而非指必能够达成认知目标）已足。同时，"朝闻道"即"独善"义。这样，独善为仁学实践的第一目标，此目标方向如可坚守不懈（非指所谓"达成"目标，而是专指对目标的正确朝向性之坚持），仁者即可于此生无憾。"兼济"，即外实践计划的达成，属第二级次目标，具有极大随机性，因该目标的达成取决于客观条件，故不应纳入个人第一内实践目标之内。这是仁学人生观展开之最为合理的构想。（重主轻次实践次序的合理性以及价值观方向的正确性。）

【关于"朝闻道"的历史解释学申论】

本章之旧解颇多分歧，因章句过于简短，便于附会想象，遂特为道释理三家所偏爱，并构成旧解中断章取义解法之诸典型，其共同失误主要在于歪曲了仁学基本义理，而利用孔子名号以申其各自违孔之主张。此简单句之正解当然须在仁学整体方向内确定，何能因句中含"道"与"死"之通名而随意加附己意？（更严重者为对"仁"字作为通名之滥用，使其先等同于"善"，之后便可利用"善"字的多义性以将其施用于一切信仰方向上。）

此一"道"字自然须指孔子所言之重现世之生的仁学之道，而断非指与其旨相反的或重死或重逃的"出世"之道。儒教文化欲以此方式混同三教以强化其压制仁学义理之目的，可谓昭然若揭（通过大方向上的"逃世"以瓦解其主体主动的向仁意志力）。至于严重混同玄佛之阳明后学，更显示出具引诱力的以伪乱真之效。《岭云轩琐记》（在谈及阳明后学杜子光从容待死之状时）云："王门之学，能入悟境者曾无几人。一悟则其临终从容若此，颇得'朝闻道，夕死可矣'之意……闻道而死，犹老氏所谓死而不亡，释氏之入涅槃灭度，皆死其身而存其性也。否则要此朝夕间一了然何益?"至于阳明学本身的确内涵有"赴死学"的禅学成分，这是源于其学未能将仁学认识论与实践论加以严格统一把握之弊，遂开启了王氏后学的各种偏差趋异表现。另外，各种错解也是源于解家泥执文意进行"直解"之故，不识一两千年前《论语》之章法与后世不同，其"字义"与"句式"亦多与后世有异，必须参照文本语境与历史背景加以综合把握。孔子之教正在于不可"轻死"，而于此重生立场上仁学之"死观"方才可显示其学通过概念反差而隐含的崇高意境。对于仁学，"死"仅表达某种实践学之极限或限界之义，以示客观情境之极端或主观决意之"极端"，此即"极而言之"意。其含义重心仍在于"死"之"此侧"（现实之生侧），非在于"彼侧"（想象之"来生"侧）。

本句作为比喻句其义无非是指出"识道"本身之无比重要性，鼓励人应倾力求仁及悟识"仁之道"。其义正合于仁学"学为己"之意，即仁学实践学之核心不在于外部成就之达成，而在于内心体认之充实。本句无非是强调"内重于外"之意，此即"虽仅闻其道而不及实践其外亦可视为已足"之意。当然，本章更非指士君子之学可不必实行"兼济"（"兼济"实为"独善"中在逻辑上含蕴着其外实践未来展开之当然可能性），但仁者之"独善兼济"两阶中"独善"自为在先之基础而"兼济"乃其继后之扩充，二者可谓具有实践学内在连通性。本章中孔子通过比喻式的极端对比法以凸显此双阶任务关系之一侧具有"第一重要性"。此一实践学对此重要性的强调，其伦理学认识论根源则在于，自古至今人们多视外实践之"成功"为实在之成就，从而忽略了或舍弃了此一双阶任务关系中之"内实践"基础：仁学价值的"体认"本身以及据其建立的主体人格结构，方为仁学外实践之前提与基础。古典仁学实践学实为内偏重、外偏轻之实践观。

现代意义：

参照今日环境与条件理解，本章中"道"字之内涵空虚性，恰为其能够具有现代语境内合理引申义之"话语形成条件"。因此，此章的重点不在"道"的规定上，而在主体对道的"态度"上（对道之体认的实现上），亦因此再次显示仁学的本质在主体态度学，即主

347

体对伦理价值应具有的态度机制之构成与效果。此道字如释为真善美，自然可引申为学者、政治家、艺术家等对体现自身之"道"（各域中相应的次级最高价值）的态度和贯彻态度之意志力方面。就科学领域而言，本指令句自然指学者对客观真理之坚决追求态度。对于自然科学而言，进入现代时期后，科学与真理追求的关系已经获得了制度化保障。主体的伦理性态度学要求已被自然地弱化（比较于当初伽利略和布鲁诺时代），求真态度的官方认可已经实现，科学家可在外界优良条件下安然追求科学目标，所期待的求真效果已可体现于职场制度性科学程序内，不再成为需于制度外依赖诸个别主体独立建树其个人品德机制与实践方略的问题。而本章对于人文科学理论则仍然显示出明确的相关性，甚至体现为一种历史上至关重要的相关性。因人文科学欠缺科学制度化保障，其制度化为社会性之人为安排结果，即主要被决定于人为的历史惯性与经济性决定因素，其"历史化-商业化-技术化-制度化"结成的学术社会学机制，恰恰可成为阻碍人文科学真理实践之外在物质性之"道"。当此之时，学者的真理态度之有无直接成为其能否抵制历史性惰力与商业制度化压力的主体精神性力量。

本章除了强调主体对价值目标的态度外，也间接地相关于价值本身，这就是凸显"道"（伦理性"真理"）价值的至高性。这也就是隐含地将"道"字与名利权诸世俗性价值欲求形成对比，用以"反自然地"（用追求私利的天性 1 反对追求公义的天性 2）降低后四者的世俗物质化欲求的价值性分量。在此，"道"的确义需由《论语》全书的价值系列整体来规定，而不能以字面相同的其他概念（如道家的"道"或佛家的"涅槃"之道等）任意取代之。（汉字系统的单字多义性和异义叠积性，遂成为自古至今学人随意解义之语义学根源。）

【关于"道与真理"的历史解释学申论】

仁道之道作为至高伦理性价值之简称，一方面标志了精神性价值和物质性价值之区分，另一方面标志了实践者之"成"与"败"的含义，暗示了仁学之"成"首先指实践者主体对仁学价值体悟之完满性以及朝向最高价值实践方向的正确性。义理体悟与心志方向，均属主体心理界行为，为不待外界条件而可自行达成者，从而等同于现代伦理思想家所说的一种"道德上的自我完成"。在一般人本主义实践学上区别了主观上可行者和客观上可行者，后者的"可控性"甚低，而前者的可控性甚高。故仁学的第一宗旨在追求个人人格本身的塑造（独善其身）。此一伦理精神方向遂成为伦理精神文化生产之有效源泉，因此称仁学是精神文化创造的一种动力学。当仁者因在绝对逆境中于外实践方面无可作为而"转战"为"独善其身"目标时，即为贯彻"学为己"之教，而其实行又可与"好仁者稀"等指令句相连接。同时，如以"行动本身"作为"独善其身""朝闻道""学为己"的方式，即可能选择"知不可为而为之"的人生抉择。此与前一选择在反应方式上不同而客观处境相同，因此主体的选择态度实则相同，二者均系"知不可为"后而继续坚持同一仁学生存态度的自然后果。彼此的目的也是相同的：不是实现理想，而是朝向实现理想之努力，并追求实现此努力之"客观表现"，后者可间接起到某种"兼济"之效。所以，此一理想主义努力并非无"实际性"效果，只不过此效果具有其时空间接性和隐蔽性而已。

理想的实现依赖于大量外界条件，实现目标的努力则主要依赖于主体现实自身条件：在智仁勇三达德支持下的仁学认知能力本身。理想追求的效果虽然不能达成，却可达成对现实进行"诊断"（认识）的目的，而非企图于立即开始"处方或治疗"。也就是，"诊断"（识悟）行为本身成了实践目的。此诊断行为即"闻道行为"，诊断能力即求道能力。在此，就伦理学认识论和实践论而言，重要的是：诊断（闻道、求道）本身成为伦理学实践的真实目的，其意义"并不低于"相对地实现某种外实践目的。仁学实践价值论的深意在于将此"被动"（独善其身，朝闻道）和"主动"（兼济天下，参与社会改变）的目标的价值等同起来，而二者共同的"基础"仍然是前者，即"闻道"与"立志求道"。闻道、向道既已朝向于仁学实践学的最高目标，其后或出或处，均系随境而异地自然的后续"演绎"，后者（外实践之成）反而成为相对次要者。此一看似精神自慰性的个人"空愿"，却还包含着一个重要的价值学存在性观念：个人实践只是群体实践的组成部分，任何个人精神性努力都只有人类时空连绵流内群体性精神存在的意义，都只能通过时空绵延流内群体性精神网络的编织，以"落实"其实践学效力。仁学实践学的"个人主义"，实为仁学实践学"群体主义"的一个逻辑性环节而已。

原始仁学的运作域为构成简单的社会政治域，而其实践学目标和效果，随着历史发展越来越扩展到与社会政治域逐渐拉开距离或保持间距的文化学术领域。此闻道和独善原则，客观上也成为从历史上社会政治域的"静态"（稳定）转入现时代文化学术域的"动态"（演变）之根源，也即由主体不可有效操作的社会政治域转向主体可以有效操作的学术文化域（对此一古今中外理解仁学之真实功能的结论，主要根据对于历史、政治、社会、经济等现代社会科学理论的认知。结果：仁学实践学不可能"直通"社会政治实践域，因"仁者"之精神性构成，不可能等同于支撑政治学力场的两极：权力实践者和为前者所实践的广大民众）。独善其身和学为己，即通过仁者于社会政治域实践的停顿，转换为学术文化域实践开端的历史学基础。按照我们对人本主义仁学的解释学理解，可相对地推论出：社会政治域主要受制于历史客观性逻辑（社会、政治、军事、经济等物质性"综合力学"之规律）的支配，而文化学术域主要由个体主观伦理性实践意志所决定。

4-9. 子曰："士志于道，而耻恶衣恶食者，未足与议也。"

对比项：志高/贫贱，向仁/忘势。

意旨：志道君子而受制于贫富贵贱际遇，即非真致仁者也。

旧解摘要：

刘氏《正义》："《记》言'士先志'，孟子言'士尚志'，又言'士志仁义，大人之事备'，仁义即此文所言道也。"《皇疏》引李充云："夫贵形骸之内者，则忘其形骸之外矣。是以昔之有道者有为者乃使家人忘其贫，王公忘其荣。"《集注》："心欲求道，而以口体之奉不若人为耻，其识趣之卑陋甚矣，何足与议于道哉！"《论语或问》："然求饱与安者，犹有以适乎口体之实也。此则非以其不可衣且食也，特以其不美于观听而自恶焉。"

含义引申：

刘源渌言："此义理之关，君子小人之别也，能透此关，而后可与共学。"程树德对此句解释所加的按语为："故士须有子路缊袍不耻之风，而后始足言道。"仁学论述对象及方式多采自日常生活琐细，在涉及政经法等"大道理"方面反而语焉未详。此一原始编写法，从历史上说首先源于古代社会性知识浅陋，士人欠缺在此领域进行创造性思想的知识论条件；从书写技术上说，因书写工具简陋不便，不易于文字铺伸，故以便于口头传诵之简洁文字为文。简言之，思者和写者的写作倾向均偏于简明的"促动句式"和"祈愿句式"，而疏略于分析和叙述的背景与心理描述。深入来看，此编写法也反映了原初编写者的一种"选学"上的特意性，即下意识地、间接地反映了编写者的一种潜在的伦理认识论意识之存在。此即处处扣紧主体态度学范围，文字与内容的繁简布局均取决于此种伦理性思考。结果，《论语》表达文字中往往言大主题者义虚，而小主题者义实，此因编写者采取以小（日常琐事）见大（目标、态度）之修辞性手法。《论语》修辞术，不仅是以小喻大，而且似乎特意认为"唯小处"可以见大、见远、见深、见实，因"日常小事"正为"身边事"，故最为"切己"，最为真切，难以借其饰伪掩真。此处所谓"真伪"还非指言论认知之真伪，而是指人格品德之"虚实"。仁学态度学完全是君子人格养成学和小人人格验证学。

【关于"贫富观"的历史解释学申论】

仁学关心的是个人须具备何种人格而得以成为君子或仁者，而唯成为君子方可实行仁学的各种内外实践学上的节目。仁学作为人本主义伦理学，完全根据经验主义人性实在来规定伦理实践学的可能方式，故仁学实践学的最初对象即人性现实的正反面潜能之激发与抑制。通过此对于固有人性中正负两面的潜能进行仁学的"实践"（即品质和性格的培养过程），使之雕琢成"器"（使其具有实行仁学节目的行为者）。因此，《论语》不少指令句都是从正、反两方面对"品质潜能"进行"琢磨"（增削、加强、减弱）以期塑造仁者型人格。一般而言，从反面提出"告诫式"指令更可起到积极作用。本章即为此种修辞术的显例之一。

人性弱点可表现于两大范围：身体自然性欲念与能力的人为限制以及人际关系中顺逆条件限制。此章内容虽涉及身体性本能好恶，但更加相关于人际关系方面的心理好恶。仁学其实特重人际关系方面的主体态度学，以显示仁学的对象即现世人际关系本身（而非想象中的人神关系），仁学的态度学即个人对此"关系"（态度关系）的立场和选择之学。仁学的伦理价值学的"基础"也即体现于人际关系域内，此价值系列实亦产生于此人际关系经验域。仁学实含两大部分：价值系列和态度系列，前者属于"认知过程"，此认知过程涉及"仁"与"智"两维，前者为基本，后者为方法。态度学部分主要在前二维基础上涉及"勇"维，即主体对价值坚持性和决断性。此一"恶衣恶食"比喻表现了人性本能欲念：获得他人（可扩大为社群、社会）的"尊重"。此尊重可以指"因行为价值性正当而获得尊重"；但在此情境中，仁学实践的"相关项"不是"他人之尊重"，而是正像"学为己"一样，其践行也是为获得"为己"之自尊重，即为贯彻个人伦理信仰而为所当为。因此而获得的"他人尊重"实乃"身外物"或"附带物"，与自身原初愿望无关。但对于常人而言，也可能将他人对己的"尊重"之实效看作自身行为之真正的（第一位的）目的，而将自身伦理性行为可能仅视为达此目的之手段。（乡愿辈多如此，个人之努力的真实目的为获得"社会尊重"，即外在声誉。）此外，等而下之，"尊重"被等同于"被人看得起"（出于自卑）或"被人仰视"（出于自大），也即属于一般所期待达至的"高人一等"的结果。（儒教即鼓励此"出人头地"的目标，而唯心言行符合儒教行为规范者可达此效果。此与本章表达的仁者心志精神正好相反。）凡此种种均可通过主体对衣食住行条件的态度喻示之："衣饰"遂成为与人争比的"工具"之一。因此，为士者如重衣食住行享乐之丰腴，也就是将身体性舒适作为人生第一欲求，并进而将其作为与人争高比低的手段，从仁学标准看，如此必然两失之。

本章以此基本生活态度的选择显示：真仁者首先必可、必应轻忽个人衣食住行享乐之观念，其次并可、并应排除自身在人际交往中"畏惧受轻视"和"追求受重视"的人性虚荣心。本章的关键在于指出，仁者必须有行仁之勇与真，因此才有能力坚持"学为己""行为己"之孔教，而将他人对己的态度视为伦理学上的非相关项而排斥之。只有具此认知态度和坚守信仰之能力，主体才能具备行仁的意志力。行仁的意志力（特别对于具有一定社会地位者而言），因此首先表现为士君子能在人际关系中有效"压制或排除"自身对于他人对己之态度之关心，如此方可"我行我素"，为所当为。

现代意义：

个人物质匮乏条件对应于等级社会之求利倾向，后者因根基于制度性的"高低贵贱"等级系统，故足可成为压制学人独立研学之强大的控导心理倾向的手段，即通过权势的"客观物质力"压制住个人的"主体精神力"。但今日士君子学人应更有条件强化抵制名利权诱惑的意志力，因今日所需克服者不过是降低物欲需求和排除争强斗胜之念而已。其"为义而献身"（为科学真理而献身）之代价，比起古人而言微不足道。而此一人生观选择却为在现代功利主义学界达致仁学识悟与实践目标的基本心理品质条件。

本句通过义理追求与物质匮乏之间的客观同在性及价值对立性，喻示学人如欲在不利于精神追求的大环境下行仁学目标，注定要比常人遭受物质上和精神上的多倍压力。对此必须预先认知并视之为终生需面对的人生心理挑战。由此产生的意志力和勇气，才可使得学人能够在艰困学术思想实践环境中也能够特立独行，坚定贯彻尽其在我之义。扩大言之，衣食住行态度导致对人关系态度，并可进而导致士君子对众人与社会所认同的现行价值规范保持距离。因为，如将与他人的攀比视为主要标准，必得首先顺应众人所遵行之统一规范与规则，或屈从于各种相关权势者之势力，如此才能够"取悦"和"影响"他人（众人），并可因而增加个人在群体内之声名与地位。因此，在主体独立选择的仁学标准和学术社会的共同标准之间存在着基本的对立性。

就现代人文学术领域而言，主体的真理标准和社群的承认标准之间存在着基本的对立性。而按照人性自然和现代民主社会即为大众社会的形态，大多数人文学人多以获得学术社群承认、称赞、荣耀为治学之目的。如古代儒教社会中一向流行的"吃得苦中苦，方为人上人"之人生观共识，其实是根本上违反仁学精神的，故可据此理解儒教治学观实为通过威压加利诱以弱化孔学独立求真意志的一种策术：借助富贵利达的吸引力（科举手段为其一）诱使多数人以最终为帝王权势集团服务为目的，并进而蛊惑其通过献身皇权伟业以实现其最高的人生价值。现代人文学界以名利为目标者正是希图实现或"受权威势力尊重"（必符合社群共识）或"在先定之等级系统内高人一等"的目的。此所以个人功利主义人生观实为人文科学实现独立真理追求目标的根本性障碍。此等追求"被权威或潮流承认"的实用主义人生观，必然采行顺势而为、趋炎附势策略，而放弃逆势求真的意识和勇气。读书人动机层上的问题可直通于其行为层、效果层后果之原因即在于此。这样的心理态度异化的结果，自然成为学术市场化机制（相当于人文世界为资本势力彻底侵入）易于在今日全球化时代流行的社会风习条件。（关于借助金钱或资本机制以建构商人化人生观之作为，今在西方社会可处处见之。彩票文化之流行并非仅为庶众贪财、商人骗财之"小技"而已，而是反映着、折射着新世纪唯财是求的一种全球化人生观，并通过大众文艺将此人生观作历史上最普遍之煽发，以至于自幼儿园起即将孔子和马克思视为庸俗无比。这一金钱至上的人生观，系统地灌输至幼小心灵深处，使其顺势成长后异化为纯粹经济动物。）

本章的原始寓意对于现代学术社会的重要性不仅没有降低，反而具有更加适切的启示性。因为现代化社会一般物质条件的普遍改善可能导致学人混淆两事：自身一般物质性生存条件的改善和学人治学条件的改善。因为"学术条件"涉及的学人物质生存水平的提升和其科学性求真条件的提升，二者往往被混淆不分。同时，现代化的物质条件的普遍改善及社会交流密切化的现状，可能反成为学人贪图安逸的诱饵。本章中的"物质匮乏"意象今日当然不再限于仅指"恶衣恶食"，而是可泛指学人被名利权三者压服后的低劣物质处境。此种相对的物质性、社会性处境低的状态所造成的学人自觉"受辱"的自我意识（今日世界人权主义者常说使人因具有物质条件而可"有尊严的活着"，此一"尊严"与本章所暗示的"尊严"为两事），可谓与古人"恶衣恶食"状态中的"受辱"意识完全同构。这样的效果同样会成为学人怯于特立独行的客观条件。现代学界的等级结构即可成为迫使学人屈从不当权势的有效手段。不言而喻，上述关于学者个人因追求名利权目的而在职场顺应普遍"曲学阿世"的风气和方向，根本上是全球商业化时代科技工商资本权势的无限扩张的结果。此一在学界的"笑贫不笑娼"般的个人精神异化现象，足堪使当前国内外人文学界警醒。

【关于读解之"时代误会"的历史解释学申论】

历史解释学或思想史解释学，简单来说就是：将古人向仁向义心态本身的纯净心志（属人性永恒层次）与其身处的环境、认知、惯习中的行为选择方式（属历史性一时有效层次）加以分离，之后将作为精神史上恒定沉积之前者，与现代环境中已为历史所改变的诸种新因素"重新加以有效挂接"，其要点即相关于此转换与挂接的"有效性"是否在"解释学"上确当。海外新儒家的认识论误区正在于其"泥执历史旧章",不知"有效"与时俱进、与时更新,而其根源竟然在于其对于"历史旧章"(如《论语》《孟子》文本)未能读解其"真意"或"本质"。也正因其未能因此受到仁学原典的根本性激发(未曾在原典的原初语境中先致力于其原始心志学层次上的深化,而是在该层次上以身处的现代环境因素干扰了所接受的心志纯净性。而在须将该原始心志与现代环境有效挂接时,又主要以古代环境因素取代了现代实践学环境,所以在其实践学的两个方面[心志层与对象层]均发生了"错置"),遂仅成为"说阳明学者"(止于被动激赏和虚而未实的实践)而未成为真正的"行阳明学者"。(瑞士汉学现象学家耿宁亦然,大陆新儒家熊十力亦然。)其共同陷入"时代错置性"(即其"思想偏误"不必完全归之于个人,或应归之于客观条件的强大)的"导火线"有二:一为对于"学"字不能行其与时俱进之扩解与提升,对此前已论及。我们强调仁学为伦理实践态度学,即须直接相关于对解释学与符号学这些当代跨学科新认识论方向的领悟,而以上诸公均以为所谓"新学"或"西学"就是"西方形上学及本体论",况且他们共同关注者又仅仅是西方古典哲学,这是技术性层面上的"错置"。另一为由于未曾确切把握仁学原典的真义,也即未曾在深层次上受到仁学精神的激发,所以其在"为学之诚"方面有所不达,因而未能真实面对自身认知与判断之失,亦未曾对准身处之真实"现实环境"。

按照解释学原则看,新儒家们不知道与其相关的学之对象域应为"现代人文学术理论",既非古代人文学术也非现代政治领域。现代政治史已经证明其真实机制为特定政治力学关系,而非政治道德学关系。以各种"道德学"处置政治学属于历史性认知误会。我们先来看最简单的例子。与"入大庙每事问"句之解释学相关者,非为古人陷入其中的有关事实类的争论(孔子其人,何庙,何礼,何器等等疑问),而是相关于如下仁学伦理学认识论:一是所谓"学"的对象应为对现世具体经验事实的了解和把握,二是学者对"学"之积极求问的"态度"。前者相关于认知的对象域与方向,后者相关于求学的积极精神。"对象域"指"现世经验域"本身,非限于当时(不要说先秦时代,连两千年儒教时代都包括在内)之具体"事端",而首应指学者"身处"时代的"现实经验域"。

孔子当时在其技术性条件下之"每事问",在今日现代化条件下该指什么?海外新儒学诸公怎么就没有一个时代"解释学转换"的概念?再以孟子

"威武富贵"章句论。先秦时代该句可颇为有效地"指涉"战国诸政治权力者统治的环境，其论述对象属"社会政治域"，孟子角色代表与前者对立之"良知"。该章之"表达面"为士君子与战国统治者的伦理性对峙关系，而其"内容面"（所意指者之"本质"）可扩解或划归为一般性"权势与良知"的对立。古代社会中的权势体现者主要为政治域执权柄者，现代社会的阶层构造高度复杂化后，"权势者"的身份也显著地多元化了。在全球商业化时代，经济权势的决定性地位（此一体现为"资本势力"的全球化发展，遂可成为今日西方学界重新反思马克思思想伦理价值学新义之契机），特别与今日"良知"所在的人文理论界形成了新的对峙关系。"权势"作为一级范畴可下辖若干二级范畴，即诸不同的"权势"体现者类型。"权势"类型属于社会性存在，故必在历史演变中经受变迁，而"良知"属于"心态域"，虽然其关注之对象亦必在历史中经受变化，但"其本身"所代表的是一种"心界态度"（朝向公平正义的"心态"），故可不变。

此外，正是由于现代人文社会科学的发展，人类进一步了解了"历史政治域"与"学术思想域"之间的本质性区分，后者遂演变为脱离其古代"关注对象"类型（政治）而转换到现代更具相关性的"对象域"与"实践域"（人文学术）的新时期。所参与的"解释学转换"不仅相关于"认知对象域"，而且尤其相关于"实践对象域"，正如我们在本书导论中曾经分析过的那样。于是，我们的中华仁学解释学所涉及的一个极为重要的、西方学界难以把握的一种新型"态度解释学"即为：对于古代重要的仁学类古籍，我们的"读解"重点不再集中于其"历史知识"类成就，而集中于其"伦理态度性积累"。所谓"态度解释学"，或"解释学的仁学实践学"，简言之有二：一是将古典中之具永恒性的"仁学精神态度"从其方方面面的表现中重新汇集起来，作为今日学术实践学的"主体性基础"资源；另一是按照人类新知、新学、新理将其传统仁学态度学的对象域（解释学地）转换为今日真实相关的现代人文学术界的"双对象域"。其一相关于认知，另一相关于实践。今日学术思想的努力遂可凝聚为如何有效实行此古今中外话语意义挂接学。

让我们再举例看现代中国史学界内的"三杰"。现代历史上中国史学界出现过三位最重要的史学家：王国维、梁启超、顾颉刚。但三人的贡献各有不同。王氏的优长主要为其具备"器物考古学上的天才辨识力"，但其因非属思想型学者，故其以情代理的"故清情怀"不具有深刻的思想性价值。陈寅恪先生以及迄今众多人士对其自沉一事进行的"精神价值之高估"，也正暴露了当时学界之实情："感性型文典史学家"未必尽为"理智史学理论家"。梁氏为中华文明史上最后一位具有"士精神"人格类型者，其早先跟随康氏而欲践行"以学为政"的"读书人"传统，之后则转向参与中华学术思想史革新事业，可谓完成了一次"历史解释学的跑道转换"。放弃政治不仅因为其政治努力之失败，而且因其"以文为政"的（在认识论和解释学两个层次上的）时代错置性也正是通过其政治实践失败过程"表现"出来的（此一转换的深意是：证明了"政治学"与"政治伦理学"为截然不同的两种社会文化思想实践类型）。梁氏一生的极为卓越的思想贡献正在于揭示独一无二的伟大中华文明史传统于新时代伊始已克服了其长期封建主义时代那种简单的"儒教经学观"：将人文学术作为推行社会政治目标的意识形态手段。此一学术观上的"解释学转换"指出，人文学术有其自身独立的历史文化目标，即作为中华精神文明历史发展之真实"场域"。梁氏短期任教于清华研究院一事具有的历史象征意义遂为：中华人文思想史资源，应该在中华文明史融入全球化世界史的今日，当仁不让地履行其参与推进人类共同精神世界与人文学术世界革新发展的时代任务。梁氏将其早期强烈的以学为政的热情，最终转换为献身于推动中华人文学术现代化事业的热情（其游学欧美的经历即表现出其认识到此种"历史使命轨道转换"的时代必要性）。在具有同一"仁学态度学"的传统型士君子身上完成的此一由"政治"激情转换至"学术"激情的个人历史，（解释学地）象征了中华精神文明的历史生命展开中的一个转捩点。顾氏的学术贡献本人已多有论述，兹不赘。

三人之学术思想因时代之限，自然各有认知上的不足（因此，越是重视他们，越要深入辨析其学之正误两面，绝对不可将往昔杰出学者加以"圣化-大师化"的利用。今日学界乐于颂扬往昔"大师"者，往往是意图将其特意煽发以提高其学术市场"可用价值"而已），但均在不同方面显示了中国读书人思想具有"现世实证论"倾向，以及均鲜明保持着"以学求真"的治学态度，此一态度与现代各种科学求实立场相同，并可指证：中华仁学思想实乃与现代科学思想在逻辑上一致的"历史信仰传统"。而梁氏与顾氏的学行路径更是在学界表现出了新形式的"权势与良知"对峙的、强学求真的实践学形态，因各自均在当时"保守学术权威势力"与"现代以学求真良知"之间的"有效"对峙中推进其新学术思想。此种由中华仁学在现代化初始阶段呈现的人文学术界内"权势 vs 良知"的形态，在今日由西方文明倡导的全球商业化大方向中，岂非正可"同构于"国际学界"资本权势与学术良

知"间的对峙形态？因此，今日由资本势力无所不入而导致的全球人文科学
萎缩的现实，岂非正应成为今日学术界仁者实践学必应重新面对的"主要对
象域"？

4-10. 子曰："君子之于天下也，无适也，无莫也，义
之与比。"

对比项：出处/义利。

意旨：仁者之天下胸怀与其出处之择为两事，"心"者可决于
己，"成"者必依于他。

旧解摘要：

《论语稽求篇》："适者，厚也，亲也。莫者，薄也，漠然也。比
者，密也，和也。当情为和，过情为密。"《群经评议》："以适莫为
富厚穷薄，其义至陋。《释文》曰：'适，郑本作"敌"，莫，郑音
慕，无所贪慕也。'此章大旨郑读得之。敌之言相当也，相当则有相
触迕之义……言君子之于天下无所适牾，无所贪慕，惟义是亲而
已。"《后汉书·刘梁传》："梁云：'夫事有违而得道，有顺而失义，
有爱而为害，有恶而为美，其故何乎？盖明智之所得，暗伪之所失
也。是以君子之于事也，无适无莫，必考之以义焉。'"《集注》：
"适，专主也。《春秋传》曰'吾谁适从'是也。莫，不肯也。比，
从也。谢氏曰：'适，可也。莫，不可也。无可无不可，苟无道以主
之，不几于猖狂自恣乎？此佛老之学所以自谓心无所住而能应变，
而卒得罪于圣人也。圣人之学不然，于无可无不可之间有义存焉。
然则君子之心，果有所依乎。'"程树德："（诸注）皆指待人言……
朱注指行事言，已属隔膜……宋儒好奇论人。谢氏于《知者利仁章》
贬抑圣门，已属非是；今又谤及佛老，更不可为训。"南轩《论语
解》："适莫，两端也。适则有所必，莫则无所主……惟君子之心无适
也而亦无莫也，其于天下惟义之亲而已。"《四书近指》："今人皆将比
义作用权看，不知此是君子有主之学，非以之与二字为听凭天下也。
内以律身，外以律人，不论经权常变，务得其心之所是。比者，君子

孤立于天下，他无所恃，恃此义耳。"程树德："此章程朱派概以处事言，陆王派概以存心言，均属模糊影响之谈，非圣人立言之旨。"

含义引申：

本章中"适""莫"二字后世解家理解不同，各依孤立字义进行揣测，如分别将"适"释之为"厚""敌""亲"，将"莫"释之为"薄""慕""漠"等。本句中"适""莫"二字连用，其寓意则可大致释为："好恶得其正""无问富厚穷薄""无所砥牾，无所贪慕"等。朱熹注仍较他注更清晰："适"意为"适从"，"莫"意为"不可"。按此，全句似可合解为"不泥执于固定之适从，一切裁之以义理"。程树德君释此章为对心对事如一，而程氏颇受佛老思想影响，往往未能按照仁学义理综合把握文意。仁学与佛老之间具有伦理认识论上的本质区别，彼此义理上根本对立。可叹自古以来解家多为文士或语史类学人，因乏较强逻辑性思维故易于依汉字多义特点而断章取义，误以为只要按字面上"通顺"或按"合情合理感觉"即可为之解。本章要旨在于，仁者介入或脱离世务（出处）之理由，纯据义理以权衡客观条件，而无关于利得私虑，虽于其现实遭遇选择中容有两可间犹豫之态，而或出或处，其理同一。故仁学实践本质无关于其出处之择，出处皆为仁学实践可选择之技术性决定。

【关于"出处"的历史解释学申论】

此章更深的意涵在于"无适无莫"的主体选择学方面。人生遭遇万千，每事选择恰当殊为不易，因主体对主客观条件及外境之变化无法充分掌握，以至于选择之先多犹豫不决，选择之后复担心后悔。"无适无莫"态度则预先规定了仁者进行选择之原则，将实践学智慧运用的重点，首先置于选择前主体侧态度机制本身，其次才斟酌客观侧选择可能导致的正负效果。如前者端正，后者经智慧推测或出或处，主体皆可采行而无得失怨怼之态，此正因出与处、独善与兼济均为行仁之可行手段或途径。常人之失则在于动机之不存，为名利心缠绕，而其实现正相关于出处之择也。

此种人生观亦为仁学重动机轻效果的总态度之一端，同时也推衍出仁学实践学对于实践效果方面必可事先"降低"其外实践中每事须必成之主观期待。此一原则，一方面，有助于强化动机层建设之首要性；另一方面，如果机械性地贯彻此个别指令，也会导致效果层预估的轻率性。仁学指令学一定得是要求实践者在诸相关指令句之间随境而异地调节其轻重缓急而取其最佳"选择配方"。此外，本章之选择法实表现于"仁学义理标准"和"现实得失标准"之间的长期性对立关系中。"适莫"者，就现实俗常行事标准及规则言，即"无可无不可"意，也即，二者之间不以前者为必取之选择标准，而衡之以是合乎义理理念层次上的标准而做最佳决定。（"最佳"之疑源于动机层之疑：义理观与逐利观为两套标准。动机层价值观不定，遇事时遂须在主客两侧盘算犹豫。对于仁者，价值观素定，故将客体侧利害抉择归结为纯粹技术性计虑而不难速决也。）此即将仁学义理标准置于现实"利害"标准之上的立场，也即本章指令句设定的理由所在。此外，本章之"天下"，除可泛指现世人生方式之选择域，还特别相关于君子人对于现世人类事业是否选择"投入"或"献身"的思考。此时，选择性思考的关键则转而特别相关于"义理标准"与"现世条件"之间的关系性特点之权衡，即仁者对"危言危行"与"危行言逊"间二中择一的决定。此一决定则相关于仁学实践学之"权学"的运用，也即针对仁学实践的可行性之合理评估。就此实践情境而言，本章之一般原则仍然适用。看似老生常谈的本章之指令，于是仅相当于指点君子须明确把握住一个根本性原则：仁义原则高于、前于现实原则，如此则君子不至于顺从现实中的威武之压及富贵之诱而动摇其动机侧之价值观立场！

现代意义：

此指令句看似平常，实具有明显的现代启示性，相关于提出了职业追求和义理追求的二中择一法问题。自古至今，社会由不同职业交错构成，人由家庭而进入社会，实即进入一定的职场。职场为社会共同价值标准的实行渠道，世人视之为当然正确的行为方式。而仁者偏偏将此社会性规范的价值重要性、伦理相关性降低，即不将现成职业渠道视为仁者行为方式选择之当然，而将职业标准视为可能的实践学诸"手段"之一，希图用以达至伦理精神性目标。而何种职业渠道有助于达成仁学目标，可能因时因地而异，故仁者必对职场渠道进行独立选择。对于仁者而言，并不存在必行之职业渠道，无论是古代科举途径还是现代学习、工作的职业制度化格局。也即对仁者言，现成社会性职业制度不是首先应当加以遵行者。这是一个有关于主体对社会性共识规范的严重的"实践学挑战"。也就是，仁者强调应该将学术社会内所行之既成规范比对于仁学理念性标准，而仅将前者视为手段层的技术性计虑问题。本章即相当于主张强化主体价值选择的自由，弱化社会客观秩序性的规则。因为，自古至今，学术社会势力均以其职业制度化格局，针对世人趋利避害本性，通过支持和约束个人的生存方式选择，以达到控导个人主体自由意志的目的。如此，学界之方向将脱离科学求真而蜕化为"以学求利"，此"利"之标准又是由学术外之社会性势力所决定者。科研主体的独立选择意志实内在地相通于对客观科学方向之坚持，故坚持学人主体学术自由并非偏重于主观任意性而是偏重于客观正确性。因此，本章关于实践方式的态度学思考，与现代人文学术世界的科学治学观的关联性，可不言而喻。现代人文学术实践的"出处之择"，遂可连通于当前学术跨学科、跨文化、制度化方略的合宜性问题。由于大多数人文学者必须进入职场以获得物质性生存条件，故本章在此的引申义即如何在制度化的"出"（进入职场）内另行安排思想上的"处"（内实践的"独善其身"，大多数情况下，实须安排于职场格局之内）。本章于古代环境内思考"出处"时所遭遇到的各种问题，在此也以"现代变形"的方式出现。现代人文学者有志于参与人文科学革新事业者，可从本章之教谕中获得相应的实践观启示。

4-11. 子曰："君子怀德，小人怀土。君子怀刑，小人怀惠。"

对比项：求仁/求福，重义/贪惠。

意旨：君子致仁行道，志在四方，不以乡土安逸为念；君子所求为"大德"（精神文化之"大"），常人所求为"小利"（物质享受之"小"）。

旧解摘要：

《集注》："怀，思念也。怀德，谓存其固有之善。怀土，谓溺其所处之安。怀刑，谓畏法。怀惠，谓贪利。君子小人趣向不同，公私之间而已矣。"《集解》:"孔曰:'怀,安也,怀土重迁也。怀刑,安于法也。'"《松阳讲义》:"今日大家读书,还是要讲求圣贤义理,身体力行,上之继往开来,次之免于刑戮乎?抑只要苟且悦人,求保门户,求取功名富贵乎?若只从保门户起见,便是怀土。若只从取功名富贵起见,便是怀惠……一旦功名富贵到手,不是将书本尽情抛却,彻内彻外做个小人,便是将圣贤道理外面粉饰,欺世罔人,败坏世道,病根都是从习举业时做起的,岂不可叹!"《群经评议》:"此章之义自来失之。君子,谓在上者。小人,谓民也。怀者,归也……言君子归于德,则小人各归其乡土……言君子归于刑,则小人归于他国慈惠之君。"《四书辨疑》:"四怀字之说意各不同,四者之事亦不相类……所谓固有之善者,盖以德为自己之德也。四者之中,土刑惠皆在己身之外,惟此却为己所固有之物,事不相类。所谓畏法者,盖以刑为刑罚之刑也。四者之中,德土惠皆在人心所欲,惟此却为人所畏避之物,意亦不伦。德不可说为自己之德,刑与德皆当归之于国家……盖谓国家之仁政也。"程树德:"此章言人人殊。窃谓当指趋向言之。君子终日所思者,是如何进德修业,小人则求田问舍而已。"

含义引申:

本章文意简明而后世解家反深凿苛求,曲解原意。相比之下自然仍以朱解最佳,也于此再次看出在传统诸儒中朱子自有其独到之较高逻辑性理解力。本章俞樾之解最为荒谬,本其一贯在古字上随意寻找歧义以鸣高之故技,反而忽略了从整体角度善读文本之必要性,甚至特意与理学家作对以自示不凡。可见一些所谓擅长考据之清儒,不要说其义理思辨能力,即使其自炫的文字学辨析能力也是言过其实的。(胡适等宣扬的所谓清儒考据学已具现代科学性之誉,因其自身各种科学性知识的局限,纯属一偏之见,实则,清儒考据家的文字技术性研究成果仅可视为有待未来科学整理的"有用资料"而已。)古代原有而其后消失的义素可能正是已经自然退出公共语境者,不可随意人为地使其复现于后世,况且古汉语的语义学是高度依赖于单字与复合性语境所共同决定的字义之具体性确解的。也就是学者不理解单字是随着整个汉语的历史演变而改变其与语境"合作定义"的方式。顺便指出，就此而言，传统考据学必须与现代符号学结合以对其文字经验性考据结论进行科学语音学、语义学、句法学的重解。至于元代陈天祥的《四书辨疑》中对此章之解读，可谓大错。陈天祥与朱子相隔大概不足百年，何以如此错读"文意"？（不是错读"字义"，因单字可以有数十种不同意义，如何能以之为据？）其他不论，仅就其将本章中之"德"字曲解为客观公共道德规则之德，即可看出其有意无意从仁学为君子学的根本义退却，不识孔孟之道不在为"官"谋，而在为士君子个人谋。前解意在督促君子"顺势"，而后者恰在鼓励君子"抗势"。其意正与前章意旨一致也。今日世界所行之"大众人生观"已将个人幸福观具体化为"家庭安乐观"。此种大众人生观自然与高段仁学人生观无涉。科技化时代即贯彻大众人生观时代，其本质为通过"弱化主体独立心志"法，以使人人安于"以技术性之成功'购买'个人家庭生活之安适"的人生图景。对此而言，本章告诫仁者勿"怀恋乡土"而堕奋发之志，岂非正相反对？

《论语》全书的主调均通过描述仁者生涯规划与常人人生规划之差异，以激励前者勇于悖人情之常而专意朝向仁学方向。此种古代以其基本生存条件之尖锐差异性作为激发仁者持志向前的物质性艰困考验，今已大幅度降低，而在相对的意义上，此种古代对比性已为如下现代对比性所取代：进入职场系统借由社会规定的技术性劳动换取私人生活舒适（必安适而"怀惠"），对比于（思想方向上，学术规划上）在职场制度外追求真善美目标的独立精神实践（必艰困而"怀德"）。本章特别通过"依恋乡土"意象以反衬君子志在四海、心怀高远，因追求仁学理想而意志坚定，故可不为安逸之念所限。此种高段仁学人生观的确不合今日世界大众文化潮流，而却正为在今日人文科学事业艰困时代所需求之学人品质：仍将科学真理追求置于生活享乐目标之前、之上。

现代意义：

本章主体选择指令句直接对立于自古至今被视为正当的个人追

求幸福的俗常倾向。此一重精神轻物质的伦理学主张，今日的确只适合于高段仁学者。其现代性意涵为，少数有志于人文科学创新的学者须强化其伦理实践自主性，为此不得不相对地淡化或放弃个人及家庭的享乐主义人生观。古人将此君子人生观区别于俗常幸福观的理由为，士君子应为天下国家大事而献身，孟子所谓"大人"者乃为致力于"大事"者。此一传统上的治学与从政之间的简单关联方式，今已完全丧失。因此今日当然更谈不到将此伦理性与日常性价值观的对比法应用于社群大众，况且民主时代以来知识分子与非知识分子之间的划分已经无法泾渭分明，二者均被纳入社会统一法制系统生存的事实，似乎使得本章之传统的精神对物质的两极划分失去意义。此一古今政治文化的差异性已经显示出传统伦理学要求的适用域，不仅必须退出现代政治社会实践（"德治观"即"人治观"，现代社会科学已证明其不可行），而且必须退出大多数社会职场。"民主社会"的宗旨即为以大多数人之要求为主，而大多数人只关心个人及家庭之物质性幸福保障，当此一方向在全球商业化今日已然落实于一切技术化、制度化格局后，唯一被自动"排挤至"社会边缘者即人文科学理论与精神文化事业，因此二者均难通过可满足大多数人幸福要求的制度与政策加以实现。而偏偏又是此二者相关于人类文明未来之深入思考。因此，应该看到，现代社会应该理解，仍然存在有独立于科技、工商、政法体制的人文科学现代化革新建设与发展之需要。在此领域，上述传统主体伦理学精神则曲折地显示了其特殊相关性，即对于那些仍然需要实践主体具有坚强独立价值观和意志力的人文学术现代化建设的领域来说，本章有关实践学选择之义理，仍然具有时代深刻的启示性。

此句的对比性之实质为主体人生观对"艰难"与对"安逸"应持有的态度。此一对比项可施用于各个方面，包括今日颇为艰难的人文科学的科学化革新事业方面。顺势而为为"安逸"，逆势而动为"艰难"。致力于实现独立创新人文学术的目的，亦须要求有志学人怀有不畏艰困而勇于独立探索学术真理的心志，否则无以在面对学界内外强大的非科学性势力障碍下正确前进。这样，我们就发现，有志于人文学理创新的当代学人，不免呈现出某种"双重人格"：作为一介公民和职场人与作为人文真理追求者。二者所要求的素质与动机非常不同，人文理论学者不得不生存于此永恒心理张力中。的确，现代人类社会结构和功能已与古代完全不同，人类及社会的公义事业，于民主化时代，已成为符合集体法制化的行为，而非直接相关于个人主观意志选择。个人依法谋取私利已属社群中的公义、共识及法则。个人任何人生规划均须纳入制度性轨则加以推进，个人主体的独立意志已经降低至最少。作为公民，人文学者也是此现代社会之一员，但作为人文理论思想家，却具有与此现代商业化-技术化社会方向形成对峙的、内在于人文学理生态的、反主流功利主义价值观的特殊精神要求。如无此种违反学界功利主义趋势、独立追求学术真理的意志，人文科学的理论化提升将难以推进。（这正是知识积累甚丰的当前西方人文理论界成绩不彰、方向不明的根本性原因之一。）

当此之时，现时代的巨大精神缺欠在于：当前人文科学理论生命力的疲弱和失去创新性功能，需要精神文化上有创新之志者，通过在中华精神文明价值信仰层次方面的深入思考，以发现和纠正人类人文学术方向与方式上的偏颇。为此，学人必须首先关注个人独立伦理意志力之树立问题。另外，正是在按照新知、新学、新理重新反省人文学术现状时我们发现，揆诸世界一切文明中的人文智慧资源，唯漫长历史上提出主体伦理学的中华仁学，在理论上，具有堪当此力挽时代狂澜的精神史资源。而所需的原动力自然只能并只需来自少数具智仁勇三达德的人文学理创新志愿者（高段仁学者）。所谓新仁学，在此无非指一种具世界性现实意义的"古为今用"的智慧学而已，即如何有效调和技术性社会主流和精神性社会支流的关系问题。

4-12. 子曰："放于利而行，多怨。"

对比项：求利/积怨，义/利。

意旨：常人求利，你争我夺，君子求义，志同道合。

旧解摘要：

《集注》："程子曰：'欲利于己，必害于人，故多怨。'"《荀子·大略篇》："故义胜利者为治世，利克义者为乱世……从士以上皆羞利而不与民争业，乐分施而耻积臧，然故民不困财，贫窭者有所窜其手。"《四书训义》："放于利者，豫拟一利以为准，因是而或行或止，必期便己而有获者，乃为之曲折以求其必遂，则己之益人之损，己之得人之失，虽假为之名，巧为之术，人既身受其伤，未有能淡然相忘者焉。激之而气不可抑，相制相挟而机不可测，则无所往而不得怨焉。"

含义引申：

仁学价值观对"利"字的否定性态度，似乎与后世及现代更为复杂的社会中至为重要的利益观甚不相合，乃至相互冲突。自孟子"义利之辨"后，仁学的利观似乎趋于负面绝对化，即使儒家两千年也多有各种补充性解释，以期使仁学之利观合乎人世间之实际情理。此一"公案"实因"利"字本身的歧义性以及历代语言表达法不尽相同所致，然而在原始仁学中对此一相关态度的强调却仍然有其自身的适当性（章句中、文本中的汉字字义必须针对显隐多重相关语境来确定，否则即成为"泥解"）。对于仁学的"利观"本身，今日应深入正确理解，以透过表面上的观念歧异性来把握孔孟利观的真实义理性。所谓"正确"理解，即解释学的理解，其理解关键在于，孔孟修辞学的表意法，特别运用比喻、夸张、对比等貌似"一偏之理"来凸显（不仅为强化表达而且为激发志意）该指令句选择的关键义素。故"义利之辨"的对举法的引申义实为：正因"利"为人性欲念所关，日日需之，自然具切身重要性，而仁学正是要借此日常至关重要者以凸显（对于人之所以为人而言）存在有较"利"（满足物欲者）更重要、而常常与之相反的"仁义"观（满足精神欲念者）。此一义利间的异质性对比（物质对精神）遂可成为仁学实践学选择原则之一种简明的"提示"。

孔孟所说的"利"是指特定环境内特定事项而言。在公务言，如指君臣不顾人类公共道义，进行损人利己的对外侵伐、对内压榨，以求个人或集团的一己之"权力性"私利（个人享乐与盘剥民众）；也指为政者不引导人民崇尚道义原则而使其实际上均取趋利避害态度（按"趋利避害"原则，即直接逆反孟子的"富贵不能淫，威武不能屈"原则），以方便权力者对其役使。在私务言，此"利"字特指个人通过损人利己方式以求名利之态度。此处之"利"乃特指不正当之"利得"，而非泛指（正当的）"利益"。自然，此句包含着士君子不应具有"利先义后"的思想，凡言利时必定以义为其前提，如合于义自然可以义利兼全，但亦非如"禁欲主义者"般通过弃"一切利"之类的"扭曲人性"姿态，以行其另类聚众谋势之"大私"的算计。（一切假仁假义言行均有其背后之私利算计，惜乎世人唯知跟随狡黠者之"巧言令色"也。）但是，此句也可以在最一般的意思上指"任何利字"都不应该置于思想的"首位"之意，因为"利"指行为目的之"得"，本身属于实践过程中的效率性技术因素，非属精神目标层次上的价值学因素。排除利字的"第一性"遂可称为仁学固有之义，因此任何正面的功利主义也不应被视为价值信仰之基本（对立面法家正与此相反）。不是绝对排除利字本身，而是排除利字的第一性，也就是排除功利主义的第一性。即当功利思考被置于道义思考之下时始具有其作为技术性求利行为之正当性。这意味着仁学不是相关于任何"谋利"之学的，因此不是相关于政治、经济、军事等等实务之学的。不是说仁学"不关心"这些人类社会实务领域，而是说仁学的动机伦理学特性使其不以社会实践的功利性方面作为自身的实践学"相关项"。孔子不言军旅、农事等，乃因皆可"付有司"，以此可将君子之"本业"对准仁学之"本务"，即其"相关域"（relevant zone），也就是仁学之基本动机和最高目标方面。这种表达法相当于说：仁学特重第一义问题，其第二位实用性问题属于人类物质性生存面上的技术性问题。读者会立即发现此看法的矛盾性在于：不正是孔子要求从洒扫应对等琐事做起吗？价值与获得价值的手段和途径并不相同。对于孔子而言，"洒扫应对"是间接表达和形成根本动机与最高目标的"手段"或步骤，在此只相当于仁学实践学的"技术面"。对于利与功利观念,自然也应如是观。此句中之"怨"或指本身或指他人,不必泥解,其相关义总之为人际关系之负面,以证贪求功利足以损害人际友爱。

【关于"利"的历史解释学申论】

对于今日读解古人文字而言,必须把握其以直观方式表达的"关系性对象"。"利学"甚至涉及人类价值学思考中常有的含混性。人作为"物""生物""动物"的一类,自然有其生存的各种"自然组成面",包括与生物性生存相关的一切自然面(物理、化学、生物等等)的"必要条件"。构成人的"物质生存必要条件"的一切因素是否应归入人的"物质性价值"类呢?任何果腹之物与"美味",作为"支持生物人生存"的物材,是不是"价值"呢?在此"价值"一词显然具有高度人为(主观)规定性,如果空气、水和基本食物不必称为"价值",而"美味"须称为"价值"("菲饮食,恶衣服,卑宫室"),这就表明需要区分"基本物质需要"与"加附文化需求",而二者之间的关系是相对而言的,我们通常仅称(相对性定义的)后者为"价值"。

现代意义:

仁学中的"利学",必须在相对性、对比性语境中加以把握。严格来说,此利学实应为"义利学",即在与"义"的对比中来规定"利"。对于"利"观念的批判,实为对"义"观念的缺失之批判。此一看似简单的原则,正如"仁与不仁"二分法一样,意指深远。对于今日人类求物利至上的普世功利主义世界观尤为适切之论。此中之"义"如泛指精神性价值内容,此正可反向地用于刻画今日全球以 GDP 衡量价值成就的唯物质主义倾向,如扩解至相关于人文科学现代化建设任务而言,学者求学术市场之"成"即为求一己之利,而求人文学术之"真"则为求"义"。古典义利之辨岂非正是"求成或求义"之辨?至于"多怨",亦可直解于学术界:以鼓励学者争名夺利为学术实践论规范,必导致彼此为敌、拉帮结派、互生怨恨。其情状与《论语》"学为己"精神之"不亦乐乎"和"我与点"之境界截然相反,故中华仁学今日却显示出其具有一种全球普适性的伦理价值观。

当然,社会历史的演变不依赖人类主观愿望,今日科技工商控

368

导的人类唯物质主义文明大方向已成不可逆转之势，因其正可符合大多数人以物质性利得为人性最大欲求目标的愿望。在此情况下，仁学的现代相关性进一步分离于其本来即不擅长处理的社会政治层面，反而可更加清晰地集中于其所擅长的精神文化实践中的人生观、价值观问题上，也就是集中于人文科学理论改进和提升的层次上。历史上，仁学的政治学方面的关切和抱负，仅只为其"关注"的对象而并非为其"实践"的对象（行为目的），故仅显示为一种政治乌托邦愿望（思想目的），而此愿望实际上相当于其朝向有关政治伦理学和一般伦理学的真实关注与实践（伦理思想实践），后者在人类进入民主社会历史阶段后可通过其更加明确地脱离社会政治实践领域而在适合自身的全新领域——人文科学——自觉而直接地发挥其固有的伦理学思想功能。其君子学可谓无关于现代社会政治经济生活之功利主义之"义理"，却可在高端文化、人文学理、精神信仰领域焕发出其历史上数千年深藏的固有生命力。古代君子学即为当时的"小众"之学，今日之相应"小众"不会再指涉政治人士而应专指人文科学理论家了。就此而言，本章之意旨的现代性意义转换，遂显示出一种更明显的适切性。

4-13. 子曰："能以礼让为国乎？何有？不能以礼让为国，如礼何？"

对比项：礼让/欺凌，王道/霸道，仁政/暴政。

意旨：仁政爱民，四海一家，故必戒强横霸道、欺弱惧强之恶行。

旧解摘要：

《皇疏》："不能以礼让，则下有争心，锥刀之末，将尽争之，惟利是恤，何遑言礼也。"《集注》："让者，礼之实也。何有，言不难也……不然，则其礼文虽具，亦且无如之何矣，而况于为国乎？"《读四书大全说》："此章乃圣人本天治人，因心作极，天德王道之本领。此所谓有《关雎》《麟趾》之精意，而后《周官》之法度可行也。岂但上下截然不夺不攘之谓哉！"

含义引申：

朱熹解此句大意为："礼让为国有那么难吗？如无礼让，国即无礼矣"。此一解释正好可反过来理解为：孔孟仁学断言，不仅在春秋战国时代，而且在其后两千多年中，各国及各权力集团形成互争互斗关系，此实乃人间历史之常态。本指令句不过在表达这样一种事实性判断而已。本章的意义类似于前章，不是说"为国"只讲礼仪不讲农桑军旅等，而是指统治者首应认知：持权与为政之正当性究竟何在？据有传说史的春秋以来，封建时代为政者相互争权夺利的特点显示出当时统治者的行为与《周礼》政治道德学主张正相反，各政军集团之间或有争抢领土权位之行为，或流露出此类意图。东周时代诸国之间的争斗史显示，各国之间争斗的动机无非是争权夺利以互争周代权力框架内的位置高低而已；殆至发展到战国时期，各国统治者的目标已成为取名存实亡的周天子而代之，借以成就诸侯王成就自身"环宇第一人"之卑劣野心而已。本章通过指责当时各国统治者之政治行为之"不正"，以（具有历史性深意地）通过此事实陈述来表达一种永恒性对比：现实统治者行为动机与理想政治目标的事实上的对立性。"周礼"之"礼"字可含多义，"礼让"为其个别性人际相互关系的特点，其目的在于强调与邻为善，故自然应相互礼让。也即人际关系非以相互争利为正当，所谓"礼让"本质上即为相互让利之意，也即主张人或集团之间应以义，而非以利，为彼此关系互动之守则。此一春秋时代所谓的仁学政治哲学观之伦理性深意为：仁学虽非真实地相关于现实政治行为之思想（如法家则为相关于现实政治之思想），而是相关于理想政治行为方式之想象（仁政观），但却真实地反映了政治历史现实之本质上的反仁学性。（"孔子思想"根本不是如儒教皇权意识形态对其加以歪曲的那样为帝王将相权力集团之"守护神"，而是对历史强权之伦理性否定）。于是《论语》"作者"（孔子及弟子等角色背后的编写者）本身相对于政治现实做出的伦理价值学判断，虽甚少相关于历史政治现实之改善，却因其客观上直接相关于历史政治现实，而可在伦理思想的层面上显示出一种永久有效的历史善恶批判力。此种实际的"思想力量"（而非物质力量）遂可有效地成为影响中华文明伦理精神文化实践的方向性指南。

【关于文本形态的历史解释学申论】

在《论语》文本中，有关政治的一般道义谈论甚多，而对具体政治行为方策则建言空洞且甚少，此一《论语》编写过程（历时三四百年左右）中的删削原则表现出一种极具理性的智慧：将仁学话语的语义学域保持在动机性、态度性、原则性层次上。此一原始编写学的"产生因"，固然受制于当初编写者集体之一般知识局限性，却也因此客观的书写限制性而使其反而保持了超出历史现实变迁过程的一般伦理价值性。战国及秦汉三四百年中早已增加了远较先前丰富的历史政治经验，本来编写者大可增添后来更具政治现实相关性的论述，最终，特别是两汉几百年间，却没有变更原初《论语》的构思框架，可见历代参与编写者不约而同地维持着对于原初思维方向的尊重。这样，本章后世读者遂可在此指令句中将重点置于政治正义性何在的问题上，而非置于政治策术智慧性得宜的问题上。后者随着历史的发展是因时而异的，到了现代化时期更其如此。当时书写不便的技术性事实，以及当时学术思想的主客观条件未备的事实，竟然反而成为导致原始仁学论域保持其历史上具有恒一伦理性价值的原因。此一价值观上轻重缓急的布列，有助于仁学表现出其伦理层次上的关系逻辑之清晰划分："伦理学"之"基础"或"本色"主要相关于主体的伦理价值观认定与伦理实践机制之营建。

现代意义：

人类几千年的历史，本质上即为不同集团"单位"（个人、家族、集团、阶级、国家、区域）之间的争权夺利的过程。此一人性倾向问题不可能由伦理学解决，正如伦理学也无法直接解决大多数人的人生观建立与福祉追求问题一样。但是近代历史导致的有关人类追求公平性、合法性制度的努力（民主政治的发展）以及晚近以来科技革命性的进步所导致的人类争利关系中达成的恐怖平衡的事实，二者间的结合则有可能成为在人类相互斗争张力场中保持和平共存态势的一种戏剧性机会。本章关于周代"国际间"争权夺利的历史性事实判断，因此完全可还原为人之间争权夺利本性的事实性判断。此一基于人性自私本能的事实，当然也适用于描述人文科学学者之间的自私求利的相互竞争关系。此一人际间的本能性利害竞争关系可表现于公私大小各个方面，而人本主义仁学伦理学的提出，则是意图通过使人性中的善本能与人性中的恶本能在主体意识界形成直接对立的方式，以激发出良知力和精神升华意志，借以达至以善制恶、以正胜邪（其善恶正邪因素均存于人性）的效果（历史礼学之目的）。具有经验实证主义性格的仁学所说的"人皆可以为尧舜""我欲仁，斯仁至矣""人性本善"等均为以事实表达句式所表达的"祈愿句"而已：激发人性向善本能生发之机会。人本主义的仁学之目的，无非是朝向于激发此人性为善的机缘而已。（原初创学时天真地打算以此激发善念的方式改善政治情境，其后证明其学无力于政治改善但可自然地通向精神文化创造领域，于是该"良知激发术"虽不可能撼动权势野心家，却可能决定着"士"人格之形成。）同理，仁学伦理学作用于今日的可能性也在于：在当唯物质主义文明空前发展之今日，仁学按照同一实践学背景，根据其长期历史上的实际经验，仍有机会在现代文化与人文学术界内思考和追求这样的精神文化目标，即如何在人性含"自然趋恶"（自私倾向）的事实前提下来促发人文学者和文化知识分子之良知，使其改采"义为利先"的人生观和治学观（"克己复礼"之今义）。此一伦理学原则实际上也隐含着一种良性"精神功利主义"：弃物欲满足之"人生小利"（名利权原则，本质上来源于丛林法则时代，动物间之"争强斗胜"本能实亦含有"基本名利权"三要素），求精神事业之"大利"（真善美乃动物界极少有者）。于是"义利之辨"的本质可改换为如下之对峙性表达法："仁义真"之大利与"名利权"之小利。此处"利"之定义从其普通"物利"层面扩展为"精神利益"层面。现代人文学术科学化的发展根本上只能寄希望于良知者之人生观转变和意志力营建。"物质性利观"足以推动科技工商事业，但不可能促进精神文化之提升。"克己复礼"无关于任何竞争事业，但决定着真正人文科学的形成。

4-14. 子曰："不患无位，患所以立；不患莫己知，求
为可知也。"

对比项：求道/求利，目的/手段，力学/求闻。

意旨：君子义在利先，用智强学，无名利成败之俗念。

旧解摘要：

王符《潜夫论》引孔子曰："不患无位，患己不立。"刘氏《正
义》："郑司农云：'古立、位同字。患所以位，谓患己所以称其位
者。'"《集解》："包曰：'求善道而学行之，则人知己也。'"《集注》：
"所以立，谓所以立乎其位者。可知，谓可以见知之实。"《容斋随
笔》："说者皆以为当求为可知之行。唯谢显道云：'此论犹有求位求
可知之道在。至论则不然，难用而莫我知，斯我贵矣。夫复何
求？'……若汲汲然求为可知，则亦无所不至矣。"《此木轩四书说》：
"患无位，谓不得其位，则无以行道而济民，故教之以患所以立，正
为所以立者之难……患莫知，亦是谓道德学问必以人知为验，故欲
人知己之有此具也。教之以求为可知，正惧声闻过情，惟务实之为
急。若夫志在富贵，但求邦家必闻者，盖将无所不至，岂复可与言患
所以立、求为可知哉？"黄氏《后案》："谢显道疑此经非圣人之至论，
驳谢者谓圣人就名利以诱人，二说皆非。经明言不患无位，不患莫己
知……具济世之猷，不求世之用己也；修足誉之德，不求人之誉己
也……君子之于位与名，听其自至而已，避之与急求之皆非也。"

含义引申：

仁学指出，士君子在确立了仁学人生观后，其实践过程中应该
首先明智地把握"仁义目的"与"技术手段"之间的关系，而非将
实践所需之外在"条件"及附带名利效果（职位和名气）误当成最
终目的本身；在此前提下，可进而思考实践手段与条件（作为实践
过程中的"中间目的"）之有效达成问题。关于本章历代诸解中的歧
异性，首先源于句义之单简，朱子弟子谢显道等的"异解"也并非
无据。于此再次证明读《论语》章句时务须参照仁学整体以调适章
句在语境中之确义。

此章相关于君子个人为学修身之态度，其寓意具有古今中外治学方面的普适性。本章重点虽然不在于仁学义理方面，而在于仁学实践的智慧学方面，但暗示学人智端之失亦相关于在先的仁端之失，即治学动机之不纯可导致急功近利，而卒致因小失大。因此，本章遂成为检验君子行为正确性与认真性的"双试金石"。此一对立组（立/位）或二中择一（首先关注于"应学"还是关注于"必得"），形成于士人通常行为内容的以下含混性：按照仁学实践学，士君子志在得位以行道，而在此过程中"道"（目的）与"位"（手段）的因果关系却具有含混性，因而应用之手段也完全可以脱离"应立"之目标（仁道）而用之于行"非应立"之目的（私利）。即，"位"既可用之于行道，也可用之于得利（做官为善与做官取利）。实际上，几千年来此一含混性不仅始终易于发生而且大多数情况下均必发生，至今如此。仁学政治学着眼于难以实现的内在动机之纯正，现代法制着眼于外在行为之规范，后者之意在于促成正确政治行为的效果而不寄望于行为者动机之正确。不仅唯此方式可导致实践者即使以谋私利为动机，而法制的外在限制足以使其行为趋于正确，而且行为者动机本身的修炼亦客观上不足以自行导致行为效果之正确。因此，本章的"手段"论述前于"目的"的实践学指令，其所蕴含的前提为："应立"与"求位"等手段部分，仅意味着其本身在伦理价值层次上的正确性，而非指相关于任何求利目的的手段之效力性。实践者在此须对目的与动机的正确前提先有默识，谢氏之疑即可解消。

然而，揆诸实际，几千年来错解此章之意者乃因孤立读解句义。本章直意相关于"手段前于目的"的实践学次序关系，此论可适用于一切目的-手段关系，结果其含义似仅在于促使人们理解：如欲成功，不应直接关注目的而应关注有效达成目的的手段方面。而因世人多为名利之徒，结果本章反可解释为专为此辈指出获致名利之良策，难怪引生谢氏之疑。

【关于治学观的历史解释学申论】

仅从学习智慧学角度看，本章具有古今中外治学态度方面的普适性。对于一般学者急于求成、不讲方法的态度具有直接针砭的作用，即学者徒有抱负而不脚踏实地进行准备。其重要的实用性启示为：不应将目的本身（求被知）当作自身实际的"实践对象"，而应将达至"获知"的"方法和手段"的步骤视为"实践对象"，如此才能有助于达到目的。"被知"在此可有正负三义：1. 只有被知始能有条件行道，故有意识求被知；2. 求道有成后必被知，此为客观结果，故亦可转化为行为实际目的；3. 违反仁学之教而仅以求被知为其名利心之满足。如为仅以"求有名"为心（实践对象），仅有此心愿则并不能直接有助于达到被人知之目的，而须将找到"获名"的具体方法作为实际实践的对象，如此才可产生所期结果。于是智者或强者能够认识到应当区别二者，而愚者或弱者则常含混二者之间的实践学次序，不知讲求方法而徒知空持心愿。

自然，此一功利主义的智慧性说明还暗示着一种伦理性深意：本不应直接追求其本身亦仅为"手段"的"人知己"（名声），而应朝向于该作为手段的"获知"事实所通向的更高目的之实现。本句通过将仁学义理高度降至仅限于辨析"智维"一端之得失，以便更深刻地进行仁学动机性褒贬：对于仅以治学求利的大多数学者来说，其难以学成一事早在实践的初级层次上（功利主义的智维计虑上）即已呈现不当（不智），遑论其高端仁学目标之达成。如孔子言"朽木不可雕也"时，该章仅针对人之勤勉与否加以褒贬，尚未及论勤勉后所当为如何。此种褒贬术意在从智仁勇三维上先各自分别计虑其得失，因仁学褒贬的对象本身可以发生于不同的实践学阶段、层次及方面上，故孔子因材施教、随境而异，通过在大小高低诸不同心理与行为层次上，对于学者可能的内外品德之缺失实行多方面的"堵截"，以期有助于学者正向品质之养成。

仁学价值之实现自然也会带来名誉和利得。仁者所求者为仁学价值本身，名誉利得虽非其所求目的（非相关项），但事实上名誉利得往往会自然归属之（如"至于穀"章所言）。后一事实性推断（求义者未必不能得利，实际上二者常可一致），意在对仁者"成色"不足者相对地降低标准以在实践层上增加对其鼓励的成效。对于"上智"者，则必强调更高的标准：不应预先有任何个人名利权之隐蔽动机在，从而将名利权之私利部分从一开始即归于实践学上的"非相关项"，因非如此不足以粹炼仁者建立朝向仁学最高目标之心志。

现代意义：

考诸现代学术界情况，本章在功利主义低阶上的警示可谓一语中的，特别对于万千求学的年轻人而言。一者，学人未采"学为己"

之目的，而纷纷以"学为人"为念，即均以急求"被知"得名为其求学之目的及其实践之对象。再者，即使对此一个人名利目的而言，学人因心志不坚而多难以正确贯彻相应的实践学次序："被知"与"求可被知"二者在实践学程序上的混淆，其结果即"急于求成"，"欲速而不达"。学习中学人往往把个人急于求成的"焦虑"与"热切"误视为其"学志强烈"，以致自欺欺人地掩饰自身急于求成的动机，这就是"急于求成"和"揠苗助长"（孔子所谓"求速成"者也）。其心病在于：急于求成，即急于成名（被知），结果反而必难达成目的。此一现象今日比比皆是，其普遍性弊病还不在于方法（自然必有方法上的缺失），而在于心术（手段之不当暴露动机之不当）。此一明显缺失之所以难于发现改正，一者，由于人们追求名利权欲念强烈，加以社会功利主义环境及风气的推波助澜，今人遂不再以此个人求名利之念为不正当；再者，求利或求胜心切，或意志薄弱，导致学人易于产生"意必固我"心态，误以此心态混淆于正当的"坚持己见"。其结果均足以阻碍学人正视自身学术缺失以便自我改进。此外，功利主义的社会环境，其影响力正在于鼓励学人以各种方式相互竞争求名求利，因此学人及其集团出于急功近利心态而（客观上）可以任何学术现状为其求利之基础，结果必疏忽学术质量本身，而是转而关注学术材料之市场宣传运作效果，以至于可不择手段地唯名是求。如是，学术采商业化竞争方式而蜕化，进学方式反正好相当于在强调：想方设法、不择手段地急求人知（由是产生现代唯知名度是求的广告术之泛滥）。如今日争比网文点击率以增己名之互联网风气，岂非正为与本章之孔子告诫背道而驰？求名之心不去，人文科学理论必难有前进之期。

4-15. 子曰："参乎！吾道一以贯之。"曾子曰："唯。"子出，门人问曰："何谓也？"曾子曰："夫子之道，忠恕而已矣。"

对比项：仁道/一贯。

意旨：仁者行道，一以贯之，须验之于"心言行效"四端之时空统一性。

旧解摘要：

王念孙《广雅疏证》："一以贯之即一以行之也。《荀子·王制篇》云'为之贯之'，贯亦为也。《汉书谷永传》云：'以次贯行，固执无违。'《后汉书光武十王传》云'奉承贯行'，贯亦行也。"《挈经室集》："《论语》贯字凡三见（曾子、子贡、闵子）……按贯，行也，事也。"（《尔雅》'惯，事也'，《广雅》'惯，行也'）……此言孔子之道皆于行事见之，非徒以文学为教也。一与壹同，一以贯之，犹言壹是皆以行事为教也。弟子不知所行为何道，故曾子曰：'夫子之道，忠恕而已矣。'此即《中庸》所谓'忠恕违道不远'，乃庸德庸言，言行相顾之道也。此即《曾子本孝篇》所谓'忠为孝之本……此皆圣贤极中极庸极实之道，亦即天下古今极大极难之道也。"洪颐煊《读书丛录》："古人解贯字皆属行说，即孔子所谓道也。曾氏以忠恕解一贯，忠即是一，恕即是贯，恕非忠不立，忠非恕不行，此皆一贯之义，非忠恕之外别有一贯之用也……一贯亦当时常语，非果有不传之秘也。"焦循《雕菰楼集》："一贯者，忠恕也。忠恕者何？成己以及物也……舜于天下之善无不从之，是真一以贯之，以一心而容万善，此所以大也……故有圣人所不知而人知之，圣人所不能而人能之……是故'人之有技，若己有之'，保邦之本也。'己所不知，人其舍诸'举贤之要也……必如舜之舍己从人而知乃大。不多学则蔽于一曲……于是集千万人之知以成吾一人之知，此一以贯之所以视多学而识者为大也。"张甄陶《四书翼注论文》："此章道理最平实，是以尽心之功告曾子，非以传心之妙示曾子。曾子之唯是用力承当，与颜子'回虽不敏，请事斯语'口气一同，不是释迦拈花，文殊微笑。忠恕而已，是直截切指，与门人共证明此第一义，不是将一贯之语移下一层。"程树德："一贯之义，自汉以来不得其解……张氏甄陶所说尤精。"《集解》："孔曰：'直晓不问，故答曰唯。'"《皇疏》："贯，犹统也。譬如以绳穿物，有贯统也……唯用一道以贯统天下万理也。"《朱子语类》："犹言以

377

一心应万事。又云：'曾子未闻一贯之前见圣人千头万绪都好，不知皆是此一心做来。'"方东树《仪卫轩遗书》："一贯之义，兼知行而言，非真用功造极人不能真知。即彊说之，只是知解，不是心得。"《皇疏》引王弼云："忠者，情之尽也。恕者，反情以同物者也。"《集注》："尽己之谓忠，推己之谓恕。"薛瑄《读书录》："非谓学者尽己为忠，推己为恕也。姑借忠以明一之体，借恕以明贯之用。"程树德："此章之义，约之不外一贯即在忠恕之中及在忠恕之外二说。"

含义引申：

据胡志奎分析，《论语》中孔子所常言者为"忠信"，多言"忠恕"者则为曾子。据胡氏，《论语》中单举一"恕"字句实仅为曾子之言，而非孔子之意。正因"恕"字之确义不明，故不足以之作为仁学品德学之总称。王念孙与洪颐煊所解有异。实则，王解较合儒家情理，而洪解属于"理解性革新"。据情理推测，曾子言部分为汉儒孝学家所插入，洪解则是为了顺通文本义理之"革新"，借助训诂以排除儒教教条主义。前后两句合一时，通常即理解为孔子之道即为"忠恕"。而此描述句实为一指令句之变形：君子心言行应毕生一以贯之。如按照通常理解，"忠恕"二字似并不足以尽博大精深孔学之"一以贯之"的仁学实践总纲义。今日《论语》读解字义之难，恰在于其文本字面多为古今通用的日常词语，而其诸字的意涵未必古今完全一致。一方面，其文本口语性能体现人性、人情之古今一贯处，方便今人之直接把握，但其中如有古今字义细微差异，亦可能因之导致误解。另一方面，《论语》指令方式往往采用以小喻大、以个别示一般以及随境而变通（朱子所谓"泛应曲当，用各不同"）的风格，读者却未必均能恰当准确把握相应之语境，因此而产生误读或偏差是有可能的。此一情况不仅古今如此，即使先秦与后秦的数百年之间也可能发生，因当时书写、表达、流通不便，各地、各期使用的字义并不统一，后世读者的集体性误读也是可能的。有鉴于此三种情况（同一字词的《论语》原始义、秦汉解释义、现代语义）的存在，我们自然只能根据秦汉解释义来理解原本字义。一者，我们不可能可靠地"推测"原始字义；再者，我们之所以重视其书乃因其于秦汉以来所实际起的作用（有效读解意义），并非因崇拜孔孟个人而须泥执于所谓古义。在此基础上，我们再进行历史解释学的读解：根据今日各种知识与经验对其历史上的和现代的作用加以分别理解。

本句涉及的"忠"与"恕"二字，因在此指令句中占据关键性地位，即须特别加以梳理。如予以直解，或以偏概全解，或以个别代普遍之意解，则非常像是后世儒家所后加者，用以强调臣子对上尽忠，对事"宽恕"的"儒家道德"。即"用恕"之术，恰可成为乡愿辈败坏仁学的欺人口实，于是其目的或效果反在于导致士君子可不按照孔孟仁学原则严格实践。也即"恕"字在此完全可起到一种瓦解仁学逻辑严格性的作用，其灵活泛取态度貌似宽仁，而卒至颠覆仁学伦理学原则本身。而孔子之道必指最高范畴层次上的"仁义本身"，不可能在实践学范畴上降低为"忠顺于君、亲、人"这类次一级的实践方法。本句泛指宽恕，似亦不合孔孟一致反乡愿学之坚定性立场。仁者对待他人必定是可恕则恕，不可恕则决不应恕，何来以"忠恕"为一贯之道之浅识？如释之以"老好人"，则可谓正中乡愿辈之下怀也。妄图以"忠恕"为最高纲领的做法，其效果首先在于削弱、消除孔孟相对于君王权力最高层隐含之"义理对抗性"，其旨意正好与原始仁学相悖。忠恕者，首先指对君而言，从而导致随时"宽恕"君上及官吏之错误与罪行，如此何来孔子所说"斗筲之人"句含有的鄙视官吏之态度及孟子"诛一夫纣"之义愤？

【关于"一以贯之"的历史解释学申论】

由于《论语》中颇多秦汉前后儒家窜入之言，我们本来完全可以对其存而不论，那么为什么仍要对其进行讨论？一者，此句的义理悖仁学程度不似其他儒家后置句严重；二者，恰因其义解之含混性而对后世影响力反而最著，并已成为长期以来混淆仁学与儒学立场的关键点之一，故有必要辨析之。

仁学与儒学之混淆术在技术上颇具可行性，因为在特定情境下以爱人和以礼为本的仁者自然对他人、对他国采取能宽谅即宽谅的"仁者态度"，在此所用的概念为狭义之"仁"，即仁爱心。于是儒家之士即可从此点切入，以偏概全，将特定情境下之个别性宽仁态度充作广义之"仁"（仁学）全体之大方向标志，遂导致将"仁者"变为"儒家"之类的对皇帝绝对权威服从的愚忠态度和对世人违仁之行不加贬斥的乡愿行径。此与移孝为忠的儒家混淆术如出一辙，即将作为个人仁学修身术之一端的家族孝学，无限地扩展至国家天下层次上的"忠顺于至高权势者"之学。仁学与儒学的最鲜明对立就在于前者之意仅在于"借君行道"，后者则含有甘为"君王家奴"之意。此与孔孟对权力者去就态度之间的差距何止千万里！而两千年儒家，包括在文化层次上颇具仁学心向者，何能对此越雷池一步？黄宗羲之斥君权言论仅为儒教史上的孤例，其于儒家政治学上的反思不过是偶一闪现，而贤如黄氏其人后来的言行亦不足以充分符应之。无论是移孝为忠还是以个例中的仁恕胸怀（对小境、小事、小节之宽恕心意可足见仁者之大度）取代仁者行事之总原则，都是在忽略情境、事由、人物、层次、方面等各相关实践学"参量"及其组合结构变异后的含混之言。此类混同术正可便于儒家实行各种乡愿术，特别是在重大、危难情境内，其总的结果就是瓦解仁者的智仁勇意志力结构，倾向于鼓励乡愿辈不问青红皂白地屈顺（以忠恕解之）于不当权势，并可忽略仁学实践学的严格性要求。而且"恕"字正可作为放松士人过错考验的普适性借口。试想，如果持此所谓普遍忠恕态度待人接物，何来孔子之哪怕最普通的道义谴责："言不及义"和"求为人知"？正是从小处遵行"防微杜渐"之原则，仁学始可具有成效。当然，如果不将"忠恕"拔高到"一以贯之"的最高原则，则"待人接物之忠"与"仁爱待人之恕"，作为日常仁者行事的风度，自无不可。但如欲以此曾子言作为对"一以贯之"的解释，则必不能成立。一般来说，《论语》中的"子曰句式"所言与"曾子言句式"所言，在细微方面确有不同，我们难以据此推测说此不同反映了两位历史人物思想细节之差异，却可从中看出《论语》编者集体中执写二不同句式的编写者们之间的细微思想差异性。《论语》中不乏秦汉后帝王专制时代趋炎附势儒者插入的各种"绝对忠君"思想以及其他儒家思想（如插入"易"或曲解"易"之字面，用虚构的"客观之道"瓦解仁者的主体意志之独立性），但今日无从可证的历代儒家编者大致集体维持着《论语》思想和风格的统一性。其插入的儒家意识形态明显的语句，大体未曾损及全书文本主体部分的思想及风格的统一性，卒使此书之留存及普遍阅读成为中国历史上的一大奇迹。

同时，我们多次解释，新仁学解释学并不希图"恢复"原始《论语》文本的"原状"（也因我们不可能假定存在有所谓此书文本之"原状"，因自原初思想产生到几百年后结成书本行世，其间的过程细节全不了解），我们也并不重视所谓孔门原初思想系列整体性的内在固有价值，反而是仅能立基于后汉形成的此一今传文本，着重于考察其两千年来的思想影响效果本身。新仁学对《论语》价值的重视因此源于对全体文本中存在的一个潜在"指令句结构整体性"的发现。此整体性指令句系列在历史上及现代的有效性，完全根据于现代人文理论知识对该历史文本的重新判断。《论语》的整体性价值并非即指历史文本本身的自然存在，而是指其中包含的某种伦理指令句系列的潜在关系性整体之存在，此一整体性及结构性的指令句系列的存在性，须通过现代符号学、解释学的分析法之阐释，方可进一步清晰看出。以上观点系针对现代《论语》读解中可能产生的各种偏颇而论。

如果摆脱历代儒家对此"忠恕总纲"的强调（历史上，对此"总纲"的孤立信仰恰可成为士人遇事退缩、因循守旧的借口，故须先予剖析），我们也可就事论事地对此章采取随境而异的直接理解。按此，句中之"忠"与"忠君"，其所忠的对象均应理解为最高仁学理念本身。仁学之"忠学"，实为忠实于、忠诚于伦理念本身之义。而"忠君"只是忠于仁的一种代称或作为古典实践学手段的"中间性目的"（如视"君"为君子行道之"工具"），对"君"本身的忠，正如对礼仪本身的"忠"（"我爱其礼"），为将目标对象和与其连带而生的手段对象一体言之。忠君也即表达君子忠于"君之位"之义，以示从政非为己利。而此"忠"字正应包含"忠学"的全义，计包括"谏""诲""抗"乃至孟子的"斥"等，更不必谈孔孟均身体力行的"去就"之择了。凡此诸义，除了多属无法充分贯彻之"忠谏"外，儒家者流，包括朱、王，敢于将其践行于君上之事岂多见？如"忠谏"确为儒教专制政治可行之限君之术，两千年来皇帝能够动辄行其随意"诛臣"之淫威乎？王国维、钱穆、梁漱溟等对古代皇帝专制政治时代的追慕之情，除了暴露其人不懂政治学为何外，还能有别的解释吗？

"恕"字如按古义视之为正面的"以己度人"意，出于"人同此心"的同情心而可产生爱人心意，此一恕字当然也为以"爱人"释"仁"的仁学所必有之义。经此字义学转换而以"恕"字为"爱"之一种实行类型亦无不可。（即如视"爱"为总称，视"恕"为其一端。）但是在此我们再次涉及了汉字因境取义之奥妙。此时"恕"只是致爱的步骤而非爱本身。"爱"作为总纲显然为各种信仰体系所共有，似无不当。基督教即以双爱原则（先爱神，后爱人）为标榜。但是，我们在此可对此问题略加引申：我们能以恕释爱，也能以爱释仁，却不可以将前后二者或三者同一化，因为被释者尚有他意素存在而不能为此解释者所包括。所以"仁学"不可简化为"爱学"，更不可以简化为"恕学"。关于仁字及仁学义，可参照本人《仁学解释学》和《儒学解释学》相关章节之相关论述。不过，所谓作为总体性概念的"忠"可特指仁者对仁学事业之忠贞态度，此一限定了语境的"忠"字还可合理适当地转化为仁学中的"诚"字（忠诚），及忠于仁学旨意的"诚敬"心态。按此，忠学可泛指对仁学之忠，也即对仁学之诚，忠学也就颇可等同于仁学内之诚学。而此一"诚"字可排除对特定人与事之"忠顺至上"意（表达出忠君或忠于任何权势者的忠顺绝对性），其"抽象化"（"诚"之学）的程度或可起到仁学中侧重其实践"意志力本身"的作用。

现代意义：

本章的重点完全在首句，即"吾道一以贯之"。其多方面的深刻含义特别相关于《论语》中孔子全部言传身教思想的一致性和系统性，即不仅诸指令句间相互不可砥违，而且彼此须有互补和结合作用。所谓"善读"《论语》，即指读者能够以每一指令句为中心而即时有机地联系于《论语》中之若干相关句，以使得该中心指令句的意涵完善。此一实践学逻辑具有一种颇具合理性的实行特点，遂使得孔学成为一种具实践系统性的思想体系。此一思维特点对于当代空前庞大、错综复杂的人文理论的现代化革新任务来说，也就显示出一种非常贴切的意义相关性。任何伦理性实践学的"逻辑"都需要具备思想首尾一贯的特点，而任何科学性人文话语系统之内和之间也都需要具有相互一致性和整体性。只有当人文理论思维可通过超越学科制度性藩篱，按照理性化自由方式，在古今中外人文学术思想全体内，运用其"一以贯之"方略进行探索时，才可能促进真正科学性的人文理论科学系统的发展。

4-16. 子曰："君子喻于义，小人喻于利。"

对比项：义/利，君子/小人。

意旨：君子的人品特征为"义先利后"，小人的人品特征为"利先义后"。

旧解摘要：

《皇疏》引范宁云："弃货利而晓仁义则为君子，晓货利而弃仁义则为小人也。"《集注》："义者，天理之所宜。利者，人情之所欲。"《群经评议》："古书言君子小人大都以位而言，汉世师说如此。后儒专以人品言君子小人，非古义矣。"《雕菰楼文集》："唯小人喻于利，则治小人者必因民之所利而利之……小人利而后可义，君子以利天下为义。孔子此言正欲君子之治小人者知小人喻于利。"王植《四书参注》："然君子之为学也，究心圣贤之道，致力伦常之间，事事从己身起见。故知则真知，非徒博物，行则力行，非有近名。潜修默证之中，自有欲罢不能之趣……小人之矻矻孜孜，何尝让于君子？然其所计者，词章之善否，声誉之有无。忍目前之苦，正以图异日之甘；矫违心之节，正以冀非道之遇。而钻营之巧，迎合之工，后先效尤，闪倏诡变。"张履祥《备忘录》："事物之来，君子动念便向义，小人动念便向利。"吕留良《四书讲义》："至喻利则人但将贪污一流罩煞，不知这里面正有人物在。天下颇有忠信廉洁之行而其实从喻利来者，盖其智慧实晓得如是则利，非然则害，故所行亦复近义。然要其隐微端倪之地，实不从天理是非上起脚，而从人事利害上得力。虽均之为小人，而其等高下悬殊，不能深喻者其为小人犹浅，至喻之能深笃者直与君子疑似。后世不察。每为所欺，而此种学术遂流传于天地间。"

含义引申：

本章为历史上熟知的格言，自古沿用至今，喻力不衰，乃因其对称鲜明的二元对立句式具有符合生活经验直观的强烈警示力。"君子小人"此一对举词，在历史演变中其变义与古典文本原义有别，故其确指须随语境而定。君子小人对比基于人品和动机，其相应行为外显则为"义利对比"。"义利对比"是仁学实践学的基本原则之一，此处"利"字的理解同前解释，即相对于（公）义而言的（私）利。此利字当然是指非义之利。实际上，"功利"作用，无处无之，求仁实践亦为求实现仁过程中的诸"仁学利得"义，也即"苟利于仁"

之义。当义利对举时，所谓"褒义贬利"，实为"义在利先""以义导利""公义大于私利"之义。在此最一般层次上的义理对举原则至今仍具有普遍性，即指伦理原则应大于功利原则。仁学原始话语中的简单义利概念，今日均可相当于扩大、深化的义理总原则之"能指"，不可按古义简单化理解。按照新解，"君子"与"小人"概念可脱离其俗常具体性解释而被视为"类别模式"之"类称"，即"君子类"与"小人类"。任何具体人均可不同程度上"分有"两类倾向。

【关于"君子小人"的历史解释学申论】

一般来说，"君子小人之别"和"义利之辨"应该按不同语境，在不同概括性意指层次上区别为解，其最高层次相当于"正负""雅俗""高低"之类的二分法，不过是将其施用于人事而已。如此，行为效果层次上的"义利之辨"可比人品动机层次上的"君子小人之别"更具有可验察性，因其可首先泛指"道义与利得"目标上的二分法，从而可将其中古典对比中内含的较强品性褒贬义标准，转化为二不同实践性层次上的高低标准，即将主观上难以辨析的"动机是非"判断标准（人品善恶）转化为客观层次上较易辨别的"效果是非"判断标准（行为正误）。本章中"君子小人"的原始双重义具有其历史真实性背景：古代从政者之"君子"兼具官位（职能需要）与德性（个人素质）二品类。随着儒教社会文化复杂化发展后，二者可以分别地体现于不同人物身上而大体仍可与先秦社会一致。由于职位与品德渐渐区分开来，"君子小人"作为专门道德褒贬词开始流行，以至今日。但是，由于社会文化的构成古今中外迥异，有关人及其行为的是非曲直认识远非可以仅从个人人品表现确定，此首因古今中外个人人品与其行为表现（心言行表现）之间不再存有直线性、因果性或表达性关系，而是插入了众多中间环节。由于现代社会的法制化倾向，使得社会外在约制效力大幅度提升，可成为比个人品行动机更强而有力的个人行为限约机制。现代社会中之政经现实本来即将"合法谋私"视为民主社会认可之目标和方式，私利动机与公平原则，在行为层次上可相互一致。但就现代社会的人文学术与精神文化领域而言，其公私实践目标与政经领域的公私实践目标则应具有本质上的差异性，因其实践者的品德状态与其传统文化学术目的（真善美）的方向与方式直接相关，而此领域中并不存在客观法制性条件保证其"动机与效果"间的一致性（因"真善美"精神目标欠缺客观可察验的判准），故仍需要坚守传统上的追求精神文化者的品德条件。如今将非功利性的精神文化活动按照功利性的政经法制度方式运作，其可行性实为将传统精神文化活动内容性质加以改变，即将真善美目标代之以名利权目标，遂将原本属于精神文化领域的文史哲材料变质为实践学层面上的纯粹求利的技术性工具与材料。

现代意义：

现代社会中此对比词仍具两种用法，但划分方式已不全同于儒教社会。作为品德褒贬词，也许与前大同小异，此时专指人品，与身份无关。但如作为"伦理身份区分词"，其划分与古人不同，其意涵今已完全分离于职位身份，而是用来专指少数有必要特别建树其主体伦理意志力者（精神文化人与人文学者）。在今日人文科学领域，我们颇可沿用传统义利二分法，称求学术真理之动机为"义"，求职场成功之动机为"利"。按照仁学的及科学的观点，不是不应该求"成功"，而是成功不可作为第一原则，而只应作为第二原则，即应在求真理的最高价值学目标下求实践学之成功，其"功"乃指追求仁义目标过程中"诸手段"之完成。但如脱离此求真理的最高目标，而是仅以职场成功为目标（以功利为目标），即属单纯求利行为。今日人文学术界普遍失去独立求真理意志，而纷纷代之以求职场成功为目的，故已在本质上失去以学求真之义。在此意义上，人文科学的伦理精神和仁学伦理学精神可谓完全一致。在如今全球商业化时代，个人与群体均以合法求私利为天经地义，此"利"字之内涵已超出传统的物质性私利范畴，甚至不限于传统的"名利权"内容，而在全球技术化、市场化、制度化的大趋势下，将此制度化的"名利权"项目均归结为与以学求真无关之人生观与实践观：在以学术为博弈的规则化格局内，个人之间依法定规则相互竞争，各求胜出。传统的个人私利追求方式今已被全部纳入社会制度化框架和程序渠道，学术实践者遂可不必再以个人直观经验或智慧谋求其本能私利，而是改以依照法定渠道和规则安排制度化的行为方式与遵循竞争程序规则，以争取在固定程序性或游戏规则内求其技术性（程序性）"成功"。因此，学术职场内的程序性机制可保障积极遵行者最后必然结构性地通向名利权目的。传统的"名利思想"今可隐藏在程序性的"正当性"（优胜劣负）之内。现代学术职场程序的"合法性"遂从法制上取代了个人行为的正当"伦理性"。新仁学的义利之辨原则，在此全新环境内，其意义在于指出，程序性正义不等于实质性正义，法制性不等于伦理性，制度渠道内的竞争成功不等于伦理精神事业上的目标达成。今日全球化去义求利时代的普适人生观的本质在于，将物质性享受视作远高于精神性享受，而一些超越性信仰学因其宣扬超越性精神价值，对此趋向反而起到配合和支持的作用，因其不关注现世性精神价值提升问题，故恰与物质性事业不关注现世性精神价值的态度完全一致。在此深刻的意义上，"义利之辨"，或其人格性表达式"君子小人之辨"，遂仍可成为今日全球物质主义时代学人风格之适切的伦理性评定原则。

4-17. 子曰："见贤思齐焉，见不贤而内自省也。"

对比项：贤德/敬尊，鄙劣/自省。

意旨：君子敬贤，小人妒贤，君子以举贤亲仁为法，小人以聚愚揽恶营私。

旧解摘要：

《集注》："思齐者，冀己亦有是善。内自省者，恐己亦有是恶。"黄氏《后案》："贤不贤兼古今人说。儒者读书稽古，阅历时事，见圣贤之德业而思副其愿，见小人之行事而返己求过皆是也。见者，知之明也。"《此木轩四书说》："（本章）难处全在下截。徒责其知之不真，而不责其志之不笃、行之不勇，非圣人当下立言之意也。"薛氏《读书录》："思齐内省，不独见当时之人如此，以至读古人之书，见古人之贤者皆思齐，见古人之不贤者皆自省，则进善去恶之功益广矣。"

含义引申：

仁学教学法强调"就近取譬"之重要性，因唯"切近"者可易见相关之动机。此章看似简单，实则关系于人际伦理关系学甚重。其含义一是将他人视为自身进步之阶（向他人学习），二是力戒嫉贤妒能。本章指令句的重点即在此第二义，因为人的负面人性中最顽固者之一即嫉贤妒能。仁学针对此人性弱点提出了相反指令。第二句之意为，将"负面"事端转化为"正面"因素，即视其为自身据以自反而进德之阶。换言之，学者对相遇之君子类与小人类现象，可对二者按同一自进目的而从两侧（或增学或除错）用之于自身自强目的。故本章可视为处置人己相处关系之一有效实践学原则。

现代意义：

此二指令句在今日人文学界具有极其显著的相关性与重要性，因时处商业化竞争时代，学者以邻为壑，视为当然，因不愿成人之美，故不愿合作共进。而今日人文科学大革新时代首先需要学人彼此之间的积极合作，如彼此或相互妒忌、或相互轻视及排斥，则集体性学术改革将不可能推进。此一时空普在的人性弱点实源于大多数人生于"合法求利"时代，欠缺独立的伦理性信仰，自然视他人，特别是有能力的他人，为自身竞争中的潜在对手，而非视为学理共进的同修或伙伴。凡持为学求利之人生观者，轻则不能为成人之美，重则必为嫉贤妒能，甚而党同伐异，排斥异己。此种人性积习于今竞争求利合法化时代必更趋顽执化、隐蔽化、程序化，其病源根植于个人求私利之本能，而商业化生态即迎合利用此自私本能以激发人之相互争利取胜之动机。而新仁学复生之今日，正拟"对症"（对治）下药，希图通过激发人性中潜伏之相反正向精神性本能以首先调适自身品德结构，并继而使之成为以学求真之主体条件。如无合作共进之求真心愿，学人必然采行拉帮结派、市场竞争方式互较短长，成群结伙以图集体性私利（名利权）。

4-22. 子曰："古者言之不出，耻躬之不逮也。"

对比项：诚诺/力行，大言/欺人。

意旨：君子诚学以自强，小人张狂以惑世。

旧解摘要：

《皇疏》引李充云："夫轻诺者必寡信，多易者必多难，是以古人难之也。"《集注》:"行不及言,可耻之甚。"《论语训》:"凡云古者,皆谓殷时也。出,出位也。处士而言治道,侯国而谋天下,身所不及无以验其行,迹近可耻也。故殷以前无著书者。"《黄氏日钞》:"凡今见于《论语》二十篇者,往往不过片言而止。言之非艰,行之为艰,圣门何尝以能言为事?⋯⋯君子小人之分,决于言行之相顾与否。言行之相顾不相顾,又决于此心之知耻与否。"《反身录》:"古人尚行,故羞涩其言而不敢轻出。今人尚言,故鼓掉其舌而一昧徒言⋯⋯否则纵议论高妙超世,总是顽不知耻。"《论语传注》:"人惟其不行也,是以轻言之⋯⋯言古者,以叹今之无耻也。"

含义引申:

本章旧解中多有因泥执字义而致谬解者,如以《论语》本身字简特点或以上古无文等事实来理解本章之"言之不出"义,可谓解释不伦。不知此"言"字为与"躬"字相对意,并非泛指"少言"。本章之意显然指君子应该言行一致,而且应该"说到做到",即强调君子履行诺言之坚决意。此一指令句不仅强调思、言、行的一致性,而且侧重于思考和计虑的严肃与慎重。世人习于多言诺而少践行,或说多做少,其根源在于态度不认真,性格不厚重,轻浮之谓是也。本章进而以言而不行为耻,借以凸显仁学实践学之严肃性。而言行一致的贯彻也反映着实践者有一以贯之的决心与气魄,言与行自然趋于一致,以至于言即为行的一部分。二者的方向和目标合一,此即后世所说的"知行合一",言行均须实际贯彻,使之切实合于仁学目标。反过来,此一要求也表达着以言诺之可行性来约束和控导思想和言论,从而使之言必有物,即言行必须相关于现实及合乎于伦理目标。

现代意义:

本章以及《论语》中许多类似章句,虽然意涵深切却难以为现代人感悟,更谈不到践行,其根本原因为社会结构之遷变。现代社会为泛制度化时代,社会人一切思想和行为依既定规章制度,其人生观、价值观经过家庭、学校、社会等多层言行机制约束后已然确定，其注意力必首先针对如何符合外在制度规范，而非针对如何营建自身伦理心志。所需自行选择者在外界，非在于主体内界，个人品德问题的重要性系统地让位于个人守法习惯的重要性。故今日仍然需要主体伦理意志力的"实践域"，且"实践者"主要属于人文学术界与精神文化界。

本章对于现代人文学术革新目标而言具有双重启示性：一者，学人不可循现代商业化作风以夸张式"自我宣传术"作为制造自身学术知名度的手段以进行职业化竞争；再者，商业化时代学人放弃学术求真目标，学术话语本质上既已脱离符合真实与切实实行的科学性目标，而是意图在学术制度化轨道上求学术话语本身独立产生的"成效"。因此，"言"与"行"（验证于以往现实，追求未来之现实）已成结构性分离态。本章指令句因此对于反科学精神的现代人文学者的心态实乃一"当头棒喝"。

4-24. 子曰："君子欲讷于言而敏于行。"

对比项：慎言/坚行。

意旨：君子谨诺而笃行，小人寡信而虚行。

旧解摘要：

《集解》："包曰：'讷，迟钝也。言从迟而行欲急。'"《集注》："谢氏曰：'放言易，故欲讷。力行难，故欲敏。'"

含义引申：

此章与上章意同，强调学者之心言行均须严肃认真，里外一致，可谓为千百年后阳明学的知行合一宗旨提供了原初启示。孔子在此仅言士君子致仁学态度之坚定性，以之作为仁学伦理实践学之心理前提，而阳明学则进而分析态度本身之表里真伪性，指出真态度必有真行为。在此对举中，更进而强调行重于言，伦理实践乃指其切实可"行"，而非仅指其善于空"言"。由此可见，自古以来，读书人虽好学者众而认真实践者少，虽然其中有心态不坚的问题，但更相关于历史社会文化本身提供的"实践手段"之稀缺。

现代意义：

就今日人文学界而言，谈多行少之弊更趋严重。自近代理论化兴趣渐增以来，学界进而表现出进行"逻辑地"编织"空洞伦理性话语"者趋多，而投入"真伦理实践"者趋少。言谈不再是实践之先表，而其本身即成为学术思想行为之"预期效果"。"只说不做"本质上遂成为人文学界之新常态。仁学指出，谈论义理和实行义理为截然不同的两回事，以此提醒人们严格区别二者。因此，今日学界谈说仁学、儒学者众，而其谈说者可完全无关于言者其人怀有仁学志向和行动与否。言行分离几乎成为职场"去伦理之潜规则"之一，甚而已被商业化的学界之"交易逻辑"正要求学人"止于言说"（多暗行，少明说）。结果，甚至连"孔孟话语"也徒成了学术职场谋利之资和商业社会邀名取利之具。（这是我 1982 年初到纽约中国城见到孔子塑像时看到的，以及今日在美国各地华人区看到的：孔子被当作"菩萨"被使用着。）自古以来如此而于今为烈的人性事实是：文人不论品格优劣，甚至并非出于自意识的功利目的，就表现在"喜好"大谈"仁义话语"，也即借助各式"仁义话语"以哗众取宠者空前地多于古代。除人性固有弱点外，学术职场商业化趋势甚至客观上导致"学术空言技术"（"话术"）已成为学术市场适用之合法竞逐工具，以至于"言而不行"即为一种学术市场上的有用之"行"。在此，所谓"行"者，非指伦理实践方向之行为，而是以学求利之活动方式。其实，心言行可能"一以贯之地"朝向于职场谋利目标及效果，其作为实践学中间界域的"言说"，不再与真理事业相连，而是与职场成功效果之预期相连。

【关于"人文与心术"的历史解释学申论】

在今日全球商业化时代，国际人文学术正在遭受着根本的"功利主义改造"，人文话语，包括其理论话语，多成为变相哗众取宠、邀名取利之具，而非用以表达意在践行其宗旨的真理意愿。如以"言行对比"量之，仁学之"行"所强调的，即指其行具有合乎仁义规范的，即科学追求之"成"（非指职业规范之"成"）。为此，此一行的"效力"原则，即反映与之相应的言论须首先合于"现实"（社会与思想之真实）的原则。考虑到今日人文学界全面地言行脱离现实的大趋向，知行合一原则的现代义解可谓极其具有现实针对性。此所以人本现世主义的、现实经验主义的仁学，对于今日人文科学的科学化革新具有最切当的指导性意义。按此，"心、言、境、行、成"此五者之间实互为一体，即仁学实践学为诸不同层阶与方面所构成之整体行动规划。就人文学术话语而言，不管其修辞学技巧多么丰富，均属严格意义上的"言不及义"而已。此"义"字必含言实相符、言行合一之意。然而在今日学术制度化时代，学术话语的制作已经脱离客观真伪标准而改以制度内人为规范为标准，而此一合乎制度性规范的要求不等于合乎科学真理标准的要求。所以今日人文科学领域内之"是非"有两套标准：按照伦理学和科学方向的"真伪-义利"标准和按照职场功利主义规范的"成败-得失"标准。致力于人文科学改造事业的新仁学，正是要根据前者以调节及匡正后者。

1-25. 子曰："德不孤，必有邻。"

对比项：志单/寡助，直前/自助。

意旨：士君子志于仁，必勇往直前，不以有助无助动其心志。

旧解摘要：

《集解》："同志相求，故必有邻。"《集注》："德不孤立，心有类应，故有德者必有其类从之，如居之有邻也。"《四书辨疑》："有德者固有类应相从之道，惟明治之世为可必也。若昏乱之世，乃小人类进之时，君子则各自韬晦远遁以避其害，却无类从不孤之理，必字于此不可解矣。"《读四书大全说》："不然，则古今俱为疑府，如何孔子之门便有许多英材？事既良然，而所以然者不易知也，则唯德之不孤也。至于德之所以不孤，则除是孔子见得亲切，说得如此斩截，不但有上观千古下观万年识量，而痛痒关心之际，直自血脉分明……《论语》中唯言及德处为不易知。'为政以德，譬如北辰居其所而众星共之。'此又蓦地说个'德不孤'，皆夫子搬出家藏底珍宝，大段说与人知……呜呼！难言之矣。"

含义引申：

此章各家旧解均难通，因本章句式简洁有力，颇能因其"语义模糊"而反增强其情志引动力效力。本章意在鼓励士君子勇往直前，故以强因果性句式表之。其反讽性在于，相关事实性判断正应是：

德如孤，必乏邻。如深解仁学"独勇"之义，即可知"德孤"句反可逆向激发士君子之独勇意志，此即仁学大勇之学的深义所在，也即为士者表现出来的唯义是问、不顾得失之勇决（"虽千万人吾往矣"意同此）。而仁德之"邻"之有无，实非所计。其引发的志意为"虽孤而愈勇"，如此才显示仁学实践学之英雄主义本质（"岁寒后凋"意同此）。按此理解，后句"必有邻"之实义，或泛指其他仁者之异时、异地之必然存在，以此安勉勇者向德之志。一般来说，此"邻"字或实指后世出现者，或虚指在先出现过之贤者，二者均可视为超越时空的精神上"同在者"，甚至可指"义理精神本身"。

此章实非因果事实句，而为变形的祈愿句。如实以有邻作为仁者实践之相关性条件，则其勇反难呈现最坚强状态。因此，本章之"必有邻"宜以其"虚指"理解之，即以纯想象性虚拟之"精神知己"之冥冥中共在，作为自身孤勇前进的想象性"精神依托"，而后者仍属于实践主体本身之内的心理因素，从而可呈现出、实践于双倍的主体勇于实践的意志力，即（外在性之）实与（内在性之）空，均属士君子一己之行动力资源。按孔子言"好仁者稀"及"斗筲之人"，历史上真仁者实多为德孤者。孔门师徒团体的故事框架，相当于表达仁学意旨的特定文本编织术，通过各种师徒对话体格言句，以方便于从不同角度、情境、目的、方法、效果来逐一托显仁学实践学之具体情境。如从仁学长期效果着眼，此句亦可直解为在历史长河中仁学必定可在不同情境、不同时期产生相应的思想方向触动力，此即历代士人在《论语》影响下产生的各种类型的伦理正向作为，其成效主要体现于仁学主导的文化与思想域之内。在此，"邻"字可泛指"影响"，即不必解为当前具体实践遭遇，而可解为跨时代、跨地域的各种人间仁学伦理性实践者之精神回响，从而间接喻示：仁学为一种人类集体性精神文化流动之表现，具有隔空、隔时的精神存在性与精神感应性。仁学即人学，即具集体存在形式的人类伦理学。

　　现代意义：

　　本章对于主体伦理实践学具有最强激发力，此种激发力可有助于今日人文科学理论革新所最需要的学人主体意志力之产生。此一强化的主体伦理意志力的需要，较历史上任何时期都更为必要，正因为今日社会与学术文教的全面强制度化存在，已然产生前所未有的反独立科学思想实践的客观结构，其力势足以裹胁一切只能在制度内生存而不得不就范的结果。当此之时，如欲对于此客观性学术制度性规范及方向有批评和改革，非得有伦理精神上的大意志力不可。此一大意志力的存在必然导致独立创学学者人单势孤的处境。学者于此关键之机，需有独立于制度框架的主观大勇以对峙于学术群体势力的无穷压力。此一主体意志力需要的空前性，正在于今日全面制度化的人文学术社会内几乎不存在学者个人独立自由思考的空间，因学者必须遵循既定规范与程序始能获得成就之公共认定，"循规蹈矩"的治学方式已然内嵌于制度性专业框架之内。本章仁学精神意旨显然与商业化时代的功利主义相反，却为现代复兴文化学术科学精神所必需的学者人格条件。当此之时，深读古籍以回归原初价值观选择阶段，可有助于学人超越眼前制度性窠臼而做更为根本性的反思和抉择。所谓"回归自我"即指回归此一人性原初根本性思考层次，从而可从伦理价值观角度，重新反思自我与社会性制度框架的实践学关系。

公冶长第五

5-2. 子谓南容：“邦有道，不废；邦无道，免于刑
戮。”以其兄之子妻之。

对比项：顺境/危言危行，逆境/危行言逊。

意旨：仁者坚守道义，其行必因地制宜，因时变异，交替内外
实践，以达有始有终。

旧解摘要：

张尔岐《蒿庵闲话》：“免于刑戮，夫子以取南容，则免刑戮之
难也。朱子以谨言行释之，盖时当无道，动人不平者甚多，窥伺君
子者亦密，言行岂易谨也？言不非人而事不招非，游世之善术。”
《四书训义》：“盖君子立身之节遇不可常，可常者己也。固唯论素行
之端贞，而荣辱之加，义命所安，无险夷之殊焉。固不以乱世之吉
凶殉俗而幸免，抑不以孤高之奇行违俗而逢尤，则事异而道原自合，
此所以为人伦之至，而尽知人之哲也欤？”

含义引申：

朱熹注曰：“夫有罪无罪，在我而已，岂以自外至者为荣辱哉？”
又曰：“不废，言必见用也。以其谨于言行，故能见用于治朝，免祸

于乱世也。"朱解甚正，而由明人清儒士张尔岐则过解朱意为："言不非人而事不招非，游世之善术。"如此不过是"明哲保身"而已，殊乖仁学实践学古义。由此亦可见在清朝空前思想高压下的儒士们如何大多渐趋于"犬儒"形态之迹，其影响一直长期延续于后世。《四书训义》云："盖君子立身之节遇不可常，可常者己也。固唯论素行之端贞，而荣辱之加，义命所安，无险夷之殊焉。固不以乱世之吉凶殉俗而幸免，抑不以孤高之奇行违俗而逢尤，则事异而道原自合，此所以为人伦之至，而尽知人之哲也欤？"对于本章历代儒家旧解多属此类"明哲保身"之论，此亦为儒教史上秦后"儒士"型范取代先秦"志士"型范之儒家共识。

《论语》中还有若干与此句意思类似的其他句子，其编写者为何人，编于何时，均不可知，而据情理推测可能多为秦后儒士所编改，以使之"符合于"秦汉以来的皇帝专制社会中儒士的生存之道。一方面我们要区分此类关于"邦有道无道"主题中的孔孟色彩与秦后儒家色彩之异同，而另一方面也要看到历代《论语》编写者如何费心于调节孔孟原始仁学意旨和儒教社会的儒学规范，今人可从其思想与语气间的差别体认不同的伦理实践学态度。毕竟《论语》思想的历史传承是靠广义折中主义的儒家之"读解实践"来完成的。我们今日解读《论语》，自然要尽量恢复孔孟仁学思想的本义，但亦须广泛参照仁学思想如何在其后两千年儒教专制制度内生存之实态。就文本而论，一方面，本章反映了仁学的一种特殊的现世实践智慧学：士君子既不可无谓牺牲于乱世，又不可放弃道义于治世。行道义取决于环境条件，仁学事先规定了顺逆不同条件下君子应如何作为。这就是：顺境时直道而行，逆境时曲道而行，但顺逆两境均不得废仁学之志行，不过是所行方式上一显一隐而已。此处顺逆非指个人利得条件之顺逆，而指行仁条件之顺逆，特别指社会政治状况为仁者带来的安危条件上之顺逆，也就是相对于国家及统治者之"有德与无德"时君子个人之正当"出处之术"。"邦有德"与士君子生存条件之安全性等同，"邦无道"与士君子之生存条件危险等同。另一方面，此句例表达了如下仁学伦理学立场：善恶是非只应衡之以仁学正义理念，而非可衡之以社会权势之判决，从而在内在仁学价值观与外在政法价值观之间形成了对立性，也即表明仁学为政治伦理学，而非政治学。客观性政法因素在此成了伦理价值学上的"非相关项"。

【关于"德不孤"的历史解释学申论】

古代简单政治社会情境提供了以形象性方式表达此仁学正义观的条件，因历史上统治者无德者多，有志于仁学者或精神性向深受仁学影响者，却往往多处于无德政治环境中。孔学的实义即为士君子设计，如何于无德社会政治环境中，在精神文化领域内践行自身道义责任之术。此一关于仁者实践学中警示首须自保之义，非示懦怯，反而是在显示仁者贯彻仁志之真诚与坚决。（如遇难即一死了之，不仅非勇，而且不诚，即乏献身仁义之诚，因"诚"非指心态之"急切"，而指履践之效力。）为了真实贯彻仁义目标，必须保全个人实力，故危难之间存在着一种实践智慧学。

仁学之"勇"须相对于其他二达德规定，而绝非指血气之勇。性情暴烈急切于逞一时之快者非真仁者。孔子特贬"暴虎冯河"之蛮勇。"义勇"大别于"血气之勇"即以此。古人"烈女易为，贞女难当"之意与此同。可惜世人唯习于称许血气之勇，而乏更深刻的伦理精神意识。仁者实践须面对恶劣环境而通过使用智慧以有效应对各种逆境（本章"免于刑戮"即此意），同时不仅不放松自身固有志向，反而正因为要在逆境中更坚决地贯彻志向，而更须加倍慎重行事，如此不仅可确保未来有利时机到来时自身有条件恢复仁学之"外实践"，而且可确保在外实践不可行时转而侧重内实践之修炼（今解自然包括知识上的自我提升），故必不可耽误仁志实践之连续性贯彻。如以血气之勇徒逞一时之快，因而失去基本行仁条件，此实为仁学实践学上的失败，亦表示当事者伦理意志力之欠缺。况且仁学实践的成功与失败不在一人、一时、一事，因而此一伦理学的整体系统观，可以其坚定目标与灵活应对的"功能结构性的"结合，在历史上的不同顺逆时代有效地维持其潜在的伦理意志作用力，并产生跨时代的长远精神影响力。

本章之教，较"危行言逊"章意旨含混。后世儒者或为掩其志意不坚而将"后句"如此改动，以便既可邀仁者之名又可避仁者之勇，将仁学之"勇学"变形为一"明哲保身"之俗意。就其本质言，仁学实为士君子处逆之学。本章一方面指引君子如何正确处环境之顺逆，另一方面暗示仁学之"勇学"的特定深意。此勇德一方面须与仁志密切相连，以其义勇支持仁目标的持久存在；另一方面须与智慧结合以随境而异地创造相应变通的可行方法，用以有效维持和推行仁志的有效实践。本句的选择学智慧（危与逊的表面上的生存方式）正体现着智仁勇三达德的综合性运用。此一灵活应变的智慧还包括仁行项目的次序替换方面，就仁者的从政目的言，"邦无道"时，仁者实践目的可转换为（作为"精神实践准备态"的）"学习"，而非通过曲学阿世以从政或不顾安危地陷于不可能之外实践。（即采取独善和兼济的相互轮换策略；虽独善时期不求为政，却仍可执着于"求可为政者"之准备。）从政所需的聚众与联合方式（子路型和曾子型），也可相应地转化为孤独自处方式（颜子型）。孔子所说的仁者狂狷两型说，虽相关于仁者固有性情言，亦可谓君子出处之择之简略代称。

相对于历史现实情况而论，此章的重点表面上似指士君子之"免于刑戮"，实则特指士君子之"矢志不渝"，即在任何情况下不可弃志。而士人多因畏死（而非为行志）而可容易地实行"免于刑戮"之择（只需屈顺权势威压即可），却少有人可于逆境时在独善阶段长期坚守素志。由明入清儒者中之大多数明哲保身派人士不仅在"大势已去"及"剃发留头"威压下一一屈从于异族入侵之现实，而且为了提高"保身的安全系数"，通过在治学内容和方式上自觉地变换心态以获得彻底的安全感。但本章拟句不如"邦无道危行言逊"章合乎仁学本义，故可能为秦后儒士为了更好屈从帝王权势威压而"自废武功"之教，故将孔子之"危行"代以"免刑"之教，此一改动反而呈现了一种乡愿混世术格言。仁学实践学为意志力强者之学，强调其实践的坚定性与一贯性，故君子人不可因环境恶化之事实而改行避危求安、避祸求福之弱者人生方向。孔子正是在二者之间提出了一种行动逻辑性联系。"免死"应是为了当前的"潜行"与未来的"复出"，而非仅为了眼前的逃避危难。仁学的实践学辩证法在于：在始终不渝的伦理目标和灵活应变的伦理实践之间形成实践学的搭配关系。这样，适与莫、出与处、群与独、政与学，均为君子人随境而异地选取恰当应世行志的不同方式而已，其仁志本身则永不改变，此之谓"一以贯之"。自然，历代以来乡愿辈多以此义弥缝个人畏死求利之动机。如历代政权转移之际儒家降臣特多，最初均以此"权"学之道作为自欺欺人之口实，实际上多属趋炎附势、投机取利之徒。另外，因持深层次的实践逻辑一贯性人生观，仁学实践学和世界上的其他政治道德学不同，绝不轻言"自我牺牲"（虽然仁学实践学之"极境"意象也是"杀身成仁"），因仁学实践学的具体目标及实行的规定可随境变异，而仁学基本动机和目标

397

则绝无动摇之理。故仁学伦理学乃一种最具综合性、文化性的伦理实践学上的"结构主义"（一种时空整体性和知行交替性之人生实践艺术）。

现代意义：

本章话语内容来自仁学创学之初的思想现实。春秋战国时代，伦理思想的实质即为政治道德问题，而《论语》呈现的仁学外实践即为士者学以从仕之道。《论语》故事以道穷归鲁收尾，暗示着仁学外实践大方向的历史性转折：从政军法向文史哲的转变。此种有关仁学真实方向的"叙事性暗示"，亦可于本章的构句中显露其意图：仁者的真实志业并非在政军实践域，故不必因误陷于该域而徒徒丧失践行真仁学之"身体性条件"。（此一"暗示"其后可由黄宗羲的真实"历史叙事路径"鲜明呈现之：从抗击侵略行为向延续学脉行为的历史性转换。）

本章句例的现代寓意首先是在现实政法判断与理想伦理判断之间提出的一种二分法。一方面，此一人为分离性之意在于表达社会权势外加的是非标准与人类公义的伦理是非标准，分属不同类别，从而表现出仁学的纯粹伦理学性格。因本章并未涉及现实社会中如何实现各种公平正义的实际方面问题，故对于现代政治学而言可谓无关之论。但另一方面，此一分离法也指出了社会制度性行为标准与伦理学行为义理标准的异质性构成。此一喻示对于现代文化学术的价值学判断具有直接的启示性：文化与学术的社会制度性准则与相关伦理性、理想性、科学性准则并不是一回事。求真学人必然须准后者而行，从而有能力在社会现实中探索与各种非科学的业界成规不同的治学路径。其现代引申意旨于是在于：学者应勇于遵从科学性、伦理性求真原则以思考人文科学事业的正当方式，在庞大职场学术社会势力之旁、之外、之上，探求自身在迈向学术真理途中所选择的"独善兼济"之策。

5-4. 子贡问曰："赐也何如？"子曰："女，器也。"曰："何器也？"曰："瑚琏也。"

对比项：价值/才艺，道义/技能。

意旨：君子以仁为本，求道为先，才艺技巧之好次之。

旧解摘要：

《集解》："孔曰：'言汝是器用之人也。'包曰：'瑚琏，黍稷器也……宗庙器之贵者也。'"《皇疏》引江熙云："汝言语之士，束脩廊庙，则为豪秀，然未必能干烦务也。器之偏用，此其贵者，犹不足多，况其贱者乎？是以玉之碌碌，石之落落，君子皆不欲也。"或通者曰："夫子近舍当时而远称二代者，亦微有旨焉。谓汤武圣德，伊吕贤才……而孔子布衣洙泗，颜闵箪瓢陋巷。论其人则不殊，但用舍之不同耳。"《松阳讲义》："大抵天下人才最怕是无用……如世间许多记诵词章虚无寂灭之辈，他天资尽好，费尽一生心力，只做成一个无用之人。故这一个器字，亦是最难得的人。"

含义引申：

此章与《论语》中多处盛赞颜子之章句意同，无非在诸优秀弟子间特举其最优者，以之作为激励弟子效仿之榜样。然而偏偏在《论语》中有关颜子性格与学行之描述多属语焉不详，《论语》以此"写意式"描写，从"价值评判者"孔子角度，遥视其心目中之理想人格身影。为了凸显此极品人格之至高形象，特以极具才干之子贡设比，以显示孔子心目中首重仁学信仰、次及才艺能力之价值观。世俗价值观适与之相反，必首重（可致功利之）才艺而次及（伦理价值性）信仰。所谓"德"者亦不过按照权势方设定的品德方向与性质，以使之驾驭才艺以趋功利性共识目标。本章以"有用"之子贡货殖才艺对比于"无用"之颜回人文志节，再次显示仁学价值观之级次性。

现代意义：

本章对于现代社会政治生活而言可谓全失意义，而于现代文化学术领域情境亦仅具象征性意义。本章指出，现代人文学者，不同于科技工商人士，仍需以人格修养作为其学术实践的条件之一。今日仍应识别学人之"德"与"才"的两维性构成特点，即价值观信仰与各种才能的习得为两事，前者相当于学行大方向的正确性目标，后者相关于学行之工具或手段的有效性，二者分属不同之学术产物之"维面"。相对于人文科学现代化革新事业而言，具仁者品格的学者，其德之部分较其才的部分亦更为重要，因正是此德的部分，不仅决定着学者的人生观和实践观方向，而且甚至决定着其知识才艺的成分。然而偏偏正是此一传统价值学信仰品格，在现代化潮流的各种冲击下几已荡然无存。如无此真正朝向真善美信仰的学者人格之存在，人文科学朝向真理事业发展和提升的愿望不过是空想而已。

人文学术的科学性水平与其在人文职场内的"可用性水平"为二事。本章对于有志于人文科学科学化革新者而言，显示出了时代提出的严重挑战性。至于本章暗示之为学而偏于器识类倾向，岂非正是今日人文学界深陷其中之通弊？学界人人皆以掌握名家话语技术面细节为"真学"，而未知此种"博闻广记"之术亦属"人文器识学"之类。即：诵习公认"权威"（学术市场赋予充分价值者）的理论话语，岂非亦为一种意在追逐"学术商品品牌"以分享其"市场价值"的器识之学乎？还不要说在广义国学领域，重物质性文物"器识学"及文字性"释义学"，被看作实实在在的"实学"，卒使国学研究长期停留在"器识学"水平上，而其本质则是以器识学之"实在"承担将传统学术文化加以系统"考古文物化"之手段，以至于因此而削弱了或丧失了在传统国学基础上创发新时代思想理论的机会。文物器识学只是供学术、思想、理论研究的（已被加工过的）材料，还不可将其视为学术理论"生产过程"中之"成品"。但如持功利主义治学观（学匠）或封建迷信观（遗老），此类"手工业式的传统学艺"治学观，岂非恰可成为彼辈在今日世界学林以其不变应对万变以轻取"独树一帜式"文化虚荣之途径？实际上，此类广义器识学文物商品之生产，岂非正好成为世界市场上最佳品牌兜售之货源。由此产生的"文物类商品价值"，岂非正如绘画、古董等"全然商品炒作化"的文化品一样，相当于将古代"精神文化品"商品化为"物质玩赏品"？因此而获取的"金钱价值"被误识为该历史文化品的"美学价值"，这是加予中华精神文明史的后果多么严重的亵渎行为!

5-5. 或曰:"雍也仁而不佞。"子曰:"焉用佞? 御人以口给,屡憎于人。不知其仁,焉用佞?"

对比项:仁德/佞口,巧言/诈欺。

意旨:君子笃实为学,以文行道;小人佞言利口,惑众聚势以取利。

旧解摘要:

《揅经室集》:"至商周之间,始有仁、佞二字。佞从仁,更在仁字之后……佞与仁相近,尚不甚相反。周之初尚有用仁字以寄佞义者。《说文》:'佞,巧谄高材也。从女,仁声。'巧是一义,材又一义,柔谄又一义,口给又一义……巧义即佞也。佞以仁得声而义随之,故仁可为佞借也。古者事鬼神常用佞,《金縢》之以佞为美,借'仁'代'佞'者,因事鬼神也,故《论语》谓祝鮀之佞,治宗庙,即《金縢》仁巧多材多艺,能事鬼神之义也……后世佞字全弃高材仁巧之美义,而尽用口谄口给之恶义,遂不敢如《史记》以巧令属之周公矣。且古人每谦言不佞者,皆谦不高材不巧仁也……或人疑仲弓之仁而不佞,可见仁佞尚欲相兼。孔子'不知其仁',言佞异于仁耳。"程树德(按照阮元释义说明道):"春秋时以多能多闻为圣,以口才之美者为佞……自夫子恶夫佞者,而佞乃为不美之名。此古今训诂之不同也。"《集解》:"佞人口辞捷给,数为人所憎恶。"《集注》:"佞人所以应答人者,但以口取辨而无情实,徒多为人所憎恶尔。"《此木轩四书说》:"夫子则以佞是口舌捷利,为善者少,为恶者多,故曰焉用。"

含义引申:

此章中"佞"字意,按邢疏解释,其本身仅指口才便捷,而"用佞"方有好坏之别。此字其后渐增附"用佞以惑人"之意。本章中"佞"与"不佞"之对比,同于在前章中"讷言"与"敏行"之对比,皆为仁学重行不重言义。而此句中所用佞字不仅指"多言者"，更特指轻浮无当之"巧言者"。实则，正是乡愿辈即特善巧言者，故对此类"貌似君子者"之言行，须特加警惕。本章意旨可相通于柏拉图对智者派之"巧言善辩"能力的批评。然而善巧言者，其言多有吸引力以惑乱情实。此类似善而实恶的巧言令色现象，自文化学术发展以来，即以复杂多变形式广泛渗透入语言类作品中。于今互联网时代，言谈发表易为，故已成为助长"巧佞言论制造"之场域。随之而来的"点击率"则成为"巧佞"程度的数量化标志，遂历史上无数倍空前地提供了人世间以"巧佞"取利之客观条件。此一巧佞社会文化风习自然完全适合于全球商业化时代以"哗众取宠"为当然之文化风气，言论表达之方便性也成为少量"真言"被大量"伪言"笼罩、掩盖之条件。网络时代之政论意见、社会舆论、人文学术等等之话语表达所造成的思想混乱世界，遂进一步证明严肃的人文科学必须形成自身的专门科学研究领域，以与大众文化话语场所划清界限，正如数学物理学专业只能生存于其专门领域中一样。

现代意义：

相对于今日人文学界而言，本章指令句尤具深意。因今日人文学界，特别是其理论界，颇多善于花言巧语以哗众取宠者，正因人文学术理论界之真伪话语均无客观验证条件故最易于成为"佞口"者逞其才智之地。此所以新仁学倡导恢复传统现实主义、经验主义、理性主义的治学观，以导正人文学术回归以学求真之途，因仁学固有之征实性格可有助于控导人文理论语言朝向现实与真理追求的目标。然而所谓后现代主义学风反其道而行之，其重言不重实，远离现实、玩弄语言之倾向，即与仁学伦理学精神正相反对。由于全球学术制度化的发展，人文学术以争"胜"求"成"（名利）为目的，而所获"成效"只需验于既定程序法则与学术市场上之修辞学"效力"（知名度）即可。故文化市场的"话术经营法"遂成为当代人文学术界之典型职业化技艺，其中影响话语知名度大小的主要"技术"也即"理论语词之操弄术"。

"佞"为能言善辩意，其术遂可脱离现实与真理要求而成为学界及文化市场独立制造、宣传、煽发学术知名度的工具。今日文化市场上的文艺商品广告宣传术与人文学术界华而不实、花言巧语的媚俗文风，其本质实为以言语编织术作为变相诈欺取利之工具。善"佞"之文士、学者、媒体人即可利用人文学术无客观标准之方便而以此话术横行于文界，其肆无忌惮之势，较古代浮华文士更具心术败坏性和认知歪曲性。因为甚至是在古代"大畅玄风"的时代，文士们所求无非是借美词丽句以"夺名"而已，今日则除好名外另加借名势以夺取物利之功能。何止取利，更有甚者，此一取利之含义兼有借集体名势之营求以期垄断文化学术市场名势占有率之最终目的。即不唯好己方之名声，且欲以己方之名声制造垄断势力以达到压制对手学誉之目的（有如野心商人独占市场的企图心）。此种借话语修辞术之制作以垄断人文学术方向和方式的现象，可视为古之"佞口"的现代化发展，其最高"成就"为将话语修辞术提升为、体现为有关标准、学科、方法、前提、风格等方面的学术制度化存在。而此种后现代主义的人文学术"诡辩术"的历史根源，正是本章所言之人性中的"善佞"倾向。今日人文学界党同伐异、结党营私、树立山头，争相垄断"人文学术话语商品"的制作，掌控消费市场权力，此种倾向虽然根源于千古不变的人性自私本能，但今日全球商业化时代形成的无数倍于古代的各种技术性条件与工具，可对此人性追求名利权欲念做系统而有力的煽发和鼓励。如何与此种渗透入学术职场和文化市场的全面功利主义作为划清界限，已成为任何严肃的人文学者必须首要关注的问题。

5-7. 子曰："道不行，乘桴浮于海。从我者其由与？"子路闻之喜。子曰："由也，好勇过我，无所取材。"

对比项：道挫/避世，高蹈/升华，途穷/志坚。

意旨：仁者大勇向仁，与世常违，唯智勇双全者途穷之际反可坚其独善之志，以待后之来者，此非仅持血气之勇者可为也。

旧解摘要：

《皇疏》："孔子为道不行，为譬言我道之不行，如乘小桴入于巨海，终无济理也。"《集注》："夫子美其勇，而讥其不能裁度事理以适于义也。"赵佑《温故录》："海以喻滔滔皆是，桴即欲济无舟楫意……皇皇独有一我，谁与相从？其惟由之忠信明决能之乎？……而子嘉其好勇，正以力行任道之诚，能出入于死生患难之中而不夺，曰过我者，深许之也……无如绝少可乘之具，无论其大，并桴亦无从假手，其若之何？"《朱子文集》："且看此等处，圣贤气象是如何？世间许多纷纷扰扰，如百千蚊蚋，鼓发枉闹，何尝入其胸次邪？如此等处放不下，更何说克己复礼，直是无交涉也。"

含义引申：

本章旧解纷纭，泥执于故事者固不足取，望文衍义者亦无可用，仍须本仁学整体旨意合理推解为宜。本联句中的"材"字素有三解：同于"哉"，同于"裁"，或指材料之材。而对于"浮海"，旧解中竟然多以为孔子实有此意（如"居九夷"），但也有理解为仅在表达感叹而已。我们取后解，因为如直意解，即违背了仁学之积极用世的宗旨。"材"字虽不知其确义，或可解为孔子对子路勇敢品格肯定之后附加之幽默性"戏言"（子路信以为真），或可解为责子路不解孔子之问的深意而微讽之。（《论语》中孔子言语风格中特有之"微讽语气"，实为导致"孔子角色"具如此生动真实性之修辞术之一。）仁学为士君子不拘顺逆、求仁一以贯之的人生观指南，亦唯内力刚强之勇者可达出处如一境界。

本章不仅反映了孔子毕生志道行仁失败后之心境，也反映了仁者身处之负面客观现实，也即反映了仁学实践学的历史社会环境条件：仁者因持理想主义必然常处现实逆境，因而注定不得行其"为政"之志（喻指一切外实践志行）。本章蕴含之意为：仁者至此境地仍应持鞠躬尽瘁、死而后已之态度。据此可知孔子不可能以归隐山林借以避世为人生归趋（如孔子屡言隐者之失亦可为证）。实际上，此章以虚拟夸张句表达如下之意：即使贤如孔子，亦有道不行而"渡海归隐"（渡海为途穷之喻）之情绪性感叹，不过是描摹仁者外实践失败之一时心境（此一时性个人心境流露，其实具有超越个人性的有关仁学无治世之效的历史寓意，也即含蕴着"历史与伦理"

间永恒性的对峙关系)。而本章真意则表现于含有四段修辞性隐喻之"外实践"逻辑中：途穷、渡海、大勇、改航。全句归结于：即使有此大勇，我等亦无客观条件（"桴材"喻现实"工具"之简陋）行之，遂复以隐遁亦无解脱之效以深叹志道无门之窘况，并进而显示为士者唯途穷而可见其真勇之品格。

此外，本章客观地喻示，唯真仁者可于穷途末路之极境激发志意以积极应接命运之挑战。此一显示仁学真使命的绝境大转机则是首先建立在对如下历史真理之洞彻上：伦理理念与历史现实之间在本质上，在社会事实层次上，具有一种双元对立性，即一方面为伦理理想主义与历史现实主义间的实践学对立性，但另一方面此现实对立性本身亦恰可成为表达和激发仁学志向的客观实践学条件。本章句意非实有所指，不过是孔子借此以表达另一相关的伦理品德性指令：仁者之勇，非血气之勇！因二者相关的情境与目标截然不同。两句意在烘托仁学实践学之义理高远性与历史环境之恶劣性之间的尖锐对比性，用以凸显不合俗世情理的仁学义理境界之高尚深远。

本章亦可视为间接地宣表了仁者对客观环境、任务目标和自身心志要求等三方面的态度学构成：对境之心、对仁之心乃至"对心之心"的智仁勇三达德的多层次要求。由此可知，仁学之"身份"基于"自我学"，即自我态度学，其目标实现于达成君子人格养成之内实践领域。仁学之外实践虽未必有成，而其内实践则必定可成。此内实践的成功及其效果的代代延续之历史事实，不唯可于漫长历史现实中成为文化精神生活之动力，并可于遥远未来，在社会政治以外的其他文化学术领域，充分发挥其文明史上之大用。

现代意义：

仁学的中心实践领域为内实践——动机学与态度学，其外实践的展开非可体现于政治领域而必应体现于文化学术领域，此为古典仁学的历史性展开所喻示者。而现代新仁学，一方面，完全继承上述原初仁学的内实践观以及其内实践与外实践的因果关系论；另一方面，随着时代与历史条件的现代化巨变，其新时代外实践领域中的任务——现代人文科学革新事业——则呈现出较传统仁学外实践学更具明晰性的实施路线：围绕着现代人文科学科学化发展而构想与设置的诸多科研形式。因为新仁学的外实践是在充分采取相关的现代人文社会科学及其技术性手段后的行动方略，其现代化的诸步骤自然较古代具有更多可行性、可表达性的特征。本章借助仁者被历史现实逼入绝境（浮海意象）后而复生的、朝向于精神实践新境界的"潜台词"，以激发今日学界有向仁意志者之人生彻悟，即在升高的伦理情境内重新观测和构想仁学新时代的目标和方略。

我们经由朱子对本章隐喻之阐发可再次体认到仁学之精义及功能的伦理精神性的而非社会政治性的内涵。仁学之伦理性核心部分与"封建时代社会现实"格格不入之历史事实，成为历史上士君子精神性生命得以高扬的历史性原因。此种在（社会性）现实与（精神性）理想之间的历史性对立关系之反复出现的意象，对于理解今日人文学术界内存在的"社会制度性现实"与"伦理科学性理念"间的对立关系，亦具有鲜明的一般喻示力。行道（学术求真）之不成，与"功利"（学术求成）及与"辟世"（学术艺术化）之双重对立性，遂使得历史上的仁学中之"社会现实"与"理想政治"在伦理学方向上的对立性本身，复现于现代人文学术理论界。从伦理学角度看，二者之间实具有某种跨越时空异质域的"功能同构性"。此处无法展开的重要问题为人文科学与精神文化的关系问题，但须指出，二者不可互相取代，而且前者的重要性仍然明显大于后者。新人类的重大使命在于"理解"人类及其历史自身，而非仅在于对之进行美学式情感反应；前者可体现"知识就是力量"，后者无关于"认知和行动"的能力之产生。所以倡导艺术与美学救世论者，不过是新乌托邦幻想而已。

5-8. 孟武伯问："子路仁乎？"子曰："不知也。"又问，子曰："由也，千乘之国，可使治其赋也，不知其仁也。""求也何如？"子曰："求也，千室之邑，百乘之家，可使为之宰也，不知其仁也。""赤也何如？"子曰："赤也，束带立于朝，可使与宾客言也，不知其仁也。"

对比项：仁志/才艺，德/能，全体之仁/局部之仁。

意旨：君子致仁，重在内志之修炼及全仁之体悟，外实践中一得之功尚不足以言仁志之达也。

旧解摘要：

《集注》："子路之于仁，盖日月至焉者，或在或亡，不能必其有无，故以不知告之。"程瑶田《论学小记》："夫仁，至重而至难者也。故曰仁以为己任，任之重也；死而后已，道之远也……故有问人之仁于夫子者，则皆曰未知，盖曰吾未知其及焉否也。"《集注》："言子路之才可见者如此，仁则不能知也。"

含义引申：

所谓"仁"属"至高"价值学范畴，世间虚实万有中无有居其上者。历史上被视为"至高者"如"社稷""王""天""神""道"等，在仁学体系中至多仅可视为"仁"之代表者或手段层的存在而已；换言之，按照仁学伦理学，作为最高价值的"仁"必高于天上人间最高权势。仁大于天道与皇权，此为两千多年来儒家文士下意识中所默默坚持者。儒学与仁学必须区分，首先即表现在对此道义与权力的关系问题上，为此，现代"《易经》至上论者"即相当于背弃仁学者。即使如中国哲学史上盛言之抽象性的"道"范畴，在仁学体系中亦非被视为"高于"仁者，而是反之仅可被解释为行仁的"道路"或"途径"之意。我们须于《论语》呈现的仁学体系中洞识此一人本主义伦理学的深刻认识论含义：价值观最高者，既非现世间权力最大者，亦非想象中宇宙最高者，更非逻辑上最根本者。按此三大辨析，仁学的本质即与任何政治性、宗教性、形上学性的价值观系统形成了基本的对立性。而正是此"仁之学"，又在义理与意象两方面直接相通于、叠合于"人之学"。作为"仁"之实体性基础的"人"则是全然现实经验性的存在。仁学遂以此抽象与具象混合而成的最高价值学指称，作为人世间诸事之价值学衡量之标尺。

本章通过对诸俗世事物中的仁义价值体现程度的描述间接表达了此一现世经验伦理学思想系统，其直接引申义即排除了超越性和本体性方式对于仁学伦理学义理逻辑之颠覆，即相当于宣称这些形上学存在不应介入人本主义的伦理实践学域。仁学之最高伦理价值性范畴"仁"既是君子现世实践学的价值方向指南，也是人生观信仰之所寄，遂成为人生最高价值性精神范畴之总称。仁学义理在伦理价值观上至高无上，非任何现世功业成就可与比拟，故仁学伦理学明确宣称现世精神目标远高于现世物质目标。君子人之世务性才干与其仁学精神境界为两事，仁者于世务之外另有更高的精神理想目标存于此理性精神境界本身之内，此亦为仁者内具自我生存深度之标志。

本章涉及多个人物角色，旧解多就人物传说与典故出处为解，此类"泥事解义"的方式本书均不取。本章大意为：孔子特以弟子中各种杰出政务成就对比而故意"贬低"各自的现世功业成就的价值，以之为宣表"仁"字至高性的一种精神修辞学激励方式。而历代旧解因泥于故事本末，故机械地推测诸句之"原意"，以为孔子实际在贬低诸弟子的成就。本章实为实践学中"真"与"成"的一种对比性表达。至于本章借助历史人物传说进行表达的方式，并不合于《论语》上论中较多见的"子曰句式"的"意旨一般性"修辞法（可跨越时空直指不变人性本身的正反性向），我们不可能对此进一步"辨析"，但须"警惕"此类随意牵扯历史传说故事进行表达的文句可能暗示其并非属《论语》"初次编写"时期完成的部分。虽然如此，此类后儒补加的章句亦为两千年来儒士所熟读及信奉者，故亦不需因此而排除其作用。只要这类后儒增补的章句与仁学整体大体相合，本书仍尽量采纳以作为解释对象。

现代意义：

本章对于现代新仁学的创立具有重要的启示性意义，因为它生动地凸显了仁学的双重功能：作为伦理实践学准则系统和作为人生精神信仰系统。仁学基本价值的不变性与体现该价值的方式和对象内容的可变性，显示了仁学外实践内容可以不断与时更新。原始仁学基本价值内容之"空疏性"（因止于动机层和方向性）与其现世经验主义的"开放性"，以象征方式展现了仁学外实践的无限可能性。后者因尚无具体内容充实之，故弟子们对此仁学实践学的无限开放性只能表现出笼统的感觉，遂有"仰之弥高，钻之弥深"意象。此一仁学原初深邃的意象，当与人类全新历史阶段接遇后，遂具体化为一空前伟大事业规划：人类提升"自我认知"至真正科学化高度时代之来临。

现代人文学者如将仁学作为自身学术实践的价值性指南，即相当于将学术事业的日常性与精神信仰的崇高性相联结，从而可强化自身现世实践的价值学高度，并可因此而增强学术求真的自我意志力。"仰之弥高，钻之弥深"的诗意性修辞所暗示的仁学的无限高度与深度，虽然在两千多年前无以"实之"，但孔门弟子的此一深切"感受"，今日不应解释为类似于宗教崇拜一类的神秘主义，而可不妨连通于两千多年后的今日原始仁学显露的全新外实践大方向。古代齐鲁仁学伦理学思想与今日世界人文科学革新大方向的一致性，即特定历史（思想史）与特定现实（人文科学）的一致性，其现代性含义之重要性寓意遂可一目了然：随着自然科学、社会科学、技术经济的科学性成功，人关于自身的科学性认知任务亦将展现于全球化的历史舞台上。

5-9. 子谓子贡曰："女与回也孰愈？"对曰："赐也何敢望回？回也闻一以知十，赐也闻一以知二。"子曰："弗如也！吾与女弗如也。"

对比项：笃仁/知仁，勤学/乐学。

意旨：致仁者天赋各异，孔子在笃与知、乐与勤之间辨其"色泽等差"，借"为善"之常德以托显"仁道"之至上。

旧解摘要：

《皇疏》引缪播云："学末尚名者多，顾其实者寡。回则崇本弃末，赐也未能忘名。存名则美著于物，精本则名损于当时。故发问以要赐对，以示优劣也，所以抑赐而进回也。"又引顾欢云："回为德行之俊，赐为言语之冠，浅深虽殊，而品裁未辨。欲使名实无滥，故假问孰愈。子贡既审回赐之际，又得发问之旨，故举十与二，以明悬殊愚智之异。夫子嘉其有自见之明，而无矜克之貌，故盼之以弗如，同之以吾与汝。此言我与尔虽异，而同言弗如，能与圣师齐见，所以为慰也。"《论语笔解》："李曰：'此最深义，先儒未有究其极者。吾谓孟轲语颜回深入圣域，云具体而微，其以分限为差别。子贡言语科，深于颜回不相绝远，谦云得具体之二分。盖仲尼嘉子贡亦窥见圣奥矣。虑门人惑以谓回多闻广记，赐寡闻陋学，故复云俱弗如以释门人之惑，非慰之云也。'"潘氏《集笺》："或曰欲抑子贡也。当此之时，子贡之名凌颜渊之上。孔子恐子贡志骄意溢，故抑之也。"《焦氏笔乘续集》："颜子之学，求之屡空，而子贡以多学而识失之。子曰：'女与回孰愈？'欲其自反也……其知识多寡之较，犹然聩聩耳。故夫子曰'弗如也'，言其真不如颜子，非许之也。"《反身录》："赐乃区区较量于所知多寡，徒在闻见上比方，抑末矣……赐之折伏回，徒折伏其知解。岂知回之所以为回，非徒知解也。潜心性命，学敦大原，一彻尽彻，故明无不照。"程树德："子贡所以不如颜子者，以其专从知见著手，故此章须与《多学而识章》参看，其义乃明。格物穷理。知见上事也。以此求豁然贯通，终其身不可得也。而以此为入道之门，其谁信之？"

含义引申：

历代解家各以己意把握本章句义。凡纯粹泥于字义（如执着于所谓历史实情揣测之言）为解者本书均不录。诸解家多热衷于辨析末句"吾与汝（俱）不如也"之实指，不可为据。《论语》原本所有之"俱"字，据说至唐代仍在，后被删去，盖因惧其有损孔子至高形象，一字之除遂以为可暗示此句可能意为："我与你都同意你不如颜回"。此迂腐不通之解殊为幼稚。其实孔子不过是特意以此夸张性自谦语来高标"仁理念"之至高无上性，其断定句语式不过是用以强化价值高低比较的修辞方式而已。此种特殊表达法与后来颜渊死时孔子所给予的超高赞誉及哀痛至极的情态描述作用相同。朱子于本章的解释亦不免仍拘泥于字面，着眼于彼此知解之高低，并将理学的性与天道概念视为仁学的最高归趋，此一解释显然囿于宋明理学的同一"形上学"窠臼，反而降低了仁学信仰的最高独立性价值。而朱子关于知解能力数字的"比喻"词之泥解，乃因受累于自身过度依赖其"道问学"原则。程树德就此给予的批评固然正确，而遗憾的是其本人亦将仁学义理与佛学相掺混。

【关于"仁"至上性的历史解释学申论】

历代解家对本句的解释涉及有关仁学之不同理解问题。例如：

1. 道问学与尊德性的公案问题？伦理学认知性问题究为何？

2. 仁学是否应归结为道学的形上学范畴？其"最高范畴"究为何？

3. 夫子、颜回、子贡三者"高低"比较意识的意义何在？

4. 所谓仁学作为"信仰学"究竟含义为何？

按照我们的新仁学规定，必须首先重新勾勒"原始"仁学的内容，即必需重组《论语》文本的有效部分，排除可能为后世儒家增附的那些显然与《论语》主体部分不谐的章句：如儒教政治意识形态的、理学形上学的、佛学本体论的等"准理论性解释"。自然要看到原始仁学的伦理思想特有之"奥秘"正在于孔子"少谈仁字"。一方面到处都是仁字，另一方面很少解释仁字。此一将仁字高悬又不加以阐明其义的"做法"当然不是出于夫子之故意（故弄玄虚）或出于弟子记录的疏漏（那时根本没有即时记录的可能性），而是创学时代或编写时代人们尚无理论化思考及表达的能力和习惯，因此全书均无理论性陈述。但是原始仁学的"理论性潜意识"是通过"心言行指令句关系网格局"来间接表达的，即以此具体性事项的多元关系网来暗示某种"准抽象性"（概括性、一般性）义理价值关系体系的存在。当时的读书人及后世善读《论语》者都可由此特殊"章句构成法"感受到此"仁学义理"之存在。这就是：具有强具象性的"仁"字实可在《论语》体系中，在不同层次和方面起到一种"提纲挈领"的作用。于是，单汉字"仁"作为"象形字指号"，起到了一种多层次"语用学的"意义传达效果。（参见《仁学解释学》）

孔子在此特别通过夸张性表达（当然是夸张性，哪里可能有优秀弟子间在悟解能力上相差如此多者？更不要说，关于颜回的行迹所知甚少，其角色和名称根本相当于一个理想人格之泛泛"代称"而已）盛赞颜回之智慧不可及（甚至夸张为自己亦"不如"。此语虽是习惯性"自谦"意，也是故意通过此"自屈"言辞以形成特别高抬颜回代表的仁学最高义理之意。何况，时

411

人颇有认为子贡的杰出成就表现已不让于其师的舆论）。此一仁学最高"智慧"当然不是道学家、理学家、佛学家所揣测的某种超越性玄理，而是只能在仁学自身体系内加以合理推断的东西：它不能脱离现世经验性世界中之义理，却须增附仁学特有的价值学崇高性。我们可以将其描述为涉及三大方面：人类现世历史的伦理性生存意义启示（爱生、爱人、爱学、不畏死），人间伦理实践学的义理总纲（是非分明、善恶分明、疾恶如仇），仁学实践指南（勇往直前、死而后已）。首先"仁"字有两个必须区分的定义：作为智仁勇三达德之一德的具体性、伦理性价值学标准，以及作为上述三元性仁学纲领之总称。孔学于是假定了"颜回"这样的角色"典范"来具象地代表"识仁"和"行仁"之理想典范，此一假定仅具有阐释性意义，并无任何历史现实性含义。历代解家之所以几乎不分左中右地共同接受并泥解此一人物形象，实因在各自人生信仰和道理追求方面需要这样一种最高纲领性象征物之"具象化提举力"，故自行将本身来自其他思想来源的价值观附着于颜回形象上，并极度高标之。于是，在我们检讨各种旧解时，一方面应该体会各家具有的此一精神要求，而另一方面需要理解仁学的最高精神要求必须溯诸经验人本主义的仁学原则本身。

本章较合理的解释多在于区分信仰（本）与知解（末）的实践学高低方面。其中值得进一步思考的则是：仁学的"信仰"为何？其为朱子之理？抑或为陆子之理？抑或为类佛学之性？后儒据此称颜回为"亚圣"，亦复称孟子为亚圣。然"孟子"思想之所指内容丰满而颜子思想之"内容"灵虚，为什么理学家们仍信靠颜子形象寓意之实效性？此正因为孔子的仁学思想中含有"务实"的一面（此时"仁"字特别相关于现世实务之道德性方面）和"务虚"的一面（此时"仁"字指向其作为仁学义理总称和最高精神方向象征的方面）。后者比前者具有更高扬、更深厚的精神感召力，而理学家们正需要在精神感召力的强度与高度上抗衡"道释"本体论价值观的吸引力，故倾向于将此总体性精神目标具体化地挂接于颜回形象上。至于在理学家的思想中"狷者"颜回与"狂者"孟轲孰高孰低的问题，也是与他们在仁学政治伦理学上避重就轻的态度一致的，企图通过此政治学认识论上的"仁学立场闪避法"，以维持他们在帝王政治现实与仁学理念之间的冲突关系中心言行平衡的一种儒家折中主义的应事策略。

现代意义：

本章句简，而关于仁学学习、理解、实践的各种喻示，均深刻地相关于现时代文化和学术，不论是作为仁学之义理总纲还是作为仁学之实践学细节。前者的人生观、认识论、实践论方面的立场和原则，根源于人类文明史上东亚部分族群（齐鲁古人）之历史经验本身，并历经几千年历史验证，可作为人类重要信仰体系之一呈现于现代全球化社会。此即：除在伦理实践学的知解与践行的智慧学和勇力学之外，仁学还在此之上指涉着一种现世论的精神至上价值观：一方面，它不同于各种畏死出世论的宗教观；另一方面，它也高于意在满足人性物欲需要的庸俗理性观。此一至上精神价值朝向性，使其形象高度与感召力强度，足以和出世、超世的信仰体系相比拟，而又不至于混入现世物欲享乐论的窠臼。所以，如前所述，"仁学伦理学"兼含此"虚"与"实"两个层面。此一认识论上的历史性升华，自然与在孔孟之后受到道释宗教信仰学强大效力的刺激和启示有关。古典仁学在现代文化学术革新方面的科学理性的指导意义前已多有阐述。在此领域，仁学不仅是人文科学理论现代化革新的认识论方向盘，而且于新世纪呈现出其数千年来具有的空前历史性含义：在通过中西文明汇通融入世界大家庭后，仁学不仅呈现出其超越"长江黄河"的历史地域性扩展的时代性效力，而且呈现出其本身的一种具有人类全局性意义的潜在历史使命：参与人类有关自身最切己的生存意义和价值观问题的探讨（虚层面），以及有关人类文明前途发展问题的探讨（实层面）。正如人类需要成功地以科学理性态度处理其科学技术任务一样，人类更需要以科学理性态度处理其自身历史、社会、文化、学术问题。仁学在新世纪被赋予的此一前所未有的新任务，不仅面对着全人类文明大方向，而且面对着人类全新的学理内容。此前两千余年，如果说寄存于儒教系统内的仁学的主要功用是增加封建等级社会的人道主义因素和成为精神文化实践的精神动力，那么在全球化的新时代其主要功用将集中于人类理性化信仰之养成和理性化自我认知能力之推进。仁学也就从中华文明之固有伦理学身份，扩展为现世经验理性方向的人类人本主义伦理学身份。

5-10. 宰予昼寝。子曰："朽木不可雕也，粪土之墙不可朽也，于予与何诛。"

子曰："始吾于人也，听其言而信其行；今吾于人也，听其言而观其行。于予与改是。"

对比项：言诺/力行，不愤/不启，志弱/学惰。

意旨：君子为学，言行一致，学而无志者弃之可也。

旧解摘要：

《集注》："言其志气昏惰，教无所施也……言不足责，乃所以深责之。"《论语集注考证》："朱子言：'志不立，则日入于昏惰……故君子为学，必先立志。'"《逸周书》："以言取人，人饰其言；以行取人，人竭其行。饰言无庸，竭行有成。"《说苑》："夫以言观其行，虽有奸轨之人，无以逃其情矣。"《四书训义》："学者之于道，知之非艰，行之维艰。知而不行，犹无知也。况乎因知而有言，而徒求之言，则有非真知而可以言者。故学莫切于力行，而言为不足贵……能言而遂谓能知，自谓已知而不复勤于力行，则君子甚恶之。故夫子于宰予而深责之。"

含义引申：

此章与前章"女与回也孰愈"均似意在对比弟子材质高低。前章通过赞颜回优于一切其他弟子以使其体现理想仁者之高度，后章通过宰予怠惰行为指出学者之必备的主观态度学条件即为自觉奋发有为（不愤不启）。"昼眠"一事非大过，而此怠惰意象可喻示学者因悟力与意志力之未足故不能决意践行其学。本章并以此"昼寝"意象扩大喻示为：多数学人之所以"不成器"，首因缺此主体意志力。朱子言："志不立，则日入于昏惰，虽体强而亦弱。故君子为学，必先立志。此志既立，则如木有质，如墙有基，而后雕圬之功可加矣。"因此，不是人人均可学"为仁"。本书前句中孔子对诸多优秀弟子均不许与仁（"不知其仁也"），而仅以颜子为独一理想楷模，按照孔子仁学观，努力与天赋缺一不可。对于自身不努力者则将其排除于高端仁学教导之外，以此指明学习具有基本的主观条件，即自身努力的意志力潜能之存在。

本章以宰予例间接指明"好仁者稀"之必然性事实，实仅源于常人放弃并非艰难的为学自强之意志故。《论语》修辞学常表现为将"事实判断"与"鼓励寄望"两种语气施予同一对象，看似矛盾，其实仅因其与实质性"语式"作用不同，意在促使学者在直面庸俗现实时激发出反庸俗现实的向仁志向。其效果有二：一为促使学人诚实面对一己真实，二为鼓励学人勇于克制自身惰性以期奋发图强。

本章解者多认为其原句式应为独立的两章，其后并合为一章。而二者之组成或有原初故事背景上的联系。孔子因前句中宰予善言却无实行之表现而得出此有关言行关系的省悟。有言诺而无力行，也即欠缺真实行仁向学之意志。本句涉及（他）言、（他）行、（己）信三者之间的因果关系，并据此因果关系判断句引生指令句。后句之意旨在于如何察人：须比对察验其人之言与行，视其相符否，之后始能对其或信或疑。此指令句要点为"不可轻信人言"（陈述和许诺），而所察者并非直接相关于效果本身之真伪，而在于察知该人之品质和能力二者实情如何：如言行不一，此或因善欺瞒，或因喜大言，诸如此类。扩大而言，言行不一，即思、言、行三者之不一致。仁者须由言而推测思，复由思而推测行。"言"（话语）实为仁者观察之基点，而由言可推思，由言可推行。此一方法即为批评乡愿者之法，而扩至今日则可遍及一切人间现象。本句察验的重点则是许诺与践行之间的关系。至于其"心"侧的关联，可能是有心无力，也可能是本性所致而惯于大言诳世；尤有甚者，或为狡黠者之惯伎：其本无意于行，不过是在花言巧语阶段上实行惑乱诈欺而已。

现代意义：

古人立志为学是在传统社会固定环境结构中加以规定者，所志者大端已明，而立志与为学均尚未直接涉及根本动机方面，实则勤学立志本身可基于两种不同的动机和目标：学为仁（真）与学为利。所谓宰我惰于学，乃因夫子诲之以仁义之学而非利得之学。现代社会结构丕变，多数人为利而学，几乎不存在怠惰问题（因勤学与求利之间具因果关系）。问题在于当为学动机和目标转为学术求真时，

415

才出现了需要特殊立志的问题，此一"志"是对抗于求利志向的。（所以存在着明显有别而大多人均加以混淆的两种"志向"：向真与向利。）这正是今日人文科学理论科学化革新面对的最困难的问题：人文学者极少能纯粹为（其中非必有利得的）"真"而学。现代学人对于仁学的"志学"需有确解和深解，即所谓立志者，需"先有"好"仁"（真）之悟识作为其立志的动机源。所以今日人文科学理论学者必须具备独立"爱真"的悟识，如此才能具备立志的动机与动力。悟识与动力自然是相互促发的，此所以现代人文学者有求真大志愿者，宜于具备仁学的信仰观。

今日社会、文化、学术交流中基本的媒介即言语（口头或书写），人们彼此的"了解"主要依据对方之言语表达并据以形成对对方思想之认知。孔子此句提醒：言与行为二事，许诺与行动为二事，以及人多习于言而惰于行。对于今日学术思想界之各种意见宣表也应持此察验态度，不可轻信学人之学术性主张本身，尤其是当其言语宣表意在借以进行宣传鼓动时。不过，对于现代人文科学话语，由于其中真伪善恶"难以察验"，对其言行关系，也就是主张、意念、行动三者之间的关系，必须依赖更审慎严格的方式加以察验判断。孔子此诫亦为人文学理须守"实证主义"（验于经验之实）之一简略表达。但是此章对于现代人文科学理论革新问题来说还具有更深层的警戒意义。因为，所谓人文科学理论，其存在形态即"文字话语系统"（口头及书写的"言语"），也即为某种制式化的"言语式存在"。对此，本指令句的言与行的对举关系，应扩大解为言与实的关系。在此"行"之义应包括：言者真实心意，应用与验证（皆属"行"）的成效，思想对于客观对象的真实"相关性"（如非相关，或相关性不准确，即无从应用与验证，也即无关于"行"）。此一有关言论的原始实证主义态度，直接相关于现代人文社会科学的精神方向问题。仁学的立志学，不同于任何时代任何人士多可具备的"奋发有为"的意志力形成问题，而是其志向必须含有其伦理性层面，后者本身也含有两个必要意素：智性方向之正误与气质品德之良善。历代必有之各色野心家何尝无其大志？历史上法家者流可谓最为奋发有为者，而惑乱人世者岂非正为彼辈乎？

5-11. 子曰："吾未见刚者。"或对曰："申枨。"子曰："枨也欲，焉得刚？"

对比项：刚/懦，义勇/气勇。

意旨：心志刚健为仁义体悟践行之基本，"外勇"必相符于"内刚"始可为成仁之学。

旧解摘要：

《皋陶谟正义》："郑注：'刚，谓强志不屈挠。'"《集注》："刚，坚强不屈之意，最人所难能者。"桑调元："人知有欲不刚，而不知无欲尚非刚也。"《四书近指》："子路之强，似之而非。须中立不倚，和而不流，乃真面目也。"《反身录》："正大光明，坚强不屈之谓刚，乃天德也。全此德者，常伸乎万物之上。凡富贵贫贱，威武患难，一切毁誉利害，举无以动其心。慾则种种世情系恋，不能割绝，生来刚大之气，皆为所挠，心术既不光明，遇事鲜所执持，无论气质懦弱者多屈于物，即素贞血气之强者，亦不能不动于利害之私也。"

含义引申：

此章句式单简而极重要，可称为仁学实践学之"灵魂"，即伦理意志力之关键性品质。智仁勇三达德均须分别具此品格始得有效贯彻，"刚"在此非仅指勇决力而已。仁学之"刚"，须兼指"悟""识""坚""力""勇""毅"诸意素，为诸品德集合之总称，而非仅指血气之刚强（"慾"），也非专指"刚柔相济"中之"刚毅"。历来读书人多属色厉内荏、多言少行者，其性格弱点首先即源于性格深层次之"懦弱"：不唯指其行动面上"刚决"之失，而且兼指其认知面上"识误"之暗。所谓"深层次上"，意指学人在其学行实践上相关于"对象""目标""方法"等选择时，出于趋利避害考虑，而下意识地先行"自我安全过滤"。此所以儒者多能为孟子"威武不能屈"与"富贵不能淫"言感动，而其行多难相副。读书人如性格中乏一刚字，其言行必含色厉内荏的乡愿倾向，故以求利取代求义，而遮掩以谎言。结果，在智仁勇三维上均可因无刚毅品格而不得真实行。即于其中关系看似最小的智维亦然。盖因学习求知亦须奋发图强，始能克服万难。"勇"字原义强调勃发和勇决，"刚"字则强调刚强坚韧。单纯之勇，往往指一时性冲动的血气之勇，而"刚勇"不仅含"坚"字及"韧"字，并须含"义"字。仁学之"刚"字遂具有一种如同"仁"字般的"指意双元性"：其特指针对具体品德，而其统指涵括与此刚勇品德相关的一系列品德意素。因此，孔子所言之"吾未见刚者"句，始具有此意涵丰厚、重抵千钧的激发力。其中自然含有前述潜在的、先于理解层次的、"逆势抉择是非的'义勇'"。如此解释下，则仁学的"刚"字义绝非可简单化地曲解为道释实践论所专指的"克欲"之勇。

历代解家均直接以"刚"对比于"欲"，"欲"字则为"物欲"意，按此，二者之间具因果性关系：因有欲故无刚。宋儒以压制人欲为德，乃因将仁学实践学予以简单化理解之故，以为君子须压制欲念始可成德。此意首先将欲望和"嗜欲""纵欲"混为一谈。"食色，性也"，均属正当欲念，本不可、不必压抑之，而理学、性理学、道学等，均因其各种形上学式的引申而歪曲了仁学认识论的经验人本主义原则。调节人性欲念和伦理意志，属于调节人性中两种本能倾向行为中固有之意，即应在二者之间明智合理地调节之，非如性理学家般加以硬性压制。如无此人性内在矛盾与冲突之存在，何需创人本主义之仁学？解者如欲使其与佛家禁欲主义一致，则可谓大违于仁学人本主义伦理学之初衷。因此，"刚"者亦相对而言，非可作绝对解。此句中孔子所言只能是指"纵欲"，非可泛指刚者"不得有欲"。理学家沿佛家思想提出的"无欲则刚"的实践观，本质上违背了孔孟"大有为"的实践观，仁者不是要成为循规蹈矩、逆来顺受、无为自然的"狷者"（颜子形象遂遭受理学家们的根本误解），而是要以刚强品质投身于各种外实践行动中。

现代意义：

以上关于仁学之"刚"概念的解释，实相关于"义勇合一"之心志结构的形成。此中之"勇"可兼含具体德性与相关诸德性之总称；此中之"义"亦可兼含具体正义施为方式与仁学价值本身（故"义"字一向可视为行为中含有仁字意素）。如"刚"即刚勇，那么此处之勇必为义勇。仁、义、勇三者必结合存在，无义勇之仁亦非真仁。现代以来，来自西方的数理化知识成为一切人基本教育中的主要内容，传统儒家、仁学的"立志"思想中断，知识分子全然放弃主体伦理学实践。科技工商人士成为专业技术人士，本来不需要立志哲学。人文知识分子因无立志人生观教育，其主体意志力机制全面萎缩：一者，其文化学术实践只能随波逐流；另一者，其性格较之古代知识分子更趋柔顺孱弱。由于人文知识分子对仁学意志力之教犹有智性认知而自身却已乏实在意志力历练，所以现代以来表现出一种普遍的"色厉内荏"性格。故今日多见"谈阳明学者"，少见"行阳明学者"；愈是专家而愈是如此，因彼辈已将"读赏阳明文本"作为一种"职场专业"，使其在学术思想与现实行动两方面内在地脱离了真实仁学实践的大方向。（通过免除践行艰难性的"博闻强记"来掩盖自身丧失的知行合一意志力。）此所以千百年来（于今为烈）孔孟话语往往不过被用作沽名钓誉、欺世谋利之手段而已。孔孟信仰者，与以孔孟学为职业工具者，或以孔孟学为封建主义思想标榜者，彼此的目的和方式完全不同，但其"话语对象"则相同。

本章对于新仁学承担的现代人文科学理论全面革新大任而言，尤为重要。因为今日新仁学的新"战场"当转到最与人类生存方向性、意义性相关的人文学术领域时，所面对的"客观阻力"已非传统的各种暴力式及乡愿式个体组成的集团，而为人类社会的全面技术性、商业性制度化的"制约力综合体"，特别是贯穿于学术职业系统内的顽执僵化的程序性压力。此种学术制度性、程序化压力导致人文学术方向系统地偏离科学理性标准，而使得人文学者易于成为屈顺于时代商业化、物利化、技术化权势的寄生物。当此之时，唯一打破此一技术化统治一切之"怪圈"的精神力量，即足够刚强的主体伦理意志力，也即仁学意志力。无此主体性意志力的历史性复苏，人文科学理论的独立科学化方向将难以恢复，而此主体意志力的养成则非达至"刚勇"程度亦不足以"发力"（兼指秉义抗势之力

419

及逆势创新之力）。今日所谓仁学实践学的施力方式也已完全不同于古代，而文化学术界的实践，虽可无古代"志士不忘在沟壑"等"威武"型压力之危，却要面对百倍复杂于古代的"富贵"型享乐之诱。促使今日人文学者不能在学界独立求真的阻力，主要即指自身欠缺抵御名利诱惑的内在"刚力"。而此名利诱惑今日已经在全世界铺天盖地蔓延而成无孔不入之势，从社会风习到心理倾向均如此。其中最为前所未有的"富贵型压力"即为社会全民共识层次上的"伪道德性共识"，即一种为全球商业化服务的后现代主义之新世纪意识形态：抛弃真伪意识，而以"合法求利"作为天经地义的全新人生观，其直接效力即从义理认知上根本消灭了"刚勇"意志的正当性与必要性。结果，学人的刚勇意识将被全球商业化时代"人人为商人"的人类普遍性异化所彻底摧毁。（彩票、股票、投资、网购、身价，此类"交易文化概念与行为类型"，将导致马克思当初最担心的"人格异化"，即"万物金钱化"的实现。）

5-12. 子贡曰："我不欲人之加诸我也，吾亦欲无加诸人。"子曰："赐也，非尔所及也。"

对比项：人己/一体，利己/利人。

意旨：君子固以"己所不欲勿施于人"为守则，而仁学之"行"则远不止于此。

旧解摘要：

黄氏《后案》："加是增诬之义。以字义言之，加字从力，从口，义取有力之口。今云架诬、驾诬者是其本义，引申之，凡据其上者曰加，故有陵驾之意。"《集解》："非尔所及，言不能止人使不加非义于己也。"《集注》："此仁者之事，不待勉强，故夫子以为非子贡所及。程子曰：'我不欲人之加诸我，吾亦欲无加诸人，仁也。施诸己而不愿，亦勿施于人，恕也。恕则子贡或能勉之，仁则非所及矣。'愚谓无者自然而然，勿者禁止之谓，此所以为仁恕之别。"《四书约旨》："圣门诸贤，无不求仁。子贡概用能近取譬之功，当日月至焉之候，见万物一体景象，故出以相质。但是见到，未是行到；是初至，未是久安，故子曰'非尔所及'。"

含义引申：

本章前句义较明，后句可有两解，其中"所及"或指前句中的前半部分（《集解》），或指前句中的后半部分（《集注》）。按前解，本句指人世间"不加诸人"甚难办到；按后解，本句指君子自身也难以办到"不加诸人"。两解其实意思一致："不加诸人"已为人之间不易做到之事。按《集注》解，本章近似于"己所不欲，勿施于人"章。此为君子消极性道德心态及行为指令，其前提为人己一体观，而非自私自利观。但本指令句或含另一层意思："诬加于人"之事非仅指有意为之，亦可多指对他人褒贬之言难以达至客观公正，故有人间是非难断之意。复因本章前句指令意显，后句所未言者更具有启人深思处：己所不欲勿施于人固然为君子所必有，确已不易，而仁学博大精深，志向高远，实为大有为于世之学，岂可止于勿损人而已。

现代意义：

此指令可扩及今日各个领域，如在学术领域，凡如党同伐异、趋炎附势、役使他人、盗名窃誉等等，无不涉及损人利己问题，此实乃商场竞争风气自然扩散之结果。在职场相互竞争中所谓"胜者"，即占据和利用各种优势与特权，以行直接、间接"盘剥"（排挤与役使）他人之"强者"。今日学界"山头文化"，远胜古代，实为职场竞争文化的逻辑性产物。今日全球商业化情势下，合法"损人利己"乃成通则，在优胜劣汰原则下何来"与人为善"？同理，人文学术界几乎无不采取排他利己竞争原则，将学术思想视为竞争工具，此与仁学独善兼济之教相距何止千里？人文学者如锐意于学术革新事业，于情于理必四处遭敌，而彼此攻讦言论中之"诬加"手法何止一端。如以"竞争胜出"为学界正当法则，人文科学的科学性进步几乎是不可能之事。人文科学的"蓬勃发展"表象（任何著作、讲演之储积的不断增扩），完全能以无关于其科学内涵的方式加以制造，徒成"有用之学术泡沫"而已。因任何取得学界社会共识

421

的"泡沫生产及产品"均可被操作为职场运作"材料"或"工具"。所谓"学术作品"可以演变为纯然工具或媒介（球、棋子、棋盘），只要按照职场可行规则加以运作即可履行其"学术活动功能"。本章原则正与任何竞争文化精神相反，故今日仅能适用于已被商业化了的人文职场社会规则之外。此一事实可证，人文科学的伦理化-科学化双元发展方向，必须摆脱商业式竞争文化才得以维持。按照本章意涵，人文学术实践可含三级次：小人级（损人利己）、君子级（己所不欲勿施于人）、志士级（积极有为者）。最后一级即为本章后句所暗示者。

5-13. 子贡曰："夫子之文章，可得而闻也；夫子之言性与天道，不可得而闻也。"

对比项：经验/玄想，哲理/伦理。

意旨：仁学为现世经验伦理学，其合理性根据在于人性经验之内，非在于想象域或抽象域。

旧解摘要：

郑康成《论语注》："性，谓人受血气以生，有贤愚吉凶。"《养新录》："古书言天道者，皆主吉凶祸福而言。"黄氏《后案》："何氏论性论天道，皆虚无不可穷诘之说……自宋以后，言性与天道者分理气。申其论者，大抵超阴阳以上而求天之理，离心知之实而求性之理，亦不能不推之空眇以神其说。"程树德："古无以天道作天理解者……古无天理二字，其字起于汉博士之作《乐记》……郑氏兼学谶纬，其以吉凶祸福解天道，亦为风气所囿。是则然矣，然一天道二字，而其解释随时代为转移，则大不可……至以理训天，则更空洞荒渺，不可究诘矣。"《焦氏笔乘》："性命之理，孔子罕言之，老子累言之，释氏则极言之……张商英曰：'吾学佛然后知儒。'诚为笃论……孔孟之学，尽性至命之学也。顾其言简指微，未尽阐晰。释氏诸经所发明，皆其理也。苟能发明此理，为吾性命之指南，则释氏诸经即孔孟之义疏也。"《论语意原》："性与天道至难言也。夫子寓之于文章之中，惟子贡能闻之。至孟子则谆谆然言性善言天道。夫子示人以其端，欲学者至于自得。孟子阐其秘以示人，欲天下皆可知也。"《黄氏日钞》："夫子述六经，后来者溺于训诂，未害也。廉洛言道学，后来者借以谈禅，则其害深矣……刘石乱华，本于清谈之流祸，人人知之。孰知今日之清谈，有甚于前代者。昔之清谈谈老庄，今之清谈谈孔孟。"

含义引申：

此章必为后儒所加，所谓"上论"多原本、"下论"多后补之推测，并非绝对如此，不过是上下论中后补者各有多少而已。在几百年间的逐代"集体"编写过程中，原始文本框架亦可能有所改动，绝非单纯按照时序逐渐补长而已。本章牵引到的"理论性"问题，在中国思想史上极其重要，涉及伦理学与形上学-本体论的学理关系问题。我们之所以有理由猜测本章为后儒所加，乃因孔子时代"为士者"之"抽象"兴趣、习惯与能力，尚未达至后儒渐渐产生的各种玄理之好，此一原始思维特点也恰是其主体伦理实践学形态具有永恒性效力的奥妙之一。其实，本章所用的诸"准抽象词"（性、天道）之字形，历史上前后虽同一而各自内容之含义则可能逐代变迁。昔儒，甚至今人，因不解此汉字符号学之理，而习惯于就同一字词的以为是不变的"真义"，对几千年间字义随意进行揣摩比附。其中最可笑者为历代佛学家之乱解，如《焦氏笔乘》竟言："释氏诸经即孔孟之义疏也。"孔子所言，按其时代文化状态，并无各种形上学式义理思考，并亦有力地摆脱了传统的怪力乱神观念，故最贴近于人际现实。作为义理名词的"天道观"，孟子时代尚未有。但是本章的插入也有其相关合理的原由，因秦汉后中国思想史对于"理论基础或前提"类思维渐增兴趣，特别是在某些方面，在一定程度上，回归原始仁学的宋明理学，正与本章提出的问题相关，此即伦理指令系统与理论基础系统的关系问题。另外，此章描述的夫子言行表现之质实性特点，含蕴着仁学人本经验主义认识论的深意。其相关论题即仁者对"人性"与"天道"的可能想法为何。此一问题及其"无解"（因无言）本身，实际上反映着两大潜在的认识论态度。仁学非如希腊哲学直接处理语义逻辑性思考，而是采取"以行表意"的经验直观法。此处之"行"乃至"语默"（"无言"亦可视为"行"之一类），即以对相关课题之无言（排除于思想范围）以（客观地，而非主观特意地）"示意"。

【关于伦理与逻辑的历史解释学申论】

伦理学的"合理性基础"，涉及问题极为深广，此处无法论述。请参照作者相关著作。据现代新儒家（如熊十力）等揣测，孔子特意采取简略（如修《春秋》般）说法，以通过"语默"方式来象征性地做玄远之理的暗示。此一增解，反而浅化了此处语默特征之深意。原始仁学为前中央集权时代和前理论思维时代的伦理思想方式，《论语》实为通过经验性行动规范的系统加以"显示"的"内外行为倾向系列汇编"。此一加以"组织化"（汇集、编选）的行为倾向系列本身，即代表一潜在的直观性伦理思想体系，其中诸相关伦理指令句之各种"准认知性根据"，乃来自几千年来中华文明智慧之经验性积累。一方面，时代的发展已导致仁学的智慧理性有能力反思、批评、纠正在前之商周神怪迷信风习，并自觉而系统地，在思想层次上，于中国历史上首次以人本主义理性思维取代了神格主义的非理性思维。而另一方面，此晚周文化中的"中度理智发展"尚未达至后世才逐步提升的某种抽象思维水平，仁学正形成于此"中度智慧发展"的文化史阶段，其立场、目的、对象、方式的综合"组织成果"，恰可在主体态度学层次上，完成了人类文明发展史上的一次伦理思维的飞跃和总结（集大成）。

春秋战国时代的东亚特有的文化环境（人性的觉醒）和历史环境（丛林法则的智性化发展——法家权力智慧学的成熟与政治权力者间争斗实践的激烈化），促成了一次人类伦理实践学思想的突现，仁学的"前逻辑性的智慧"潜力，足以在主体态度层次上完成其充分理性的思想组织和表达。主体人性经验层次上的理性实践（主体理性）与时代初步的准抽象思维形态（文化条件），二者之间恰恰形成了"有效而对应的理性互动"。千余年后，在印度佛学思想影响下形成的中华思想史上的"理性化提升"，促成了宋明理学这种混合型的"道德哲学"的出现（主要包括：原始仁学、记述性文史学术、儒教政治意识形态以及道释合流的形上学思考）。此一学术性层次上的发展成果，本质上却"无关于"仁学的主体态度学层次上的"实践理性结构"的自足性，其"道德哲学"体系论的成就，虽然在论域和目标上远远广大于仁学，但无法"有效"进入"仁学自治区"（态度学自治区）。即其准逻辑性

（其逻辑性思维程度远远不能相比于同时代的西方中世纪神学逻辑学）的学术建构为仁学提供的"准理论性基础"（主要来自佛学的"本体论"和主要来自道家的"形上学"），并非可与仁学自治区的经验实践层的"逻辑"相互适应。但是由于前述汉字语义学的特点，同一汉字可表达不同的语义，孔子之经验主义中的"性"与"天道"观念，遂与后世道德哲学的"准抽象思维"上使用的同一字词，在后世的读解中发生了混淆。反映在宋明理学中的、本质上是仁学与儒学之间的复杂性在于：理学家们一方面在学术思想上具有了先秦时代所不具有的知识体系及其"准理论化的思维习惯"，另一方面，在历史上始终保持着其"自成一体的"仁学经验主义人性论（由于《论语》《孟子》文本的存在）影响下，理学也相当程度上维持着对原初仁学的独立感受性。两种不同的思想形态遂以"儒学实用主义方式"混杂在一起。因有此传统实用主义惯习的存在，理学家们遂按照自身的"折中主义理性形态"，在（自以为统一化的）一个学术系统内（其典型文本为《近思录》）保持着这些不同的混杂思想源流。（民国以来的"新儒家"的新型混杂性，则表现在其一方面大幅度增加了西学哲学思想的混入，另一方面强化了佛学思想的介入。此一认识论悖谬现象，本书不拟专论。）

夫子"少言、不言"者，所指亦不出人世吉凶祸福类现世现象，其直观式思维的重心亦非在于（也不可能在于）相关经验理性根据方面，遑论后世讨论的各种形而上玄理问题。但是，"性"字和"道"字在后世文化知识条件演化后的两千年"儒家读解史"中，仍可视为在孔子仁学系统中以"行为主义话语"方式表达的空的（无具体规定性的）"边界性"概念，用以象征地"承托"（或暗指）《论语》指令句义的"理由"根据；也就是起着伦理实践学推理逻辑链中的一种"纽结功能"，而非表现为后世汉儒、宋儒等不同类型的"儒学理论化"后的、准抽象的概念性作用。在后世"儒家哲学式的"《论语》读解中，"性"成为标示主体内实践域的最高范畴和理性基础，"道"成为标示主体外实践域的最高范畴，以期用之作为仁学之"理论化归宿"。实则，此二概念仅起到一种"X"功能，不应、不必、不能再予以进一步"充实化"或"解剖"，而只需将其在仁学实践学层次上加以"运用"即可。此两种最深、最高的"概念"也同时相当于实践学之边界，对界外之事自然不再讨论。

仁学人本主义完全是一种经验主义的伦理实践论，目的在于求个人一生行为中的系统合理性与前后一贯性，故首须确定行为范围之边界。通过将伦理实践学上的概念在"理论上虚化"的方式，可使此行为系统满足于经验层次上的可理解性与可行性。如果要合理推测仁学的"发生学",我们只能说这是中华文明史上一次独一无二的、承前启后的伦理思想之发明:"孔门编写集体"通过几百年的集体性的"实验"、总结、改善,并根据此特殊历史时期(大约在东西周几百年)的文化社会特点,完成了其纯属"自我内""我他间""人际间"的正当关系规范系列。孔子虽不论述、不分析性与天道,却实际上以此"虚位"方式系统地使用着相当于此二概念的统摄原则,遂完成了文明史上的一次伦理思想飞跃的奇迹:在不需形上学逻辑的支持下完成了一门具有普适性的、永恒性的人本主义的理性伦理实践学。秦后历史证明,新集权专制体制开始大力发展神祇迷信思想并将之贯彻于儒教学术意识形态之内,从而在伦理认识论和社会实践论层次上,根本地歪曲和违背了先秦孔孟学的人本主义伦理学初衷。儒教权力系统通过将仁学文本加以拆解、割裂、曲解及"分而治之"予以"强暴",以使此人本主义伦理学智慧的诸成分服务于专制皇权统治。

现代意义:

本章虽为事实陈述句,却起着仁学指令句的作用,即以孔子所不言者作为仁学义理论述之"边界",而仁学所谈者均属人世间的经验主义的可征实现象。此一认识论和实践论的仁学实践学之"概念限定性",可直接相关于现代人文科学理论的经验实证性格与方向,因此可证,仁学作为人文学术之雏形及人本主义伦理学的原型,其性质与方向完全相通于现代人文科学的伦理学理论基础问题。仁学所坚持的人本经验主义的伦理学大方向,遂可成为现代人文科学革新任务的伦理价值学方向性之指南。原始仁学文本之欠缺形上学、本体论修辞学的特点,与现代人文科学理论建构急需摆脱西方传统哲学原教旨主义的特点,二者之间可谓奇妙地存在有本质上的相通处:在认识论方向上、实践论目的上和价值观立场上。

5-14. 子路有闻,未之能行,唯恐有闻。

对比项:求名/践实,名实/相副。

意旨:君子重实而轻名,尤以名过其实为耻,此与现代人专以造名为目的者态度迥异。

旧解摘要：

《四书辨疑》："子路闻善，勇于必行，可谓能用其勇矣。"黄氏《后案》："韩子《知名箴》曰：'内不足者，急于人知。需焉有余，厥闻四驰。昔者子路，惟恐有闻。赫然千载，德誉愈尊。'……告过则喜，承誉则恐，此仲子之所以贤也。"《朱子语类》："子路不急于闻，而急于行。今人惟恐不闻，不去行处著功夫。"

含义引申：

我们屡次指出，《论语》指令句系统的组织特点为：诸个别指令句的确义，须在全书有效指令句系统内，参照其他相应指令句，相对地、综合性地予以判定。但诸个别指令句实际上往往可以独立传达较确定的旨意，因其相关语境（包括与相关其他指令句之间的关联性）随读者对全指令句系统的熟悉程度而可相对清晰地自然呈现。于是不同读者因同一指令句系统的客观存在及大致共同的熟悉全书的程度，而可分享此一大致共有的潜在语境，遂使个别指令句得以"独立"发挥作用；也就是可分别地成为世人在相应情境下言行规范的方向性"指号"或具象性"提示"。而此言行方向的提示性功能，实无关于相关历史故事的虚实本身，因与《论语》相关的各种故事内容多属传说性质，不仅无从查考实伪，而且往往无关于指令句之真伪。然而后世读者通过历代读解积累的想象中的故事细节，习惯于以之作为体会句义的"激发性工具"。本章重申言行一致、行以践言、言必符实之旨，重点在于表示仁者实践学自律之严，故可从内外两方面确保言行一致。言行一致者，必以心志坚定为主导。

本章涉及言行之外的另一相关因素——"闻"，即自身言谈引发的客观称誉之效果（兼含言谈本身及闻者对言谈的反应）。于是出现了心以外的三元关系：言、闻、行。仁者欲以主观上的言行相符来约束客观上的"闻"，因为通常情况下"闻"亦可成为满足言者虚荣心之原因，此原因遂可成为追求虚荣的言者有意追求之目的。"闻"作为客观自然效果与作为主观制造的效果，为截然不同之二事。简言之，"闻"一般不应成为仁者追求的实际目的，却反而应成为仁者借以自警，以防止其产生干扰正当实践目的的副作用。孔子遂对

"不实"之闻特加警戒，以防止仁者行仁止于"有闻"。简言之，言应为行之先导，而不应成为"造闻"之手段。

现代意义：

此一指令句与现代文化和人文学术的价值方向问题具有直接密切的关联性。因为人文学术颇可成为纯粹"止于表达的"话语系统，即大多均可非直接相关于"行"。即使是相关于行动的思想理论话语，也无须立即验证其可行性或有待于其可行性之证实。于是，在此"行"之一端就不能够成为对言（之实）的一种直接验证，从而使得前述四元系列（心、言、闻、行）变成了二元系列（言、闻）。"闻"遂成为言的直接目的和效果，言的目的就不再是朝向"行"（可予客观验证者），而是朝向难以客观验证的"闻"，此即今日"声名"之谓。后者还联系于可客观量化之社会性效果——知名度。人文学术话语的科学性价值遂为其"知名度制作"的准市场化价值所取代。也就是，学术作品的科学价值遂为市场交换价值所取代，而且学术真理的科学验证法并可为"准商业化的知名度大小验证法"所取代。按照今日合理的人文学术改进构想，此处所言的"行"正可相当于广义的"实际"（兼含现实情境的实际，相应施予行动的实际，期待效果的实际，验证方法的实际等），这也就是"实证"意。孔子此句（言须践行，不可止于声名）的中心含义即提出对言与闻进行"实证"（"行"之实际进行和完成）的要求。此指令句遂直接相关于难以客观验证的人文学术的科学性程度之检验法。换言之，"科学性验证"的含义今可由自然科学、社会科学的物理科学性的验证观（泛物理实证论），扩大到包括人文科学在内的心理科学性的验证观（泛心理实证论）。学人只有排除了以"求名"为目的的学术观，才有可能进而按照一种泛经验主义的实证观来组织人文科学的理论研究。

5-15. 子贡问曰："孔文子何以谓之'文'也?"子曰："敏而好学，不耻下问，是以谓之'文'也。"

对比项：勤学/好文，学为己/学为人。

意旨：君子持"学为己"观，学非为与人争比故不以"下问"为耻，如此方可真实致力于文化、文学、学问；小人以治学为争名夺利之资，必借学以攀援富贵，故以"下问"为耻，即使于情不得不"下问"，亦难免于自掩行迹，以致沦为盗名窃誉者流（古语言"文人无行"即包括此类）。

旧解摘要：

《集注》："孔文子，卫大夫，名圉。凡人性敏者多不好学，位高者多耻下问。"朱子《或问》："先王之制谥，以尊名节，以壹惠，故人生虽有众善，及其死，则但取其一以为谥，而不尽举其余也。以是推之，则其为人或不能无善恶之杂者，独举其善而遗其恶，是亦谥法之所许也。"薛瑄《读书录》："夫子以孔文子敏而好学、不耻下问为文，取其微善，而不及其显恶。圣人道大德宏，此亦可见。"

含义引申：

《论语》章句的历代旧解，除字义注疏颇有助益外，多泥执于故事传说事迹之是非善恶辨析，而《论语》诸指令句虽可能牵扯句外故事，不过是借助故事以表达更具有一般性、永恒性的意旨。故事情节不过是表意之"工具"，自为"得鱼忘筌"之属，今日读解《论语》自然更须侧重于句义本身。本章的历来解家，多将重点置于传说中孔圉男女关系上无德之事，将其作为子贡此问之背景，并据以申说圣人仁厚之德，即有为之隐恶扬善之意。此类无谓推演，今日读解时自然应当加以排除。

本章之旨主要在于判断学与文的关联性。"文"的当时本义为"文句"（甚短之"文本"，其更基本义即"文字"）或原初"文学"。《论语》全书首字之"学"，其行为之对象和"产物"（结果）均为"文"，于是此一"为文之学"的提出即不同于历来任何技艺性之学（器学）。"文"字亦在此通过作为谥法用字而加附了尊贵性。因此，本章可象征地解释为仁者通过勤学好问以达"文"之修养和境界的一种伦理实践学。

本章句式为孔子答子贡之问："孔文子何以谥为'文'字？"按

429

传说谥法，"勤学好问"为"文"，孔子以此明申勤学好问乃为学之要。孔子时所谓"学"，多取口头表达方式，"问"乃"学"的方式之一。因持学为己之立场，非以学比胜于人，对于地位在己下而有知者，自亦能虚心求教，并可证其人向学之意纯正，何耻之有？此一简单常理实际上意涵深远。勤勉固为好学之征，虚心求教于任何在某方面所知多于己者，更可证自身具"学为己"之诚。因为学者中颇多以学为求名利之途径者，彼辈往往因地位高而自身知识不如地位低者而感"羞耻"，故一方面可能为此而思掩饰"下问"之事，另一方面则可能进而利用地位权势之力以"窃取"地位低者之知识。故本章亦隐含指出此一品德与学养之间的内在联系性。至于君子之"耻"与小人之"耻"在中华文明的"耻文化"中的异同关系，实属重要的探讨课题。

现代意义：

原始仁学在"学"与"文"之间建立的"产生性"因果关联，具有重要的现代意涵，即仁学非相关于任何科技、工商、技术性之学，而特相关于精神文化、文学、人文学术等等之"学"，此正为仁学在性格和方向上与现代人文学术属于同质性文化类别之表征。本句关于勤学之教属于常识可不必论，而"不耻下问"特具今日启示性义。

古代所谓"不耻"乃指位高者、学富者对位低者、学弱者发问求知诚意之有无。然而"居位"者多装腔作势，耻于下问，此正为有史以来人间势利心和虚荣心强盛者必有之弱点。而在现代学界，除此之外，还特别相关于跨学科、跨文化新学、新知、新理交流中所必须具有的"学为己"之诚意。学人因职业功利主义作祟，以学术求名利成就者，一旦成为某方面学术权威后，即会一方面以其在学界获得之"职场成效"为足，并孜孜于护卫如此取得的学术地位，而另一方面对于学界同仁则极力掩盖自身之学术弱点和不当治学的手段，并特别有意识防范和阻截本专业内后来居上学者之挑战。此辈为学而据权位者对于今日倡导的跨学科-跨文化新学术方向的探讨事业，则可能加以反对和抵制，因其新学术方向带来的进展可能削弱或瓦解既有学术权威之学术霸权。况且时当人文学界作风全面商业化蜕化之际，学术权威中不乏通过不当市场竞争化操作获取权益者，此辈学阀式的"位高权重"学人，其学术垄断地位之基础，甚而不止于来自学界内党同伐异之操作，而是进而按照"贵贵相助"原则与国内外社会综合权势网相关联，以巩固自身及本集团的学术霸权地位。在此情况下，本章为学以正、不耻下问之教，必然与学界庸俗化风习适相抵牾。当此之时，孔子最深品德之教——中华耻学，将发挥一种士君子所具有的逆势而进的抗势之勇。此伦理性之义勇首先乃指主体"对自、克自"之勇，故不仅必行不耻下问之教，并能进而以孟子所喻之"齐人妻妾"和"妾妇之顺"为学为己者之大耻。

就作者本人数十年国外人文学界经验来看，当代人文学理之失，首先即表现于战后学人品格之大失，此即"耻观、耻感"之失；或者准确说，学界多以小人之"耻"混淆于君子之"耻"。此正如今日"身价观"和"笑贫不笑娼"的价值观的混合，可成为商人化社会文化之标志。商人逐利，学人逐名，商人如此可谓表里如一，而学人如此则无怪乎其必成为名实不副者。

5-18. 子曰："臧文仲居蔡，山节藻棁，何如其知也？"

对比项：僭礼/野心。

意旨：违礼僭越事件不绝于史，扩权争位野心根于人性深处，仁学特反其道以倡言。

旧解摘要：

全祖望《经史问答》："据汉人之说，则居蔡是僭诸侯之礼，山节藻棁是僭天子宗庙之礼，以饰其居。"《集注》："臧文仲，鲁大夫臧孙氏，名辰。居，犹藏也。蔡，大龟也。节，柱头斗拱也。藻，水草名。棁，梁上短柱也。盖为藏龟之室，而刻山于节，画藻于棁也。当时以文仲为知，孔子言其不务民义而谄渎鬼神如此，安得为知。"《朱子语类》："今文仲乃为山节藻棁以藏之，是其心一向倒在卜筮，如何得为知？古说多道其僭，则不止谓之不知，便是不仁，圣人今只主不知而言也。"

含义引申：

本章之义，不论解"居"为居住还是为藏物，均在于断其为"不智"。朱子之所以在此句中不取"僭"义以免示其"不仁"，盖欲着重本句中"智"的主题，借以强调孔子反对仁者行事有"媚鬼神"之愚。程树德对此亦取朱注，云"以天子之庙饰以之媚神为不智耳"。其实对于本章来说二解均可，因诸传说故事本身不详，如何可以为据？而朱注特意在此弃"僭"而取"媚"，因"僭礼"实为当时诸侯大夫之常习，其"不仁"并不凸显，且《论语》他处指令句已多有相应之责备，于管仲例更特严责之（在与其巨大功业对比下责其"不仁"，用以高标"仁"之至上义）。此句侧重于责其"不智"，对于实践学而言，其意义遂更为深刻，即可凸显仁者智慧仅施之于人世经验界，而不可涉及鬼神迷信。"不知"实即相当于"迷信"，而迷信实乃当时及其前其后中国古代社会文化中无所不在之陋习与痼疾，其存在足以阻碍仁学伦理学三达德中"智"维之发展。科学化遍及全球之今日，到处求神问鬼反炽烈如昔，相比之下，两千年前中华仁学的"现世理性观"岂非人类历史上之奇迹？

由先秦分封时代向秦后专制时代的演变过程处在"礼崩乐坏"的时期，各国野心家统治者得以挣脱封建束缚，依靠法家智慧，改行争权夺利政策，其争霸野心的初萌即为各种僭礼表现，故孔子处处发现野心家此起彼伏，视之为未来乱阶，惜无办法制止也。此一历史过程可证仁学正是产生于法家思想落实于各国统治者时期，法家的时代发展可谓激发了仁学的诞生。本章之"不智"喻，不过是委婉表达之"嗜权"喻。孔子以"道德教师"身份对为政者所做的教谕，不仅不可能达成其仁政目标，而且反可为任何夺权成功者视为自身继续固权之口实。然而本章之"道义性谴责"句式的历史伦理学深意为：源自其动物阶段争强斗胜本能的人性，实为由法家思想加以组织和推动的人类历史轨迹形态之基本形成因。此种"物化人性根源"绝非仁学伦理学有能力改变者。仁学所能诉诸者仅为

"良知"，而"良知"绝不纳入法家权力哲学词汇。此一仁学良知与法家权欲的对峙性历史事实，正可显示二者分属中华文明史上的不同轨迹。

现代意义：

本章之义实含"不智"与"不义"二者，甚至以未明言之后者更为重要。就其不智言，无非是反对弃智慧而迷信，故再次呈现出一种经验理性态度。此一态度完全符合现代科学理性立场，而对立于至今到处存在的非理性超越论信念和惯习。后者造成了后现代主义时代的文化分裂观，即今日所见之全球商业化时代的复合思想潮流：一方面是科技、工商、政、法、军各界完全按照经验理性主义行事，而另一方面在精神信仰及人文学术领域内仍然普遍采取着种种非科学理性立场的思考。其结果是：前者得以实现"知识就是力量"，后者之"知识"因乏充分经验理性之知，故数千年来其认知与推测甚少"力量"可言。至于本章所暗示的违礼僭越的历史现象，岂非以多元化方式完全呈现于现代化社会？由全球商业化带动的全方位的权势追求潮流已经弥漫于社会文化的一切层面，此即表现于今日世界"新人类"已将对名利权的合法争夺视为天经地义的人生观。正是此人生观却直接摧毁着人文科学的科学化发展机会。

5-19. 子张问曰："令尹子文三仕为令尹，无喜色；三已之，无愠色。旧令尹之政，必以告新令尹。何如？"子曰："忠矣。"曰："仁矣乎？"曰："未知，焉得仁？""崔子弑齐君，陈文子有马十乘，弃而违之。至于他邦，则曰：'犹吾大夫崔子也。'违之。之一邦，则又曰：'犹吾大夫崔子也。'违之。何如？"子曰："清矣。"曰："仁矣乎？"曰："未知。焉得仁？"

对比项：仁心/忠行。

意旨：君子善行之一得未可遽称之为达仁；仁学深贬权势与神鬼崇拜，以凸显仁学所朝向者为人类精神文明。

旧解摘要：

《论衡·问孔篇》："智与仁不相干也。有不智之性，何妨为仁之行？五行之道，不相须而成。人有信者未必智，智者未必仁，仁者未必礼，礼者未必义。"《集注》："子文……其为人也，喜怒不形，物我无间，知有其国，而不知有其身，其忠至矣。故子张疑其仁。然其所以三仕三已而告新令尹者，未知其皆出于天理而无人欲之私也，是以夫子但许其忠，而未许其仁也。"《集注》："崔子，齐大夫，名杼。齐君，庄公，名光。陈文子亦齐大夫，名须无。十乘，四十匹也。违，去也。文子洁身去乱，可谓清矣，然未知其心果见义理之当然而能脱然无所累乎，抑不得已于利害之私而犹未免于怨悔也，故夫子特许其清，而不许其仁。"

含义引申：

本章据历史传说故事为喻，无非从细节与方向两方面高标仁作为伦理价值标准之至高性，故孔子特于诸"近仁""似仁"的行为表现中暗示如此成就尚远非已达于"真仁"及"全仁"之标准。二者差距之关键在于动机层之伦理真实性，因唯有此正向动机之存才有未来精神文化外实践开展之条件。朱注云："今以是而观二子之事，虽其制行之高若不可及，然皆未有以见其必当于理，而真无私心也。子张未识仁体，而悦于苟难，遂以小者信其大者，夫子之不许宜哉。"朱子在此指出外行为与内动机之区别，而以后者为其人之"仁"是否真实存在的依据。但因后者不可遽识，故以"存疑"处之（孔子答以"不知"，为"待慎重察之"义），并从仁学实践学的智学立场出发，将伦理学的肯定判断分为两阶：初阶察于行迹，高阶察于动机。以此具体例表达仁学实践学的价值判断法的普遍原则。其进一步含义为：如果动机不纯（非基于真实伦理性动机"仁"），其后原初的正向行迹可能会转为负向行迹。孔子价值学辨析的此一"两段论"，既照顾到人事实际又暗示着对更高义理之期待，如此不仅为了凸显仁学的崇高性，也为了在现实实践中识者能根据此两段论更明智地预测和筹划实践步骤。《朱子语类》又云："文子有马十乘，乃弃之如敝屣，亦岂易事？须思二子所为如此高绝，而圣人不许之以仁者如何，未足以尽仁。就此细看，便见二子不可易及，而仁之体段实是如何，切不可容易看也。"按此，初阶之价值性已如此难以达成（所以弟子可即解之为仁），高阶之成必具至高伦理价值性。据本章可知，君子实践中三达德须协同一致，并以"仁"端统之，而仁之特质在于心诚之真实度，故君子必践行心言行三者一贯之旨。"三达德"与"心言行"二者间的相关性为仁学实践学所特别强调者。仁学之仁，有特称（德性）与总称（义义系统）之别：就其总称言，孔子本人亦谦称未及；就其特称言，仁者亦须本智仁勇三达德以衡量其人心言行之是否具仁之品质，非可仅据三者之一断之。此外，如据仁之总称进行评断，则仁与义亦当予以分别，作为仁行之一项的诸个别义行（如忠、孝）之实现，亦未可视为已达"全仁"境界。由此可见，《论语》诸章中凡有一方面高标"仁"之无上性而另一方面又均语焉不详者，此种朦胧象征性表现，不过是喻示着"仁"之学的多方开放性和无限展开性而已。

现代意义：

本故事之寓意具有明显的现代相关性。本章以春秋故事中楚国令尹子文与齐国大夫文字两人行迹为例，说明不可仅据某人单一行为之正确即许之以仁。按朱子解，此正确行为不知出于"义理之当然"还是出于私利之计虑。孙奇逢谓，"忠""清"皆仁之一节，近人姚永朴言，不可"以此小者信其大者"。此章之意在指出，君子言行之有一得，不可遽视之为仁者，以此显示"仁"意涵深远，非可仅凭个别善行予以判定（以喻示仁学一般义理和具体仁学实践之间不可混同）。此两例均显示，动机与行为之间的关系错综复杂，而言行不一，以伪善言行掩饰内心私意，更为狡黠者之通术。本章之旨即在于通过对心言行三者相互关系的察验，以判断行事者的内心品德之真际。此一察验原则亦表明仁学认知心言行三方面真际的实证主义。此"实"字不限于外在直接表现而应扩及心言行三者互动关系一致性的"实际"。因此，此一仁学原则完全适用于今日社会文化及人文学界：不仅涉及学人须遵行的言行合一、表里如一的原则，而且特别相关于在综合判断人、事、学三方面时，务须全面周全。

因世人习于就言行之一端仓促下结论，故历史上人事是非判断可谓谬误百出。此外，人们徒知此辨识真伪正误的一般原则，却少有人认真遵行此原则。"察言观行"之教正在于：对于任何个别性事例均不可孤立判定其言行表现的动机及目的，而须根据内外表现的多方面因素综合推断之。"好仁者稀"不仅就志向归趋能力而言，亦兼指世人因急功近利而鲜有能充分以智对智不受欺瞒者。仁者，必无侵夺为恶之心，却必有识恶对恶之智。

5-20．季文子三思而后行。子闻之，曰："再，斯可矣。"

对比项：熟思/果行，惧失/不行。

意旨：仁者必敏于行。弱于行者，非可以慎思为口实以掩盖自身刚勇之缺失。

旧解摘要：

《四书辨疑》："程子曰：'事有不必再思者，亦有不止于三思者，初无定论也。'"《读四书大全说》："思者，思其是非，亦思其利害只缘思利害之思亦云思，便疑思有恶之一路，乃不知天下之工于趋利以避害，必竟是浮情嚣气趁著者……季文子三思而行，夫子却说'再，斯可矣'，显然思未有失，而失在三。"《论语稽》："文子生平盖祸福利害之计大明，故其美恶两不相掩，皆三思之病也。其思之至三者，特以世故太深，过为谨慎。然其流弊，将至利害徇一己之私矣。盖孝义节烈之士，虽天分学力兼而有之，而临时要必有百折不回之气，而后可成。古今来以一转念之误而抱恨终身者多矣。此章再思三思，界限甚大，分际分明，读者不可忽也。"

含义引申：

诸旧解多就《左传》相关季文子故事及本章记录的孔子言，交相揣测"孔子真意"为何：孔子何以对"三思而后行"之慎者促其速决？实际上，本章正解虽不可就传说人物定是非，亦不可孤立地仅据句中所引一般成语为解。我们只能够就本章之"明在"与"潜在"的相应语境揣测其适当意指。孔子在此正欲借俗常成语"三思"以警诫世人往往以慎思为"怯于行"之借口的普遍倾向，用以反衬实践中"果断"之重要性。即本指令句特予告诫者为：仁者处事应果断力行，不可"犹豫再三"。至于"深思熟虑"与"果断力行"之间的区分问题，非本句之"相关项"。也即，本句之潜在语境已含有所针对者，即过度之思者。因此本句之要非在于"再""三"等词之直意，而只在于强调：世间有不待长考而须速决立行者，所谓"不失时机"是也。此一指令句的另一引申义为：世人多因意志不坚，患得患失，以至于遇事逡巡不决，皆因未能见义勇为也。实践者须力行，力行即果行，此"果"字已含"不失时机"的"速"字。快、慢、慎、勇等均须依据具体情境而加以"适切"搭配，本章特言"果决"之重要性。仁学实践学重在思与行之伦理与因果之双侧相关性，君子人须于难以预料结果的实践中平衡其慎虑与决行，此之谓善于用权。

现代意义：

本章指令句相关于世人普遍倾向：患得患失，怯于"勇行"。此实为古今大多数人之行为常态。现代人文知识分子因失去古代"修身"训练，更可能多从利害得失角度遇事瞻前顾后，怯于果行。对于今日人文创新事业而言，既无利益可图，又须冒违背既定学界规则与抗拒学术权威压强之风险，故于学术创新实践多呈逡巡往复之态，始则犹豫不决，继而听之任之，终至随遇而安。对于此一现代学界真实困境而言，本章教谕之现代性反更为凸显：现代学界仁者在其科学实践中不仅必应是非分明，而且须有意志力朝向于真理目标而勇于践行。所谓"再思可矣"，于是乃特别指涉学者对学术实践大方向进行抉择时所应持有的"勇于行、敏于行"之心志。

5-21. 子曰："宁武子，邦有道，则知；邦无道，则愚。其知可及也，其愚不可及也。"

对比项：出处/狂狷，行道/避危。

意旨：君子处逆善用智权，及时避险，隐退待时。

旧解摘要：

《皇疏》引孙绰云："人情莫不好名，咸贵智而贱愚，虽治乱异世，而矜鄙不变。唯深达之士，为能晦智藏名，以全身远害。饰智以成名者易，去华以保性者难也。"《论语稽》："武子仕卫，进不求达，退不避难，在见几而作之士，不免从旁怯笑。而卒各行其是，以保其身，而济其国，此夫子所以叹美之也。"《集注》："文公有道，而武子无事可见，此其知之可及也。成公无道，至于失国，而武子周旋期间，尽心竭力，不避难险。凡其所处，皆知巧之士所深避而不肯为者，而能卒保其身，以济其君，此其愚之不可及也。"

含义引申：

本章旧解多参照相关历史传说人物卫成公及卫大夫宁武子之假定事迹而推定其旨意，各解之异不仅因《左传》相关记述语焉不详，而且相关于对本章使用字词之解义不同，如"智与愚""有道无道"，甚至牵连到对"出处"概念的确义辨析等等。如以"邦有道危言危行，邦无道危行言逊"为"智"择之通例，则本章反可能专指：于有道顺境，人人皆以"危言危行"为其智择，按历史故事，武子反以不示人以危言危行为智（即反以逊退为智）；而于无道逆境时，人人皆以不能"危行言逊或免于刑戮"者为愚时，武子反不顾此"愚"而挺身而出、冒险犯难。不过，此一不免"绕口"的是非利害辨析，非因涉及义理较明之仁义实践原则问题，而因涉及智与愚之定义含混。智和愚是按照仁学实践学原则判定呢？还是顺从俗常的明哲保身之见呢？本章相关诸解释的含混性即因解者混合地使用了"两套"智愚定义。故《四书辨疑》言："武子当此之际，自无弃而去之之理……此正武子所当为者，今反谓其为愚，推穷此说，令人昏闷。"作者并进而质疑"真愚""佯愚"，并说"此诚不可晓也。邦无道则愚，本与邦无道言逊、邦无道卷而怀之之意同。"按此，本章解释涉及的语义含混性还相关于何谓"邦有道""邦无道"？所指为君王无道涉及的臣子出处之择，还是所指为邦国危殆时君臣一体须行御敌有术之择？如果我们泥执历史传说和字面（有道与无道、智与愚之辨）就会发生陈天祥提出的这类"难晓"的问题。实际上，自然以朱子之解更为自然显明，但其解亦遵循人物传说，结果将本章以及类似他章中的同一用字之义加以主观变动。如"邦无道"之意在此是指君王之恶行还是泛指国势之危殆？二者牵扯到不同的"君臣关系"。在此，朱子之解似乎有将孔子《论语》中凸显"君臣矛盾"的"张力情境"，转化为"忠臣应为"之"义务情境"。所用的"智愚"二字在此即是用于俗常之意，即"在常人看来"之意，此亦即为孔子所说的"其愚不可及也"。但"智愚"两字并非仅可指俗常之意，而也可以用以形容士君子抉择之智或愚。而"智"维恰是仁学三达德之一，自然可施于任何相应情境。以上为本章解释中牵扯到的用字意思含混方面。

　　本章易于引起解者的困惑，自然因为句式与事端与其他相关指令句具有高度"形似"性，还因相关人物字样牵扯到了句外事件细节而生出了随意性分别。不过，诸类似章句在解释上的区别不是据章句字面本身做出的，而是一者所据为章句本身，另一者所据为故事。在此意义上，朱解也就遭遇了同样的解释原则混乱性。如果按照朱子的理解，此章之意就并非相当于"邦有道、邦无道"章句的情境（此处朱子以国君之"失道"而致国危来曲解原始"邦无道"意），而是相关于为臣者该如何通过国安时逊退、国危时勇进来履践"臣民忠义"的问题。此同类句式之原型例如"危言危行、危行言逊"（因该章未涉及具体故事背景故具有最大的普适性，因此可暂视之为"原型"），其相关项为"相互对立的"（权力者）君与（良知者）士，那么本章句式的相关项则为"相互一体的"君与臣。我们也可由此瞥见先秦与秦后士君子立场之别。此外，也颇可因此而对本章是否为后儒插入以凸显为臣者该如何"尽忠于君"的问题进行判断，而此类扩解却并非相合于《论语》《孟子》仁学话语之主调。

　　本章诸解就故事以解义的基本缺欠在于，大家均假定存在着唯一正确的相关史实，故均断定本章为孔子针对特定史实而发。但实际情况是：即使确有该人名及类似事件，孔子所据"版本"也绝不可能同于汉代时编著的《左传》版本（现代中国哲学史家多不研究现代古史辨伪学，因此大多对于旧学之正当材料学基础问题欠缺思考。兹事体大，本书不论）。考虑到《论语》原始编写原则基本上在于使各章之句义大致完整（此为格言体之特征），不大可能牵连到传说不一之史实真相，始可把握章意。根据此二者，情况完全可能是：如本章确为《论语》初次编写期之作，那么孔子在此不过是虚用历史人名为其"修辞术"，而要传达的意思已完全呈现于章句内部了。如是，其意思实与"危言危行、危行言逊"章同意，不过是在后句中略去"危行"而夸张地突出了"言逊"意（愚者必言逊），其分量至少与"其愚不可及也"和"卷而怀之"相类。后二者之"情境"仍相关于"君臣对立关系"，而非相关于"君臣一体关系"。

综合以上所述，此章可有两解，一是按照朱子以故事为基础作解，其主题为"臣子为忠之道"；一是按照句式语义本身为解，其主题仍为"为士者应有智术以避君主之淫威"。两解均可以适合《论语》思想，而以后者更为贴近仁学伦理学重心：为士者与持权者之间的张力关系问题。如取后解，亦必不可依自古至今儒家之歪曲性通解——"明哲保身"。按照仁学实践学的系统性，自然以"危行言逊"为正解，如是，则颇带老庄色彩的"卷而怀之"与"免于刑戮"（二章均可能为秦后补加），应该仅只就其"避威自保隐蔽术"加以理解，使其勉强可通，而决不可继而丢弃了"危行"之义。虽然历代至今解家多解之为"明哲保身"，以至于全失士君子须为"刚者"之教，难怪后儒要插入诸多歪曲原始仁学的意涵而附会以儒道释诸家之意的文句，以期使之适用于儒教时代"被瓦解了独立伦理意志力的"大多数儒家之甘愿为皇帝奴仆的人生观（近代清初历史教训最为深刻）。我们今日的新仁学就是要回归"仁学原教旨主义"，即回归《论语》的"士君子伦理实践学系统"，以使其诸多合乎仁学意旨的指令句间相互协调一致，使其成为真正的一贯之学。不幸，主要由于理智性辨析能力之欠缺，自古至今儒者多本乡愿性格对今已章句混杂的《论语》文本断章取义，各取所需，随意为解，不少儒者均以自欺欺人之心态，顺从皇帝绝对权势，以为其一生"自安"之策。结果难怪现代人易于将《论语》误视为服务于帝王将相之书。

【关于权力与良知关系的历史解释学申论】

除了以上的讨论外，我们也不妨在此进一步借题发挥一下仁学典型的"君与士"的关系论。因先秦时代帝王专制制度未立，在"忠君论"的含义方面，孔孟与汉儒以下立场大为不同。让我们回到先秦时代之"君与士"作为相互选择性关系，而非为彼此"硬性捆绑"关系，当时之"士君子"角色可为王之臣也可不为王之臣，可从仕也可自由离君而去。故此情境仅涉及士君子相对于权势者的出处之择问题。因此寓意相关于仁学的实践学智慧观，即君子如何应世问题。特别是在逆境（邦无道）时君子虽有志于仁而如何具体应世为问题所在。以"愚"避世和以逊避威态度类似，均属"行迹描述"，未涉内心心志问题。此类观念首先表明仁学非政治激进实践性理论，其中并未含有关心世运的士君子必须在政治实践上亲身投入之义，也即非属现代革命者一流，亦非古代造反者一流。此一政治伦理学上的保守实践主义的被动性，反映了仁学形成时期历史与思想的时代弱化特点，即表明仁学者将周代两级政治制度结构视为某种"社会性自然"，故只可对其运作方式进行"改善"，不会想到对其制度结构进行根本性改造。此一时代性思想倾向，今日读解中恰可视之为将道德性问题的"政治结构维"固定化，如将其作为不变之"常量"，以使其"致用"于其他"变量"间的互变关系思考。也就是因此而便于只考察仁者主体和君主统治者之间的，也就是权力者和良知者之间的"二元互动关系"。此一关系学的"对立关系单纯化"却更可凸显仁者主体侧的态度学的品质。

本句的主题是仁者在一定政治情境下应持何种生存态度及采取何种应世策略的问题。为什么此类远古政治学格言今日仍可保持其重要意义呢？因为其重点（相关项）不是政治社会事务本身，而是士君子面对社会政治时的"态度学"及"关系学"本身。政治社会事务古今迥异，而"士君子"（今之学者、思想家、文化人间之优秀者）对客观权势的关系与相应态度，可不分古今中外而具有统一的功能性结构，此即为"为士者"与"权力者"的伦理性关系问题。在态度学方面，《论语》一贯主张，士君子持志于仁学，顺逆无阻，勇往直前。但仁学的智慧学特别体现在此"勇"与"前"字上。何谓勇，何谓前？正是在此关键性问题上仁学不同于其他政治伦理学或政治道德学。所谓"前"和"勇"都含有直意与隐意、明意与暗意方面；也就是，此伦理实践力的方式和表现，需要并可能随外境的不同而在行动的方向、内容、速度、节奏、节目以及表达上，不断系统地调节，以适应外界的条件变化，其目的则始终如一：或内或外，均应勇往直前（因此即：不可因外在阻逆而不前）。但在内容安排和运动节奏上务要智慧地不断"应变"，而何时前行，何时停顿，何时准备，何时推进，则属于行动整体内的节奏自调整的"技术性"部分。这样，在顺境时（邦有道），风险小，条件备，则应着重于外实践诸节目；在逆境时（邦无道），风险大，条件缺，则应一方面着重于内实践，另一方面为未来可能的外实践进行内外两域的准备。外境不同，应对方式不同，但均相关于、朝向于仁者选择的统一的、配置于一生的仁学总目标，只不过是在实践的程序与次序上随境变化并智慧地相应调节而已。而随境进退之间均有一对仁者的智与勇的品质要求。进退两境间对于智勇运用方式则可各有不同，故在仁学中智与勇仅为一级品德范畴，其以下诸实践学层级上的智勇形态各有不同。因此，仁学所谓的"愚不可及"，乃至俗常视为愚者之选择，或者恰为智者"伪饰以愚"、借为避世险之意。仁学之所以特赞处逆退守之节，因逆境中个人生存面对的威胁与利诱齐增，个人面对的考验较顺境时更为艰难（境遇中来自"威武"的压力比来自"富贵"的诱力，具有更大的挑战性）。仁者既须持大勇而不废素志，又须有智慧应对环境可能加予的危难。顺便指出，在此类句式中，虽然义涉顺逆两境，仁学实侧重于逆境。即君子应如何"在伦理上正确而积极地"勇处逆境的问题。故其本质与俗常之"明哲保身"论完全不同。古代社会政治类"逆境"与现代社会另类的权势类型所产生的"逆境"，虽现象与方式不同，就其对于仁学志业实践形成的"阻逆"条件言，二者之间可能存在着跨历史的同构性。

现代意义：

孔孟时代伦理思想与社会政治改进意识相辅相成，互为表里。其后文化多元化发展，出现了真正的学术活动（与现代考古学畅想不同，不仅殷商时代绝无所谓"学术"或"历史档案"之类文书的现象，迟至春秋和战国前期真正的"学术性文化"亦尚未出现。现代国学"大师"中凡承认孔子为"五经国师"者，尽管"学富五车"，亦可判定其人难以称之为现代科学型的学者）。而现代以来社会、政治、文化之构成已空前繁复化，伦理思想之境遇、对象、目标、方式均与古代迥异，而二者间之"不变者"，仅存在于行为者之伦理动机层面与价值观朝向上。所谓伦理实践之顺逆两境的内容也自然随之多样化、复杂化。由于来自西方科学文明的政经法传承已经遍布世界各地，古代伦理学"挂靠"的政治社会实践域已失去作用（客观的政经法制约术代替了主观的个人品德操守制约术），故已将伦理学之有效论域大部分转入现代人文社会科学、思想、理论的领域，伦理思想的传统社会历史性作用（无论是仁政理念还是仁义观对于统治者思想的正向作用），已必须或只能在现代人文社会科学框架内"备考"而已。在此情况下，仁学实践学的顺逆之境也相应改变。顺逆之境可出现于学者心志、学术制度与潮流形成的权势实体间的互动关系内。今日只能有效存在于人文科学领域内的仁学伦理实践学，遂面对着如何处理与此科技工商潮流控导的人文学术职业界的关系问题。仁学三达德于此新社会文化环境内的存在形式也将相应而变，由此三者的恰当组合所形成的学术之"仁者"的处顺逆方式，自然也应随之而调节演变。然而，唯独在仁学动机学的人性层次上，一切要素及其结构关系可谓仍属古今一体，并无任何改变。

5-22. 子在陈，曰："归与！归与！吾党之小子狂简，斐然成章，不知所以裁之。"

对比项：狂/狷，勇进/守志。

意旨：君子践行，或出或处，或进或守，依仁而一以贯之。

旧解摘要：

《集注》："夫子初心欲行其道于天下，至是而知其终不用也，于是始欲成就后学，以传道于来世。又不得中行之士而思其次，以为狂士志意高远，犹或可与进于道也。但恐其过中失正，而或陷于异端耳，故欲归而裁之也。"《论语叙说注》："《史记》以《论语》归与之叹为在季康子召冉求时，又以孟子所记叹词为主司城贞子时语，疑不然。盖《语》《孟》所记，本皆一时语，而所记有异同耳。"《史记辨惑》："《论语》载孔子在陈之言，初不言其为何而发也。孟子亦载之云云，此正一事，但辞小异耳。《史记世家》乃两存之，而各著其言之之由，吾意其妄为迁就也。"《孟子》："孔子不得中道而与之，必也狂狷乎。狂者进取，狷者有所不为也。"《四书辨疑》："万章之问，与此经文既已不同，孟子之答万章者，亦不可施之于此也。'不得中行而与之，必也狂狷乎'，此乃思其狂狷也。'吾党之小子狂简，斐然成章，不知所以哉之'却是抑制狂者。"程树德："'狂简'，'子路篇'作'狂狷'，孟子作'狂狷'。《说文》无'狷'字，应作'獧'。简、獧声相近。狂简即狂獧也。"陆稼书《四书困勉录》："庄周亦是况士，以不知裁，遂肆为异学之倡。后世禅学，往往收高明之士。夫子此忧，已烛见来兹之祸根。"

含义引申：

我们从以上诸旧解中再次了解了一些传统儒家是如何"误读"《论语》章句的。我们已屡次指出，误解之事，其原因一是泥于故事，一是泥于字面，而未能"正解"之更深原因在于读者多未能据仁学系统整体框架探求字面后之"真实意涵"。泥于故事为解者，其所谓"背景辨析"不过是根据后世史书上的传说故事进行揣测而已，何能为据？所谓"《论语》载孔子在陈之言，初不言其为何而发也？"试想，《论语》大多数句式岂非均系如此（而载有较详细节者反被疑为后儒之插入）？

正如前数章所见一样，在本章孔子（角色）或编写者（作者）不过是略借（与人、时、地相关的）"历史名称"以形成某生动语句而已，哪里会是当时在如实"记下"相关史事过程？还不要说，如果《论语》内容真是当下所记，则反而因此或将失去其现代价值了。《论语》之思想价值至少一半缘于编写者对于编选材料之"统一化"加工。所谓责备史记之"妄为迁就"，亦可不必，因为自汉代系统"制书"以来，史书之编写只能如此，哪里可比之于现代记者之记事文？其中所谓"记事"大多仅据传说进行编写，此乃当时著述之通习，我们今日读之可见作者之"真思想"，却未可轻信其"真事实"。由于解者或泥事，或泥字，才会提出如何辨析孔子此处所云狂简与孟子所云狂狷何者为是的问题。尽管程树德指出的"简""狷"之同有据，即二者之义在《论语》与《孟子》二文本初定时相同，如果文本读解至朱子时意义已别，即"狂简"（志大而略于事）与"狂狷"（不得中行）意思显然有别，程氏的字义推敲欲暗示二者为一，则不免"误读"了句义。在今日读解中自然应该视"狂简"为狂简，视"狂狷"为狂狷，二者所相关者为两主题，故不须泥于事而合之为一。至于陆稼书引录之句，将孔子说的"吾党小子"之"狂简"附会为其后之庄周、禅家之滥觞，更为传统儒士"割裂式读孔孟"之典型。况且孔子原句明明是"吾党"，即已在"思想方向"上大别于后世之道释，如何因一"狂"字即妄加比附？

我们在此再次指出，由于《论语》《孟子》文本非具理论形态，词与义均属日常范围，其字面读解几乎人人可为（今日中学语文老师，乃至好文的中学生人人可读），而且人人均可"选择性地"（实用主义地）接受自己感兴趣的章句格言（即阅读时凭一己之好随机性地或关注或轻忽所读文句），而多未能按其"隐存的"伦理实践学系统内所含的"逻辑关系"（因果性及一致性）加以"融会贯通"（所谓"按关系性读解"）。此所以历代以来读《论语》者众，行《论语》者稀。我们不可能仅因古人之古文根底大好于今人就以为其"悟解"会更正确。也是准此原则可见，朱子之解较他人之解高明太多（显为号称精于文字学的清代朴学家所不及）。现代学人程树德氏等因同理也未能在理论上充分正确判断诸旧解家之高低，但我们非常感谢程氏于国难隐居时期编写了这样一部"旧解大全"。不过，朱子毕竟仍生存于前科学时代，其理解方式自然大体仍属于前科学时代的儒学与理学时代，与现代义解之要求自然不可能尽同。

仁学实践学不仅涉及心志结构和意志力强弱，而且涉及行动品质与效果的节奏调控。仁学实践过程强调适中和平衡，按此则君子人格多不免有不同程度的偏向（狂狷）。狂简者"志大而略于事"（朱子），故应予以调节，使其行为按照"理与事"结合原则，增加其成功之可能性。然而就本句言，"感叹语气"的表现法至为重要，实非侧重于"批评"，而是意在对之深深赞许，即于从政失败之际对少数弟子之仍然勇于有为而甚感欣慰。所谓"归而裁之"者（归与，归与），在此不必泥于故事，不过是表达持知不可为而为之人生观的孔子对于仁者处逆境时应有的奋斗气概之宣扬。

仁学"狂狷论",欲以一理想化的实践学标准作为仁者行为规范,即作为实践者自我调节心言行以达至既不失义又具可行性的"权度原则",并涉及内心与言行的质与量两方面。而孔子心目中虽以狷者颜回为最高君子型范,此一特殊赞许亦应在《论语》整体情境中悟解:孔子之极赞颜回的诸章句,须与其从政失败而致仁学"改换跑道"时的未来展望相结合。此一侧重颜回角色的表达法所蕴含的深意在于:当未来"仁学"将主要偏向文化建设事业之时,狷者颜回的示范作用将更为显著。在《论语》的诸多故事中对于最称"好学"的颜回之"学"究竟为何反极少着墨?而所凸显的方面则是其能"独善其身"的品格本身。此一狷者的品格才是未来仁学的历史展开中所最关键的文化建设之主体性格。而孔子所赞之颜子实具内在刚勇一面("陋巷"喻示其"坚韧","回何敢死"喻示其"义勇")。而原始仁学所特重的刚勇品格岂非正为"狂者"的同义词?狂狷可刻画性格,但也可刻画实践学的选择风格。而外实践层面上的"勇为"与"有守"的对比,也可适用于内实践层面;而且此一性向、风格、方式上的对比因素也完全可能融汇于一身。如谚语"静如处子,动若脱兔"所云。总之,无论"勇为"还是"有守",均需一"刚"字为之前提。文士、学者、思想家、理论家等,对于其任何文化性实践而言,如无一内在之刚强,则亦难于奋发有为。

【关于仁学狂狷论的历史解释学申论】

朱子对本章自然仅能据日常生活现象为解,故将投入外实践的"狂士型"解为仁学实践范型,作为仁学义理的"概括之论"不免有偏,但《论语》指令句多可随境而变异其凸显价值之重点。如果进一步思考本章文意,我们发现狂狷二字亦不必泥解。一者,按其通常据外部言行特征分类自属主要意思,但狂者必有狷的方面,正如狷者必有狂的方面一样。就本章暗示孔门自此改变从政路线而取"归鲁治学"计划看,此时之"狂"颇可相关于治学与为文时之"勇于行"。如是,颜子型又何尝无其强烈之"内勇"?申言之,狂狷二字,用来形容外实践特征与用来形容内实践特征均可。而古人不似今人意识到论述的前后字面统一性要求,今日解读自然须结合不同情境而尽量为一综合统一的理解。如是,朱子此注自然也可视为在通过"凸显一偏"的修辞术以强调该因素于该情境之特殊重要性而已。因此,本章之立意正在于"调节狂狷二品德倾向"使近于"中",因而与仅相关于政治外实践的孟子之解,在仁学义理逻辑上也完全一致。虽然,孔子欲以道德匡正政治现实的学理自然期待于言行一致的行动者参与,此所以有周游列国。孔门求仕故事的真实含义是表达原始仁学伦理学关心人世正义实现问题。此一现实"关切"精神本身传承两千年,成为中华民族的现实主义信仰方向之基础。要点在于:社会政治改进为仁学之"对象"及"目标",却非为其实践"场域"。孔子周流不遇故事的意象即为一种象征性表达:此路不通。此一仁学之政治伦理学关怀之意与其功能方向为两事。《论语》《孟子》文本的解释学意涵之重要性,正须将其文本论述之直意与其文本在其后历史长河中之"实效"结合起来,然后才可在深层次上加以体悟。

现实意义:

本章主题含三项:归鲁治文,弟子狂简,夫子裁之。"归与"表达了仁学方向由社会政治实践转向文化学术实践。表面上,《论语》故事为孔门毕生努力之失败,由此才被迫转为治学。实际上,此一故事本身固不可考,而其实义首先表达了一种行为界的伦理实践学双重性:仁学之"观察思考对象"为社会政治(材料来源),而仁学之"施为处理对象"为文化学术,二种"对象"并不相同。仁学实践学的两种"外对象"或主要是"施为对象",又均通向于仁学实践学的一种"内对象":心志层。(仁学内实践决定着仁学外实践的价值观、运作域、大方向、"永动性")仁学实践学之"对象"于是含有三大区域或三个层次,可称之为:对象1,社会政治(材料来源);对象2,文化学术(思想);对象3,伦理心志(三达德系统)。对象1表面上是秦汉前后士人(含仁者)唯一从业"对象",但其相关实践方式完全依据社会传承渠道和程序之"实行";对象2才是士人和仁者的直接运作对象(读书治学);对象3一方面属于对象2的"间接效果",另一方面属于仁学的深层对象,或内对象。故最实在的仁学实践学对象为对象2,即文化学术。其前的社会政治主要为其治学的经验材料来源,其后的伦理心志主要为其"效果"和"动力"。之所以加"重要的"限定词,因对象1和对象3内均可有不同程度的士君子的主动创发因素在。按此有关古典思想的功能分析性解释,当新仁学大幅转向现代人文科学革新域时,其传统的主实践学区域"文化学术"可转化为今日的"文艺与人文学术"，其传统的对象1，今可进一步符合社会政治生活与文化学术生活的分离性，而其对象3则为其实践动力和方向之源。政治伦理学内涵自然仍然是新仁学的必然组成成分，亦可为现代"仁政"提供某种民族传统的伦理价值观参照。至于现代社会政治形态与问题，在摆脱了封建专制主义制度后，自然须转由社会科学与工程技术等现代认知加以解决（政治学和政治伦理学是两门完全不同的学科）。

5-24. 子曰："孰谓微生高直？或乞醯焉，乞诸其邻而与之。"

对比项：直/曲，伪善/掠美。

旨意：君子以掠取他人之美为可耻，而学界文人无行者众，故以此讽之。

旧解摘要：

《集注》："夫子言此，讥其曲意徇物，掠美市恩，不得为直也。范氏曰：'是曰是，非曰非，有谓有，无谓无，曰直。圣人观人，于其一介之取予，而千驷万钟从可知焉。故以微事断之，所以教人不可不谨也。'"《四书翼注》："此是论直，非论施惠于人。"《四书说约》："古来只为周旋世故之念，坏尽人品。如微生乞醯一事，何等委曲方便，却只是第二念，非当下本念。夫子有感而叹之，不在讥微生，指点要人不向转念去也。"

含义引申：

诸旧解多泥于故事进行揣测，却因故事细节贫乏却又难以据之为断。而本章之警示意却十分明显：指出掠美市恩之非是。因其行之"美誉"乃假他人之贡献成之，所喻示的"相关项"，非在于作为"故事道具"的"醯"本身之价值，而在于"借花献佛"行为所含有的"动机伪善"之流露（孟子之"齐人一妻一妾"寓言同旨）。本章一般喻示为：如有此类伪善习惯，则无论事涉巨细，均可倾向于行

伪以取誉（利）。《论语》指令句多就日常小节显露当事人之心思与
动机真际，用以借微显著，褒贬是非。读者会记起仁学实践智慧学
在其他指令句中亦曾有"小德出入可也"。凡此字面上相互抵牾的现
象须随境为解，不必泥执。持人性论的仁学在其大德小德分辨中着
重于二前提：已具"大德"者，可保障其人言行之大方向无失；而
当论及凡人难免有人性之失时，则须顾及人非完人，"孰能无过"。
该章之意自然以大德在先为前提，其后小疵始可免于苛责，以侧重
于实践计划之"可行性"。而本章之主题则为提醒君子于心术与动机
中应力求完善源头之正。该章侧重于外行问题，本章侧重于内心问
题。况且，如推测原意，重内在之仁学可能正是把"掠人之美"的
"细行"看作比外在行为之"小失"更为严重，即视其私心隐蔽于琐
细之情节反为更严重之失德行为。

现代意义：

此类假仁假义现象泛滥于世，可谓古今同一。学界风气腐败的
隐而不显的现象之一，正在于本句朱注中所言掠美市恩、沽名钓誉
行为。文士学者而善于窃取或掠夺他人学术成果，经改头换面后据
为己作，以期逐代相传之后"原创真伪"将永世难辨，此类行径为
君子所厉戒而为小人所偏好，彼辈视偷窃思想不如偷窃财物可耻。
正因偷窃思想易于得逞而难以被揭露，故其可耻性实较偷窃财物为
更甚。中华文明进入现代化时期的特殊文化需要而形成的百年来的
留学传统，使科技工商获益甚著，而对于人文学术特别是其理论学
术而言，则不免产生了一种深层的"副作用"：不知不觉地形成了
"准复述式"的变相抄袭洋学之风。因以洋权威为标准，一切转录洋
著的文字产品均可承担双重"作者身份"：原作者与绍述者在市场化
流通中合二为一。后者的"准绍述性"（含翻译与评述）学术实践，
因"国际接轨"的共识，而被国内学界长期视为不仅正当而且位属
高端的学术成果。而此绍述者的"思想"本质上实为"舶来品"而
已。久而久之，此一"绍述他人"治学法遂被公认为绍述者自身的
"思想表达"，而其中之"美质"实来自洋人也。此一现象的严重性
当然不在于评定本章寓言指出的"原美"与"袭美"之别上，而在

于此一"袭美"治学观所导致的国内人文学界现在与未来的理论创造力趋于萎缩的后果！

【关于学术抄袭问题的历史解释学申论】

正当今日人文学界整体成效不彰之际，商业化功利主义时代风气复可加倍助长变相剽窃之风，甚而可成为现代人文学界诸垄断势力、山头组织专业化窃取他人思想成果之方略。孔子之"乞醯"喻亦可作为人文学界学术行伪方式的一个简明比喻。如今日人文学界以"潜规则"运行之变相"抄袭"方式即为其显例。严格来说，今日学界盛行之（本质上）"抄古""抄洋"治学方式，即属此类。职场制度化规范与规则，反而可公然助长此类"以抄袭模仿权威论述"为正当的"科研"陋习：唯"抄袭名家"（或直接或间接引用古今中外权威言论，相当于市场上借助名人、名牌打通销路的手法）方可视为学术行为"达标"之据。因按照学术审核制度，其"出处有据"之"科学性要求"，即多体现于载录他著"原文"上，一方面如此可使自身观点维持与既定学术标准之"一致"（体践其论述之合乎权威颁布之"学术正确"），而另一方面却可大畅合法直接与间接"抄袭"之风：直接引录固不必谈，自身之"论述"往往即对权威著作之"原义"的"准复述行为"。此一现象为职场权威制度化现象所加予的规条限制，反而客观上促进了以模仿、转述为治学途径的"广义抄袭"之风。从抄袭者侧论之如此。反过来看，此种"合法抄袭"规则亦可成为形成学界思想顺从既定学术权威方向之保障，而从根本上阻碍了学者自由思想创造的潜能和机会。这正是今日国际上文化学术全面商业化后随处可见之现象。

5-25. 子曰："巧言、令色、足恭，左丘明耻之，丘亦耻之。匿怨而友其人，左丘明耻之，丘亦耻之。"

对比项：伪敬/匿怨，巧言令色/笃实诚信。

意旨：君子、小人以真诚与虚伪相别，仁学视伪善为可耻，故责之深矣。

旧解摘要：

程树德："《朱子语类》曰：'左丘明所耻如此，《左传》必非其所作。'朱子《或问》曰：'先友邓著作姓名书曰："此人盖左丘姓而明名，传《春秋》者乃左氏耳。'"此皆失之武断。郑浃漈《志氏族》，谓左姓丘明名，在鲁者则居于左丘，以地为氏。然《氏族》所载，并无左丘氏，亦自相矛盾。窃谓孔注左丘明鲁太史之说，汉班固《艺文志》因之。《公羊》沈文何云：'孔子修《春秋》，左丘明为之传，共为表里。'《汉书楚元王传》：'左丘明亲见夫子。'是汉人旧说如是，究不可废也。"《翟氏考异》："《表记》云：'君子不失足于人，不失色于人，不失口于人。'失足于人，足恭也。失色于人，令色也。失口于人，巧言也。"《皇疏》引缪协云："恭者从物，凡人近情，莫不欲人之从己，足恭者以恭足于人意，而不合于礼度，斯皆适人之适，而曲媚于物也。"熊勿轩《标题四书》："此与后章皆论人心术之微。"

含义引申：

本章诸旧解歧见纷纭，首因句中之"左丘明"是否为《左传》作者这一传统上无法判定之公案。汉代以来从汉经师起习于就字面比附为解。朱子通过古来此三字如何截断姓与名的差异来否定本章提及的左丘明即为《左传》的作者，其高明处不在于不可判定的所谓史事真相究竟为何，而是在于理解本章时将左传作者问题与章句理解问题加以分开，从而表现出其一种解释学的卓识。实则，正像许多《论语》章句一样，句中涉及的各种"名称"（人、地、时、事）多非意在牵引故事背景以期指涉周全。而后儒多因欠缺理性思考能力而受到各种传统上的偏重"事与物"之解释习惯的影响，以至忽略了章句含蕴的义理重点。此外，本章的另一分歧为对"足恭"一词及"足"字究为何意的辨析，此因句简以及各代对同一字词的用法互有异同而彼此理解有异。如本章邢疏说"便辟其足以为恭，谓前却俯仰，以足为恭"，是为泥于孤立的"足"字。至朱子始直解为"足，过也"。今日读解自然首应以句子本身整体含义为准来把握句中之单字之意指。巧言令色指"谄媚欺人"，匿愿友人指"内怨诈亲"。二者非一。前者泛指"花言巧语"误导对方而行欺诈之实，后者专指损坏本应为"以文会友、以友辅仁"之仁学的友道。以诚待友，必含"净友"之义。此句强调君子的待人接物应该表里如一，

451

实话实说，以诚待人，不可示人以伪，因其轻者意在谄谀奉承，其重者意在隐瞒自身真实心意而企图利用友朋以谋己利。至于此与当面"毁人"之诚如何区别，须因境、因人、因事而有不同的判断。

《论语》指令句多为就伦理情境一端为典型以施其教谕，如具体到现实问题，则须结合《论语》中相关的多个指令句加以综合平衡地进行"汇通之解"。此类指令句的实质在于通过此片面性观察陈述以触及一个更深刻的品格问题：乡愿学为"伪学"（异端）之人性心理根源。"巧言令色"泛指乡愿辈以"哗众取宠"话语欺人以达自利目的。二者均涉及"心术之微"。本句组中后句有关"匿愿友人"之诚，似与君子"不逆诈"之教相违。"匿愿友人"指施为之一方，与被匿怨者本身品德无关；"不逆诈"指受施为之一方，后者表示待友以诚，不事猜忌意。而对于任何具体情境，君子人均须随境而相应调节其适当判断，即须一方面对所接触的一切现象予以客观考察，另一方面亦不可多事怀疑、无端逆诈（据迹疑伪与无端逆诈，似同而实异，如无前者即无仁学之反乡愿学了。如何在"合理辨伪"与"主观多疑"之间进行区分，属于仁学之"权学"智慧）。前句中之指令可针对相处之双方：对施诈者诚之以非应如此欺人，对于被施诈者诚之以不可轻信对方。

现代意义：

仁学心术学为其君子学之根本，此一古典品德于今日全球商业化风潮下已极罕见。此非因世人"变坏"，正相反，法制严明的社会世人必多"变好"，但此与人之"善心术"如何为两事。"心术"者专指独立心志的由内及外的心言行风格，而人之行为正误可能仅为"行为主义的"守法作为，并非源自个人心志的独立抉择。然而仁学心术学对于今日人文科学的科学化发展而言却属至关切要的前提。故心术学可成为人文学术治疗学或矫伪学的一面镜子。此一人性中根深蒂固的"巧言令色"虚伪惯习，发展至今日人文话语（包括文艺创作）中的各种"哗众取宠""沽名钓誉"表现，古今如出一辙，而必于今为烈，然而无非均系通过玩弄心术、心计而有意通过误导他人视听判断以欺诈谋利而已。而世情多喜阿谀之言（哗众取宠同理），并因之受害而尚不知其所以然。仁学的"巧言令色"论，实即一种辨伪论，即仁者首须辨别人言（包括后世人文话语）之真伪，即首先须把握言谈者之所说及写作者之所写的"真意"究竟如何。还可进一步申言：言论真伪之辨不仅可指其发出言论时之实际心态，还可根据对其人品德、能力之判断而推测其言论发表的认真性程度，以及其言诺与其可能践行的能力间的对应程度。即除了须观察其人有心之伪外，必要时，尚应进而考察其人无心之伪。

【关于文人虚假的历史解释学申论】

实则，"巧言令色"与"匿愿友人"均属因求私利而采取对他人行诈术之意。此一诈术可通过言语表达，也可通过不言表达，两种方式均欲达至欺人求利目的。此一负面人性流露于人类生活本身，为学者应世必须面对的基本事实。所涉及的仁学品德教导可波及社会、文化、学术、思想各领域。仁学乡愿论今日特别相关于学术思想领域：不少文士多习于以"话术"欺人（编作论说式的或推理式的花言巧语），书写文字发明后，几千年来此类欺人之谈遂遍布学术、理论、思想等作品之中。（发表的）文辞言谈与（隐蔽的）心术真际之间的"关系学"，实为仁学实践学的重要组成部分，也为现代符号学的分析对象之一。例如，学界狡黠人士惯于拉帮结派，一方面多通过相互吹捧之术以行结党营私之目的，另一方面面对读者大众则采巧言令色、哗众取宠之术以集己方之声誉。凡此种种，仁学可溯其心术之源，为其定性，即本章中辨析的君子所以"耻之"之由。而于商业化时代的今日，商人之合法"尔虞我诈文化"，已将此传统道德共识在相当程度上排除于现代世界社会文化学术领域，此亦为人文学术改为以"职场求成"取代"学术求真"风习之根本原因之一。既然弃求真而采求成人生观，接下来合乎逻辑地自然是针对"如何致成"而非"如何达真"采取对应方术，其中自然包括商业化时代合法的、公认其具合理性的"诈欺成功术"。而另一方面，此一商业化"泛法家策术学"，正是今日导致人文科学萎缩的根本性原因。尽管今日全世界都已变成"做商人有理"，但人文理论学者切不可陷入此"同化窠臼"。不信奉仁学的当前国际人文学者早已在竞争胜出的职场化环境内纷纷成了准商人。本人发现，在西方学界仍表现出西方古典君子风范者，真属凤毛麟角。美称之为"个人主义"者，往往就是"自私自利"者。或者客观些说：人文学者纷纷变成了商业化学术游戏规则的执行者。其中最佳者不过是采行了"公平交易法"者，即遵照互利原则，相互进行利益交换（有来有往，诚信交换利益）。而于国际场合用计用策、钩心斗角，岂非家常便饭？正是此种"泛商人化的心言行结构"，才是当前西方人文理论思潮发生"方向性异化"的主因。而从其受教的"东方弟子"们呢？今日岂非也应是向中华原始仁学复归之最具挑战性的关键时刻？

5-27. 子曰："已矣乎！吾未见能见其过而内自讼者也。"

对比项：闻过／自责。

意旨：君子以改过迁善、弃误求真为其治学之方。

旧解摘要：

《集注》："能内自讼，则悔悟深切而能改必矣。"《朱子语类》："程子曰：'罪己责躬不可无，然亦不当长留在心胸为悔。'……改之便无悔"。

含义引申：

此章以"未见"句式感叹"内自讼"者难得。自讼即自我批评，自我反省。一般自我反省多指检讨个人利害得失经验（"吸取教训"），而此处特言对自身道德操守正误之检验。常人如自私，在与人交往时往往取利己损人方式，孔子强调自讼等于提醒君子应反其道行之。此一以批评性自反者为难得之叹，可引申为"学为己"者难得之叹，因诚实进学者必善于自省，一方面检讨个人进学之失，另一方面检讨学术交往中对待他人不当之失。二者都须自身有自反之诚和自律之严。此章所戒者，岂非自古至今均泛滥于学术思想界？学人相互竞争，以邻为壑，进而可为党同伐异、损人利己。此种态度在人文学术界可体现为：人文话语之制作中不求其真，仅求其效，将学术用作在职场取胜获利之资而已。而人文科学话语因难以核实其正误，故此类以获求名利为目的的治学观，不难处处得逞。而此类以学求胜者，自然为轻忽自责、自讼、自律者。

现代意义：

仁者勇于自讼之教，特别相关于今日人文科学和文化事业之提升，因此二领域内从业者之产品质量皆无关于法律社会之制度性约束。法律制度主要约制何者不可为，而精神事业特相关于何者应该为，而为与不为仅系于一心而已。因现代人一方面均习于"依制行事"以合法谋利，另一方面则因此而无须维持价值观上主动"自讼"之习惯，故甚难产生对于今日学界公认之以学求利观点进行价值学上的自反意识。如无此自反意识，人文学界之认识论革新实无从谈起。而学人难以形成自讼意识根本上仍源于欠缺义利之辨的意识，加以时代以合法竞争求利为新人生观，学人更不以个人主动的义利之辨为必要。如当此"自讼之缺"实乃遍及学界之时，则学人不知自讼反可获得"集体共识有理"文化之掩盖。仁学自讼之教于现代社会之深意，也相关于整个学界对于学界现状之批评性检视与反省意识欠缺现象。已被商业化、功利主义职场化了的人文学界集体，于是不是鼓励集体与个人的"自我批评"意识，反而是营造集体合作谋利的"学术交易环境"，排除根据真理原则的"相互自由批评"条件，而维持集体掩饰"学术欠缺"的方针，以期增加自身作品的"商品化价值"。（如果承认或宣扬产品有缺欠，谁还会购买？）

此外，本章之精义在于指出，在对外"认错"与对己"自讼"之间，尤以后者为难，为重。"自讼"主要指对自身道义缺失之责。此一人性倾向，古今同一。自讼之难表现为学者惯于"自欺欺人"，即唯先"自欺"而便于其后之"欺人"，或期待以最终于人际交往中谋利，或与众共享"自欺欺人"之便宜。"自欺"之心理可能性，部分上亦源于无此"伦理性自讼"意识。今日人文学术界此类学者无处无之。因人文学术论述难以客观验证，遂为学者、学界依靠外界职场制度及所谓相互竞争的游戏规则进行博弈求胜大开了方便之门，从此学人间均以如何哗众取宠、得名利权为念，而不再将人际关系中和学术实践中的是非真伪问题视为与正向学术实践相关。故今日参与人文科学理论革新事业者，必应具足够的意志力，不为商业化环境所误导，敢于首先诚实面对自身学业之真实，并进而敢于诚实面对学界集体学术之真实，此即所谓新仁学时代应采行之"诚学"。世人以为"古典诚学"迂腐，不是向倡导诚学的"阳明学"践行其

"自诚明"，而是利用其诚学作为可贩卖之"历史精神文物"！可以断言，如无此一对于古典仁学之诚学的践行之"诚"，就只可能将人文学术作为追名逐利之职业化工具。

5-28. 子曰："十室之邑，必有忠信如丘者焉，不如丘之好学也。"

对比项：盲信/理知，好学/深安。
意旨：仁学主"学"之人生观，故君子必嗜学如命。
旧解摘要：
《皇疏》引孙绰云："夫忠信之行，中人所能存全，虽圣人无以加也。学而为人，未足称也，好之至者必钻仰不怠，故曰'有颜回者好学，今也则亡'。今云十室之学不逮于己，又曰'我非生而知之者，好古敏而求耳'，此皆陈深崇于教，以尽汲引之道也。"《集注》："言美质易得，至道难闻。"尹会一《读书笔记》："此章大旨，自是勉人好学，以全其生质。"
含义引申：
本章显示君子以向仁为乐，以好学为阶，好学必至求真。仁学为致现世真理之学，而惜乎时人多为势潮所动而难以如孔子般持"以学为幸福"之人生观。本章孔子以自诩语暗示"好仁者稀"，实为宣导理性求真为人生第一价值。仁学之学观，实为以学为人生观之意。学习不唯关系到立德、立志、践行之根本，为维持三达德的形成学方式之一，而且直接相关于将人生目的奠基于现世理性求知之上的这一历史上独一无二的价值信仰体系。本章于此郑重提出此"好学幸福观"义，显示了仁学为理性之学（而非感性之信）本身的独立价值性蕴含，即仁学以"学实践"为最佳人生方式之宣达。此一有关价值学方向和方式的宣言，鲜明对立于以物利与感官之乐为人生首要价值之俗世倾向（求乐人生观）。《论语》中的"学"字遂兼含有达成至德手段和实现精神价值之义：学习既为目的也为手段；学行为本身即为人生价值之实现，而学之效果反在其次。此处"好学"义，虽然其于初始仁学表达中有其时代客观知识论上的限制，但因"学"之不变"字形"与所含理性精神方向的意蕴，不仅指"爱德、学德、行德"之义，而且可于后世随历史文化之发展而加入各种新的"学之实践"。反过来说，仁学伦理学系统内之学，不论内容如何千变万化均含有其原始的"进德之方"意，也即朝向伦理性大道——"仁之道"之意。所以孔子之学观，即为一种伦理价值观和实践人生观。

原始仁学之学的内容为"学以致礼"，此一"礼"字既指人与人之间的态度与行为方式，又指此约制现世人际关系之礼乃传承自历史先人、经验习成而后可得之的"现世性内容"。学习遂标志着其固有的现世经验行为范围以及其习得所需的智性主义。作为人生观信仰的"学观"，遂与主张崇拜超越性力势源的宗教之"信观"，形成了鲜明的精神朝向性的对比。仁学标榜"学"字的实践学方向，也就直接宣表了仁学信仰非超世性宗教信仰，而为一种现世性伦理学信仰。本章特意在此君子必备之忠、信、学三品德中凸显一"学"字，即在于指出看似简单的"学习"，如欲其正向、深化展开实属不易。孔子欲以此幽默讽喻句激励学者能够自觉奋进不懈。此一"学"字为"学为己"所教之学，即为求真而学之义，非指后世至今泛滥的为己利而致任何功利主义为学之义。《论语》中多有将仁学之学对比于各种"致用"之学的章句，即为说明广义技术性之学首先为"为己求利"之学。

"忠信"在本章可泛指品德，自然属于仁学之核心部分，即狭义之"仁德"的部分，其重要性本不待言。而孔子特在此重要伦理性范畴之上置以"学"字，非欲在两达德之间特意加以轩轾，而在于以此表示"学"为君子成德实践之必要渠道，须一生始终为之而无须臾懈怠也。作为仁学创学导师的孔子的第一特点遂可以好学（意谓"深爱学理思考"）名之。孔子的形象完全为一君子型学人之典范，与含权势意味的"神圣"意无关。（儒教加之于孔子的"圣人"名号，实为将其歪曲为服务于"圣王"之"权势吹鼓手"，并使其分享同一"权贵系统"之"荣耀"。实际上，这是出于将倡"良知"的伦理思想家孔子"权势庸俗化"为"儒教之国师"的一种计谋。）仁者之"好学观"不仅为视学为实践仁义目标的实际途径，而且为仁者之人生观信仰之体现。因此，本章之深意为：仁者一生之信仰、实践、目的均可以好学代表之。同时，此一突出"学"与"仁"的因果性关联的指令句，表现出此一现世理性主义人生观，不仅在实践学方向上与各宗教信仰不同，而且在其根本价值观规定上也与各宗教观迥异：仁学以其对现世人生价值的正面肯定以及对经验理性学习方向的提倡，直接对立于诸多否定现世人生甚而鼓吹悲观厌世并幻想来生出世的宗教观。作为满足大多数人畏死求生本能的需要而产生的各种宗教，就其具有安抚现世庶众的功能而言，将永远继续存在，但由于此类信仰体系均无关于现世精神文化创造事业，故也须理解并接受仁学的现世经验理性主义的信仰体系。因为有关人、人类、社会、历史的科学性研究事业，也是人文知识分子几千年来的本能需要，此需要之满足问题是与任何宗教教义无关的。

现代意义：

本章所言的"学"（仁学之学，即人文之学，非技术之学），象征性地具有代表现代人文科学之"学"之功能。孔子不仅将学抬高到"至德"的地位，也将其普遍化为"至乐"的程度，以此修辞法特意夸张地凸显"学"之人生至高重要性。本章对于现代人文科学现代化革新任务的启示性在于：人文学术之实践始于、行于、终于学人主体自觉之"力学"。一方面人文学者可直接从本章格言中获得激励，另一方面人文科学革新的任务亦唯有当学者在如此高度上标举"学义"时始有成功之望。我们当可于此中华精神文明的"学之人生观"信仰中洞见：于今新世纪全球化时代，中华仁学因其自身为历史上独一无二的现世人本主义信仰学，而可与世界人文科学及伦理学现代科学化发展的人类文明大计，结有不解之缘。

雍也第六

6-2. 仲弓问子桑伯子。子曰:"可也,简。"仲弓曰:"居敬而行简,以临其民,不亦可乎? 居简而行简,无乃大简乎?"子曰:"雍之言然。"

对比项:持敬/行简,持简/行虚。

意旨:君子以诚主心,以简御繁,以利于行,而非可以心态简慢曲解之。

旧解摘要:

《四书翼注》:"居敬之简,见识精明,当务之为急,器量危重,执要以御繁……居简之简,得一遗二,精神不能兼顾,贪逸惮劳,丛脞而不自知。"《四书恒解》:"子曰'为政以德,譬如北辰',无为而治,恭己南面,皆是义焉。后世清谈玄虚之士,托于黄老,以藐弃一切为高明,恍忽离奇为玄妙,谈天雕龙之辈复扬其波,而于是圣人无为之治亦混于异端。"

含义引申:

本章指令句以君子心态诚敬为治学、处事的必要心理素质条件,并通过辨析行事所需的简要不繁与条理性,以指出心态与方法在伦理实践学层次上具有的因果关联。按此，君子治学行事均需兼重态度（诚敬）与方法（智慧）。本章中"简"字实兼心与行二界的三所指：心态之"简明"（与敬对）、行事之"简要"以及"粗简"。古人单字词惯习使此单字"简"成为本章"同中辨异"的主题。本章后句告诫勿"居简行简"尤具深意，指出"心理建设"与"行事智慧"二者要求不同的原则，而关键在于以简驭繁之行须在正心诚意前提下始可贯彻。

现代意义：

本章所主为"居敬行简"，所诫为"居简行简"，其原意为针对古代欲从政者而言，但在涉及实践主体之心与行的关系问题时，不唯相关于一般伦理实践学方向问题，也相关于一般实践智慧问题，此一心行关系教导，自然今可推至众多相关领域。而此一心行关系论述中所相关的"意素"实不必限于"简"，而可换为其他心行品德项目。其同一性在于此心行关系中均须以"正心"驭"力行"。行简之当，按照原句意，一在以简驭繁之智，一在简政利民之仁。所谓居简行简可近似于"简慢"。故"简"字可牵连不同的引申义。以简驭繁、简政、简慢三义中所含三相同意素"简"，因与不同单字搭配而可组成不同意指。要之，此一"简喻"相关于任何适当的心行关系。此一"简"字岂非可解释为"适且"之意？也即指"繁简适当"意。无论背景与语境如何变异，实践学的心行关系均须在广义的"正心以正力行"的要求中加以定位。

6-3. 哀公问："弟子孰为好学？"孔子对曰："有颜回者好学，不迁怒，不贰过。不幸短命死矣。今也则亡，未闻好学者也。"

对比项：向仁/自正，遁世/无闷，好学/日进。

意旨：士君子以德进学，求真除伪，矢志终生。

旧解摘要：

《反身录》："学所以约情而复性也。后世则以记诵闻见为学，以诵习勤闻见博为好学……性情上苟不得力，纵夙夜孜孜，博极群籍，多才多艺，兼有众长，终不可谓之好学……与程子别一年来见，问所学。对曰：'唯去得一矜字。'曰：'何谓也？'上蔡曰：'怀固蔽自欺之心，长虚骄自大之气，皆此之由。'以上四先生皆实实在性情上用功，此方是学，此方是好学。"程树德："古人之学，在学为人。今人之学，在求知识。《语》云：'士先器识而后文艺。'不揣其本，而唯务其末，鸣呼！"《读四书大全说》："朱子既云不迁怒贰过是颜子好学之符验，又云不是功夫未到，而迁怒贰过，只且听之。此处极不易分晓。盖不迁怒者，因怒而见其不迁也。不贰过者，因过而见其不贰也。若无怒无过时，岂便一无所学？且舍本以治末，则欲得不迁而反迁，欲得不贰而又贰矣。"

含义引申：

本章诸旧解共同之失即在于首先偏重于所谓考证（根本无从考证的）颜渊生平，至于谈及"颜渊死年，诸书乖互"，更属无稽之谈。例如猜想颜渊死年以及虚无缥缈的所谓孔子"获麟"传说，使其相互为证等等，今日均须完全摈弃。不仅如是，儒家诸解，因《论语》中关于颜渊之学行虽有不少章节提及却均属语焉不详，而纷纷补续己臆，以期丰实颜子角色之内容。此类阐释法仅足作为了解历代儒者对于颜渊角色的"接受史"中之想象性材料，却不可将其混入本章之义解中。甚至在唯一获夫子喻为"好学"的弟子颜渊，其所学内容为何亦于《论语》文本中无从知晓，此所以王夫之称本章所谓"好学"之意"不易分晓"，以及不免有"若无怒无过时，岂便一无所学"之疑。

本章如《论语》中其他章句一样，描述中使用的"一般性论断"句式，并非真的表示着一般性肯定论断，只是以此句式对个别德性特加推崇而已。故此表面上的陈述句式不过是一种《论语》特有的意在强调主题时采用的特殊修辞方式而已（可包括：夸张、偏重、反讽、自炫、自谦、对比等等）。实际上，可从本章中之"不迁怒"语中见其义理分明、不以情害理、"不贰过"等自制之勇，二者均表示其人"克己"意志力之强盛。"克己"，即自制力，为仁学实践学的重要品德之一，并为达至仁者学行可持之以恒的原因之一。诸旧解多关注本章为何仅以"不迁怒，不贰过"作为孔子盛赞颜回"好学"的根据，多以为孔子是随境立言，如针对哀公弱点而示诫等等。实则，本章的意旨首先在于重申颜回为孔门第一"好学"典范，以其人早逝之悲剧来渲染一种精神英雄主义，借以高标仁学义理之崇高、艰难与深远。至于举此二品性为例，自然也暗示了当时仁者之所谓"学"实仅为德性之学，即围绕礼仪实践的品德修养之学。孔子于"周礼"认知的突破性进展，正体现了仁学从历代主要强调"行为顺从现行规制"之惯习朝向"心态顺从义理标准"的"伦理实践学转换"。而士君子礼学实践的心态本为诚敬，该二品行则为诚敬原则及其衍生的克己能力之具体子目。此外，《论语》其后的指令句中有"三月不违"等夸张式赞语，也可视为颜子好学优于他人的一种"象征性显示"。"三月"非实指时间长度，不过是以"三"表"长"之当时常用修辞法（三月、三年、三千等），以喻示世人坚持仁学之难。简言之，从修辞学上看，"迁怒""贰过""三月"皆是比喻性表达法，均不可直意理解。况且，作为第一为学典范的颜子之学的"描述简略"，反可在《论语》体系中发挥另一种修辞学作用：仁学伦理学的原始"学之学"所侧重的不是学之内容（此内容随着历史展开必日新月异），而是学者主体对待学之态度以及其在生活中贯彻该态度之诚意。

【关于"学"寓意的历史解释学申论】

在《论语》中，"学"字在当时指具体性、行为性、礼仪性、人际态度性等道德实用方面的悟识、修炼与实行等日常行为。"学习"本身作为现世性、经验性、理智性的态度和行为，故可有效转换为文化发展后扩大其所指范围及类型多元化的一般学习实践教谕之指号。如上所言，此"学"作为指号之确指，并非具体学习内容，而是主体对学习对象和目的的态度与方式。学习内容和对象可以与时变迁，而学习的总目标和学者的态度结构则可持久不变，从而保持仁学的学习观之连续性，这也就是仁学保持着其时代有效性的奥秘所在。此句中之"不迁怒，不贰过"，即以日常道德品质内容来"意指"一般学习态度。此"指号"的构成性因素之要点在于学者自控意志力之坚韧，此同一意志力也系仁学实践学一切节目进行之心志学基础。同时，此句以夸张式语句强调颜回好学的独一无二性，用以强调学习态度本身维持之艰难，并因而随之强调仁学目标和实践之艰难。孔子说"仁远乎哉"时，则意在表达一般鼓励之愿望；而在强调仁学及其实践之艰难时，则意在客观陈述仁学实践之真实情境，用以激发有仁学志向者遇难不缩之奋勇精神。

现代意义：

因此，今日读解此句意时可更明确地体认到：仁学表面上的（直接的）社会政治改进愿望与真实历史过程中的政、军、法、经现象关联甚微（为政者之仁德表现，主要相关于周、秦、汉千余年来中华文明本身的正向民族精神特质，此民族历史特质亦为仁学与其他学派所分享），实则，在仁学理想和社会及人性现实间存在着永续的对峙性。仁学之最后真实"作用力"不在社会性现实域，而在仁者自身精神提升的内实践域。还可以更进一步说，《论语》体现的仁学结构，客观上显示着与伦理学相关的历史社会现实的真相。仁学，表面上是仁者主动改进自我以期参与改进社会政治的实践学构想，实际上其言、其学、其行客观上借此呈现出一种普适性的人类伦理性情境结构，后者具有现世理性的"类科学性"的特征。于是，仁学既是一面价值准则之镜，也是一种认知性实践之心理机制营建术。而此心理机制的表达方式是通过实践学和理念学的形式加以显现的。

本章强调的仁者所需的诚敬、不矜、克己等品德，也同样是今日人文科学理论革新者所应具备的主观性品质，此类品质性要素实应前于具体治学态度学和方法学条件。一般品性、治学态度、克己能力，此类古今一致的主体性人格特质，今日仍然具有充分的现代意义。因其治学缺乏物利诱因的现代人文学者们朝向真理追求的职场努力，比起其自利与其学术方向完全一致的自然科学家来说，需要具备更坚强的伦理性的主观自制力与逆势而进的伦理性勇气。至于颜子意象的另一层现代喻示有效性，则可通过孔子特别为其描述的"贫困意象"加以表达——无物质性利得而可为学不辍的品格。以"生活贫困"而非以"权势威逼"作为仁学实践者的"独处逆境"之教谕性特点，反更宜于用来表达现代"欠缺名利诱因"的人文科学学界的状况。颜子"陋巷"喻，其实与作为"第二仁学"的孟学所针对的历史政治对象殊乏关联，却恰与现代化今日的人文学界情事直接相关。原始仁学作为"成君子学"，今应主要体现于人文学者之伦理态度养成学内，或者说，应主要体现于学者人格学内。

6-7. 子曰："回也，其心三月不违仁，其余则日月至焉而已矣。"

对比项：志仁/无懈。

意旨：君子以学致仁，务须持之以恒。

旧解摘要：

《四书恒解》："后人见孔子未言养气，而孟子言之，虽不敢谓孟子为非，却不知养气之即所以求仁也。且其言曰：'我四十不动心。''我善养吾浩然之气。'知心与气之所以相关。此章言'回也，其心三月不违仁'，则言其养气功夫……形容其卓立之心体，居然天理稳固，正是三十而立实境。因隐微难名，借三月状之……此章仁字盖以全体之仁而言也，若一端之仁，则虽常人一日之内亦有数事，而诸贤乃日月至，于理为不通矣。"《四书辨疑》："东坡云：'夫子默而察之，阅三月之久，而造次颠沛无一不出于仁，知其终身弗畔也。'"《朱子语类》："窃谓三月不违者，天理为主，人欲为宾。日月至焉者，人欲为主，天理为宾。学者当勉勉循循，以克人欲存天理为事。其成与不成，至与不至，则非我可必矣……且以屋喻之，三月不违者，心常在内，虽间有出时，终在外不稳，才出即入。盖心安于内，所以为主。"

含义引申：

本章诸旧解多泥执于字面辨析，未识先秦早期格言体之修辞法与后世散文修辞术之间已大有不同（古人欠缺充分理智分析力，故以为事物永不变迁：三代与后世章法无变，典籍自古有之，文字意指自来如是等等。此种极其出格的历代偏见，也成为其不知"政治制度"实为可变的思想力局限之一）。本章用语"三月"与"日月"等字面，不过是通过夸张式故意"退贬"其他弟子的修辞法以高标

464

颜子之无上理想高度（"颜子"形象成了孔子仁学理性主义使用的一"具象性符号"）。孔子之所以屡次夸颂颜子，非专指其德性素质及能力言，而特为凸显其如下德性天赋：爱仁好仁、安贫乐道、遁世无闷。《论语》中对于孔子与其他优秀弟子均按照统一的志向轨迹铺陈：为仁学而从仕，由独善而兼济，锲而不舍地寻找兼济之机会等等。但对于颜子形象的塑造，仅相关于其品德方面，"从仕"一项从未进入颜子情节。似乎是：颜子角色被作为仁者中之特例加以布置，其象征性含蕴或为：因仁学以仕行道之不可能，故借颜子例展望仁学之真实的、更高的目标乃在于文，而文取决于德，遂为此而预做铺陈？所以，本章的象征义也应如此理解，即将此"为学志气长短比较"的词句作为激发弟子"高尚其志"的修辞学手段。而颜子形象之"空洞"也同样是欲以此相应的话语实指之缺失的事实来"涵指"仁学精神之开放性未来，后者则可相关于中华文明之文化学术大方向问题。至于该仁学未来实践的具体形态，自然也非孔子所可预知，故其蕴含深义也只能以此"细节疏漏修辞法"加以表达。换言之，《论语》编写的框架布局，特意要将颜子角色置于"浊世追求"之外，以护持其"为文"性向之纯洁性和高超性。此种仁者品德的纯洁性，对比于历史现实中得势的法家之阴鸷性，也显示了朝向"精神文化实践"的仁学和朝向"社会权力占取"的法家，分属历史发展中之两条平行路线。

现代意义：

其实颜子形象较其他弟子形象更具有现代意义，因其本身代表的品格特质最符合现代人文学者品德上的要求。此一品德要求在此具有比"人应为善"的道德观远为高深的含义：因为实践者品德与精神文化产品品质之间具有因果必然性关系，换言之，无真品德即无真人文事业。中华文明政治史主要的推手为法家，而与其平行的精神文化之推手为仁者。仁者不仅须以理性之学为志，而且须确保价值观方向正确，否则即有"觚不觚"的结果。即现代人文学者必须在高层次上兼具三达德（方向、知识、意志）才可能产生合格的人文学术产品。古典三达德实为现代人文科学"生产"的主体侧之先决条件。现代人文科学的革新事业，不再为了促使学者"以学成德"，而是为了促使学者完成其制作合格产品之资格。如果我们据此进一步看待仁学与现代人文科学革新事业间的、具有历史性意义的关系，那么一方面，我们看到唯于现时代中华仁学遇到了其最可发挥其宗旨的客观条件：在人类政治学不再需要从仁学伦理学角度被关注后，以及当人类知识无数倍提升后，仁学遂因其"智维"（亦相关于仁、勇二维的内容丰富化与适切化）上的"手段资源"已无数倍增加，可更具有客观的条件追求自身的精神事业目标。另一方面，在现代环境里，虽然人文学术事业处境维艰，但逆势而进的人文事业勇者所须付出的"代价"（牺牲），较野蛮的古代政治环境（仅需读一下《资治通鉴》中历代统治者的"恶行"即可获知），已经大幅度降低。以上两种客观条件的改善，可以说，正是在全球化的现时代反而增加了新仁学朝向人文科学的科学化实践的可行性。如果再联想到《论语》中"当仁不让"的教导，新世纪人文科学发展的大任，岂非正应由我中华文明的现代仁学士君子勇于承担？

6-8. 季康子问："仲由可使从政也与？"子曰："由也果，于从政乎何有？"曰："赐也可使从政也与？"曰："赐也达，于从政乎何有？"曰："求也可使从政也与？"曰："求也艺，于从政乎何有？"

对比项：全德/偏才。

意旨：君子行仁，以其理念为标的，故不重一偏之得。

旧解摘要：

《四书大全辨》："为政者君，执政者卿，从政者大夫也。"《集注》："从政，谓为大夫。果，有决断。达，通事理。艺，多才能。"姚惜抱《经说》："当定公之时，孔子有东周之志，将广鲁于天下。惜乎说行于桓子，而小人间之，不获终焉，此道之将废也。若夫哀公之时，无论道不复行于天下也，而鲁且日危；鲁固不能用孔子矣，第使由、求、赐三人者一居当国之任，治一国而保之，固皆有余力，以比孔子三月之事则不能，以比子产之全郑则可，故曰'于从政乎何有'。"

含义引申：

本章姚鼐解纯属主观想象，与章义毫无关系。按本章叙事语气似为：季康子傲视孔子诸弟子时，孔子为之申辩，然亦显示孔门从政无奈之客观事实，并可喻示孔门以仁学道义从政必败之逻辑。本章所言三德——果、达、艺，各具"果于行""成于偏""得于术"的优点，孔子反特以此一得之片面性喻示仁政为（不可能存在的）持全德者所被特许的"专业"，通过此貌似不合人情的"求全责备挑剔修辞术"，一方面借以高标仁政之最高理想性，另一方面相当于间接宣示仁学伦理学实不具匡正政治现实之资质。

现代意义：

本章仁政实践者所需全德之教，自然可首先扩及一切仁学实践，进而扩义至现代文化学术领域。据此，新仁学实践者亦不应以一偏之能为足。特别是时当跨学科-跨文化的新学术方向正在对习于学科本位之现代学者提出"才艺"与"品德"之多方面挑战之时，学者更应根据新知、新学、新理研习的需要，而调整自身学术实践的准备条件及贯彻意志。"仁政"仅为仁学伦理学理想中之观念，其真实历史功能为作为社会政治品质之衡量标尺，而非为改进社会政治之方术。正如今日"真正的人文科学"仅为朝向科学的治学理想的认识论和价值观参量集合，其沿此方向发展之前途实属未知领域。无论是仁学伦理实践学还是体现此新仁学外实践之努力，可加以衡量其状态者仅为其方向性和态度性而已。仁学实践学所可经验实证地完成者，仅相关于其态度性与方向性之"实在判定"（仁学实践学的"确定性"为态度与方向的确定性，仁者所"安"者亦仅为动机态度性与行为方向性之"落实"而已。此即"射礼喻"所告示者）。在今日人文学术"百废待兴"的情势下，人文科学志愿者所可自验者亦不过如此。而此属于"学为己"实践过程中的"不过如此"，却正为时人不易达成者。

467

6-10. 伯牛有疾，子问之，自牖执其手，曰："亡之，命矣夫！斯人也而有斯疾也！斯人也而有斯疾也！"

对比项：志远/生促，惜阴/力学。

意旨：仁学内蕴之伦理悲情恰可成为士君子奋发图强之激励。

旧解摘要：

《四书辨疑》："只旧注'牛以恶疾，不欲见人'之说为是。"《四书训义》："由夫子之言观之，则伯牛之贤可知，而君子之言命者亦可见矣。人尽而后归之天，性尽而后安之命。自非伯牛，则疾病夭折之至，方当以之自省，而岂可徒诿之命哉？"《论语稽》："人生穷通寿夭在可知不可知之间，君子惟修其在我，而一切听之命而已。"

含义引申：

诸旧解泥执于故事情理，纷纷就孔子及贤徒伯牛以及孔子会见将逝弟子的方式是否"合礼"等问题进行辨析，并涉及所用古字之确义问题。本句实为以此事例表达了与《论语》全书之精神和情感所关系者：仁者志业崇高而不得成功于世的历史宿命，并反通过此志节与逆境间必然冲突的悲情，以高标勇于担当道义的仁者之精神英雄主义。此即仁学知不可为而为之之义理性根据。理想目的之达成为一事，对理想的实践学朝向为另一事，而唯后者直接相关于人之具体人生观问题：价值朝向性选择问题。

现代意义：

《论语》中所谓仁者政治事业不成于世的宿命说，一方面直接喻示仁者的"仁义"（求义）人生观与世俗的"势利"（求利）人生观之间的命定对立性，而另一方面间接喻示仁者之实践学目的实不在于社会政治领域，而另有其所，此即精神、文化和学术领域也：通过社会政治现实中的外实践失败"表象"以达至文化思想内实践成功的目标。此一人生观启示，即义利之辨的永恒矛盾，自然可完全施用于今日文化学术界，因今日此两界内同样充斥着义理关系之冲突。学者宜于此一有关人性与历史的仁学伦理学判断中悟解"逆势行道"的义理和采取曲折方式以实现精神性目标的仁学智慧。

6-11. 子曰："贤哉，回也！一箪食，一瓢饮，在陋巷，人不堪其忧，回也不改其乐。贤哉，回也！"

对比项：物困/志坚，安贫/乐道，向仁/好学。

意旨："学"以"穷境"为其诗情背景，故仁学必行于艰困，仁者必穷且益坚。

旧解摘要：

《集注》："颜子之贫如此，而处之泰然不以害其乐，故夫子再言'贤哉回也'，以深叹美之。程子曰：'昔受学于周茂叔，每令寻仲尼、颜子乐处，所乐何事。'愚按程子之言，引而不发，盖欲学者深思而自得之。今亦不敢妄为之说，学者但当从事于博文约礼之诲，以至于欲罢不能而竭其才，则庶乎有以得之矣。"《四书恒解》："若论孔颜如何乐法，真有说不出处。若谓孔颜所乐非道，则非也。程子之意，以为言乐道，则犹道自道，回自回，故曰非乐道也。此亦妙义，但未免令后学无从下手。道乃义理之统名，其实一性而已。性源于天，而具于身，散见于万事万物，动静交养，知行交尽。行之既久，得之于身，自觉心旷神怡，天与人非远，而外物不足为加损，所谓乐也。乐之实惟自喻之，而自亦不能言之。其妙无穷，须一步步实践，则其乐之浅深自知。"黄氏《后案》："周茂叔曰：'颜子见其大而忘其小焉尔。见其大则心泰，心泰则无不足……君子以道充为贵，身安为富。故常泰无不足。'"《读四书大全说》："天理烂熟，则千条万歧，皆以不昧于当然，休说单瓢陋巷，便白刃临头，正复优游自适。乐者，意得之谓。于天理上意无不得。"

含义引申：

《论语》多有通过君子对待贫富态度以显示其人仁学实践操守程度之例。因为贫富条件相关于个人身体性舒适程度，而身体性舒适程度标志着君子接受或容忍任何物质条件的能力和意愿。只有当君子不惧贫困并甘于忍受生理性磨难时，其精神性意志力的存在才可证明其人足以担当仁学实践。而惧贫羡富倾向必然导致士人为去贫求富而不得不放弃仁学目标，改其素志。不惧贫困遂成为君子仁学实践（于平时）持守能力的典型意象。贫成为一般逆境之象征性符号。好学君子不仅表现为有耐贫之勇，孔子甚至提出君子须有更高的境界，即乐贫之志，也即安贫乐道之胸怀。此一心理状态之所以代表更高的仁学级次，乃因君子专意求仁故可乐以忘忧。此句也由一种描述性陈述句代表着另一种事实陈述句：仁学君子因不合世俗，故实际上多归于困穷窘境。原因只在于：不能趋炎附势以求己利，必定与世情相违，故只能通过最低限度的生存条件以实行"独善其身"。至于是否因此而导向"兼济天下"则非所计虑，非能计虑。独善其身必具可行性（这就是孔子说的"仁远乎哉"），而"兼济天下"（相当于外实践）则有待于客观条件。在此仁学实践学框架内的现实与理想的冲突关系中，仁者按照具体处境差异，而应在不同程度和方式上，持之以恒地追求其仁学精神理想。

《论语》中关于颜回好学之事，其实相关细节不多，此一好学典型的描述所侧重者为其安贫乐道之心态，而非学习有成之具体描述。孔子时代"学"之内容单简，后世儒家凭想象力于此"学"字上任意附加秦汉后才出现的种种内容。此一《论语》中最为人称道的句组之意旨在于倡导读书人典范之精神境界本身，并借助于"穷困意象"生动表现之。颜子作为安贫乐道的原型可显示历史上仁者之难得。历史上的读书人其实多为儒家者流，而儒家之外实践框架，尽管包含仁学因素，却已为儒教制度所限定，即其"实践目标与方式"已被外在权力系统予以制度性的具体化，其"外实践"首先即指成为皇帝制度下之官吏。所谓"安贫乐道"往往被乡愿般曲解为：通过艰苦奋斗以求最终进入官场（获得名利权）。儒者之真实最高目标已非仁学理念，而为皇帝制度内之功业。本句意在进而显示伦理之学必与穷困相伴，"学"与"穷"之间具因果性相通性。"贫"如前解，而"穷"字更可扩解为"穷途末路"之"穷"意，即生涯"近乎绝境"意。如此，君子在邦无道时不唯可能"处逆境"，并可能进而"处绝境"，以此暗示性形容法表达"安贫乐道"尚有趋于极困之虞，并以此暗示的情境来表达向仁学者内在志意实须无比坚强。此一历史上为世人共同接受的"历史真实情境"反间接证明了儒教社会确非孔孟政治理想所期待的社会。此外，仁者处穷意象也一般地标志着伦理追求志向与功利主义俗世之间的永恒内在矛盾性。

【关于颜子意象的历史解释学申论】

仁学理念（通过《论语》《孟子》文本所显示者）与儒教现实、儒经学术、道释出世思想等在读书人的生活经验与心理倾向上的多方面混杂性存在，以及所有儒家文士相应进行的各种"折中"之论，也成为今日理解《论语》及仁学精义的各种障碍。如果我们不据理性逻辑方式慎读仁学原典并厘清其中的纯与杂部分，而是仅以两千年来儒道释三家的各种"实用主义解释"作为今日把握仁学本身的渠道，则必将为其所误导。儒家系统，从汉人"五经"经传的政治意识形态性误导，到魏晋佛玄的认识论与价值观的误导，再到两宋理学家以来的双元折中论的理论性误导（仁学政治伦理学方面与道释认识论方面），乃至直到现代以来反更强化了的各种变形"三教统一论"，这些传统思想学术资料遗存虽然是我们的重要参考资料，却决不能成为我们的理论分析根据。我们特别在此章（《论语》中有关颜回诸章中以本章最称典范）论及此思想史上的大方向问题，乃因本章的确对于各派解家均曾产生过不同的重要激发力。同时，如前所述，《论语》中颜回总体形象的确具有"内容简单而意涵反特深"的实践论修辞学效力，这对于我们的"《论语》学研究"以及仁学伦理学研究也具有特殊的重要性。

道佛两家特取颜子之"安贫乐道"意象而借机将《论语》中的"道"直接视为代表出世修炼之道，故一厢情愿地欲使大名鼎鼎的颜子为自身宣教服务。广受玄佛道（老庄、佛禅、道教）影响的儒家们，因尚有一个自家认识论-实践论上的内在矛盾（以仁义为至高价值的思想性仁学与以天道帝系为至高价值的权势性儒学二者之间的矛盾）须处理，颜子型范似乎也提供了一种价值学上符合孔子之教的、"闭门读书以避世艰"的弱者人生方向。不过，另一方面，《论语》的读解学也始终在倾向仁学的儒家心理形成另一种逆反的张力，即与其意识界内决定顺应帝王制度势力方向不一致的潜在内心倾向，并可相对地体现于其现实实践中，此即，不同文本的阅读可导致《论语》《孟子》文本本身产生独立的激发效用，使得少数读书人之良知可暂时摆脱儒教控制而不时自由萌发，遂可在儒学的外实践轨道上自动产生分离于儒学而偏向于仁学的心理冲动（大多表现于其独立文史创作行为上），其仁学效果遂可间歇地体现于其情绪、思想、政治行为等方面。仁学精神于是可实际上连续地存在于、生存于历代杰出读书人的心言行领域，并表之于文史著作而得以传承于、汇合于历史长河中。

颜子形象的实用性价值如上，然而其形象之永恒义理性深意尚非止此。如果仅只是将"安贫乐道"单一原则连接于颜回意象，其精神吸引力价值将立即降低，颜子不过成为另一"贫僧"而已。其潜在的精神价值必须在仁学整体中定位，其所安者必须是仁学所致的"仁道"，不仅不是佛道或仙道，也不应该是"儒道"。而且因此也不会仅只是"避世无悔"这样的恬淡人形象，俗众中此类因畏惧历险、竞争、麻烦的逃避生活者，历史上也所在多有。于此，我们特别要通过细读历代《论语》读解者对颜子之领悟方式来把握其（或许非其可自意识的）言外隐喻。如果仅倾向于按照道释派将颜回视为道家类典型，就无深意可言了。尽管解家话语中颇多此类感悟倾向，但其中深思者（如程朱陆王）仍然不断在其中企图"捕捉住"某种更加符合仁学义理之深喻。前章和本章中引述了旧解中这类"说不出所以然但却模糊地'感觉'，有道理的解释"（如朱子对程子描写的反应：因尊师重道之限也"不敢"超越程子视界加以推演）。为此，我们必须在《论语》中的"仁学本义"之整体框架中来尝试感觉《论语》编写者塑造此颜回形象究属何意。正是精神上倾向于仁学义理的儒学家们和我们共同具有的此种确实存在却又并不清晰的感觉，预示着仁学实践学内涵的一种更具普适性的，更具伦理性高度的隐在精神力量，它像一块吸石一样"提挂"着读者们的伦理价值感觉。

为什么儒者会对此一"空灵"的颜子意象产生如此丰富的实在感而又并不清楚其所学内容究竟为何呢？颜子意象的寓意丰富性不表现在其学习对象的内容细节上，而表现在其足够丰盈鲜活的治学态度和夫子对其无比推崇的治学态度上。颜子意象之"意义"于是存在于此二相关态度系列表达上，而非在于其所学内容的性质上，尽管也包括"不迁怒，不贰过"等具体德性例示，却恰因此内容之平常性而使其难以承担颜子意象的意义之重。读者宁肯合理地推断其所学内容应具充分的开放性或可待想象性。于是，颜子意象的喻示方式及力度反而正与《论语》及仁学的整体喻示方式和激发力一致：是主体之朝向性、态度关系、意志力等纯主体现象，而非主体所朝向者、实践者本身（实践学相关项为内实践的主体态度，而非其外实践的对象）。甚至反过来看，各种稀薄的、写意描绘式的对象勾勒，其实仅成为主体内外行为态度学表现之修辞学工具。此即，所学之对象成了治学态度之指号！在此颜子意象解释学问题上，我们应该更为细致地反思仁学之"学"的内涵。正如

472

本书导言所论，如简单地以仁学之"内学"（原始之"德"）与"外学"（原始之"文"）为喻，即可在此粗糙的二分法中引申出"学"的现代划界法：仁学态度伦理实践学和按照仁学义理展开的人文学术实践，此即，态度学"原理"与学术性"应用"之别。在春秋战国任何学术性实践尚未具备而思想性实践已趋活跃的时代，有关仁学所能思考者，仅为其"内学"部分，即伦理态度学部分（内实践），而其仅只由"诗书"（绝非后世之《诗经》《书经》）标志的"外学"部分，遂成为一个时空上完全开放的指号（index）。

现代意义：

颜回意象所传达的这种模糊而实在的精神意境与其相当于"空洞指号"的"学"的实质性联结，也许直到今日，现代化、全球化的今日，才明显地显示出其存在的轮廓，这就是：仁学伦理学的最终实践论（内学之展开或运用）目标，其实是朝向人文、文化、学术这一人类精神文明的最高层存在的。颜子意象可成为历史法家的"对立像"，也即承担着人类文明形态的本质二分法：物质性政治史过程与精神性文化史过程。二者之间，表面上为支配者与被支配者关系，实质上为生存方向上的平行性关系——各行其所是。虽然前者为后者之社会物质性生存条件，却无关于后者之存在本质。由仁学启动的精神文化实践，不是朝向于"天外"，而是凝聚于"地上"，其目标为在地上创造的、人本主义理性方向的人文学术思想。其现代化形态为科学，不限于狭义的自然科学，而是在理性即科学的广义上所指的，一切带有可操作性的，关于人及其历史的理性思维及行动方式的科学认知。颜回形象的无违背仁学之风险的第一倾向是退出政治场域，甚至先于孔子地致学于此一非政治的精神性场域；其第二倾向则是唯一性地朝向于"学"的人生方向，即采行以学为生存内容的人生观。（此为前段表达的"政治与文化"平行观的象征性示意。）但这个"学"字历史上来到得太早，甚至早到还没有出现真正学术性实践时。之后经历了漫长中华文明的人文学术准备期（两千年传统文化思想史历程），最后在全球化时代（在人类一体观具备了可见性的时代），与西方科学潮流的交遇遂实在化了仁学之"外学"（仁学在新时代的"外实践"之展开和应用形式）的学术内容方向及其程序化实践（科学化的人文研究）。因此，传统时代理性

473

化儒家学者对于颜回形象的深沉而含混的感觉，相当于指涉中华精神文明中如此关键性的范畴"学"的"无限开放性"，或展现出一种仁学义理的遥远视域，后者却非前科学时代的读书人能够（在时代上）提前地加以把握的。

我们之所以敢于这样大胆地进行"附会般的想象"，乃因颜回形象含有的另一意素：安贫乐道。其现代意思是不受名利引诱而矢志向道的一种伦理精神意志力，此正为现代人文科学继续向前发展所必需的本质性主体心理条件，而此条件却正在西方学界被系统地加以职业制度化地压制，并系统性地导致其自身古典纯洁向真心志之"难以复苏"。颜回型的伦理意志力所具有的"向学之内勇"，遂增附了一种人本主义学术伦理学的世界性视域。程子曰"道乃义理之统名"，当仁学的"朝闻道"信仰在诸仁学指令句网的实践学结构内设定其位置后，此统名"道"可代表任何类型的义理。此一在诸相对性概念网络中定位的，既抽象又确定的（因相对于任何具体性的"势利观"而定位的）统名，即相当于今日之真理。本句的现代意涵遂为：思想家和人文学者为了追求真理应该首先克服名利权诱惑，从而以现代理性主义方式，原则上采行安贫乐道的人生观。现代社会及学术生涯中，学者同样要处理固定的职业化框架与轨道和学术义理追求间的矛盾与冲突，此一冲突的程度绝对不低于古代。古代个人生存在前工业社会制度化的环境中，故具有较大灵活性，使得个人可以实质上维持安贫乐道的生活方式；而现代高度广泛制度化的环境已将个人生存方式严格纳入各种制度化轨道，少有自由生存空间留存。同时，就全世界而言，对于独立知识分子的精神上的"压力"则空前强大而细密，各种学术思想派别势力无所不在，使得学者更加不易辨别学术思想上的是非善恶，从而可能降低了学者安贫乐道的自我认知和信心。在此情况下，独立学者思想家更加需要汲取古人的精神力度与处世智慧，并将其适当地（解释学地）运用于现代环境。此一坚持独立追求真理的志向在今日世界人文学界已弱化或趋于丧失，而无此独立志向和实行意志，创造性的独立人文学术思想将难以科学化发展。本章之本质即强调学者思想家的义利之辨和择善固执能力，用以从主观上增加对峙于外界学术思想势力的可能性。

【关于仁学作为信仰体系的历史解释学申论】

不容忽略的是，程朱之强烈而模糊的颜回形象感觉还含有另一层次的深意，这就是：脱离了政治实践场域的颜子之实践学生命代表着一种信仰形态，一种准宗教性（就其实践学强烈性与功能性而言）的信仰形态。其足可提供与宗教相同的精神生命充实度，而其崇拜对象却不再是一切宗教崇拜所朝向的、想象中的"超巨势力源"——决定着人类命运的某种神力，而是人间现实中的纯粹伦理性感召力。其信仰对象不是超越性力势实体，而是现世性的理性理念，以及贯彻此一伦理性理念的坚定意志力。这样的伦理性理念，在新世纪开启了人类生存中朝向高级精神思想领域的新人生方向，而其最触手可及的时代作用在于显示出：现代新仁学伦理学为由人类世界内诸超越性信仰间的尖锐对立所导致的人类毁灭危险情境，带来了将由彼此势不两立的信仰冲突所导致的爆炸机制予以有效解爆的认知性机会。不论何种超越性信仰群体都分享着一个共同的现实生存的环境，应该在各自的超越性信仰之外大家共同形成一个专属人类现世共同生存的规则观念与系统。仁学伦理学正可对此目标提供现成的基本理论参照，而在此之外，仁学伦理学参与的人类新伦理学和人文科学革新建设，将会在未来完成更合理完善也更具可行性的伦理学科学系统。以上所论，还可导致"颜回意象"为现代人类精神文明提出一历史性启示：精神性目标高于物质性目标的人类精神文明价值观，一种直接对峙于今日世界上唯物质生产与消费是求的全球物质庸俗化人生观（这正是憎恨金钱至上的马克思思想所最欲加以克服者）。于是，颜回意象即可同时触及我们所说的E1和E2，即不仅是人际关系学层次上的问题，而且是个人人生意义和目的上的问题。后者将有助于使耽于物质享受和名利权争比的，被商业化、技术化了的人类，重新反省其生存之价值及意义。

6-12. 冉求曰："非不说子之道，力不足也。"子曰："力不足者，中道而废。今女画。"

对比项：为学/立志，辍学/无志。

意旨：君子以学达仁，其学以志为基，志衰必惰学，而立志唯在于己。

旧解摘要：

《集注》："力不足者，欲进而不能。画者，能进而不欲。谓之画者，如画地以自限也。"《论语解》："画者，非有以止之，而自不肯前也。"《四书翼注》："畏力行之拘苦，以小就自安，是画而已矣。"黄氏《后案》："中，半也。废，古通置。置于半途，暂息之，俟有力而肩之也……则中道而废，是力极休息，复蓄聚其力也。画，止于半途而不进也。学无止境，死而后已，一息尚存，此志不懈，安得画？"

含义引申：

本章同样不可泥执于故事而自繁其解。冉求不过是信守拈来一个人名作为造句之用而已，如何能凭空追溯其人其事？此章意指，人而未能向仁，实非因其不能，而因其不为。然而此章之深意并非针对人之向仁能力之有无问题，而在于指出关键在于人之志意不坚而自暴自弃。人之自暴自弃往往自解为心有余力不足，本章却断言不少学者实因不曾坚定立志故寻找理由以自安。此章深意则在于暗示：常人本无伦理志向，故缺乏向仁价值观热情而不思进取。不过，仁学教育学也含有"普通级"一面，即低段仁学（对比于致仁者之"士君子级"，即高段仁学），遂亦有"因材施教""有教无类"等说法，因此认为有志于仁学者亦均有可程度不同地改善自身品德与学养之可能（此类"劝学论"仅为其"学之哲学"和"学之人生观"的通俗化表达：人人均可、均应按其自身资质而为不同种类、不同程度之学）。对于仁学实践学而言，无论是高段还是低段，其真正的"相关项"不在于治学之对象及进行之程度，而在于态度之端正与方向之正确。原始仁学是动机学、态度学、方向学，三者均属于主体伦理实践域。因此仁学实践学的真实关切并非朝向于对象、程度、成果等外界效果，尽管外实践成效也是相对衡量内实践质量的"指号"。质言之，仁学实践标准乃验之以方向，非验之以成就（虽然成绩亦是态度与方向端正程度的检验方法之一）。

历史上，作为理想主义的仁学，其现实性效果表现为读书人均可不同程度上靠近仁学标准之意。本章以自暴自弃之义督责学者，即可在现实中产生不同程度上促进士人向学之动力。从仁学实践学本身看，其"实践力根据"非源于（如西方采行的）各种外在决定的逻辑主义（推理逻辑及强力逻辑），而是基于经验性的人性潜能之开发或良知之自觉，也即在人性改善的可能范围内努力于通过劝诱法以激励人人向善之意志。此章的促动力效能，即其内含有的"本可为而不为"意，与"仁远乎哉，我欲仁斯仁至矣"之作用同，也即与孟子其后提出的性善论一致。二者其实均非仁学提出的一般客观因果性判断句，而为一种变形的主观祈愿性陈述句，虽然后者具有一定的经验可能性支持。《论语》各章立意大多就所欲强调者部分特意凸显之，即仅就其一端（特意偏颇，以示强调）立言，而非直意地陈示普遍性论述。因直意陈述句式仅为呈现描述或判断，唯以其特殊修辞法加以曲折传意才可增添促动性激发效力。一般而言，无论《论语》还是《孟子》，其学均为实践论形态，其法多为以夸张式陈述性判断句表达祈愿性及促动性句意。现代学人如视之为史学专著，则属误判。

现代意义：

本章指出，求知向学的动力在于主体内心，而非在于外在刺激和条件。此一治学态度不合于现代职业化的学术生态。而人文科学理论革新事业的最大问题正是人文学者欠缺独立于职场规范与制度压力的个人选择意志力。本章与其他相关指令句的配合共同明确表达的意图是：排除学者自行背负的自馁与自惰理由——个人能力之不足以及外在条件之艰难。仁学作为内外交相为用之学，首先即取决于主体志意。现代人文科学革新事业的根本即在于学人在仁学方向上自行确立的向学态度，而非被动顺从体制内规范以采取朝向名利权追求的治学方向。

6-13. 子谓子夏曰："女为君子儒，无为小人儒。"

对比项：君子/小人，以文求真/以文求利。

意旨：学可致仁亦可反仁，求真者为君子，求利者为小人。

旧解摘要：

《皇疏》："儒者，濡也。夫习学事久，则濡润身中，故谓久习者为儒也。"《论语述何》："君子儒，所谓'贤者识其大'者。小人儒，所谓'不贤者识其小'者。识大者方能明道，识小者易于矜名。"《集解》："君子为儒，将以明道。小人为儒，则矜其名。"《集注》："儒，学者之称。程子曰：'君子儒为己，小人儒为人。'"《反身录》："儒字从人，从需，言为人所需也。"《此木轩四书说》："为人而学者，自私自利，虽能立功业致声誉，而其为卑暗浅小甚矣。"程树德："夫子教之为君子儒，盖勉其进于广大高明之域也。此君子小人以度量规模之大小言。小人，如'硁硁然小人哉'，'小人哉樊须也'之类，非指矜名徇利者言也。孔、程二《注》盖均失之。"《群经评议》："以人品分君子小人，则君子有儒，小人无儒矣。非古义也。君子儒小人儒，疑当时有此名目。所谓小人儒者，犹云'先进于礼乐，野人也'。所谓君子儒者，犹云'后进与礼乐，君子也'。古人之辞，凡都邑之士谓之君子。（孔子责子路'野人'、樊迟'小人'，语异而意同）。"

含义引申：

本章旧解中同样发生因泥执字义而产生的理解偏误，盖因同一字，随时代变迁，可能兼具不同的字义或词性，故须随境而异地变通其解。如对于"儒"字，既有朱子说的"学者"之义，也有专指在与其他家派对比时的特定学术思想派系之义——"儒学"或"儒家"。而"儒"作为"识字人"或"读书人"时，自然可以再就其工作、学养及人品等分类，这就是本章所谓的君子儒、小人儒的用法。如以"儒"字专指"君子儒"，如俞樾所指出的，本章即为不通。但本章中"儒"字作为"读书人"的用法可证，《论语》时代尚无以"儒"作为家派名称的用法，即该单字尚无褒贬含义。自文明发展至有"字"有"学"时代，"儒"字的原初字样不详，应仅为各类识字者之统称。识字最初为巫筮之专能，其工作性质尚无关于后世之读书与学术。今日据"儒"字追溯其字源演变，以为其中内涵不变之"本义"，实乃不了解汉字语义学之故。至于本章中之"儒"字，作为《论语》全书中唯一用例，只可就其实际语境作解，此即"读书人"义。至于此字是否在孔子当时即属通用，亦无以为证，因据推测，孔子之时尚无书籍之流通。本章或为后儒所加也未可知。无论如何，仁学者必须为识字者，但识字者不必即为仁学者。（关于"儒"字的详解，可参考本书作者的著作《儒学解释学》。）

本章可为今日理解《论语》"意指"之原则的例子：究竟应该按《论语》原始意义理解，还是应按照历代变通义读解？二者之差异源于同一汉字的时代性和经验性差异。本章中的"儒""君子""小人"等字词显然均呈现出此类意义上的混同性与差异性。特别是"小人"一词意义之差别直接相关于指令句的恰当意义。按照原始句意，此词显然如程树德所释，其所贬者仅指学者器识规模狭隘。但如按照后世根据品德性标准采取习常的君子与小人对比义，则"小人"在此即具有道德性贬义。实际上，就本章综合而论，两种解释均可采纳，于是"小人儒"可兼指器局狭小者和心志低劣者。

现代意义：

以上二解均可适用于今日人文学界。如将其今义限定于人文学界，本章之义应为：要做有科学道义抱负的知识分子，勿满足于借由职场渠道仅成为一名以学求利的职业家。本指令句告诫人文学者：应该器识高远，不仅勿以名利为治学之动机与目标，而且不要满足于技术性的学术成就（君子不器）。在今日学场完全高度制度化、程序化的环境下，按照既定规范和规则进行合格的学术性操作以履行职业过程的行为，本质上即技术性行为。此一技术性即可指制度化与程序性。而人文科学领域内之创造性、批评性、革新性发展，必须要求学者具有独立思考和评价的意志与能力。学者唯有具此崇高精神志向及能力养成，才可能成为思想独立、不趋附时潮的人文学术真理追求者。此句今日之所以具有直接效用，乃因知识分子与伦理品德之间并无关系，也即读书未必致"德"（此为后世王学批评朱学的根据之一）。当近现代以来科技工商知识成为社会知识主要类型后，学术实践相当于复杂性不同的技术性、技能性操作，其内容与方式均与主体的道德伦理品质无关，而后者才是人文创造力的根源和思维方向的正确性指南。此章有关（如孟子其后更为明确描述的）"大人与小人"之别的警示，今日特别针对社会文化界与人文学术界等直接相关于人际关系问题的知识分子，其中尤以人文科学理论学者最与此义相关，因人文科学学者是否具有独立伦理观念直接相关于其学术的方向及质量。

【关于学术"小人观"的历史解释学申论】

我们如果再将本章扩解至今日世界人文学界来看，即会意外发现本章具有的令人惊异的普适性：即其不仅适用于华人人文学界，而且适用于世界人文学界。其解释学的关键就在于中华文化特有的君子小人对举概念。一方面，君子、小人意指含糊，既非相当于好人、坏人，又绝非明确指守法者与犯法者；即其褒贬意涵不仅区别于法律性概念，甚至也区别于道德性概念（其奥妙正在于披着合法外衣进行的损人利己伎俩）。中文读者自然可以从无数阅读经验中准确把握和运用二词，但要对其进行完整定义，却颇为不易。在此我们仅从中华文化以及仁学思想特有的重动机心理的角度看待二词之主要意涵。"与人为善"虽可指行为效果，而尤须指待人接物之内心态度。这样，二词虽然相关于行为者之对人行为效果方面，但尤其特指其动机实态，而连带出二词之确指乃为基于动机效果因果链本身的待人接物态度，也即侧重于中华文化伦理观中所特重的"心术学"。（本人二三十年来使用此"心术"概念描述学术作风时，颇遭一些年轻人讥讽。而我相信彼辈确实相信其讥讽有理，因为生活于功利主义时代，已然失去了"伦理良知"意识。这就是我一直所指出的思想史事实：80 年代人文精英所大加批评者均为他人，而绝少自我反省者。）所以，君子小人之别乃特指两类人之一般动机态度倾向，而非侧重于指其行为效果。此种重动机（心术）而轻效果特性的人格褒贬分析法的合理性根源是：行为表现及其直接效果等外在部分，都可能仅是行为者特意制造的"取利姿态或设定效果"，故不可简单地视之为善恶褒贬之"客观根据"，而应同时据其进行"溯本穷源"，察验行为之动机或心术。一方面验其言行之"真伪"（表里如一），另一方面根据所推察的动机实情以判别该"心言行"链的道德性质。君子和小人遂特指人格、心术、动机层面的善恶好坏，为人格属性刻画之代称，而非直指行为效果好坏之判定（按此即，轻忽效果侧判断，特重动机侧判断的一种伦理实践观）。

根据以上解释，现代人文学术实践中在借用此一对举词时，其褒贬义可泛指为学求义（科学真理）与为学求利（职业成功）之别，此种区别直接植根于人之为学动机以及随之产生的、合乎其实践逻辑的行为方式。在今日商界文化遍布世界的时代，唯利是图已不可有意义地用于形容商人（无非为一大白话而已），却仍可有意义地用于形容学人，特别是指人文学界在此求利治学观引导下的"心言行"链本身。当今日世界人文学术已然全盘功利主义职场化后，按照职场竞争逐利逻辑，诸般配套学术实践手法含有的小人气习已然何其浓烈！这些不择手段学术图利的手法自然均掩盖在合乎程序的行为外表里。可设譬如下：社会上人际交往中行交易原则不觉其失，而如在亲人之间行同一交易原则则顿觉其失。在前一场合不必称之为"小人行径"，而在后一场合则自然判其为"真小人也"！如果说今日世界人文学术界充斥着"真小人"，正可谓直攻时代精神之痼疾。此"真小人"本质岂可为洋文、洋文凭、洋职称、洋荣誉等所加以遮掩？社会生活中唯假仁假义话语具可行性，故人人均须言仁言义，而其动机与目的为何，竟可谓与其言其行等外部行为表现决然为二事。可叹今日盛行的行为主义认识论与实践观对此现象竟已乏智慧理解之。

6-16. 子曰："不有祝鮀之佞而有宋朝之美，难乎免于今之世矣！"

对比项：佞巧/美质，易功/失义，为仁/得仁。

意旨：世情一向重巧佞而轻美真，故求真仁者必逆势勇进。

旧解摘要：

《皇疏》引范宁云："孔子恶时民浊乱，唯佞色是尚，忠正之人不容其身，故发难乎之谈，将以激乱俗，亦欲发明君子全身远害也。"《论语稽求篇》："先仲氏曰：'此寓言也，言无希世之资，而徒抱美质，以游于人，鲜有不为世害者。以佞比阿世，美比善质，直截明白。'"刘氏《正义》："美必兼佞，方可见容。美而不佞，衰世犹嫉之……故夫子叹时世不佞之人，虽美难免。夫子非不恶宋朝也，所以甚言时之好佞耳。"《集注》："衰世好谀悦色，非此难免，盖伤之也。"

含义引申：

此章再言佞口之害，并以此指出世情浮薄好佞，宁偏好花言巧语而轻忽朴质真诚。此"佞"字后世即可象征一切言语文辞中无诚信而具吸引力的言论与写作方式。孔孟反乡愿学的主旨就是反对佞者通过哗众取宠的言辞，以误导、混淆世人是非观念，从而达到以伪乱真、借机牟利之目的。而历史上哗众取宠的不实之言反最易流行，其根本原因在于众人无识，自古已然，以至于易于遭受佞者之操弄（"愚民易动"之古谚，其实施之术为：胡乱堆积美词丽句或严词义句，而使听者无统一化分辨把握之能力，遂可使受者于思维混乱中受其内包之"促动密码"诱导）。佞者特善于通过蛊惑无知群众以聚势获权，故易于获得社会性成功。宋朝之喻，即以貌美泛喻才德之美质，此美质本身虽有在世成功之德，如非同时具备哗众取宠、言辞惑人之术，亦难于有成。本章具有的深刻永恒喻示力为：世情浇薄，古今中外一律，俗众难于识断真伪善恶，反多习于（因恶佞者善于用"诱"）近伪而略真。因善伪者不仅多长于诈欺与哄骗，而且巧于以利聚势，嗜真者或直道而行不善修饰，或耽于实理而忽略俗众好谀好浅之习。结果，无论从政还是为学，佞口之影响效力与美质之真善德性往往并行于世。前者占据前台，窃名夺利；后者退居台后，矻矻笃行。然而，孔子预示，归根结底，前台者如过眼云烟，后台者如文明砥柱。此一有关世情的经典论断也暗示着历史上仁学仅为"后台之学"也（"在陋巷"与"居广厦"即分别象征着"后台"与"前台"）。此所以孔子特张颜子意象之深意所在。而此一区分法貌似降低了仁学之价值或影响力，实则暗示着人类历史上价值学观念正有待于加以匡正。因文明社会中人类生存之价值表现在永恒精神文化建设上（其必可融入集体精神文明长河而永流不息），而非表现在一时一地权势争夺占有上（权势随权力者个体生命之消失即烟消云散）。

现代意义：

本章所言可谓古今中外同于此理。现代社会政治科学通过社会制度和行为规范的建设以维持社会公平正义，其规范和方式与人之内心善恶品德关系渐行渐远。就社会政治问题言，自当采行全球化时代的民主法治主义。因此，本章所强调的主体品德养成问题仅特别适用于文化与人文学术领域的知识分子。学者如效法商人人生观而以求取名利权为人生目标，自然易于采取迎合环境要求与市场逻辑的方策。如是，学人不仅习于巧言令色、哗众取宠之术，而且善于采取"循法求利"原则而乐于成为技术化知识分子。固执求真的人文学者的学界影响力，于当世环境内或难匹敌善于运用言辞诱惑的"学界佞者"。本章的陈述性判断句的间接指令性含义为：求真学者需认清学界现实，不因名利而与彼佞者辈为伍，而应利用仁学实践学教导的应世智慧，既不改仁学初衷，又坚持求真原则。本章之深刻现代仁学实践智慧学的具体启示为：仁者不必与佞者"短兵相接"，而应与其保持距离，并设法在现实环境内另创以学致真的独立工作环境。此一教谕可谓适合于全球化时代一切人文学术与文化领域中的正向实践。求义之学着眼于人类精神生命之全局，而求利之学志在当下之利得。后者在商业化世潮澎湃之今日必成学术之大宗，而仁学者于义正须以学界求真小众之学为安，二者各行其是可也。

6-17. 子曰："谁能出不由户？何莫由斯道也？"

对比项：目标/途径，致仁/为学。

意旨：仁者为学须本正途，故应借由态度、方向、方法之"正"以达目的之"正"。

旧解摘要：

《集解》："孔曰：'言人立身成功当由道，譬犹人出入要当从户。'"朱子引洪注曰："人之出必由户，而不知行必由道，非道远人，人自远尔。"《皇疏》引范宁云："人咸知由户而行，莫知由学而成也。"

含义引申：

孔子时代"道"多具实指义，即指道路及正道。道即通往正确目标的任何途径，而强调非由正道不可能达至求仁目的地。而时人多顺俗势求利，本来即未曾以仁学为志，自然无关于致仁学之正道。而此句特应针对俗儒而言，即自称致仁学者而不能取"正道"（门户）出行（实践），自然不可能达至仁学之目的地。此句以"户"比"道"，以喻示其为客观上必由之处，并进而喻其亦为主观上应行之处。此喻实基于人应行仁之"道"而非行其他之"道"意。故此章仅为另一类型之促动句，即以变形的直陈句表达规劝促动之意。欠缺抽象性表达习惯的《论语》时代，"道"字尚非如后世儒道释等具有一般性抽象实体义，但虽义多实指，亦可以之为"正道"之简称。原始仁学之准真理范畴即由"仁"字表示，其字兼含各种具体义及一般义，而其另外具有的多重个别德性义之"具体性"，同时即作为至高范畴的通义"仁"之载体。无论是通义还是个别义，均属于现世经验领域，绝未如儒道释等之"道"般含有的某种"形上学"意涵。

本章孔学用此"重复比喻法"将致仁学之"必由之道"比喻为出入"必经之户"，以此一"必"意素比喻彼一"必"意素，进而将具象之"道"比喻为当时同属具象之"学"。在此将"学"再次立基于现世经验域，也就是将朝向（对于仁学来说）至高无上的（相对于其前的商周迷信鬼神与其后之超越性本体论实体）伦理学理念的基础与理念规定为理性经验之实践（相对于祈鬼求神的非理性实践）——"学"。此一深具认识论意涵的原始朴素认识论遂使其在人类精神文明开端时开启的中华精神文明大方向，内在地符合几千年后现代人文科学的基本特征与需要。

再者，本章非欲以此一简单比喻法来证明仁学实践方法论，而仅欲以此朴素语式，一来表达其实践学态度，二来产生一种直观激励敦促之效用。后者作为原始仁学的"经验型实践论形态"直接对峙于西方文明中自古希腊到近代德国道德哲学共同具有的形上学-本体论类型的逻辑实践论方向。此一直观经验型理论心志促动法原型，经孟子的发扬光大，直到两千年后阳明学的心学深化，遂亦可成为今日新仁学伦理实践论之基型（内实践基型）。

现代意义：

揆诸今日全球人文学术界之恶劣风气，学者治学往往追名逐利而已，却多标榜人文科学探讨之名目，无非相当于各类不由正道

（包括为学之正当途径）而妄行者。此辈初衷本不在于达至仁学求真目标，而在于或通过曲学阿世获取名利，或被动遵循职业化制度以谋求一己之生计。本章的更深寓意在于指出，人类学术思想整体的进步（正向进取）首应验之以方向、方法（"户"兼喻二者）是否正确，如不正确，则行为实践的最终效果将不可能符合追求仁义之初衷。严格而言，此一比喻正可为今日人文科学世界中认识论、方法论走入偏误之途的特征。因人文学者如动机与目的"不正"，其途径与最终结果，于义即不得为正。此一情况与自然科学大为不同。此外，本句中的"比喻性促动力机制"正为我们以新仁学切入未来全球化人文科学理论化革新目标的主体促动力之根源。

6-18. 子曰："质胜文则野，文胜质则史。文质彬彬，然后君子。"

对比项：质/文，实/言，思/辞。

意旨：为学须文质相应，言实相谐，形式与内容相符，以臻想而实、思而真之境。

旧解摘要：

金氏《考证》："张文潜云：'今之儒者务博记，尚文辞，乃古之所谓史。'其义盖同。"《集注》："野，野人，言鄙略也。史掌文书，多闻习事，而诚或不足也。彬彬，犹班班，物相杂而适均之貌，言学者当损有余补不足，至于成德则不期然而然矣。"《论语稽》："后儒语录每用俗语，野也。汉魏碑记不载事实，而滥用陈言，史也。皆不得其中者也。"

含义引申：

本章为文化学术初萌时期产生的有关义理思想与表达言辞相得益彰的观念，也即在"内容面"与"表现面"各自特征（质素）间对比搭配之二分法关系中指出的二负面效果（"野"与"史"）。此原初意素搭配效果二分法的思想方式，最初混指"人"与"文"二者（人之举止风格与其言谈风格之整体存在），随着社会文化的发展而按此二元对比及其搭配效果的"分析法"即可不断在对象、类型、层次、方面等方面陆续呈现丰富化的展开。先是人之"风度"与其"口头文本"（诵诗之艺。注意"诗三百"时期所强调者为人对口头诗文本诵者之"用法"，而非在其人之"创作"）的区分，再次为"文学类"（抒情言志）与"史学类"之区分。关于"记事文"，我们须注意区分：不可考的早期作为文字起源过程的原初实用性之"记"，与后来渐成"文本"的短篇纪念性的钟鼎文类之"记"，直到战国后期的长篇叙事文之真正"史文"，乃至秦汉以来夹叙夹议之"史学文"，它们各属不同亚类的史学文本。本章所谈原始"风格性"对比原则，即成了上述思维形态与文本发展过程中的文本分划性发展的一种促动力。由原初文本形态未区分及弱区分时的具褒贬性的风格性的"野"与"史"二分法，展开为其后文本类型的二分法。

我们始终应该记住，"史"字在古代具有的错综复杂的多义性及时代变义性，故须根据字源学、考古学、文献学等作综合性溯源探讨其词义演变之实情，而不可仅据汉代拟古旧籍（如后撰之《周礼》等）作解。思想和表达方式的分类法演变，导致了此一具有长期稳定性的基本文学与史学两类文本领域。然而在其原初的风格性"本义"上的二分法，在其所导致的文本类型分划过程中，始终在各类文本的不同层次与方面（"内容"与"形式"）继续发挥其作用。在此初萌时期的二分法与对比法思想，表现于人们开始辨析出：精神思想的实质性部分（心态内容、礼仪内容、社会性功能等）和表现方法（器具、动作、言辞）分属两个领域，但二者相辅相成，相互影响。稍后原初文化活动中文学类之初始形态为口头诗歌。诗歌"质"的部分为：内心情感充实与社会交际效用；其"文"的部分为：音韵、意象、言辞（其后增加了文字）。此二者间的"对比分界"也是明显可见的。本章的"文与质""史与野"的原初风格特质类之二元对比观，遂开启了中华精神思想表达文本发展中的一种"构成学促动力"（表现于创作意识与作品中）。重要的是，此"两侧为文之模型"的存在与展开都是相对性的，甚至是相互融通、渗透、变动的。例如，其后诗歌的演变导致其原初"文"的部分中大部分成为"质",此即后来作为中华文化大类的文学的形成和发展,其中"内容"的部分已经包含了原先诸多"形式"的部分(诸美学因素成为其内容本身,因它们都与情感情绪意志的"心理形成和表达"密不可分)。史学类亦如此,其发展为后世之"经史学术",与其原形式性部分渐渐归入内容性部分有关。在内容(质)、表达(文)与方法(形成)此三联体之间,在"表达"(形式)与(文本)"产生"之间,具有进一步的融通关系;或者说,"表达"("表达面"的自形塑过程)具有一定的"产生"功能,即产生、影响其内容构成的功能。表达面的刻意经营导致(产生)内容面的变化,如语言运作的精致化引生了情感和观察等内外内容面的成分及相互关系的构成。经此深入理解,可见本章提示的基本二分法结构,具有其影响作品特征的一种"形成力"。

现代意义:

本章意旨首应相关于广义文学范畴问题,即文学应兼及内容与形式之"相互关系"的运作法,在扩至一般文化学术领域时,本章扩大寓意为:文化学术的"内容面"(实质面)和"表达面"(形式表现),即"思想面"与"文词面",应该在相互协调中展开。即学者应在其写作过程之两侧进行互动性构思。这对于今日人文科学全体科学性发展的启示性在于:必须同时关注内容与形式两侧的分别推进及相互搭配效果。同理,此"形式"面兼具"生产"面功能,形式面的积极的、生产性的(因此非单纯妆饰性的)运作将影响内容面的构成,后者将反过来牵制、引导"形式面+方法面"双联体的运作。形式面的"内容因素"和内容面的"形式因素"(关系形态)之间存在着持续性互动关系。这一思考也就对于今日人文科学重视"形式面"(修辞学、广告术、营销术)而轻忽"内容面"(实质性部分、征实性部分、现实相关性部分、价值学辨析部分)的趋向加以警示。而此种偏颇性源于现代商业化社会片面地将文化学术的"形式面"加以"单独运作",以促使其脱离表达及促进"质"的功能而产生市场化功利主义包装性的文化效应。此种偏于商业化-形式化运作(现代广告术、营销术为其极端形式)又间接地影响到内

487

容面的"功能",使其进一步转化为形式面成分,以共同参与形式面的纯装饰宣传性运作。也就是,本章警示句具有促动现代人文科学理论回归于实证主义、现实主义大方向的启示作用。对于现代时期前进方向混乱不清、意义不明的文学类活动来说,如何在人类全新社会形态与知识条件下探索其新形态与功能的时代必要性,也具有关于价值学方向辨析方面的指导性意义。

【关于内容与形式的历史解释学申论】

虽如以上所说,文艺商业化风潮导致思想内容面的轻忽和言语表达面的片面的、独立(于内容)的发展之通弊,但在人文科学朝向科学化方向的演变中又出现了内容与形式关系的新问题,即此两侧的"形态"变迁均须与时俱进,甚而首先表现于文辞形式上的首先演变之必要。自然科学的发展和提升是与其专有名词系统的构建同时进行的,由于思想内容(质实)之变,言词表达(语符)之新乃必然之连带结果。同理,人文科学的科学化发展自然须伴随相应术语名词之系统创新。而世俗能够理解自然科学特殊术语系统的必要性,却不能理解人文科学特殊术语系统的必要性,这是因为不理解人文学术应该成为人文科学的时代认识论之必然性。在此,内容与表达间的相应、相符,不再是传统时代的文史思想与美文丽句之间相符性需要,而是进展到新仁学时代理论思想与相应术语间的相符性需要。此亦与"辞达即足"之教相关,而"达"本身亦有不同的要求。

6-20. 子曰:"知之者不如好之者,好之者不如乐之者。"

对比项:知/好,好/乐,知真/爱真。

意旨:好学之三级次(知、好、乐)可喻示为学之知解、体认、践行三阶段。

旧解摘要:

《皇疏》:"谓学有深浅也。知之,谓知学问有益者也。好之,谓欲好学之以为好者也。乐,谓欢乐之也。"又引李充云:"虽知学之为益,或有计而后知学,利在其中,故不如好之者笃也。好有盛衰,不如乐之者深也。"

含义引申：

本章通过"知""好""乐"三级为学心态之对比，以呈现仁者心志之坚实度大小。本指令句的实质问题是"好学"心态的等级性。"知"仅为了解、知悉意；"好"代表着一种价值学的认定；"乐"字则为极言之"好"字，从而进一步强化其价值学的认定功能。此句之深意在于，与行动（行）效力相关的是"爱好"而非仅为"理知"。此一仁者心态的三级程度性对比，岂非后世王阳明的"问学"与"德性"对立观之雏形？首先，"知"者，不论其为乡愿辈的特意虚伪之假知，还是君子真实之认知，都不能看作已在实践学层次上行仁。而仁学之行与不行，取决于主体对所知对象的真爱好还是假爱好。孔子以为此"好"字还不足以表达向学之心的深厚笃实性，而特再加一"乐"字，以代表主体对最确实完美的（智、仁、勇三维上协调一致达成的）仁学信仰心态之体认。《论语》的"阅读学"效力，即在于通过所编辑的指令句系列库，以其特殊文本修辞术"激励"或"促动"有潜力的读者，使其随个人禀赋不同而可在掌握仁学的"知""好""乐"的不同程度上受益。本章对于"好学"具有不同程度性的思想，不仅直接相关于学之理解深度，而且相关于学之践行强度，后者因学而获得的心志驱动力，则首先表现于仁者所达至的"知""好""乐"诸为学体悟级次上的心态成就。

现代意义：

本章之"好"与"乐"的向学心态程度二分法或分级法，也喻示着一般"爱智"（喜好各种智术）与"好义"（热爱真理）的二分法，而当代人文科学大方向之失，正表现为学者思想家的真纯心志之失。学者满足于"爱智"（"好读书""读书自娱"）而难以进入"体真"之境。因"爱智"心态可能仅与职场功利主义动机一致，故亦可成为按照既定规范和技术性程序努力操作之心理品质的前提（"用功好学""爱智""职场成功"三者之间存在着功利主义的完全一致性）。而"爱真"的"乐"境，可相比于"好仁如好色"之"好"境，此必为非功利性之"爱"。今日人文学术理论家，如将学术实践作为职场谋利工具或求利渠道，虽可在此以学求利过程中达到"爱智"心态，却难以达到"学为己"的"爱真"心态。如为后者，才可能摆脱名利至上之念而回归对于学术真理探索本身之诚意专注，并引导人文学术理论实践之正确方向。本章意旨看似单简而其现代意义与作用均具有深刻的适切性。特别是当据以扩大观察今日西方人文学界的现状时，其普遍的强职场制度化发展，早已将"以学求成"作为其功利主义之治学观，而中国人文学者如采取此"国际标准"（争取"国际承认"或参加"国际争比"），必在方向性与制度性层面上被系统地纳入同一人文学术功利主义轨则。所以新仁学在人文科学现代化革新上具有的挑战性，首先就是针对此"国际标准"所发。在今日不得不继续与世界学术接轨的时代应该注意的是：功利主义与个人主义已成现代一切学场之主流，后者自然难以体认仁学伦理学之精义。

6-21. 子曰："中人以上，可以语上也；中人以下，不可以语上也。"

对比项：向仁/向利，精神升华/物质享受。

意旨：人以群分，友以辅仁，好仁与不好仁者间无可沟通也。

旧解摘要：

《集注》："言教人者当随其高下而告语之，则其言易入而无躐等之弊也。张敬夫曰：'……盖中人以下之质，骤而语之，太高，非惟不能以入，且将妄意躐等而有不切于身之弊，亦终于下而已矣。'"

《论语补注》："天下无生而可以语上之人，以夫子之圣，犹必下学而上达，况贤人乎？……凡上焉者皆无不可语者也，凡下焉者皆无一可语者也。惟有中人介乎可语不可语之间，力能上则吾以是启之，甘于下则吾不能以是教之矣。"

含义引申：

此章直接意乃相关于人际沟通法，其意旨基于"好仁者稀"的事实，因世间求利者众，故士君子不可轻率寄望期许他人存向仁之志。"不愤不启"者意同，本非人人具有发愤为学之潜力，而发愤为仁之学者更属少数"读书种子"。此一人性事实却相关于伦理实践学认识论,其实证论立场大异于西方伦理逻辑主义所持某种"道德行为必然性观"。仁学伦理学为一种人性经验主义之或然学。虽然本章照例未明言其"上"义为何,但必专指"伦理性价值之升扬"。从知解上看,人人均可理智上把握仁学话语,而能够因好之而复切实行之者,则少之又少。前章在"乐"与"好"之间的资质与心志级次区分可以用来说明,只有达到"乐"之层级方可进入自愿并确能行仁的有效实践级次。而于义理价值上"好"之,则可能仅停留于知解与欣赏层次上,这正是人世间常见的为学状态:虽好之而难行之(据此可推论:为学者多属"为德不卒")。此为人类天性自然,不可强求。知解为人人可达者,欣赏之好亦不难获至,而行动则牵扯到实际境遇中存在的冲突、风险、挑战、代价,而能勇对时艰、矢志不渝地朝向此仁学目标者,则必有能发自内心的乐之、好之者方可以"好色"之"好"比之,此为何等贴切之比喻!西学理论会以为此种常识言论或将伦理学庸俗化了。殊不知,正是此一"落实于身体"的比喻可兼具其人本实践力上的"扎实"性。

本章再次暗示仁学的人本经验主义认识论基础:伦理心志的产生取决于人的天性潜质(天赋及意志),故仁学将此种潜质的大小深浅加以分等,并力申不必对于资质差者寄予较高期望(中人不可语上),但人人均可能通过仁学教育学引导而于不同程度上朝向于仁之大方向(仁学实践学之初段高段说)。一方面,仁学是一种"心志朝向学",所强调的是学者价值观的正确朝向性,而非固定目标的达成性,因后者取决于多种外在于主体意志的主客观条件之具备否。因此,此一事实性判断足以否定西方伦理学逻辑主义之信念:以为人凭"逻辑性道理"即可为善的看法。另一方面,《论语》中也多有如"人人皆可为尧舜"(人性善)等以判断句形式表达的祈愿句或促动句,此为孔孟仁学采取的普遍劝喻法,即利用事实判断句的绝对肯定性语气以期产生激励性效果。因此,即使确因力有未逮以至"中道而废",仍胜于原地止步未前者。况且在"力竭"之前尚不知何人为"上智",何人为"下愚",故均应于起步处一体鼓励之。《论语》

各指令句在意思上的表面冲突，乃因相关语境、事端、前提、目的的差异性之存在。读者须自行根据相关语境读解指令句的确义及其实行条件。具体来说，《论语》各指令句不仅其未必明言之语境各异，而且各有未言之相关前提条件。熟读、深读、整体读《论语》者，可在读解中自动自觉地实行"跨章融通"，以期在相关的语境及前提下来把握章句之确义。

现代意义：

本章后世读解多乏确指，以为不过泛言人才上中下分级等常识。今解应回归其隐含的确指，方可显露其固有的深刻旨意以及其今日特有的智慧性启示。本章首先显示了人类文明中一永恒的精神矛盾：任何人群中能够皈依仁义信仰者（须同时具有此智仁勇三达德者）均甚少，此即谓，能够仅凭主体本身意志力即可持守此人本主义仁学伦理价值观者极少，因而仁学欲服务、影响、导正众多读书人之心言行借以促其趋附伦理性目标之可能性必较低。因而，少数可谓达仁者殊难显著影响多数人。此一仁学伦理实践学的经验性局限的事实，其含义极为深刻。第一，这说明了仁学之真实功能绝非在于其原初参与者最初自以为具有的那种在（相关于众人福祉问题的）社会政治层面上贯彻的改良目标。第二，此一仁学"涵指的"否定性结论，反而开启了在精神文化领域内由少数"先知先觉"者可能坚定秉持的求真方向。第三，在其广义文化实践领域内，不同于社会政治领域，此一历史上确实延存着其强劲生命力的仁学理念（通过文明史上奇迹般出现和传布的理性伦理学经典《论语》之存在及其实在效用）通过历代少数"仁学精英"献身者之领先煽发鼓荡（主要通过优秀文史哲艺著述），可以带动广大读书人在其精神文化活动方面于某种程度上朝向于仁学义理价值观。这样，"好仁者稀"与"中人不可语上"二指令句的"合力"即为：仁学实践学虽仅可由极少数人自觉独立悟识并践行（即不需"神助"等外力督导，也即孟子所说的能自动"中天而立"者），因此不可在此基本认识论-实践论层次上对于仁学的使命抱有无根据之空想，但此一事实并未排除多数居于"中位"者（相对于其独立行仁之可能性言，非相对于其或具高级才艺言）能够在某方面朝向于此仁学目标。第四，本章比《论语》中其他类似的指令句更具有现代启示性的意涵表现在：在文化与精神的广大领域内，一反俗常认知，可将人之精神性优秀才智在品质上予以二分："好仁者"与各种才艺人士（现代词语"精英"则将二者混同）。这就是，在今日科技文明高度发展时代，在现代人才济济的广大知识分子人群中，我们需要认识到古语"好仁者稀"不仅仍然有效而且更加有效。也就是，仁学伦理学在人类存在中区分了两种人性倾向：伦理价值性本能强烈者与其他才艺之士。

按照上述分析我们可以进一步认识到现代人文科学及伦理学革新改进之难的更为深刻的原因何在。对于其外在的原因我们较易明了：法治社会采取了用外部强力约束的法制与准外部强力约束的道德，在社会政治层面上合理地取代了妄图在维持社会安定方面依赖大众内在伦理性信仰产生的自制力之主观幻想。现代法治社会是符合人类天性及公平正义观的，此即其总体正面效果表现为在社会上构建借由外力安排"个人合法取利"的约制性的条件与环境。（宗教具有的社会心理学合理性为：为大多数人提供了用神之外力约束其心言行的"道德性信条与戒律"，其"软性约制力"可配合政法之"硬性约束力"；政法与宗教，在社会行为主义平面上确有相互配合之功效，但二者均无关于人文学术思想问题。）然而当此一一般性法制原则被施予文化与人文科学领域内时，对职场类别而言其正面的社会性公平的意义同然，但却同时瓦解了人文科学的学术实践的朝向性：将精神文化实践蜕化为、技术化为以学谋生之职业化手段，从而将主体自由伦理性意识及个人主动意志力加以排除。此正成为导致人文学术理论偏离科学性求真大方向的根本性原因！

人文科学危机之根源在于：不是因为欠缺外部合理法制性条件，而是因为欠缺了学者内在的伦理性主体意志力。本章于古代环境而言朴素的"上下"之分，完全对应于现代社会文化中的"价值观朝向上的区分"：伦理性心志与技术化心志的区分。当地球上的大多数人均成为准技术化人类后，人类文明的形态本身也就发生了历史上空前的巨变。今日人文科学界的全盘职业制度化现实导致从业者至多达"爱智"层次，故大多仍以获趋利之技能为生活工作目的，而多无意额外辛劳以提升自身境界于"爱真"层次，因后者无助于个人职场获利。如此则人文科学事业危矣。而另外，此种仁学层次上的"中人以下"普遍存在的现实表明，人文科学的发展岂非结构性地无望？本句的警示性意义在于指出：人文学界必须回归古典求真精神以有能力抗衡现代商业化大潮的无所不在的垄断力。此一构想实行的可能性在于：在科技工商庞然大物之旁维持一人文科学理论革新"特区"（自治区）。此特区不仅须区别于科技工商大环境，而且须区别于人文学界大多数以学谋生的职业者。

【关于仁学功能的历史解释学申论】

《论语》故事（退出政治，转治文化）及其思想（好仁者稀，好德如好色）具有历史上及现时代的"分类学深意"：仁学或君子学之本质使其不可能成为政经法军场域之实践者，从而区分了仁者具有之"政治关切"与仁者无能涉入之"政治参与"这两种不同类的社会文化实践类别。两种类别各自要求不同的思想信念、能力品质、工作性质、人格风度，结果在历史长河中分别担负着小众的精神文化创造实践和大众的政经法军实践。后者由适合政经法军力学场运作者和广大适于为其引导的大众组成，二者（精英与庶众）共同推动和形塑着历史的展开形态，成为历史硬体的建筑者。与之对比，在该"历史硬体"框架之内与其平行生存的是作为"历史软体"的精神文化实践者。前者营建的是社会物质性历史，后者营建的是文化精神性历史。

6-22. 樊迟问知。子曰："务民之义，敬鬼神而远之，可谓知矣。"问仁。曰："仁者先难而后获，可谓仁矣。"

对比项：信神/信人，经验/智慧，历难/达仁。

意旨：仁学为人间之学，其认知基于经验，其思考基于理性，无关于想象中神启。

旧解摘要：

刘氏《正义》："《表记》子曰：'……殷人尊神，率民以事神，先鬼而后礼。周人尊礼尚施，事鬼敬神而远之，近人而忠焉。'……近人而忠，即是务民之义。于鬼称事神称敬者，礼数故言事，礼疏故言远也。但事亦是敬，故《论语》此文统言敬鬼神。夫子所以告樊迟者，正是教之从周道。"《集注》："民亦人也。获，谓得也。专用力于人道之所宜，而不惑于鬼神之不可知，知者之事也。先其事之所难，而后其效之所得，仁者之心也。"程子曰："人多信鬼神，惑也。而不信者，又不能敬。能敬能远，可谓知矣……先难，克己也。以所难为先而不计所获，仁也。"程树德："宋儒讳言休咎，不计功效，陈义虽高，无裨实用。圣人立言之旨，绝不如此，二氏所言皆以深著宋儒之失也。"

含义引申：

刘氏《正义》依历史故事将本章解为"难谓事难也。获，得也。谓得禄也"。历代解家多持此为解，足见儒家庸俗化孔学之缪。程朱之不妄自扩解自然确当，而今人程树德竟以为朱注解有失而推崇《正义》对本联句后句之泥解，言"此章必系樊迟出仕时问答，故曰'务民之义'。《集注》'民亦人也'，失其旨矣"。不知此处失其旨者反为今人中类同于程氏者。程氏《集释》一书虽然详录旧解，贡献甚著，我们亦可于参照比较中深识旧儒"学富五车"为一事，悟解意旨为另一事，如《四书恒解》言："无处非道，即无处无鬼神，所以为体务而不可遗。不知天人合一之故，即不知吉凶悔吝生乎动之义，又安能务民义而合天心乎？"其实古人之解何其确切："专用力于人道之所宜，而不惑于鬼神之不可知，知者之事也。"此正本章之旨。

兼治中西而不善文史义理辨析之杰出现代法学家程树德先生对本章之理解反不如程朱思路明晰一事，首先可使我们注意：五四时代所谓兼治中西、留学东西洋学者之西学文科知识结构多为"现代社科类"与"古典人文类"之混合（严复为其原型），所以在处理社会政治现实问题上多能遵循科学理性，而于价值、信仰、意义问题上则均尚未进入西学人文理论现代期，或仅及于科学类或诗学类之"现代哲学"理路，如杜威、罗素、柏格森等。因此他们反在基本价值信仰类思想方式上易于采取"中学为体西学为用"的立场。在本处，程氏之失在于不能在文句本身语境范围内维持其读解的首尾一贯性。而程朱在此，毕竟作为一定主题范围内较其他古人具有更多"逻辑思维"能力者，故既能够反驳佛学之曲解，又能避免故事性猜测，从而保持了本联句的仁学重大认识论和实践论方面的人本主义精神主旨。一般来说，"五四学人"属于现代化初起时代，虽然各有本业中卓越之学术贡献，但对于现代人文学理均尚未进入 20 世纪的新阶段，而其普遍的认识论构成来源为：近代自然科学、近代社会科学、西方古典哲学与来自民国前后家学渊源的"四书""五经"知识。此一"四元"知识论来源的组合，已经使其不可能进入现代文史哲理论界域（标志之一为：难于读解解释学、现象学、符号学；更具体言：在西方语言学领域，只能跟随行为主义方向的"描写语言学"），结果这些民国黄金期的"大师们"，由于对于现代意义论与价值学毫无接触，故其本人真实的价值观信仰反而主要仍然来自其自幼耳濡目染的"四书""五经"。上述"四元"知识结构中的前三者尚不足以破解"四书""五经"之谜也。至于今日海外学术华裔界以其自然科学成就资格与金融财力而意图"引领"人文学术者，更属后工业时代物质权势对人文思想进行荒谬干扰之显例。彼等"跨界妄议，不以为耻"只因其据本业获得的"社会地位"，虽自行荒谬"扩权"，其可行性自然源于社会大众之趋炎附势本能也（崇洋媚外的本质是势利心之存在，而势利者自然另一方面即为懦怯奴顺者）。

本章关系到仁学认识论之根本。仁学为一种现世经验理性伦理观，即一种人本主义伦理学，故与日后宗教学（道释）或出世学（老庄）均无义理性关联，而秦后儒教实用主义通过瓦解仁学内在逻辑导致儒士们随意混淆相互分歧的思想观点。孔子通过此日常教育谈论反映着一民族性精神的大方向：不信鬼神。不信鬼神，即不畏死，即视死亡为人生自然或人生边界。此一无神论的"形成学"（表达方式形成的背景）更标志着孔孟思想的"革命性"精神。因为商周时代和秦汉时代鬼神观泛滥，恰恰在东周末、战国初这短暂的历史性时刻，发生了人类文明史上此一空前的思想性革命事件，表现出了民族文化中的一种坚定的理性主义精神。我们不必揣测孔子及其弟子当时实际的思想状况，因为这种揣测不仅是不可能的（后人对孔孟时代情况细节进行的揣测都是想当然之论），而且是不必要的。我们甚至可以说，以"孔子"标名的此一跨越时代藩篱的思想集体，是在下意识状况下形成此无神论认知大方向的。他们并不卷入神鬼本身有无的具体辨别（当时的知识条件和思维习惯的前科学性，反而有助于孔门思维方式及运作上的一种"合理模糊性"），并"实用主义地"尊重历史上传承而不得不依俗遵行的鬼神信仰礼仪，但却极富睿智地将鬼神存在问题排除于认知性逻辑之外，使其"失去作用"（相当于"置入括号"），即神鬼不再能成为仁学认知及实践的"相关项"。此种原初理性主义思维尚不可能通过推理论述方式表达（因当时根本不具备在抽象理论层次上论述的时代文化条件），却通过"行事重点"的夸张式指令句来实现其"以行寓理"之表达：此即相当于表达一种与殷商习俗不同的"周礼"，作为"以民为本、以人为本之'用神'"。还进而在社会人际关系问题处理上有意避免超越性信念的介入，以有助于仁学人本经验主义道德学的实行。

此一立场的实用性还表现在，当时道德实践的方式是各种祭祀礼仪，作为殷商遗教的时代习俗本是神鬼迷信风气，而孔子特以此"远之"建言为"教"，遂于实践层面上排除了神鬼迷信之思想主导性。对于鬼神迷信风习而言，一方面仍（着重于可行性的）顺应、传承习俗（礼敬鬼神），而另一方面通过礼敬仪式削弱鬼神畏惧观，而将其"祭义"转移至人际（包括生人死人间）正义观，以伸张其人本主义的仁爱与人际正义价值观。其所蕴含的伦理学上的重要认识论意义为：在仁学伦理学系统中排除任何超越性力势的介入，以强化一种仁学实践观中的经验理性原则。可叹后世儒家，包括部分返归孔孟学的宋明儒理学家们，均通过"易经学"（更不必提两汉谶纬迷信）在认识论上继续损坏着、瓦解着仁学伦理学的理性主义基础。仁学首先是主体独立意志选择学，如果其意志力受到任何外力（包括所谓"天道"；须知孔子的"天道"和后世儒家的天道并非一回事）的控导，还会存在独立的仁者主体选择的自由吗？此句"敬鬼神"中的"敬"字之实意可能仅指行礼仪的方式及行礼者的诚敬心态，亦相当于"祭神如神在"，按此态度，鬼神的作用仅属实践学

497

上的方便性代称而已。此"神"或指祖先故人或指古人以为成为神仙者，君子的礼仪行为不过是"行礼如仪"，期间相关者为人际情感连通之现实心理经验，而非对此处于被祭位置者所具有的任何可能超越性的类神祇想象。按照人本主义的仁学精神，追怀礼敬已故祖先正为君子"慎终追远"的人道主义亲子观在时间轴上的（基于在先实际经验的）想象性延伸。而孔子在此类祭祀行为中所设定的"相关项"不是受祭者的身份探讨或认定，而是祭拜者的心态品质（由对象侧向主体侧的重心移转），即一种纯然人世经验主义现象。此外，"敬鬼神而远之"也具有仁学实践学技术上的必要：将礼祭重心从想象的超越经验世界转移至现世人际关系世界。本句作为古代政治实践学原则，应该说也表现了一种原始理性的"政教分离"观。而秦汉儒教大一统时代以来，皇权、神权、知权则被法家权力哲学加以组织，遂开启了具有某种儒家意识形态支持的新鬼神时代，仅此一端可见（作为民间之学的）仁学与（作为官方之学的）儒学之间具有的本质性区别。

【关于仁学非神论的历史解释学申论】

本章前句之措辞"敬鬼神而远之"中之"敬"与"远"，在当时可谓是极具智慧性的处理法，而时至两千年后的今日，此一"模糊语义"仍显露其无比之睿智。首先，我们应该理解，面对"前后左右"无处不在的各色鬼神崇拜共识与惯习的时空环境（想象今日世界，可谓古今一轨），此一仁学认识论的革命性飞跃表现形态，不可能不含有时代变迁动态中的痕迹以及仁学创始者本身的"下意识的创造性"痕迹。即，当时的仁学认识论革命不可能具有如今日学者的那种充分自意识性的、具有理论形式的表达。所谓"下意识地"，在此意味着创新者本身亦兼具新旧交替间的一定"过渡期心理含混性"。故其革新性思想是以此"以行表意"的方式表达的，此即其对于民族神鬼信仰采取着一种"存而不论、存而不信"的实践论方式。此一"不论"之态度抉择，表明了一种不直接"攻击"鬼神信仰的"良性实用主义"（相当于达到最小实践性代价的前进可行性，即绕开虚拟性的价值观"次敌"而直攻现实性的价值观"主敌"）：调整认识论-实践论目标系列，"直指"超越性信仰"效果域"本身——不信鬼神。"敬"在此表达了其实践论上的"智慧学"：不与时潮正面冲突，故同样按照惯习参与鬼神礼仪（虽然已经将祭祀仪式中的"被祭祀者的想象性存在域"中心，转换为"在世给予祭祀者本身的现实心理域"），而却将"鬼神"及其最高"天神"的想象性存在，彻底从人类主体意志本位主义决定域中加以排除。正是此一在"认识论-实践论"层次上对超越性势力之排除，才完成了仁学伦理学思想的纯粹人本理性主义规定性。

本章后句"仁者先难而后获，可谓仁矣"言辞过简，难以明确其指，但程子的解释较为合乎仁学义理。此句意思如此简单，为何纳入孔子格言系列？其直接的劝谕性表现在学习态度上，即学者应首先认识到仁学甚难，因而其次既须知难勇进又须循序渐进。作为劝喻句，孔子在此鼓励致仁者持勇克艰，有进无退。学习刻苦乃世人常言，何以因此即可表示"达仁"？固然此句在暗指：唯不惧艰难、勇往直前者方具备求仁的主观条件，此绝非佞口妄言的名利之徒所可为。故不惧难者始有资格谈仁。但本句亦表现出《论语》拟句时的特点：就某一具体情境和某一具体问题而针对性地"即问而答"，非意在提出扩大的、一般性的论断。至于涉及的人、事、地等名称，或者纯为杜撰，或为后世不可能详知，故对于今日《论语》语句的理解来说，一言以蔽之，不可"泥于任何具体名称"进行猜测，而旧解之失多在于此，反而忽略了章句之义理本身。（此所以程朱之解明显高于他儒，清代所谓朴学家更不必论。）

实际上，本句仅从此一端说明仁者的心态及行为方式，并反过来以此证明，学者唯能自强不息者始可有得，仁学实践亦然。对此，朱注亦属正确，所引程子"先难，克己也。以所难为先而不计所获，仁也"，此与后儒据故事泥解"后获"为"获禄"大不同。古人句简，故同一文字所指为何多有两可情况。对此，只应将具体文句在读解中置入仁学整体框架求其"结构性的"确解义，而不是超越文本寻找故事性解释（其学理上的无谓相当于大批现代"红学索隐派"之无聊作为）。历代解家的此类故事性解释，本书均不采纳，除了作为理解句意的参考性背景外。按此，"先"与"后"不是指实践过程中的因果关系，而是指实践者观念中的价值次序性关系。"先"在此指重要性上居第一位之义。

现代意义：

本章的现代意义可谓无比重大。

首先，对于人文科学作为合乎仁学精神的"人之学"学术以及人类人生观价值学而言，必须排除一切鬼神类超越性偏见之限制，而回归于经验性人本主义和现实主义。仁学在历史上的人本主义精神实践对于现当代人文科学的认识论大方向具有直接启示性。后句的启示性亦极具相关性：以"义"（真）追求之至上性取代以（名）"利"追求之至上性，即"先真后利""先真后名""先真后势"等科学性实践原则。但以求正义、求真理为第一目的的伦理实践观，因违背时代求利求名的强大社会势力，必遭遇层层困难和挑战，故在此情境中应充分体认致仁学之必有的艰苦性。如无克难之勇，即无达成合乎仁义学方向的人文科学求真理目标的可能性。故本章后句中最简单的"先难后获"提示，反颇具今日时代性教益。其所喻示的"难"，仅可指涉现代社会文化中的一切反人文科学理论的因素。

其次，本章对于人类伦理学和信仰学而言，具有认识论和实践论上的另一种违背当今国际世潮的特点。当各种源于鬼神之惧的超越性信仰体系充斥世界之时，或自古至今充斥于人间之际，此种两千多年前的革命性人本主义信仰体系不意正与新世纪人类人文科学革新的认识论逻辑基本一致：现世经验人本主义的世界观与人生观。除此之外，新仁学除将西学理论纳入仁学解释学的框架内外，还特别对中国思想史上的各种思想异同现象进行更为合乎理想的梳理，其结果之一即在"朱王哲学公案"中通过"刘黄折中史学"的"解释学"而为现时代提出一种相应的人文科学革新实践论，即一种唯中华精神文明所潜具的并确实可行的学术伦理实践学方向。后者必须首先排除一切超越性信仰前提，特别当今日此类传统信仰学前提已经多方面地与科技工商力势格局以及深染消费主义痼疾的大众俗流密切地缠结在一起之后。正如西方历史的进步建基于"上帝的归上帝，恺撒的归恺撒"原则上一样，人文科学发展的前提，应与自然科学、社会科学一样，也必须遵行"人文思想归科学，信仰膜拜归宗教"，二者之间的界限必须严格划分，不能因二者均相关于人类历史事实而混为一谈。因为，在此"相关于"之形态不同：对前者，历史事实为其"研究对象"（致真）；对后者，历史事实为其"崇拜对象"（致用）。

【关于知识与信仰的历史解释学申论】

新仁学强调必须区分自然科学、社会科学、人文科学三类知识，尽管作为人类理性知识，三者有其高层的共同性，但其各自知识实体的内容、性质与功能大为不同。如果不加区分，就会以为各自的科学为同一种科学。

五四时代胡适等留学生尚不能区分自然科学与社会科学之别，更谈不到进而区分社会科学和人文科学之别。自古以来，西方文明史上宗教信仰视哲学为天敌，因彼时自然科学因素包含在哲学门类。"科学与宗教"分而治之，反而导致自然科学家"逻辑上"易于成为宗教信仰者，因其自然科学知识与宗教信仰并不直接冲突。社会人文科学则否。而因世人混谈"科学"的习惯，宗教遂可以获得自然科学家的"信仰性认可"，而视之为获得了来自科学家的（神赐）"知识"之证明（将科学家的专业"知识"与其宗教信仰的"理由"混为一谈）。

同理，80年代的自然科学家钱学森可以为特异功能和功法背书，而社会科学家于光远则反其道行之。另外，80年代风起云涌的各类功法现象引致的大量"信徒"均属后"文革"一代全面失学之后果，除作为其主体的"老头老太"外，其中的确也包括具有科技知识的广大技术人员。"知识分子"或"高级知识分子"，由于上述科学类别的混合性，遂可以用来"证明"功法之"科学性"（"科学"一词也就被误用为"某种真理信仰"）。功法信徒及其支持者均来自"文革"全面失学时代固然为其得以兴发的主因，但此已属于中华文明史上特有的"俗文化"一类（读史者何人不知?）：历史上每当社会思想动荡阶段必定出现各种各样通过神迹神医、特异功能（金钟罩，铁布衫等千百种"神奇大师"）趁势而起的现象（狡黠者借以聚众成势的不二法门）。如果古代没有科学知识的儒家读书人不会受此类特异功能宣传的影响，而今日有科技知识的广大民众却可受其蛊惑，此一事实进一步提示：必须区分知识的不同类型。对此而言，现代欧陆系统的符号学，特别是我们提出的"中国符号学"，更将来自西方的"符号学"的主要科研方向转入"学科的结构与功能分析"，这才是符号学跨学科研究的最新、最重要的方向。可惜大多数欧美符号学家们的认识论水平，由于其制度化的学科教条主义限制，还远远达不到对此体认的程度。

6-23. 子曰："知者乐水，仁者乐山；知者动，仁者静；知者乐，仁者寿。"

对比项：水喻/山喻，智动/仁静。

意旨：仁者以智行仁，终始不渝，进动守静，依势而决。

旧解摘要：

《韩诗外传》："夫知者何以乐于水也？夫水者缘理而行，不遗小间，似有智者；动而下之，似有礼者；蹈深不疑，似有勇者；漳汸而清，以致命者；历险致远，卒成不毁，似有德者……夫仁者何以乐于山也？夫山者万民之所瞻仰也……出云道风，怃乎天地之间，天地以成，国家以宁，此仁者所以乐于山也。"《中论夭寿篇》："荀爽以为'古人有言，死而不朽。其身殁矣，其道犹存，故谓之不朽'，人岂有万岁千岁者？皆令德之谓也……夫寿有三：有王泽之寿，有声闻之寿，有行仁之寿。"《集注》："知者达于事理而周流无滞，有似于水，故乐水。仁者安于义理，而厚重不迁，有似于山，故乐山。动静以体言，乐寿以效言也。动而不括故乐，静而有常故寿。"《四书近指》："山水无情之物也，而仁知登临则欣然向之。盖活泼宁谧之体，触目会心，故其受享无穷，此深造自得之学。"黄氏《后案》："刘子厚所谓深山木石大泽龟蛇皆老而久，于道无所益也……寿夭有在天在人，在天者修短定于生初，非必尽可转移；在人者尽性至命，克终天年，是为寿。否则戕其生，是不寿也……寿夭不徒以年之长短论也。"

含义引申：

本章仅以山水、静动、乐寿为喻，美化仁者人格，以颂其志向高洁及能依理实践，其要在于主体应坚定持有仁与智二德，使其交相并用以力行仁者之志。所谓仁智二德，即兼指方向与方法层次上之品德因素。诸旧解特重本章中所谓"寿"者，因仁者志向高远（或为山或为水之意象），不卷入世俗繁杂争斗，故可于天然寿限及自行决意上皆臻精神实践之上境。

《论语》文本中大约三分之二为自成一体、相互一致的观点与方法之思想表达，可称之为"仁学本体"部分。另有近三分之一或四分之一者为含有不同程度上与仁学意旨不同的杂质的部分（或因初编者本身之思想混杂性，或因后儒插入的自以为是曲解部分）。但是考虑到《论语》文本存在于、被读解于儒教社会两千年中，并被绝大多数儒家读书人视为"圣人孔子真言"之实录，故因崇拜而一体接受之。本书章解的立意自然须考虑到儒教历史上"仁学"与"儒学"互动张力格局史实，即以此历史社会格局作为原始仁学的"生存环境"（仁学接受史），故也多将含有"儒家杂质"的章句列入，并适当梳理之。现代的《论语》仁学观解释学，也包括剥离儒家的"增饰"及"外衣"，以显露章句中的仁学义理核心。

现代意义：

本章企图借由仁者个性风度引发学者向往仁学的情志潜力，因人间基本价值信仰非基于逻辑证明而实来自情志感悟，故此比喻句对于现代学者的向仁实践的促动力作用也应在此。此一象征性章句之现代喻示可理解为：人文科学理论应与各种社会性现实保持实践论上的距离，社会性实践与（相关于社会性的）学理实践为截然不同的两种实践场域。学者必先于此划清界限，始能完成仁学治学途中一以贯之之学。

【关于主体"三元"（关切、研究、参与）实践的历史解释学申论】

可于此再次重复一种仁学理解方略的要点：学者作为同一社会之成员对于社会历史现状之"关切"并因此进而视之为研究对象为一事，而对同一关切与观察对象的"参与"为另一事，前者相关于精神文化建构事业，后者相关于社会之物质化权力建构事业。此两大类历史形态在同一社会中混同存在，而各自的历史文明功能则不同，并各由不同资质的社会成员所分别承担。但因二者在"相关对象"上同一，虽然"相关态度与实践"不同，却因此大幅度造成了彼此的认知性与实践性混乱。其中最显著者表现于今日无所不在的新媒体文化界，不仅因上述"相关对象"的同一性缘故，而且因其"功能"兼涉"两类历史实践"：作为关切者、研究者和作为参与施为者。此一复杂现象牵扯到我们的描述与分析层次的"中级性"，即不拟进而在"研究"与"施为"间进一步向下分析，因二者均相对地互相"包容或分享"对方的"功能"：研究含部分的施为，施为含部分的研究（有如理论科学与工程技术二者均有分类学上的相互"功能性介入"）。在此，本书重要的判断是：媒体文化，尽管其含有"研究"部分，其基本功能属"施为"，即明确属"社会政治活动"一类。同理，如人文科学家在学术市场化鼓动下乐于将其学术实践方式靠近于媒体人，或将其人文研究"媒体化"，则其主要功能也必随之转化，不可以所谓"公共知识分子"新名目自诩为"双栖学人"。新仁学提倡的人文科学新实践观，将强调两类历史文明实践类型的区别，故严防此类"两栖学人"弱化了人文科学的"纯粹科学性朝向"。更不要说文化思想势力越来越大的媒体文化了，它们完全属于社会政治实践类别，而不属于人文科学实践类别。

6-24. 子曰："齐一变，至于鲁；鲁一变，至于道。"

对比项：功利/道义，政治/文化。

意旨：仁政观意在抑武扬文，以学向知，以文达仁。

旧解摘要：

《集注》："孔子之时，齐俗急功利，喜夸诈，乃霸政之余习。鲁则重礼教，崇信义，犹有先王之遗风焉。但人亡政息，不能无惰废尔。道则先王之道也。言二国之政俗有美恶，故其变而之道有难易。"《日知录》："变鲁而至于道者，道之以德，齐之以礼。变齐而至于鲁者，道之以政，齐之以刑。"《新序》："伯禽、太公俱受封而各之国……（太公曰）'尊贤者先疏后亲，先义后仁也，此霸者之迹也。'……（伯禽曰）'亲亲者先内后外，先仁后义也，此王者之迹也。'"《汉书地理志》："初，太公治齐，修道术，尊贤智，赏有功。故至今其士多好经术，矜功名，舒缓阔达而足智。其失夸奢朋党，言与行缪，虚诈不情，急之则离散，缓之则放纵……（曲阜）濒洙泗之水，其民涉度，幼者扶老而代其任。俗既益薄，长老不自安，与幼少相让，故（孔子）曰：'鲁道衰，洙泗之间断断如也。'"《四书释地又续补》："王文宪曰：'齐之盛时，已不如鲁。鲁之衰时，尚胜于齐。变齐先革功利，变鲁先振纪纲。'金仁山曰：'齐自夫子以后，亦尝一变。盖登夫子之门者多，其后诸儒与鲁相埒。如《语》有《齐论》，《诗》有《齐诗》。汉时尝以齐鲁并称。'"《集解》："包曰：'言齐鲁有周公、太公之余化也。太公大贤，周公圣人。'"

含义引申：

本章诸旧解涉及的历史状况今仅可视为先秦与秦汉间普遍流行

之传说。以上列举诸引录，可显示本章思想之原意。史学上所可判定者为齐与鲁均先秦文化较发达地区。

齐与鲁为春秋时代历史传说中的两个现实社会典型：功利霸道原型与仁义王道原型。因前者实为春秋战国东周时代之普遍社会政治形态，故为仁者政治实践之实际对象；而传说中的鲁则被视作当时存在的周代最高文化地，故被孔门视为其仁学实践之基底。本章固然在于阐发仁学之"鲁原型"，欲以其历史现实作为仁政较易恢复或发展的史地基础，并欲通过并举齐鲁以示仁政所必需之"礼刑"两端，以显示其实践学的因果观：从（现实界）齐之"刑政"以达（理想界）鲁之"礼政"。此一表现于社会政治层面的（鲁）礼与（齐）刑，其各自精神传统可溯源至鲁之"仁"（洙泗河渡之喻）与齐之"智"（《汉书地理志》对于周公、太公此二圣贤之遗风的"想象"颇具合理性：由"让"而至"仁"，由"智"而至"术"）。

顺便指出，此所谓的"齐风"内之"智术传统"，岂非与中华文明中的"法家传统"相互融合？本章所谓的"道"当然是指具体的仁政之"道途"义，而绝无超越政治而通向任何天道玄理之"玄道"意。就本章的三主题项——齐、鲁、道——关系看，本章的仁学政治伦理学特征为：其仁政理念实包含任何社会政治所必需的"礼刑"两侧，不过在此事实性基础上突出其中伦理性价值学方向的主导性而已，即由礼导刑，由仁御智，而非反之。

现代意义：

本章言简，而齐鲁均历史上之实地，孔子以此句表现其对于仁学目标实现之殷切期待，但亦相通于从政失败后最终改以"反鲁治文"之序幕。"鲁"地亦可象征以孔子故乡作为仁学实践之中心地。此一"实践学场域"，含有两意：（幻想中的）以鲁实现仁政，以及（现实中的）以鲁作为开辟人文事业的基地。"德刑"两端，既为政治实践中的因素，也为政治伦理学中的相关因素。本章所意指的"齐之刑"可象征今之"政法"，"鲁之礼"可象征今之"道德"。后者既包括社会政治之伦理性方向，也包括社会政治所应支持的人文学术实践。如仅有"齐"而无"鲁"，即纯属法家者流。不幸后者正为其后中华历史之常态，故可再次佐证仁学非政治学（技术性智慧）而为政治伦理学（价值学智慧）。此一二分法也完全适用于描述现代世界。

6-25. 子曰："觚不觚，觚哉！觚哉！"

对比项：器名/器实，表伪/里真。

意旨：仁学实践须名实相副，表里如一，反之必有行伪悖真。

旧解摘要：

《集解》："马曰：'觚，礼器也……'何曰：'觚哉觚哉，言非觚也。以喻为政不得其道则不成。'"《集注》："不觚者，盖当时失其制而不为棱也。觚哉觚哉，言不得为觚也。"《此木轩四书说》："人皆名曰觚，实乃非觚，故因而叹之。《论语》所记夫子之言，在当时皆有根因，今虽不可得知，要当默识之尔。"

含义引申：

历代解家凡涉及物名和史事处多各逞己意猜想，因古今同字异义分歧，仅就孤立字和事之义言，自然可任意联想，并均可成一家之言。此类义解方式的最大问题是，解家均倾向于脱离《论语》整体思想而孤立地为个别章句作解，或者基于后世儒家对《论语》的曲解而附会之。相比而言，《集注》的大多数解释均较他解为佳。本句之"觚"显然应解为礼器，而非为后世之同名木简，又显然非指当时因嗜酒风气过度而以此酒器告诫之。所谓礼器逾制，在此也仅是通过泛指当时"礼仪不古"而忧周礼之不存。"觚不觚"者实乃通过名实不副之细节以喻指"礼不礼"也。扩而广之，可喻之为"名不名"。此为对历代人士间各种盗名窃誉、名实不副加以深责思想之滥觞，亦合于孔子正名论。"名存而实异"正为一切以伪乱真、以紫乱朱之乡愿术的通常手段。

现代意义：

本章为孔子正名说之比喻性表达，以表示"名称"（觚）未变而"所指"（觚器之形制）已变，则名称与原义差异，名称的原始意指功能丧失，而世人因原名称犹存而更加易于被误导。此一正名说正适用于今日社会政治、文化精神、学术思想各界中普遍盛行的"名存实亡""有名无实"之名称概念混杂运用术，此所以符号学的端正语义功能，实为一切文化学术领域之必要任务。如今日何处何人不自称为秉持正义、民主、真理者（此类伦理正向名词，实已"语用学地"成为"行世之公共工具"，如同"好""坏"等一般褒贬词）？此类有影响力的伦理价值性名词反可变成推行与其含义相反的实践目标之方便工具。

古代法家政治传统将先秦前专制时代的原初礼制观念与历史现实中的法家制度与策术糅合后，通过其界定不明之诸传统名词（儒、仁、道、天、法、礼）的混用，以及硬行将仁学创始者孔子的名号作为法家专制主义意识形态之装饰及掩护，遂可以借助貌似"通词"之"儒"字具有的（其字源不明、意指不清）泛指"文"意素之"名"，在儒教社会文化制度体系内，长久有效地承载着并掩盖着法家制度之"实"（儒教一方面将"法家"释为贬义，成为"罢黜百家"之主要对象，另一方面将其要件完全纳入自身政军法统治机制）。孔子"觚不觚"之叹，可解释为预言着其后两千多年历史上法家权势集团一贯以此"以儒混仁"之伪名，来掩盖其实质上的沿法家路线掌控的社会、文化、政治、学术上的统治大方向。至于今日世界各地人文学术情事，名实不副、盗名窃誉实已成为学术市场竞争化后之常态。学派名称、学人名称、术语名称均含具其双指：其本身原义与其在学术市场上载负的"影响力"（知名度）。对于学术风气、方向、实践具有显著影响力者为后者，非为前者。在西方，例如，"现象学""解释学""符号学"等名号使用的"主导力"，均成为不同学界山头加以抢夺者（相当于商标之抢夺），故学界流行的诸多名号，已大幅脱离其原始真意而成为学界山头借以彼此争强斗胜的工具。

6-26. 宰我问曰："仁者，虽告之曰'井有仁焉'，其从之也？"子曰："何为其然也？君子可逝也，不可陷也；

507

可欺也，不可罔也。"

对比项：见义/勇为，逆诈/受欺。

意旨：君子以仁为本，以智为衡，以勇为行，必验知情伪始为之，故可既不逆诈，亦不受欺。

旧解摘要：

《集注》："宰我信道不笃，而忧为仁之陷害，故有此问。逝，谓使之往救。陷，谓陷之于井。欺，谓诳之以理之所有。罔，谓昧之以理之所无。"黄氏《后案》："以井中人喻罹于忧危之人，见仁人之所宜救者在此。天下事固有不救而疑于忍，欲尽力救之而一身之陷害有不可知者。喻言从井，欲观仁者之何以处此也……从井救人是喻辞。古今任侠之士，轻身患难，或濒危而得幸，或人得全而己已殒，或人己俱殒而无益，是从井救人之类也。"《论语或问》："苏氏云：'拯溺，仁者之所必为也。杀其身无益于人，仁者之所必不为也。惟君父在险，则臣子有从之之道，然犹夹其具，不徒从也。事迫而无具，虽徒从可也。其余则使人拯之，要以穷力所至。'"

含义引申：

凡据孔门故事而论宰我性格意含者可谓毫无意义。如不知"仁"与"人"古时通用，而据后世"仁"之意泥解（《皇疏》）；或如清儒泥滞孤立字义为解，将句中"逝"字判为通于"折"字（俞樾）。比较而言，仍以朱解为优，因其往往能从《论语》整体框架、具体语境以推论"全句"合理意涵。

此章故事寓意深远，而历代解家中不乏因泥于历史故事或泥于字义分歧而妄解者。其要点自然在末句"可欺不可罔"。前者指生活中之"初遇情境，难免受愚"，后者指须"断而后行"。即，君子之仁与勇或使其急于见义勇为，而君子随之运用的"智"使其不应、不可继续受欺。本章言仁者见义勇为亦有其道，如不判定真实情境仅因"好仁"而轻率自陷井中，虽勇而无智，必自损亦无益于人，故仁者不可使自身之"仁心"被狡黠者利用。言下之意，仁者必本智仁勇三达德，面对实情实境而综合合理地完成其对相关伦理情境之判断以及随之完成正确应对之抉择。如不慎一时被欺（因具爱人之心，故有"君子可欺之以方"）而达至井边（第一段失智），而因无"救具"（喻指行仁手段）亦不应按欺人者意自投入井（如此即为轻率滥用自身之仁心，此即为第二段失智）。此章如比喻于大事亦然，如天下危亡之际，仁者理应挺身而出，犯险赴难，但如无救危之条件，亦不可、不必冒失投入行事，以免因无客观条件却徒为仁义虚名而妄失性命。

仁学伦理学在人类历史上独一无二地将仁学实践学分为两类实践范式：或可直进以成功，或须缓进以待时，如主客观条件同具备时方可行"狂者"之志，如主客观条件不备时则须将其实践方式转为准备主观条件阶段，以待未来条件与时机之可能到来。于此遂有"进亦进，退亦进"之仁学实践观之教。可叹自古迄今读者多将此仁学实践学艺术简单化地理解为"明哲保身"而已。然而本章之深意，如苏氏所云，还表现在特意将仁者置于仁学实践学"两难"境地，以验其如何"处之"之意。固然其中有仁与智两难关系，而本章特"拉长"两难分歧程度以期深验仁者之心志"浓度"。如以"陷井"之不智而轻易退缩，则可能为畏险避难之借口；如以"临危一死报君王"之志而取徒死以尽忠节，则仅成为逞一时情绪之快意，类同于血气之勇。仁者之决，必应在仁不畏死、智不受欺之两端间权衡轻重缓急以断之。至于实际决定如何自然须视具体情境而定，此非关本章意旨。

本章目的仅为以此预设的一般情境使仁者自检三达德及其权衡是否充分，以期完善两难之间的伦理性抉择。本章中之"欺"与"罔"字均意指深远，非特指为人所欺，而亦可指为境所欺（即客观情况不明），即于"危境"或"混境"中错判"轻重缓急"。"欺罔"乃特指受表面上的仁义道德言辞之诱动而失却恰当权衡的分寸，结果或徒徒自投罗网或白白为人役使，而反陷入不仁不义之窘境。徒仁徒勇而乏智，非真仁学实践也。（妇人之仁与蛮勇皆为所诫。）

故本章中心意旨实为君子之"不可罔"，即君子应具足够智慧而不受蛊惑、不逞蛮勇之谓。此一仁学实践学的"慎重"或"明智"原则，与仁学为"学之学"义一致，学之义首在学习智慧。本章故事寓意遂指君子往往因初具好仁之心或以好仁（爱好正义与真理同之）自期，而或因智仁勇三达德未必强固周全而反使其"仁"之根苗成为被"误导"或"被利用"之对象（妇人之仁）。因此士君子不可因急于逞勇而失去明智判断，历史上因认知或智慧不足而仅据仁与勇二德轻信蛊惑之言而误陷不当社会事业者，可谓比比皆是。此辈事后复多不知自省而将当初之受欺或被愚情事全然归之于客观情境之不明或欺人者之狡诈等外因，而怯于反思本身因不学、不智而轻被裹胁之大失（即或因性格孱弱或因狡黠而极力掩盖自身当初之"愚"。此种良知学上的色厉内荏正为 20 世纪人文知识分子的普遍痼疾。遂有：当环境严峻时噤若寒蝉，当环境宽松时豪言壮语）。"轻信"者，无知、无识、无勇之结果也。无自责之勇而反解之为因"过善"而被欺，即属过上加过之心态，此实乃世间软弱者共有之倾向。知识分子因"浅学乏识"而曾助纣为虐，不被视作个人之失、之责，反饰之以"因善良、天真而受骗"，此类自欺欺人之乡愿心态遂成为鼓励士人自我脱责、免过之普遍陋习。

现代意义：

现代社会环境与文化态势与古代迥异。本章的现代寓意仍极深远。现代以"仁者"自期者，必同时兼备仁智两端，其"仁"德使其必如古人般具同样的"天下关怀"，而其"智"德必促其全面深入认知客观环境条件以及正确实践之方，后者即现代化的知识技术。今日仁学实践乃继承其内实践精神，而非泥执其外实践方法，否则"死读《论语》"恰足以成为败坏仁学精神者。如在此内实践和外实践领域"泥古自安"，不唯并不证明其忠于仁学，反可暴露其正因仁志不深而满足于此类浅尝辄止的虚荣心而已（今日读经论者多为此辈无知无识之辈）。今日真仁者，必一方面深具古人之心（古人良知之教），另一方面广具今人之"智"（现代相应知识），否则即可能成为更严重的自欺欺人之现代乡愿（因其错误言行基于其所据不当学界权势而可能误导后学甚巨）。

而就仁之一端言，其外目标之内涵也须拓广深化，分层分域视之，不可再以古人之具体目标与方法作为今日之具体目标与方法。（如今日实因其职场功利主义而采行泥古自重术的儒学者之所为。今日学者尤须警惕另一种自欺欺人之虚荣心：因大多数人今日均不习古文而以自己掌握古文为重要成就！因所获得者不过是古代一秀才的成就而已。）今日之"智维"，不仅指通常所谓明智思虑，而尤指必要之知识与经验的预备。而时人往往对自身欠缺判断事务的必要知识一事无自知之明（此亦因心术未正，乏自省之诚，故未能致力于以学求真而获得所需之真知）。

准此诸端，现代新仁学对于"有效现代知识"（其基础即"人文学术理论"）问题特加重视。不唯社会政治领域如此，即使如困难重重的人文科学发展事业亦首须关注有效学术知识获得问题。而朝向此正确治学目标的先决条件即为学者自诚明心态之有无。

6-29. 子曰："中庸之为德也，其至矣乎！民鲜久矣。"

对比项：两端/取中，民情/易变。

意旨：仁者在其"内外、出处、狂狷"中进行选择，并重"左右、轻重、上下"等分寸之拿捏，以达"取中、取平、取衡"之效。

旧解摘要：

黄氏《后案》："名曰中庸者，以其记中和之为用也。庸，用也。"《四书翼注》："行得恰好谓之中庸之德。至字只言其至当不易，若说到至高至精，无以复加，则民鲜能之固其宜也，又何用慨叹哉？"《郑注》："言中庸为道至美，顾人罕能久行。"《集解》："庸，常也。中和可常行之德也。"《集注》："中者，无过不及之名也。庸，平常也。至，极也。鲜，少也。言民鲜此德，今已久矣。"汪烜《四书诠义》："大抵叔季之民不及中者恒多，而过中者盖寡。然教衰泽斩之后，处士横议，每过为诡异以震惊流俗，而欺世盗名。则异端邪诐之说，又必过中者之所为。过中之害，其视不及者为尤甚也。夫子言此，其亦有忧患也夫。"

含义引申：

历代诸解中"庸"可释为"常""用""平正常久"，"中庸"可释为"中和之为用""用中为常道"等。仁学实践学本以"无过不及"为其折中行事原则，不可如历来儒家诸解均因受汉经师影响而将"中庸"二字解为单独一类品德，或如理学家般为其作形上学增解。本章今日之正解或可将其义进一步释为智仁勇三达德因素之恰当而综合的运用能力。此一三达德维面上诸因素的综合恰当运用的能力，非属自然具有之能力，故不可期之于大众。此正合于"民可使由之，不可使知之"之教。而即使相对于有志于仁者言，也与仁学之"两端取中"为难的指令句相当。此一有关人性固有弱点之论，岂非正是仁政理念难以实施的另一明证？本章后句"民鲜久矣"其意明确，意指常人之识见与品德均难以行事以恒。此正与"好仁者稀"同义。本章再次表现出仁学系统本身在其政治学层面上表现出的自相矛盾性，此即，仁政学的德治主义与民众不具独立持恒品德心力的事实间的矛盾性。但此一载于《论语》中的仁学主张表面上的自我矛盾性，正为其显示仁学真正目标与功能之特殊修辞法。

现代意义：

仁政以民为本，孟子似乎更明言此旨。然而仁学之仁政观虽与现代民主政治在目的上相同，在方法上则根本不同。仁政虽然志在为民谋福，却不信任民众有能力自治，故与现代民主政治之由民自行管理之路线完全不同。表面上，虽然现代法治主义亦主张依据客观法制与法律以规范及督促民众之行为，而不可能直接寄望于民众自觉、自治、自理，但此法制与政策均最终仍须根据民意而制定。古典仁学无此认知而只能够依据有能力的"君子集团"（君主帝王及任命之官吏系统）为民之统帅以进行治理。仁学政治学本身的单薄内容今日更失却其现代政治学相关性，但此章之引申义则极为重要：任何一类"中常人众"多为缺乏独立持有及践行伦理性意志者，即其心言行特质与方向多受外力决定，此外力则在伦理上可正可负。

当比拟于现代文化界与人文学界中之精神文化实践时，此一判断句可特指"多数人众只可随波逐流",各界皆然。即在文化与人文学术领域内之少数"君子"(有识之士:以学求真者)与"广大民众"(包括一般职场学人)之间存在着"反差性对比":人文科学理论发展中仍然存在着一个"可由之、可知之"的根本性问题。大多数学人之朝向科学正途仍须待正向"潮流势力"之引领,即使其趋向正确亦不可望其独立持久践行。在此意义上,勇于学术革新的学者也就不可、不必直接寄望于多数学人弃其"以学谋生"人生观而选择须特立独行之"以学求真"人生观。此一实践智慧学的教益为:学界仁者应该在社会潮流之外、之旁安于其"小众志业",而不必期待追随者之随附(此即孟子所言"中天而立"义)。学术思想创发之社会效果则非属创发者本身所可计虑者。有志于未来人文科学理论创新的工作者必须充分领会新时代的"好仁者稀""遁世无闷"等指令句之相应今义为何。

【关于仁学为民与治民今义的历史解释学申论】

几千年封建主义社会史上"治人者"与"被治者"可截然分明,因当时劳心者与劳力者截然分明,甚而作为少数的识字者与作为多数的不识字者之区分截然分明,在此社会条件下"使由之、使知之"区分之义一目了然。现代民主社会时代,上述社会成员之区分性似乎已然随教育普及、民智大开而被排除,如此方可行民主之治。然而知识之有无不仅为相对而言,而且为按类而言。古代治世所需的知识程度要求与现代社会已大为不同,在相对的意义上,古代的"治人者"与"被治者"的功能性区分之必要性,渐渐同样呈现于现时代,因现代治世所需之政、经、军、法知识正为大多数各自囿于一偏之知的人民所不具备,因此何以为其善恶优劣进行有效判断?此种变形的社会成员的传统差异性于是可成为狡黠者利用广大民众的"无知"(无有效的政、经、军、法判断知识)状态而加以"煽发蛊惑"的客观社会条件。不仅如此,当相关争议涉及超乎政、经、军、法等技术性认知之外的,有关价值观、人生观等伦理性认知领域时,仅熟悉于技术性一偏之知的广大民众更加难以深入悟解和判断(甚至广大媒体工作者对此相关的"形而上问题"也普遍乏知,而在涉及价值观问题时仅能按俗常经验论述而已)。以上举出的现象实为今日国际社会"民主认知及实践"中之潜在障碍。归根结底,所谓"民主"者仅为政治学的技术性方略选择之一,其本身并非即为价值,而仅为通向诸价值之可供选择的技术性途径而已。

6-30. 子贡曰："如有博施于民而能济众，何如？可谓仁乎？"子曰："何事于仁，必也圣乎！尧舜其犹病诸！夫仁者，己欲立而立人，己欲达而达人。能近取譬，可谓仁之方也已。"

对比项：己立/立人，切己/力行。

意旨：士君子必关切天下事，其独善必思兼济，其致公必本良知，其力行必起于己身。

旧解摘要：

《集注》："言此何止于仁，必也圣人能之乎？则虽尧舜之圣，其心犹有所不足于此也。以是求仁，愈难而愈远矣。"《集注》："吕氏曰：'子贡有志于仁，徒事高远，未知其方。孔子教以于己取之，庶近而可入。是乃为仁之方，虽博施济众亦由此进。'"《论语劄记》："子贡以仁之用言此必有德有位者，故虽尧舜犹病。若学者坐而言此，则非切己功夫，故夫子以仁者之心求仁之方告之。"程树德："儒家之所谓仁，即佛氏之慈悲。特彼教之布施往往过中，至有舍身以喂虎者……朱子并不讳谈禅。后来纷纷辟佛者，皆坐门户之见太深而信道不笃故也。"《揅经室集》："孔子论人，以圣为第一，仁即次之。仁固甚难能矣，圣仁孔子皆谦不敢当。子贡视仁过高，误入圣域。"

含义引申：

根据本章句义，其直解可为：博施济众连帝王尧舜亦未必可达成，如何可以此求之于无官职之仁者？（"圣"字在此非实指，而为"超越人事所能为"意。）仁学之意旨非可以、非须以"外在功业"衡之。然而仁学有"在伦理学上"超乎功业之上者。本章以此句式特别凸显仁学在伦理价值观上"至高"意。但通过此间接性表达的"异质性对比"，孔子用帝王功业上"权力之高"尚低于仁学伦理学上"义理之高"的"谬比句式"，以高标仁学并为下半句有关仁者真义之修辞学铺垫。

以上本章诸旧解中列于最后的清季大儒俞樾之解最属乖离无谓，正因其所谓具"考据学基础"，故易于泥执孤立字义以曲解章句的义理内涵。同时，由于古今解家疏于现代学理分析意识，并多受到古文词语含混性（主要指"字同义别"造成的语义混乱）之害，历代之经解均不可因其人之旧时名势之大小以为正误取舍之据。俞樾所谓"圣为第一，仁即次之"，纯然为误读及歪曲仁学精神，况且其人此一价值性等级区分提法尤具误导性。程树德君于此句之同样错解，再次说明解者如不能以仁学全局义理为框架而分别就具体句与字为其泥执理由，必趋于误读。多数旧解之失均因未能把握《论语》拟句法之语气，而此类反问式、反讽式语气之含义，必须依整体解之。结果，所谓清代大儒俞樾竟完全读反了本章之旨意。

本章当然是以后句为主题，而以前句为"铺垫"。前句中的所谓孔子自谦语气，实如李光地言，乃指"有德有位者"之任务，但非以此为指出尧舜"高于"孔子，而是非常"合乎逻辑地"将"博济众施"的工作排除于仁学伦理实践学论域之外。博济众施是指任何居位者之工作效果，是非仁者志仁实践之切务。复因博济众施效果之难得非仅相关于仁者个人成败，而且特别相关于行善客观条件之有无，故孔子通过"圣人亦难为"，将仁者之真实志业拉回现实，此即"能近取譬"义之所在。

本章之另一解可为：此类实务性功业固为从政者所当为，属于任何在位者应行可行者，而仁者之本身任务则首在于自身心志品德之建设。本章"近"字的第一所指为具仁志学者主体自身意志力的建设，而下句中的指令句复显露仁者之志具宏伟高远的气势，并直入"仁学"最正主题：士君子应有之仁志的方向和意志。也就是要在动机层的内里（而非在行为层的效果上）显示仁者之志的本质：不唯自立（故异于未"立"其志的庶众），并欲立他。后句列之所以成为全章重心，正在于将仁学实践学的"主实践场"从外域移入内域，即动机域、态度域、意志域，此即集中于仁学之"内学"意。换言之，孔子告诫：为士者不必侈谈力所不及的"尧舜之业"（或他人在位者之政务实效），而应关注于自身志向机制之营建，因此意志力机制方为仁学实践学可行性基础。（世人习于将外部功业之"成就"，混同于内外伦理价值追求之"成就"。）

再看本章朱注之前句解："言此何止于仁，必也圣人能之乎？"旧解于前句多泥执"仁"与"圣"之别，以为圣高于仁，或仁者不必有天下之志。实则，前后句之句义一贯：一方面，本章区分仁学目标理念及仁者实践之阶，强调不可混淆二者；另一方面，前句实为后句之修辞学铺垫，其本身非本章主题（非关统治者之意愿与能力问题，而是相关于士君子之仁志建设问题）。本指令句犹侧重于后句：仁者不仅须循阶以进，而且首应于己身最切近处"立心"。其旨必含人己两侧，人己一体之目的唯于"切己式实践"中始可达成。至于具体施为之方策等则非本章旨意所关。

全章所确指者实为仁者应具之心志，而非指其具体施为功效问题。有此胸怀所以称之为仁者，扩大而言，对他人立志的关怀，乃出于"兼济天下"之外实践具有之宏远视界。唯眼界高远，志向坚定，仁者方可怀"天下"志（"天下"可比喻为任何关于人类文明的远大精神目标），方可言"人能弘道"。道属人类共同价值和目标，自为集万千同道始可言实践之者。故独善实践不仅为自足域，亦为朝向兼济的准备域，"学为己"因而既是为己，也是为人。此一"为人"语，乃指以仁道利他之谓。此外，下句所言"仁之方"和"近取譬"，强调仁学非仅相关于向仁心愿，亦相关于行仁的方法，此方法必从近处始，己身与己心皆属最近于己者，一者强调立心之根本，一者强调必具可行性者方近于"实真"，以此警戒大言与空谈之弊，而前者则强调发心问题之切要性。

此章呼吁"立人"之心愿，需以先切实完成"立己"为前提。后儒于此章解义多随宋儒性理观而妄臆扩解，如云人己一体，天地同仁之类的虚理，反而违反了孔学"能近取譬"之旨。此一"近"字不仅可指涉自身之心言行，亦兼指针对实际的经验性"现实"，意味极其深远，可谓直接对峙于超越性及形上性伦理学中含有的"远"字之意（相当于远于切己之实践）。

【关于两百多年来清儒精神怯懦的历史解释学申论】

在清代统治者长期实行文化恐吓政策下，大多数清儒已蜕化为甘为役使之学匠或艺匠，故多可能下意识地取"安全治学态度"而越来越偏爱文字考据等技术性思维，从而普遍弱化了、丧失了义理性心志，其《论语》解读自然亦为此种"意志力去势"心态下之结果。现代一切因以"功业成就"作为判断史上王朝得失标准从而盛赞清朝政权者，均忽略了或低估了历史社会中精神与思想领域内之精神文化性成就，因后者并非不可在"弱主、劣主、困境"下繁荣昌盛（将秦皇汉武视为中华历史成就之代称实乃偏重物质性成就之故）。按此，南宋汉人之精神性文化成就实远高于、广于满人侵略者治下之物质技术性成就。

现代意义：

本章前后句大分为两段，前句指外功效，后句指内心志，前者乃后者之自然随机产物，非可预计其成者。而内心志乃仁者"切己之事"，属必可为者，故本句中孔子侧重于后者之教，其现代意义同样深远。一者，现代仁者仍应怀"尧舜"所喻示之"天下关怀"所具有的宏伟视界意象，并务须将此"伦理诗学式"的世界愿景，在价值学理解上转化为现实中相应而可施为的领域与对象；再者，后句中"独善兼济"之志则应指完全承继古人心志，使之继续成为今日人文学者之人生观和实践观方向。如此方可切实履行现代科学任务。

今日国际人文学者普遍弱化或丧失个人伦理性治学动机，在既定社会环境秩序下，多采行以一己之成作为人生实际目标的职业化人生观，故根本上瓦解了学人奋勇求真之内志。扩大言之，与伦理学密切相关的现代人文科学今日普遍呈现的非现实主义、反经验主义、超越论主义、非理性主义等思维倾向，均因其"远离现实"，远离孔子"切己"之教，失去了其真实的伦理实践学关涉。而人本主义仁学伦理学反而与西方科学传统在遵行现世经验理性总原则上协调一致。按照本章指令句意涵，今日人文科学理论创新首须学者实存"己立立人"之志向（内学），用以作为不惧逆势而勇于真理探索之意志力基础，之后方可有效投入人文学术理论革新探讨事业（"外学"）。

述而第七

7-1. 子曰："述而不作，信而好古，窃比于我老彭。"

对比项：据实/臆想，历史/认知。

意旨：仁学价值观及实践论完全基于人性体验与历史经验，与天启、神谕无关。

旧解摘要：

《翟氏考异》："（《大戴礼》记）孔子之言曰：'昔商老彭……庶人扬则抑，抑则扬，缀以德行，不任以言。'此最足明圣人窃比之意。"《四书稗疏》："先儒谓老彭为二人。老，老聃。彭，彭铿……（老彭）人谓为殷之贤者。"程树德："包咸《注》：'老彭，殷贤大夫。'盖即本之《大戴礼》，最为有据，故《集注》取之。后来彭祖、老聃诸说解释愈详，愈多窒碍，此《集注》之所以不可轻议也。"《皇疏》："述者，传于旧章也。作者，新制作礼乐也。"《集注》："述，传旧而已。作，则创始也……（孔子）皆传先王之旧而未尝有所作也，故其自言如此……夫子盖集群圣之大成而折衷之。其事虽述，而功则倍于作矣。此又不可不知也。"陈栎《四书发明》："信而好古乃述而不作之本。夫子自谓好古敏以求之，又谓不如某之好学。惟能笃于信道，所以深好古道，惟笃信好古，所以惟述古而不敢自

518

我作古焉。"

含义引申：

秦汉以来文化渐繁，而在法家专制主义意识形态压制下，读书人思维方向反因趋炎附势而朝向于实用性并日趋于含混。特别在道家、道学兴起后，派系争夺意识兴起，以至于本章之解竟可仅据句中"老彭"之"老"字而妄比于传说的老子（王弼及伪书《世本》等）。至两宋时代理智能力渐增，朱子等所作经典注解增加了合理性。本章孔子以传说中殷贤人"老彭"比喻仁学"好古述旧"，即将此语仅视为来自历史传说。述、作、信、古诸字可示，仁学思想材料非孔子其人之发明，而是继承于、总结于在先文化思想之经验，其学理乃深植于民族历史经验中人性演进本身。本章中之"古"字，即"人类现世生存之过去"义，不仅意指远古历史，而且进而意指古代传承的义理思想发展。此一仁学人本主义经验论遂为中华文化精神确立了经验理性主义的思维大方向。

本章孔子的自我表白被后世圣化孔子者看作圣人自谦之语，却未识其表达的仁学伦理学具有的经验性而非超验性（含超自然与超经验）基础。《论语》作为中华文明的第一伦理学经典，相当于对其前几千年精神文明发展史所做的一次最伟大的整理和总结，将此精神发展史经验予以再组织，使其内在的理性主义之结构进一步明晰化，从而使得此中华文明伦理价值观及其精神实践方向性（以隐在于格言系列的形式）系统地呈现出来。正如朱子所精确断言："夫子盖集群圣之大成而折衷之。其事虽述，而功则倍于作矣。"朱熹此处所说的"功"，即对历史经验进行的结构性再组织之功。

【关于仁学理论的历史解释学申论】

仁学的思想来源为中华文明的远古历史传承，而仁学本身作为一个完整思想体系则是最初集合于、整理于、统一于、提出于历史上的某具体个人和集团，其具体凝结形态即《论语》内诸"基本章句"组成之文本。孔子或孔门集团之历史首功正为其历史上首次集大成（整合）之功。此一思想集大成（据民族经验完成的思想系统之建构）之作，通过抵制殷周神祇迷信与王权垄断，表现出一种理性批判的、创造性加以组织的、人本与人道主义方向的伦理精神。不过，此仁学体系内容的扩展、补充、续编、改善等集体合作性

519

补全工作，则完成于数百年间多人之跨代集体参与。（对此后续的参与、补充、编改工作与原始孔门语句集结工作二者之间的比例，我们没有办法考证。在此意义上，我们尤其应该重视《论语》具有的民族历史经验总结的特性，也即，《论语》并非一超绝天才个体之"纯然独创"。）在此意义上，其中的统一与编写工夫，则为一更重要的（创）"作"（实乃"大作"也），因在先的历史传承仅相当于零散经验记忆材料，而至春秋战国时孔门思想集体始将其组织为、整合为具有一种实践理性逻辑的伦理思想整体。此一整体的编作者，即历史上名之曰孔子及其弟子群者。因此，后世如称孔子为《论语》思想之作者，是名副其实的。

朱解指出的孔子集大成之功，有倍于其前思想经验总合者，可谓宋人在汉代以来千百年儒教政治意识形态统治下为仁学之身份所进行的一次"正名"。此一表述实相当于承认孔子之功即作者之功，非仅绍述之功也。因对其前百千年来政治社会文化经验加以"集大成"的总结，即可谓最宏伟之"作"，也即根据历史事实的传承材料进行收集、编选、抽离、概括、再组织后的成伦理实践学体系之大作。正因《论语》内之基本部分的确为一符合人性经验的、空前绝后之"人本主义伦理思想体系"，它才可于地球村的现时代呈现出一种在全人类意义上的新伦理精神复兴的意义。

现代意义：

本章所"述"者，其思想内容虽为历史文化之传承，而其本质乃基于作为历史社会与文化所赖以组织的典章制度史。孔子作为伦理思想家，其所"创作"部分虽为仁学系统，而其所据以创作者则为历史事实材料。故"述而不作"的定义，还进一步排除了各种人类文化传统中流行的共识：道德伦理须具有超越性神力之基础。孔子作为仁学创立者则在人类文明史上独一无二地宣示了一种现世经验理性主义。此外，《论语》作为一部仁学伦理学的经典，其诸指令句的集合，相关于现世日常行为情境中的个人及人际伦理实践行为规范，从而凸显了其学的现实主义。《论语》文本采用的叙事框架，将仁学的创立者们假定为一批以师生论学形式存在的政治伦理实践群体，即通过将师生诸角色置于不同伦理选择情境，以呈现出伦理理想与历史现实之间的种种相对性、冲突性与矛盾性的关系格局，即诸"真实伦理抉择情境"，借以指出在诸伦理选择情境中应有的适当抉择，以之作为举一反三的伦理实践模式。中华仁学的此一"伦理现实主义"，正是通过识认并亲历其中的"人类现实矛盾情境"来表达的，遂具有了最丰实的真确性。

仁学与世界其他信仰系统共同采信的公共价值观以及仁学所独创的主体实践伦理学（态度伦理学），由于其基础为人性经验本身，故禀具了时空普适性。因而，仁学作为现世人本经验主义伦理学系统，其身份、性质、功能竟然完全符合于现代人文科学精神，二者的相符性固然表明了彼此间具有的价值观与认识论上的"古今相容性"，而仁学对于现代人文科学的重要性却特别表现在其含有的主体伦理意志论功能上。经验人本主义仅是其实践观之性质与认识论之前提，由其主体立志学所呈现的能动性实践观，才是现代人文科学理论改革事业所首先需要的一种"促动力根源"。因为今日世界人文科学沦为非科学性玩赏物的危机，乃根源于技术化-商业化制度性展开的后果，此后果同时导致广大人文学术从业者的某种"人格异化"，而克服之道或复兴之道，完全取决于学术实践主体的独立创发意志力之有无。

7-2. 子曰："默而识之，学而不厌，诲人不倦，何有于我哉？"

对比项：以学为好/以教为乐。

意旨：仁者以"学为己"行独善，以"教利人"行兼济，亦学亦教，足安此生。

旧解摘要：

《皇疏》引李充云："言人若有此三行者，复何有贵于我乎。"《四书辨疑》："盖言能此三事，何有如我者哉。此与'不如丘之好学也'意最相类，皆所以勉人进学也。"《集注》："识，记也。默识，谓不言而存储心也。"程树德："何有于我，言二者之外我无所有也。此解最为得之。"《焦氏笔乘》："孔门之学以仁为宗，及门诸子终日孜孜，惟务求仁。程伯子谓学者先须识仁，识得此理，以诚敬存之，即学而不厌也。"

含义引申：

本章旧解分歧，首先对于"何有于我哉"之语气竟然各自意会不同，朱子亦将其错解为"谦而又谦"意。根据前后意实应为："还有什么比此更为可期的吗？"首句中一个"识"字，迟至王夫之时仍然泥执于字面，将其比附于"释氏亦说识"。《反身录》竟然说"默识是入道第一义……沉潜自认识，得天命本体，自己真面目"。陈白沙等心学派更附会以佛学之识，视为趋达本体之门径等等。但本章之确义只能在仁学整体范围内规定，其义不过是指出仁者须于（自）思、学（他）、教（人）三方面投入实践，此即为致仁学的态度与方式之通俗化表达，也即"学为己"治学观与人生观之表达。

此章宣称，学习的目标及过程，即为仁者生存价值之体现与实行，也即为仁者理想生存方式之本身。故"学"本身即可成为目的，故不因其外在效果之有无而影响此一信念与行为。学的人生观即现世经验理性主义的人生观。对于士君子而言，其"人生幸福观"首先即指学习本身所带来的幸福感。此与古希腊哲人以求知为人生意义所在相同（虽然二者间"学"的对象不同）。同样，学习也是仁者内外仁学实践学的唯一途径，仁学之实践方式即为"教与学"。我们所说的伦理学 1 和伦理学 2 于是在"学"上获得了交集和统一。后句则与"己欲立而立人"意同。一方面贯彻学为己之人生自足观；另一方面以学之所得惠助于人，己他兼顾，乐莫大焉。此种人我一体的仁学人生观较之今日来自西方文明的个人主义，不仅在风度上高强于其百倍，而且亦实为促进人文科学有效前进之必要伦理性前提。

现代意义：

本章以研学态度与方式之选择，贯彻仁者独善兼济人生观，此正与今日商业化功利主义世界中个人皆以学为名利追求之个人主义人生观截然相反。仁学之大公学与现代功利主义自私之学，在动机、目的和方式上处处相反。后者之商业化、技术化之"以学谋利"观，将全面阻碍人文科学的求真目标之贯彻（做生意的逻辑与求真理的逻辑毕竟不是一事)。故如何复兴或重建本章仁学之"学为己人生观",实为今人追求人文真理之必要先决条件。

7-3. 子曰:"德之不修,学之不讲,闻义不能徙,不善不能改,是吾忧也。"

对比项:修德/进学,闻义/践行,知误/迁善。

意旨:仁者之最终关切非在政治而在文教,政治之失在一时,文教之失在一世。

旧解摘要:

《集注》:"尹氏曰:'德必修而后成,学必讲而后明,见善能徙,改过不吝,此四者,日新之要也。苟未能之,圣人犹忧,况学者乎?'"《朱子语类》:"修德是本,为要修德,故讲学、徙义、改过即修德之目。"《此木轩四书说》:"……(忧)乃人心之私忧也。此忧字,与'君子有终身之忧'同,即'君子存之'。《注》所谓'战兢惕厉'。圣贤之所以为圣贤者,全在乎此。"

含义引申:

仁学必以普世辍学与社会失德为其最深隐忧,贫富不均乃相对次要问题。贫富问题成为历史物质化变革的动因之一,而人文学理之教学乃精神文明发展之唯一基础。政治为人生之手段,文教为人生之目的,人之生存本质及价值表现于精神文化,非表现于争权夺利。

本章句组涉及德、学、义、行、忧诸字项。前两句为仁学实践学的目的(德)和途径(学),后两句为对由此而获得的义理体认之贯彻。本章也即有关如何贯彻知行合一之思考。此一独善兼济之教显示仁学之关念实基于己群合一之人生观(仁德)。仁者之理念与关切异于常人对名利权之私欲的追求。此"德"字当泛指品格、品质及一般伦理性价值。因此仁学价值学(德)之关切通向仁学实践学(学)之关切,后者落实于"学",即再次返归仁学实践学之第一义"学"字。因此人生实践均基础于人之向学主动性。有学方可有德,从而在义利价值学对立中唯义是从。此句不仅高举"学"字，也高举"义"字，前者对峙于世间厌学、弃学之风，后者对峙于世间唯利是图之风。此一孔子仁者之"忧"（平生关切）岂非仁学千古之忧？君子之忧，忧于个人及群体之义理性生存与否，仁学体现于不同历史环境中的实践层次与程序方面，其中作为仁学之"内学"（独善）或内实践学之"本域"者，即为个人所可（不论客观环境如何）完全独立实行的进德之学（独善）。心志固为仁学实践学的心学之本，学习则为体践心志的努力行为之本。无志不足以进学，无学则不足以成志。因此仁学在诸多实践学节目中选择以学为观察仁学实践的"枢纽"。

现代意义：

本章指出的四连贯要求——进德、为学、行义、迁善，实可用于描述人文知识分子人生实践的各个方面。对于现代人文学术发展而言，此四端犹关切要。德，即伦理价值性信仰，相关于心志之朝向；学，即为一切"进德"之正当方法和途径，也为人生实践"德"之具体轨迹；行，为学者勇于朝向真理之执着；改过迁善，即学者为真理之学而义无反顾地弃旧向新之举。此四端亦为今日人文学者向真治学之大敌。因受求利人生观之制约，学者必轻忽真伪之辨及吝于付出弃伪归真之努力。此仁学之忧，正为今日人文科学理论和革新实践构想所可大忧者。

本章所谓的学，当然是合乎仁学方向（真）的学，也即现代人文科学的合乎经验理性伦理学之学。有志于朝向此弃旧迎新之学，必应为勇于改过（相当于改变应修正或应放弃之不当旧学）、迁善（朝向于人文真理创新）者。故仁学者今日之大忧，首先并非在于社会大众与职场同仁有关诸多物欲不得满足或不得公平分配之物质类之忧。追求大众物质丰裕与降低贫富悬殊为今日各国为政者之第一优先，却恰非与仁学者之忧虑相关。今日各国主事者首先关注者为物质层面，而仁学首先关注者为精神层面。社会物质性实践与文化精神性实践平行地分别展开于历史，各有不同的关切重点。今日人文学术的科学化发展正受到多元化的系统的阻碍，主因人文学界学人多以学为谋求职场名利权之手段的时代风气。在此风气之下，学人自然无自反、自新之主观侧意愿，由于从教育至职场一味遵循制度化、程序化个人合法谋利之方向及轨则，因此失去了自身伦理价值观意识，由此导致的学术产物必然为市场化趋利成果，而非科学求真成果。因人文市场化不须关注学术的科学性质量，而仅需关注产品的交换价值。后者的"生产方式"则可按照市场供需规律人为地加以操作。

7-5. 子曰："甚矣吾衰也！久矣吾不复梦见周公。"

对比项：无望/寄望，理想/实现。

意旨：仁学理想之作用非在其实现，而在其引导价值观实践中之导向功能。

旧解摘要：

《皇疏》引李充云："圣人无想，何梦之有？盖伤周德之日衰，哀道教之不行，故寄慨于不梦，发叹于凤鸟也。"《集注》："孔子盛时志欲行周公之道，故梦寐之间如或见之。至其老而不能行也，则无复是心而亦无复是梦矣，故因此而自叹其衰之甚也。"《潜夫论》："孔子生于乱世，日思周公之德，夜即梦之，此谓意精之梦也。"

含义引申：

仁学已知"周礼"理想之不再且恢复之无期，故其志实非在于实现"周礼"，而在于通过对"周礼"理念之朝向，以实践其精神文化之创造，故本章孔子之叹之隐喻为：仁学"衰于政治"而"兴于文化"。

原初仁学以"周礼"（当时想象中的西周理想制度与习俗以及当时现实中的东周礼制习俗遗存二者之混合性观念）为其仁政理想之基础及仁学理念之根源。此一感叹句，一方面主观地表达了孔子对于仁学理想难以实现的失望情绪，即想象中的周初盛业无以复现；另一方面客观上喻示了中国历史变迁大势的特点：仁学政治理想永难实现，因"梦周公"意象显示周公理想不可实现，而周公徒徒成为梦境中的思慕对象。"梦"既可为理想之迹，亦可为绝望之征。此即，仁学伦理学将是在历史现实中无法实现其社会政治改革直接目标的一种精神努力。此一由梦意象"堵截"了仁政观在现实社会成功之可能的寓意，却敞开了仁学伦理理念在精神文化现实中铺伸的视野。此一寓意虽喻示仁学之外实践不得其行，而仁者对仁学理念强烈向往一事，却也喻示着其"仁学梦想"之另一端之含义：在物质性政治文化与精神性人文文化的历史合成中，失败于仁政的仁学却成了民族精神文化发展之动力与指南。即此一政治现实中的绝望意象含蕴着一种仁学的解释学与实践学之"转机"：仁学的功能和方向的再认定和重调整。经此转机，仁学之意义不仅没有削弱，反而获得了另类加强。此所以《论语》可成为其后两千多年的中国文化精神与文史学术实践学中之"圣典"或"人文实践观手册"。仁学在封建专制社会中虽然仅只能局部地发挥儒教政治制度与儒学政治学中的道德性辅助作用（作为儒教政治中的配角），却注定了可在精神文化领域发挥实际层面上的决定性主导作用（作为文化艺术中的主角）。

【关于仁学的身份与功能的历史解释学申论】

此章使我们也认识到仁学含蕴的一种构成学矛盾：对仁学及其相关"周礼"原型的形成和历史状态的非直接经验性；即对周初礼制成果的判定虽出于想象或理想，但东周时期周礼之实际遗存仍足以合理推断周之代商后的社会文化发展比殷商社会文化更具有文明性、人道性与公平性；也即在经验性思考层次上确实存在着周文化高于殷文化的、可相对地予以征实的根据性；以及对自身所处的东周社会现状之认知和判断的直接经验性（孔子不遇之经历及"斗筲之人"的判断乃基于对东周社会现实的直接观察）。但是，深入分析当知，仁学的内外文化性、心理性、社会制度性认知所依赖的理想中的周礼模型，仍然是根据现实观察中存在的各种正面周礼遗存（文化性和社会政治性）凑集而成，而此类周礼延存迹象仍属于当时的社会现实。孔子等实际上是据此类相对性"历史经验性现实"来建立其绝对经验性的仁学伦理学体系的。也就是，周礼的历史性延存被孔子认为是足以提供有关社会及人心改进方案可能性的历史经验性参照，故可据之以立论。

孔子理解的周礼原型仍然具有间接的历史经验的事实性基础，虽然据此成立的仁学之历史文化功能并非孔门师徒可自行提前充分意识到的。此种对于自身理念之未来历史性功能的非充分自意识性，恰恰是其学具有纯粹人性经验基础之表征，即"历史仁学"为中华民族伦理精神传统在历史过程中自然而然据其内外历史经验所形成者，即绝非来自"神启"一类超越性精神势力者。此因作为仁学主观实践者，生存于理想和现实的张力中间，其事实性判断和理想性期望不免以含混的方式存在。虽然，孔学的理想性、幻想性言论仍然表达了一种心理的或精神的经验现实性。此现实性并不表现在其计划中的社会政治改进层面上，却实际上表现在其师徒进学态度与思想境界的成功上，也即表现在仁者个人"独善"阶段的成功上。所谓"成功"是指一种落实于历史过程中的集体精神态度模式之形成。

本句中表现的失望感叹，仅是相对于仁学的政治外实践领域内之失败而言者。此一感叹句形式蕴含有重要的仁学方向性启示的意义：仁学的历史性任务是落实于其内实践领域以及外实践中的文化领域的。其引申含义是：如果连孔子及其弟子群这一最理想的仁者群体，在统治者控制最松散的春秋时代，均对于政治改革无能为力，遑论他人了！特别是，其后中国政治社会情势每况愈下，终至出现了秦汉统一专制帝国，近乎"一劳永逸地"导致任何出于政治伦理理想而产生的政治改革企图被彻底消除。同时，此一仁学政治伦理学不得展开于历史现实一事，也使现代研究者理解到，政治历史的逻辑完全不同于政治伦理学的逻辑。后者的效用不在于其政治学层次上的事实也就进一步得到了阐明。也正是在孔子遭遇意象中显露的政治史逻辑与文化史逻辑的分离性，提示了中华民族历史上两个平行渠道与轨则的并存性：物质化的政治进程与精神化的文化进程。

现代意义：

本章的现代意义更无关于现代社会的政治社会层面，其仁学实践学之"感叹"可表现为针对当前任何文化学术努力计划中之内外仁学实践之无望：人文学（人文科学）职业化、技术化、商业化的发展已使其根本地分离于任何学术科学伦理性方向。而在此情感抱憾心境下仍然顽执存留的仁学精神努力，则企图向现代学者思想家们呼吁其"向真良知"之萌发，以期恢复传统的"学为己"之人生观。此一文化学术上择善固执态度，正为今日人文科学理论发展中充满疑难的前途上的一种价值学方向性启迪：于全面功利主义时代重新恢复对"义利之辨"的实感，以在新环境、新目标、新方法条

527

件下践行"只问其义，不计其功"的仁学治学观（将其"旧内学"应用于作为其"新外学"的现代人文科学）。

古代社会政治多属黑暗时代（作者近来重读《资治通鉴》，一方面佩服两宋史家的善恶必书的求真精神，另一方面进一步发现史家所书的恶远过于善，从而证明司马光史学求实精神的本质为其具有的强烈仁学伦理情怀），而具良知的文士与文史作者们的仁学方向的努力仍能史不绝书，即表明在仁学精神感召下少数士君子仍可不畏外界艰困而在精神文化实践上勇于践行其仁德价值观信仰，并将其求真心志本身代代相传下去。因此，我们中华士子今日始得继续有能力沿着中华伦理精神文明方向前进。此种于艰困环境内维持及坚守仁学向上精神的中华士君子，亦当本同人本主义伦理价值观，于新时代全球商业化环境内，参与推进人文学科科学化发展的新实践。

7-6. 子曰："志于道，据于德，依于仁，游于艺。"

对比项：志道/依德，仁本/学艺。

意旨：仁学实践须全面一致地贯彻于道（方向）、德（心理品质）、仁（价值）、艺（行为技术）四层面。

旧解摘要：

《集注》："志者，心之所之之谓。道，则人伦日用之间所当行者是也。知此而心必之焉，则所适者正而无他歧之惑矣……游者，玩物适情之谓。艺，则礼乐之文射御书数之法，皆至理所寓而日用之不可阙者也。朝夕游焉以博其义理之趣，则应务有余，而心亦无所放矣。"《四书恒解》："吃紧在志、据、依三字。人孰无志，而不志道则已失为人之理。志者，专一向往也……据之如据城池自固，以为己有，勿使或失……夫子当时为门人言，而后世罕有深造者，则影响支离，不一而足矣。"黄氏《后案》："士固有滞于艺而不闻道者，要未有不通于艺而遽高语道德者。"《反身录》："志道则为道德之士，志艺则为技艺之人，故志不可不慎也，是以学莫先于辨志。

古之所谓艺，如礼乐射御书数，皆日用而不可缺者，然古人不以是为志，必体立而后用行。今之所谓艺，诗文字画而已，究何关于日用耶？或问枫山何不为诗文？枫山笑曰：'末技耳，予弗暇也。'……庄渠先生《答唐应德书》曰：'闻开门授徒，无乃省事中又添却一事。谁始为举业作俑，不知耗了人多少精神，心中添了多少葛藤蔓说，纵斩绝之，犹恐牵缠，况可引惹乎？朱子谓举业是一厄，诗文是一厄，簿书是一厄。只此三厄，埋没了天下多少人才。'"

含义引申：

《论语》所用各字之确义须依境而定，此四小句含五字目：志、道、德、仁、艺。如以"志"表示主体侧，其余四者即代表对象侧。各句之意为：志于道，即立志沿正确方向行进；据于德，即立志须有综合品德素质之支持；依于仁，即在价值认知与信仰上以仁为根本；游于艺，即准备相应知识与技能以作为仁学实践的手段。《论语》中"道"有两义：作为最终目标与作为朝向目标之途径。德即君子之品德，也即进行仁学实践的主体之性格品质系统。仁有多义，在本章内为道之具体方向规定与行道动机之伦理价值根据及标准。艺为学习、文化修养与相关技艺。此五者具体地规范了仁者的人生观、实践观以及方法论（"德"为主体方法论体系，"艺"为客观方法论体系。各为主客两端的"实践技能工具体系"之代称），其实践学的性格表现为其现世性、现实性、理智性。此一现世仁学人生观在本章中表之于诸具体实践节目及程序内，从而言简意赅地在行为方式塑造中进一步强化了其现世经验世界的朝向性。

本章内各以一字提示的仁学之"五端"，并无一"学"字，而五者无不相关于"学"，即均为"学实践""学过程"之诸相关部分。而五端中之"道"为何？其所含"目的"与"途径"中的后者，也就是二者之中最为具体者岂非正是"学"？仁之学即仁之道也。此一作为总纲的"学"，虽然其初始义单简，而其基本"意素"却必包含在其后几千年一切相关于"学"的概念中。读者注意否，此"学"之第一对立方正为"祷"，仁学之信为"学而后信"，其他超越性信仰体系之信则均为"祷即因信，祷后益信"。不仅如此，此学之人生观、价值观的理性主义、理智主义大方向，正与一切幻想主义的思维信仰形态相对立。汉撰《礼记》中的"大学篇"将此"道"加以进一步具体化之前，此五端表达的仁者"实践关系结构"应当说即为仁学实践学之一份概略式总纲。由于此五端为仁学中的"五个一级实践观范畴"之间的组合，在他章中零散呈现的各范畴的亚范畴充实化仍具有较高的一般性，故其"内容虚空性"的特点反可使其"实践总纲"呈现出高度"开放性"，即在可能的"内容充实性"方面具有一般开放性。准确说，此一表达方式的"学习内容的空洞性"，反可呈现主体相对于"学"的态度的"明确性"。

现代意义：

此章相当于对士君子之仁学实践学的动机、标准、方向、方法、内容和步骤级次等进行了有关人生观和实践观的综括概述。

本章以及大多数《论语》句式，均停留于某种"立志学层次上"，即存在于与立志学相关的诸实践学方面的总体关系格局中。其指令句重点在于呈现立志学的"基本关系网本身"，而非各相关项内之细节描述。例如，本章所谈为"五项关系网"中之"艺"科，而未及艺科本身；或者，即使呈现了当时存在的"六艺"或"诗书"，其内容之相对单简性使其在后世的特别是现代的读解中只能相当于"科目"之标称而已，也即不可能起到对文化内容大为发展后的"艺"科（知识、技术、文艺）的语义限定作用。此指令句的"现代性"特点，恰恰表现在其原始内容具有的这种辩证式的解释学"空洞性"上。此外，前三者相关于伦理学 2，后者相关于伦理学 1。"艺"即"学""文""技"，即个人的知识、教养、技能诸方面。在其后两千多年中，仁者或君子人，主要在"文化"（学术、思想、文艺）方面承担着维持和创造性任务。仁学和君子的"政治志向与行为"，因限于社会结构的框架而不得充分相符于仁学理念，但可成为"文化创造理念"的价值标准、实行媒介和个人实践之推动力。一如仁学在经受历史现代化后的今日，可成为现代人文学术思想的伦理学价值规范、实践方向以及个人伦理意志力激发源一样。"游于艺"本居仁学节目之末位，最初仅具有"辅仁"的作用，在其后的历史上却成为仁学实践学的"主场地"。作为主体意志实践对象的此原始"四端"，今可简化为三端：真理朝向、品德修养、文化学术。三者相互关联却各属不同的实践学界域，并同为现代人文学者和文化人所必须兼备者。

【关于仁学实践格式的"儒学充实化"与"科学充实化"的历史解释学申论】

在中国历史进入秦汉儒教历史阶段以来，新型政治权力集团易于按照自身权势运营的需要进行"儒学充实化"，这就是表现在《大学》和《中庸》中的对"仁学"进行的"儒学转化"（参见《儒学解释学》下卷）。也就是"道"的目的端内容被帝王专制主义在意识形态方向上加以具体的规定。但是同样的，由于此实践学总纲具有的（主体与对象间的）"关系性"特点，它也可在现代时期被加以另一种充实化。这就是我们新仁学现在试图予以"现代化合理填充"的。

一种仁学的解释学读解法表示出，当此原始仁学实践学总纲在与后世不同历史环境接遇交融后，其原始型关系性格局与其被历史充实化的关系性格局间，呈现出一种并存或重叠的关系。例如，两千年来"仁学结构"与"儒学结构"可共同渗入或体现于同一读书人心志域内，并在其"读书"与"做官"的两个阶段上各自占有的心理素质分布各异。前者可偏重于仁学模式，而后者在社会政治律法的具体规约下，偏重于儒学模式。结果，原始仁学模式在历史化的儒学模式过程中，反得以历史地完整保存下来。孔子之"志"学以及孟子其后补充的"气"学，既作为伦理实践的促动力机制，亦作为将仁学实践学诸节目加以统合运作的"心志指挥部"。此一"心志指挥部"进行着日常心言行诸节目之筛选与推进。上列旧解中朱子批判科举之言即出于立志者必在面对反仁学的社会文化潮流冲击时主动进行正负因素筛选，以期维持自身实践之"仁学纯一性"的表现。

7-8. 子曰："不愤不启，不悱不发，举一隅不以三隅反，则不复也。"

对比项：奋发/启迪，勇学/教导。

意旨：学者必先有奋发之志及欲罢不能之心，始具备有效受教

531

之资质。

旧解摘要：

《集注》："愤者，心求通而未得之意。悱者，口欲言而未能之貌。启，谓开其意。发，谓答其辞。"刘氏《正义》："《方言》：'愤，盈也。'《说文》：'愤，满也。'二训义同。人于学有所不知不明，而仰而思之，则必兴其志气，作其精神，故其心愤愤然也。下篇夫子言'发愤忘食'，谓愤于心也……当心愤愤口悱悱时，已是用力于思而未得其义，乃后启发为说之，使人知思之宜深，不敢不专心致志也。"《集解》："郑曰：'孔子与人言，必待其人心愤愤，口悱悱，乃后启发为说之，如此则识思之深也。说则举一隅以语之，其人不思其类，则不复重教之。'"

含义引申：

此章特言学者如显露出主动性、积极性、创造性之根苗，才可表示出其确有投入如此复杂艰困的终生致仁实践之潜能。孔子以此描述仁学者的特质，遂暗示并非一切人均可致此非功利性之仁学。此类矛盾性表达（有教无类与不愤不启），应从句式及相关语境做相应性读解，而非可视之为直意的绝对断言句。此句意在一方面于主观实践学层次上激励学者主动向学，另一方面在客观认知上暗示上智下愚不移的事实性存在。因此，仁学的"学"理念是因材施教、分级次引导的，各依学者的主动进取潜力而分别教之。本句特就上智之才而言，尤其须视其奋发潜力及智慧能力大小以决定可施教否，故仁学之教首须看重学者之主动性的存在与否。此一教学观也与仁学所持"好仁者稀"判断一致。

本章实反映了仁学的如下学习观：学者"外学"成功之可能性完全取决于其"内学"之在先成就，无独立之志即无以行系统之学。本章之更深含义为：仁学之学，非用于职场谋利之学，否则其学不难作为技艺而为常人掌握应用。此亦为后世知行合一论及良知论之仁学根据。

现代意义：

为什么孔子施教说法不一？因为涉及不同实践对象和实践层次。

本章所言为针对"上材"而发，而对于中、下（普通）材质学人则有另一套标准。（"自行束脩以上，我未尝无诲焉"，即表此参与"通识级教育"之意。我们据此而将仁学实践学划分为高段与初段。）仁学在历史上以及今日之施教目标与方式实际上即为在不同层次上产生其各自不同的作用。本章特针对悟性较高的学生言，因此也就为按照较高的仁学施教标准提出要求，其中特别涉及自身须有天赋及自觉努力二条件者。从此喻示中反过来可见仁学义理整体之难于掌握以及提醒学者首须强其进学意志。

对于现代最难从事的人文科学理论而言，本章之教正属必要，即并非人人可致高端人文之学。故对于人文科学理论革新任务来说，本章反具有特殊的启示性。仁学伦理学的现代化实践任务，即新仁学的任务，将限于伦理学和人文科学理论领域，古典论述中相关于社会政治认知与实践的各种主题，今日均需通过"解释学的转换"而使其归结到新伦理学及新人文科学建设领域中来。而此一主题和论域的大转换均需首先相关于仁学实践者的人格养成学问题。即如无此学者伦理性人格之形成，各种新仁学实践学根本无从建立。于是我们将新仁学的实践论中心转为以"仁学三书"（《论语》《孟子》《传习录》，三者均相关于"仁学立志学"）为基础，以仁学立志学或仁学伦理促动学为方向，而以人文科学理论为实践场域。同理，本书作者提出的"阳明心学与宗羲史学"的伦理实践动力学模型的理由亦在于此。"致良知"的动机学与"知行合一"的意志学都须建立在以"传统史学"（古代传统史学即可代表现代经验实证性学术）为标志的人世现实经验世界之内。新伦理学必须摆脱任何古典超越性信仰与玄虚思辨性理论。

7-9. 子食于有丧者之侧，未尝饱也。

7-10. 子于是日哭，则不歌。

对比项：丧哀之境/悲悯之时。

意旨：仁爱必基于人际同情，哀伤莫大于生死之间。

旧解摘要：

《集解》："丧者哀戚，饱食于其侧，是无恻隐之心。"《集注》："一日之内余哀未忘，自不能歌也。"

含义引申：

据孔疏，此情节因孔子受聘参助丧礼而有在丧事旁进食及哭丧事。情境主题是孔子"知礼"，此"知"字兼及心、行两侧。按直意解，此一知礼属行为侧：丧事中如饱食有失哀意，以及参祭行哭礼之同日即不歌，以示与丧家同哀。此解或为本章隐在情节语境。而按照仁学之礼学，心行须合一，此行礼如仪之"行"方面的描述可据以"涵指"（connotate）相应"心"情之存在。

后之"编写者"特意据此一情节背景中未予详述的孔子行为，将其"扩解"为"泛爱众"品德之表现。按此，本章可理解为仁者必具对他人之同情心，而此同情心即恻隐心，实乃不同程度上出于人性之自然。本章以此准事实直陈句来显示仁学的一个重要基础问题：仁爱之可能性根源何在？回答为：人性经验（基础为亲子关系经验）事实。此即所谓人之"善根"，也即孟子所说的"人皆有恻隐之心"之事实性认定，因此才产生了仁学伦理学成立的经验性基础（而非如西学中之逻辑性的或超越性的基础）。

重要的是，和一切先验性、超越性、神话性、玄学性、逻辑性的非事实性的"伦理性假定"不同，仁学的"为善"根据是纯人本经验性的。此一民族性伦理学的伟大征实性特点正在于其摆脱了商周神祇迷信传统而敢于在遥远的古代，于人类历史上独一无二地提出了一种真正理性的、符合人类生存实际的伦理学观念。仁学，既是价值学，也是实践学，二者都根据真实人类经验，而非根据宗教性、文艺性、逻辑性推想。因此仁学伦理学是真实面对着人类生存经验中之人性对立关系的，此即自私本性（欲）和爱他本性（爱）之间的张力关系。在此事实性张力关系中，理性主义地追求二者之间的"消长互动"，以设法抑私欲而增爱心。

此一人本主义伦理实践学是朝向此人性张力关系提供的可能性的（因此当然是仅具相对可行性的，而此正符合人间现实），而非源自对逻辑性"绝对命令"或对"上帝威势之胁迫"之服膺。虽然后者通过"代表其人间效用的"强制性的法律制度和宗教制度，的确可以实用主义地有效施诸众人，促其于认知和行为上合乎人间共同的道义规范，但此一本质上为实用主义的（饰之以想象的超越性或逻辑的绝对性）伦理实践学并不诉诸个人主体的伦理性觉识，而是受制于外在力势威迫的结果（形上逻辑性压力和神祇超自然胁迫力）。

本章中孔子作为仁者的典范，流露出对他者的特别是处于逆境中的他者的深刻同情，《论语》以此显示仁学实践学的可行性源于人性本身，它虽一方面受到经验性限制，另一方面也获得经验性具有的现实相对可行性。本章仅只显示了同情心为伦理学成立的条件之一，其仁学经验主义并可起到在仁学体系内进行同情心劝诱的作用。如果仁学伦理学的经验主义根据为表达人际爱或同情心的"善观"，其引申的对应极则为有关其反面的"恶观"，即仁者如何通过"对恶"关系以间接实现"行善"之目的。于是仁学实践学的另一运作域为同样植根于人性中的对恶进行抵制的本能。简言之，仁学伦理实践学的"开动机制"来自"向善"（爱）与"对恶"（憎）之两类意志力之"合力"。

现代意义：

本章寓意的现代读解可分为两个阶段：一个是在原初仁学时代采取以具体事例进行喻义的作用；另一个是在原初事例本身的时代作用改变后，从其原初寓意衍生的现代引申意义。古代社会形态中丧葬习俗的功用与现代社会中的习俗已大为不同。所以，《论语》中凡据普适人性直接表达的指令句，其古今喻义的方式和意指大体相同（《论语》中此类直接性表达式最多），而不同历史环境提供的客观社会文化条件不同，故须将涉及古代社会文化具体情态的描述加以"现代转换"：据其原有事件描述性表达式以推原人性本身之实际情态，后者属于主体侧，故古今中外可大致同一。

本章故事背景通过对普通邻人伤痛之"感同身受"的反应，以证人性本身内涵的同类相亲之基本本能。本章的喻义方式次序如下：根据传说表达孔子参与的丧事情境，描述孔子参礼之诚敬心态，此一合于丧礼的诚敬行为显示了爱他情感之存在，爱他情态或同情心实为行仁之人性天然基础。情境之陈述式表达（含直意与寓意两方面）可转换解读为应然表达式：仁者均应如是。本章的现代喻示力则可表之于三推论式：人际同情心为人间经验性事实，伦理学价值观有效性源于人性经验性事实，因此此价值观仅具有相对性效力。此一经验性推断在客观方面排除了任何非现世经验性的伦理价值性假定，在主观方面指出伦理实践学的经验限定性。现代相关学术研究及实践学倡导均须参照此断言立论。

仁学认识论的要点在于：人类生存可历史地验证，即使伦理实践学欠缺绝对性基础，士君子亦可、亦应倾全力为之。故现代人文科学理论的革新任务势在必行。更因多数人在现当代全球商业化大环境中弱化了、减失了对此伦理实践学投身之主动性，少数坚守此人性本能者，于此精神文化存续的紧要时代，反更应自任以天下之重。

7-11. 子谓颜渊曰："用之则行，舍之则藏，惟我与尔有是夫！"

对比项：顺境/力行，逆境/强志。

意旨：君子志仁，进则兼济，退则独善，顺逆进退，唯义是从。

旧解摘要：

《集解》："孔曰：'言可行则行，可止则止。'"《集注》："尹氏曰：'用舍无与于己，行藏安于所遇，命不足道也。'"黄氏《后案》："朱子申尹说，谓中人之情，俟事之不得成，方委之于命，所谓不得已而委之命也。圣人不问命，只看理义如何……式三谓庸俗之言命，与圣贤之言命迥然不同。庸人以智术之不能挽者为命，圣贤以礼义之可得不可得为命，而以智力挽之者谓之不受命。以礼义之顺逆卜世运之盛衰，此正夫子之乐天知命而为圣之时者。以数命与性命分为二，而有命不足道之说，是浅言命也。"

含义引申：

本章与"邦有道邦无道"章旨意相通，而未涉及"用"之规定，故可被错解为"用之则行圣训也，舍之则藏至顺也"（《后汉书·蔡邕传》）这样的后世儒教时代的奴化论解释。本章后句之语气过于消极屈顺，不似孔门风格，可能为后儒（特别是染有道风之儒者）所补加，以期使原初孔子之教靠近儒教专制时代之局势与读书人迫于皇权威势而普遍接受的明哲保身人生观。但此类含"轻度偏离性"的章句毕竟仍为两千年儒者所普遍接受，所以在本书中我们仍然尽量保存之。同时，"藏之"或含"自存免祸"义，如此方可有条件在儒教环境下存身，遂可以独善方式续行其仁志。但不应解之为弃行止思、无所作为、唯求免难，惜乎历代大多数儒者均以此解之。

本章强调唯"圣贤"（仁者之最）可不为外境所动，一以合乎仁义原则之抉择为安，但现实中仅极少数人可达此境界。颜渊为孔门弟子中第一典范，《论语》中却少有关于颜渊的具体描述。本章中孔子仅以自己与颜渊为唯一可行"舍之则藏"者这样的夸张式表达，以预言历史仁学之"正业"须实行于"政治权力关系"之外的文化思想场域内。孔子屡以颜回为唯一"成仁者"例，以极言仁学之博大精深和仁学者践行之难，此句更突出仁者用世态度。

孔子所说的进与退本应具有特定的前提规定，此即进退均依于仁学原则，因此进而不同于大多数人的以学求名利，退而不同于少数人因厌世或不顺而选择出世或退隐。对于仁者而言，实际上，进亦进，退亦进，此为仁学应有的、实质上的"永进不退观"。因"进"与"退"可指从仕行为，也可指文化行为，可指一生选择，也可指一时选择，故"能进能退"句中之"进退"不应依俗解，而应严格依其仁义原则规定之。因仁学进退、隐仕之义，表面上是指政治性行为（读解中的"表达面"），实际上是指伦理性态度（读解中的"内容面"）。进时必合乎仁义，退时亦符于仁义，而历史事实是君子人者对于儒教政治现实多有不满及批评，故多与世迕，难以顺利履行儒教专制社会规定的政治性使命，其结果多为不同程度、不同方式上以"退守"终结其一生（山林隐遁、乡居不出、迭遭贬斥放逐等）。此种消极结果之所以值得儒者强调，实因儒者间（不乏以仁者自诩之士）绝大多数人唯利是求，故均力争仕进，唯真仁者能够于违逆仁义之境中不进反退，以显示其进退之间唯取决于义利之辨的态度。退隐求志，自甘寂寞，亦非常人所易为，故将此种行为视为君子人之择。儒者在隐退生存方式中，转而可愈加专力于各种精神、文化、思想活动，此一从社会政治向文化学术的（仁学解释学之）转化，为中华精神文明史上独具之特征。

现代意义：

对于现代仁学实践者而言，同样存在有现代形态的"用行舍藏"的必要性，所谓"行"即按照职场规则行"等因奉此"之学，而所谓"藏"乃指个人在研习方向上可于职场轨则之外追求独立科学性创法。人文学者与思想家等须按照客观条件而安排个人之"进退选择"，即均须按照两个不同的条件系列来综合判定个人之内外两域之"行与藏"的策略。一个是伦理性原则，一个是客观条件，二者缺一不可。如非如此，所谓客观条件即可随意判定而无须伦理原则之限定了。

本指令句的现代意义首先缘于现代学术社会中已将传统上强调的"主观伦理性原则"代之以"客观律法性原则"，后者已成为职场功利主义化的学术制度之组成部分。所谓现代人文学术领域内之"仁者"，自然指有志于将仁学伦理学义理应用于人文科学和精神文化领域内实践的知识分子。本章文句在"实意"上可谓今已完全失义，因"用之""舍之"之社会文化性条件古今迥异。在此意义上，本章之寓意须代之以本书选论的其他类似章句之确解。否则，本章之直意恰可成为学人消极混世、遇挫即避的"弱者有理"之人生观指南了。不幸古今人文知识分子多属后一类型。

7-11（续）. 子路曰："子行三军则谁与？"子曰："暴虎冯河，死而无悔者，吾不与也。必也临事而惧，好谋而成者也。"

对比项：蛮勇/义勇，深谋/慎行。

意旨：仁者勇于行，必先以仁导其勇于正，以智速其勇于成。

旧解摘要：

《集注》："惧，谓敬其事。成，谓成其谋。言此皆以抑其勇而教之。"《皇疏》引缪播云："圣教轨物，各应其求，随长短以抑引，随志分以诱导，使归于会通，合乎道中，以故刚勇者屈以优柔，俭弱者厉以求及。"《四书困勉录》："周宗建云：'圣贤经世之学与心性之学不作两撅……子路三军一问，色相炽然，故夫子把经世大机局点化之，亦正欲其体认到里面去也。临事二语，此是千古圣人兢兢业业之心肠。'"

含义引申：

仁学实践学内含克难勇行之义，而孔子指出必须区别血气之勇与义理之勇，从而较古希腊哲人更细致地辨析了作为基本品德的"勇"。本章内容似为与前句颜渊之问对比中所言，一者言退守之义（狷），一者言勇进之义（狂）。诸旧解中又可见清儒泥据其古字学而随意为解者，如俞樾竟然将本章中之"成"字释为古"诚"字，遂有"阴谋诡计又非圣人所与也，故曰'好谋而诚'"。本章之旧解中仍以《集注》为佳。

本章特言勇与智的并存关系，指出世人习于对血气之勇本身赞佩，而无关于作为品德的勇义。"勇"为仁学实践学的动力维之品性，如无勇德（克难意志力与行为驱动力）即无以"成事"，故《论语》多处均强调"刚强"品德等均需有"勇"之支持。但对仁学而言，"勇"是为"仁"（价值及其目标）服务的，是相对于仁与智而定其内涵的。后半句中的"慎"与"谋"均属于"智维"，在此亦相当于将勇与智相连，借以强调无智慧不足以行仁，而无义勇亦无从行仁与智。任何待实行的仁学计划都有赖于智勇双全始可有成，故无智之勇力不足为贵。况且历史上最具血气之勇者多为各种"天性暴虐者"，此等凭血气之勇在历史上称王称霸者常为中西史家赞为"英雄"，本章贬斥蛮勇崇拜，正相当于对"何为英雄观念"做仁学之"正名"。

仁者之勇为义勇，而"义"由"仁"而定。孔子以此特点显示仁学实践学的风格。与世人一般地称赞勇敢不同，此勇敢必须配以仁义动机和目的始成为品德（否则恰成为品德之反面，并为野兽之第一特征：野兽靠勇而得以生存也）。所以仁学实践学虽强调刚勇之重要性，但并不是泛泛地鼓励任何冒险行为或施暴行为。其一切品德都为实践仁学之工具，故诸相关品德之统合作用必须朝向仁学目标。正是在这一点上仁学表现出明显的仁学实践学的统一性和系统性。（而俞樾等儒家正欠缺此种整体性思考能力。）

从实践智慧学角度看，品德或品质都是仁学行为过程中待用的"品德元素"（相当于中药处方中的各种"药分"）。简言之，勇须与智、仁相匹配时才成为正面品德因素，此所以有三达德之教。此一仁学品德性思想方式自然与当时及在先商周时代（时离"丛林时代"未远）崇尚武力本身的观念不同。通常情况下，勇成为重要品德因其与各种利得相关，勇为夺利、护利之性格能力之一。而孔子之革命性伦理学思想的突破，特别表现在此"人道主义"（仁爱、仁德）的勇观上，通过使勇力决然与道义相关联的观点，而在人类几千年遵行丛林法则的历史过程中，于义理上否定了以因具蛮勇与狡诈而获得的任何暴力征服成就为"伟大"之错误观念。继而战国时代孟子于诸统治者持"以勇争霸观"之际，更为明确地以其人道主义仁爱观对立于自古以来视为"英雄气概"表现的"暴勇侵伐观"。（读《资治通鉴》"五胡乱华"史部分可知，暴勇非仅作为统治者争权夺利之工具，更成为"欲念"之对象本身：权力者"喜爱"残暴本身相当于常人喜爱美色，故有不时以杀臣妾为取乐之方者，至于动辄"坑降数万"更已成为常态；君臣之间、大臣之间略有嫌隙，即置对方于死地而后快，更属比比皆是。此等人性之暴虐，绝不亚于秦皇，岂可将其一概纳入"中华文明史"之列?）于是可见，勇力本身恰正是历史上弱肉强食、耀武扬威、迷信崇拜以及一切征伐伟绩之行动力要件。因此，孔子特于本章将此"暴勇"品质排除于仁学价值观之外（如对比于柏拉图对话录中关于"勇"之辨析，《论语》所谈者较其细密多矣），正因此来自动物性根源的品质，恰亦为人类恶行可能性之身体性条件。

现代意义：

本章分前后两段，分别谈及颜子与子路两种性格与行迹相反的弟子典型，以综合地、平衡地表现"狷"与"狂"两种仁者类型。在庸众懦弱背景前孔子曾盛赞"狂者"之勇于行，而在扩大语境下，孔子通过"狷者"人格型范表达出其最深、最高的人格理想。应该说，孔子对"狂者"和"狷者"的优劣排序是依境而定的，在社会现实中因人文学者往往乏刚勇之质，故特以之激励弟子"勇于义行"。借此简要比喻孔子如此智慧地将人类的"勇"观一分为二，而蛮勇和义勇对比之间更引申出"外勇"与"内勇"之别，遂可进而高树一种仁学特具的"内勇"（精神之勇、学思之勇）价值观。"智仁勇三达德学"于是得以成立。

作为仁学之"本学"的内实践，如无义勇之力亦绝难实行。颜子角色遂成为深具内在刚勇坚毅者之型范，此型范完全不同于后世儒家道释说等附会颜子大名而对其性格进行的道家式歪曲性想象。仁学实践学"刚勇"之义，遂从政军身体行为表面上的"勇力"品性，深化为精神文化行为内在的"坚毅"品性。此一品德学的实践性转换也就具有了普适性特点，今日得以进而扩大用之于现代人文学术世界。因此本章对于现代社会、文化、学术事业革新的任务而言可谓同样适用。仁学之"狂者"（积极进取者，承担道义者）虽必具勇气，但亦必为"好谋以成"者，因"勇"品质必须辅以"智"品质始可达成。仁学实践学非不顾成败之学，而是在合理范围内积极求成功之学，唯仁学"成功"之义涉及多端，非可一律量之。就现代人文科学革新重任而言，所谓"勇"即指学者有于学术权威垄断压力下敢于在思想上违势创新之科学实践意志力，与其相连的"智维"即指能动性的新知、新学、新理。进学意志力与现代知识论的结合方可有助于达至新仁学进取的目标。

【关于仁学之"勇"的历史解释学申论】

由（政军域的）力勇转换至（文化学术域的）义勇，由义勇内化为三达德结构中之勇维，再从此勇维具体化为意志力机制之动力核心。这样，仁学将一勇字最终"落实"到了"意志机制"之"动力区"，此可谓仁学实践学之最重要的创发之一。对此划时代的、由暴力征服所需的身体之勇向伦理实践的意志之勇的转换，孔子仅以"我未见刚者"等章喻指之。《论语》读者须于此类章句中读出孔子精神之潜在深意。其后孟子反法家权力哲学思想继之而起，直至千余年后王阳明"尊德性"所侧重的"力行"说，均相关于此一孔子原始的"义勇论"。我们现代人文科学及精神文化事业岂非正须继承此伦理实践学意志力以作为人文科学实践中唯真是求的一种"自动力"？

7-12. 子曰："富而可求也，虽执鞭之士，吾亦为之。如不可求，从吾所好。"

对比项：为官/行道，处逆/自学。

意旨：仁学实践始终处于求禄与求道的张力关系中，二者之间必取"义在禄先"的选择性次序。

旧解摘要：

《集注》："苏氏曰：'圣人未尝有意于求富也，岂问其可不可哉。为此语者，特以明其决不可求尔。'"《四书辨疑》："苏氏过高之论，不近人情。富与贵人皆欲之，圣人但无固求之意，正在论其可与不可，择而处之也。"《论语补疏》："《易传》称'崇高莫大乎富贵'，富贵非圣人所讳言，但有可求不可求耳……如可求则为之，如不可求则不为，圣人之言明白诚实如此。若以富而可求为设言之虚语，此滑稽者所为，曾以是拟孔子乎？"《颜氏家训》："君子当守道崇德，蓄价待时，爵禄不登，信由天命。"《岭云轩琐记》："无圣贤欲仕之心。而徒求青紫之荣、鼎锤之奉者，古今来项背相望也。"

含义引申：

仅从程氏《集释》中摘录数条，已可见古人相互意见之矛盾抵牾，从而可见历史情境和义理要求之间的错纵复杂关系。古代读书人的思想混杂性亦属其历史与文化环境中产生之自然。秦汉以来，书籍制作和教育学术职业制度初步成形，遂导致伦理性理想与现实性环境之间的先天不一致性日趋僵化，也即：所谓仁学思想已被纳入帝王制度的儒学意识形态系统，其原初伦理逻辑整体化格局已被拆解，其思想被功利主义选择性运用，致使读书人的任何社会性实践均被加以定式化，以使之彻底服务于帝王集团之需要。《论语》诸旧解对于孔孟主张的理解差异，还源于未注意到指令句的教谕"对象”之定位问题：其所指为特殊圣贤还是一般读书人？所谓“不近人情”，是相对于后者而言，而按苏氏解法，所指则为前者，二解并不矛盾。另外，“富贵之求”也内含二义：求位以济世还是求位以谋私。两种不同目的都需求同一手段。此章诸解中仍以朱注所引苏氏言最为贴近仁学本意，其章句主题非在于如何求富，而仅在于以“其义不纯”的富贵为主题之背景，借以凸显仁义价值的纯粹性。颜氏之“蓄价待时论”则已偏离本章主题，即将仁者形象庸俗化。而清儒焦氏以汉儒伪制之《易传》解之，反提供了儒学如何歪曲仁学义理之例。

实则，本章之正解应为：真仁者不当有“以仕求禄”之心。古人不能区分以下二者：“求仕必有禄”与“求仕不为获禄”。前句指客观直陈判断，后句指主体动机所在。本章表面意似为“吾亦为之，如不可求”，即“如何求仕”问题，但如知《论语》的语式与语气的委婉间接喻示法惯例，即可读出其前述的“言外义”。但旧儒解者中颇多“读不出”孔子本章旨意本为在理念层次上强调仁学实践之纯净性，而非指儒教历史现实中大多数士人之混合心态与混合行为效果（仁学与儒学之混存效果）：读书做官论。至于实际上大多数儒士之实用主义心态，正如清儒李威所言，实乃源于其一贯偏离于仁学本义。

此章在对比富贵与道义时，所谓“可”者，相通于道义也。从而进一步将富贵（也就是以富贵代表的一切人之利得欲念）去其伦理学相关性。也就是指出，自然利得欲念本身乃伦理学中性物，无善无恶，其善恶乃因其相连于道义问题。故如富贵或合乎道义或无害于道义，自然可以追求，甚而由贱而趋贵，或以贱业得物利亦无妨（勉强解之）。但此章的仁学相关性，并非如表面上所暗示：君子于义不求富贵，主因求富者多不义。仁学之相关性对象为富与义相关关系，而非富或利本身。“富”是利的一端及求利的手段。本章重心非在于暗示仁者亦有求富之欲念，或仅欲指出“求富有道”（如今日常人及商人所习言者），而在于强调物利问题本身非仁学伦理学相关项，正如“性”的问题非仁学伦理学相关项一样，虽然它们也均

543

属于人性之自然欲望范围。只有当此类自然欲望涉及人际关系伦理正当性问题时才成为仁学实践者须加以克制者。此处表达的仁学"富贵观",正如仁学之"性观"一样,均与各种宗教禁欲主义存在着本质上的差异性。因禁欲主义及随之而生的戒律制度等,实为教派权贵势力控制信徒心言行之意识形态工具也,其目的正在于限制信众之思想自由。

现代意义:

本章诸义解均直接相关于今日人文学者思想家之困境,因前述帝王时代的半公半私的"求禄位"渠道,今已完全被"解放为"为私而求职位的合法渠道。即:合法求私人生观已被视为人间正道。人文科学事业内的成员求私利(名、利、权)与求公义(真理认知与实践)的相反动机和目标,可均被纳入同一职业制度化渠道,从而必然产生在此同一渠道内"公私冲突"之张力关系,而科学求真事业则必因此而陷入难以真实前进之境地,因最有效之求利策略无非顺从"学术之市场价值规律"(交换价值),而非遵行学术真理之内在价值(真理价值)。所以,今日现代人文学者仍然需要回归《论语》此类指令句之原初启示,以明确认知及解决现代人文职场环境下的"义利之辨"问题,此人间永恒存在的动机问题也直接相关于现代人文科学能否朝向科学性发展。

7-14. 子在齐闻《韶》,三月不知肉味。曰:"不图为乐之至于斯也!"

对比项:危逆/义安,物欲/心灵。

意旨:君子遇困临危,处之泰然,高瞻远瞩,于诗乐自娱中养志待时。

旧解摘要:

《集注》:"不知肉味,盖心一于是而不及乎他也。"《论语集说》:"……盖忧感之深也……其殆伤今思古,故发为此叹与?"《朱子语类》:"所思之事大,而饮食不足以夺其志也。且如'发愤忘食',

'吾尝终日不食'，皆非常事，以其所愤所思之大，自不能忘也。"

含义引申：

本章旧解分歧。首先，一切本历史故事推测孔子当时遭际之言皆无取。其次，多有就"三月"之长短、"肉味"之有无等实义为解的泥执字面之腐儒。更有明智如韩愈、程氏等误入孤立解字之途而致随意改"月"为"音"之议。比较而言，仍以朱熹理解较为合宜，因其坚持就相关句本身求解，而避免援引传说故事及据故事添枝添叶以进行附会。于是，"三月"不过是泛指时间之久，"肉味"不过喻示精神之昂奋可导致物欲降至极次要程度，即通过将物欲贬至最低以将灵欲拔至最高。本章描写仁者处逆时仍可因乐音感动而维持其精神纯洁、心气高昂并怡然自得之意态。仁者此一精神之内力可于逆境继续强劲如常，以见外境不足以撼动内力。其一般喻示为：物质艰困和精神振奋可同时存在于仁者困顿生活中，此亦源于致仁者平素专意于人格修炼之效。有此高尚胸怀与坚毅心志，仁者方可无入而不自得。本章与下一章在主题与风格上相同，可相互参照。

现代意义：

本章之描述，既牵连出历来泥古者之妄加想象与史事比附，又反映出其夸张式描写情境下之深刻寓意。对于现代而言，其社会政治含义可谓全失，但对于命运多舛、前途未卜的现代人文科学而言，此一君子处危困而志愈坚的情态，正足以喻示今日人文理论家所应禀具的主体伦理意志力品质。

大体言之，本章含蕴两对重要仁学实践学对比项。一者，以孔子角色为代表的仁学实践之外实践目标之不可行的理想，与其因此而陷于的极端（安危）逆境之间形成必然的现实反差；再者，在逆境中凸显的伦理至上的精神追求与自然克制的身体欲念间的对比。后者的永恒意涵为：人类生存不同于动物界之生存，其精神生活价值诉求应远在物质生活（相当于身体生存）价值诉求之上。名利欲求的中心实为以身体欲念（食性）满足之利益追求（名利权），此似已成为现代商业化社会中人类普适的自我物化价值观。因此，在现代文化与学术社会中，古典仁学的作用首先在于复兴现世精神至上的伦理价值观（本质上此不同于宗教宣扬的来世精神至上观）。唯有在此价值观的引导下才谈得到遵循精神文化、科学真理、伦理正义的人生观与治学观。至于另一顺境与逆境对比观的现代寓意则在于：人文科学的科学理性化提升的目标，首先面对的即是由科技工商及其感性文化带来的人文学术思想趋于全面物化和商品化的危机。于是，有志于参与此人文科学革新大任者首须意识到此客观逆境之巨大"挑战性"。本章的孔子人格气象岂非表现出了一种足为士君子永恒典范的伦理精神英雄主义？

7-15. 冉有曰："夫子为卫君乎？"子贡曰："诺。吾将问之。"入，曰："伯夷、叔齐何人也？"曰："古之贤人也。"曰："怨乎？"曰："求仁而得仁，又何怨。"出，曰："夫子不为也。"

对比项：弃利/取义，求仁/得仁。

意旨：仁者陷困处逆，志意弥坚，能行"尽其在我"即已达仁，事之有成无成，非所虑也。

旧解摘要：

《集注》："卫君，出公辄也。灵公逐其世子蒯聩，公薨，而国人立蒯聩之子辄，于是晋纳蒯聩而辄拒之。时孔子居卫，卫人以蒯聩得罪于父，而辄嫡孙当立，故冉有疑而问之。"《集注》："伯夷、叔齐，孤竹君之二子。其父将死，遗命立叔齐。父卒，叔齐逊伯夷，伯夷曰：'父命也。'遂逃去。叔齐亦不立而逃去之，国人立其中子……盖伯夷以父命为尊，叔齐以天伦为重，其逊国也，皆求所以合乎天理之正，而即乎人心之安，既而各得其志焉。则视弃其国犹敝蹝尔，何怨之有？"杨名时《论语劄记》："伯夷求仁而弃爵禄，此正忠孝天性之所以常存，人心所赖以不死耳。"

含义引申：

本章内容相关于传说中被理想化之伯夷叔齐争让大位之故事。旧解多据不同历史记载辨析其义，我们只将这些相关传说和故事作为理解本章寓意之语境看待，并非视之为历史实事。孔子的答语"求仁而得仁又何怨"为全章之旨，即孔子借此历史故事以表达古之仁者弃利取义之举乃纯出于仁厚秉性，其去就之义自与俗常贪利者异。孔子以此故事反讽当政者争权夺利之态，并显示仁学对权力本身价值轻忽之态度。权力仅因其相关之实行目的而被赋予价值，其本身非伦理性价值也。

现代意义：

本章中孔子的答问正可被引申以说明，今日人文学界有志于追求人文科学真理者，应该及可能，在世界商业化大环境中，不为变局所动，利用三达德以坚守"义利之辨"原则，续行其以学求真之素志。古人对"道"与"禄"的伦理实践学关系的辨析，岂非完全对应于现代人文学界内之"求职谋生"与"追求真理"的区别性？学者唯有持此"求仁得仁"（相当于"为真理求真理"）价值观，方可担负新仁学所期许的人文科学革新事业。

【关于"求仁得仁"的历史解释学申论】

本章"求仁得仁"因已成为俗常套语故而遮蔽了其伦理价值观及实践论深意。本指令句不仅重申"只计其谊不计其功"之旨，而且直接触及士君子处对人生困顿之智慧。"学为己"，"射不主皮"，"如不可求，从我所好"，"于我如浮云"，"乐以忘忧"，"君子居之，何陋之有"，《论语》中无数此类表达，均直接、间接在实践学价值观上进行了一种类似于"符号学所指者"的精细分辨：何为仁学实践的"目的"？此仁学目的观因其具有"双侧对象"而成为孔子思想创发力之关键：主体界"所指"和客体界"所指"，即同一实践过程中主体侧动机之"持恒"与客体侧目标之达成，分属两套既相连复相异之过程。内外所指之间，前者为主，后者为辅，仁学实践之"成"首先验之于内侧，其次方验之于外侧，而即使外侧"成果"之验，亦基于其作为反射内侧运作成效之"功能"。故，仁学实践学处处以心志动机上三达德诸维上之"内成"为其"实成"，而视与其相连之外界"成效"（外成）反为"副产品"，如此才可有"君子无入而不自得"及本章所言"求仁得仁"。

本章此处之"仁"作为实践"标的"，则专指"心志之安"，即三达德内实践域上的"实成"或"实得"。在此意义上，我们才说仁学即心之学。那么，此种解释是否可讥之以"诡辩法"呢？非也。因其具有客观性的认识论根据：一者，人之行为的外部结果根本不可全由主体意志力操控；再者，仁学实践必须始终合乎仁学价值观，如此始为仁学之实践，而唯有仁者心志可行其基本三功能：动力、指南和验证。故仁学实践学必以其内学为主，而于其外学，或外实践，则仅可以行"尽其在我"为安。而此处之"我"须为由三达德内实践为之定位之"大我"，而非任何机会主义、实用主义、弃义求利之"小我"。"学为己"之仁学，岂非亦是"正己成我"之学！

此外，正是缘于内学与外学之间的特殊因果性关联（仁学实践学的内外双侧性），内学本位说才具有真正的外实践效力。三达德的每一维都对应着外实践相应运作维（智、仁、勇对应着"方向性、技术性、动力性"），故为了有效促成外实践，首应"下手"于内实践。实践主体与其外实践目的之达成，仅具有相对性或概率性，主体侧之外实践关切，仅可合理地相当于"对外在成果的概率性关切"，即努力增加其成功概率而已。仁学归之于"天"（自然力）者，则为主客关系中无法完全触及的"诸突现于实践过程中的客观因素"。而另一方面主体为了确保其外实践运作成效概率之"最大化"，仍只能、只需落实于内侧。此一实践学智慧岂非兼具其合理性及成效性？此直接惠及主体的"成效性"正为本章"求仁得仁"内所含之"察其所安"，即安于其内学中尽其在我之运作。

7-16. 子曰："饭疏食饮水，曲肱而枕之，乐亦在其中矣。不义而富且贵，于我如浮云。"

对比项：物艰/安仁，富贵/失德。

意旨：君子在物欲享乐与精神升扬之间必以后者为先，此所谓"富贵不能淫"也。

旧解摘要：

《皇疏》："此明孔子食无求饱，居无求安也。"《集注》："圣人之心浑然天理，虽处困极而乐亦无不在焉。"《读四书大全说》："圣人之于土皆安者，于我皆真，富贵贫贱两无碍其发生流行之大用，故曰乐亦在中，贫贱无殊于富贵也。"《朱子语类》："乐亦在其中，此乐与贫富自不相干，是别有乐处。"《焦氏笔乘》："疏水曲肱，箪瓢陋巷，孔颜之厄穷抑已甚矣。一则曰乐在其中，一则曰不改其乐，此岂勉强以蕲胜之哉。勉强不可以言乐，勉强不可以持久，则孔颜之为乐必有以也。"

含义引申：

富贵贫贱为人性自然欲望之对象，却并非仁学实践学的相关性对象，仁学实践学即鱼与熊掌不可兼得时之价值观选择学。由之而产生人生中无尽之主次之分与取此去彼之择。

本章之"视若浮云"与前章之"不知肉味"等对待贫富态度之论，乃为以此夸张式比喻来凸显人生价值之轻重观。此两章所表达的对物质性享受之轻忽实仅相对于仁学高标伦理精神价值而言，非意在排斥物欲本身，故与任何宗教禁欲主义不同。此类通过精神与物质的对比进行抑扬褒贬的修辞术，与其说其旨在于贬低物欲，不如说在于使物财及其享受不得成为伦理性实践之干扰因素。因此，本章对此反差对比之修辞术关键尚非足以表之于一"忍"字或"安"字上，而竟可夸张式地表之于一"乐"字上。而所乐者自非贫困本身，而为贫困条件下之伦理精神实践之快意本身。故此章再续前章意，对于仁者，物质艰困不仅不足以怠其心志，反而可逆向导引其愈挫愈勇；不仅可使其安然受之，而且可进而使其欣然乐之。同理，对比于不义之富贵，不仅不以未得之为失，反而视之为伦理选择学上"非相关物"而可忽略之。

孔子指令句偏好于陈列艰困与理想的对比张力情境，正为一般人性所难以抵御者，故持之为士君子进学所须经受之考验。孔子深悉，所面对之艰难困境固然牵连于身体性痛苦，而更相关于人际攀比习俗中的社会心理性"耻感"（故此一"耻"字的双义性乃特为孔子所善用者：世人以贫贱为耻，而孔子反其道用之，即以不当所得之富贵及名实不副之窃誉为耻）。因为名利权追求的最深动机实为心理性的，即人性中企图高人一等的虚荣心和相对于他人的支配欲（此即千百年来社会等级制度行之有效的人性心理学根源：封建等级制度提供了强者欺人、懦者受欺之社会性机制）。此种绝大多数人必具的名利权意识，遂被视为仁者成人实践之大敌，故须通过此偏正对比法以形成同一人性中之"求义端"与"求利端"的对峙心理，借以促发求仁者历练其克己向仁之机缘。唯于困逆中能坚守素志并可自得其乐者，始可为其向仁意志坚实之证。本章孔子自述心志，故特具鼓动士君子向仁之劝谕性功能。在基本价值观上，如读书人能够通过对此类指令句的熟读及涵泳而渐渐启发自身向仁性向，并于现实中践行之，方可谓善读《论语》并可有得。如徒知论述及交谈《论语》章句以自娱愉他，却不涉一己身心言行之实际，如此则反有沦为借孔子大名以欺世盗名之虞。

现代意义：

揆诸现代社会世情，名利权欲念仍然为人文学者追求人文科学真理之大敌。然而，名利权人性欲念与科技工商军政者合法求利行为完全相合，其外在行为之"合义性"相当于"合法性"，此可由客观强制性法权加以管束使之不愈矩。然而此一外在性制约力并无涉于其内心名利权欲念之存在。就学者和其对待学术实践的态度与方式而言，人文科学学者与自然科学学者和社会科学学者，均大为不同。故今日全球化时代科技工商人士可谓"如鱼得水"，其私欲与其工作目的完全一致。而对于人文学者和精神文化创造者而言，二者（私欲与工作正当目标）之间却充满矛盾，此正为现代人文科学难以沿科学化方向前进之人性内在原因。

现代法制社会的社会性舆论全异于古代。古代虽然将个人伦理性理想通过制度化"变形"，纳入服务于王权的特定实践轨道，但其内在理想本身可能仍然隐在，故可相对地维持其仁学信仰情怀。而现代社会中此个人式理想已然失去独立存在的可能性，社会人无不成为依法履行社会规则之（制度化的）职场技术式人员。各领域知识分子均按此方式有序生存，此实为人类法制社会之进步自不待言，然而其副作用却正表现在人类相对于自身及其历史的科学求知实践方面。在同一法制化社会中人文知识分子在职场全面制度化环境内成为了"依法制技术化规则行进之程序操作员"，而此程序化规定并非一定朝向于人文科学真理方向，而是多半自然朝向于文教制度规定的市场化价值方向，因唯后者可为学人最终带来物利之得。于是，世界各地人文学者，如不具伦理性价值观或人生观，必易受制于其内心之名利权欲念，从而逻辑地遵行着职场内功利主义规则行事。

由于一切人文学术思想活动仍需在职场制度性轨道及其规范章法中进行，故学人不得不陷入自我生存的矛盾张力中：一方面为学术真理追求所要求的逆（商业化之）势求进之独立自由探索精神，而另一方面为现代社会生活方式迫使人文学者不得不遵行既定职场制度化程序要求。在此情况下，人文学者如欲超越此一市场化、制度化的局限性，唯有首先回归以学求真的传统意识。因此我们发现，古老的东方仁学实践学今日出乎意料地显示出了一种现代化的伦理精神教化功能。当然，现时代的新仁学，不可能、不应当成为海外新儒家运动鼓吹的那种（根本不可能实现的）文化学术复古主义，而是应该以其具有永恒效力的人本主义内实践伦理观，来激发、引导现代人文学者及精神文化创作者复兴其传统伦理学信仰，促其投入新时代人类理性所需的各种新型学术外实践活动。

7-17. 子曰："加我数年，五十以学易，可以无大过矣。"

7-18. 子所雅言，《诗》、《书》、执礼，皆雅言也。

对比项：以学为志/学以为文。

意旨：仁者学以致仁，据义为文，能尽其在我，即可谓达仁，何复他求。

旧解摘要：

《九经古义》："《鲁论》'易'为'亦'，君子爱日以学，及时而成，五十以学，斯为晚矣。然秉烛之明，尚可寡过，此圣人之谦辞也。"程树德按："《鲁》读不谓学《易》，与《世家》不合。陈鳣曰：'《世家》云孔子晚而喜《易》云云，是作"学易"为得，故郑定从《古》也。'近人多有主此说者，皆好奇之过。"《皇疏》："所以必五十而学《易》者，人年五十，是知命之年也……又引王弼云：'《易》以几神为教，颜渊庶几有过而改，然则穷神研几可以无过。'"程树德："《皇疏》此释语最精谛，为本章正解，故特著之。"《集注》：

"愚按此章之言《史记》作'假我数年，若是，我于易则彬彬矣'，'加'正作'假'，而无'五十'字。盖是时孔子年已几七十矣，五十字误无疑也。学《易》则明乎吉凶消长之理、进退存亡之道，故可以无大过。盖圣人深见《易》道之无穷，而言此以教人，使知其不可不学，而又不可以易而学也。"《四书辨疑》："王溏南曰：'《经》无赞《易》之文，何为而知为是时语乎？'此言甚当……孔子天纵生知，不应晚年方始学《易》也……皆为曲说。此章之义，本不易知，姑当置之以待后之君子。"程树德："《邢疏》云：'《汉书儒林传》云："孔子盖晚而好《易》，读之韦编三绝，而为之传。"'是孔子读《易》之事也。"《集注》："雅，常也。执，守也。《诗》以理情性，《书》以道政事，礼以谨节文，皆切于日用之实，故常言之。"《论语补疏》："此与上'五十学《易》'当是一章。"

含义引申：

本章句列原拟不收入本书，因现代研究已证章句中之"易"字为汉儒所妄改，结果使其章句意旨逆反于仁学义理。但因本章历来为《论语》解家争论之最，且可作为显示儒学如何曲用仁学之例，故仍纳入本书。

较具理性和理智能力的朱子，因同样为儒经意识形态所深限，故对本章"以儒解仁"之意图亦未能识别。而现代儒学者和国学者中信奉本章曲解之意者更不乏人，包括程树德君，遂多判定有关孔子读《易》作《传》之传言为历史真事。或因元代蒙古族统治下汉族儒教意识形态垄断有所松弛，元儒陈天祥反而能就本章文句之不通提出质疑，称诸解"皆为曲说"。历代解家争执涉及几个方面的儒教经学固有弊端：任意揣测故事为解释根据（孔子生平、年谱等不同传说），任意揣测"误写"之字（如"五十"为"卒"字误），依两汉儒家思想（主要是易学思想）解《论语》，特别是将几乎实为孤证的司马迁《孔子世家》视为关于孔子生平的可靠证据，如此等等。然而，诸错解之所以仍然具有学术思想史研究上的重要性，因牵涉到一个至为关键的仁学认识论大问题：中国思想史上《论语》与《易经》的关系问题。汉代制造的系统文本《易经》为儒家歪曲仁学认识论、实践论的"理论根据"之一。虽然《论语》与《易经》二书之宗旨与方法截然不同，但历代至今的大多数儒学解家对此缺乏理性辨析能力，因此今日我们从文本真实性及义解正当性两方面为《论语》思想性质正本清源，确实具有必要性。（参见《儒学解释学》与《仁学解释学》相关论述。）

【关于插入"易"字的历史解释学申论】

我们于本章同时录载了传说中的《鲁论》之文句，并采取了《论语补疏》的判断，将前后二句合一。按《鲁论》文句及《四书辨疑》意见，此章本无深意。其今日之特殊"深意"反在于可以用本章诸旧解作为前科学时代旧儒们思维欠缺逻辑性之证。而本章后句亦具有另类重要性：证明孔子时代根本不仅尚无学术文化而且也无后世供阅读用之书籍。所列孔子"雅言"实仅包括《诗》、《书》、"执礼"，根本无"五经"字样，此一认知非常符合《论语》全书内容。即春秋时代仁学之相关"粗简文本"仅含《诗》《书》二者（可能主要仅为口头传承，少量书写部分亦绝非可能具有"书本"形式），而当时之"礼"字非指文本，而指仪节和制度等事实性、行为层之存在，所以孔子用"执礼"来表达"礼学"，其义甚明。

按古代传说，孔子自幼好礼，该"礼"显然特指其精于仪节，而称其"好"之，不过表示其人自幼即深具敬老尊祖之心。即使此类关于孔子之传说，亦只能姑且听之，不须纠缠其可能的"细节"。因仅只以"精于执礼"表示孔子之学行，其单薄性何以符合如此博大精深之仁学伦理学思想？准此，单字"诗"与"书"等，亦根本非后世《诗经》《书经》等典籍之称谓，不过是意指当时民间所仅能触及之原始"文"形态，可能主要为诗歌及传说故事等"口头文本"而已。

"礼"字诸解家同样混淆了原始仁学和汉代儒学，而将同一"礼"字所代表的春秋时代之·"事"（仪节）与秦汉以来之编造的"经文"混为一谈。如此才会对本句中的"执"字究为何义感到困惑，以至于引生甚多曲解。本句列中前后二句如按仁学义理合并读解，则既可排除了《易》作为后世经书掺入之误，也可排除将其他经书掺入之谬，遂可使孔子时代的所谓"学"字"脱经学化"，以使《论语》文本尽量回归至其本然。当时所谓"学"不过是泛指人事之学、日常经验之学、人际正当关系之学等，此"学"实仅相当于"规矩"或"学规矩"。而区区三字"诗、书、礼"代表的项目，正为孔子仁学之"外学"当时主要可能的相关对象，但却足以暗示仁学之"外学"为朝向有关现世文化、文学、学术之类的"精神文明"之学，而非朝向传承久远的法家术士之争权夺利智术的"权斗之学"。至于《易经》之"理"与《论语》之"理"亦为两个不同概念，为两套截然不同之"思维方式"，不难一一证之（可参见《儒学解释学》上卷），此处不申论。

本章言简意赅，呈现的有关仁学之内外学间的"对偶观"，具有民族精神生命朝向性的深刻旨意。此即：仁学（专指其内学或"内核"）与精神文化间的相（互）对（应）性。其内实践与外实践的对应性，即为其内外学间的对应性。"仁学"是以其内学（作为内实践的伦理态度学）和外学（作为外实践的人文学术思想）在伦理性实践学上具原始"对偶相关性"为其认识论特征的。本章显示的仁学内外学原始相关性（相对性、相应性），在现代社会可同构地转换为伦理学和人文科学的相关性。仁学本身含蕴的原始外学相关性，遂于逻辑上自然转化为现代"主体伦理学"（仁与义）与"人文科学"（文与学）的相关性。这也是中华历史上的精神文明可与人类历史上的科学文明，在理念上与实践上维持着结构上的对应性之证。

现代意义：

本章意在澄清原始仁学的经验人本主义精神方向。今日首先应将现代各家"新儒学"循古代儒学意识形态方向而导致将仁学、经学、理学等混为一谈的错误认识论立场，进行彻底检讨和批评。而且，《易经》与《论语》《孟子》在认识论上的针锋相对的事实，相关于中国思想史和现代国学全域，必须加以深入的科学性的剖析。经此辨析可知，易学只可作为今人科学研究之对象，不应作为今人思维与为学之基础或方式。同时，进一步的"易学认识论批判"还可证明，不仅其本体论与天道论方向，而且朱子等所看重的《易经》具有的"吉凶判断智慧学"，也是在根本上颠覆仁学伦理学的人本理性主义逻辑的。《易经》不仅为历史上一贯禁锢中华文明人文理论思考方向之儒教意识形态教条系统，而且其作为基于变相法家力势主义的准宗教性经典，现代以来仍然被广泛用作制造封建主义迷信的伪理论化教义。《易经》可视为《论语》在认识论和实践论上的典型对立方。

【关于《论语》与《易经》相互对立的历史解释学申论】

本书作者关于《易经》与《论语》的关系论，可参见作者多种相关论著。但是，关于《易经》的现代科学性研究，早自五四时代即开始见诸现代史学家的著作中，然而坚持儒教《易经》论者不仅有众多国学文献学家，而且特别有一些现代哲学家们，包括海内外受过高等西洋教育的哲学家们。更无须再指出，其中包括大儒熊十力和"兼通中西"的台湾哲学家方东美等。此一《易经》于百年来直至现时代仍然为众多中国哲学家信奉的现象所导致的问题，已经扩及现代中外哲学家的"理论思维品质"的一般性问题，对此无法在此深论。其相关问题涉及传统儒家"理论思维形态"，现代洋学实用主义的"理论思维形态"，以及基于各种现代西方哲学流派的"理论思维形态"等等，其本质均相关于现时代人文科学理论前沿中的认识论问题。而当这些新知、新学、新理尚不为哈佛派、耶鲁派的现当代"哲学家们"所能充分领悟之际，仅凭洋学"基础学位"及对中华传统学术的"博学强记"是根本不足以驾驭上述古今中外理论思维关系议题的。

在此我们仅指出，《易经》与《论语》的本质性差异首先在于：前者的天道外力决定论和后者的人道内力决定论之间存在着认识论和价值观的对立性，由之引生的是"客观道德逻辑决定论"和"主观伦理逻辑决定论"之间的多方面的"认知对立性"。此问题可见现代欧陆现象学、解释学和符号学（这些都是深受既定制度化约制的北美主流哲学家们所并未如实消化的）等提供的多元跨学科思维启示性（不是指欧陆现代理论话语的直接价值，而是指其含具的启示性价值。在此，所谓"启示性"乃指"古今中外跨学科对话的新方向"所引生的跨文化理论新思维方向）。简言之，如果摆脱了中外哲学的形而上学、本体论对于人类伦理性思维的几千年干扰作用，我们就不难进而理解《易经》与《论语》的区别问题。对此看似仅为国学内部的争议问题，实际上相关于上述多方面的认识论、价值观的当前国际性学术争议，对此我们绝对不能听任人文学界内人为制造的国际权威等级制度及党同伐异的国际势力予以的垄断性解释。（特别参见本人在 *Semiotica* 刊物上的英文论文，此刊有网上电子版。）

7-19. 叶公问孔子于子路，子路不对。子曰："女奚不曰：'其为人也，发愤忘食，乐以忘忧，不知老之将至云尔。'"

对比项：发愤/忘食，乐学/忘忧，至死/不渝。

意旨：君子终生奋发，学以致仁，顺逆无违，死而后已。

旧解摘要：

《皇疏》引江熙云："叶公见夫子数应聘而不遇，尚以其问近，故不答也。叶公唯知执政之贵，不识天下复有远胜，故欲令子路抗明素业，无嫌于时，得以清波濯彼秽心也。"《集注》："叶公不知孔子必有非所问而问者，故子路不对，抑亦以圣人之德实有未易名言者与？"《四书翼注》："叶公问孔子，问中自有言语。此人楚之良臣，必知敬孔子。但圣道高妙，子路特难措词耳。亦《集注》后一说意也。"《皇疏》引李充云："夫子乃抗论儒业，大明其志，使如此之徒绝望于觊觎，不亦宏而广乎。"《集注》："未得则发愤而忘食，已得则乐之而忘忧……但自言其好学之笃耳。然深味之，则见其全体至极纯亦不已之妙，有非圣人不能及者。"《反身录》："常人之发愤不过为功名富贵而已，未得则发愤以图，既得则意遂而乐，愤乐无异而所以愤乐则异，能于所以处自奋自拔，其庶乎？"

含义引申：

本章为《论语》中最伟大的章句之一，意在呈现孔子作为仁者典范所具有的精神气度与风范，其意涵早已超出叶公之问所触及的现实层面上的问题。对于本章"写意式描述"，旧日解家中多有泥执文意与成说反不能直接把握文句精义所在者，如《焦氏笔乘》竟然首先注意句中不言"所愤者何""所乐者何"这类本无关于此句意旨的方面，因读者必应在《论语》全体框架内为任何具体文句加以"定义"，而不得在并非必要时而自行增添外加解释性的支持因素。但焦循之问实亦后儒全体之问。虽因《论语》时代之文化和书写与近百年来已大不同，其文简朴，实属自然，但此类简化句式（欠缺"补语""定语""主语"等）也自然显示了仁学初创时，因主客观条件之限，而呈现的总体上仅具"态度关系性表述"之特征。孔子诸指令句格言重点在于表达主体对论说对象的态度关系，而非在于表达对象本身，尽管也同时呈现出了对象之类别，即仁道理想与诗书礼乐等范畴。

此章再续前两章意，一方面通过孔子自述，再次描述仁者与常人截然相反的操守和心态，且能在其实践中一以贯之，始终如一。"不知老之将至"，一方面暗示仁者可安贫乐道，另一方面则暗示"学为己"之真义在于：仁者可进而以学习一事本身为目的，故必达至"为学而学"的自足境界，如此方可言"出处无不自得"，并可终生（于精神生存上）立于不败之地（"学为己"之引申义）。如仅为追求某种外实践目的而学，因须依赖外在可行条件之有无，则必难达至穷老不忧之境界。（此正为其后两千年儒者间常有的现象，皆因其未能充分践行仁学真义而受到儒教意识形态及其功名观之害。此亦为古代以"以学求成"代替"以学求真"之现象。）故此章可谓在文明史上首倡为学而学、为仁而仁之最高仁学价值观。

本章的启示性在于鼓舞君子修炼仁者人格，首先达成学为己人的生观，以此"生存自足性"境界为第一仁学目标（独善），唯在此基础上始投身于外实践之第二仁学目标（兼济）。如果第二级的仁学外实践失败，君子人仍可在其第一级的内实践方向上必然达成目标。所谓内实践之必然达成性，乃指其实践学方向的正确性，而非指其实践过程中之具体成就大小。"学为己"本身义在于"尽其在我"，而非在于其外实践规划目的之达成。仁学关于独善、兼济之第一、第二义（指主体选择在实践对象、实践方式与施为次序上的"个人性"与"社会性"，非指"内学"与"外学"），可谓最大化运作于内外两域的一种伦理实践学智慧。如有独善观之确立，当条件具备时，兼济之行的成功机会亦必增多。此一关于仁学的实践策略学之教，含义深远，故其"学"之哲学具有在多方面可能目标与方式间进行时空上相互协调的功用，而各种目标之实现均需要相应的多方面的、无止境的知识性准备。学之必要性永存，遂为学者的自我实践学调节提供了一以贯之的"可行性方便"，即可于外界条件制约下兼顾内外两实践域内之最佳互动效果。仁学非仅为择善固执之强力学，亦为求最大可能"真实效益"之智慧学。

【关于孔子以学为生义的历史解释学申论】

仁学的"学之学"可成为一种人生观和美学观，因其内涵有一种"双层目的性"："学"一方面是学者致其内外学、独善兼济学的"手段"与"过程",另一方面复可成为一种与其各种内外实践目标与过程相"叠合"的、"分离性"的存在。即:"学"本身即成为一"第二目标",一方面为其他目标之手段,另一方面其本身已成为一准独立性目标。"好学"境界即可证此义:此时之"好"一方面因其有助于通达实践目标,及所"好"根本上在于该目标,而另一方面其"好"之对象也针对"学之内容与过程"本身。故其"好"具有了"双对象",成为一种"叠合之好"状态。此"好学"之双重性,不可简单化地理解为学者对作为手段之学的对象之好,因学之目标本来即含有近期、中期、远期、终极之别,其全部过程中自然各有不同之"学的内容"(如小学为经学之手段,但其本身也为目标,故学者可同时爱好小学内容与经学内容;也如学者可同时爱好外语以及与外语所相关的"西学")。好学之双重性或双层性中的"第二层"甚至是对"学行为"过程本身之"好",它相当于一种"愉悦习性"本身,学之习性即学行为之持行本身成了生存过程本身。

学行为可引生学者的生存充实感,此效已独立于其内外实践学的内容与目标,该习性即是一种生存方式。所以仁学的"学之哲学"实际上为学者提供了一种精神生存之方式,后者之"身份(identity)"颇可比喻为宗教之"信祷行为"本身。宗教以"崇拜祷告"为生存方式,仁学以"理性学习"为生存方式。于是,好学之双层性,在仁学实践学上遂为主体之"安贫乐道"提供了"双料的保障性"。仁者之学焉能不"乐而忘忧",焉能不"不知老之将至"?

现代意义:

本章的现代意义全同于上章,即:义利之辨原则今亦成为人文学者思想家追求科学真理的必备人生观和价值观,如无此价值观,即如无此义利之辨价值次序观,则学者必随波逐流,以职业求成取代学术求真。本章之特殊表达意涵在于,不论外部遭际顺逆,士君子可始终达精神上"发愤"(基于内力)及"忘忧"(相对于外境)境界。如有此为真理而生存的信仰与意志,即如有此可在强大外力压强及诱力下坚持独立价值观、人生观的主体意志力,方有条件养成承担现代人文科学革新改造之伟大任务的主体条件。

如果仁学精神之存在及表现,能够于外界条件大不如今日的古代,千百年来史不绝书,我们即颇有理由期待其可复兴于现时代,特别当学者领悟到：今日仁学之"外学"领域已较古代千百倍扩展，其外实践目标之宏伟性及理智性已较古代千百倍增深、增实。古代因各种外实践的技术性条件未备，仁学之大目标仅只停留在象征性、记述性、诗学性表达层次上，虽可有限地发挥于社会政治领域，但主要存在于、表现于"泛文学领域"（传统上所谓史学实亦半属文学记述性类别，因其严格实证之科学性、技术性条件未备），也就是仁学之"外学"相当于"泛文学类创作"（即传统中华文明性格属"文学性"）。现代化今日，此一古代"泛文学文化"已然根本上转换到了"人文科学文化"领域（此所以说，不论中外，"文学"昔日具有的文化主功能，今已本质上成为过去式，其现代精神继承者为"人文科学"）。而现代人文科学要在其"知识性、科学性、可行性"的提升目标上趋近于自然科学和社会科学，使其关于"人及其活动"的认知，于人类历史上空前地趋向于可在认识论与实践论层次上发挥关键性的价值观引领作用。简言之，原始仁学（内学）将因其现时代外接了现代人文科学，而在文明史上跨入新的历史阶段。

7-20. 子曰："我非生而知之者，好古，敏以求之者也。"

对比项：生知/学知，历史/神话，人本/神本。

意旨：仁者必据现世经验及理性能力以学求知，非寄望于想象的、超越经验性的"外力"之启迪。

旧解摘要：

《集注》："尹氏曰：'盖生而可知者，义理尔。若夫礼乐名物古今事变，亦必待学而后有以验其实也。'"《论语稽》："时人所谓圣者，第在多闻多知、博物强识、不待师学传授而无所不知，故震惊之也。不知夫子虽生知之圣，而亦未尝不藉学以成之。其不居生知者，谦辞。其言好古敏求者，亦自明其功利之实也。"

含义引申：

孔子自述其知识思想来自人世经验本身，此为人类古代历史上何等超迈世俗之理性主义"奇迹"？此章一方面间接证实仁学之根源，既非来自神祇也非来自个别圣贤之独特发明，其学之"内容"必为袭自中华文明史以来之社会文化传统经验本身，也即其学之"材料"为其前中华民族历史上的集体智慧之遗存。即以孔子言，也非如后世儒家所虚构之"生而知之"者（此一古代儒家多有的圣化孔子积习，足证彼辈对于仁学本质并未切实理解），其人任何知识智慧亦必通过个人努力学习思考（其学习对象则是历史性"现世现实"）而始能获得。此一证言凸显了仁学的现世性和经验性。历代儒家违孔之言不绝，均欲通过将孔子圣化以实质上"颠覆"孔子此言所含之现世理性经验主义之深意：仁学价值观非个人单凭自力所创生者，而为孔门集团对民族历史经验进行整理后之所得。自然，此一"思想整合力"亦源自个人之天才创造，孔子师生将千百年文明史上混乱杂存经验材料中的"精华"加以选择和组织为一结构性思想整体，这样一种在特定时空中完成的"集大成"之作，足以被称为中华精神文明史上的第一贡献，其重要性远远超过史上任何帝王将相权力者之辟疆扩土业绩。

当时古人知识与思维样式粗简，尚未区分出以下三事：伦理性心智天赋、仁学伦理学体系建构和一般社会人生知识之学。其中仅第一项，即所谓"善根"部分，或可属于"生知"，而其他二者自然均属后天努力之习得。本章之要点为：仁学伦理学为人本主义经验性信仰体系，对其信奉和践行的关键主要在于人之后天智性努力（敏以求之），而非在于任何想象性的、超越性的天启。人类知识体系是通过人间文化性实践过程中的智慧积累而成就的，此与宗教体系通过祷告等非理性途径而形成的信仰方式完全不同。本章所谈的"好古"，实即指其所好之学为来自现世历史经验，亦为其学其思属于现世经验人本主义范围之自我宣表。孔子"好古"之言，相当于爱好人类历史认知，这不仅否定了任何"怪力乱神"之说，而且否定了易学之"天学"形而上学遐想，因"古"（殷商历史）乃指人之历史经验积累，非指任何天赐神启。本章可说是否定了儒教"天道论"（其"集大成者"即为《易经》）对于仁学经验人本主义逻辑进行瓦解之企图。

现代意义：

本章为仁学人本经验主义精神的最明确宣示之一，直接否定了仁学具有任何超越性，也进而否定了历代神化、圣化孔子惯习中之神秘主义，并同时对现当代各种新儒学、儒教原教旨主义者的伪孔主义予以逻辑性否定。不仅人间伦理学，而且一切人类的社会人文知识均应与自然科学一样源于人类的现世理性的、经验性的认知，其学既非来自天启，也非可归之于不可知的背景。此一对于人类伦理学、人文学术、文化研究等的理性主义立场，其实反与同样坚持此理性主义立场的科技工商界对其持有的蔑视态度相反（仅将中华文明史上最具特色的文史思想成就视为文物类准商品）。科技工商界自身坚持理性经验主义，但并不关心甚至否定人文学术的理性经验主义具有的科学性价值。此一"自我矛盾"的态度表现以及由科技工商界主导的世界社会文化格局（将一切文化思想成果商品化的世界潮流），已成为人文科学现代化、科学化发展的最大阻力之一。世界商业化运动，通过职业制度化、知识技术化、传播商业化的社会文化观，导致人文学科的科学化方向发展受阻。结果我们发现，科技工商的知识理论和行动方式均按照充分理性化方式进行，而却鼓励人文学术停留在其传统前科学形态上。其中关键的步骤即为瓦解人文科学及其伦理学的科学性性格，使其失去正确的推理能力。近年来我们可从海外一些华裔工商大亨对传统文化的投资方式看出，他们是如何企图通过金钱势力左右传统文史哲学术的发展方向的，而这些人文资金的提供者们仅具有科技工商知识背景，并无理解及判断何谓人文科学的发展方向的能力。

7-21.　子不语怪、力、乱、神。

对比项：神鬼/理性，仁德/暴力。

意旨：仁者持人本理性主义，既不受惑于神鬼崇拜亦不参与权势争夺，唯以促进人类伦理精神文明为职志，故在帝王将相残暴争

561

权史之外，成就了另一部精神文化史。

旧解摘要：

《集注》："谢氏曰：'圣人语常而不语怪，语德不语力，语治而不语乱，语人而不语神。'"顾况《广异记序》曰："欲观天人之际、变化之兆、吉凶之源，圣不可知，神不可测，其有干元气，汩五行，圣人所以示怪力乱神礼乐刑政，著明大道以纠之。古文示字如今文不字，儒者不本其意，云子不语，非观象设教之本也。"程树德："改'不'为'示'，已开后儒窜乱经文强经就我风气，故特著之。"《四书辩证》："凡答述曰语，此谓寻常时人虽论及，子亦不语之。"

含义引申：

《集注》所引上蔡谢氏"四句解"甚佳。程氏批驳顾氏窜乱之言固确，而尚未指出本句的伟大伦理学认识论在人类历史上的独创性贡献，其结果之一正是否定了后世"易学"所代表的儒教天学意识形态对原始仁学的理论性歪曲。易学、阴阳学、灾异学、谶纬学等儒教初创时期盛行的迷信思潮，其共同目的在于通过"天人合一"之迷信，妄称皇帝为"天"之子，以便为其权势系统制造超越性力势之"迷信根据"。汉代儒教天人互动意识形态迷信系统之丰富性及长期有效传承性，是与皇帝专制制度硬实力相辅相成的"软实力"之制作相互关联的。

本章为仁学属人本主义经验人性论之最明确宣示，而其仍然止于"不语"之怀疑论姿态的句式，虽非直接批评神怪超越论，却有力地反映了孔子仁学逆反时潮所坚持的理性主义伦理观。"不语"修辞术，适足以在历代迷信的传统势力与古代理性直观思维间的张力关系中，"以行事方式作为特殊表意之法"。此一以"不语"修辞学方式参与制作仁学伦理学的认知基础理性化的努力，在人类各文明体的历史中，独一无二地表现出了一种伟大的、文明伦理理性觉醒的民族性精神智慧。"不语"即间接表达了一种将违反理性的传统迷信惯习实际上排除于仁学伦理学"实践域"之外的立场，也即视一切怪力乱神为伦理实践学之"不相关者"。但此处的"不语"字还可合理地进而读解为"不主张"，而非仅止于"不论及"。其中四个

"否定"的性质容有不同：排除论域者（神、怪）以及否定暴勇倡乱者（力、乱）。一者的"不语"指将神怪话题排除于仁学伦理学论域，另一者的"不语"指按照仁学伦理学价值观对乱与力进行价值观的否定。而从历史学的角度看，神怪故事及将神话变为历史的习俗，恰成为帝王将相暴力权势系统制造自欺欺人意识形态迷信系统的一种历史人类学根源。

孔子戒除神怪之论前已言之，本章戒除力、乱之言相当于他章中的戒言战，也即孔子所谓"未闻军旅"之义。孔子有关（当时盛行的）诸侯争权夺利之战的言论，均相当于对权势者的恃强凌弱行为进行的否定，遂以"不语"而深贬之。继之而起的孟子之"第二仁学"于战国时代力倡非战之论。此外，军旅主题在此相当于攻伐战略，属于技术性范畴，于理应"存于有司"，而非关注伦理与文化的仁者之本务。（孔子有从政之志，自然不可能忽略军旅之必要性，此处之"不语"仅相当于不将军旅事务置入仁学"主题化"范围。）对于乱（乱局、叛乱、动乱）字之不语，亦相当于不语战字，而非不忧于、不关切乱局之意，更非不敢、不愿面对乱局之意。不语神怪，为仁学不信神（天堂地狱之类）、怪（占卜风水之类）之明证，而不语战、乱则源于仁学伦理实践的主题规定。此一主题界限的划定也显示了仁学伦理学原始的关注重点所在。战、乱皆属实用性政治层面，孔子未将此重要问题纳入自己的基本思考范围，也显示了仁学作为中华文明中精神文化方向学的"历史功能"，与政经军事务承担的"历史功能"的区分性与平行性，二者之间因此保持着认知观和实践观上的一种"功能性距离"。

此章中的"不语"二字不仅为其特有的修辞学手法，而且显示仁学深具理性怀疑论之性格（此为其千百年后可沟通于现代科学的内在原因之一）。也可以说，此四者均属仁学实践学的运作"边界性"概念，用以突出仁学伦理学之重心，并区分于同时存在的民俗宗教性信仰及权势集团相互征伐之法家权力哲学观。此类仁学价值观的曲折表达法，非仅相关于仁学宗旨，尤其相关于仁学实践学之运作逻辑一致性，故既不可在其实践方向上也不可在其信仰根据上，混同于其他信仰系统。

【关于人论与天论、仁学与儒学相互对立的历史解释学申论】

儒教最严重的违背孔子仁学认识论逻辑之处即在于将孔子所言作为实践学运作边界性概念之"天",曲解为具有最高、最后决定力的超越性存在之"天神",并以之论证帝王专制政治权力的"合法性"来自此宇宙最高权力者的"授权",因此皇帝被解释为"天神之子"。此为儒教专制主义意识形态采取此儒学式"政治宗教学"的真意所在。符合"共利"原则的人群社会秩序性的必要性遂被利用为维持特定家族集团"私利"("家天下")的欺骗性口实。当然,此一维持政治权力的宗教性意识形态实为中华文明几千年历史上始终存在的事实,传说中的孔孟时代亦不应例外。至于此一政治宗教意识形态的规模和精细化程度,则随着社会文化政治情势之构成的复杂性程度展开而各有其不同之后果及表现:从"无意识的"茹毛饮血时代到殷商神鬼时代,再到周礼时代等。只是到了秦汉大一统时代,政治、社会、文化规模空前扩大、发展和复杂化后,此一传统政治宗教意识形态的内容才发展到最高程度。

儒学学术系统的建立是为了满足新时代(政治、文化、思想、学术均空前丰富化后)的意识形态需要。其内容中的最具特色的因素即为将孔子君子学思想纳入,但通过增删编改及意识形态式导读而纳入儒教之新型的、大大强化了其封建帝王垄断性的政治意识形态体系内。按此,一方面,将传说中的孔子加以准神化或圣化,以其作为维护儒教意识形态的"教主";另一方面,其众多歪曲孔学中最本质者为:将孔子仁学的人本经验主义的"认识论-实践论层级"降低(如移孝为忠,将读书人塑造成为皇帝制度服务的忠顺臣民,为此首先将仁学者的"独立人格"予以"意志力去势化"),其结果是通过排除仁学的主体伦理学(主体意志自主性)而从根本上瓦解了仁学的认识论-实践论的"行动逻辑学"。简言之,儒教以其"天之子"的政治宗教奴性必然论,取代了仁学的"士精神"之读书人独立意志主体论。今日当我们将儒教儒学与仁学分离后,方可"恢复"仁学伦理认识论与实践论之本色。对此,本章言及的"实践学运作边际概念"的宣示,应该被推至新仁学的至高点位置。不仅在此认识论层次上,而且在儒教政治学、军事学的意识形态层面上,仁学伦理学对于历史上人类崇尚武力征服的暴力精神的贬斥态度也得到阐明。"怪力乱神"实可归为"神"与"暴"两主项,二者均为实际推动儒表法里之儒教霸道历史发展的基本要素。此又间接证明,仁学的本质是超乎政治史之外的，其所否定的法家权力哲学，恰在中国封建时代实际起着历史进程引导作用。

顺便指出，中外历史上思想观念的混论之一，颇多表现在通过将传统字词意义的人为变换及"歪曲性"应用，以使旧词服务于新意识形态观念。而在中国历史上，由于汉字的形义分离的特征，"汉字语义歪曲术"之运作更为方便，如神、鬼、天、道、儒、仁、史、学等等，可为显例。

现代意义：

本句之多方面现代启示性深意，可谓不言而喻。我们只需在此突出仁学和现代人文科学理论建设方向的关系这一点，将人之学（人文科学）与物之学、力之学、神之学、天之学，加以截然划界即可。本句的"四字教"竟然包含着认识论（排除神怪）和价值论（乱力）两大论域的基本立场明示。为此，现代人文科学的科学化发展必然也要与全球化时代的国际商业化功利主义世潮，以及与人类漫长历史中根深蒂固的各种宗教及准宗教信仰的超越性世潮划清界限。对前者，针对其价值观；对后者，针对其认识论。彼二者可和谐共存于世界，并各有其合理存在与发展的逻辑，但均与人文科学及其人本主义伦理学的发展逻辑不同。前者满足着人类的物质社会性发展需要，后者满足着人类的精神文化性发展需要。

【关于古书辨伪学的历史解释学申论】

战前"古史辨派"的开三千年学术风气之先的工作，随着抗日战争爆发，戛然而止。其杰出成果仅为中国科学古史学之初起，并非已经结束（同时代人有类似成就者大有人在，如张心澂氏的《伪书通考》，此为何等功力！）。虽然参与者乃历史上最后一代自幼尚有旧学根底者，其古书真伪辨识程度后人难以企及；但是这一代承先启后的国学先行者们虽均初步接触西方社会科学却尚未深入现代西方人文科学理论世界，故难以从现代历史理论层次上强化其学之认识论和方法论基础。因此，傅斯年说"现代史料学"尚非民国学人一代可充分驾驭者，其所完成的工作仅是资料学上的初步辨析整理而已。（其海外阶段的"国际性发展"，因挂靠在理论层次甚低的汉学学科，故已结构性地失去其民国国故学的文化背景和学术脉络。）

在此我们仅举出一例以示未来古史学现代化任务之重。此即现代国学界最称重要而艰难的"《书经》学"。《书经》文本真伪的辨析为古史辨派的主要项目之一,不仅为顾氏本人毕生着力的主题,而且可视之为有关传统学术思想研究中的重中之重,为此顾氏曾经开列了大量参考书籍及相关课题分类。按照顾氏的研究,其中最为肯定者即为《周书》部分。未来的《书经》学正有待于专家继续努力。本人在研读与撰写儒学与仁学关系时,发现与《书经》相关的传统论述中"于理难通"处多端,兹暂列读书感想于下以供读者参考。

1. 如《论语》初步编成于春秋末期,那时按照顾氏研究,至少几篇今传周书真文已经存在,何以解释《论语》思想与《周书》八篇在内容上几乎全无关系?或者可以说思想上根本对立!孔子思想的最大贡献在于去除鬼神迷信,而周书言必上天,而且所言俨如有人格意志的天神。

2. 《论语》中之"书"今已皆知非指今传之《书经》,而孔子对于"周礼"如此敬重,并特别是对"文武"二人,如当时已有《周诰文》存在,孔子岂能不知不读?如确已有读,为何《周书》中处处涉及的天人合一、帝为天子的思想,在《论语》中毫无共鸣或反驳?

3. 《论语》文本,从任何角度看,不可能产生于春秋末期之前,而《周书》如系"真文",即周初当时所谓史官记录者,当之后《论语》思想形成期间,孔子及《论语》编者必应已经得见。此一史实性推断及两书之同时存在,作为周礼大家的孔子竟然对之一无所悉?

4. 考诸周秦汉思想史,天人合一类思想的系统化主要发生于战国后期,也正是顾氏和钱氏所谓的"层叠式造古史"的时代。此一时代与两百年前孔子时代虽时距不长,但正是中国文化思想史快速发展时代,也是长篇"作文"初起时代。(《论语》文本由两部分构成:初期的简短格言体和后补的较长叙事体。后者与战国末期的文化条件吻合。此所以有"上论"与"下论"区分说。)即春秋及之前尚无长篇文本编写之意识与书写技术性条件(参见《儒学解释学》),此一推断与孔子不知、不论《周诰文》一事如加以合解可知,所谓"周书真本"说,其实尚难定论。不可仅据文字及风格为断,因此等古文字之后世延存的技术性条件并非不可人为制造(造假之技巧,可谓古今不绝),考之现代以来"小屯"伪造卜辞以及今人伪造古画古董之高超技巧,足证以伪乱真之术不可低估其成效。而如实物性以伪乱真术尚难核查,千百年前发生的思想类文本的真伪辨析的技术今日更加难以直接获得。推理逻辑性,应当是我们目前唯一可掌握的古学、古书辨伪法。

7-22. 子曰："三人行，必有我师焉。择其善者而从之，其不善者而改之。"

对比项：学无常师/无所不学，学而从善/学而去恶。

意旨：君子学以增知，以识善恶，以断因果，以决行止，以期成人。

旧解摘要：

《皇疏》："虽三人同行，必推圣而引劣，故必有师也……人不圆足，故取善改恶亦更相师改之义也。又引王朗云：'于时道消俗薄，鲜能崇贤尚胜，故托斯言以厉之。夫三人之行，犹或有师，况四海之内，何求而不应哉？'"《集注》："三人同行，其一我也。彼二人者一善一恶，则我从其善而改其恶焉，是二人者皆我师也。"《四书辨疑》："果言善恶皆我师，则天下之人皆为师矣，何必专指三人？亦不须臾言必有也。"

含义引申：

本章诸旧解辨异中亦多泥执于字义，如在对"师"字的理解问题上。此字古代实有二义："为人师表"之义及"可从其受益"之义。同一字，随境不同而可变义。古人读解今昔文本时多忽略此一常识性问题。程氏于按语中特指朱解不可取，反忽略朱熹毕竟较他人能更多从整体义理角度把握字义之变通情况。此章之朱解利用后世变通义反可更切近于该句原始之喻义。在此"人"非泥执某具体人，而为泛指文本读解中之"功能"或"角色"。本章之意无非表达学者应超脱身份、资历之俗见而积极向任何知识来源学习以增益自身，也即表达君子本学为己义虚心受知于任何可提供有用新知者。至于回归本章具体所言之"个人"，即被视作"师"之他人，自然可兼含善人与不善人二者，君子遂可从正反两方面获求知之益（知善与知恶同为获知）。

本章从古代之"学以为行"朴素表达法中区分出认知对象之善恶对错，其潜在的认识论原则为：将认知对象作为效法源与将认知对象作为知识源的区别性。遂知，小人与恶人之负面心言行本身亦可为重要的认知之源。君子必兼知善恶，始有能力确知因果。本章中所谓"不善者"亦可为"师"，即将"师"仅解为"从其得知者"。此"从"字可指"从师"之从，也可指"从其认知"之从。而后者中之"其"字自然也可兼指人与物。如狭义理解师之义，"人"可为师，但"人"亦可仅作为"认知之来源"，故无关于其人之善恶对错也。此章与"入太庙"章同意，非仅指君子应"见贤思齐"，首指应认知何为贤愚善恶，而无时无事无人不可提供有用之知解真相。"不善者"可兼指人、事、书、物，今可特别包括凡提供"真相"、特别是提供"隐秘黑暗真相"的知识源者。此亦仁学为人本主义的另一方面，因所谓"恶"即现世人性中之恶劣心言行，故应使其成为重要的认知对象。本章直意偏重于君子问学以成就自身之善与去除自身之不善，今可将其扩解为学者对任何善恶现象之"认知"。

现代意义：

此章今可特指为学者自应以力学为先意。古人无书时代，思想、认知、学习大多具口头与记忆形式，故其学之源来自他人之记忆，主要发之于言语；文化发展后学习之源自然以书籍为主，故"问学"多改为"读书"（他人知识思想之文字记录）。读书作为知识信息来源，"从之""改之"即为对此知识资料进行选择性的吸取与批评义。本章内"从之"为吸取正向资讯，"改之"为批评不正意见。"三人行"者强调不分界域及人群，正符合今日所谈的跨学科、跨文化之治学精神。为此而须首先排除历代具有支配性作用的等级势利观、门户之见及以学求利心态。为学不分界域，互通有无的观念，也包含着"高""低"之间互有优劣的意思。高低如指社会性位阶固然必如此，即在跨学科学术交流中一学科内之水平高者对于他学科之水平低者亦必有可学应学之处。另一方面，此句"无不可学"之教似与"无友不如己者"等警句相反。现代读者于此类貌似意旨相反的指令句，更须正确把握《论语》之特殊表达法，即按照情境和目的不同，往往可以"全称判断句式"来表达"有前提的特称语式"，用以使该句产生双重效果，使其既陈述句义又激发志意。诸指令句中此类表达法均须按照系统的、整体的、结构性的读解法予以综合把握。

本章"无不可学"之教，今可解之为含有摆脱"常师"和"权威"掌控的"合格知识"的人为限定性，从而鼓励学者创造性地扩大认知范围与深度，此正为今日人文科学研究中盛行的学科本位主义所欠缺的"学为己"态度（职场制度化规程之学目的在于合乎外在市场化、制度化的"学为他"需要）。而今日之"常师"和"权威"岂非正体现于、实现于现行学术软硬制度化规定中的学术等级制度势力？孔子之"三人行"及"无常师"之喻，可谓意涵深远。其特别适合现代人文科学理论者还表现在：在现代人类人文社会学术体系中之"对"与"错"，往往具多方面的相对性含义，彼此不仅因论说语境不同而互异，而且因时间之异而可变换其正误价值。如哲学史上的重要遗存在该学科实践领域必为重要知识，而当被纳入跨学科理论重构程序中时，其重要性或正误性均将随学术语境之变异而改变，因此难以对人文学术教条主义地规定统一的轻重正误评判章法。

孔子之"无常师"之寓意不仅特别相关于今日须面向多学科专家研习之必要，而且直接针对于今日文科专科博士制度及与其配套实行的专科就业制度之严重认识论误区。此种来自西方学界的僵化的文科博士培养制度，正成为人文科学现代化革新的严重障碍。因学习的职业制度化固然在某方面有助于知识的专门化，但另一方面也使得古时所谓"常师"之弊制度性的固化，从而更进一步影响认知的全面性与公正性。今日自然科学进步引生的一切学术分科趋严现象，反而因此导致人文学科知识全面系统地窄化了、固化了学人从师渠道，使其趋向于专科技术性之知，却越来越导致学子弱化、失去了全面综合思考的能力（即自然科学的技术性专科化合理性发展，生硬地导致人文学术的技术化、专业化发展）。此所以专学积累与思想能力之间的分裂日趋明显。

7-24. 子曰："二三子以我为隐乎？吾无隐乎尔。吾无行而不与二三子者，是丘也。"

对比项：公正/朴质，公器/秘藏。

意旨：仁学思想来自历史现实，其内容自然朴质，看似无甚高明，而其深刻价值正存在于诸指令句之间，学者必善解于字句之间方可得其真谛，故历来老师宿儒未必可得其深刻蕴意也。

旧解摘要：

高攀龙《高子遗书》："门人非疑圣人有隐而不以诲人，是认圣人人伦日用是一事，神化性命是一事，谓圣人所可见者非其至也，其至处则隐而不可见也。如是则忽略现前，悬慕高远，故圣人提醒之如此。"《反身录》："夫子以行示范，而门人惟言是求，故自明其无隐之实以警之，与'天何言哉'之意同。"

含义引申：

本句看似单简，实则意涵深远。仁学伦理学之对象为人事经验现实，而非宇宙玄妙或神天遐想，故所观察思考之对象来自经验界之表及里，其最外层之表即日常生活，此实为进入经验界深层之门径。而本句章旨的所谓"深远性"，乃指孔子其人或其"角色位置"的原初"无意识性"。即仁学的原初立场和前提之"设定"非编写者于其意识界之自觉行为结果，也即与同期古希腊哲学家们以系统论述和写作为意识界逻辑性推理之产物不同。这些可称为"集体无意识"的理性本能所产生者，表现于诸经验直观式口语指令句系列中。指令句发出者虽"确感"其指令句义理之确当性，但并未在一般理论性层面上溯本求源。本句中弟子之问即出于理智好奇心对诸指令句之根据或理由发问，而夫子之真实根据或理由可能并不存在于夫子的意识层上，此即体现于其据实答之的"无隐"字面中。但另一方面，弟子均感觉到此学之"背后"似存在有某种高深义理，惜乎无以言之。此一确实存在于师徒之间心言行交流之前、之后、之外并与仁学总体义理深具关联者究竟为何，遂成为弟子及后世读者共同有感而无解之惑。"孔子"作为此隐约于仁学伦理学背后的唯一"作者角色"，为其学之以行践言者，而非为其学义理基础之深入阐释者。此一事实正缘于"仁学话语"本身之特殊身份及其在文明历史条件约制下特有之自然表现。

仁学作为人类历史上独一无二地被创发的伟大文明史事件，即人本主义伦理实践学体系的创立，正是仅"体现于"（而非"阐释于"）孔门师生角色间的具体学行活动之中，此即：1. 文明史上首次宣表精神文化价值远高于政治权谋价值（仁学人生观对峙于法家权势争夺观）；2. 历史上首次宣表现世人际关系的正义性为伦理学之唯一基本标尺（人本主义价值信仰观对峙于鬼神主义价值信仰）；3. 仁者主体对于前二者之正确态度的形成与实践，为中华人本主义伦理学之认识论-实践论指南（主体伦理实践意志论对峙于神祇权势支配论）。三者之中又以第3条为仁学实践学特有之主体或核心，此正为孔子之教的最终落实处。前二者的"逻辑必然性"与其"内容单薄性"形成了对比，但此二者之间应有的联系点，正为弟子们对之朦胧间有感者。不仅如此，本章以此朦胧象征方式表达的聆听者有感而不得其解的仁学对话系统，确实表现出了其后千百年激发仁学信仰者毕生决志于仁的持久而强劲的精神促动力。

　　本章言简意赅，画龙点睛，所谓"无隐"，表面上相关于为师者孔子之品德与态度，而深层内相关于"知之对象身份"问题。"无隐"即仁学并非相关于经验界未知的对象域，而是现实经验界，即为人人均可触及者。于是"无隐"蕴含的问题是：为何所言对象平庸而所得感应深邃？使得平庸经验对象产生高深强烈感应者，不是对象域之未知部分，而是仁者对已知对象域之"集大成"之运作部分：此即分析、选择、综合、概括、推演、整合等。此一理性化认识论立场，一方面排除了任何故弄玄虚的"神化个人"之言，另一方面反而强调着仁者特有的主体之理性化能动性与创发性。后一主体能力正为仁学意图予以培育及推广者，其根基在于人之理性与良知，而非在于神启或天授。质言之，仁学伦理学的精妙，归根到底，并非相关于对外在世界对象认知的深广度方面，而是相关于实践主体建树伦理心志机制的体悟及践行方面，故其实践学第一中心为其内学而非为其外学，而其外学之有效展开亦必以内学之坚实为前提。此外，《论语》全书描写的孔子伟大形象，与后世为学、为艺行为中师生间相互为用之庸俗师徒观截然不同。

现代意义：

本章再次表现了仁学伦理学为现世人本主义经验之学，既非逻辑性推理体系之建构，也非任何天启式宗教道德之教条，而此人本主义伦理学之各种实践学，其基本特征——现世、经验、理性——完全合于古今一切科学理性思想，并特别相合于现代人文科学理论之精神及方向。本章"无隐论"，也即"去神秘论"，将人类之认知基础与能力落实于经验现实与主体意志之"理性化互动"间。前者正合于现代一切科学，包括人文科学，后者则特别相关于人之学。人之学即欲超越动物性生存层级而朝向精神性层次的精神价值学。而工业化革命两百年来开启的唯物质生产是求以及唯物质化感官享乐为足的俗世人生观，乃单纯顺从人之物质性欲念所推动的智性努力，而无关于人类精神价值学认知与创造力的提升。

仁学出现的划时代意义正在于首次提出了一种人生价值观二分法：物质性价值与精神性价值。二者均为人类生存之需，而彼此身份与关系不同。仁学指出，在两类价值间，物质为手段，精神为目的，二者在历史上叠合为一，如同人作为物质性生物与作为精神性人类之叠合为一。仁学一方面专以人之伦理价值实践为目标，另一方面复以现世理性知识为途径。本章"无隐论"相当于排除了任何人格神秘性欺诈，从而一方面促使学人专注于各类"人性与社会之现实"，另一方面专注于开发学人主体认知能动性，以深化认识和利用此直接与人、人性、人际关系、人类行为有关的社会关系性现实。而任何人格神秘论与神圣论则忽略知识的真实来源（以"非现实"作为人之认识对象，结果导致人隔离于对现实的认知：通过人对非人存在之想象性专注，以削弱或停顿人对自身之认识）并歪曲认知的真实途径（使人不得积极提升自身的主体求知能力却选择被动消极地沉湎于超越性他者之"非现实"想象），从而导致人类失去理性化认知现实世界的能力。其客观效果，与一切唯物化主义的金钱财富追求目标一致，即排斥人类对现世精神性价值的追求。（此一问题相关于有待进一步合理深思的"人、天、物"三角之价值论关系。）

【关于物质性价值与精神性价值二分法的历史解释学申论】

仁学伦理学的人本主义和现代人文社会科学的人本主义，可谓彼此具有内在相通的关联性。关于仁学的现代意义，我们多从认识论与实践论角度强调其深具"现代性"之因由，而仁学实隐含着另一层朝向现世精神方向的人生观意义。仁学以其数千年历史经验宣表了一个前述基本原则：人类文明中精神生活的价值应该远高于物质生活的价值，即后者只应该成为前者的"物质性生存条件"和精神性创造的手段，正如身体是心灵的物质性基础与存在性前提一样。在此意义上，"物质"当然是必要的，其意思是"作为心灵的现实存在的物质性基盘"是必要的。但此"物质必要性"不等于精神价值性，实则，我们不妨再次以"物质性价值"与"精神性价值"的二分法对其进行描述。生物学的物质性需要（空气、水分、食、色、社会秩序等）即相当于"物质性价值"（人类生存即由自然的物质性与社会的物质性两侧组成）与人本性的精神性需要，二者分属不同的存在论层级，不可混为一谈。虽然二者同属"必需"，但各自的"必需"在性质、等级、次序、远近、方式上含有"生存价值论的差异性"。而仁学提出的现世精神生活至上论的现代性意涵，更在于其必须区分于一切超越性的、非现世经验性的精神信仰追求。此一仁学现代性是与人类经验理性的本能内在地结合在一起的。于是，仁学伦理学的精神性目标既可区别于宗教性精神目标，又可区别于科技工商的唯物化主义感官享乐至上的俗世论目标。来自西方的现代全球后工业主义化时代的唯物质主义文明方向，将通过此一来自古代东方的伦理性精神价值观，而经受有益的进一步价值观的反省。

7-25. 子以四教：文、行、忠、信。

对比项：为文/力行，己忠/人信。

意旨：仁者参与人类精神价值创造的集体事业，首须强化自身认知与行动的能力，为此必须切实履践以文会友、以友辅仁之义。

旧解摘要：

《集注》："程子曰：'教人以学文修行而存忠信也。忠信，本也。'"《四书辨疑》："王滹南曰：'夫文之与行固为二物，至于忠信特行中之两端耳，又何别为二教乎？读《论语》者圣人本意固须详味，疑则阙之。若夫弟子之所志，虽指称圣人，亦当慎取，不必尽信也。'此盖谓弟子不善记也，所论极当，可以决千古之疑。"《论语集注考证》："文者，《诗》《书》六艺之文，所以考圣贤之成法，识事理之当然，盖先教以知之也。知而后能行，知之固将以行之也，故进之于行。既知之又能行之矣，然存心之未实，则知或务于夸博而行或出于矫伪，故又进之以忠信。"《四书训义》："圣教不明，而务实者固陋而为乡党自好之士，务博者浮薄而为记诵辞章之儒。舍其心而求之文行，则无本而日流于伪，略文行而专求之心，则虚寂而不适于用。然后信圣人之教大中至正，不可得而损益也。"

含义引申：

本章文字至简，解家之分歧，除此因之外，还源于一有趣现象：在文化较落后的先秦时代，读书人因遵从当时当地习惯而不至于"误解"《论语》文句；待到文化知识较发达的后世，读书人因理智能力"相对进步"，其思维方式趋于相对严格，却可能反因此而失去了对往昔言行"惯习语境"的记忆，以至于在阅读往昔存留文本时会产生以今之惯习取代往昔惯习作解的"误读"。

本章强调仁者应兼重"学行"与"心术"两侧之成。或者，本章实可解为两段：学与行，忠与信。第一段指令句为指出仁者实践的两大场域：学习与践行。第二段指令句则针对与践行相关之心域内学者对己与对人之品德态度性。关于仁学实践学的主项之分类，《论语》随境设言，非严格规定。今日对其理解时也须考虑古今字义差异。今日可将此四项要求简译为：学文（示所学之对象，其范围已广于"礼"），力行（执礼），以及礼行中之对己对人之品德性态度（忠诚与信用）。此处将"文"置首，乃从仁学实践学次序着眼，不仅将"学习"列第一顺位，而且将学习之对象扩大为"文化"（此与孔子"雅言"的"《诗》，《书》，执礼"之教一致：首先表示实践目标——文化类学习，其次为践行此目标所需心言行规范）。忠信品德既可对人、对己，也可对事、对学。本章句所含单字虽简，但明确显示了仁学的现世人本主义的理性价值观大方向。

现代意义：

本指令句的现代象征性意义亦极具深刻性。因为今日人类处于个人以私利合法竞争的商业化时代，人文学界和文化界，知识分子的学行与品德已必然呈现为截然的两段，在行为合法的"道义性掩护"下，学者可以大行其私，在各种法制棋盘内到处"见缝插针"，用智于损人利己或损公利私。在此情况下，学术于是自然易于沦为个人以学谋私之合法工具。所以今日人文学术界之"行为规则"必然与孔教截然相反。同时，本指令句的第一位对象、范围与目的之性质，由一作为总范畴的单字"文"表达之，既可明确区别于"武"字，又可在象征性层面上区别于"物"字，从而比仁学实践之另一总称"礼"字，在后世与现代，更可代表人生观的价值学大方向——文化、文学、人文等，也就是代表着"现世精神文化领域"。"文"可相对于"武"与"物"的字源学"双义性"，使其在中华文明历史上具有引导性价值。所谓古代中国为"文学之国"，可更确切地解释为"为'文'而学之国"，从而可与"武文化"与"物文化"形成鲜明区别。因此，仁学或孔子思想是和广义的"文"范畴内在地联系在一起的。

此一民族文化之"文"大方向的规定性，正好代表着中华文明的现世人文精神的基本朝向性，其历史性基础与伦理思想现代性，岂非可作为新世纪中华文明乃至世界文明反思人类未来事业时之重要价值学指南？（一个有趣的问题为：汉字"文"，尽管意涵丰富，却没有可与任何超越性信仰体系及物质性生产发生有意义的联系的可能性。因此，它蕴含着一种价值观与认识论的"意素"。）

7-26. 子曰："圣人，吾不得而见之矣；得见君子者，斯可矣。"子曰："善人，吾不得而见之矣；得见有恒者，斯可矣"。"亡而为有，虚而为盈，约而为泰，难乎有恒矣。"

对比项：善士/仁者，无志/有恒。

意旨：仁学即君子人格养成学，圣贤、君子、善士、有恒者，以示人格级次之分级也。

旧解摘要：

《皇疏》：（对首句）"孔子叹世无贤圣也……若得见有君子之行，则亦可矣，言世亦无此也。然君子之称，上通圣人，下至片善……则知此之君子，贤人以下也。"（对中句）"此所言指贤人以下也。言世道流丧，吾复不得善人也。有恒，谓虽不能作善而守常不为恶者也。言尔时非唯无作片善者，亦无直置不为恶者，故亦不得见也。"（对下句）"此目不恒之人也。亡，无也。当时浇乱，人皆夸张，指无为有，说虚作盈，家贫约而外诈奢泰，皆与恒反，故云难乎有恒矣。"《集注》："三者皆虚夸之事，凡若此者，必不能守其常也。"程树德："'无而为有'三句即所谓顾面子也。凡顾面子之人其始不过为喜作伪之伪君子，其终必流为无忌惮之真小人，乌能有恒？"

含义引申：

本章提出仁者四级人格——圣人、君子、善人、有恒者，以示仁者境界之层次。本联句表达出孔学对大多数人求利天性之一种"谅解性遗憾"，其深刻的实践学意义为：仁者之义在于，其朝向精神价值的独立实践实无关于社会环境之实际（历史的物质化环境）。仁学实践学即主体实践过程中之"向善自勇学"，其义为：仁者天职即为知不可为（因强大物质化环境中的大众求利倾向）而为之，如不可使仁学目标实现于世，却可使仁学表达并传承于世。远古仁学之"待时"，乃深具历史哲学深意者。孟子进而比喻为唯"天民"者可行此作为"天理"之仁学（此一人本之"天"义不同于神本之"天"义）。

此句中"圣人"与"君子"的对比，显示仁者的致仁实践力之别。"有恒"品质可视为大多数人均可能先天后天禀具的最基本正向人格特质。此一品质作为仁学实践的基本要素之一，经培育提升后，一方面表现为对己"内充"之坚执力，另一方面表现为对外抵制之坚定力。故志向坚定为最基本的（自然不是充分或完善的）伦理实践学品质。仁学的"学习论"之所以反复从品德学方面进行批评，正因为品德为仁学意志学的第一达成目的。"亡而为有，虚而为盈，约而为泰"，此类表现乃人性之常态，均因欠缺有恒所致，故为本句所实际批评者。此类隐蔽的负面品质也为自古至今读书人所普遍存在的弱点。对于当前人文知识分子而言，尤属切中要害。因知识分子如性格孱弱，必有色厉内荏表现，其心与行必成为自身学术思想进取的最大障碍。《论语》通本以现实批评性和否定性文句居多，而孔门师徒如确有数十人之众（所谓"弟子三千"不仅为极荒谬之古人妄说，而且反可间接暴露"《论语》师生行迹故事"之历史真实性之可疑），则不得谓时下无君子或无有恒者。此与"我党小子狂简"之描述亦不符。

本章逐级否定现实中几无可造就之人的说法既为一种夸张式人性批评之术，亦可为反向激发弟子向善奋斗之术。我们可以特别将此一对于"人性现实"之批评性态度，看作仁学伦理学形成之总体"认识论的社会语境"：仁学人本主义伦理实践学，其要义在于指出士君子向善实践必将运作于多重负面条件之下。于是仁学的伦理学身份特别表现于其所倡言的"只问其义不问其功"的唯伦理价值至上观上，以直接对立于世俗界之名利权欲求观，并在此对立关系情境中追求一种"逆中奋进"之人生美学。

现代意义：

仁学之人格学与其他信仰类型的人格学在各自的实践对象和目标上，即使就其现世道德改善而言，也极为不同。其他信仰要达到的目的是使世人"弃恶行善"以获个人福祉；仁学的品德培养，所谓君子学，其深层含义远非止于成为善人或好人，而是进而将此"君子品德"作为构筑意志力机制的"材料"，以使其有条件、有能力朝向于"文"实践。仁学的"人之学"，具体说则为"文之学"，因士君子的仁学实践对象和目标均属人文领域。在此意义上，仁学伦理学的意义比任何其他文明的道德学的意义要深刻重要得多。仁学的人文关怀首先表现为价值观批评性。经验实证性的仁学之现实判断，与作为其对立面的法家之现实判断，表面上完全一致，而在实践论层次上彼此的价值观正相反对。中华文明史上的此一戏剧性悖谬的历史变迁过程于是呈现为两条既分离又交叉的历史轨迹：法家的社会物质性轨迹与仁学的文化精神性轨迹。中华文明历史遂呈现为一"历时复调发展"过程：前者在逐代完成了其作为"历史硬件"的物质化营建后，其成果即沉淀入历史记忆中不再实际存在；后者在逐代完成了其作为"历史软件"的精神性营建后，其成果却汇入了人类精神文化生命总体而永存于未来历史。于是，仁学的历史命运即为：在历史硬体营建过程之内、之上、之外进行其独立平行的历史软体之营建。

今日当产自西方的全球物化文明的极端化发展导致人文科学陷入自身科学发展危机之时，中华仁学可相应提出对其继续改革创新的伦理方向性指南，后者正为今日世界人文科学跨文化、跨学科的认识论与实践论所急需者。对此任务而言，必要的前提及基础实为仁学引导的学者君子人格之存在。人类人文学术理论的创新事业，正有待于古典仁学之"士精神"在历经漫长历史磨炼后破茧重生，以担负其在人类文明全新时代参与导引关于"人之学"的科学理性发展之时代使命。正当相对论、核能、基因、生物科技、网络、机器人、太空事业、金融、全球商业组织化等控导了全球人类生存方向与方式之际，人类是应被动地被此全新物化世界所支配，还是应当勇于重新思考人类自身生存之价值、意义与方向呢？

7-27. 子钓而不纲，弋不射宿。

对比项：人本/爱生。

意旨：仁学借由人性"泛生灵怜悯心"以扩增其博爱胸怀。

旧解摘要：

《经义述闻》："'纲'乃'网'之讹，谓不用网罟也。"《皇疏》："或云不取老宿之鸟也。宿鸟能生伏，故不取也。此通不及夜也。又引孙绰云：'杀理不可顿去，故禁纲而存钓也。'又引缪协云：'将令物生有路，人杀有节，所以易其生而难其杀也。'"《集注》："洪氏曰：'孔子少贫贱，为养与祭或不得已而钓弋，如猎较是也。然尽物取之，出其不意，亦不为也。此可见仁人之本心矣。待物如此，待人可知。小者如此，大者可知。'"《四书训义》："不尽取者，不伤吾仁。不贪于多得而弃其易获者，不损吾义。曲全万物而无必得之心，岂非理之不遗于微而心之无往不安者乎？"

含义引申：

此章为仁学人本主义伦理学中的重要原则宣示之一。一者，仁学属人本主义或人类主义，其所关切的价值、界域、论题、对象、目标均相关于现世人群中义与利的正确关系问题，或至少相关于"已开化"之文明社会中人群之义利辨析问题。即在原始茹毛饮血时期产生的暴力奴役类型和文明渐进后出现的诗书礼乐类型之间，明确地提出人类文明史上的一种本质性的价值区分判准。华夏蛮夷同为"人类"，故前者（蛮夷）有可能转化为后者（华夏），此与鸟兽动物界不同物种之间的情况根本不同。按此以人类共同利益为伦理学利益和关切前提与根据的立场，当然将动植物视为"异类"（不同物种）。此一原则的规定完全来自人类经验世界的不可变更的生物性事实（物种的生命须以不同物种之间的毁灭作为其物质性存在条件），仁学亦将之视为"自然"或"天然"。正是在此人本主义前提下，本章中孔子有关这一人兽关系"分际"的态度表达，今日反具有间接而深刻的人本主义意涵。

"仁"字有广狭多层次、多方面的意指，其最具体者指"仁爱心"，仁爱内含"博爱"意，即主张凡属人类均应取相亲相爱态度，并视此为人性必有之义。仁学遂以"爱"（与人为善）字为第一价值，此首位价值观必然在理念上排除（虽然在事实上不可能排除）充斥于历史上的相互欺压、利用、压迫、盘剥等恶行。此一"博爱"价值观因此完全不同于前周礼时代接近于丛林法则的野蛮统治类型，后者以暴力征服为"第一重要人生价值观"：少数强者集团以其暴力及阴谋组织力，逼使广大弱者为其争权夺利行为之工具（此一多数人沦为少数人掠夺工具之倾向应为历史人类学的第一特征）。此种源自几十万年来人类之动物或准动物阶段的弱肉强食天性，正为促成仁学的"人之学"觉醒的逆向历史根源。原来人类之"善根"是从其"恶根"中逆向滋生的。而至战国时代，以力侵夺和役使他人之势反愈演愈烈，之后成为中国封建专制主义两千年内人类历史发展的基本动力学机制。仁学与法家的对立，首先即为伦理观上的仁爱与暴力间的对立。法家倡导以暴力和诈术聚势欺人，故发展出如何以计谋组织暴力征伐之艺术，并成为历代帝王和叛领进行争权夺利的认知论-实践论之技术性智慧根源。凡此事实及思想均源于人与人之间坚持利用人性中之兽性根源以实施其恃强凌弱的残暴事业。

中华仁爱思想正是在此漫长的封建主义残暴统治史过程中存在和发展的。仁学之博爱观渗入人心之智仁勇三维，仁者存有"爱他"之心（由己及人），遂有可能进而相对地产生"悯生"之心（由人及生）。对待弱小动物之怜爱心的存在为对人持有同一爱心之表征（爱对象的自然"扩展"）。此一扩展的博爱心胸，首先反映了君子人博爱观的幅度和深度，即表现出一种对泛生物类具有的"象征性博爱"之性向。然而人类生物性生存的另一残酷的自然铁则仍为"损兽利人"的"人本主义"：食用动物以自存的人类"集体自私本性"。仁学的经验主义和人本主义的"合理性"正表现于不能机械主义地、人为地规定反自然的素食要求（何况在动植物间，有何客观标准作为合理区分动植物不同物种间价值性或与人亲近性之高低呢？）仁学作为经验性人本主义伦理学并不如佛教般可排除（对兽残忍的）杀生行为。这也是人类生存义理的天然性限界，或人本主义的"价值论与认识论局限"。人本主义不是泛爱主义，而是人类本位主义。"人类中心"主义亦为仁学伦理学的意义与实践的范围根据。古希腊之"人为万物尺度观"，其理类同于此。

有鉴于此，孔子的心态和习惯表现出一种源于人类中心立场的实用性折中论：在对待生物界时，仍然须实行损兽利人的、以力代爱原则的行为方式，但同时意识到"杀兽"与"杀人"实分享着同一暴力性"杀生"行为，此事实抵触于仁学反"暴力"价值观。于是，仁学在两类"暴力"（人对人与人对生）间寻求一种心理性的实用主义平衡术，利用人性中普适的"怜悯弱小"倾向，创造出了一种本质上自相矛盾而可增加人类自身心理安慰效果的折中处理方式：

对动物杀生方式本身的"慈善性处置"(有如今日动物保护主义：不是免其于被杀，而是减少其被杀方式之残忍度)。"弋不射宿"的目的不在于有利于作为他者的动物，反在其有助于人之仁爱性向本身尽少受到心理不安的冲击。此与孟子之"君子远庖厨"同意。

"不忍见杀"为仁者的自然性向，孔子将此性向化为一行为方式上之"避视智慧"(表面上示人以"自欺"之虚伪，实为在仁学实践学上区分出一种合宜的运作界域：将人之生物性存在与其精神心理性存在加以区隔的一种仁爱智慧学)，用以实际上维护君子之仁爱品性。一方面，此一在人本主义与"生本主义"相互冲突之间的仁学实用性实施智慧学，借助此一张力关系，在人本主义限界内，最大程度地间接表达了一种仁学心理上的"泛爱观"。另一方面，仁者对其他生物受虐现象具有的怜悯心，当然也相通于人对人的怜悯心，此一在不同生物类间共同存在的怜悯心及对其有意识地培育，遂可实用主义地成为增强人之间怜悯心或同情心的教育手段。所谓某种(心理上的)跨物种的仁爱观的有效性不仅极其有限，而且此一泛怜悯心实际相当于一种(基于人本主义的)伦理人格学形成的"技术性手段"。所以，即使孔子提倡的此一"爱生观"，其功用仍然是受制于人本主义伦理学原则的。换言之，孔子通过对此行为方式本身的人为性变通，以达到自身心理上的相对宽慰性或自责性意识。此种表面上呈现的人类的集体性"虚伪习性"，却是与人本主义伦理学在立场上、义理上完全一致的。此种兼具自我宽慰及有助于人际仁爱心培养的"立场偏见"，显示了人类自身具有其他生物不可能具有的某种"自反性"和"同情心"。(一如今日动物保护主义者所为。虽在佛教戒杀主义之内，原则上获得了更彻底的解决，但佛教伦理学显然不顾人类主义的经验性事实前提以及人本主义伦理学宗旨，其所寄存并予认可的人类社会仍然必须采取损兽利人的原则，对此佛教信徒亦必听之任之。结果佛教成为另一种心理自慰主义或表现出另一种间接性"虚伪"。)

【关于人本主义"悯生观"的历史解释学申论】

本章的主旨当然不是提倡某种万物泛爱论，而是意在借由人性相对的爱生性向以最终强化人间博爱潜力，仍然是以作为一物种的"人类"之集体性私利为前提的。我们的相关解释中指出的仁学立场的自我矛盾，乃因从生物世界全体角度看待之故。实质上，本章孔子爱生思想的伟大性丝毫没有减弱，如果意识到仁学根本就是基于人本主义的话。孔子表达的"悯生"或"泛爱"程度本来就是符合文明社会实际状态的，陈示一种人世间现实中可能的、适切于仁学伦理观的"对生态度"。同时，此种对生态度或"扩大的怜悯心"本来就是相对于人本主义人生观而言的，故主要是为了增强人类主体"自反性意识的"。悯生态度是作为君子"仁心"之组成部分提出的，不是脱离仁学人本主义立场泛论的。何况，从符号学角度看，此一指令句中之对象究竟为何呢？其表面对象固然是鱼、鸟，而其实质对象则是"灭绝生命""欺凌弱小""赶尽杀绝""袭其不备"等等，是"透过"作为具体的鱼鸟"媒介"而意指的诸"伦理性情态"本身，或者，鱼鸟在此起着"能指"的作用，其"所指"乃诸联想到的人际间同样发生的各种恃强凌弱现象。本章通过君子人对待不得不实行的"猎生"行为方式，表达着仁学对待各种"强权暴力"的贬斥：人对于其他生类尚有此怜悯之心，何况对于同类呢？

现代意义：

本章具有极其重要的现代伦理学认识论启示性以及人本主义伦理学之科学界定性。仁学无论在义理上还是实践上都不能够排除杀生需要，因而实证了人类伦理学的经验人本主义本质。但本章特意通过人的矛盾立场（既要杀生又要怜生的言行"客观虚伪性"）诚实地显示了人类的经验有限性存在，其伦理性心志属人本经验主义，而非属不切于人类世界现实的某种宇宙泛爱主义。但在此人类主义前提下仍然异于其他生物地具有其相对性的"准博爱态度"，并仅以此有限的"集体性泛爱本能"而在伦理价值学上高居生物界众生之冠。此一人类文明中逐渐产生的相对性"泛爱主义"是随着人本主义伦理学思想同时发生的，并最早地记录于中华文明的第一伦理学经典中，从而表现出一种最为符合现代科学主义的伦理价值观。同时，原始仁学采取的这种"准虚伪性的"对待其他生类的态度，表现出仁学伦理学具有其人本主义的诚实性。人本主义，即以人类为本位之思维方式，其伦理性"博爱"原则是限定于人类之内的。当思考到人兽伦理关系时，仁学也只能在不损及其人本主义原则的前提下做相对灵活的让步与调整，却于认识论-实践论逻辑上不可能提出损及人类自然存在条件的无限泛爱主义的观点。从前面引申的符号学分析中可知，本章的伦理性意涵的真实实践对象并非鱼鸟生物，而为通过由人对待生物的方式显示出的一种人本主义的伦理性指令句：深化扩大怜悯心（同情心）与谴责恃强凌弱的暴力观。二者表达的仁学价值观也正是现代新仁学实践以之为前提的伦理价值观。

7-28．子曰："盖有不知而作之者，我无是也。多闻，择其善者而从之；多见而识之；知之次也。"

对比项：经验/获知，理性/迷信。

意旨：仁学伦理学完全以人类历史经验知识为其价值观、认识论基础。

旧解摘要：

《集解》："包曰：'时人多有穿凿妄作篇籍者，故云然也。'"《集注》："不知而作，不知其理而妄作也……所从不可不择记，则善恶皆当存之以备参考。如此者虽未能实知其理，亦可以次于知之者也。"《朱子语类》："问：'作是述作，或是凡所作事？'曰：'只是作事。'"《四书改错》："包咸注此，谓时人有穿凿妄作篇籍者，故云，然则指定是作文……若作事，则尚幹办，崇有为，与知虑闻见不合。此作字从来无解作事者。"黄氏《后案》："作者创人所未知，择之识之者述古今人之所已知。"《焦氏笔乘》："淮南子曰：'精神已越于外而事复返之，是失之于本而求之于末也。蔽其元光而求之于耳目，是释其昭昭而道其冥冥也。'噫！世之言学而不蹈此者几希。"《反身录》："藉闻见以为知……而动作不至于妄。然去真知则有间矣，故曰知之次也……真知非从外来，人所自具……"

含义引申：

本章诸旧解之分歧多因泥执字义之故。如本章中诸解对"作"与"知"的辨析皆因不识二字之今昔所指范围可能不同。朱子解的正确性在于不仅能够"感觉"本章中"作"字之所指为何，而且能够"推测"在孔子之时该字之所指可能为何。其他反朱解者误将"作"字解释限定为后世才有的"著述"或"作文"意，即因以今释古之误。但是，朱子在此之失或他人在此之得，则表现在另一读解层次上，即：本章也可相对于后世改变了的社会文化现实而将其（解释学地）扩解为"著述"。尚无书籍的春秋时代之"作事"，于后世有书时代当然可以其意指为"作一切事"，包括"作'文'之事"。即朱解失之于将春秋之"作事"和唐宋之"作事"混为一谈了。之所以可以这样扩解而不失孔子"原意"，正在于本章所指出的乃知识与创作的关系本身。"作事"是一种"由无致有的劳作"，"作文"岂非同属一种"劳作"？总之，双方各执一偏之失皆源于忽略古今环境之别而泥执于个别字义。汉字的特点为，其字之本义与相关语境二者共同确定着文本中汉字之确义。此外，"知"字解亦然。如《反身录》等硬要将后世才予分辨的"闻见之知"与"性理之知"加以分等，而将后者加之于孔子，遂将"真知"二字分解为征实性之真和心性类之真。虽然历代《论语》读解中多有这类泥解字义之失，但只要能够把握原始句义中的所指关系即有其可取之处，而如破坏此原始句中的关系中的所指，则属于（解释学的）误读。所谓"关系"，即主体对心言行之"态度"层面上的性质与方向之规定。

此章再申仁学以及一切知识均为人类历史经验总结之意，故仁学者思想创发须据经验性真知而行，不可徒逞臆想而妄知。后句续承"三人行"义，指出学习须端正态度和方法，首先务必多方问知，其次进行优劣选择，如此方可有利于获得真知。本章重复强调思与学的互动关系，其中之"次"字，一切解释均指所谓"生知"与"习知"间的知之级次之义，然而就其语气看，似更相关于后句内之前后分句间的比较，即"善知识"虽重要，一般见闻亦有其本身相对价值。至于将此句中之"作"字理解作"发明"或"生而知之"者，则尤其违背孔子之自述——"吾非生而知之者"。同一"作"字在后世读解中其意涵可随历史内容之变而变化，因其并未改变原句式之核心意义：伦理性言行（创发）均据确知而形成，非属随意想象之结果。这样的"实证主义态度"自然也与今日"伦理科学"概念一致。伦理指令句之古今读解方式可以存在差异（因字义变迁），但整体句义之实质不可改变。另外可再申言，本章在"知"上的级次区分，或强调"知而能行"较"徒知"在仁学实践学上更为可取。

现代意义：

此章于今日扩解后意涵尤显深刻：人文知识必须基于其经验性之验证，而此知识须通过多闻多见，即通过经验中艰苦学习始可得。此一告诫正可针对于今日人文学界到处盛行的"不知而作"（此为"无学而思"之极端性表达）之风。至于本来不倡导经验性学习的神话类信仰体系，其属于"不知而作"更属不言而喻了。无奈，自从汉代大一统专制主义政治史开始，神化孔子（"至圣先师"）成为儒教政治意识形态之需要，故将孔子说成是睿智天成，学由天授。神化孔子，即将思想家孔子变为无人可及之超人或绝对思想权威，以使其扮演皇权政治类宗教教主的角色，用以无限强化儒教意识形态的思想控制力。而孔子本人之"吾非生而知之者"言，则明确地否定了此类神化自身之说。同理，后世别有用心者往往曲解古典思想传承以为己用，故意神化前贤，以被歪曲圣化的前贤作为自身争名夺利之工具。历史人物被如此歪曲利用者，可谓史不绝书。

正是在仁学的根本性立场上，汉代帝王及其御用儒者竟敢公然违背孔学至此地步！而后之历代儒生不思思想创发，反一味仅止于赏玩孔孟义理话语，或进而将其转用为单纯膜拜对象，以至于神化孔子之民族性陋习一直延续至今。殊不知，一则，孔子在《论语》中为一思想引导性"老师角色"，孔门编者借此文本编写方式以组织一套伦理思想系统；二则，就实际过程言，《论语》文本基于春秋战国期间的集体编写初稿中之口头文本及其颇易自行改动之竹帛书写文本，其后数百年间经编写参与者陆续检验、筛选、编改，直至后汉时期始定稿为今本形式。历代文本集体"编织"的工作更属"述而不作"的思想类别。

本章孔子的"如实言"非属自谦，而是具有其认识论之深意，即历史性地回答了"知识与智慧来自何处"的问题，其学首先即对峙于人类文明历史上同时期几乎一切宗教神话式信仰体系之构成。此一古老伦理思想文本几千年来"依附于"中华文明中侧重现世经验之民族精神倾向而得以延存下来,并促生了大量人本主义文史作品。原始《论语》文本因经历了诸代无数读者之读解实践,遂在时空流程内增附了一层深厚的历史性底蕴。此一历史性文本特有的人本理性经验主义立场,使其伦理实践学思想方向,正好相合于全球化时代人文科学理性主义发展的大方向。

7-30. 子曰:"仁远乎哉?我欲仁,斯仁至矣。"

对比项:志仁/天性,立志/达仁。

意旨:孔子于此直呼士君子良知,故言凡有志于"成人"者必可以"学为己"之态度达其所愿,故"成仁"在于内心非在于外物也。

旧解摘要:

《集注》:"仁者,心之德,非在外也。放而不求,故有以为远者。反而求之,则即此而在矣,夫岂远哉?"

含义引申:

本章诸旧解中仍属朱解最佳,但读者须把握"仁"字的虚、实、通、别等意素可能具有的不同所指。"仁"字可兼指内实践之仁志(学习)与外实践之社会政治目的(从政)。志向修养与政治计划为不同之两事,在此句中的义解当有不同。本句具有的一种句义功能上的"积极含混性"表现在兼有(表面上的)认知性层次上的陈述性与(实质上的)意动性层次上的激发性。固然求仁在己,而孟子"求放心"之"求"字正有其千钧之义重。

本章中"仁"多被解为志向与德性。此一感叹句同样不可仅视作事实性判断句,而更应被视作祈愿句或促动句:一方面等于以逆反语气暗示仁学要求与世情相距遥远之事实,而另一方面复以逆反语气暗示仁者仍应沿此方向知不可为而为之。"仁"为一最终的、最高的"价值总目标",此处之"仁至矣"中的"至"字实指涉最大程度上接近最高目标之义，即实指尽其在我，即"达"字非指涉所达成之内容，而指涉争取达成过程中之心志状态（态度方向与践行努力）。也就是，仁学目标之最大可能实现仅相关于仁者之心志内域之成。此亦"人能弘道"之另一种表达法，通过此一对负面现状的批判性感叹以逆向激发君子向仁的决心。故本断定句式实为祈愿句意。同时，在仁学认识论上，此一祈愿句意也显示了伦理学价值的信从取决于个人志意，仁学实践学的目的正在于通过《论语》中诸多实质上的祈愿句和促动句中的劝喻力与激发力，以使根于人性深处本能的仁志萌发并不断强化。

在伦理学认识论与实践论层次上，仁学为一种"内学"（内实践），即在心志内域展开之心理实践过程，其动力来自人性本能，其"内发力"（独善中之"立志"部分），基于必然可行、可成的内实践中之"力学"（此所以称仁学为学之人生观），此乃仁学实践之必可完成者，《论语》诸篇无不相关于此伦理内学实践机制之确立。至于其"外发"（兼济实践中内学对其社会性与文化性行为之"应用"或"促动"），即"外学"（外实践），其实现轨迹则为一相对取决于外境条件者，非可由仁者一己决定其结果，因此其内容具有极大之变动性，而其变中有不变者，即涉入之"内学因素"，体现为外实践中的价值观与方向性特点。故本章之"我欲仁斯仁至矣"句，无论就其内学之立志部分言还是就其外学之自学部分言，均可符合现实地断其可有必定之成。此所谓"成"实指价值观、方向性于行为过程中之成功的坚持。

现代意义：

此类具激发功能的祈愿句和促动句，在现时代仍可在相关语境内维持其相应作用。我们由此还可倒证伦理实践意志力来源具有非逻辑性，为一综合的（智、仁、勇兼具的）行动源。所谓个别的促动句式，其功能非仅基于句式自身，句式实仅相当于该综合性动力源之"指号"，具有其提纲挈领的作用。现代学者仍可、仍须按此类古典传承的伦理意志力起动法，在科学认知之外添加其能动力要素。这就是作为真实历史性文本的《论语》的文本结构本身具有其不可取代的内在促动力之证明。此仁学实践促动力，只能从读解《论语》中的"原始仁学文本"获得，即其只能存在于其原初历史语境及其修辞术句式系统中。现代人虽然可以根据现代科学知识研究并重解仁学伦理学之机理及其运作前提和方式，但仍需如两千多年来古人一样从此格言指令句文本形态本身（可谓意志力产生之"密码本"）汲取其心理促动力养分与能量。我们于此可以进一步明了我们所说的现代"新仁学"与"原始仁学"之间具有的一种"论证依赖性"的理由所在。原始仁学对于我们现代人发挥着两种作用：作为人本主义伦理实践学体系本身，以及作为我们根据现代新知识与新环境对其加以再理解和再应用之对象。

本章的现代意义尚远不止此。古代行仁之不利客观环境（指春秋战国时法家思想专断的政治权势环境），可比喻为新时代一切不利于人文科学发展之后工业化文明环境，特别是全球商业化和唯技术性知识导致的物化、异化的文教环境等。在古代的不利客观环境下仁学所倡导的"我欲仁斯仁至矣"的良知呼吁，也同样适用于今日。其实践上的可行性，乃同样从原始仁学的"转换跑道"的智慧中获得启示。于是，现代人文科学的科学化发展首先应当明确自身的真实任务为何。正如原始仁学最终体认到其任务不在于其最初所误会的政治改良而应为文化学术一样，现代人文科学应当体认到其真实对象不仅不是社会政治领域，不仅不属于自然科学和社会科学文化领域，而且甚至需要与一般职场内的人文教育进一步分清界限，也就是应该形成一建设性的"人文科学理论自治区"。

文教领域的缩小也就是学术力量的精化与提升，这正是在现代不利客观环境下也同样可达"我欲仁斯仁至矣"的方法性说明。因作为主体的"人"，其天性古今无异也。也就是仁学的内外实践项目（志向、品德、学习）的性质与功能古今同一，所不同者为学习的内容和实践的对象而已。如将此作为"代号"的"学"（如代数式中的x）充实以现代相应知识，则人文科学及其理论的求真实践，也完全可以在方向和力度上与古人一致。其结果将是：在现代职场制度内仍可区分其"出"（积极参与职场实践：或求真或求利）与"处"

（集中于自我独立求真实践）的新形式，即如何在现代职场内自我协调内外不同的治学内容与方式。如要为此，首先即需要和古人一样从"识仁"升级至"好仁"（相当于爱真）的境界，也就是达到颜子型的为学而"欲罢不能"的境界。如是，人文科学理论的革新发展将可实质上获得推进的可行性。至于今人是否能完成此古今仁学信仰之实践学转化，固然首先相关于认知性的"解释学转换"，但进而必相关于学人"伦理价值感受力"上的提升与深化。凡真正可从《论语》文本格言中切实汲取其伦理意志激发力者（内学），亦必有可能将该伦理意志力施之于现代人文科学及新伦理学建设领域（外学）。

7-33. 子曰："文，莫吾犹人也。躬行君子，则吾未之有得。"

对比项：文学/思想，君子/践行。

意旨：君子以文致仁，以学践行。

旧解摘要：

《经义述闻》："'莫'盖'其'之误，言文辞吾其犹人也，上下相应。"刘氏《正义》："高诱注：'莫，勉之也。'亦是借'莫'为'慔'。夫子谦不敢居安行，而以勉强而行自承。"

含义引申：

"莫"字诸旧解各有不同，此字古义不明，或有误录，如专注于此一字之释义研究实无意谓，我们仍应就相关语境及前后类似句以把握其大致意思，特别是于本句的前后句对比中进行推测。此句的意思似应为："学习与表达方面我亦不差。而履践方面尚难至君子境界。"（钱穆对于"文莫"及"躬行"的字义解释应属自行扩解，此处以刘宝楠之"文可及人"解为当。）按朱子注，本句乃对比于"言行非一"。而历代《论语》解家之泥执字义的习惯往往针对人称代词，如本句中之"吾"固然为第一人称，但句义中孔子非必指本人。此句中与"躬行"对比的"文"字可以泛指文化与思想。本章不过

589

是再次重复孔子的劝诫：读书人必然好文，但仁者之好学、好文目标在于志仁与致仁，即以文与学作为手段以践行相关精神文化事业。如进而深言之，仁学的"无入而不自得"及"我欲仁，仁斯至矣"，乃指士人对自身向仁实践的态度品质及努力的程度等主观侧实践，既非指所达至的仁者境界高度亦非指外实践成就本身。

历代读者视《论语》中作为"主角"的孔子为历史上真实人物之真实记录或客观描述。实际上，《论语》非孔子其人之自撰，而为诸弟子及后世信奉者之集体编写，其中的人物与言行描述，其旨在于借诸角色及各言行方式以表达仁学通义。因而此一近乎"虚拟"的角色之或自谦或自信或自诩，均为各相关指令句中角色应发挥的语气作用，即编写者借助角色之或自谦或自信或自诩的修辞法，以表达章句的激励作用，并非历史人物言语之实录。

本章的中心意旨在于指出，知识类实践与志向品德类实践并非一事。同理，此一提点正相当于今日喜读《论语》者虽众，而卒能信之、好之、行之者甚稀的现象一样。人们颂扬《论语》为一事（如用以宣扬民族文化，用以搞神话迷信，用以参加学术活动，或单纯用于赏鉴等等），其人是否真实践行仁学精神则为完全不同之另一事。本章重点在于宣称：非知之为难，唯行之为难。

现代意义：

今日读解《论语》诸指令句发现字面矛盾或相互抵牾时，应从仁学义理整体释解其义，不可孤立为解。这些各具片面性的指令句实皆相当于各种待选用的"品德元素库"，读解时须考虑具体情境和目的而与其他相关句式"潜在地"进行对比、结合，即考虑具体情境而从"指令句库"中选取相关诸"元素"加以搭配协调后再予以合解。当孔子在谈及"仁可至"（人人皆可为尧舜）和"仁难以企及"（如本章）时，同一"仁"字在不同语境中之意指不同。在前者，此"仁"字指"朝向仁理念的实践方向"，其"至"字相当于"方向正确并尽其在我"；在后者，此"仁"字相当于理念或标准或最终目标本身。

本章的现代意涵则是：现代文化学术实践，因处于功利主义时代，故多与学者人格及其伦理心志无关，因此，人文学术之科学化发展遭受到本质性阻碍。此即：现有的世界文化学术实践，虽于技术性层面上较前为优，而在其思想创新和理论分析方面，反多乏善可陈。而时人对此多视而不见，因今日为"以学致用"（致各职场内既定技术性标准所要求之用）时代，与此职场化生态相关的恰是技术性操作能力，而非真理朝向的创新思想能力。人文学术内容徒徒成为职业化操作的材料与手段，学人对后者的热衷，或出于"学匠式爱好"（须知：任何文武技术性熟练程度均可引生对技术性本身的爱好，如"文革"时期众多城市知识分子因无所事事而纷纷成为木工或裁缝的爱好者，更不要说文人无不容易"爱好"诗词曲赋），或出于关注"产品"之市场价值，而鲜有按照仁学义理标准（伦理性价值观）思考如何提高与深化关于人生意义、是非、因果、前景的认知程度的。

7-34. 子曰："若圣与仁，则吾岂敢？抑为之不厌，诲人不倦，则可谓云尔已矣。"公西华曰："正唯弟子不能学也。"

对比项：独善/兼济，自学/传授。

意旨：仁学为人类至高价值信仰，其实践即独善以成己，兼济以达人。

旧解摘要：

《群经平议》："圣与仁，犹言智与仁也……圣与智古通称……后世但知大而化之之谓圣，而古义湮矣。"《集注》："圣者，大而化之。仁则心德之全而人道之备也。为之，谓为仁圣之道。"《四书剩言》："'若圣与仁'，予以六经解之……则内圣外王，总以仁及万物为言。圣仁者，明德而新民，成己而成物者也……以仁心及物而进于圣已矣……博施济众，子贡以为仁人之事，而夫子以为圣人之事。"

含义引申：

本章历代诸解分歧，主因辨别"圣"字义的古今异同。"圣"字于先秦、秦后内涵意素之组成变化较著，其"神圣性"意素必愈往后愈突显。以字义本位论，学者如俞樾，固然可以指出先秦时代"圣"与"智"相通例，然而即便古字中确有此通假之例，何以知其适用时间恰合于孔子时代？况且《论语》中"圣"字非指个例，其于《论语》中之意，显然较合于朱子所注解者，如何能够任意脱离语境变换字义？我们于此再次看出清儒中的"字源考据派"绝非处处可资信依。在本章中以及在不少《论语》章句中，俞樾之解颇多自炫博古意。况且读者根本也无从根据用字本身来判断孔子本句所言是否为俞氏所言的"古义"，其解反而明显妨碍了本句之顺读。

清儒考据派解经之失的本质是：其古文字学领域内之相对技术性成就为一事，其据此学试图深入解经文为另一事。二者之间因功能上存在差异性，故其彼此间的历史文化联系性本身切忌概括言之（因历史资料缺漏严重，实无可充分探究）。但却在"隐在的"考据学"职场"环境内形成了"外在的"读解可行性，其奥秘在于：前者独立形成的考据学专业之技术性学术势力，可以成为对经学文本进行字学本位解义的职场制度化支持力。此即：其人在考据学内形成的权威性地位（学术思想势力）可"异质性地"挪用于经学文本语义思想之解读而获得普遍接受！此理与今日人文学界情况颇可类比：在一种方式上形成的学界权威势力可有效运用于以另一种方式形成的学术内容的解读上，二者之间的"读解可行性联系"，同样主要根据于外在的理由：学术界经营的技术性势力。其学术势力（影响力）的成功原因之一为其选择的技术性层面上的机械化经营的成就。

朱子之所以采后世对"圣"字的理解，正反映了作为哲学家的朱子能够据章句本身之义理为解，故较为确当。孔子对"圣"的概念多虚言之，无非表达特殊尊重之义，同时也是对周礼（作为仁学的外实践骨架）创始者存在的一种认定。孔子可能确实认为文武周公为始创周礼之"圣人"，而此一"仁学生成学"假定相当于不可考的"认识论边界"。以自谦句之"不能""岂敢""不得见"诸语中含蕴之"圣"义，泛指最高仁学理想及其实现者，并将此"理想型范"

规定为仁学实践学的边界概念。自谦语气自然也表达着对仁理念本身之最高崇敬态度。但在此"圣"字并不实际上列入孔子自身仁学实践学的操作系统内，如从未将周礼创始者如神祇般对之祈祷以作为后人仁学实践之"助力"。（与宗教信仰之区别在此，与《易经》代表的客观之天道的决定作用逻辑也正相反。古今凡最终依据《易经》妄解孔学者，均因欠缺此一解释上的一贯性意识。）

孔子盛张仁学义利高远，实视之为人间第一至理（其"仁"即"仁道"，非"天道"，其"仁"即"人"内在之"理"），自然亦谦称个人虽为仁学导师，而自身操守程度较诸理念本身，在实践目标上仍很遥远。孔子及其弟子群有效地提出了仁学价值系统及实践方略，但非等于自认已实现了仁学理念之全体。不仅原始仁学最初设定的政治域内的外实践全归失败，即使在其内实践方面，严格来说，诸弟子间亦仅颜回"一人"（属夸示修辞学所表达者）而已，孔子于是也以此夸张式褒贬法显示了内实践域内的"学为己"之难。颜回角色相当于"学为己"型范，在文本中相当于借以代表"好学"的"能指"，但其"好学"之内容却属空缺，从而将"所指"集中于"好学态度"而已。"一箪食"句等即为此态度之"能指"。

当然，仁学、孔子、《论语》等名目的永恒重要性，并不完全体现在外实践的成功上。至于后句中"为之不厌，诲人不倦"则为具体示范之言：告人如沿此不可完全实现的理想方向行之，实际上即相当于有效的"致仁学"之意。仁学的经验主义的"实用主义"有其确可实行的一面，此所以可视《论语》为具有永恒精神文化重要性的千古一书，即中华文明之第一经典。

【关于内实践与外实践关系的历史解释学申论】

"仁"被规定为人间最高价值（因其含有对历史上普遍视为"最高者"的"神""天""帝""权势"的"贬低"而具有历史上真正的思想革命性），仁学的永恒核心为其内实践，其重要伦理性参量为"信仰价值观"与"实践方向性"，孔子断言有志者所必可达至者（我欲仁，斯仁至矣）即专指此二参量。至于其外实践，则仁者唯在充分内实践基础上力行之而尽其在我可也，其外实践成效之判准亦唯在于仁学之价值与方向是否始终与外实践过程同在，此即所谓独善兼济中之达仁。此处所言"达"字非指外实践具体环节之"实际完成"（故孔子谦称其"躬行"效力之不足，实乃指此最终客观计划之"达"为任何仁者均未必可实现者）。虽然仁学实践必须贯彻于或独善或兼济中之"外实践"，而其要旨不过有二：唯内实践属完全在我者，以及确保内实践要素充分贯彻于外实践过程。也就是说，外实践最终也以内实践为基础：世务千变万化，伦理实践主体在其因应人生万千事态过程中，坚守其外界动态中之内学于不变即可。

现代意义：

本章说明，现时代人的《论语》读解应从儒学时代的仁所具有的"神圣"意涵"退至"纯粹伦理性层次上的"义理性至高"义，从其"伟大性"意素中去除任何传统上赋予的神秘化、神鬼性成分。"仁圣"或"圣仁"的二字连用可仅相当于通过"叠字"修辞法以增强情绪性打动力而已，按理自然不需要再求证所谓孔子原话之本意。但是，本章以及《论语》其他相关章句的读解法，都应该努力保持一种古今语义叠合连通的读解原则，既可在文句确义上按今日读解环境调整其意义，又可在感受效力上保持其历史上的复合性语义机制所蕴含的潜在激发力，以使其保持《论语》文本的多元读解效力。如是，则此句的更深象征性含义与未来人文科学和伦理学的建设关系甚大。

本章可理解为，首先通过圣与仁之并列，将传统读解上积累的儒教政治类宗教之神圣观转化为仁学的人本性伦理性价值至上观，以显示人本主义的仁学虽然在其信仰学功能上与准宗教性的圣学之信仰学功能相当，且同具有其精神崇高性，但是之后则将其回归于仁学的实践面，以提示君子之本分唯在于脚踏实地沿现世伦理正确方向志学而已。其直接效果是：仁者最终可达"无入而不自得"之境。此意同样排除了俗常功利主义，遂有日后所说的"只问其义，不问其功"。仁学非真不讲究其"功"，而特使"功"之方面扩大化、多元化而已。对个人，此即进亦进、退亦进；对于群体，则为人己一体，人类一体，吾人今世与他人来生均属同一仁学实践学之历史绵延。仁学，即人学，即人类之学意。"为之"意指君子在实践中的学习行为（独善），"诲人"则意指君子的教学行为（兼济），遂可将"圣与仁"理念视作现实实践中的仁行标尺，也就是在一般仁学理想和具体仁学实践之间做出了区隔。这样不仅不是将仁学理想归为无法运用之"空想",反而使其在现实中的另一精神文化层面上成为可发挥实际作用之"实想"。此一两千多年来中华文明历史上的仁学实践学通理,于全球现代化的今日,亦可在转换"学"之具体内容(与时俱进)后,继续在科技工商物质化生产文明的主流之外,寻找其在新时代、新场域中的可能的具体实践方向与内容。

7-35. 子疾病,子路请祷。子曰:"有诸?"子路对曰:"有之。诔曰:'祷尔于上下神祇。'"子曰:"丘之祷久矣。"

对比项:人本性/神本性,人事现实/神事幻想。

意旨:仁学基于现世人本经验理性,其目标、认知、方法、行动则基于个人良知与意志,二者均无关于神祇信仰也。

旧解摘要:

《论衡感应篇》:"圣人修身正行,素祷之日久,天地鬼神知其无罪,故曰祷久矣。"《皇疏》引栾肇云:"在礼天子祭天地,诸侯祈山川,大夫奉宗庙,此礼祀典之常也。然则祷尔于上下神祇,乃天子祷天地之辞也,子路以圣人动应天命,欲假礼祈福二灵。孔子不许,直言绝之也。曰'丘祷久矣'此岂其辞乎?欲卒旧之辞也。自知无过可谢而云'丘之祷久矣',岂其辞乎?"《论语或问》:"盖祈祷卜筮之属,皆圣人之所作。至于夫子,而后教人一决诸理,而不屑屑于冥漠不可知之间。其所以建立人极之功,于是为备,观诸《易》之《十翼》亦可见矣。"《集注》:"祷,谓祷于鬼神。有诸,问有此理否。诔者,哀死而述其行之辞也。上下谓天地,天曰神,地曰祇。祷者,悔过迁善以祈神之佑也。无其理则不必祷。既曰有之,则圣人未尝有过,无善可迁,其素行固已合于神明,故曰某之祷久矣。又《士丧礼》'疾病行祷五祀',盖臣子迫切之至情有不能自已者,初不请于病者而后祷也。故孔子之于子路不直拒之,而但告以无所事祷之意。"

含义引申:

无论从其本身语义及语气来看,还是从《论语》中之孔子一贯言谈来看，甚至从后世"与神无关论"精神来看，本章之意含均甚明确，而诸旧解家碍于各种传统读解理障（泥于故事、字义，或囿于儒道释教义）可谓多属曲解。首先，现代读解必须从古人"泥事主义"中撤离，甚至完全摆脱故事；其次，必须摆脱泥字习惯。本句诸解中最一般的错误为按照解家所拟孔子思路而纳入鬼神占卜因素，而忘却了仁学的最明确人本主义观即在于坚决排除鬼神等外力决定论观念介入仁学义理。诸解家竟然忘记了"敬鬼神而远之"的原则，甚至所谓"唯物主义的"《论衡》作者也说："圣人修身正行，素祷之日久，天地鬼神知其无罪，故曰祷久矣。"只有《论语或问》之解基本得其深意，却复因不能维持逻辑性思维于一贯，以至于引句最后画蛇添足，竟然将其比之于"十翼"。而"十翼"中列鬼神占卜之说，正为《论语》所排除者。但该解正确指出，本章之意在于喻示世人须"一决诸理"，排除"冥漠不可知""建立人极之功"等谬。朱解大体仍然优于他解，将鬼神因素减至最少，以两可之语气表之——"无其理则……既曰有之……"。一般来说，朱子之《论语》各解最能扣紧语句原义，避免无关事理牵连，较能注意其注解文意本身的逻辑一贯性，故后人往往可以其字面和文句之注为基础，以进一步合理推测章句之本意。

今日读解本章显然应将"故事角色"虚拟化，因此将疾病情境下师徒对话理解为意在呈现庶众"信鬼神"与仁者"拒鬼神"之间的对立立场，本章遂表现出了跨时代的历史性深意：在仁学逻辑之"去鬼神"与在先商周和在后儒教之"重鬼神"间形成了伦理认识论对立，以此方式最为明确地宣告了一种仁学的经验人本主义观。本章中孔子所言"上下神祇"，显为反面或幽默之言，非为正面答复的陈述句。而"丘之祷久矣"同样非陈述句断语，而可理解为对世间神鬼迷信反讽示疑性的一种情绪流露。

【关于孔子无神论的历史解释学申论】

本章的"情节背景"是孔子病危时的心态，其直接的意思是孔子不信鬼神之力，而间接的意思是否定鬼神之存在（等于"存而不论"）。而此句中所祷的对象，暗示着对象域的扩大或该字有如下象征性喻示意：对仁学志业的长期期待。一者是祈祷的对象域的喻示性扩大，二来所谓祷无非是志业有成之期待意。此章子路对超越性力势的正面性态度也与孔子对超越性力势的反面性态度形成反差。按照朱子及其他旧解，此"祷礼"非可用于民间，子路高视夫子，故有此破格之言。因神鬼祈祷确属当时社会风俗之共同习惯性信仰，孔子依例均不使自身理论信仰直接与世俗实际对峙，而是处之以"敬而远之"，但正是通过此不泥于鬼神崇拜的"存而不论"处置法，实质上表达了孔子之所持行者仅为基于其现世理性认知。简言之，此一句式在语用学上有力地起到了在仁学实践学中排除神祇作用的效果。

本章之主题自然不在于孔子是否有条件享用祷神之礼问题，更无关于诸解多言及的"孔子无过不须用祷"之任意引申。如果《论语》中诸叙事部分确有其事，则此句中或仅为虚拟的子路"请祷"情节具有的修辞学作用在于表明：当时孔门群体内部并未将鬼神问题和仁学问题之间的关联性视为其仁学伦理学系统中之正式主题。也即，祈祷神祇仍然为孔门群体内部生活中采行之符合社会惯习的一部分。孔子的含混性答句，一方面也可暗示孔子在现实生活中并未将此社会习俗信仰视为仁学实践学的"辨异端"内容，即并未在行为中着力于绝对排除神祇祈祷的习惯，也就是并未将"辟鬼神"作为仁学实践学的相关性对象，而仅只是将其设为"非相关性对象"而予以有效排除于仁学义理及实践之外。此一伦理逻辑表达的"实用主义"或"折中主义"（古时人通过其"行为趋向方式"来下意识地表达某种理性态度或倾向），产生于商周与儒教的政治宗教式的汪洋大海中，此正可体现孔子的实质性理性主义精神是如何表现出一种革命性的睿智与意志。实则，人本主义仁学正是汇集于、诞生于、流传于准宗教迷信的历史长河中的。此外，此类口语式伦理学态度表达法是与《论语》整体话语风格一致的。按照《论语》中的描述，当时的礼仪中的"神祇祭祀"乃最重要的周礼项目，而按照今日所传的古典文献，神祇崇拜实际上盛行于商周以来直到明清的中国历史全程上。孔子独一无二的人本主义言谈与立场竟然是在此神本主义大环境内产生的，并长期以来引致历代许多重要文人（知识分子）普遍的非神观思维倾向！孔子现世主义立场于是长期以来作用于中国文士的真实思想深处，即在中华精神文化领域内的某些信仰与行为的基本倾向方面表现出了在仁学影响下形成的现世理性主义思维大方向。这也就是被儒教"管制着的"仁学，在儒教历史上潜在地起着可与儒教在逻辑上分离的精神作用之明证。我们应该在此"仁学与儒学"的历史性张力场内把握仁学的历史意义与现代意义。

因此，对《论语》文本的读解重要的不是把握孤立字义，而是把握其文本主题化、相关性的特点，并据以读解相关指令句之确义。两千五百年前中华文明大思想家（这是我们赋予孔子的最恰当称号。称之为"圣"有将其纳入天神系统之虞，称之为"国师"有将其归入"帝王护法"之虞，称之为"五经始祖"有使其成为阻碍自由思想展开的"意识形态打手"之虞）孔子的此一振聋发聩之言——"敬鬼神而远之"与"丘之祷久矣"等，岂非恰可预示中华文明第一大思想家及其历经两千年历史考验的人本主义伦理思想，将为两千五百年后全球化时代陷入发展危机的现代人文科学，提供一种价值观与方向性之指南？

现代意义：

本章对于作为"政教合一"的儒教所支持的神鬼信仰进行了明确否定。孔子的无神论或怀疑论虽然在儒教时代不可能被公开讨论，但肯定在两千年来不同程度上潜入了万千读书人内心。孔子思想将"鬼神"置入"论述括弧"之外的这种理性怀疑论态度，也直接否定了现代各种新儒家运动，因为他们倡导的新三教合一立场正是与《论语》思想相对立的。一方面，孔子伦理思想的现世理性主义，可以说在诸多方面均与各种现代雅俗宗教或准宗教信仰观对立：神鬼论、天道论、吉凶占卜论、风水论、地狱论、特异功能论、信祷论等等，不一而足。另一方面，仁学不仅与人文科学理性的大方向完全一致，而且在学术实践论上可为现代人文学术实践提供极为重要的、作为学者求真动力的"主体意志论"。仁学通过其知行合一的良知观，可导致现代人文科学的革新事业获得真实的能动力。

7-36. 子曰："奢则不孙，俭则固。与其不孙也，宁固。"

对比项：奢侈/贪婪，省俭/僵固。

意旨：君子深戒人之主动性贪婪与被动性僵化二性向，而孔子特言僵化尚较贪婪为"少恶"，因贪婪为历史巨恶野心之根苗也。

旧解摘要：

《集解》："孔曰：'俱失之，奢不如俭。奢则僭上，俭不及礼。固，陋也。'"《集注》："奢俭俱失中，而奢之害大。晁氏曰：'不得已而救时之弊也。'"《此木轩四书说》："圣人意在恶不孙。"

含义引申：

此章借礼行中之"过"与"不及"现象喻示人性中相关的重要品德问题。朱熹解释说："奢俭俱失中，而奢之害大。"仁学对于君子"品德学"最为用心，此品德学实为某种"品德元素搭配学"。因对于心理品性分类不易，不能一一设定专门名词准确对应之，故采取对通行德性名词加以随境增加形容以细化其"品性亚类"的表达法应之。

本章特言品性与相应行为之"两偏"（奢与俭），按照一般仁学智慧学，均须以一泛泛"取中"而定义之。当沿实践学过程进一步权衡时，可进而以"两害取其轻"抉择之。由此可见仁学为一相当重实际、实情的实践智慧学。礼行中的行为方式可以反映行礼者的"礼意"之品质。之所以奢之害大于俭，因推动奢之欲求含有更多违背礼意的贪婪动机在，遂与野心勃勃及觊觎之心相连，故成为孔子所深戒之野心家乱源之迹象。春秋时代与战国时代在政权结构和政治实践方面不同：前一时代象征性的中央权力尚存，周天子仍可成为通过限制各侯国政治君主野心膨胀以维持中国境内安定的因素；后一时代周天子权力丧失殆尽，各国相互争夺之势已成，中国境内之安定端赖各国君主克制相互侵夺之欲望。春秋与战国的中华政治权力结构的改变也导致了孔子与孟子二人之"政治学观念"的差异性，尽管二人均采用相同的仁学政治伦理学原则。孔子之"礼学政治学"欲通过周礼对各阶层权力者加以约制的方式，以维持中国政治安定，其礼学之实行方向即维系及恢复周天子之最高权威，也即其礼学实践学原则着重于一"克"字（克己复礼）。孟子反之，因战国时已无最高政治权力可成为控制全域的权威，故除按照同一仁政观敦劝各国君王爱民戒战外，必要时竟可主张"武力除暴"方式。仁学礼学之义正在于察诚"越礼心态"于方萌之际。孔孟二人之政治学策略不同，但其共同遵行的周礼伦理学均最终基于对权力者个人私欲膨胀之限制性。此类古代仁学政治学欲以礼学维持社会秩序之政治学价值今已不存，但其伦理性意涵针对人性普在的名利权欲念，自然保持着其人本主义伦理学原则之永恒意义。

此外，本章之含义，如越过历史语境扩解之，还可具有更具普遍性的意义。此一"两害取其轻"的原则还涉及人我关系层面：贪婪蕴含的野心直接相通于"对他"（对民）的积极侵害性，而僵化的负面效果主要为当事人德性之不足，其间接"伤及他者"的部分为害较轻。本章"为害轻重"之比较，可以说直攻将仁政观视为第一大敌的、惑乱社会安定的政军野心家。

【礼学仁政观的历史解释学申论】

在《论语》章句中我们不时看到孔子谈述礼仪问题，孔子"从政"的具体细节似乎专门表现在"盯视"权贵们在仪礼上的言行举止是否合乎"正确性"（幽默言之，今日所言"政治正确"，其严格性远不如孔子时代强调的"礼学正确"）。按其"推理"，礼仪言行为内心动机之"符号"，孔子似乎在借助一种"礼仪语用学"反向施用于此一"心行符号表意式"。此即，按照同一礼仪表意渠道，将一个方向上的"表意关系"（"行"为"心"的示意符号）转换为在相反方向上的"因果关系"加以施用，即通过对"行"的正确性监控来确保"心"之正确性。此类孔子的心术学的主要目的是"监控"权贵们膨胀其野心的迹象，以便将其阻遏于将萌之际。仁学君子学本质上是和法家"权力学"对立的，所谓权力哲学之根源即个人或强者之野心的存在及迸发，而所谓野心即运用暴力和智术以侵凌他人或众人之一种暴虐天性，后者根深蒂固地来自人之动物性本能。现代人不难立即据此判断：孔子欲以其"君子学"对峙于"权力学"，而此"仁政道德主义"却毫无可行性。这也是今日反对孔学、儒学、国学等各种现代主义观点的根据所在。但是他们没有深入读解《论语》，否则就会明白：孔学通过此一在政军经领域内不可能实行的仁政思想，其（解释学地）所真正指向者为另一视界：精神文化领域。此一君子学和权力学的对立性所展现的正是"权势归权势，文化归文化"（不妨对比于西方历史上"上帝的归上帝，恺撒的归恺撒"的历史哲学观）。按此，漫长儒教封建专制历史得以代代延续无碍（法家的胜利），而在此过程中由仁学思想激发、引导的人文思想实践也竟代代繁盛无碍（仁学的胜利）。我们的历史解释学于是通过从功能上区分此二者，以进一步将此历史哲学特质（解释学地）转换于全球化的现时代。

现代意义：

本章之重点自然并非关于礼仪奢俭之物质性耗费问题，而是借此心态及其愈矩行为来察验当事人之品德，以及与之直接相关的觊觎之心与"作恶潜力"之有无。"俭"仅喻示礼敬之不足，而"奢"则喻示违礼者进而怀具非分野心。此一心迹流露正是人际间相互侵凌（超越及支配他人之野心）倾向之心界端倪。此一比喻在今日社会环境中固然弱化了其政治学意义，却可视之为古时礼制时代传承至今的有效验证人心性向的方法之一。故今可通过古代相关语境把握其比喻之义以及仁学伦理学之关切所在。

现代社会中之奢华贪腐现象则更直接相通于本句直接警示的现象。于奢侈行为中流露的炫耀与傲视之心向，正为一切积极于名利权争夺者惯有之态。本章寓意与现代世情直接相通的方面尤为凸显，因古时的愈矩心态与行为所表示的当事人之所谓觊觎之心，其意图即为按其环境条件所滋生的一种争利扩权动机，其本质最初即来自人性共同钦羡的、在名利权目标上超越他人的本能欲念。（俗世英雄主义的本质即超越众人。）此人性负面本能自古至今无丝毫改变，实为古今中外人性中最基本的部分。而名利权追求的本质并不体现在表征名利权之诸外在介质（名誉、金钱、支配力）之物质性实体本身，而是体现在诸介质所载负的语用学功效上，即社会文化环境使得该媒介承载的名利权意素具有的社会性价值上，从而可借助诸（社会文化环境所定义的）媒介之物质性特质以达到高于他人之目的（动物界仅以单维形式的暴力大小定彼此的高低，人世间则可以多维形式表达其人际高低意涵）。今日商业化、技术化、消费文化时代，人们对名利权的追求，对金钱、地位、财富、商品的追求，其本质即为追求"高出他人"的争比欲望之实现，而非诸争夺项目的本身。（所追求的并非诸项目之实质，如非贵重商品本身的物理性及美学性本身，而是其所代表的超越其他商品的市场价值。时装与名包文化的市场价值机制，不是物理性的，而是社会心理性的。）

人文学术界亦然。于是我们可以理解，今日所谓科技工商商业化对人文学术界的影响，不仅是指后者的处境全由前者决定，而且在后者本身，在世界普遍商业化人生观支配下，人文学界也将充分采取同一商业化文化竞争方式：借学术媒介来争强斗胜。于是学术内容及实践方式，只不过是达至同一名利权目标的工具，也即不过是实现同一超越他人的人际竞比目的之手段。孔子当初察觉的此一人性内根深蒂固的超越他人的冲动（野心初起时的违礼之态），今日在法制化、法律化框架内，实已成为社会政治经济领域内可有序实行的正面行为动力，但显然也成为瓦解、颠覆人文科学的科学化发展的主要势力。于是，人文学术产品的价值不再连通于其科学真理性或真善美相关性，而是连通于其可超越他人、他学、他山头集团的效能性，这也就是连通于其使用价值或市场价值。什么叫学术竞争？岂非鼓励超越他人乎？而当此超越他人之定义与方法是可以完全由学术内外权势集团利用其集体权势加以规定及操纵之时，还可能存在人文科学真理探求意识吗？

7-37. 子曰："君子坦荡荡，小人长戚戚。"

对比项：坦荡/忧戚，宽宏/促迫。

意旨：君子关切人间之"大事"故胸怀宽阔，小人耽于一己之"小事"故患得患失。

旧解摘要：

《集注》："程子曰：'君子循理，故常舒泰。小人役于物，故多忧戚。'"《反身录》："名利之念尤为吃紧。千病万病，咸从此起，只不为名牵，不为利役，便俯仰无愧，便坦荡自得。小人不为名牵，便为利役，未得患得，既得患失，便是长戚戚。"《此木轩四书说》："恶恶不如恶臭，好善不如好色，难终身行善亦近名目，彼其戚戚之根故自在。圣人发言之旨，似应在此也。"《论语后案》："'戚戚'即《诗》之'慼慼'，为缩小之貌。"程树德："宋儒不明训诂，故有此误。然古注已云'长戚戚，多忧惧貌也'，是其误亦不始于《集注》也。"

含义引申：

对于本章之义，朱注程子解为"君子循理，小人役于物"。按本章对举之义推测，程氏据清儒黄式三解指出"戚戚"应为"慼慼"

之借字，在此非指"忧伤"而为"迫缩"义。此解固然较佳，然因古今一向据"戚戚"为解，已成惯例，况且按一般世情而论，"小人者"岂非既常忧伤又多促迫？因此两解均可。

本章以个人"心态品德"之一端来显示人格学内的主要对立性概念——君子与小人。此二词后来超越其古代之多义性而成为中国历史上最常用的人格褒贬对立性概念（不再联系于原初含有的社会地位意），其意思直接相关于人的动机结构的基本性向：朝向于仁义和背反于仁义。然其确指偏重于心态及行为的"性向"与"风格"意素本身。虽然如此，两词从古到今在意涵的细节和比例上亦可随境不同而伸缩其意。在《论语》中"小人"之义多指欠缺致仁心志者，即普通人，并不必然包含特别严重的道德负面品质（常人自然更易犯错，自然也包含着较多负面品性）；而其后历史上"小人"的意涵日益朝向道德性负面理解，遂具体化为"品质低劣之人"，直至今日不仅视之为"品格恶劣"者，而且是其中尤遭轻蔑的"暗中为恶"者。"君子"一词在《论语》中的用法，许多情境下接近于"仁者"，其伦理性意涵较后世更为严格，非仅指"人品端正""好人"而已。但此一对举的人格概念表现出中华文明风俗中所特有之关注点，即将其连通于固有伦理性品格二分法。此一对偶概念于是纯粹针对动机层或人格层（偏重于心行风格层）之伦理性向，而不直接相关于其外在行为效果，也即着重于"心术"之意，或心行关系中的心侧，即善恶行为的"根源侧"。故一方面精细化了道德判断中的因果性所指（因所谓"小人"者，多侧重于其人隐蔽之卑劣品性与动机），而另一方面扩大化、丰富化了道德判断的范围：不仅在心行互动关系整体中判定其善恶，而且进而据此把握其善恶之因果关系。仁学之所以特别重视动机性、人格性、风格性问题，乃因其属于内实践品德学之基础部分。

现代意义：

此一偏重内心动机品格辨析的方法论，在现代社会已不免失去意义，因现代法治社会是按照外在约制规则及其执法机制保障社会秩序即人际关系公平的。然而也正是在法治社会，人们依法言行取利，反而不必、不易显露其内心实际，故亦难以察验之。此一现代化社会现象也就弱化了"动机-效果"间的直接因果关联，以至于相同的或类似的行为可能对应着不同的心态与动机，或"好人"与"坏人"在一定时期内其外在行为表现相似，而不易察验人之"心术"实际。国外盛行的行为主义思想是与其道德法治主义相关的，自然为有效维持社会秩序的科学方法。但对于伦理学思想来说，本章涉及的人心内域之重要性并未因社会法制化而减弱。如果说政法道德学关注的主要是外在现实，那么思想伦理学所关注的主要仍然是内在现实。所以法制道德问题与文化伦理问题分属不同的领域，而西方思想家们自古以来即倾向于将二者混言之。可以说，仁学伦理学具有西方伦理学传统所欠缺的内实践域之核心部分。

此一论题不仅相关于未来人类伦理学重建本身，而且特别相关于人文科学重建的实践学部分：学者思想家必须心胸宽广，心志高远，才能具有足够的主观能动性参与各种伦理性方向的外实践（特别是人文科学重建）的事业。与科技工商等从业者不同，人文学者必须摒弃争权夺利动机始可能成为真正的人文科学家，此与仁学的"学为己"精神一致。不仅从其"有守"原则察之须如此，而且应据其"有为"原则进而克难直前，而此正为今日职业性学者所普遍丧失了的一种主观独立意志力。所以人品气度学、人格气象学，看似空洞，实乃更为切实地针对自身难以被把握的心界现实。就文化学术言，在先心态之"虚"实为在后行动之"实"的因。此一（虚）心与（实）物的因果性关联，对于职场制度化了的现代学界而言已经难以体认，而此正为人文科学今日不得沿理性科学方向发展之心学上的根本原因。维持人文学界生态的理法，与维持科技工商社会的理法非常不同，二者的"实践力学"形态不同。对于后者，根本不须关注其心术部分；而对于前者而言，其心术状态直接相关于其"产品"质量。故仁学君子学可无涉于科技工商，却必成为人文科学与精神文化发展之决定性根源。

7－38. 子温而厉，威而不猛，恭而安。

对比项：威严/仁厚，恭谨/安详。

意旨：仁学即人格学，君子人格可由其外在行为风度而感知其内在精神深度。

旧解摘要：

《皇疏》引王弼云："（与常情反）若夫温而能厉，威而不猛，恭而能安，斯不可名之理全矣。故至和之调，五味不形；大成之乐，五声不分；中和备质，五材无名也。"《岭云轩琐记》："读古人书，执着印版说话，如何是仁，如何是义，全无是处……存诚主敬，久成道学家套语矣。须知二者不可作意以求。心苟常存，不期诚而自诚。心果有主，不期敬而自敬……朱子曰：'但得心存便是敬，勿于存外更加功。'是为得之。"

含义引申：

本章通过弟子言描绘孔子近乎全德之人格，故借助以下三对相反相成品德刻画之："温与厉"（外柔内刚），"威与和"（严而不暴），"恭与安"（敬而不餍）。通过此品德类例描述，以暗示所谓品德元素，均含一偏之失，故君子须据中庸以善用两偏之和的效果，遂可有"性温"而不失其威严，"外恭"可示内心之沉稳。本章编者欲借助此描述显示理想仁者实际上体现为不仅具有各类品德并为可于过与不及之两端取其中和者。清儒李威所解特佳，因其告诫读者不可泥执字义，而应善于提纲挈领读之，此即如朱子所言：如具君子诚敬之心，即可随境而异地对各类品德要素加以适当组配以适切应对各具体问题。

现代意义：

仁学智慧学本三达德术，通过诸品德要素类之周备及其临事综合运用，行其以学为政之实践。此种简单化的"德治观"固难再直接施用于现代环境，但其心理域内品德要素及其互动关系搭配法的历史经验，仍然极其适用于现代志仁学者之伦理意志力形成及其内外施用方法。因此种性情与品德的潜力及认知不仅可成为伦理意志力的形成因，也可成为维护及判断伦理意志力实践效力的心理制约及察验手段。因如无充分完善的品德元素之存积，在身处的复杂社会文化环境中，也就无从运用伦理意志力来调配品德要素，以贯彻仁学价值观的有效实践。此一德治解释学之意义在于：面对今日百倍复杂于古代社会文化环境的、多元而强力的约制性网络，独立学人主体要进行有效学术思想实践（既须存身于职场环境，又可独立组织其人文研究计划），则要求其比古人具有更坚强的意志力，以在其学术实践中贯彻其智仁勇三达德。

李幼蒸 著

A Hermeneutic Analysis of Confucian Analects and the New Ren-Humanist Ethics

《论语》解释学与新仁学 下卷

仁学与现代人文科学的关系论

中国人民大学出版社
·北京·

第三部分

《论语》章句解释
及时代意义阐释（下）

泰伯第八

8-1. 子曰："泰伯，其可谓至德也已矣！三以天下让，民无得而称焉。"

对比项：至德/让权。

意旨：仁学视"嗜权弄权"为人间第一大恶，而此又正为历史发展的最核心推动力，故特通过此想象的历史人物传说以反向表达仁政理想与权力现实之间的历史反差性。

旧解摘要：

《集注》："太王因有翦商之志，而泰伯不从……于是太王乃立季历，传国至昌，而三分天下有其二，是为文王。文王崩，子发立，遂克商而有天下，是谓武王……泰伯不从事见《春秋传》。"《论语经正录》："先懋思先生亦云：'《集注》特沿《史记》之文，洗刷未净，其病尤在添一志字，有似处心积虑阴谋人国者之所为。'黄勉斋云：'朱子晚年改《论语集注》，至《关雎章》而止。则此章之注，固亦未为定论也。'"《日知录》："今将称泰伯之德，而先以莽操之志加诸太王，岂夫子立言之意哉？"《四书辨疑》："太王之时，商犹未有罪恶贯盈如纣之君。太王不问有无可伐之理，但因己之国势彊大，及其孙有圣德，遽欲窮灭天下之主，非仁人也。"《反身录》："为善不近名，方是真善……有为之为，君子弗贵，以其非真也。"

含义引申：

程树德之书于本章所抄录的多家旧解，其问题均纠缠于传说史实与仁学伦理性观念之不协，而本章之"意义"探求则反而听之于章句之外作任意的史事猜想。我们于此可首先注意到，历代所谓旧解，其方式多为在仁学义理和史事传说间进行"整齐协调"之作。本章因此具有正反两向的警示意：有权者如能让权弃私而洁身自好即称之为至德，那么能够进而以权致公者之德复又何如？本章舍弃后问而凸显前者即可称之为"至德"，意在显示嗜权好势确属普遍人性，为"万恶之根"。古人正欲以古史中近于"神话"的美好故事，反讽历史现实中权势者均具有与此"至德"相反的本能。

本章以周太王长子泰伯三度逃避嗣位的传说以表彰统治者不重自身特权的品德。孔子用此理想之传说表达世间基本不可能出现的政治让权事实，以表达其与法家权力哲学传统对立的仁政理念。不仅如此，如孟子言，统治者如为搏虚名也可"慷慨让国"，而泰伯之让的动机却恰因其特意隐蔽心意不欲彰显之，所以称之为"至德"者以此。即本章特加颂扬者为其隐蔽自身让权心意本身，而非仅指其让权之事实及效果，以进一步纯化其君子人格。此一传说的真伪及商周鼎革之际的复杂背景均不可知（依照常理推测，此乃必无之事，特别是商周之际实脱离茹毛饮血时代不久也），对于泰伯到底因不赞成灭商而拒位还是因厌弃（或恐惧）权力位置而逃避等所谓史实均无可考（本书作者读《册府元龟》中的"宰辅退让部"诸文时得悉，如此多之急于"乞骸骨"者实因畏惧来自帝王的突临之祸而宁取以退为安之计），而诸旧解家对此章特别关注，乃因事涉仁学所本周礼之传说创建者即周初诸王之品德问题。此章与本篇末章之"三分天下有其二，以服事殷。周之德，其可谓至德也已矣"引用之史例相通，皆为引述权力者在可依据现成权势以固权时反自动放弃权力之史例。此类历史传说的主观幻想今日均不可作为史实解，不过是《论语》编写者通过当时美好传说以反衬现实权力者之"不具仁义心"之据而已。按照仁学伦理学，王权仅只是管理国家的职能，而非个人享用之特权，泰伯不贪恋到手的权力，此可赞美一；拒绝权力并不加以宣扬，此可赞美二。"恕"者，让也，仁学君子学即为一君子让利风格学。

本章将远古权力者之美善传说视为"史实"之读解法，不无含具"变相反讽"之深意。因揆诸历史事实，统治者无不贪恋权位，将一己之私利通过暴力与欺诈法，役使千万百姓身家性命以遂己"英雄"志业，并以"为民父母"之伪造仁义观自欺欺人，以行其进而将暴力欺诈与道德迷信冶为一炉之法家惑世固权大计。故为士者可有意无意间借此一传说中理性人格美谈来表达对现实统治者之道德性深贬。同时，历史上帝王传子不传贤虽具有客观合理性，而孔子在此并未表现出对于权力者有资格享有此特权（如受之于天等）的特殊尊崇感。此一态度与秦后帝王专制时代儒家对于皇权天授的崇拜意识之间形成了鲜明对比。

仁学为产生于前专制时代的政治伦理学，表面上仁学承认商周以来的王权政治现实，实则将此政治现实视作政治性自然而置入"括号"。仁学政治学根本上是在将政治维"加括号"后而仅关注于其中的伦理性维面问题。换言之，原始仁学政治伦理学，不同于已将"政治实践维"具体化了的儒学政治学，乃相当于一种"前政治实践性的"政治理想观。如果意识到名利权为自然人之三大私欲范畴，遂可理解仁学对权力爱好的贬低和对于名利爱好的贬低是彻底一致的。此为仁学与儒学具有本质相异性的明证。此章义与本篇最后章之"子曰：'巍巍乎！舜禹之有天下也，而不与焉'"一致（据胡志奎推证此条抄自《孟子》），均反映当时民间政治伦理观念：君王应有让权之德。此种理想观念既与人性真实相反也与历史相反，几千年历史证明争夺权力实为人性恶中的第一欲望，虽然追求权力者均通过假仁假义行其一己之私。按此理念，为君上者应以"全心全意为人民服务"为其为政之道，如本篇末之句："子曰：'禹，吾无间然矣。菲饮食，而致孝乎鬼神；恶衣服，而致美乎黻冕；卑宫室，而尽力乎沟洫。禹，吾无间然矣。'"而揆诸历史实际，世情正

611

好与此预期相反（可证史书上的道德性"佳言丽句"多为欺世盗名及供人玩赏之资，而绝非可成为限定最高权力者私欲膨胀之"龟鉴"）。历代皇帝无不穷奢极侈，少数故作节俭以欺世之君主，其实际个人享受亦超出人民无数倍（古代帝王营建豪华宫室，动辄数千后宫备其奴役，实足暴露人性野蛮张狂之真际。今日儒学者对此等帝王奴役制度竟无憎恶之心而一味美化之，可谓根本不懂何谓孔孟之道）。而历代儒者，按照《论语》经典，对此统治者的大不公现象均视作理所当然（此为有史以来士人畏惧权势，进而膜拜权势之最劣质表现，尤以自甘为民族性奴仆的清代读书人为最）。此一儒家默许与接受皇帝特权的心态足证儒家自我欺瞒之深度，即彼等先已被皇权威压制度牢牢控导，继而被人格洗脑，以至于在心底深处彻底混淆了仁义崇尚与权力崇拜。秦汉大一统后之儒学遂成为由皇权一手操办而成的、为皇权服务的政治意识形态系统。而此皇权的建立完全经由法家暴力霸权路线获得成功者（如无单维暴力型的秦朝法家征伐胜利于前，则没有法儒双维暴力型汉朝大一统成就于后）。不少儒家知识分子遂一反孟子"威武富贵"之教而一代代成为服务于皇权势力的知识分子。

本章孔子的仁政理念与两千多年历史事实的截然对立，于是（解释学地）再次印证原始仁学之历史职能体现在与政治历史平行存在的文化学术世界。历史上的物质化权力追求与精神性文化追求之间并不存在伦理学上的相关性，二者不过是各行其是而已。

现代意义：

本章有关居位君子主动让权之义，特因其以历史故事传说为喻而获得了某种自反性的"叙事修辞学"的寓意正在于：仁学的周礼政治模型之建立正源于相反的史实（"大王翦商"）。本章于是（貌似"违反"孔子本意地）呈现出一种反讽的、自我否定的引申义：所谓三代历史典范岂非自我矛盾？本章的仁学政治伦理学观念实为人类权力争夺史上产生的一种逆向理想，或一种与历史现实真相针锋相对批判思维。此一结论更直截了当地将批判封建专制权力观的仁学，与拥戴该权力观的儒学对立起来。自然，我们也可从中看出儒学的一种"政治权力解释学"的特殊形态：儒家道德学成为一种"掩护"儒教权力学实质的意识形态宣表。即通过"天道"与"人道"的相互作用论，来制造"胜者有德"和"亡者失德"的肤浅借口。儒家所谓"得道多助"原则，可以说正好与历史现实相反，实际上，正是无道者才是成功有术者。历史上"道"字的含混性不知隐藏了多少卑劣于其后。固然此一神话式借口也可对统治者起到一定的宣导和监督作用，但其最重要的作用则是为后来得逞之造反者以暴力诈欺手段取代前朝提供了道德意识形态的借口，并用以作为对百姓进行忽悠的方便手段（其实民间所熟知的真实为：胜者王侯败者贼）。

引申言之，本章实相关于一个历史上至为根本的大问题，即伦理、话语、权力之间的互动关系问题。正是此关系直接相关于现时代人文科学健康发展的原则和方向问题。"权力形态"或"权力类型学"显示，所谓"权力"并非限于政治权力或暴力权势，虽然任何权力类型的最终根据必来自暴力，但不同类型的权力可有不同的基础结构或与最终暴力根源具有不同的距离性。例如，权力类型可包括：信仰权力、经济权力、思想权力与学术权力等亚权力系统。现代人文学术现象作为新型思想性权力系统，是高度依存于现代物质性经济权力制度的（这是马克思经济学方向的认识论理论至今在西方学术界不衰的主要原因）。文化现象作为精神性创造与作为准物质性权力关系是重叠在一起的。人文学术作为今日精神文化之核心，遂包含着此双元性构成：作为精神思想创造者与作为精神权力持有者。前者以其个人性自由追求为特征，后者以其具有支配他人思想与行为的准物质性（即身体强迫性）能力为特征。现代人文科学的科学性理想必须摆脱其中历史上含蕴的精神权力意识才可有效发展，否则任何表面上新颖的学术创新都会易于蜕化为学界权力者之操作工具。"学术权威"概念即为此权力双元性及双侧性持有者之典型，自然倾向于成为现代跨学科、跨文化学术努力之阻碍者，因后者为追求科学理想，必然反对各种基于学科分划格局形成的学科势力集团之干扰。人文学术本身的非科学性特点使其更易于成为学界经营权力文化的领域，以至于导致权力游戏形态有扩大到跨科、跨界、跨国联合垄断之虞。以上所谈全球人文学界倾向，不言而喻，实乃商业全球化之自然发展，各种学术权势形态不过是科技工商权势总机制内之次级衍生物而已。

8-3. 曾子有疾，召门弟子曰："启予足！启予手！《诗》云：'战战兢兢，如临深渊，如履薄冰。'而今而后，吾知免夫！小子！"

对比项：世事艰辛/谨小慎微。

意旨：本章表达儒家臣子伴君如伴虎而不改其忠顺的心态。恐为后世儒家所拟之曾子言，可被视为将仁者风范"改造成"儒者风范之例示。

旧解摘要：

《集解》："郑曰：'曾子以为受身体于父母，不敢毁伤，故使弟子开衾而视之也。'孔曰：'言此诗者，喻己常诚慎，恐有所毁伤也。'"《集注》："启，开也……曾子以其所保之全示门人，而言其所以保之难如此，至于将死而后知其得免于毁伤也。"梁氏《旁证》："《曾子立事篇》云：'君子见利思辱，见恶思诟，嗜欲思耻，愤怒思患，君子终身守此战战也。'……又《疾病篇》云：'与小人处，如履薄冰，每履而下，几何而不陷乎哉。'盖曾子之学，终身皆主戒惧。"

含义引申：

历代学者多认为《论语》上论较下论含较多"真孔言"，但此第八篇明确纳入曾子言的五章，其含义多与其他"孔言"不尽相合甚至相反，实际上反更符合秦后儒教时代的境况与思想需要。至于上论第十篇几乎全为关于孔子生活方面的无谓描述（此种将孔子形象俗化为仆从式的"忠臣"，非常像是秦后《论语》补编者所为，其目的不仅为了圣化孔子，而且也为了奴化孔子），不仅难以置信，而且与全书风格不合。这些明显是后来编辑过程中插入而内容与"真孔言"意旨不合的章句（正如"五经"中所谓最古老的"真言"部分

亦多为后世陆续编入者），本书多加以删除。其中保留的少数不合
《论语》主题的章句则是为了提供少量反证以略微示意而已。此类不
合仁学内容之"伦理英雄主义"的章句，我们将在本书附录中的
《论语》《孟子》语录中加以排除。另外，《论语》文中凡插入"曾子
曰"者，不必即视为传说中的孔子弟子曾参，而可视为在编者心目
中有意表达略异于孔子的角色，其具有某些"近孔或合孔的"仁学
思想。但二角色的主张大体均合仁学总体意旨。

　　曾子临终言为具体语境，本句直意为曾子一生之自我总结，所
强调的是臣子一生须聚精会神、谨小慎微地献身帝王事业，其表现
的性格与思想和孔子之刚直性格及仁理至上信念不同，却比较合乎
皇权专制时代的臣仆式心态（按照合理推测，不可能如昔儒所说为
孔子弟子曾子之言行的直接记录，因按照本章曾子言论内容看，其
高度戒慎恐惧心态不应如此不同于孔子，其中引起"战战兢兢"心
态的环境亦必非秦汉之前的前大一统环境，倒是合乎秦后皇权专制
时代的情景）。但如放宽原则尺度，此章也可以片面地解为专指仁者
一生在任何领域应有的严肃认真心态。前者易于被"曲解"为（或
原编者实欲形成此读解效果）免遭君戮的谨小慎微心理（试想，孔
子当时会有秦后大臣皆须使用"乞骸骨"这样的卑屈言辞以达免祸
避诛的目的吗？如果那样，成为"臣仆"的孔子其言还值得后世如
此尊重吗？伟大中华文明能够将一个"奴才般忠顺者"视为良知典
范吗？）；后者则可正面视之为对待抽象仁学理念的胆大心细的心态，
其背后则为大公无私的奉献精神，而非计较于个人利害得失。因此
本章之今日读解亦最好参照全书精神予以某种解释学性的语义调节。
为此可将本章中之"如临深渊，如履薄冰"抽离出来，使其和其他
品德因素在不同语境中灵活搭配，以产生积极正面的仁学读解效果。
简言之，尽管现传《论语》中纳入了与仁学精神及主题不合或不尽
相合的章句，除明显背离主题者可直接删除外，部分留存者仍可通
过语义重点的选择性调配，使其成为章句反向读解之有用例证。

　　现代意义：
　　本章以曾子角色形象表达的仁者一生之"难"，含有直接义与间

接义两方面：直接义为，须戒慎恐惧以免遭遇逆境及各种小人带来的不测之灾；间接义为，仍须于艰难环境中矢志行仁，不可因畏惧后果而弃守初衷。两义均充分适用于现代环境，虽然所"难"者之细节古今已大不同，而所指的"难""慎""勇"等情境感受与主体态度等，则古今同一。其中解家所引曾子之"与小人处"而产生的"如履薄冰"感受，更与今日相互竞争求利的个人主义时代内同一人际争斗环境所引生的感受相同。因此本章之警示同样要求现代人文学术界矢志求真学者，须于积极消极两方面勇于面对逆境中的各种不测力源带来的挑战。有志于逆势而进、勇求学术创新的人文学者，如无此面对新挑战性局势的士君子之奋勇心志，则必卒至屈服于各种现代不当权势所加予的新型"威武"之压与"富贵"之诱。

8-4. 曾子有疾，孟敬子问之。曾子言曰："鸟之将死，其鸣也哀；人之将死，其言也善。君子所贵乎道者三：动容貌，斯远暴慢矣；正颜色，斯近信矣；出辞气，斯远鄙倍矣。笾豆之事，则有司存。"

对比项：正容/获尊，正色/获信，正言/获敬，目标关切/手段技术。

意旨：本章与上章同，一派儒家臣子风范，战战兢兢，谨小慎微，一方面力求避祸自保，另一方面又力求对可能加祸于己之君主尽忠尽孝，此种"犬儒心态"，岂非历代儒臣之原型？而全章末句大事小事、目标途径之分则属仁学实践学至理。

旧解摘要

《集注》："人穷反本，故言善。此曾子之谦辞，欲敬子知其所言之善而识之也。"《集注》："言道虽无所不在，然君子所重者在此三事而已，是皆修身之要，为政之本，学者所当操存省察，而不可有造次颠沛之违者也。若夫笾豆之事，器数之末，道之全体固无不赅，然其分则有司之守，而非君子之所重矣。"《朱子语类》："问先生旧解以三者为修身之验，为政之本，非其平日庄敬诚实，存省之功积之有素，则不能也。专做效验说。后改本以验为要，'非其'以下改为'学者所当操存省察……'，如此则功夫在动、正、出三字，而不可以效验言矣。疑动、正、出三字不可以为做功夫。曰：此三字虽非做功夫，然便是做功夫处。"朱公迁《四书通旨》："此持敬之功，贯乎动静而言之。孔子言出门使民，存养之意多。曾子言所贵者三，省察之意多。二章皆即其气象之中，而见其功夫之所在。"

含义引申：

程氏在其《集释》一书的按语中言"宋儒解经，每有过深之弊"，反而再次显示，现代人（法律科学家既非文史哲学家又非现代人文理论家，安可望五四以来科学人士对此复杂价值观问题得其正解？）未能从仁学整体义理角度把握本章朱解之正确性所在。程氏再次泥于故事而窄化了句义，竟将本句列视为针对敬子其人的"对症下药"之言。而其中或有的故事喻义却正因朱解而可合理地承载相关于仁学的普遍性意涵。朱解在（内蕴）"功夫"与（外显）"气象"之间的辨析，在古代可谓精妙至极，涉及心理与行为之间的一而二、二而一的关系问题。本句列的另一组二元对比为心志性层面与技术性层面的对比。通过此两组二元对比来指出两套指令句间的主次关系。正容/暴慢，正色/信任，正言/鄙陋，三者均为行为因果关系的经验性总结，其表出语境亦带有曾子其人谨小慎微的个性特点以及自我人生观的矛盾性格：如何谨小慎微以达既可忠君（利他）又可自保（利己）的人生目的（士人遂以屈顺于王权为志节，此辈儒家不知如何读解孟子"大丈夫"境界）。

本章大致相当于指出君子人应如何看重待人接物之风格气度。末句的"笾豆之事，则有司存"，则可呼应孔子之"君子不器"说。所不同者为，曾子专言如何为官事君，孔子则针对君子之一切学行操持方面而言。我们于此可再次体悟《论语》文本的永恒价值与其文本学方式关系密切：时代作文与书写的技术性特点所造成的格言体之简短与其具体性指称欠缺，反使《论语》思想具有了人性人事之一般，而非局限于历史故事之具体的表意学特征。正是此一特征可使其集中于不变人性的心志界域内之关系结构，而非牵连到具体环境中之实践细节，因后者必具有其历史环境中变化的示意狭隘性。也即：仁者须首重价值观信仰之大节，而非斤斤计较于事务性、技术性小节。但不可误以为此章之教和"胆大心细"或"大处着眼小处着手"等格言冲突。事务大小之分全因境况与任务不同而可随境调配。此章末句可纳入《论语》精华部分之原因在于提出了具有普适性的对比项："（志向）义理/（实施）技术"的永恒二分法。仁学者不应该在人生观和实践观上局限于一种"技术人"之器局。

现代意义：

本章的两组二元对比完全符合于现代社会的、特别是现代文化学术世界的精神事业发展的关键性问题。一者，学者和思想家应该严格区分求真之心志过程与其实施之技术程序性方面；再者，在心志精神层面也同样存在有内心与外行之间的相互检视、相辅相成作用的问题。特别是在文化学术活动广泛深刻地被技术性制度化的今日，思想家如何区分程序性实践的目的和学者求真志向之间的分合关系，也牵扯到精神主体内心和相关外在行动规范、规则各自的构成和效能的检验问题。

本章之进一步现代性意涵正可显露于今日人文学术与文化事业的普遍技术化、程序化倾向上。人文学术本应为自由的人文真理追求者，而今日此类人文学术思想行为在遭遇时代职业化、技术化、市场化、竞争化的多元客观钳制后，其自由度不得不受到多方面的普遍性限制，而易于演变为纯粹遵照学术文化市场化制约规则进行的单纯职业化活动。其职业化程序的趋向，必然脱离了原初人文学者的真理追求目标，而朝向了资本市场化所引导的个人名利权追求目标。

8-5. 曾子曰："以能问于不能，以多问于寡，有若无，实若虚，犯而不校。昔者吾友尝从事于斯矣。"

对比项：不耻下问/虚心受正。

意旨：本章多为孔子已言者，并偏重于狷者退守性向。

旧解摘要：

《集注》："校，计校也。友，马氏以为颜渊是也。颜子之心，惟知义理之无穷，不见物我之有间，故能如此。"《困学纪闻》："以能问于不能，以多问于寡，有若无，实若虚，犯而不校：颜子和风庆云之气象也。富贵不能淫，贫贱不能移，威武不能屈，孟子泰山岩岩气象也。"《困学录》："程子言孟子才高，学之无可依据，人须学颜子之学，则入圣人为近，有用力处。"《岭云轩琐记》："今人但知颜子不校难及，不知一犯字学他不来……颜子持己应物，决不得罪于人，故人有不是加他，方说得是犯。若我辈人有不是加来，必是自取，何曾是犯。"

含义引申：

《论语》本篇内多曾子言。传说曾子性格近颜子，故解家多将本章视作曾子以颜子为典范赞赏之意，主要强调君子虚己谦和、忠诚持守、与人无争的一面，而不知《论语》所呈现的仁者气象绝非仅属此一唯知谨小慎微、怯于特立独行之"狷型"。《论语》中之"狂型"君子，子路近似而稍过于偏，孔子亦多有不许。仁学的真正"狂型"典范自然需以后来的孟子当之，此所以仁学必待"孔孟"合称而至于全。程子有关颜子、孟子二典范之言，乃系儒家思想矛盾性表现之一。似乎仁者或可为颜，或可为孟，"狂型"与"狷型"择一即可。实际上，儒教时代，儒者均已在仁学政治伦理学上被集体去势，奴化尊君态度被视为处身行事之第一前提。仁学谏争之义（孟子）早被移孝为忠之愚忠教义所取代。就本句言，当君子受暴君之"犯"时，是应"校"还是"不校"呢？当君子遇小人、乡愿或异端之"犯"时，此一"犯行"效果早已不限于一身，君子是应挺身而出以"大校之"，还是只应谦退自守以求自安呢？孔孟之教是如何对付乡愿的呢？难道不正是孔子本人说对君上正应"犯之"的吗？由此可见（由《论语》中此类后世补插章句及历代儒家解者相应言论可见），孔门、孟门原创仁学所持大勇精神被后世儒学、儒家在其帝王专制政治实践中瓦解至何等地步。《论语》中存有的庸碌无谓之言亦复不少，今解须审择之，何能仅因被纳入《论语》而均视之为出于孔子之口的金玉良言？

现代意义：

此章确意虽然显示出所谓曾子之风格，强调君子无我、谦虚向学一面，但亦可扩解为相关于学为己和学为人的态度学对立性问题，并涉及专业学者之能与不能之别，以及相关于今日学术界内学界地位与业界权威性之高低等阻碍学术自由探讨的、"资本与封建"合成后被强化的学界等级制度化问题。学者个人必有不知、少知部分，如治学以诚，自然不耻下问。今日人文学界甚缺此种风气不论，而党同伐异，排斥异己，拒绝跨科交流，拒绝对本派奉为往昔权威性根源者进行批评，在在均表现出学者非出于学为己（非治学以达求知目的本身）的动机，而是多为以学求名利权者。在此，"能"与"多"均指自身所长的部分，而"不能"与"寡"则指自身所短的部分。故此句所诫者非相关于学识之高低深浅而相关于"学术"与"权位"的（名利权）关系问题。至如"犯而不校"之"犯"字可引申为今日学界之批评或相互批评风气之弱化及丧失。相互批评乃学界不同学派、科别间交流中所必有之义，更须加以提倡，而时人如视人文学术为变相争权夺利的工具，并将往昔有关学人的评价视为当下固位、扩权策略之组成部分，遂将相互批评视为学界大忌，也就因此而失去了"学为己"之精神。

8-6. 曾子曰："可以托六尺之孤，可以寄百里之命，临大节而不可夺也。君子人与？君子人也。"

对比项：危境/托孤，忠信/寄命，大节/执守。

意旨：本章虽亦为儒臣忠君说教，但如以仁学精神扩而解之，亦可谓相关于仁学义勇精神，即君子本应临危不惧，临难不苟，唯义是从（开放之议题则为：此处何谓"义"？）。

旧解摘要：

《集注》："其才可以辅幼君，摄国政，其节至于死生之际而不可夺，可谓君子矣。"《朱子语类》："才节兼全，方谓之君子。无其才而徒有其节，虽死何益。如受托孤之责，己虽无欺之之心，却被人欺。受百里之寄，己虽无窃之之心，却被人窃。亦是己不能受人之托受人之寄矣。伊川说：'君子者，才德出众之名。'孔子曰：'君子不器。'既曰君子，须事事理会得方可。"《反身录》："不遇盘根错节，无以别利器。不遇重大关节，无以别操守。居恒谈节义，论成败，人孰不能？一遇小小利害，神移色沮，陨其生平者多矣？惟遗大投艰，百折不回，既济厥事，又全所守，非才品兼优之君子其孰能之？"程树德："托孤寄命，大节不夺，古惟伊尹、周公、诸葛亮之流足以当之。若文天祥、史可法诸君，虽心竭力尽，继之以死，而终于君亡国破。则虽时数之不齐，而究于可托可寄之义有间矣。圣门论人未尝不才德并重，朱子非不知之，而其后议论乃偏重德行而薄事功何也？"

含义引申：

本章曾子言，其语境再次相关于君臣关系以及秦后才长期出现的政权代谢之际的具体政治伦理学情境。本人再次感觉本篇连续"曾子言"诸章均为后儒同一时间所插入，意在通过此类列于孔子言语系列中的似是而非的"近孔之言"，以发挥孔孟与儒教之间的桥梁作用。

孔子所处春秋时期乃至其后孟子所处战国时期，国家形态尚属未定而变动阶段。一般来说，孔孟时代之君士关系与秦后法家政治制度确立后之君臣关系之间具有制度结构上的相异性。但此一后世《论语》补编者所增附的新历史语境暗示，对于儒教两千多年中的《论语》读解史来说，在一定的程度上，其加以具体丰富化的历史背景，对于作为《论语》主要读者群的儒士来说，并非不具有间接增加的一种解释学适宜性，故亦未可一律隔绝于《论语》原始文本之外。如果纯从《论语》解释学角度看，四百年间各时期插入的儒家补充章句的确可以起到在两千年儒教专制制度下读书人借其调适个人仁学信仰与接受儒教的手段。此一文本混同体也与儒教历史中欠缺严格逻辑思维的社会文化条件一致。我们仅从程先生收集的历代《论语》解家的思想含混特点中就可以理解，很难期待古代知识分子可以充分维持其思想与理解的逻辑一致性。质言之，实际情况是，原始仁学作为《论语》之内核所潜在形成的理解一致性与《论语》全体形成的实用统一性共同叠合于儒家的《论语》读解实践过程中。今日新仁学即包括从《论语》整体中挖掘原始仁学内核，以使其适合于现代之大用，同时我们也假定着此原始仁学部分对于儒家读者可潜在地产生程度不等的一致化效用，即导致其表现出了不同程度的符合仁学义理的实践。

对于我们的《论语》现代读解而言，尽管历史环境和知识环境均已大变，我们在现代二次解释学读解中自然也企图使诸多疑似后世插入的章句尽量融入或靠近原始仁学部分。例如，本章所言的"君王托孤"情境则可扩解为任何危机情境，"君王寄命"则可扩解为任何道义性的临危受道义之命，此"受"字完全可以理解为基于仁义理念本身之"责成"。"大节""小节"等亦可按此意——扩解。经此解释学地扩解语境后，本章句式内涵的修辞学气势则可继续发挥其强大启迪与激发的作用。

同一章句的古人读解语境（如具体历史环境）与今人的读解语境（如一般伦理情境）之不同，可导致同一指令句的意涵差异性。程树德在本章按语中驳朱子解曰："若文天祥、史可法诸君，虽心竭力尽，继之以死，而终于君亡国破。则虽时数之不齐，而究于可托可寄之义有间矣。圣门论人未尝不才德并重，朱子非不知之，而其后议论乃偏重德行而薄事功何也？"作为现代学者的程氏，于此再次显露其思维方式之机械性与封建性，对于相关情境中的不同因素之间的相互协调需要未能措意，即未能综合全局事理后再定君子临危取舍之际的是与非。本章喻义之前提当然是有托孤寄命的客观条件，如无此客观条件，自然无可考察君子的才与德。而当无此客观条件时（如文天祥、史可法例），则君子之所以为君子的表现必将有异于本章之直意所示者。本章可解为从政仁者"见义勇为""临危致命"的情境之一。所谓朱注之失，绝非在于其"薄事功"上（此种偏见可能来自程氏受南宋事功派责朱态度之影响）。朱注显然是在事功条件假定确立后专谈德性本身应如何表现。至于在此牵引出宋末、明末的所谓节义现象，企图借以暗示节义之士乏事功之才，实属历史意义之误读（参见《儒学解释学》下卷）。

现代意义：

此章指出，遭遇危机之际最可见士君子之伦理大节。现代人对于此章之伦理大节范畴的理解，当然不可并不必再将其限于古代社会政治条件下之情境，更不必限于君臣关系上的托孤寄命之类事例，此大节概念可概括表达仁学价值实践学中面对危困情境时的普适选择正当性问题。大节发自人格结构深处，其外实践言行不过为君子心志品格之外显。本章的具体语境为古代忠臣对君王和国家的态度行为表现，其今日喻义则可将托孤寄命的忠臣事例扩大为代表任何危难极境下士君子的甘冒生死、挺身取义的大勇精神。以此衡之，近现代以来素以孔孟之徒自认者之言行，在排除各种人力难违的客观条件限制后，其中能够体现此种真仁学精神者究有几人？反之，见危退缩，见利忘义之伪孔学家则反比比皆是。结果孔孟文本徒徒成为善于哗众取宠者借以邀名取利的宣传工具（此所以本句朱解中引程子言：居恒侈谈节义孰不能？）。此一倾向于现代化时期以来可谓加倍膨胀之。现代儒学学者中，不乏仅以谈仁说义话语手段混迹于职场者。彼辈之"好孔孟学""好阳明学"等或蜕化为一种"心理自淫手段"，或进而用为暗中博取己利之工具。此一现象岂非正合于描述今日读书人"居恒无验而可安然大言不惭也"。因此，本句今日之真实意义，非相关于封建时代臣子愚忠是否合宜，而是相关于仁者在任何一种危难极境中能否本仁义而抉择，能否见仁义而勇为。而此中相应的"义"与"勇"之具体规定，则非属本句意旨所关。其所相关的问题集中于：仁者是否在危难极境中敢于首先以仁者心志对峙于任何威压诱惑，或是反之，遇险之时不唯其外部行为甚至其内心态度都可根本上朝向于为避险而屈势自保的转变。孟子所说的权势集团加予的"威武富贵"之诫，岂非正是针对自古至今万千读书人而发者？如果世界人文知识分子能够按照本章所教立身行事，古代士君子在政军危机下之大勇精神，即不难转化为今日社会文化环境下之舍利取义的学术求真精神。学人如有此等仁

623

学信仰及伦理实践意志力，人文学术科学化的逆势革新前途岂有不得推进者？

8-7. 曾子曰："士不可以不弘毅，任重而道远。仁以为己任，不亦重乎？死而后已，不亦远乎？"

对比项：志士/弘毅，任重/道远，仁义/至上。

意旨：此为曾子言中最近孔孟士学精神并最有伦理价值者，可视之为仁学为"士"之最佳定义。士君子必以仁义为人生至高信仰与目标，故应自重自强如是。

旧解摘要：

《集注》："弘，宽广也。毅，强忍也。非弘不能胜其重，非毅无以致其远。仁者人心之全德，而必欲以身体而力行之，可谓重矣。一息尚存，此志不容少懈，可谓远矣。"李光地《论语劄记》："前文连记曾子数章，以尽于此……其根本则在战战兢兢以存心，而用力于容貌颜色辞气之际而已。盖心弥小则德弥宏，行弥谨则守弥固……故朱子之告陈同甫曰：'临深履薄，敛然于规矩准绳之中，而其自任以天下之重者，虽贲育不能夺也。'可谓得曾子之传者矣。"杨名时《论语劄记》："传圣人之道者，颜曾二子。'有疾'五章记曾子语而举其称述颜子者，则希贤以希圣之途径在兹矣。"黄氏《后案》："仁以为己任，犹孟子所谓'自认以天下之重'也。"《论语稽》："在常人视天下事无与于己，而士则任天下事如己事，倘非弘毅，何以胜之？"

含义引申：

本章所谓曾子言，其豪迈壮阔气概可同于孟子。前数章曾子所言士之勇均表现于其对君上之尽忠，本章无历史情境及君臣关系等语境暗示，故显著增强了其伦理实践学价值的普适性。程书所引清代汉儒李光地的读解，则显示出屈顺于清朝侵略者的汉人儒家做大官者，如何调节自身之仁者自期和奴才身份的矛盾。清代杨名时所言"希圣途径在颜曾二子"亦可反映同一排除"狂者型"仁者的立场。此为清代儒家在外族统治者加强了的儒教专制环境内，企图在屈顺威武与富贵之压后进行自我矛盾协调的选择。

此章中诸单字词均可谓义载千钧，充分反映着一种孟子大勇精神。"仁"理念至高无上，无勇无以副之，而此一重任之艰难和目标之远大，可复增仁者加倍自励、自重、自期之意识。仁学实践学的唯一动力存在于人的主体良知及其能动性力源本身。此一"士"概念，除君子概念必有之"操守"意和仁者的"博爱"意外，特凸显其刚毅勇决要素，用以表现仁者行动力之强劲。"士"之字源学来自以"体勇"为标志的武士义，今以之指称"文士"，即欲将原始之"力勇"转化为"义勇"，以将"勇"意素加予文实践之上。文与勇之结合，为仁学实践学的主要特征之一。

本章可视为仁学"士观"之最成功的宣示之一。古今文士之所以未能臻此仁者境界，即因守其洁有余而勇其进不足。我们于此可以在《论语》文本系统内部以及在儒家两千年文化思想史上看出，皇权专制时代，何以大多数儒者均选择"狷者"为其行仁之型范，却多回避"狂者"之择，除非在为君王献身情况的情境下（儒臣之"勇"遂表现为一在权力组织架构内之程序性行为，为"儒教组织力"之集体性精神产物，而非为士君子据仁学义理而独立自决之结果。文天祥例之所以合乎仁学理念，即因其精神境界有超越儒士忠君范畴之伦理性升华。可参见《儒学解释学》下卷相关篇章）。而仁者之本分乃仅以"仁"为至上价值标准与生存目标，帝王权势不过是"借君行道"之工具而已。如此自明之理，几千年来长读《论语》之儒士，竟然在此仁学伦理学的根本问题上，忽略其基本价值观与认识论上的本质要求。不过，也要看到，古代儒士虽然采取此种自动筛选法以避重就轻，但在此"加括号"的儒学读解法的前提下，仍能在不触及、不违背皇权至上的实践学前提下，特别是在其前为官时期的读书自进阶段或政事外的著文自娱时段，尚可畅其胸臆，抽象地养育此仁义学之气概。故其文史创作上的精神产物今日仍可在《论语》文本章句读解框架内，发挥其强烈的激发作用。仁者即志士，在其理念坚定上，以死为期方可显示一种深刻的伦理英雄主义！

【关于"士"的历史解释学申论】

试看本章诸单字词本身竟然均可成为具有独立激发志意的"指号"：士、重、远、仁、己、任、死、已。本章甚至可被称为《论语》中最伟大的格言之一，亦可释义为仁学实践学之一总纲。本章首提一"士"字，遂使此单字词载负上了历史精神之厚度，使此传统单字词足以代表仁者之典型：仁学志士即为在危难极境中具挺身而出意志力的大勇者（因此非颜子形象所可代表）；士君子之特质于此情境中集中于一"勇"字上，并以单字词"士"表之，以增附其弘毅品格，从而表现出士之大勇正在于面对仁学总使命时有勃发其总心力于一役之壮志。

最为本章仁学义理精神画龙点睛者为相互连接之两字"仁"与"死"，遂将士之大任再次以一单字"仁"托出，以凸显"仁"乃最高伦理价值之总称，亦为仁士义行上的总主宰，复以单字"死"反衬其志乃瞬间勇决之于无退之绝地。仁即为个人全体生命过程中的最高目标，士君子以此目标作为此生最高远之志向，也即以此有意义的（现世此生的）生存极限目标作为个人赴死实践之总方向。

本章再次明示仁学为现世主义和人本主义的伦理学，其最高价值为在"现世"与"人本"的现实主义框架内规定者，其至高性是与其现实性一致的。也即，此一现实主义的智慧性，丝毫无损于仁学的伦理学之价值学高度，因此伦理性义理之高度必须是相对于人类的，可现实验证的，可切实实践的，可有其社会性实效的，而不能是虚无缥缈的，幻想不实的。

现代意义：

仁学之赴死人生观既与宗教以死为赴灵界新生之界的人生观不同，也与虚无主义哲学之死为人生最后、最深目的的死亡美学不同，而是视死为人生实践之终结，而为义之故不惧其终结之人生观（"视死如归"是以其明确的现世现实主义为前提的）。仁学之死观所代表的是虽视生为唯一存在而义之所在不得不将其舍弃的决心。而仁学之死观又是完全基于主体义理选择的纯粹理性行为。如果宗教和作为政治性准宗教的儒教所产生的道德性勇决行为不仅同样是坚定的，而且是以其集体组织性为特点的，那么仁学之勇学则是实现于个体或独立主体身上的。仁学伦理性自我牺牲实践是时空上的单一行为，其精神集体性基础只存在于仁学理念本身以及不同时空中诸个别体的分别性、独立性选择行为。

仁学与宗教和准宗教的义勇现象在实现根据与方式上都是不一样的。就社会性、政治性行为而言，自然只有宗教性及准宗教性道德信仰体系具有鼓动群体事件成功的机会，仁学实践学则不可能成为群体行为，古今中外均如此。我们就此区别可以进一步体会：一方面，仁学伦理学不可能直接应用于社会政治改造计划（虽然其学之产生是经由此理想化渠道而象征性地形成的：以"从政"为精神之准备，以"为文"为实践之归趋）；而另一方面，因其历史上发挥作用于诸士君子个体，故在现代新时期反而具有发挥其新的伦理激发行为的条件，因人文学者所需的伦理意志力养成也是纯粹个体性的，尽管诸仁者在时空场域可形成相互激励的效果（以文会友、以友辅仁），而其落实于实践过程则仍然是纯粹个体自觉性的，正如人文科学理论的思考也是具体落实于学者个体心志上的一样。此等对主体伦理意志力的要求为中华仁学独一无二的民族伦理学特色，今日反特别为人类人文科学改造所必需。因学者如无此心志和气度根本不可能于现代制度化的学术世界内进行独立的理论方向选择。学者固然不须再受古代政治威压之害（威武之逼），却须经受今日商业职业化的无所不在的利诱（富贵之诱）并极易流为趋炎附势、奔赴名利之辈。结果，大多数学人根本不将人文科学的目的和意义与人类自古至今内在相关的伦理精神问题相联系，而多按照社会现成的规范标准，倾心于成为职场内的追名逐利者而已。这就是仁学伦理学与人类人文科学重建事业的内在关联性之理由所在。

今日以各种传统文典为职业工具者，因欠缺基本伦理性生存态度，而习惯地成为职业化技术性运作者。如此，古代文史遗存仅只成为其按照既定职业规范和规则进行程序化加工的材料，故多以技术性或商品化态度处之。这样的现时代人文学者和文化人普遍具有的倾向却也客观上暴露出：百年来的科技工商文化潮流席卷世界以来，人文知识分子已经全面弱化了其主体独立选择意志，故自然地成为历史环境诱导下的追求名利权的个人主义者（首先承受此历史发展"逻辑"者即为现当代西方人文学者,他们今日反成为非西方人文学者成批地加以效法的典范)。但是,作为仁学意义上的"人",作为有潜在良知本能的人文学者,如能采取正确方式重新读解《论语》,必可温故而知新,并将在中华文明历史上起着精神方向主导作用的仁学与时代现实学术文化环境结合起来,从理智上(而非从民族情感上)认识到二者之间存在具有全球化历史意义的内在逻辑联系,从而应努力将仁学伦理学精神施用于人类现时代人文科学及新科学伦理学的革新事业中去。

8-8. 子曰:"兴于诗,立于礼,成于乐。"

对比项:诗/文,礼/序,乐/和。

意旨:仁学于法家争权夺势之历史中发明了朝向人类精神文化创造之独立思想史。

旧解摘要:

《皇疏》引江熙云:"览古人之志,可起发其志也。"《集注》:"兴,起也。《诗》本性情,有邪有正,其为言既易知,而吟咏之间,抑扬反复,其感人又易入。"《集注》:"礼以恭敬辞逊为本,而有节文度数之详,可以固人肌肤之会、筋骸之束,故学者之中,所以能卓然自立而不为事物之所摇夺者,必于此而得之。"《四书翼注》:"兴《诗》立礼易晓,成于乐之理甚微。盖古人之教,以乐为第一大事。"《史记乐书》:"'闻宫音使人温舒而广大,闻商音使人方正而好义,闻角声使人恻隐而爱人,闻徵声使人好善而乐施,闻羽声使人整齐而好礼。'此自古相传之语。"《论语传注》:"《诗》之为义,有兴而感触,有比而肖似,有赋而直陈,有风而曲写人情,有雅而正陈道义,有颂而形容功德。"

含义引申:

仁学与儒家均言"礼乐诗书"或"诗书礼乐"为"学"之对象的概称,而本章仅列三项而短少"书"一项。我意此一并举三项而缺"书"一项,可间接表示本句的说法习俗可能前于"礼乐诗书"

说法产生，也即"书"成为"学"的对象一事发生较晚，即作为"历史文本品"的书之制作现象发生较晚（因"诗书礼乐"四文化范畴内唯"书"含有"书写"意）。其后当"诗书"并举作为高端文化现象总称时，二者皆具有当时简略的文字文本形式，不论是口头式语言还是书写式语言，虽然于理必是口头文本流行较广。"礼"与"乐"或"礼乐"则属于非语言性的另一类文本（仪节可称之为行动式文本，其产生与接受皆通过视觉；音乐为声音式文本，其产生与接受皆通过听觉）。诗相当于传情立志的言语文本，礼相当于规范与规则的行动文本，乐相当于由曲入心的声音文本。仁学最初之教即指通过教授以上诸文本对象以产生伦理心志的心言行过程：立心志于先（通过读诗获得感应），按礼学规则约束行为于外，再不断通过文化、文学、文艺活动强化心志并锻炼品德，也即通过内外实践两侧之互动以促进仁者心志的形成。

春秋时代"诗书礼乐"代表仁学实践学的行为内容面，而不直接相关于义理本身。如"书"作为事实记录，含有义理思想内容，考诸当时文化状态，其所谓"书"相当于简单"文书"意，实为简单记事，尚无战国时代之"事件描述及系统论著"之含义，其作用在于君子的"增闻与多识"，并非义理指南一类。不过，以情理推测，当时的所谓"书"与当时及早先的"史"所代表的不断变迁中的原始记事有关。至春秋时代，有关史事之记录、追忆、想象以及口头传播等，必已形成颇多文化积累，遂导致中华文明史上的独立思想形态（超出实用记事记言水平而进入表达独立思想的文化发展阶段）的出现。这是仁学伦理学系统得以发生的文明条件或文化条件。在此背景下，孔子所侧重之"书"，当然绝对不是当时尚未诞生的《书经》，而可能仅泛指任何史事传说，自然主要指口头传说（口头记事文本形态的产生必先于书面记事文本几百年）。由于记事传说也可能以片段、简要方式表达于诗体口头文本中，所以"诗书"往往并称。此时狭义之"诗"固然合于今义，但广义之"诗"即可包含简略史事部分。简言之，那时的真正起到后世思想文本功能者即为以"诗体"表情言志和以"史体"陈述事件。此二者正是仁学思想之实体。此即仁学价值形成期的原始状态：

世事认知、自我志向、人际情感之原始综合形成的文化形式。此一仁学伦理实践学须通过持续地实践、检验、培育于士君子行为，以促成其内外交养的效果。最后，此伦理思想尚须不断在知情意三层次上进行全面永续的丰实与滋养，其内外实践力的促动源之一则为音乐。孔门伦理文化思想正是在此所谓周礼文化发展期内形成的一套伦理学立场、精神性文化以及行动中之智慧经验。

"礼乐诗书"四元性文化形态总称，遂具有鲜明的中华文明代表性，此四者不仅是文化项目的标志，也是仁者人格如何融入此四元伦理文化体的形成学标志。因此可以说，仁学即相当于中华精神文化形成的一个价值源与动力源。

现代意义：

本章言简意赅，实亦为仁学精神、本质、方向的一总宣示：表面上仁学致力于当时的政治改革，实际上则朝向于未来文化建设。其实践学指南为：士君子如何在邦无道时（实相当于"政治实践不可行时"）积极致力于中华文明的精神文化建设。之所以在其文本表达面上多为以仁学从政的语言，而在内容面上则多在暗示一种仁学之文化性转向，因政治与文化须同时存在于同一社会过程，同属士君子所身处及面对的同一整体现实环境，仁学遂在其实践学方略上相当于在设计一种实践辩证法：以政治为其关切和研究对象，但以文化为其施为与运作之对象。其综合结果为：在仁学无法影响的、由法家思想引导的、以武力为方向的政治史过程中，则在其内或其旁相对地维持其精神上独立的生存方式（因在物质性层面上仁者也必须在法家支配的社会框架内维持生存），即另行追求伦理精神性文化实践，结果开辟出中华文明史上的另一文的过程。中华文明中由法家儒教引领的物质化政治过程与由仁学引领的精神化人文过程，遂叠合为一部综合的中华历史。

仁学作为最高精神生存信仰，其创造者孔子通过此三文化范畴字（诗、礼、乐）所宣示的"以文为精神生存方向"，即成为其后两千多年中华文明史上的总方向。此一文明体的物质性基础由法家引导的儒教政治奠定之，而在其之上的此一文明体之"文化性建筑"

则由仁学引领之，遂揭示出中华精神文明之主体即为精神性文化之创造。或者进一步说，如果中华历史由政治史、物质文化史及精神文化史三大部分构成，前二者相当于"物质性基础建构"，后一者相当于"精神性思想建构"；在此二分法中，前者为中华文明历程之手段，后者为其目的。由于仁学文士创造了精神文明部分，中华文明才因之获得了历史精神生命。（如果没有仁学倡导的精神文化部分，中华历史如仅是由元、清武力征服者建构的庞大权势与生产组织系统，就谈不到中华文明的存在了。社会组织作为历史硬体仅为手段，与其平行存在的、作为历史软体的精神文化才是目的。）此一物质与精神、手段与目的的历史性关系形态，正是蕴含在两千多年前的此一伟大的仁学生存方向指南中的。所谓孔学为"千古明灯"之喻，岂容后世轻易忘怀或抛弃？在中华文明融入全球化时代的今日，精神文化的实体或核心已逻辑性地转换为人文科学。于是从文化人类学的角度看，未来新仁学的新实践学将必然通过其深入人类现代人文科学重建事业而继续彰显其中华人本主义伦理学之方向。

8-9. 子曰："民可使由之，不可使知之。"

对比项：知者/行者，正途/理由。

意旨：常人之获福途径与其对该途径之预见能力为两事，二者之间的差距非可由欠缺相应认知之常人自力弥合之。

旧解摘要：

《经义杂记》："（诸注）皆言愚者不可使尽知本末也。"潘氏《集笺》："《春秋繁露深察民号篇》云：'民者，瞑也。'民之号取之瞑也。《书多士序》：'迁顽民。'《郑注》：'民，无知之称。'《荀子杨倞注》：'民，泯无知者。'"《后汉书方术传注》引郑《注》言："王者设教，务使人从之。若皆知其本末，则愚者或轻而不行。"《皇疏》引张凭云："若为政以刑，则防民之为奸。民知有防而为奸弥巧，故曰不可使知之。言为政当以德，民由之而已；不可用刑，民知其术也。"《集注》："程子曰：'圣人设教，非不欲家喻而户晓也。然不能

631

使之知，但能使之由之尔。若曰圣人不使民知，则是后世朝四暮三之术也。岂圣人之心乎？"刘开《论语补注》："非常之原，黎民惧焉。及臻厥成，天下晏如也。圣人利物济世，其创法制宜，用权行道，要使吾民行之有稗而已，固不能使之晓吾意也。"《孟子》："行之而不著焉，习矣而不察焉，终身由之而不知其道者，众也。"程树德："（孟子句）可谓此章确诂。纷纷异说，俱可不必。"赵佑《温故录》："民性皆善，故可使由之。民性本愚，故不可使知之。王者为治但在议道自已，制法宜民。"《论语传注》："颜习斋先生曰：'至于三纲五常之具于心性，原于天命，使家喻而户晓之，则离析其耳目，惑荡其心思，此不可使知之也。'"刘开《论语补注》："圣人利物济世，其创法制宜，用权行道，要使吾民行之有裨而已，固不能使之晓吾意也。"

含义引申：

此章句义表面上为一种事实性陈述判断，其直接读解效果则为一种实践性劝导。然而征之于历史现实，此确为从几千年政治史事实中得出之共识。其中"可""由""知"诸字，遂含有多方面意涵，直至今日民主时代亦不变。本章所含"有智者缺"之意与"好仁者稀"之意，彼此也有相通的方面，不仅专指古代广大劳力民众欠缺文化知识，而且可暗示众人之知及知之能力，偏于技术性、实用性特点，故欠缺对伦理价值性信仰及社会全局性认知的能力。正因如此，仁学政治家应在引领民众朝向正确目标前进时，不必指望民众深入理解，只需将施行途径告知民众使其正确跟随即可。

本章作为事实性及劝谕性指令句却含有一正当性之必要前提：统治者须为行仁政者，即以广大民众福祉为本身政治思考及选择之先在条件者。如统治者非仁者或反仁者，本指令句将立即被歪曲为利用乃至于故意强化民智低下的事实，以使其成为任意役使民众之形成因。按照秦代善用之法家治术，人性本恶，复因无知而贪图小利，如使其知悉所施之术的相关动机、目的和效果，则其术不得行于世。古代所谓"愚民政策"正为有意导民入愚，使之便于驾驭。故本章之"正解"虽如上所论，而其逆向推论则非关于民众福祉问题，而是如何依照同一道理以达反仁政目标。始皇之"焚书坑儒"虽为传说，但实为法家治术之形象性标志：如何使民无知而使其便于被随意驱使。本章诸旧解对此多种含义未从复杂历史实际出发，而是根据儒家典籍及一般情况各自为解，其共同根据均基于表面历史事实：广大庶众欠缺知识，故乏善恶是非判断能力。殊不知，此同一认知恰可为狡黠者逆向而用之，即利用民众的无知与自私状态而误导民众沿对其无利或反而对其有损的方向前进。如历代创始帝王们均利用广大民众之无知，惑以种种迷信方术（主要通过"天人合一"迷信来神化个人，使之成为鼓动民众盲目崇拜之对象；并往往通过使其先获小利而后使其乐于为"神人"所驱使，如"治病奇术"与"不药而愈"即为几千年屡试不爽之聚众诈欺术）。此所以历史上经常出现少数狡黠阴鸷者集团能够通过假仁假义、天道神鬼谎言而达长期役使大众之根源。

本章相关的"知"问题，含有一基本的二分法：物质技术性之知（农民工匠亦有其知）与社会文化性之知。此种二分法并不随着技术性知识之现代长足发展而失去效力。古代低水平的技术性知识与现代高水平的技术性知识，在其技术性身份上基本同一，在其不能深入独立把握伦理价值与人生观方向上可谓古今同一。（正因如此，才会有诸多高科技人士为各种特异功能论所惑，其于社会人文事理上的愚昧与其在自身专业上的智慧恰成尖锐对比！"文革"之后兴起的种种功法运动，本质上都是一种"失学后遗症"现象。）

现代意义：

本章意旨含有的陈述事实与利用事实两义，遂使其可在正反两方面理解和应用。于是同一"大众无识"的认知，或可用于仁者为民谋福目的，或可用于法家役民行私目的。此一历史事实在现代民主政治时代，仍然以不同形式具有其解释效力。如现代化以来所谓"民智开启"，一方面多相关于各种准技术性知识的获得，而无关于伦理性、社会性、历史性的深知深学（古代归于所谓君子学类，今日归之于"无用"之人文学术）；而另一方面，政法、军事、经济等实用性知识则日益繁复和改进，其技术性专门化更非民众及非专家所能掌握。即使在民主制度下，民众虽被赋予政治人物选择权力，多仅止于政治人物表面行为操守记录等细枝末节，而于政治人物在复杂事务上的决策及实施之好坏利弊方面的背景、方法、能力等，则全不具备相应分析判断的知识与资格，更不必谈政客者流必为善于长期隐晦个人负面品质者的事实了。此正为现代民主政治生活中大众作为决定者和其决定能力之间存在的永恒认知性裂隙。因此人类历史上继续存在着出于各种不同动机而具有技巧的领袖人物集团可利用同一民智未开的或大众仅具一偏之技能知识的事实来操纵民众之条件。

不过本章的现代意义已经无关于现代政治领域了。自从近现代社会科学和民主制度出现后，政治学、法律学、经济学等均已大为发展，各有章法，无须前科学时代的传统治术智慧之指导了。（现代儒学者企图倡导古代儒家政治方略于今日，可谓非愚即诈。）在此情况下，本章源于古代政治管理经验方面的伦理学思想，却可解释学地转移到文化与人文学术领域而继续发挥其重要启示作用。一个重要的社会解释学层次上的社会学范畴转换就发生于"民"以及"士"的概念上。古代之"民"所掌握之原始工农实用性经验的知识所具有的技术性，仍然属于本章所说的"无知"范畴，因为仁学所说的"知识"是属于伦理价值学和社会文化知识一类的。仁者之准理论性知与"民"之准技术性知之间的关系，岂非仍然延存于现代化的今日？因为由科技工商诸业代表的准、泛自然技术性知识与由人文科学所代表的准、泛人文理论性知识之间的关系，在相对的意义上岂非具有同构性？现代之"民"（古代之"农工商"）之技术性知识水平今虽大增，而其社会人文知识水平仍甚低，现代之"士"（古代"知识分子"）之知识内容绝大部分偏于技术性（包括社会人文界之职场人）。"士"（知识分子）之技术性增强与"民"（普通大众）之技术性增强，均有助于导致现代知识之普遍技术化性格的凸显。故现代社会成员总体（"民"与"士"之合）的认知技术性猛增。如是，本章的伦理性教导，在相对的意义上即保持其古今一体的喻示力。

　　结果我们看到：与传统文化相去越来越远的科技工商知识和与其密切挂钩的社会科学知识，以及与传统文化仍有千丝万缕联系的现代弱科学性的人文科学知识，虽属于不同的人类认知类别，但均程度不同地呈现出现代意义上的"普遍准技术化性格"。（三类中之人文学术类别因其职场技术化性格的强化，其有关历史、政治、社会的判断能力根本不比另外两类知识类别高明。一辈子生存于课堂上的生存形式早已弱化了其理解现实及处置现实的能力。）因为，看似与"愚昧"指责无关的有关文明大方向、历史发展经验、人类社会存在形态、人间正义基础、人生观价值等等方面的认知，虽然意见多多，其中究竟多少是理性的、科学的、可行的呢？（现代哲学家之普遍不懂现实已使得"哲学"成了一种贬义词。）因此，我们应当认识到，人类文明史在近现代自然科学、社会科学长足发展之后，现在开始面临着郑重看待人文科学的科学化改进的任务。因此不应该将职场内存在的诸"人文学科"看作真实有效的"新人文科学"。

　　【关于"民之知"的历史解释学申论】

　　我们从本章中"民"之定义转换到人之知识类别与能力话题，并进而认识到所谓"认知愚昧"岂止限于古代之"民"？古代之"士"何尝无其"愚昧"的一面？现代知识分子均以门类行业分划，多仅具有"一偏之知"，而古代农桑渔猎又何尝无其"一偏之知"？应该说，固然有技术性知与思想性知的区别，但此区别是就其活动类别属性言，非就其知识深广及性能言。因所谓具"人文之知"，既非对"人文事物"无所不知，也非指具相关"知解能力"。而更深入分析，任何"一偏之知"，包括人文学术知识，岂非就知识整体言，均具有其单一性及技术性性格？因此严格来说均具有其认知上"愚"的一面。当现代知识普及后，此一结论尤其适当。除此之外，还有现代商业化社会文化大环境对于各种知识类别以及人类知识整体发展具有的决定性作用。如果人类文明放纵马克思所最嫉恨的那种由"金钱势力"控导一切文化的环境存在，财大气粗者即会失去自知之明而妄图"支配"其所不应该并不可能支配者（如今之海外工商大亨欲以金钱掌控人文理论方向之术为其显例）。因此，尽管今日人类文明为科技工商主导的文明，但不可能为这些切实相关于文明价值学前途和精神科学发展形态的问题提供任何替代性思考和解决的智慧。人文学者对此须有清晰的认识。

不仅如此，更严格说来，即使在人文学术领域内，亦应区分少数真正"好仁"者与"行仁"者和大多数泥执传统文籍并按照既定人文学术传统程序治学的、另类准技术化的人文学者（以学谋生的职场学者及商业化文化人）。后者在战后全球一切地区因社会科技工商发展和人文文化职业化发展，已经成功地被纳入准技术化运作领域，从而弱化或丧失了以学求真的意愿和潜力。当此人类文明处于全球商业化、科技化的时代，人文学者实应重估仁学"好仁者稀"之历史性含义。未来少数具有为真正的人文科学科学化发展事业献身者，必须与以人文科学作为职业化工具的大多数职场人拉开距离，形成其特殊"学术自治区"（相当于在广大科技世界参与高端科学理论探研的少数"理论数学和理论物理"研究者团队）。不此之图，人文科学理论只会日渐萎缩为人文修养，或文物玩赏，或进而蜕化为文物商品而已。此"学术自治区"内的人文学术真理献身者即为未来之"好仁者稀"一类人士，其人因"好德如好色"并具有"学为己"之志，故可逆唯物质主义之全球化世潮，而在自身"学术自治区"内，坚行其"只问其义不问其功"的人文真理追求事业。亦唯有此种人文理论创新事业，可将现代人类物质性文明与传统人类精神性文明有机地加以融合。

现再回归本章内容之现代解释学转义问题，我们可于两个层面上分别观察之：在实践域上，应由古之政治域转换至今之人文学术域；在实践者身份上，古之民与士之区分今可转换为大多数技术性职场人与极少数人文理论志愿者之区分。故在人文或精神文明领域内可见：技术性实用类知识不可能掌握伦理性精神类知识。而反过来说，从事政经军等社会物质化建构者之认知与能力，也绝非人文类学者所能具备。古代士与民的粗简二分法，今已完全失效。人类知识类型及各自应用范围的进一步精确化划分，实为今日当务之急。

8-11. 子曰："如有周公之才之美，使骄且吝，其余不足观也已。"

对比项：才能/骄吝。

意旨：骄吝者多乏同情他者之心，而仁义之基础即同情心，骄吝者非仁者也。

旧解摘要：

《论语偶谈》："周公曰：'不骄不吝，时乃无敌。'吝即吝也……故特现公身为恃才者说法。"《集注》："骄吝虽有盈歉之殊，然其势常相因。盖骄者吝之枝叶，吝者骄之本根。"《四书辨疑》："而《注》文以为虽有盈歉之殊，然其势常相因。又谓骄为枝叶，吝为本根。皆是硬说，诚未见有自然之理也……既已矜己傲物，而又悭吝啬财，此之谓使骄且吝，比之一于骄一于吝者尤为可鄙。"

含义引申：

本章过简，反多为后世所引用，主因"骄吝"二字之普遍警示意非常重要。因此二品性直接关系到主体伦理实践之效能。二者的负面性均可显示于我与他关系之两侧：对他之不善不公，对己之不利不美。而本章之警示似乎更在于后者：骄吝之失将使得能者无以行其仁志。此句引起关注，可能恰因二品格缺欠（骄傲与鄙吝）一般并非视为大恶，何至于引致对"至圣"周公誉？因才高者多有骄傲之失，即同情心之失。作为仁学之对立面的法家则恰为绝无同情心者。本章或暗示二者之间具有本质性差异的事实，而在才能一端上彼此可能反有相似处。

现代意义：

骄、吝虽为两类不同品性，但本章通过二者并举以强化如下观点：看似无关紧要的性格小疵，足以影响重大事业之践行。这在倡导学界个人竞争主义的时代，也直接相关于学界以"求胜"为人生观的倾向，遂促使学人成为职场内党同伐异者。竞争者双方彼此因而必生骄吝之心。如从群体关系角度视之，在今日跨文化学术交流中，不同文化传统之间尤易产生傲慢骄吝态度。设如现代知识理论领域内高于东方的西方理论家秉持骄傲态度，自然难以从其前者的特殊创造性成果中获益。反之，中国学者如因各种理由而秉持国粹论式的民族主义而傲视西方文化传统，其结果亦同。何况此类学界骄吝之态主要产生于彼此对于对方文化传统之无知。

本章中将才能和德性对举以凸显二者相辅相成之因果关联，这对于今日全球化时代之人文学术跨界、跨域合作问题，具有直接的教益性。

8-12. 子曰："三年学，不至于谷，不易得也。"

对比项：学为义/学为利，好仁者稀/求利者众。

意旨：世人多学而为利，故历来学义多失，学术亦成为追名逐利之工具，故孔子特言少数以学求真者方为仁学的楷模。

旧解摘要：

《集注》："谷，禄也。'至'疑当作'志'。为学之久而不求禄，如此之人不易得也。"《朱子语类》："问：'三年学而不至于谷，是无所为而为学否？'曰：'然。'"康有为《论语注》："盖学者之大患，在志于利禄。一有此心，即终身务外欲速，其志趣卑污，德心不广，举念皆温饱，萦情皆富贵，成就抑可知矣。而人情多为禄而学，此圣人所由叹也。"程树德："朱注改'至'为'志'，乃宋儒好窜乱古经之恶习，不可为训。"

含义引申：

本章中"谷"自当喻为"禄"，如据《集解》将其喻为"善"则将改变句义，使得谷与善之间的比喻性关系不明，也即使之顿失喻示力。但程氏在此复又倾向于泥执"故事"，按李塨义，"三年"实指入"大学"三年，"乃心专在于学，并不至于谷禄"。在此"至于"二字究为何意？考之于全句，自然将"至"改为"志"为顺。虽推测原句必为"至"字，而朱熹将其训为"志"字，不仅音同，而且意更明。原因在于：抽象思维习惯进步后，"心理性字义"渐多，原始的"行为性字义"所喻示者实为 间接的心理性所指：即志向，而非实际上的"达至"。故朱熹的训注可通。另外，宋儒此类经典读解的心理性所指之解释学转化，恰可合理有效地沟通于"远古"与"近古"之间，且可在读解该句中兼收两义，将"至"字可直接理解为"志"字，由于二字同音，因而几乎消除了"至"与"志"的比喻性距离。

仁学屡言"学为己"之教，即端正学习态度与方向，也即明确

"为何而学"的问题并予实践之。此义似乎简单易行而实则为之不易。常人无不将学习与个人各种利得挂钩，时至今日，学习为求职已属社会生存之必然。古代读书做官论亦同属此理，此固出于人性求利之本能，实亦为生存之必需途径。学习遂变成泛技艺之学，即任何知识，包括仁学知识，均可被视为谋职的技能。学习如不能有效于、有用于职业收入（古代俸禄），则难以持久。如人文学者能克服此人性之常而长期于此追求"为学而学"（即为仁学而学习）目标，自属难得。此所以孔子将颜回此种不为俸禄治学的精神视为仁学者心志高洁的重要典型。"三年"即代表长久义，后世仁学者当可终生治学而"不至于榖"。此句仅以学习和俸禄（泛指利益）之间的关系为论，而仁者治学精神有甚于此者，如颜回"在陋巷"例所示。

现代意义：

就今日人文科学学者态度而言，自然只能期待于其中极少数有为理想献身精神者（好仁者稀）。由于今日学者无不以学习为求职之阶，"职业"之本义即求禄利之渠道，其学习方向、内容、方法也无不受环境给予的谋利条件所限制。此即：如不顺从业界潮流、惯习和规则，首先即无从达至求职目标，此一由谋利规则所前定的客观现实，遂成为学者精神性向遭受内在限制性之外因。学人不仅在学习大方向上不易再有为学而学之志，而且在学习的方法论方面亦从一开始即无选择的自由，结果必须顺从职业化框架内之目的与规则。正是有鉴于此，现代新仁学才有必要重倡仁学精神，并须以坚强的主观意志力首先克服学界职业制度化带来的人文科学理论僵化不前的时代桎梏。学为己态度（即为自身增知而学，非为物利和获世人赞誉而学），今日不过是用以强调在学术思想和人文工作实践中的目的论意识，即对于自身行为方向和意义增加其独立选择意志，以期最大限度地按照应然义理行事。学人如无抗势求真的意志力，即不可能达成学术与思想上的自我志向端正的目的，而自然流于避难就易、趋炎附势。为此，学者应该深识职业之"正误"与学理之"正误"并非一事。

本句"学不为利"之教，实际上相关于但义理上却无关于如何合理地克服职业需求和仁学要求之间的冲突关系等实际性问题，此处并未涉及此一"实用技术面"讨论。孔学指令句均因具体情境、问题、方面而发，各自具有其主题"相关性限定"，以便在章句中凸显其中心意旨。

8-13. 子曰："笃信好学，守死善道。危邦不入，乱邦不居。天下有道则见，无道则隐。邦有道，贫且贱焉，耻也；邦无道，富且贵焉，耻也。"

对比项：笃信/好学，守死/善道，危邦/不入，乱邦/不居，有道/兼济，无道/独善。

意旨：仁者以学致仁，不拘顺逆，出处随时，勇往直前，无须臾违仁。

旧解摘要：

《集注》："笃，厚而力也。不笃信则不能好学，然笃信而不好学，则所信或非其正。不守死则不能以善其道，然守死而不足以善其道，则亦徒死而已。盖守死者，笃信之效；善道者，好学之功。"《群经平议》："言守之至死而好道不厌也。"《此木轩四书说》："危乱之邦，其君相不能用人听言，虽有扶危定乱之术，无所复施其力，故不入不居，非特为避祸而已。"《集注》："世治而无可行之道，世乱而无能守之节，碌碌庸人，不足以为士矣，可耻之甚也。"李光地《论语劄记》："危邦不入，乱邦不居，是犹有邦之可择也。若夫天下无邦，则惟有隐遁不出而已，故又言：'天下有道则见，无道则隐。'……举世浑浊，莫适之也；父母之邦，不可去也；则惟有固守贫贱，以终其身而已。"

含义引申：

现代人对本章的"解释学"读解，须经过双重转换法：首先按照原文可能的历史性环境之一般特点来把握孔子之原意，之后按照现代历史环境设想此原意之可能的现代转喻。在读解本章以及读解《论语》其他各章时，既需识别其指令句所含条件的含混性或不确定性，又需读解出其真实的所指相关项为何。如关于何者为乱，何者为危，何者为有道，何者为无道等，均难以明确规定。如强为泥解，则无以遵行此指令句。但要点在于，当此相关因素确定后或在其成立的前提下（而如何判定诸前提则不属于本句相关项），仁者如何进行出处选择。所谓出处选择，其本身在本章中也非相关所指，所相关者仅为主体态度之规定：在面对负向权势环境，士君子进行选择时应持何态度？本指令句仅在此一般性层面上促使仁者反身关注自身之态度问题，而诸选项之规定（态度的规定）是明晰的。仁学伦理实践学就是态度层面上的双伦理实践学维面（义理面和智慧面）的选择学。按此，仁者的态度学可十分明确地表述如下：当不存在仁学实践之顺境时，即以求利为耻而以独善为荣；当存在仁学实践之顺境时，如仍不事"兼济"（其古代表征为：不参政为公，故亦无正当俸禄收益，实可扩解为积极于各种正当外实践），即以不关心天下大事为耻。如当君子始终均处于逆境时，即应满足于以学独善一生。

本章可视为较全面的仁者心志之自述。就其直意言，一方面，在具体层面上（在表达面上），本章表现孔子等所持人生观之"中道"，即在其从仕之外实践中不取任何激进方式对待社会改进问题，其所谓借君行道，即为在完全接受现存政治、社会制度框架条件下，参与某种礼学改良主义。其中庸之道表现在：既不顺从恶势恶俗，也不对之进行硬性对抗，而是主张在随机待时中坚持强学养志，独善其身。作为一种"政治实践观"，此一态度未免软弱消极，其兼顾政治参与和个人安全存身的人生观，在历代封建主义社会中多导致君子以学独善之结果。其中含蕴的此一态度学上先在的消极从政观，却可"解释学地"显示出其所隐含的一种仁学之非政治性实践之隐旨：仁学伦理学原型的特点是以政治性志向话语（能指）表达纯粹文化伦理性目标（所指）。结果，仁学伦理学两千多年来在儒教封建主义制度性硬壳内，下意识地实现着各种仁学精神文化性的目标。君子遵照仁学实践学教导采行的各种或显或隐的政治出世生存方式，最终成为各种精神文化思想实行之条件，包括在其表面上从政实践

641

中所含蕴的精神文化性因素。此种泛文化性实践方向与方式，与道家传统所持的全面的政治出世哲学合流（道家作为认识论为一事，道家作为一种生存方式和条件则为另一事），而形成一条无所不在的中华精神文明与文化创造的伦理性实践通途，此文化性大道可超越历代政治性变动而保持其精神目标上的崇高性和实践上的积极一贯性。但仁者的文化性实践和道家的文化性实践，虽在实践面上有所叠合，而在彼此的关切和内容上则大有不同。仁者持（内外两侧）积极入世的人生观，故其精神文化实践内容偏于人文学术性和社会思想性，而道家文化实践则偏于超然文艺性。即如二者同采诗歌写作渠道，而彼此在内容方向上亦各有异。仁者"避世"与道家"出世"态度的根本性区别在于：道家与道教的非政治性的、文艺性的、准科技性的（炼丹学）方向和儒家（含仁者）的现世性的、理智性的、伦理性的方向之间的区别。此即本句开头首倡的"笃信好学"的方向性指南。笃信于仁学的天下关怀目标不变，在此目标下其实践学目的与形式则随境而变，故仁学实际上仅以文化学术思想领域内之精神活动为其实践内容，其理智性、经验性的为学方向，与道释及道家之出世态度根本不同。

孔学中君子操守的中庸之道，实际上是鼓励一种外实践上出世、内实践上入世的人生观艺术，后者为前者规定了思想精神方向和渠道，使仁学伦理学的身份特质和文化作用得以长期积极延存下来。原始仁学（下意识地）"预言"中国漫长封建专制社会政治史多属邦无道时代，等于实际上为后世仁者指明了精神努力方向。所谓孔学为"千古明灯"实际上是指其对学人内心精神思想方向上投射的价值与信仰方向之光，而并非指其于政治社会改进方向上所发挥的"有限仁政"之光。因二者在价值上和力度上均不能相比（即仁学思想在中华文明的文化建设上的作用，远远大于其对于法家专制政治的有限匡正作用）。因此可以说，中华历史文明中欠缺着一种积极的政治学、法律学方面的科学性政治实践思想，儒家政治经典教条主要起着意识形态的或准宗教性的信仰宣传和约制作用而已。所谓"三代之治"的浪漫模糊观念竟然可浑浑噩噩地、毫无效果地延存两千年之久（直至清末民初），足见孔孟之道实非相关于政治学问题。

仁学的本质是文化性的，因此是个人性的，因为具体文化创造形成于个人（只有通俗文化部分可视为"民间集体创造"，其优点在于其感性生动活泼性，其缺点在其欠缺崇高精神性）。仁学成为君子学，其义为指导读书人如何在封建专制的历史条件下成为在精神文化上可有积极作为的文士。此一仁学智慧学的要点是：鼓励士君子勇于承接仁学内外实践在紧张压力环境下面临的种种精神性挑战，即在合理对待自身所处的社会条件的前提下积极实行精神文化性、伦理思想性的创造实践。颜回意象即思想家、学术家、文艺家的原始形象（首先朝向于内心之志），而绝非政治家的形象（热衷于外界事务）。不过，原始仁学是通过君子的"不合时宜的"从政抱负这一表达方式，来实现、巩固、传承其针对文化价值性目标的心志朝向的。我们在孔子对于典范仁者形象级别的实际选择上，也可看出仁学的真正历史性旨意。在《论语》中孔子对诸从政弟子均无特别称赞之言，反而对弃政退隐、致力于独立精神追求者给予最高评价，如"吾与点"句即此意。这正是"为了"（我们须"解释学地"，而非实义地理解此"为了"二字，因孔子不可能有意识地真正把握住历史因果细节）促使君子力行仁者精神事业，故孔子多次强调：虽不得已而"顺应"现实政治格局，但决不与之同流合污，即本章"邦无道，富贵耻"意（此为仁学伦理性原则所提出的最低实践学要求）。这一人生方向选择的结果正是要仁者既在无道之邦安全生存下去，又要仁者不可因此而在无道之邦"和光同尘"（仁学与道释家根本不同处）。

【关于仁者因素与儒者因素混合存在的历史解释学申论】

仁学政治学义理与儒学政治学实践的混同存在历史，将仁学政治学理念的历史性存在呈现为儒者之两大倾向：放弃根本性的或"高层"的政治伦理学原则问题的思考，而在"低层"政治实践学层次上仍然维持着仁学理念。后者是被儒学在政治意识形态层次上加以限制后的仁学理念，虽仍为仁学理念，但其成色和水平均明显逊于先秦时代，其历史性部分的表现形式（参与帝王领导的"治国平天下"）却可对于仁者而言成为其怀有的最高仁学政治学理念隐蔽存在的"历史寄存处"。此种潜在的"理念寄存性方式"的存在，可有助于其在社会所塑造的儒者人格上相对地贯彻其文化性仁学实践。其理正如同在一般知识论领域内读书人所面对的类似情况：知识论层次上的历史性局限（由于中华文化传统欠缺高端科学性认知倾向）导致历史上的仁学者（在其"儒者"人格中叠存有仁者因素）在其文化实践中偏向于美学维面上的"仁学实践样态的转移"，但并未因此而排除其智维上潜在的"科学性思维种子"，而是将其"冷冻"起来或暂时排除于仁学实践学运作相关项外，于是其相关能量的潜在性存在，在外因刺激下将可滋生发展。（例如，仁学在佛学影响下转向理论性思维的实践形态，即表现为释放此智维能量的第一次冲动；儒学在现代文明影响下成功转向现代科学的实践形态，则可表现为仁学智维能量的再次释放。）

【关于"学"与"为学态度"的历史解释学申论】

由于《论语》所谈之学主要为态度学、品性学，故其学之客体对象之内容实为"空"的，作为其总标称的"学"字，遂成为一未知数 x，即其内容为可被各种相关学术内容代入的一个具有高度伸缩性的实践域。颜子作为此仅具"空位"的学之榜样作用也可如是视之（其涉及的礼之历史实在性，从符号学角度看，只相当于以仪节之姿态性内容充实了此作为"指号"之学而已）。颜子为学形象之实义，不表现在其学之（相当空洞的）表面内容上，而只表现在其对学之主观态度上。换言之，颜子之学仅只为品性之学而已，故其出处阶段之学可同一：出，为从仕时实践礼之学（礼之行）；处，为隐居时同样实践礼之学（礼之意）。虽然二者的礼学内容重点不同（因出处不同故），但此不同礼学细节均具有同样的产生、维持、强化仁者同一品性的效果。在此意义上，《论语》之学的主体不过是一种君子学，即品性态度学。虽然其内容、表现方式与实践方式，随境随时而异，而学者之心言行的关系形态则始终如一。宋元明清时代士人有志者之为学看似在于求知（如"宋明学案"所示），但因其知识内容古今大致相同，其知识反仅成为一种媒介或手段，借以促成读书人之向学心态的养成，其直接精神打动力不过是在其求知之姿态（即态度）而已。所谓宋明理学的返归仁学本义的冲动表现，既非在其学术内容本身，也非在其从仕作为本身，而是在通过二者表现出来的"向学态度"本身。

现代意义：

本章联句分两大段：仁者志向、信仰、学术之建立与仁者在顺逆两境中出处之择。本章原义自然相关于仁者唯一可能的外实践方

式：从仕以辅君行道。在现代社会中君子人在不同的社会环境中的
出处方式多端，其义理不仅可体察于中国现代史，而且可同样体
察于他国现代史。本指令句虽然兼及顺逆两境，而重点实在于处
逆境之伦理性选择学问题。此一教诲较西方哲学更为切合于历史
实际。在古今境异而理同的历史过程中，最重要的仁学实践学指
令是：任何"处"（不事危邦之公职时）的选择都非仅指避祸而
已；其中的独善其身之"善"字仍应切实相关于仁学伦理学之大方
向上之积极的内实践。如所选择的是治学，则所治之学必相关于伦
理性大方向，而非个人逃避性的风花雪月之类。如果深入到现代人
类历史期所最需要、最欠缺的真正科学性的人文科学建设而言，隐
遁之时也正是士君子以退为进、转向进取、强学自励、待时复出之
最佳自进期。

　　本章的此一解释学申论，对于现代人文学者的治学观和人生观
的启示作用，可谓在全球化时代具有独一无二的重要的伦理学价
值启示性。即在全球文化学术商业化时代，唯仁学提出了在面对
历史上空前强大的、多元化的泛技术化强权压力下，如何坚持以
学求真大方向并抵制以学求利大方向的一种学术伦理实践学。此
一新时代的仁学之义勇学形态，不再是面对着传统的政治性压力，
而是面对着来自资本主义唯利是图本质和来自封建主义唯霸是求
传统的学术权势性垄断。唯有仁学伦理学得以克服如下时代认识
论-人生观的混乱现象，此即：将超世精神至上人生观和世俗物质
享乐观有机地混为一炉的西方历史文化传统，竟然成为阻碍现世
经验性人文科学发展的"软性原因"之一。现代社会，通过职场
功利主义制度化控制程序，将人文科学的大方向限制于学术市场
化格局中，通过将人文科学产品制度性地蜕化为任何便于市场操
控的准商品，以达至彻底地理性与实践去势化的目的，并最终使其
仅成为另类寄生于科技工商权势环境（作为阻碍人文科学发展的
"硬性原因"之一）中的玩赏性文物，以至于最终使之蜕化为后工业
时代的一种人文附庸。

8-14. 子曰："不在其位，不谋其政。"

对比项：所能/所志，政治/文化。

意旨：仁者以智行仁，据主观能力与客观条件以践行，故其实践非在于政治，而在于精神文化。

旧解摘要：

林希元《四书存疑》："此只是不相侵越职分之意。谋是谋欲为之也，故不可。若穷居而思天下之事，草茅言当世之务，亦可为出位乎?"

含义引申：

此章可配合上章为解。古代君子人不居为政者之位时，自然无从参与政治性实践，初始仁学从仕条件之说，可扩解为一切有价值的公共性外实践机会或条件之有无论。如无外实践机会，士君子则可于、应于内实践域行其宿志。此外，此指令句也相关于仁者实践的智慧学问题，即如何恰当选择实践方向和方式。其原则是，仁者实践选择必须兼具可行性与可取性，不可斗室谈兵或空怀任何外部志业幻想以自逞胸臆。一般而言，所谓"位"者，即君子有效运作的客观条件。本句旧解多泥执文意，程朱亦然，以为仅相关于为政者之言谈应合其身份而已。如据字面把握，则本章并无任何深刻意义，因此其今日引申为：士君子规划组织自身思想方向、方式、内容时，均须使其具有"实际根据"（有效主观知解条件和客观施作条件），不可凭空妄想以自欺欺人。即使不得不安于励志自学，学者亦须树立心界之"位"，不仅须态度端正，还须方法到位，即所能与所志必须相互一致。所能与所志的关系，正与在位与谋政的关系具同构性。

现代意义：

如仅以"政"为思考对象，则人人均可、均应关注之；如以"政"为实践对象，则必同时具主客观条件者方可为之。对政治之"思"与对政治之"行"为两事，虽然二者的共同关切对象仍同一。

本章为关于仁学实践的智慧学，即强调目的与手段之间必须合辙搭配。对于身处复杂艰难的人文学术领域内的现代学者而言，所能与所志的关系的正确处理，也即在内外两域如何定位与立位的智慧学，也即于内外两域如何准备实践学之主客观条件的问题。此即相当于一种现代诚学之建立。此种兼含古今意涵的现代诚学观，为西方思想史上所无，而为中华思想史上所特有。因此目标与手段之间实践学关系的建立，完全不同于功利主义之规定，而须在智仁勇三维上达成协调运作以促成内外实践学条件之统一。因此，本章之含义由"在位－谋政"引申至"所能－所志"时，可称之为第一阶转换，而按照仁学总体再次对之加以转义把握时，则此二者均需纳入仁学系统，即转至致仁学所要求之价值学方向上的志与能的关系论了。例如正像本书作者一贯看似"从严"批评海外新儒家现象时所言，该学因其在此前后二阶次转换中均脱离仁学本义，企图以古典儒学价值观和方法论认知和处置当代社会政治问题，于是表现出"在位"与"谋政"二者之间的一种实践性不谐，也即意味着其方法能力根本与其目标不相应，结果等于大言空谈而已。而就其学人本分而言，复又存在着更严重的所能（现当代人文社会科学知识）上的欠缺，自然也存在着所志（欠缺对现当代人类伦理学和人文学理论探讨目标）上的滞后。其泥执于旧学文理表面而对社会现实及学术现实均熟视无睹的倾向，又进而暴露了儒道释三家的误导导致其仁学心志之不纯。

本章引申义含蕴深远，非前科学时代儒者所能触及。如，为什么原始孔孟思想相对于现时代人类人文知识论来说反更于伦理实践学上能"抉择到位"呢？因为它们紧扣的是君子致仁学中的态度学内域，也就是仅针对心志内域的所志与所能的关系本身。等到后世儒家将其引申至儒教环境的外实践域时，其结果自然偏离了仁学精神本义。

本章之二分法实亦对称于儒学与仁学之区分，简言之，与仁学作为纯粹伦理性思想不同，儒学已经是被儒教政治化了的杂多性教义，而此儒教政治的硬件正是法家权力哲学。儒学由于错综复杂地兼含仁学因素与法家因素，因而不具有独立的伦理选择意志力。

8-17. 子曰："学如不及，犹恐失之。"

对比项：温故/知新，力学/强习。

意旨：君子以学致仁，顺逆无违，好之爱之，至死不渝。

旧解摘要：

《集注》："既如有所不及矣，而其心犹竦然惟恐其或失之。"《反身录》："为身心性命而学，则学如不及，犹恐失之，君子自强不息之心也。为富贵利达而学，则学如不及，犹恐失之，鄙夫患得患失之心也。同行异情，人品霄壤。"《皇疏》引李充云："学有交劳而无交利，自非天然好乐者，则易为懈矣。故如惧不及，犹恐失之，况可怠乎？"

含义引申：

本章诸旧解中仍多泥执字义者，如纠缠于辨析"不及""有失"之确指为何等。其实本章不过是描绘好学君子自强不息之心态。然此描绘非属夸张式形容，而为好学者之实态表达，如为学而达废寝忘食地步实属古今读书人学行中所常见者。关于本章之引申义，正如《反身录》所指出者：为富贵利达而学亦可达此行为境界，而其动机与目的均不同于仁者之好学动机。仁学之好学非仅指行为表现，而首先指动机和方向的正确。而所谓"人品霄壤"之断，今日必犯众怒。因今日法制民主社会的现代精神，正是认可并鼓励民众为富贵利达而学，故合法图利行为已为现代社会之常态。本章之义则在于指出，唯学为己者可达好仁境地，也就是主张：君子不唯可因好学而致学，而且必应因好仁而力学。按照其完全不同于大众文化社会的人生观，士君子于必要时可毕生仅以求知为学（独善其身之一），仅以精神境界之提升而达人生之至安。本章未言环境、前提、理由、条件等为学因素，却专注于学之情态本身，以凸显士君子视学为生命本身的纯洁高尚人生观。不唯视学即为人生，且因光阴短暂而视学为朝夕与之的急迫进程，故有"朝闻道夕死可矣"及"造次必于是"之心志。

现代意义：

今日学者如践行本章之旨，将之施用于今日人文学界革新事业，学者为人文真理研究事业而勇于逆势前进的可能性将可倍增。今日人文学术与伦理精神危机之克服，无关于任何外界助力之可能出现与否，而是完全基于此传统伦理方向的仁学人生观之有效发力与否。而此人生观的养成和实践则必然有待于学者能够怀有本章所描述的"为学而学"的坚毅志向与热情。如是，区区富贵利达之俗好岂足误导以学求真之治学观？今日有识者须识，此一以"心学"克制商业化时代制造的"物学"的仁学伦理学，正是今日开启人类人文科学革新突进的唯一动力源。这也是新世纪古今中外历史解释学汇通的意义所在。

【关于《论语》中传说《圣王》的历史解释学申论】

下面以"尧、舜、禹"为主题的四章，估计均为后儒插入的违反仁学人本主义伦理学精神之作。本篇以及他篇中内容类似的儒学意识形态插入句，虽然表面上含有"借天限君"的意图，但因其在后世儒教强权制度及相应政治意识形态限制下不可能产生积极作用，反因其相关"天学"之发明及圣化、神化孔子而将仁学话语揉入儒学系统，而使得封建专制主义通过此"经典文本操纵术"获得了多方面的意识形态势力之支持。此类儒学政治道德主张中的正面内容，基本属于文明社会之"人类道德公言"，其积极意义仅在于此。而因其神学宇宙论及形上学装饰话语的介入，反而从义理逻辑上瓦解、颠覆、歪曲了仁学伦理学逻辑。由于儒教的法家专制制度和其权力意识形态对于孔子形象及其作品的有效操弄，结果将孔子及其仁学纳入了"天神学"及"天子学"体系之下。儒教在将人本主义的仁爱伦理学加以技术化歪曲后，遂使其成为通过"宇宙天庭"神话而可安然为人间帝王将相权势系统服务的"品德工具学"。（历史上的暴力权势系统，随着社会文化的发展而学会了利用或为天神或为形而上学的"必然规律"说之编造，以作为其诈欺百姓，使之甘心情愿为皇权役使的意识形态工具。）现仍将此四章收入本书，一方面作为显示《论语》中儒学与仁学之别的例子，另一方面显示历代儒家读解《论语》的混合性思维方式。《论语》中出现的仁学思想与儒学思想之间不合的部分，对于后世相对增加了思想力的儒家，可成为促使其内心产生义理认知冲突和良知萌发的刺激力之一。自然，此类因仁学伦理与儒教现实之间的不合所引生的抱怨和批评的士君子意识，在儒教文化思想严格控制时期（特别是在明清两代强化其严酷监督自由思想的几个阶段内）只能（主客观上）间接地表之于文史作品之中。相关问题的详细分析请参照本人的《儒学解释学》和《仁学解释学》二书。

8-18. 子曰："巍巍乎！舜禹之有天下也而不与焉。"

对比项：嗜权/让权，大公/无私。

意旨：历代强者嗜权，本章特以古史传说为反向说教，以激发读书人厌弃权势而朝向真善美之心，并间接显示良知与权力之对峙关系，可反映于历史上物化政治史与精神文化史间的"二重历史哲学"构造中。

旧解摘要：

《论语稽求篇》："言任人致治，不必身预，所谓无为而治也……后汉儒者皆如此说。且此直指任贤使能为无为而治之本。"汪沆《论语集注剩义》："师古注曰：'舜禹治天下，委任贤臣以成其功，而不身亲其事也。'"程树德："黄式三、毛奇龄据《孟子》及汉晋诸家说，以为不与即无为之意，言得人善任，不身亲其事也……《集注》失之。"《集注》："不与，犹言不相关，言其不以位为乐也。"《集解》："美舜禹己不与求天下而得之也。"刘氏《正义》："魏篡汉得国，托于舜禹之受禅，故平叔等解此文以不与为不与求也……当时援舜禹以文其奸逆，大约皆以为不求得之矣。"《皇疏》："孔子叹己不预见舜禹之时也。又引王弼云：'逢时遇事，莫若舜禹也。'又引江熙云：'盖感道契在昔，而理屈当今也。'"《论语训》："舜禹皆不当有天下而有之，既有，亦若无与于舜禹，言皆尧功也。"蔡清《四书蒙引》："一旦而享天下之贵，而能处之超然，不以为乐，若无所与于天下者。"《反身录》："人若见得透时，则知有天下原不足与。"《省身录》："小者不与，则大者可望扩充。"

含义引申：

本篇最后四章均系后儒有意系统插入者，与《论语》基本意旨明显不合，此处"子曰句"可能亦属后儒所拟。但本章及以下四章今日之意义在于：它们都是历代儒家所熟读并信奉者，可以其作为了解历代"《论语》读解态度学"之一面窗子，用以察见儒者思想构成之混杂性，即历代儒学读书人如何将其（以"仁"为最高价值的）仁学信仰与（以天道及帝王为最高价值的）儒学信仰混成为一。此有关尧舜禹传说之首章的角色为舜与禹，章旨全系于"与"字究为何解。从以上所引诸解可知，该字之解纷纭，包括：亲事、身预、与求、相关、关注、在乎等。因此关于"不与"，诸解大致可分为两类：其一，君王不亲自参与政事，而委之于贤臣；其二，君王不在意有天下，不贪婪权势。应当说，所有的旧解都是借助于"与"字的含混性而任意加附己意以顺从儒家的此一历史传说之大意而已。程氏大致认同汉儒之解（"选贤与能，无为而治"，即本章之意相关于君王治术），而认为朱解不当。朱解实际上意在扩大本章意指范围，使其符合于儒家与仁学共同关注的"义重利轻"之共识。由于本章内最关键的一个"与"字亦为日常字，"不与"遂有"原不足与"义，即作为贬斥"权势富贵"的引申义，也就是今日还可进而有"轻视拥有天下"之意。此类解释即与帝王治术无关而关系到人之品德问题了。

【关于儒家政治观的历史解释学申论】

然而考诸古代儒者思维含混习惯，此一具有儒学道德性"指号"功能而其具体内容实属"空洞"的指令句，反而可以其多重含混方式同时传达不同的意思：（1）统治者应选贤与能，表面上符合正向的"无为而治"（即不要随意干预具体政务），实际上可以此"高帽子"（天之子应取无为而治之术）预防传嫡制度导致的继任者之德才不具；（2）更重要的是通过此上下左右均行谦让礼仪并通过选贤与能政策而杜绝野心家的产生；（3）此四联章的首句之角色为舜禹，而非尧，以此暗示：舜禹之有天下为他人之赐予，非自己之欲求，不仅以此显示最初授权者尧所实行者即为"选贤与能"，而且暗示舜禹二人本为"无功受禄"（"不与"同时暗示：得天下一事与他们自己没关系，此既可指"非尔之功"，又可指"非营求而得"），自应将此尧所创之德代代相传；（4）尧舜禹均不贪恋权位，为后世君王风范立下榜样（暗示：最初君王尧之权位受之于天，此一授予相当于天之"委托"使治世抚民，以此定义"有天下"之"有"字，不过是"受天之委托办事"）；（5）一般儒者亦应以此远古传说为标准，严守义利之辨的品德。就此而言，本章的儒家政治道德观是通过将其具体化为历史传说来表达的，应当说，今日看来，义理上亦均属正当。

然而，此一貌似"以天及尧限君"的思想（也许这正是后世儒家拟借助于《论语》的影响力而插入这些章句的真实意图），却反而被儒教政治意识形态的操纵者作为帝王特权天授的不可违抗的宇宙客观逻辑之理由加以歪曲。此类插入的儒家章句以及第二十篇等的后加部分，在客观政治权力制度的控导下，不仅只能起到微弱的"限君"作用，而且反而主要成为后世进一步发明"帝王权位天授"的意识形态之基础。儒教政治意识形态作为将"公然法家"硬实力和秦汉以来"隐蔽法家"软实力融为一体的社会控制机制，在此尧舜禹历史神话编织中，即可将原始儒教帝王权势（因其受权者个人品德高尚而受之于"天"的神话）和此一天授权势所实际基于的法家暴力相结合（道义加暴力），以成为专制皇权两千年来行之有效的基础。

现代意义：

按照现代古史辨学派的研究，封建主义历史越靠后，其假想原始帝王故事的编造即越靠前。与古代西方文明长于编造超越性神话的惯习不同，偏重现世主义的中华文明的古代"神话故事"多表现于历史传说形式。此类历史传说型的"神话故事"对于现代科学的历史研究已经失去价值，但可从其编制的故事精神中体会古代读书人对历史现实中之唯权势扩张的法家思想之否定倾向，故以理想的"哲学王"形象与后世无道君主形成对比。如果从"神话故事"角度看待这些不足为信的历史传说，则可将其作为中华文明史上古代另类人本主义和人道主义理念加以把握，使其作为现代社会政治生态的一种理想性观照。

8-19. 子曰："大哉尧之为君也！巍巍乎！唯天为大，唯尧则之。荡荡乎！民无能名焉。巍巍乎！其有成功也，焕乎！其有文章！"

对比项：天道/帝统，权势/文化。

意旨：本章以尧、君、天为最大价值的话语，与仁学以孔子及仁为最大价值的话语，在认识论上直接冲突，可能为后儒欲借此强化仁学对庶众之"使信力"而补入者，然仍可显示仁学贬低权势价值的思想。

652

旧解摘要：

《集注》："言物之高大莫有过于天者，而独尧之德能与之准，故其德之广远亦如天之不可以言语形容也。"《读四书大全说》："乃凡此者无不在尧所有之中，而终不足以尽尧之所有，意黄顼以上之天下别有一风气，而虞夏商周之随意为君者一皆祖用。尧之成功文章，古必有传，而今不可考耳。"

含义引申（兼及本章与以下两章）：

本章内容纯属后儒所加，可见"子曰句式"非尽为仁学原始文本也。因其与《论语》中表达的仁学义理处处对立，虽然从儒教政治哲学角度看，此类历史传说的编造，如我们前章"含义引申"中所释，具有其儒教政治史上的积极作用，但从政治伦理学角度看，此类插入章句反可成为儒教瓦解"仁学逻辑"之有效手段，即通过儒教之"天学基础"取代仁学之"人学基础"。我们特将其留此作为仁学的"反面教材"。试看下表：

	仁学	儒学
最大者	仁	天
至高承继者	周孔（代仁者＝伦理之表率）	尧（代天者＝天之子）
文化之祖	孔子（师尊）	尧（天意）
现代意义	人本主义（仁爱崇拜之祖）	神本主义（天神崇拜之滥觞）

本章及以下两章，显为第二轮、第三轮《论语》编改阶段于此篇末尾所插入者（胡志奎推证为抄自《孟子》）。不仅尧之传说春秋时代尚无，而且本章意涵与孔子人本主义伦理学主张不合。孔子之"天"仅为自然界空间及人世场域中的边际概念，而此处之天已成为宇宙界最大权力之实体，此与仁学人本主义伦理学的人性经验认识论不同。即使确为初编时已有的（某弟子或好之者编入者），亦应在原始仁学还原式读解中加以解释学的排除。因为我们对于《论语》的仁学的认同只是针对《论语》全本中可自成一体、相互协适的诸指令句系统的部分，是对其中表现出的有效仁学义理整体之理性的再认定，而不是出于对所谓最原始者或对圣人之崇拜。表面上看，此后世儒家插入句，只不过沿文武周公传说方向在时间维上人为地

向前拉长，借以夸张儒教道统之久远，但其中关键处在于：儒家将后来的"天"观念引入孔学，此一"唯天为大，唯尧则之"的观念遂成为儒学"强奸"仁学的重要文献学手段。按照孔学必应是"唯仁为大"，也就是伦理信仰价值必为相对于人而定义，伦理实践基础也在于人，根本与超越性之"天（神）"无涉。如今儒家在仁学的最高价值"仁"上加附一高于仁的形而上的天，遂在逻辑性和实践学两方面颠覆了仁学的人本主义逻辑学。对于中国思想史研究者来说，重要的是看到，《论语》文本整体（而非本书限定的其中仁学本体部分）才是两千年来儒家习读和信奉的对象，此《论语》思想史的"内容"必然是仁学思想和儒学思想的一种混合物。因此，中国思想史研究的任务与方式和新仁学研究的任务与方式并不相同。思想史研究者反而特别要分析和研究此种思想方向混杂性本身及其历代接受学方式之实际。

顺便指出，严格说来，所谓"儒学"（两千年来其内容不断丰富化）不仅是"儒道释"三家之混合物，而且实际上是"法儒道释"四家的混合物。思想史研究者要在诸固定的儒家经典文本中深入细致分析诸相关组成物之间的界限和互动方式。为什么儒学所含的此一四元混杂性所带来的粗糙实用主义可以为历代以来众多儒家（甚至包括诸多开明儒学理论家）所信奉？素称具有革新思想的哲学家王夫之竟然会相信传说中的尧有"文章"制作，只不过没有流传下来而已？其于清初长期蛰伏期间的"困而思"之"哲学思考"实难以有思想创新，正因当时民族文化整体知识论的不足。而同时期的黄宗羲的"史学或思想史学"的思考之所以更富有象征性学术意义，乃因其思考对象为"人间事实"。（其仍耽于易学一事，只可说明其视"读易"为一种心理自安术，其中的"哲学类畅想"，自然同属无效与无谓。）那么，为什么两千多年来中国爱好理论思维的学者们会如此欠缺辨析力和判断力呢？禁锢他们的外在原因正是中华文明传统本身所欠缺的逻辑思维习惯。我们的古人没有一套理性逻辑的概念工具来帮助他们进行合理的逻辑分析！当现代西方科学进入中国后，中国人掌握了从三角几何到高等数学等新知新学，立即可于几十年间促成头脑之焕然一新，百年后竟已达后来居上之势。有鉴于此，我们中华文明的人文科学现代化革新事业岂非正等待着我们履行同一自我知识革新、思维方式革新的重任？

现代意义（总括本篇末四章）：

本处后插句及第二十篇全部后来插入文字，因其伦理学认识论含义与仁学伦理学根本不同，亦因其内容无谓，均排除于本书论述之外。但是，这些后来插入的儒学意识形态类文字也都是秦汉后两千年学人共同阅读、接受的文字，其含义在"四书""五经"类系统中自属正常，故为中国思想史类研究中应当纳入讨论的。现因与本书宗旨不同故略而不论。顺便在此指出，其后的"乡党"全篇，显系后人任意编造的孔子言行（按照儒吏官员典型观念所想象描述的"忠臣"模型），也全部删除。

8-20. 舜有臣五人而天下治。武王曰："予有乱臣十人。"孔子曰："才难，不其然乎？唐虞之际，于斯为盛。有妇人焉，九人而已。三分天下有其二，以服事殷。周之德，其可谓至德也已矣。"

对比项：让权/至德，权势关系/伦理关系。

意旨：本章历史传说无谓亦无关于仁学，有关周商间先服后叛故事殊为牵强，多属后世编造，自不可据。本章特举周代于殷末曾本封建等级伦理自愿"以大事小"，可证其无"以大欺小"情事，故称之为大德。本章隐含之理为：因有史以来各国无不行以大欺小之法家策略，故《论语》编者或欲以此帝王故事表达对历代统治者一概加以贬斥之意。

旧解摘要：

《集注》："五人，禹、稷、契、皋陶、伯夷也。"《群经音辨》："孔安国训乱曰治，说文解乱亦曰治，从乙。乙治之也。经典大抵以乱为不理。夫理乱之义，善乱相反，而以治训乱，可惑焉。"《经义述闻》："自古人才，惟唐虞之际与此周为极盛也。"《四书辩证》：

655

"唐者，尧号。虞者，舜号。"《集注》："唐虞，尧舜有天下之号。际，交会之间。言周室人才之多，惟唐虞之际乃盛于此。降自夏商，皆不能及。然犹但有此数人尔，是才之难得也。"刘开《论语补注》："而注以为周室人才之多，唯唐虞之际乃盛于此，是有意合唐虞以比周室，不知唐虞之才在乎际，不能分之，而又何须合之也。"《集注》："范氏曰：'文王之德足以代商，天与之，人归之，乃不取而服事焉，所以为至德也。'"《四书辨疑》："东坡曰：'以文王事殷为至德，则武王非至德明矣。'三说皆有少武王之意，而东坡为甚……文武之事殷伐殷，盖其时有不同，非其心有不同也……盖纣未为独夫，文武固率天下以事之也。"《论语集说》："《论语》一书以至德称者，唯泰伯、文王二人，其旨微矣。泰伯知天下必去商而归周，故逃之荆蛮而避之。文王三分天下有其二，以服事殷。泰伯、文王均此一心也，此其所以为至德。"

含义引申（兼及下章）：

本章之现代读解，仍应注意区分三件不同事端：（1）在政治伦理学的理论根据上违反仁学；（2）在强调远古帝王简朴仁厚作风方面的描述虽然合于仁学以及任何人间政治道德价值观，但因章句本身没有任何实际限制性能力，故反而仅成为误使后儒以为儒教帝王专制制度具有双重"根据"者：既有天意之"天学"基础，又有至圣先师孔子之"人学"背书。考诸后世帝王与谄媚儒臣多将当世政权比为尧舜治世之复现，可见此类插入句之真实功效与其字面上的意思没有任何真实关联性。下章的内容大致同此。

8-21. 子曰："禹，吾无间然矣。菲饮食而致孝乎鬼神，恶衣服而致美乎黻冕，卑宫室而尽力乎沟洫。禹，吾无间然矣。"

对比项：君权/为民，权力/勤俭。

意旨：本章复以传说故事为喻以反讽实际历史上权力者无不以盘剥、役使民众以填其无尽之私欲。美化古代圣王实有讥讽今王之寓意，几千年历代君王无不读此书而身体力行者或有此意愿者究有几人？人性之"恶"正于权力在手时才得以萌发并滋露。

旧解摘要：

《皇疏》引李充云："夫圣德纯粹，无往不备，故尧有则天之号，舜称无为而治。又曰：巍巍乎！舜禹之有天下也而弗与焉。斯则美圣之极名，穷理之高咏矣。"黄氏《后案》："此赞夏后之丰俭合宜，以讽世也。周末衣食宫室俱逾礼制，既失之奢。"

子罕第九

9-1. 子罕言利与命与仁。

对比项：义/利，人为/天命。

意旨：仁学的三重要价值学方向为义利之辨（价值辨析）、乐天知命（不妄求实现）、仁义至上（最高真理）。

旧解摘要：

《集注》："罕，少也。程子曰：'计利则害义，命之理微，仁之道大，皆夫子所罕言也。'"《四书辨疑》："王滹南曰：'子罕言利一章，说者虽多，皆牵强不通。利者圣人之所言，仁者圣人之所常言，所罕言者，唯命耳。'此亦有识之论。然以命为罕言，却似未当……如此之类，亦岂罕言哉？"《论语补疏》："古所谓利，皆以及物言。至春秋时，人第知利己，其能及物遂别为之义，故孔子赞《易》，以义释利，谓古所谓利，今所谓义也……利与命并言，与仁并言，则利即是义。"程树德："窃谓解此章者多未了解言字之义。盖言者，自言也。记者旁窥已久，知夫子于此三者皆罕自言，非谓以此立教也……出于夫子自言者实属无几。大抵言仁稍多，言命次之，言利最少，故以利承罕言之文，而于命于仁则以两'与'字次第之……今按夫子晚始得《易》，《易》多言利，而赞《易》又多言命。中人

658

以下，不可语上，故弟子于《易》独无问达之辞。"

含义引申：

本章历来解家分歧显著，首先因为字义今昔有变或因本可两解之故（包括本章中的"言""与""罕"等名词及作为本章主题的三个概念字）。其次因为原始仁学与后世儒学对于同一概念及观念的理解有异有同，加以故事传说本身的歧异性，自然各解均可成互不相干之言。比较而言，旧解中仍以朱注最恰当，因他能够从仁学义理本身出发，对字、句加以逆推，故较易合情合理。但是朱解和宋明理学、心性学等据此简约句所做的形而上学的发挥，则陷入另一严重误解。一方面，理学家们感觉到此三概念确与某种"理论性""抽象性"范畴有关，却因中国古代欠缺较严格的逻辑学思想，所以尚未能区分逻辑性的实词之抽象性分级观念与形而上学的抽象性观念。此种后儒对于先秦原初思想进行的偏理论化读解，实为中国哲学形态之发展结果，却被理解为仁学话语系统固有思想之揭示。这也是清儒戴震等批评宋明理学违背原始仁学的原因所在。而戴震等反性理学之失则在于未识宋明理学后中国哲学类思想在逻辑学方向上实无进步，而所谓清学思想之进步不过是指广泛进入语言资料性研究领域，但因欠缺现代人文社会科学方法论工具，特别是各种语言科学知识，其语史学类成就实仅停留于资料学整理层次上而已。

然而，本章列于本篇之首，却具有仁学伦理学认识论上的重要启示意义。旧解共同之失均为不懂得对三概念字在"用法"与"释义"间加以区别。本章显然指涉此三种堪说最重要的仁学相关性价值观念本身，孔子未尝如后世儒学"准理论家"般对此原始概括性字进行抽象化的提升，但却已用之于概括性功能上。所谓"罕言"，其"言"字应指义理阐发（论）；所谓"多言"，其"言"字即仅指提及（用）而已。话语中语用学的用法重要性与话语中语义学的阐释重要性，为两种不同类的重要性。现代儒学家熊十力和方东美等对相关问题的看法之失亦在于此。一般来说，理论分析的重要性和思想表达的重要性，也为两类不同的学理重要性。仁学为中华文明原初经验理性主义的伦理思想系统，古代尚无科学学术，故乏相应之理论思维，其系统性思想仅践行于主体动机层次。仁者于直观言行中（而非于分析话语中）下意识地体验仁学隐在之前提、根据与限界。

少言"利"字可表示仁学不关注功利性问题。一方面，孔子对"利"观念的思考显系于其伦理实践思想中特意予以"隔置"者，即对无处不在的"利"观念在主题上予以偏置之，并仅用其指不义之利。另一方面，《论语》少言"利"字一事反可间接显示原初仁学未曾进入政治、社会、经济、军事等原始"社会科学"及"工程技术"知识论领域，故可避免涉及具体政治实践中必有之技术性方面，也即利害得失的智慧学方面（此为法家传统所特言者），而仅将此（不义之）"利"作为与仁学之"仁"价值对立的价值词加以运用。少言"利"字于是可标志仁学止于动机伦理学层面（伦理态度学上的价值学层面），而非关于具体社会政治实务层面，因后者必然涉及策略得失成败问题，也即"利"与"不利"问题。实际的政治伦理学讨论问题中则必然须纳入"利"方面作为思考主题之一。顺便指出，所谓孟学为孔学的补充或发展，实指孟学引导仁学进一步涉入具体政治现实层面，并导致仁学必须直面中华历史现实中它的主要对立面——专重"利"思维的法家传统。孟子与诸王之间的对话，即象征着仁学思想与法家思想之间的伦理性方向的对峙："义"与"利"之对立，以及作为二者手段的"文"与"武"的对立。而其后先秦历史的发展结局——秦始皇完成的暴力统一——导致法家政治学在中国历史上的彻底胜利。

【关于天命观的历史解释学申论】

"命"或"天命"，乃指人类实践可能性之界限，即主观努力与客观结果之间差距的"客观不可避免性"之标志。任何人力完成的事件，相当于已知的主观努力与未知的客观决定性因素之间合力之结果，主体预期与客体结局之差距即喻之为"命"。所谓"命定"即想象中假定实践结果先已确定而不可能预知的因素，此一想象的假定之心理效益有助于减少失望情绪或增加自信力，二者均符合实践者之冒险行动目的之失败，可视之为非主观决断智慧之失，而为自身无法左右的客观性因素所决定，此即"命定"。因此，此一主客观合力作用过程（实践过程）相当于一"黑箱"，实践者无法知晓其内容。"命"概念的合理性相当于承认主观努力只是达成目的的一种可能性而非确定性；"命"概念的设定，则具有对实践者主体心理或安慰或鼓励的作用，因无论冥冥中的客观未知决定者证明为我之助者还是损者，皆与我之抉择无关，特别是当实践失败时主体可免除因抉择不当而产生的悔恨与自责，从而强化了主体决断力。于是，此一当下可能性和未来事实性之间的经验合理性之可能差距，即被称之为"命"（所谓"命中注定"仅只为"未知原因"之代称）。

而宗教性认识论则进而将此"未知的命运决定者"假定为具意志性的神力，并假定此神力进行的"命定"与实践者主体对该神力的态度间具相关性，从而人为地在人与神之间假定了一种互动关系。在想象中，当事人通过仪式对神力表示屈服、顺从和敬爱，即可有助于神力给予人良性而非劣性命定结果的机会。此种人对神表达顺从与崇拜以期获得"大势力者"的恩顾的想象心理，其准合理性乃基于对丛林法则时代强弱关系的经验性认知：弱者对强者如表达屈顺即可免其伤害并获其护佑。在此传承久远的惯习下，人对于自身行动的准备即包括两个方面：自身经验性利害算计与对相关神祇的祈愿。正是在此普遍长期存在的强大神鬼崇拜习俗的环境内，孔子对此惯习的两个方面进行了革命性的认知改变：按其仁学实践学，一方面在行动的主体计虑中，以兼顾仁智标准取代了丛林法则时代以来的唯利是图标准，而另一方面将对行动结果的祷求迷信彻底抛弃，唯知发挥人力而勇往直前，并持"只问其义不问其功"的伦理理性态度，通过将利得价值贬至最低以相应忽略行动结果的重要性。于是孔子一反商周时代将"命"视为由神鬼操纵之迷信，在仁学理念上完成了此理性主义观的巨大变革。因此"少言"，作为修辞学特点，具有其重要认识论意涵：视"命"为经验实证运作逻辑的边界概念，其功能在于充作"未知而必存之行动效果限界"而已，故不须涉及此限界本身之内容。此类"少言"意味着不需对其本身进行思考，而只需对其理性的边界性功能加以运用即可，"少言"遂成为仁学经验实证性、实用性特点的一个标志。

更为细致的思索下可见：由于仁学将"利"观念加以搁置的手法导致其伦理实践学集中于"义"观念，于是在其以仁智辨别行动计划合宜否的判准系列中，将大大提升"义"的比重，从而可强化实践过程中的行动力。一方面，在当时历史和思想环境下，仁学最大的革命性的思想跃进即为对其前其后数千年间的天、神等超越性概念，在人类伦理实践认识论中予以去功能化

661

及去势化，也即将一切历史上自然传承的超越性力势观念排除于人本主义仁学伦理学认识论和仁学实践学领域之外。另一方面，在孔孟之前及之后，反而是侧重现世理性的法家力势主义传统与历来的神鬼意识形态的相互结合，最终完成了儒教时代的"硬软实力"意识形态之合成（暴力加迷信）。

现代意义：

所谓"罕言"仁，其"言"如仅意味着提及或相关于，则仁字无处不在《论语》话语之中，故本章并非此意，而是仅只指出话语行为中"罕言"之表面事实。仁字无比重要，其意涵广狭兼备，随境而伸缩其义。更重要的是，仁字可视为仁学最高伦理学范畴，既有最广泛的概括力，又可作为伦理学范畴系统的总称，其价值逻辑性等级相当于传统上至高理源和力源的"天""天道""天神""天理"，或现代对应词"客观宇宙规律"。在此，"仁"可仅作为思想范围界定之名称，而非作为具体规定之对象。"仁字"在古汉字字源学上的突然出现，形简意赅，以其"二人之间"的象形性至简图形笔画，代表着人类生存中最真实、最高远的伦理性理念，其象形的简易性反含蕴有一种莫测高深之妙。"仁"字作为多元、多层次、多所指的灵活变通的"指号"，成为语用语义学领域内最成功的伦理思想符号。而对其"少言"亦表现出其作为"空记号"（无固定性所指）的特点。因此，仁学伦理实践学的现代意义正可在多个层次上（伦理价值前提性，行为经验基础性，伦理实践激发性等）继续有效存在于现代伦理学理论和实践两方面。（可参照《儒学解释学》和《仁学解释学》二书。）

9-2. 达巷党人曰："大哉孔子！博学而无所成名。"子闻之，谓门弟子曰："吾何执？执御乎？执射乎？吾执御矣。"

对比项：博学/致仁，专学/通识。

意旨：仁学的思想目标与涉及范围远超出任何技术性专学，而必为致人类社会文化方向及方方面面的整体论之学，其知不限于一界一隅。在此意义上仁学岂非本质上即为具有"跨学科"与"关系性"特征?

旧解摘要:

《皇疏》引王弼云:"譬犹和乐出乎八音乎,然八音非其名也。"又引江熙云:"言其弥贯六流,不可以一艺取名焉,故曰大也。"《论语补疏》:"所谓'焉不学,无常师''无可无不可'也。孔子以民无能名赞尧之则天,故门人援达巷党人之言以明孔子与尧舜同。大哉孔子,即大哉尧之为君。博学无所成名,即荡荡乎民无能名。孔子之学即尧舜之学也。"《集解》:"郑曰:'达巷者,党名也。五百家为党……闻人美之,承以谦也。吾执御者,欲名六艺之卑也。'"《集注》:"达巷,党名。其人姓名不传。博学无所成名,盖美其学之博,而惜其不成一艺之名也。"《论语稽求篇》:"博学即大,大即无所成名,上下一贯,全无委屈,六季时儒者其说经明晰类如此。"

含义引申:

诸旧解皆承认本章为表达孔子思想具有至高性之赞语,将其相比于当时传说中的华夏"最原初的"帝王尧舜。古人通过将大思想家之思想地位类比于最高统治者之权力地位,以期将二者纳入同一评价等级系统。此一赞誉孔子的方式,是通过将由人产生之思想与由天所授之权势并列于同一等级评价系统内完成的。本章以其学之"无可称名"来暗示其学之范围与意义无比深远,故不可以任何专名称之,于是一单字"仁",可近察身边,远见无涯。尽管后世儒教将仁学纳入其儒学系统,但亦感知其本身为伦理性的人学,并不同于帝王所据的权势性的天学。但按照我们的《论语》读解,孔子心目中的周公仅为人间周礼的创建者,孔子视为最高人间制度典型者为周初之礼教,其前之史事非所论及,更不可能自我逻辑含混地又在此最高之周礼及其创始者之外复增加比此人间最高者更高的人世"超高"帝王系列及"超超高"的人格性天道。自从法家思想传统意识到"价值观编造"的用处后,遂一方面更肆无忌惮地虚构现世权力者系谱至无穷远,复又以谶纬化的天学为此权势系统加码,以期使之"高大无比,威吓无比"。凡孔子以后的所谓帝王势力之"学"

（即权势系统编造学），如前面数章的"尧舜禹"之学，都与孔子本身之学无关。

本章之义完全合乎原始仁学精神，所盛赞者乃孔子的仁学伦理精神，其博大精深，不在其与各种权势系统的牵连，而在其伦理价值观的伟大，而俗世所谓之学多专科技艺性之术，自然无以用来称名孔子之学。按照原始仁学精神，其全部根源只可以两个具体历史人名作为总代表：周公旦与孔子丘。前者是历史制度性集大成者（孔子所"述"者），后者是历史思想性集大成者（中华文明数千年中滋生积累的人道主义脉络之再整合）。而此两段集大成者复各含"述"与"创"两部分，周礼含制度性之创造，孔学含主体实践性之创造。

如果从现代学理角度看，所谓周礼及其创者周公，应非实指某历史个体之一次性创发，而是其前历史之自然发展结果。周制与殷制间的传承关系不容忽略。而孔子之仁学情况又有不同，的确为历史上发生过的一次性的（人之一生的个别性）创发实践结果。其革命性和创造性乃表现于思想与精神层面，故其珍贵性又非来自历史上的集体性之述者可相比拟。孔子之学的绝对独创性部分——主体伦理学，即士君子学，乃相关于君子个人（伦理实践主体）对此周礼价值学（历史价值传承）应持的态度以及如何形成此态度之智慧。由于此仁学态度学从君子主体心志域投射于内外世界之一切领域，故可赞之为"博"；而又因仁学态度学非属于任何具体领域，以"无所称名"暗示其"博"之无涯，故只可名之曰"大"。因此，孔学即为仁者对周礼（经我们的解释学扩指而含有历史上社会文化的道德性部分）的主体态度学。前者相关于从茹毛饮血时代过渡到文明时代的客观制度之历史性基础，后者为文明时代个人对此客观规范与制度的"态度学"，即一套应对不同人类情境的主体态度选择策略。之所以称之为"态度学"，因其包括的是由各种具体态度反应集合而成的规范系统。《论语》中看似散漫的数百零散指令句，彼此实际上构成一相互牵扯搭配的指令句系统。其中任何指令与其相配的情境，共同构成一"对证处方"，起着仁学态度学运作中的"元素"作用。

在人类具体历史社会情境中，主体在运用此仁学指令学时，即须从此系统中自行选择若干相关指令模式并予以轻重缓急搭配，以作为应对具体现实新情境的一种复合处方。不同时代的仁者对此仁学悟解的程度，取决于在实践（君子人格形成过程）各种复合处方过程中的有效性程度。我们此处所推演的本章意涵，自然属于现代人之追溯式分析，古人之认知力阶段使其只能停留于感受层、印象层及行动层，故仅以"至博""至广""无以名之"等词形容其精神伟大性。

现代意义：

我们今日在把握仁学认识论、方法论意义时，自然与此前一切仁学家对《论语》的朴素性、实用性认知方式不同。而且《论语》具有的朴素结构主义倾向，促使我们首先须摆脱拘执于指令句具体语境中的事物性、故事性联想的习惯。我们对《论语》的信任和接受的理由也和此前一切解家不尽相同，即绝不迷信于孔子及其思想的准宗教性的神圣背景说，而是对《论语》内容从现时代理论性角度根据现代人类最新学理进行独立的反思、考察和体悟，而其漫长有效的历史性存在及其效果之记录自然也是我们重新接受仁学的经验理性的根据之一。而对其隐含有如此奇妙的现代伦理解释力一事，则首先据其作为历史事实予以采纳。仁学作为如此义理高远效用奇佳的伦理学思想性系统，自然不固执于任何技艺性学科范畴窠臼。人们对《论语》产生的实际性感受和人们对此感受的自我解释是截然不同的两回事。我们的现代化解释也当然是孔子时代仁学创学者本身不可能明确具有的。《论语》之作者是当时实际生活体验概括的记录者与践行者，但并非是对其对象及本身行为的学术思想性反思者，更不可能是仅根据当时的认知性条件能够对自身经验与心理进行理性分析者。至于作为仁学创始人的孔子之"博学无所成名"的隐喻，其今日读解中的确指，可从仁学系统中之整体性、结构性、关系性等特点方面间接体认，因此不必将其落实于各具体学科、技艺、职业领域内的细节解释上。

仁学实践学的古典"结构主义"特性，岂非正可喻示今日人文科学世界所急需的跨学科、跨文化、跨职业、跨地域的学术改革事业？简言之，此一认识论和实践学的特点，正是孔子所言的"吾道一以贯之"（兼含理论性和实践性的），是一种多元化实践力贯通的方法论原则之朴素的表达。同理，仁学含有的理论多元化功能自然也直接对峙于现代西方人文科学学科分划的硬性制度化框架。于此我们或许更易于了解为什么说仁学与符号学间大有相通之处了。因为所谓符号学并非限于西方学界认为的那种可据各种学科、理论、流派之范畴予以称名的新理论，而是以跨学科、跨文化的认识论-实践论视角对诸现存对象和诸现存学术予以综合、协调运用的认识论-方法论-实践论总体大方向之泛称。此"称名"之确指即应、即可朝向于一般思想大方向本身。（在此"称名"二字较"成名"二字更具有解释力。本节论述中有关符号学理论及符号学与仁学的关系问题，请参见《理论符号学导论》。）

9-3. 子曰："麻冕，礼也；今也纯，俭，吾从众。拜下，礼也；今拜乎上，泰也。虽违众，吾从下。"

对比项：仪节/心态，俭约/丰泰，从众/违众。

意旨：原始仁学之"学"主要指各种克己复礼之仪节程序之践行，仁学之礼学重在监督、调节礼意（诚心）与礼行（表现）之间的一致性关系，以确保心言行之一贯性。

旧解摘要：

《集解》："纯，丝也。丝易成，故从俭。"《集注》："细密难成，不如用丝之省约。"《集解》："王曰：'臣之与君行礼者，下拜然后升成礼。时臣骄泰，故于上拜也。今从下，礼之恭也。'"《集注》："臣与君行礼，当拜于堂下，君辞之，乃升成拜。泰，骄慢也。"

含义引申：

本章为孔子礼学立场的另一例，指出在保持礼意不变的前提下，仪节上则理应省俭，而如省俭行为出于礼意之缺失，省俭反成为违礼标志。即当"简礼"暴露礼意之缺失时，则反应为了追复旧时礼俗之诚意而恢复先前较繁仪节，以便通过手段技术层调节法来控导心态和目的层的实践正向性。孔子礼学思想的深刻性在于，通过观察和调节"心"与"行"两侧之对应关系，以促使行礼者切实达成其人际关爱与礼敬之心。如前所述，仁学之礼学观的革命性在于：不是将重点置于对想象性鬼神之膜拜上，而是维持及强化行礼之生者与受礼之死者之间的人本性情意之沟通，并将此"扩大的"（生者逝者之间的）人际沟通仪式作为生者礼学修炼之手段。孔子之"礼学"，今可视之为仁学伦理实践学的一种品德修炼技术学，而实不同于非宗教性的鬼神迷信习俗。据此，礼行的技术性规定可随境变异但礼意不可变更，因此，"物之术"可与时变迁，"心之术"则千古不变。

本章之深义，一方面表现在其具有"符号语用学"观点，礼学实践的伦理性相关项并非礼仪细节本身（或丰或简），而是礼仪细节符号代表的所指者内涵，因此处"能指"与"所指"的意指性关系纯粹基于自然习俗本身。另一方面，本章也间接涉及另一重要的历史文化人类学演变方面：周代文化中现世经验主义的增加和神鬼迷信意识的减低，此即人间对鬼神有无的相信感的降低。如相信感强，视受祭方之唯灵存在为真，致祭者的诚意自然亦深，其表现于外者自然丰简合宜；而如致祭者认为受祭方之存在为半真半假，其诚意自然随之降低。此正为本章之产生可能源于当时社会风俗现状。而孔子的人本主义伦理实践学正在于利用现行习俗惯势以贯彻其仁学义理，即倡导在将鬼神之"存在论"问题排除于仁学主题学后，如何照旧利用同一祭礼程序以完成主体内心之诚学建设，此即"祭神如神在"指令句所含蕴者。

现代意义：

本章意在说明贯穿于《论语》之礼学观中的看似矛盾的现象：仪节的奢俭（道具与动作的简略）和行礼者的诚意深浅间的相关关系问题。仪节的奢与简和礼意的深与浅之间，并不具有一一对应关系。也就是二者应该分别看待，即行为层次上的奢与俭均可交叉对应于心态层次上的深与浅。故仁者应该从两侧或两维进行区别性分析，不可一概而论。

相比喻于今日学术文化制度性问题时，制度和程序本身（相当于"仪节"）只是辅助学术思想义理追求的工具或手段，其宽简严密本身不能成为相关学术思想活动质量的独立标准。引申言之，学术思想的价值，不应该以实行该学术活动的程序复杂性和严格性本身（仪节性）来判定，此仪节的严整性（学术规范程序实行的严格性）本身可能不仅不足以表达学者治学心态的诚敬性（不仅指其向真的朝向性，而且指其向真的积极创造性及思想自由性），反而可能成为职场生态中的必要的实用主义伪饰性（即以程序的严整性掩盖内心的趋炎附势动机）。例如，今日学界盛行的各种程序性、规范性、规则性的治学条件，特别是写作规范、考试制度、奖评风习等，恰恰可成为急功近利的学者借以方便投机取利的渠道。因为追求形式上的合乎规则或合乎标准，要比内心立志追求真理更容易，而且可以更有助于满足学者思想家趋利避害之私心，也更有利于确立规范、标准、轩轾的权力源之思想垄断。而追求学术思想真理必定要受到保守学术集团之强大压力，并间接受到人文学界之外的各种唯物质主义势力的厌弃和压制。今日全球化职场功利主义正是借助于规范、制度与程序的严格性，来确保资本势力对于本与其无关的精神文化大方向的统御权的。

9-4. 子绝四：毋意，毋必，毋固，毋我。

对比项：任性/据理，期于必/合于度，滞执/灵活，私己/为公。

意旨：仁者须参照相关实践语境来综合调配智仁勇三维上的"品德组合"，以作为正确应对伦理情境之手段。原始仁学的"中庸学"仅指诸品质素组合内取中（平衡）之术而已。

旧解摘要：

《集解》："以道为度，故不任意也。用之则行，舍之则藏，故无专必也。无可无不可，故无固行也。述古而不自作，处群萃而不自异，唯道是从，故不有其身也。"《集注》："绝，无之尽者。'毋'，

《史记》作'无'是也。意，私意也。必，期必也。固，执滞也。我，私己也。四者相为终始，起于意，遂于必，留于固，而成于我也。盖意必常在事前，固我常在事后，至于我又生意，则物欲牵引，循环不穷矣。"《论语意原》："子之所绝者，非意必固我也，绝其毋也。禁止之心绝，则化矣。"程树德："此解［指《论语意原》引句］最胜，恰合圣人地位。盖仅绝意必固我，此贤者能之。惟圣人乃能并绝其毋。姑以佛学明之，能不起念固是上乘功夫，然以念遣念之念亦念也，并此无之，乃为无上上乘。"

含义引申：

仁学实践学含有某种所谓"品质技艺学"，即强调随境而异地，适度与综合地（避免偏颇或愈度地）运用诸相关心理品质元素，以用之于正确应对相关伦理情境。例如，实践中须适当辨析"择善固执"和"意必固我"之间似同而异的内外因素，其中同一"固执"因素之正误性，须相对于实际情境及其他品质元素加以综合判定。"坚定"本身（意志力一项，勇维的一项）并非独立的伦理价值，而仅为伦理价值的组成成分之一，"意见坚定"还须与价值学方向标准结合始可言其正误。即，方向错误的坚定性反成为本章所责之"固"。

今人程树德先生复借佛学观念曲解了此章，其错误的根源在于不理解仁学是决然的"用智学"，而非"去智学"。程氏正像任何古今熟读古籍的读书人一样，倾向于从其构成思想杂多的旧学文本内选择性地进行读解。"智"者非指佛道的玄悟，而指经验性的理智。历来将孔子思想和佛道思想加以比附者，可谓均大失于此。按朱注，意相当于私意，必相当于期必，固相当于执滞，我相当于私己。按刘注，此四字相当于：不任意，无专必，无固行，不自作。孔子之伦理智慧学教导艺术，不仅是"扣两端而竭之"，而且是据两端以平衡之，此即所谓中道。因为伦理实践学不仅涉及态度、性格、行为的特点及其搭配（诸质素间之关系结构），而且涉及诸特点的轻重缓急程度。仁学一方面强调仁者坚毅果敢（勇），另一方面也强调对习惯对象认知和"处方、药分"的调配恰当性（智）之必要，在此教谕中必有一自我行为反省明见的过程，而非盲目固执于任何信仰与惯习。犹豫不决和固执鲁莽同为正确选择之障碍，故须从此两种对立倾向中同时予以协调安排，以使其达至"中庸"（在《论语》中，"中庸"不过为"适中"意，并无后世对其附会的形而上学的意涵）。孔学一方面鼓励士君子矢志不懈、自强奋进，为此而必须有充分的自信、自觉，以至于可达"当仁不让"的程度，而另一方面又以"三省吾身"的方式不断自我省识批评以纠正偏差并调整自身品质结构。自我检视遂成为仁学实践学的固有节目之一。

本章强调，在此自我检视实践中，主体应查验自身是否有此盲目自信者易于患有的"意必固我"的偏向。按照朱解，此四字的意思是：私意，期必，执滞，私己。按刘解，四字义为：不任意，无专必，无固行，不自作。二解的区别主要相关于一"我"字，今日读解时可兼而取之。简言之，士君子应有意识地排除以下偏弊：徇私图利，自逞心智，自以为是，固执己见。孔子于此特别提醒要区分正当自信与不当自信。两种秉性将导致仁学实践的不同效果。简言之，本章之确义亦须避免旧解中之泥字为解之弊。本章之语式，非在于对"意必固我"本身的定义方面，因此四字均须随境而异地调节其确义。其"字典义"非即为本章针对之主题本身，因此各字前所加之"毋"字非表示对此四者之一一单独拒斥。全章之意须以此句式为框架，因此当然是指不可偏执此四者之意。即，不是否定本无独立确义的此四者，而是否定对四者之偏执。反之，如非偏执之，此四者在随境而异地正确单独运用中，或相互协调地共同使用中，均可发挥其正向效用。

【关于读解合理性的历史解释学申论】

今日如按自由心证读解法或泥执于古汉字单字字典义，任何旧籍几乎皆可使之"为我所用"，"为我曲解"。自古至今之所以读书人能够（由于各取所需读解法）通过不同方式而相互"争论"同一文本对象之是非，正缘于此。如是，几千年的旧日思想方式如何能够不混乱丛生？而旧式读书人中又有几人能够具有明晰的逻辑意识以进行合理的文本义理分析？朱熹之所以强于他儒，正因为从其注解之功可以显示其技高一筹的资质所在。当然这绝对不是说其学其思已合于现代科学性思维了（其理智力只能表现于、片面显示于其本身接受的含混儒学整体内，今人只有拨除其话语中的各种"杂质"才可发现其"理性化成就"一面）。我们是按古典时代的认识论框架来评价诸旧解之间的高低的。如果置之于现代认知语境，解义标准自然属于另一层次。这就是仅读书多无济于事之原因，也是我们绝对不能仅以学人之博学强记判定其水平高低的理由所在。例如，国学才子式名流往往以其善于孤立地熟记人名、地名、时间等能力以示博学，并据其资料上的多知任意进行因果关系、评价关系上的联想式随意附会，以制造各种华而不实的思想性表象。而今日西学界内舶来式学者则通过"以译代研"（含直接以翻译作为自身研究成果和以绍述西人论述为自身研究成果）策略，将西人的博学直接当成自身的博学。中西学内的此一炫博策略其实往往源于急功近利者企图利用中外权威之名势以自重（这些权威名号今已程序性地转化为学术市场价值，故成为被学界竞争者利用的工具）。其实这是学术界广义趋炎附势心态之表现。读者如不识此，即尚不能辨析何为据名势以治学，何为据理性以治学也。

现代意义：

本章的古代实用心理学用智法，因相关于士君子之性情和品质，故可完全适用于今日学人治学态度。此四种最基本的品性偏向必然直接影响智仁勇三维的综合思维运作，因此间接地影响学人文士的精神态度和读解方式，也就会妨碍正确把握仁学伦理学意涵及其现代意义。而且此四种品性偏向也必然影响任何社会文化人生的事理判断之正确性。其实此章之教即相当于有关理性思维和恰当读解的一种精辟警示，防止此四种态度学弊端，即可有助于通过综合调配不同智慧品质以进行人文学术的恰当思考。此正为人文学术的现代化革新所要求者。本章无非再一次显示了孔子的思想方式是如何重视心理品质间的结构性、系统性运作的。如既需"择善固执"又需防止"固守习俗"。二者中同一"固"字，在不同的心理与物质情境中起着不同的正反示意作用。孔子之智慧，正表现在其善于体察异中之同、同中之异上。

9-5. 子畏于匡。曰："文王既没，文不在兹乎？天之将丧斯文也，后死者不得与于斯文也；天之未丧斯文也，匡人其如予何？"

对比项：周礼/人性，义择/命定。

意旨：仁者确信并接受谋事在人、成事在天之原则，以合理处置主观义理抉择与客观事物发展之间的非因果性关系（与天意、神意决定论逻辑相对立）。本章借由孔子处置主体选择与客体决定之间的内在不谐性关系，以逆向激发仁者向仁之坚贞意志。（本章亦为以客观记述句式表达主观促动功能之例。）

旧解摘要：

《集注》："道之显者谓之文，盖礼乐制度之谓。不曰道而曰文，亦谦辞也。兹，此也。孔子自谓。"《集注》："马氏曰：'言天若欲丧此文，则必不使我得与于此文。今我既得与于此文，则是天未欲丧此文也。天既未欲丧此文，则匡人其奈我何，言必不能违天害己也。'"《皇疏》引孙绰云："畏匡之说，皆众家之言，而不释长名，解书之理为漫。"《穀梁传疏》引《论语》云："文武之道，未坠于地，在人。文王既没，其为文之道，实不在我身乎？"

含义引申：

此联句的旧解甚多，但仍以朱解最称言简意赅，对于诸相关字（天、文、丧、兹）的意思之把握较为恰当。朱解虽较佳，但其解中之末句"言必不能违天害己也"亦属不当扩解。或者，春秋战国时之语气语式，与学术发展千余年后之两宋时代已大为不同。本章原义不过是指"谋事在人，成事在天"，即君子"尽其在我而已，成败与否非仁者须计议者"，故并非确指"有天在护佑我"意。至于旧解中涉及的相关故事传说，仅可视之为理解句义的补充语境，但不可进而援引传说故事内容为之扩解。《论语》章句读解的正当性有二：在仁学义理总体框架内以及在章句本身内定义之。因此，诸解据春秋历史传说确定"畏"字之义（如畏惧、避难、拘囚等，均为根据解家各自的故事猜测而假想者）及"匡"究竟指何地等等，均为儒家依据汉代将《春秋经传》作为孔子之作的历史传说所为，颇为荒谬，对此我们一概不取。（如云匡人误围孔子，以为貌似阳虎，后知误而释之等，更属任意揣测之言。）

同一古字在古代不同时期其含义在不断变化中，或者该同一字形包含着不同时代所使用的不同意素，结果一单个汉字可被视为不同意素的一个"字义集合"。今日读解正要区分其相关的时间差别所带来的细微语义"色泽"之变化。如同一"天"字，其前后意义差异即须根据章句全体，甚至仁学全体，加以适当辨析。如《集解》所说的"言天将丧斯文也，本不当使我知之……不能违天以害己"等，即因后儒赋予了天以人格性神祇特征而曲解了本章之实意。此处"天"字的含混性（常识自然性和神祇意志性）只是反映当时认识论本身的模糊性，因其理性的思维方向多出于下意识的本能，主体的思想特点在于仁学语用学方向的实践性，而非在于仁学尚无的理论的反思性。

此句语式表面上的天之"人格性"（将丧）之暗示，不过是一种语气表达法而已，"天"概念和"命"概念虽然都是抽象性概念，但非指逻辑性之抽象，而是指实践学层次上的所谓"抽象"，是在经验直观性推理中起着合理"使信"作用的、被使用中的励志性的概念。即此类直观性抽象性概念在伦理实践学使用中起着一种行动激发性的作用："天"为合理实践学运作中必要的假定概念，即未知自然之先定或偶然的决定作用之泛称。此天即是一本质上的实践学边际性功能的概念。由当时周礼遗存和作为周礼思想性部分的仁学之创生可证明"天未丧周礼及仁学"。此拟人性的假定句实际上表达的是一事实性判断：周礼和仁学的事实性存在。因此二者的指令句系统均属有效。最后的人世情境的推测句，也是以祈愿句形式表达着现实性选择方向。仁学本来就是处逆学，本来就是面对艰难困苦处境时的智慧选择学。勇于面对危险及风险乃仁学固有之意（甚至其核心价值观即含有今人之"越是艰险越向前"意）。历史故事中"匡人"之威胁实情本身在此无关紧要，可将之等同于任何现实环境的威胁及其造成的仁学实践者之一时性困窘，仁者自然均可以"不畏"（勇与诚）及"策术"（智）对应之。

此章表面上的"天丧、天佑"等拟人句，均须在我们的解释学转换中，以经验性选择句解之，如此才能与《论语》中其他主要人本主义指令句的现世经验性意旨相合。但是此章的直意和引申义也应该加以区分。按直意，似乎孔子认为自己有天力之护佑而无须担心被匡人迫害，而此一表达法相当于"情急呼天"的习惯性心态之流露，非应指事实性认知判断。因为不仅其他指令句中提到的"天丧予""欺天乎""丘之祷久矣"等均表明仁学不依赖于天力护佑，而且《论语》中的大多数指令句都是人本经验实证类型的。如果本章确为孔子"信奉天意"的原意，我们的新仁学解释学读解也可将之排除，以维持仁学义理逻辑的统一性。

细读之后可以体察到，此章并非相关于匡人迫害的具体情境以及相关的应对智慧。按照仁学智慧学，实践者不可能不采取可行的方法躲避危难却反而愚昧消极地听任命运之摆布。由于本章不涉及具体情境而只抽象地谈及"天丧"与"天未丧"，即相当于言"斯文为一历史性存在"（"文"在此即等于周礼），周礼为一历史上的客观现实，自古传今即为仁学唯一之实践学的环境的事实性依据。如此事实突然不存，仁学自然亦因"皮之焉附"而不存，而此一可能性并不取决于仁者自身意志之决定，而只有听之于历史的自然发展，故亦不属于仁者应该挂虑者。"丧"字为一比喻字，实相当于"期待条件之不存"而已。此一态度亦全合于"死而后已"之意，即能履践"尽其在我"之义理即已完足，对于此外其他之可能性，作为经验理性主义的仁者不须予以关注，因此也不须加以畏惧。秉持经验理性态度的仁者倾尽全力勇力于行，至于结果则于理必排除于主体计虑之外。

【关于仁学实践心理的历史解释学申论】

本章直意上的"宿命论"色彩所对应的真实意指可"转译"为：周礼为客观历史之传承，周代为历史现实环境，二者均属客观历史现实，既非我可左右或预见者，亦非我之实践计划所应计虑者。孔子既以周礼文化传承为己任（参考孟子言"自任以天下之重"），自然含有"不得预先掌握该实践环境"之前提，故仁学实践之"身份（identity）"即内包有外实践域中"无关顺逆，不计后果"的部分。本章不过是此一仁学固有精神之某一具体实践例而已。因无人知何以有文王及周礼之创发以及周礼何以历史上自然传承至今，姑名之曰"天意"以喻之。在此理解下，"我"自然亦自动继续参与周礼传承事业而不须问及不可知的周礼之来龙去脉，而只应按仁学实践学为所当为而已，此即表现为孔学持有的一种伦理实践学的经验自然主义。其经验理性的喻义为：仁者不知周礼文化思想之何以能历经曲折艰险传承至今，亦不知该周礼文化未来实际趋向，所可合理"自知"者，唯不顾客观条件如何展开均须尽其在我地（含进退出处之择）积极参与其维持与发展，此即为仁者个人生存之"宿命"。此一精神文化实践之投入，无关于此文化发展所面对的各种现实与未来的多种多样的"人为障碍"（仁学伦理学之实践学对立面即种种人间恶力，而非天然灾难或死后想象世界）。

现代意义：

此一悟解同样适用于现代社会文化学术情境，即人文学术未来发展轨迹与个人当前参与之合理性关系问题。此一文化学术生命与个人人生观立场的关系，仍然为今日人们无法合理客观解答者。时当人文科学理论逐渐丧失其理性主义方向和发展动力而有蜕化为科技工商时代"文化商品"之虞的时代，现代新仁学理论家们也可据本章之深意，合理地维持人文学者之科学真理探讨的信心，并为此独立准备自身承担此"学术义行"责任所需之主客观条件。至于人文科学本身未来展开之实际及人文学者对其积极介入的理由与合理期盼，均非根据于任何客观道理的支持。学人为历史现实存在者，其学术实践之价值与方向之"根据"自然为主观性的，而非客观性的。仁学实践学的"尽其在我"之义正在于此。

9-6. 大宰问于子贡曰："夫子圣者与？何其多能也？"子贡曰："固天纵之将圣，又多能也。"子闻之，曰："大宰知我乎！吾少也贱，故多能鄙事。君子多乎哉？不多也。"

9-7. 牢曰："子云：'吾不试，故艺'。"

对比项：君子/志仁，悟道/才艺。

意旨：仁学实践学兼含伦理思想与知识才艺，才艺仅为求伦理目标之工具，故仁者首要在于坚持伦理方向之正确，非在于知识技能之多寡（历代误学者多依技艺性炫耀以为其速利之资）。

旧解摘要：

《集注》："纵，犹肆也，言不为限量也。将，殆也，谦若不敢知之辞。圣无不通，多能乃其余事。故言又以兼之……言由少贱，故多能，而所能者鄙事尔，非以圣而无不通也。且多能非所以率人，故又言君子不必多能以晓之。"《皇疏》："多能者非所学，所以先道德后伎艺耳，非谓多能必不圣也。"《集解》："试，用也。言孔子自云，文不见用，故多技艺。"《集注》："言由不为世用，故得以习于艺而通之。"

含义引申：

此两章以孔子出身微贱而"成圣"为喻，暗示其仁学思想产自非属官方主导的个人独立实践，故可与秦后标榜之"天地君亲师"（仅从当代旅美华裔学者提倡此"五字真言"即可一叶知秋地判断出，其留学经历根本与其思维水准之高低无关）儒学系统形成对立，故仁学为良知自由之学，儒教儒学则为权势制导之学。仁学为来自民间之学，非产自官方制度之学，故可视之为"个人自由思想"在"君权集体思想"控制环境内形成的一次划时代的精神革命。孔子当时的"官学"状态实际上当然与后世儒家想象的"周礼官学"大不同，但就《论语》主要被阅读于两千年儒教时代而言，此章显示的"官私治学"的对比性则是真确的。本章通过学之根源不同所暗含的"官学"和"私学"的对立性，以及"出"（为官）与"处"（在野）的对立性（理想上为"出"而现实上为"处"），标志着（普适性）仁学在关切的方向与方式上与（以权势集团利益为导向的）官学的区别。

实际上，《论语》经常使用此类顺逆对比法，以象征地表达任何职业性制度约制和自由思想之间的对立。前章之"吾少也贱"与后章之"吾不试"，一据出身成长背景，一据平生遭际经历，表示出孔子非"体制内人"，即既非受教于官学又非专用学于从仕者（由此可再次理解，孔门对政治的关切与其参与政务为两事），而其仁学的创学过程实遍及一生，为毕生经验积累之总结，后由弟子记载整理。此一创学过程的体制外特征，其要点不在于其在政治实践上与统治

676

者不合方面（不遇），而在于因此之故其创学背景和过程均发生于官学制度之外，即其学（"天纵"，可释为"来自天然"，即来自个人自由创造）未受到官学之框架、目的、方式等制度化控导和限制。此一成学方式与效果才是孔子仁学得以在历史上脱颖而出、超越权势集团控制而成为普适伦理学的关键。按照前述，其学之来源、材料、对象为官私共享的历史遗产（周礼文化），而其创新部分有二：一是对周礼文化遗产的整理和再组织（"集大成1"），二是对主体伦理态度学的再创造（"集大成2"）。如果"官学"主要是服务于官方权贵集团的私利之学，那么"私学"就是主要服务于全体人众的大公之学。封建主义历史上，号称为"公"之学者（受制度约束者）往往即为真正的为"私"之学，而自称为"私"之学者（独立自由思想者）往往即为真正的为"公"之学。

现代意义：

本章借由孔子故事暗示制度规范所成之学与自由创发形成之学间的本质差异性，由之而衍申出集体权势者之学与个体良知者之学间的区分。前者必带有符合权势集团利益的为学性格，故其学的内容、目的、方法在在需受制于与本与真理问题无关的权势功利主义的限制；而后者因不受此权势功利主义治学框架的限制，当个人良知萌发之际即可独立自由地重新组织与一般"学之文化"相关的资源、目的、需要、方法等。孔子仁学就是在当时权势集团之外（所以强调其生长于民间并未受官方师教约束）对原初传统思想学术进行再组织的一次历史上的自由创造活动。其学遂有机会以其根源于个人良知的伦理性动机与目标，对峙于统治者以维持权势为目的的官学意识形态。

此一古代东方关于人文思想革新的事例，对于全球化今日以西学为主导的人文学术潮流的"反伦理性、去伦理性、非伦理性"的职业化功利主义，遂具有一种（跨文化适切的）伦理性、认识论与方法论上的启示性。人文学界的主流权势结构即为当前人文学术风格与方向的主导者，其具体运作方式就是日益趋严的学科职业化分划格局与人为规定的分科权威系统的垄断。符号学-解释学的跨学科-跨文化实践的以学求真的方向，可以说与受到多方面限制的以学谋利的现行学制方向直接对立。在此情况下，人文科学的历史性复兴正有待于一种独立伦理性精神的推动。孔子之学的"述而不作"部分为来自官方主导的集体历史知识传承（周礼文化），而其"独立创发"部分即为其主体本位仁学（立志学），二者之间的关系亦可类比于今日人文学术现实：由职场控导的人类整体知识遗产，可比之于以学求真者之"述而不作"部分；而学术革新任务首须打破学界分划格局，可相比于仁学之"独立创发"部分。后者的产生必然也须基于学者个人的伦理性良知的萌发。仁学与周礼的关系，遂可相当适切地比喻为今日以学求真的、伦理导向的人文科学革新事业，与几千年至今积存于职场内的"共同知识遗产"。商业化职场之学以分科性专学系统及垄断性学科权威系统为特征（均有现存之专名称之），而尚未成形的仅据方向性（科学性，伦理性）、方法性（跨学科，跨文化）原则而朝向于人文科学革新目标之学，其通学性则代表着一种理性化的尝试性与开放性（故尚无专名可称之）。同理，孔子之学因目标高远故为"圣"，其开放性、尝试性、动态性使其本质上相关于任何时代的新知、新学、新理，故其学无现成专名称之。

仁学之本体为"作为立志学的内学"（原始仁学的"外实践"部分实为其"内学"之"外部实践部分"而已），其"世界应用"即为将仁学本体（作为心志方向与方法）超越任何分界限制（今特指人文科学内僵化的职业制度化部分），以直接投射于、贯穿于一切相关认知对象领域。仁学与现代人文科学的关系，因此是其学的"新外学"或"新外实践"，其结果反映在仁学实践学的应用性场域和方法的无限扩展可能性上；即按照原始仁学的价值观与方向性"模式"，在新环境下，针对新对象，使用新智性工具去进行全新的学术实践（所谓"新仁学"即指原始仁学对新学术领域之应用）。按此模型，人类知识遗产，主要是人文社会科学遗产，都是新时代的材料和对象，但须在现代人文社会科学制度"外"（今日学人物质上须生存于职业制度之"内"，而其思想创新上则须安排于职场制度之"外"）进行重新整理。（跨学科-跨文化-理论化的再组织）为了推动此实践计划，须按照仁学模型相应地建立学者的主体态度学，即将原始仁学的态度学与新学术实践加以有机结合。此即两章中的"孔子身世隐喻"可与现代人文科学革新任务相互联结之处。仁学之"圣"喻其方向之正、之高、之广，仁学产生于"田野"（自由意志产地），喻其思想为任何权力制度外之自由思想创发结果。

9-8. 子曰："吾有知乎哉？无知也。有鄙夫问于我，空空如也，我叩其两端而竭焉。"

对比项：思维/通贯。

意旨：仁学思想之要非在于博闻强记，而在于维持自身思想一致性，故为学者必坚守之原则，致力于排除思想中之任何自我矛盾。

旧解摘要：

《论语补疏》："鄙夫来问，必有所疑，惟有两端，斯有疑也……而后即其所疑之两端而穷尽其意，使知所向焉……凡若是皆两端也，而皆有所宜，得所宜则为中。孔子扣之，叩此也；竭之，竭此也。"《集注》："孔子谦言己无知识，但其告人，虽于至愚，不敢不尽耳。叩，发动也。两端，犹言两头。言终始本末上下精粗无所不尽。"《皇疏》引李充云："日月照临，不为愚智易光。圣人善诱，不为贤鄙异教。虽复鄙夫寡识，而率其疑诚，谘疑于圣，必示之以善恶两端，己竭心以诲之也。"《反身录》："言夫子空空，而便疑其近禅……夫子惟其空空，是以大而能化，心同太虚。后儒见不及此，因释氏谈空，遂讳言空，并《论语》之明明言及于空者，亦必曲为训解，以避其嫌。是释能空其五蕴，儒不能空其所知；释能上达，而儒仅下学也。"

含义引申：

此章类似于苏格拉底教学法，其所开始的是思维理性原则本身，而非固定的知识材料和技能。按照古典仁学，仁者不是、不需无所不知、无所不能，虽然"小道"与"多能"作为工具有助于为学之跨域沟通及上下类认知之衔接，但其智慧学的第一要求是自身推理的一致性，即无矛盾性，而非无所不知的记忆机器（资讯存储器）。维持自身思想、推理的一致性和一贯性，实乃理性运作的第一特征。此一理性运作要求，在商周文化迷信传统大环境中，堪称中华思想史上革命性的发展。此所以孔子以"一以贯之"表达其伦理实践学精义（朱注所说"两端"乃指：终始、本末、上下、精粗，无所不尽）。我们不要忘记，凡理性主义皆循"一以贯之"原则，而法家也是先秦时代在社会性实践领域内贯彻最明确、最可征实的政治、社会、军事方面功利主义运作中的一以贯之者。故法家者流即为高度理性地运作权力智慧者，故能导致作为其变体的儒教之巨大历史性成功。孔学，尤其是稍后的孟学，以一种价值学方向上与法家相反而在实践学方法上与之相近的行为理性主义，与此法家"权力观至上的理性主义"，在伦理价值信仰学方面相互对峙，遂形成了历史上有巨大解释学效力的伦理学思想史上的物质与精神相互对抗的局面。本章的"二元选择学"不唯体现于其"智维"方面，而尤其体现于其"仁维"方面，此即价值学上、善恶论上的价值性辨析选择原则。因此，本章之"扣其两端"教学法兼涉伦理性与合理性问题，以示仁学实践学为一种兼具善恶观与理智观的伦理思想。（至于法家，一则，在排除"善端"后专门致力于功利主义的"智端"；二则，进而联合道家及佛家以其智术将人世"善端"一并瓦解之。）

【关于现代误读《论语》现象的历史解释学申论】

《论语》诸旧解之失误最主要有三：援引传说历史故事，泥执字义，以及据佛学逻辑对仁学进行价值观曲解。三者中以援释入儒最为歪曲仁学义理之基本。本章旧解中以清儒李二曲《四书反身录》所言最为荒诞。关于《论语》这部中华第一经典，今日研读时必须辨析其中的构成性与义理性的混杂部分，避免使其混淆仁学伦理学的理性一贯性。所幸其中后儒插入部分主要发生于后汉及以前。其失主要表现在儒教儒学与仁学实用主义相互混杂。唐宋以来的"新儒家"解释学，其失主要在"援道入儒"方面，虽然理学家颇受华严、禅学影响，而此影响施之于《论语》解释者，比较具间接性。加之理学家们多能本其现世道德观将佛学视为"新异端"加以评判，亦使得佛学义理不至于直接掺入《论语》和四书的解读。入清以来，一方面佛学本身未见显著发展，而援释入儒思想反而在外族入侵导致的思想高压下蔓延开来，至清末民初竟至相沿成习（如于敌伪黑暗时期为编辑《论语》历代集解工作如此尽心尽力的程树德先生，作为优秀的现代法学先驱之一，亦深染此习。此例显示，法学的社会道德观与哲学的精神伦理观不属于同一思想类范畴）。我们在取自程氏的旧解摘要中将李二曲之说略录一二，以见其误。至于有清一代为何儒家读书人喜读佛理，此一思想偏好是否与异族入侵高压下的文化思想环境密切相关，非属本书讨论范围，可不论。但是我们不得不指出的是，凡拟将佛学与孔孟混为一谈者，首先均暴露出其人思维能力欠缺一致性。本章所说的"空空如也"，当然不能泥执于"空"字义而乱加比附（以为"空"只有一个明确固定意义）。孔子于此不过是说：我不对任何有疑求教者就我所有的知识性方面进行解答，而是就其本身思想话语的构成进行解析，以促使其意识到该疑惑本身之自我矛盾或理智不明，使其最终得以自解之。就此方式而言，孔子未提供自身之实质性知识，故云"空空如也"。

本章当然是就某类问疑者所言，《论语》记事多不明言章句之"前后左右"，而其相关前提与语境之轮廓多可自然显露。能否适当把握此前提与语境即相关于是否能正确读《论语》。可叹许多现代大儒因思维方式僵执，不能自行随境扩大读解古代经典时所需的直接、间接语境，以至于感觉《论语》文本章句之过简，甚至怀疑弟子记录疏漏！（这就是本书作者在70年代末开始向两岸四地介绍"解释学思想史"时，中西学"大儒"对之颇多不解。因为所谓"解释学"就是要实行二维读解法：话语之直意与话语在牵连于各不同历史语境时之"转意"。时人一向只习惯于就话语直意为解，所以有此理解性隔阂。但因诸"大儒"们为其虚名所制，不肯谦逊承认知有未足罢了。）

实际上，本章通过此夸张式表达"空空如也"以暗示相关问疑语境必属重要者，即特相关于仁学义理之善恶观根本及认知与实践智慧之根本。故本章之中心为"扣其两端"，此正为大多数《论语》指令句所施用者：促使受者在对立双方之间明其对立性或可比性，从而提出正向选择之指示性。反观李氏，不仅望文生义，而且据其佛学（避世观）信仰而利用《论语》章句及圣人名号敷衍己意，由此可见清儒"思想家"们是如何在精神意志方面"自我去势"的。以至于直到清末民初如此多"大儒思想家"（如康有为等），不识现代化科学时代已临，竟然纷纷从佛学义理中吸取所谓"高于儒学"的佛学形而上学而妄为之解。此类现象表面上似乎源于其现代知识之欠缺，实质上，我们不妨视之为有清两三百年思想高压下"压塑"而成的读书人普遍丧失了精神深处义勇心力之故。在此背景下，从陆续出现的一些所谓优秀晚清"自由思想家"们的认知中，颇可瞥见在满清高压社会文化下成长者，当环境趋向松动时，其主观条件上具有的历史环境限制性（在政治与知识两方面）仍然妨碍着其思想力的发展。从龚自珍到康有为均如是。（这类"准自由派知识分子"，在脱离旧环境后，不是首先反躬自省，努力弥补自身先前在限制性环境下的知识之不足，而是纷纷将仅在原环境内"暗中"形成的思想内容迅迅加以宣表，以扮演"启蒙者"角色，却不知自身原先的"独立思想"本质上仍然是旧环境知识条件下的产物，或者仅是对新知、新学、就理浅尝辄止后做出的表面汇通而已。因为，他们是以旧方法论来接触就知、新学、新理材料的，所以根本是一知半解，或不过是新瓶旧酒而已。为什么会这样？因为大多数人未能真实体悟《论语》的教导，故未能以"学为己"之精神先行完成其自我知识之补充。而一些被社会评为"大师"者，又可能是属于其中最无现代思维能力者。中华精神文明的前途能够听任他们来系统地误导吗？）

现代意义：

仁学，不仅其价值学大方向和其主体实践学的一种促动性机制，而且其价值学、认识论、方法论上的泛理性主义大方向，均可被视为我们于新世纪创造东方伦理学理性主义新形态之历史思想性基础。但后者作为历史思想资源必须首先加以现代化梳理后始能运用于现时代（新仁学的解释学实践之一）。而对于现代西方人文科学成果而言，我们同样也需要加以"解释学的梳理"，不可急功近利地将任何西学西理视为高于"国货之洋货"加以"直接消费"。西学体制内的现成文档仅只是重要的资料或半成品，我们必须将其继续加工为成品，而此加工的方法论系统亦须来自对当代西方主流人文理论之吸收及批评性的再整理。此现代化人文学术理论的加工能力，显然不可能仅简单化地获自西方学园之授学。正是在此人文学术现代化发展的关键步骤上，仁学实践学思想再次切入，并为之提供了伦理学认识论的梳理批评原则。

在仁学中我们可以发现存在有不同的评价系统，如：物享类（身体）、权势类（社会）、认知类（学习）、目标类（目的）、意志类（心态）等。它们彼此之间非具同质性，故各类之间的评价不必、不可直接互通，以至于扰乱了评价关系的合理性与一致性。我们所说的仁学之一以贯之总原则，即是首先在上述不同评价系统中分别梳理之后再在诸异质性评价系统之间寻求"更高层一致性"的汇通性思考。所以，仁学的一致性或一贯性理性主义原则，虽未以现代严整形式加以表达，但其实具有相当细腻地分层、分域、分质的整合化特点。我们对于古今中外之学的梳理或整合的工作，也须循此方式进行其多元性、综合性、批评性的再组织实践。因此，仁学实践学所涉及的伦理观理性与方法论理性，均可直接相关于现代人文科学认识论-方法论-实践论三方面的革新方向与方法。此外，《论语》的二中择一法，基于人本经验主义人性观，不仅相应提出了价值观、方法论方面的悟解原则，而且可（解释学地）成为现时代最为切实可行的一种"实践论"促动力。因《论语》的诸指令句及其系统关系都是在此二元对比系列的呈现中，同时在认识论和实践论两方面显示其效力的。二中择一法，不仅是认知方式，也是促动方式。

9-9. 子曰："凤鸟不至，河不出图，吾已矣夫！"

对比项：政治实践/文化实践。

意旨：本章纯属后儒妄加而为历代儒者所信奉者，亦可显示思想史上士人如何以歪曲变通方式把握"原始仁学"之例。

旧解摘要：

《尚书·顾命》某士《传》曰："河图八卦，伏羲王天下，龙马出河，遂则其文，以画八卦，谓之河图。"《论语述何》："此言盖在获麟之后。获麟而死，天告夫子以将没之征，周室将亡，圣人不作，故曰'孰为来哉'，又曰'吾道穷矣'，义虽不同，亦可为周衰己不见用之证。"《湖楼笔谈》："夫河图、洛书自作《易》之圣人，文王、孔子有不及见。儒者于千百年后，随意造作，转相传授，曰此河图，此洛书，吾谁欺？欺天乎？"《集解》："孔曰：'圣人受命，则凤鸟至，河出图。今天无此瑞。'"《集注》："张子曰：'凤至图出，文明之祥。伏羲、舜、文之瑞不至，则夫子之文章，知其已矣。'"

含义引申：

本章或为秦汉迷信世俗强化以来所后加者，其思想与《论语》及仁学主旨明显不合，但两千年来为古人所信从，其历史上和思想史上于仁学义理有效的象征性含义则是：孔学无以施用于历史上任何政治实践。本章可能为两汉《春秋经》编写时代或谶纬学盛行时代所插入者。我们仍将其收入本书《论语》章句系列，以说明两千年来儒士是如何"混读"《论语》中之仁学义理的。此种不同思维逻辑混为一谈而兼收并蓄的态度，可以说明儒教时代知识分子的思想混杂性特点。至于朱子所引张子在本章注解中所说的"夫子之文章，知其已矣"，此句中之"已"字究为何义？本章内"孔子之叹"与其"不知老之将至"章中之气概有任何一致处吗？历代儒者虽然颇有拒斥谶纬学者，但仅因本句出现于《论语》，其文句亦见于《春秋》，遂可违背孔子"一以贯之"之教到如此地步，这代表着儒家具有什么样的理性思维能力呢？所谓儒家，难道不是在多重外加权力意识形态限制下进行其学术实践者吗？为此，我们还不应该为"真仁学"溯本穷源吗？况且，本章情绪性意涵更不可取：天意莫测，非人力所可改变，故读书人除随遇而安外别无合理选择。此一结论岂非是要从根本上瓦解仁学实践学的立志学深意？

现代意义：

本章虽意思粗鄙，但仍可作为反面教材以陈示如下事实：其超自然宿命论观点与仁学人本主义伦理学逻辑截然对立。我们根据二者之间的明显对立性可做如下质疑：仁学伦理学逻辑应持人本主义主体自决性原则，还是应持任何外在性或外力性的（超自然性的、本体论的、伪逻辑的）决定论原则？如我们已经反复指出的，仁学乃人本主义主体伦理学，绝非由任何外界"命运决定机制"所决定的道德行为方式。正因如此，只有前者得以和现代人文科学的科学理性特质相一致。古人之所以能够将此等"春秋学迷信"与仁学理性主义混为一谈，乃因误会了伦理学作为思想系统之身份。伦理学是指个人主体在无法预测和掌握的外界条件下，如何采取正当价值学立场及合理实践学方略来贯彻其目标。仁学伦理学是相关于内实践的"应然"之学，而不是相关于外实践如何成功的"必然"之学。这正是《论语》思想的精华所在。所可用于启迪现代人文学术者的只是此真仁学部分。河图之类迷信，以及一切超越性神话故事等，虽可作为音乐美术类的赏鉴爱好，却必须完全排除于现代人文科学思考之外。

9-10. 子见齐衰者、冕衣裳者与瞽者，见之，虽少，必作；过之，必趋。

对比项：敬弱/疾强，同情/博爱。

意旨：仁学伦理学持爱敬弱小、憎恨横强的价值观。君子本仁爱之心，故以扶危济困为志，此正与法家玩弄奸诈暴力以霸凌、奴役弱小为志相对立。前者为文创之基，后者为霸业之基。

旧解摘要：

《皇疏》："言孔子见此三种人，虽复年少，孔子改坐而见之，必为之起也。"《集注》："范氏曰：'圣人之心，哀有丧，尊有爵，矜不成人，其作与趋盖不期然而然者。'"《四书困勉录》："谢显道曰：'圣人之道，无微显，无内外，由洒扫应对而上达天道，本末一以贯之。一部《论语》只如此看。'"

含义引申：

仁政理想目的即在于扶弱济贫、除暴安良，而历史上的政治现实反多成之于持强凌弱者。在长期封建主义等级制度下的社会风气以强横霸道、趋炎附势、嫌贫爱富为主要特征，仁学伦理学的精神却正是在此负面人性历史倾向的反向激发下产生的。本章以《论语》主要"角色"孔子对穷困弱小者具有的本能同情心态，喻示仁学人格学即仁爱学与同情学，以之对比于历史上最常见的权力者之暴虐残忍人格。

现代意义：

本章以小喻大，以孔子之同情弱小的天性反衬法家权力者之欺凌弱小的天性。古代史书的隔代编写法使史家获得了相对自由，得以直书前代统治者的狡诈、荒淫、残暴等反人性罪恶，此等充斥于两千年封建历史上的残酷历史事实，与《论语》中孔子表现出的深厚与温馨的互爱天性，形成了强烈的反差，从而直观生动地显示了仁学的人道主义价值观。故儒教之"仁政"是否为行孔子之"仁"，要看其对待鳏寡孤独等极弱者（故其无可利用）的态度如何，而此正为历代唯我独尊的统治者所远远无以达及者。本章以孔子在此"'爱邻'极致情境"中之姿态表现，喻示仁学与其对立面法家之根本不同处，即表现于爱顾弱小与欺凌弱小之别。仁学为"博爱"之学，而爱有其术（方法方式），仁爱学乃指其实践之方向，而其行爱之方术正为其致仁学以获其能爱之法。仁学态度与目标必体现于真善美三不同维面上，"朝闻道"为求真，"泛爱众"为怀善，"以学文"为通过文艺求人类博爱精神之宣扬。故仁爱学包含求道（真知）以达爱人之方，为文（化）以知爱人之内容，持善以坚守正确方向。故按照仁学之深意，所谓博爱之学不仅为被动地维持一种同情态度，而且是积极主动地探求达仁之方法（知识学术之目的在此）以及如何提升人类现世生存之质量。

以上所述本章微型"故事情境"所喻示的"博爱价值观"，直观地表达了仁学的人本主义伦理方向，特别是其"向善"之态度表现。此等现实主义样态的人性论表达，正与近现代的以人为本的现实主义文艺观完全一致。而当新世纪人类精神文明实践正在从19世纪活跃的"文学叙事类思想方式"转化为"人文科学思想方式"，由此远古基本人性论价值观引生的几千年直观文艺表现方式，也须转化为关于人及其历史的科学化研究思考方式。

9-11. 颜渊喟然叹曰："仰之弥高，钻之弥坚。瞻之在前，忽焉在后。夫子循循然善诱人，博我以文，约我以礼，欲罢不能。既竭吾才，如有所立卓尔。虽欲从之，末由也已。"

对比项：高瞻/无涯，勇进/不懈。

686

意旨：本章以写意浪漫笔触凸显人道主义人格之博大精深，以显示（与法家强大权力哲学对峙的）仁学主体实践力之坚强与其人生意境之深邃。

旧解摘要：

《集注》："仰弥高，不可及。钻弥坚，不可入。在前在后，恍惚不可为象。此颜渊深知夫子之道无穷尽、无方体而叹之也……循循，有次序貌。诱，引进也。博文约礼，教之序也。言夫子道虽高妙，而教人有序也。侯氏曰：'博我以文，致知格物也。约我以礼，克己复礼也。'程子曰：'此颜子称圣人最切当处，圣人教人惟此二事而已。'吴氏曰：'所谓卓尔，亦在乎日用行事之间，非所谓窈冥昏默者。'程子曰：'到此地位功夫尤难，直是竣绝，又大段著力不得。'杨氏曰：'自可欲之谓善，充而至于大，力行之积也；大而化之，则非力行所及矣。此颜子所以未达一间也。'"《读四书大全说》："颜子既非悬空拟一道之形影而言之，又实为有指思及此，然后知朱子之言真授瞽者以目也……要此章是颜子自言其学圣之功，而非以论道。颜子亲承夫子无行不与之教，故专一以学圣为己事。朱子深知颜子之学，而直以学圣言之，可谓深切著明矣。"黄干《论语注义问答通释》："颜子之见，固非后学所可窥测。然以其不可窥测也，故言之者往往流于恍惚无所据依之地。敢于为言者反借佛老之说以议圣人。其不敢者，则委之于虚无不可测论之域。惟吴氏以为亦在日用行事之间者最为切实……初非有深远不可穷诘之事也。"

含义引申：

本章所见诸字（仰）高、（钻）坚、（瞻）前、（顾）后、博（文）、约（礼）、（欲）罢、竭（尽）、卓（立）、（欲）从、（无）由，在字词搭配中均可增附丰富性喻示力与强烈感染力，用以表示孔子之道"无穷尽，无方体"（朱注），目的在于"博我以文（致知格物），约我以礼（克己复礼）"（朱注）。而贤如颜子，虽"所见益亲，而又无所用其力"（朱注）。此句素来为《论语》诸解家所乐于发挥者，因所用诸字均无具体所指故可据之以任意想象。至于前句中"仰之弥高，钻之弥坚。瞻之在前，忽焉在后"等形容，今日颇可解释为：仁学系统具有（论域）全面性和（学理）开放性的丰富蕴含。此一在文本中客观存在的仁学系统所固有的特点，未必能够被当时受到认知性限制的仁学实践者本人所明确意识到，却可对此特点（相关于其存在之开放性与其伦理精神之朝向性）有所"感觉"。诸旧解因后世道释理论混入而愈形复杂，尤以佛学之掺入最为害义。程氏所引诸旧解中《反身录》之长段即为其例，本书因此未予收入。诸旧解大体上存在着两种方向：一种强调本章义理仍不应离开仁学固有之现实领域；另一种则妄附佛道，意图利用本章之"写意性"字词，以申其玄虚想象。本章借颜子之口而表达现世经验主义仁学所含有的超越日常性的深刻而实的精神感染力，并激发其奋发向上的生命力。两千年来读书种子在读解《论语》时最后可达此心理境界一事，均表明了《论语》文本句型内含有某种精神促动力要素。但另一方面，后儒间之相互争辩亦非无理，不仅因《论语》诸章甚少涉及为学之实在内容（所涉及之"礼仪"或"诗书"，与秦后兴起之"学术思想"，在丰俭上难以相比，而儒者对《论语》之崇拜与感受并未因此稍减，结果反而陷入一种自我营建的高深化玄想中），而且对于亚圣颜子之"学"为何，所知尤阙，所以反可借对颜子之深切感动情态之描述，以映射孔子人格及其仁学之伟大深远。所谓伟大与高深，均相关于人类生命的价值观方向，而非相关于一般知识技能，故属人生观中最具根本性的问题。

现代意义：

"博我以文"即朝向于人文价值和人文学术事业，"约我以礼"即导之以伦理性实践方向与方式，二者均基于现世人性善恶是非价值观，虽未涉及"学问"部分，却明确相关于主体的态度和思维方向。此一教诲岂非正是今日人文学者及有志于参与现代人文科学革新事业者所应有之最适切座右铭？其中"博"与"约"皆含有内在的促动力意素：既需"博识"（学知），复需"守约"（正行）！本章今日读解之深义则在于其兼含寓意高远性与内容开放性。其"高远性"须据仁学本身身份解之，此即人类经验理性认知之无穷性以及仁者被此伦理理性之崇高而深远意旨深切感动以至于"欲罢不能"；

其开放性或可理解为本章"学"之虚位性或代表性，其含有的态度与实践涉及的内容、方向、动力等基本要素，使此古典文本内学之虚位，正可填充以现代人文科学和科学伦理学内容。反过来说，现代人文科学理论将因吸纳了仁学人本主义伦理学而获得其伦理理想性与实践激发力，从而有助于其摆脱以学谋利的职业化窠臼，而恢复其真实科学性实践的身份。

以今日解之，此章最后"虽欲从之，未由也己"的意思，更不应理解为神化孔子，而应理解为：一方面，仁学义旨深远，绝非一时一人之才智所可穷尽，《论语》文本遂具有跨越时代的合理开放性，而古人对此虽不能明确意识却可切实感觉到其意蕴无穷无尽。此一意蕴无限性感觉，今日可据以暗示仁学象征地连通于大量相关于人类命运之议题，有待于未来世代学术逐步合理扩展之。如今日新仁学作为一般伦理学在与时俱进后，其论域及义解自然可相应拓展。另一方面，原始仁学实践学的认知的局限性，也会使得仁学价值观所喻示的其新实践的问题域范围，远为深广于其当初有能力处置的范围，故学者可既感受到其意涵的无限丰富性又可感觉到其所暗示的问题域之轮廓尚未分明，此种含混性感觉（重大问题之隐约存在却又难以明晰呈现）也可相当于本句所描述的虽切实有感而未能使之呈现于意识的朦胧感受态。一方面，此一伟大人格形象具有的价值学充实性，由于根植于人性深处，故具有永恒人生方向问题上的激发力；而另一方面，通过古代单简政治文化生态形成的仁学实践，呈现出了其"有待充实的内容开放性"（这是两千多年前知识未备时必然会有的现象）。仁学本身亦必含有此种自反性，以符应"一以贯之"原则与"意必固我"之诫。

颜回此感叹句表现出的"不知所由"感，正积极暗示出原始仁学本身含蕴有一种具无限历史开放性的解释学契机。其一为预示历史上"扩大化中国"的儒教时代之仁学的文化思想转向，另一为预示"全球化现代历史阶段"的人文科学转向。于是我们看到相关于"原始仁学"的历史上三次外实践形态的发展或转向：春秋战国的"社会政治域"，儒教儒学的"文化文学域"，以及全球化现实代的

"人文科学域"。于是，历史仁学也就含蕴着一种现代化的外实践开放性。

原始《论语》文本自身呈现出一种朝向历史远方和人类文明全体的"人类学的和人性论的精神视界"。同样，本章亦特别含有一种伦理精神激发力与实践意志促动力。颜子发出的所有关于赞叹、未及、向前、深喜的错综复杂的感受，正是其精神意志促动力勃发之意象。此一因"虽未明知而确有深感的精神昂奋情态"，岂非类似于宗教信仰者沉浸其内时的同一情态？此所以新仁学除了可成为现代人文科学的伦理学认识论外，也可成为现世人生精神信仰学的一个伦理实践论模型。正是在实践力层次上，而非在认知力层次上，可以说仁学显示出一种准宗教性特征，即在信仰力与实践力方面提供了可类比于宗教类信仰学的"力动性"特征。而其不同于一切超越性宗教处为：名之曰仁学者（人之学）乃纯粹相关于人生、人世、人道之"人学"，其信仰力与实践力均基于人类现世经验理性之基础。

仁学伦理学与一切超越性信仰学之不同，尚非限于信仰的根据性方式问题，而尤其相关于彼此所信仰者之内容之差异性。超越性信仰之主要期望为：永生、免罚以及时间上无止境的吃喝玩乐（现代科技工商世界庸俗人生观即已在"提前"实现着此人生唯物欲满足性的幸福观）。而崇拜反仅成为一种达至期望的手段。而此期待之内容竟然即为普通百姓于人世间所朝向者，其中竟然无任何文化性规定！这是多么奇怪的一种疏漏：理想生活方式遂被归结为在另一世界上的无止境的衣食无忧、无病无死！而仁学之理想人生境界则大异于是：对一切高级知识、精神文化进行的永无止境的积极理性追求。一者为宇宙内永恒静态的无内容的安逸幸福生存及"做好人"（因"做好人"是获得个人幸福之条件），另一者为历史上代代连接之高级精神生活的、动态化的精神文化创造。前者的"无所作为"（除了"做好人"）与后者的"积极有为"（独善兼济）遂形成了鲜明的价值观对比。对个人生存方式选择言：是要永恒的"做个人物质性小事"，还是要短暂的"做人类精神性大事"？还不要说，一者是仅只可想象的，另一者是可予实证的。二者之别，简言之即为：一者因畏死而期待永生，却以荒废此生为代价；另一者因视死如归，故在"回归"大自然前必积极"有为"于此生！正因孔子仁学可无限地朝向于此现世高端精神文化视界，我们才可称之为伟大！故绝非因其曾经被儒教皇权加以利用或谬封为"中国圣人"而加以崇拜。孔子是伟大的伦理思想家，而非"儒教教主"！

【关于仁者人格学与现代人文学术中"人格异化"的历史解释学申论】

本章之人格学描述不同于学术实践性规定，却直攻于仁学精神实践之最内核。古代仁者内心深处怀具的此一价值观本性，因欠缺其实践学技术性条件，而无以完全加以充实化。现代学者获得了此认知性、技术性工具，却失去了此古典人格价值观潜力。试看今日法制化时代欧美最先进人文学术实践者之完全功利主义化的职场人格，却正成为他国人文学者效法之榜样，其诸种弊端及缺欠姑且不论，单以其失去此具伦理价值核心的人格言，即可证其反可成为无以有效运用其现代知识论工具的"人格异化者"。彼等宣扬的治学观"个人主义"，本质上实已蜕化为追求名利权的"自私主义"。对于当代学术人格性之相当普遍的丧失，仅以职场行为的合法作为标准者自然不会承认。而本人指出的其理论思维上的根本方向性错误现象（在当前全球商业化时代演变成的普遍"认识论异化"），其实正是其"物化"职场人格治学观的必然结果。（可参见本人近年来在 *Semiotica* 刊物上发表的多篇批评性论文，特别是 2014 年秋索菲亚国际符号学大会上的最后演讲。）而凡本人对当代西方人文理论的评述宗旨，自然也均相关于一切以为只要对于西学理论亦步亦趋即可的非西方人文学者。

9-13. 子贡曰："有美玉于斯，韫匵而藏诸？求善贾而沽诸？"子曰："沽之哉！沽之哉！我待贾者也。"

对比项：怀志/待时，弃志/趋时。

意旨：仁者不应自贬为待售之货，期待于被权贵"购入"，而应适时自出，独行其致仁之道。

旧解摘要：

《集解》："马曰：'韫，藏也。匵，匮也。谓藏诸匵中也。沽，贾也。得善贾，宁肯卖之邪。'"《集注》："子贡以孔子有道不仕，故设此二端以问也。孔子言固当卖之，但当待贾而不当求之耳……范氏曰：'君子未尝不欲仕也，又恶不由其道。士之待礼，犹玉之待贾也。'"《四书诠义》："夫子待贾，即是用之则行，舍之则藏。其用世之心，与乐道之常。自并行而不背也。"《反身录》："王仲淹生乎汉晋圣道陵彝之后，毅然以周孔自任，岂非一时之杰，问世之玉乎？乃诣阙自炫，遂成大瑕。其他随时奔竞之徒，本自不玉，本自无价，故人亦不以玉待之，多不言价。昔人谓周之士贵，士自贵也；秦之士贱，士自贱也。士亦奈何不自玉而甘自贱也哉！"

含义引申：

此章表面上为有志者生不逢时之叹，实际上表达着仁者实践学的一个重要原则：仁者积极用世，但其出处之择必依于仁学原则，而非趋炎附势。从仕（职业）必当有助于实行仁道目标时方可，否则宁肯等待未来可能的适当机会，即使因此而毕生无机会亦无所憾。结果，孔子一生即为等待机会的一生，也就是等不到机会的一生。其解释学含义是：首先，事实上仁学外实践的机会很难或不可能出现（已证于其关于统治者多为"斗屑之人"的判断）；其次，此一外实践机会的事实上的不可能性，遂指示了另一种事实上的可能性：努力于外实践（从仕）的准备过程，反成为了强化内实践（立志学）的手段或仁学"本体"（内实践，内学）得以形成的原因。于是仁学对外实践机会的等待过程即为其内实践之真实的实行过程（颜子意象的意义在此）。比喻上的沽价，即为实际上的选择态度。此一选择即相当于君子在"等待态"中真实仁学内心世界的营建与展开。

本章虽可按仁学精神正解，而后世之读解反多易于失当，因仅释之为一般所谓"遇"与"不遇"而已。而此"遇"字自然实际上可被庸俗化为泛指任何个人升迁际遇，后者根本与孔门所言的出处之择无关。（儒教习用之"宠遇"一词，可道尽儒教社会士君子之真实心态。有清一代儒家士君子如此易于屈服，岂非源于同一屈从权势的儒家人生观？既然自视为"货品"，岂非任何有钱有势者均可购置之？）其误读之主要负面效果即为：读书人均成为安顺待选（待购）之皇帝奴仆。历代误读本章者均忽略了"待沽"一词含有的深刻讽刺义，其深意岂非完全合于现代所言之知识分子之"异化"或"物化"，即被商品化乎？

现代意义：

本章之寓意为，读书人应避免自视为货品器具，期待被有钱者（有势者）购买后供其利用。孔子逡巡不仕情态，即表明了对于当时诸国统治者资质之普遍否定。此一对于权力者品德的普遍负面判断，不想竟成为其后两千多年中华民族历史之常态。由此衍生的寓意为，仁者良知个体存在与集体权势存在之间存在着必然的分离性，也即在两类历史实践轨迹系列之间存在着分离性或平行性：一者为社会物化历史过程（中华硬体），另一类为文化精神历史（中华软体）。仁学实践学实由显隐两个部分构成，在直意的社会性实践层面上为：意念中之对象（王权），意念中之方式（从仕）与意念中之目的（政治改良）；在隐含意的文化性实践层面上为：真实的对象（成君子），真实的方式（自学），真实的目的（文化创造）。因此，本章要义在于对读书人（知识分子）之人生观进行开导：如何在环境不顺之际营建自身伦理人格，以备其有效地进行精神文化类实践。

在现代社会中统治者和求仕者之间关系的古代形式已不复存在，但在此全球商业化、职业化时代，类似于古代求仕行为的任何职业性的实践努力，均相当于参与各种既定程序性、技术性职业的心态与行为。此一人文学术域的从仕实践，并不直接连通于纯粹科学目标（行仁），而是连通于职场与市场的运作逻辑（相当于古典的社会性实践）。而今日体现于人文科学的仁学实践过程，自然与相应职业化实践过程，呈现出分离性与平行性。而与古代不同的是，今人失去了古人在松散社会制度环境下可能取得的独立生存方式，而必须通过进入职场以取得其个人生存条件，于是此两个平行过程将混合在同一职场领域。此一现代现象却并不改变本章指出的两个不同的"历史实践"的分离性共在性：职场性的社会性实践与思想性的文化性实践。此种共存性张力关系也即成为学者人格形成的永恒历史环境。在此，"待价而沽"可比喻为学术思想上不合时宜或与世相违

（职场学术方向与科学学术方向的分离性）。因此，本章之寓意在今日仍然有效之处在于，"贾者"（与人文学术直接与间接相关的权势集团）虽然众多，但其态度或政策方向大致同一，即均遵行唯物质主义的商业化生产目标和为此目标服务的各种文化学术行业之各种既定"行规"，所以有志于独立理论思想创新的人文学者身处的情景，与本章隐喻之古代情境，遂呈现了一种同构性关系。因为人文学术专业中的"贾者"（职场权力者），大多也附着于、从属于科技工商主流势力支配范围，仁学方向的学者和文化人仍然身处于二中择一之困境：服从于其商业化学术方向还是坚持独立科学性追求？

不过，今日相关的引申义倒也并不同于古代。在古代，仁者唯有通过完全或部分退隐一途（即官务之外、之后的业余式"从我所好"，尽管此"所好"往往仅限于有限地或相对地符合仁学精神的诗词曲赋创作而已，但此一"风雅之好"是在官方制度化的政务之外进行的。此即为当时仁者外实践的方式）；而于现代社会物质性条件下，人文学者可部分地或全部地在职业规范与程序之外（如在完成职场工作之外）组织其独立学术思想实践。于是本章之现代喻意即：新仁学思想家和学者可采行类比于古代儒士的双元人生观：职场内的实用性生存（"从仕"）与职场外的思想性生存（"为文"）。与古代相比，在现代化社会中，仁学伦理学及与其相关的人文学术事业客观上将可获得远为众多的机会，以实现此双元人生观。尤其较古代为优之处在于，士君子为此所须付出的生活代价，已既非古代之"在陋巷"更非古代之"在沟壑"，而至多仅为坚守一种不与争比、不受利诱、自甘淡泊的心志而已。

经此比喻性解释可知，本章"待售之货"概念，岂非本质上非常接近于今日世界人文学术职场内学人之人格形态？"受聘"是否即一种"买卖行为"？如在西方高校自费受教时，学生即可在直意上评估老师之资质（学生因付费上学，的确也部分地相当于成为"老师商品"之"贾者"）。后者并非直接相关于难以判定的科学性标准，而是相关于各种间接性，即准学术市场化标准。市场化标准即市场价格。孔子之"货喻"岂非百分之百适合于形容今日全球商业化文教"物化"生态之本质乎？

9-14. 子欲居九夷。或曰："陋，如之何？"子曰："君子居之，何陋之有？"

对比项：内志/外境，境逆/志坚。

意旨：仁学实践本于心志真纯，不受制于外境顺逆，故为一种无入而不自得的自由人生观。

旧解摘要：

《集注》："东方之夷有九种。欲居之者，亦乘桴浮海之意……君子所居则化，何陋之有"。

含义引申：

本章诸旧解多泥执字义，或解之为孔子因失意于中原而欲将余生志业改施于异域等。诸解中仍以朱注较为得当，但其二解之间似乎并不一致。"失意中土"与"何陋之有"可以于义并容，但如加"所居则化"，则属扩解。其中"化"为何意？如指一般教化，则孔子本应在有文化条件的春秋诸国施行之，何以要舍易而就难？如果指社会政治改进，则华夏尚不可行，何以能施之于蛮夷地区？本章显然符合君子于外实践"途穷"求"隐居行志"之比喻性通义，如此则无关于外界环境之条件如何，以示仁者出处间无可无不可之态度，即如不能兼济时君子仍可取独善之途以积极有为于此生。何况兼济有社会政治层面，也有文化教育层面。

本章之后句素来理解为君子安贫乐道时所必有的心态，在比喻上相当于"乘桴浮海"之类，以示君子日暮途穷。实则，此类相当于颜回"在陋巷"的比喻，不过是用此高精神与低物质的对比法，以有力凸显主体意志力的顽强性，并以此强固意志力的有无作为君子仁学实践可能性之标志（我未见刚者）。因为仁学实践学的基础既不是神祇大势力，也不是所谓客观逻辑必然性，而是主体的伦理意志力之有效存在。于是，仁学的种种政治性外实践失败意象，不过是仁学强化其伦理性内实践和转向文化性外实践的符号。

现代意义：

本章的现代意义是，仁者之外实践计划当条件不具时自然不可实行，而内实践之计划则可随时随地贯彻实行，无关于外境之顺逆。因此，对于仁者而言，其志仁人生观一旦确立，即可在任何外界条件下，按内外实践重点的交叉调节而永续。因外境之顺逆，仅相关于主体的内外实践方式之选择，而无关于已然确立的仁学实践总目标之贯彻（进亦进，退亦进）。新仁学据此亦可主张，学术思想的自由创造之可行性完全依于学者个人意志力之有无，而不取决于客观环境之顺逆。反过来说，"何陋之有"的意志力表达可强调，只要内心存在致仁学之志（兼顾内外实践之方），其内实践心志于此生必可有效行之，而无关于外界条件如何。本章即以此句式语气行其鼓动读书人志气之效。

本章未及言而他章多有喻示者为：士君子在其或内实践或外实践选择中所需的唯一条件即仁学实践意志力的确立。此意志力的功用在于佐助主体在毕生仁学实践中无论遭遇何种阻遏均可有足够的"内力"抵御之，以坚持其自身伦理正向践行。仁学实践学的本质在于：个体仁者面对任何集体权势阻遏时其"抵御"意志力机制之构建及其有效实施的问题。此一伦理性人生观完全可以并应当适用于现代人文科学改造任务，其中面对的第一挑战即来自学界的三大痼疾：争名夺利、趋炎附势、崇洋媚外。今后新知、新学、新理的建设绝对不能通过美其名曰的"与国际接轨"方向进行，因其行为本质即为通过趋炎附势与权权勾结以谋己利，根本无关于人文学术的科学化进步本身，此为中华仁学采取的人文科学新实践能否成功开展之关键所在。

9-15. 子曰："吾自卫反鲁，然后乐正，《雅》《颂》各得其所。"

对比项：仁学/精神，政治/物质。

意旨：孔子"反鲁"的寓意为：社会政治实践失败恰为精神文

化实践开启之前奏，此意象也即仁学主体伦理学实践方向和方式之一种历史性设定。

旧解摘要：

程树德："《朱子语类》于此章无何辩论，盖以《乐经》久已失传，而《礼记》又孔门及秦汉人杂辑，时相矛盾，不能强为之解也。"《皇疏》："孔子去鲁后，而鲁礼乐崩坏。孔子以鲁哀公十一年从卫还鲁，而删《诗》《书》，定《礼》《乐》，故乐音得正。"《集注》："是时周礼在鲁，然诗乐亦颇残缺失次。孔子周流四方，参互考证，以知其说。晚知道终不行，故归而证之。"

含义引申：

程树德按："此章《皇疏》虽寥寥数语，而字字中肯，胜《集注》远甚，故特著之。"然程氏所言不确。朱注的优点恰在于其尽量把握章旨确义而不在任何"事端"字面上予以任意扩解。《皇疏》则多引证传说"故事"以演绎诸事件间揣测而得之联想义。程氏正确指出，朱子于本章议论不多，其原因并非在于"《乐经》失传"，而在于其根本不存在。"乐"者之"存在"体现于一次性乐者之演奏中，并非存在于文字性乐谱及文字评论中。"诗"原初亦指口头传唱者，但因有词语部分故后来可形之于书写文字。旧解之失之共同性特点多由于同一汉字之古今字义（意素集合体＋使用频率次序）具有因时而异的汉字语义学特点。而古人往往以今度古，习于按所谓字源学死板追溯汉字起始义，并以之为基础进行任意选择性的意义重构。结果，汉字字源学的施作技术性严格外貌，遂被转化为字义重构具有的学术严格性。实际上，汉字字源学的技术艰难性不能被看作对汉字语义学的重解严格性。结果，清儒的汉字学的技术性工作的考据艰难性，被简单化地视为某种汉字解义法之"科学性"。此类现代学者的在古今学术功能上的曲解仍然源其对于相关现代人文社会科学理论（语义学、语言学、心理学、人类学、历史学）的乏知，而在整体人文理论程度较低的环境内进行想当然的评断。因民国时代的所谓现代语言学研究还停留在实用性阶段，更尚远远不了解欧洲结构语言学与语义学的发展。此所以我们一方面要赞扬民国学人之为学精神，而另一方面要明确了解其学理水平尚普遍处于初始阶段，此一时代性局限自然部分上缘于大多数人之留学地选择。因二战前美国的人文学理程度远远低于欧陆地区，等到二战前后大批欧洲人文理论家陆续迁移美国后方全面促进了美国人文科学理论的发展。但其选择性地消化、创造欧陆理论的方式，仍然受制于其实用主义方向的社会历史环境的限制。（本人自 20 世纪 70 年代末投入现当代西方人文理论研究以来，即有意识地着重于引介几十年来海内外华人学界均较生疏的现当代欧陆人文理论知识。本书作者多次指出，一国之强盛具有其相关方面性。当代美国之自然科学、社会科学均属世界学界之最，而其人文科学则绝非如此。华人不应本其功利主义，仅据侧重于自然科学评估的高校排名结论来评估人文科学成就。如果不能破除此海内外大多数华人的认知偏见，中华文明的人文科学事业前途将难以见其有脱胎换骨的一天。特别是当把人文科学尤为荒谬地混淆于国际汉学之时。）

此章简短叙事文本具有高度仁学伦理学寓意，大略指出孔子最初选择的外实践（从政）努力节节失败后而在其外实践上开始了方向性大转移：由政治实践事业转趋于文教与文化整理事业。当时学术未起，其后所谓孔子修"四书""五经"固然为历史上不可能之事，而在喻义上也属不相干者。"礼乐"成为伦理文化性、精神性的象征，其产生和作用均可实现于君子内实践领域。《论语》故事中的孔门师徒遂集体地转向仁学内实践的建设，其地理空间的极度缩小反而敞开了其后广大无比的中华民族精神文化的历史空间。于此可见，仁学之文化思想性意旨实朝向于中华文明建设的遥远将来。仁学是伦理精神的方向性之学，此方向性思想可直接影响文化活动，却难以左右社会政治活动（除了相对有限的影响之外）。而仁学系统本身欠缺社会政治认知学一事也内在地封闭了其朝向独立政治活动的技术上的可能性。本章在《论语》中的重要性正在于标明孔子所创仁学之目的和作用均属精神文化领域。而此所谓精神文化领域，与其说在指涉当时尚未出现的古典学术与文史创作，不如说在象征的层面上遥指着中国乃至人类生存之精神文化的大方向问题。

现代意义：

本章之寓意，今日读解应指涉人类文明的两个复合文化史阶段。第一个复合历史过程为：东亚两千多年间由儒教法家所定位的社会政治史形态，以及由仁学精神引导的文化思想史形态；第二个复合历史过程为：全球化现时代的、科技工商及其政经法所主导的唯物质主义文明形态，与传承久远、日渐衰退却亟待扩大更新的人文科学理论形态。因此，本章表现的仁学之性质和目标的规定，均可充分延伸至现代历史、文化、学术环境。春秋时代由"礼乐"代表的文化活动，日后以至今日自然可扩解为风俗、教育、学术、文艺等各个现代文化领域。孔子故事中的"道不可行"所代表的政治活动的失败（仁学政治实践之门的"关闭"意味着此一领域未来应由新时代适合的政治学与政治科学处理），即相当于文化活动的成功（文化实践之门的开启）。由于现代社会构成的复杂多元性，风俗、文教、文化、文艺等均受到政治经济活动的决定性影响，并均可纳入大众文化范畴。孔子仁学作为关注于精神文化之学，今只应被还原至人文学术领域。在文教学术以谋生就职为导向，文化艺术以满足大众感性娱乐为方向的唯物质主义时代，人类仍应保持和发展高端人文科学及精神文化事业，以使新世纪的人类文明得以维持其物质性建设与精神性建设间的平衡。中华仁学在此全球化时代，将在人类人文科学领域，发挥其人本主义伦理精神引领作用。

9-17. 子在川上，曰："逝者如斯夫！不舍昼夜。"

对比项：史长/生促，勇进/无止。

意旨：在历史长河中人生一瞬间耳，个人仁学实践因属人类共同精神文化实践之部分遂分享其永恒意义。

旧解摘要：

《皇疏》："孔子在川水之上，见川流迅迈，未尝停止，故叹人年往去，亦复如此。向我非今我，故云'逝者如斯夫'者也。"《论语述要》："此章似只言岁月如流，欲学者爱惜景光之意。"《孟子》："源泉混混，不舍昼夜，盈科而后进，放乎四海，有本者如是，是之取尔。"赵岐《孟子章旨》："明夫子此语既赞其不息，且知其有本也。"

含义引申：

本章感叹，世界长存，吾生须臾，仁学实践之意义乃依于人类集体精神之存在。本章并无朱子等宋儒所附会的道体感悟喻义，但仁学与宗教及玄学同感此宇宙历史无边、个人生命速逝之事实，却激发出与消极出世观及超世观相反的积极入世观。仁学固然与道释观共见此世界与人生之"客观真相"，却以之作为确立人类价值观之主观基础，其积极入世人生观正产生于、发展于此价值空虚之基地上。仁学伦理价值观因此为人类良知"据实而凭空"创造的人类生存实践指南。仁学正要促使仁者面对此空虚世界时感受到：对于人类而言，唯历史社会与个人生命为唯一相关性现实，而个人生命的短暂性亦即为此现实固有的实在属性，其意涵实非根基于周围自然世界也。仁学价值观的确立表明：在物质性生存上，人类根基于自然世界，在价值性生存上，人类根基于自身人性。身体之物质性（物理生理性）与心灵之精神性（文化思想性）各为相互异质性、分离性之存在。孔子江边观澜意象遂可进而喻示：自然之物质性长存与人类之精神性绵延，虽相互对照，却于价值学义理上为两不相干之世界，故不必如道释家等错行其物质本位的还原主义。人生价值仅体现于人类整体及其人性本身之内，而非存在于人类物质性生存所依赖的宇宙自然之中。无论古今中外，凡欲将物质世界与人类精神世界混为一谈者，即属非现实主义者，即未能合理地区分开人之所以为人者与人之身体性需要者。而人之本性必然是集体精神性的。

现代意义：

人生短暂，古今同一，"川流不息"即以自然物象喻示人类历史不断涌流向前，个人之生存相对此"川流不息的历史长河"虽仅占据一隅一瞬，却正以其为人类组成部分之一而分有其价值学意义。君子个体实生存于两套生命过程中：个人短暂之实存与融入人类漫长之延存。仁者的觉识即在于朝向人类整体延存之视界以结构性地规划自身融入此集体生存长流之方式：在人类时空生存整体内（在人类历史内，而非在物质性世界内）为自身一己生存定位。"逝者如斯"景象有如历史绵延事实之表达面，受此历史性表达面（指号系统）激励之仁者个体，遂知自身之生存选择的基础、环境、方向均存在于此人类历史本身之内，其精神追求的意义，非连接于物质界，而连接于精神界。来自中华文明传统的此仁学价值观的特有真实现世性，使其于真善美三维上的内涵均归结于人际关系正义性与认知正确性之核心，而非归结于并非存在性的死亡或死后，亦非根基于人（历史）与物（宇宙）的外在关联性。（故精神性意义并不根基于物质世界性质。）

在现代化认知力无数倍大于古代之时，仁学外实践自古至今延存数千年，而如今落实于亟待彻底科学化整合之人文学术（文、史、哲、宗、艺）。当现代仁学外实践如此明确清晰地具体化后，其努力的方向应该较古代更为明确，其努力的方法也应更为有效。学者个人尤其可进一步认清一己生存实践仅是人类全体知识实践的极小组成部分，个人之学术思想努力尤应挂靠于人类人文科学发展的总任务之上。人类文明史上此一全球化之第二阶段，当自然科学与社会科学均已获得长足发展提升后，人类当前最迫切而重要的任务即人文科学系统之革新重建事业。古典仁学，两千年来曾经卓有成效地支持了中华文明的精神文化创造事业，于今全球化人类共同体时代，仁学将在方向、目的、方法等层面上更为清晰地开始其支持全人类人文科学科学化改造之新使命。

9-18（15-13）①．子曰："吾未见好德如好色者也。"

对比项：好德/好色，公义/私欲。

---

① 此句在《论语》中出现了两次，括号中为另一显现处。

意旨：仁学根基于主体在自私与向公二类相反天性冲突间所激发的良知之觉醒。

旧解摘要：

《集注》："谢氏曰：'好好色，恶恶臭，诚也。好德如好色，斯诚好德矣，然民鲜能之。'"鹿氏《四书说约》："此书揭人肺腑隐微之病，体验之，乃见其言之至。"

含义引申：

此章与"好仁者稀"同义，而比喻更为生动、确切，即表明仁学认定大多数人的本能（好色为其一）较少含具"好德"。此"德"字在此显指其广义。程树德君以为朱注将"德"错解为泛言道德，而应指涉好贤，恐未必如是。先秦"德"字义可多解，本章中必泛指道德，甚至可合理扩解为"仁"。其要点非关于所"好"的对象如何，而相关于此一"好"之情态如何，即一般所谓"好德"之情态大不如生理性本能之"好"（色与食同为最深之好）如此之具自然性、自发性、强烈性，以此喻示仁学实践具有之内在的矛盾性。因仁学须仁者禀德以践行，而所需之德偏偏难以具备。此章复申仁者之德仅为可能之"好"，其存否取决于自我人性良知觉醒之结果，而其食色本能之好则属人性中无时不存之强烈自然欲念。"德"与"色"的对立和对比，即人性中"或有"与"必有"之间的对比。本章可解之为对向仁者的一种加强化的鼓励："汝辈人单势薄，反更应有当仁不让、勇往直前的胸怀，以及唯因分属人间少数而益增自我之责任心与行动力。"仁者即有顽强意志力而可克制自身生物性、社会性诸自私本能而朝向于人类公理正义目标的稀有"好德"者。

本章以"好色"为比较，极为恰当，可立即凸显出伦理学本身的特点必定是有违一般人性中的自私本能的，是要经受自身人性本能内善恶因素相互冲突斗争煎熬的，亦是人性内部物质性欲望与精神性欲望相互激烈冲突后达至一合乎伦理性要求的平衡的。也即因此可证，仁学之"人"概念（精神人）乃大不同于动物性、俗常性的"人"概念（生物人），其本身具有通过克服生物性障碍而通向精神性创造之潜能。

现代意义：

我们首先可于此再次通过一种同中求异、异中求同的观点来体认仁学之构成。作为仁学体践者的仁者，其生物性部分作为其物质性存在的基础，而其心理性部分作为其精神性存在的基础，后者于是物理性地建基于前者之上。同理，仁者参与之社会性部分为其物质性存在的基础，而仁者特别具有的伦理良知性部分也历史性地存在于前者之上。换言之，仁者必亦为食色等物质性欲求之需要者，而其伦理精神性需求在实存上必定须分离于前者，虽然在其物质性生存上须以前者为基础。于是，仁者的社会物质性生存必定属于权势集团支配的同一历史过程，但其文化精神性生存可与之相分离，以相对地维持其精神生存的独立性。此一简单比喻直接颠覆了西方道德哲学的各种逻辑性或逻辑中心性的道德概念，而将伦理实践学的基础问题直接与人的动物性、生物性本能联系起来综合考虑。"好色"仅本能之一，社会性的名利权爱好之反伦理性本能，亦同属非关伦理精神的人性本能。在此意义上，可进一步证实仁学的仁政观仅具有纯伦理学性质，而难以成为社会存在的有效规则，因政治学的任务就是处理大多数人禀赋的此类私利本能间相互冲突的问题。作为"众人之学"的现代政治学，实为如何调节众多自私个人间利益冲突之"社会工程学或社会力学"（在此社会性冲突力学场域，"道德性话语"主要作为一种集结群体之手段）。

现代化的今日，社会政治问题必须依赖政经法等科学手段加以理解和实行。任何德治政治学都仅可能被视为乌托邦理想，或蜕化为政治力学场内之工具。19世纪欧洲的乌托邦政治学和安那其主义的政治经济学学说，之所以能够流行于一时（普鲁东、巴枯宁、克鲁泡特金等领导的社会改革集团的存在），正好反证了19世纪仍然属于浪漫主义和理想主义时代，此一事实也与19世纪欧洲产生了20世纪无法相比的文学创造成就完全一致。此即，知识分子尚未充分区分社会政治之科学、科技知识与社会政治之文学性、伦理性理想。此一情境也大略类似于古代东方仁学的政治学理想主义（德治主义、仁政主义）和现代社会的民主政治学说间的关系问题（新仁学明确指出：仁学的本质是伦理学，而非政治学）。这样，我们就再一次于此认识到，原始仁学的政治学话语仅应理解为其伦理学思想之解释学的表达者，即《论语》中的政治类话语可视为其伦理性意涵之表达面。

【仁学政治伦理精神的现代历史解释学申论】

新仁学对于《论语》思想的解释学分析指出，现代读者应该区分《论语》话语的政治类字面与期望和其真实的永恒伦理性内涵。本书以及本人诸多著述均致力于此类区分的辨析。由此我们首先看到民国时代胡适等的"好人政治观"具有的纯然思想幼稚性。（政治是一种复杂"专业"，绝非文学家们可以随意驾驭者。政治的改良绝对不可能依靠"好人"的道德性呼吁实行，因其环境与对象为各种势力集团利益冲突关系，此类客观关系是对道德观念无感的。）《论语》的政治类话语所激发的是一种政治伦理精神，即一种伦理价值观，但并非一种可用于实行的政治实践法。孔子时代所不可能者，今日现代则更不可能。两千年来儒者从中受到同一政治伦理价值观的感召为一事，此种思想感受并不能直接施于儒教政治环境中为另一事。《大学》与《中庸》早就通过儒教学理提供了去孔孟化的一种儒学折中主义（即归附儒教主义），而任何古代儒者的从仕，哪里是在得君行道，明明是在服务于皇权。所以现代人更不能将《论语》中的德治主义带来的精神鼓舞感受与现代人必应采行的现代政治科学混为一谈。至于政治伦理理想与现实政治行为之间的多方面复杂牵连，则属于各种相关的其他认知实践，亦各有其专业背景。

由此更可看到，海外新儒家百年来倡导的儒家政治理念不仅反映了他们欠缺现代科学化的历史、社会和政治的认知，而且更加相关于他们误读了《论语》《孟子》等经典的事实。同理，后"文革"的启蒙时代期间，不少初读中国古书的新一代人文学者，其"慕古主义"（动辄举出什么古代优良制度等）亦属于浅尝辄止现象，即"乍获旧知讯息"的青年国学家们，还远未成熟到可深刻、周全把握其义理的程度。而支持此类"新思想"（比起1949年前学界已知者，其实也存在有几十年的知识差距）的媒体和广大青年读者们，由于具有相同的后"文革"阶段的知识滞后程度，因而形成了作者和受者在同一认知水平上达到的相互平衡（取得"共识"），但难以将其视为有效的客观认知标准。（任何诚实学者都要有一种自知之明：能不能在素少接触人文知识后的一二十年中即可补足千百年来积累而成的中外人文知识？）此种海内形成的理论认知性迟误，偏偏与海外因不同原因形成的同一理论认知性迟误（除新儒家系统外，还因百年来文科舶来文化难以进行西学理论上的有效提升），构成了另类"内外国学共识环境"（以至于海内形成的不成熟的理论思维可以在海外"理论荒芜"环境内被作为有创新性的理论思维加以重视）。

结果我们看到，海内外新时期各种理论精英的真实自信有两种来源：对于周边现实的亲身观察和现代中国文学思想史（时至今日，人文学者还会以为欠缺现代人文社会科学知识的、西化后二三十年中仓促形成的新文学家们，如胡适、鲁迅、胡风、张爱玲等，仍然可以为今日全球化新世纪提供思想性和文学性指南）。此两类具有实在经验性认知价值者，遂与古今中外各类理论思维材料随意地混杂在一起，呈现出某种海内外人文学界的认识论共识。此种现实加理论的混合性学界共识，实际上反成为达到有关现实及未来的、符合当代真正科学认知水平的集体性障碍。因此类形成于学界行业集体中的认知共识，提供了一种源自地域文化共同性的伪客观性，后者兼含其直观现实观察与古今中外理论化装饰。再加以基本没有理论科学训练的广大媒体界之煽发，一时片面形成的学术思想"共识"，将在相当长一段时期内误导着青年新一代。此一当代海内外华裔人文学界在其现代史上"二次全面西化"潮流中所形成的方向上流于偏误的人文学术生态，（无论海内外）均根源于学者和思想家未曾对《论语》的"学为己""朝闻道"等民族思想中的自诚学传统予以真实践行。至于对其外表上的缺欠之掩饰则来自大肆泛滥的洋学历制度和学界竞争等级化的功利主义时潮。（参见本人文集《历史符号学》《仁学与符号学》《历史与伦理》。）

9-20. 子曰："语之而不惰者，其回也与？"

9-21. 子谓颜渊，曰："惜乎！吾见其进也，未见其止也。"

对比项：勇进/无止，学为真/学为利。

意旨：人性向善力弱（好仁者稀，好德者稀），故仁学通过颜子型范以期逆向激发读书人的向真好学之志气。

705

旧解摘要：

《集注》："惰，懈怠也。范氏曰：'颜子闻夫子之言而心解力行，造次颠沛，未尝违之，如万物得时雨之润，发荣滋长，何有于惰？此群弟子所不及也。'"《集注》："颜子既死，而孔子惜之，言其方进而未已也。"

含义引申：

此章诸旧解中颇多泥执于字义为解者，如对"语""惰""进""止"等字字义的解释竟然相关于对所谓史事的揣测。解者欲从此二赞誉句推测颜子何以超越其他弟子。其实孔子不过是以此夸张式感叹句表达对于颜子学行风度之赞赏，而非直接涉及其学行之内容。此二章无非表达为学者当如颜子般持学为己人生观，并有举一反三之敏慧，方可有效践行仁学。

《论语》全书将颜渊作为好学以及充分把握仁学义理的第一弟子典范，正与其将"学"置于仁学实践学之首位一致。《论语》提出了看起来似非衔接紧密的仁学实践学之二主线：政治社会性外实践和伦理精神性内实践。颜渊竟然与孔子领导的任何外实践没有什么关系（除曾共同"畏于匡"外）！《论语》以此颜渊形象分离于孔门外实践或政治活动的角色塑造法，目的在于在仁学外实践和内实践之间划出一严格分界线。等到孔门集团政治事业失败而反鲁后，孔门事业才彻底回归于"颜学"方向：仁学外实践之文化性大转向。似乎是，此前之外实践仅为此仁学伦理英雄剧之前奏，而从政治域之退场才开始了仁学之文化实践学之真实新方向，此时的典型主角自然为从不求仕之颜渊。自然，两种仁学实践学路线的共同特点均为：矢志朝向于仁学实践之总目标。归鲁前：政治实践努力为其伦理价值观表现场域（何为人间善恶？如何更正之？）；归鲁后：文化实践转向为其实践学内容之新规定（何谓人生"文"之价值？中华文明的精神文化朝向性之规定）。

现代意义：

此一劝学句所表达者乃为学而学的仁者学为己心态。此一反功利的、以爱学本身为人生观之心态，现代社会中已然乏见。因现代大众社会形态下，学人均已被纳入职业化的功利主义体制内，从而压制了学者自发爱学之冲动，而纷纷改为在职业化轨道上以学为手段的求名求利的努力。本章对于现代人文学者理论家的伦理性启示是：必须恢复古典伦理学的学为己理想（为追求学术真理而为学），如此人文科学理论的创造性发展才具有可能性。此一时代使命不唯相关于未来中华精神文明方向，而且相关于人类未来共同的精神文明方向。物质化文明为精神化文明的存在论基础与条件，但后者才是人类生存之意义所在。人类文明的最终目标是精神文化性的，而非物质享乐性的。因此，中华仁学于人类历史新世纪，遂增附了在伦理价值观与实践方向上参与引领人类文明精神大方向的全新使命。

9-22. 子曰："苗而不秀者有矣夫！秀而不实者有矣夫！"

对比项：苗/秀，秀/实，努力/失败。

意旨：本章再次惋叹仁者命运多舛，借以逆向激发有志者之不屈不挠的奋斗意志。

旧解摘要：

《集注》："谷之始生曰苗，吐华曰秀，成谷曰实。盖学而不至于成有如此者，是以君子贵自勉也。"《翟氏考异》："《文心雕龙》云：'苗而不秀，千古斯恸。'皆以此为惜颜子。"《黄氏》后案："《颜氏家训》云：'学者犹种树也，春玩其华，秋登其实。讲论文章，春华也。修身利行，秋实也。'颜氏戒浮士无行。亦一义。"

含义引申：

本章的直接义为，仁学方向的人才培养、养成、有成等等皆属难得达成者，而仁学事业完全依赖于仁者之才德的养成和施为。由此可知应格外爱惜和关注人才问题。孔门以教学为毕生实际"业务"，即为了使仁学事业能够有其合格体践者与传承者而建立独立于权力集团的教学系统。刘注将此章仅臆解为孔子对颜子早逝之伤痛感的流露，如此便无深意可言，因而黄式三批评"拟颜子为不实，

707

未免不伦"。即使联系到前句相关于颜回好学而确有此意，也应按照朱注理解为婉叹读书人"学而不至于成"之普遍现象。我们由《论语》内一章可有不同解读的事实看两千年旧籍的理解问题可知，绝对不能盲目顺从前科学时代读书人的判断。（古人解者无数而彼此分歧，如今人各持一言而相互争辩是非，这样的现代儒学研究方式，岂非在完全浪费生命？世所欣赏的任何博闻强记今均可被用作职场运作的有效工具。古代文史典籍本身只是材料，不能因其传自古代即视之为更可贵之资料。）比较之下，仍可见朱熹比他人高明处，即其能够根据《论语》全书之要旨（而非诸不合主干的枝节之见）为断。也就是：不是说朱比他人更能追溯到原始编者意，而是指他更能通过对《论语》的综合理解来为本章找到在《论语》整体中的合理的位置。本章当然是勉人治学不可半途而废，否则徒有才华横溢亦可归之于无成。而就此章言，则不可以颜子早逝为比。颜子之价值不能衡之以其最终结果，而应衡之以其心志表现本身。古人因未能（未敢）把握仁学通理，故往往据字义、情节进行直解或泥解。

本章暗示，世间大部分人文学者多因志气不坚而往往具有半途而废的通病。自然，颜回之"语之而不惰""吾见其进也，未见其止也"等好学不倦的意象，亦可在此间接用以喻示读书人应有此心志。而世人的实际情况则是意志上的自暴自弃，即"譬如为山，未成一篑，止，吾止也"。《论语》中颜子意象的深刻古今意义，不能直意把握，否则必不得其正解。颜子被孔子赞为唯一好学者，此为何意？而其学为何竟无任何具体描述。从其中最动人章句看（千古引用的"一箪食一瓢饮"），与其"学"相关者仅为其以学为生的态度本身而已。由此可见孔子的"学观"，首在于"为学态度学"。所谓"唯一"不过是指最高，即孔子惋叹弟子虽各有某种向学态度而现实中均难达此最高境。此正为孔子"学观"之实证性所在：人性深处本即欠缺此种"择善固执，我未见刚者"的理想为学态度，故借最高典范之夭折的意象暗示人性向善能力之结构性缺欠，在此即持学为己态度者之欠缺。故历史现实中所得见者仅为程度不同的相对性的仁者之实践，而几乎不可能有理想之"颜子"出现！此一深叹，同于

"逝者如斯"与"好仁者稀"之惋叹。

现代意义:

如果按照现代学界、文化界情况理解,本章陈述句型可喻示:仅具有一定学术理论积累尚不足以验证其为学之成绩。特别因为今日为学之成绩纯粹按照体制内的功利主义原则规定,本来即与以学求真(真理朝向精神)不同,所以其半途而废的事实更增加了此一倾向的结构必然性。秀而不实可扩及商业化时代人文学术全体的状态:其实今日国内外人文知识理论岂非均属于秀而不实的阶段!泛言之,百年来的现代人文学术思想实践成就不彰,即属半途而废。如任何一个职业阶段上的小成即被视作学术事业之有成,而此之"成"却仅为由体制内的程序性运作规则加以定义者。现代学者已少有胡塞尔等早期西学先贤那种学为己的自我内在监督力了,而——成为制度性棋盘内的公共竞技规则运作者。(当代西方思想家几乎均深受此制度化功利主义之束缚。)在此意义上,整体而言,当代人文科学理论不仅均具有此秀而不实的缺点,而且尤为严重者为:对此状态,由于集体功利主义之故,学界多无自知之明。而学术史教科书上的"成功记录",都不过是指学术作品被纳入历史上偶然确定的"社会成功史记录"。按社会名声(成功)而非如自然科学那样按照学理本身来检验历史上的学术实践结果,这就是今日人文科学生态中最严重的实用主义障碍。因此,本章之"秀"与"实"等意象,可均按照仁学伦理学标准加以扩解。如果学术理论的知识仅作为学者用以追求职场名利的工具的话,此一"屈顺时潮、改换跑道"的学术职业化的异化现象,自然即相当于本章所言的"半途而废"也。

按照我们现代仁学的解释学,学为己的构成又非"颜子好学"寓意所可涵括者,而是须相关于智仁勇三维实践上的各自内容上的丰富化与升级化,特别是在古代欠缺的知识论层次上。现代学界仁者必须在智、仁、勇之方向、方法、动力三维面上,以及在三者的互动关系层面上,均继续发挥原始仁学之学为己深意,始有可能承接全球化新世纪之新仁学实践使命。然而此新仁学实践学之最根本基础即学为己之心志学,此正为颜子意象所可喻示者。孔子、颜子、仁学均属理想之代称，现实中向仁者仅可行其"尽其在我"而已，故最终实践结果仍须高度依存于"天丧予"否？即仁学伦理学之所以倡"知不可为而为之"，即因预先已知历史客观过程非志仁者所可掌控，包括政治历史演变过程。仁学实践学是在历史政治力学场域之内、之外、之旁智慧地经营其自身精神文化创造者。二者非属同一历史发展路线也。

9-23. 子曰："后生可畏，焉知来者之不如今也？四十、五十而无闻焉，斯亦不足畏也已。"

对比项：现前/未来，生短/学强。

意旨：持人本现实观的仁者，即为在短促人生内自觉力行精神创造者，借助融入人类精神历史洪流以为其仁学生命之归趋。本章所谓"闻"者乃指仁者努力之迹也。

旧解摘要：

《集注》："孔子以后生年富力强，足以积学而有待，其势可畏，安知其将来不如我之今日乎？然或不能自勉，至于老而无闻，则不足畏矣。言此以警人，使及时勉学也。"《四书拾遗》："王阳明曰：'无闻是不闻道，非无声闻也。'孔子曰：'是闻也，非达也。'安肯以此望人？"黄氏《后案》："无闻，不能闻道也。言后生之可畏，诚以来日之富矣。不知日复一日，来日不长为后生也。四十、五十而于道卒未有闻，斯复无来日之可俟，复谁畏之？"程树德："此解（指黄氏《后案》）似是而实非。皇邢两《疏》并以声誉令名为言，亦谓名闻于世也。孔子疾没世无称，何常以令闻为戒哉？与告子张之是闻非达，系各明一义，所谓'言各有当'也。"

含义引申：

诸旧解多从言者、听者为何人角度揣测章旨，并因泥于"闻"字之孤立字义而生歧义。本章之旧解中仍以朱子能够据仁学义理为解。"畏"字可用于畏惧也可用于敬畏，本章中"畏"字恐为"敬"与"畏"两意素之并合，故兼指敬畏与畏惧。在本章的实意上，

"闻"字自然应指正确声名，或指正确学行有所表现者，而非泛指名望，因后者可立即被"标准儒家"等同于出人头地和光宗耀祖。程氏在本章及在先前之"闻达"章中，对如此显明之意涵亦未能确切把握，可见千百年来习染之效如何强大于伦理思想之理性悟解。本章在前后两句中用此"后生可畏"及"不足畏也"两句段，通过同一个"畏"字，传达了如此巧妙的两个不同的意思：前者指敬畏，后者指畏惧。本章的言者和听者，均兼及成年与少年，其警示意亦兼涉二者。对成年人言，前句指"应敬畏后生之了得，吾等应加倍努力"，后句则指"先前之后生今已不再值得敬畏，吾等亦应深以惰学为戒"。而对少年言，前句指"你们后生前途无量，如努力不懈，必应超越我等"，后句则指"你们后生如不努力，虽有未来稍多之时日亦可能一事无成，故应及时努力"。而同一"畏"字在此主要的敬畏意思外却仍然次要地表现着畏惧的意思。后者指学者人性中的实际综合性构成：仍然潜存着被约制着的"私意"方面，即人性中难免的人际竞争意识。故持经验实践论的仁学兼用"精神义理"及"人性自然"这两种不同的促动力以提升学者之正向为学意志。

就本章之诸旧解中的分歧言，当然还是要辨析程氏等所忽略的"仁义之闻"与"任何声闻"之别。而"令名"之"令"字可由任何非仁学价值学方向的权势机制所规定。本章看似义理简明而实相关于一个至关重要的伦理实践学问题：如何有效激发学者志向？本章的语词单简性正是《论语》诸指令句共同具有的时空普适性之根源，因"闻达之辨"与"自强不息"均属个体态度层面，故其意旨可不分古今中外而永恒有效也。

现代意义：

本章与其上列诸章其实意思一贯，均是劝谕读书人立志向学之意。所劝谕的方式，一者仍然是理性引导的仁学义理观，另一者是人性经验内部的各种自然惯性。仁学实践学的实践艺术，即为将二者巧妙结合以实现双重目的：既可有助于学者遵行仁学价值学大方向，又可以人性潜力为实际促动之源。人性虽兼含善与恶、积极与消极、自利与利他等相反本能，但仁学实践学艺术则在于通过同时运用上述正反二者的看似矛盾的张力关系（仁义向往与自私本能），通过言语激励术（一种促动性修辞学的"心理力学"），以期综合地达至二中取一的效果。今日在现代化环境中，我们所面对的主要是"向善"（朝向真善美）实践力之（不是认知力之）欠缺。结果，在人文科学现代化革新事业中，学者们即使有"知"而仍无意志力以"行"（因此，读《论语》者不能行《论语》，好阳明者不能行阳明，此均因其内力不足以抗衡外力也）。理解为一事，行动为另一事。因后者受制于各种内外条件之限制，特别是权势集体控导的职业化方向与方式之限制，因此克服此客观性力势网限制的唯一动力，只可能是主体伦理意志力的养成与践行。（孟学的永恒意义正因其相关于主体意志力与外界制约力间的永恒冲突关系。）至于现代化的今日，商业化导向的职业化已使任何学界流行话语系列成为制度内程序化操作之材料，故仅"记诵"具有市场化价值的名家话语即足以应付职业需求，此一由个人求利本能与环境制度化压力共同组成的"职场行为永动机"，也就结构性地瓦解了学者"朝闻道"（兼含"知"与"行"）的向真精神冲动。追名逐利正为迎合人性低俗本能以有效限制其精神升扬之机会也。（作者附注："出人头地"和"光宗耀祖"此两成语为《世界日报》（2015-12-13）赞扬北美华裔实现"美国梦"时所引用，从而表明，今日全球华人"筑梦者"无不以"光宗耀祖"与"出人头地"为其正当人生观，可见封建主义时代与资本主义时代均肯定此同一普适人性求利本能。而原始仁学早于两千多年前即已提出超脱凡俗的精神至上人生观！可叹今日海内外竟然同将仁学家孔子作为助成此俗世欲念之实现的准神祇加以祭拜。千百年来之"祭孔者"实为积极于庸俗化孔学者也。）

9-24. 子曰："法语之言，能无从乎？改之为贵。巽与之言，能无说乎？绎之为贵。说而不绎，从而不改，吾末如之何也已矣。"

对比项：正言/不从，劝谕/不应，知真/行伪。

意旨：仁者重在心言行一体，故必听言而反，知错即改，知正必从，公义必行。

旧解摘要：

《集注》："法语者，正言之也。巽言者，婉而导之也。绎，寻其绪也。法言人所敬惮，故必从，然不改，则面从而已。巽言无所乖忤，故必说，然不绎，则又不足以知其微意之所在也。"湛若水《四书训测》："不说不从者，即锢蔽日甚，然此念一转，其奋发犹可望。亦从亦声，只是不绎不改，全是顽皮心性，如何著手？"

含义引申：

本章所批评者为人性中言行不一的弱点，以及随之而来的轻浮习性，即诺而不行、听而不反。此种心理习惯表现，遂导致学人不唯不能践行其学，反而习于自欺欺人。本章之间接意指也类似于前一陈述句。为学之秀而不实也体现在只说不做方面，正如现时代人文学界之通习：以遵行学术集体间形成之言说惯式（讲学与著述）为进学之实务，而均不措意于正向之践行。此可谓现代"课堂学术"之实态。千百年来读书人习于空言而乏于实行（均以"素其位而行之"为准，非指越位妄行），虽然有孔子指出的人性本身弱点问题，而亦非无客观原因：即前科学时代的各类知识局限导致读书人在态度修养与实践方略间欠缺有效勾连渠道，此即知识与技术面的欠缺，也即三达德之教中"智维"内涵的薄弱。此一历史客观事实遂加重了学者为学态度上的秀而不实。颜子所得者为其内实践之"实"，其所乏者为其外实践之"实"。而此一内外之差异，非相关于个人而是相关于客观历史现实。故孔子之叹乃历史之叹也。

现代意义：

衡之以今日学界文化界情况，几乎处处可见说一套做一套的倾向，只说不做惯习表现出人文知识分子今日将人文学术仅当成个人职业追求的纯粹手段。唯因如此，今日人文科学理论多属秀而不实的类型，然而其"半途而废"之学却可成为职场内行之有效的手段。本章反映的读书人治学而欠缺诚意者，即相关于虽知仁学教谕，多不能身体力行，而是普遍地口是而心非。除狡诈者外，多数人乃因爱德不深、意志不坚，故不能抵御"威武富贵"外力之逼，以践行克己求真之学。在现代社会，此种对于内心诚挚的要求已失效力，学者均依职场与市场规则行事，追求符合职场程序性规则的技术性成功，故无须内在向真心态之诚。由于欠缺主体内在的自我检视能力和习惯，学人多易成为顺应职场规则和压力方向的"准投机者"。更有甚者，面对各种正确学理批评，学者即使在理智上能够认同学术真理方向，而实际上极少有可能将此理智性认知施之于自身学术实践，因学人并未依据义理本身而行，而是依据职场内本专业之标准与规则之共识而行，或依据相应市场化价值观而行。学者如处于此兴趣与行为的分裂状态，即出现了"悦其理而不行其义"的普遍结果。（此一人文学界倾向在西方可能更为严重，因其学界制度化建设更为严密也，虽然其学术技术性成就远远高于东方。）此一不按照科学真理方向而按照职场学科规则方向行进的学术实践，乃根植于既定现实学术制度窠臼，故必一致选择拒斥非合于本专业职场共识的任何异见。此种拒斥"法言"的态度自然还可能源于其他非学术性的功利主义因素。不妨说，由于功利主义和机会主义今已支配着全球人文学术理论界，现代人文知识分子大多数均已成为职场求利者，故必自陷于朝向名利权追求目标的职场学术运作机制之内，其严重性较古代不知道增加了多少倍。

孔子于本章中所言"吾未如之何也已矣"，实为千古之叹，因两千多年来能够充分据仁学义理而生存与行事者可谓极其稀缺。此亦孔言"好仁者稀"及"除颜子外无好学者"之历史性预见，此所以仁学之人格学"法言"存世两千余年，而其主要的外实践目标，即人对自身之深层高端认知力仍不得实质性发展。不过，从另一角度看，现代以来，人类各门知识高度发展，仁学之外实践场域与机会实已空前丰富化。偏偏此时现代社会性发展导致的科技工商制度化成就，却又同时排斥了传统主体伦理学存在生发的土壤。人类历史上空前发展的"人文科学知识时代"，却失去了运作知识的主体伦理实践力。这正是我们新仁学的新任务之一：恢复原始仁学实践学的生命力，使其主体伦理学可有机地与现代知识条件相连通。此种智性努力或许有助于新形态的"知行合一"实践力在全新的人文知识领域内之复兴。

9-25. 子曰："主忠信，毋友不如己者，过则勿惮改。"

对比项：忠信/交友，友贤/改过。

意旨：君子以友辅仁，见贤思齐，必亲近有益于自身学养品德提升者，故必以获诤友为幸。

旧解摘要：

《集解》："慎其所主所友，有过务改，皆所以为益者也。"黄氏《后案》："主友俱以交际言，古义如是，故《集解》云然。"《集注》："重出而逸其半。"

含义引申：

本章句简，而实含三不同指令句：与人交须本忠信，以贤于己者为友，闻过须即改正。《论语》指令句语式多以全称判断表达条件句判断，故本章并非同时指不与低于己者为友。此章本"泛爱众而亲仁"的后半句指令，强调亲仁亲贤，以利于实行学为己。本章与"见贤思齐""以友辅仁"同义，目的均在于自身学、德、仁之提升，并有助于克服人之间的自然嫉妒心。"见贤思齐"不仅是敬重贤者的意思，而且是克服对他人之不当嫉妒心的意思。据此引申之，对于弱于己者，仁者不仅有助人为乐之谊，而且有"见不贤而内自省"的义务。仁学之"学之学"与"友之学"意蕴深刻，均兼据人性弱点（反）与潜力（正）而发。本章的另一引申的告诫意为：世人交友或为相互利用，或为相互取乐，"群聚终日言不及义"现象，虽自古已然，而于今为烈。（在职业化的现代社会大多数人均转化为"技术化人"，其退休以后的三分之一生命完全用于吃喝玩乐等"言不及义"的情境。而世情视此反为生活之当然。）仁学指令句意旨多在于通过直贬俗常人性以激发人性中潜存之精神性善根。诸指令句即相当于针对各类不同潜藏善根发出的相应"修辞学式激发剂"。

现代意义：

仁学伦理学是前于商业化功利主义、个人主义时代的伦理学，却特别相关于、有助于独立伦理主体性之建立。在此主体伦理学的框架内，人际关系的伦理原则是基于（在精神文化事业中的、而非任何争权夺利活动中的）非个人主义或非私己主义的。排除相互利益竞争意识为仁学实践的基本前提之一，其目的即为在人性中否定嫉贤妒能倾向和倡导见贤思齐倾向。此一伦理性要求与现代以科技工商人士为绝对主体的大众社会之道德要求不同，后者主"合法求私"，自然允许并鼓励人际竞争意识，而其商业化部分更以竞争求利达至的"损人利己"为现代社会前进必有之结果。此一技术化的大众社会状态已成历史上不可、不必改变之"人性自然发展结果"。然而正是在今日我们才更为清晰认知：人文学术与精神文化的续存与发展必须与此新时代历史主体文化分清界限。人文学界（至少其中的前沿理论性探求部分）需要遵行另一套价值学规范。相互竞争导致的相互妒忌和以邻为壑，正是今日商业化个人主义时代学界普遍的"正常"现象，但此一现象与人文科学跨学科发展所必然要求的不同学科间学者通力合作的要求背道而驰。因此，本指令句具有非常适切的现代性意涵，即学者之品格仍为其克服人文学界的个人功利主义立场之必要条件。仁学之友观必含诤友之义，此所谓诤友即今日学界中能抵制党同伐异生态而采取相互批评、乐于改进原则的君子治学风格。本章三教谕看似单简，实均相关于今日人文学界风气之陋及恢复传统品格学之必要，以杜绝商人化的以学求利作风。

【关于学术与艺术之商品化转变的历史解释学申论】

中西传统历史上的文化、学术、艺术的主流产物均为前商业化时代的人文创造品，现当代的全球文化商业化演化以来，纷纷转化为迎合于、受制于、定向于市场化约制的"准商品及准商品化制作"。例如，在商业化电影文化无处不在的大环境内，今日如何再保持"思想类独立制片人"的"自留地"呢？当新世纪以来大多数名导演已被市场异化，不再有电影新浪潮时代的思想性追求后，他们均已成为"唯票房价值"的追求者。随之而集体地将电影制作商业化，将电影艺术娱乐商品化，以至于实质上终结了严肃电影理论学科之存在。正如独立制片人与商业化电影家在目标与风格上截然对立一样，人文学术理论家也必须首先与今已大部分商业市场化之人文学职场生态相区隔。正如今日百分之九十五的电影制作均以市场利润为目的，以至于电影电视已纯然蜕化为娱乐品一样，今日百分之九十五的人文学术均已成为学人纯粹谋生之途径，故必遵循学术市场化规则治学。因此传统观念中的艺术和人文，在全球商业化时代，均已大部分转化为学术与文化类的商品化制作。此一趋向显然与马克思时代设想的人类生存之理想状态相左，也与19世纪的一切人文理想主义愿望相左。而这一全球化的文化思想大方向却是符合广大技术化大众（包括科技工商精英阶层）的纯粹娱乐需要的，即符合全球商业化时代的"人文市场"供需规律的。不过，此一技术化大众之"性格"，恰为人类文明朝向唯物质化建设过程之逻辑性产物。仁学理念绝无条件阻碍此一社会物质化历史发展之进程，正如其两千多年来绝无条件阻碍封建主义历史之进程一样。正是在此一历史哲学的悟解下，我们可以确知者为：精神文化的历史进程必须分离于物质文化的历史进程，以及必须在全球商业化时代营建各种精神文化实践自治区，以有效延续人类纯粹精神文化发展的事业。

9-26. 子曰："三军可夺帅也，匹夫不可夺志也。"

对比项：行义/志坚，仁学/刚勇。

意旨：仁学实践学的基础即主体意志力之确立，仁学即志学，故孔子言仁者即仁学之志士，因仁学实践必逆势而进，故孟子继申威武富贵压力说，以激励两千多年来中华士精神于不惰。

旧解摘要：

《集注》："侯氏曰：'三军之勇在人，匹夫之志在己，故帅可夺而志不可夺。如可夺，则亦不足谓之志矣。'"《论语意原》："可夺者所主在人，不可夺者所主在我。"《四书通》："学莫先于立志，有志则进，必如川流之不已；无志则止，必如为山而弗成，故凡学而卒为外物所夺者，无志者也。"

含义引申：

本章为《论语》金句之一，将仁者意志力比作统率千军万马之将帅。由此可见"志"与"仁"的关系之密切。此为其他文明的实践哲学传统中少谈者。"志"作为一品德解时，可列于广义之"勇"范畴，此一"仁"与"勇"的异质性结合遂成为仁学实践学的显著特点。有关"勇"与"志"间具关联性的特殊强调表明，仁学创始之初即深识其学必将导致仁者与时相忤，故其学乃预为精神勇者所设，使其有坚强主观品质以承担此任重道远之历史重责。作为逆势求真之学，仁学者必须立志为先，奋勇向前，矢志不渝，凡此均基于一己志气之有无。由仁、真、学、勇诸品德相互合成之仁学意志学，之后在"第二仁学"孟学处进行了更直接透彻的发挥。由此可见"志勇"学在仁学整体内具有的关键性作用。故无勇不足以志仁。

现代意义：

揆诸今日法制化、商业化时代，士君子人格已非任何学术社会所必需。学界求真之士风度之不存，首因士之主体意志力之不存。如无此独立意志力，即无以抗势而行。今日人文学术几乎完全寄生于商业化市场大环境内，致使以求职为导向而大失独立意志的学者们，均需顺客体之势而行。如欲复兴仁学精神，首须复苏传统的士君子独立立志哲学。如无此种独立意志力，学者思想家即只能通过各种趋炎附势策略以各求己利而已。对此全球化时代人类精神文明面临的发展困境（如何在关于物的科学之发达与关于人的科学之落后之对比中前进），中华文明中的仁学伦理学传统，在认知上和实践上可提出合理并可行的方策。其间之关键即为：在人文科学理论领域内相对恢复仁学士精神的可能性，即在学者物质上赖以生存的职场实践和在精神信仰上选择的以学求真实践之间，实行相对的分离性与相互的平衡性。在全球人文理论危机时代，现代人文学界正在呼唤学界之士精神，即人文学界之勇者。孔子的"我未见刚者"，可解之为对千古之下新世纪的重责大任之预先激励。中华仁学，作为人类文明几千年中唯一最早发生并延存至今的现世经验理性方向的伦理信仰体系，当人类文明一体化于历史上首次出现于今日地球之际，岂非也正是历史仁学再次逆势而出之时？正是仁学伦理学才有理由、有能力为如今失去现世经验理性的理论方向的、西方文明所创生的现代人文科学理论，提出对其匡正、补充、改造的方向和方法。还不止于此，中华仁学或有可能为由西方文明创生的商业全球化生存方式提出精神价值观的平衡和补充。生存于人文科学领域内的新仁学，虽然不再如古人一样误以为自身可以通过仁义话语改造社会，其现代实践域看似大为收缩，其实不过是指其"发力基地"之精简，而其直接、间接相关的实践领域则已无数倍地广大于古人。更有甚者，其实践学内容的方向与方法，也获得了大为超越古代的客观理性力量的支持（知识与技能的现代化发展）。在此现代化条件下，仁学投入的人文学术革新化实践任务中所需之立志学品质，则不得丝毫低于古人。无志学即无仁学，故现代仁者仍须具三军不可夺帅之刚勇，以朝向人类历史发展中提升人类自我认知的空前重要职责。

【关于现世精神实践与超世精神实践的历史解释学申论】

在此科技工商主导的全球化新世纪，文化与学术的形态绝大部分内容均受此"文明方向主导机制"之控导。在此全球高科技化、全商业化时代，文化领域可大分为二：来生超越性信仰文化（神祇崇拜）和此生纯感性文化（感官娱乐）。二者之间存在着"隐性分工"关系，表面上各司其职（前者为排除死亡恐惧的纯灵性寄托，后者为物质性、感官性的享乐与消遣），实际上二者在社会上呈互补、互助关系。

科技工商主导的文化与人文学术世界，其认知部分主要是通过多元传媒系统触及各种现实人际关系（政、经、军、商、学等），其类似于传统的文化或文艺部分，已经飞速全面地趋于感官性、娱乐性（不难列举数十种门类）。进一步看，其实在科技工商（A）、超世信仰（B）、感性文化（C）三者之间存在着密切的结构性互补关系。感性文化的泛滥和一统天下，一者因其绝大多数受众即为人口占人类绝大多数的科技工商人士，后者的全方位科技工商教育和工作背景使其技术性专业之外的文化与精神乐趣自然倾向于纯感官性。但朝向于真正科学化发展的现代人文科学理论（D）与前三者不同，也不为A、B、C三者欢迎，因此三者本身不仅与D或无关，而且也须成为D的研究对象，成为受其理性评估者。所以全球化时代，D实位于A、B、C三者之对立面，或此三联体之局外。在此情况下，我们试图说服此三联体容许D在人类文明共同体中的相对独立存在，并使其认识到D的"双功能"（理性化学术研究事业及其引生的精神文化形态）具有提供与A、B、C平行存在的理由。如是，一方面可相对地恢复传统与现代之间的精神连接，另一方面在唯物质主义时代鼓励探求一种未来现世精神性文化实践的新形态。

值得注意的事实为：上述四类存在中与"唯物质主义的财富至上观"（A）相对立者仅为 D，其他二者恰恰可与其一致。A 既为 C 物质性存在的基础，也为 B 物质性存在的基础。但是新世纪文明发展观应深入体认，D 亦可在 A、B、C 之外有助于人类文明整体构成之丰富化和现世伦理精神之提升，并可涉及另一个根本性问题之解答：人类的精神生活只能寄望于死后（B），还是也应构思于生前？毕竟 D 是具有本身现实实质性内容且可不断增深增广其内容者。而 B 的超世精神性内容却呈现了一种开放性：唯死后方可获知其神天所赐内容，生前竟没有内容，而只有为进入死后世界的生前准备仪节。D 是人类现实社会理性知识的生产者，B 与知识没有关系，它对现世知识没有兴趣，只对人的现世死亡恐惧和消除此恐惧有兴趣。孔子的"未知生焉知死"观点表明，他对死亡没兴趣，而是只对生前对人之生存本质及活动的认知有兴趣。A、B、C 三者均对现世或来生之物质性财富享乐有兴趣（否定现世物质享乐却遥想天堂之物质享乐，此两类享乐的内容其实相同），都是对永恒物质性富裕的向往者（来生的一切可想象之内容即无限长的物质富裕享受而已，我们不知道其中还有什么崇拜精神以外的精神文化内容），而 D 则是精神文化富裕的现世向往者。

此外，D 的部分包括现世性人本主义伦理学 E（参见本书导论），它可专门处理现世人际关系中的正义性的基础理论问题。现世经验人本主义伦理学 E 之所以有必要与超越性来世伦理学 B 并存，并可有益于后者，乃因其现世经验主义含有的实证经验知识可提出全体人类可一致认同的现世伦理学标准，用以解决现世人类内部不同族群和信仰群体间的分歧与冲突问题。此问题之所以有可能在 E 内（现世人本主义伦理学可成为不同信仰体系之"基础对话平台"）解决而难以在 B 内解决，因为 B 含有诸多义理上相互冲突的 b1、b2、b3 等（不同的超世性信仰教条）。它们各自的"第一因"不同，其各自所持的、延续千百年的、根深蒂固的唯我神独尊原则，使其彼此之间难以相互妥协（因各自在理论上所持的具排他性的"第一尊"不同）。这是 A、B、C 三者可以直接受益于 D 的另一切实理由。

9-27. 子曰："衣敝缊袍，与衣狐貉者立，而不耻者，其由也与？'不忮不求，何用不臧？'"子路终身诵之。子

720

曰：“是道也，何足以臧？”

对比项：贫寒/富贵，安贫/乐道，自强/乞惠。

意旨：仁者以求真为志，与世相忤，多处于贫贱境地，故孔子于此关键处坚强君子意志，使之不为权贵势力所屈。

旧解摘要：

《皇疏》引颜延之云：“狐貉缊袍，诚不足以策耻，然自非勇于见义者，或心战不能素泰也。”《集注》：“子路之志如此，则能不以贫富动其心，而可以进于道矣，故夫子称之。”朱柏庐《勿欺录》：“君子所性，大行不加，穷居不损，而况狐貉敝袍。贫则敝缊，富则狐貉，敝缊非损，狐貉非加，此正事物当然之理，故由也不耻，可进于道。”《集注》：“吕氏曰：‘贫与富交，强者必忮，弱者必求。’”《四书纂疏》：“忮者，嫉人之有而欲害之也。求者，耻己之无而欲取之也。是皆为外物之所累者也。能于外物一无所累焉，则何往而不善哉。”《集注》：“终身诵之，则自喜其能而不复求进于道矣，故夫子复言此以警之。”《集解》：“马曰：‘尚复有美于是者，何足以为善。’”《皇疏》引颜延之云：“惧其伐善也。”

含义引申：

本章诸联句借孔子警示子路之教以示：仁道远大，不能以小成而自限，尽管世人能做到子路地步已属难能可贵。此章意旨显明，即唯有不仅耐受穷困而且在富贵人前能不以穷困为惭者（自惭形秽），方可行仁学之志。此一喻指颇具深意，即通过衣着贵贱等外露“符号”，以加重心志考验之实际分量，用以锻炼君子心志之坚实度。

本章考验方式较“在陋巷”更胜一筹。因贫富贵贱不仅相关于身体对物质性匮乏之忍耐度，亦相关于人际互比关系中之心理承受力。一般而言，君子只需明智地躲避己贫人富场合以避尴尬即可。而对于读书人心理之更严重的挑战出现于不得避免之己贫人富对比情境。因此在“处贫之道”的困难性中，物质性方面为小，心理性方面为大。君子欲不为后者所制，须在“一箪食一瓢饮”之外另有

721

心理抗压之坚定力方可。子路以有勇闻，孔子故将身体之勇与心理之勇在此结合起来，以示君子处贫须同时面对物质性与心理性考验。因世人素来以相互争比为心，后世儒家更具体地以出人头地、荣华富贵、光宗耀祖等虚荣目标为诱，此等千古不变地以富为尊的人性惯习，自然也对应着以贫为耻的人性惯习。故君子必为可不为此类人性惯习拘囿者。此等根植于人性的社会风气与个人心理，决定着俗众人生观之方向，因在此贫富因素中形成了某种"高低贵贱"的心理压力场。本章就此人际间争比类型中最具直接性的、可当面立现"彼尊我卑"之社会性等级高下的情境，来考验士君子的抗压品质。《论语》淬炼人格之术，多为通过对人性脆弱点之考验以有效强健其伦理意志力。

现代意义：

此章之教谕今日亦可适用于一切人文知识分子，并成为同样有效的考验学者身处社会等级结构压力时有无抵制威压与利诱的意志力之方式。更因今日世情公然唯富是求，以贫为耻，而求富之道必遵行社会既有制度性规则。如此环境下，能不以穷困为意而矢志向仁者更属难得。如是，何处复可求仁？而仁学不备，又何以革新人文学术？本章中"穷困"形象以及"穷者/富者"直接对比形象，可推广至弱势者与强势者、高位者与低位者于体制内学术思想领域对峙时，有无据仁求义的独立认知与贯彻之勇气。此类今日西方学者已经丧失殆尽的主体意志力，当于中华文明地区复求之于其古典仁学精神之复苏。

【关于在唯利是图人生观下人文学术前途的历史解释学申论】

本章意涵深具现代性。资本主义社会文化之本质并不必须与政治形态相连，其本身具有独立的人性论和社会性背景。人性的负面（纯自私）欲望可以"利"字或"私利"二字代表，而其细目可为"名利权"三项，此"名"与"权"均为广义"利"的子目。当人类社会演变为资本主义形态后，我们不必考虑其历史逻辑关系及分配合理正义问题（今日到处奉之为社会主要问题的分配公平原则，其实并非最重要的道德原则，人的才能与机遇本不可能求其平等），而是应集中于如下事实：当私利追求被历史上空前地视为"天经地义"后，此一唯利是求的社会组织形态将导致无关于物质性效益的精神文化实践遭受到本质性的削弱，即普遍求利文化将逻辑地导向人类精神文化的衰退，这才是"资本文化"的真正灾难性后果所在。

人类求利文化随着工商活动的发展而具体化，并形成了其间多层次的市场化机制。当一切交流行为的市场化扩及社会一切领域后，人文学术的文教活动也就自然地趋于全面商业市场化了。人文学术实践遂被异化为借学术以求个人私利（名利权）的活动。此一人文学术异化的倾向，自西方 60 年代高等教育全面职业化发展以来，已经形成了根深蒂固的文教商业化机制，人文学术遂制度化为单纯职场谋生领域。但是，此一彻底资本主义化的文教事业的唯利是图价值观与传统人文学术和文化追求的真善美价值观并不一致。尽管后者也同样可以成为前者的操作工具——真善美对象可成为商业化操作的材料。人文学术领域与科技工商领域最终合流后，坚持传统真善美价值观的人文学术部分遂作为"小众事业"被分离出来。实际上，即使此一"小众事业"也已大部分归入后现代化社会中由科技工商主导的统一功利主义文化圈内，使得纯粹人文学术理论实践今已成为"小中之小"或"极小事业"。"大众事业""小众事业""极小事业"存在于同一全面职场化世界内，但彼此之间在构成、目的、实践方式上处处存在矛盾和冲突。为了在此（来自内外两侧的）"双逆境"中坚持学术独立求真事业，自然需要参与者具备较古人更为坚定的求真人生观与意志力。同样，这就意味着实践者需要首先有能力克服自身人性中的弱点，包括本章涉及的"惧物质艰困"（衣敝缊袍）和"惧他人的轻贱"（与衣狐貉者立）的弱者心理。简言之，仁学立志者首须克服来自粗简物质条件和社会等级低下的自卑感。此二者在今日资本主义社会文化环境中又大为强化了其间接压迫力（当普世价值变成"梦想成真""成功人士""身家身价"等时，就会导致学童自幼年起即感受到此社会性压力，而急于顺应之）。因为，在人际关系中的物质性冲突与心理性冲突之间，当前者随着社会物质条件普遍发展而降低了其比重后，人际冲突的形态将集中于后者。换言之，此时"利"的内容将在新的竞争关系格局中进一步分化和精化，资本主义企业文化的"争强斗胜"本能将进一步体现在财富和金钱的竞比上。而其物质性、金钱性竞比过程和机制，也就普遍地成为了名利权综合竞比目标的载体。此过程中之"利"实体则从物质性财富（含其金钱性表现）扩大为、上升为泛权力竞比目标；人际竞比关系中的传统争名夺利方式，扩大至权势大小的争比方式。此一资本主义竞争化社会机制自然必逐步扩大到社会文化的一切方面，包括人文科学事业。当生存的物质条件发展后，人性在满足了基本物质性需求后，其求私利的本能也就上升到名利权竞比目标上。不是名利权实体本身，而是与其相关的相对性、相比性价值。正如今日财富竞比中的价值标的不是某名包本身，而是它载有的相对较高的市场化价值，于是人性比高比低惯习已被符号化，后者可成为纯粹商业化人为炒作的结果（即市场化文化中权力游戏运作的结果）。

此种对于相对价值的追求机制早已扩大到作为娱乐消费品的文化文艺界，其理同然。而当其扩大到人文科学职场后，结果则是灾难性的。正如对于名包的竞比追求含有明显的人为操作性一样，人文学术的竞比实践也同样可成为易于操作的对象。（自然科学因有客观标准及对其结果的可靠预期故难以被任意操作。）学术不再追求真善美的绝对价值（学术真理本身），而是通过真善美的名目追求其相对价值，即通过人为操作而凭空制造的使用价值。当资本主义的典型哲学"后现代主义"废除了"真理"概念后，任何市场上有效的相对价值均可被称为"真理"（相当于文化市场上"价值"之雅称）。古代社会生活中的贫贱富贵观念，基于确定的物质性定义；而在现代人文学术领域内学术生态中形成的精神价值性的贫贱富贵观，将可成为权力与权势的纯然操作对象和产物。此一相对性的、可由权势集团任意操作制造的学术价值观及其产物，将形成学术职场内的垄断势力。所以，今日仁者所处的逆势处境，可以说源于学术权势集团所直接设置的学术垄断机制。这就是后现代主义说要将人文科学蜕变为人文艺术的深刻理由所在，也就是使其成为易于被学术权势操纵的文化商品类型。后现代主义的反经验实证哲学观，相当于为唯物质主义世界观进行间接的合理化辩护，其具体作为之一即积极于瓦解人文思想的科学认识论能力并使学者的主体意志力去势化。在这样的社会文化学术条件下，坚持以学求真的人文科学家将面对着空前复杂而多面的压力，包括人文学术职场之外的和之内的压力。体现为市场化操纵产物的人文学术生态，于是不得不随之发生多方面蜕变，并体现于其学术实践场内的各个环节上，诸如：判准、前提、方式、方法、标准、名号、评价、荣誉、满足等等。

9-28. 子曰："岁寒，然后知松柏之后凋也。"

对比项：困厄/愈坚，途穷/志扬。

意旨：逆境可显露人品，君子与小人之差异性暴露于此时。

旧解摘要：

《皇疏》引琳公云："夫岁寒别木，遭困别士。寒严霜降，知松柏之后凋，谓异凡木也。遭乱世，小人自变，君子不改其操也。"《集注》："范氏曰：'小人之在治世，或与君子无异，惟临利害遇事变，然后君子之所守可见也。'"李氏《论语札记》："道之将废，自圣贤之生，不能回天而易命，但能守道而不与时俗同流，则其绪有传，而其风有继。《易》曰：'枯杨生稊，老夫得其女妻。'盖有传有继之义，而先儒以遁世无闷之君子处大过之时者当之也。"《集解》："平岁，则众木亦有不死者，故须岁寒而后别之。喻凡人处治世，亦能自修整，与君子同，在浊世，然后知君子之正，不苟容也。"

含义引申：

本章为两千年来士君子励志行仁所习用之比喻，将"岁寒"与"后凋"对举，以指出唯仁志坚定、不畏艰困者可坚守其求仁之宿志。严酷环境遂成为仁者意志力强度的一个外在衡量尺度。此一客观判断句亦含其促动力方面，也即鼓励士君子不以处逆之困而怠惰其心志。《反身录》之解提出"忠臣义士"不应唯待岁寒而被识之，"故士而以节义见，臣而以忠烈显，非有国者之幸也"。此解则属另一问题，非善读《论语》者于此章所应引生之感想。如前多次所论，《论语》格言警句多就一境而言其（片面之）旨，并非每章均为义理周全之表达。清儒李二曲此一读解，乃为"有国者"谋，而本章之喻指乃针对一般士君子。

现代意义：

原始仁学的此种"士人格"心态，自然为商业技术化、制度化时代所难以复现，更难以被理解者。现代学者认识到此种于古代专制残暴政治环境内产生的心理勇气论已不适用于今日，却未能理解一种相关的可能性与必要性：现代解释学正是为了将古代话语的政治道德价值论转换为现代文化伦理价值论。就本章而言，古今读者可于此指令句中共同分有者即为一"勇"字。但须辨识"勇"有多种类型，现代民主社会也仍然存在有一学人之"勇"的问题，而此一必要品格却正是现代化社会教育制度所普遍排除者。"君子去勇"

之现代化教育效果，导致了知识分子易于屈顺任何现行学术文化制度，并视之为社会历史之客观性"自然"（有如孔、孟等古代人视封建专制社会和政体为社会历史世界的"自然"一样），而不再有对之进行反省的独立意志力。仁学之勇学，即伦理意志力养成学。其实此正为今日全球商业化时代人文科学界所最欠缺、最急需的学人品质，因资本主义的金钱至上人生观（庶众庸俗无比之金钱梦的普在性可从彩票文化见之）要对此极力予以压制。

但揆诸现实，恢复人文学者的士勇精神一事的确几乎难以想象。其困难性尚非在于学人欠缺天然勇气方面（在现代社会其他方面知识分子有"奋不顾身"之勇气者，随处可见），而是百年来的现代化教育及人类知识系统的整体发展导致人文学界在认识论和实践论方面演发了全局混乱。其认知上的盲点，遂导致其首先不知此所谓伦理精神之勇（与古代易于理解的"保家卫国"之身体牺牲之勇大为不同）究有何用。如有此勇，亦不知为何、为谁而战。如此如何能够聚集其个体之勇气？（即不知孟子之"勇气说"于今何用？如果不是遵循无效于今日之政治斗争学旧轨的话。）造成此种心态类型呆滞化局面的一个外在性原因是：时代堆积如山的资讯已将学人之独立治学心气压垮，使其只能满足于在亿兆资讯海洋中忙于实用性资讯搜集与组配，而且是按照职场制度预先规定的方式与目的，不敢越雷池一步。于是，现代学人已结构性地被自动禁锢于职场制度化控导的资讯汪洋大海中，根本失去了时空全面地进行反省总结的意愿。

在这种情况下，仍然存在有"一线生机"。的确，现时代社会伦理性共识已发生了根本性改变。此章喻示唯少数仁者之品格足以抗拒不当环境之压力。但是衡情而论，我们至多期待此一指令句今只适用于人文科学理论家和伦理学家，因人文学一方面成为唯物质主义时代不参与物质性生产的"寄生者"，另一方面成为必须相对于科技工商主导势力而独立求其精神文化发展者。为此，人文学术在知识上本来就包含着传统文化学术部分，而其实践学方式本来就不同于科技工商学术的市场化指导机制，此外其科学性求真方式也完全不同于科技工商之可固定运作的自然科学律式，而要求学者主体更具备独立自主的创造性思考能力。在此情况下，人文科学理论家必须具备类似于古之仁者的主体学素质，才能一方面抵御学界商业化、市场化的非科学性压力，另一方面坚持按照独立学术求真方式而继续积极有为。

9-29. 子曰："知者不惑，仁者不忧，勇者不惧。"

对比项：志道/求知，处逆/自安，遇险/勇对。

意旨：仁者于一切实践中均须全面、充分、综合地运用其智仁勇三达德以积极应对之。

旧解摘要：

《集注》："明足以烛理，故不惑。理足以胜私，故不忧。气足以配道义，故不惧。此学之序也。"《朱子文集》："问：'知以明之，仁以守之，勇以行之，其要在致知。知之明，非仁以守之，则不可；以仁守之，非勇而行之，亦不可。三者不可阙一，而知为先。'曰：'此说甚善，正吾人所当自力也。'"黄氏《后案》："《语录》又言：'知不惑、勇不惧，易明也，仁者如何不忧，须思之。'"《皇疏》引孙绰云："智能辨物，故不惑也。安于仁，不改其乐，故无忧也。"又引缪协云："见义而为，不畏强暴，故不惧也。"

含义引申：

三达德中的"仁"有广狭二义，各含若干子目，而在此三达德泛指中，"仁"似不限于通常的仁爱、仁慈等德性，而是指仁学总称中的仁。此时它代表人生观大方向、人生基本态度等。此人生观方向上确立后，君子可无大方向上之不定与犹疑，余下的实践策略可予相应规定，之后自可在实践学层次上以行其"尽其在我""出入自得""无可无不可"，故可免除其人生实践上的此根本性烦忧。在此，无惑即无忧。仁维层次上的"惑"与智维层次上的"惑"并非同一，后者指在实践技术性方面之疑惑。

本句中"仁者不忧"之所以引起疑问，即因"仁"字多重性意义造成的不确定感。如将仁理解为仁学总称，"不忧"之意遂不难明

727

了。一者指，有关仁者实践学的大方向已经一劳永逸地确立；再者指，对此一实践过程中计划之得失可不再挂虑。（自然，在此，挂虑亦有两义：具体计划实行中之成败运作的自然担忧心绪，以及仁学实践过程中有关总体成败无望之预先忧虑。）仁者一生实践过程中排除总体忧虑，即相当于在战略层次上取得了理念逻辑上预定的成功。据程氏所录诸有限旧解，重点亦在于此。朱子本人亦指出三达德中"仁"与"不忧"之关系似不易理解。对此，所录黄式三、董仲舒、文中子等相关解释，可谓亦非到位。比较之下唯朱子更能据仁学全体把握句义。然而关于"仁"字作为不同层次上的概念之标称，作为旧儒的朱子仍未能获其确解。

本章孔子本人所言，仅为据当时之直观经验所下之警语，其实何等精辟！朱子除能够特别提出本章中"仁"字义须深思这样的较深刻的见识外，其所说的"理足以胜私"解，其实也含有重要的意涵，表达了理学家对于伦理实践学的思考方式。本分句实可作为一篇伦理学认识论的专论主题，并可涉及朱王有关伦理实践学之辩。《皇疏》对此解的批评亦不妥。而朱子在复信中肯定了石子重对此句理解中所说的三达德中"其要在致知"以及"三者不可阙一，而知为先"。朱注将此断言表之为三达德修炼中的"次序之先"，尤可见朱解之深意。朱王之辩中关于"尊德性、道问学"的伦理实践论的问题，须纳入更深广的理论语境讨论，此处不拟论。而就本章三达德指令句言，"知"在三达德次序上属第一之断言，不仅适用于古代，尤其适用于今日。此章再言三达德之基本意，可谓具有人类普遍适用性，有此三达德，士君子即可达不惑、不忧、不惧的心志品质，如此才可具备矢志不渝、不畏艰困、冒险犯难的伦理性意志力。此三达德均相关于仁者意志力的品质，故所谓仁学最后必然归结为主体意志力之建立，而此意志力亦须兼具促发智仁勇三品质综合运用的能力，始可称之为仁学意志力之确立。

现代意义：

今日知识分子自然难以达此，一因伦理认识论之困惑（科学性知识与价值论知识的彻底分离性），二因伦理学价值论的混乱（贪生怕死的来世学为此认识论混乱的根源之一，商业化时代的功利主义及由其衍生的虚无主义为另一根源），三因伦理学实践力的丧失（主体实践力的瓦解）。统而言之，社会商业制度化的彻底压制作用，促使人文知识分子人格自幼被塑造成适合于商业化社会的制度化内的、被动的求利生存者。（传统读书人自幼被训练为"求义生存者"，此所以民国学人比今人具有更高的真纯治学热情。）

但是，尽管以上描述的现实如此，本章指令句实可解为今日人文科学科学化推进的必要主体伦理学条件，并为纠正西方逻辑主义伦理学之失的重要启示。仁（伦理学价值观方向）和勇（逆势而进之勇气），人文学者或许均能相对地践行，而对于今日最优于古代的"知识世界"（智）来说，学人自然视其为当然之义，不需强调。殊不知，正是朱子于千年前解释的此一"知"字须居学术实践第一序位之教，未必有效于古代（此所以有明代王学对之加以质证，而二者均因前科学时代知识之不备故各自的主张均仅停留于态度学层次上），却特别有效于现代。但此"知"字岂能随意指涉今日万千学科中胡乱堆积的无穷资讯中的任何一段截片？今日诸专科性的人文知识，仅相当于待用之原料库，任何职场专科内偶然选取的一组知识，如何即可作为据以推演各种庞大艰深主题的知识根据呢？而学术分科性限制、制度性规则和学人竞比图利人生观，三者共同作用所制作出的所谓人文科学成果，往往不过是学术集团及成员据势谋求名利权之任意工具性产物而已。其实际情况学界盖难知悉，因各界皆按照业界"行规"与"共识"判断问题，难以据充分完备的资讯对其进行深入的理解和判断。因此，朱子于本章解中所说之"知"应并非（按照我们的解释学原则）指任何专业之"知"，而是相对于思考客体而定的真正适当之"知"。此适当性即取决于足够合理充分的多学科范围内之充分资讯搜集及综合运用之"知"。而因为现代人文学界的单学科本位构成，业界学者多无此"跨学科实践"的意识和意愿，因此难以获得与自身课题之适当性解决相关的知识和方法。在此"知"之前提不具备的情况下，学者徒有某种价值学（自认为正义合理）执着和不计成败坚持己见之盲目勇气，其结果必仍难达至仁学价值观意义上的满意的科研结果，此正因正确的"知"之前提未备也。就此而言，我们提倡的跨学科-跨文化人文学术认识论-方法论立场，就与本章关于"知为第一"的要求完全一致了。

9-30. 子曰："可与共学，未可与适道；可与适道，未可与立；可与立，未可与权。""唐棣之华，偏其反而。岂不尔思？室是远而。"子曰："未之思也，夫何远之有？"

对比项：共学/适道，适道/立志，志仁/践行，正体/奇用。

意旨：仁者须践行学、道、立、权四端，并对其综合运用。

旧解摘要：

《淮南子·氾论训》："权者，圣人之所独见也，故迕而后合者谓之知权，合而后舛者谓之不知权。不知权者，善反丑矣。"戴震《孟子字义疏证》："盖同一所学之事，始问何为而学，其志有去道甚远者矣，求利禄声明者是也。道责于身，不使差谬，而观其守道能不见夺者寡矣，故未可与立。守道卓然，知常而不知变，由精义未深，所以增益其心志明，使全乎圣智者未之尽也，故未可与权。"黄氏《后案》："经传言权有二义。孟子言'权然后知轻重'，言'执中无权'，此权贱常变言也。言嫂溺援手，以权对经言也。此以权对立，亦以权衡事变而言。凡事势至于不能两全，审其至重者而为之，是谓之权。立者，事有一是一非，而能固守其一是也。权则审度于两是不并存之时，而取其至重者也。孟子言执一无权之举一废百，谓举轻而舍其重者。能权则举百而废一，其废者迫于不得已，而举者重矣。"《四书辨疑》："圣人说权，象其称锤之行运往来，活无定体，本取应变适宜为义。应变适宜，便有反经合道之意在其中矣。惟其事有轻重不同，权则亦有浅深之异。凡于寻常用处，各随其事，称量可否，务要合宜，谓此为经，似犹有说。若遇非常之事，则有内外之分，内则守正，外须反经，然后能成济物之功，岂可一概通论哉？……南轩以为既曰反经，恶能合道，盖不知非常之事固有必须反经然后可以合道者……南轩又曰：'若此论一行，而后世窃权之名以自立，甚至君臣父子之大伦，荡弃而不顾。曰吾用权也，不亦悲夫！'此正世俗所谓权变、权术，专执反经不知合道之说也……夫窃权之名以自利，其罪在于窃者，归罪先儒，非通论也。"（李注："棠棣之华"以下，苏轼、朱子认为应别为一章。本书仍按其前惯例与前段形式上列为同一章。）《朱子文集》："《论语》此下别为一章，不连上文，范氏、苏氏已如此说，但以为思贤之诗则未必然。"《朱子语录》："'唐棣'以下，初不与上面说权处合缘，汉儒合上文为一章，误认'偏其反而'为反经合道，所以错了。"《春秋繁露》："《春秋》无通辞，从变而移，不义之中有义，义之中有不义，辞不能及，皆在于指，非精心达思者，其孰能知之？……由是观之，见其指，不任其辞，然后可与适道矣。"程树德："（指《春秋繁露》引文）是汉人旧说如此。然终觉牵强附会。朱注别为一章，于义较长。"《四书稗疏》："子曰'未知思也'，亦言其好贤之未诚。'夫何远之有'，言思之诚而贤者自至耳。义既大明，则汉人以偏反为反经合权之邪说不攻而破矣。"《集解》："逸诗也。唐棣，栘也，华反而后合。赋此诗者，以言权道反而后至于大顺也。思其人而不得见者，其室远也，以言思权而不得见者，其道远也。"《集注》："唐棣，郁李也。'偏'，《晋书》作'翩'，然则'反'亦当与'翻'同，言华之摇动也。而，语助也。此逸诗也，于六义属兴，上两句无意义，但以起下两句之辞耳。其所谓尔，亦不知其何所指也。"黄氏《后案》："以此诗伤贤人之难见也。唐棣之华，先开后合，偏与凡华相反，比贤者之先散处，与众不同。"《集注》："盖前篇'仁远乎哉'之意。程子曰：'圣人未尝言易以骄人之志，亦未尝言难以阻人之进，但曰："未之思也，夫何远之有？"此言极有含蓄，意思深远。'"《论语稽求篇》："惟何平叔谓偏反喻权，言行权似反而实出于正……夫可立而未可权者，以未能反经也。彼唐棣偏反，有似行权，然而思偏反而不得见者，虑室远也。思行权而终不行者，虑其道远也。不知无虑也，夫思者当思其反，反是不思，所以为远，能思其反，何远之有。盖行权即所以自立，而反经正所以合道，权进于立，非权不可立也。"《潜夫论》："孔子曰：'未之思也，夫何远之有？'此正以贵贱、好丑、长短、清浊相反而实相成处见思反之意。"程树德："窃谓此章止是发明思之作用，与反经合权无涉。孟子深得夫子之意，故提出此一字曰：'心之官则思，思则得之，不思则不得也。'自宜别为一章，后儒纷纷曲说无当也。"

含义引申：

比较而言，本章诸旧解中以何晏《论语集解》中之解为最佳，按此，前后段仍视为一章，于是"思权""思贤""用思"可结合在一起；如分为二章，后段颇显突兀，泛解为"用思"（程氏）时，岂无用譬过繁之累？实际上，旧解者亦多受限于将此二段皆视为孔子原作之"史实性"推测。毫无疑问，本章列于本篇之末，颇似后儒另拟者，但我们亦不能据此即减低其价值。实则，两段内容均佳，前段意显，突出"权"的深意，就该段逻辑性表达较细密的特点看，似已超越《论语》主体之单简句式，正如胡志奎指出的，其突出"权"字亦颇似孟子时代人或以后儒者之"补全"。后段逸诗本身极佳，更不须循汉儒制造的所谓"孔子删诗"故事进行揣测。程氏言其旨在"思"字，甚确，然不可泛泛视为"用思为难"意，而须与"所思为何"之比相连，始可意全。然无论"思权"或"思贤"均可与上段相连，因能够"反权合经"者即为贤者，"所思"为一事也。即使这样连接，确如朱子所说，上下段间仍不够流畅自然，此为原编撰者所为也。不过，本章之价值表现在义胜于形，前段句旨极为重要，确为对原始仁学之重要补全，此"权"字或即可视为仁学实践学中由孔学过渡至孟学的一个重要连接点。

此章进而在仁者向学、思道、立志、行志等求仁道路上，对此实践过程的四个方面、四个阶段的构成与作用进行划界区分，以提升仁者对于仁学实践的贯彻过程及合理次序之准确认知。此种区分于今日学者同样适用，而人们往往将四者混为一谈，并因此而忽略了仁学实践中不同步骤之细节。因为在每一方面都含有不同程度、不同方面、不同动机与目的上的歧义性。学可为致仁学之用，亦可为个人名利权追求之用；识道、言道既可为隐蔽的自欺欺人心态（乡愿辈），也可为真纯求仁者的悟入；立志可朝向于求仁，更可以为求个人名利权之心理准备。立志只是单纯指意志力品质，尚未包含其动机与目的因素。即便前三者皆合乎仁学要求，还有一个智慧性运用的问题，此即与"权"字的深意相关：仁学实践学即使在价值学、认识论、方法论、意志力上均属方向上正确，依然还有实践过程中施用时的灵活性、技巧性、技能性、时机性等方面须待综合平衡之思考。仁者非仅有认知、信仰、意坚即已完足，还有一个实践性的技术性方面。学、道、志、权四方面仅为实践学不同方面之概称，以示仁学实践学构成之精密。此"权"字不仅含权衡利弊、灵活适变、时措得宜等方面，而且含万变不离其宗的持中之意。即在坚持价值学大方向前提下的灵活应变，以期于原价值目标上可增加成效之意。权学岂非即为一种切实致成功之技术学？岂非即为一种参照不同情境而达成目标之同时仍可确保价值方向不变之"实践技术学"？仁学实践当然含功利智慧性方面（"智"属三达德之一），否则何以言外实践之"达"？而仁学的致达成，虽须协调价值与方法两方面的相关关系，但仍必恪守大方向之端正，始可称为仁学之实践学。与此相反者正是乡愿辈伎俩，彼辈在行以伪乱真之术时也必以此"权"字为口实。按照胡志奎分析，无论是《论语》下论还是同时间形成的《孟子》文本，其中"权"字的作用均比该字在上论中明显。考虑到上论各篇的尾句多异于他句，按胡志奎分析，它们非常可能为二、三轮编辑时所后加，本句也可能为如此形成者。如是，可证明此一增加的"权学成分"的确为仁学智慧学和实践学中的重要补充，因为仁学实践学不可能仅按原则性指令机械地实行，仁学原则必定相关于随境须变通的技术性、步骤性、策略性、时机性等轻重缓急调节之需。此一发展或可理解为仁学实践学曾吸收了法家智慧观的结果，更可理解为关注仁学可行性的孟学对仁学系统所做的实践论补充。

历代旧解中一般易犯的偏差往往为将章句中出现的单汉字视为句中具固定意义的独立语义单位，而因单个汉字多具有多义性，并因此可与不同的他字词直接、间接组合成不同的意思。不同解家遂可据此汉字特点而进行不同的可能字义联想而随意附会之。"权"字

733

本身既可作为儒学乡愿辈据以作为本身趋炎附势、违反仁学义理的言行借口，更可指法家一流的权谋家擅长的"用计"之术。"权变"者，既可以是"合经之变通"，亦可以是"离经之饰伪"。因此，在本章中之"权"字必须在全句语境中为解。如是，"权"字不仅无负面意，甚至代表着仁学实践学"高段"上的技术性提升，即指将价值目标与实行方法有效结合的一种深思熟虑后之决策能力。积极意义上的"权变"还可以与貌似忠实而实乃呆滞无效的泥执经文对举，以显示后者在读解经义时尚处于实践学之"低段"，因此缺乏足够智慧及知识以切实达成目标者。古代所谓"腐儒"者即属此类。

现代意义：

《论语》到本章为止，可谓总结了仁学实践学的方方面面。实践学的可行性完全基于仁者个人人格之养成和践行。而此理想人格学今日实难适应商业化大环境及其纯然功利主义的竞争与交易人生观。因此，无论从理论上还是从事实上，仁者人格学今日似乎均无理由期待其普遍复兴于全球商业化时代了。这一认识是我们今日认真研究仁学及其时代性关联时所不可躲避的事实性前提。

现代一些迂腐的"新儒家"们，不知与时俱进，而简单化地企图借助复述古语以自慰，更欠缺对仁学实践学综合性总体要求之认知。现代一些儒学者和国学家们，颇多仅取上述四端上的"一得"即以为可"便宜行事"，故必陷于以偏概全之蔽。自古以来读书人既然多是为学以致功名者，更可从古人各种智慧经验储积中随意选取一二，即可以"仁者"自居，实则不过是希图寄居于仁学大名之下以借势取利而已。今日此一倾向在大大缩小的范围内则变本加厉。故"新乡愿辈"在全球商业化时代，一方面将孔子当作护佑海外炎黄子孙经商谋利的"财神爷"加以膜拜；另一方面大违孔子思想，将其作为在世界文化商品市场上扩大国际知名度的民族品牌符号，从而实质上瓦解着孔子仁学含有的内在历史精神力能。

另外，本章的各种警示意涵均可积极适用于今日人文科学理论革新实践，其中的"经"与"权"的关系，在推进跨学科、跨文化的复杂人际合作过程中，具有多方面的启示性作用。此"权学"所强调的变通性也正与我们提出的历史学之变通解释学观点不期而合。因此我们发现，仁学之古典权学正好与今日人类人文科学发展突破的大目标直接相关。"权"作为实践学的变通性策术，正对应于两种现代人文学术革新任务——国学与西学的双元跨学科革新的智慧学：一者符合于"儒学-仁学"现代转化中所需的历史解释学，另一者符合于现代人文科学跨学科发展所需的理论符号学。

乡党第十

【作者注】按照历代有识学者以及今日一些研究者的意见，此篇及下论末篇均属后世儒家所增附者。本篇中关于孔子言谈举止风格的描绘，可谓纯属后据秦汉忠顺官僚姿态所臆想之作，且毫无伦理思想价值，故本书未将其中大多数章句收入，今仅保留其中三章，因其内容与仁学主体意旨相合或相关。

10-11. 厩焚。子退朝，曰："伤人乎？"不问马。

对比项：人/物，贵人/贱畜。

意旨：仁学视人之生命价值高于一切其他生物及物财，故以之为仁学伦理学之人本主义前提。

旧解摘要：

《集注》："非不爱马，然恐伤人之意多，故未暇问。盖贵人贱畜，理当如此。"程树德："然贵人贱畜，语本《盐铁论》，郑注亦用之，不足为病。今忽无故塞进理字，谓理当如此，遂成语病耳。"《四书训义》："怵惕之仁，不能自已。唯货利之心淡泊而不扰其宁静，恻隐之情肫挚而无所旁分，故如此。"《集解》："郑曰：'重人贱畜也。'"《四书辨疑》："虽曰贵人贱畜，马亦有生之物，焚烧之苦，亦当愍之。"《反身录》:"畜固贱物,然亦有性命,圣人仁民爱物,无所不至……学者慎勿泥贵人贱畜之句,遂轻视物命而不慈天物。"程树德:"王陈二家专攻《集注》,然贵人贱畜,语本《盐铁论》,郑注亦用之,不足为病。"

含义引申:

本章旧解中凡据故事背景猜测之言均难为据,其中多为信佛之儒者所误读及曲解。而此类根据其"反仁学立场"(即反人本主义)实行的《论语》章句误读可成为今人难以正确深入把握仁学义理之直接原因。有如在今日的西方,如读者泥执于《圣经》经文及其中故事直意解经,岂非处处与现代知识相扞格?此外,对一些《论语》章句之误读,还因其不解《论语》句式多采取为突出主题而强调一偏的夸张修辞法,以达到贬低次要、凸显主要的效果。

本章句式单简,却包含着相当突出的伦理学认识论意义:仁学伦理学的人本主义。正是在人类对于其他生物具有同情心的条件下而指出:按照仁学价值观,人与其他生物并非"众生平等",而是持人高于生物的立场。即仁学伦理学采取的正是人类利益本位观。(我们于此也可进一步认识自然科学的性质和身份与人文科学的性质和身份本质上有异。)所以理性伦理学必须承认此一基本人性的事实自然性。伦理学不是相当于自然科学一样的科学,而是建立在人类与人性的经验性事实基础上与范围内的、偏重于人类利益本位的人际正义之学。因此其正义观非可遍及一切生物,而是仅限用于人类。至于在此前提下人类尽量在其人性同情心可能性范围内爱及他类存在者,则为另一话题(人类同情心之扩充)。如将此人本主义前提去除,即相当于取消伦理学的合理性基础。本章通过对人与马的不同程度的关心,以表示人的生命价值至上性,以此可直观地显示仁学的人本主义立场。同时,此立场也表明了仁学的人本主义逻辑的严格性:伦理原则基本上仅适合于人类,故仁学亦为与泛动物、生物爱相对立的人类主义仁爱学(爱人学)。此外,"马"在此也代表或主要代表物力或物财,此一对比也是人与物、人与财的对比,由此可见仁学视人生命之价值远在任何物财价值之上。

而本章隐含的另一种讽刺义则是：历代统治者大多重物财而轻仁爱，如在此情境中可能多发问为："伤马乎?"不问人。此处之"人"即供帝王将相奴役者也。

现代意义：

本对比句形象地表达了仁学的人本主义及其基础人类主义，因此仁学为人之学，而非属倡泛爱主义之学。作为伦理学的人本主义价值观，其义理亦应贯穿于现代人文科学理论研究之中。除人与其他生物之间的较为显明的价值学轻重辨析问题外，本章强调的人之生命比物之财富重要的伦理性前提，也象征性地间接相关于今日人类文明空前重视物质财富无限增长之偏失。

此章中的人本主义也即人道主义之表达。引申而言，贵人贱物立场，也导引至一种对人类认识论立场进行反思的机会：对人的研究任务（当然指作为精神存在之人，而非指作为身体存在之人），理应高于对物的研究的任务。而实际情况相反，人类对物的研究已有长足进步而对人的研究则进展缓慢，此乃因对物的研究可直接有助于人类追求物质性权势及享受的偏好，其结果自然是轻忽精神文化性提升与创造。不过深入思考可知，人文科学观念的产生及其可行性的达成，均源于自然科学的在先成功。在西方前科学时代，一切门类知识可统称为"科学"，其共同理论称之为"哲学"，其后自然科学挣脱传统知识论框架而演变为独立部门，随之又产生了狭义社会科学。所谓现代人文科学与传统人文学术不同，不过是在前二类科学成功发展后才开始形成其科学化轮廓的。今日三者在"科学性"与"经验理性"总范畴上有其共同性，而在次级范畴上彼此之间存在有本质性的区分。

本章"六字言"的比喻性深意也是仁学价值观的最鲜明的表达，其重人轻物的立场，在历史上区别于法家权力哲学（其物财至上观以及视人为"物力"的观点），在今日区别于资本主义时代唯物质性财富是求的人类物化观，均有助于我们重新反省马克思所言"人之所以为人"的深意。

738

10-20. 色斯举矣，翔而后集。

10-21. 曰："山梁雌雉，时哉！时哉！"子路共之，三嗅而作。

对比项：见几/智行。

意旨：仁学实践必考虑目的与实现条件之相应性，君子须审时度势而行其有效之抉择。

旧解摘要：

《论衡定贤篇》："大贤之涉世也，翔而有集，色斯而举。"《集解》："马曰：'见颜色不善则去之。'何曰：'言山梁雌雉得其时，而人不得其时，故叹之。'"《皇疏》："谓孔子在处观人颜色而举动也。谓孔子所至之处也，必回翔审观之后乃下集也……时哉者，言雉逍遥得时所也。所以有叹者，言人遭乱世，翔集不得其所，是失时矣……又引虞氏云：'色斯举矣，翔而后集，此以人事喻于雉也。雉之为物，精儆难狎，譬人在乱世，去危就安，当如雉也。'"《集注》："言鸟见人之颜色不善则飞去，回翔审视而后下止。人之见几而作，审择所处，亦当如此。"《读四书大全说》："新安云：'古称雉为耿介之禽，守死不移，知常而不知变，故夫子以翔鸟之义警之，徒然介立而不知几，难乎免矣。'"《经正录》："夫子叹鸟之举止得时，隐以譬君子之去留知几。"《反身录》："鸟固知几，缘人机动，人无机心，鸟则自若。可见人心一动，斯邪正诚伪终难自掩，鸟微物且然，况人至灵而神乎？"

含义引申：

本篇内此最后两章显为较后儒家编入者，其语气修辞不无老庄色调，但其寓意亦非无关于仁学智慧学：仁者实践必审时度势而行，即不主空性、乱行也。此二章比喻本身的生动性使此语焉不详之句义仍具有深思之价值。"翔而后集"与"时哉时哉"实为双元句式：作为陈述句，可用以描写孔子漂流不定之身世；作为劝谕句，可警示仁者不遇于时之际，既应随境审择出处，亦可暂安时命。此外，两章总结性比喻的"画外音"均相关于孔子漂泊之况，虽慨叹其不遇，亦赞其实践学的智慧。此为仁学对"孔子不遇而坚行"的意象仍含有积极精神实践意义的另一种表达法。

现代意义：

此两章关于仁者应具有见几而作、知时应变的智慧与达观，其隐喻对于参与现代人文学术与文化创造的革新者，自然有其多方面的启示作用。简言之，在宏观方面，仁者虽尽其在我，努力于行，而本其"无可无不可"之态度（此一貌似犹豫不定的态度实为对立于功利主义者务求"有成于世"的贪婪心）以达"无入而不自得"之境，故本章首先从人生观上安抚学人勇于处逆而不惧于艰困，复本仁学实践学之智慧观以暗示仁者亦应讲求应世之术，必待时而动，见几而作。为此，仍须回归仁学精神本身：仁学即作为士君子人格修炼之准备学。无此事先之预备性精神修炼，即无待时而动、见几而作之可能。此一教谕，对于今日不囿于唯物质主义世潮而勇于投身人文科学发展者而言，实即提示：自身精神能力之准备即为自身参与现时代人文学术革新的必要前提。

先进第十一

11-1. 子曰："先进于礼乐，野人也；后进于礼乐，君子也。如用之，则吾从先进。"

对比项：诚敬/质朴。

意旨：仁者实践，质朴诚敬为先，礼节文饰于后。

旧解摘要：

《惜抱轩经说》："周之文固美矣，而其过剩则足以伤质，殆有不及乎夏商以上者。如用之，则吾从先进。此非与弟子常言而闲言之者也……言岂一端而已，夫各有所当也。"《集注》："先进后进，犹言前辈后辈。野人，谓郊外之民。君子，谓贤士大夫也。程子曰：'……盖周末文盛，故时人之言如此，不自知其过于文也。用之，谓用礼乐。孔子既述时人之言，又自言其如此，盖欲损过以就中也。'"《论语意原》："夫子之从先进，非从其野也，当时之人以为野也。不从后进，非不从君子也，当时之人自以为君子也。"

含义引申：

此章各家义解分歧，因均拟用不同历史故事猜测其当初言者之"实意"，如关于"先进后进""君子野人"等对比词究为何意等问题。此类以各种传说故事作为背景进行猜测的解释习惯，不足为据。此外，歧义性还因当时不少汉字均为多义字，如此句中所用"君子"一词，或指仁者或指在位者。此处显然指后者，而在位者亦多繁文缛节者。而"野人"如指先世周礼初起时的质胜文的质朴之人，此处"君子"则特指孔子当时所见的惯行礼仪繁复之人。此句遂形成了两个实质性的对比耦：古与今，质朴与文华。古与今，朴实与奢华，皆就礼乐言。孔子判断古之朴实高于今之文繁，此不仅是再次强调礼敬在于心地之真纯，而非在于外部华丽之铺陈，而且特就文化发展中的繁文缛节提出警示：礼多，文化表现丰富，及其文学部分〔诗〕丰富等等，反可能正具有在伦理精神上形似而实违的心理倾向。礼乐节目与时俱进，后来者较先前者为丰富，而孔子指出，此一礼行之"礼"虽具仪节的物质丰富性，却并非为礼学之必要相关项（如行礼者故意在仪节上简略从而显露出其礼意之不实时，则仪节的丰富性则可成为相关项。相关项与仪节环境的意指方式相关），而后世人们多倾向于在仪节形式上弄虚作假，以便通过外在仪节的丰富性来掩盖其礼意的实质缺失。所以孔子在此故意反言之，以强调内心质朴比仪节丰实更具有礼学的相关性。另一可能的断句法为："在先为礼乐者反而为野人？在后（如今）为礼乐者反而为君子吗？"（相当于问：以为今日"文盛"即可以自认为比前人更具君子风格吗？）

现代意义：

本章通过对比双方各自的异质性、交叉性的高低因素的复杂关系（前后、简繁、朴华、实虚）指出，仁学智慧学对于相关对象的准确规定性所基于的参量不同。如，文化的高低与伦理的高低不一定成正比。在简朴与诚实的历史性搭配与繁华与虚伪的历史性搭配关系中，论述的对象可以是此二者的实际上的搭配组合（周初之"简朴＋诚实"，周末之"文盛＋虚伪"），也可以是指其中两个相应的成分（简朴、文盛）。此一潜在符号学式的思考方式今日更加适用于评论现代高度复杂庞大的社会文化学术对象。其义明显，不赘述。

11-2. 子曰："从我于陈、蔡者，皆不及门也。"

11-3. 德行：颜渊、闵子骞、冉伯牛、仲弓。言语：宰我、子贡。政事：冉有、季路。文学：子游、子夏。

对比项：为文实践/分科门类。

意旨：仁学以学践行，其内实践基于人性，永恒不变，其外实践与时俱进，本章示为文之外实践的原始门类。

旧解摘要：

《集注》："孔子尝厄陈蔡之间，弟子多从之者。此时皆不在门，故孔子思之，盖不忘其相从于患难之中也。"《集解》："郑曰：'言弟子从我而厄于陈蔡者，皆不及仕进之门而失其所也。'"《反身录》："孔门以德性为本，文学为末，后世则专以文学为事，可以观事变矣……身非此无以发，家非此无以肥，咸知藉此梯荣，谁知道德为重？"程树德："此章自《集注》解及门为及孔氏之门，且合下'德性'为一章，后人多左祖其说。余对此有数疑焉……窃谓以经解经，当以孟子'君子之厄于陈蔡之间，无上下之交'为此章确解。所谓不及门者，即无上下之交之义。谓弟子中无仕陈蔡者，故致斯厄。"《集解》："郑曰：'言皆不及仕进之门而失其所也。'"王樵《四书绍闻编》："四科者，弟子所目，夫子未尝以是设科也。圣人教人，各因其材，使入于道后各有所成。言其所长，则有是四者之目耳。如子贡长于言语，其学岂必不以德性为本？"《东塾读书记》："惟诸贤各为一科，故合之而圣人之学乃全。后世或讲道学，或擅辞章，或优干济，或通经史，即四科之学也。然而后世各立门户，相轻相诋，惟欲人之同乎己，而不知性各有所近，岂能同出于一途？徒费笔舌而已。若果同出一途，则四科有其一而亡其三矣，岂圣人之教乎？"

含义引申：

本章诸旧解多牵扯故事想象及孔门传说，故多因此而互生无谓争辩。盖无论弟子三千、弟子七十或弟子中十杰等，均属传说故事，绝非事实，更不应借以推测本章之义。至于儒学热衷于为孔门历史传说人物"排名次"之陋习，更须排除于今日《论语》正解之外。

743

朱熹将两章合并，较为合理，虽然二者之间欠缺（《论语》中并不少见的）意思的连贯性，但此一现象或可间接暗示，后儒因尊重原初文句而在补文之时未曾随意删削原有字句（《论语》构成学的学术价值正在于此，即先秦时期编入的文句看似全部保存下来）。所谓"及门"更不宜于按照故事推测为不入仕之意，否则极其无谓。如果对两章之间的意思联系勉强进行合理推测，朱解亦未必得当。此类"不忘其相从于患难之中也"的推解不仅没有根据而且没有意义。

我们的尝试性推测为：两章共同展现孔门师生于艰难困苦中治学之诚及学有成效。前章之"走投无路"气氛，仅只作为后章成就展示之铺垫而已。"不及门者"不过是言仁学从之者众，多无畏于权势者之威压也。而四科及门弟子人名不过是举成例以充实所举孔门为学之类别。两章并列之主题自然为孔子授学之四分类：德性、言语、政事、文学。其中以德性为本，也就是以主体之价值观及其品德为基础，此为仁学基本学，即内实践（内学），为一切士君子所必备，其次三类则属应用学（外实践）。其中两项属于从仕之"言行"，而最后之"文学"所指，其内容于当时尚甚粗简，日后则的确成为中华文明文化发展过程中的主要内容和思想方式之总称。

然而，列于篇首的此两章之"原初编辑性"不无疑问。因素来有识者均发现上下论非编辑于同时，而此前泛言之"诗书"或"礼乐诗书"的提法不似此处四分类表达法如此严整。不过，就内容上看，大体亦可谓与"礼乐诗书"相合，不过是"眉目"更为清晰而已，可视为后学对孔子原始为学内容所做的分类学观念之发展。按此，"仁学"一词具有多重的广狭义，其狭义（内实践）为伦理学或道德学（德性），其广义则可视为（除内实践外）包含着全部人文学（人之学），其原初类别包括：社会交往、政治行政与文学史学。概言之，此即为社会政治学与精神文史学。（此一关于"为文"实践学的精细化发展可暗示，本章多半属于孔孟之后的《论语》补充。）因此，本联句的前半部分可视为在暗示：孔门在其从政实践中的以学致用计划虽历经险难而未能有成，却因此"最初外实践"历练而促成了仁者伦理性和认知性的仁学人生观信仰，从而据之以奠定了中华文明史上精神文化实践之方向及伦理意志力之基础——其具体历史轨迹即为存在于儒教社会史上，却与之在价值观上分离的"第二外实践"（伦理性文史创造活动）进程。

现代意义：

此一中华文化学术原初四分法中最凸显的特点是：文化学术由仁学伦理学精神及其实践原则所引导，而不涉及物质性、科学性、技术性活动部分。此一中华文化史上文化学术配置的特点，虽使其很少涉及自然科学和技术方向的实践，却恰可对应于现代人文科学之性质与方向。其重要的现代启示性涵义是：人本主义伦理学仍应被视为现代人文科学学术之价值观的基础、前提和方向。仁学之"原始四科"（可对比于西欧中世纪之"学术三科"）展示着人文学术的分科性存在。孔子作为当时中华文化思想的集大成者，不仅相当于中华人文学术综合性存在与发展进程的统帅（指明了精神文化思想的方向与方式），而且历史地预见了：在人类全球化统合之后的新世纪中新人文学术发展所应采行的综合性发展的大方向。而此一现代人文学术之综合性发展又必须由人本主义伦理学为之提供价值观前提。此一历史的预见性不仅内含于仁学本身，而且相符于人文科学的科学理性身份。原始仁学对于现代人文科学的实践学介入，相当于仁学外实践的世界性扩展，此亦即新仁学的意涵之一。

11-4. 子曰："回也，非助我者也，于吾言无所不说。"

11-7. 季康子问："弟子孰为好学？"孔子对曰："有颜回者好学，不幸短命死矣！今也则亡。"

对比项：人生/为学，仁者/好学。

意旨：仁学伦理学之实体为学之实践学，孔子以此夸张式评断惋叹好学者稀。所谓好学者，即纯为求知解惑而向学者，故其学必为求真知。（而世人多视学为各种实用之工具，故无所谓知之真伪也，凡可行世者即视之为有用之学。）

旧解摘要：

《集注》："助我，若子夏之起予，因疑问而有以相长也。颜子于圣人之言默识心通，无所疑问，故夫子云然。其辞若有憾焉，其实乃深喜之。"《四书训义》："乃终始惟称颜子而叹嗣者之无人，则非颜子之潜心以治其性情，虽通六艺者繁有其人，而不足以言学，不足以言好，姝姝暖暖守一先生之言而窃其华，亦奚足尚哉！"

含义引申：

"助我"意谓助益于我。《论语》故事中诸弟子各有所长，而颜回被描绘为远高于他人。孔子以颜回作为致仁学之唯一典范，欲以此夸张式表达的独此一人人格意象来表示众人难以企及的仁学精神之博大精深，并表达好学与能学亦为两事，好者未必能者，诸弟子各有所长，而乏颜子之全才。此两章以颜回其人的存与不存来象征原始仁学的外实践事业的成与败，颜子的殒殁即象征了仁学从政事业的终结。实际上，《论语》故事全篇即由"从政心志之高昂"和"从政努力之失败"之截然对比性图面所构成。此一对比性意象本身喻示着仁学作为伦理学的性格在本质上非相关于社会政治实践。因此从政努力意象遂起着从文实践转向的"指号"作用，也就是政治活动（表达面）起着表达伦理心志（内容面）的作用。

诸旧解对于有关孔子赞颜子出类拔萃的这二章的解释，多从故事背景之揣测入手，故均不可取。唯何晏、朱熹之解最贴近仁学义理。问题根本无关于传说中的颜子其人之实际如何，而是从相关章句中体察孔子塑造此一仁学弟子典范形象的修辞法的寓意：对理想仁者人格之热切期待本身。如将两章合解，其含义为：尽管颜子般仁者之秀苗如此之完美，亦难以育成和产生结果，以此惋叹仁学外实践难以行之于社会物质性历史现实。于义，人类必应有仁学实践；而于实，人类则必难达成此实践。孔门故事中的此一乌托邦之英雄主义失败意象，反凸显了其外在失败性努力所含有的内在高尚精神目标：独立引导伦理方向的中华精神文明史前进。具体而言，由颜子理想风范所代表的所谓仁学伦理学方向，并非指孔门不可能预测到的其后几百年甚至几千年的具体学术思想文化内容本身，而是通过诸"文化范畴之设定"（仁学四科）来象征性表达仁学伦理精神实践之方向及实行方略。

现代意义：

此两章以夸张式的赞赏句来表达孔子对于世情悖学之感叹，并连带惋叹仁学之难于有为。然而孔子正欲以此夸张句式中表达的惋叹与赞誉之双重态度，来激励有志者勇于逆向为学。此两章赞美颜子之言，如前所述，一方面深层次地显示着仁学理想之真实方向，另一方面指出有志于仁学者必须具备足够充实的三达德品性。学人如无此基于三达德的心志，即无从担负独立的精神文化实践，而现代人文科学理论革新巨任，正须由有此真纯向学心志者所承担。现代人文学者自可从此两章中体察到孔子仁学的精神，并将其践行于现代学术事业之中。古典仁学的政治乌托邦理想的失败以及仁学应该分离于社会现实问题的历史经验可喻示：时当科技工商主导世界的时代，与仁学精神一致的现代人文科学亦应明确其实践范围与方向，也即与"物质化历史进程1"区隔后转入于"精神性历史进程2"渠道，以专注于有效提升自身的学术水平。此一仁学实践学与历史发展路线的关联性问题，是据"历史哲学"水平上的前述功能二分法确定的，"被区分者"为历史进程本身的方向、内容及"格式"，而非直接相关于学者具体人生轨迹形态。正如古代士君子多身兼二职（公途与私途，政务与文事），现代学人（知识分子）也可能"身涉两途"（政经军法与学术文化）。只不过由于现代社会分工大为趋细，学人之主业选择也多趋向于专门。正是在现时代，仁者对于仁学实践的全身投入的比例较古代大增，以至于历史进程形态的区分与个人参与社会文化实践类型的区分已经渐趋于一致了。（至于社会政治实践可从人文社会科学知识中吸取认知与方法以供己用，则属社会政治类"工程家"方面之事，有如物理学自有其本身的学理实践专业区，无须使自身的纯粹数理工作任务混同于工程学任务，虽然后者也须自行从物理学吸取其所需的成果。）我们应该在中华文明的古代仁学政治乌托邦及其文化转向的历史故事中，瞥见其与现代全球化时代人文科学事业具有的同构性：新仁学的人文科学外实践，也自然需要转向纯粹人文科学领域的专门化工作。因此，为了投身于此一全球化时代的人文科学革新发展事业，也就必须依赖义理上、结构上、功能上与其充分一致的仁学伦理精神理念及其实践冲力之方向性引导。

11-9. 颜渊死。子曰:"噫! 天丧予! 天丧予!"

对比项:英才早逝/好仁者稀,仁政难为/人文必行。

意旨:颜子之夭折意象喻示:仁学之使命非在于政治实践,而在于精神文化事业。

旧解摘要:

《皇疏》引刘歆云:"颜是亚圣之偶,然则颜孔自然之对物,一气之别形,玄妙所以藏寄,既道旨所由赞明,叙颜渊死则夫子体缺,故曰:'噫! 天丧予!'谅卒实之情,非过痛之辞,将求圣贤之域,宜自此觉之也。"《集注》:"悼道无传,若天丧己也。"《读四书丛说》:"颜渊死,四章以次第言之,当是天丧第一,哭之恸第二,请车第三,厚葬第四。盖门人杂记夫子之言,故不计前后也。"

含义引申:

本篇连续五章描述颜渊之死及孔子极度哀伤之情。历代解家均将此一系列句式理解作孔子伤悼其道将从此无传,其实孔子之伤恸不过是以此悲剧意象来刻画仁学理想主义本身含蕴的一种历史英雄主义氛围。所以我们不妨将颜子之夭折视为孔门仁学实践大方向的一个戏剧性转捩点,即仁学实践学从其外实践的政治乌托邦方向朝向内实践的伦理文化方向的历史性转变。《论语》遂以孔门颜子之早逝和孔子痛失爱徒之悲伤,作为此具有民族精神历史剧情转折之序幕。孔子因颜子夭折引生的悲恸,也是在其政治乌托邦事业全局失败的总背景下产生的一种伦理性激情之迸发。本章中孔子之"天丧予"感叹,自然是标志着其政治乌托邦之彻底失败。此所谓"天"非指人格性天或力势性天,而仅表示一种人所无法掌控的、决定着人之命运的客观偶然性结果,此即俗常称之为命运者。而此一孔门重大悲剧事件因此含蕴着一种仁学历史命运之象征意义。此一孔门事业的命运分界线,以及孔子屡次于失意后表达的退隐或远遁心情,不过是仁学伦理实践学分化之"指号":一方面为对其之后几千年无法控导而不得不从中退出的负面儒教历史进程之方向与方式的哀叹,孔门归鲁的决定,即为对封建主义物化历史前程之失望;另一方面,在痛定思痛(由颜渊夭折所统一象征地表达的心态)之后,正待于在中华争权夺利战场之外寻觅开辟精神文化方向的"第二历史进程"之生存基底。

现代意义:

有关颜渊死之相连五章作为孔门实践学历史转向的命运标志,也即证明仁学伦理学根本不可行之于社会政治领域。于此仁学外实践遭遇之绝境中反射出一种仁学内含的伦理性英雄主义。仁学者在其外实践必然不断失败之刺激下反可昂扬其自强进学之义勇,此一古代仁学伦理学之今日寓意为:在科技工商的急功利、唯物质的理性科学主义笼罩并支配全球之际,人文科学理论家为探索人文学术真理需具有同样的一种义勇精神。如无此种义勇精神,即不可能激发人类精神生命之逆势挺进的伦理实践性冲力。而此种精神文化实践之刚勇意志,又必须建基于(如颜子般的)"好德与好学"的学人之心术真纯性上。时代人文学术的理论突破,呼唤着、期待着中华仁学士君子人格的历史复现。这才是现代中华传统人文精神复兴运动中之核心任务:所复兴者应为(两宋士大夫般的)传统士人格,而非(挖掘祖坟所得之)古代权贵者之骷髅与物财!

11-12. 季路问事鬼神。子曰:"未能事人,焉能事鬼?"曰:"敢问死。"曰:"未知生,焉知死?"

对比项:鬼神/人间,生前/死后,迷信/征验。

意旨:仁学的人本主义伦理学建基于人类现世历史经验,既与畏惧死亡的超自然信仰切割,又与形上学的"第一因"崇拜切割,故唯以探求现世义理为人生之至要。

旧解摘要:

《集解》:"陈曰:'鬼神及死事难明,语之无益,故不答也。'"

《皇疏》："周孔之教唯说现在，不明过去未来……孔子言人事易，汝尚未能，则何敢问幽冥之中乎？"《四书辨疑》："所谓'死者人之所必有，不可不知，皆切问也'，又言'幽明无二理，但学之有序，不可躐等'，此又迂远之甚也。夫二帝、三王、周公、仲尼之道切于生民日用须臾不可离者，载之经典，详切备矣，而皆不出于三纲五常人伦彝则之间而已，未闻教人幽明次序必须知死也……今以季路为切问，诚未见其为切也。夫子正为所问迂阔不切于实用，故言：'未能事人，焉能事鬼？未知生，焉知死？'知生，谓知处生之道，非谓徒知其生，如原始知所以生，昼夜如生死之生也。盖言事人之道尚且未能，又焉能务事鬼神乎？生当为者且未知，又焉用求知其死乎？此正教之使尽人事所当为者，非所以教事鬼神告其知死也。"康有为《论语注》："人死为鬼，复生为人，皆轮回为之……孔子发轮回游变之理至精，语至玄妙超托。或言孔子不言死后者，大愚也……孔子之道，无不有死生鬼神，《易》理至详，而后人以佛言即避去，必大割孔地而后止，千古大愚，无有如此，今附正之。"程树德："鬼神生死之理，圣如孔子，宁有不知？此正所以告子路也。昔有举轮回之说问伊川者，伊川不答。所以不答者，以轮回为务耶？生死循环之理不可诬也。以为有耶？与平日辟佛言论相违也。此宋儒作伪之常态。至康氏乃发其覆，此如大地中突闻狮子吼，心为爽然，洵孔氏之功臣也。"

含义引申：

本章必应列为《论语》"十大金句"之一，具有人类文明史上的普遍意义。我们从近人康有为和今人程树德的以上引文中可确知两位对于仁学伦理学性质颇多误解。前后生活于现代时期的两人已然了解现代西方社会科学之大意，却对于现代伦理学理论思维近乎无知的状态。其原因之一即为两人均受到近现代中国"佛学理论思维复兴"之影响，而发生了自身思维方式之混乱。康氏的问题还不仅是知识上的问题，而且表现出品格上的问题：他在一方面企图利用"孔学"名号时却在另一方面暴露其本人之违孔偏见，其人所倡导的所谓"张三世"等泥古言辞之荒诞不经，足证现代人仅据其旧学之博闻强识则无以应对现当代人文思想问题（民初众多"学术遗老"多属此类，遂部分地成为致败之由）。而程氏研究现代西方法学科学，却不善人文理论思维，故此处为康氏所做之鼓吹，实暴露其自身人文理论思维能力之局限，其人对《论语》之感知，为对儒教化了的《论语》读解之感知。（今日习政法工商及科学者多善于社会经验性推理，而当涉及人文理论部分时，则相形见绌。此一普遍现象今可在台湾盛行之各政论节目中察知，其人从欧美获得的政法传媒等知识训练往往无法有效促进"思维之上达"。）至于所指出的程朱不能自圆其说的事实固然正确，而其解释仍属欠妥。程朱理学的形而上学在道释理论影响下呈现出多方面的不能自圆其说，但其一致的"辟佛"立场却恰恰合于孔子仁学之价值观与认识论。（所以本人指出，宋明理学在价值观大方向上，可视为对原始仁学的相对性回归。参见《儒学解释学》下卷。）所以，在基本的理论思维层次上，宋儒反而比现代迷恋佛道的哲学家们更具有在理论性思维上保持一致性的能力。（我们还不要指出，当代有多少受过欧美高级科技工商知识训练者，在人文义理方面却极其幼稚无知，竟然可被如此荒诞不经的"特异功能技法"所吸引！"博士"即"窄士"！其人文感知力级别大致等同于"老大妈"！我们今日实不应该再进行自我欺瞒了！再进而言之，如今全世界青少年自幼即把大把时间用于自我修炼成"电玩奴隶"或"准机器人"，这样的彻底技术化的未来一代，我们还能期待其可理解何为人文义理问题吗？我们及以前一代人的中学六年可全部沉浸于古今中外文学阅读，他们一代在同一时段所读类似书籍不及我们的十分之一，今后大家彼此之间还能够有什么思想交流吗？）

此章为仁学伦理学至关重要的一次认识论宣示，其实践论智慧学表现在：将宗教性问题加以永远悬置，排除于理性伦理学思考和运作之外，用以维持仁学理性主义的逻辑一贯性。此一通过简易问答而明确表白的思想立场，将仁学坚定地定义为人之学、生之学，从而将神之学、死之学排除于人本主义伦理学之外。孔子时代尚乏抽象性思维，亦尚无后世所谓的学术活动，却可从其退鬼神、重人事、重现世人生义理的立场推出其内在地含蕴着同样反伦理学形而上学方向的态度。因伦理学形而上学意在使伦理学思考脱离具体人类现实而朝向虚无缥缈的超自然之境（为远古"天神观念"之抽象式转化的产物），以及朝向具有某种准逻辑学支撑的玄学思想方式。各种道德形而上学的基本内在困境也源于其反人本主义伦理学的思考本质。伦理学的对象是人类现世性、现实性生存方式问题，超越此现实世界的论题即属误入与伦理学认识论不相干语境。

本句的伦理思想认识论的表达是通过仁者关注的实践学次序性来规定的，以"第一"和"第二"的貌似实用主义的区分，可有效地将后者排除于思考之外。仁学义理必为上千年中华文明经验的集体性积累。如果仁学的本质表现于其统一的价值方向和推理结构，那么我们可以肯定地说，对此民族性人本主义集体智慧经验予以统一化、定位化、运作化的作者，就可名副其实地被归于历史上称作"孔子"者其人。而使此历史性经验结成一有生命的整体并赋予其灵魂和意志者，即为孔子其人（作为"第一仁学实践学角色"）。此所以称之为集大成者也。此处所谓"集大成"，即由个别性人物于历史上特定时空位置上所完成的上述"三化"。此一"集大成"的历史真实性即扎扎实实地体现于、征验于《论语》文本中。当"作"字指诸伦理思想性智慧条目的形成因时，它们当然不是来自个别人的臆想结果，而是来源于集体性历史经验总结本身，此即人类精神性现实本身。孔子运作其思想于此历史现实之内，这就是他声称仁学来自文武周公之意。但当"作"字指对该历史性经验现实的运作及达至某种精神感染力效果时，孔子自然是仁学之"作者"。在严格的意义上，我们可以甚至应该将孔子（或功能上相当于"孔子"的具体历史人物集团）作为"仁学创作者"。他或他们，作为春秋战国时期具体的个人群体，作为可能是数代间连成一体的作者集团，可统称为"孔门"，我们遂将该集体性仁学思想总结统称为"孔子思想"。要点在于对此历史智慧经验进行的"集大成"工作，其最后结晶即为《论语》文本。

《论语》是一部延存两千余年的、含有丰富历史经验记录的、实实在在的真实文本。《论语》内涵的现世性、现实性精神方向，将中华文明的思想方向从商周以来的神鬼世界，朝向于、转移到现实主义的人世方向。这是一次惊天动地的伟大精神与思想革命，虽然此革命性思想方向在秦汉时代神鬼意识形态照旧风行中只能潜在地延存于历史世界上（不在政治领域，而在文化领域），但已实际成为历代含具于部分知识分子人格内的进行文化性创造的动力和精神指南。在人类历史上仁学作为一切文明系统间唯一的无神论伦理学，其历史上的独特杰出性，正表现于其创生于中华文明历史长河中的一个短暂期间。尽管我们有理由估计《论语》一书为一历时数百年的集体编作产物，但其最初的思想集结和框架的搭建等，必定成于"一手"，或完成于思想实践上连接在一起的数人之手，正如《孟子》一书一样。因为此二书的文本系统内之思想主干具有明显的逻辑一贯性与文风一体性。此类经典文本完全不同于汉代以来编辑成的多为杂多材料凑集而成的儒家经典，而是形成了一个实践逻辑一体性框架。其后的补编者才有可能在其基础上，按照其理路，进行补充与删削，自然也包括插入若干与其原初意旨不谐之章句，而其原初文本基体的潜在逻辑性框架并未受到损害。我们今日的新仁学工作也包括对此历史传承文本进行合乎于仁学逻辑的重构。（遵照只删不增原则。此原则至关重要。正如我们不可以今日趣味对昆曲唱念程式妄加以"现代化"或乱插入"现代元素"使其失去古典美学素质一样，我们也不可根据现代知识理论对此产生于、生存于、考验于漫长历史中的伦理实践学经典文本，妄图以理论性装饰字句进行现代化改编。《论语》的永恒价值充分证明了文本形式特征一侧的意义生成性：离开了原初的文本形式，其原初价值的感动力也会随之褪色或消失。所以单只读《论语》的西文译文只能得其价值的三分之一以下。）

在此，我们应该再次关注到孔子所自道的"吾道一以贯之"之确义。此一"一以贯之"既指仁学实践学运作方式的"一以贯之"，即其整体性、结构性、关联性等，也指导致仁学实践学形成的作者之"一以贯之"的运作方式，即对其前中华文明内相应伦理智慧性经验积存进行结构化、整体化、运作化的一种"集其大成"的实践结果。

现代意义：

孔子仁学的产生，固然有其千百年的民族集体精神体验之根源，而通过《论语》编辑所完成的此一集中而系统表达的文本结晶，呈现出了历史上早期的伦理性思维方式和孔子师生首次自觉的伦理思想实践，以及从中衍生出的中华精神文明发展方向之指南。这些伦理性思想方向和方式其后都是在漫长儒教历史的政治、社会、文化等外部条件下延存和展现的，从而呈现出一种仁学发生学的"复调式"历史背景。人本主义仁学是在与儒教权势制度及其意识形态的长期共存和精神对峙中存在并发挥作用的。本章的无神论思想肯定是在商周迷信传统、春秋等级制度和秦汉专制集权政治等多元化的反人本主义仁学精神的历史过程中完成的。此一经受过漫长历史性考验的中华现世经验人本主义伦理学系统，在今日受到各种形上学、超越性思想和唯利是图风习笼罩的人文学职场界，亦将（历史解释学地）发挥其在科学性-理性化的认识论、方法论和实践论方面的方向性引导作用。仁学伦理学含有的人本主义、现世主义、经验主义、理性主义、主体主义"五大立场"，令人惊异地符合于现代人文科学的认识论前提。除此之外，仁学文本系统还包含着一种实践论动力学，后者可对学者与现代人文科学之间的实践论关系产生一种具有实效的促动力效用。

11-15. 子曰："由之瑟，奚为于丘之门？"门人不敬子路。子曰："由也升堂矣，未入于室也。"

对比项：君子治学/循序渐进，向仁之学/达仁之境。

意旨：君子品德修养须兼顾刚勇（力动）与中和（调适），以便在具体实践中刚柔相济，经权互用，卒可循阶升进。

旧解摘要：

《集注》："程子曰：'言其声之不和，与己不同也。'《家语》云：

'子路鼓瑟，有北鄙杀伐之声。'盖其气质刚勇而不足于中和，故其发于声者如此。"《集注》："升堂入室，论入道之次第，言子路之学已造乎正大高明之域，特未深入精微之奥耳，未可以一事之失而遽忽之也。"

含义引申：

孔子对弟子学养的此类品评轩轾之语仅为一种修辞学方式，并非在两种品质间明确评判其高低。本章不过是表达"仁者何止于此"的一种寄望高远语气，通过对子路性格刚勇有余、中和未足以示学者虽已及一偏之得，尚须节节上进，朝向学养之完足。在狂与狷间，急于获仕行道的孔子，却始终将狷者高看一阶。然孔子深爱子路，其见义勇为诸弟子中最突出者，正因如此，孔子反而对其加强期待，或借子路例以喻示仁者为学绝无止境之意。

现代意义：

仁学实践学为立志学和修德学，因志向或意志力的品质和潜力取决于组成志向或意志力的诸品德成分素质及其适当搭配方式之完备，故士君子应从品德性情修养入手，以丰实及调节品德性情诸元素组配，以便进而充实和强化自身意志力之构成。礼仪与诗乐等皆为学者品德性情养成之渠道，而音乐和合的表现被视为内在性情状态之标志。本章借乐器技能与曲调神韵间低高之别，以鼓励学者超越技能而朝向义理高度努力。如比之于今日人文学界，则相当于区分"为成而学"与"为真而学"：凡达至职场规范级别之学可谓"升堂"，而唯能进而朝向认知真理的创造性发展始可谓之"入室"。如不能为此，有如孟子所谓的稗之不熟，功亏一篑。今日国内外人文学者理论家如此般仅止于"升堂"级次者岂在少数？今日人类人文科学整体的状态，正可谓"稗之不熟"，因而正待朝向于"升堂"高度之革新性发展。

11-16. 子贡问："师与商也孰贤？"子曰："师也过，商也不及。"曰："然则师愈与？"子曰："过犹不及。"

对比项：超过/不及，践行/适中。

意旨：士君子心志构成及行动方式，均须针对不同的对象、条件与目的而求其多方面地相应调节，以期可按适中比例践行之。

旧解摘要：

《集注》："子张才高意广而好为苟难，故常过中。子夏笃信谨守而规模狭隘，故常不及。愈，犹胜也。道以中庸为至，贤智之过虽若胜于愚不肖之不及，然其失中则一也。"《四书改错》："若此过不及则专以气质言，谓气质不齐，有此二等，然互相胜负，无可优劣，有时过胜不及，有时不及亦胜过，故曰犹。犹者，等也，齐一也。"

含义引申：

本章紧接前章谈品德上一偏之得不可即视之为满足了仁者品德观之要求。仁学的品德学含有品质组合与程度比例两方面，仁者不仅须具备相应素质品类（如药剂之种类与其相关比例），而且相应素质之"分量"亦须适当（药剂分量），即伦理实践所要求之相应品质之"配方"，在"剂量"与"服法"上均有适中之规范，过多与过少，过速与过缓，均为有失。故计划实行中，应将相关因素综合思考，并在实施时求诸因素在组配、次序、量度等方面达综合性执中之效果。

现代意义：

本章属于仁学实践学之"权学"类思考，即相关于人格特质之品德成分构成及其运用技术方面的智慧学。今日主体伦理学在学术实践过程中仍含有相关的结构性策略需要，即存在有在成分比例、施用"配方"、实施速率等方面的比例适中性问题。"适中"在此有二意：成分调配之适中（配方）和运作方式（速度与间隔）之适中，即在相关诸个体因素间的互动关系性方面讲求运作之质量与效率。仁学的此一实践学艺术，无论对于今日学者个人进学来说还是对于人文科学整体规划来说均具有高度适切的启示性，因时当跨学科、跨文化等知识多元化时代，如何遵行其实践学方面的"执一"与"取中"标准，关系到学术实践的成果。就此而言，现代人文科学改造事业，不仅相关于学术内容方面，而且相关于学者主体心术及其运作本身。

11-17. 季氏富于周公，而求也为之聚敛而附益之。子曰："非吾徒也。小子鸣鼓而攻之，可也。"

对比项：从政/行道，附势/取利。

意旨：仁者从仕须坚守借君行道、利民倡德之义，严禁趋炎附势、聚敛无止、助纣为虐，而历史上行前者之正人君子甚少，行后者之官吏小人甚多。

旧解摘要：

《集注》："周公以王室至亲，有大功，位冢宰，其富宜矣。季氏以诸侯之卿而富过之，非攘夺其君、刻剥其民。何以得此？冉有为季氏宰，又为之急赋税以益其富。非吾徒，绝之也。"《朱子语类》："人最患资质弱，刚如子路，虽不得其死，百世之下，其勇气英风尚足以起顽立懦。若冉有之徒，都自扶不起。如云可使足民，岂不知爱民而反为季氏聚敛。范氏云：'其心术不明。'惟是心术不明，到此都不自知。又云：'以仕为急。'惟以仕为急，故从季氏之恶。"《四书改错》："圣门仕季氏，有何不是？夫子初作季氏小吏，继作孟氏五属臣，及进为司寇，而后由赐之徒得以入仕，是圣门虽不反身，亦求仕不得，此亦何处可急，而反复以急仕责之？况求不急仕，而夫子之急反过于求。观其失位，将之荆即先冉有，在陈闻季氏复召冉有，即期以大用，则急仕固无害。然且期大用，不必小贞之吉也。人读书论世，思进退古今人物，而于春秋事实未尝窥见。周制重世官，然自公族食采外，亦何尝一民尺地皆非君有？……其曰'富于周公'者，正以周公指公家，谓公苦年饥而季氏颇富，此非救饥，实附富也。"

含义引申：

本章涉及之史事传说，仅可作为理解章句之语境含义作用之参考，而不可作为解义之事实性根据。由于传说多源，故不同解家各执一说，多无可取。冉求为季氏宰，未能辅君行道，反而助其暴敛，故大失仁者从政之目的。此一仁者与治者间的冲突与矛盾之个例，可显示相关一般情境。一方面本章暗示统治者多贪婪反仁，另一方面则暗示仁学政治学之不行。孔子之仁政观如以政治学或政策学视之，自然属于"道德乌托邦"一类，但如以政治伦理学视之，则正为人类政治史之伦理性评断的正当标准（西方思想史上所谓"乌托邦"或"安那其"现象，对其批评乃相关于其幼稚不可行性，而非否定其人品思想境界之高洁性一面），史上喻孔子思想为"木铎"即因此故。

本章特以篡权之季氏例表示，史上成功的统治者多为贪婪暴敛者流。孔子对冉求之怒责，即可视为对一般封建专制统治者之否定。至于解家就孔门之"急仕"心态（孔子周游为其典型）是否具正确性的辨析，亦进而暗示出仁学的政治实践学，因其违背"客观的法家政治史规律"，自然含有其在政治领域内不得有成之宿命。就其仁政观作为政治实践方法言，仁学自然属于乌托邦一类：动机虽甚佳而并无可行性。因仁政观即德政观，即由志向高尚之"哲学王"主持国家政务，而不知此类人格正因其人品高洁故必无参与政治实务之客观可能性。

现代意义：

本章关于"得君行道"与"附势助虐"之间本质上具相互冲突性的教谕，对于现代职场内的人文学者也具有相似的启示性。学者参与职场工作，究竟为了依附学界制度化权势集团以谋私利，还是为了借助职场制度性渠道以贯彻学术真理之追求，此实乃今日遍布全球人文学界的根本性问题。此一关系与本章古代参政情境的可比性，乃基于学者之科学实践的伦理性标准和学界权势集团的市场化垄断学术的利益机制间存在着本质性冲突关系。有志于追求人文学术真理者，即现代仁者，必须面对此全球化资本主义时代之学术文化界的总挑战。该挑战固然相关于方方面面的主体智慧选择问题，而根本上相关于伦理性信仰和仁者意志力的树立问题。所谓资本主义，其实质基于一种以唯金钱势力营建为人生目的的世界观与人生观，通过金融经济势力垄断方略将金钱势力无限扩张至社会文化的方方面面。在此现代资本主义文明形态下，人文学术与精神文化事业必定逐渐成为财经金融集团势力之附庸。人文学者如选择以学求利人生观自然即须依附于权势集团营建之文教制度，以达其借势谋利之目的，可谓正逆反于学者以学求真之仁学初衷。此一趋向岂非与本章描述的古代读书人依附帝王权势、助纣为虐以获私利的情事具有伦理价值观方向上的同构性？

11-18. 柴也愚，参也鲁，师也辟，由也喭。子曰："回也其庶乎，屡空。赐不受命而货殖焉，亿则屡中。"

对比项：安贫乐道/用智货利，精神求义/物质求利。

意旨：本章对举"好仁颜子"与"善贾子贡"两弟子，以显"学"之两义：以智为文与以智求利。从正向角度看其寓意，一者为精神文明之基型，一者为物质文明之基型，虽孔子不得否定后者之必需，却依仁学标准而必在二者之间定其主次轻重之别也。

旧解摘要：

《皇疏》引王弼云："愚，好仁过也。鲁，质胜文也。辟，饰过差也。喭，刚猛也。"《四书诠义》："有其病则有其善，愚则必厚重，鲁者必诚朴，辟者才必高，喭者性必直，此皆圣门气质有偏而未为习染所坏者。"《集解》："言回庶几圣道，虽数空匮而乐在其中矣。赐不受教命，惟财货是殖，亿度是非。盖美回所以砺赐也。"《论语补疏》："谓颜子不受禄命，则贫而至于屡空。子贡不受禄命，则货殖而屡中。"《集注》："程子曰：'圣门学者聪明才辨不为不多，而卒传其道乃质鲁之人儿，故学以诚实为贵也。'"《集注》："愚者，知不足而厚有余……鲁，钝也……辟，便辟也，谓习于容止，少诚实也。喭，粗俗也……杨氏曰：'四者性之偏，语之使知自励也。'"《论语详解》："'其庶乎屡空'当作一句读。"《论语稽求篇》："家欷无日赢，生计有时绝，故曰屡空。"《盐铁论》："夫贱不周知，贫不妨行。颜渊屡空，不为不贤。孔子不容，不为不圣。"《论衡》："罪子贡善居积。意贵贱之期，数得其时，故货殖多。"《反身录》："屡空果室之空匮也？抑心之空虚也？"

含义引申：

本句旧解纷纭（程氏引文多达五页半），多因古汉字多义，解家各据不同传说并结合任意选择的字义对之加以综合想象性附会。如"命""空""亿"等。特别是道释思想介入注解后，"命""空"等字并可随意添附玄意，以至于从根本处歪曲了仁学精神。《论语补疏》言，本句中"不受命"为意思之中心，即两弟子均不（违志）求仕而各有生存之道，于此又再次称颂颜子之安贫乐道的态度。但孔子对子贡经商一事并未明确贬斥，只是予以客观陈述而已。当初编记者如此表达之意不明，但因前半句对颜子之称颂意无疑，解家遂不同程度地责子贡之失。今日对于理解此句可持开放态度，并可理解为孔子本人对此治生选择之得失尚未有明确意见，因此显露出一种尤为可贵之怀疑主义：如何评价商业活动对于物质建设的必要性与对精神事业的破坏性以及二者之间应有的互动关系。一因经商亦为社会之需，二因此为不受命之不得已选择，亦需具有才干者始得为之。一般来说，今日读解《论语》，不可就其文本推测作者对于人生选择的一切意见。作为智者的孔子，亦并无此种预测未来无数倍扩大的历史社会文化内容的可能性，其相关的论述仅针对君子人之人格养成术而已，至于此养成术所需"外接"的各种实际实践内容和方式等问题，自然亦非可求其周言之。因此，其"得君行道"的意义不在于其可行性，而在于由此动机与目的的存在来表达君子之心志构造。故原始孔学话语中之（解释学上的）"得"，主要反映在其内实践学中，而非反映在其外实践学中。

本章后儒多以"子曰"以后另为一章，似乎并不可取，因如此则前句极显突兀。况且所言四类品性偏失各以单字标示，各字之确义又无法孤立判断，不过是通过列举人名、品性名称方式来泛指学者易于发生之品德偏颇类别而已。实际上，品德之缺失何止四类，本句式不过是通过四类品德偏失以泛指一般品德偏颇倾向，借以重申学者务应品德周全并能用之于中始可。固然以颜子之"庶几"再次表达品德周全难得，但亦非意在谈述颜子如何如何，因他章中已多有类似谈述。此处提及颜子近乎完美的表达，是为了通过对比以引出另一杰出弟子子贡为何反会有此类貌似之失。此一比较句式或者具有向某种既相关于社会现实也相关于仁学理想的复杂课题的敞开性。此后句中涉及的两人例子实涉及三种生存选择：从仕（做官）、志道（学术）、货殖（经商）。关于"从仕"，本为仁学实践学之主要目标，卒因政与道不合而不得有效实行，在此"不受命"前提下二子遂各寻出路。首先，子贡能够不愿同流合污而能自谋生路亦有孔门参照现实状况不得不予认可者；其次，孔子在此特以颜子勇于安贫乐道对比于子贡之改行追求财富之道，褒贬之意自明；最后，虽然承认子贡有货殖中用智之长，但暗示，按照仁学标准，子贡之"智"与"富"，按照仁学价值观，必然仍低于颜子之"仁"与"贫"。颜子作为仁者的典范，其志道之坚正是通过相比于子贡违道求仕与求富之实用主义来表达的。历来解者的主要误解在于，将孔门传说事迹均当作历史实录并特别将各章句中之人名与事端均比附于（其本身也靠不住的）各自选引的不同史书内容，以至于陷入在弟子间"比高比低"之无谓争执。我们今日的读解必须根据仁学整体对之加以把握。至于俞樾等清儒考据派自以为可据古书记载驳正前儒偏于义理的读解，亦不可信，因其所根据的古籍本身还都是须待进一步考证的。因此本章解释中俞氏所说当时商人均为"官商"的解释，不仅其他解家回应未必然，而且应尽量避免这类"题外之论"，况且尚不能保证各篇章句究竟写于何时。按照全章前后统解，固然表面上以再次称颂颜子为章旨，实则，此一历史上拟就的句式含有双重义：一是客观陈述世情与人情上之不得已（与仁旨不合）趋向；二是在此事实性认定的前提下仍然肯定（与世情人情相违之）颜子遁世无闷之择，方为更加符合仁学义理价值观之正途。

现代意义：

古代君子欲行"兼济"之志，唯求仕一途，先秦时代所谓"独善"乃指品德心志修炼及自甘淡泊，亦乏精神性实质内容。秦汉后社会文化发展，独善之中可融入另类兼济，如著述与文艺等。现代社会的构成已根本不同于古代，一方面存在着多种多样"独善"的样式，另一方面谋生职业制度化无远弗届，于此践行"兼济"究为何意，其含混性大增。因职业化导致个人以求利谋生为法制化社会当然之意，无关于职业人独立心志之构成。但本句的"不受命"之现代意义即可扩解为：独立思想家及学者，在思想上可不拘囿于职业制度化规则，并设法灵活选择可取与可能的"权学"方式，以在体制化规定之外坚持追求科学真理研究之自由。例如，设法使以下二者共存：作为社会人而须参与职场例行工作与作为独立思想家而在制度化外安排独立学术实践，二者之可共存性，最终仍取决于学者人格本身——偏重于以学求利还是偏重于以学求真？任何人作为同一社会之成员，必有其对社会状态之同一感受与关切，此种社会人之自然反应，与其上述社会文化实践选择方式（施为对象与施为目的）亦为两事。颜回自甘贫困型与子贡以商自存型，仍为可行之"不受命"原型。此一"不受命"乃指不受任何不当权力支配之意。

撰诸现代情境，本章寓意亦极富现代性：子贡之择——经商，已成为现代社会第一生存方式（世界数十亿人今已半数成为商人及准商人）。而此商业化文化之"智"，即人际竞争关系中之尔虞我诈的法家智慧学之丰富化与完善化，今已成为鼓励争强斗胜文化方向的世界之"公理"。其价值观与实践方向已经无远弗届地扩至一切领域，包括学术文化领域。人文科学也就成为学者通过市场化相互竞争各取私利的事业，其价值观和学行方式不仅在在与仁学伦理学相左，而且直接损害着人文学术真实科学化的发展。有鉴于此，本章在传统政治型的争权夺利之外，在学术真理追求和商业化求利生存之间展示了具有历史性意义的人生观对比。

本章的现代性还表现在，现代法制化政治生态已经完全排除了主体伦理学的介入，仁学伦理学已经在制度性层面上历史地永远离开了政治实践层面。仁学伦理学及与其在新世纪义理上相关的人文科学事业，均以商业化文明形态为其人生观的对立面，此对立性之本质就是求真人生观和求利人生观之间的本质性对立。我们于是再次体认到仁学伦理学的时代意义相关性：科技工商主导的全球商业化文明已成为不可逆转的历史方向，在社会性层面上生存于此一大环境之内的人文科学事业，必须探索其双元化的历史生存之道，此正与古代仁学的历史命运一致，即在儒教开创的历史大方向上和大环境中，安排其自身良知所指出的另类精神文化性生存之道。仁学在社会物质性层面上是存在于儒教环境之内的，但在精神文化层次上仍可维持一"精神自留地"。在物质与社会条件上，今人之处境均远胜于古人，其独立追求精神文化实践的可能性，主要依赖于其抵御越来越丰富而强烈的物质利益诱惑性意志力的强弱。此所以今日人文科学发展事业的首要条件仍然立基于学人践行原始仁学内实践之效能。

11-21. 子畏于匡，颜渊后。子曰："吾以女为死矣。"曰："子在，回何敢死？"

对比项：苟生/轻死，舍生/取义。

意旨：君子矢志求仁，不虑生死，亦不轻生枉死。

旧解摘要：

《皇疏》引李充云："圣无虚虑之悔，贤无失理之患，而斯言何兴乎？将以世道交丧，利义相蒙，或殉名以轻死，或昧利以苟生，苟生非存理，轻死非明节，故发颜子之死对以定死生之命也。"《四书纂疏》："死生亦大矣，以为何敢死，则不以死为重，而以轻于死为重也。当问答之时，为师者知弟子必能赴义，而己不疑其重死以求生，为弟子者亦不以死为难，但以死而合于义为难。"

含义引申：

本章解家多按故事背景以猜测本指令句之实指为何。《论语》各指令句内容之不可考证之形成因，与其在《论语》多次编辑后在文本定稿中之喻义，二者之间不必具有意义性关联，所以今日读解《论语》不可据此类事迹是否与文字一致来解义。个别指令句的意义的充实和补充都不应溯源于传说故事的推测，而应结合《论语》中其他相关指令句的"意义"组（而非据其他指令句中的诸事迹进行汇通）进行（解释学的）"合解"。

钱穆先生对此章提出三种可能解释：颜回深明传道责任重大，不敢轻死；事师如事父，父母在，子不敢轻死；明知孔子不轻死，故己亦不敢轻生赴斗。钱氏最后总结说："曾子曰：'任重而道远。重其任，故亦重其死也。'"（参见钱穆著《论语新解》中本章释义）仁者任重而不轻死固为本章之直意，亦为孔子人生哲学中策略性部分之深意所在：绝不图一时之快意及逞一时之气勇而以死相拼。孔学清晰确立此价值学上的大小轻重标准（"邦有道邦无道"），及至强化仁学政治实践学的孟学也严分"勇"之价值学等级。钱穆正确总结本章之义为因任重而不轻死。然本章之中心意涵却反映在大难不死、师徒重逢时的简短对话所反映出来的师徒间之仁学道义情感的无比深厚上，以及劫后余生知仁学得以延存时欣慰之情的流露中。"回何敢死"所表现的正是"回何能畏死"之内在义勇心。

现代意义：

此章借此匡人围困孔子师徒的故事显示了孔子身肩民族道义却不时陷于生存危境的"命运反差性"（仁学的伦理英雄主义的另一种流露方式为：民族精神文化的启迪者反多首先受到本民族权贵及庸众之永恒阻挠与压制之历史性命运）。末句"子在，回何敢死？"在此将赴死与仁学相连接，以象征仁学实为义勇之学，即为在面对强权暴力时仁者勇于冒险犯难之学。一个"敢"字瞬时勃发出颜回精神生命力之所在，"何敢"疑问句式实乃"敢也"的肯定句式之变形。今日此种士精神已荡然无存，但其历史范型仍可以激发今人反思治仁学之本义究应何在，借以促发、强化有志者逆反俗流、矢志向仁之激情与意志。真理认知与现实践行为两事，而现代西方人文科学主流在此两方面均处于无所作为境地，或听任人文科学成为易于操控之职业手段。在此全球化功利主义时代，对于人文学者而言，不仅为"知"之难，更尤其为"行"之难，即相对于人文科学革新而言之实践学之难。因学者如无刚勇意志，即使有"知"，于此功利主义时代风气下，亦乏身体力行之个人心理品德资源。

11-22. 季子然问："仲由、冉求可谓大臣与？"子曰：

"吾以子为异之问,曾由与求之问。所谓大臣者,以道事君,不可则止。今由与求也,可谓具臣矣。"曰:"然则从之者与?"子曰:"弑父与君,亦不从也。"

对比项:从仕/行道,从仕/求禄,良臣/具臣。

意旨:仁学实践学须智慧地处置权势与义理之间的关系问题,故仁者自须借势以行道,然不可为违道权势所役使,故有不得已退而独善之教。

旧解摘要:

《集注》:"以道事君者,不从君之欲。不可则止者,必行己之志……言二子虽不足于大臣之道,然君臣之义则闻之熟矣,弑逆大故,必不从之。盖深许二子以死难不可夺之节,而又以阴折季氏不臣之心也。"刘敞《春秋意林》:"具臣者,其位下,其责薄,小从可也,大从罪也。大臣者,其任重,其责厚,小从罪也,大从恶也。"《四书辨疑》:"夫子弑父与君之言,亦是泛言……子然所问,夫子所答,皆非专指季氏而言也。"

含义引申:

本章诸解的歧义主要源于揣求不明事迹以及根据相关一般故事(关于季氏篡权的背景)加以扩解。这类揣测之言仅可参考,不可为据。按照章句本身内容可以将本章理解为:二子出于孔门,虽沦为具臣,亦不致随恶君以行大恶,故可以二子例代表一般有志为仁而卒未能行之的众多从仕者。然而,按照仁政观,并不能因其未行大恶而宽宥其不能辅君行道却甘为具臣之重失。另外,虽然本章之真确形成因不明,所指不确,却同时传达了一个重要的一般政治现实状况:现实政治生态中从仕者欲不成为具臣谈何容易?故本章仍然反映了孔学本身的一种前政治学性格,即纯粹伦理学性格:仁学强于伦理价值性辨析而弱于政治实践方法的可行性思考,也即如何克服在现实生活中于大多数人均以己私为念的情况下仍有可能推行"君子之德政"?至于此等被动劝阻式的辅君行为实无助于君王之去恶从善之目的之现实,更是孔子未曾进一步谈论者。对此政治现实，孔子本人不可能不深知之（好仁者稀），却仅以"不合而去"的自身回避（不参与恶政）及放弃政治实践的方式处之。于此可见孟子的仁学政治伦理学思想，不仅已较原始仁学进一步靠近政治现实，而且也在仁学义理上更为合乎价值学和实践学的逻辑思维。然而，《论语》中此一拒绝进入现实政治行为的思想，我们也可视之为一种修辞学的边界性概念，表达出政治伦理学和政治实践学之间的分界线。按照我们的仁学解释学读解法，《论语》中的原始仁学，只是借助于"政治语境"来表达对政治伦理价值学以及一般主体伦理学的思考而已，孔学对于政治实践学（从政技术学）不仅未曾真正介入，而且干脆未曾认真思考。孔子思考范围的界限就是其伦理学论域的界限。同时，《论语》文本内容极少涉及政治实务方法论问题，此一主题选择方略已然显示了其思想之类别与关切之方向。

现代意义：

本章之深层意旨非相关于（章句对其表达未明之）孔门二子何以沦为具臣以及季氏何以成为恶臣之事本身，反而是仅只表达了为臣甚难之常情，即使为孔子之徒亦难于得君行道。结果，封建专制社会为官者极难不成为具臣之例可暗示：凡不能辅君行道者非即为恶人也。比之于今日，学界非能弃利向义的学者大众也并非为学术之恶者也，而是自古至今绝大多数人众，无论治者还是被治者，大多数均属趋利而行者。时当全球商业化时代，此一人类自私通性效果更展开至无远弗届的地步，而其结果之一即为人文科学界开始全面转向以学求利之治学观。

本章之"以道事君，不可则止"教谕含有：士君子应有"道不合不相为谋"之义。所谓不相为谋，揆诸现实，只可理解为一种精神和原则，而非可如实贯彻者，因士君子亦须"谋道兼谋食"，借以维持基本生存。此处境恰似今日人文学者中有志向真者之两难情境：谋道与谋食如何兼全？回顾孔孟之后儒教两千年历史，一切文士，包括颇具士君子之志者，虽信奉孔子本章之教，却颇多以仁学之"权"观为口实而成为屈顺现实者，少有能不顾生存条件而行理想主义之"遁世无闷"者。《论语》亦未言颜子如何能"一箪食一瓢饮"以苦行其志，即未曾从实际角度提出如何能够获得生存最起码的物质条件。后者非题外之论，而是一经纳入思考即必将特立独行的仁者与制度化社会的关系牵入进来。所以两千年来读书人信奉孔孟之道的历史现象，其意义仅可相对而言之。今日更其如是。这正是人文学者今后应该深入思考的一种至关时代切要的伦理实践智慧学，即如何在求利方向的学术职场中最大限度地践行此以学求真的伦理性治学观。

11-23. 子路使子羔为费宰。子曰："贼夫人之子。"子路曰："有民人焉，有社稷焉。何必读书，然后为学？"子曰："是故恶夫佞者。"

对比项：吏治/仁政，技能/道义，实务/理念。

意旨：仁学相关于政治伦理学，非相关于政法技术学，后者自可"以吏为师"，前者必读书始能。因仁政观必相关于为政者之文化目标与善恶是非问题（政者正也），否则权力者仅能为"恶政"，而不能为"良政"。

旧解摘要：

《皇疏》引张凭云："季氏不臣，由不能正，而使子羔为其邑宰。"《集注》："贼，害也。言子羔质美而未学，遽使治民，适以害之……言治民事神皆所以为学。"刘氏《正义》："于时世卿持禄，不由学进，故子路言仕宦亦不以读书为重也。"《朱子文集》："子路非谓不学而可以为政，但谓为学不必读书耳。"

含义引申：

此章指出君子必以学为先，从政者更须学在行前，此一"学"字在此可指修养、读书、实践三者。故按子路意，实践亦是学习。此处"读书"应泛指实践以前之专门学习期间，含修养与读书二义。孔子强调，伦理信仰及正确的从政方法不可能仅通过社会实践过程自然获得（此过程仅能增加从政者的技术性经验），而须通过知识研习方可达成。关于此句中的"书"字，应该是孔子所言的"诗书"双字词中的"书"意，可能仅指当时甚为粗简的诗书记录，而后世乃至今日读解此句时，自然可将"书"字不仅扩大理解为秦后日渐积累增多的各种人文典籍，而且可扩大为现代时期的一切相关知识书本。仁学政治非仅包括吏治事务，而主要应朝向其社会道德与精神文化建设目的，故不学仁义之理无以通过日常行政以贯彻精神文化等道义目标（仁政）。其后秦政暴虐，法家者流特意排除思想类学习（专制者仅重科技类知识，以便将其作为统治工具；而压制人文知识，以防被治者有反思能力），也即排除正确伦理价值观学习及自由思想活动，从而使为政者不重精神文化与道义目标，而唯知权势霸占之奸术与役使民众之暴力。故本章之义显明：为仁政必须明理，明理必须治学；行霸政者只需吏事经验即可，既无关于仁政伦理又无关于民族之精神文化目标（此可征之于刘邦、朱元璋之流，并证实：物化政治史进程与精神文化进程为人类统一历史上之相互平行的复合性过程）。我们应据此理解为什么历史上法家者流极力排除独立思想性、学术性活动。

此句中所谓"学"，学仁学义理之谓，而子路仅视从政为行政事务之历练，故孔子深责之。对于孔子，周礼之学非仅关乎官吏之日常工作，而且与从政者的动机、方法和目标相关。本指令句扩而言之，则相关于仁学的政治哲学本身。如将义理部分排除，政治即成为纯粹权力争夺和支配的过程（史上记载有据者可见魏晋南北朝历史，其所谓"三十国春秋"的政治史固为历史现实，却显示为毫无"文明价值"的统治者间的兽性争斗行为。所以并非凡称为"历史"者即为含有"价值"者），故古今中外专制主义无不致力于排除伦理性人文学术（秦始皇焚书为其原型，秦后罢黜百家为其展开），或使人文学术蜕化为技术性、教条性知识。一方面由此形成的愚民政策使其易于被控制和役使（对于历史上的暴虐统治者而言，民众仅为供其驱使的劳力与军力等物质类财富或工具而已。历史上的豪奢宫殿构筑与疆场征战多为满足强势封建统治者的兽性欲望之物证），另一方面技术类、教条类知识正为任何暴政所需的物质性建设之条件。

将"书"仅理解为律法农工之书本，正是缘于秦始皇的文化政策。古代的科技工商之书为有利于专制统治者通过愚民政策而维持其自私统治的工具，此类书当然不能相当于本章所说的仁义之书。

此外，子路之辩的"佞口"还在于，其开启的以吏为师的经验主义实用观，实为从政者在统治者的权威指令下对既定暴力统治规程之习练，此种"学"之本身即已在方向和作用上"内嵌了"其为统治者私利服务之机制。此一以吏为师之"学"（从基层吏事锻炼开始步步上升之治理经验能力之积累）固然也为一"学"，且为对其目的而言更为快捷之"学"，却足以模糊人们关于政治精神意义及政治目标认知之"学"。两种"学"在此巧妙之混淆，立即引起仁学导师孔子的担忧和斥责！因二者在行事水平上的确难以区分，故必具其蛊惑力也。况且，归根结底，此种巧妙的"学"之混淆术，正源于二者须实行于同一"习术"渠道（今可泛指制度化的职业化渠道）也。

孔子之所以对此不学而行的观点加以深责，一者，因其大有误导欺骗性；再者，因其行"以政伤文"的法家之术，遂进而为民族精神文化发展带来深重灾难。果然，两百年后，统一全国的秦始皇即开始通过"焚书坑儒"而企图全面消灭中华精神文化思想，而继之而起的汉朝则更为高明地通过选择性地压制思想自由而将"学"改造成为帝王权势合法性辩护的意识形态工具"儒学"。

现代意义：

本章诸解者多未能触及核心问题。所谓本章之核心，正与上一章一样，或许均未上浮至孔子的意识层（孔子为古代智者但非为现代分析家）：对于仁者的生存与行道之间的内在性矛盾之实际解决，均须在同一社会渠道内同时智慧地（尽量减少摩擦与冲突地）处理"职业性从俗"与"精神性超俗"的双重历史实践任务。古代作为行仁渠道之"从政"，其现代有效实践场域应转化为"人文社会科学"。其中应分为两个部分：作为职业化内容的"学术活动"和作为伦理性与科学性认知研究的科学理论研习过程。二者的关系，颇可类比

769

于古代的读书学习与从政实践之间的区别，因只有当学者具备了伦理性实践意志和知识性准备之后，才可保障职场内学术实践的方向和质量。

本章之现代意义首先须脱离古代行仁之从政渠道加以扩解，但从政渠道涉及的"实务历练"与"道德理念"二重性，完全可比喻为今日治学实践中之职业制度化程序实践（因循守旧与照章办事的为学方式，即相当于将学术话语仅作为制度化的技术性运作之工具，此正为今日人文学术职场生态之本质）和伦理思想性的科学探讨。虽然从政与治学领域不同，但均涉及此一职业性与思想性实践的二重性。孔学之深意正在于暗示：以学从业者在履行其职业性工作（视之为生存手段）外应不忘其独立于生存职业的精神文化事业目标。单纯之实务历练自然可以应付前者，但无以实行后者。子路之言仅就促进官吏干练而言，却忽略了仁者此外具有更高的任务——以法政行仁教，所以孔子深责之。

同理，即使在同一治学领域，今日人文科学也正处于职业专科性学术与超越职业规程的跨学科学术之间的张力关系中。泛言之，此一具体化的冲突关系，可概括为以下二者之间的冲突关系：符合职场求利目的的通常学术文教工作与超脱职场求利目的的学术思想真理探讨工作。本章涉及的"学"字，现时代就非仅指文教制度内的按部就班的专业学习，而是特指在人本主义伦理学引导下采行的跨学科跨文化方向的科学理性的人文学术实践。

11-24. 子路、曾皙、冉有、公西华侍坐。子曰："以吾一日长乎尔，毋吾以也。居则曰：'不吾知也！'如或知尔，则何以哉？"子路率尔而对曰："千乘之国，摄乎大国之间，加之以师旅，因之以饥馑，由也为之，比及三年，可使有勇，且知方也。"夫子哂之。"求！尔何如？"对曰："方六七十，如五六十，求也为之，比及三年，可使足民。如其礼乐，以俟君子。""赤！尔何如？"对曰："非曰能之，愿学焉。宗庙之事，如会同，端章甫，愿为小相焉。""点！

尔何如？"鼓瑟希，铿尔，舍瑟而作，对曰："异乎三子者之撰。"子曰："何伤乎？亦各言其志也。"曰："莫春者，春服既成。冠者五六人，童子六七人，浴乎沂，风乎舞雩，咏而归。"夫子喟然叹曰："吾与点也！"三子者出，曾皙后。曾皙曰："夫三子者之言何如？"子曰："亦各言其志也已矣。"曰："夫子何哂由也？"曰："为国以礼，其言不让，是故哂之。""唯求则非邦也与？""安见方六七十，如五六十，而非邦也者？""唯赤则非邦也与？""宗庙会同，非诸侯而何？赤也为之小，孰能为之大？"

对比项：为政/为文，政治环境/人文创建。

意旨：本章泛举弟子不同为政之方，而忽以"吾与点"话题转移以喻示，仁学之最终关切非仅在于治世，而尤应朝向于精神境界之升华。

旧解摘要：

《集注》："公西华志于礼乐之事，嫌以君子自居，故将言己志而先为逊辞，言未能而愿学也。宗庙之事谓祭祀，诸侯时见曰会，众頫曰同。端，玄端服。章甫，礼冠。相，赞君之礼者。言小，亦谦辞……曾点之学，盖有以见夫人欲尽处，天理流行，随处充满……而其言志，则又不过即其所居之位……初无舍己为人之意。而其胸次悠然……视三子之规规于事为之末者，其气象不侔矣。故夫子叹息而深许之。"程树德按："张氏甄陶曰：'盖曾皙在孔门中不过一狂士，孔子不应轻许以为同志……夫子之意，完全感慨身世，自伤不遇。所谓与点者，不过与汝偕隐之意。而以为人欲净尽，天理流行，已属隔膜之谈。况又以为尧舜气象，岂非痴人说梦哉！'"黄氏《日钞》："三子谈为国之事，皆答问之正也。曾皙，孔门之狂者也，无意于世者也，故自言其潇洒之趣，此非答问之正也。夫子以行道救世为心，而时不我与。方与二三子私相讲明于寂寞之滨，乃忽闻曾皙浴沂归咏之言，若有得其浮海居夷之意，故不觉喟然而叹，盖其所叹者深矣。”《升庵全集》：“后世谈玄好高之习胜，不原夫子喟叹之本旨，不详本章所载之始末，单摭与点数语而张皇之，遗落世事，指为道妙，但欲推之过高，而不知陷于谈禅，其失岂小哉！……朱子晚年，有门人问与曾点之意。朱子曰：‘某生平不喜人说此语，《论语》自学而至尧曰，皆是功夫。’又易箦之前，悔不改浴沂一章，留为后学病根，此可谓正论矣。”《小仓山房文集》：“圣人无一日忘天下……无如辙环天下，终于吾道之不行，不如沂水春风，一歌一浴，较浮海居夷，其乐殊胜。盖三子之言毕，而夫子之心伤矣……非果与圣心契合也。如果与圣心契合，在夫子当莞尔而笑，不当喟然而叹。”程树德：“《朱子语类》中关于此章论述不少，惜皆沿其师尧舜气象谬说，并天理流行一派套语，多隔靴搔痒之谈，兹故不录。”《反身录》：“孔门诸贤，兵农礼乐，大以成大，小以成小，平居各有以自信。今吾人平居其所自信者何在？……如志非石隐，便应将经世事宜实实体究，务求有用。一旦见知于世，庶有以自效，使斯世见儒者之作用，斯民被儒者膏泽，方不枉读书一场。若只寻章摘句，以文字求知，章句之外，凡生民之休戚，兵赋之机宜，礼乐之修废，风化之淳漓，漠不关心，一登仕途，所学非所用，所用非所学，无惑乎国家不得收养士之效，生民不得蒙至治之泽也。”

含义引申：

本段为《论语》中最长之一“章”（程氏书收入旧解达 20 页之多），按胡志奎分析，此一置于本篇之末的长句列，必为后学拼凑而成。但因其被纳入《论语》文本而被信从两千余年。其主旨大略合乎仁学精神，故仍可被视为《论语》的有效部分。

孔子先试问三弟子之志，三弟子各有不同之从政抱负（“出”），最后问到曾皙，方有此逊退山林之志，孔子竟然深许之。对此放弃入世而转求出世的违反仁学义理的奇怪态度表达，蒋伯潜指出，其意同于上论中内容类似的其他二章所言，其实均属于孔子在行道遇挫时的一时情绪，并非为意在宣表孔子转倡遁世之志。早期道家或宋理学家将此章曲解为孔学精神含有道家思想或“人欲尽处，天理流行”（朱注）。按照刘注，亦言孔门生值乱世，无可用世，唯曾皙

"独能知时，志在澡身浴德，谦怀乐道，故夫子与之"。此类道家式读解虽然浅白，倒也可反证古代读书人对于所处历史现实的普遍否定态度。不过，反道学的袁枚对此句列之解释应该说最得其要。对于《论语》诸句组之历史背景的揣摩，只可作为读者理解原编写者意旨的虚拟语境，不可视之为史事记录。今日如其揣测不可能获得的相关"真实史迹"，不如揣测编写者自行构思之用意为何。

按照我们的读解法，首须排除追溯"孔子原意"或"逆推原意"的幼稚思想，而是将此类类似道家的消极退守之言仅视为仁学志士素志难伸时的一时感叹以及继而在仁学实践渠道上转趋"独善"的智慧之择。而无论"独善"还是"兼济"，都是仁学外实践固有之备选实践渠道，即为孔门从政治外实践方向向文化外实践方向之过渡、转化的潜在"心理契机"的流露，即不仅为一时消极感叹之情绪流露，而且为朝向另一精神实践方向转移之决断。因此，仁学对于退守情状的积极描述姿态，也一般性地表达着孔学在离开"从政舞台"之后开启另一"为文舞台"之契机。仁学本来就含蕴着其外实践具有"出"与"处"两择之选，而二者均须基于同一内实践（三达德志向机制之确立）准备或前提。始终不变的内实践才是仁学伦理实践学之主干，也即为其实行任何外实践的心学基础。此两千多年延存至今的仁学内实践（通过外实践加以形成、表达、发挥作用的不变"心术"）才有可能在现代化时期继续发挥其伦理价值观的激励作用。对于真仁者而言，永远是进亦进、退亦进，进退选择纯依仁学目标与环境条件的关系而定，而非以仁学实践方向之价值高低言。仁学外实践之"出"（兼济）与"处"（独善），主依外界条件而定，任何选择均无害于其价值观之践行。

现代意义：

社会人作为一般人，作为从政者，作为精神文化实践者，各属"人"之三种不同类身份，个人因主客观条件之异而对于三种身份及其功能之体认情状不同。所谓仁者实践学方向的选择乃概略言之，即就其不同身份实现比例而为其大致分类。本章对诸弟子从政抱负的"嘲讽语气"仅为一种修辞法，并非直意上贬低各人之志行，而是通过点播其各自之不足为其后高标精神事业预做铺垫。所谓仁学的精神文化域的转向，乃就仁学一般性方向而言，并非意在消除弟子从政意愿。本章的重点反而为故意"置政事于不论"而以之为修辞学背景，以伸展"吾与点也"朝向的精神文化视野。此一修辞法的普遍意义于是在于：固然仁政为人间要务，属人类生存条件，但存在有在政务之上的更高更远者，尤属仁学内在目标。孔子遂于沂水边行其"顾左右而言他"：不再正面轩轾从政抱负之高低，而在从政与从文之间展现出一种价值观的级次性。

仁学政治伦理学对于现代人类政治理念而言并非不具有启示性意义。正因为所谓仁学政治学观念仅限于其伦理学层次，仁学因其并未连接于历史上的制度性、政策性的具体问题，故其内容反间接地呈现出一种理念与实践结合方式的开放性。历史上从政者多以暴力权诈掩盖其彼此争名夺利的霸权行为。法家空前强化后取得历史支配地位的儒教礼学系统，实际上成为掩盖法家权力争斗术实质的意识形态。孔子师徒身处之春秋季世，其时周天子尚在，各诸侯国表面上尚能相对维持周礼礼让精神，而仁学最初形成于此时，故亦可有本章"孔子之哂"的余地。而当进入战国时期后，周礼已大坏，周制已基本瓦解，各国争雄不迭，何礼之有？而于此章中所见的仁学的政治理念与其后法家彻底成功后形成的儒教政治理念完全不同。当历史上全新的"阳儒阴法"秦汉秩序成立后，所"恢复"的"新周礼"或"新礼学"，乃为在硬件（法家权诈力学）与软件（法家天道帝系学）两方面革新后形成的儒教制度。随此历史权力学革新后形成的制度、道德、学术、祖师等，在名称上一切袭旧，但各层面上的实质性内容已经全然改变。于是相应地，在历史上出现了（先秦）"孔子1"和（秦后）"孔子2"的混合现象。如果我们今日不为此被儒教意识形态所歪曲利用的孔子及其思想正本清源，那么服务于帝王制度的儒学所"重新设计的"孔子及在"五经"压制下的仁学，自然既不可能也不应该被运用于现时代，更根本无关于人类今日正在推进的现代人文科学建设事业。

本章"吾与点"句，通过其贬低诸弟子的世俗政治抱负这一反差对比修辞法，而将原始仁学不无突兀地转向了精神思想领域，遂形成了现实政治与理想精神之间的伦理价值观的低与高的对比，于是象征性地宣表了仁学真正的身份与功能。正是仁学的此一精神纯洁化的象征性转化，使其得以在伦理性理念的层次上，与现时代人文科学和精神文化创造事业产生紧密的相关性。反之，所谓孔子思想，如果是指被儒学与儒教多方面加以歪曲解释的"儒教教主"的思想，也就不可能与现代人类文明事业发生正面关联了。

颜渊第十二

12-1. 颜渊问仁。子曰："克己复礼为仁。一日克己复礼，天下归仁焉。为仁由己，而由人乎哉？"颜渊曰："请问其目。"子曰："非礼勿视，非礼勿听，非礼勿言，非礼勿动。"颜渊曰："回虽不敏，请事斯语矣。"

对比项：自制/尊理，致仁/自主。

意旨：仁学为个人伦理信仰学，而非从政之学，故其实践可不受物质性外力之约制，而纯为自我一以贯之的内外实践。

旧解摘要：

惠士奇《礼说》："孔子曰克己，曾子曰己任，一也⋯⋯训己为私，滥于王肃。浸于刘炫，异乎吾所闻。"《论语稽求篇》："马融以约身为克己，从来说如此。"《揅经室集》："若以克己己字解为私欲，则下文'为仁由己'之己断不能再解为私⋯⋯且克己不是胜己私也⋯⋯何尝有己身私欲重烦战胜之说？⋯⋯克者，约也，抑也。己者，自也。何尝有己身私欲重烦战胜之说？"程树德："此章为汉学宋学之争点，详见《汉学商兑》，兹不具述。平心论之，同一'己'字而解释不同，终觉于义未安，阮氏之说是也。朱注为短，盖欲伸

776

其天理人欲之说，而不知孔氏言礼不言理也。"《集注》："仁者，本心之全德。克，胜也。己，谓身之私欲也。复，反也。礼者，天理之节文也……又言为仁由己，而非他人所能预，又见其机之在我而无难也。"《论语集注考证》："自古圣贤相传，至夫子教人为学则曰为仁。然而仁为何理，孔门初无明言，前人未有正训。盖古者义理素明，不待训说。自制文字之初，此理已分明，仁字从人从二，古篆凡重字则于本字之下从二，仁字从人而旁从二，是人人字，言人之所以为人也。又科斗古文仁从人一心，或作千心，谓仁即人一心之理，千人所共之心也。故孔门论学，但曰为仁，《集注》所谓'全其心之德'也。至子思、孟子时，异端之言仁者渐差，故子思、孟子正言其名义。子思曰：'仁者，人也。'孟子曰：'仁，人心也。'又曰：'仁也者，人也。'合而言之，道也……又曰：'四德之元，犹五常之仁。'偏言则一事，专言则包四者，仁之正训，可谓'引而不发跃如也'。至朱子言之始明备。"

含义引申：

本章主题涉及仁学之总纲而用字简约，遂引致诸解家争论不休，并颇可显示中国古典理论语言及今古思维方式的特点之异。今人程树德认同阮元对于朱解的批评，缘由同前，但未注意汉字本身具多义性，同一汉字可因语境之异而表示不同意思。如本章中解者以为同一"己"字不当意指不同，再如对"克"字之辨亦属无谓。总的来说，本章仍以朱解为佳（如《论语集注考证》所言），而其理学玄思之失则含有两方面意思。"天理流行"固可因泥执于固定字义之故而为考据家所驳斥，但此一理学思维所朝向的隐在理论方向性的思维倾向，正为清儒及程树德等所欠缺者。以至于连"克己"相通于"克私"之解均以为不可，遂反较两千年前东汉人之解不如？朱注中一方面将"己"归结为"私"，可谓关于人性之切实体认；另一方面将君子行仁的发动力凝聚于自我，此为何等重要的感知？"由己"相当于排除了任何超越性的和政法性的道德命令学假定（神、天、命、鬼、刑、制等），而将责任归于自己一身，此即一种认识论经验主义立场的宣示。仁学的精妙正在于此。理学家所谓的各种

"性理""天道"说，在理论思维上虽提升一阶，却因其"空洞性"而在实践学原则上仍然回归于孔孟思想本源，所以仍然属于中华思想史上的重要的原始仁学之回归（尽管其借取自道释的修饰性理论名词并无助于仁学认识论本身的丰富化）。

至于一向为今人所诟病的"非礼勿视"等四禁令，其话语方式的确不合《论语》中孔子言语风格，但即使为后人添加，也系两千年来读书人所普遍接受者。此种道德性的严式命令，也仅是就原则言，不可能如宋理学家那样主张将其落实于日常言谈举止上（两宋理学家因企图将孔孟思想真切落实于儒教环境故有此失，这是由时代知识论的普遍低下造成的，自然也是在今日读解中必须排除的）。就本章言，此后句起着一种逻辑性补充说明的作用，即通过礼行细目的提出对该一般性原则予以象征性的强调。实则，此一历代以来据字义泥解的读法也暗含着一种可能为后儒（下意识地）扩大其语义涵括幅度之意，即此"四非"之四宾词字在此可作为泛指四类事物之代称，无非意指"一切违礼言行均勿为"，而并非仅只限于此四字在狭义上所指者。而当朱熹等将"礼"字扩解为"理"字时，不过是为了增加具象性"礼"字之理论性代称的准逻辑性的分量而已。自然，如上所述，当理学家们暗示其与道释本体论概念相通时，的确反映了宋儒对理论性思维一般的一种方向上的朝向性本身，表现出宋儒时期的一种理论思维的冲动，但亦止于此，并未妨害此新名词与孔孟伦理实践学本身之有效关联性。（我们不妨将"礼"字转释为"理"字，但所指为今人所说的"理性"或"理由"之理，如此则可同时避免"汉人之礼"与"宋人之理"这两类儒教教条思想。）

【关于汉字之"具象性抽象"的历史解释学申论】

汉字"仁"具有字形、字义、字音等方面的奇妙性关联，其音同乎"人"，其形为"二人并立"，其义为由"二人关系"所代表的人际关系。以"仁"字作为仁学伦理学的总字象、总概念、总方向，以此首次确立了中华文明伦理学的人本主义大方向。此即意味着，伦理学及其信仰学乃关于人的思想或关于人际关系的思想。此思想与其他可能的存在物无统属关系，与超越性神祇想象的存在更无关系。此句更明确申明仁学是人自己的事，既不是假设中的神之事，也不是"其他力势源"（任何集团势力，如军政法）对仁者主体进行命令或控导之事。"为仁由己"其义尤深：一者，此即"为仁由人"之义；再者，为仁的基础、动力、思想行为方向等全部基于个人自己。"人自己"即一思想及行为的统一体、自足体、生长体。仁学作为人本主义，还表现在其无限提升人主体的独立性和创发性上。其认识论意涵自然指涉人为宇宙中的特殊、孤立、自成一体的存在。人之事只能、只应由"人"自己解决。

仁学中的"人"既可指个人，也可指"人类"（人集体），也可指人之间的关系。"仁"字的象征性因此包括：个人存在于与他人的关系中，因此个人的行为选择只能够在人际关系的框架内、环境内进行。个人性选择根本上即是对人际关系形态或方式的再设定，但不可能超脱此关系格局而实行纯个人孤立主义的设定，否则即违背了人之"类存在"或"人际间存在"的本质，将使其不可解、不可行。此亦为"为仁由己"的另一确义。"由己不由人"，即不由他人、他力决定义。此"他人"首先排除了假定的神祇外力，其次更具针对性地排除了对各种"准超人"（圣人、君王、国师、国父、权威、大师等种种制造人际关系等级化的名目）的"安排"的依赖性。（孔子的原始忠君思想只是"借君行道"，而非因崇拜权势而甘受君王驱使。）仁学是君子个人之事，是自己通过努力自己解决之事。这一实践学上的自立、自足立场是仁学人本主义的独一无二的思想特色，也为中华文明中最珍贵的精神遗产：高树个人主体性独立意志的存在性价值。

其实，如果在读解中坚持其适当限定性，"克己复礼"四字可谓言简意赅、明晰有力。"克己"为方法（着手于"己对己"的治心程序），"复礼"为方向（以"礼"象征地代表一切义理及其实施标准）。"由己"即"克己"，即一方面抑己之不当私欲，另一方面促己发扬主体之志气。而总目标即为由"仁"所概括指称者，仁不仅是伦理学总纲，而且也是人生观总纲。"礼"则为仁原则的各级实施节目之总称，因其具有较具体的规定性（人际关系礼则），故可资明确遵循，可设定为仁学实践学的实施渠道。今日对礼学（包含政治领域的"礼"）的理解，必须解释学地重读，不可如晚清诸儒和现代新儒家那样泥于字面为解。今日"礼学"也可理解为今日实行仁学伦理学所应有的各种实践性层次上的规范和规则，其内容细节自然不须合于古代仪节规定。宋儒将礼学展开为理学的一部分后，试图以天道学和性理学作为礼学之最高道理，自然也违反了仁学人本主义的精神。（因其时代知识论局限，朱熹竟于晚年集中于、回归于礼学思考；同样由于古人知识论局限，深知、亲历历史大变局的黄宗羲竟可于痛定思痛之后潜心于易学以图自解。此二学可对于古代认识力属最上乘的两位大儒发挥如此重要的影响，此一现象固然无关于此二学本身的内在理据性说明，却可表明此二学均具有在前科学时代发挥某种"准理论化思维层次上的心理自慰"或"理论朝向性兼开放性态度"的双重效用。)

但是在本章中，作为现代解释者，如前所述，我们还可用同一"理"字代表"理性"和"理念"。"礼学-理学共同体"就可扩解为代表着一种实践理性学和理念象征学。"复礼"于是可释为"回归理念和理性"之意。这样，作为古代社会性范畴的礼学之行为仪节所指，也就可转换为任何符合现代社会与知识结构的"正当原则和规则"之义。后者当然须与时俱进地不断充实和更新。"礼"字作为一种象征性指称，今日自然也可以相对地继续存用，用以提示仁学宗旨古今一体，兼重理念与践行，并特侧重人类理性与理念之可行性与现实性特点。

现代意义：

今日必应将本章中的"克己复礼"之"礼"字完全脱离古代礼学细节内容，使其代表任何正义行事原则与方法。而此章之重点，在现代读解时，仍然在"克己"主题上，而所谓"克"也不须理解为古人所"克"之内容。关于"克"和"礼"的现代仁学规定性，此处不须深论，而本指令句的现代有效性仅体现在"克己复礼"内的关系中，其中动词"克"与"复"和名词"己"与"礼"彼此之间存在着多元性的因果关系。我们今人所看重的正是此关系学。作为伦理价值学，"仁"之学的总念的意义相符于人及人类的自然天性，自人类脱离动物阶段而进入人阶段乃至文明人阶段后，自古至今无变（现代西方反人本主义及反人性观的思想潮流均属一偏之见）。

仁学作为伦理价值学的意义，因纯粹基于人的现世经验性存在本身，也自然为历史上永恒性的存在（其意义与价值的消失，仅在人类历史消失或人类灭绝之时才会发生）。但是作为实践学，其历史性命运导致其此前基本上仍属于内实践域的存在，即文化域的存在。当伦理学外实践学内的"技术学"（各种有效实施方法或技术）成熟后，仁学价值学的理念或将可显著贯彻于现实政治伦理学内，此即所谓达成"天下归仁"之时。这就是，"仁"仍然可在全球化范围内体现各文明共同的人本主义伦理学的三类规定性：（1）对现世人际关系之公平正义性目标之"认定"；（2）对仁学所朝向的精神文化创造性实践目标之"认定"；（3）将"（1）"与"（2）"纳入个人信仰及实践方向的"态度决定"。此所谓的三个仁学伦理学部分实为两大部分：一为对伦理学的内容认定（人际正义与精神文化），另一为对此二认定的践行决定。前者相当于价值观规定，后者相当于实践学规定；前者属认知，后者属践行。相比之下，后者尤为仁学所特有。仁学价值却并非止于此人类文明中共有的人本主义价值观，其尤具历史特殊性者为其于本句中所说的"为仁由己"的伦理实践学的主体论。正义观和人文论如属人类之共同识见，"为仁由己"的伦理学认识论和实践论则为中华文明所特有者。

　　且尚不止于此。仁学伦理学还与对于人类生存方向问题而言至关切要的、极需现代化革新的人文科学理论的改革事业息息相关。中华传统仁学伦理学竟可成为来自西方文明的人文科学现代化革新事业的伦理价值方向性和实践性引导，这才是仁学当代性及未来性价值的最高含义。即如无此主体实践学的个人良知主义的切实践行，人类人文科学被各种高强度的商业化、技术化势力集团左右而失去其真理追求独立意志力的现象，将无以克服。为此，中华仁学的历史复出，绝非出于要与西方文明争胜负的（基于法家争强斗胜历史陋习的）"兵家"目的，而是在此人类文明融合之际，根据人类整体立场洞识西学含有的知识技术性资源与其因欠缺伦理动力学而难以积极发展的矛盾性。因此，为了避免中华文明现代人文科学的更新事业为其所误导（一因在知识论层次仍然须以西学资源为主，一因东方世界普遍存在的崇洋媚外积习），也因深识今日东西文明汇通之际原始中华仁学因其独一无二的历史普适性而肩负着共同参与决定人类命运方向之责任（此责任非相关于与仁学无关的物质性建设问题，而是专指与仁学有关系的精神性建设问题），故须当仁不让地勇赴时艰。

12-3. 司马牛问仁。子曰："仁者其言也讱。"曰："其言也讱，斯谓之仁已乎？"子曰："为之难，言之得无讱乎？"

对比项：仁学/宏远，言逊/行坚。

意旨：仁者克难行志，行在言先，不事张扬。

旧解摘要：

《皇疏》："古者言之不出，恐行之不逮……仁道既深，不得轻说。故言于人仁事必为难也。又引王弼云：'情发于言，志成则言疏，思深则言讱也。'《礼记》云：'仁之为器重，其为道远，举者莫能胜也，行者莫能致也。勉于仁者，不亦难乎？'夫易言仁者，不行之者也。行仁然后知勉仁为难，故不敢轻言也。"《集注》："盖心常存，故事不苟。事不苟，故其言自有不得而易者，非强闭之而不出也。"

含义引申：

本章仅以孔子所言之一"讱"字表现人与仁理念之间的认知和实行上的特点。孔子通过简单描述句"为之难，言之得无讱乎？"以告诫弟子深入思仁和慎重行仁，而不可率意轻言或草率敷衍。"讱"字有"顿""不忍言""难"等义。刘注为"此章言仁之难也"。"仁道至大，非但行之难也，其言之亦难"，因此"为之难，言之得无讱乎"。一方面，仁学因其义理崇高而深远，故为之、言之均难，故不得轻发，似特为轻易言诺者之诫。另一方面，孔子借此具体性事例一端以泛指仁学自身义理之高大深广，以至于难作概括之言，更因此而强化了人们对仁学义重如山之感。后世至今《论语》及仁学的解者多就孔子仁学的原始意义进行推测，并猜测孔子对章句之解释为何简略不详。我们于此句亟简略的答复中反可加强对仁学特殊性格的体认：以一"仁"字标志的此一博大精深的伦理实践学系统，不可或难以按照西学的系统性论述方式重述，反可以符号学方式体会其作为可渗入及提领无穷伦理情境实践的"总价值学标志"之义。因此，本章所谓仁之"慎言"者，一者为促发对其义理之深思，另一者为告诫有志于仁义事业者勿率尔轻为。

现代意义：

中华仁学伦理学如何以现代知识理论详尽解之的问题，尚有待于日后人文社会科学发展后进行进一步探讨。中西思想比较涉及多方面的异质性研究，中国古代的象征性思考方式与西方古代和现代的逻辑性思考方式是难以直接比较的，所以我们要逐步通过跨学科、跨文化的多方面的知识准备，以提升中西比较研究的可行性与效率性。一般而言，偏于实践直观性的孔子思想方式，大多就同一对象与课题单元的不同侧面分别突出其特点，读者须在阅读全书后将诸不同而相关的章句另行主动串联起来予以综合把握。

本章仅就一"言谈姿态"的特点（切）喻示与仁相关事物之一端，更加不可拘于单字泥解。本章特相关于学者对价值的谈论与对价值的践行之别，因自古至今以来，读书人中"谈仁"者均远多于"行仁"者，此一历史现象可谓于今尤盛。"言而少行，以言代行"早已成为人文学界之惯习，所谓学术之实体，即成为一种"言谈技巧学"，其学既可无关于现实对象，也可无关于学者在言谈之外的任何实际行动。此所以人文科学已不成为求现实真理之学术，而主要成为通过履行既定职场制度化程序以谋个人利得之"营生"。经此功能性变异后，学术话语的"制作"（"言"）可沿"以学求利"的各种社会共识渠道行之，遂可大幅度地脱离相关现实情境并使之无关于其社会性、学术性的求（由"仁"所泛指之）真善美的目标。代之者为以学术话语制作术完成的"学术文本产物"，并进而蜕化为学术市场化机制中的"话语商品"，其商业化的使用价值彻底取代其传统上追求的学理价值。在此治学过程中，正欲大力提倡"话语制作"，何"切"之有？"切"者，本即含从缓、从谦、从慎之意，皆相通于努力向实、向真、向可行之旨，均强调认真思考，缓于表达，此因仁学必为关于人之各种现实之学。戒除炫耀之心可有助于思考之严肃认真。在如今"无切之言"的人文学界，因无关于、少关于社会现实及客观验证，故反可将市场乐于接受的狂肆放言视为有被接受价值者。

12-4. 司马牛问君子。子曰："君子不忧不惧。"曰："不忧不惧，斯谓之君子已乎?"子曰："内省不疚，夫何忧何惧?"

对比项：不惧/无忧，内省/自明，信笃/不疚。

意旨：仁者以求仁为志，据义而为，循理为安，生死祸福视为"自然因果"，故无入而不自得。

旧解摘要：

《论语意原》："夫子之言虽为牛设，然不忧，仁也，不惧，勇也。仁且勇，虽死生之变，怡然处之，非君子而何?"《四书近指》："忧从中来，惧自外至，总之皆因有疚。即强为镇定，而神不恬，气先靡矣。"《松阳讲义》："君子所以异于人者，以其心常泰然。世间可忧可惧之事最多，而不能以累君子之心。处平常之时，有得失之可忧惧也，君子则得失当前，不忧不惧。处变故之时，有利害之可忧惧也，君子则利害当前，不忧不惧。或以不忧不惧而听天下之纷纭，或更以不忧惧而消天下之祸变，故恒人终身扰扰于忧惧中者，君子止见其坦荡荡而已。君子这个地位岂是可容易得到的? 此夫子知牛在忧患中，而示以处忧患之道……又当思平日所为何以能无愧于心，必也如颜子之克己，孟子之集义，真积力久，一私不存，事事合义，其庶几乎。"《淮海近语》："《中庸》'君子戒谨恐惧'，此曰'不忧不惧'何也? 惟戒谨恐惧，所以不忧不惧。戒谨恐惧便是内省不疚实功。"

含义引申：

此章形成因之一（司马牛遇难之问答事由）与其被选编于《论语》中后具有的意义之间有差别，故问者的问题之"因由"为一事，答者的借题发挥为另一事。在此重要的是后者，而非前者。此句表面上宣称君子"坦荡荡"，无惧无忧，并可一般地扩解为"不畏艰困，不畏危险"，从而代表着士君子之普遍人格特质。但此处之"忧""惧"也可更为具体地加以理解。仁者既然不时需于危邦、乱邦"危行言逊"，即已知自身因特立独行必易于与时抵牾或频处危境，此时本章"忧惧"之教可扩解为针对人生总体情境而发。如按刘注中依传说故事而作"自省无罪恶故无可忧惧"之俗解，遂使此章毫无深意可言。此处"咎"字或含自身错、罪之意，而在此应超越其俗常实义而将"不咎"扩解为自觉所为者合乎正义，故君子不忧不惧之勇乃出于素养"义气"充沛故。其"忧"字可理解为孟子所说的"君子有终生之忧"（忧国忧民），其"惧"字必当与仁者具勇义品德相连，即"志士不忘在沟壑"之义。按朱注，"不忧不惧，由乎德全而无疵。故无入而不自得，非实有忧惧而强排遣之也"。朱注乃据皇权时代情境立说，孔子时代尚无此等政治环境加予读书人的严酷自由限制，其喻例多相关于仁者生活中所常遇之一般心理现象。故此句中之"忧惧"不应指对具体危难情境的当下情绪反映，而应泛指君子平生义无反顾、矢志行仁的一种刚勇气度。"疚"字在此可有其普遍义幅度上不同之三指涉：无具体罪过而自安，因本具全德而不致有过，以及所志者属仁学事业故从者因其义正必心安而行坚。

本章对人生总体顺逆起伏展望中之不忧不惧，与身临具体危难情境时忧惧情绪的自然反映，二者所指非一，并不矛盾。本章之"形成因"或为后者，而本章之"喻示意"则可为前者。实际上，此为《论语》问答修辞法之一，答者先选择性强调相关问题之一端，继而问者反诘所答似偏，之后答者对此进而补言，以凸显此一端之重要性。而此回答的用意本不在于对相关问题给予全面之答复。《论语》各指令句原本就相关问题之一端随境揭示其意，而读者如欲把握相关问题之全面，则须求之于其他相关指令句而加以综合解之。前章就仁者之言"切"触题，本章就仁者应不忧不惧之一端解题。两章均以司马牛为例，不过是设定角色以表意而已，不可能为谈论司马牛其人其事。适当之读解正应颠倒为之，即孔子不过是以角色为名头以引出一般性指令句。本章之主题——仁者应不忧不惧——亦以此方式表达。相应的，内省不疚亦应从具体性的未做亏心事一类自省意扩大至因志仁深切故无可忧惧意。此一"疚"字作为心理状态之描述，也就相连于宽窄不同之心理事实：或自责于具体歉疚，或自责于志道不真，二者之自责可归于一类。孔子正是以此兼含个别与一般的见微知著、巨细无遗之修辞术以表达一般性仁学义理。

现代意义：

本章的"不忧不惧"具有仁学实践学上的重要意涵，君子者即首先以仁义至上信念压制常人的生死祸福、畏惧权势、唯利是求关念，遂可以人性中之"公"倾向压制人性中之"私"倾向。仁学伦理学的善恶正误观虽然与认知条件有关，但其最终决定者仍然基于具体人性之构成。仁学内实践中的三达德机制，即为调配人性结构使学人按照义理标准最大限度调节其正误善恶倾向之比例，使其易于在外实践上朝向于真善美。现时代随着人类文明朝向唯物质主义财富生产发展之共识，其人生观自然偏向于世人自私逐利方向。在此精神文化与人文科学领域内，自然也易于朝向个人主义名利权之追求。此一普遍现象正是外在社会条件与内在人性长期互动之负面效果。在此，新仁学之着力点即首先针对学人之人性（特别是其意识层之心性），通过其朝向原始仁学之返归（重读《论语》），再结合新时代的方法论，促其更有效地发生自我信仰革新之冲动，希望借此形成主体之良知复萌，以作为主体其后投入各种相关外实践之"运作心基"。本章亦为一种激发良知之指令，通过主体之深自反省，确立其仁义信念，以促其达至内心"不忧不惧"之境，从而可在仁学外实践过程中，既排除信仰之惑（此惑足以致忧），复免除临事之惧（义勇感之充沛），卒可抵御现时代中的各种"威武富贵"之诱与压，以达向真意志之确立不移。

12-5. 司马牛忧曰："人皆有兄弟，我独亡。"子夏曰："商闻之矣：'死生有命，富贵在天。君子敬而无失，与人恭而有礼。四海之内，皆兄弟也。'君子何患乎无兄弟也？"

对比项：人类/一体，文明/博爱。

意旨：仁学视天下为一家，视人人为兄弟，其所持人际互爱价值观，正与法家所持视他人或为敌人、或为工具之互仇价值观相对立。

旧解摘要：

《大戴礼》："曾子曰：'君子执仁立志，先行后言。千里之外，皆为兄弟。'"《潜言堂文集》："孔子曰'大道之行，不独亲其亲，不独子其子。'又曰：'圣人能以天下为一家。'《西铭》云'民吾同胞'，即四海皆兄弟之说也。"《皇疏》引缪播云："死生者，所禀之性分。富贵者，所遇之通塞。人能令善之以福，不能令所禀异分，分不可易，命也。能修道以待贾，不能遭时必泰，泰不可必，天也。天之为言，自然之势运，不为主人之贵贱也。"《集注》："命禀于有生之初，非今所能移，天莫之为而为，非我所能必，但当顺受而已。既安于命，又当修其在己者，故又言苟能持己以敬而不间断，接人以恭而有节文，则天下之人皆爱敬之如兄弟矣。"

含义引申：

据旧解传说，本章为孔子故去后子夏据孔子意答复司马牛语，因其兄弟作乱将亡而忧虑。以司马牛为主角的此三章有较多故事性背景牵连，但各章意涵均自足于章句内，分别呈现为独立的指令句。《论语》的价值正在于此，如牵连至具体情节始得确解，《论语》将不成其为《论语》）可惜解者多借助故事阐发句意。本章之要在末句"四海之内皆兄弟"，此为仁学天下一家人本主义观之俗解。可生动地表达仁学以人际爱为其政治学最高原则的思想。而诸解家因泥于故事，均质询此一指令句与前句"死生有命，富贵在天"何干。两句间似亦无明显推理性关联，或出于最初敦劝司马牛视自身家变为自然，而转以仁学之"泛爱众"原则推出天下好仁者皆"兄弟"之谓。今日为解，自然应视之为关于仁学政治伦理学所含人本民主原则之宣示：天下本应一家（泛爱众而亲仁）。而封建主义历史上的世情正好相反：多采以邻为壑、以邻为奴、以邻为征服对象之策。然而正是此种反仁学的法家权力主义成为历史的主宰。此章之博爱主义为仁爱理念之具体化表达法，以"兄弟"一词排除人际关系中一切差异性区隔（信仰、种族、等级、两性、兴趣等），而使伦理学的价值适用于一切人。其中社会等级性和信仰性区分尤为重要，也就是，上下关系，信仰差异，均非属最高价值原则；仁爱原则本身即具至高性。本章可比较于"泛爱众而亲仁"章：此一按照品德标准规定的人际精神价值区分性与按照仁爱标准规定的人间普适的无区分性之共存，乃仁学双轨价值观的极具智慧性人本主义义理之表达。人际间基本关系原则（平等）、社会功能性等级划分（职分）、宗教信仰差异（现世超世）、文化性程度高低（学养）等等，分属不同社会文化价值学分类范畴。《论语》通过不同情境中的不同指令句之间的或明或隐的组合，以表现这些不同价值系统间的互动分合关系。

本章看似意简而实含义深远。此一博爱主义如以政治实践观视之，确属乌托邦一类，因其正与历史现实相反，但如以政治伦理观视之，则自古至今均为人类文明普适价值观信仰之核心。19世纪诸多政治理论之所以称为乌托邦，乃因未曾区分政治价值观问题与政治实践学问题，结果往往将前者层次上的"愿望"（理想）随意转换为后者层次上的"实行"（策略）。然其思想之失不在于前者而在于后者，其于历史现实中的政治实践之失，不应成为否定其于伦理理想层次上之得（如其所普遍根据的世间人际关系的不平等与悲惨处境的现实性指涉，仍然永远有效）的根据。（此19世纪至20世纪初欧洲文学式的社会理想家的实践学思想的简单化，导致其不能准确认识社会与人性现实，以至于大多在理想、现实与实践之间的关系在认识与处理上失当；乌托邦失当性特别表现在其提出的、自以为具可行性的办法之天真性上，俄国克鲁泡特金尤其如此。自然，其方法论的严重失当不害其精神信仰之高尚。克氏之"科学话语式乌托邦"与托尔斯泰之"文学话语式乌托邦"，本质上属于同类，社会文化功能亦然。此辈"伦理幻想家"之人格纯洁自然与同时期众多老于世故的投机分子形成对比。）另外，同一人道主义价值观也可能为狡黠法家者流所特意操作者，故意以其作为聚势招徕之手段，此又为另一问题。

【关于章句故事情节作用的历史解释学申论】

本章以及许多他章涉及历史故事传说的内容，如本书一再说明者，实为导致历代读解本书之失的主因之一。因为《论语》所涉及的任何人物与事件均无法从现代历史理论角度加以处理。此一解释学断言却并不排除这样的可能性：各章句所提及的人名、地名、事件等均有其真实历史上的来源。但此种判断并无关于《论语》文本中有关历史人物及事件的实证性利用的可能性。因任何历史真实"碎片"（名、人、事、物等），在前书写的历史时代，都可能或必然地通过口耳相传而零零碎碎存留于后世，成为后来编写者加以随意"合理组编"的偶然材料。其中的历史元素或均属真，而后来由诸元素组成的历史事实拟制则不得仅因此而即同视为真。（正如《易经》卦爻辞的只言片语确为传自远古，而汉代制成的《易经》文本则不得因此即称为传自同一久远时代。）这样，《论语》编写者在利用这些历史传说中的片言只语的元素时，只不过是借临时组织的故事以见己意而已，但并非在传继古史。在此过程中，其所选用的历史材料多少以及符合原初历史事件真相的程度多少等，均会有详略之差。后世解者不应据此迹象而固执于"本事揣摩"。这是我们一律不采取旧注中之"史事溯源立场"的明显理由。这也是朱子之注较他解为优的主要原因之一。

现代意义：

本章意涵简单，为古今中外多数道德信仰所共同推崇，不过，却与中外历史几千年的现实背道而驰。盖历史上各国政治野心家无不以此口号作为聚众结势之欺诈手段，通过暴力与权诈方式而视"四海兄弟"为其欺辱奴役之对象，以达其最终聚众称霸目的。仁学伦理学之此一基本信仰，自然与历史事实相对立。然本章之伦理学意涵深远，欲以此貌似非相关的两意（个人生死祸福之事实与个人心怀天下公义之精神）连接，来消解个人生物性的生死祸福之忧。"四海之内皆兄弟也"的价值观，将人间社会的一切等级与差异抹平，其结果有利于贯彻人类伦理与信仰类别间的平等主义，其最重要的含义为在现世人际关系上既消除不同宗教信仰间的歧见，也抹平社会等级势力间的差异。"四海一家"的人道主义观暗含着对于人际关系中由于信仰、地位、权势、思想的差异性产生的人间不平等现实之批判性。不过，如前所述，此一思想必须仅在价值观理论层面上把握，不可将其轻率、轻浮地用作政治实践的方略。

理想与实践，二者属于不同的社会生活层次，将二者混为一谈，可谓非愚即诈。结果，"好话"反可成为制造"坏事"的屡试不爽的手段。此一道理在现代人文科学改造事业中尤为重要，因其话语与概念中的言实之间的差异可谓千变万化，"真理"一词尤属滥用之最。与自然科学和社会科学不同，人文科学中的"真理"或"科学"作为理想，与其名实相副的探求方向与方法之间，遗存有几千年传承下来的复杂性和混乱性，故现代新仁学的科学实践首先继续深入细致地思考研究其中理想、现实与实践之间的科学性关系本身，即科学实践学的身份、条件与过程本身。为此即须首先观察、分析与认清（作为人文学术话语产品"生产地"的）现行学术职场之构成与功能之实态。

12-6. 子张问明。子曰："浸润之谮，肤受之愬，不行焉，可谓明也已矣。浸润之谮，肤受之愬，不行焉，可谓远也已矣。"

对比项：谮愬/惑知，明察/是非。
意旨：仁学特含识人智慧学，察隐识伪以明辨是非。
旧解摘要：
《皇疏》引颜延之云："谮愬不行，虽由于明，明见之深，乃出于体远。"《集注》："谮，毁人之行也。肤受，谓肌肤所受，利害切身……愬，愬己之冤也。毁人者渐渍而不骤，则听者不觉其入而信之深矣。愬愬者急迫而切身，则听者不及致详而发之暴矣。二者难察，而能察之，则可见其心之明而不蔽于近矣。"《论语意原》："害正殖邪，召祸产乱，皆谮愬者之为也。消之于未萌，折之于方来，非远而何？《松阳讲义》："大抵好高之人，往往穷极于天地古今之远，而失之于人情物理之近，自以为明，其暗已甚。不知明者是非邪正不惑而已。"《荀子致士篇》："朋党比周之誉，君子不听；残贼加累之谮，君子不用；隐忌雍蔽之人，君子不近；货财禽犊之请，君子不许。"
含义引申：
此章为仁学人际关系辨伪智慧学之一则，即明智者须辨析共事者之意见正误及各种隐蔽用心的可能误导性，其警示之意为：习以为常者反为最易误导误判者。本章实践论深意为：仁学伦理实践智慧学之要存在于人际交往之实际环境内，非仅存之于玄远高深之辨析言语中。君子须慎于察人辨伪，明察秋毫，以防因误判而受制于近己者之错误意见。所谓近己者，可泛指周边一切习以为常之言行及其潜移默化之影响，因其日常、近身、反复、频生等习以为常的特性，最易在不知不觉间被吸纳为当然之理。现代社会中无所不在的媒体宣传生态则为本章相当适切的扩展解释，因其正为日日亲近伴随者，并必为媒体集团势力精心设计以影响读者的利器。正如同古时身边人为信息提供者一样，今日媒体资料正为较前百倍强力的信息提供者，而与古代不同，今日供给的信息经过长期、系统、隐蔽的加工，以期技巧地攻入读者心中，最终俘获读者之思想并左右其选择。凡此种种均发生于不知不觉之间。古时因民"愚昧无知"（因不识字，亦无媒体）而可直接以特异功能、天意示警等诈术煽动之（可叹此类低级骗术竟可续行于 21 世纪），今日则因民"知而无思"（因其识字而可以媒体诱之）反更易深固化、系统化意见误导之效果。

现代意义：

本章通过人间"误导意图"之隐蔽传达方式来表明，伦理实践学中善恶是非判断之要存于人际关系间，而非存在于任何超自然性信仰间。人本主义伦理学以人间善恶之理为对象，而以如何克制人间恶的智慧学为教导。本章警示，近身的"有心人"之言谈的潜移默化之功效不可小觑。本章喻例中的"身边小人"，今可扩解为一切不当的或别有用心的"近身资讯源"。在今日商业化竞争主义风气蔓延之下，广告宣传之术已成为发展此浸润之谮术以行其商业化大私的手段。在人文学界职场内，因学术市场化和职业制度化作为稳定的"思想与行为"生产机制化，其影响效力在内容、程度、有效性等方面的力度极其强大，其中通过各种"耳濡目染术"造成的定向思维误导效力遂难以估量。此种由"学术生产机制"长期稳定产生的"合格学术商品"，即最终为学术市场认定验收的学术作品产物，固然为学者因适应职场规范与市场效益而特意制作者，而学者因长

791

期生存于该思想生产机制内所受到的潜移默化的影响，则可产生更加具有思维方向定式化的效果。今日西方人文学界思维倾向的定式化，可谓最突出的例子之一，此种思维定式化导致真正的思想交流受到结构性的障碍，因该思维定式化之学术社会学现象已成为思想自由的内在阻力。一方面，职场内此种定式化、定向化知识内容的传输可成为制度化的学术信息资源而为学界人士所吸纳；另一方面，此类固化的学术材料和方式的选定背后则相通于制作此类资讯的势力集团对学界人士的掌控。人文学术思想遂于不知不觉间成为贯彻学术集团势力意志的功利主义媒介。

12-7. 子贡问政。子曰："足食，足兵，民信之矣。"子贡曰："必不得已而去，于斯三者何先?"曰："去兵。"子贡曰："必不得已而去，于斯二者何先?"曰："去食。自古皆有死，民无信不立。"

对比项：诚战/利民，爱民/信诺，道义/物利。

意旨：仁政次序为：道义第一，文教第二，经济第三，军事第四。或就价值观言，永远义在利先。

旧解摘要：

《集注》："言仓廪实而武备修，然后教化行而民信于我，不离叛也。"黄氏《后案》："子贡以食信二者必不得兼……百吏死职，士大夫死行列，俾斯民亦共安于义命所当然，庶与上下相孚之心可谓不负。夫子故示之以守信而死也。"《皇疏》引李充云："朝闻道夕死，孔子之所贵。舍生取义，孟轲之所尚。自古有不亡之道，而无有不死之人，故有杀身非丧己，苟存非不亡己也。"《四书释地》："由也果，于天下事无一不喜其大全，故问君子则以为未尽于修己，问政则以为未尽于先劳。赐也达，于天下事无一不思其究竟，故问士则必穷其次，问政则必穷其所去。"《松阳讲义》："圣贤立身行政，只是一个正其谊不谋其利，明其道不计其功。平居筹划兵食，原都是道义作用，到生死关头，亦决不肯离道义而谈兵食。"

含义引申：

本章以尊民第一、经济第二、军事第三表达仁政价值观。此价值次序正与法家权力哲学价值观次序相反。朱子言"食足而信孚，则无兵而守固矣"，"无信则虽生而无以自立，不若死之为安。故宁死而不失信于民，使民亦宁死而不失信于我"。但本章中"信"与"立"二字所指略有不明。"信"可指统治者"使民信己"或可指"使民恪守信用"，前者指民信官，后者指民守信。"立"可指"民存立"（人民方），也可指"政权存立"（统治方）。然而概观之，本章可大致理解为：为政者必须以统治者与人民之间相互信任为施政之首要，因唯此可表现爱民之义，为仁政观所特有，为暴政观所必无。至于本章中食、兵两项乃为修辞学之铺垫，从技术上言，二者乃国家存立的物质性基本，自然为必需者。本章将此二物质性必要条件夸张式地置于次要地位，以凸显统治者与被统治者相互信任的首要性，因为此正为历代封建主义统治者所必轻忽者。

历来解者多纠缠于"兵"字究为先秦之"器"义还是为秦后之"人"义，然而此字自然可有二义。至于如顾炎武等泥执于时间考证之古今，亦为失焦之论，因后人无法于古书时间推测而严辨事实之先后也。今日读解首应把握句子整体意涵，不可纠缠于个别字义的溯源学。本章的深层意义则在于：仁学政治伦理学，针对历史现实中法家政治对内对外之暴力主义倾向，其政策必首重经济与军事，而根本不重视民意，故对民之"许诺"往往即"欺骗"之代名词。本章因而特别颠倒现实为政次序之常规，在力申爱民重民之义的同时贬斥历代穷兵黩武的政治观。

现代意义：

本联句重点在第三句"自古皆有死，民无信不立"，以此强调为政之至要在于君主对民众应维持信诺。本章列举的信、食、兵三种社会必需，实呈现为道义需要与物利需要二分法。也可理解为人类历史内容中的精神与物质二分法之简化表达。就实体性论，自然物利为首要，否则无以维持物质性存在；而就精神性论，仁学指出，有（价值观上）高于物利的正义价值在。正是后者使人及人类成为异于动物者。对于兽类，食与"兵"（暴力加"智慧"）自然为必要，而"信义"或"正义"是没有意义的。言下之意，使人类本质异于兽类者非在于物质类成就，而在于精神类成就。

本章意旨在现代政治学中已无意义，而其转义在于：仁者为政应以爱民利民为第一原则。而表现此原则存在之证在于存信于民。此看似为仁学的政治学主张，实仅为仁学的政治伦理学精神之宣表。因前者无论在古代还是现代都难以实行。本章通过夸张式价值大小次序之比较，将爱民取信价值置于高过经济与军事的位阶。此一仁政价值观深合现代民主主义精神，而与历史上古今中外权势集团之耀武扬威、恃强凌弱的暴力政治观（中外历史均将扩土辟疆事业美其名曰"英雄伟业"，此"英雄主义"岂非即为霸权主义？）呈现强烈对比。本章主题实为宣表人际间信义原则的首要性。

就仁学今日主要场域为人文科学言，信义二字所含之信念与正义，均应为学术伦理之基本规范。信仰、信义、诚信等如无仁爱前提自然无以实行，此三者不仅与法家价值观相反，而且更有甚者，法家亦正为善于"伪用"此三原则以进而欺世盗名者。古代社会政治领域中的仁学与法家的对峙现象，今可普遍见之于国内外人文学界。法家精神就是以力、以诈求名利权之世界观，此现象今可在全球人文学术市场化竞争机制内清晰看出。在唯名利权是求的现代学界，所谓标举最高的"诚信"原则，仅成为一种竞争文化内的游戏规则而已。今人视为更正常用语的"游戏规则"，其实正为商场竞争规则，其中的所谓"诚信"要求，不过是"遵守行为规则"之意，根本无关于参与者的真实心术。（此情况可从赌场文化见之，参与者均依公平规则行为，而其内心时时想到的是如何趁规则之漏洞或合法地进行欺诈以取己利。）本章"民无信不立"之教岂非直接针对今日人文学界的科学化前进事业？学人如无信仰、诚信、义行存在，则科学实践徒然成为另类利害竞争场域，也即人文学术必定异化为、蜕化为世间争名夺利之另类渠道。

12-8. 棘子成曰："君子质而已矣，何以文为？"子贡曰："惜乎夫子之说君子也。驷不及舌。文犹质也，质犹文也。虎豹之鞟犹犬羊之鞟。"

对比项：质/文，内容/形式，政治/文化。

意旨：仁学伦理学兼含政治伦理观与文化伦理观，其中"文"字既表达政治实践中之道义内容，又代表文化实践中之文化内容。

旧解摘要：

《集注》："棘子成，卫大夫，疾时人文胜，故为此言。言子成之言，乃君子之意。然言出于舌，则驷马不能追之，又惜其失言也。"《四书辨疑》："对子贡发如此之言，非疾时人文胜，乃是疾孔子所教子贡之徒文胜也。子贡正谓妄意讥毁圣人之教，故伤叹而警之也。"程树德："陈氏以子成之言乃讥孔子，可谓发前人未发，其论确不可易。"《论语后录》："夫子曰：'质胜文则野，文胜质则史。文质彬彬，然后君子。'子贡之言，盖出于此。"《皇疏》："虎豹所以贵于犬羊者，政以毛文炳蔚为异耳……譬于君子，所以贵者，政以文华为别，今遂若使质而不文，则何以别于君子与众人乎？"《四书改错》："此贬抑圣门之尤无理者……向使质是忠信，则文不当胜忠信；文是礼，则质又不当胜礼。相胜且不可，何况相去？"《论语集注述要》："古注曰：'虎豹与犬羊别者，正以毛文异耳。今使文质同者，何以别虎豹与犬羊耶'云云。遂恍然知'文犹质也'二语乃承子成语意而来。两'犹'字非同等不可相无之意，乃不能分别之意：谓既去文存质，则质外无文，即质即文，是文与质无所分别，一如虎豹犬羊无毛文之分别。"

含义引申：

仁学首重品德之养成，故子成之问并无不当。按照《论语》设问修辞法，问者提出问题（如何成君子）之一端，答者子贡就此一偏之问而特言文亦不可偏废意。此一劝喻指令句仍用此表面上矛盾的语式答之（设问看起来正确而反指出其含有偏误，借此言以全君子之义）：对于君子之言与行来说，文采与质地同等重要，也即二者实为一币之两面。故以不同类动物之毛皮不同可代表其物类不同为喻，借以区分君子与非君子之别，如是，则君子除品德外必仍须具人文修养。张岱在《四书遇》中对此解释说："子贡欲留文以辨质。总之，皆为质地耳，不必过于贬驳。"孔学重学、重文、重礼，甚至重艺，似乎均在仁者修养的伦理质地之外增附了文采修饰，而另一方面孔学也一再提醒，须警惕徒有其表和乡愿佞口，所以本句之意同样并非强调文重于质，而是强调文与质必须相互一致，表里如一，如此方可质以文显，文以辨质。此种文质二者间的相互关系，当然也含蕴着仁学君子除社会政治道德学之外亦须兼具另一人文素养要求，"博学于文"即为此意。

仁学为伦理学，其述而不作之意，即指其君子品德学为周礼所已有，此礼学固然含作为其表现法之"礼文"，而孔子特在《论语》中多处指出仁学与独立之"文"的关联，此可视为仁学在周礼道德之外创发了文化性实践方向（为文），故属于孔子之"作"的部分。棘子成之问基于仁学的品德中心论，而曾子对此问之补答则可视为仁学进一步强调"文"在孔门增加了独立性存在之意识。此一文质并重之言，遂使得仁学之伦理学身份进一步丰富化，兼含了其原初的纯道德性与其后补充的文化性此二维。可以说，此一质文并举句式，也就展现了仁学兼含人际关系正义学部分与个人"为文"生存方式的规定，其"文"所代表的正是仁学伦理学的精神文化朝向性。仁学的伦理性思想也就最终转化为蕴藏于、体现于精神文化实践内之价值观方向的导引。综合论之，本章修辞学"一箭双雕"地表现出一种类似于符号学的表意法，即"文"字担负两个示意功能：一方面表达内容与形式的统一，实质与文饰的互依；另一方面表达（或暗示）"质"（承载道义之政治）与"文"（分离于政治之文化）的历史平行性。换言之，孔子重"诗"之教含蕴着双重意义："诗"作为"政"（外交）之工具或表达（同构于形式为内容之表达）为一事，以"诗"代表的"文"所开启的政实践之外的文实践为另一事。此外还可以说，"文"在仁学从政观中可代表道义，在其文化观中可代表由道义所引导的真善美实践。

796

现代意义：

仁学伦理学兼含 E1（人际关系正义论与精神文化朝向性）、E2（主体伦理学，对 E1 价值的认定和践行）、E3（生存价值观），即仁学伦理学兼含人际关系性、主体态度性和生存价值性三部分。E1 和 E2 都须以 E3 为前提（未知生焉知死，鸟兽不可以同群），E1 作为价值观兼涉政治实践与文化实践两域，而对于孔门仁学形成学而言，E2 则表达了从政治转向文化的实践学抉择。在本章中"文"作为价值观（E1）和实践论（E2）两实践域的共同符号，对于政治（"政治"可作为物质性历史进程之泛称）代表主体对其所持的价值方向，对于文化则作为主体的施为领域。简言之，"文"字可兼指价值观和实践域二者。此"文"字在仁学原初实践学中的此二所指，当"文实践"在现代社会具体化为人文科学后，即兼指其仁学价值观方向和主体的伦理实践学领域。就文化内容言，现代社会上的最大演变（甚至仅只为百年来之变迁）为"学术"与"文艺"的区分性（中国三千年文化史的本质为其"文学性"或"文艺性"，因其古代高级艺术均具有"文人画"的意蕴："艺"具"文"品质方为高级之艺术）。如果说 19 世纪的"小说文化"为二者混合的最典型例的话，20 世纪二者则在实际上和理论上越来越相互有别（此所以说现代诺贝尔文学奖已属于时代误会，因"文学"之功能已经因其中的学术性思想的分离而性质大变。20 世纪，特别是其后半叶以来，个别优秀作品，已既失其 19 世纪的重要性，也失其 19 世纪的代表性）。后现代主义的今日仍希将二者混为一谈，可以说犯了逻辑上的错误，正如"上帝的归上帝，恺撒的归恺撒"之喻所示，今日亦应"学术归学术，文艺归文艺"（人文科学与文艺创作的二分法）。今日读解仁学古典时与古人读解仁学古典时在内实践形成上其本质仍须同一（通过新仁学的读解法将二者统一于同一伦理认识论层级上），但在外实践选择上必然与时更新。古代的文艺创作类型（含文史创作和古典学术）与现代的人文科学类型仍然属于同一"文实践域"，二者必然遵循同一价值观方向。所以在 E1-E2-E3（人际价值、主体意志、生死信仰）的伦理三连贯层次上，可谓古今同一。

12-9. 哀公问于有若曰："年饥，用不足，如之何？"有若对曰："盍彻乎？"曰："二，吾犹不足，如之何其彻也？"对曰："百姓足，君孰与不足？百姓不足，君孰与足？"

对比项：爱民/虐民，专制/暴敛，待民如人（仁者）/待民如物（法家）。

意旨：民为国本即民为君本，本者非仅指民为物财之"因"且应为君之"主"（本章为孟子"民为贵"说前导之一）。

旧解摘要：

《四书稗疏》："《集注》之言彻法，在《论语》则曰：'同沟共井之人，通力合作，计亩均收。'在《孟子》则以'都鄙用助，乡遂用贡'，谓周之彻法如此。《集注》之自相抵牾，唯此最为可讶……以实求之，则《孟子集注》之说较长……后世而欲知三代之制，既经秦火，已无可考。"《集注》："彻，通也，均也。周制一夫受田百亩，而与同沟共井之人，通力合作，计亩均收。大率民得其九，公取其一，故谓之彻。鲁自宣公税亩，又逐亩什取其一，则为什而取二矣。故有若请专行彻法，欲公节用以厚民也。"《四书改错》："朱子于《论语》《孟子》两注，坚执'通力合作计亩均分'八字，似乎从来典制原有此文。及或疑而问，而朱子乃云：'曾记洛阳议中如是。'故以意推之，则直杜撰矣。"《惜抱轩经说》："孔子之告哀公曰：'古之君子，即安其居节，丑其衣服，卑其公室，车不雕几，器不刻镂，食不二味，以与民同利。'又曰：'仁人不过于物。'以孔子所讽推之，哀公者，多欲奢纵而不恤民之君也。故曰：'今之君子，求实无厌。'夫人君之德，必在恭俭爱人，而况其于饥岁乎？"

含义引申：

本章诸旧注大多集中于远古税亩制度实情之推测，各依不同而均不可靠之传说资料为解。我们依例均不采纳，而仅将其关于史实论述部分作为明确文意所指之语境而已。本章以劝谕句式间接表达仁学政治观的事实性判断：历史上权力持有者的贪婪本质正体现在奴役人民上，而仁政观则主张养民、利民、教民。本章在内容与风格上均与《孟子》文本一致，不知此为孟学思想的直接来源之一，还是战国时人按照孟学思想插入《论语》者。不过，此类规劝统治者爱民的思想，实属周、秦、汉时期读书人（而非法家用术者）之"公言"，故并非孔孟所独创者。

现代意义：

《论语》中所含仁学政策性意见，一方面相当于仁学价值观之宣表，另一方面也相当于对未来漫长儒教政治史现实之预言，二者（现实判断与未来预见）均基于现世经验之观察与合理推论。孔子知人性恶必集中体现于政治领域，此一对君主的劝谕遂具有了一般人类政治伦理学层次上的永恒价值。对人性善的呼吁，反成为对人性恶的表达。其引申含义岂非为不可寄望于统治者的善意？随之可合理地推导出：人类政治生态的公平性必须依赖超越人治的法治来维持。正是西方文明中的性恶论（人类的罪恶观之宗教假设和霍布斯的人性恶实证性推论）导致的民主法制观，为仁学政治伦理学理念提供了实现的技术性手段。近代以来，当弱肉强食的法则从政治领域扩大至社会一切领域后，通过经济权势和等级制度支持的普遍等级观，自然也渐渐渗入人文学术领域。古代政经军领域内的虐民、奴民现象及弱肉强食人生观，也以间接方式散布于学界，其具体化表现即商业化、市场化导致的唯利是图竞争主义文化生态的形成。现代人文科学革新的首要问题，仍然为学人伦理意识重建的问题。

12-11. 齐景公问政于孔子。孔子对曰："君君，臣臣，父父，子子。"公曰："善哉！信如君不君，臣不臣，父不父，子不子，虽有粟，吾得而食诸？"

对比项：等级/秩序，野心/越位。

意旨：各级政客，不乏野心勃勃、伺机越位者，因其志向正在于与人争权夺利而已。

旧解摘要：

《吕氏春秋》："凡为治必先定分。君臣父子夫妇六者当位，则下不逾节，而上不苟为矣。"《集注》："是时景公失政……其君臣父子之间，皆失其道，故夫子告之以此……景公善孔子之言而不能用，其后果以继嗣不定，启陈氏弑君篡国之祸。"

含义引申：

本章意旨如前章，即通过劝谕句（君应有君德，臣应有臣德）以表达如何纠正政治现实（君不君，臣不臣）之失，但亦显示出仁学仅相关于政治伦理学层次（德政观）。本章之义类似于"正名论"所言，即为政之要为各级统治者按其职位内规定的道德性要求以各尽本分。本章通过事实重复性表达法之无所作为以表达孔子之事实性判断：各级持权者中均少有具为善行仁性向者。本书关于仁政诸章均在于直接、间接地以恶政历史现实为背景，宣表与之反向的仁学政治伦理观，并客观上显示出，在政治的精神、方向、标准、方法诸层次上，仁学政治伦理学与法家政治理念及实践传统之间，形成了截然相反的对比。仁学政治伦理学一方面表现了明确的伦理价值观，另一方面也表现了其前政治学的思想性格：既未对于历史政治制度进行反省，也未涉及现实政治斗争策略细节。但其政治伦理学特点却也含蕴着一种政治实践学层面上的间接开放性（未来政治历史视域之呈现），其含蕴义为：仁学政治实践问题有待于未知之未来加以解决。因此，所谓孔孟政治学支持传统封建主义制度的立场，其表面上的"坚持周礼姿态"可视为一种思维边界之范畴名，其涵指如下：传承历史政治制度方式（周礼），在民族认识论想象上，固然被视为天然事实（犹如自然界般的"天然存在"），但因其理想状态之空洞性（因孔子以其伦理性标准话题取代了政治实践策略性话题）及孔门政治实践经历的失败意象，遂共同隐含着一种方向性暗示：文化场域的转向暗含着理想政治场域的未来开放性。按照现代政治学观点，其政治学自然不能成为可行之方法论，而却应视为一种在人性论上永远有效的政治伦理价值观之方向性指南。

现代意义：

原始仁学以其政治学乌托邦表达政治伦理学理想，幻想通过道德教育及封建等级制度性秩序以促使等级不同的权力者各安其分，进而创造可行之德政环境；反之，法家迎合权力者私欲，为之设策制术，鼓励其越分愈界以争权夺利，从此争权夺利动机和目标遂成为中华历史长河中之常态。纵观《论语》全书论政品人章句中陈义之高，大有超越政治层面而另有所指之概。由此可推知，孔子提出的"仁政观"，实仅为"整体仁学"实践之第一步骤或手段，正如"借君行道"观点所示者，其隐含意为：君为手段，道为目的。此"道"又何所指？"仁道"之内蕴深广，非仅指合理政治秩序之维持，而是进而相关于足食足兵后待行的"教之"问题。所教为何？原始仁学于此同样仅只展开一文教层面上的"历史视域"，即定位于文化领域内的一种"遥远主题开放性"。质言之，孔子之所谓"仁政"只是其"以政行文"之手段方法学而已。简言之，所谓"仁学"，含政与文两大片。故仁学的政治伦理学何止于社会公平正义建立之目标，而是作为进而朝向着人类现世精神文化建设总目标之有效运作基底。也即，所谓"良政"不过是继续高端实践之运作基础，并非限于达成良政善俗后安居乐业而已。

我们应该由此含义进一步领悟仁学实践学具有的精神文化目标之高度。揆诸人类文明认知与经验无数倍丰富后之现时代，此一仁学文化学视域，岂非正可以现代关于"人的科学"主题当之？来自西方文明的政治学及政治伦理学的讨论宗旨，多局限于人民物质性福祉的创造与分配之正义问题，民主政治的理念基于大多数民众的快乐生存需要。19世纪英人所谈"大多数人幸福观"均止于此物质性生存的"人际公平性"层面。与此相关的教育学思想即为提供此物质性公平社会准备的知识技能训练（今之职业工作朝向性的教育观）。而孔子的所谓"教之"及"学人生观"在价值观上暗示着一种相反的实践次序论：不是通过文教知识事业不断提升物质性福祉，而是以基本物质性福祉为手段来不断追求现世精神性文化创造（其今日形式即"人文科学"）。而西方文明中强大的"超世"精神追求方向，则部分地遮掩了此一现世精神文化追求中含蕴的人类最高生存目标的重要性，也即降低了大众对于现世精神文化目标的关注度。现代西方媒体日日所见除了股票就是理财讯息，其次则为物质性公平问题，而广大民众多已成为技术性及准技术性人士，并被塑造成毫无意义的"消费动物"，从而完全失去了对于人之科学的兴趣，其所关注者仅感官性快乐及物化之技术而已。其所谓来世性精神追求不过是其现世物质性幸福之无限延伸之梦想而已。重要的是，对于广大信众而言，无论在其现世生存阶段还是在其来世生存阶段，均无"人的研究"这类思想性活动之位置。其所谓与物质性享受对比的精神性，不过是指对想象中的超自然力势之崇拜性。质言之，对彼辈而言，精神性即超自然崇拜性，而永恒静止的"崇拜心态"自然与"现实观察和逻辑思维"豪无关联。（对于此类信众而言，世界各大名校图书馆内的几十万册人文书籍应该全属待焚之垃圾类废物。我们遂可再次印证：无知者最无畏！难怪知识越低的，其制造与接受"社会性影响力"的可能性就越大！）

【关于精神价值与物财价值间现代对比的历史解释学申论】

本章看似空洞的政治家道德原则之申表，可能含有的现实性判断有二：传统政治秩序延存的内在不稳定性以及多数各级统治者个人品德的缺失性。结果，横征暴敛、争权夺利不绝于史，可证人性内在的普遍自私性。而大多数人之作恶与否全非全基于其天性善恶成分多少，而多取决于其作恶之客观条件之有无（当然应区别：历史上始终存在着积极为恶之少数"强而智者"与被动跟随从恶之大多数"弱而愚者"）。孔孟思想本身遂表现出一种表面上的自我矛盾：其思想目的为如何促人向善（故寄望于人之天性中的良知种子之滋长），而其现实体察则为"好仁者稀"（此即已知人之天性中的自私根苗之深固）。因大多数人天性自私，一旦得势（即获得争强斗胜条件）即倾向于野心膨胀而陷于逐步加深的争权夺利活动。为取得成功则需有术，故钩心斗角、权谋诈欺之术随文化智慧发展而猛增，此即自古至今一脉相承之法家思想精细化发展之轨迹。西谚所言"绝对的权力使人绝对的腐败"，所表达者仍比较抽象和局限；实则，除"上智下愚"外，绝大多数人之所以可为恶可为善，主要取决于其客观上"作恶条件"与"守法条件"之有无。因此，客观来看，法家思想方为符合历史现实及反映人性"本恶"的一种实证性的实践论。

秦汉以来的中国历史发展果然印证了法家思想在政军经实体层次上的永恒成效，而仁学作为法家的历史对立面以及由法家制造的社会实体内的"寄存者"，却在精神文化层次上开辟了一种与其相反的、异质性的生存形态，二者共同构成了中华文明发展史上的一种复合历史进程。结果，仁学伦理学精神最终须存身于作为法家专制封建主义之变体的儒教社会中。而仁学政治伦理学的此一仁政主张，遂成为法家反人本主义的"唯权力学"之永恒对立面。仁学中含有的属于历史上人道性公言的部分以及其特有的品德教养学思想曾为法家政治加以利用为一事，仁学中的主体伦理学思想成为法家权力哲学之"价值学对立面"则为另一事。本章之维持现存等级秩序的表面主张内隐含着一种充满矛盾张力的中华文明政治史上的伦理学价值观对比性：法家集体权势至上观与仁学个人本位良知观二者之间存在有一种价值观上的对立性。本章的此一空洞政治道德观架构的句式中，也即呈现出一种普适仁学价值观，此即"人本主义-人道主义-人文主义"。

12-12. 子曰："片言可以折狱者，其由也与？"子路无宿诺。

12-13. 子曰："听讼，吾犹人也，必也使无讼乎！"

对比项：治世/无讼。

意旨：止讼无争为善政之初阶，以善政促文事为为政之高阶。

旧解摘要：

《皇疏》："孔子美子路之不欺，亦所以为听讼者贬也。当时或有信一言以为曲直者，故孔子发之，观下章言'听讼吾犹人也'。则此章论听讼不论子路明矣。"《集解》："孔曰：'片犹偏也。听讼必须两辞以定是非，偏信一言以折狱者，惟子路可也。'"《集注》："片言，半言。折，断也。子路忠信明决，故言出而人信服之，不待其辞之毕也……宿，留也，犹宿怨之宿。急于践言，不留其诺也。记者因夫子之言而记此，以见子路之所以取信于人者，由其养之有素也。"《四书辨疑》："尹材曰：'子路言简而中理，故片言可使罪人服。'"《潜夫论德化篇》："上圣故不务治民事，而务治民心……无讼由于德教，此最是难能。正如胜残去杀，必俟百年，王者必世而后仁。"

含义引申：

此两章在表面上相关于孔学的德治观，前章表达治者之诚信与敏慧品德，后章表达仁政之政治哲学：礼在刑先，教在惩先。仁学的德治主义包含两义：从治术角度看（作为手段），德教应在刑治之先；而从仁学价值观角度看（作为目的），则仁政之根本目的正在于导民崇尚道义以作为社会向文之基础。故如仅因前者而获治，仍有"民勉而无耻"之虞。《论语》诸指令句经常彼此看似矛盾，如既知好仁者稀、无好德如好色者，如何还能期待人民普遍怀有道德信念呢？实际上，每一陈述句、祈愿句、指令句或其变形句式，均在相关于具体环境时，表达着一种仁者实践应"逆反于"负面人性和负面社会现实的"辩证实践法"（《论语》如实传达的"客观事实"和仁者主观愿望的"心理事实"之互动作用），诸相关指令句句式均在关系性层面上，通过特殊的相反相成表意法，来传达着一种双事实性的判断和指令（遂有"知不可为而为之"的人生观设定），而其指令之恰当意义须在变通相关语境后方可达至确解（因古今大多数《论语》学者均难据此原则解义，故各依己愿而片面实用主义地"各取己好"而已）。如无此种效用，即可视之为无关于今日定义的仁学本身，而须将其排除于有效文本整体之外。

两章将仁政目的在事实性层次上的不可能性与在愿望性层次上的预期实在性并列，在读解中即相当于宣布仁学伦理学意旨实非相关于政法军现实界实务，也就是等同于宣称伦理思维不同于政治思维。古代文化思想单简，仁者以为伦理学的目的是改造社会与政治，结果此种推理格式导致政法道德性话语仅成为伦理学的"表达面"（expression plane）或实践"促动面"（motivation plane）。仁学作为"伦理学"，其主要目的与功能其实并不存在于政法领域。此两章反映的事实性反而正表达了人性自私的普在性。此种本质上近似于霍布斯式的结论实际上也包含在仁学内部，其实仁学指令句无不针对人性的负面现实，即使句式中含有对于仁者的期勉意，亦将其句式组织为直面可能的人性与社会中的负面现实之阻力。不过，对于少数作为（《论语》修辞术中的）"仁学选民"的真仁者而言，无非以其历史现实中的可能的独一性存在，来反衬人性自私这一普遍性事实。《论语》的历代编写者虽非仁学义理智慧的创造者，但在集体性编写过程中同样充当着有关人性正反智慧经验的总结者、整理者、协调者、促动者的角色。

两章看似自我矛盾的夸张式祈愿句式，却具有复杂而深刻的寓意与效用。明明"好仁者稀"，如何能够"必使无讼"？就现实言，此章当然可以退一步解为：礼学教化可大为减少人民违法之可能性。此则为以礼辅刑的一种实用主义态度。此一实用主义意义上的礼学，即为文明教养学。此教养学的观念和实践实属历史传统本身，非孔门之发明。而此一导民守法原则乃属政治策略学部分，亦为任何社会统治者必不时须采行之策略性通识，亦非仁学所独有，故亦不必视为导之于孔学。孔子所谓"述而不作"即指此一历史公言部分。秦后儒教社会大致均采取此政治、社会、教育的文治政策（称之为传自周礼），通过礼学教育导民守法，自然为中华文明历史上具正面性的民族传统。孔学不过是特别对其加以推崇以使之对峙于、平衡于其后越来越严重的法家暴力哲学：对内压榨和对外侵伐。在此儒教历史现实中，礼教实降低为法家治术之附庸，因儒教制度的实体或硬件纯粹来自法家暴力计谋学，所谓"儒学"者不过是此硬件所支配及运作之柔性工具而已。

现代意义：

就狭义政治伦理学而言，本章中表面上孔子的仁学治本之教，实为此一伦理性治本目标不可能实现的变相表达。从政治社会实践学角度看，本章中的本与末恰可颠倒过来：法制为本，德治为末。"讼事"属法律技术性领域，非仁学所关切。本章显示，政法技术性问题非属仁学伦理学，而今日应完全纳入现代世界认同的法制化生态。"无讼"属于仁学政治伦理学的理想层面，因其不符合人类社会历史经验提供的可能性，今日社会科学可进一步断其为不可能之事，从而间接支持了仁学表面上否定而实质上认定的"人性恶"事实。此一事实正为人本主义伦理学的建构基础之一。古代以儒法精神为方向的强制性法治主义与现代民主时代的法治主义，均以客观法治主义为有效推行政治生活的基础。仁学的政治伦理学的现代意涵，因其德治主义的不可行性，则朝向于文化思想建设方向。一者相关于法治主义中的德治辅助功能，一者相关于人类文化精神方向思考中的愿望。

本章实含有更深广之意义，其仁政思想当然为前章所解释的"以政行文"意旨之重复。本章之含义即为：政治非仅为维持社会公平秩序及民众温饱之谓，而是应视之为进而追求民族精神文化创造的物质性条件或基础。政治公平和衣食无忧仅是仁政之"手段"，在其之上进行的精神文化（非感性文化）创造才为提升人类生存素质的"目的"。如无后者而徒有前者，不过是导民于庸碌生存状态而已，此非有识者所当自限其眼界者。至如为满足民人畏死本能而设置的来生天堂畅想，则属于另一类生存目标，不应以之取代现实精神创造目标。

本章"无讼"之世俗理想，不过是"吾与点"之高远精神畅想之前奏而已。我们于此可深识仁学政治伦理学的精神意涵深度及其朝向人类世界的思想开放性。相比之下，今日以西方后工业文明为标准的政治观，无不止于社会公平、寻欢作乐的形态，甚至顺从俗见到如此地步：竟以各代民众平均收入多少作为政治行为质量之判准，可谓完全忽略了两千多年前中华智者所朝向的"以文为生"（此"文"即"人文"，代表着关于人之所以为"人"的精神思想性探索实践）的精神至上的人生理想方向。

12－16. 子曰："君子成人之美，不成人之恶。小人反是。"

对比项：君子/立人，小人/损人。

意旨：仁学为君子学，己立立人、成人之美，为其学固有之意，而人间自私者必以损人利己为原则。

旧解摘要：

《集注》："成者，诱掖奖劝以成其事也。君子小人所存既有厚薄之殊，而其所好又有善恶之异，故其用心不同如此。"《四书近指》："君子常欲以有余者及人，小人每至以不足者忌物，故美者君子所有，而小人所无也。"

含义引申：

本章中的君子、小人对举法即人格类型对立之表达。君子典范不仅为见贤思齐，而且更为进而成人之美。所"成"之人，自然是贤能者，即有（道义性）其美质而可促其成者。古今人性一贯，嫉贤妒能为最显著之人性，今日并深植于个人主义的商业化社会制度中，遂成为人际竞争关系之正常态度。本章以不仅不嫉贤妒能而且能进而成人之美的品德以进一步提升君子人之道德高度，此一思想在封建专制秩序稳定的社会中，在有的程度上确可有效于一般读书人品德之形成。封建社会的政治专制主义，由于可维持稳定的社会秩序，反可方便于消减或限制个人间的直接竞争的条件，使得人性的此一嫉贤妒能部分有可能不至于泛滥。社会制度和政治意识形态的统一性也有助于读书人之间形成某种集体主义态度，并使得仁学的伦理学思想有可能在政治制度以外的领域贯彻于读书人的人生观及生活方式中。封建主义的制度上的内在不平等性与腐败性，反可有客观条件形成某种君子之风，而自深层视之，此类在少数君子身上形成的品德操守，恰可用于更好地服务于皇权集团，但也可以相对地在其私领域中有助于个人之仁学文化实践。

现代意义：

仁学中的以及中国漫长历史中的有关君子小人二分法的经验之谈，具有明确的事实可验证性。此等人性中不同人之间的秉性异同，在现代社会中基本上被归于"非相关项"，即可不使其在法律社会中发挥关键作用。何况现代商业化竞争制度中唯利是图成为合法动机，商人心态本质上即小人心态（必依损人利己策术以获成功；经济社会中人际竞争关系中的有成有败的结果不平等性，完全基于各据己私求利之人生观）。在此情况下，仁学的君子小人二分法虽然在大多数人参与的职场竞争生存环境内失去了意义，却在少数人从事的人文科学与精神文化事业领域具有有效性。孔学以此易见之人性缺点作为判断君子与小人的可靠标准，今日仍可在此人文领域内见其具有的特殊价值与效力。在学术社会内，此一自私倾向遂易于演变为党同伐异、结党营私、排除异己的学界普遍现象。而相互倾轧中最初萌发的迹象即以小人式伎俩暗中行其损人利己之术。在今日人文职场学界的等级制度、学派思潮、治学方向等等学术实践方式中，处处可见此因持以学求利人生观所导致的人文科学水平每况愈下之事实。此一普遍现象之根源正在于今日全球化时代的商业化之无远弗届，商人作风与生活形态已成无孔不入之势。商人生存于相互竞争的环境内，彼此于理必须相互谋算，相互斗争，自然与"成人之美"无关。（试想：某老板做广告宣扬对手商品优于本厂制品，有此可能乎？）其人生观为唯利是图，故逻辑上必揣摩击败竞争对手（损人利己）之策以生存。然而，此一现代社会商业化发展的"霍布斯＋斯密"之合理性，源于其现代政治法制制度的调节性，即在法定游戏规则内追求竞争性私利的合法性确立。此一进步的公平性之前提为：视物财追求为人间至理和人类主要生存样态。

毋庸讳言，本章此一古典人品二分法的认识论和实践论意义，仍可明确无误地显示于文化与人文学术领域。因在此领域内，既乏客观是非衡量标准，又无深层次有效的制度性保障。法治社会中存在的学术制度性规范仅有效于外在的行为层次，而无可涉及内在的动机和目的层次，故学人在此内外分离的不同领域内仍可本其损人利己动机而大幅度地操弄内外规范中的漏洞和盲点，此类倾向适足以损害人文学术的科学化发展。义利之辨，真理与利益之别，因此仍然严重地损害着人文科学前进的速度，而拒绝采纳此义利之辨治学原则和人际关系原则者，岂非即属于小人范畴乎？因为，人文科学革新运动的基础为集体合作向真主义。如无此种集体求真意识，时当资本主义竞争文化环境，自然视同行为竞争对手，何有成人之美之说？在此意义上，本章的传统君子美德精神竟然与未来人文科学的革新运动精神一脉相承。但是从前述二元论历史哲学角度看，古代儒教社会中的"政治与文化"的平行性、复合性的历史存在，今可转换为"商业技术化与人文科学化"的二元存在论，彼此的目标与原则必然有别，以继续历史上的"物质类活动"与"精神类活动"彼此"互不相犯"的共在性。前者不须采行成人之美的原则，后者必须遵行成人之美的原则（有鉴于人类自私天性，实际上仅可能取其"弱式"：勿采损人利己的原则）。

12-17. 季康子问政于孔子。孔子对曰："政者，正也。子帅以正，孰敢不正？"

对比项：政/正，政治/正当，上行/下效。

意旨：仁政说欲以政行正，而世情反之，历史上法家政治恰为权力者借愚民役民以遂霸权私欲之途，故孔子特以此呼吁句式直接对比理想之"正"与现实之"邪"。

旧解摘要：

《集注》："范氏曰：'未有己不正而能正人者。'"《论语稽》："惟孔子言字义最切，以正训政，不待别诂，只一言而政之名已定矣。正即大学修身之义。一身正而后一家正，一家正而九族之丧祭冠婚皆正，由是而百官以正，吉凶军宾嘉官守言责亦正，而万民亦无不正矣。"

含义引申：

本章论政之空洞性，恰正符合仁学表述的义理象征性。如按《论语稽》予以实解，则本章之理论性价值全失。该解中的"正即大学修身之义"以下今日均不可取，纯属儒教封建主义之忠孝观。然而本章却在最一般性层次上提出了仁政理念之价值学方向性——（仁学之）"正"（就价值、目标、动机、方法四者言均取其正），并以之潜在地对立于法家之"正"的方向性。如果单独就字义看，二字自然无具体属性规定，但如将其整体论地置于历史与思想史情境中读解，"正"字可代表"合道义之'阳正'性"，其对立面为"反道义之'阴邪'性"。"正邪"二者之具体定义可规定于历史现实过程中，孔学仁政之"正"自然是相对于历史霸政之"邪"而言的。

此外，本章之空洞性还代表着其义理内容的一种开放性和关系性，此即，按照仁学精神，政治的伦理性应当根据仁学伦理价值学加以判断，而非根据封建政权所有者之强权意志来判断。伦理性价值系列并不等同于某一具体政治权势道德系统。其最终判断标准完全是伦理性标准，而非政治力学层次上的权势命令标准。而在几千年的人类政治史中，民主时代以前其政治方向及方式中之"正"的价值，均由统治者单方面规定。儒教制度下《大学》之政治"正确"（此即以符合皇权道德规范为"正"）非仁学伦理性之"正确"（此即以符合人类普适伦理性规范为"正"），故《论语》与《大学》在今日看来应分属仁学系统与儒学系统。

本章后半句的判断句自然仅可作为祈愿句理解，其客观不可行性所反映者为其主观理想性。本章呈现了人类政治文化史上的一种基本对立性：伦理面的正面品德要求与政治面的负面品德事实的永恒并存性。前者属于精神与理想层面，后者属历史与社会现实层面。但在儒教历史上，此一仁学德治观的确成为缓和、调解、约制统治者或许不至于无限为恶倾向的手段之一（如遇东晋桓玄之类生性残暴者，任何道义话语都不可能起到任何正面作用）。一方面，其功能属于辅助性而非主导性，即其效力只能是劝说性的，而无绝对控制权力行使方式的能力；另一方面，此德治思想的总体效能具有制度结构上的内在限制性，因并不容易在客观社会层面上实现上下一体的德治策略学（缘于认知性及技术性条件的历史性欠缺）。

本章再次表达仁学的政治学观念实仅为伦理性理念，而历史现实与其反向而行，漫长封建主义时代的为政者多属自身不正者。此句所涉政治实践学"上行下效"，乃社会经验性公言，之所以无法成为事实，正好反证为政者（即有能力持权柄者）率皆不正之徒。（暗示：唯不正之徒特禀赋以特殊权谋夺权、持权之能力。如元末大乱之际"群雄并起"，所谓"起义者"无不出于自私夺权欲望而均假仁假义而行之，一方面"抗元"，而另一方面"内斗"，过程中唯最暴恶狡黠者得以最后成功。）尽管在价值学和政治学的次一级实践领域，仁学的"正人君子"之教，两千年来贡献于儒教为政者多多，其主要实质性功用恰在于维护统治者之权益，虽亦在相对程度上有利于人民的福祉（因统治者须依靠有效役使人民而存在，故明智的帝王自然须使人民分享起码的生活条件，以维持其"有效劳力"的存在，而权势者偏将此"利用"民众关系解释为"天之子的恩赐"），但远非符合仁学政治伦理学理念。

现代意义：

在现代法治社会，政治家的品德固然为法律所要求及监督者，而仅满足于按其行为表现衡之，却无须深入行为者之动机部分（况且现代个人主义民主制度预先即已假定了个人合法求私利的正当性）。因此自然仍然是法治为主，德治为辅之意。本章的间接历史判断（为政者多不正）反而恰正重申了人类社会法治方式的必要性，即不可期待于、寄望于"好人政治"。现代政治制度已经法制化，而法学的正义观不同于伦理学的正义观，其要在于维持制度的公平性及可行性，而此法律制度的形成乃历史自然发展的结果，并非源于政治伦理学的推演效果。今日世界文明已自然演变为科技工商主导的唯物质主义建设的主流形态。相对于此历史发展，本章之寓意在于，对于今日世界按照西方文明大方向形成的人类现代化社会政治经济制度模型，其在伦理价值学（而非法律正义观）上的正当性和可取性，当精神文明水准提升后，大有另行评定之余地。正是仁学伦理学朝向世界文明领域的介入，可导致适当恢复传统人文文化及其独立人文学术主张的机会。本章因此对于仁学伦理学是否可介入现代社会政治学来说，提供了一种批评性思考的契机。此一关于人类文明方向的再思考契机，岂非也是中华文明与西方文明相互深度融通后之必然发展？

本章中君子与小人的对比，所比者绝非限于品德方面，而是就三达德之三层级上的态度关系类型而言的对比性，自然也包括技术性层面的智维。唯君子预先有相应、足够之知，才能有智力条件对于共同的问题进行有效判断。一般人虽然术有专攻，但各据一隅之偏，于理其社会文化性判断多必有失（但人之通性即习以为常，自

811

以为是，故多盲目自信，以至于多陷于意必固我）。此外，对价值观信仰认同亦然，常人多关切一己私利，难以对大是大非的价值独立进行有效取舍，故欠缺对较高、较抽象的价值观念的信仰，因此在价值观方向上难以有效持论（至于西方文明中的信仰学又是朝向来世的，故大众对有关现世人类社会文化之认知极为欠缺，因多仅熟悉其本身的职业技能学也）。至于勇维上，因义勇、刚勇均基于价值观、认识论上的背景，常人因此难以独立集义为勇。君子者，在三达德构成的三伦理实践维上，因均先有准备历练，必然较有能力主动率先有为，树立榜样。此所以继而有可能出现"小人之德草"之喻。社会中君子与小人在实践过程中的因果性次序关系，今日仍然具有同样的适切性，此即少数人之高端人文精神文化研究成果对于大多数从事技术性及准技术性工作者的人文兴趣方面，仍有可能带来有益影响。因科技工商人士亦可产生对于"何者为人"的问题的深入兴趣，或有朝一日能够自反其现行的唯技术性及商业化至上的人生观之得失问题。

12-18. 季康子患盗，问于孔子。孔子对曰："苟子之不欲，虽赏之不窃。"

12-19. 季康子问政于孔子曰："如杀无道以就有道，何如？"孔子对曰："子为政，焉用杀？子欲善而民善矣。君子之德风，小人之德草。草上之风，必偃。"

对比项：德政/民善，风行/草偃。

意旨：上行下效，治民者先自治，望善者先正己。

旧解摘要：

潘氏《集笺》："《说文》：'盗，私利物也。'则凡存私利物之心者，皆得谓之盗。"《皇疏》引李充云："我无欲而民自朴者也。"《集注》："言子不贪欲，则虽赏民使之为盗，民亦知耻而不窃……为政者民所视效，何以杀为？欲善，则民善矣。"《四书约旨》："盗生于欲。不直曰苟子之不盗，辞婉而意深。"《反身录》："苟子之不欲，虽赏之不窃，此拨乱反治之大机，救时定世之急著也。"黄氏《后案》："春秋刺讥不及庶人，责其率也……耻其不能以化而伤其不全也。政教暗而不著。百姓颠蹶而不扶，犹赤子临井焉，听其入也。若此，则何以为民父母。故君子急于教，缓于刑。"

含义引申：

以上两章意旨相同，均指出如统治者正己无贪，被统治者将可因上行下效而向善。然此一德治主义不可能独立行之，因历史上政治领域恰为争权夺利之渊薮。正因如此，仁政的德治主义仅为一伦理性表达，非可行之治术。就封建时代历史现实而论，法家之正面作用正表现于通过少数人集团之"霸道"而维持社会秩序。其"正面性"仅意味着，此不公平之秩序的形成仍较优于无秩序状态。本章之德治观仅具有相对性效益，即仅可形成于良性专制制度内，而其君主有德的条件仅具有概率甚低之偶然性，故必多为"斗屑之人"。封建政治所谓善政本来就是在多杀与少杀之间、多恶与少恶之间尽量求其善者。惜乎此种道德性劝诫对于统治者并无实质的强制作用，自秦汉帝王专制主义建立后，皇帝一人之治亦伴之以该"天之子"一人无限纵欲之特权。此一政治权贵主义相当于统治阶层各成员不同程度上分享大小不等的特权之制度，役使人民为此统治阶层服务则被普遍视为当然。在此制度下儒家倡言孔子仁学效果有限，法家之"制"先已限定了仁学之"德"的有限性。因此本章之隐蔽的负面效应为：儒教专制制度反将孔学名号曲用为该准政治性宗教"儒教"教主之标志，并进而将仁学之"文"教曲解为皇权意识形态宣传之"经典"。在众多"以儒曲仁"的手法中，最严重者有二：以法家的天之道取代仁学的人之道，以"天之子"神话实行其"移孝为忠"的愚民之术。于是，仁学之最高价值学范畴"仁道"被代之以帝王所代表的"天道"。而被儒教意识形态"强奸"的仁学则被建立在法家暴力制度的基础之上。

西方古典政治学传统由于欠缺大一统集权专制主义历史以及具有实证科学性的思维传统，虽然从宗教和教育两方面提倡众人的道德教化，而其"基础"决然是政法制度性的外在限制主义，也即在

813

社会强制性条件下的道德教化问题。此一成功的解决，无关于伦理学思想实践，而相关于政法制度的技术性实践。其庞大的宗教信仰体系，既具有历史传统的惯习性支持，又具有可辅助政法制度运作的功能。但其宗教系统本身绝对不可能成为独立的维持社会稳定健全的力量。而西方宗教"软实力"的社会性功能颇可相比于古代中国的儒教、儒学"软实力"的社会性功能。二者均有同一"道德宗教性"作用：通过软硬制度性安排以维持社会秩序。其共同的"道德学本质"（而非"伦理学本质"）均表现在提出民众如何遵守圣俗权力者的命令规条上。仁学的各种普通级的指令要求（禁恶倡善等），因相关于基本行为层次，故为一切道德体系（宗教、文史哲思想、政治、法律等）所共有，非仅仁学所专擅。但因《论语》原始思想涉及高低两层次，文句编制精到，故实为各派道德倡导者所乐于以孔子大名运用之，其所运用者实属历史公言也。由于历史、儒教、仁学的混同作用，来自历史公共传统的一得之善，因其自然亦为仁学所含具，该混同法即有可能通过"以偏概全法"将全部儒教施为皆称为来自孔子，以达到用"仁学佳言"掩饰儒教专制霸权的意识形态效果。此所以我们现代新仁学的"重读《论语》"，即是要通过还原"原始仁学"程序，以区分两千年来历史上形成的仁学与儒学的混同现象。根本的目的在于：现代仍然有价值者仅为原始仁学，而绝非含混着仁学的儒学，更非含混着仁学与儒学的、其本质为法家方向的儒教制度。

现代意义：

本章关于治术的伦理学话语（上行下效）可扩解至诸多社会文化方面，以泛指独善兼济的各个领域。在现代法治社会中，此意犹可有效适用于文化与人文学术领域，以在认识论和实践论两方面彰显少数仁学君子的表率作用，并发挥其在人文学术与思想理论方面的感染力。而且，此一古典式实践学义理今亦为文化学术改进的唯一有效方式。仁学实践学的"士学"隐含着未来人类人文科学发展的关键性意义，因其主张的独立伦理意志力作为学术真理追求的立场，正是现代人文学界所缺乏者。仁学的主体伦理实践学将为现代人文科学事业提供其所急需的主体意志力形成之智慧。在人文学术界承担本章所谓"上行下效"职能者，即学界品德高尚的少数领导者（在中国即为以古时高攀龙及现代蔡元培作为表率符号的士林领袖）。揆诸当代西方人文学界，所极端欠缺者也正为此传统式的"学界道德领袖"，其所谓"领袖"者，今已全部转化为学界行政官吏及倡一家之言的作者。此种学术个人主义生态已然内在地排除了"学界领袖"的概念，因有关诸个别学者间须协同一致地朝向共同人文真理追求的努力今已基本消失。（作者本人长期参加的当代国际符号学运动可谓徒有其精神之名而绝无其精神之实的典型例子。）

12-20. 子张问："士何如斯可谓之达矣？"子曰："何哉，尔所谓达者？"子张对曰："在邦必闻，在家必闻。"子曰："是闻也，非达也。夫达也者，质直而好义，察言而观色，虑以下人。在邦必达，在家必达。夫闻也者，色取仁而行违，居之不疑。在邦必闻，在家必闻。"

对比项：闻/达，言善/行伪。

意旨：仁学目标之真实达成，与借仁义之言以求其虚名者，为截然之两事，但自古至今一向被世人所混同，仁义之言遂成为无数逐利者避实（达）而窃名（闻）之捷径。

旧解摘要：

《皇疏》引缪协云："闻者，达之名。达者闻之实。而殉为名者众，体实者寡，故利名者饰伪，敦实者归真，是以名分于闻，而道隔于达也。"《集注》："闻与达相似而不同，乃诚伪之所以分。"《大戴礼曾子制言上》："今之弟子病下人，不知事贤，耻不知而又不问，欲作则其知不足，是以惑暗终其世而已矣，是谓穷民也。"《荀子·宥坐篇》："孔子曰：'人有恶者五，而盗窃不予焉：一曰心达而险，二曰行辟而坚，三曰言伪而辨，四曰记丑而博，五曰顺非而泽。此五者有一于人，则不得免于君子之诛。而少正卯兼有之，故居处足以聚徒成群，言谈足以饰邪营众，强足以反是独立。此小人之桀雄也，不可不诛也。'观此，则闻乃圣人所深恶。"《集解》："佞人假仁者之色，行之则违，安居其伪而不自疑。必闻，佞人党多也。"程树德："康南海《论语注》极为子张张目，而以南宋之积弱不振，归咎于朱子之偏信曾子。所谓彼亦一是非，此亦一是非也。"

含义引申：

对于本章之解，程树德颇同情康有为关于义利之辨的功利观，以至于暗示本章中求闻者主张亦非无理。此等关于《论语》意旨的严重错误读解，首先即源于解者因伦理价值感之衰退而为人性求名本能所误导，不知"内动机"大于"外功利"的仁学实践学认识论本质，以及未解区分心志层与行动层的必要性。结果，遂不能清晰区分动机层与政治功利层上同一"利"字应有不同用法：在君子人生观问题上"达仁"与"获闻"显为二事；至于在社会活动现实面上，"闻"作为"达仁"之符号以及"达仁"之步骤（工具），此为另一事。二者何能混同？康氏思维方式大多属于大而化之型，盖因未如其弟子梁氏有识真之勇，故未能进入现代思想世界也。再者，就"达"字言，其所指为最终目标为一义，其所指为过程中一中间性目的则为另一义。两个不同的"达"亦不能混同。就本章言，孔子显然是将二者作为截然对立者加以提出的。"闻"与"达"均为人之欲念之一（一如义与利，好色与好仁），"名"之欲念本身并非恶，但因牵扯到君子求达的有效性而成为了仁学须严加辨析者，因人极易因好名而损害求达的心志。此实践学原则类似于好德与好色之辨。好色本身非恶，属于价值学上的"非相关项"，而当其在仁者实践中事实上影响了好德（求仁）的目标时，则可转化为伦理实践学的（负面）"相关项"。此外，"达"与"闻"，"德"与"色"，"义"与"利"，在价值学层次上和实践学层次上均存在着优先性或次序性上的区别。

本章长句段为下论同类意旨章句中阐述较详细者，可谓发挥得淋漓尽致，遂凸显了仁学中"士"概念的确义和深义，此士君子义不仅成为中华思想史上仁学独一无二的伦理英雄主义型范（其进一步的发挥在《孟子》，此所以孟学必应理解为孔学之展开与发扬），而且体现了世界文明史上独一无二的现世伦理英雄主义观。我们首先谈"士学"的要点：士人格必体现于智仁勇三达德的兼备上，而且此所谓三达德非仅如西方人只验证于外行为方式和结果上，而是直接地显示于士君子的心志域本身。首先，此一古今中外独一无二的人格学特征，再一次显示仁学非关政法军经等域的事功学（阳明学的仁学性并不表现于其武功成就上，而是直接显露于其心学性话语中；反之，曾国藩的仁学性则主要表现于其军事事功上，虽然他只是一介书生，因为其人事功对象构成的复杂性，足以显示其人智仁勇实践学上之仁学全功），而是旨在形成士君子的人格本身，此人格的外实践成就并不作为其人格高度的唯一证据，虽然往往为必要的证据。后者只是"独善"之后的（在价值学次序上）第二位的实践："兼济"。自然，仁学之表面意在于主张：唯因有此内实践成就才会有其后外实践成功的可能性，故首重内实践的养成。而仁学士君子学的实际结果却是高度看重内实践侧的品质，甚至外实践的成就主要作为内实践成就的标志。因此而有"虽败犹荣""不成功便成仁"等格言。即"成仁"可与"成功"等效，甚至前者高于后者。由此可见仁学价值观重在人格境界本身及其长远示范作用。

此辨析的一个伦理学相关性方面是：所谓外在成功的道德性甚难辨析，西人往往把任何勇力行为及其争夺成果视为英雄主义之表现（西方思想史上英雄观的含混性为其伦理思想方式中的弱点之一：易于被曲解为任何一种暴力征服成果），结果有单纯崇拜勇力与权势的倾向。此所以西方历史上把亚历山大和拿破仑视为英雄，而甚少考虑其行为和动机的伦理学层面。而仁学的仁政和暴政的区分，则首先排除了将勇力征服能力及成果视为独立性评价判准，而唯当其相关于伦理性动机时，始视之为英雄行为，孟子学说之伟大性即缘于此。而历史上民众对"英雄"的崇拜心理，实含蕴着来自远古丛林法则时代的"奴性潜质"：动物之间的争霸行为不仅造就了个别强者之主宰力，而且造就了大多数弱者之奴顺力。孔孟思想的人本主义价值观恰与此传统积习针锋相对。也正因此种伦理价值观，秦始皇以及历史上各朝各代与其类似的征服者（成功者）均可被中华士君子视为"恶"之代表。二十四史之所以能保持"善恶必书"（实为书恶远多于书善）的传统，即因此仁学伦理价值观之影响。

现代意义：

按照仁学君子学，"闻达之辨"不仅关系到君子的品德修为，而且关系到君子的学术思想实践之达成，故须严辨之。因"达"与"闻"不仅均属人性所好（"闻"为社会性承认的标志，"达"为伦理学目标之成功。二者概念分明而重功利主义的西人反多混淆之），而且二者往往具有因果性连带关系，易于相互混淆，而此一混淆直接影响到君子之心志方向，遂亦成为仁学实践学的特大问题。

就本章而言，所论在于辨析仁学志士在其仁学实践中对"达"与"闻"之判准。"闻达之辨"关乎一切君子的操守（内在诚心的存立程度），为仁学君子学中最重要的论题之一，至今仍具有无比重要的现实意义。因为学人绝大多数对此不加深辨，纷纷以"闻"代"达"，以事成代理真，以功利代仁义。就人文学术言，"闻达之辨"更有操作学上的现代相关性，因为坚持"达"目标者即矢志求真者，为人文科学内的真科学家；而坚持名利目标者，必哗众取宠、急博声誉、以拉帮结派形成学术势力者。

此指令句的重要性还在于，唯独在人文科学领域，"闻"与"达"之间不易辨析，因真理标准不明，难以从外在行为方式中判定，故在此存在众多弄虚作假的条件，足以鼓动投机取巧之学人成为新乡愿辈。因"色取仁而行伪"，今日较古代更易得逞百倍。一者，商业化时代本来不仅不辨析，甚至专门利用诚伪之间的"模糊性认知"以取利；二来，时当媒体互联网化彻底更新学术思想交流方式时代，加以人文学术商业化后文化学术市场已被全面统一化、制度化，以至于各类学科门类在电子传媒世界中成为统一化的"读者大众"，即唯知名度标准是问的"大众群体"。因此人文学术顿时有堕落为"人文学术炒作学"之虞：以炒作学术市场知名度为业的学术广告学于是应运而生。

新世纪媒体世界的全面革新也带来了思想、学术、文化、权势、金钱等不同维面上的全面混合性。其中人文学术与文化文艺全面商业化的结果之一即将商业界的唯名利是图观普遍化，新媒体技术则在实行中将一切文化学术活动"拉平"于统一的"名利产品"制造学层面，从而强化了人文学者唯名利是求的动机与条件。本章所言的闻达之辨在此学界标准全面模糊化、齐一化环境中将根本无从进行。"闻"甚至可公然成为"达"的虚假标志或伪饰记号，从而反过来从学人动机层上彻底颠覆学人以学求真的可能性。

"闻达之辨"之难还在于，"闻"有正当不正当之分，"达者"亦可能或有闻或无闻，故乡愿辈亦无不示人以"达者"之假面目，盖因此等学术作假行为将难以被明显辨析察觉也。加以达者如有闻，此时须经历下一阶段考验：作为成名后的学人，将如何规定其继续治学的方向问题？因"闻"之发生即可形成继续获"达"之诱力，即最初如为坚定求"达"者，成名之后即可能转为求"闻"者，而此时彼辈必以先前曾一度求"达"之迹的正面形象作为其后加速求"闻"之自我标榜工具。也许未闻时尚能质朴为学（其真实原因或许仅因彼时自身尚不具求闻之客观条件而已），而于获名利后在名利权的诱惑下，志向开始弯曲，转而以求更大之名为目的（"名利场"可笼络多少才学之士）。此类现象不仅在今日国内外学界中普遍存在，而且自古至今真可谓大行于一切政治社会文化领域内的争权夺利现象中。

再如，历代所谓"反叛者"本身亦多为野心勃勃者，其政治活动动力及勇气亦多根源于内心嗜权之本能。而当其进行犯险夺权活动时，必以仁义言辞为标榜，借此获取信众之归附以壮大自身力量。因此，道义虚誉的取得乃为其夺权计划之必要手段，假仁假义必为一切争名夺利者的斗争工具，此所以世界上虚假的正义理论学说如此之多（孟子所说的"邪说横行"）。言行表面上的"仁义标榜"，恰可有效成为其内心实际的名利权追求之掩饰物。此时所谓"闻"者，作为纯粹手段，必然充斥在仁义话语中。而历史上广大"准技术性人员"（古代工农商大多数"庶民"）何来相应知识条件对此加以深辨？

仁学的乡愿批评学，特别精细于察验变动不居的、动机真伪含混的价值观灰色地带，此种传统辨别隐蔽真伪的智慧学，今日正可应用于人类人文科学大革新的时代。因为学者如无求真意志，人文科学无以前进。特别因为新世纪以来商业全球化规模于历史上空前增扩，其势足以诱惑或辖制学者之向真追求心志。如无坚强独立的仁学意志力建设，学者治学方向必为商业化时代的名利权商业化人生观所完全控导，人文学者亦将因此而堕落为（甘愿为）商业化时代职场内追求蝇头小利的寄生者。

12-21. 樊迟从游于舞雩之下，曰："敢问崇德、修慝、辨惑。"子曰："善哉问！先事后得，非崇德与？攻其恶，无攻人之恶，非修慝与？一朝之忿，忘其身，以及其亲，非惑与？"

对比项：行先/得后，攻恶/宥人，制怒/虑后。

意旨：君子应以自修（成德）、憎恶（促善）、自制（免祸）为其心言行修炼之方。

旧解摘要：

刘氏《正义》："'崇德修慝辨惑'者，此当是雩祷之辞，以德、慝、惑为韵。"《春秋繁露》："君子以仁造人，义造我，所谓躬自厚而薄责于外也。"《集解》："包曰：'舞雩之处有坛墠树木，故其下可游焉。'孔曰：'慝，恶也。修，治也。治恶为善。'"《集注》："胡氏曰：'慝之字从心，从匿。盖恶之匿于心者，修者治而去之……先事后得，犹言先难后获也。为所当为，而不计其功。'"《朱子语类》："人只有此一心，若一心做事，又有一求得之心，便于此事不专，如何有积累之功？此条心路，只一直去，更无他歧，分两边便不得。有计较功效之心，便是专为利，不复知事之当为矣。德者，理之得于吾心者也。能知所当为，而无为利之心，此意思便高远。"

含义引申：

《论语》命令句的指涉多据具体情境表达其纠偏之教，非皆表之于普适性教谕。此句直义实为：君子应为仁义而勇往直前，勤自反省一己之失（内因），而非一味指责他人之过（外因），遇愤怒之事应知克制，不可发泄情绪而因小失大。此三指令中，后二者已属常识，首句乃本联句之最重要者，大体相当于"义利之辨"或"只计其谊不计其功"。"不计其功"非指功无所谓意，乃指在动机和目的系列中"德义"居先，"功得"居次，因事态发展不可充分逆料，二者最终往往不可兼得，故须先衡量二者轻重次序以明确实践的方向和着力点。复因，求义完全在我，虽为必可为之实践，功成则有待于外力机缘，非完全在我者，自然不可求其必得，因此不应将此不可必得之事误识为必应达成之事，否则反而会因此急功近利之蔽而偏误了实践的正确方向。

现代意义：

本章首句的要点实际上仅为：君子实践必以仁义为准，而首须避免功利之诱。人之行事动机无非得于两种不同性质及来源的激发：道义性与利害性。现代商业化社会中绝大多数个人行为均受到名利权欲念的驱动，人文学术界亦同然。如是，则真正的人文科学将无以建立。如欲在此领域逆时潮而动，矢志追求真理，则学人必须首先明确义利之辨，并在此动机层把握行事方向和选择原则。对于现代人文学者而言，古之士君子的品德操守仍直接相关于今日治学之品质。生存于现代全球功利主义时代，新仁学的人文科学观，不必偏重于貌似陈腐的道义说教，而应集中对于学术求真与学者品格之间的客观因果性加以指陈。此亦一种最有效的"功利主义"实践，如果将学术目标定为"真善美"，则此理甚明；而如将学术目标定为"名利权"，此理自然归于无谓。

12-22. 樊迟问仁。子曰："爱人。"问知。子曰："知人。"樊迟未达。子曰："举直错诸枉，能使枉者直。"樊迟退，见子夏曰："乡也，吾见于夫子而问知。子曰：'举直错诸枉，能使枉者直。'何谓也？"子夏曰："富哉言乎！舜有天下，选于众，举皋陶，不仁者远矣。汤有天下，选于众，举伊尹，不仁者远矣。"

对比项：爱人/知人，贤直/佞枉，举贤/去佞。

意旨：仁政之目的为实现社会公平、人间友爱，为此须贤德之士为之。而历来封建统治者多喜近小人、远君子。孔子特以此历史传说警示之。

旧解摘要：

《皇疏》："举正直之人，在位用之，而废置邪枉之人不用，则邪枉之人皆改枉为直，以求举也。"《四书辨疑》："举直错诸枉，此是智之用。能使枉者直，此是智之功。"《集注》："不仁者远，言人皆化而为仁，不见有不仁者，若其远去尔，所谓使枉者直也。"《读四书大全说》："盖人之难知，不在于贤不肖，而在于枉直。有枉者起，饰恶为善，矫非为是，于是乎欲与辨之而愈为所惑。"

含义引申：

本章的重点在践行与知贤。直与枉乃就行迹言，贤与不贤乃就德性言。本章历代解者中不少人均对所谓朱熹之误解而纠正之。本章中之"樊迟未达"明明就"知"而疑（"而问知"），朱熹等主观地以为就"仁""知"二者而疑之。但诸解家之重点均在于"举直错诸枉"与"能使枉者直"的因果关系的理解上，并多认为后者因前者而受"感化"遂可由枉而变直。实际上，本章并未就其原因答复，而考诸现实，自然以《皇疏》解"以求举也"为较当。也即，本章并未断言，因爱人、举直而可化恶人为善人。诸解之误多因理学家们泥执于"性善论"而就此妄自推演而已。此处贤与不贤之别，正为君子与小人之别。所谓"化不贤为贤"不过是指贤者居位可有效辖制不贤而促其为善而已。

现代意义：

本章为仁学"君子小人"之辨的实用性引申之一，无非指如用君子主导政务则可远小人。其义或谓：不用小人，勿使其为乱；或谓：因君子主事，小人者流遂不得不按君子意行善；或谓：因君子主事的榜样作用，小人或可被感化而变为善人。不论具体事例中三者作用何为主，就效果言，三者均有一致之效。此一德治政治学根据的智慧经验，在现代法制社会已乏重要意义，但在文化与人文学术领域则仍完全适用。此中之"举直"可意味着：学界领袖和学术合作方应慎选君子类学者为合作同道,特别因为在现代功利主义社会中,按严格仁学标准人人均为"合法小人",即按照既定章法而孜孜于合法谋私利者。在欠缺标准及客观章法的人文学界,参与者的志向与素质各异。如按照德才兼备标准选贤与能,则可在上述三级次上不同程度地提升人文科学及精神文化创造之水平。

12-23. 子贡问友。子曰:"忠告而善道之,不可则止,毋自辱焉。"

对比项:诤友/规劝,党私/互隐。

意旨:学者间因向仁目标与实践方法一致,故可行诤友、畏友之义,而考虑到人性弱点、学养各异、度量不一等因素,劝诫之美意亦不得不适可而止。

旧解摘要:

《集注》:"友所以辅仁,故尽其心以告之,善其说以道之。然以义合者也,故不可则止。若以数而见疏,则自辱矣。"《四书辨疑》:"朋友有过,既尽心以告之,而又加之以教道,须至于善而后已,此正犯'数斯疏矣'之戒,施之于朋友之间,必不能行。"

含义引申:

本章如按常识解,一目了然,无非表达交友之道。但仁学应该区别常人交友和仁者交友(仁学实践学之初高两阶论)。仁学既然倡导反乡愿论和择善固执,那么对于作为以友辅仁的朋友对象,是该取择善固执还是取一团和气呢?如不尽力责善何以成为诤友?诤友者必是坦率陈言者,彼此必不计较于辞气之间之偶失,否则不足以成为辅仁之友。仁学、仁道、仁者等均为理想观念,现实中有德者间亦有程度之区别。《论语》内容有为诚心向仁者说者,有为普通"善人"说者,后者自然为绝大多数。此句的变通义或许在于间接陈述人际关系中的如下事实:所谓以友辅仁实乃难得之理想,多数人的向仁心志均极薄弱,稍加碰触即遭破损,何来以友辅仁之事?本句以此间接暗示仁学实践之难为，因仁学外实践事业必待朋友间群体和衷共济始有成功之望也。

然而本章尚有其深意在。一方面，陈示一社会与学界中之真实，因好仁者稀，君子实践不可对任何共事者（真同志）怀有过高期待，而仅可以其一端之善为已足；而另一方面，净友间亦有程度之别，其素志高下唯于其从善如流之程度见之，故相互批评的可能性亦可成为"道不同不相为谋"准则之验证，不可而止，止于期之以"同道"也。本章最终的暗示在于末句"不可则止"，此为友学之智慧学的劝导部分，在实践过程中其负面预期性应与"德不孤必有邻"之正面预期性相互平衡。

现代意义：

就常人言，朋友间尚且如此，同事之间坦诚的相互批评则更不可行。而作为集体性现象的文化与人文学术事业之进行，却有赖团体的共同信念与精诚合作，此又有待于合作者间的相互批评与纠正惯习。为此目的，合作者们须放弃以学求利的个人主义心态，而在现代个人主义社会尤其难以达到此一境界，这是人文科学坚持真伪善恶价值观以治学的内在障碍。

本章的现实寓意在于，今日国内外学者间的合作与交流之条件为职场互利需要，至于参与者之品德学养可谓千差万别，各人"分有"的仁者因素（成色）亦千差万别。而任何集体性事业必由广义朋友团体合作进行，彼此在共同事业之目标、方法与作风方面必多歧义。本章对于此等现实中远非完满之人际关系言，自然极其适当，故表达了一种实用性智慧。至于如何"忠告""善道"，则必依境而异。本章之引申义反为：世间大多数朋友关系，实非仁者间之净友关系，而为相互取利关系，故仁者处事所遭遇的环境与人事，多为不利于、无关于仁学理念追求者。

面对此似乎无法解决之学界生态现实，历史上的仁学实践事例颇可提供有用的启示。如在宋明理学思潮气氛下，特别在推行理学精神之书院文化环境中，仁学之"以文会友，以友辅仁"的原则即可相对有效贯彻。读书人自动相聚为学，故易于形成共同朝向仁学理念之集体精神。书院文化所实际达成者，并非如西方文明史上（如修道院修士学者间）的学术思想研究，而是通过共同诵读已知经史文献及交流心得以相互鼓荡志气。聚会非为促进各人之客观研究成果，而为促进集体的主观立志效果。书院文化遂成为集体朝向仁义学方向的激发志节的场合。此种内心朝向于共同分享的仁义理念的集体志行，如可复现于今日，将可成为学者在其人文科学发展大业中实行以学求真的可行性基础。（此与今日借古学书院之名行拉帮结派、标新立异之实的风气不同，正如今日学界炒家借孔子大名以图名利者与志在恢复原始仁学者，在本质上完全不同一样。）此种传统诚学气氛下之相互砥砺言行，虽然未必有多少实用效果，却营造出了读书人间"集体向真"的一时风气。可以说，古代书院的功能正在于培养一种"净友关系"（古人所谓学者间之相互切磋，实关乎彼此心志之提升目的），其历史经验对于今日人文学者间以学向真共识之目的之达成必有启示作用。其本质与今日国际实行的学会活动迥异。今日学会的所谓学者间的"学谊"不过是"合作取利"与"交换资讯"的代名词而已，根本无任何学谊可言，彼此之间都是利尽而交止。从现代学会文化可一叶知秋地认识到今日国际人文学界学风之世纪性堕落。

12-24. 曾子曰："君子以文会友，以友辅仁。"

对比项：仁/文，友/学。

意旨：仁学友道主仁义之交，非谋利之交，故以文交友，正为近仁之方。

旧解摘要：

《说苑·说丛篇》："贤师良友在其侧，诗书礼乐陈于前，弃而为不善者鲜矣。"陈奂《诗正月疏》："'车之有辅，犹齿之有唇，最相切近。'……然则辅仁者，犹云相依为仁也。"《集注》："讲学以会友，则道益明。取善以辅仁，则德日进。"《反身录》："文乃斯文之文，在兹之文。布帛菽粟之文，非古文之文，时文之文，雕虫藻丽之文。会友以收摄身心，此学人第一切务。前代理学诸儒，莫不立会联友，以资丽泽之益……总图打點身心，非是求通声气……先儒会约虽多，唯顾泾阳先生东林会约醇正做切，吾有取焉。每一晤对，不觉心形具肃。会友者酌夺古人之宜，仿而行之可也。"

含义引申：

曾子此言恰当地概括了仁学为学之义与方，通过人文切磋以升扬彼此向仁心志。仁学交友之义因此大异于常人，后者交友或为相互愉悦或为合作求利，至今依然。同时，本章暗示了以下诸端间存在的因果性关联：学、文、友、仁，并特别指出，"仁"字的"二人偶"本义内含友学（人际关系）之义，"仁"字的同音字"人"内含"为人之学"义。于是在最高价值"仁"与"为人之文"和"以文为学"间确立了因果性关联。作为《论语》中重要"弟子角色"的曾子，其作为孔子思想的阐释家在孔门中的首要地位，于兹可见，虽然其在自行发展的思想方面不无悖孔之嫌（见前述）。我们不必在此纠缠于真假"曾子"之辨，不同章句中之"曾子角色"是否可虚拟为"同一人"的问题亦不必进入今日之思考。我们已经确定的解释原则为：各章均应据其本身语句传达的意义为解，而不应牵扯对章句内"角色"之史实性揣摩。

现代意义：

不言而喻，此种仁学人生哲学已然完全不合今日商业化时代的社会文化大方向及大多数人之自然需要，但却或许令西方人难以置信地直接相关于今日及未来人文学术科学化革新发展的可能性：因唯有坚守"以文会友，以友辅仁"态度的人文学者和思想家，才得以在今日的世界条件下追求真善美价值观的实现。有关"交友""会友"等观念涉及人生观立场，今日自然扩及人文学术世界普遍存在的学人间的交流活动的性质。中国古代文人思想家之间个人的书信交流以及特别是书院类私人为学团体内的学人间的精神思想交流，固然均可视为属于"以友辅仁"行为之列，西方古典时代乃至二战前人文学者之间的书信思想交流活动，也属于更为深入地践行以学求真的治学实践。（今日西人间以书信交流思想理论者可谓凤毛麟角，此一习俗变化足证今日为何种时代！因学者变成了"商人类别"：多改以结党求利取代独立求真，故个人思想创新活动被视为形同商业研发秘密；更因如商人般之"惜时如金"，学者间更难费时于此无利可得的自我表白之事。于是我们看到，那些积极于编辑战前哲学家书信日记的当今学者们，他们自己已经失去了相同的兴趣，但他们的确在"欣赏"前辈求真志向，而自身则不再采行以学求真人生观了。）

今日世界，人文学术交流空前发展，而其真实目的已经完全改变。"以文会友，以友辅仁"即相当于"以学求真"，而今日国内外人文学界的交流活动的目的正与此精神相反。时当全球商业化遍及文化学术方方面面之际，结党营私、拉帮结派乃学界职场夺利的当然方式，人文学界也不例外。因人文学术缺乏共同高低贵贱标准，多取决于人为市场价值操纵术之高低（因不存在客观价值，故可行成主观价格，以作为统一文化市场化竞争过程中的工具），而所谓"人为操作"必经由聚众结势途径得之。古人之"以友辅仁"的"会聚"遂变成了今人之"结势谋利"的"会聚"；今日人文学界为了争权夺利必须通过"中心""学会""权威""出版""奖评"等拉帮聚势机制以运作之。此一趋向在人文学界反而比其他社会文化活动类别更为严重，因其本无客观正当规则可依，其"学术正确性"主要依据于学人之心志，求真心志的丧失，遂必然促使人文学者改行学术市场内的交易规则。而复因此类规则仅需学术集团人为操纵即可行之有效，故干脆与本章所示的古典人本主义伦理学精神背道而驰。

【关于以学成德与以学求真的历史解释学申论】

我们再次于此重申，今日倡导人文学术实践须以伦理性精神及原则为基础，但不是在强调现代学人应该像古人一样持"以文成德"的人生观，如原始仁学所要求的那样致仁学以"成君子"。在原始仁学时代，其治学观目的有二："学成君子"（独善）与"辅君行仁"（兼济）。二者必统一于可导致二者成功的"仁之学的实践"。我们的研究又指出，此一"以德为政"的外实践观因乏可行性而最终导致仁学将其外实践领域和方式转换到"为文"方向（归鲁），继后展开为儒教历史上的精神文化实践（文史哲宗艺）。仁学的外实践在最初先秦"从仕"阶段时，其"学"即品德之学；在秦后"文史"阶段时，其"学"遂丰富化为情思表现与实用性语史研究，其学之"术"（方法论）因处于前科学时代，故其"以学求真"之"真"字主要为比喻性的含义（而非人文社会科学的"科学性"含义），其主旨仍为"德"。因此，仁学之内实践与外实践并可统一为"德之真"（如今日各宗教称自身信仰为"真"），"德"与"真"不仅相辅相成，而且合二为一，其义正合于本章"以文会友以友辅仁"，即文（学）与仁（德）的合二为一，于是彼此的互动关系也无须区分因与果。

当仁学进入现时代后，社会、知识、教育、职业、学术、人格之状态，已处处不同于古代；古代精神文化实践中的"学"与"德"的关系也不得不发生变化，特别是法治社会的出现使得古代的"德教"发生了根本性变化，古代的主观性"德"功能已基本上被现代客观的"法"功能取代，故"成德"（成人、成君子）不再成为世人人生观目标。而在现代法制与宗教信仰双重约制下之"德教"也不必和现代主要学术相关联。公民品德与信徒品德的形成因此脱离了古代的"主流学术"与"人格品德"间的合二而一关系。（如古代据文辞书画等可以见人品；今日书画作品已与人品概念无关，正如今日国学专家可与仁学信仰无关。）所以我们在这样的意义上指出：本章的现代意义已非如古代般将"学"看作成"德"之手段；而是出乎意料地显示出，此一学与德的认识论上的双向互动关系（学以成德、德以成学）今日可视为已演变成了认识论上单向的德以成学关系。此即：不再是为了以学成德，而是为了以德求真知，才重新看重此二者之间的互动关系。虽然按此实践路线，相反的效果（因学而致德）也会自然发生，但此效果非属学人之实践学目的，而为其实践的一种副产品。在此意义上，本章之现代意义的确附加了现代人文科学认识论的深刻意涵。

我们通过对此章的解释，在逻辑上和实证上证明了：人类人文科学未来发展的认识论前提为学人与学人团体的主体性伦理价值观的确立（以求真为志）。按照新仁学的历史解释学框架，古今中外一切真实朝向于现世科学真理探讨的思想主张和经验总结，都可与中华文明创造的原始仁学的内实践学协同一致，甚至不只是协同一致，而是或许应在不同程度上以原始仁学作为学术实践的主体伦理学基础。

子路第十三

13-1. 子路问政。子曰:"先之,劳之。"请益,曰:"无倦。"

对比项:率先/不懈。

意旨:按照仁政理念,君主应以政行仁,为民谋福,而历代帝王多借由盘剥奴役百姓以满足其骄奢淫逸的生活并通过扩土辟疆以逞其恃强凌弱之志。

旧解摘要:

《集注》:"苏氏曰:'凡民之行,以身先之,则不令而行。凡民之事,以身劳之,则虽勤不怨。'"《群经评议》:"'先之劳之'四字作一句读……不得因有两'之'字而分为二事也……先之劳之,谓先民而任其劳也。"《四书辨疑》:"为政者岂能皆以己身亲劳之哉。况以身劳之,亦只是先之之意……观其文势,'先之劳之'四字之间,惟劳字是其主意……先之谓先己之劳,劳之谓后劳其民也。"

含义引申:

本章语简,每字皆可多解,然大意无非指为政者应以德为先,以身作则，并持之以恒。正如《论语》中其他谈为政之要的章句一样，其所谈及者多止于基本态度之泛泛规定而少涉具体细节及步骤。而己劳先于民劳之教，则直接针对统治者素来残民以逞、盘剥百姓之历史惯势而言。本章及本篇其他有关"为政"章之文句简约，正表明仁学关于政治道德问题仅限于为政者的心志和品质要求，并未涉及实际政治制度、方略、方法等政治学具体方面。而其侧重于为政者的品质要求，在其后两千年的传统社会政治中亦可相对地起到品德教化的作用。然而另一方面，历代封建主义统治者恰恰利用原始孔学对于政治问题仅及于原则及态度表达的文字简约性特点，而可将有利于统治者自利专权的思想随意插入孔子言论，遂制造了以仁学名义行儒法政治的意识形态系统。两千年儒教历史通过天道神话之编造，使民众误信帝王将相之所以享有奴役众人以独享荣华富贵之特权，乃因命定中之"天意"（如"宇宙大法"之类的胡诌竟可成势，足证即使具有技术化知识亦不足以判别人际是非问题）。孔孟思想的现代性、科学性体现于：其"伦理指令"纯粹来自"仁"理念，即人本主义的伦理学理想，而非来自任何"非凡"个体（因有神助或符合宇宙规律）之命令或必然法则之类。

现代意义：

本章意旨自然完全适用于现代社会的民主理念，为政非为役民使民以满足统治者集团之私欲。按照仁政观，统治者不仅应为人民公仆（而非视民如奴），而且应以身作则，鞠躬尽瘁，死而后已。（不是如孔明般为刘氏王朝尽忠，而应是为一切人民福祉尽责。）如以之衡量现代人文学界各权势集团主持者风格，亦颇有可资类比处，从而可弱化或排除学界"权威势力"通过制造学派及主导治学方向以变相驱使学界人士趋炎附势、以学谋霸之趋向。由于学术市场竞争文化的发展，学星、权威、作品均渐渐被加附了"商业化品牌"功能，并按照市场化机制自然朝向于"垄断化"方向发展。学界尊崇权威或学星的资本主义化条件，正可方便于成为其享有思想学术霸权的社会环境。正确的学风建设，必须瓦解人文学界内人为营造的等级制度，因此学界领袖与领导人都不应被视作在学界享有精神性特权者（可同构于古代社会政治内的统治者），而应被视为维持学界公平运作的职能者。当代跨学科、跨文化的人文科学发展方向，更须提倡此种民主治学观。

13-2. 仲弓为季氏宰，问政。子曰："先有司，赦小过，举贤才。"曰："焉知贤才而举之？"曰："举尔所知。尔所不知，人其舍诸？"

对比项：任贤/恕过。

意旨：从政者，辅君为民，以公举贤，为民谋福。

旧解摘要：

刘氏《正义》："《吕氏春秋》云：'人主……不知乘物而自怙恃。夺其智能，多其教诏，而好自以，若此，则百官恫扰，少长相越，万邪并起，权威分移。'……有司或有小过，所犯罪至轻，当宥赦之，以权功褒化也。"《四书近指》："惟庸人与奸人无小过……若小过不赦，则贤者避过不暇，而此辈人出矣。"《皇疏》："孔子以所知者则举之，尔不知者，他人自举之。"崔东壁《论语余说》："法太密则人皆有虑患避事之心，以因循为得计，而事之废弛者多，故小过不可不赦也。"

含义引申：

本章重点似在于"举贤才"，此固人所皆知的道理。孔子对仲弓之问的回应，指出唯此正为政治生活难为之事。如为政者心存私念则可能吝于选用贤于己者，故宁肯重用亲信与宵小。举贤用贤问题之要非在于识才觅才，而在于用才者之动机。仁学各章颇多荐贤举才之教，其重点多非关觅才之难而在于知才而不情愿用之，即在于人之私心方面。此正为自古至今人性与社会之通病。试观《资治通鉴》所载历代为官者间之钩心斗角，甚至动辄欲致同侪于死地，可见尊贤用贤之难源于人性普遍为私的事实。本章之要，正在于指出此一人性嫉贤妒能的痼疾为一切人际关系难以理顺的主因之一。此一历史经验反可再次启示德政观（好人政治）之不可行。

现代意义：

孔子在《论语》中谈及的"见贤思齐""成人之美"之教与本章意同，教谕重点不在"识才"而在"尊才"与"用才"。一方面，之所以将知贤不举者视同罪人，即因深知人间私心深重，惧人胜己，故为官者宁用小人而忌君子，结果必致以私害公。而另一方面，如无贤才，任何事业必难有成，此为几千年历史上永恒的矛盾。此一相关于为政者的品德要求，也完全适用于今日人文学界。甚至可以说，嫉贤妒能正是现代以学求利者的通病，亦为学界盛行拉帮结派、党同伐异现象之人性本源。如何克服此人性之蔽，也为新仁学必须面对的时代性问题。现代社会学术职业化发展以来，学者均持"合法竞比求私"的人生观，学界职场制度化格局仅要求学者行为的外在合法性而无关于学者之心术性要求。在此情况下，学者自然须以邻为壑，以同仁为竞争对手，如此何来见贤思齐，成人之美？（商家能够表扬竞争对手商品并对之"让贤"吗？）本章之主旨为：唯克制私心方可为公举才。所以，本章之义对于今日商业化竞争社会而言可谓失去意义，但对于人文科学理论的科学化发展事业来说，则仍为必要的前提条件，故唯中华仁学伦理学可为此提供克服之道。

13-3. 子路曰："卫君待子而为政，子将奚先？"子曰："必也正名乎！"子路曰："有是哉，子之迂也！奚其正？"子曰："野哉，由也！君子于其所不知，盖阙如也。名不正，则言不顺；言不顺，则事不成；事不成，则礼乐不兴；礼乐不兴，则刑罚不中；刑罚不中，则民无所措手足。故君子名之必可言也，言之必可行也。君子于其言，无所苟而已矣。"

对比项：名/实，名正/言顺，窃名/行伪。

意旨：正名论即名实相副论，小人擅长惑乱名实，以利欺诈，故仁学必倡名实相副原则以克之。

旧解摘要:

《论语稽求篇》:"马融曰:'正名者,正百事之名也。'……《汉艺文志》谓:'从来有名家书……俱以坚白同异辨名义为辞。'……鲁胜注《墨辨》曰:'名者所以别同异明是非,道义之门,政化之准绳也。'"《皇疏》:"所以先须正名者,为时昏礼乱,言语翻杂,名物失其本号,故为政必以正名为先也。"程树德:"'名'字,马、郑、朱三说互异,当以马注为正,即今所谓论理学也。朱注根据《史记》,指名分言,说可并存……郑注最为迂远。"《惜抱轩经说》:"朱子谓孔子虽有正名之说告子路,然终不分晓痛说与他,使不仕孔悝,此事不可晓。"

含义引申:

本章联句历来解者说法纷纭,可看作"《论语》读解学"混杂形态的显例之一。对此大致存在有三种不同的解读方式:(1)汉学式字义诂解及先秦名家字义解释学;(2)据春秋故事传说进行推测;(3)直接按字面义和常识为解。本章最为无谓与无据的解释争执发生于各解家对传说纷纭的故事及其背景之随意揣测上,包括宋明理学家,甚至王阳明亦可就卫国故事传说而"信口开河"。如同本书一般解读原则所示,历代解家中凡据传说故事(所谓"史书记载")进行义理是非推断者,均不可采纳。

本章意思明显相关于仁学及儒学的政治伦理思想,故仍应从此入手理解,而不需泥于任何想象的故事细节。此长句段为若干较短章句之组合,可视为孔子有关仁学政治伦理思想之表达,其可行性须假定周公礼制之确立。因此此长句段乃一假设句,即"如果在……这样的社会条件下……"。后儒排除此句之前提,以为可适用于任何政治情境,遂至于误解误用。毋宁说,此章的意思恰恰是:此一仁学政治学在可见的历史现实中是不可能实行的。如果将此假设句泥解,则孔子政治理念岂非一纯粹乌托邦,今日尚有何意义?实际上,我们应将孔子的仁政理念仅理解为一种评价历史政治现实的价值观标尺,用以判断历史上的政治伦理性是非得失,而非不可将其作为仁政实施之具体方略。读者如以为这样的态度将弱化《论语》的作用,即因未曾深悟：仁学价值观理念与法家历史性事实之间的对立性事实之意义何在？看似虚空的孔子正名思想首先即反映了一种重要的伦理语义学观念：政治语言必须加以明确定义始可正确表达相关政治现象之真际。而历史上当时及其后的政治现实混乱和过失之所以形成，原因之一即为政者多善于玩弄名实，故意制造政治现实的"烟幕"，以达惑乱思想、愚弄百姓并借以谋私利的目的。

此章尚含有一重要的历史预言性：儒教政治观及其历史现实，根本即基于一种"名不正"的意识形态。的确，两汉学术发展后，不时有君主倡导进行儒家意识形态用语的"正名"工作，我们于是看到了著名的西汉《盐铁论》和东汉《白虎通》等著作。但此类貌似"正名"的工作不是真正据孔子原本思想的立场进行的（或由仁学伦理价值观规范的），而是在现存儒教专制主义制度框架内进行的，其所谓"正名"工作不过是在此思想框架内对先秦思想进行的系统性"曲解"，以便使各种传统思想更有效地为儒教政权服务。换言之，其目的不是要辨析相关伦理性的名实问题，而是要规定为己所用的儒教意识形态规则，用以统一儒教制度内诸位置占有者间的言行规范，使其协调一致，以有助于儒教政治机器的运转。因此，孔子的正名说，表面上被经学家歪曲为实行"君臣春秋大义"的原则，实则反而正起到了一种两千年来使"读书人"难以对儒教社会的历史现实施行真实的"必也正名乎"的作用。

对于今日人类伦理思想史研究而言，本章则提出了"伦理语义学"应先于"政治道德学"的重要启示。名不正则事不成。何事不成？仁学政治学事业本身不成！非任何"功业"不成。实际上，历史上诸多重大更张正是通过善用"名不正"手法而成功的，因漫长封建主义历史上，思想与学术成为统治者的意识形态工具，故"有为君主"必特意加以"歪曲化的经营"（其最极端例为：通过宣扬迷信崇拜的仪节——叩拜等"动作姿态学"来取代对于思想文本的理性分析，以更有效地达到用程式化动作取代认知深化与思维辨析的目的）。至于本长句段中的"不知阙如"及"言而不苟"，则为独立之指令句。二者均代表着仁学思想的实证性性格，即不可以未知为已知，而儒家后世大搞神怪灾异迷信，妄自编造，欺上瞒下，均属以不知为已知的作为，实为直接悖孔反孔之手法的运用。如历代儒家者流竟可集体地对于"五经"思想与"孔孟"思想间的明显差异熟视无睹，不加质疑，此固部分地源于历史上逻辑性思维习惯之失，而与读书人集体人格之失亦非不相关也。皇权专制与民人甘愿受其辖制岂非历史上一币之两面？

现代意义：

本联句的现代意义，直接相关于政治与伦理的意识形态语义学分析。本章句例首先显示历史上的"名分"问题，实具有一种影响传统政治形成及运作的积极功能，因政治学上的"名义"之人为制作，的确具有政治权利运作及其目标达成之实效性。孔子"必也正名乎"之问，表面上似乎名实混乱为"因"，实则为"果"，即此名实混乱，不论有意无意，都是人为制作的结果，此正为法家权力哲学手法的必有组成部分。

今日不必苛责古人受到儒教历史环境的限制以至于难以跳脱儒家教条限制，今日则必应根据现代社会科学对其进行更准确的科学性分析。同时此一认知也可用以衡量现代社会的各种政治道德学观念的准确含义问题。名实不副与故意通过名实不副以谋求不当私利的举措，至今仍为国内外人文学界普遍可见的现象。原因在于，任何"名号"，不论其是非正误如何，只要取得市场运作价值，即可被学界机会主义者掌控，而使之用于本派之私利运作；同时，通过进而将该名称原初代表的学术名号（人物与作品）保留（即保留其历史上获得的知名度价值），而架空其实质（玩弄名实操作术），以使其不得在新条件下被加以正确的"正名"。换言之：一方面以名称及其原初代表的学术价值性元素本身（即该价值本身，而非该价值依附的学术实体）作为操作者本派思想扩展的宣传性"包装"，另一方面在此名称原意代表的价值本身的"包装"下（以其作为"开路车"）而推行本派选择的思想理论。如今日的现象学与符号学等西方哲学与人文理论流派的名称，均含具此新旧二种因素。旧的、原始的、创造了真实学术思想价值的部分，被新的、衍生的、多为借助前者名号实行投机的部分当成了增附自身学术价值的"包装"。至于现代政治领域中的类似现象更是随处可见，不须举例即可了然。

本句段的普遍义在于两点：一为指出名实不副乃历来社会与文化中狡黠者惯用伎俩，可借以施行意识形态的歪曲手法；一为正派学者和知识分子应坚守名实相副的原则，治学中应首先澄清语词含混，方可形成科学性的理论话语系统。"正向的"符号学思想的目的正是首先要对传统思想实行普遍的"正名论"，而"反向的"符号学时髦正是要继续玩弄"名实不副"之术，以便通过惑乱名实来聚众谋私。在最深刻的意义上我们甚至可将孔子视为中华文明史上最早的一位"符号学思想家"。

【关于正名论今日意义的历史解释学申论】

本章对于现代世界人文科学改造的任务来说，具有着重大的启示性价值。因百年来在西方学界引导下逐渐形成的当代已被商业化的人文科学生态中，人名、著作名、术语、学派名、学科名等，这些各式各样的名称（自然包括"孔子"其名及其"仁学"之名）都已陷入名实不副、名实难副甚至特意名实歪曲的情景之内。其统一的原因即在于：机会主义者集团一方面要积极利用各种名称的历史性价值或市场性价值，另一方面利用被歪曲的名称所要代表的却是机会主义者实际上所要推行者。因此在思想之名称与该名称历史上所真正代表的内容间，形成了明显差异性。而对于真正的人文科学学者来说，他们也同样需要运用这些作为人类公共财产的名称以及真正与其相副的（或完全相副的，或在方向上与之相副的）思想内容。于是就在国际人文学界领域出现了全面的混乱性，此种混乱性因掩盖在现行的相同的名称系列中而呈现出表面上的一致性，因而不被大多数学者觉察。只有真正的符号学思维方法会首先关注广义"正名论"问题。而讽刺的是（正如孔学界一样），正是此强调实行正名论研究的"符号学"学科名称，已经成为"名实不副"及"特意使其名实不副"的国际"重灾区"！"符号学"名号今日已经成为20年来国际学界最广泛使用的沽名钓誉、拉帮结派的工具，以至于大多数国内外参与者恰恰也正是欠缺实行真正符号学分析能力者，换言之，也正是人文科学界最欠缺人文科学思维者。

13-4. 樊迟请学稼。子曰："吾不如老农。"请学为圃。曰："吾不如老圃。"樊迟出。子曰："小人哉，樊须也！上好礼，则民莫敢不敬；上好义，则民莫敢不服；上好信，则民莫敢不用情。夫如是，则四方之民襁负其子而至矣，焉用稼？"

对比项：士学/技学，纲举/目张。

意旨：士君子应据仁学义理规划实践，切忌陷于技术性细务而失去价值观根本。

旧解摘要：

《四书剩言》："古凡习稼事者皆称小人……孟子曰：'并耕者，小人之事。'此从来称名如是，故子曰用稼非不善，然而身已为小人而不自知矣。"程树德："窃疑《汉书·艺文志》所载农家之书……当孔子时，此等书籍必尚现存，学稼之请，即欲习其书也。"刘氏《正义》："若士之为学，则由成己以及成物……但当志于大人之事，而行义达道，以礼义信自治其身，而民亦向化而至，安用此学稼圃之事，徒洁身而废义哉！"

含义引申：

本章历来解者中不乏或揣摩故事背景，或据文句直意以作解者，今多不可取。本章语气用词既不当直意推测而违背情理，更无须据孔子与樊迟的师生关系传说而推测其义，以至于主观编造出"农书"一事。如据故事及历史情境泥解，本章之意涵反而无关宏旨，实则本章此一重要功能性辨析正与孟子后来区分"大人小人"之名句相合。此处之"小人"自然指其职能，非指其德性。此章再次强调，仁学非任何技术类（专业类）之学。但就孔子不言兵与农而言，二者意指亦有不同。不言兵者不无贬低杀伐意，而不言农者纯因农事属实用技术，非关于治世之大端，即非直接相关于君子所首重的道德礼义之教。以此表面上"贬低"技术性事务的价值学等级的话语，来间接表达一种仁学实践学的价值选择次序性。孔子并以此区分法显示仁学之"专业"，非直接相关于实用技术之学（技术性工作，不论其本身如何重要，却非相关于仁学价值观问题，而仅属于"智"

类的方法手段问题，故属"有司"之务）；也同时以此特殊方式对比了"义"与"利"之别（同理，孟子其后区分了"大人事"与"小人事"），而此处之"利"字并非贬义，即非属含伦理价值观上具贬义的"利学"，而恰恰是指正当的利之学。这是仁学义利之辨的严式表达。一般义利之辨是从伦理价值学上言，而此处伦理与农技的价值性区别是从伦理实践学的主次轻重合理性上言：仁学伦理学不是关于任何一种实用功利技术的学问（甚至暗示包括政治性技术之学），而是集中于"仁义"价值类的伦理实践智慧学。这是人类历史上多么重大的一次有关价值观、认识论的辨析！

古希腊伦理学将价值理念思考和作为伦理价值实践手段的政法技术学思考加以结合论述，从一开始就将理念性问题和实现理念的技术性问题合为一体。一定范围内的政法道德类社会制度的推进是此一西方文明传统的优点所在，此所以民主共和制度首创于西方。但是就"伦理学"本身的认识论规定言，孔子的这一看似简单的答复，表现出一种坚定的伦理学上的认知性辨析的智慧。由于此种辨析，一方面使原始仁学无法形成外实践学领域的可行性模式，或反而因此一纯粹伦理动机学层次上的性格，而使自身可被任何反仁学的（例如法家性质的政治实践学）势力用作士人对君主忠顺的工具；而另一方面，却在隐含的认识论层次上维持着一种具可运作性的"自足域"，即一种伦理精神层次上的"自一致性"。此一特殊仁学思想层次和方式在理论上和实际上的不同作用，首先导致了把伦理学问题与各种功利性技术学切割。对仁学义理的正解而言，可使其不必因"可应用性"（理论和实践相结合之类）层次上的思考而损及伦理学思想的内在逻辑性。仁学在伦理学认识论和实践论上的运作域限定性和在现实历史域的双元性特点（作为精神文化实践中的独立价值观和作为政治历史实践上被歪曲的利用），当历史环境和社会结构根本改变后，即当中华文明进入现代期后，仁学在与现代化的全新社会与认知条件重新组合后，反可发挥其伦理学认识论层次上的积极作用。

本章对仁学政治学进行的人类事务的轻重缓急的价值学-策略性

区分，可比喻地扩展至各社会文化学术领域，并进而扩及士君子之责任区隔与界定问题，用以凸显"士"身份具有的深切伦理性意涵。士君子概念，不仅含其勇于行之意，亦含其有高于俗常视界之意，其所见所想必相关于大是大非层面上的问题。本章以人类生存中必不可缺的、极为重要的稼圃工作作为对比项，可间接地反射出仁政理念的至高重要性。实则，本章意旨再次陈述了人类历史上的两类实践区域：物质生产性活动和精神文化性活动。二者虽然外在地相关，却在目标与功能上截然相反。此一历史现象二分法，至今依然如此。

现代意义：

本章的意义极其适切于现代，因今日世界文明由功利主义和实用主义主导，并将价值学层次与应用性层次混淆，如民主时代所倡之"人人平等"说，必导致"行行出状元"的观念。仁学伦理学为士君子学，即伦理学实践人格养成学。此等精神性理论化的人文学术，必基于君子伦理价值学之信念及习惯的养成，非人人可以"平等"任之，故指出一种伦理实践学层次上的、貌似具等级性的分工合理性。再者，民主社会实际上奠基于不同形式的不平等之上，如政治分层等级性与科技工商财势大小等级性。如果仁学不提出正确的伦理实践学次序性与道义能力大小的等级性，世人将完全依赖于前述两大类世俗等级化制度，并因此将伦理实践可行性等级化必要性加以排除。

本章以稼圃纯体力劳动为例，实可喻指一切实用性劳务和功利性事业而言。时当技术化知识优先的现时代，仁学所坚持的伦理价值学优先性原则，具有直接相通于主张人文科学在价值学等级次序上居于人类知识系统内优先地位的反时代性意涵。本章关于原则性、价值性和实用性、功利性的伦理科学二分法，对于今人理解人文科学建设的纲与目的认识论次序性关系，具有直接教益。即此一学术改造事业须大分为根本层与实行层两截。就人文科学与社会科学关系言，人文应属根本，社会应属实行；就人文科学内部言，符号学、解释学、现象学等各类偏认识论-方法论的思想应属基本，其他人文门类性学术思想研究应属实行；就一科之内言，伦理性部分应属根本，实践性部分应属实行。

本章对原则性根本与方法论实行的高低之分，实相关于认知与实践中的逻辑性分类与实施次序先后之必要的区分，而世人多忽略根本而偏重于实行，故本章特以其绝对性语气对于伦理性价值标准的首要性加以强调。现代人文科学理念的重要性与现代人文科学职业之现状为两事，此为我们正需应用"正名论"加以区分者。实际上，后者之中的大部分均属"人文教养学"类别，其目的主要在于丰富提升任何参与者之文化素养或相关职业技能，大多并不通向真正的科学研究领域。此类作为广义通识性文化教育的现代现象也为现代文明社会所需，而此一"需要"与我们所说的人文科学研究的"需要"完全为两回事。在未来相关规划中如何使之"合理分流"，也属于人文科学发展必须深入研究者。

13-5. 子曰："诵诗三百，授之以政，不达；使于四方，不能专对；虽多，亦奚以为？"

对比项：博学/践行，原则/应用。

意旨：士君子以学为本而验之于、行之于实际情境，唯义理体认精熟、信仰笃实，方可于实践中应对合宜，达成目的。

旧解摘要：

刘氏《正义》："专对，谓应对无方，能专其事……大夫使，受命不受辞，辞必顺且说。"《集注》："专，独也。《诗》本人情，该物理，可以验风俗之盛衰，见政治之得失，其言温厚和平，长于讽喻，故诵之者必达于政而能言也。"

含义引申：

本章"诗三百"相当于当时以口语形式流传的"基本课文"。因当时尚无流通供读学之用的真正书本，记忆中存在的口头诗篇实乃当时文化传承中的唯一共享的知识存积形式。简称为"诗三百"者，与后世作为书本的《诗经》并非一事。后世《诗经》号称基于《论语》所说的"诗三百",实为孔子正名论应该加以"正名"者。实际上,不过是《诗经》以《论语》内字面为由头,以示其文本来自孔子本人编选。但二者绝非具有此等传承关系,或有相互重叠部分,不过均来自自古以来的口头传诵文本而已。(详见现代多家辨析,也可参见《儒学解释学》上卷。)

本章重心不在于诗本身,而在于学者用诗的正确心态与方法。因此本章呈现两个方面:诗本身的义理性特点和士人运用诗的艺术性特点。二者均相关于仁学实践学的基本原则:仁学与诗二者义理相通,士君子须创造性地、因地制宜地善于用诗。此与孔子教学法中重视举一反三能力相同。"专对"即诗义之随境而异地表达得当之意,即表明对于伦理性诗义虽先有一般领悟,但在临场即事发挥时需对诗旨(表达义理原则及善用诗学感动力)予以适切之发挥,以达积极有效的促进国事交往之目的。

本章也可解释为凸显了仁学重实践学的特点:义理原则与应用发挥须相辅相成,相互为用。前者的掌握须验证于、实现于作为实践效果的后者。孔子之诗学既包括诗的义理学,也包括诗的伦理实践学,而春秋之"诗艺"正是一种具有仁学实践激发力的文本系统,既能促进士人思想明(仁学之)理,又能激发士人(行仁的)行动志意。而诗艺的运用特别偏重于作为当时政治行为重点的"外交"领域,可见当时的仁学实践学的基本关切主要在于政治实践方面。诗艺及其运用于是相关于仁学思想之政治应用,而其义理价值观的表达场合为诸侯间的权势较量场,其特点为权力与良知的互动关系。此即良知面对权力压强时的一种仁学主体态度学的原始形态(春秋诸国间的"敌我关系"为使者出使时须灵活应对的张力情景,此时之"人际关系"可视为"良知个体对峙于权势集群"情境之历史原型)。"不卑不亢"之教,委婉和坚定同时并用,也为一种仁学实践学的实施艺术。所谓"危行言逊"之教,其用意基本上亦相同,均属广义仁学"权学"之实践,一者指士君子面对国内强暴势力时的立场选择,另一者指士君子面对敌国强暴势力时灵活交互运用道德原则和利害说明的权略选择,二者均为在人际压迫情境下如何既坚守原则又不致受损的一种"智慧处逆术"。

现代意义：

本章表面意思似乎在宣扬学以致用法，士君子的仁学修养程度验之于其具体实践效果，实则，学与用两端中，重心仍在"学"（诗）侧，而"用"（诗）侧在此相当于对学之真实质量的一种验证。如扩大为解，本章之教诲还在于提醒，一般读书人徒知博学多识而无动于本心，故义理涵泳不深不实，以至于学与行分为两截，各不相侔。此意扩解至现代人文学术领域，亦适切地相当于指涉理论之学与应用之学的互动关系问题。二者必相互呈动态性对应，方可达相辅相成之效。

本章对于现代社会文化的意义同样涉及两个方面：学术内容本身的质量方面，以及学者对于学术内容的运作方式方面。二者必须相辅相成。读解学和实践学为相关而不同之两事。至于本章所述的春秋诸侯间以"诗学"作为交往工具的事例，可用来比喻现代之权势集体与个人良知的对峙关系问题，而此种良知对峙于权势的关系之普适性存在，实际上古今同一。对此类话题我们此前已多有陈述，兹不赘述。

13-6. 子曰："其身正，不令而行；其身不正，虽令不从。"

13-13. 子曰："苟正其身矣，于从政乎何有？不能正其身，如正人何？"

对比项：人格/影响，身正/令行。

意旨：君子以自身人格为其仁学实践条件之一，如以身作则，其所倡导者人易从之。

旧解摘要：

《缪称训》："同令而民化，诚在令外也。圣人在上，民迁而化，情以先之也。动于上不应于下者，情与令殊也。"《中庸》："尧舜帅天下以仁，而民从之；桀纣帅天下以暴，而民从之。其所令反其所好，而民不从。"

含义引申：

本章为仁学政治伦理学的惯常表达方式：以因果句式表达祈愿句义。仁学的政治伦理学为德治主义，其愿望在适当条件下或可产生相对预期性效果，但如视为必然可行之政策教条，则反可能产生负面效果，即同时传达了一种关于政治行为因果关系的错误判断，以为在上者的德治典范作用必然导致受治者之自动顺从。此句式一方面或有助于读者本身信从仁政之感情，而另一方面或可能误导了政治行为施为的有效性。法家的正确政治因果判断，在伦理学上违背仁学精神，却在政治现实中成为正确因果判断的典范：其要在于准确运用人性弱点及劣点，故其设计多可成功。在某种意义上，德治与法治的结合，产生了后来的儒教政治制度，虽然儒教的所谓"德治"并不同于仁学理想中的德治，其所谓"道德"成为有助于张扬皇权至上的训令，"道德行为"往往为强制制度中之变相指令，但仁义姿态毕竟也可作为一种权力运用中的"滑润剂"起作用。由于政经军领域直接关乎野心家的名利权追求，本章的上行下效政策的有效性，必须依赖于在先存在的、具威武与富贵（威压与诱惑）效果的"权力力学场"环境，而对于学术思想领域而言，本章指令具有较高的可行性。因毕竟于"士林"中，其学界文场内所含之名利权诱力相对较淡，故伦理精神仍然具有一定的直接感染力，导师与领袖的伦理性人格的存在与发扬会产生一定的精神激发力。此所以在前商业化的古代，书院精神可不时创发，产生一定的伦理精神影响力。

现代意义：

本章指令内容仍属德治主义，其古代依据的君子人主体的人格力量，今已完全为法制机制所取代。但其含有的祈愿性旨意仍可相对有效于人文科学领域，其关键仍在于前述"士林"含有的良知种子的潜伏存在。即在此领域，"师长"（导师、校长、会长）的科学求知的典范作用会具有较明显的感召力。（科技工商领域学生的勤勉无待于导师的榜样作用，因其学术努力主动性与个人求利目标在方向上完全一致。）甚至可以说，今后人文学术的现代化革新努力，完全有待于以学术思想界的先行者的以身作则所提供的典范作用，作为学术群体正确学术实践的推动力源和方向舵盘。所以古典仁学的此一典范性实践论，虽然本质上难于有效于现代政治与科技工商场合（因在这些领域内行为者的动机与效果呈现结构性的分离，因法治主义已然将"君子学"完全排除于现代社会政治生态之外），而在文教学术领域，仁学的"人格表率"的实践论甚至成为人文学术发展的必然要求，如无此种学术领袖的伦理性品德，人文学术理论的理性化提升将难以实现。因此仁学方法论所需面对的非仅为技术智慧性运作而已，而是在错综复杂的学界人际关系中首须排除负面价值信仰的干扰。

顺便指出，仁学在"威逼"条件下只能蓄积精神资源而不可能有为，而在"利诱"条件下，则客观上大有可能有为。因为对于学术实践者而言，此二客观辖制性因素（"威武"和"富贵"）的方式与效力不同，前者可危及学者生存安全，后者仅影响学者之利得高低。因而即使在全球商业化的学术环境中，其良知足以抵制物诱的学人之存在，仍可合理地予以期待。此所以现代提倡人文科学的构想仍有其主客观的可行性。

13-8. 子谓卫公子荆："善居室。始有，曰：'苟合矣。'少有，曰：'苟完矣。'富有，曰：'苟美矣。'"

对比项：信念/物欲，心足/贪婪。

意旨：仁学非持禁欲主义，但须防止公私物欲膨胀以至阻塞精神文化实践之进取。

旧解摘要：

《集注》："苟，聊且粗略之意。合，聚也。完，备也。言其循序而有节，不以欲速尽美累其心。杨氏曰：'务为全美，则累物而骄吝之心生。公子荆皆曰苟而已，则不以外物为心，其欲易足故也。'"

《反身录》："人于居室，足以蔽身足矣。乃轮奂其居，甲第连云，以鸣得意，噫！以此为得意，其人可知……千古如斯，良足慨矣。古今来往往作者不居，居者不作。"《墨子·亲士》："非无安居也，我无安心也。非无足财也，我无足心也。"

含义引申：

本章揭示人之贪比本性，故有"千古如斯"之叹。仁学以此例说明，好仁之难得，非仅验之以艰难之事，即如如此简易正当要求，大多数人均不欲遵行，而纷纷竭其一生追慕荣华富贵。以此求富求贵心态，何以行仁学之事？此一"以正示反"的事实性推断，足以表明仁学实践学仅能实现于肯于"克己复礼"的少数人之精神层面及动机层面上。至于多数人，其遵纪守法和维持道德，均基于现世强制性法政外力与想象超世性神祇的威吓力，岂可奢望于人心之觉悟？孔子之时如此，几千年来均如此，乃因人性如此也。而仁学特以此"不合常情"之标准诉诸读书人之良知潜能，其深刻意义正隐含于此"不近情理"之内。"好仁者稀"岂止为负面现实之一种直陈式表达，其本质正为一种良知呼唤法。

现代意义：

仁学义理在古今政经军领域虽然难以实现，但仍可适切地运用于今日人文学术与精神文化的发展事业，如果学者和文士持有仁学式的向真之心，即可能良知萌发而投身于人文学术真理探索事业。为此，学人首应不为俗世虚荣欲念所诱，即不为名利权欲念所诱而失去义利之辨的准绳。本章所引公子荆善居室之喻，仅涉及人之基本物欲抵制力问题。在抵制不当人性欲念之方面，仁学价值观非限于指学人进行单纯抵制私欲的能力，而是尤其指学人进而能使"正者"居内心之正位，并以此排挤"负者"而使其居内心之次位（如不能将其排除则仍须将其压制）的能力。也就是并非绝对排斥个人作为人必有的食、色、名、利之念，而是使其居心域之次位，以不妨碍居正位者之积极施为。经此心志结构调整后，居次位的所谓"负者"不过是各种物质性与心理性之私欲，其恰当的满足或反可有助于"正者"之有效维持。故仁学与宗教道德不同，并无各种禁欲主义教条，而是持一种使"正负者"各就其位的人性经验主义。经此心理欲念结构性调整后，所谓"负欲念"或反可更安全充分地获得满足。（对于仁学伦理学而言，"私欲"本身非恶，食、色、名、利之求本身非恶，唯当其损及正当目标之追求时始称之为"恶"。）至于如何最大化、最合理地调节个人生存中公义追求与私欲满足的问题，属于技术性方法论层次，可根据人类知识与技术条件的发展而逐渐增加其解决的理想性。（这是人本主义仁学伦理学比其他信仰体系更少"禁欲主义"色彩的证明。）

本章《反身录》所解暗示，人性之贪财求利、争强斗胜，最初仅为满足物质性欲望，而其后更深的动机则在于追求心理性欲望的满足，这就是今日可用名利权三者概言的人之基本私欲冲动，一言以蔽之，此即：轻者为求胜以超过"邻人"（心之快意），重者为求胜以支配"众人"（权力欲之满足）也。时当民主主义全球商业化社会，个人难以如古人般直接施展其"支配"他人的权力（如丛林法则时代，臂力大小和狡诈智慧可成为直接支配同类之"资源"），金钱遂成为现代化权力拥有大小之"中介及标识"，也即成为各色野心家满足其权力支配欲的杠杆。金钱遂从其原初作为"价值交易"的符号演变为今日作为"权力运作"的媒介和工具。人类思想表达和文化交流的金钱化，标志着物质贪欲导致的文明精神水平的必然低矮化。其以物财为支柱的所谓文化修养，不过是商人化的附庸风雅而已，因精神是不能够用金钱来创造的。

13-9. 子适卫，冉有仆。子曰："庶矣哉！"冉有曰："既庶矣，又何加焉？"曰："富之。"曰："既富矣，又何加焉？"曰："教之。"

对比项：生存/文化，物质条件/精神方向。

意旨：仁学视经济与政治为手段，视精神与文化为目的，历史上二者（广义物质与广义精神）共存，而彼此在历史进程中之功能迥异。

旧解摘要：

《论语集注补正述疏》："自魏而晋，清谭乱经，则五胡乱矣……

宋程子、朱子诸贤，发经义而昌国教，宋多君子焉。虽及国亡，而陆秀夫、文天祥群死节者，皆邦家教士之光也……迨元主中夏，以许衡掌国教，宗经而师孔子，中夏安之……有清主中夏，定群经为正学。顾亭林以明之遗老，正节谭经，当时则义之不夺，能章其节，天下士于是乎知名教。"《孟子》："是故明君制民之产，必使仰足以事父母，俯足以畜妻子，乐岁终身饱，凶年免于死亡，然后趋而之善，故民之从之也轻。"

含义引申：

本章对于为政者在庶、富、教之间的价值观次序与因果关系之陈述自然正确，人类的物质性生存条件，乃其教育、文化、学术等精神性生存目的实行之必要前提（无物质无以生存，而物质不等于生存）。仁政之要为：文教为目的，经济为手段；即精神为目的，物质为手段。此一政治观已成为中华精神文明几千年来深入读书人心志的基本价值观：中华文明史的历史哲学目标为无限推进民族的精神文化水准。庶、富等皆仅为致学为教的物质性条件而已。历代解家多将此句本意推演至治国之术，不唯法家、墨家言此，孟子亦亟言之。但"由富及教"的因果论与"由富、教而易治"的因果论并不相等。本章表面上的重点似落实于如何使民"易治"这个手段层次上，而国家的治与不治均属于手段问题而非目标问题，其中的"教"字才是全章重点。仁政不同于周、秦、汉诸政治观者正在于凸显此一政治学的真正目的：一国之目标为促进文教，提升精神，其他均为追求此目标之物质性条件而已。因此维持社会秩序只是发扬文教的手段，富庶又为维持秩序目的之条件。或者说，富庶、秩序等为政治的初级手段（过程），教育为高级手段，而文化精神的创造发扬才是政经军等为之服务的最终历史目的。如不论及目的，只就手段层次上论是非，则其作用可能被歪曲为：富庶有治后则转而因力强而转向通过征伐掠夺（所谓"秦皇汉武"）以达耀武扬威之为霸者的真实人生目标。我们由此原初有关政治与文教的因果关系论可以深入理解到中华民族作为"文之邦"的理念，在漫长儒教历史中如何被历代统治者不断加以歪曲和放弃，结果大多人均以"物质性关切"作为为政者的第一目标。（试观《资治通鉴》，其内容大部分均系历代统治者进行各式"政争"的过程描述，此即：彼辈大部分时间陷于物质性生存领域。）物质性名利权的追求与经营，正为封建主义时代统治者追求自身生活骄奢淫逸以及争王称霸的手段和条件。

现代意义：

本章教谕之现代性意涵，不必再简单化地相关于富而教的因果关系，而是相关于富与教的手段和目的关系。即就富与教过程的狭义言，非以富为目的，而以教为目的；而就广义仁学言，富为初级手段，教为高级手段，目的则为精神与文化之创造（使"人"得以成为"人"的正途）。时当现代全球商业化时代，当名利权已成为人类共同的人生观目标后，物质性财富追求更是结构性地超过了精神性追求，后者之核心——人文科学更成为首先被加以贬斥的对象。此即因在全球商业化时代，人类将物质财富看作高于精神财富而采行唯物质主义生产总方向，导致人类集体性的"文化异化"，其文化价值观次序遂为：物质性文化第一，感官性文化第二，精神性文化第三。"国富民强"或"富国强兵"等亦属于手段层事务，非属一国历史之精神性目标。此一政治伦理学观点与中外传统政治史上的倾向大不相同。因此将辟疆扩土有成的汉唐称为"盛世"而将武略衰颓而文治特著的两宋视为"衰世"，可谓大背孔孟精神的历史观。

参照《论语》全书，孔子"以富致教"之深刻义，尚非源于统治者御民之难易问题，而是在于"以教求仁"的民族精神性目标的朝向性问题。此一价值观直接反映了仁学政治伦理学的方向，其性质不同于今日全球化时代各国将为民谋物质性福利作为一国唯一目标之大方向。而仁学价值观则可为在现代科技工商主导下的社会精神价值的普遍弱化或缺失提出历史性警诫：政治经济活动等等的最终目标究竟为何？除了增加权势及物质享受外尚有何得？如今全世界均以"为富而富""为强而强"为理政口号，而将精神文化发展任务委之于今已完全受制于科技工商的职业化文教及消遣文化领域，听任其蜕化为另类准物质化的学术商品，从而导致今日人类文明正在忽略着其现世性、科学性的精神文化创造性发展的生存目标。在不断提升此手段层次上的成就后而不拟转向精神文化等目的层之目标，即相当于只关注手段问题而不关注目的问题，只关注物质生产问题而不关注精神生产问题，或将本应作为目的的物质发展当成了目的本身，而将文化与精神事业的发展反当作为前者服务的附带性、装饰性手段，可谓本末倒置了。

本章涉及的一切问题，岂非也与马克思关于人类未来精神文化目标的思考直接相关？本章中孔子的"政治观"言简意赅，通过对（物质）"富"与（精神）"教"之间的手段与目的次序关系的规定，喻示了并预示了人类文明发展的"价值学逻辑"的问题：究竟谁应该为谁服务的问题？此于两千五百年前在黄河流域设定的仁学"价值观序列"，即关于物质与精神关系的人类文明模型，可直通于现代全球化时代的世界，可以说预先为人类整体文明在其陷于唯物质主义狂潮之时提供了大方向上可兹参照的价值观调整的启示。此种伦理价值观具有的精神力量，才是中华文明传统的最伟大遗产。

13-10. 子曰："苟有用我者，期月而已可也，三年有成。"

对比项：无位/怀志，为政/为文。

意旨：仁学政治伦理观意在济世利民，故仁者怀志为先，力行不辍，败而不悔，寄望未来。本章仅为仁者志愿之宣表，非有所实指也，但或可相当于表达：仁学理想毕竟无助于法家控导的历史现实。

旧解摘要：

南轩《论语解》："期月而大纲立，三年而治功成。然三年之所成者，即其期月所立之规摹者也，充之而已矣。"

含义引申：

本章历代解者均泥执于文字，以至于程树德对王夫之提出的所谓王道施行次第论亦大为赞赏，并据此责难王安石当初革蔽之心过切而致败云云。凡此之类拟据古史而议论古时政军经事件得失之论，均属纸上谈兵。本章句义之"大言不惭"的语气其实纯粹为一种修辞句式，一则表达孔子行仁政之意念的热切，再则承认其志难伸于现实之无奈。《论语》中凡此类有关政治类的论述均应理解为一种政治伦理学思想之表达法，即以通过此政治实践的建言来表达政治实践应遵循的伦理性原则。此一乌托邦式的假设句如反向读解则为：如有客观制度性条件，仁学事业必将有成。但是因为根本不存在这样的理想化社会条件，所以此句相当于如下引申义的表达：实行仁政的条件，历史上根本不存在。这样的结论，也相当于（客观上）为仁学思维的有效性界域先行设定了限制。

【关于"事实判断"和"愿望表达"的历史解释学申论】

让我们再总括一下孔子以政治话语表达仁学伦理理念的方式："我不复梦见周公"，等于判断理想周礼一去不返，所实存者，仅其遗迹也，此周礼遗迹在仁学系统中主要（因其确有部分地遗存）相当于一种理想政治原型的"现实性表达"（以部分周礼遗存的现实表达原始周礼理想）。此现实中的"周礼遗迹"恰足以供仁学合理构想仁政理念之用，却无助于通过外实践使其复现。"苟有用我者"句，就相当于"如存在有具仁心的君主"这样的假定性前提，但《论语》全书均否定了此前提出现的可能性。因此，此假设句实际上起着正反两种作用：在现实中实行公正政治学之不可能性（事实性判断）以及尽管如此而仁者用世之心不为少衰（主观性意愿）。"善者为邦百年，亦可胜残去杀矣"，此假设句的解释学作用相同：因不可能实现前者，故必无后者。"如有王者，必世而后仁"，意义亦相同。如果对此类假设句直意泥解，可谓幼稚不堪。（如果这样，《论语》还有任何价值吗？）然而后儒将孔子圣化或神化后仍慨叹本不可能出现者：孔子如逢圣君即必可行尧舜之政。如古人连尧舜之政等历史神话均可信之，可见其几千年来有关社会政治现象因果推理能力之薄弱。古代大儒尽管在其他方面有显著思想创建而迟至清代仍然可迷信于"三代政治神话"，可见传统的文学式民族思维惯习多么欠缺时空大尺度的历史经验因果分析能力。

从此类《论语》句型中我们应该瞥见其含有两种事实性：历史现实中的物质性事实与精神文化实践中的心理性事实。本章暗示的两类准事实性判断（否定性的社会真实与肯定性的心理真实），今日均具有其历史解释学的深刻意涵。仁学伦理思想的形成因果链为：（1）负面政治现实激发的正向政治理想；（2）在现实中对政治理想追求的失败过程也即朝向理想实践意志的形成；（3）在此过程中由此政治理想的朝向扩大到对一般伦理理想的朝向；（4）后者随着历史文化条件的发展而具体化为精神文化理想的朝向性；（5）此一对伦理理想（价值观）的朝向性意志（实践力）在历史上凝固为中华精神文明的发展动力。于是，仁学伦理学的最初起源为纯然政治性现实（价值负面性社会现实），其最终实践结果为纯然精神性现实（价值正面性心理现实）。

现代意义：

本章句义实际上相当于反向地表达：仁学之政治乌托邦理念在现实中不可能付诸实施。故在现实性层面上仅是一种可能性愿望之表现而已。而本章的另一意涵则为反映在主体侧的一种期许：在理念层上，士君子应成败不计地毕生坚持朝向仁学理想，而所朝向者主要为仁学价值观理念而已（前者为物理性事实，后者为心理性事实），此理念的原始表达媒介为理想政治乌托邦，也即此政治乌托邦想象仅表达着一种仁学价值观期待。此一心理性事实（内实践之结果）可成为主体的不同外实践过程中的参与因素。故本章的现代意义仅在于指出，承继仁学精神的学者，如何在心理层次上，不论现实处境如何，坚守仁学价值观大方向，此一心理层次上的价值观坚守即其内实践之完成。本章所未明言而呈现了开放性的仁学展望则为：以其内实践之不变，结合外界现实环境之变，在现实中另行创造其相应之外实践方式。就现代化的今日而言，仁学之新外实践即应展开于人文科学与精神文化领域，而传承自古的内实践产生的主体意志力机制，遂可成为任何历史现实中之具有"精神文化生产能力"的主体能动源。

13-11. 子曰："'善人为邦百年，亦可以胜残去杀矣。'诚哉是言也！"

13-12. 子曰："如有王者，必世而后仁。"

对比项：历史/残暴，仁政/除暴，政教/希望。

意旨：仁政观针对现实，意在除暴安良，根据伦理理想，开启文教实践；法家权力哲学反之，其必以争强斗胜、敛财聚势、耀武扬威为其实践方向。

旧解摘要：

《论语意原》："周自平王东迁，诸侯力争，殆无虚月。民之困于伤残杀戮者二百余年。有王者作，能朝诸侯而一天下，仅可已其乱。至于胜残去杀，虽使善人为之，非百年相继之久，必不能致。此所以叹当世之习乱，而痛斯民未有返古之日也。"《四书翼注》："子欲善而民善，纵不能旋至立效，亦何至作百年迂疏之谈？盖此是古语。"《集解》："王曰：'胜残，胜残暴之人使不为恶也。去杀，不用刑杀也。'孔曰：'古有此言，孔子信之。'"《集注》："王者，谓圣人受命而兴也。三十年为一世。仁，谓教化浃也。"

含义引申：

《群经评议》认为杀与虐义同，故本句义应为"胜残去虐"，此可谓清儒泥执字义溯源学而乖乱正解之例，其说一无可取。至于解者泥执于"百年"字面尤属无谓。本章所喻示者不过为：乱世之后的仁政理想，如条件具备，亦非可一蹴而就。下句之"三十年"意亦同，其意涵均为强调：理想政治必待教化，而教化必待时间。旧儒因圣化孔子并信从《论语》全文均为忠实记录孔子之言，故幼稚地泥执于章句中之数字推测其长短。此两章中之"善人"与"王者"均属假定条件，而两章之深意实为：将二条件句蕴含着仁政目标实现之必要条件：文教事业之长期努力。简言之，仁政实践为文教，文教需时间，故非仅除恶之后可立达者。实即，通过此假定之言以特伸仁学文教事业的无比重要性。

现代意义：

此两章之一般性隐含义为：在任何"拨乱反正"成功后伦理性文教事业的首要性。此一"拨乱反正"则含两部分：一者为"拨乱"（未实言），另一者为"反正"（必文教）。二者实为两个过程，两章相关者仅第二过程"反正之道"，此道必为仁学伦理学之道。正如仁政目标非仅寄望于"拨乱结果"（除暴），而尤相关于"反正之义"。

此即仁学非相关于如何"拨乱"(此为与其无关的政、经、军行为)而特相关于如何"反正",即在任何"善人"所可完成的任何胜残去杀结果之后所当为者如何。当引申为现代时期比喻义时,对于几千年来积累的人类人文科学事业中的多方面弊端而言,除其各种外在失误为易(制度、学风、道德、经费等缺欠与弊端),而将其导向正当科学性方向为难(治标易、治本难)。

学术革新事业也有一个"百年树人"的必要性,而此"树"者正相关于仁学伦理价值观与实践论的方方面面。换言之,今日国内外对于人文学术进行正确批评者比比皆是,或有坚持"正派治学"的学界领袖出而整顿之,然而此种作为仅可相当于"拨乱",如何进而促其建设性发展则必然涉及学人之伦理性品德资质与伦理性价值观的贯彻。从现实层面看,此时的"反正"项目,不可能仅寄托于偶然少数的现成"天赋良知"者,而应包括培养良知产生的社会性条件,此即自幼年起的各级教育制度的改进。不是顺应历史现实的任何教育制度,而是符合仁学伦理性价值观的教育制度(从幼儿园起向义非向利的教育制度)。当科技工商成为全球化大方向的决定者时,各级教育制度已然全面功利主义化,人文科学革新的任务因此必须扩展至青少年的教育阶段的方向性调整。培养科技工商人士的教育条件与培养文史哲宗艺人士的教育条件是不一样的。这就是"必世而后仁"隐喻所指涉者。

从历史哲学的深广角度言,现代民主政治已然取代了几千年封建主义之历史,完成了人类历史上的"胜残去杀"阶段(拨乱),继后者将为"历时百年"的"反正"阶段中之现代文教建设问题。因此仁政学的伦理精神理念在现代化民主法治制度下,或有其在人文教育学理念和精神文化目标方面发挥积极作用的崭新机会。当全球商业化时代世界社会结构发生了巨变之际,也正是重新思考现代教育学理念之时。为了取得"文与理"之平衡和"物质与精神"之平衡,新世纪的教育学也必须分门别类地进行结构功能性调整。如无超越当今以西方教育制度为楷模的新教育学理念的配套发展,人文科学的科学化改造事业将难以想象。

13－14. 冉子退朝。子曰："何晏也?"对曰："有政。"
子曰："其事也。如有政，虽不吾以，吾其与闻之。"

对比项：职能/仁政，匹夫/天下。

意旨：仁者胸怀，无关于身份与处境，其或出或处一本于义，
无位君子虽不与其"事"，但亦不应对仁政义理失其关念。

旧解摘要：

《集注》："冉有时为季氏宰，朝季氏之私朝也。晏，晚也。政，
国政。事，家事。以，用也……是时季氏专鲁，其于国政，盖有不
与同列议于公朝，而独与家臣谋于私室者。故夫子为不知者，而言
此必季氏之家事耳；若是国政，我尝为大夫，虽不见用，犹当与
闻；今既不闻，则是非国政也……其所以正名分、抑季氏而教冉有之意
深矣。"《四书训义》："上下之乱也，先窃其实而犹存其名。窃之已
久，则并其名而窃之。至于并窃其名而不忌，而大乱遂不可解。君
子欲正其所窃之非，必先急夺其名……此欲正其实必先正其名之大
义也。"

含义引申：

本章诸旧解均较为合理地据相关故事阐明背景（见诸旧解），然
而章句本身内容，在《论语》全书背景下，亦足以表达其陈述之意
及蕴涵旨意。本章呈现了两对对比项：一者为居位者与非居位者，
另一者为事（日常事务）与政（天下大事）。无位君子固然不须、不
能介入日常事务，但其对国家及天下重要事件之关念必然存在，因
此正与仁者之本分相连：君子者即关念天下者，其实质乃伦理价值
观之实践，而体现此价值观者往往即相关于众人及国家的大事件。
此种大事关念根植于君子之胸怀，与其居位不居位无关。仁学君子
的仁政关怀（基于伦理性义理）与政治家的政务关怀（基于职能履
践）自不相同。二者之间的细微差异正可表现仁学君子学的特点：
区分了人格的关念与职务的履行。关念属个人自由意志的选择，履
行属集体任务之遵行。换言之，按照仁学君子学，仁者必为仁政理
想的朝向者，但不一定为仁政事业的施为者。本章一方面指出事与

政的价值性区别，另一方面指出仁者不拘顺逆不可对仁政价值（即由政务体现或反映的"仁"价值）须臾忘怀。因此，君子之胸怀与其社会职能为两事。

现代意义：

本章表达的事与政以及居位与不居位的对比性认知，对于现代人文学界与文化界的精神文化实践者而言，具有直接的相关性。本章的间接含义相关于"主题关注"与"主题施为"间的区别性，即相关于现代仁学者与社会现实的关系问题。仁者对现实的关念正如孔子对政之关念，此关念与仁者居位不居位无关，且正须将二者加以区分：实践学中的关念与施为必须被加以区别，从而一方面不失其深切的关念，另一方面不因此关念的存在而误入相应的施为领域。这样的阐明可有助于现代人文学者明确自身的心态构成，也即保证了学者对社会现实的关注以及其学术研究与客观现实的密切相关性。此正为今日西方人文学界所普遍弱化及欠缺者。失去对社会现实的观察与关切，使其成为职场内文本游戏家，也即失去了以学求实、以学求真的治学心态。同理，本章此二对比性思想也表明，现代仁者（任何以仁学价值观从事学术文化工作者）的主业，不再是直接介入社会与政治事务的实践者，不再是社会政治类活动家，也即不再是政经军与科工商诸领域的施为者，但绝非因此而失去了对于社会现实与自然现实的关念。而所谓区分事与政，即相当于区分对"器"（技术性）的介入与对"仁"（价值观）的介入。

本章所言的"政"，其直意为大政方针，实际上，对于仁者这仅意味着由"大人事"所代表的重要意义。按此，现代人文科学理论家与精神文化创造者，必当是关注于"大人事"的学者和文艺家（而非在业界及文化市场上的名利追逐者）。文人学者如无孟子所说的对"大人事"之关念，也将失去进行重要理论及思想探索的"内力"。试看今日西方人文学者，他们生存于文本书海内，哪里还有关念"大人事"的胸怀？而其所谓对社会现实的关注，不过是作为已被技术化、程序化了的公民的责任义务类的关注与实行。由于淡化及失去了主体自身对于重大现实价值的直接关联性，其对于一般历史与现实情境的判断，竟然可以相当错误与肤浅，此又进而暴露了当代西方人文科学理论方向与方式的弊端（尤其是哲学家们）。

13-16. 叶公问政。子曰："近者说，远者来。"

对比项：仁爱/民附，暴虐/民背。

意旨：仁政之目的为爱民利民。对民施仁，民必归附；对民施暴，民必憎恶。

旧解摘要：

《集注》："被其泽则说，闻其风则来，然必近者说而远者来也。"

含义引申：

本章"'近者说远者来'六字言"足可与"未知生焉知死"六字言同含千古至理。后者为其伦理学认识论立场宣表，前者为其政治伦理学价值观宣表。一言以蔽之，政治的正义即达至使被治民感到幸福，使非所治民乐于归附。故本章可谓仁政"以民为本"立场之明确宣言：政治的目的是使民对为政者管理之法满意。也完全合乎现代义理：为政者为人民之公仆，非人民之"老爷"。此一为政理想自然与漫长封建主义历史现实轨迹相反。

本章之问答句式非关于政治方略问题，乃关于政治目的问题（为政目的为何），并实乃关乎政治伦理价值观问题。本章将仁政概念简化为人民是否自愿选择归附为政者之制度，以此作为仁政实现与否的一种证据。此一仁政理念却与历史上贯穿始终的法家功利主义政治实践事实背反。儒教政治学的成功就是在"儒表法里"的高端法家策术学（秦朝属"低端法家"，汉朝属"高端法家"，二者一脉相承，而后来者居上）的指导下成功的，而法家政治观为视民如奴，残民以逞，何来为民谋福关念？明明是君为主，民为奴，民养君，君被民养，而统治者偏偏要反着说。孔子此章之本质为直接否定统治者之谎言。而孔子此言亦正相当于以反讽句式预言：其后中国封建历史上仁政政治学理想是难以实现的。

此章强调的是人民的自愿性，也就是自主性与自由性，这多么符合现代民主理念的政治原则？统治者因与人民处于相互对立位置，彼此的"快乐"需求相互冲突，而统治者无不视自身及本集团之"快乐"为其为政之真正目的，为此必须奴役人民以满足自身之"说"，被役使的人民为此必不得获"说"。在此意义上，本章明确宣表了仁学之精神与封建主义统治者的实际需要是正相反对的。结果，民之来遂非自愿之来，而为不得不来。实际上，统治者欲民之来（唯聚众方可为政）并不依靠于民之理解与自愿，而是依靠民之畏惧或受愚而已。

现代意义：

本章含蕴的政治伦理学意义，古今同理，但可扩大而用于解释人文学术事业。时当全球泛商业化时代，人文学界成为学术枭雄聚众谋势的一特殊领域。诸学术集团（学科、学派、中心、权威）扩大自身学术权势影响的办法表面上也呈现为"近说远来"，即学界人众之自动依归，而实际上是在诸集团各自经营的"趋炎附势"吸力场内（各个"学界山头"）所制造成的拉帮结派的效果。今古局面之区别是，古时之权势集团主要使用"威武"（恐吓逼迫）杠杆，现代权势集团主要使用"富贵"（名利吸引）杠杆。本章的原始含义为呈现仁学与法家的历史对立局面，即个体良知与集体权势间的历史对峙性。虽然方式与工具不同，此一对峙关系可同态地转化为另一种良知与权势的对峙观，即学界向真个体与向利集体之间的对峙观。现代社会中，所谓权势的"准暴力"实为"诱惑型强迫力"，可泛指唯物质主义方向的求利社会文化观，以及其所制造的、社会舆论强迫性的求利生活方式。就今日人文学界而言，其全面制度化演变即表现于在此领域内形成了学术权势制度化所产生的"逼人就范"的势力场或吸力场。

在全球化时代提升的唯物质主义意识形态文教观控导下，以求利取代求真的治学观泛滥，学人自幼内在地接受了求利人生观熏陶（洗脑），自然易于趋炎附势、唯利是图。而此状态却是一种隐蔽的意识形态强力灌输后产生的效果（将古代的"义利之辨"原则颠倒过来）。所谓"心说"现象，在此客观环境力场作用下，甚至可成为真实的，即在资本操控的社会力场下所自然形成的人之"第二天性"（唯名利是求）。不过，古今社会文化条件不同，"法势"与"资本"各自所采取的"威武"与"富贵"手段不同。"威武"诉诸人性之畏惧与愚昧本能，"富贵"诉诸人性之求名求利本能；前者为"怕死"，后者为"贪生"。国际学界各科权势集团必直接、间接善于利用此人性弱点而创造出各种不同的学术制度化形式，以更有效地达其掌控人文学术方向与方式的目的，因今日"富贵"手段诉诸人之私欲天性，故必易于导致学人一一就范。人文学者和文人雅士因以名利权追求为人生观与治学观，故必习于随波逐流，趋炎附势，而纷纷失去其追求真善美之关念与意志。学术与文化均成为追逐名利权之"手段"而已。就文人学者失去此求真意愿与意志的可能性看，现代西方资本市场化之效力（富贵）可比古代东方法家之暴力强制的效力（威武）更为强大。

13-17. 子夏为莒父宰，问政。子曰："无欲速，无见小利。欲速则不达，见小利则大事不成。"

对比项：速成/不达，小利/大利。

意旨：仁学以大是大非为念，据此权衡大小轻重，故无因小失大之蔽。

旧解摘要：

《集注》："欲事之速成，则急遽无序，而反不达。见小利者之为利，则所就者小，而所失者大矣。"李氏《论语劄记》："凡大事未有速成者，故欲速者其见必小。心存于久远，则不为利动，故见小利者恒由于欲速。"

含义引申：

《论语》诸警句多以政治事务为题，而又并非具体地针对相关方法策略问题，故其意涵主要涉及政治伦理思想及生活智慧领域。本章特相关于任何计划实践中的合理化态度与方法上的问题，警告勿因急功近利态度而导致轻重缓急布局上之失策。此一看似常识意见实相关于价值观与实践观上的统一化"权学",此即:在实践学方向正确和实践学步骤合理双方面,达至最佳策略性布局。

现代意义:

本章之告诫对于仁学与现代人文科学改造事业的关系而言,亦属切要之论。虽然有待革新的项目成百上千,但首须分清主题之轻重关系,之后可相应构思设计主题系列之处置次序(符号学、解释学可首先有助于分解传统主题和整理传统材料,而其后则须结合各科专业知识以进行综合研究)。原则上必须从大局出发首先设定论题框架,之后按照各主题部分的互动因果关系设置实施次序,也即从基本做起,合理合度地逐次向前推行。为此,首须摆脱传统的和流行的既定学术框架及其连带的各种功利主义偏见,之后才可重新规定相应学术实践方略。本章的所谓勿见小利,在此即可指商业化功利主义时代处处可见的名利权的诱惑。如当前国际符号学运动之大失,无远弗届,均在于因贪职业功名之小利而失去学术目标之大利。业者急于利用新学名头拉帮结派,经营学术市场名利,而不肯首先革新及增加个人知识准备以朝向更复杂、更重要的人文学术改革大目标。"符号学"本来是朝向此学界大目标的,如今沦为各界廉价追名逐利的渠道。还不要谈此界之国际学术江湖专门玩弄拉帮结派伎俩,经营学界权势扩充之术,其领袖人物往往恰为最不学无术者。结果,学术组织者中不少均蜕化为学术投机者。符号学遂成为仁学"以紫乱朱"警示之当前显例。国内外人文学界普遍存在的因小失大(因职场名利之"小"而损及真理追求之"大")学风及治学观,几乎已成积重难返之势。

13-18. 叶公语孔子曰:"吾党有直躬者,其父攘羊而子证之。"孔子曰:"吾党之直者异于是。父为子隐,子为父隐,直在其中矣。"

对比项:公/私,直/隐,伦理/法律。

意旨:原始仁学之第一基础为亲子之爱的天性,故持孝学至上论，此一伦理性原则却可能与法律冲突，本章故意将二者做假设性轩轾以高标伦理性价值。

旧解摘要：

《皇疏》："叶公……欲自矜夸于孔子……范宁云：'夫所谓直者，以不失其道也。若父子不相隐讳，则伤教破义，长不孝之风，焉以为直哉？故相隐乃可谓直耳。'……江熙云：'叶公见圣人之训，动有隐讳，故举直躬欲以訾毁儒教，抗衡中国。夫子达之，辞正而义切，荆蛮之豪，丧其夸矣。"《集注》："父子相隐，天理人情之至也。故不求为直，而直在其中。"程瑶田《论学小记》："人有恒言，辄曰一公无私……此一视同仁，爱无差等之教也。其端生于意必固我，而其蔽必极于父攘子证，其心则陷于欲博大公之名……子为父隐，直在其中，皆言以私行其公，是天理人情之至，自然之施为、等级、界限，无意必固我于其中也。如其不私，则所谓公者，必不出于其心之诚然，不诚则私焉而义矣。"《义门读书记》："何故隐？正谓其事于理有未安耳。则就其隐时，义理昭然自在，是非之理，即在恻隐羞恶之中，并行不悖。"《经正录》："吴可堂曰：'直，天理也。父子之亲，又天理之大者也。二者相碍，则屈直以伸亲，非不贵乎直也。当是时父子之情胜，而直不直固有所不知也。陈司败以隐君之恶为党，叶公以证父之恶为直，徒知直之为公，党之为私，而君臣之义，父子之亲，乃有不察。微夫子，则一偏一曲之说起，而仁义塞矣。'"

含义引申：

本章历代解释纷纭但多持一种折中主义实用观：当法律与情理冲突时，应采取某种违礼就情的便宜行事办法。固然历代法律中对于违法行为中父子相隐的处置宽严有所不同，本章成为《论语》中的名句也有其本身缘故，故须仅在本书上下文中求其确义。因此文句中所谓"父恶"特意取其最微小而可原谅者（不仅为"攘"而非"窃"，而且为攘羊之小节而非谋反之大节等。试观古时动辄诛九族例可知），以有助于读者接受此一折中情与理的"违理之理"。至于将父子关系推及君臣关系，则不免比喻不伦，且亦不能为儒教政法所容。我们只可将本句义理在逻辑上的不通而在人情上的变通，视为一种孝学唯情倾向之反映，而非准确的仁学义理之表达。而在具体实行上，自然难以据此道德情感主义断案。

本章之极端修辞学法之义或可理解为：即使在与最严格的法律相违的语境中，"亲子之情原则"，作为孝学基础，仍应（在理论上）居于第一位。考虑到《论语》孔子角色多用夸张或反讽式言语修辞法来曲折表达事理，本章句式或可同样解释为一种特意表达的二元意指：通过违法行为这样的明白无误的情境，以反向指证此孝学认识论与实践论基础——亲子之情——的伦理性上的至高性。此一貌似不通之义理强调法，在伦理学认识论层次上则表现出一种仁学经验实证主义之本质：其理论根据来自人性经验本身，其实践基础来自人性经验本身。换言之，如无对亲子之情的准绝对命令式的信仰（此为一经验主义信仰，非逻辑主义或超越主义信仰），即无仁学伦理学普适性之根据。也许，本章之深刻意义只在于陈示：此一伦理实践学上的内在矛盾性的缺欠是内在于本非绝对主义的仁学伦理学本身之内的，从而间接承认仁学人本主义具有的（一切人本主义具有的）相对性。（反之，近现代一些西方人本主义伦理学为了克服此一缺欠而结合了西方传统中含有的形而上学思想，反而暴露出一种逻辑上的不谐性。我们由此可见仁学人本经验主义是如何坚持其认识论一致性的。）

【关于孝学伦理学的历史解释学申论】

此章为《论语》中最"难解"的章句之一，因其中明显存在着道德标准上的矛盾性。在几千年封建宗法社会现实中，此或为法与情冲突时的一种折中主义态度。此句通过价值学上"直"字的两义性，借助第一义解层次上（执法层次上）的矛盾性，来表达在第二义解层次上（人情论层次上）的一致性。同时，此一矛盾性的表达法，从现代解释学角度看，也意味着仁学不是政法学，而只是伦理学。伦理学并不直接处理政法行为层面上的复杂是非问题，而是通过此政法层面上的矛盾性来凸显一个仁学基本前提的无比重要性：亲子之间天然情感联系及其神圣性的事实性基础问题。仁学的全部逻辑性基础都是建立在此最具原初性的亲子仁爱天性之上的。如无此天然的亲子情感联系的事实性存在，人本主义伦理学即无从成立。因此人本主义伦理学是纯粹经验主义的价值学，其伦理学价值观均来自人性经验性自然，而非来自超越性力势的强制或逻辑性形上学规则。于是，此经验性自然，必然只提供伦理学判断的或然性，而非任何假想的绝对性。

前句中的"直躬"指遵照法家律法精神，而后一"直"字指遵照仁学伦理学精神。此一矛盾思想的并存，并非意在表达仁学在认知上否定前者的判断，而是间接地呈现出两个思考层次：社会政治层和伦理精神层。前后句的判断标准分别适用于各自不同的领域。此一两句共现的矛盾性表达，实际上相当于一种修辞学手法：用二相关而不同层次上的相互义理矛盾表达法，来凸显仁学伦理学人本主义认识论根据本身之第一重要性。仁学人本主义的孝学基础，看似为维持封建宗法主义制度的孝学，而此一仁学外实践学形式实为仁学内实践学理论基础——人际天然爱——的形象性表达法。而一般性人际爱原则本身的实用主义基础则为特殊性亲子爱事实。二者均程度不同地以经验性的事实存在为根基，并非以任何超越性的道理（超自然神鬼和演绎逻辑）为根基。于此可证，仁学的现实主义、经验主义、人本主义本质，既与任何自然性的宗教教义不合，也与任何几何学式的演绎逻辑推理不合。

本章之"违法律而合情理"的修辞术方式，特别通过法律上的坚实前提和人情上的自然情理的反差性对比来间接地（寓意性地）肯定后者在理念层（将实务层暂且排除于相关性之外）之第一性，以突出表达亲子关系事实的绝对性所内含的伦理性意义。仁学伦理学，因其人本经验主义基础，其本身自然含有经验的相对性，仁学从不掩饰此一事实（好仁者稀），而其不因此降低而反更显其高尚意旨的缘由，正在于如何在此"沙滩般基础"之上建立尽量使其坚固之"上层建筑"。此并正为仁学君子学之"知不可为而为之"实践观之源头之一。如果人类天性中有朝一日突然失去此亲子天然情感纽带，可以断言，仁学伦理学也就立即宣告终结。根据此根深蒂固的重视真实经验、真实事实的人本主义科学观立场，才可深入了解为什么唯独仁学伦理学（而非其他类型伦理学）可成为现代人文科学科学化复兴之价值观指南。此外，我们也可从仁学认识论所含的"相对性事实"与其实践论所含的"绝对性愿望"的张力关系中，领悟仁学内含的一种人生观美学。

现代意义：

本章的现代意义应该纯粹在伦理学层次上加以把握，据此可理解仁学伦理学是基于经验主义人性论的事实上的。此一特点一方面使其具有现世经验层次上的可行性，而另一方面则使该可行性自然仅具有相对性实现的可能性。所涉及的相关法律的相应宽容原则，只可视为把握仁学伦理学根据的一种修辞学方式（一种经由自我矛盾的极端夸张式来凸显人性经验论的基本性）。本章内容的义理矛盾性作为修辞学法（在实践上强调法律上的正误相对性，在认知上强调价值关系的准绝对性），其实恰当地表达了仁学的伦理学认识论的人性论特征。由于仁学伦理学基于此经验人性论，其"道德律令"只具有客观上、实践上的相对性。相对性即经验性，虽然反映出人类道德关系的非决定性特点（如西方逻辑主义表达和追求的那种实践绝对性教条主义），却也反映出此种关系内含的固有矛盾性，从而呈现出人类真实的伦理情境，反而更有利于贯彻合理的伦理性主张。孔子、孟子也均提出"父子不责善"这样的不合逻辑的伦理实践学原则。此一思想实际上含有一种深刻的原始人本主义的、人性经验论的、前理论形式的合理性根源。即仁学伦理学将其非理论类型的"伦理学认识论"建基于纯粹经验性事实上：仁学的"爱人"的第一价值基于基本人性事实——亲子之相爱本能。

本章的"矛盾性比较"句，显示了仁学是一种特重价值观思辨之学，而现当代科技工商时代，却正是将人类的一般价值观问题（古代道德哲学、美学、历史哲学所关注者）物化及固化为功利主义经济学形态的价值观共识，即物质性利害标准。由于百年来商业化时潮蔓延至全世界，自然包括人文学界（文化界几已"全局沦陷"，自不待言），于是以学求利治学观全面取代以学求真治学观，其表现可谓多种多样。本章在人性与法律之间的对比性故事，属于孔子时代具象性思维之常例，但深入分析可见，此处与"人性"对比的实为以刑法为代表的义理，即情与理之间的冲突性表达。今日人文学界的商业化功利主义治学观，其所鼓励的"以学求利"观（"利"字在此为名利权之总称或代称，正如"仁"字为智仁勇之总称或代称一样。即同一汉字在不同语境中可有二义）不仅适用于个人、团体，也适用于国家、种族与文明史区域。世界上人文学界之"争利之学"遂遍布于各个层次与区域。此一全方位的以求利代求真的治学观之泛滥，乃因遵照资本主义原理，企图以此法顺应人性之恶，即个人与团体之由私欲导致的私爱。如是，哪里还存在什么人际博爱？而是发展为各级、各域、各层之自私之爱。此种私爱观正与本章例子中之亲子之情的私爱观一致，而本章所示的公理观（不可偷窃、不可杀人、尊奉公义）则相当于今日学界之以学求真观。

本章表面上的寓意为此一符合人性的私爱（爱亲）应高于社会公义，但实际上，不过是客观地呈现出此一人间价值观矛盾。按照我们的历史解释学，原始仁学以亲子情感代表的人际关爱原则已应一般化、抽象化为普遍人际关爱，故必得超出具体的亲子私爱范畴。而此一般化的人际之"爱"须自然地"叠合"于更高一层的人间公理。这就是，唯有合乎公理者方可在人类全方位框架内实现其所谓人际关爱。换言之，普遍爱与公理必须统一：公理根据普遍爱理念而建立，普遍爱唯合乎公理而能实现。经此解释可知，今日学界之弊病正在于其各种私爱（私利）不能合乎公理地加以普遍化，故人私其学，国私其学，文明私其学。此类所私之学均为人文之学也。

【关于仁学之"对恶学"的历史解释学申论】

仁学的第一伦理价值学原理为：一般"人际爱"是基于"亲子爱"之人为性（通过社会礼教、习俗、政治所达到）的可能性扩充。无论是原初根据的"亲子爱"还是据此延伸的各种"人际爱"，都是现世经验性的，因此即非绝对的。而仁学伦理学的一切可能性，逻辑上恰恰依存于此原则之经验性实现之概率大小。孔孟将父子不责善视为一种普适性原则，正是为了避免在法理上损害"亲子爱"事实在仁学伦理学中所起到的支持性作用。在认识论上，他们意识到此种人性经验论的根据本身即是经验性存在，须依赖后天人为的觉识与响应。按照同一经验主义，仁学亦知此一"人际情感关联"事实本身仍含有极大的伸缩性，其中的"爱"的要求基于经验性的"好"的程度，而后者可以用同样的经验性方法加以激发、深化，因此倡导激发"仁爱之好"的君子学。

欠缺抽象"逻辑关系爱"的古代中华文明，不是发明推理上的逻辑严格性以增加人的好仁能力，而是仍然在人性经验本身内开发各种向仁之好的潜力。于是在激发"爱善"本能的同时，特别发展了"恨恶"原则。从而在相当程度上将伦理实践学的重心从"向善"转为"憎恶"，使后者成为激发君子正义感的更直接、更有效、更明确的伦理观内容。疾恶如仇、劫富济贫、拔刀相助、仗势欺人、弱肉强食等等成语所反映的都是将"恶"与"对恶"转为伦理思想之主题。其内容不是直接朝向于"善",而是朝向于"恶"。此种仁学具有的"对恶朝向性",正是其组织自身伦理观的主要经验论基础。正是由于其特有的"对恶主题性",才进而发展出其义勇学、义利之辨和舍生取义的民族精神人生观。此种伦理价值观的成立当然同样是基于人性经验论的事实本身的。良知学,固然为一种"向善论";但更应被视为"对恶论";如仅有前者,则良知学即有演变为佛学虚无主义之虞,其所说的"对自之勇"就成为没有对峙对象的自我陶醉术。而其"向善论"之完整内容当然首先可将"朝向善"主题扩及"朝向真善美"主题,其次将其"朝向恶"主题扩及"朝向伪恶丑"主题。仁学遂可从广义的"向善"与"对恶"两侧丰富其良知实践论内容。凡此种种均发生于潜力资源丰富的人性本身。所以仁学是"人之学",此与人文科学作为"人之学",岂非形成了人类历史上的天造之合?

13-19. 樊迟问仁。子曰:"居处恭,执事敬,与人忠。虽之夷狄,不可弃也。"

对比项:礼意/礼行,文明/野蛮,爱文/爱人。

意旨:以仁为本,据礼行仁,以仁化人。

旧解摘要:

《集注》:"恭主容,敬主事。恭见于外,敬主乎中。之夷狄不可弃,勉其固守而勿失也。"《皇疏》引江熙云:"恭敬忠,君子任性而行己,所以为仁也。本不为外物,故以夷狄不可弃而不行也。若不行于无常,则伪斯见矣。伪见,则去仁邈也。"《反身录》:"独居一有不恭,遇事一有不敬,与人一有不忠,便是心之不存。不论有事无事,恒端谨无欺,斯心无放逸。"

含义引申:

本章并举心(敬)、言(恭)、行(忠)三域中君子应持的基本品德及礼行,三者均须本与人为善进而实践普遍为仁的动机之诚。本章所言此三者不过是概举品德及礼行为行仁之方式。一方面,将仁及行仁视为人间至理,此"仁"亦复与"文"结合而成为"文明"

865

之代称，此所以屡言华夷之别，盖以之强调"人"者即"文明人"也；但另一方面，本章极其伟大地表达出了仁学持有的人类主义和博爱主义，也就是在仁学思想立场上看来，应该区分两大"类范畴"："人"与"仁人"，或"自然人"与"文明人"（进而为"文化人"）。春秋时代的中国已然在士君子的思想框架内成为"文明国度"（此一观念已从认知上否定了其后历史上一切野蛮征伐行为，即被法家视为"英雄主义"的强横霸道行为），即使其身处的现实具有诸多"不善"，但其历史社会之"迹"（春秋时代状况）所指涉的周初理念，已经历史地呈现了"何为文明"的认知方向性根据。孔子仁学正是据此历史经验性启示而创发的。但是孔子仍然明确承认夷狄虽然行为野蛮仍属同类（"人"之类），属于待开化、待教化范围。因此，作为文明标准，"仁"之学也同样应该施之于万邦，自然包括未开化地区的人类。

在此需要进一步注意的是孔子的人本主义"二元论"或"二元价值观"：其人本主义即人类主义（故特以"鸟兽不可以同群"定义之），但凡属人类，即应加以教化、文明化、礼仪化、伦理精神化，而非如今日一些西方文化多元主义者的幼稚观点所示：所谓尊重原始种族之自然生存方式，甚至鼓励要特意"保护"其原始人生态，以便（虚伪透顶地，肤浅不堪地）"安抚"或"满足"文明人的居高临下之尊重异他文化的感情。其结果是：安排他们永远处于无知无识的"快乐状态"中（以供文明人不时前往"致敬"）。

现代意义：

本章所持仁政品德观用于政治固然天真而不切实际，但如用于文化学术领域则为既属必须又为可行之前提条件。因此本章之"礼学"与"心学"亦为今日人文科学现代化革新参与者的必要的心理品质前提。即现代学者中持"以学求真"治学观者，仍须重视自身学品与学风问题。而反观今日全球化功利主义时代，人心多为内在求名利权之欲念所制以及为外在名利权诱因所动。功利主义为外在纯物质主义实践之准则，仁学则为内在伦理理想主义价值观及其实践观之确立，其目标在于精神文化事业之推进。本章所谈的政治品德适用于全人类，今日人文学者的品德要求同样须是无远弗届的。然而在今日的民主法制时代，各界人士均采行由外在规则约制的合法求利原则，其表现出来的行为"合法性"遂被误解为内心的"道德性"。此种内外分离的时代病如果说并无伤于政经法军领域之正常运作，却为文史哲精神文化领域设置了"内在的雷区"：从根本上瓦解了学人自身的品德要求。因如改为通过"正确"遵循外在法制规则以治学，也即首先去除了以学求真治学观，随后必采行各种隐蔽求私利之方略。人文学术以学求真认知遂被以学求利动机所彻底异化。至于本章之人本主义与文化主义立场，不论对于现代伦理学研究还是人文科学战略方向均具有基本启示性。当古时东方仁学之外实践方式今日转化为适用于人类普适的人文科学领域后，其治学标准也自然应该不分界域地取统一的科学理性原则。

13-20. 子贡问曰："何如斯可谓之士矣？"子曰："行己有耻，使于四方，不辱君命，可谓士矣。"曰："敢问其次。"曰："宗族称孝焉，乡党称弟焉。"曰："敢问其次。"曰："言必信，行必果，硁硁然小人哉！抑亦可以为次矣。"曰："今之从政者何如？"子曰："噫！斗筲之人，何足算也。"

对比项：士君子/自然人，有耻感/无耻感，以政谋私/以政行仁。

意旨：士为代表一国伦理精神之勇者，本章就从仕者言为士者之精神，借以深贬现实为政者之贪婪品格。

旧解摘要：

《皇疏》引李充云："居正情者当迟退，必无者，其唯有耻乎？是以当其宜行，则耻己之不及，及其宜止，则耻己之不免。为人臣，则耻其君不如尧舜，处浊世，则耻独不为君子。将出言，则耻躬之不逮。"《集注》："此其志有所不为，而其材足以有为者也。子贡能言，故以使事告之。盖为使之难，不独贵于能言而已，此本立而才

867

不足者，故为其次。果，必行也。硁，小石之坚确者。小人，言其识量之浅陋也。此其本末皆无足观，然亦不害其为自守也，故圣人犹有取焉。下此则市井之人，不复可为士矣。"《反身录》："士人有廉耻，斯天下有风俗。风俗之所以日趋日下，其原起于士人之寡廉鲜耻……若耻心一失，放僻邪侈，何所不至？"

含义引申：

历代本章解者多看出本联句中对于三等为士之标准并非合于仁学士学的最高含义，加以历代解者多根据文中的传说故事背景与人物性格推测夫子所言之确指，即使今日不必如此读解本章，而末句中孔子对时人为官者的普遍贬斥之言反成为全章之中心义，也即在士精神理念和为政者现实之间形成尖锐对比。其实孔子所持的这种对于现实从政者的否定态度乃系仁政学成立的历史背景，也即在仁学义理与历史现实间做出了明确区分。此章相当于明确表达了仁学对于历史现实的政治学判断：现实政治的非伦理性。此章应与"不梦周公"合解。仁学不是政治学的实际性医疗方略，而是政治学的伦理价值性诊断。一方面孔子对春秋时代当时的各国政治现实做了基本的否定，另一方面提出了政治伦理学的价值学标准。此一怀抱伦理学理想却身处反伦理学政治现实中的人生观，表达着一种仁学与现实历史情境间的张力性关系，即呈现了一种现实与理想间的永恒对立性。此种历史对立性遂成为其后两千多年儒教历史中的仁者人格学形成之背景。中国传统的诗学文化风格，如愤世嫉俗、怀才不遇等等，都是产生于此一统一的仁学张力格式中的，即来自精神理念与社会现实之间的内在对立性。由之创造了中国传统上具内心伦理反叛性的一种"士精神"的文化氛围，此即：潜在的士主体良知意志力，必在精神上对立于封建专制主义现实中之不当权势的压制。

【关于仁学的"士学"的历史解释学申论】

此一论"士"的章句列于《论语》下论，因就从仕者品格论士，其实不能成为"士"之完整定义。况且本章之问发自曾子，其提问及"所记录"之夫子答言（必非"直录"）带有发问者的限定性。单字词"士"作为泛指"人"及"古代知识分子"类别之义可不论，而历来常与"士君子""国士"

"勇士""战士"等等合用而得其确指。"士"字与其他各字连接后其意涵可多变，如"文士"中之"士"即仅为社会特殊阶层义或泛指人，而无关于"刚勇"义。但单字词"士"作为伦理性概念则与单字词"仁""道""义"等类似，反均有其准抽象义理性之明确所指。如仁学可简称为"君子学"，并可更为精粹地称为"士学"。此二称谓特指仁者人格素质本身，而各有其风格上的偏重。"君子"偏于指有守者或狷者，"士"偏于指有为者或狂者，作为单字词概念，均超出具体社会文化性内容而专指一般人格倾向。"士"字自然由远古偏于指"武勇"的身体层特质之始源义，引申为偏于指"文勇"的精神层特质义，从而大大提升并丰富了其伦理性意涵。用现在方式理解颇可用以指"勇于践行之思想家"，即"勇于义理之行者"。其中的"勇"字正是"士"的首要意素，或含更为鲜明的"刚"的意素。至孟学此单字词"士"之内涵的表述更为凸显，故特于"勇"之类型加以深论。

作为伦理精神性范畴，"士"须刚勇有为之教尚含有中华社会文化史上之特指：士者即为在面对生存环境之艰难困阻时而勇于"行"者，故相对立于唯知风花雪月、避险求安、舞文弄墨、明哲保身之懦弱"文士"。仁学作为人格学，应该说含有两大士君子精神倾向："君子"之有守（狷者）与"士"之有为（狂者）。凡孔子所言章句各有偏重，总体来看则兼含二者，但仍可在二者之间略分高下。历代读书人随性格之异而可各有不同之遵循。二者之间自然以"士"为具有更高人格境界者，其人必全面体践智仁勇三达德，其实践必兼含体悟与力行两义。而所谓"力行"之勇，孟子于政治领域所言与后世阳明于思想领域所言均可纳入一般"义勇"范畴。故为士者不唯有勇，更须同时有义，将力行之勇与悟识之义加以密合，此一人格学理念，可谓中华仁学在人类精神史上所做出的特大贡献，并已以其历史上无数的人物典范而丰富地存留于漫长历史积存中。从作为仁学之最高段实践的士学看，仁学伦理学显然特重伦理实践上的"动力学"（能动之学、勇动之学），为此而必首先营建其主体伦理实践学之"人格内学"。

现代意义：

仁学政治学的自我否定表现在：为政者中极乏真仁者之历史事实可证仁学政治学（德治观）本身无实现的可能性。在传统社会，政治秩序主要依赖于法家的专制制度和暴力强制性方式，在现代社会中政治秩序亦须依赖于外在强制性法制，二者均不依赖于有德的为政者（强调个人道德性的各宗教只能依附于政治制度生存，不可能以其道德信仰维持独立的存在）。但是本章此一仁学政治学表达的意义体现在伦理学方面，无非是以古代唯一文化场域——君主政治——作为表达士君子在各种环境下应有之作为。传统的士学精神对于现代世界人文学术革新事业来说具有其重要的启示性，此即积极学者必须不仅为深于识者，而且特须同时为勇于行者。而全球商业化文明时代人文学术与精神文化界所最欠缺者即为参与者之主动性消失。学人成为被动遵循制度性规定的按部就班的"程序操作员"。此种职业病的全球化蔓延才是人文科学难以继续其科学化展开的根本性障碍。"士"为能够彻底"克己复礼"的坚行"义利之辨"的读书人，此即今日现代人文科学理论界的坚定的以学求真学者之历史人格原型。唯具有此在精神思想学术世界勇于大破大立、当仁不让的思想勇者，方可独立行其"舍我其谁"之精神。而此种学术界的士精神必须比古代政治界的士精神具有远为丰富复杂的三达德构造，始可投身于全球化时代人文科学改造事业。

13-21. 子曰："不得中行而与之，必也狂狷乎！狂者进取，狷者有所不为也。"

对比项：狂/狷，勇进/逊守。

意旨：仁学实践之二主要类型为：行不违仁之有守与勇于求仁之有为。二者随境而异，因人而异，或进或守，张合之间均须依于仁义原则。

旧解摘要：

《集注》："狂者志极高而行不掩，狷者知未及而守有余。盖圣人本欲得中道之人而教之，然既不可得而徒得谨厚之人，则未必能自振拔而有为也。故不若得此狂狷之人，犹可因其志节而激励裁抑之，以进于道，非与其终于此而已也。"《四书辨疑》："夫狷者之为人，踽踽独行，凉凉无亲，世俗指为孤僻古执者是也……易于退而难于进，贪于止而吝于行，此乃有所不为之谓也。"

含义引申：

在人格同属士君子的前提下，士人因性向之异可选择对正当事业之有为立场，亦可选择对不正当事务之不为立场。具有此两种天然正面性格倾向者，其有为与不为是指"性向"，而非指具体行动方式的选择。后者还相关于具体环境和目的要求的特点，如必要时，在行动上，狂者可取不为，狷者可取有为。历史上评论者常对此不加区分，笼统谈论。此外，有为与不为，也有一个实践域的内外之分方面。因此乏外实践（除"孔子在陈"一事）的颜回，实为于内实践域大有为者；子路外实践域以狂勇称，而其于内实践域仍较乏进取之力。但是，本章的重点是性格倾向本身，热衷于推进仁学实践学的孔子把其实践学的希望寄托于诸弟子身上，弟子的性格倾向就相当于仁学实践学中的"实践工具"之品质。本章中孔子的"不得中行"的意思实际是，士君子可以属狂型，也可以属狷型，彼此各有体现士君子不同风度的方面。从经验上看，狂者常在外实践域积极进取，狷者常在外实践域有守（不为）。但是二者之间实际上还牵扯到一种判断标准上的参照系差别：实践内容面和实践风格面。本章主要谈后者，而未及内容面。或者准确说，狂者相对地涉及内容面（进取者必应为合乎仁学要求者），而狷者未必相关于"内容"，即本章仅强调其可不为非礼之事而已，但也可能在内实践域内无所作为（"不为"之负面）。这是从较高仁学标准做此区分的。如果按较低仁学标准来衡量常人之行为，则能为狷者之人即已属"好人""善人"类了。而对于仁学实践学言，此等有所不为的"好人"实仅属低阶之君子人。

【关于狂狷学的历史解释学申论】

以上所引两种对狷者的形容，似各有偏误。狷者非指知未及者，而是指吝于行者，其能坚拒为非亦基于其道德操守。本章提出士君子的两种行为选择风格类型或仁学实践学方向的两可性，也反映着仁学本身的纯伦理学性格，故不在外实践域中确定仁学实践学正误之判准。也就是，仁学在动机层面上的价值学选择的严格性，对立于仁学在外实践层次上的行为选择的非严格性，从而凸显着仁学实践学偏重于内实践域的性格。在其外实践域中，仁学所关注的是外实践行为方式的合乎仁学价值学原则，而非仁学外实践域内的具体实现方略。正确地说，仁学外实践的运作范围被区分为靠近内实践域的"内圈"（"独善"，兼含主体性构建及其相应非社会性行为的选择）和实施于社会性领域的"外圈"（"兼济"）。主体域和外实践内圈为直接表里一体关系，二者与"外圈"的关系则为相互连接关系，而对于此连接方式则不予具体规定（出与处的选择）。但在最一般层次上的行为选择，出（参加社会性实践，兼济）和处（不参加社会性实践）都须与仁学内实践原则保持一致。此一出处选择学智慧固然主要须参照具体现实环境条件判定，但本章指令句涉及的只是实践者的性格特点方面。在仁学伦理学的外实践出处两可的原则下，其外实践方式仍然受制约于内实践判准，可见对于仁学实践学来说，内域内学远大于外域外学。仁学实践学表面上表现为出处选择中立性中的偏内在性，但本章中的狂与狷，虽然在行为上相关于出处之择，而本质上却呈现了士君子性格及行事风格方面的差异性。表面上，本章呈现出两种不同的性向和行为方式，实际上客观呈现着一理想型君子应该同时具有的两种倾向：面对外在压力与诱力时的主体的内在抵制力以及面对外实践困境时的主体的外在进取力。仁学的"狂狷学"实涉及"内与外"（域）、"柔与刚"（性）、"守与攻"（行）诸境遇与策术抉择间的相辅相成的、交替运用的权学智慧学。

现代意义：

本章实际上包含着关键的仁学实践学要旨。仁学理念自身即为由理想层与现实层叠合而成者。其价值观属理想层，而其实践观属现实层。仁学伦理学不仅自身为经验性理性产物，而且侧重于其现实经验域的可行性。因此，仁学的此类理想加现实的矛盾而综合的表达式，仅具有"标尺"身份，此"标尺"为现实人的行为标准，但非行为目的本身。目标与目的不同。目标相关于方向与理念，目的则特指实际要达到的具体事务与事项。其后两千年此仁学"标尺"实际上发挥着全面有效的现实界作用：激发无数士君子以其方向和标准为蓝本进行最大化精神努力，其实际路径和最后成果，因主客观条件限制，自然无以圆满达至该标准，却可在该理想标准的促动与引导下进行其正向努力之最大化（动机朝向的正确性本身即仁学实践方向的标准），故其实际成果非限于验之于己身，而须验之于是否与精神思想史中伦理价值观的总方向一致。此一时空有限者个人与时空无限者集体的精神一致性，即沉淀于中华精神文明史上的集体宝藏内。

"不得中行"相当于判定不可能于现实中期待完全理想的仁者之存在，此亦为仁学教养学的真实情境：在无理想仁学实践者的真实生活中如何授徒？所谓"其次者"实为现实中最佳者，不过两类最佳各有长短而已。仁学的"狂狷论"并非仁学实践学的严格表达，实际上对于仁者或士君子具有两种类型的期待：见义勇为者（狂）与洁身自好者（狷）均可。前者相关于读书人中最难得一见的道义之勇（威武不能屈），后者相关于读书人中可不为利诱者（富贵不能淫）。但进一步分析会发现，此一大致分划还须进而区分于内实践和外实践的性向中，在内外实践域中的狂狷特征的表现不同，此时狂者非专指外实践者，狷者非专指内实践者。本章按照自然常识面进行的概略二分法，仍然明确地强调了两种不同而均属可取的心志行为特点：勇于赴义和坚于有守。二者均需具备孟子所说的富贵不能淫、威武不能屈的特点。揆诸现代人文学术与文化的除旧布新事业，此二种士君子性向，岂非完全适用？而今日中外学界与文化界内此一狂狷者人格之普遍缺失，岂非正是人文科学不得前进的根本性原因？即欠缺在追求真理目标上既能有守又复勇为之人文知识分子。

按照上述仁学身份与特点的说明，此一人本主义伦理学非常适合于作为引导和促动现代人文科学革新事业的标准，均相关于治学观中的人本经验理性主义方向及智仁勇实践学方略之现代化体现。人文科学革新事业在此方向上和实践风格上努力前进，其现实"达成"实际上只能指其价值学方向上的正向性之维持，而非特指其内容上的完善。坚守价值学方向的正确性本身才是最真切的仁学实践学的正误性所在标准，至于具体成果之有无，则非属仁学本身所能独立左右者。况且所谓"具体成就"，必为客观现实条件所决定的结果（古人所言只计其义不计其功即为此义）。学者如参透此义，在今日学术实践中岂非行"尽其在我"即可？自然，在此之"尽"字必须实实在在，决定"尽"者仅需完成内实践即可。仁学之所以可成为"无入而不自得"及"知不可为而为之"的精神实践方略,其深意,其精义,即存于此。

13-22. 子曰:"南人有言曰:'人而无恒,不可以作巫医。'善夫!'不恒其德,或承之羞。'"子曰:"不占而已矣。"

对比项:有恒/无恒,有成/无成。

意旨:仁学实践须持之以恒,有心无恒等于无心,无一以贯之之恒者,即为自弃者。

旧解摘要:

《群经评议》:"巫医古得通称。此云不可以作巫医,医亦巫也。"《广雅释诂》:"'医,巫也。'是其证也。"《四书剩言》:"盖无恒之人,祷祀所不加,医药所不及……郑氏亦谓无恒之人,易所不占,与巫医不治并同。盖或承之羞,羞是恶义,然在凶悔吝外,故曰不占。"《集注》:"巫所以交鬼神,医所以寄死生,故虽贱役,而犹不可以无常。孔子称其言而善之。"《皇疏》:"言无恒之人非唯不可作巫医而已,亦不可以为卜筮。卜筮亦不能占无恒之人,故云不占而已矣。"《四书辨疑》:"不占而已矣,古今解者皆不能通。"潘德舆《养一斋劄记》:"《论语》于六十四卦专举'恒'者,此教人主一也。主一是下手功夫,而归宿亦在此。士志于道,而耻恶衣恶食者,未足与议也,故下手要主一。天地之道,可一言而尽也,其为物不贰,则其生物不测,故归宿要主一。"

含义引申:

因原章句简略,诸旧解内的语词关系不明,故可两解之。如"不可以"是指该人不能为巫医,还是指该人不能被巫医治?但两解之结论实可一致,即"无恒故不可救药"。前章中狂狷二者均须为有恒之人,如人而无恒,则任何才智禀赋均不足以导之为君子。孔子在此引卜筮成语以为喻,潘德舆以"主一"解之甚确,"恒"即"一"也,均言主体意志力之恒常有定,而非关后儒所谓世界"理一"之类玄言。至于为何偏举巫医为例,只可归之于后世所不熟悉的远古文化习俗,无须深考。

古代"巫"与"医"为同类原始知识分子,其职能自然包括人类文化初起阶段的原始经验理性智慧积累(通人神、观天象、辨灾异、量敌我等等事务中所积累的正误经验为人类智力发展初级阶段之表现),包括人际心理影响之方术。巫医或为远古社会最具才智之业。"无恒"即无"意志力",此一"行为动力学"在伦理实践学中有其相对独立性,特别表现在"知"与"行"的二分法中,即"知"未必导致"行",此所以孟子特辟作为行动力学之"士勇学",以补充孔子仁学在现实介入方面之未足。因任何历史实践均为发生于"历史现实冲突场"中的对峙学。故在此对峙力学场中无动力即无以有行,而动力决之于意志机制,其外在即可以有恒与无恒测知。

现代意义:

士君子必为有恒之人,有恒者方可有守有为。而世上所谓有恒无恒多就外在行为言,而君子学则必论之于动机层的价值观取向。士君子实践之持之以恒,乃因基于智仁勇三达德心志之存立。今日精神文化与学术事业,如无从事者持之以恒为之的意志力与道德操守,即不可能加以推进。而现代全球商业制度化形成的客观压力与诱力,对于仁学狂狷两型实践方式均给予了制度性约制,遂使得"君子学"与"士学"理念无以践行。在此情况下,学人偶然萌生的独立追求精神思想事业的志愿,在古书义理激发下,容有良知绽露而思奋起之时。唯因在现代化功利主义教育体制下,学人先已欠缺主体意志力之培育,故多难持之以恒。此内心与外行之"恒"岂非一应归之于仁学之勇学?这就是我们今日在提倡新知、新学、新理时反而首先要在伦理思想层次上呼吁"返古"之原因。换言之,真正的现代人文科学事业,正有待于古代仁学实践学予以组织、促动和在伦理方向上的引领。"有恒"实体现于动机、方向、目标、目的、方式等实践性系列内的诸环节上,其中一者之失,即可导致该实践系列链条之瓦解。时当商业化文化渗透一切的时代,因环境条件与方法手段快速变迁,学人利之所趋,必然急于随机竞取而成为机会主义者。此时其人之"有恒"只可能是指逐利之途上的有恒，因任何成功均须有恒，而此一为利驱动之有恒，恰可排除以"义"驱动之有恒。因此，本章原初加以凸显的"有恒"之教，今日则须限于仁学实践学内论之。孔子时代为文明初始时期，社会上尚不存在商业化-技术化时代产生的普遍逐利文化，后者亦要求并形成了"有恒"的普遍性，"有恒"遂有降低其在此的喻示力之虞。因在人人逐利的社会中，"有恒"（勤奋）将失去其值得一提的特征性。

13-23. 子曰："君子和而不同，小人同而不和。"

对比项：君子/小人，争义/争利，异同/正误。

意旨：君子为学，均以求真与善为目的，虽学养各异而可相互协洽；小人为学，均以求利与私为目的，因获利有异而易致冲突。

旧解摘要：

《集解》："君子心和，然其所见各异，故曰不同。小人所嗜好者则同，然各争利，故曰不和。"

含义引申：

此章类似于"义利之辨"，后世对之理解的不同主要因为时代变迁所导致的字词语义及其用法上的差异性。古代的单字词语义单简，复杂意义要靠显隐不同的语境参与定义。"义"与"利"在该句中均有规定性，此句中的"同""和"亦然。大体言，二字主要指待人接物的态度倾向，而非指具体行动方式选择。因任何人随环境和目的不同均可有不同的或"同、和"或"不同、不和"的选择。本句之显义为，君子因目的和学养关系而能够"求同存异"，小人之求利目的相同而各自获利之结果必定有多寡之异，嫌隙与冲突之生即由于此。实际上，自古至今，"君子"甚少，"小人"者多数人也，彼此以利相争遂成为史书所载之最普遍现象。

现代意义：

就今日学术思想界言，"君子"指学术目标朝向公理者，"学术君子"彼此的分歧属于方法、角度上的自然差异，而因彼此公理目标方向相同故其争执属于技术性层次；"学术小人"指各自通过学术以进行争名夺利，彼此因名利收益多寡及在学界名势差异上之不同，必定不断发生恶性冲突（其争因利而非因理）。今日人文学者人生观均趋向以学谋职业私利，彼此原为在共同的学术职场上为争各自不同之利而来，因其各自所持的道理本质上仅为其谋利之工具，固执自身道理为自身争利过程之逻辑性组成部分，其表面上的学术之争，多可代表背后利益之争。（可比于今日商界维护商品信誉与品牌时的市场竞争，学者维护自身及学派的学术立场，相当于维护自身"学术商品"之市场品牌及盈利条件。）在如此治学文化环境下学者之间自然难于群策群力、共同合作，以朝向科学提升的公共目标。

在学术商业市场化的今日，人文学术本质上欠缺客观真理标准的特点遂为学理争执上的是是非非问题进一步敞开了大门。其结果就是人文学者为争夺学界名利，各自拉帮结派，营建山头，党同伐异，夺利为先。此等今日世界各地所习见的人文学界争名夺利的状态，岂非正相当于一种结构上的"学术小人生态"之全球化泛滥？于是全球商业化时代之共识自然成为"商场如战场"，人文学术商业化之结果也就自然为"学场如战场"。科技工商及政经法军诸领域内的认知之真与此人际竞争人生观可达相互协恰效果。而在文史哲艺领域内，此同一人际竞争人生观必定导致对以学求真行为与目标的根本性瓦解。人文学术将日渐成为非科学之学，或仅成为职业谋生之具。

13-24. 子贡问曰："乡人皆好之，何如？"子曰："未可也。""乡人皆恶之，何如？"子曰："未可也。不如乡人之善者好之，其不善者恶之。"

对比项：众/寡，正/误，从善/从众。

意旨：价值观与因果观的是非判断，唯具品德与学养者可为之，世人如仅为借职谋利者，即不具备此正确判断的条件。

旧解摘要：

《四书训义》："乡人之善恶琐屑难知，一人志行分明易见。故不从其说，以自考得失立论。"

含义引申：

本句意思明畅，而历代解家或有自为纷扰者，皆因事先假定了大多数人的意见必为可依之偏见。本句引申义在于：不可轻信多数人或大多数人的"共识"，而应独立考察真伪并据以判断正误得失。此即多数人意见未必正确，故不可仅以群言代替自身独立判断。此一认知的根据亦十分明显：多数人均根据自身经验与利益而发言，故"多数"在此恰为"众多私利"之共同表达意，自然不可视之为是非问题判断之可靠依据（此正为民主政治内涵的"地雷"，因"民主"即处理如何满足众人各自不同之私利的方式，其中所含之"正义观"不过是"众人私利之总和观"）。然而仍需注重多数之言论乃因：众人之意见作为客观事实，亦属观察和处置的对象及判断材料之来源。但判断之标准则与相关人众的多寡无关，否则即有哗众取宠或趋炎附势之嫌。"随大溜"（从众）习惯实为判断者放弃公理而徇私之表现。"民主"作为诸多有缺欠之治世方式中缺欠较少者的相对性价值的贯彻原则，首应区分民众对政治效果合乎己利否进行判断之资格与民众对政治方法是否适当进行判断之资格。两种资格并非一事，前者直接与民主精神相关，后者则仅可间接与民主精神相关，因其涉及的知识技术性能力非民众所熟知者。因此，民众不能判断何种"方法"可达己利效果，故对"方法知识"问题的讨论遂最易成为政客操弄政治话语之场域。

【关于众议之辩论的历史解释学申论】

本章内容之前提为将"众议"所指简单化为论者与众人的是非标准与所辨析的问题相同，正如日常此类话题（多数人意见是否可据为标准）都含有潜在的前提或假设。但如进一步讨论，即须将此类前提本身纳入思考，以更为准确地设定问题本身。"众议是非"话题实含有以下不同的内容：（1）众人对于自身真实欲念的表达；（2）达至使众人现实愿望满足的方法；（3）对"（2）"的判断知识与能力；（4）对特定"众人"之"（1）"予以满足后引生的对社会全局或其他众人的影响；（5）"（1）"是否为特定众人的"最佳利益"？即众人是否明白自身最佳利益所在？（6）关于与欲望、利益、愿望相关的价值观认知的关联性，不同的价值观有不同的"利益"规定；（7）各种具体价值观与一般价值观学理的关联问题。以上诸项中常见者为"(1)"与"(2)"的关系问题，即假定了"(1)"的正当性，但如何达到"(1)"则为另一类问题。简言之，例如，人人皆需食物，但非人人皆知如何有效生产食物。

当现代社会无数倍复杂于古代后，各种因果性（知识性）判断皆需要专家决定，在此意义上"众议"自然不足为据。但是当唯物质主义成为现代世界主要文明观后，人民的基本需求已被统一化为物欲满足，在此低阶水平上"(1)"可成立，此所以民主制度有存在的理由。在此情况下仍然有"(2)"的问题，即"众议"无法直接解决此判断问题，但可间接解决之，此即必然需要代议制的理由。于是，"众人"可以决定"(1)"，但不能直接决定"(2)"，却可间接决定"代议者"是否满足了"(1)"。我们可以解释说本章的道理基本上限于此设问层次上，主要相关于"(1)"与"(2)"。本章中乡人意见为"善"否，可在此初级层次上由古代"代议者"（君子，从仕者）定之。所谓从善乃其人之意见合于我意的另一种说法。但如提高讨论层次，即对"善"价值加以提升，使其不仅符合"(1)"的意见，而且须符合"仁""文"等精神性价值的标准时，就引生了另一问题：众人未必知自身最佳利益为何。如果仅以满足众人之"(1)"（当下愿望）为目的，可能导致其"愿望质量"的提升，而此愿望提升可能并非其当下所愿望者（当希望其受教的意见违反其当下愿望时，以及通过哄骗导致其选择另一实际上不符合其真实利益的愿望时）。本章之设问，可以在两个不同层次上定之，不论如何都会导致这样的暗示："众人之意"未必正确，其中主要包括三者：现实愿望及判断，提升之愿望及判断，以及如何达至前二者。

现代意义：

本章在现代民主社会中尤其具有发人深省之意，即不可轻信大多数人的意见。自然此类意见含两类，关于各人之私利欲求表达问题和关于公共事务是非判断能力问题。本章自然特指与是非标准有关之后者。因世上问题多多，并非人人均有知识条件对之进行正确判断，故不可徒以意见支持者的人数多寡为根据。当涉及现代人文科学界的是非问题时更其如是。因学术的市场化、商业化炒作的需要，必然导致争利者诉诸人多势众、以势压人之策略。而学术的市场化价值及知名度（品牌价值）更是直接相连于支持者的人数多少。在此情况下，求真学者必然须坚定个人独立研究判断的决心，不为众惑，甚至"虽千万人吾往矣"。即在追求真理事业中不惧于与众为敌（更因学界霸权者的武器正是通过利诱威压掌控多数以便造势以压服对手）。梁任公所谓"甘作万矢的"之意正在于此。

此外，时当人文学术全面商业化转型之时代，学术商品价值取决于市场知名度，而知名度即为支持者人数多寡之意。职业泛滥之际参加学派争强斗胜时使用的"人海战术"，正是利用"大多数意见正确"的宣传策略以谋成功者。而大多数人恰为生存于、受教于泛职业化时代及学术水平通俗化时代者，其平均学术水平自然逐渐趋低（因学术水平趋低可使多数个人易于得利，因此维持学术水平趋低乃为最有利于学阀控制学界人众之策略），尤其不应将其视为严肃学术之讨论对手，而只应视之为学界意见及其技法之来源。再者，当身处此借学术职业制度以达借学求利的时代，如视大多数人之利益满足即为达成治学之目的，自然即以多数人之意见（等于集体私利满足度之表达）为治学标准，从而加重了从众意之风险。其中之原因尚非在于被煽动、被掌控的学界大众意见本身，而在于对其煽动操纵的学阀、学霸借学术以达控导学术局势之野心。此等学霸野心恰为人文科学现代化发展的最大障碍，其可相比于商界垄断寡头之作用。

13-25. 子曰："君子易事而难说也。说之不以道，不说也。及其使人也，器之。小人难事而易说也。说之虽不以道，说也。及其使人也，求备焉。"

对比项：公义/私利，举才/为公。

意旨：仁者行事为公，以增公益为喜；不仁者行事为私，以获私利为乐。

旧解摘要：

《论语稽求篇》："旧注原以'说'字作'悦'字解，《集注》所用，固是旧注。特汉儒复有一解，谓说如字，即言说也。"《皇疏》："君子既照识理深，若人以非道理之事来求使之悦，己则识之，故不悦也。"《集注》:"器之,谓随其材器而使之也。君子之心公而恕,小人之心私而刻。"程树德:"《集注》沿皇、邢二《疏》之旧,以'说'字作'悦'字解,自是旧说如是。余则疑当作言说或游说解。"

含义引申:

因"说""悦"二字古时通用,历代解家对本章中之"说"字的理解各有不同。泥于此类字义争执最属无谓,当然须据上下文文意贯通与否为断。本章中之"说"字应作"悦"解,始可通顺。因本章所欲呈现者为"道"与"悦"之间的对比关系,即人间来往之义应为"合于道"还是应为"相互取悦"?程树德因《皇疏》版《论语》中凡以'说'字表'悦'字处均予改动,唯本章未改,故疑仍须作言说之意解,但如此则难以通贯章句义。本章欲按"受悦"态度和"取人"态度以区分君子与小人,相当于"秉公"与"用私"之间的区别。

现代意义:

本章关于在"受悦"与"用人"态度上的品德之别,今日完全可表现在人文学术界的人际关系上。所谓君子,在此即指致力于学术真理事业者;所谓小人,在此即指以学术追求个人名利权者。本章所及之古代官场背景,今可扩指一切权力支配关系,包括今日学界领袖与学者群体的关系。若学界"居位者"率众以公(追求学术真理),其人之悦与不悦乃源于参与者之治学态度及群体学术成绩如何;若"居位者"率众以私,即将学术事业视为谋其个人与派系利益之工具,其上下关系必违道义而采行"相互取悦"方式,终至于党同伐异、结党营私。若泛言之,本章可兼指人际关系中之以友辅仁与以友谋利之别。今日人文学术生态在相当程度上取决于相关"居位者"(权威及学官)本人为君子还是为小人,如追随商业化风气率众以私,虽可获本人本派之利得却必定损害其学术之科学品质。至于学界居位者"用人"(考核、评级、引介、讨论)之态度,也相当程度上取决于主事者之人品,此所以"蔡元培典范"之难得,无非即指学术文教团体之领袖具公心之难得。本章后句特指小人居位者对人吹毛求疵（所谓"责备于人"），其根源正为其心术之私。今日国内外人文学术发展问题繁多，而学界居位者之"用公为私"动机当为其首因。

13-26. 子曰："君子泰而不骄，小人骄而不泰。"

对比项：泰/骄，君子/小人。

意旨：君子胸怀坦荡，敬谦奉公，小人心胸狭隘，骄横利私。

旧解摘要：

《论语补疏》："泰者，通也。君子所知所能，放而达之于世，故云纵泰。似骄，然实非骄也。小人所知所能，匿而不露。似乎不骄，不知其拘忌正其骄矜也。君子不自矜而通之于世，小人自以为是而不遽通之于人，此骄泰之分也。"《集解》："君子自纵泰，似骄而不骄。小人拘忌，而实自骄矜。"《皇疏》："君子坦荡荡，心貌怡平，是泰而不为骄慢也。小人性好轻凌，而心恒戚戚，是骄而不泰也。"《论语传注》："君子无众寡，无小大，无敢慢，何其舒泰，而安得骄？小人矜己傲物，惟恐失尊，何其骄侈，而安得泰？"

含义引申：

如前已论，古时君子和小人所指非一，本章将二者作为正负品德对比提出，遂使其所指明确化。但此二词作为概括性通称，亦仅可相对地、概略地用之，其特点是所直接意指者为有关品德的行为风格性（作风性）表现，其间接意指者为品德的内在动机层根源，即为一种偏重于由外在行为风格逆推其相关动机倾向的识人方式。于是风格与动机二者之合可作为人格二分法之标准。但本章的人品对比特就君子和小人行事风格表现之一端言之，故并非为关于君子小人对举观的完全描述。就其直指风格、涵指动机的特点来看，君子小人二分法为隔离开心言行诸多相关因素而专就人品类型与动机倾向等"端倪浅层"以观测人之"未发待发之初"的可能性，或为据其"小迹"以预测其可能的行事后果范围的方法。这样的由外及内的逆推法，不仅不是诛心之论类的主观臆测法，反而是扩大经验实证观察域的一种智慧经验。即通过较为具体细末的人品动机之推断，以合乎经验理性地扩大推测行为及效果的可能范围，所可合理推测者不仅为"已视见"部分，而且为"推测可见"部分。理性经验主义即根据直接事实经验，通过尽量充分的归纳法，以在概率的意义上扩大推测经验认知范围之义。

本章所录诸解甚佳，均为基于人情世故的深切体察。此种仁学及中华文明中特有的"人格风格学"或"动机学"，虽因涉及无法直接观察与验证的"心地"，而只能通过言行表现方式及风格推断之，却反而呈现了一种更为周全的经验实证思考范围。人作为存在，兼含其心言行三界，而以心为根本，因言行二界现象皆为心意之外现。仁学之识人学，其要正在于以人之言行表现过程中的诸多特点流露作为反推其心术之事实根据。此所谓"事实"即指在言行间流露的诸多可查验之"特点关系"，据以作为介入其人心界之门径。此"特点关系"形态即所谓风格、作风、倾向、态度等寄于言行实体之上、之间的各种表现性因素，而非指构成言行实体的成分本身。虽然所意指者为由诸成分间关系所外现出的行为倾向与态度，其行为根源则在动机层面。行为风格特点关系相当于一种"风格能指"，其所意指者相当于"动机所指"，正是据此"风格-动机"的意指性关系来预断"君子倾向"与"小人倾向"之别。其要在于：在人之行为表现之前先察验其人之动机倾向，以更为准确、全面、预先地推断其人可能的行为与效果的性质，从而深化对人之了解，并可预先准备对待之策。此一"人格-风格"区分法，是在排除了具体心言行事项后集中关注所谓其人"人品"倾向本身，遂可扩大、深化、聚焦考察之对象域。所谓"聚焦"，即排除了能力、知识、条件等等因素而专注于对其人之品德风格本身的了解，用以作为预断其人行为及效果之合理经验推测性根据。此一人格二分法的基本标准为其人之待人接物态度之表现：是与人为善还是视人为利己工具。仁学的此一"观心法"的现代相关性，正在于"人心不可测"，而在法治时代，人将倾向于、习惯于进一步隐蔽其心，而关注于自身外在行为之合法性。此一心态与行为间分离化的社会文化心理生态，在人文学术领域将更趋严重。此时"心术推测法"将有助于提高对学界言行表达特点之心理背景及构思动机的深察，因此可超越学术话语本身之表达（知其然），从而能深入把握学术话语构成本身之肌理、背景与功能（知其所以然）。

现代意义：

此一人格类型区分概念所实际意指者非心言行本身，而是通过心言行的直接、间接现象所把握到的"动机形态"或"态度类型"，也即人己关系中的"立场倾向形态"。君子小人学，本质上即"人格动机学"，其外在对应者为"人格风格学"。更具体言，君子小人概念专指人之对他、对物之态度，而此态度则根基于但非直指于人之智仁勇基型本身。君子小人学因此是在对心言行诸域诸层诸界进一步分析区隔后抽离出来的"动机倾向外显域"，因其不直接与在先之心志结构和在后之言行本身相指涉，从而在意指方式上缩小或集中了内外所指域，却又间接地涵指着在先与在后者，遂呈现了此"风格-动机"关联体在心言行过程中的关键性位置，并可作为推测其人心志与行为目的的重要"指号"。

自然，君子小人学的意指方式特点，难以再成为法制严明社会中的断事品人工具，但却特别相关于人文学术界运作方式与方向的问题，因为人文学术生态相当程度上取决于学者的心态、动机与态度的构成，而此类心域的构成主要流露于错综复杂的言行实践结果中，因其与所借助的"道德性人文学术话语媒介"混杂在一起，难以直接察知。仁学的察言观行之教正是要强调如何对此隐蔽区域之真相加以把握的问题。正是此隐蔽的心域真相——动机与态度的真相——成为学术思想展开的质量与方向的主要决定性因素。今日为全球化时代，在古今中外人文话语的混杂存在中，只有关注仁学的心术学，我们才可摆脱西方学界的行为实用主义思维倾向，找到人文学术发展的真实规律，这就是超越外在表现的学术思想脉络本身，而首先在学者心术与其学术实践方式选择间发现隐蔽的"动机-行为"关系类型。不管学术实践现象多么看似高深莫测，均可溯本穷源地探知其心术学根源，即学者的向真之志与向利之志。通过对学者与学术现象的言行"动机风格学"分析，具体地找出其人学术思想方式方向的自身心术性根源。（本人就是参照这样的古典智慧观察和处理错综复杂的国内外符号学活动中的理论话语之虚实的，并于20年来决定必须对造成符号学理论方向歪曲的意大利艾柯理论进行直接批评。）此种所谓"人格分析"态度正可以克服西方学界以"隐私论"为由而拒绝推测学人动机的"认知自闭"的立场，后者可使其纯粹行为主义的（因其外在性而易于为法律规则所约制）治学观成为掩盖其作为学术行为"发动机与指南针"的"心术动机界"免于被他人（公共）窥知的口实，从而使其易于在公共交流场域行其高级"诱发误导"伎俩。因今日学者间多为利字当头，互争名利，一切最终衡之以学术文化市场内的"成败"与否，彼此之间反较古人更加不易坦诚相待。身处商业化社会，遂不得不纷纷讲求待人接物之"新计策学"，以在竞争化的学场中更有效地实行其抑人扬己之术。为此，在其外在学术表现方式上则必深化、细化其诱人耳目的风格技巧（理论类修辞学操弄术），以更有效地达成并隐蔽其以学行私之目的（如今日国际上甚嚣尘上的后现代主义思潮）。

13-27. 子曰："刚、毅、木、讷，近仁。"

对比项：刚毅/坚韧，木讷/忠厚。

意旨：为士者必刚毅，为君子者必忠厚，二者合而为士君子。

旧解摘要：

《容斋随笔》："刚毅者必不能令色，木讷者必不为巧言。"黄氏《后案》："郑君《公冶篇注》：'刚，强志不屈挠。'此刚之正训……刚者坚强而不屈挠，毅者果断而不游移，此刚毅之分。"《集注》："程子曰：'木者质朴，讷者迟钝，四者，质之近乎仁者也。'杨氏曰：'刚毅则不屈于物欲，木讷则不至于外驰。'"《论语补疏》："刚强非不仁，而柔弱者仁之贼也，此果敢所以近仁也。"《四书困勉录》："春秋之末，渐成一利口世界。庄子以利口谈理，战国策以利口议事，夫子所以思木讷之近仁。然则思刚毅者何？曰此则以乡愿多也。"《论语稽》："刚毅近于高明，木讷近于沉潜，虽各得一偏，然绝无取巧习气，故曰近仁。"《容斋随笔》："刚毅者必不能令色，木讷者必不为巧言，此近仁鲜仁之辨也。"

含义引申：

孔子立教多直接针对品格特质言，此章从积极（刚、毅）与消极（木、讷）两方面（有为与有守）来规范仁者品质，二者之间尤以刚强坚毅为第一重要的仁者品格，无此则无以行仁，故就仁学言，有为更重于有守。此章特言仁者行重于言，而言行必应相符。孔子多次强调佞口和巧言令色非属仁者应有之心行习惯，而世人反多为以貌取人，以言取人（外表流露方式及取悦他人的效果）。孔子则强调，须视其人之言行关系而判定，少言者即非习于言辞蛊惑者，而其外表的缺点可能暗示其内含的优点，如并非属巧言令色一类。所谓仁义行动，须验之以其认真性和有效性，此皆取决于行动者是否具刚毅性格。如无刚强毅力，任何心志与行动均难贯彻，此即相当于其人因品格特佳而被称为"君子人"（好人），而惜乎无勇力以行仁。常人之病恰在于缺乏刚毅品质，即使思想上、感情上接受仁学理念，却无内在动力以实行之，结果往往流于空言自慰者流。此实为古往今来大多数读书人之通病，即读书论学仅成为自慰自安之精神娱乐，虽有义理感悟，却有感而无志、有志而无行、有行而无勇。此类文士，自古至今，实为文界主流。

现代意义：

仁学最忌巧言令色。读书人往往以舞文弄墨、哗众取宠而得誉为荣。如无以学求真之勇于行，其学之品质亦必为之限，学行之间无非随波逐流、趋炎附势。此一现象岂非正是今日人文学术难以有效提升的主要学者心理障碍？学者惧难趋易，加以利益诱惑或势力威压，更不会舍易赴难。知难而上者必为刚勇之士（本章凸显"刚勇"之教，未多及其他为学相关要素）。本章连举诸品质，亦有反过来批评其易受世人称赞的相反品质（能言善道、花言巧语、巧言令色）之意。本章有关为学品质的教谕，均直接有益于今日献身人文科学改造事业者。心术，而非物质条件，才是决定未来人文科学理论真实进步的根源。因当外在条件不备时，心术的存在即相当于"种子"的存在，仍有待时生发之机会，而如无正当治学心术，则为学行为立即变质或异化，不仅徒有其表（因学术仅成了谋利为生的渠道），而且成了阻碍真正学术复兴的根源。在人类物质性成就无限发展之今日，孔子之"心学"仍可保留其至高无上的价值，其道理即在于此：防止人类未来朝向类机器人演化。机器人者，有"心智"而无"心灵"的"新动物"也。

13-28. 子路问曰："何如斯可谓之士矣？"子曰："切切、偲偲、怡怡如也，可谓士矣。朋友切切、偲偲，兄弟怡怡。"

对比项：规劝是非/相互取悦。

意旨：君子之交，以友辅仁，故必相互劝勉，爱深责切。

旧解摘要：

刘氏《正义》："朋友切切偲偲，兄弟怡怡，所谓七十子之大义也。"《集解》："马曰：'切切偲偲，相切责之貌。怡怡，和顺之貌。'"《松阳讲义》："如医之用药，这一剂某药为君，那一剂某药为君，丝毫不爽……切偲怡怡，犹当善用之如此，而况一味行行者乎？今日学者读了几篇烂时文，便俨然以士自居，试想与这切偲怡怡气象有几分相似？真是可耻。"

含义引申：

本章以交友与兄弟之道规定士人格一偏之义，仅可理解为编者针对特定情境而言者，不仅不能称之为士之完整定义，而且亦难以用之规定士之核心部分。本章内容之偏重点甚至还弱化了仁学之士的深义，故需参照《论语》他章及《孟子》之论士之言以求全解。不过，关于"士"的理解或用法，孔子之前、孔子之时、孟子之时、秦汉以来四阶段均不相同。一般来说，由春秋之孔子至战国之孟子的百余年间表达的士君子意涵最称切实，而至孟子，士之深义始趋丰满，因士者一定为据义而勇于行者。义理为先，刚勇于后，二者兼备，始可称之为士。本章"子曰"句式是否确为孔子言（或者更为合理地问：是否为构思"原始仁学"的特定编写者所为）则是无从推断的。

现代意义：

按照本章在友朋关系中兼重和睦与规则的态度，现代人文知识分子间的职业竞争关系形态可谓严重妨碍着人文学术认知之进步，因竞争行为中必有之策略性利害思考与人文科学的理性原则之间，必定相互冲突。时当世界社会文化环境全面商业化、技术化、娱乐化，人际竞争已经产生了大量手段与工具，此类竞争学智慧足以歪曲、惑乱人文学理科学探求之宗旨及方向。本章提出的士君子品德自然直接相关于人文学者是否能够躲避社会商业化竞争之弊，以维持其追求人文真理的心志。以求学术真理为志和以求社会名利为志，显然为截然不同之两种为学志向。揆诸今日世界学界情事，学人身处人类知识突飞猛进与人际关系唯利是图的文化学张力场中，也可谓正立身于精神前进与精神沉沦之十字路口。在此历史上空前复杂艰困的局面下，唯具士之信仰与刚勇者（而非在商业化社会中通过虚假和气以行诈取利的时代弄潮儿），方有内在的意志力以当仁不让，克难前进。

宪问第十四

14-1. 宪问耻。子曰："邦有道，谷；邦无道，谷，耻也。""克、伐、怨、欲不行焉，可以为仁矣？"子曰："可以为难矣，仁则吾不知也。"

对比项：求道/求禄，知耻/为仁。

意旨：君子处顺，勇于有为；君子处逆，退守待时。或有守或有为，均非仅表现为与人相善而已。

旧解摘要：

《论语稽求篇》："《集注》谓此篇疑原宪所记，以宪字子思，此不称思问而称宪问，自谦故也。"《集解》："邦有道，当食其禄也。君无道，而在其朝食其禄，是耻辱也。"《集注》："宪，原思名。谷，禄也。邦有道不能有为，邦无道不能独善，而但知食禄，皆可耻也。宪之狷介，其于邦无道谷之可耻固知之矣，至于邦有道谷之可耻则未必知也，故夫子因其问而并言之，以广其志。"《论语偶记》："孔注近是，而《集注》以为皆可耻，不知所本也。"《四书改错》："思之狷介，原属有为，所谓人有不为而后可以有为者，与道学清班徒食月进者不同。"《四书近指》："不论有道无道，食禄不休，是必有

苟且之术，故君子羞其用心，耻之于人大矣。"阮元《论仁篇》："此
但能无损于人，不能有益于人，未能立人达人，所以孔子不许
为仁。"

含义引申：

本章两段之合义在于强调仁者的人格远高于普通君子品德的要
求。本章的观点历代解家众说纷纭，多因或泥执故事，或泥执本章
直义，或据道释观点进行离题的揣测与推论。特别是争执于孔子所
耻者究竟为何的问题，所争辩者并无意味，因其解义取决于对未言
语境之不同假定。如按字面断句，《集解》理解为佳，而如按仁学义
理推断，朱熹的扩解亦无不可，即可耻者不在于食禄本身，而在于
君子于任何环境下该如何尽其在我以行仁。诸解如转至对故事究竟
为有守有为还是为有守无为的事实方面的辨析，则殊属无谓，实应
据仁学本义而两解之：如有守有为，则邦有道谷自然不为无耻；如
有守无为，则邦有道谷亦自然同为无耻；如不论顺逆一概有守无为，
则自然均属可耻。此时的"耻"义甚至可提升一阶。朱子的扩解，
如参照历代历史事实，即使当政治可谓清明之时，如参政者于时不
思有为（此类尸位素餐官吏代不乏人），自然同为可耻。此外再参
照本联句的后句看，朱子的扩解并非无理，因如阮元所释，能独
善者在可行兼济之志时而不为，仍属明哲保身类，在严格的意义
上，仍不符合仁者精神。总而言之，本章经此扩解后，实表达了
一种深刻的看法：所谓"士"绝非指仅能洁身自好、明哲保身之
辈。严格来说，历代读书人可谓多不符合仁者之理想要求也。另
外，在有道而尸位素餐与无道而甘贫自守之异质性对比间，仁学
自然更着重强调后者之品高一筹。因前者属有为之多寡问题，多
寡均属有益，而能积极有为者，履行职责而已，并无伤于个人利
得；而后者须为守道而自我牺牲。就此而言，朱子的扩解亦不无
失却重心之偏。

本章就利禄态度提出"耻"概念，而仁学中之"耻学"实为一
专深领域，直接关系于仁学人格学的本质。因此一"耻观"可将士
人求利与求真现象深入其伦理感受机制本身，特强调其主体自觉性

和自决性。士之"耻观"首先为对己态度学，直接相关于人之伦理意志本能的"主动力深度"，可成为从内进行永续促动的力源。因此本章对此"耻观"尚未从此深度加以论述，即主要从有守而非从有为角度谈及"耻"义。

现代意义：

如按本章之义，现代社会人文学者及文化人，岂非多趋于庸碌无为？因时代观念认可读书为稻粱谋人生观，全失传统士君子独善兼济之志向要求，即使人类集体知识积累大增，而士人并无求真意志驾驭之，则学术徒徒成为职业工具，故可由外在形势而任由居位者加以控导。人文学者如无独立意志，则失"义感"与"耻观"，凡事唯以有利无利衡之，不再以自身实践内容本身是否具"真值含蕴"为虑。而"耻感"乃因感知自身言行失义而自然萌生之自惭反应。以此考察全球商业化文明倾向，岂非在人生观上最终结构性地消灭了本章所言之"耻感"？正如后现代主义学者正在系统地行其现代"泯真伪"之术一般，如无真伪即无对错，如此何来"耻感"？"耻感"一从学界文化界消失，岂非大有利于狡黠权力者在人心深处之"除真"计谋？

14-2. 子曰："士而怀居，不足以为士矣。"

对比项：以仁为志/心念天下，以福为志/恋土顾家。

意旨：仁者志在行义，故不畏艰苦，庶众志在求利，故避险求安。

旧解摘要：

吴英《经句说》："士初生时，设弧于门左，为将有事于四方也。膂力方刚，经营四方，士之志也。若系恋所居，乃偷安而无意人世者，故孔子警之。"《集解》："士当志道不求安，而怀其居，非士也。"《反身录》："一有系恋，则心为所累，害道匪浅。居天下之广，居则随遇而安，必不萦念于居处，以至饮食衣服之类。凡常人意所便安处，举无以动其中，斯胸无一点尘，不愧为士。"

含义引申：

本章亦为以小见大形容何为士君子义者，但言简意赅，可以犯难历险之勇凸显为士之义。仁学本即君子学，即君子人格修炼法，其要为内实践。孔子善于以小见大，见微知著，故说理最为切实。此句之论述对象为怀居，即贪恋身家安逸。此人情之常反为士者所无，因其志向包含见义勇为、勇往直前、冒险犯难诸品格，此均与贪图安逸心念相反。仁学中的士学，为一偏重刚强勇为之伦理性人格理想，其原型可溯至远古尚武时代（因远古文化偏于暴力生存行为方式），而其演变为仁学伦理学品质则始创于孔孟。但秦汉以后，社会政治制度固化，读书人在社会性层面上的自由活动空间受到极大限制，先秦时代在个人和权力者之间较易形成的所谓"得君行道"的独立志行，此后必须按照权力者规定的步骤逐阶爬升，读书人的心志根本不可能在每一阶段上随意自决，此一按章循序渐进的人生制度化发展，遂将士之心言行构成分为两大截：纯粹精神层面的自由理念之养成与现实行动层面上的定式化选择。士理念之实现虽然不可轻易安排于现实，却仍可存在于其精神理想界域中。古之君子实为内在矛盾复合体：理性心志之养存与现实行为之变形。但此一看似矛盾的人格构成并不排除前者在心理界之实存，以及在前述社会文化中间段内之有限发挥。此一士精神的真正展现，只有当儒教社会正常生存框架松动或解除后，即当士君子获得了较无限制的客观环境条件时，才可能有充分外在的实现。这就是在朝代鼎革之际真仁士可能出现的缘故。史上文天祥、黄宗羲、梁启超等英杰，都是在历史巨变中突然进入自由选择空间后，才有条件在某些相应方面独立发挥其士精神者。

现代意义：

现代以来，士理念已通过社会与教育制度的现代化改造而从读书人的精神层面上被基本排除。民国以来可被称作"士"者，已不可能从作为最高层读书人的教授阶层（即其志向和经历已遭受到严格职业化程序及目的所约制者）中产生。现代社会的职场人，在民主个人主义原则下，无不将家庭幸福视为个人的正当人生诉求，此一追求安逸的职业化进程根本不再要求什么"士"性格。（现代"爱家"的思想与文化思想制度化演进是相辅相成的，二者相互为用：眷恋家庭者必为勤于职务者。）此所以"士"型范（持自由求义人生观者）与技术人（持专业求福人生观者）范型，可谓南辕北辙。

古人具有的知识条件使其不知如何有效实行其改善客观环境之方法，故取"单维动机因果论"：单只知从人格塑造着手。结果此一教育学上的成就其后均被法家专制主义通过"移孝为忠"术纳入儒教制度化窠臼内，使读书人之"良知"最终只能服从于、服务于统治者之"权势"。一般而言，儒教历史上，仁学之士多被塑造为君王之忠顺工具。"士"的第一义本应为其精神独立性，即自我选择意志的独立性。由于有此独立性，才有对仁学义理的坚持性，而其为仕选择不过是"借君行道"以达自身求义志向之实现而已。如此则当君不行道时自然"去君"（良知分离于权势），这就是"士"的不畏艰困而勇于独立朝向新途历险之精神表现，此一"士"人格的行止与俗常人性贪图安逸本能相反。

今日社会和知识条件均变，世界的全盘科技工商化格局业已确立，此种格局需要的是各式各样的专业技术人员。此类人员均须依现成制度性轨道逐阶提升，不能自越法制雷池一步。古代政治学领域内的士君子型态在此严整制度化社会中已无用武之地。而社会科技工商主流人士更属依则行动者，其共同特点是抛弃自我伦理价值性的选择实践，而只依法制性、制度性、可行性社会渠道前进，即依既定合法程序谋求一己之私利。此一求利人生观必然须与遵循法制惯习同步展开。于是，古典"士"型范的可能性，今须遭遇其第二次历史性改变：孔子时代将远古"武士"变为"文士"，即专指具刚勇意志之仁者；现代社会中古之"武士""文士"真意皆失，此一"士精神"将合理必然地转移至理论思想域，即体现于在人文科学理论实践中之勇于行者，因唯于此以学求真领域内传统"士精神"不仅可行而且须行，此即，如无此以刚勇意志治学的精神，将无以在世界商业化功利主义大潮之旁独立探寻人文科学之科学化发展的机会。

【关于士精神与人文学关系的历史解释学申论】

今日此人文科学事业的重要性虽被普遍忽略，其工作却实属现代及未来人类文明发展中的第一重要任务。在科技工商主导一切的时代，人文科学自身亦须在方法论上自我更新、与时俱进。一者，人文学术革新实践唯具坚毅精神的学者得以参与；再者，正因人文学术现行制度化尚不严格，故仍大有参与者在职场制度规范之外创造独立以学求真研究的空间，也就是可按照科学的"义利之辨"原则而非按照既定的制度化渠道追求以学求真之可能性。为此，按照仁学原则，学术实践者在社会功利主义大环境内，必须坚持自身独立的伦理价值信仰，与大社会的商业化求利活动相对智慧地拉开距离。所要求于人文科学理论创新者的岂非正是一种变形的"士精神"？这是"士精神"的今日最确义，其实践域也就从古代的政治社会场域转换为今日的学术思想场了。现代的社会文化制度化结构基本上是为科技工商主导的唯物质主义生产文明服务的，故人文科学须提出自身所需的新型制度化方式。现代人文科学发展与古典士君子人格之间遂形成了一种实践逻辑上的必然联系或继承关系。

关于今日的"士精神"只宜施用于人文科学创新领域的问题，此处无法深论，因涉及诸多发展背景因素。但有一点必须在此重申：正如仁学思想史所暗示而在今日条件下所更加明确者，仁者及"士精神"，不可能有效于政治领域。古代历史经验和现代政治科学均可证明，政治实践属于政治力学场活动，其内在机制不同于仁学实践学，故绝非仁者个人据其伦理性意志可加以运作的，而当士君子作为社会人士卷入此力学场时，其作为仁者或士君子的功能即逻辑地自动磨蚀。此一结果非个人主观意志所可左右。仁者或士君子如误入此力学场，其作为仁者的伦理性精神力量，将不可能按其本义在此功利主义权势竞争力学场内发挥真实的作用，而其心言行表达将被力学场内的各种场力加以瓦解、歪曲、误用。其人如继续停留于该场内，将仅作为普通社会参与者而已。这就是孔子本人在两千多年前亲自经历者和为其后两千多年间历史所证明者。这也是我们的历史解释学执意要将仁学的现代功能局限于人文科学与精神文化领域内的根本性理由。不过，此一仁学之解释学的再定位，并非仅为一不得已的消极结果：因"无能于"各种竞斗力学场（政经军商）而不得不"退居"于文务。实际上，在此表面上的"退守"（孔子归鲁）意象中呈现出一种正有待于志仁者勇于承担的、有关人类文明生存的更为重大的任务。仁学于古代"归鲁"后增加的该历史哲学级的重要性，在今日全球化时代，又继续增附了其新的重要性，此即按照科学理性原则对于未来人类精神文明形态进行合理的反思。

14-3. 子曰："邦有道，危言危行；邦无道，危行言孙。"

对比项：有道/危行，无道/危行，危言/危行，危行/言逊。

意旨：仁者心志不变而言行方式必随境而异。"危言危行"为其经，"危行言孙"为其权，言逊不废危行，非仅明哲保身。本章要义在此，而几千年来忽略者众。

旧解摘要：

戴望《论语注》："正行以善经，言孙以行权。"《皇疏》引江熙云："仁者岂以岁寒亏贞松之高志？于其言语可以免害，知志愈深。"《四书诠义》："言孙非畏祸也，贾祸而无益，则君子不为矣。知进退存亡而不失其正，亦时中之道也。"《论语稽》："邦无道，则当留有用之身匡济时变，故举动虽不可苟，而要不宜高谈以招祸也。汉之党锢、宋之元祐党、明之东林党，皆邦无道而言不孙者也。以此章言之，岂圣人之所许哉！"程树德："危字有厉、高、正三训。"《集注》："尹氏曰：'君子之持身不可变也，至于言则有时而不敢尽，以避祸也。然则为国者使士言孙，其不殆哉！'"刘氏《正义》："汉明之末，学者知崇气节，而持之过激，酿为党祸，毋亦昧于远害之旨哉！"《论语意原》："孙非谀说诡随之谓，不许直以取祸也。"

含义引申：

前数章（5-2，5-21，14-1）有关"邦无道"时出处之宜的朱熹之扩解，比较相符于本章中此教之完整义，即不论有道无道，士君子均需"危行"，即"厉行"，也即积极有为，而不可苟且偷安。如此明晰的意旨，诸旧解家竟然不识，足见其被儒教"洗脑"到了何等程度（此种读书多而不会思考的例子，古今中外遍布于学界）。历代解者多将本章作为仁者生存观的原则性规范，与作为现实中之一般社会政治实践智慧混为一谈。读者须知，《论语》指令句的有效域，仅止于动机层而已。解者以此指令句衡量后世读书人的各种政治行为，自然多有隔阂。

我们在此应首先区分士君子之思考与建言行为和从政实践行为，并考虑政治环境的特点，如此综合论之，始可得本章之确义。但本章有关顺时行"经"与逆时行"权"之教，均有关当时参与政治行为者。当后世历史发展后，本章之义才可扩解至其他社会文化领域。与此章类似之义在《论语》中多次出现，显示了孔子原始仁学的人生观、实践观和伦理学方向的特点。如前所解释者，在《论语》中，其仁学实践学的"表达面"为政治实践，而其"内容面"却为文化实践（另一种表达是：仁学之第一外实践为政治，而其第二外实践为文化，即仁学在其形成过程中由第一实践转换为第二实践）。但孔子关于君子出处之择的若干指令（注意：其中彼此相异处表明其原始作者非一，包括有意对其加以曲解的后世儒家）适合于两类实践，因实质上均相关于"良知"与"权势"的对峙关系问题。当客观环境使仁学政治理念无法实行"兼济"时，即可改为采取仁者退守"独善"策略。"独善"为一生贯彻始终之实践，而非仅以安稳徒生为足，其"独善"阶段仍包括第二文化实践，并准备未来诸外实践的可能扩展。

但本章与在前数章论及"邦无道"君子之择时，其强调重点不同（或主"避祸"，或主"危行"）。"危行"之义，或指"力行兼济"，或指"积极独善"。重要的是，仁学所谓"危行"必兼指"兼济"与"独善"二者。本章之要遂在于何为"独善"时之"危行"。当后世社会文化内容及领域大为丰富与扩展后，如何与时更新地理解"独善"时之"危行"义，正为士君子所应三思其宜者。概言之，其含义必兼及坚守其志和力学增能二者，而绝非止于明哲保身而已。《论语》中儒教时代后补的本章之诸变形例，则多仅含明哲保身意，即将"言逊"之教弱化为、曲解为"无为以求安"意。本章作为仁学实践学原型之一，我们正可通过将其与被变形的他章对比，来把握"仁学"与"儒学"的本质性差异。

作为第二仁学的孟子，将此重动机学的原始仁学，在思想实践方式上进一步具体化、凝聚化为偏政治实践主题的伦理学，其"虽千万人吾往矣"的指令已与孔子的"危行言孙"不同，因战国时代各国独立性增强，相互侵伐趋烈，聚势争斗成为社会主流形态，仁者思想亦相应调节其关注场域、主题与方式。孔子的政治学态度是"弑君亦不可为"，而孟子则有"独夫纣"之教。我们于此可立见孔孟二者的实践学的异同：相同处在基本原则方面，相异处在仁学实践的对象和目的方面。在实践上，此一表面上的不同，表示两人的生存环境不同，所面对的时代历史任务重点不同。此所以孔子仁学侧重于政治伦理价值学判断本身，而非偏重于积极参与社会变革，其政治实践学策略限于责君行道，不可即止。此一实践学的"极限"实际上起着一种《论语》文本"所指域"之界定的作用，即行动性语句形式起着价值观规定的作用。即"出处""狂狷"等非直接相关于行动层次的运作指令，而是代表着动机层品德价值性规定。一般来说，孔孟章句的原始政治行动层次的指令，均可充作后世扩大意指后，在其他领域内的相应指令意涵之载者或表达者。

【关于"危行言孙"的历史解释学申论之一】

对于本章指令句的确解，实际上应该按照隐显不同的环境特点加以调整。就春秋战国时代士人可相对自由流动的条件而言，本章自然专指士君子自行选定在某一候国内之从政情境。此时所谓"危行言孙"，乃指自行决定继续在该国条件较差的情况下退守待时，其隐在前提当含有"难以去国之处境"，否则即可取其"乱邦不居"之策。"危行言孙"之教相对于不得离国之环境而言，乱邦不居之教则相对于存在去国条件而言。此时两种选择均不可废"危行"之志。

儒教社会确立后，中华大地上仅存一国，此时正当行"危行言孙"之教，同时，此时原初的政治外实践也已扩大至兼含文化外实践，遂扩大了本章（在解释性的转义上）的可行性。在相对的意义上，在儒教两千年中的学术与文艺领域，存在另类"危行"（相当于求真善美之力行）的方式。但在政治场域，原始仁学直指的实践场域——从仕——已然被独一皇帝集团集权化，士君子在实意上的"危行"已不可能。皇权暴力对于任何具有"不顺"之志者，可随时进行贬黜、流放、囹圄、处决等，遂有效地消除了读书人在政治领域内行特立独行之志的客观可能性（试观《资治通鉴》中东晋南北朝

897

期间之"恶史",几可逐页翻见皇帝及大臣之残暴实录)。相应地,儒教社会中的仁学政治伦理学思想(指其原始理论形态)亦不再有任何发展的可能性(仁学之存在与表现仅限于各种行为实践领域)。不仅如此,儒教社会在政治上的高压制度导致读书人之所谓"危行"态度,仅可极微弱地局限于所谓忠谏方式上,其他免谈(善意忠谏而致皇帝加诛之例,史不乏书,此所以有识者称颂最少有诛臣之劣迹的两宋三百年为史上之"黄金时代")。此种法家政治带来的最有效的从仕条件的客观变革,也对读书人的心志本身带来了结构性的变化,其结果即是"孟子气势"之彻底消失,或将其仅引向对外情境,而排除了原始的对内指向性(臣子与君主的对峙关系)。儒学最成功的重塑士君子的效果,于是就集中体现于此种实践学对象指涉的结构性转变上。由此也可理解本章之"危行言孙"之教,与多半为后儒增补的他章之免于刑戮之教,在实践学意旨方面具有本质的差异性。

按照后儒的曲解,当邦无道时即舍弃"危行"之教而一味避险求安,其中有历史巨变后的客观原因。因秦后的历代统治者,在法家哲学的影响与成功实践的启迪下彻底认知,身体性暴压或灭身威胁实为巩固权力最有效的方式。在此历史变革下,"自由思想家们"自然遭到彻底整肃,读书人遂被彻底改造成唯命是从者(其潜在心理为:凡人对上天之子理应屈顺),并在智仁勇心志三维上全线退却。其根本效果体现为士君子之独立意志被彻底摧垮,因此而失其求全"仁"之勇气(其原始独立自由选择下的孟子之"勇",或被"异化"为在皇帝专制威势下之"遵令舍命"),取而代之者为改循安稳求富贵之志(儒家对仁学的最大改变即表现在将孔孟的"义利之辨"次序颠倒过来,逼使读书人均成为变相逐利之徒,而通过将"义"字嵌入皇权势力系统使其作为世人求利行为之道德性或自慰性装饰)。士君子因失仁勇,其被瓦解的意志力导致了最终之弃"智"(此所以两千年来欠缺理论思想性之创发)。凡此皆指"邦无道"时读书人改持明哲保身态度之效果。结果是,读书人将自身处境的"安全系数",可近乎不合理地加强至其最大值(可见其内心恐惧之根深蒂固,其独立意志之磨销殆尽),以望达至无限地趋于最安全程度。而之所以过分地加大自身安保系数,其直接原因非仅为失勇,而并因失智,即因畏惧而不能合理冷静地用智分析处境及积极地、创造性地构想因应之策。而此一失智现象虽缘于失勇,而失勇之根本则在于失仁。因失去仁学"朝闻道"志气故必忘却"勿忘在沟壑"诸隐喻之教。儒教道德观对于仁学伦理观的历史性胜利,在其多方面外因中最重要者即为儒教学术思想意识形态"异化策略"的成功:各种先秦思想名词在秦后均被加以系统地再解释,孔孟文本并被纳入"五经系统"使其在价值观上"去势化"。技术上之所以可能完成此类认知性、信仰性、实践性的"转化",自然相关于古代语言系统本身的语义模糊性。此一语义模糊性本来依靠于各种实际的及想象的语境加以"协同定义",而秦后出现的历史性、社会性、学术性等各种新语境,已经成功取代了先秦前大一统时代的宽松的社会性与思想性语境。解释学条件也就随之发生了系统的转变。

【关于"危行言孙"的历史解释学申论之二】

关于仁学的"士学",当然必须孔孟合论。但是,为此我们仍然需要关注由孔趋孟的另一种解释学的问题。孟学的出现当然与战国历史的发展密切相关,所以孔学与孟学的"思想形成学"不同,即思想与历史现实的互动关系不同。一方面,孔学已经实现了仁学外实践的实践域转化,而另一方面孟学似乎又将仁学拉回孔学的原政治实践域。孟学之意见主要包含两部分:对权力者之道义告诫与在"良知与权力"对峙关系中为士君子之政治外实践发出"指令"。必须承认,孟子之"政治外实践"思想在其后两千多年的中国政治史上(直到现代)的确发挥了实际的效用。但是按照我们的所谓"政治解释学",必须区分思想的"正用"与思想的"偏用"。如前已述,"偏用者"意味着,其在政治力学场中产生的效用是各种势力综合作用之表现,而非按照仁学义理及方向所产生的结果。换言之,尽管参与者的动机正确,但因实践域的不适,其效果最终多半偏离其动机意愿,也就是,在此客观的力学竞逐场内,士君子无以独立自由地真正实现其目的。此一历史事实再次表明,孟学的政治域话语(对君与对士)不过是在新的历史现实语境下有重点地重复着孔学的仁学思想:一者,进一步彰显了仁学与法家的历史冲突性;另一者,借助此对峙性强化的语境进一步强化了孔子的士学精神。然而同样的,此一借助政治域语境强化的历史哲学认知(仁学与法家的平行存在性)与士精神的意指方向,却(解释学地)仍然是针对精神文化领域的。理由完全同前。换言之,孟学通过政治性强化修辞学(《孟子》文本之文采气势,史无其匹,遂与《论语》各以不同风格成为中华精神文明史上"两高峰")所表达的士精神,同样并非适用于政治域(此可由孟子同样的"不遇"故事加以象征),而是以其"伦理美学的修辞学技法"强化了士勇(其关于"勇"之辨析,较同一时期希腊哲学所谈的"勇敢",不知高明多少!)来进一步鼓动其后两千年中为文之士君子的勇于行之意志。

【关于"危行言孙"的历史解释学申论之三】

前段关于孟学之"士学"范型的说明，可以明末清初数君子的真实实践作为"注脚"。顾炎武、黄宗羲、王夫之亲自投身抗清军之事以至随同明朝覆灭而失败的历史过程，在解释学上仅相当于其士精神发生、历练并最终成为一种"坚强精神之存在"。（在此政军历史过程中，顾、黄、王三人之行为无异于其他参与者之行为，其自身之特殊仁学意志力修养并未在此政治较力场内产生积极作用。其行为及效果正与任何爱国人士相同，故不必视之为其人之仁学实践。然而在同类政军历史过程中之文天祥例则不同，其不同非因其经历之政军场，而因其在此政军场内之特殊仁学心志学表现。参见《仁学解释学》下卷相关篇章。）此一"为武实践"中产生的精神存之真正历史哲学上的作用，则表现为入清后转向"文史建设"轨道后之"为文实践"。让我们看黄宗羲例，其进退之间正符合《论语》之教。当清军侵略成功后，黄宗羲于四明山蛰居 20 年苦读其师刘宗周遗存典籍，可谓其人能继续"危行"之证。在先的"武事危行方式"与其后之"文事危行方式"，形式虽因境而异，其"行危"之义相同。（与钱谦益转依佛学以求自安相比较，正可显示二人体"仁"深度之别。）黄宗羲前后行"危事"之同一根据正在于其秉持了坚强意志力，故充分保全了自身智仁勇三达德心志力动能。

清人固权后深知促使读书人屈服之最有效之策，即为最严厉的身体暴力政策（前有"三屠"，后有"剃发"），可达根本上摧毁士人抵抗意志力效果。意志力一失，智仁勇三达德一一变质转型，其貌似不合理的结果即是：读书人因胆怯而采超安全的自保之策，也就是渐渐一律采行自觉屈顺之人生观。所谓康乾盛世实建立在清帝深知中华法家刚柔互用之术的高妙认知上，遂将知识分子全面玩弄于掌骨之上，于是控制了中华士人的价值观思考方向。而吾汉人还可自慰以"我已通过祖宗文化将其融合"。如侵略者通过研读被侵略者的高级文化而达到更有效地打败后者并将其纳入控制范围的结果，这对于被侵略者是好事还是坏事呢？顾、黄、王及清初志节之士等，在满洲政权高压下，可谓较真确地践行了"危行言孙"之教。而其后历朝清儒则多选择了与世浮沉、明哲保身的屈顺于皇朝新主人的（考据式为学之）安全人生观。

关于历史上仁学精神与法家治术的互动关系所导致的读书人心态结构转变之迹，兹将其再简列于下，以清其因果眉目：

（1）强权者以身体性暴力造成的恐惧气氛使读书人显著失去其主体独立

意志力。

（2）读书人失去辨别善恶是非的独立意志后即进而失去了价值学标准——仁。

（3）失去仁学是非标准的同时，进一步失去抵抗意志——勇。

（4）因失勇而随之失去了独立用智意志——智。

（5）失去独立判断是非、选择、爱智能力后，消极者选择可"与世相安"的人文项目（如文艺、宗教等），积极者选择可达"趋炎附势"目标的人文项目（如经学或器物考据学等）。

（6）在以上几种弱化或丧失者之中，首要者为广义仁价值观之丧失，其原因为来自身体性暴力造成的心理恐惧。一系列心理丧失导致的最终心理效果是：积极思维能力之丧失。

现代意义：

本章隐含的伦理实践学智慧在于：伦理性行为分内外两段，各自均可有不同之推进节奏，内外实践间的节奏调节智慧，属士君子仁学实践之关键。此义不仅适用于现代政治社会环境，亦适用于人文学术实践领域。就政治环境言，现代世界历史中不乏相类而较古代更为严峻之客观环境的强制性压力（威武）；就社会文化领域言，如今日科技工商垄断社会文化大方向的势力，早已超越国界而达无远弗届的程度，并直接限制着人文科学真理事业的自由前进。新时代之另类（当然是比喻上的）"顺我者昌逆我者亡"之客观诱因，包括各种"利诱"（富贵）之压力。即使政治社会类型的严峻环境尚非普遍之存在，而经济文化领域内之物质利诱环境则已成无处无之之势。故今日本章之引申义应多从利诱压力角度体悟。当此之时，人文学术实践岂非同样要求献身人文真理事业者，应从古代士君子型范中汲取向真精神之激励？在前述仁学之"士学"二次实践论转型的现时代，其相应"危行"之教，在内容上可谓更为丰富，在可行性上甚至也相应增强，因古时之威武与富贵两类阻压士行之力源，通常情况下今已减为一类，即富贵之诱。就独善之内容言，在仁学实践学新形式中，当场域与内容均转移为人文新知、新学、新理后，古时浪漫主义、象征主义的"颜子苦行"意象所表现的独善实践典型，今已可更为具体、合理、有效地加以"另行编程"，以增强其前进的可能性。

【关于"危行言孙"的历史解释学申论之四】

本章为《论语》中最重要的指令句之一，它将目的、心志、环境与方法四类异质性因素间的智慧学选择关系纳入一句格言之内，使士君子既可不论环境之顺逆而均坚守其人生求仁目标之一贯，又可使其明哲保身，以免徒徒为暴力所害。

本章虽兼顾顺逆两境，其要点则特言士君子于环境危难之际虽须谨慎避害，亦不可因畏惧而丧失志行。此章可谓为后世大多数读书人而发，在秦汉大一统体制下，个人必须生存于封闭国土内，所受到的无道统治者的压力范围较孔孟时代所言者更为广泛，且无从逃避（除了权力者所鼓励的道释类等"逃避现世者"）。当此之时，本章之旨意涉及双向精神挑战：不仅关乎读书人如何有效而智慧地对峙于施用"威武"的权力者，而且关乎如何对峙于玩弄"富贵"诱惑以使人屈顺的权力者。故孟子之教较本章含义更具切实性。封建时代历史的结果却是，大多数读书人均倾向于于有道时追名逐利，于无道时趋炎附势。即使少数狷介之士亦因恐惧恶境而放弃士行，结果唯知言逊以保身，而去危行以弃道。

以上关于本章"危行言孙"之教的解释学分析却含蕴着另一层转义：在原初政治域内设定之命令句，已经于历史上被解释学地转换为文化域了，也即，原初的"直解"后应转换为历史上的"喻解"。为什么说是"于历史上"？因在历史演变过程中，中华文明的历史条件已经从"春秋状态"演变为"秦汉状态"，从而使得孔子当初"造句"时的"形成性条件"有所改变。我们以上就直意理解本章，遂有诸多批评性指点，而在变化了的历史过程中，此种"直解"亦将失去其合理性。无他，因秦汉后的社会政治条件已使得读书人根本没有适宜的环境行其"危行言孙"之教。一者，孔子原初之教已证，仁者根本不得实践于政治域；再者，秦汉以来的历史环境更加导致本章"直解"之失义，即孔子之时此教之"副作用"仅在于读书人失位或去国，而秦后之"副作用"则可能引致"失身"，即身体之不存。于是本章教谕中从政治域向文化域的暗示，将成倍地增强了其解释学喻示力：仁学真实的实践域为"文"而非为"政"。此一"危行言孙"之教，（按照历史解释学）乃专指读书人在其"为文"实践中如何实行其仁学方向上的精神文化创造性；"危行言孙"之实意岂非在暗示仁者要智慧地在政治域之外、之旁承担其在文化域中的历史哲学上的重任？本章之教的深意于是并非在于暗示士君子唯以"避险逃难"为能，而是暗示此乃转入合乎仁学实践学的、意义更为高远的精神存在目标。

14-4. 子曰："有德者必有言，有言者不必有德。仁者必有勇，勇者不必有仁。"

对比项：文德/宣表，仁者/智勇，徒勇/违仁。

意旨：仁学思想实践必形诸言与文，借以融入人类共同精神历史，而唯具表达之勇者始可言其切实向仁。

旧解摘要：

《集注》："有德者和顺积中，英华发外，能言者或便佞口给而已。仁者心无私累，见义必为，勇者或血气之强而已。"《皇疏》引李充云："甘辞利口，似是而非者，佞巧之言也。敷陈成败，合连纵横者，说客之言也。凌夸之谈，多方论者，辩士之言也。德音高合，发为明训，声满天下，若出金石，有德之言也。故有德必有言，有言不必有德也。陆行而不避虎兕者，猎夫之勇也。水行不避蛟龙者，渔父之勇也。锋刃交于前，视死若生者，烈士之勇也。知穷之有命，知通之有时，顺大难而不惧者，仁者之勇也。故仁者必有勇，勇者不必有仁。"

含义引申：

此章极具深意，通过德、言、仁、勇四字表达并验证何为真仁者的形象。言与勇在此均指表现于外者，德与仁在此均指积存于内者。前二字指行动，后二字指德性。此章表示：内外互证，互为表达。行表达德，德亦验证于行。在此心行合一关系中，表达即验证，表达的完成即验证的认定。故此章可视为知行合一论之原型。因此仁者虽然首须仁义积于内，其后必发之于外。外者，有德言及义行也。言与行乃表于外的两种实践形式，仁者必进入其一或兼入其二始可验之为确有内积否。至于如何由内达外则需不时用权以确保其行，故在不同情况下重新调配三达德运用之方以应对之。孔子一方面在言行对比时赞扬寡言，而在仁心与仁言之间则强调仁者亦须表达其心志思想,如此才可履践仁者兼济之务。然此章前句的重点在后半句之"有言不必有德",即再次指出不可轻信人言,即不可轻信人们的表白话语。因为无德者在其活动中必定自我标榜。此后句同样在仁者和勇者之间加以区别。仁者必须兼具智勇,而仁学之勇非指根源于茹毛饮血时代之血气之勇。将本章两句合解则知:判断仁者,既不能仅听其言也不能仅观其行,因佞口之言和蛮勇之行,均可伴随以伪乱真的道德宣传。

现代意义:

本章中之"言"为思之表达者意,此"思"字于现代必泛指知识理论之有得,故士君子必求新知、新学、新理,为此则必须不计顺逆,正向勇往直前。"勇"者即可特指有勇气面对任何干扰,实现以学求真目标之势力。本章对读书人性格的定位,完全对应于今日中外人文学术及文化领域中勇于真伪辨正之主观条件。其教益一在于个人之学术修养,一在于察人验事之法。一方面,仁者必须勇于有为,今即指在其学术实践中敢于逆势而进,言所当言,行所当行,否则无以为学界之仁者。另一方面,论事察人则必须不为表面言行吸引力所惑,今可指不为人文学术界的各种行之有效的花言巧语所误导,而能看透其内里及实效。当今全球商业化无远弗届的时代,传统的言语修辞惑人术,今已让位于更具技术性效能的文化学术广告宣传术(利诱)以及学界体制内之权威势力垄断术(威压)。

14-5. 南宫适问于孔子曰:"羿善射,奡荡舟,俱不得其死然。禹稷躬稼而有天下。"夫子不答。南宫适出,子曰:"君子哉若人!尚德哉若人!"

对比项:暴力/仁德,仁学/法家。

意旨:仁学仁政观与法家暴政观并存于历史中,法家取胜于政治军事史,仁学取胜于文化思想史,二史共同组成了中华文明史。

旧解摘要:

《集注》:"(南宫)适之意盖以羿、奡比当世之有权力者,而以禹稷比孔子也，故孔子不答。然适之言如此，可谓君子之人而有尚德之心矣，不可以不与，故俟其出而赞美之。"《朱子语类》："报应有时不然，所以不答……君子为其所当为，不计其效，故不答。"黄氏《后案》："周末权奸自矜智术可以夺命，孰不为羿为奡，岂知恶积必至灭身，祈命必在用德……或曰：'言祸福而推本天道是矣，而与释氏果报之说得毋同乎？'曰：'积庆积殃，圣经昭昭，儒者岂得异议？'"

含义引申：

本章因涉及当时传说人物故事，传说本身多歧，故作解者多属无谓揣测，复因孔子答语过简，更增加了不同解者任意猜想之方便。大体仍以朱子所释较为得体，而其在此驳斥佛教因果说的态度，尤其表现出朱子对孔子思想较透彻的把握以及具有较清晰的析理能力。

本章通过传说故事重申仁学重德不重力的政治伦理学立场，孔子之答不过是肯定南宫适的同一伦理立场而已。因秦汉以来神化孔子说之影响，竟有解者将孔子答语释为"借自谦以自诩者"。黄式三以佛学因果之类妄解尤须排除于本章正解之外。本章中孔子言并未直接肯定"不得其死"的判断，故本章之意只在强调仁政思想于义理上对立于法家暴力思想而已。孔子所赞叹者，非肯定其貌似因果报应之说，而仅视之为一种否定暴力的态度表达。于此我们可再次体会，仁学伦理学及其在精神文化史上的作用，为什么在价值观上与政经军历史之间形成相对隔绝的状态。作为精神思想的仁学事业遂与作为物质现实的法家以此辩证法方式平行地共存于由此二史（外在地）交相编织而成的同一历史整体进程中。

现代意义：

本章特别具有的历史性和现代性意义，反映在秦汉以来各种曲解仁学理性主义的说法上，如将暴力与仁义的对比，或附会于天道赏罚，或附会于释氏善恶报应。此等曲解《论语》者的混杂立场，足以破坏仁学人本主义义理及经验主义实践的逻辑一致性。而历代至今不能清晰思维仁学道理之本质的文人学者可谓比比皆是。道释之类谬说之根本基于信众求利之念，故在善恶与得失之间妄图建立神话式的因果联系，用以满足信众趋利避害的愿望（满足大众惧苦畏死心理之神话话语，实质上成为营建另类精神权势基底的手段）。如据此解，仁学于当代人文学术及文化艺术方面的启迪作用可谓全失，因俗众唯有顺从势力与听从诱惑始可获其物利，故于此章可见如此神话式妄解正足以为威武与富贵作用张目。本章对于现代人文科学革新事业具有的启示性，也可谓不言而喻。

14-6. 子曰："君子而不仁者有矣夫，未有小人而仁者也。"

对比项：仁者/有过，小人/行恶。

意旨：君子小人以其是否怀仁心而二分，非以其是否具智勇以定位，有仁心者之"失误"与无仁心者之"为恶"，为本质上不同而现象上类似之两事。

旧解摘要：

《皇疏》引袁氏云："利仁慕为仁者不能尽体仁，时有不仁一迹也……小人性不及仁道，故不能及仁事者也。"陈埴《木钟集》："小人本心既丧，天理已自无有，何得更有仁在？已自顽痹如铁石，亦无醒觉之理，甚言小人之不仁也。"《笔解》："韩曰：'仁当为备字之误也。岂有君子而不仁者乎？既称小人，又岂求其仁耶？'"《集注》："谢氏曰：'君子志于仁矣，然毫忽之间，心不在焉，则未免为不仁也。'"

含义引申：

此章重点在后半句中对小人的最具负面性规定：小人者，不可能为持恒为善者。我们应该首先区分孔子的君子与小人用法的歧义性。君子可兼指善者与期待为善者，本句中即为后义。实则，本章可作为《论语》读解法之一例：同一字不仅可于不同章句中，而且可于同一章句中表达不同意思。如君子与小人，作为严式用法时，各近于仁者及坏人，此所谓坏人特就其心术之坏及手法特具卑劣性而言；而作为宽式用法时，君子则解为善人或有可能提升至仁境界的好人，而小人可解为天生不具有提升至仁者境界的普通人（不一定坏人）。本章同时将仁者和君子置于一句中，即示之为两种人格概念，此中仁者取严式，君子取宽式。此意在通观全章时可得确解（即读者会自动区分名称之用法）。《笔解》中韩氏因不解此字义可随境而异的用法，故妄改"仁"字为"备"字。同理，小人有时指普通人，有时指坏人。但是即使为后者，宽式小人与严式坏人仍有不同，坏人是特指行为上明显为非作歹者，而小人应专指职位、品格与动机属志向低下者，却不一定是心术与行为上天性为恶者。古文中各种代称之确义均须参照或明或隐的语境把握，不可泥执于一义。

本章要点不在于指涉此类人之外部行为，而在于指涉其内心，小人含有志气卑下，天性难以提升之意。而此句中用一般判断句加以概括言者，显系夸张语式，其实意为：有些人永远不要对其怀有行仁之期待。此句一方面配合"好仁者稀"及"唯上智下愚者不移"，另一方面通过加重表达语气以陈示仁学实践学过程的内在艰难性：难以期待仁者的实际出现。本章此一对比句自然也是君子与小人对比耦的另类品格二分法：人间存在着两类人，可成为仁者的少数人，以及大多数普通人。本章类同于"惟上智下愚不移"意。此一识人法对于其后两千多年儒教社会具有最通行的指南作用：亲君子，去小人。而争执双方彼此总是称对方是小人，称自己是君子。《论语》作为君子人格学，实际上是从正反两方面来为君子人格规定其特指的。在本章中特别将"过错"排除于君子规定性之外，因为君子也会犯错误，但属无心之过，即非蓄意为过者，而断小人之"为非"则多属于蓄意作为。最妥当的界定应是，仁者为求公义者，小人为求私利者。

【关于君子小人的历史解释学申论】

按照本章之意，小人可成为仁学实践的障碍，仁学实践永远须面对天生难以受道义感染的大多数人，故君子只能通过言传身教以期带动小人向善。此章所谈者为"小人类"的天生秉性如何，如此强调是为了正确认知仁学实践的对象之性质，以利于仁学实践的运作。就品德分类言之，"小人类"的广义为普通人，狭义为坏人。几千年历史上历代之枭雄中颇多此类有勇有智而无仁的彻底利己并习于施暴之徒，而此辈未得逞前必如王莽等极善表演

907

"温良恭俭让"（善于装成君子），而一旦得逞即可顿时变脸（最终暴露其小人本色）。孔子仁学特别指出人类生存中少数"坏人类"与多数"俗人类"的天生存在，而仁学认知论的任务之一就是要从此两类人的多种多样的道德性伪装中辨析其真伪以预做因应。关于仁学之君子小人说的问题，可从三方面再加以分析：

（1）其客观原因一——制度。由于中华文明史上不同程度的政治专制制度的天然存在及其被普遍视作"社会性自然"，从而在人类思考中被视为"常量"。在此前提下，政治道德改进的运作维就被简化为、归结为好人坏人因果论了。于是，据此推出养成及善用君子和排斥小人的看法。

（2）其客观原因二——能力。由于中国古代纯粹理性文化（其"元形式"即几何学）不发达，其实践理性易于被简单化为单维因果论：将坏事效果推原于做坏事者之固有动机，遂将好事效果推原于做好事者之固有动机，而将相关多方面的因果关系网简化为此君子小人单维直线因果论。

（3）人性内在性向二分法的合理性在于，在善人与恶人此一内涵较为明确的人格类型二分法之外设置一较非具象的、主要针对风格、风度、潜力、动机"色泽"言的人格特征（如不仅"坏"而且具有劣、卑、贱、下流等"品味特征"），以便一方面扩大所指经验域，另一方面聚集其相关项束，以增加人格构成辨析的精细度。就此而言，此一人格类型二分法至今仍有其特殊伦理实践学价值。

此一中国文史思想经验中的特殊"品格二分法"，在与其他文明中的识人法加以比较时，虽然彼此各有优劣，但君子小人二分法概念的合理性，也应该纳入人类认知资源之内，以便对于西方文明中的某些简单化的机械性"制度性人群分类法"加以匡正。儒教皇朝历史学意识形态所宣扬的"天命""失道""得道""王道""霸道"等意涵极为模糊的概念之错误，现代史学家已人人皆知。封建历史上的王朝更替绝不可用上述"道德性因果论"加以解释。历来盛张"替天行道"义者无不自我宣传为道德正义之化身，而一旦登基即原形毕露，成为另一盘剥大众的皇权统治者。在漫长封建历史中之胜负结果同样决定于广义政治力学场的综合力学作用，其中的"道德话语"不过是参与此力学过程的诱使因素之一。就其大者看如此，而就其小者看亦然。如几千年来之佃农无不希望成为地主，故不可据其地位而定其善恶。为什么？按照孔子的经验理性主义，"惟上智下愚不移"，其义为大多数人可善可恶，而其为善、为恶的行为取决于其多种环境条件（主要是权势组织者的煽发聚势条件），在此过程中正在受压迫者并非即等于好人，如其未有恶行可能主因其尚无行恶之客观条件。此类人如天性为小人或恶人，一旦改变地位，获得为恶条件，即可能成为恶人或小人。故仁学察人术要越过人之外在条件和状态而设法透视其人之心术，以之作为更准确推断之根据。因此，既不可能根据人之现实处境（地位、身份、阶层）与道义言论推断其为（准结构性规定的）好人或坏人，也不可能据以推断其改变处境后之为善或为恶。按此中华仁学与法家共有之合理观人术观点，19世纪欧洲兴起的各种乌托邦政治运动的"基于制度性道德观的社会改良"理论，其立意虽然高尚，而其因果关系根据岂非殊显幼稚？然而此种19世纪的浪漫主义幼稚病也正是欧洲可成为人类文学史上最高成就产生地的原因。19世纪欧洲（特别是俄国）道德批判性小说文化呈现了价值观高超与因果观粗糙的鲜明对比。

现代意义：

由孔孟仁学界定之君子小人品德二分法，有效行之于两千多年间，作为人们处理人际关系的实用智慧学之一，其基本理由在于区分仁与智勇，因后二者最易获得赞赏而被误归为仁者一类，却不识其可能的不仁因素会对其成功行为施以道义性歪曲。君子小人的二分法，当然与古代认知和处理事务的技术性条件简陋有关，故凭直觉推断"好心者其行事亦好"的直线因果论（动机效果间的因果性关系）。

现代社会认知与处置条件大为复杂化和丰富化，动机与效果间的关系不再具有直接性。为达好的行事效果，可采取更有效的外在技术性方式，如法制与民主以及相关的技术性工具。在此社会全面革新之后，人类可以更有效地正确处理人际关系事务，因此发现采行客观的法制化比依照主观的道德更可保障正当秩序及规范世人行为之道德性。换言之，法制化可将社会对人心具道德性的要求降至最低，重点置于行为规范性而非置于难以掌控的内心品德性。法制化时代人们所谈的道德品质非如仁学般计较于真心之有无，而是转义为其言行一致性程度如何。而言行均为外在表现，于是即可以二外在表现间的一致性标准取代内外（心言行）之间的一致性标准。（今日将此类古典伦理学要求转移到宗教性领域推行，而却将其实践场域转向于非属现世界的所谓来世，故极少相关于今日法制时代的道德性问题。此所以各种资本恶势力可以支配社会文化到如此程度，以至于天主教教皇均须对之出面指责。此亦为法制化无法充分克服孔子所言"民免而无耻"之显例。至于各地"烧香拜佛"乃为明显出于自利的迷信，更与真正的道德性无关，即使是其中"虔诚者"，其"做好人"之动机仍为永保个人最佳之私利。）以上现代社会中的制度性发展，并未将君子小人二分法的事实判断加以否定，而是将其"置入括号"，不使其在社会政治秩序维持中发挥作用。按照源自西方的政法科学的发展，政治学其实应该与伦理学分离，只能在行为主义的层次上运作，通过纯粹外在行为的约制以防止坏人作恶，然而如此则仍然可能是"民免而无耻"。

孔子此一严式推断正可证明：关注人心真际的仁学属于伦理学范畴，非政治学范畴。而当人们可能因此而轻乎仁学的现代意义时，我们恰恰发现，正如仁学于古代的真实运作域主要表现于文化领域一样，今日仁学的有效运作域开始集中于人文科学特别是其理论界。为什么？道理明显，唯乏客观性标准的人文科学最需依靠学者内心的真际，即其求真意志的存在与否。在此人文领域内，如按照政法、社会、科技、工商领域内适用的、主要约束人们外在行为的法制方式（众人合法以求各自私利或科学家依循客观规范规则行事的客观必要性）来处理人文科学发展问题，则不可能、不必要涉及内心真际。于是，仁学在此突然显示出其在真正全球商业化、科技化时代的另类精神文化性价值，此价值表现于与科技工商运作逻辑不同的伦理学和人文科学乃至文艺领域内，正如古代仁学实践学行之于与封建主义政军法逻辑不同的文史领域一样。如何使真实的伦理实践学与人文科学理论相联结，以使之相互促进，为此而关注在此领域内的（与求利至上原则不同的）求真原则，自然非常必要。在此情况下，我们再一次获得东方创始的仁学与西方创始的人文科学之间具有"时代性、世纪性"连接意义的重要证据。无论对于社会政治秩序维持还是科技工商建设而言，侧重于外在行为规范和规则的法制化程序都是绝对必要的，此为人类历史的重大进步。但是对于人文科学与精神文化创造来说，则仍须充分诉诸历史上的人性论智慧经验，在此领域，现代科学性成就与古代人性论经验则必须加以结合。

14-7. 子曰："爱之，能勿劳乎？忠焉，能勿诲乎？"

对比项：爱深/责切，忠诚/教诲。

意旨：仁者爱人，期之以向仁，故必以尊德性、道问学劝勉之，而非顺其私欲以愉悦之。

旧解摘要：

《经义述闻》："劳，勉也，谓爱之则当劝勉之也。勉与诲相近，故劳与勉并称。"《集注》："苏氏曰：'爱而勿劳，禽犊之爱也。忠而无诲，妇寺之忠也。爱而知劳之，则其为爱也深矣。忠而知诲之，则其为忠也大矣。'"《孟子》："教人以善谓之忠。"

含义引申：

本章从貌似矛盾实为一致的两个指令句来区分真假的"爱"与"忠"。爱非指屈顺溺爱，忠非指唯诺顺承；反之，唯爱之故督责之，唯忠之而劝告之。表面上的"违背对方心意"的态度，正是为了期待并促使所爱所忠者自我改进。此中当然暗含着一个前提：按照正向的而非俗常的"爱"与"忠"标准行之。而实际上大多数情况下世人并未接受此正向前提，即仁学伦理性的前提。故本章反过来"迫使"人们采取弃俗趋仁、弃私趋公、弃利趋义的态度，因而一开始就与"常情"对立起来。故实际上此一指令句耦是难以彻底贯彻的。于此我们再次体会到"好仁者稀"意之沉重，以及理解在此负面人性事实前推进仁义目标之要义所在。

本章后半句的意思仍然与政治伦理学层面相关，此即按照仁学观点应如何维持"君臣关系"的问题。此章明确表明，孔子仁学的动机和目的都是"借君行道"而已，而不是通过"服务于君主私欲"以间接谋求己利。臣子如以求利居心，必乐于以"奴仆"自居，如其后两千年形成的主奴型君臣关系般。此种关系与孔孟文本中描述的士君子人格形象相去十万八千里，而历代"正人君子"均对此不知自省，尽管在制度约束下不得不如此，亦未见私下对"君臣之义"进行有效反思。如为仁者，即应以人民利益为最高目标，如何可能听任君主个人及家族恣意妄为，却不敢以自以为信奉的孔孟义理加以衡评呢？（客观上当然是不可能的。儒教社会的法家本质于此显露无余：敢于逆君者即予"身体消灭"。）结果读书人通过对孔孟原典仁政学的曲解以掩盖并辩解自身对权力之屈服，如制造天人合一伪宇宙论逻辑以神化皇帝与帝师，并以此作为读书人绝对屈顺权力者的自慰口实。所谓忠君行为，不过是在具体、有限、局部层次上为君主提供辅助性"献计献策"以示忠，并自欺以贯彻了孔孟之道，而对为政之大是大非问题则不敢发越雷池一步之言。

现代意义：

本章教益完全适用于今日各界，尤其是人文学术界，因所谓"劳"与"诲"均指据义理原则而纠正改变亲友同事不当心言行惯习之谓，目的在于促其将人生观从唯利是图转为据义求真。但逐利而学乃今日无所不在之世情常态，如欲逆势而为，必将举步维艰。而仁者劳之诲之之教正体现于此艰难情境！今日所谓重视维系"人际关系"，不过是指在共同遵照职场权势格局、尊崇权势者意志共识下，维持相互合作关系，以共同得利。

在全球商业化时代，职场化的人文学术领域为了因应竞争主义文化，必趋于"山头"与集团营建的生存形态，各集团之运作必以"权威"马首是瞻，对于这样的利益共同体而言，自然只有彼此间的"利害性讨论"，不再可能有"义理性的规劝"。此一新世纪人文学术界的"职场文化"，今可于国际学界随处可见。于是，同仁相互之间的"共识"均在于维系现存格局之稳定性，至于现存格局的前提与效果的正当性等大局问题，则纷纷避之而唯恐不及。孔孟之道首先就在于批评性地反思有关学界现状在价值学与义理学方面的正误问题（忠诲之教的主要对象实相关于"真理追求"这样的主题高度），而此种企图恰属于科技工商全球化时代之"政治正确观"之禁忌范围。

在今日推动人文科学前进的过程中，可以深切感到本章教谕之简明正确而竟然碍难实行。一种自我矛盾的怪圈笼罩于中外学界：跨学科、跨文化的新方向要求学人从根本做起，放弃急功近利之习，从长计议，然而大多数学人均不采行，因其违反以简学求速利的态度。当青年询问治学之方时，其"真心"乃求"速成功"之方，非求达真才实学之方，此时如对其"真正关心"而责以根本为学之道、之方时，恰足以使其不悦。此一古今中外相同的人间惯习，亦可为"好仁者稀"之一注脚。"不愤不启"，岂非正是指唯"好仁者"能真实"奋起"乎？而相关之问题岂非正源于"义利之辨"之难行？

14-9. 或问子产。子曰："惠人也。"问子西。曰："彼哉！彼哉！"问管仲。曰："人也。夺伯氏骈邑三百，饭疏食，没齿无怨言。"

对比项：公益/私怨，霸术/仁政，大是/小非。

意旨：管仲行霸政而大有功于国家，其人大节不亏小节有失，故仍赞叹之。

旧解摘要：

《集注》："子产之政不专于宽，然其心则一以爱人为主，故孔子以为惠人，盖举其重而言也。"《集注》："子西，楚公子申，能逊楚国立昭王而改纪其政，亦贤大夫也。然不能革其僭王之号，昭王欲用孔子，又沮止之，其后卒召白公以致祸乱。则其为人可知矣。彼哉者，外之之辞。"《集注》："盖桓公夺伯氏之邑以与管仲，伯氏自知己罪，而心服管仲之功，故穷约以终身而无怨言……管仲之德不胜其才，子产之才不胜其德，然欲圣人之学，则概乎其未有闻也。"康有为《论语注》："孔子极重事功，累称管仲，极辞赞叹。孟子则为行教起见，宋儒不知而轻鄙功利，致人才忝尔，中国不振，皆由于此。"《四书诠义》："三节随问随答，无分轻重，然于子产则因其事而原其心，于子西则置之不议不论，于管仲则略其罪而与其功，圣人善善长而恶恶短，苟有可取，必亟称之；然适如其量而止，终不肯溢美于人，此可见圣人之直道而行，无所毁誉矣。"

含义引申：

《论语》中关于"管仲主题"的若干章，是否为同一人所撰，颇为可疑。今日为解，不必执着于"协调"诸章间之意见异同，而可偏重于其中确有关于仁学实践学理解者。

本章为仁学的人物综合评价例之一。在三历史传说人物间进行人品事功综合评价中，特举表面上不合仁政标准的霸者管仲为例，以显示现实中仁学评价之复杂性（"人"本有仁之义，二字相同。本章选用"人"字而不直接用"仁"字，可能令其字兼含二字之通义：仁与人）。管仲秉公处置伯氏时表现出了公心，故本章对其予以正面评价。自然也相关于其更大的政治学贡献：管仲霸政在维持中国统一大业方面的成绩。关于"管仲"形象的"喻证"价值，非直接基于较多可信的历史事实，而是基于古今对其相关历史传说事迹的共同认定。此类少数有效的"传说共识"（其他人物传说则可能具有分歧的版本而难以成为喻示之"基"，故须避免陷入关于何种传说为真之争论而偏离文本读解主题）遂可方便于成为《论语》文本意义说明途径之一。

康有为对本章的解释则超越了文本读解范围而就人物的其他传说事迹加以发挥，所谈的问题不必在此讨论。但是康氏就管仲和宋儒关联例的讨论则显示出其本人因泥执于事理之表面而有失于章句之通解，不知同一"管仲"形象在不同的语境中其所显示的、或被选用的"事迹"及相关语境可以不同。"管仲"名号在此非为历史人物之标称，而为其诸多不同历史功能之一的标志。在仁学政治伦理学层面上，管仲九合诸侯之政治学贡献问题与王霸义理之辨中何者为第一原则问题，属于不同的语境，二者均可由同一人物——管仲承担。在此，问题并非真的相关于某具体历史人物其人之人格如何，而是相关于论者对其人物形象所含诸多"价值义素"之不同选用法。善读者当可通过语境调节以求相关句之确解，不善读者则多泥执字面，依俗解而执共同之偏见。例如康氏竟将远古仁学伦理学中的仁爱至上原则与现代富国强兵的事功问题混为一谈，可谓两失之。于此不仅可见康氏本人一生事功成败之端倪，并可见其知识落伍于时代而于思想上亦乏建树之真相。反之，其弟子梁启超君因能与时俱进，在政治活动失败之后可率先转入新知、新学研读领域，遂可不断超越旧我以成就新我，并将此由旧趋新认知用于启蒙懵懂大众。

《论语》《孟子》中不少章句均以管仲传说事例进行辨析，不同观点的并列，并非同一编写者特意呈现不同评价以显示问题之复杂，而为不同时期不同编写者对之表达的不同观点，但"最后"定稿者感觉各自皆有理故皆保存之以资思考。

现代意义：

本章实意之重点似在于：即使如霸者管仲，其秉公行事之一得亦实属历史上之难得的表现，功莫大焉。在此可暂勿涉及其人之其他方面问题（以凸显处置伯氏至公而兼及伯氏竟可因此免怨二事的重要意涵）。本章孔子所称赞者为两点：管仲所为之可贵以及伯氏能克己服义而怀"耻感"之可贵。本章的重点也许更在于看似附带性的伯氏服罪之效果。本章单一事例遂可表达两种德性：处置之公及服罪之诚。至于管仲事例成为孔孟两人及儒家历来讨论焦点之一，实因此论题对象含有价值学上的二矛盾因素：义与利。义利之辨原则，在纯价值学层次上可泾渭分明，但在实践学层次上则混杂难分。如何在具体事件中分清两种涉入因素（义理原则与功利原则）以及二者之间的互动关系，属于仁学之"权学智慧学"的重要主题，并仍为现代政治伦理学须重新考虑的主题：伦理标准与政治标准的关系问题。

14-10. 子曰："贫而无怨难，富而无骄易。"

对比项：贫/怨，富/骄。

意旨：思想必须独立而衣食仍须依人，此为士君子一生之矛盾背景，为此首须克服世俗贫富势力观，以达安贫乐道之境。

旧解摘要：

《皇疏》引江熙云："颜渊无怨，不可及也。若子贡不骄，犹可能也。"《论语意原》："贫而无怨，乐天之事。富而无骄，自守者能之。"《四书辨疑》："志子贡居富之志，则能富而无骄矣。贫而无怨，未敢望焉。察天下之贫者，万中实无一二无怨；观天下之富者，十中须有二三无骄。"《集注》："处贫难，处富易，人之常情。然人当勉其难，而不可忽其易也。"

含义引申：

本章继续从日常习性估测仁者心志力强度，仁学实践学即"炼心学"。耐贫之难不仅在于生理性的承受力，而更重要的是在于人际关系方面的心理压强承受力。人作为社会性动物，其心态高度依赖于其社会地位与人际观感，而贫与贱并存，贫者必出于贱位（社会底层）。而对于知识分子而言，贱比贫更难于忍受；能够在强大社会性等级制度及其价值观之外，独自形成另外一套伦理价值学信仰体系，以作为个人对峙于、内心取代于社会性公认等级性价值体系者，即具有坚定仁学价值观与坚强主体意志力者。此所以孔子于此常情难忍处考验仁者志行之坚实度，用以促进士君子在社会性价值体系外努力另树仁学伦理性价值体系之自觉、自信与自强。

对于读书人，贫之不利处首先在心理方面而非物质方面。而心理方面的困难来自社会的等级制度的存在。社会等级制度固然属于维持社会秩序之必要，但同时亦成为在人际间借人为势力不均而行高低贵贱区分之工具。后者进而可成为一种压制人之自由选择能力与特立独行条件的社会客观机制。如果贫而无怨（无惧、不屈）甚难，富而无骄则属人人皆知而较易为之者。克制自身富贵习气为易，而抵御贫贱受辱情境为难。到了孟子更将此二心学要件进一步从"效果"层加以凝练，遂有"贫贱不能移"与"富贵不能淫"之教。此种人格学教导都是从具体情境和主体品格的客主双侧谈论的，用以锻炼读书人抗势抗压品质，以应对艰难环境的考验。

现代意义：

在今日全球商业化时代，唯物质主义势力观无远弗届，可直接决定人文学者的基本生存和选择条件。此一历史上空前有效有力的唯物质主义人生观及其社会文化制度性基础的控制力，直接支配着人文社会科学的大方向和"精神产品生产方式"。现代社会已然被空前地制度化了，其强固性因符合人性追求名利权之本能而难以动摇。

在此情况下，人文学术作为社会文化中次要性、依存性的组成部分，其所受到的制度性约束具有主次双重性：直接来自文化学术界的和间接来自科技工商界的。此一局势对于仁学主体人格学的养成也形成了双倍的压强。因此，今日"贫贱"意象可解释学地扩及文化领域而联结于各种学术界和文化界的等级制度环境。此一无处不在的现代社会文化等级制度形成了庞大的、几乎无法抗拒的权势关系网，迫使存于其中的人文知识分子不得不趋炎附势以获取各种个人名利权方面的利得。其中一个动力杠杆即为学术界的等级关系机制。此等关系的形成大多缘于复杂社会性、历史性因素，而非均相关于学术本身高低的判定，因此形成了对人文学术独立探讨意图与实践的强大阻力。怀具仁学心志学的人文学者必须首先根据智仁勇三达德而不为此种社会性等级制度的压强所制，如此才可能独立规划个人学术思想进取的有效途径。

仁者正向治学的勇力从何而来？尽管客观力势环境强大无比，而仁学实践的微妙可行性在于：伦理意志力纯粹存于一己内心，完全可独立操作，以形成属于自我的心志结构，即可成功构建一内心的强大堡垒，以作为"对外攻守"的意志力基底。况且，另一方面，我们根据历史的现代化发展恰恰可提出，唯有不取力势依皈路线的仁学伦理学，可以在人文科学领域提出真正独立的治学之道。其技术上的可能性即在于仁学"独善观"之树立，后者可作为主体与社会客体成功地相对分离的实践学策略。

14-12. 子路问成人。子曰："若臧武仲之知，公绰之不欲，卞庄子之勇，冉求之艺，文之以礼乐，亦可以为成人矣。"曰："今之成人者何必然？见利思义，见危授命，久要不忘平生之言，亦可以为成人矣。"

对比项：义/利，危/勇，始/终。

意旨：仁学即"成人"之学，行仁以文，为义以勇，有始有终，此即所谓"成人"。

旧解摘要：

《集注》："成人，犹言全人……言兼此四子之长，则知足以穷理，廉足以养心，勇足以力行，艺足以泛应，而又节之以礼，和之以乐，使德成于内，而文见乎外，则材全德备，浑然不见一善成名之迹，中正和乐，粹然无复偏倚驳杂之蔽，而其为人也亦成矣……若论其至，则非圣人之尽人道不足以语此。"黄氏《后案》："知廉勇艺。四人分得之，则为偏材，一人合得之，几于全德。故四人之品不及子路，而子路不能及四人之专长，且不能兼有之，夫子因以是勉之也。"《松阳讲义》："天命之性，原无古今，圣贤道理，亦无古今。只因今之风俗日下，有稍能自拔于流俗者，便不敢苛责他了。今之名节日衰，有稍能自励于名节者，便不敢深求他了。故自言利之风遍天下，有一见利思义者，便指为奇士。偷生之徒满海内，有一见危授命者，便叹为异人。反复狙诈不知羞耻者比比而是，有一久要不忘者，便目为真儒。今日学者未能到子路地位，且要从下节做工夫起，先将义利生死关头打破了，再要将虚伪根苗斩尽了，使脚跟立定，然后可去做上一节工夫……以见利言之，这利字要看得好，若是寻常货利，虽中人亦能勉强慕义；惟当至穷至困之时，这个利关系我仰事俯育之计，身家荣枯，全视乎此，且又现在面前，不待巧算曲计而可得，斯时有志之士亦不能不动心。以见危言之，这个危字也要看得好，若是无可躲避的，虽怯夫亦能就死。谓之危，则尚在可生可死之界，有许多歧路可以避得，有许多曲径可以走得，祸福存亡只在吾一念间，且又明白易晓，利害了然，斯时即有力量人亦不能不转念。以平生之言言之，若是无所关系的，谁不乐践约。惟当事势阻碍之时，践之或大不合于时，或大不便于我，且又言出已久，人都相忘了，吾即不践，亦未必有人责备我，斯时即真诚之士亦不能随意。"冯从吾《四书疑思录》："见利思义，必平日讲一介不苟之学；见危授命，必平日讲朝闻夕死之学。不然。利至然后斟酌道义，危至然后商量生死，则不及矣。"《四书近指》："思义授命，久要不忘，亦因今之士习少此一段风骨，故曰亦可以为成人。"

含义引申：

程子谓"知明""行笃""行果"即"成人"（朱熹《集注》），但尚非"至人"，即最终"达全德"者。本章则据前章语式而就具体现实中所为者，以作为合乎今之实际可行的"成人"之标准。此一所谓至人与成人、圣人与贤人等品格级次的表达法，均属赞叹仁者人格之表现，并非各有明确的异同界定，无非在于暗示："君子人"之类属中尚可有最好与较好之别，借以劝勉读书人逐阶奋进。在认知上，仁者以义念克利念；在行动上，仁者于危难之际应挺身而出，承担常人所不敢承担的伦理性重任。而见利思义、见危受命等指令的遵行，不能出于一时冲动，而须出于义理信念，故可长久坚持下去。孔子在此特举此三事以见士君子的性格异于常人之处，其要则为刚勇意志之有无。其后阳明学强调知行合一，即针对历来读书人乏此坚定的信念及行动的勇决，故企图直攻心田，借其诚心之学以贯通"认知"与"行动"之两端。

现代意义：

本章关于仁者人格与言行之"高标准"要求，对于社会文化条件已然根本改变的现代而言已然基本失效。但在一定的意义上，仍应适用于今日人文学者。对此本书已经多有论列。所谓"成君子学"，实乃指其完成及巩固之内实践，即心志历练，而非指其各种外实践之完成，或仅指其外实践之基础及方向的确立。换言之，品德养成学（学习过程）为人之创造行为的基础和始点，至于成德后开始的万千文化性创造，乃为仁学理念与历史现实因素化合后的各种实践学展开，非属仁学伦理心志学本身。"成人"之学对于现代人文科学的发展的重要性，无须赘言，而此"人学"之永恒性精神价值，对于以现代科技工商为主的文明发展方向来说，也具有重要的启示性作用，即可促其深入反思人生价值与目的问题何在。

14-15. 子曰："晋文公谲而不正，齐桓公正而不谲。"

对比项：经/权，谲/正，原则/变通。

意旨：经权为手段之权衡，谲正为人品之正负。以经制权为正，以权用经为谲。

旧解摘要：

《皇疏》引江熙云："言此二君霸迹不同，而所以翼佐天子绥诸侯，使车无异辙、书无异文也。"《集注》："晋文公名重耳，齐桓公名小白。谲，诡也。二公皆诸侯盟主，攘夷狄以尊周室者也。虽其以力假仁，心皆不正，然桓公伐楚，仗义执言，不由诡道，犹为彼善于此；文公则伐卫以致楚，而阴谋以取胜，其谲甚矣。二君他事亦多类此，故夫子言此以发其隐。"《经义述闻》："言晋文能行权而不能守经，齐桓能守经而不能行权，各有所长，亦各有所短也。"《盐铁论》："今硁硁然守一道，引尾生之意，即晋文之谲诸侯以尊周室不足道，而管仲蒙耻辱以存亡不足称也。""晋文公谲而不正，齐桓公正而不谲。所由不同，俱归于霸。"《论语发微》："谲者，圣人之权衡也。善用谲则为权，不善用谲则为诈，故许君以权诈两义解谲。此谲字当以权为义……师古《注》：'谓不能用权以免其亲。'盖齐桓公知正不知权，亲亲之义先阙。及身受祸，五子争立，其后嗣不复振。晋文知权而不知正，故数世雄长中国，亦终不合于王道。"

含义引申：

以正用策与以邪用策本质上不同。本章论及伦理标准与实践效能之间的辩证关系，孔子以此表达了仁学实践学中的"两难智慧学"：将最大限度符合伦理标准与将最大限度使实践方略可行结合在一起。前者易于失之严，后者易于失之宽，取此异质性二者间之中庸始为合度。然而如何实践中庸则绝非易于判定的问题，更无明确标准可依，不过是一种极其概略模糊的直观感觉而已。因此，在具体实践中难以或无法求全责备，只能相对地衡量其得失程度而已。事实上，其后两千多年的政治史哪有（按孔孟义理标准）合经用权之真正仁政？历代历朝劣迹斑斑，史不绝书。

两千年来的儒教解家因所处文化环境不同，对本章字义的训诂不免各有其偏，特别是清儒自以为能够正确探察字义，实际上不免有"以今代古"之失。如宋翔凤所云，以权代谲，虽然合乎孔孟本身之意，但非本章之意。本章之"谲"当时必含"欺诈"意，而"权"本身即含有"诈"的部分，而强调伦理学立场的孔孟自然看出权中含诈部分的"不当"，但复知其中又含有"不得已"之"可理解的准正面因素"。孔孟遂将此混杂矛盾情境忠实托出，以供反思辨析。如按宋翔凤的解释，"谲者，圣人之权衡"，则将谲字等同于权字，这样就看不出权、经、谲三者之间复杂微妙的字义关系了。在此意义上，朱子之解较合乎原意。

本章之理解可偏重于伦理性是非（朱子）或智慧性高低（《盐铁论》）。如是后者，则本章即不含善恶方面的褒贬。宋儒强化了仁学道德标准后，倾向于区分事功之得与道义之得，然而"谲"字在此可能亦非如朱熹之理解。不过，宋儒的理学伦理教条主义的解释可能又偏于轻忽了仁政实践学的效能之需，其禁欲主义态度即含此类教条主义之偏执，故其（准理论化的）理学对孔孟原始（人性自然主义的）思想之"推演"，某些方面反而歪曲了后者之本义。实际上，"好仁者稀"之教本身就蕴含着德治不可行于世的意思。我们要正确读解孔孟原始仁学中的貌似矛盾而实接近于人性真实的描述与启示。特别是《论语》之伦理实践学分析，多为在错综复杂的人性经验场域中探索各种具可行性的"折中处置"（即一种经权互动智慧）之术。今日读解本章，更加要区分仁学之原初形态以及今日与之保持合理一致性的引申与合理变通之义。因此，本章之意为，一来强调仁学重道义故非可仅以成败论是非，二来强调仁者行事亦须用权以最大限度地接近目的之达成。

现代意义：

本章涉及仁学之经与权关系的实践学智慧，其模式可扩之于不同对象。在现代化社会中"经权关系"的处理尤其重要，因现代世界属处处用权而忘经的时代。如将此讲求诈术的商业化时代风气施之于人文科学界，其所谓"用权"实乃"用诈"，因可排除道义原则前提及规范也。（自然仍须"遵法用权"，但现代法律之"法"与古代经法之"法"的意涵不同。）如此一来，则学术的正确方向将无以维持。故现代人文科学革新事业必须同样讲求"经权关系"说。

本章牵连之传说故事中，一方面分辨小恶之善果与大恶之恶果，另一方面因行为方法之正负表现以推定其所含恶意之程度，故仁者尤憎具恶意而不择手段之行为，并视之为大恶。于此极端的"道德洁癖观"例中可知，仁学与法家间的用计用权的原则，在技术上虽有相似处，而在动机与目的上实乃截然对立。由于时代泛商业化之本质使得"相互用计"成为人际关系之常道，故今日仁学伦理学的各种实践方案均须一方面确立时代所彻底忽略的伦理价值标准，另一方面又须大大加强人际关系中的策略可行性思考，如何在二者之间保持平衡，即如何平衡地运用智仁勇三达德以综合推进人文科学革新事业，实乃当前仁学实践学之目的所在。由于"权"的因素主要相关于智与勇两维，故现代化知识程度和主体意志力强弱，亦因此成为新时代特别需要加以重新确认其重要性者。

14-16. 子路曰："桓公杀公子纠，召忽死之，管仲不死。"曰："未仁乎？"子曰："桓公九合诸侯，不以兵车，管仲之力也。如其仁！如其仁！"

对比项：仁政/暴政，王道/霸道，经/权。

意旨：本章再议所谓"法家"的管仲之政治道德功过，通过其功业之巨大及其用权之可取，在政治功利主义必含之两面性中对其予以肯定。

旧解摘要：

《说苑·善说篇》："子路问于孔子曰：'管仲何如人也？'子曰：'大人也。'……子曰：'管仲欲立公子纠而不能，非无能也，不遇时也。桎梏而居槛车无惭色，非无惭也，自裁也。事所射之君，非不贞也，知权也。召忽死之，管仲不死，非无仁也。召忽者，人臣之材也，不死则为三军之虏也，死则名闻天下，夫何为不死哉？管子者，天子之佐、诸侯之相也，死之则不免为沟中之瘠，不死则功复用于天下，夫何为死之哉？由，汝不知也。'"《集注》："子路疑管仲忘君事仇，忍心害理，不得为仁也。"《集注》："'九'，《春秋传》作

'纠'，督也。古字通用。不以兵车，言不假威力也。如其仁，言谁
如其人者。又再言以深许之。盖管仲虽未得为仁人，而其利泽及人，
则有仁之功矣。"《论语发微》："孟子曰：'以力假仁者霸。'唯能假
仁，故亦仁其仁，孔子言如其假仁也。"黄培芳《云泉随扎》："夫子
之答，皆但取其功，至于仁，俱置之不论。盖所答非所问，与答孟
武伯问三子之仁一例。如其仁云云者，是虚拟之词，存而不论，与
答'彼哉彼哉'一例……仁者，心之德，爱之理。若不论心而但论
功，是判心术事功为二。按之前后论仁，从无如此立说也。"

含义引申：

本章历史上诸家解者纷纭，原因与前屡述者同，而在对管仲事
例的认识上，诸解家具有正面的共识，此即：管仲通过以力行政、
以霸护国遂完成了巩固国家及中华文明的历史功业。此一孔子认可
的政治价值学判断，实包含着两种并非一致的判准：功业（效果）
与仁心（动机）。本章之直接、间接意涵与在前涉及管仲例诸章同，
均在客观上反映着历史现实中的矛盾（在功利与道义之间），但仍因
其所成为大、所失为小而肯定之。孟子贬低管仲之论是仅就理想仁
政的道义标准而言的，一如其善于通过夸张式描述以凸显仁义价值
本身之绝对重要性一样，非可视之为客观的史事评断，不过是"借
题发挥"而已（现代中国史家如将《孟子》一书视为史书自然会产
生误解）。孔子在本章中对管仲的肯定语气，意在特申历史政治大局
的客观重要性。

孔孟二人所论人物相同而主题非一，并非立场不同也。管仲故
事的历史真际与此处论题无关。《论语》中引述的历史故事（与其真
伪无关，历代解者泥执于史迹如何如何，有如红学家们泥执于有关
故事"现实背景"的"钩玄索隐"，均属解释学的主题选择方面的
"失焦"之论。即使关于管仲的历史传说可加以合理认可者较多，但
相关真实历史细节，后世亦不可能据以断定）只可作为理解相关指
令句意义的解释学语境。所以，对于"管仲意象"而言，在此可按
历史传说把握其"含意"而非其"述实"。管仲意象的两面性为：倡
导政治学霸术，似有违仁学政治伦理学义理，而其客观效果却有助

于春秋时代周朝（早期中国）全境的政局稳定和领土防卫。其治术虽不合仁学理念，但其策术的成功却维持了国土的安全或国人得以生存的"物质性条件"。所谓"被发左衽"乃系"民族文化"的代名词，而所"抵御者"为"野蛮人"。文化对野蛮，即仁爱对暴虐，正合乎仁学所持基本的二元文化对比观。《论语》多言管仲事例，表面上看，客观上表现出仁学伦理学与其政治学实践的矛盾性，但也突显了价值理念和实践效力之间关系问题的重要性。与仁政对立的是霸政，而霸政属于法家大传统，后者恰为在功利技能上高出仁学认知者，所以此一历史现实中的价值观混淆性，成为其后仁学与法家可掺混为儒教思想的根源之一。

孔子此段言论表现出其既尊重历史事实的态度，又尊重伦理学义理的态度，二者之间的矛盾（霸术具有的不同意义和效果方面）也正表现出仁学本身在论题有效性范围方面的局限性。孔子不避谈此一论题中的如下是非观的异质性：管仲政治方法（霸道）不合仁学观（偏误性），而其政治策略有助于中华文明的生存（正面性）。周礼制度代表文明，蛮夷地区代表野蛮，文明与野蛮的对立与冲突，本来就是历史前进的动力所在。仁学实践学致力于扩展文明而防止倒退至野蛮，故即使从义理层面上考虑，管仲霸术效果仍有助于仁学长远目标的推进。另外，春秋时代管仲的霸术政治学仍然存在于形式上"尊周"的大格局内，属于周礼理想形态和其后战国恶性争霸形态二者之间的中间形态，可称之为"良性霸术"形态。管仲霸术意象的两面性，也反映着仁学创立时代的义理思想与政治现实间的一种张力关系。

此一长句段中孔子论管仲的两面性呈现表达了另一深意：仁政观并非不具有策略学方面的思考。此即仁学之"权学"部分，也就是有关"原理"与"实践"之间如何有效衔接的一种"实践学原则观"，即"经"与"权"的互动关系问题。仁学虽然认识到此一问题的相关性，但因其仁学并未实际介入政治实践层面故并未对此进一步展开思考（这却成为后来仁义观与法术观得以任意混合的原因之一）。此类"历史是非"主题多次出现于《论语》系统内，实表达了

924

另一种作用：呈现出仁学伦理学与政治实践学之间的"既（实践上）互动又（义理上）分隔的关系"，并同时（解释学地）暗示仁学伦理学未尝不知仁学之外还存在有其他重要的学理和经验领域，此一论题域的敞开性可暗示一种态度倾向性。简言之，原始仁学外实践（仁政努力）仍属于伦理性层次，法家实践则专属于广义政治性层次（政军法经）。我们可从二者之间的"相关复相离"的关系来把握中华历史解释学的复杂构成。

【关于管仲事例意涵的历史解释学申论】

管仲事例涉及诸多不同的论题，如：中华文明史上以"法家"作为总称的"历史硬体"形成术（一般法家路线），在周礼秩序中形成的特定"良性法家"类型（管仲型法家），在周礼趋于崩坏时期形成的特定"恶性法家"类型（商鞅韩非型法家），以及在秦后大一统时代形成的阳儒阴法类型的法家（儒教型法家）。在此不拟对"法家主题"进行专论，仅指出管仲型法家对于理解孔子仁学具有的特殊意义或相关性。

管仲的所谓春秋"霸术"与秦汉及其后的"霸道"在动机、目的、方法、规模上均不相同。正因为其行迹明显地兼含"正负两面性"，故特别适合于显示"仁政理念"与"行政方法"之间的关联性问题。此一"关联性问题"恰可被视为仁学伦理学或仁学实践学的一个"边际性主题"：理念与实行的互动关系主题。所谓仁学的边际性主题，即仁学对其"有朝向却无论述的"主题，也即孔子不知如何在仁政理念与有效方法之间做完整统一判断的主题。其实，对于现代的仁学研究而言，"管仲主题"为一重要切入点，因其事例为几种不同论题之交汇处，并特别关系到仁学与法家的关系问题。我们此前诸多讨论均将作为学科与实践范畴的"政治学"与"政治伦理学"分开，这是就实践域的分类学而言，一者偏于行动力，另一者偏于价值观，而未及辨析二领域内的价值学正误原则，因政治学与政治伦理学各自均有不同的正向负向定义问题。我们说的"仁学"政治性话语是指其：在两域内"价值观"均正确，而在"可行性"方面，则甚少适切于政治实行，却可充分适切于政治伦理性。我们说的"法家"是指其在二领域内价值观均"不正确"，但在可行性方面则均适切有效。此外还有一个动机与效果的关系类型区分的问题，二者之间（如前述）远非直线性单维因果关系，因为与心理动机对应的"外界互动方"为复杂的外部环境，其互动的结果（事件、影响）本身可为多种多样的"正负价值因素复合互动效果"，后者不可被称为动机之产物，而只能被视为多元因素互动关系之产物。对于最终效果之评价问题只能另行独立判断，其中可能包括与动机意图直接对应的部分。此一作为效果综合体组成部分之一的"动机产物"，自然可成为动机主体人格学判定的因素之一。进而言之，即使效果综合体中大部分或全部均直接、间接与动机具有"促动性因果关系"，均可被泛称作动机的"产物"，但其中诸因素并非均符合动机之意图，而可能为该原初意图之偶然性副产品。其价值性因素亦只能加以独立评判，而不可必然归为动机的"意图标的"所在。这样，动机的好坏为一事，动机带来的效果好坏为另一事。

按照以上分析我们可以更明确辨析管仲例中的复合价值性现象。此即其人之政治行为的动机如非"善"，其产生的效果中则可有好有坏（在此仅按我们采用的管仲传说谈论，并无关于历史真实人物管仲）。仁学对其动机与效果的评价应该分开。对于一般法家模型也应该这样来理解：对其动机层（逐权、行霸、虐民、侵略）可贬之，但因其扩权之举带来的防止被侵、秩序安定、保卫文化等的正面效果则应肯定。孟子仅就其动机层批评，而孔子在肯定了管仲功绩的两章中则对其霸道行为带来的正面效果加以赞扬。孔子仅就客观效果评论并未涉及其动机与效果的关系方面，但此一主题的选择表明孔子是感悟到历史过程的多元复合性构成特点的，也就是意识到仁学德政观无法达而法家权术观则可达到的正面行动效果。孔子对法家霸者管仲的赞叹话语遂"客观地"开启了"仁学"之适切方向与方法方面合理地"再组织"问题，即呈现了一个认识论-实践论的开放领域：政治伦理学的进一步合理深化的必要性。

当然，具体而论，管仲例还有一个"法家品质或权术学深度以及法家施暴的程度性"方面。管仲之时，"法家"与"霸道"在其价值观与技术性的组合形式上尚属温和时期，故虽思想倾向归类为"法家"，但管仲因同样受制于周礼体制，而且其人私德之"失"仅止于有限的"逾礼"，尚无秦国商鞅以来的诸多虐民、残民暴行。（无论孔子还是孟子都还未经历过秦后中国封建专制主义历史上发生的极端残暴事件。）况且，就政治学言，周礼分封制度是在"尊周天子"前提下形成的社会形态，其中的"法术运作"仍然实行于此形式上统一的框架内，所以才可能有"九合诸侯"，而不是"霸夺天下"。如果孔子时代出现了秦后历史上不时发生的那类残暴行为以及诸侯国（岂止僭礼而是）野心膨胀到以争霸天下为政治目的，《论语》一书的写法就是另一种风格了。

现代意义：

仁学的理念有二："仁政"为其实践学的初级目标，或人类正当生存条件之追求，而"文化"为其实践学之高级目标，或人类生存最终目的之规定，此即一种有关现世精神生活目标之追求。法家在政治实践层次上的技术性智慧因此亦为仁政实践观念之所需，此即仁学对于管仲功业可持正面观的缘由之一。而管仲例中仁义动机之（事实上不可免之）不足则表示不可将仁学初级目标内之"成"视为高级目标内之"成"（或将"政治手段"阶段上的成功视为"文化目的"阶段上的成功）。仁学实践学亦含有初级与高级两个层次、阶段。仁学在两个层次上与"法家思想"均维持有不同类型的互动关系，此关系是观念性的、价值性的、历史性的、人性论的，也大部分与良知和权势的对立模式相关。故本章及《论语》中涉及管仲例之各章，均具有仁政伦理学、认识论、实践论上的特殊重要性，此重要性在于管仲事例含蕴的一种"双元性"：义理（经）与事功（权）的历史性结合是否"得当"（取中）。二者分属不同的价值学维面（道义与功利），而在历史现实过程中二者永远叠合在一起。

仁学本质上为伦理实践学，当然也关注伦理价值的可行性问题。此一经权关系说遂具有了历史上的普适性，特别是相关于实践学的技术性方面：如何思考及设置经（原则）与权（策略）的配合关系问题。管仲例则被孔子视作历史上二者结合的可取范例之一。但即使如此，仁学也必看到"法家"因用权而害经的固有倾向，此因法家思维本质即为一种"权力哲学"路线，而仁学本质则为一种"文化哲学"路线。与中国历史上的法家在诸多方面一致的现代功利主义物化文明大方向，处处表现出权势与义理之间的冲突关系，其冲突性实质乃因混淆了两个领域、两个层次之间的不同标准与目的。此种价值学冲突关系更深深支配着今日人文科学发展局势，因而成为人文科学伦理学与认识论思考中的最重要课题之一。

本章管仲意象具有的普适性寓意在于：物质性建设过程与精神性建设过程，虽然在"物质性生存"层面上彼此具有因果性关系，但在各自的"历史哲学功能上"却各司异职。孔子之管仲议论的结论是："准暴力"（九合诸侯）是维持社会秩序的必要手段，但此"强迫"手段不符合仁学伦理学之仁爱精神。孔子的处理方式是区分管仲事件中的大节小节，以便"放心地"高树其大节。而其后孟子则专就管仲"霸道"方法本身的反仁义观对其进行否定，即侧重于护卫仁学伦理学的基本原理。我们今日可根据此两种"管仲论述"进一步明确仁学实践学实际上内含着本书屡述的"社会政治史"与"精神文化史"的二分法。二者各有不同的逻辑，因为彼此的动机、目标与方法在在不同。此二分法并可还原为与之相应的"权力"与"良知"的二分法。

14-17. 子贡曰："管仲非仁者与？桓公杀公子纠，不能死，又相之。"子曰："管仲相桓公，霸诸侯，一匡天下，民到于今受其赐。微管仲，吾其被发左衽矣。岂若匹夫匹妇之为谅也，自经于沟渎而莫之知也。"

对比项：华/夷，王/霸，德/功。

意旨：权学为义理与事功的平衡之学，物质社会性存在与精神文化性存在分属两个人类历史存在界域。

旧解摘要：

《集注》："匡，正也。尊周室，攘夷狄，皆所以正天下也。"《皇疏》："于时夷狄侵逼中华，得管仲匡霸桓公，今不为夷狄所侵，皆由管仲之恩赐也。又引王弼云：'于时戎狄交侵，亡邢灭卫，管仲攘戎狄而封之南服，楚师北伐山戎，而中国不移，故曰受其赐也。'"《日知录》："君臣之分，所关者一身。华裔之防，所系者天下。故夫子之于管仲，略其不死子纠之罪，而取其一匡九合之功，盖权衡于大小之间，而以天下为心也。夫以君臣之分，犹不抵华裔之防，而《春秋》之志可知矣。论至于尊周室、存华夏之大功，则公子与其臣区区一身之名分小矣。虽然，其君臣之分故在也，遂谓之无罪非也。"吕留良《四书讲义》："一部《春秋》大义尤有大于君臣之伦为域中第一事者，故管仲可以不死耳。原是论节义之大小，不是论功名也。"《湖楼笔谈》："自天子诸侯以至一命之士，抱关击柝之吏，各量其力之所能任，以自事其事，以自食其食，故位曰天位，禄曰天禄，无非天也。天之生管仲，使之匡天下也。"《四书改错》："程氏无学，读尽四书经文，并不知圣贤指趣之何在。"

含义引申：

本章再续前章同一主题，就管仲例进一步加以发挥，视"内外"（华夷）关系重于"上下"（君臣）关系，前者为文明与野蛮对立的价值观前提，后者为文明内部之好与坏问题。而两类问题均相关于权力之正当维持及维护。孔子于此例的论说，其实仍为据动机结果关系立论，而因其涉及管仲其人具体动机的部分甚少，反而可因此降低动机因素的"论述参与性"，从而可主要根据其政治效果论之。如其在君臣礼仪方面较小之失，比起其匡卫周室、保卫文明的极大之功，可在此异质性对比层面上区分大小主次。至于其霸业之功是出于大义良知还是出于个人私志，因资料不具，可存而不论。即使纯粹视之为功业之成，也仍然与仁学政治伦理学立场有一致处，独善兼济二者均需智仁勇三达德备具始得完成，如无行动之智与勇而徒有仁义于心，亦不符合仁学之教。

本书中多言管仲事，可解之为孔子将其视为仁学伦理学本身不得不思考之学理上内在的"二元背反"：伦理动机学上的价值判准与历史政治实践上的得失判准，二者分属异质性层次，却在实践学（之解释学的）理解上相互交叉，遂成为仁学实践学需要永恒面对的认识论与价值观的挑战。本章与前章不仅均以管仲为主题而且章句数字远多于他章，二者可共同暗示：一者，编入"下论"的此类就史事传说为论的章句写法与"上论"中率多使用的短句方式有别；再者，对管仲功业成就肯定的增加，代表着后世重事功一派的儒家越来越重视功业成就的倾向。然而即使上下论编者不同，但各自关注的仁学政治伦理学的大方向与立场是一致的。后世儒者对管仲成就的肯定性意见之增加，与孟子对管仲于道义有失的否定性判断之强化，各自从相关仁学政治学标准（义理与事功）的一侧立论，二者可（解释学地）呈现仁学伦理学的复合的相关性，此即精神伦理观（思想）与物质历史观（现实）的互动性。

现代意义：

历代孔孟学说的儒家读者多从纯义利角度进行孔孟原典分析，往往脱离具体历史现实，特别是周边真实现实。但在此脱离自身真实现实处境而借孔孟文本"谈空理"时，亦可在此限定化论域内展开纯伦理性正误辨析，从而形成一种特定的"孔孟读解传统路线"，即维持了一种"孔孟读解心态主流"中的一致性历史脉络，我们可视之为在此特定心理实践域集体编织着一种《论语》《孟子》读解心路。简言之，仁学之论述往往为将内容之一端视为"常量"置而不论，却在其"变元"减少后的论域中，更清晰地进行价值学判断。如孟子之管仲论就是在将其"功业面"排除后而专论其动机与效果的关系的，并因而凸显了仁学伦理动机学之本质观。

本章的普遍性意义仍在于"经与权"的关系及"是非与成败"（义利关系之一种）的关系。今可将其扩及学术、文化上的真伪目标与成败目标的关系问题，此即二者在同一行为过程或事态情境中的异质性互动关系。比喻言之，在考虑同一艘船在航行中的方向把握与向前驱动力度的关系时，二者必须在行进中相互配合，而彼此在阶段性目的中可以"行权"（遇礁石绕道而行或舵向不变而缓速），互有伸缩，而以长期目标或较大目标衡之，仍可谓维持其正向而适速的行进。即存于同一过程中的速度与方向，不可能同时求二者各自之极大化，而只可求之于合理平衡中的各自相对的最大化。就现代人文科学与文化建设的世纪性改革目标言，方向性与可行性之间的辩证调节关系，同时相关于彼此异质性的现实面与价值面二者。学人必须同时兼顾经与权二者，始能有效地对此文化学术革新事业加以有效推动。仁学实践学的智慧学涉及不同的层面与判准，因其必须运作于历史现实场域中。我们以此古代东方历史思想实践中的"经权权衡论"模型来分析今日全球化时代人文学术生态，无论是在理论思考层面上还是在改革实践层面上，均可深获教益。

14-18. 公叔文子之臣大夫僎，与文子同升诸公。子闻之，曰："可以为'文'矣。"

对比项：贤愚/贵贱，举贤/妒贤，势利/仁爱。

意旨：仁者无势利之心，学侣同仁之间，必以礼平等相待。

旧解摘要：

《集注》："文者，顺理而成章之谓。《谥法》亦有所谓锡民爵位曰文者。洪氏曰：'家臣之贱，而引之使与己并，有三善焉：知人一也，忘己二也，事君三也。'"《集解》："孔曰：'大夫僎本文子家臣，荐之使与己并为大夫，同升在公朝。'"《四书困勉录》引吴因之曰："人臣之病有二：一忌后来之贤此后功名出我之上，一自尊卑人，不肯与若辈同列。此皆暧昧私情。文子休休有大臣风度，光明俊伟，故曰可以（谥）为文。"

含义引申：

后世解者在对本章的注疏中多将"文"字解为谥法（甚至改"为"字为"谓"字），而朱子之解更为通达，直接解释为"文"之古意，并未随意增义。后注之所以改字改义也是为了使全句意思通顺，否则"成人之美"品德为何形容以"文"？孔子时所谓的谥法制度未必成立，而且孔子的身份亦不必替官方拟谥字。春秋时之"谥法"与秦汉以来的谥法绝非同一，历代解家据此推断"文"之确义者，不免犯以今释古之误。朱子诉诸"文"之原义或因当时"学文"即有"正当致用"意，或"合礼言行"意。《论语》的教谕方式，或直接指陈，或借当时皆知之历史故事例示之，本章当为后者。嫉贤妒能为人情之常，却颇害独善兼济之义，本章故通过赞扬文子以示成君子之方。之所以特重"成人之美"的品德，因世情与此正相反对，多数人均不免于嫉贤妒能，从而不仅无以"以友辅仁"，而且无以为公举才，以至于最终损害公益。

现代意义：

嫉贤妒能为今日商业化社会随处可见之人间惯习，因商人间本来即属竞争关系，也即严格来说的"损人利己"关系（竞争主义在逻辑上即含蕴着"彼成我败，我成彼败"），故嫉贤妒能无害其为商人。对于人文学术界人士而言，"文人相轻"固属自古已然，而今日学术革新事业，面对空前的时代艰困，全赖学者间之合作共进以克之。如以嫉贤妒能居心，则必不能与人精诚合作追求以学求真的共同事业。本章关于学人品德之教，有助于克服学界"法制生态"下学术背真趋利之大方向。在此辩证的意义上，仁学精神反而正为在现代全球商业化时代中促动精神文化事业所必需者。

14-20. 子曰："其言之不怍，则为之也难。"

对比项：诺言/践行，谦逊/慎行，夸谈/无惭。

意旨：君子须言行相顾，慎言力行，以言而无行为耻。

旧解摘要：

《集解》："马曰：'怍，惭也。内有其实，则言之不惭。积其实者为之难也。'"《集注》："大言不惭，则无必为之志，而不自度其能否矣。欲践其言，岂不难哉！"包慎言《温故录》："作（与怍通），起也。勇于有为者，其言必有振厉奋起之色。言不奋起，则行必观望，故曰为之也难。"《四书困勉录》："凡人志于为者，必顾己之造诣力量时势事机，决不敢妄发言。如言之不怍，非轻言苟且，即大言欺世。为难即在不怍时见。"

含义引申：

因古代用字不规范，旧解视"怍"与"作"互通，但包慎言所举之例完全不对，作为之"作"与惭怍之"怍"显然不同。正解中前后句主词一致，如按包解为"使人振奋"意，上下句的主词非一了。而本章意涵仍应以怍为惭愧义解为当。本章重点在于指出"耻感"为有诚于内之征，有耻知惭或可克服自欺欺人之言行。惭怍之教即孔孟均看重之耻学。仁学之耻学为西方文明所无，其本质非指一般"羞耻感"，而是特指深藏于内心之自反、自责、自励、自改的一种本能冲动。

现代意义：

在现代商业化竞争主义社会，文化学术界内大言不惭、虚张声势等作为，不仅比比皆是，甚至可成为最有效用的以学逐利之方。而此类相互用计争利的风气却多方面地有损于人文学术事业之发展，因其可从根本上败坏心术，并特别戕害尚难辨别是非的广大青年学子。就今日人文科学整体言，竞争意识强化导致的"自我标榜"已成为职业化的必要手段，然而因人文学术话语难以察验正误是非，放言高论，务求耸动，遂可放肆地行之于业界，其中尤以（言而乏实的）人文理论性话语之制作为甚。今日学界广被商业化影响，其极端者为已不知"耻"为何物，甚至以"无耻"为职场成功之必要心术性条件。（早自民国时代即出版有《厚黑学》，以无耻为张本！）国际学界则因本无"耻文化传统"，以学求名求利已成当然之势，所谓"西学小人"遂亦不时可遇。而"无耻"之行可深深掩蔽于各种表面上的"合乎规范"的形式上，此正为学界个人主义膨胀后的必然现象。中国人文科学现代化改革事业完全依赖于合格学人的培养，其标志即以学求真心术之确立，其中自应包括仁学之"耻"教。因耻学可被称为主体最具内在性之体认、感受及动力之源，足可激发学术良知。

14-21. 陈成子弑简公。孔子沐浴而朝，告于哀公曰："陈恒弑其君，请讨之。"公曰："告夫三子。"孔子曰："以吾从大夫之后，不敢不告也。君曰'告夫三子'者。"之三子告，不可。孔子曰："以吾从大夫之后，不敢不告也。"

对比项：仁者/憎恶，士义/职守。

意旨：士君子无论出处不忘公义，其行则必素其位而为之。

旧解摘要：

《集解》："马曰：'成子，齐大夫陈恒也。'……马曰：'我礼当告君，不当告三子。今使我往，故复往。孔子由君命之三子告，不可，故复以此辞语之而止。'"《集注》："孔子出而自言如此，意谓弑君之贼，法所必讨，大夫谋国，义所当告，君乃不能自命三子而使我告之邪。以君命往告，而三子鲁之强臣，素有无君之心，实与陈氏声势相依，故沮其谋，而夫子复以此应之，其所以警之者甚矣。"《论语稽求篇》："春秋之时，见邻国篡逆，亦得专征伐。"《四书辩证》："夫子时已致仕，权又在三子，明知其不可而请之者，亦申明其大义而已。"

含义引申：

本章为《论语》中少数其含义不得不牵扯不同历史传说背景以为解者。然而如据故事直解，不仅易于随意附会，且使章句价值顿失。本章可能为据《左传》故事撰写，故必为后儒所加，而重复《左传》有何意谓？按邢疏，"正义曰此章记孔子恶无道之事也"。实际上，本章寓意有三：孔子恶无道，无位而应尽责，士君子无论出处必心念国事。三者中应以第三项为最重要，因其相关于士君子之人格特点，以暗示官吏之"尽忠职守"与士君子之"心怀天下"具有本质性区别。此一区别性暗示可视为本章之主要寓意，其他情节与言语铺陈仅为相应修辞学手段而已。为此，作为孔子越礼见君臣之"借口"的"孔子曰：'以吾从大夫之后，不敢不告也'"句，似不必按朱熹与钱穆所言视为孔子两次会见退出后之"自言语"，而仍以会面时的对答语理解为宜。否则全章气势不尽连贯并"矮化"了孔子之风度。

在论及此章之旧解时，钱穆驳斥道："宋儒疑《史记》所载非孔子言，则岂不度德不量力，而空言可伸大义于天下乎？宋儒解《论语》失孔子意，多在此等处。"（《论语新解》）实际上，史书记载之有关先秦史实主要据各种传说，而同一事件传说之史源多端（《论语》《春秋》《左传》《史记》等，以及各种口头传说），各自的细节处理多属揣摩之言。故解家不应将自身选用之传说视为当时公史、史官、私记等所谓"实录"。今日解此章时，只宜将其中之"事件"（以及《论语》中任何须以史实为据例）视为以叙事为其表意之手段或喻义之手法，而不可如旧注般妄自以之介入史实真伪之论辩。对本章之理解并非据所谓"史实"真伪（如当初齐鲁两国及"三家"之实情等）以断孔子言行之正误，而是相关于"依所言故事情节"来把握本章之政治伦理性意涵。对于孔子而言，虽知事无可为，但仍须克尽士君子谏君行义之责。

【关于《论语》章句间存在矛盾的历史解释学申论】

本章句式可作为据史书故事撰文因而不得不相对于故事为解的典型句之一。按照我们新仁学的《论语》释义原则，在尽量排除史书故事牵扯后所视为本章要义者，即为"士君子尽义"与"官吏尽职"二不同心态间之别，以此凸显仁学之"士学"的本质正表现于其"自我心志之内实践"，也即视天下大事为"为士者"主体自家之事。然而我们会马上记起"不在其位不谋其政"与"君子素其位而行之"二章，其义似乎与本章寓意相反。一方面，我们要时时注意不要陷入因四百年来不同编写者的不同观点及不同重点之介入而造成的观点自然分歧性，另一方面也要注意如何据原始仁学整体以便"解释学地"尽量容纳诸多表面上相互不谐之指令。原因之一在于，《论语》章句（特别是后儒增添者中）的"构成法"之一正是"以偏概全"，故不可孤立地直接把握章意，而应将各相关章句中的各自"一偏之见"加以综合为解。读者不要以为这样的解释为勉强其说，而是要理解古人思维及言语表达方式的此一"前逻辑性特点"。无论是孔子还是后儒补撰者或后儒读解者，作为古人，都是"下意识地"按照原始仁学整体论原则进行"《论语》之体悟"的。所谓善读《论语》即指读者可下意识地实行此一整体论的读解法。《论语》正因为此"潜在的整体论"（因诸章句并非严格按内容分类法编排）之"背景支持"，反而可仅据诸章"一偏之见"产生强烈深刻的"心灵激发力"。

按此，本章上述"无位而勇为"的意思与他章"不谋其政"的意思并不相互矛盾，因二者文字间之确义大有灵活为解之空间：士君子心怀天下不变，而其"知不可为而为之"（尽其在我）的"为"字自然须另行"适切定义"（如何行其权）。至如"素其位"之义则为，士君子对自身外实践构想须强化其"适切性思考"，以最有效规划其实践学内容，也就是不可妄自越位、背时以作非分之想。仁学实践学虽然是理想主义，但绝非幻想主义，故排除了西方古代惯有的"神话式浪漫主义"。我们以此三章间的指令关系的综合性读解为例，可进一步体会我们所说的"《论语》之解释学"作用为何意。因此，现代人以及外国人会因《论语》中的此类相互矛盾的章句而轻视或忽略其重要性，却不知体悟这些孤立章句在各自的多重潜在语境下所具有的"伦理格言之效力与魅力"。

现代意义：

此一"知不可为而为之"之例，在于表达士君子无论职守有无，

935

均须据义以行其"为人者"之礼（理），从而显示出两种应行之"义务"：官方职责（客观）与仁学义理（主观）。行动效果如何为一事，行动应为之义为另一事，此即仁学知其不可为而为之之义。按此扩解于今日可指，如客观上事不可为，仁者据义而行亦不可谓绝无效果，因仁学人本主义即人类主义，故视仁学事业为民族集体性共同事业，必有待于士君子守先待后，逐代集体接力，其中有精神性鼓舞力量的传递，故士君子应持成功不必在我之义以坚其志。如是，士君子将不论出处，无时忘怀其心志（造次必于是）。主体个人心志之存续即民族集体精神生命之存续，此义正可复行于现代文化学术世界。因而，能否及时匡正学界陋俗为一事（"治疗"），能否"有效宣达"学术义理为另一事（"诊断"）。揆诸世界人文科学危机全局，当代之人文"士君子"亦应效此仁者人生观：思所当思，言所当言，行所当行。即于无可行之时，亦应体认仁学事业乃人类精神史上之集体使命而坚其以学求真之宿志。况且，以学求真本为一己个人之事，"求真"之可行，非判之以外在目的之必达，而应判之以主体自身实践方向之正确。此种中华民族伦理学的"主体内在性"，正是其伦理精神得以历经几千年波澜而不衰之原因所在。

14-22. 子路问事君。子曰："勿欺也，而犯之。"

对比项：忠言/行道，逆势/附势。

意旨：君子逆势行道，小人附势取利。

旧解摘要：

《集解》："孔曰：'事君之道，义不可欺，当能犯颜谏争。'"《集注》："犯，犯颜谏净。范氏曰：'犯非子路之所难也，而以不欺为难，故夫子教以先勿欺而后犯也。'"《读四书丛说》："朱子之意，谓谏君不能敷畅详明，而欲君必行己说，则言失之太过，是为欺君。南轩之意，谓有所为而谏，是为欺君，此皆就当谏之际用功。"

含义引申：

本章历代解者多囿于故事人物特点予以扩解，故不免错失重点。

清儒泥执于字义溯源之术，对于古经反多有自以为是之误解。如俞樾言古代"能"与"而"通用，期以"能犯之"正字。至于据子路性格传说加以演绎亦非确当。本章之意明显在于端正君臣相互关系，提出臣子应本士君子义"犯颜谏上"，以行其借君行道之旨。《论语》解者如据人物传说并据字面为解，自然会形成自由演绎。历代解家多以为《论语》诸章句均实际发自孔门，各章句最初必有一"唯一确义"而后人难以知之，故各据不同之句文特点观察以进行猜测。此一传统释义方式所易于忽略者为：今日读者不仅应从仁学整体出发读解，而且须据现代语学知识重新探索其"原始义"及今之可能引申义。

《论语》之所以有"万古长青"的价值，正因为其大部分章句均具有超越时空的人性普适性，即其古代"君臣话语"中含具普遍人性论寓意。本章寓意有三：借君行道，犯颜真谏，以义抗势。在此理解下把握"忠与诲"之关系。对孔子言，其"忠"乃忠于仁道之谓（所谓"忠君"不过是忠于"真理"之"手段"，故言"借之"）；其"谏"即"诲"，也即"深责之"（以增加此"工具手段"之效力）。此深义之具体表现则为爱而劳之和忠而诲之，在此可用之为士君子之"爱"与"忠"正名。此一臣下对君上的态度原则，虽亦为两千年儒教政治表面上所遵循，实则难以充分实行。历代君主多为具有绝对权力者，所谓臣谏之作用，大致仅相当于如何对皇室利益及偏好提出"为其所需之建议"，故大多为迎合其"私欲"而谏。按照仁政学，为臣者本欲视君主为"工具"借以行道（道必高于君，义理必告于统治者），而实际上反被君主视为"工具"用以满足其私欲。在数千年历史上的"君臣关系游戏"中，大多是权力驾驭良知，而少有良知可左右权力之时。其实此为历史性制度所致，非关仁者个人抉择之正误。此一"历史客观决定机制"于是导致了历史上两大平行进程之分途发展。

顺便指出，为什么一些清儒考据派解家往往会以其所谓"字学专长"误改伦理性古语？因为此辈因清帝对之的长期改造使其成为清代"标准学士"，也即专攻文字性、音韵性的"技术之学"，以至于弱化了或失去了对伦理性思想的"感受力"，如此才会着重于对古籍进行纯技术性处理，并以此技术性成就相互鸣高。这就是梁启超与钱穆等对清儒御用学者多加贬斥的缘故。虽然其古典式的技术性文字学研究，对文字史材料的整理有所贡献，但绝不能将之视为现代汉语语言学或汉语语义学的研究基础。（没有现代语言学与现代符号学的介入，现代汉语语义学研究是不可能有效进行的。对此，不仅不懂语言学的胡适对清代考据学之意见非属专业性判断，即如现代杰出语音学家赵元任先生也难以对之深入判断，因赵先生所尊奉的当时的美国语言学尚不知现代结构语义学为何物。参见《理论符号学导论》。）

【关于仁政观下的君臣关系的历史解释学申论】

孔子仁政观的历史形成因（多据传说推测所知）与该观念在秦后漫长历史上的作用（多据实录可推知）为两事。孔子于春秋时代一方面将君主权力至上制度视为不得不承认的"自然"而予以遵行，另一方面则于历史上首次提出了另一价值维面的存在，此即良知论导向的仁政观。如何在历史权势维面与伦理价值维面间实行一种异质性"交合"，以使权势受制于义理，此即仁学政治伦理学的目的所在。但仁学实践学的功能限于伦理学层面，其政治面上的实施效力始终有限。按此原则，出于职务性义务，臣子必须对君主诚实，而对于君主违反政治伦理性原则的行为则必须同样予以批评、抵制。按照孔子仁政观，臣子不是君主奴仆的实际证据是臣子有选择"去就"的权利。在某种意义上，彼此是"准合同性"关系。孔子视周礼制度下的君主为政治伦理理念的执行者，自己则代表着此一高于君主的伦理学原则本身。由此以曲折表现仁者视己为代表高于君权的义理之"义理性权威"。仁学遂在"物理权势"与"精神理念"之间，构筑了一种人类历史上永远存在的伦理性的对峙关系。

当然，由于古代政治思想和实行技术的未备，此一政治伦理学观念与政治现实并不一致。孔子的"不遇"和"退隐"即喻示着仁学政治伦理学与周代政治现实间结构的分离性。历代有关仁学政治伦理学的解释的不当处，亦源于往往以己身所处的后世帝王专制制度时代的君臣关系来揣摩先秦时代远较松散的君臣关系。先秦时代存在臣子"去就"之择的可能性，而秦后帝王专制时代则仅存在生死与赏罚之择的可能性（如选择终身在野，则亦离开了政治实践域，与此处所论无关了）。仁学政治实践失败意象，遂含蕴着中华文明史上的基本事实：（体现于文化思想领域的）良知与（体现于社会政治领域的）权势间存在永恒的张力关系。就仁学理念言，即存在着"良知的义理性权威"（精神）与"权势的暴压性权威"（物质）间的永恒历史张力关系，前者成为"文化世界"构成的肌理，后者成为"政治世界"构成的肌理。二者平行地存在于、展开于历史过程中，在相对的意义上，可谓各有其历史逻辑，也就必然各行其所以为是。

现代意义：

身处现代社会政治环境中的学者，在解释处于古代封建君主政治以及其后皇帝专制制度下的伦理性思想表达方式时，必须在其所借助于表达其思想的历史环境特点（如君臣关系）中，通过论述者之句式内容内诸因素间的轻重取舍安排（即借由其文句中相关事项之"侧重"与"舍弃"之方式）察其有效意旨所在，之后可将其真实意旨与现代语境沟通，以显示二者之间存在的适当比喻性关系。这样才可避免仅泥执于古人字面为解，而失去古今语境间的解释学合理转换之适当性。今日《论语》难以为现代知识分子认可（遂纷纷转向域外求其另类信仰之依托），部分上即因此类"就古言古"之释义未能将古代《论语》与现代世界进行有机沟通。

本章还可从君臣关系扩大到一般人际关系中的"忠爱"为解。社会层级上的平等之爱与上下级间之忠爱，均隐含着超越"自然人性"而须晋级至"伦理人性"层次的问题。社会人际关系须以较高伦理原则加以限定，其运用效果必然触及人性中不合仁学要求的负面部分。所以，仁学实践学之运作方向就被概括为"克己复礼"原则，此"礼"字在伦理价值观上也异质性地"高于"人际权势关系，此即强调帝王亦须克服自身人性负面倾向并通过"臣子净谏"方式以使自身符合最高的义理原则。这样的"责人从善"态度因为直接触及自身及他人习以为常的习惯，自然难以顺利实行，所以需要为此而"额外"（在社会习俗之外）努力。

如果将其用于今日人文学术界，岂非同一道理？在学术理论改革中人们应该区别是"顺势取己利"（名利）还是"逆势尊义理"（真理）？当现代化社会中权势形态呈现多元化发展后，此一拟就于政治领域的历史谏净原则自然可扩大为一般权势（以及其所导致的社会惯习）与一般义理之间的综合互动原则，其要点正体现于两种价值观的交汇上：人际支配关系的"权势等级性"与事态义理关系的"价值等级性"二者之间的异质性互动问题。其中隐含的更为深刻的实践学特点则是：义理面与权势面之间的对峙关系，必然或应该导致义理面对权势面的价值观具有进行矫正的必要性；也即，从仁学伦理学角度看，历史社会上存在的权势关系必须受到伦理价值学义理的检验与督责，于是学界"权势"与"思想"之间的冲突关系，遂具有了伦理逻辑上的必然性和正义性。今日人类唯物质主义文明中的多元权势关系网自然也须经由伦理学标准进行独立的、批评的检验，不能视之为历史发展之当然。就人文学术与文化世界内部的权势关系而言，此种"谏诤原则"（即批评原则）同样有效。今日学界权势团体的强势存在，获得了空前系统化的发展，其综合效用导致人文科学理论事业受到了空前的限制和弱化。人文理论及其伦理学精神，由于受到全球化时代人文学界多元综合性权势集团网所施予的制度性控制，遂失去了其固有的批评性职能与勇气（当代西方人文学界内学人之间的相互批评现象反而远较此前为少，此即商业化功利主义导致的学人趋于"利害计算"心理之效果）。就此而言，仁学伦理学的历史经验可谓含蕴着重要而适切的当代启示性价值。

14-23. 子曰："君子上达，小人下达。"

对比项：上达/下达，君子/小人，精神/物质，文化/商贾。

意旨：仁学区分出"精神向上"与"物欲向下"的价值观二分法，其"上下"之分遂较"好坏"之分具有更深刻的人生观褒贬之意。

旧解摘要：

《论语比考谶》："君子上达，与天合符。"《四书拾遗》："学成行尊，优入圣贤之域者，上达也。农工商贾，各随其业以成其志者，下达也。若夫为恶为不义之小人，彼则有败乱耳，恶能达?"《皇疏》："上达者，达于仁义也。下达，谓达于财利，所以与君子反也。"《集注》:"君子循天理,故日进乎高明。小人徇人欲,故日究乎污下。"《焦氏笔乘》:"形而上者谓之道,形而下者谓之器,非二物也。君子见性,故不得有,但见其道,而不见其器。小人执相,故不得无,但见其器,而不见其道。君子上达,故大道可受,而以小知囿之,则非不器之大道。小人下达,故小道可观,而以大道界之,则为无忌惮之中庸。"黄氏《后案》:"达者,通晓之谓。下达,如《汉书》九流之类。扬子《法言君子篇》曰:'通天地人曰儒,通天地而不通人曰伎。'凡伎曰下达,此小人即可小知之人。"

含义引申:

本章句式简单,义理似显而实隐,可从中看出古人同一思维兼含明晰与含混之两面性。诸注之明者为,知上下指精神价值之高低;其含混者在于未预先区分职能与道义之别,遂以为精神上达者多实现于古代之从政者,然而此非事实,因《春秋》所贬斥者均属按此定义之"上达者"。另外,解者之未明犹在于未区分精神价值(文化追求)与道德品质(良善)二者,否则即不可能将道义价值与职能大小相混。(如将"圣贤"与"农工商贾"作为对举,后者基于职业,前者基于人文道义。)甚至连"达"字意,解家亦含混不分,不知其所指为"任何达到"之意还是指"达到人文道义"之意。如指后者,则本章不该对小人用"达"字。此一按照古代将职业、品德、文化、义利、偏好、成败等判断标准习惯上混淆不分而加以统一评判的概略表达法,自然也是主要针对人文品德言的。实则,古人应该将"上下"明确区分于职业之上下与财富之多寡。一方面,最为明显的失误在于将"读书做官"者简单地视为"上达"(此与今日海内外流行的身份名词"成功人士"或"实现梦者"相类),此与孔子不断痛斥的"官吏小人"和与孟子视为"寇仇"的统治者等,显然义有扦格。朱注以理学家观念将上达下达纳入天理人欲对比框架,固然简明,却属增解,并有强加宋儒主张的教条式禁欲主义之虞。本章之最一般性的对比法——上与下,实可相当于今日所说的精神追求朝向与物利追求朝向的对比性。如是,则古代价值观与现代价值观可谓南辕北辙,因"商贾"为公然逐利而行者,而此正为古人

941

所贬斥而适为今人所倡导者。我们也可从此对比意中理解人类古今文明价值观上的方向与标准已然蜕变，如何进一步权衡评论尚有待于未来之思想家。

现代意义：

此章之"上下"意应分指精神追求方向和物利追求方向。孔子以人生观方向来区分人格的高下或分之为君子与小人。理想君子以伦理精神追求为人生观故可不断沿仁学理性方向自进，而俗常"小人"（庶众）则多终生追名逐利无厌。本章看似简单的双二元对比（君子/小人，上达/下达）却包含着仁学的基本价值学取向规定，即将伦理精神（以及体现在文化、学术、社会等方方面面的伦理精神性活动）的追求与私人物利的追求加以对比。后者却正是人类社会历史上大多数人的基本生活性向，而商业化时代的今日更是已将此一人类物利追求第一的本能固定在法制制度内。（民主社会之所以趋向经济中心本位，乃因大多数人均采物质取利人生观，故均乐于从事可带来物质利益的准商业化职业。）

本章中的"上"与"下"固然可以解释为"好"与"坏"、"守法"与"违法"等引申的任何二元价值对比观，但其"第一本义"必为伦理精神性的，即"仁"价值。而单字"仁"本身也可被视为一价值等级结构。"上达"即"成人""成君子"，古人以"圣贤"为其最高人格的形象性表达。君子而为圣贤者，即指兼备智仁勇三维上的品德故具备能力追求仁学目标者。此种古典意义上的上达君子，因以追求伦理精神性"仁义"而非以追求满足私欲的物利为其至高人生目标，在社会历史方向彻底改变后的现代，虽然不再具有其社会政治经济层面上的作用，但却在其人文学术与精神文化领域复兴了其固有价值。因为人文学术与精神文化的价值学原则与古典仁学伦理学精神密切相合。由此角度重新审视本章的现代意义，上达下达观可非常确切地相关于现代学人的治学人生观选择问题：文化人与思想家在文教职场与媒体文化的制度化渠道内应该是选择逐势谋利，还是应该按照伦理价值观采取积极批评性的学术实践？此一人生观方向问题直接相关于如何深入了解当前人文科学的性质与功能以及如何调节人文与科技工商主导的世界格局关系问题。上达下达观含有的另一深意则相关于读书人的志向能动性之树立问题：学人是应被动地因循守旧以"安居乐业"为目的，还是应以积极主动参与人文学术的科学化改进为使命？这是全球化时代的今日人文知识分子面对的最重要的"上达下达"选择观问题。在今日全球商业化时代人文学者正在全面遭受"物质性异化"的精神冲击之时，重读中外古典思想家的论述以反思"为人之义"，岂非正当其时？

14-24. 子曰："古之学者为己，今之学者为人。"

对比项：成己/求誉，精神/物欲。

意旨：君子以学自强，以德成人，良知所趋，无关世誉。

旧解摘要：

《荀子·劝学篇》："古之学者为己，今之学者为人。君子之学也以美其身，小人之学也以为禽犊。"《后汉书·桓荣传论》："为人者凭誉以显扬，为己者因心以会道。"《颜氏家训·劝学篇》："古之学者为己，以补不足也。今之学者为人，但能说也。"《集解》："孔曰：'为己履而行之，为人徒能言之。'"《皇疏》："今之世学，非复为补己之行阙，正是图能胜人，欲为人言己之美，非为己行不足也。"《集注》："程子曰：'为己，欲得之于己也。为人，欲见知于人也。'"《四书辨疑》："欲得之于己，此为为己之公。欲见知于人，此为为己之私。"夏锡畴《强学录》："如恶恶臭，如好好色，为己也。徇人而为善者，为人也。此关打不过，则事事从人起见。"

含义引申：

"古"与"今"的对比此处应理解为"理想"和"现实"的对比，所辨析者为学习之动机和目的，言简意赅，极具永久性教益。在两种学习动机和目标中，"为己"代表自己为认知思想真理而学，以个人精神收益为得。"为人"代表自己为与他人争名夺利或为博得世人赞誉而学。如持"学为己"信念，则其人学习即可获得基于自身而不受环境影响的前进动力，可不计客观环境和自身遭遇如何而

943

勇往直前；如持"学为人"态度，则必随波逐流、趋炎附势、哗众取宠，且以争强斗胜为最终目的。此警句不仅相关于学习的动机与方向，也相关于学习的质量与成效。

现代意义：

如将本章衡之以今日人文学术现状及未来命运，此一简单指令句，岂非正为人类人文科学理论革新的关键中之关键？学者如无学为己的志向，何能具有独立意志力以面对复杂艰难的时代学理思想挑战？"学为己"作为治学目标和原则，自然以个人学术实践达至真善美价值为目的，由于目的明确和追求执着，即可有意志力抵制阻碍一己追求真善美的外在压力。而今人文学术及文化活动均为科技工商全球制度化势力所控导，客观上已成为其物质上的寄生者或制度上的附庸者，并因此从根本上改变了学人之人生观与治学观，遂纷纷蜕化为"学为人"之名利权追求者。此种由西方文明产生的当代人文学者精神异化现象，难以为素来倡导功利主义与实用主义的西方人生哲学所克服，况且自古以来西人即无"学为己、学为人"之主体伦理观，故《论语》的此一"为学之学"对于全世界人文科学前途发展具有启示性意义。

14-26. 子曰："不在其位，不谋其政。"曾子曰："君子思不出其位。"

对比项：理想/幻想，目标/条件。

旨意：仁者志怀高远，审时度势以践行，因不居政位故必可坚守其精神自主目标。

旧解摘要：

《焦氏笔乘》："《易》艮之象辞，曾子尝称引之以示人也。不出其位，即《易》言止其所也。"《笪墅说书》："以位限思，思不出于位外，乃可专于位中，此非于位外一概抹倒也。治一事之理，即治万事之理。苟于其位之当然先不用思，将恐易地复然，废百犹不能举一也。圣人教人从脚跟下做起，遂使无关阑之思皆有关阑矣。"

含义引申：

本章旧解者多认为本章应为两章之合。后句所引《易》之言显为后世补加，以暗示孔子思想与《易》相通。前后句意涵有异，并各以孔子与曾子为言，遂再次形成了两种似同实异的观点。此曾子言论颇有后世倡"顺从皇权即为忠臣"的意思。前句仅言君子应为客观上可行之计虑，并未涉及其思虑之范围问题，后句所言之"位"显指官场之位阶。大体而言，《论语》似暗含两大"编写派系"：孔子派与曾子派。此两派均不必联想于真实人物而应视之为各自由不同读书人写于不同时期而自然形成的两种思想倾向，后者自然更多含有"儒家"色彩。远古文中"思"字一如"文"字，义幅远较后世用法宽泛。此处之思，非泛指思想，而应为特指"为个人目的之思考"意。即既非指一般思想，也非指一般思考对象，而是专指为自身当行之目的。古人实践范围窄小，唯有具官位方可言参与政事。本章原始直意与其后及今日普遍性扩解不同，"君子"概念遂愈益从"为官者"意转为"致仁者"意，"官职行为"则转为仁者实践中任何项目。经此扩解，本章之引申义则为如何处理理念与实行条件间的关系问题。再者，所谓仁学实践之"行"，自然也相应地兼含外实践与内实践两侧及独善兼济两域。因此本章不应再指"不在其位即不可思考在位者之事务问题"。孔子无位而毕生均思考"在位者应为之务"（见前陈恒弑君章）。本章之"行"也就兼含"行动"与"思考"。"政治"不必为士君子行动的对象与目标，但可成为其思考与研究的对象与目标（对于当代知识分子亦然）。于是本章中之"位"义，今应扩解为客观条件之义，包括行事的主客观条件与思考研究的主客观条件。无有效思考的主客观条件，即相当于"无行事的客观之位"。"政"如释为"事物"，"位"如释为"条件"，则本章之意可泛指实践者之能力与条件须与其谋划之目的在义理与实践上均相符，如此可有助于实践目标之达成。

现代意义：

本章仍具有重要的现代性含义。因一切人文社会科学中的无根之谈、无据之论、无实现可能之空论，所在多有，应均属不居必要科研之条件（位）而妄言者之列。今日众多人文科学学者多为依职场专业分工制度以履行既定职场程序者，初不问该制度与程序是否足以达至解释现实及创造真知的目标。至于持各种"出世"立场者往往喜谈"入世"生存之是非得失，亦可谓均属"不在其位"者妄言之列。而此句之深意还包括：世人明知"无相关思考研究条件"而仍妄自立言并据以形成另类思想权势，以至于导致人类思想混乱——"空言"虽名实不副却可自身构成一时的精神影响之势力，甚而可将谬思误学传之于久远（极端功利主义者则特意制造假学伪史，即通过特殊设计的"学术思想制作机器"以系统地生产"以伪乱真"之学术产品）。故"无位之言"可形成任何"造势之效"，其害尤著。仁学的乡愿学之现代启示性亦颇勘关注，因乡愿辈必为精于创造欺世手段者，也即在多元文化与民主环境中，善于玩弄学术思想话语，混淆视听，并通过挑激学界大众私利欲念的手法，致力于学术势力之营建者。对其破解之术，在于揭示其学术话语名实不副处及所言之中目的与手段间不相适应处，以先暴露其伪诈，其后可进而揭示其学术伪善背后追求权势营建之更深的隐蔽目的。现代学术辨伪学，亦必应成为人文科学化前进的方法学策术之一。

【关于位置与动机之间关系的历史解释学申论】

本章引申之义在于提醒学者应区分以下二者："观察、思考、研究的对象范围"与"所意图施作之对象的范围"。之所以不对此进行区分而乐于含混运作，乃因其不适当的运作话语本身可独立形成制造声誉与影响力的渠道，故学者话语中据意图设定的目的与所实际达成的目的为二事，结果前者（思想话语）成了后者（行为效果）产生之"手段"或"媒介"。就理性实践论，目的内容与手段条件的不符，即意味着实践意图的失败；而就功利实践论，二者的不符或反可成为"借言说以谋私利"的有效手段，此即狡狯者往往据欺世大言或标新立异之谬论制造蛊惑效果，以期最终达成聚众成势的目的。古往今来因妄言欺诈而成功的造势集团不胜枚举，如历代"造反者"多为此辈：其敌对方之"无道"反成为挑战者追求制造另一轮"无道"之"形成力"或"新权势制造术"的客观条件（乱世造英雄即为此义）。而如将同一智慧用于在思想、学术、精神领域聚众结势，以达垄断认知、信仰、思潮之目的，则其效必著。思想话语的内容义理为一事，思想话语的蛊惑能力为另一事，前者尽管"不真"，并不妨碍后者"有效"，盖因认知之"真"与蛊惑之"效"分属不同社会文化范畴，狡黠者深知如何利用二者之间的张力关系以借"伪认知"达"真聚势"之结果。因自古至今大多数人之"认知"均囿于一偏，且多为准技术性、狭窄经验性之专知，对于充满名实不副的价值类、信仰类话语欠缺深入判断的条件与能力，故易于因"轻信"与"偏执"而为学术思想界"有才者"（通过操弄名实游戏）加以俘虏而不自知。本此经验，今日人文学术领域之仁学实践学更应强调主客观事理的细致解剖，以揭露学界枭雄及狡诈集团使用的诈欺与聚势技巧，如此方可坚持人文科学的正确方向。

14－27．子曰："君子耻其言而过其行。"

对比项：大言/欺人，虚夸/羞耻。

意旨：凡以言而无实、诺而不行为耻者方可称为君子，小人则反视大言欺世为惑众取利之良策也。

旧解摘要：

《皇疏》："君子之人，顾言慎行，若空出言而不能行遍，是言过其行也，君子耻之。小人则否。"《集注》："耻者，不敢尽之意。过者，欲有余之辞。"《四书辨疑》："南轩曰：'言过其行，则为无实之言，是可耻也。耻言之过行，则其笃行可知矣。'"

含义引申：

解者多指出本章中"而"字为"之"字误（即似应直意为对"言之超过行"感到羞耻）。实际上可能与不同断句法有关。如断为"言而过其行"即通。两种断句法意思相同。此章亟言君子言行应一致，许诺须真实，以防堵轻诺寡信行为和强化伦理实践力。如言而无信或大言欺人，于己于人均应称为"可耻"，此为仁学实践学在动机层上最可珍惜之指令，"耻学"可达自我心灵之"密地"，故有助于触及动机机制之本源（见在前之论耻学章）。

本章重点非为君子对他人言行之判断，而为君子对自我言行之检视，故其重点非为防范行为负面效果，而在于强化自诚之品质。仁学为学为己之学，其价值判断首须验证于自身。于是本章焦点从

947

（外部之）诈欺转换到（内在之）自惭，视独善自诚之学在实践上先于兼济利他之术。"学为己"义也就是"对己学"义，而有关自身心言行三者是否长期一贯的向内检视，遂可成为可操作的（言行相符否不难查证）强化自诚明的过程。

现代意义：

本章实属仁学的诚学范畴，其旨似仅在于对自身要求严格，但实际上相通于更重要的人文学术义理的提升效能问题。因人文学术无具体客观标准察验，其真伪效果首先取决于主体自身之能力，而其能力取决于品德之有无。话语名实不副非仅指诚实与否、可行与否的问题，而是关系到主体全部精神思想实践构想之"生产效能"问题，因名实相副与否反映着主体对己诚实与否的问题。唯持"学为己"人生观者方为可履行"诚学"者，如持"学为人"人生观者则必倾向于华而无实、哗众取宠、以学术博取名利。所谓"称誉"即指自身言行在他人身上之"效果"而言，故依于他人。生存于今日商业化时代，大环境不再以言而无实为耻，反以制作"合法夸诞"话语惑世为智，此一氛围与世情大有害于人文科学之发展。全球商业化文明在人类精神生活上的最大负面效果即表现在：以外在约束的制度合法性和基于学术权威控导的舆论共识性，作为人文学者集体参与的、定向的、定式的"学术话语制作"职场之"运作逻辑"。在此学术生态下，人之主观"耻感"不存，"守法取利"遂成为一种偏重于学术市场取向的及外在技术性规则操作的职业化实践。因其目标朝向于有学术市场控导的、集体名利效果的制作，遂以"致利话语效果制作技术学"取代了学术真理探求方法论；因人文学术的"最终目的"变成了获取职场名利，市场竞争机制遂亦取代了"真理思考机制"。

14-28. 子曰："君子道者三，我无能焉：仁者不忧，知者不惑，勇者不惧。"子贡曰："夫子自道也。"

对比项：智/惑，仁/忧，勇/惧。

意旨：仁者必兼具智仁勇三达德始可不惑、不忧、不惧，并从而可有效践行其人文目标。

旧解摘要：

《四书训义》："道者三，非君子之道三也，仁智勇是德不是道。此道字解作由也，由之以成德也。"

含义引申：

本章诸旧解主在辨析"道"字，因该字可指"大道""途径""言说"等义，实无须定义，随境理解即可。古时语言工具单简而且思维方式具象化，故为节省字数而多采一字多义用法。随着文化和语言的发展，汉字形制与用法渐趋合理，而同一字形的意指与用法遂先后颇有异同。

本章强调仁学实践者应具备不忧、不惑、不惧的品质，如此方足以致仁学。"不忧"指不堕入常人世俗之忧，如未获名利或处境贫贱时心怀怨怼，如贪生怕死之莫名恐惧；"不惑"指不对现世经验性的仁学价值观产生疑惑，以至于削弱仁学实践的力度，此亦指不对伦理精神追求的人生观产生动摇，即不断深化个人仁义体验；"不惧"指内心不为压制仁学实践的各种势力所制而怯于蹈义行仁。此三种品质均相对于人性负面倾向（好逸恶劳、贪生怕死等）和负面社会人际关系环境而言。仁学实践行为在历史上多表现为各种君子处逆经历，其处逆实践首须具备面对社会性压力时主体的独立人格品质：智仁勇三达德之齐备。此三达德的主要表现即可简称为不忧、不惑、不惧。此一相对于社会恶劣环境及君子仁学信仰间相互冲突之语境构成，在现代社会中已然大变。因现代社会政治强调外在客观法制效力，而不再依于前法制时代的主观道德约束力。原因此处不详论。反过来，此一仁学品质学"三达德"论，其奥妙不仅在于任何伦理道德信仰均会将其纳入自身戒律系统的诸品德本身，而且在于其具有的整体性、结构性或关系性，即三者是在其相互自动调配后的同时作用下实行其各种伦理实践学因素的。在任何伦理实践场内，三达德都是以不同搭配方式和不同"剂量"综合地加以协和运作，并共同形成主体伦理品质结构。

现代意义：

当来自西方文明体的政经法系统被全人类采行后，民主化、法制化、制度化成为任何人须予遵循的社会性法则，仁学政治学的浪漫主义已经甚至不能再在理念的层次上成为政治实践学的指南。然而现代化社会中却存留着一大片精神实践区域：在运作理念上，仍在由传统上的"安纳奇主义"控导着，而后者在运作方式上则已被越来越严格的市场制度化规范所控制，遂导致实践主体越来越明显地失去了自身的主导力和创造力。此一倾向尤其显示于人文科学领域。正是在此领域内，与社会政治域相反，需要重新恢复和强化主体伦理精神，以形成坚强的、较古代更为有力且有效的实践主体性，借以创造性地推动人文学术理论有力量创造性地逆势而进。在此实践中，智仁勇三达德也是缺一不可的。仁代表相关价值学方向（以精神对峙于物利），智代表相关知识技能（一方面以人文科学对峙于科技工商，另一方面以现代科学理性对峙于传统的文艺式遐思），勇代表相应的意志力确立（以主体独立心志力对峙于制度化的软硬约束力）。

14-30. 子曰："不患人之不己知，患其不能也。"

对比项：己能/他知，达/闻。

意旨：仁者或独善或兼济，孜孜于其自成，而无关乎世情毁誉。

旧解摘要：

《集注》："此章凡四见，而文皆有异。"《皇疏》："言不患人之不知我之有才能也，正患无才能以与人知耳。"邹守益《东廓集》："学而求能，乃为己之实功，若谓求能以为人知地，则犹然患人不己知之心也。"

含义引申：

本章含有二义。首先，仁者不求名利故本来不关心"被知"（出名）否，或者说在仁学而言，"出名"（为人知）本不属于仁学实践学努力之相关项；其次，即使从获取名利或追求任何努力目标而言，君子人也不应热衷于自身努力之"获知效果"问题，而只应关注努力行为本身之质量问题。前者是指动机和目的间的关系，后者是指方法的有效性问题，并特别针对常人倾向而言，即虽亟求名利而亦不能努力为之。本章自身含有两个不同层面：伦理实践学层面与行为功效层面。《论语》话语之主旨当然在于前者（仁端），但也往往涉及行为的智慧性与技术性问题（智端）。前一义为仁学实践学之根本，即君子根本不关心"被知"与否的问题。而历代儒者均被儒教功名主义化而以追求荣华富贵为正当目标，以至于传统文人多为"好名心切"者，可见儒教与仁学的精神是本质上对立的。

《论语》精神显然与秦后儒家制度和思想大异其趣，仁学强调学为己原则，以"朝闻道"为主要实践学目标（独善者，善于获取真知而已）：个人的真实心智满足感本身。而儒学因为儒教制度化演变，"学"成为为权力者服务的智能工具，此为最彻底的"学为人"原则之体现，儒教即"双重学为人"原则的提倡者。（为皇权而献身，为世誉而读书，以达最终光宗耀祖的庸俗目的。试想，孔子的仁政观与此有关乎？历代读书人对此有所分辨乎？）结果必然是"儒家"具体实践均以"金榜题名"和"光宗耀祖"为人生目的。而此时之"患其不能"乃绝对聚焦于由外界制度化环境所决定的实践效率层或技术层上之"达标"与否（"应考"为儒教官吏所需之"达标方法"），并无涉于动机良知层，而唯后者可促使学人反躬自省其真实目标并据以规划达成目标之法（为求仁学精神目标所需之方法）。或者更准确说，在动机目标层上区分出上下二分层：真正符合仁学目标的内实践之上层和符合儒家治学目标的下层。简言之，所谓仁学实践学本应涉及内外两域，此所以有独善与兼济的二分法。如果考虑到"兼济"域的实践问题，自身实践及于他人处的"效果"，自然于理亦应在须加考核之列，因为"为人知"的状态本身即为自身"兼济实践"的效果问题，为此岂能不在乎"为人知"否？况且"兼济"的目的正在于通过"学为人知"而达到传道授业解惑的目的。接着就有一个如何提升自身学养的方法和态度的方面。后者岂非直接相关于本章的第二义？虽然如此，此一"混合关系"中却含有两种不同的问题：一个是理念问题，另一个是"兼济论"提出的实际问题，二者也应该分别考虑而不使其相互混淆。学术实践的效果问题含有上述两个层面而非一个层面。

总而言之，本章直意的二元对立方为：主体关注力应朝向于"被知"（外）还是朝向于"自强"（内）？而此二元对立中的异质性对比关系却含有一层深刻隐含意：此一向外向内选择，关系到心言行三界的朝向性。选择"向外"或"向内"，就不仅是一个关于虚荣心的问题，而且是直接关系到另一更重要的二中择一指令：按仁学"理念方向"治学，还是遵照儒学"现实标准"定其学之内容、方向与方法？选择"求为人知"的目的，必定连带着选择"可为认知"的社会现行学术规矩与社会规矩，从而从根本上对于治学方向做出了屈从现实的限定性。

现代意义：

此一伦理性指令，在今日文化学术社会已完全失效，且有违现实教育与职场竞争原则。竞争原则必含欲人知晓义，且动机与目的均在于他人之知己。商业化时代的品牌高低和知名度大小，均为他人知晓的量化表达。然而科技工商等从业者的驱动力虽然为此，但因其实践内容可获得客观经验标准之限定，故该求名驱动力的运作可依客观规则施行而不致为害，因社会性或自然界之既定规则本身，客观上确保了主观上该动机与结果之间预定关系的有效性。问题仍出现于文化与人文学术领域，因无此客观规约的限制性和客观规范性，个体实践内容成为直接通向名利权的手段，而非成为学术真理的达成的渠道。实则，人文学者可以学术真理之名义践行任何功利上有效的学术内容，以有助于其最终达至自身名利权的目的。如此一来则人文科学事业遂可从结构上被加以颠覆。克服之道唯有期待学者能自反于仁学心志学建设，以确保在文教文化领域内"求真动机"与"达真目的"之间的正当有效因果关系的确立。

【关于"学为己"的历史解释学申论】

考虑到上面"含义引申"中谈及的本章话语所包含的三重意涵，我们不妨将三者的关系加以合理调整并简述如下：.

1. "学为己"为仁学实践学之伦理价值性原则，自然不可动摇。

2. "学为己"之实践学内含着内在的技术性层面，即"学"之态度、方法、察验方面，本章有关其中学行之间的因果关系论断亦为切要之言，后者与"1"之原则实乃一致，但非属伦理价值性原则而为技术方法性原则。

3. "学为己"原则本身在伦理价值观上也含有独善与兼济两个场域、两个方面，二者甚至可相互作用、相互促进，而"兼济"目标也内在地涉及自身学术实践的公共效果问题，即为人理解、承认、接受的问题，也即"为人知"的问题。此一问题的处置将超越自身实践范围而涉及自身无法充分掌握的社会、文化、世界诸"外域"。仁学实践学在此兼济场域的运作必然涉及一系列技术性和智慧学因素，这些因素均可纳入仁学三达德之"智维"加以专门思考，其方向不须与前二者相冲突。

4. 根据本章"含义引申"最末段所言，本章内外二元对比格式还关系到一个更为基本性的人文学术战略性思考：是以学界现行内容、规范、方法为标准，还是以合乎理性与科学的理想性的内容、规范、方法为标准？如果说后者因属理想界，含义较为空泛，难以遵行，岂非相当于说：这是一个有待"填充"的开放领域？承认此开放性领域的存在即相当于承认应该以朝向于此开放域之"充实"为目的，并从而牵扯到了"如何充实"的问题。这样的思考结论正是符合今日人文科学现代化提升的治学观的。为此，学人一开始就不应是按照现行职场规则治学的，而是致力于思考与治学观相关的前提性、条件性的问题，从而可朝向于"理想方向"而非"现实方向"。学术进步不是仅指按既定程序取得实用性成功，而是朝向于学术创新的"探险旅程"。（正与法国文学符号学家罗兰·巴尔特称其学为"历险"一样，我们的新仁学历险将比其符号学历险艰难无数倍。）

14-32. 微生亩谓孔子曰："丘！何为是栖栖者与？无乃为佞乎？"孔子曰："非敢为佞也，疾固也。"

对比项：巧言/求誉，力行/无悔，求仁/得仁。

意旨：君子矢志向仁，无关成败顺逆，唯义是从。

旧解摘要：

潘氏《集笺》："夫子曾以鸟栖自喻矣……盖言夫子历聘诸邦，皇皇无定耳……王逸《注》：'孔子栖栖而困厄也。'"《晏子春秋外篇》:"今孔丘盛声乐以侈世,饰弦歌鼓舞以聚徒,繁登降之礼、趋翔之节以观众。"《集注》:"为佞,言其务为口给以说人也。疾,恶也。固,执一不通也。"《四书辨疑》:"南轩曰:'包《注》固谓世之固陋。'此解是……微生亩谓夫子皇皇历说,类夫尚口者,夫子以为非敢为佞,病夫世之固陋云尔。"《集解》:"包曰:'病世固陋,欲行道以化之。'"《读四书大全说》:"微生亩亦老庄之徒。老子曰:'善者不辨,辨者不善。'又曰:'知者不言,言者不知。'其看道理高峻,才近人情,即亏道体。故庄子以胠传发冢为儒诮。自己识得,更不须细碎与人说。一有辩论,则是非失其固然而为佞矣。即此是其固执不通处,其离人以立于独,既已贱视生人之同得,而删抹半截道理,孤寻向上去,直将现前充塞之全体大用,一概以是非之无定而割之,故其言曰:'子之依依然与不知者言道。'而删定述作,以辨是非于不已,则无有以是为非,以非为是,而徒资口给者乎?"

含义引申:

此章各家之解不同,特别是有关于"疾固"之义多有歧见。按孔子思想和本章语气,"疾固"之"疾"似可指"顽固倾向",而"固"即内在强固,与常解的外在固陋义正相反。全章的意思是:不是为了以佞口(善辩)获誉,而是君子人向仁倾向强固,不可自已。此"栖栖者"之"造次必于是"形象纯粹发之于内,故不可能是出于虚荣或欺诈动机,而此一"栖栖者"所含"穷途潦倒"意象正可反映,士君子之实践动力无关于外实践成功与否而为深植于仁者意志内的信念与力量。至于多家解者均释之为因世态衰败而奋力救世,则反而使本章失去深意。因世态衰败乃俗常共识或历史现实,"栖栖者"毕生救衰于必无其成者,岂非有不智之嫌?孔子不久退鲁,改"救世"为"救文",其义亦与此解不合。反之,虽知世不可救,因仁者志行源于内愿驱动,其实践方式可内可外,可为政可为文,遂有"知不可为而为之"的大智慧选择。

现代意义:

仁学伦理学以古代士君子从政以治世为其体现仁学伦理学价值观和实践观的最初方式,此种理念虽可相对地表现于传统社会,今则可谓彻底失效于现代社会。正如仁学在传统社会中的主要作用在于促进精神文化之提升一样，其今日意义则可在更高、更深的意义上转换至文化与人文建设领域。在传统社会，仁学的文化性实践本质上是"文学性"的，而其全球化时期的现代化转化则为"科学性"的。这是中华仁学在人类漫长历史上的第三次重大的"实践域转换"：第一次指其于中国历史上在"广义法家思维"（以人为工具）支配的历史进程中提出了"革命性的"仁学（以人为本）伦理学理念，以对峙于法家的权力哲学；第二次指其在儒教专制社会历史上引导了精神文化实践域的伦理价值朝向性；第三次，也即历史上首次在与世界接轨后，以其仁学伦理学价值观对于人类人文科学革新事业的积极介入（如以仁学作为"拯救"之学，则其三次实践学的历史进程即为：救世、救文、救学）。

仁学价值观及其内实践为一事，其体践领域、方式则须随历史情境变迁而合理转换。仁学原始政治伦理学提出于中国古代王权政治时代，当现代法制民主政治已根本扬弃古代君主专制政体后，仁学价值观今日自然更加适用于现代人文科学与精神文化建设场域。古代仁者在其政治实践中所应持的伦理精神态度今应全部转移至学术文化领域。因而孔子当初"救世"的实践学领域与方式，今应"同构性地"转移至"救学"领域。"择善固执"与"嗜辩为佞"二者表面上的"极端坚守性"在风格上类似，而在彼此的动机、方式、目的上迥异。（同样，仁学之"固执"与宗教之"固执"亦迥异，因二者在实践之对象、方法与方向上本质不同。宗教必持"信在智先"的立场，仁学则为"以智取信"；宗教与科学无涉，仁学与科学本性一致；宗教都是"因惧死而求来生"之学，仁学则为"现世经验理性主义之学"。仁学之"学"是理性之学，故倡以"疑"致学，宗教之"学"是教条之学，故必反"疑"以固信。）本章特举二者之例貌似以揭示仁学实践学"不合于时"的风格，而反极具有促进理性学术发展之效力。"理念宣表"行为与"理念接受"行为不必为同时期相符行为，此正因仁学为根植于人性的至大至公的人本主义伦理实践学，故其精神关切可跨越时空而朝向全人类、全历史。

14－33. 子曰："骥不称其力，称其德也。"

对比项：力/德，力度/品质，方向/程度。

意旨：君子重实践方向之正确，个人天赋高低非属仁学实践的相关性因素，前者可由自身修炼而渐趋正，后者受制于自然条件故非可强求，此所以仁学仅言"尽其在我"之义。

旧解摘要：

《集解》："郑曰：'德者，调良之谓。'"《太平御览》："德者，谓有五御之威仪。"《皇疏》引江熙云："称，伯乐曰：'骥有力而不称。'君子虽有兼能，而惟称其德也。"

含义引申：

本章提出君子作为仁者，其标准首在其仁德品质，而非在其能力大小，孔子以此对比法强调"品德在力能之先"的仁学实践观。君子亦应据此判断自身品格之构成，其检验标准为所持伦理价值信仰的强度及实践方向之正误，而非仅验之于实践成果之大小。因前者依存于本心之意志，后者依存于身体之天然。这就是所谓"人人皆可为尧舜"的意思，"可为"在此即指朝向于"尧舜之德"的主体坚定性（而非指达至尧舜之客观"成就"）。能力及其效果相关于自身天然条件，不可强求，而品德和方向则可由任何自由心志主动达至。此章之义相通于"不能"与"不为"间的对比。而因多数人均坚持此"不为"人生观，竟导致"不为"反成为人性之第二类"天然"：好仁者稀即指此。

本章极其重要。首先它排除了人际间出于争名夺利的"竞争观正义性"，非以人之间在某一相类实践项目上比高比低的人性积习为绝对标准，其引申效果可减缓才智逊者在仁学实践中产生的失望感和退缩感，从而可使得任何仁学实践者均可通过端正仁学价值标准来看待自身的实践成果。此成果的价值含有两个非属俗常的因素：一是不与人比成绩，而只对比于本人前后成绩以验证与激励自进之诚及勇，此为"比"方面的对象问题（对象为己而非为他）；二是此实践成绩的衡量标准不表现在成果大小上，而表现在成果合乎仁学方向的程度上（德），即以价值方向这样的第一标准取代通常的"成果大小"（力）标准。"德"字本可以有语义幅度上的上中下三类区分，此处当指其最广义，即"仁之品德总称"（三达德）的意思。于是本章的意旨可能比"射不主皮，为力不同科，古之道也"章之意更为准确和完整。该句之"正确"的意思是指"中的"准确度，即方向的正确，而非"入的"之深浅，按照此章中德与力的对比，用了一个抽象字"德"，一方面虽不如该句形象化，另一方面却比该句更显出意旨之完整。仁学实践必须事事按此三达德上的三个不同维面分头地及协调一致地使之"各自到位"，也即必须在三达德维上及三达德维合成上均完成"尽其在我"始可谓之"得"（达德）。

现代意义：

本章的重要隐喻表现于一种重要的二分法：动机方向和实际成就。强调前者而非后者，也即在正确方向上"尽其在我"。"我"满足于自身动机方向的正确性，而不满足于自身实际成就的大小（限于两个客观条件：自身的先天才力和社群给予的机会）。此一看似简单的价值性二元对比，也关乎现代人文科学方向的正确展开所需的学者态度学构成：即不应以任何所谓"成就"（职称地位、出版物数量及其销售量、人为奖项记录、社会影响力大小等）来衡量学术实践之得失，而应改以学人学术实践的动机方向的科学性与合理性作为学术实践正确性评估的标准。质言之，在人文科学理论领域，应改以"自诚学"代替"竞比学"，以作为现代人文学者正确实践之方向与方式的判据。

14-34. 或曰："以德报怨，何如？"子曰："何以报德？以直报怨，以德报德。"

对比项：容恶/抗恶，受惠/报恩。

意旨：君子善恶分明，以善报善，以直对恶。

旧解摘要：

《翟氏考异》："《论语》二十篇无及老聃一事，惟或人举此语为

957

问，而夫子深不谓然，即此可破学于聃之浮说矣。"《集注》："于其所怨者，爱憎取舍，一以至公而无私，所谓直也……出于有意之私，而怨德之报皆不得其平也。"《论语或问》："德有大小，皆所当报，而怨则有公私曲直之不同，故圣人之教，使人以直报怨，以德报德……而岂害其为公平忠厚哉？"吴嘉宾《论语说》："以直者，不匿怨而已……以直报怨，凡直之道非一，视吾心如何耳。吾心不能忘怨，报之直也。既报，则可以忘矣。苟能忘怨而不报之，亦直也。虽不报，固非有所匿矣……必若教人以德报怨，是教人使为伪也。"

含义引申：

本章意旨明了，且可纠正历来对孔子"恕道"之误解。仁学非如一些宗教教条般强调无原则忍让和宽谅，而是主张明辨正误善恶。但其"对恶"之道则须衡之以轻重缓急，务求最终处置之适当（直道）。本章之意实非限于道德性判断而是深切相关于一般仁学实践学之方向与方式问题。仁学实践学为朝向仁义理念而对峙于任何不当权势侵压之教，如泥执于"以德报怨"的退让主义，则必堕入宗教类的现世无为主义。本章重点不在于如何辨析善恶是非，而在于如何对待善恶是非，因仁学持积极有为主义，如此方可在帝王将相争权夺利场之外成为民族精神文化实践之"推手"，故必以世间善恶是非为关注及应对之对象。仅此一点即可确证仁学与佛学为截然不同之两事。历来帝王将相乐于通过"混同三教"以瓦解儒者据仁学信仰以维持其积极有为的独立主体意志力。以来世性宗教的逻辑来惑乱现世性仁学的逻辑，此为历史上最大的认知性误区。

现代意义：

本章之义在于强调仁者应是非分明，秉直而行，以至于在大是大非问题上必持疾恶如仇的态度。此一立场完全基于仁学价值观内涵的爱憎分明原则。就学术言，此立场亦相关于对是非善恶原则本身之尊重，也即为强调择善固执之意。对学术界的人与事，凡正确者积极扶持，凡邪误者必对峙以方正。此处之"怨"与"德"，亦可具体化为"卑劣心术"与"正直学行"，故其治学观必异于商业化社会之尔虞我诈功利观。正如古代智者主张的"政治归政治，文化归文化"，今日学界智者亦应变其实践方式为"职业为职业，真理为真理"。学术职场不得不寄生于科技工商势力场内，但其自由思想意志完全可以在全球商业化世界维持与之平行发展而互不干涉的人文科学积极建设事业。人文学术如屈从于商业化道德观，则无"德怨"关系可言，一切遂以利害成败计算；更无所谓反乡愿学之必要，因"乡愿"者之本质即趋炎附势以谋私利，此态度岂非正符合于商业化文化之本质？人文科学如改以貌似而实非的乡愿观应世，也必主张治学上之泯是非、除善恶功利观。如是，此等本质上的功利主义的原则将根本瓦解人文科学理性化革新之可能性。人文科学的科学性本质与仁学伦理学的伦理性本质，今日乃具有相辅相成的关系，世界人文科学正因其流失伦理观而失去其科学性，而古典仁学也正有待更有效的现代科学性知识技术等在"智维面"上对其予以充实与提升。古典仁学与现代人文社会科学彼此之间存在着全面互补或相辅相成关系。仁学如不结合现代社会人文科学知识，将无以在其外实践场域进入"现代学术界"（其古典外实践成就本质上均属广义的"古典文学型"），现代人文科学如无仁学的主体伦理学支持将缺乏精神方向和个体独立前进之驱动力。

14-35. 子曰："莫我知也夫！"子贡曰："何为其莫知子也？"子曰："不怨天，不尤人。下学而上达。知我者，其天乎？"

对比项：下学/上达，自强/无怨。

意旨：仁者实践唯本三达德以自强不息，成败非所计虑；以力学为正途，以求仁为至安，以"自我成人"之为目的。

旧解摘要：

刘氏《正义》："此节为获麟而发。下学上达，为作《春秋》之旨。学通于天，故唯天知之。"《论语撰考》："春秋本天治人。"《汉书五行志》："颜师古注：'上达，谓通于天道而畏威。'……是上达为上通于天也。"《皇疏》："下学，学人事。上达，达天命。我既学人事，人事有否有泰，故不尤人。上达天命，天命有穷有通，故我不怨天也。"《集注》："不得于天而不怨天，不合于人而不尤人。"《松阳讲义》："学者读这章书，须知圣人只是这下学。一部五经、四书，都是说下学。"朱柏庐《毋欺录》："下学而上达，上达即在下学中，所以圣贤立教，只就下学说，才以上达立教，便误后学，便是害道病根。"《反身录》："学不著里，易生怨尤。著里则一味正己，循理乐天，凡吉凶祸福顺逆得丧之在外者，举无一动其中，何怨何尤之有？"

含义引申：

本章旧解多因儒教之"天学观"干扰而离题万里，所谓"《春秋》之旨""学通于天"云云，皆属儒学对孔孟义理之根本性曲解，其曲解之"杠杆"即源自滥用"天"字本身的多义性。如我们屡次解释者，此"天"字古今可有诸多意涵，均须依境而别，并非可将其固定于一义。孔子于此自叹中所用之"天"字，非指神祇般意志之存在者及施为者，今应将其理解为"偶然而无法推测之事件发展后果的'假想性'原因"。

本章与在前上达下达和不忧不惧章相呼应，可谓词浅而义深，直接相关于君子独立人生观的养成及沿仁学方向勇往直前的问题。本此认知，君子不应以客观条件的不备以及他人造成的阻碍为自我懈怠之口实，而应不拘顺逆持之以恒地朝向学习和努力目标，如此即必可有仁学实践之"成功"（上达）。此成功又不须以其客观成就大小论，而仅须以其是否为沿正确方向完成了"尽其在我"为判准（以德不以力）。如此君子即可立于"不败"之地（"无入而不自得"）。在此，成与败，均可最终定义于主体自身状态，即其自我感觉，而非决定于社会公共评价或庸众之是非利得观。此一评价对己而言，乃基于"学为己"原则，即"对准"仁学目标勇往直前。仁学实践学合宜与否的检验标准为"适切性"（relevant）之规定：即以德而不以力作为士君子实践"得失"的判准之一。最后，君子不以"人知"为念，而所谓"天知"为一假设性自慰词，实与"成事在天"之意同，即"天"在此相当于"己力"所不可及之"相关外

960

在造成结果之未知因素"而已。

本章的关键句在"不怨天不尤人",即在仁学实践学的努力中,当身处任何挫折和失败时,都应首先反思自身努力是否充分与完备,而非轻易地将其归之于外界阻力以至于放松了进一步开发自身潜力的机会。此亦与孔子"危行言孙"之教义同:不论环境多么不利,均存在主体"勇往直前"的潜在空间。此一自我决定自我命运的方针,当然包含着如何"最佳利用"外界条件之义。而该"相连于外界"的标准,却"无关于外界之实际",而是相关于主体对外界因素利用时的"自我侧努力之质量"。仁学实践强调主体侧功能的意义一事,可于历史上众多直接、间接事例中印证。《论语》的二元选择指令系统显示:相对于同一客观力势的存在,主体个人可相应地取循势取私利观生存,但也可相应地取逆势取公义观方式生存。主客互动关系中内含有此正反两向的可能选择策略。《论语》即为中华精神文明命运史上促发士君子选择"逆势以进"的一部良知实践学手册。

现代意义:

本章意旨在于凸显仁学目标和主体独立意志力之间的关联性,仁学实践学凸显此纯粹主观意识及意志力的立学、立论的重要性,而将一切外界因素降为次要因素。此一思想与今日面对的人文科学改造所必需的学人主体伦理意志力的确立问题,可谓直接相关。如无此等主体意志力的独立建立,一切人文学界的革新进取计划均无从谈起,学术将在商业化大潮支配下随波逐流而已。毋庸讳言,今日以科技工商的绝对外在支配力所控导的全球商业化文明,已在全世界形成了历史上空前强大的阻碍高端精神文明发展的"反智性屏障"(即其意在于:将人类几千年积累的智慧、智力、知识仅施之于物质性生产领域,而将其作用削弱或排除于人文学术及精神文化领域)。因此,时代对仁学提出的精神挑战具有历史上空前的严峻性。然而历史"辩证法"恰于此时显示,此一时代挑战也可成为仁学精神复兴和开展中华历史上第三次(全球化人类历史上的第一次)实践学转换之"征途"的契机。仁学主体意志学今日有幸面对着人类历史文化上空前严重而不为人充分所知的精神性挑战。而仁学伦理学，作为主体伦理意志学，其精神使命岂非正应体现于在此一精神与物质的空前历史性对峙中，勇于承担其促进伦理性及科学性人文科学革新的历史性任务？中华文明首创的仁学，将可首次超越"黄河长江"历史界域而扩及全球化时代的"五洲四海"。

【关于"天命观"合理性的历史解释学申论】

对于"求道"和"达道"这两个实践学思考层次而言，君子主应关注求道之效力，而不必在意外实践域内最终实现仁学目标与否。此亦谋事在人、成事在天义。个人安危之择亦与此一般求道原则相连，其中或有意外而不可避免者，对此只应顺其自然，无须忧惧。"只求其义，不计其功"本义亦应如是解，然而与其相关的误解则来自暗示不诚实践者可以将"不计其功"义作为自欺欺人的借口。因此，究竟应该如何理解以"命"这样一个假定的"代词"来表示"相关而不可知的决定性因素"呢？此类因素客观上可决定个人仁学实践的结果，却无法纳入实践者的主观思虑中。也就是实践者只需"尽其在我"而放心于"成事在天"的信仰。如此一来符合"学为己"意，即不以外实践成败为意，这样，虚拟的"命决定论"仅相当于一种修辞学表达法，其实意仅为：个人外实践努力之"成败"由外在的所谓"命因素"（未知客观因素）决定，故成败结果不再属于主体实践学的"相关项"，仁学实践学的相关项仅存于内实践域。因此，不惧周围具体危险、威胁也属此意，危险者为外实践失败的直接因素，其背后的相关决定性因素则为假定存在的客观"命机制"。此一形象性比喻可在仁者实践中起到固志坚勇的效用，故特别适用于解释实践者何以于危难极境中得以处变不惊。其相关意指域为仁学实践学的最上层的原则论述，而在实践学的诸低层领域，实践者正需应用智仁勇三达德聚精会神地面对主客观情境，并一一予以尽可能有效的应对。关于"命定论"与"天命论"，虽然俗常多按传统迷信方式曲解之，但如扣紧仁学实践学总体教谕，即可如我们以上理解的那样产生强化抉择意志与实践力的客观作用，将"确不可知的决定性因素"排除于"预先担忧"之外（置之于"思虑括弧"之外），最大限度地发挥智仁勇的综合作用以完成应行、可行的实践步骤。

14-37. 子曰："贤者辟世，其次辟地，其次辟色，其次辟言。"子曰："作者七人矣。"

对比项：志仁/世恶，对逆/智应。

意旨：君子因以仁学应世必与世忤，进退周旋之际务求其当，如此可免世俗之烦扰。

旧解摘要：

《集注》："天下无道而隐，若伯夷、太公是也。去乱国，适治邦，礼貌衰而去，有违言而后去也。程子曰：'四者虽以大小次第言之，然非有优劣也，所遇不同耳。'"梁氏《旁证》："孔注：'避世，世主莫得而臣之。避地，去乱国，适治邦。避邑，色斯举矣。避言，有恶言乃去。'"《皇疏》："圣人无可无不可，故不以治乱为隔。若贤者去就顺时，天地否塞，贤人便隐，天子不得而臣，诸侯不得而友，此避世之士也。其次避地者，谓中贤也，未能高栖绝世，但择地而处，去乱就治也。其次避色者，此次中之贤也，不能豫择治乱，但临时观君之颜色，颜色恶则去。其次避言者，不能观色斯举矣，唯闻恶言则去也。"《读四书大全说》："夫子之时，天下之无道甚矣，岂犹有可不避之地哉？而圣人何以仅避言色也？盖所云次者，就避之浅深而言也。避世，避之尤者也。避地以降，渐不欲避者也，志益平而心益苦矣。"《吕氏春秋》："凡国之亡也，有道者必先去，古今一也。"

含义引申：

本章应在积极义上指君子自重，独立求道，不忮不求，遇无道之邦和无德之人，知所进退，退守自进而必可自安。躲避世俗而勇于离群索居，即因君子不同流合污而能洁身自好之谓。但本章所谓孔子言（其实可能为后儒或"曾子派"所后加者）亦可被曲解，反为懦怯之徒提供了自欺欺人之口实。为此本章的正解应该结合《论语》的其他重要指令适切地综合为之解。考虑到《论语》中含有许多关于仁者"独善"和道家"避世"二者之间难以区分的指令句，我们的解释学读解法正是要强调必须根据仁学整体来合理地处置不同章句中的既含有相互矛盾又含有相互一致的指令句，以使诸"一偏之论"经过读解中"因素拆解"后可与仁学整体相互协恰。因时代变迁，编者多人，前后取舍各自不同，而仁学伦理实践学本身含"退亦进"义，此即颜回型例可兼为诸家共用的因由之一。

因此，无论"颜回学"还是本章的"辟世论"，虽原句语义不全，但均应在《论语》整体认识论框架内综合变通为解。本章可理解为相当于颜子型实践过程中的技术性部分，也即相当于退居独善者以何种变通方式与人适当交接的一种智慧学。按此，"辟"字必须连带着二相关补充意：当仁者外实践不可行时的辟世选择，以及此辟世过程中的内实践积极进取的坚持。二者均不同于道家之"避世观"。

现代意义：

本章之"四避"观，如纳入仁学整体理解，即暗示了孔子仁学及其政治哲学具有的一种根植于中华文明史传统的"温顺"性格：将现实政治环境视为有如自然界般的客观存在，士君子个人对政治环境的态度于是唯有促其改进之义，而并无某种"取而代之"之心。就此而言，其视政治权势之存在为不可触动的观点，与战国时代孟子的政治伦理观点不同。孔孟两种互有异同的政治观，各自在仁学实践学中起到了不同方面的作用。

本章之"避"义为：当政局不仅不可能因仁者之匡正努力而改善时，以及当政局危殆至极时，也即当仁者有暂且放弃对之进行建言改进意图之理由时，仁者所剩之唯一积极抉择即独善其身。按此理解，本章是关于士君子在其外实践遭遇挫折的不同过程中如何采取因应对策的一种态度学，即本章所言的"四避"策略（避世、避地、避色、避言）。孔子赞赏的商周之际的隐者，不过是"因畏难而退避者"而已，其品德仅表现在可拒斥利诱而自甘贫苦方面。即其德仅在于不为势屈，不为利诱，却同时也放弃了仁者之作为。此等人对于退避之后应如何继续其仁学志业则无一字及之。所谓"作"者，其义岂非过于单薄乎？实则，《论语》诸章多仅据一端之德为之称誉，本章亦当如是理解，其要在于：士君子不可因势威与利诱故（孟子之"威武富贵"）而同流合污。不可同流合污之教仅为第一阶选择，其相关之第二阶选择则为"危行言孙"，即如何在独善时期仍可积极有为。

对于现代人文科学改革事业而言，仁学的此一出处之义仍具有可比性。人文学者当自感无力于学术革新推进时，其躲避或戒除学界追名逐利风气以"不同流合污"为一事，其如何不畏世风阻逆而于独善中仍积极有为则为另一事。二者"践义"之程度与等级不同，显然为前者易，为后者难。因此，士君子学人通过"四避"以洁身自好为一事，如何在此"避辱求安"态度下仍能规划积极独立进取则为另一事。此所以今日由创自西方的文教职业化制度难以承担高级精神文化创新事业之事，正因该职业化制度内难以形成或能积极兼济、或能积极独善的特立独行的学者及思想家。

14-38. 子路宿于石门。晨门曰："奚自？"子路曰："自孔氏。"曰："是知其不可而为之者与？"

对比项：无道/归隐，无道/逆进，势愈穷/志愈坚。

意旨：仁者知"以德从政"之不可为，遂转向"以文求仁"之可为。

旧解摘要：

《集注》："石门，地名。晨门，掌晨启门，盖贤人隐于抱关者也……胡氏曰：'晨门知世之不可而不为，故以是讥孔子，然不知圣人之视天下无不可为之时也。'"黄氏《后案》："曰知其不可而为之，正指圣人周流列国，知道不行，而犹欲挽之，晨门知圣也。《盐铁论》所谓孔子生于乱世，悼痛天下之祸，犹慈母之伏死，子知其不可如何然恶已。"

含义引申：

本章通过现实客观困境和仁者主观志意的对比和对立，表达仁者应持何等坚强之伦理意志力以应客观之挑战。本章之意为：士君子表面上的"不可而为"之处境，其"为"与"可"均含二不同类所指。对一者之不可为或为对他者之可为，此所以孔子知于社会政治之不可为后而知于精神文化之大可为。即前者之"不可为"意指着后者之"可为"，也即一物质性过程可（解释学地）蕴含着另一精神性过程。

考诸孔门故事，孔子终以从政无门而转为退守治学，此一实践学转换非意指政治实践本身之得失，而意指仁者伦理实践意志的内在强固性。即仁者精神生命本身之固有存在，其仁学实践发自内心，完成于内心，而非实现于社会事业之完成。换言之，针对社会的实践，实乃仁者心志向外自抒发的过程。其历史客观意义则隐含着仁学精神的集体性和传承性，仁者努力本身的轨迹可成为承继者继续人类统一仁学志业的基础。

本章的深意在于：一者，"知不可为而为之"，实践者之心志本不针对外业之必成；二者，"知不可为而为之"，虽朝向于成但认识到难以成时仍必继续勇往直前，此种态度即为以其"行动艺术"象征地表达了外实践实为内实践的一种遂行方式而已。即必求其成的内实践须借助于知不必成的外实践而加以实行和表达。本章通过其他"忘世者"之反讽与反诘语式来形象地表达仁者"知不可为而为之"的择善固执本性，以之间接意指仁学伦理学中内实践与外实践的辩证关系。前一"为"指旧外实践（为政），后一"为"指内实践加新外实践（为学）。

此外，本章还含有第三层更具"可行性"的意涵：个人一世之实践仅为人类历史实践长河中之一节（一截），仁学正为士君子"逐代接力"连接的过程。仁学之历史成效不可以其过程中之局部测断之，故任何个别为士者自当本一己良知行其"尽其在我"，以完成此"逐代接力"过程中一节之义责，而其功效将必然延伸并融入后世接力者的新实践中。此可谓"知不可为而为之"指令中最具可行性的解释。一介之士的个人学行，成于其前无数代仁者之精神性积存，并必以将其有效地传之于后继者而自安。因此，一介之士实际上是生存于、取得其生之意义于历史上在先在后连接成一线的人类精神发展历程。

现代意义：

本章及上两章主题类似并意义相连，均为表达仁者有"救世"之志并具"知不可为而为之"之精神意志。为了深入把握此类隐喻的含义，须进一步反思仁学伦理学外实践之性质与功能。转入"以仁求学"的原始仁学外实践并非实现于当时尚未出现之后世人文学术领域，而仍然是存在于"以德为文、以文践德"的阶段，其要仍在于以其"为文"的外实践强化其内实践，也即"成人"之术。这几章不过例示仁者品德的某些必有特征，以及身处逆势与恶世时的主体心志学之对外应对态度与智慧。"四避"学实为仁者于逆境中达至既避免为势所屈又避免为势所害的积极处世艺术。此一颜子般"狷者"风格的思想及方式，可与其后孟子时代之狂者风格相结合，以表现仁者人格之全貌。

本章狷者处世智慧之教相当于呈现仁者处逆时如何不与世浮沉、同流合污的风度，但未言及其"独善"期间之"节目"。此一狷者风范与现代社会文化情境反具有明显的启示性。在全球化科技工商大发展时代，间接地显现了与之平行存在的人文科学独立发展的新精神使命之呼唤。为了完成此人类精神文明之伟任，实践主体必须首先具备参与人文实践之主体品格。今日不利于仁学精神事业的客观之"权势"，早已无数倍强大于、深广于、复杂于以往各历史时代，然而也唯于此科技工商大发展时代，借自然科学工程技术大有成之便，人文科学发展也空前具备了发展自身的社会性与知识技术性的手段。所欠缺者何？主体伦理意志力也！善用此科学手段匡正全球化时代人文科学方向偏误以促其朝向于理性化方向发展者，岂非唯我中华人本主义仁学伦理学乎？其他悠久伟大的信仰传统均朝向来世，可谓均与人文科学事业发展无涉（如果不是与之为敌的话），唯我中华仁学朝向现世，并以其经验主义理性精神而充分重合于现代人文科学的性格。我们难道从此一目了然的世界信仰观系统对比的现实中，看不出人本主义仁学（但不可与封建主义的儒教儒学相混淆）今日具有的"世界级机运"（仁者应尽之责任）吗？

14-39. 子击磬于卫。有荷蒉而过孔氏之门者，曰："有心哉，击磬乎！"既而曰："鄙哉，硁硁乎！莫己知也，斯己而已矣。深则厉，浅则揭。"子曰："果哉，末之

967

难矣。"

对比项：善/恶，固志/随时，利弊/取舍，避世/救世。

意旨：士君子于浊世退守，或洁身自好，或逆势自强，均须不弃其有为之志，而非隐身于"山林"甘于无为。

旧解摘要：

《论语注》："子击磬者，乐也。蒉，草器也。荷此器，贤人避世也。有心哉，善其音有所病于世。"黄氏《后案》："依皇、邢二《疏》，既，已也。鄙哉，磬中之声可鄙劣也。硁硁乎莫己知，斯己而已者，此鄙哉之事，言磬声硁硁然，无知己之人，惟坚信于己而已矣。《疏》申何解如此。"《群经评议》："荷蒉者之意，以为人既莫己知，则但当为己，不必更为人。"《集解》："包曰：'以衣涉水为厉。揭，揭衣也。言随世以行己，若遇水必以济，知其不可，则当不为。'"《经义述闻》："厉之言陵厉也，陵水而渡，故谓之厉。"《集注》："果哉，难其果于忘世也。末，无也。圣人心同天地，视天下犹一家，中国犹一人，不能一日忘也。故闻荷蒉之言而叹其果于忘世，且言人之出处若但如此，则亦无所难矣。"

含义引申：

此章多意：孔子不顾时艰积极救世，只重其义不计其功；隐者责孔子不知权衡利弊，一意孤行，不识时务。然相互对比后亦可见隐者可取之一面，故孔子之叹中有赞。孔子在此虽表现出"决意用世者"和"坚定出世者"之间的本质上对立的人生观，但亦暗示用世与出世各有其不易之理：用世与出世属于基本人生观立场之别，二者之区别无客观判准可言，不必沟通（如画家与哲学家之间不必沟通）。仁学含价值观与实践观两面，其落实于具体行为时须结合当事人具体性格特点而有两可之择。狂狷为两择之概略标志，狷者之极端即为隐者（能避污之"洁者"），狂者之极端即坚行"只问其义不计其功"者。狂狷二者对于恶行污世均持同一价值性否定观而各自取不同的应对之立场，因此各自有不同之社会文化行为表现。仁者用世实践乃出于人性之本能，故可绵延不绝两千年，虽然其实行及表现形态因人因时因地因事而异，但仁学的用世伦理学方向不变。此一消极出世观与积极入世观的永恒对比，无关于《论语》故事所指的传说事实如何，而是以此表现手法来呈现仁学入世伦理学的天然内在坚定性。《论语》中凡借助隐者对孔子进行疑问、讽刺、反对的语句，都属于《论语》修辞术之一，目的在于借此表达仁者与隐者（后世所谓儒家与道家）之间的天然性对立，但亦以此默认仁者所宣表的政治社会目标必不成功，因此进而（下意识地）暗示仁学的功用非属于社会政治领域。

现代意义：

本章所含价值观（用世与忘世）与实践学（政治行为与文化行为）的两面性，均根植于人性本身的两面性。二者今日同样潜存于人世间，但因社会与思想之外力空前强大而难以自然显露。在全球化科技工商为主的现时代，必应有其本质相应而形式不同的存在。朱熹之注解，明确揭示了仁学之人本主义与人类主义本质，其中含有的价值观（天下一家）与实践观（积极入世）的双认同，今亦可成为精神文化与人文科学发展的内在于人性的伦理精神根源。

14-43. 原壤夷俟。子曰："幼而不孙弟，长而无述焉，老而不死，是为贼！"以杖叩其胫。

对比项：终生/无善，长寿/庸碌。

意旨：士君子以天下为己任，以逆势行道为人生观，常人以个人与家庭为虑，以安居乐业为人生观。

旧解摘要：

《集注》："原壤，孔子之故人，母死而歌，盖老氏之流，自放于礼法之外者。夷，蹲踞也。俟，待也。言见孔子来而蹲踞以待之也。述，犹称也。贼者，害人之名，以其自幼至老，无一善状，而久生于世，徒足以败常乱俗，则是贼而已矣。胫，足骨也。孔子既责之，而因以所曳之杖微击其胫，若使勿蹲踞然。"《论语或问》："叩其箕踞之胫，则坏犹为故人耳。盛德中礼，见乎周旋。"黄氏《后案》：
"夫子言坏礼伤教，生不如死，责之深矣。此为养生家解惑，非谩骂
故人也。"《四书说约》："记此章只在圣人数语，见人生而无善可称，
便是世间一害，圣人所痛恶者。"

含义引申：

本章据传说故事编写，语气幽默，其要表之于"长而无述""老
而不死"，故本章所责者非恶人恶事，而为庸人俗事。仁学成人之义
体践于精神文化实践中，其所蕴含者，一在对峙于人间之恶，另一
在贬斥人间之俗。庸碌度日亦足以瓦解仁者成人之志。本章孔子以
此夸张语气批评碌碌无为一生者，非因其人有劣迹（原壤放荡无忌
为章外传说而已），而仅因其无所有为于世，即视其人一生可谓虚度
（即不将"感官愉快一生"视为可赞之人生）。本章借"夷俟"和
"叩胫"动作以反映两人必为故旧，重礼如孔子以杖击老友之姿态，
所指责者仅源于其"长而无述"一事，却透露了仁学可从另一标准
（对原本非应为"小人"者）对学行"平庸"者之深责。于此可见仁
学价值学含高低两个阶次：常人阶次与仁者阶次。本章显为针对本
来志在高段仁学目标的读书人最终竟然碌碌一生、无所作为而发。
本章以此委婉、间接的手法为无恶而甘愿一生碌碌无为者提供了一
面自省之镜，并由此向其他信仰系统暗示：如果永生就是"快乐而
无为"的无限延存着，这是否就是人生一世之可取归趋？（试想 19
世纪欧洲乌托邦们所追逐的"人类理想境界"岂非即同类的"人间
天堂"?）

现代意义：

本章深责"平庸生存"本身，反映着仁学伦理学之"高阶义理"
一面。所责者非指其有无"害世"或"无为"之行迹，而特指其甘
愿平庸之态度。仁学启迪读书人不仅应朝向社会文化之公义（初级
指令），而且应朝向自我精神之提升（高级指令），如闻道行道等。
《论语》中不时可见孔子责备平庸之教（如"言不及义""小人怀居"
等）。本章通过对"无称而长寿"者之讥讽以深贬"福禄寿"之俗世
人生观，此与现代社会视健康长寿、旅游彩票本身为人生幸福的观

点岂非基本一致？（当动漫、游戏正成为技术化时代人之爱好后，精神志趣已被商业化世界所排出。）按照仁学人生观：只"长期活着"而未体现生命与精神之价值，岂非不论多长久都是"白活一场"？民主时代却恰以满足"常人幸福方式"为政治目标，遂以衣食住行无忧、分配公平为足，其政治理念中不含精神文化要求。此正为今日世界民主社会之常态。由此可知，民主社会仅以达成人类"初级福乐"目标为足，所谓"世界大同"理念亦不过如此。（同理，各种信仰系统的来世永生想象也均不谈永生之后有何作为，单为造物主唱赞美歌可即称之为"至福"。如果"永生"之后而"永久无为"，此即为生命价值乎？）

反观两千多年前孔子之仁学信仰观，岂非人类信仰系统历史上唯一倡导现世、现实的精神文化至上者？因为其仁政理念本身包含着"精神文化创造"的高阶人生目标（不仅"养之"，而且"教之"，所教者何？文也，即精神文化）。在衣食足礼仪兴后而朝向于文，遂预示着仁学伦理学人生观的复合性：人间低阶之温饱公平秩序与高阶之文化创造条件。（用"文"象征仁学的精神创造方向比儒家之"五经"更为恰当。古时之"五经"为固定文本，相关之"学"为"释经学"，目的在于将其作为崇拜工具，非视为思想创造之领域。）仁学以使人成为"人"（仁）为其最高目标（成人），其内涵也是开放性的。今日解之，岂非正在于表达如何提升、深化人对人类自身及人类历史之"求真实践"？即使人类从"知其然"进而达至"知其所以然"之理解自身生存之境的"人学实践"。达此理想境界之途径岂非正为古人难加以具体想象的"关于人之科学"之境？对于把握人之生存意义言，是关于自然之认知更重要，还是关于人本身之认知更重要呢？

本章对于"虽不为恶但也无所作为"者的人生态度之批判，直接关系到今日精神文明与文教事业发展之问题。因后者首先要求实践者自身之"有为"之态度，而非满足于仅为"守法求己利之公民"而已。仁者因此必为与众不同者，亦即必不甘于平庸度此生者。而当平庸人生观被普遍纳入今日体制内之制度化轨则而附加以"合法"

美名时，其无所创发而唯知循章谋利的庸碌态度反可获得世人之称誉，其结果必导致庸俗幸福观之流行。此等以使人有条件吃喝玩乐为目的的"富裕"幸福观，较古代社会不公、物财低劣时代之读书人能以诗词曲赋度日之"贫士"心灵追求人生观，在实现精神生活价值上，彼此几乎优劣立判。（值此全球商业化时代可确知：我们再也不会有两宋文士风流复现后所感发的历史性遗憾！）

14‐44. 阙党童子将命。或问之曰："益者与？"子曰："吾见其居于位也，见其与先生并行也。非求益者也，欲速成者也。"

对比项：以学/逐利，速学/急成。

意旨：以学求利者，不务治本之学，以学为手段，以利为目的，故纯欲速其成也。

旧解摘要：

《集注》："将命，谓传宾主之言。或人疑此童子学有进益，故孔子使之传命以宠异之也。礼，童子当隅坐随行，孔子言吾见此童子不循此礼，非能求益，但欲速成尔，故使之给使令之役，观少长之序，习揖逊之容，盖所以抑而教之，非宠而异之也。"

含义引申：

此章为辨析读书人"求真"和"求成"两种人生观的另一方式。求益与速成的对立，即求义与求利的对立。同一学习行为中学者可怀有不同的动机和目标。为学求利者的表现即急于求成，并因此而不时流露忧与怨。此一态度学的对比今日更是随处可见。此章直指学习的动机和目标方面的根本对立。以仁学为目标者，因其学为己，循理而进，故不必急于求成；以求利为目标者，目的不在于学之成绩本身而在于学所产生的各种学以外的利益效果。而为了达至获利效果之"成"，则可不择手段，急寻迅捷获利之方。学者为学之动机纯正与不纯正，可从此类学习实践的"学风"中看出，急于求成即一种为学不诚之表现。

现代意义：

今日普遍知悉的"学风浮躁"，即因急于求成（以迅捷获利）而失去对学术质量的关注。对于今日人文学术界而言，此一问题越来越显示出其关键性的作用。自然科学性学习因有客观检验标准故可客观地督责学者严守科学实践规范，而人文学术无客观标准，遂为以学求利者提供了大量投机取巧的方便性（学外语而便于抄袭洋人，拉帮结派以排斥异己，辖制弟子以传承权势等）。今日功利主义人文学术界所制定的各种规范与规则多仅为人为设置的形式上的规定，故同样提供了各种在形式上可以既便于投机取巧又符合制度化规定的具可行性的手段，遂有效地刺激了学人相互激烈竞争、相互夺利的活动。即使就现代具有才华和求真热情的青年学人而言，此章的相关性亦极为显著。一者，青年的才智与热情在萌生阶段未必成熟，故其学行不乏片面性和肤浅性；再者，同一青年亦生存于名利场中难免受到功利主义沾染。二者之合力，自然易于使有志青年（孔子看重的读书种子颜回之类）亦难以保持其治学实践的正确性。急于求成的态度与行为可暴露其为学而心术不正的倾向。现代化的今日，"求成"已属于法制社会之共识，此种名利动机已被普遍视为正当，其衍生的更为严重问题在于：今日技术性条件赋予急于求成动机以种种前所未有之商业化竞争技术的手段，从而此种传统上以学求利、相互竞争的学术生态，进一步获得空前的煽发条件。学人心术之失（其第一表征为失去良知，不再知何为"耻"，即在治学中干脆失去了人性中的"耻感"）当为现代人文科学危机之根本所在。

【关于学术动机与学术质量关系的历史解释学申论】

本章之教，不仅在于从学习技术上指出为学须循序渐进，而且欲借此世人"急于速成"特点以显露急功近利背后之"非求益"（即非求道义与真理）的伦理品德性缺欠。此一双重性指责（技术性的和道义性的）完全相关于现代社会的人文学术功利观，而且这两方面的缺欠均普遍存在于人文学界和文化界。本章之引申义为：求益者与速成者均可同时亦为孜孜好学者。故，就人文学术的发展言，单只聪明好学、勤奋努力等技术性条件并不足以达至人文学术目标。本章将此通常被视为正面品德的"勤奋"或"自强"等品质，仅视为为学之技术性条件，即使满足了此技术性要求，亦须有伦理性动机之支持。现代国内外人文学界相关事例不胜枚举。如符号学本为人文科学革新发展之正确认识论-实践论大方向，参与者必须先进行多方面强化自身的学习。然而在国内外学界追名逐利风气下，符号学今日反而成为学术投机之场域。跨学科本来要求学者首先具多学科学习准备，而视之为标新立异工具的大多数学者反将此认识论要求（跨学科）改变为各学科均管束不到的"三不管学场"，而纷纷通过廉价制造华而不实的所谓"新学"以惑众取利。如此浮薄治学方向之所以可行于今日，正因商业化时代的风气教导学者抢夺学术市场品牌之术，即将新名词、新学科、新权威等作为"时髦商标"用于学术竞争。复因此种不正之风足以聚众成势，学术帮派山头的势力网的存在所造成的"学术共识"，遂可成为使广大参与者"感觉良好"的客观保障，自然也因此而使所谓新知新学成为学界自欺欺人的手段。

卫灵公第十五

15-1.　卫灵公问陈于孔子。孔子对曰："俎豆之事，则尝闻之矣；军旅之事，未之学也。"

对比项：仁政/霸政，文教/暴力。

意旨：仁政以提倡社会礼教、促进民族文化为务，霸政以丰盛帝王物财、强军扩土为务。

旧解摘要：

《集解》："郑曰：'军旅末事，本未立，不可教以末事。'"《论语笔解》："韩曰：'俎豆与军旅皆有本有末，何独于问陈为末事也？郑失其旨。吾谓仲尼因灵公问阵，遂讥其俎豆之小尚未习，安能讲军旅之大乎？'"程树德："郑说固非，韩说亦未是，当以苏辙傲所不知之说为长。"《集注》："俎豆，礼器。尹氏曰：'卫灵公无道之君也，复有志于战伐之事，故答以未学而去之。'"

含义引申：

孔子治仁义之学，非仅以之对立于技能本位之学，而且以之对立于各种暴力本位之术。技能之学仅关乎利得效率而无关乎仁义方向，战伐之术仅关乎权势之增减而无关于是非判断。二者虽在技术性层次上均可为仁学实践学所用，本章却故意贬低武事以显示仁学价值观的级次性：仁义必在势力之先，文化必在武力之先。孔子并非实际上轻视任何劳务（"多能鄙事"），更不会轻视军务本身（"九合诸侯"），而是在批评春秋时代诸国为政者企图通过发展军务进行土地争夺的政治观。此一仁学伦理价值观直接对立于其后战国盛行的法家功利主义政治观，扩军备战遂成为各国首要关切。历史上国土及权势的扩展，均通过暴力征伐手段成之，本章孔子之态度可谓对法家倡导的暴力哲学之历史展开所做的一种预先否定，其后并由孟子的反战哲学加以进一步充实。本章自然须在特定语境内把握其确义，故所言实非直接关系于军务本身，而是关系于相对于军旅而言仁学有更高的政治目标与文化目标的诉求。就此而言，诸旧解于此似乎有失焦点，未识孔子偏爱用反讽、幽默或讥刺等语气间接作答，其深意在于：通过具体贬低军旅杀伐行为进而一般地贬斥历史上自"丛林时代"以来的各类法家之权力哲学。

现代意义：

孔孟思想之所以被称为前后一体，乃因彼此的基本价值观立场一致，且此一致性往往直接对立于当时权势者之主流观念。时当春秋战国期间，各国相互征伐频仍，充分表现出统治者唯以称王称霸、欺凌弱小为志，从而开其后两千多年中国历史上统治者无不以借武力争强斗胜、扩张版图为其政治事业目标之先河。此类暴力扩权思想即行为，源远流长，其后发展为越来越成熟的法家方向之战备、武功、计谋等系统的暴力权术论。孔孟思想应时而生，价值方向则与时代潮流正好相反，虽无助于匡正帝王侵伐历史，却可成为批判历史与政治的公认标尺，并可成为文化学术发展之伦理性基础。自此之后，中华文明历史长河中之文线与武线交织并存。此类从价值观上否定弱肉强食、武力征伐的观点，与其他文明中唯重征伐事业的所谓英雄主义侵夺观大别。如今科技文明统一全球，历史上长期延存的追权逐势倾向今已转化为多元形式，而今日体现于科技工商宗艺各领域内的"变形权势集团"间的争强斗胜恶习不仅未除，而且因人类齐趋竞争夺利目标，必变本加厉而无止期。复因摧毁性武器与日俱增，人类文明可谓危在旦夕。当此之时，反思人类生存意义问题实乃关乎人类文明前途的最为关键性的任务所在。

15-2. 明日遂行。在陈绝粮，从者病，莫能兴。子路愠见曰："君子亦有穷乎?"子曰："君子固穷，小人穷斯滥矣。"

对比项：处逆/志坚，穷困/气馁。

意旨：仁学实践学即君子处逆学，逆势求进为士君子义之所在，故必穷且益坚。

旧解摘要：

《集解》："何曰：'君子固亦有穷时，但不如小人穷则滥溢为非。'"《集注》："愚谓圣人当行而行，无所顾虑，处困而亨，无所怨悔，于此可见，学者宜深味之。"薛应旂《四书人物考》："子路衣敝不耻，浮海喜从，岂以绝粮而愠见哉？盖疑君子之道四达不悖，而穷塞若此，岂亦在我者有未尽乎。"《荀子·宥坐篇》："夫子告子路曰：'君子之学非为通也，为穷而不忧，困而意不衰也，知祸福终始而心不惑也。'"张杨园《备忘录》："有耿耿自命，宁死决不为小人者，到穷之难忍，平生操履不觉渐渐放松……自非居仁由义之大人，不易言不滥也。"

含义引申：

本章诸解首先涉及对其中"固"字的两解，一为"固然"意，一为"坚固"意。固之二解于全章句义皆通。诸旧解往往据此而纠缠于字义之歧解及不同之传说，却少有解者注意应首先在《论语》文本整体框架内对字义进行适当之推测。相对而言，朱熹之解较他解更具有此全局观。按此，本章中之"固"字当解之为"坚固"意，亦唯因此而可加重章句的喻示力。本章提出两种似是而非的不同对立观：穷与通（客观处境），守与滥（主观态度）。所问非相关于仁学义理本身，因仁学本来就含有处逆之诲，穷乃仁者分内事。而本章重要者在后句：君子与小人对于处逆的态度不同，以此强调君子

977

必在任何情况下为有为有守者。孔子特别善于通过二元对比来不仅凸显客观矛盾情境，而且凸显主体对待由对立因素组成的客观情境（穷与通）时表现的两种对立主观态度。之后在此主客双对立关系中凸显此两对二元对比间的对立尖锐性，用以激化君子良知力之萌发，使其更坚定地朝向正向选择。

现代意义：

本章以孔门师徒处逆困境来彰显其固有志节，并进而提出士君子处逆态度问题。在道义、逆境、坚志三者之间呈现的此"关系形态"具有普适性，并可展示于不同历史社会环境中。今日此一同构性关系可比之于"人文义理、商业化环境、为求学术真理而敢于特立独行"此三者之间。三者之间的互动因果关系直接相关于人文科学现代化运动如何逆势而前的时代大任务问题。如不诉诸中国古人于危难情境中的主体智仁勇三达德伦理性实践力，即无以在当今全球商业化局面下参与推进和提升人类精神文明事业。

15-3. 子曰："赐也，女以予为多学而识之者与？"对曰："然，非与？"曰："非也，予一以贯之。"

对比项：博学/一贯，多识/综合。

意旨：士君子须于心、学、言、行四者及其相关关系上贯彻其协调一致性实践。

旧解摘要：

《日知录》："三百之《诗》至泛也，而曰一言以蔽之，曰思无邪；三千三百之仪至多也，而曰礼与其奢也宁俭；十世之事至远也，而曰殷因于夏礼，周因于殷礼，虽百世可知；百王之治至殊也，而曰道二，仁与不仁而已矣；此所谓予一以贯之者也。其教门人也，必先叩其两端而使之以三隅反，故颜子则闻一以知十……岂非天下之理殊途而同归，大人之学举本以该末乎？彼章句之士，既不足以观其会通，而高明之君子，又或语德性而遗问学，均失圣人之指矣。"《论语补疏》："一贯则为圣人，执一（而无权者）则为异端。"

程树德："汉学家所说之一贯，虽不尽然，而语不离宗。至宋儒乃各以所树立之主义为一贯，而论始歧。"《论语或问》："学者虽不可以不多学，然亦有所谓一以贯之，然后为至耳。盖子贡之学固博矣，然意其特于一事一物之中，各有以知其理之当然，而未能知夫万理之为一，而廓然无所不通也。"《经正录》："朱子云：'夫子于多学中有一以贯之。一者，性之理也，诚也，其功夫则存诚也。圣人不待存而无不诚，诚则明矣，一以贯之之谓也。'"《焦氏笔乘》："李嘉谋曰：'多学之为病者，由不知一也。'"程树德："陆王派以良知为一贯，虽未必尽合孔氏之旨，然尚有办法，较之空言穷理而毫无所得者似差胜一筹也。""阳明之良知说，陆稼书讥为野狐禅。伊川之穷理说，阳明亦斥为洪水猛兽。然其以一贯须从多学而识入手，则同。此章为孔门传授心法，诸家所说均未满意，尚待后人之发明也。"《朱子语类》："孔子告子贡，盖恐子贡只以己为多学，而不知一以贯之之理。后人不会其意，遂以为孔子只是一贯，不用多学。若非多学，则又无物可贯，孔子实是多学，无一事不理会过，只是于多学中有一以贯之耳。"

含义引申：

本章将博学与一以贯之对比，反映了为学的方法论重点的差异。孔子不以博闻强记（资料掌握）为能，而以如何合理有效理解与运用知识为能。所谓一以贯之，强调的是认知客观（静态）和主观实践（动态）两侧上的"一致性"，也就是坚持一种实践学理性主义。一以贯之即认知和行动两方面的一致性，也即实践理性至上之意。同时它也暗含着一种朴素的实践学结构主义：使各种二元对立式的二元选择指令彼此协调一致。孔子的诸个别指令句需要在全部二元选择指令句的系统整体内进行一致性的微观意义调整（自然为通过下意识的心理运作），才能达至相关章句之确义。指令句的确义不仅相关于具体情境，而且相关于指令句系统全体内的协适性。在此意义上，《论语》一章内的具体指令只相当于一个运作基底，之后须结合其他相关情境和其他相关指令再予综合性判断，始得确知具体情境中意义之正确选择。因此，本句的所指范围不限于以上所论，而可相关于读解者的一切文史哲认知储积，并且甚至在两千多年后还可相关于今日人类人文学术认知。今日由分科而实行的认知方式，重在本领域内知识之深化。而"一以贯之"之教则不仅直接涉及科系跨越问题，而且涉及古今中外、理论实践、方内方外等各域间之统一协适性问题。此与今日符号学、解释学的跨学科认识论、方法论主张，何其相似乃尔！

博闻强记或有利于邀名取誉，而非为达一贯之学的必要条件。一贯，即认知及实践之各自前后一致以及认证与实践之间的相互一致或相互协同。一贯者，既指知识运用之合理化又指动机及目的的不变性。程树德先生说："程朱派以主敬穷理为一贯，无有是处。"但孔子一贯说，参照《论语》中其他篇章，实应深入理解为其义兼含心学与方法。此即涉及如何形成"一以贯之"的主体实践学条件问题。也即如无诚心在内之"督导"，学者必为外物外力所牵引而难以同时实行三层次（认知、实践、认知与实践）上的一以贯之。

现代意义：

本章可谓仁学理性主义最简明的陈述，其要旨完全适用于今日，并为任何人文社会革新事业所必需，且最符合现代符号学跨学科精神：整体性、关系性、一贯性的认知方法论。今日学术分划因职业化竞争功利主义之故而日趋呆板，门户之见深重，其缺失故在于方法论，而尤其在于治学心态的功利化。因此学人以为无一以贯之运作之客观必要性，更谈不到真正的（即非仅于职场内合乎规范的）学以致用或认知与实践的一体性结合。如朱子所言，本章之旨自然是在"博学"之后始谈得到的"一贯"之要求。大致而言，"博学"易为，因仅被动性积累知识即可，而"一贯"难为，因此必要求学者具高度的积极性、主动性的思考、想象与实践的能力。此一主动性要求即涉及心性学条件。揆诸今日跨学科方向的人文科学理论革新要求，岂非唯此"一以贯之"的古语最足以标志新知新学新理所要求的多元多维理性主义的认识论-方法论吗？

15－4. 子曰："由！知德者鲜矣。"

对比项：好德者稀/好利者众。

意旨：仁者天赋良知，其数或微，其任必巨，其处必难，其志愈坚，因其志行勃发于德性之内，故可出处进退，不为世困。

旧解摘要：

《集注》："德，谓义理之得于己者，非己有之，不能知其意味之实也。"

含义引申：

本章旧解多就孔门困于陈蔡故事及句前有子路名一事，臆测为夫子教诲子路不能处困而无怨。旧解者共同的解文偏见均在于预先据《史记》或《左传》等相应描述而预设一孔门事迹背景，并据以作为揣测章句内容的史实性基础。此等猜测法，只可作为今日解释之参考及了解历代《论语》读解史之材料，而不可作为解释章句之凭据。今日应该尽量在文句内容之内把握章旨，而非热衷于推求故事。

此章实与"好仁者稀"同义。此一感叹基于对现实生活之观察，从而表示，仁学本身存在于自己制造的自我矛盾情境中：一方面"好仁者稀"，另一方面又"仁远乎哉？我欲仁，斯仁至矣"。此即"知不可为而为之"实践观之表述。其真实目的不在于现实中的"成功"，而在于在主体义理追求实践中所显示的"主观成功"，用以呈现历史上现实与理想之间的永恒对立，并促请识者在此真实认知中更适切地选择自身精神努力方向，以期在精神的层面上提升主体伦理思想实践的水平。今日看来，我们不妨将此仁学"原始感叹"视为历史上因认知与实践的技术性手段之不备而带来的必然结果。"知德者鲜"判断代表着仁学完全是一种经验理性之学，其判断合乎现实经验；而另一方面其"求仁得仁"实践观也仍然是合乎现实经验的主张，因此义理冲动同样源自少数士君子必具之良知本能的事实。二者之间的"矛盾"，遂成为在由仁学理性主义和法家主导的历史形成的生存空间内创生伦理性精神升扬的原动力。在义利之辨原则下形成的"穷且益坚"的心态，即为仁学实践学的一种情绪性表达。好德者稀与好仁者稀，特指能将自身心言行统一为合乎智仁勇意志力机制者，而非泛指人类之"善良""正义感""爱国心"等常见现象。

好仁较好德更具全面性、一般性，二者均重在一"好"字，即其仁德发于内，发于己，不随境异，并可成为各种精神实践伸发之源。反之，一般大众"向善"之性、能、行，多为各种"被集体组织的"心言行效果，其存在及潜力依存于集团组织力及集团宗旨之方向。在此组织力作用下以及在此组织力控制的环境下，人性的诸多本能倾向与因素受到相关力场之调适与再组织，使其人性结构被集团力场加以再组织后遂呈现出定向、定式的思想行为格式。但当此力场撤除后，人性结构重新回归本能状态。如集团为善时（在国家抵御外侮时）个人亦为善，当集团为恶时（在国家行强权霸道时）个人亦为恶，其善恶均为集团力场强势作用（再组织）的效果。在此情况下，所谓上智下愚不移，即能好仁者首先指其具有自身建树之独立心志结构及自主意志力者，凡事均依自觉服膺之道断之决之，故可不随境移。好仁者与常人之区别，须在人生多领域、多层次、多方面、多事端层次上综合比较始可见之。此所以有文天祥所言"时穷节乃见"，其自决之语乃发乎其良知之内，非激乎一时血气之勇也。

现代意义：

现代化以来人类认知与技能水平空前提升，似乎到了可以在此仁学伦理学原始情境基础上重新思考规划相关问题的时代。

首先，新仁学一方面应准确遵循原始仁学已完成的"内学"，另一方面不应泥古而须超越其"外学"在几千年历史条件下所设想到的实践方式与规模。原始仁学已经完成了其为中华文明建立基本伦理价值观（仁学内学）和在传统历史上引导精神文化领域内"仁学外实践"的任务。在中华文明进入全球化时代后，仁学之外实践将在全新的主客观环境与条件下，即在扩展后的全新世界语境内，在与世界进行全方位的"挂接"后，重新设想和规划其精神文化任务。如前所述，此即通过参与人类人文科学重建事业以与现代世界人文学术思想领域沟通后，将仁学义理贯彻于此全新学术领域内。

其次，正是到了社会环境迥异的现代时期和全球化时代，客观环境考验的性质与古代大不相同，可谓基本排除了封建专制主义加予的危及个人良知生存的险境，也即：今日仁学实践主体所身处之情境，已从"威武"压力为主的时代转化为以"富贵"诱力为主的时代。士君子个人在面对权势压力下进行独立实践选择上的人身风险已较古代大为降低，从而导致仁学实践学与现实冲突的主体牺牲代价大为降低。换言之，这也就意味着仁学的新时代外实践——"现代人文学术革新事业"的可行性在客观上有所提升。同时，古代仁学实践的政治环境今已演化为文化学术环境，虽然今日人文学术已然全部纳入制度性框架，而无论在体制外还是在体制内，选择在此框架外进行仁者特立独行的学术实践，其所遭遇的风险代价也进一步降低了。所谓"风险"今仅可指仁者物利享用条件的降低而已。一般而言，此双类独立实践风险系数的降低，相当于增加了仁学实践学展开的机会。这样一种历史性环境条件的演变，可成为仁学从古代时空有限场域扩展至人类全球化时代场域后的一种主体实践学方式上的历史性飞跃。学者为践行其"学为己"之志，唯一"必要的"主体侧条件即遵循仁学的好德之教、好仁之教以及好学之教。亦唯有达此"好之""乐之"的心志境界，以上关于新仁学预期之可行性才有实现的机会。

15-7. 子曰："直哉史鱼！邦有道，如矢；邦无道，如矢。君子哉蘧伯玉！邦有道，则仕；邦无道，则可卷而怀之。"

对比项：狂/狷，有道/无道，进/退，隐居求志/避世求安。

意旨：君子不论顺逆，言行一致，或进或守，依仁而定，据义而安。

旧解摘要：

《说苑·杂言篇》："仲尼言史鳅有君子之道三，不仕而敬上，不祝而敬鬼，直能曲于人。"《集解》："孔曰：'卫大夫史鳅有道无道行直如矢，言不曲也。'……包曰：'卷而怀，谓不与时政，柔顺不忤于人。'"王樵《四书绍闻篇》："有道则仕，无道则可卷而怀之，我不以不仕矫人，人不以仕强我，我不以仕徇人，其间可不可，有义存焉……是有道而仕可能也，无道可卷而怀之为难，然即其无道可卷而怀之，则其于有道之时进不隐贤，必以其道，亦并可想矣。惟进有可出而行之，则退有可卷而怀之。"

含义引申：

本章或为后儒"变通"之言，以片面强调明哲保身之"智"，可谓去孔孟真意甚远，但却为历代被儒教改造过的读书人所更乐于采纳者，我们于此微妙处可见仁学与儒学间之异同。《论语》中类似章句颇多，而彼此意涵细处有别，如本章与"危言危行，危行言孙"章旨意即异。此章直意为：环境可为则从政，环境不可为则退守，而要点在于"怀之"。"怀"固为隐藏意，可指因无可为故无外显，但也可指因惧邪力迫害而隐藏心志。统观《论语》，此"怀之"的"之"字应指"仁"（如按插入此章的后儒之本意或许仅为"明哲保身"，但既然章句被纳入《论语》全体，其"义解"即可超越字面而参照全书"解释"之），即隐居辟世仅为继续独立行仁的另类方式或手段，而绝非弃仁求安避险之谓。此句中之人物，以及"仕""卷""道"等，均相关于原始仁学形成时的历史现实传说，这些传说对于本章之适当读解而言，仅起到承托仁学义理把握之用，而不可视为章句解义之基础。此章仁学实践指令学的对比情境由"环境"与"主体"间的二元关系构成：道/无道，出（仕）/处（隐）。前者指环境特点，后者指主体选择。上引明代王樵所解，显为后儒读《论语》而仍自律以当时之"政治正确"，故如此表白。此种"半乡愿"态度应为历代士君子行事之实际尺度，但与《论语》仁学之"危言危行，危行言孙"原始意旨已大异其趣。而儒者未知，即使仁学"狷者"之真义亦必应同时含"危行言孙"义（此即仁学实践学之"直道"，此即本章之"如矢"），狷者风格非如王樵辈如此算计后的两不得罪的"犬儒"观也。（今语"犬儒"恰可形容古代相当多读书人立身行事之风格。）

【关于有道无道与出处之宜的历史解释学申论】

衡之以中国传统社会特点，社会组织松散的先秦故不必说，即使于秦后皇帝专制时代，出处之间亦极少出现的生死抉择极境。因为（在儒教书籍世界中的思想类内容不具挑战性的前提下）"读书自娱"并非不容许存在（历史上"禁书时代"与"不容辟世"时期等极端情况毕竟少见。有趣的是：反倒是儒教以之为自身"硬件基础"的法家类思想难以在儒教历史上流通、创造及讨论）。但是，因此引生的问题是，孔子时代所说的"隐居求志"，固然其"隐，辟，退，处"等仅相当于"不求仕"，而所求之"志"不过是空洞的参与治国之志，外加对前书籍文化时代中如何为学之内容。在春秋尚无书籍的时代，其所志之"学"仅体现于（限于）"礼乐诗书"，即"行礼"（体会礼意和坚持行礼程序规定）和"诗书"（口传之诗与口头历史传说，即一般"文化教养"）。等到秦后书籍形成与传播渐兴，《论语》读解中此类句意中的"礼乐诗书"含义可为后世读者和解者加以大大（解释学地）充实并提升了其智维层级（经史子集与艺术，以及孔孟后大为发展的法家政治智慧学）。此可被视为仁学外实践学的第二阶段。由于《论语》中必定包括不同时期后儒插入的文句，其目的在于根据后世环境与认知的变迁而增减此"伦理行为手册"之内容与相关因素之比例，以期章句整体更符合后世社会环境的实际需要，因此前后收入的指令句，彼此不仅可能有别而且可能相反。当儒教确立和道释思想发展后，歪曲仁学原义的儒道释思想必定相对地影响到《论语》的篇章构成，所以今日读解《论语》应区分其原始部分和后加部分（即含儒道释思想部分）。我们一方面要以原始仁学部分为主要读解部分和理解基础，另一方面对于后加部分也可视为后世儒者随境而异的读解《论语》的方式演变之迹，以之作为研究中国思想史的材料来说，则非常重要。就《论语》中多章有关"有道无道"主题的意旨异同纷杂性而言，新仁学的读解学工作之一即在于，根据选定的"原始仁学"框架，对诸意旨略异或迥异的相关章句在读解中进行"删削"，以形成诸章句间的合理化"合解"。对此，我们已在各章中加以说明了。

现代意义：

中华文明进入现代期后，我们于是进入仁学外实践学以及相应的"仁学解释学"的第三期（如果所谓第一期指先秦时期，第二期指儒教时期的话）。此时，"学"的内容在世界全面沟通后大为扩展，须包括"古今中外一切学问、技能、经验内容"。作为普适于人类的仁学之"外实践学"的内容，必然须涉及现代全世界之知识经验范围。此时如选择不"出"（在职场之外，或在职场之内而其思想实践可部分地超出职场之外），而"处"（在职场之外）者所"怀"之志，自亦可大为增加空前丰富的可能性。如果像现代新儒家辈那样泥执文本旧意，可谓不知如何正确有效地把握《论语》之今日义解了。《论语》读解学，一方面要贴合原旨（准确对应于其内学），另一方面要在此前提下适当地扩充其意指范围，如此方可谓《论语》之"活解"。

【关于海外新儒学运动之失的历史解释学申论】

海外新儒学运动之失的本质为，参与者未能将其思考对象对准多领域、多方面、多层次、各类别上的客观现实（多元化真实），而是满足于在传统文化思想层次上，主要按照传统读书人的方式对其解义，而将其传统型话语硬性安置于西方哲学框架形式内，以为通过此"中西比较哲学"即可使儒学现代化。实际上，如此不深化学术准备而急于求成的学术方向，可谓在中西学两侧均失其要。在中学，本应首先回归仁学原始；在西学，则本应朝向非哲学中心论的现代人文社会科学全体。在中学，回归原始；在西学，朝向现代与未来。此一较完善的认识论-实践论的认知形成，则要求学者大大增加自身知识准备，为此在根源上必须先求本身之"自诚明"深广化，在此"心学"基础上再思考各种外实践方略，才可排除各种内外阻碍而朝向各类"真现实"（即不至于将政治、社会、历史、文化、学术、思想、艺术、科学等不同领域内的"现实"混为一谈，笼而统之，或避重就轻，或避轻就重，以情代理，流于精神自慰而已），而不至满足于依古自安。

仅举一个与海外新儒学诸君子辩证之理由：他们难道不了解，自以为在复兴中华学术和以儒学走向世界的自信，其实践方式竟然仅为可以走向国际汉学学科！殊不知国际汉学学科为西方学界少数族裔文化学科，因汉语语言条件之限制，其学理水平仍是前理论性的和教养学级别的。这反映出多么深刻的因心志不诚而导致的认识论上的"错置"和实践观上的幼稚呢？试问，是否需要高深的知识才能区分以下几个问题的是与非？（1）西方汉学目标与中国人文科学现代化发展目标二者在范围、深度、目标、方法、方向上存在着百十倍的差距，对此"事实"就那么难以发现吗？（2）西方人文理论的博士训练程度在西方学界的学术等级中位于第几级？留学生返国后在国内学界环境下能够继续自我提升者有几人？（3）据此，在以上二学界现实条件下形成的现代中国高级人文学术是否在结构上，必然地、长期地处于世界人文科学世界之低阶？（4）在此情况下，海外人文学界如将"现代中国人文学术发展事业"归入"国际汉学"领域，其结果如何？（5）海外华裔学界（特别是新儒家学派）常说的"复兴中华文化"和我们今日说的"发展现代中国人文科学"是不是一回事？所谓"复兴"是何意？是恢复儒教两千年的文教学术制度与方向呢，还是在中华地域发展古今中外一切优良学术呢？是抱残守缺对中华文明更好呢，还是与时更新对中华文明更好呢？所谓弘扬中华文化，是指展售中华历史文物于世界呢，还是介入并参与引导未来人类人文科学（包括中华古典学术文化）的科学化发展呢？科技工商要科学化，人文学术就只需要"文物化"吗？

15-8. 子曰："可与言而不与之言，失人；不可与言而与之言，失言。知者不失人，亦不失言。"

对比项：失人/失言，求贤/避俗。

意旨：仁者以独善兼济为志，既须觅贤而友仁，又须避伪而弃俗，故必尊孔孟辨伪求真之教，为此而不得不行"道不同不相为谋"之择。

旧解摘要：

《中论·贵言篇》："故君子非其人则弗与之言。君子之与人言也，使辞足以达其知虑之所至，事足以合其性情之所安，弗过其任而强牵制也。"《四书说约》："人才难遇，觌面而失，岂是小事？然恐失人，遂至失言者势也，两病只是一根，只为不识人耳，故知者得之"。

含义引申：

此章属于实现"以友辅仁"之教时的智慧学：在与人交际时如何既不虚掷光阴也不失去机会，通过"避无益、趋有益"，以最大限度地在仁学自进道路上通过"以文会友"来增益彼此的共同致仁目的。既然仁学有"友学"及"兼济"之义，士君子自然须面对如何"与人交往"的问题。此一交友智慧学，看似平常，实相关于仁者外实践学之根本。既然人文学术及伦理学事业均属人类共同事业，非一己所可独立完成者，个别主体在具体客观环境中，须以何种恰当方式进行"传道授业解惑"，此岂非仁学实践学上的大问题？此一实践学问题的起点正相关于此章涉及的友学之第一步：判断对方是否适于作为"交结对象"（受教与合作）。仁学者一生必然因此始终处于"试交"与"断交"的循环往复过程中。幸好此一"以文会友以友辅仁"的需要不必完全期之于此生现实，"神交古人"亦可成为实现"友学"的现成方式，虽然此一"交接"仅可能是单向的。通过读书而"尚友古人"必可得仁者为师为友，此亦仁学精神得以有效代代相传的原因之一。

现代意义：

衡之以现代历史环境，此章该如何在《论语》整体的框架里合理地扩解呢？要超脱历史环境的限制，不泥执于原著文字为解。为此须认识仁学义理形成学的构成因素：环境因素和知识技能因素的古今差异性。当时的仁学"友学"与今日的仁学"友学"不同，对于前者"交友"为获知与实践的"直接渠道"，对于后者，获知与实践的手段可能在形式上已经大异于古代。求知途径远远不限于人际间个别性接触方式，"实践"的内容和方式更是无限扩展与丰富，那么此一指令句今日何所指？自然，其动机层的意涵丝毫未变：人的向仁潜质各有不同。不仅如此，现代化社会进一步导致大多数人的人格结构的改变，士君子心态对于大多数人可谓更为遥远（现代新儒家希望通过盛倡古学以促世人"正心诚意"之旨可谓完全属于"时代误会"）。

然而，深入观察可见，于此仁学看似危机的时代，其现实意义及可行性却突然挂接于现代人文科学改造的大事业上！正当科技工商如日中天之际，人类文明史上"文史哲宗艺"学术的理性主义改造事业也突然于新世纪呈现出其空前的重要性。如果此前的近代化、现代化时期是自然科学理性起着人类文明发展"带头羊"的作用，那么自今而后，尽管科技工商必将继续向前突飞猛进，而一种新人文科学改革运动，客观上亦须平行地积极发展。在此过程中，中华仁学伦理学将重新"闪亮登场"。因为人类人文科学现代化事业，虽然导引于西方文明，但在全球化的今日，西学理论已经呈现出其内在的认识论瓶颈，此即欠缺了人本主义伦理学在学术建设和主体实践两方面的方向性和动力性指南。此一人类文明史上正在等待其出现的伦理性指南，可以说即蕴含于中华文明产生的仁学伦理学精神之内。我们的任务就是将中华古典伦理学与西方现代人文学术理论加以切实有效的勾连。面对此一划时代的历史任务，仁学的友学固然一方面仍然受制于人性中"好仁者稀"的经验性事实，而对于宣扬思想理论的技术性和社会性条件而言，在某种意义上，现代化的今日亦有其古所无之的方便性。例如互联网时代资讯与思想在世界上流通的方便性，可大有利于提高仁学伦理学义理资讯的普及，相对而言，"好仁者稀"的指涉范围本身已可在国内外学界内大为扩增，属于"仁者"类别的绝对人数，在适当的文教条件下，必将随之增加，从而可增扩"以友辅仁"的规模与效果。当此之际，今日仁学者或新仁学实践者，应该首先从仁学的历史读解经验中掌握断事识人的智慧经验，如乡愿学与辨异端等仁学辨伪学。而《论语》全书处处相关于察验与培育君子人之智慧，如将其切实用于今日学术界与文化界，亦必大大增加仁学实践者"亲君子、避小人"的方法和机会。归根到底，人文科学正确发展的必要条件之一即今日西方学界所无的"仁学心术学"（良知学）之复兴。

【关于高端理论与职场学术区分的历史解释学申论】

然而，我们也必须看到同样情境的另外一面：本章"识贤避俗"之教与"道不同不相为谋"的古训，在全球化时代的现代人文学界内如何相互协调？让我们在此进一步对古语"好仁者稀"的现代深意，以解释学的方式做一大胆而符合常识性的引申。这预示着，古典仁学在完成了对中华两千年的古典文化形态的引导任务后将转入现代世界人文科学平台，在此新历史发展阶段，我们首先必须理解一件虽然一目了然却难以获得共识的人类社会现实：此格言中的古典君子人之道德品质性与文学才艺性之"稀"，今应转义为现代人文学者中具人文良知和人文科学潜力者数量之"稀"。这个"稀"字不再泛指人之道德品质与任何才能，而是专指适合现代人文科学特殊性的志愿者之特质，其能力相关于人文学术而非相关于任何智力活动，其品质相关于对高端人文真理的特殊志趣，而非相关于一般道德品质。

在将"人文科学"区分为"大众职场"和"小众志业"后，后者的绝对人数将进一步减少，但却同时显示此一人类新行业——人文科学理论本来就不需要"大众"的介入（正如高等数学物理一样），"精兵简政"是人文学术走向科学化的必然趋势。因此也就在"大众"需要的一般文化修养和"小众"需要的特殊理论实践之间形成了必要的实践学区分。在"大众需要"和"小众志趣"之间的这种实事求是的区分，正是"好仁者稀"的现代化深意之所在。此非相当于"雅俗之分"的老生常谈，而是涉及人类"精神生活"形态的一种同构性二分法的存在必然性。对于绝大多数的"大众"言，他们没有参加"高端人文理论实践"的本能兴趣，不能通过后者获得人生信仰的支持，因而易于在人生各种不满足状态下出现精神空虚。在此情况下，各种宗教的思想方式的确具有填补其精神空虚的实际作用。宗教，作为可引生大众精神饱满的"心理疗法"，是与人类文明同其久远的文化人类学现象，今通过现代社会政治经济的调节避免其发生任何负面作用后（政教分离），自然须继续发挥其积极健康的大众教化作用。但一如音乐美术一样，这些重要的文化形态不应与任何科学形态混为一谈，因为彼此的"生态与肌理"根本不同，故不能、不必相互混淆。本段所论相关于"小众理论学术""职场人文学术""大众宗教文化"三者之间的职能性区分问题，其各自所涉及的"精神文化性"意涵是不一样的。

15-9. 子曰："志士仁人，无求生以害仁，有杀身以成仁。"

对比项：志士/庸人，生/死，成仁/成功。

意旨：仁为人类最高价值，以仁为志，遂可为之生、为之死。

旧解摘要：

《群经评议》："志与知义同……此云志士仁人，犹云知士仁人也……赵岐但据《孟子》文为注，故曰：'志士守义者也。勇士，义勇者也。'恐非孔子之本意矣。"《集解》："孔曰：'无求生而害仁，死而后成仁，则志士仁人不爱其身也。'"《皇疏》："既志善行仁，恒欲救物，故不自求我之生以害于仁。"《集注》："理当死而求生，则于心有不安矣，是害其心之德也。当死而死，则心安而德全矣。"

《朱子语类》："问：死生是大关节，功夫却不全在此，学者须是于日用之间，不问事之大小，皆欲即于义理之安，然后临死生之际，庶几不差……曰然。"南轩《论语解》："人莫不重于其生也，君子亦何以异于人哉？然以害仁，则不敢以求生。以成仁，则杀身而不避。盖其死有重于生故也。夫仁者，人之所以生者也。苟亏其所以生者，则其生也亦何为哉？曾子所谓'得正而毙'者，正此义也。"

含义引申：

俞樾对本章中"志"字的所谓考据学正字工作，不仅无谓之至，而且大违孔孟仁学义理。此类清儒考据学的泥字主义，一方面暴露其欲以此文字技术性工作超越前贤的虚荣心（技术性"专家"特别具有这类"炫技浮薄心"），更暴露清儒因丧失心志之勇而特意削弱孔孟学对于权力者的挑战气势，遂将本章如此明确的"志"的意义加以歪曲，导致章句失去了伦理性深度。此种学术立场实可深刻暴露一些考据家-文献学家类型的学者欠缺真实的仁学义理观。其所为"仁义道德"不过是指被儒教皇权制度所规定的各种中规中矩之规则罢了。孔子的君子观罕言为事业而牺牲生命，却多有遇难时"卷而怀之"之教。因参与政军活动者，牺牲性命乃必有之事，仅此一端即可证仁学之本分不在于其所宣表的"政之务"，而为其所暗示的"文之务"。

本章有关生死之教，并非针对政军经领域之"臣下"言，因此为刑法必有之义（其生死之择乃对各类具体在上者"尽忠"之义，此作为低层价值的"忠"不一定为"仁"之"载体"），而是针对"为文之仁者"所言，故带有一定的比喻性。即生死之择，在此主要作为"极端伦理情境"之示例，通过终结生存的死亡意象来强烈呈现"仁与不仁"之择：是从义以赴死，还是为生而背义。用"生以损仁"和"死以守仁"的对比式，来反衬仁学义理具有的现世至高价值。于是以生死反差对比于义与非义、仁与非仁，以躯体性个人之肉体生存，对比于理念性人格之精神生存。重要的是，按其话语风格学，仁学并未对"仁"做具体规定，"仁"不过是一不变价值观之设定，即任何合乎正义的事务均属于或含有仁价值者（含其广狭二义）。故本章重点不在于何谓"正义"那样的西方社会中具体的社会道德价值性概念，而在于强调：个人在突然遭遇此有关至高价值有无的"选择极境"时该如何做有如生死一般之抉择。由此可见中西两种伦理学性格和方向的不同。（原始仁学将价值观设定于抽象"最高层"，历史儒教与西方学术传统则将各自价值观设定于不同的体现价值观之具体性的"载体"上；"仁义"作为伦理性价值并称时，相当于"仁"，其中的"义"虽为次于仁的"准一级价值"，即实现仁之"方"，但此"方"与"仁"一样是设定在一般性、抽象性层次上的，"义"即"方法或途径之一般"的意思。）

现代意义：

本章就古代危难极境中的志士行为选择态度显示了仁学实践学的一般原则：仁之价值学至上观（对立于神之至上观）以及君子朝向仁的志向之实践学至上观。通过此仁与不仁和生与死的譬喻性对比方式，表达了仁学的人本主义伦理学本质，以及仁学实践学要求的志士仁人须心怀无比坚毅的献身精神。此种伦理价值观和君子实践观均可十分确当地转换到今日人文科学革新使命所需的价值观和实践观上，从而可在认识论上提升人文科学向真价值观和学人朝向学术求真事业的一种类宗教式的献身精神。如无此种献身精神，即不可能产生独立自强的主观意志以对抗任何由于现代化而产生的阻碍人文思想及理论提升的权势。因为社会现代化的最显著变迁即无所不在的物质性利诱机制，它们足以改造、控导学人品性使其朝向追求自身名利权方向发展，从而根本上瓦解了学人的自由精神意志。

【关于仁作为一级价值的历史解释学申论】

我们在此再将本章的"现代义理"之根据加以进一步剖析。仁学伦理学为态度学、动机学、立场学，因此称之为伦理实践学及主体伦理学。正是此种主体伦理学的方向为全球化的今日人文学界所必需者。一方面其主体"实践方"为智仁勇意志力机制，另一方面其价值学"朝向方"为抽象的价值本身，后者正可由仁学之"仁"这个"神秘性"范畴加以表示。当儒教大一统社会形成后，此一"仁"之伦理性范畴被儒教权势具体化为儒教皇权之各种心言行上的道德性范畴（社会政治及其意识形态诸规定）。

仁学作为人类普适的人本主义伦理，其一级性的抽象的纯价值观范畴，当然也应该适用于其他文明的现世信仰体系，故可与西方文明中的思想与历史实践中的人本主义价值观一致。但是如我们指出过的，古希腊罗马的"道德哲学"，即从苏格拉底、柏拉图的伦理词语语义学分析，到较比成熟的亚里士多德的"伦理学体系"，其一级价值观范畴是密切地与其现实社会实践构想同时形成的，其一级价值（爱与正义等）是存在于其二级价值范畴体系（政治制度和教育制度的构想）之中的，抽象理念是存在于、表述于其"社会历史载体"中的。但是，最具"普适性的"价值只是一级性的，即体现于普遍人性内的；至于二级价值则受制于不同文明的不同历史社会文化条件，仅可能具有相对性的普适性。在此意义上，西方的"民主"和"自由"都只是二级类概念，中国儒教的"忠孝仁义"也只是二级概念。除此之外，作为儒教的"忠孝仁义"中的、被具体规定了其社会性内容的"仁"字，也与原始仁学中的、实质上前于"社会制度性规定"的"仁"字含义并不相同。自然在此辨析中我们应该采用更多的符号学立场才易于理解为何如此判断。

本书各章解释中其实不时都在指出，孔孟在其原典中所说的"君臣关系""天""道"等，虽然均泛泛地以所谓"周礼"为其"载体"，而实际上孔孟所说的"周礼"是"语用学地"针对其所承载的"一级价值"的，而董仲舒及以后所说的"周礼"则是秦汉政治权力加以具体规定后所形成的一套心言行规范体系。自古至今学者们都被汉字形体的不变性与含义的有变性之间的差异所误导，以为古今用同一语词，所说者即为同一意思。如果克服了此一误解，我们就可进一步区分中国历史上的类似"节义行为"之间的本质差异性，就可以理解为什么在同一环境内所做的同一牺牲与奋斗行为，其"伦理价值性含义"不同。作者在《论语解释学》一书中，贬低屈原而盛赞文天祥与黄宗羲的原因正在于此。有兴趣的读者可参见。

15-10. 子贡问为仁。子曰："工欲善其事，必先利其器。居是邦也，事其大夫之贤者，友其士之仁者。"

对比项：目的/手段，致仁/求贤。

意旨：仁学实践学首重动机之纯与目的之正，并特重于达至动机与目的之恰当手段，其中复以"友贤"为最切要者。

旧解摘要：

《集注》："程子曰：'子贡问为仁，非问仁也，故孔子告之以为仁之资而已。'"《皇疏》："言人虽有贤才美质，而居住此国，若不事贤不友于仁，则其行不成，如工器之不利也。"

含义引申：

此章所论看似是常识，实则是针对学者心志养成条件而发。心志之品级，可验之于学人处置"事"（目的）与"器"（手段）间关系的合理性程度如何。仁学"内学"之内实践，即智仁勇三维品德之磨炼，为仁学首要之"目的"，为实现此目的又首要主体"诚心"与"立志"。自诚之学，作为"实践力源头"，正可以视作达至"三达德机制"的"手段"，即实现"内实践"之第一"途径"：激发良知和确立决心。而良知与立志取决于主体对仁义话语的感悟力，后者亦应最有效地实现于学友之间。这就是古代书院在"科举职场"之外设立的主要原因：以友辅仁。（而今儒则利用书院名号拉帮结派，邀名取利。）

现代意义：

本章特言手段与目的之间的有效因果性联系，将仁学实践学的关键置于"仁学手段学"之正确性上，而后者则直接联系于动机层之品质培育问题。仁学所说的目的与手段的关系问题，实际上应涉及内实践与外实践两个领域及过程。前面谈及内实践中良知触发与心志确立的因果关系问题，君子通过见贤思齐、以文会友等正确心态的养成，以激发及充实个人仁学实践之实效。在外实践领域则涉及在动机、手段、效果三者之间形成的因果关系链，其中的"事"与"器"的关联方式不胜枚举。对仁学内实践与外实践中的各种"有效因果关联性方式"的认知，直接相关于今日人文科学改进事业的方方面面，也特别相关于最基本的"动力性机制"问题。现代人文科学领域内的仁学者，也应该在上述内实践与外实践中的两类"事"与"器"的关联中，合理调节自身内实践与外实践两域中的"方法论"。

15-12. 子曰："人无远虑，必有近忧。"

对比项：远虑/近忧，未雨/绸缪，依仁/用智。

意旨：仁者构思必由远及近，其实行必由近及远，远近兼顾，计虑周延，始可勇行。

旧解摘要：

《集解》："王曰：'君子当思虑而豫防也。'"《困学纪闻》："思欲近，近则精，虑则远，远则周。"

含义引申：

此为仁学实践学的智慧学之一，即如何从目标和手段两侧全面地构思和实行计划。在目的层，应该有实践步骤与节奏上的系统性安排，在手段层，应该有实践内容和次序上的有效性安排，也就是在实践过程中务必按照远近期目标而统一调配其轻重缓急步骤。仁学实践学为一放眼长远而着眼近前的"整体工程学"，而在每一实践步骤上也须兼顾目的与手段之间的协适性与有效性。仁者的个人生存即预先进行系统性设计与实施的长期过程。而庶众多属眼光短浅者，信靠直接经验，既不能扩大观察事物之全局，亦难以据之深测眼前之虚实，故既不能深刻认识环境与事物，又不能规划自身事业于长远，遂易随波逐流，甘愿听从命运之摆布。

现代意义：

"远虑"与"近忧"，即远近兼顾的客观认知及利害思考，涉及学术实践中的构思与遂行之整体合理性与有效性问题，而人们往往于远近目标与手段的安排方面轻重缓急策略失当。同时，本章之意特别在于强调，在远与近的各阶段上应维持构想与实践间的一致性及实践步骤间的因果关联准确性，如此可防止轻信上当，因小失大，或"小不忍则乱大谋"。个人与集体的人文学术实践规划方面的大小轻重问题，往往即远近关系之处置合宜问题。仁学的实践学，特别是人际关系中的实践学，尤其讲求此类实践智慧学技术，如学与行之关联、有道无道之辨析、或出或处之选择等，均相关于仁者实践中之远近目标与手段之间的安排合宜性问题。此外，个人之学术实践远近目标构思问题也关系到人际关系方面或个人与集体关系方面属于间接性的个人实践规划问题。就人文学术实践的智慧学思考而言，其技术性因素方面的切近思虑也必然处处牵扯到长远价值学方向上的关联性，所以价值性思考的"远虑"与技术性步骤之适当（免除"近忧"）是一脉相承的。如无此种价值学思虑的介入，实践智慧学的运作自然易于受到任何实用主义及功利主义的蛊惑，因二者在行为的技术性层次上必然相互交叉。以上按照学者个人本位提出的实践学构想，当扩及学界群体及团体实践规划时，在智慧技术性和整体协调性方面将更为复杂，却正为人文科学领域内贯彻仁学实践学精神的重要场域。

本章对于现代人文科学革新目标而言，具有战略性的指导意义。所谓"远虑"，即指应遍及相应时空区域的整体进行周延规划之意，学术理论革新者必须从此战略性高度、深度与广度构想精神文化与科学实践之全局。所谓"近忧"，即指如无此长远战略眼光，其具体计划与步骤必易于受周围环境影响而为之操纵，卒至其后悔悟而无法弥补。今日人文科学理论研究的"混乱"，可以说完全是因为欠缺战略性"远虑"（包括认知和准备两方面）而受到职场竞争主义学风鼓荡与崇洋媚外风气诱导而随波逐流的结果。（于是人们以为：只要会了外语，就可以通过随意录译洋学和攀附洋人而赢获职场之利。如此以"抄袭洋人"为治学之方的风气难道不是个人及民族的"近忧"乎?）

15-14. 子曰："臧文仲其窃位者与？知柳下惠之贤而不与立也。"

对比项：在位/举贤，妒贤/窃位。

意旨：见贤思齐，成人之美，为以学求真者所必有；嫉贤妒能，党同伐异，为以学求利者所必行。此所以有君子小人之分。

旧解摘要：

《集解》："孔曰：'知其贤而不举，是为窃位。'"《集注》："范氏曰：'若不知贤，是不明也，知而不举，是蔽贤也。不明之罪小，蔽贤之罪大，故孔子以为不仁，又以为窃位。'"《四书说约》："自古权臣无不蔽贤，匪独量隘，实是持位保禄之心胜耳。"

含义引申：

本章含两方面重要意指：君子人格问题和事业效率问题。妒忌和自私为人性之自然，小人者为具此本能最甚者，仁学即针对如何克服此自私性本能而设。然而世论多将迫害或排斥贤能者视为小人，却将因妒而拒荐贤能者视为人情之常而不予深责。孔子正是于此看似轻微的人品风格问题上立论，以深化和提升人格的高度：因排斥贤能倾向本身即为学人内实践品德低劣之征，而从外实践角度言则可视之为"大恶"，所谓"窃位"之责即将此种隐蔽动机与效果等同于"偷窃"。知贤不举实为自古至今的人性惯习，时至今日更属司空见惯，因商业化社会中竞争双方于理必不给有能力的对手以机会，而人际间为利而"合作"实出于拉帮结派、党同伐异的动机。此类商界必行之人性嫉贤妒能的表现均源于非仁学或反仁学的心态或个人自私主义本位人生观（西人美之为"个人主义"）。孔子特据此负面天性提出严苛标准以激发学者尊贤爱智之良知。

现代意义：

衡之以今日人文学界，此章之相关性意义显著。作为时代"弱势群体"的人文科学，因集体资源和个人机会短缺，相互之间竞争关系更为激烈。而在此领域的仁学实践学事业反更需学者间的精诚合作，以共同推进改革事业的发展。为此，学者首须克服嫉贤妒能本性而通过正确的人生观来锻炼自身品德修养，此即：见贤思齐，以友辅仁。此外，自古以来，偏偏文人易于相互争名夺势，加以历代儒者在儒教读书做官制度刺激下亦必将"以学争名"作为当然之理。不过，该类竞争关系的方式简单并易于控制，个人间相互竞争的场域与方法有限，而在现代商业化社会中个人间的相互竞争被视为天经地义，仁学之人际关系学更难有实现的机会。时代风气遂在个人与群体两个层面上加重了仁学之贯彻的困难性。人文学者面对的第一挑战往往即来自本领域内竞争关系中的"他人"之排挤和压制，以至于对于有志于仁学者而言，除面对环境整体的阻力外，还须在自我保卫的技术性层面上面对来自"他人"的反仁学伎俩。在全球商业化时代，人们混淆了两种本质上不同的个人主义：一种为商人化的"个人合法唯利是图观"，另一种为"作为伦理性实践主体的个人自决观"。前者之"个人性"指其"个人随俗私利性"，后者之"个人性"指其在伦理性大方向下之"个人独立自决性"。本章对于现代人文学界学风最具针砭之深意表现在：古之暗中"窃位"，今已通过拉帮结派、党同伐异之风气，而变成公然"霸占"。

15-17. 子曰："群居终日，言不及义，好行小慧，难矣哉！"

对比项：大智/小慧，高义/俗欲。

意旨：仁者追求精神志趣，俗众耽于物质享乐，君子为大事而生存，俗人为小事而度时。

旧解摘要：

《四书绍闻篇》："张子曰：'学者舍礼义，则饱食终日无所猷为，与下民一致，所事不逾衣食之间，燕游之乐耳。"刘氏《正义》："夫子言人群居当以善道相切磋，不可以非义小慧相诱引也。"《皇疏》："群居共聚，有所谈说，终于日月，而未尝有及义之事也。"《日知录》："饱食终日，无所用心，难矣哉。"夏锡畴《强学录》："群居终日，言不及义，好行小慧，此学校不修，教学不明之故也。后世纠党立社，标榜声誉之徒大率如此。求其讲学以明善取善而辅仁者，殆无有也。人材之所以日坏，世道之所以日病，其不以此欤？"

含义引申：

本章所言，实为自古至今世人之通性，而此情状在全球商业化时代则可称为"于今为烈"。因所谓"商人文化"必然包含其主要部分"娱乐消遣爱好"，即使其因附庸风雅而流行的所谓"高雅部分"，亦同样偏重于实体性文物，而无关于该文物所内含的精神内容，因后者与商人社会的教育与工作甚少关联。世界文化朝向商业化、技术化、娱乐化发展后，人际交往内容中的"严肃部分"都是有关经济交易事务的，而其"休闲部分"自然即呈现"言不及义"。在此全球商业化大环境下形成的人文学术，在方向与内容方面自然也会受其影响，"言不及义"实已成为各地社交之常态。孔子特将此类并非属"恶"的大众精神状态视为仁者之敌，因"平庸心态"必然反映世人伦理精神状态之缺失，以及必成为瓦解世人精神文化提升之外因。"言不及义"（庸常）与"好行小惠"（利害交易）于是成为主体精神朝向性缺失之征。三达德组成的"伦理主体性"之不存，自然导致仁学实践学无从产生；"言不及义"实即为"精神志趣不存"之指号。在此意义上，所谓仁者之志趣也就自然地与俗众在品德、性向、爱好、专业上在在相左。

孔子仁学早在两千五百年前即提出此现世精神生存（"为文"）至上的人生观，可见仁学，与世界其他古代政治哲学相比，"技高一筹"，非仅关注社会公平之思想（正确养之），亦关注个人生存意义之思想（正确教之）。"教之"的意涵非仅限于今日所言使人民成为奉公守法公民，而是如何导之提升精神境界。其所谓"精神"不是指超越性的神祇崇拜，而是指现世性的理性能力（知识与思想）之提升。此为仁学伦理学在价值观理念上较今日西方伦理学内涵更为高尚与深刻之理由所在。仁学之"成人"义即包括精神境界的提升，非仅"品德高尚"之谓。翻译成现代语言后，仁学之真善美价值所指为：真，现世经验理性之认知；善，现世社会公平正义之实现；美，现世精神文化境界之升华。凡此，均对峙于"言不及义"的俗世快乐生存观念。

现代意义：

相聚取乐，言不及义，乃今日社会商业化时代大众之通习，即使人文学者之间亦不免俗，如果其所从事之"人文学术"仅被用作职业手段的话。科技工商社会，绝大多数业者之大部分教育与工作内容均属技术性性质，其大多数人之人文修养必然日渐衰减（此所以动漫、游戏等可以演变为成人之娱乐）。法制化的现代社会，大众依外在规则生存，无关于个人独立心志的存在，个人之品德要求也就自然渐趋淡化。二者的合力导致了个人独立的伦理意志力随之弱化或消失。全球化时代，文化形态骤变，科技工商人士成为百分之九十的主流，其纯粹理智性志趣与古典人文精神失却关联，因此在全球化的现时代，仁学伦理学的施用范围必然大幅度缩小，根本不可能如古代那样相对地实行于社会文化各个层面，其严式形态（高段仁学）今仅只能限于少数人文科学理论家（在此非以之意指此辈"智慧高超"，而是主要意指仁学将成为此辈"业务开展"之必需，如同今日数学已成为经济学家之必需一样）。

社会与文化形态在历史上前所未有的巨变，首先使得绝大多数民众或读者听众不可能成为介入高端人文科学理论者，人文科学的身份、功能与构成也必随之而变。其结果有二：一者，随着学人纳入严肃人文学术与高端精神文化的比例日减以及进入人文职场的大多数"文士"的精神性要求趋低（彼辈为迎合由绝大多数准技术人员决定的文化市场需求，不得不降低其人文思想的深广度。影视界今已完全由票房决定论掌控，可谓确凿证据），爱好人文学术与精神文化者的人数自然大为减少；再者，现代人文科学理论的专业深化发展，导致其相关受众范围日趋窄小，一如今日能够接受理论物理的读者群者必极窄小。本章所告诫的民众心态庸俗化倾向，实际上今已成为世界上绝大多数人的、被视为绝对"正当"的生活倾向（民主时代也就必然是俗众趣味占领社会文化市场主流的时代）。即此一"正当性"与人文科学所要求于其实践者（创发者与接受者）的"正当性"完全不同，而后者则恰与本章仁学所要求的"正当性"相符。也就是，人文科学家不应该是"言不及义"者。

【关于仁学作为现代小众之学的历史解释学申论】

"言不及义"所反映的"好仁者稀"，正好预示了与现代人文科学发展范围及学术方向直接相关的特征：人文科学的参与群体，作为极少数专业人士，必将与绝大多数科技工商人士之间形成文化与专业兴趣方面的巨大鸿沟。有鉴于此，现代人文科学革新者首先需要有意识地与大多数民众保持"学术沟通上的"距离，不必再期待由职场学人、文化人、媒体人等一般读者所决定的"知名度"赋予。人文科学理论的学术质量将永远与社会大众的参与度无关，正如高等数学物理与大多数民众的参与度无关一样。此一必要性将实际上促使仁学伦理学的众多基本"不合俗常情理"的要求，只可合理地实现于现代人文科学理论领域之内。（为此必须抛弃一直以来人们以为自然科学只有"专家"才能理解而人文学术则人人可读懂的误解。）于是，中华古典仁学竟然与现代世界人文科学理论之间出现了二者所共同需要的主体品德性条件。但是，另一方面，本章的现代意义亦不必简单化地直意理解，而须按照本书前面多次谈及的仁学伦理学的历史上三类实践论形态加以分别规定。仁学之士君子学理念，今日只应转化为人文科学领域内少数"理论志愿者"之人生观基础，而不可再以其严式形态泛泛诉之于业界多数同仁（大多数人文职场学者的科研方向与方式，自然根本上会间接受制于科技工商主导的社会文化方向与结构，后者通过学术市场化机制，内在地限制着人文科学职场的科研方向与方式）。就狭义文化言，在此世界人口百分之九十均参与商业化、科技化活动的时代，文化产品亦必自然朝向感官性享乐化与技术性娱乐化方向发展。此即"大众文化"。只不过此一所谓"大众"实已接近于"人类全体"了。在此历史人类学的深层意义上，本章所言的"言不及义"岂非已成为世界生存主要形态之标志？但也因此而相当于做了如下宣告：由仁学所支持的"小众人文理论志愿者"群体之社会文化"自治区"的存在也成为新时代之必需。

15-19. 子曰："君子病无能焉，不病人之不己知也。"
15-20. 子曰："君子疾没世而名不称焉。"

对比项：求学/求闻，名/实，生前/死后。

意旨：君子以自学求真为止，无关于世人之褒贬，故可不因闻达之念而逊志。

旧解摘要：

《集解》："包曰：'君子之人但病无圣人之道，不病人之不己知。'"《四书拾遗》："王阳明曰：'无闻是不闻道，非无声闻也。孔子曰："是闻也，非达也。"安肯以此望人？'"《史记·孔子世家》："子曰：'吾道不行矣，吾何以自见于后世哉！'"（李幼蒸：此为史迁以己度人。）《日知录》："疾名之不称，则必求其实。君子岂有务名之心哉？"《养心录》："孝经曰：'立身行道，扬名于后世。'……圣人以名立教，未尝恶人之好名也……道家以无为宗，故曰'圣人无名'。"肯堂《论语义府》："君子之疾，非疾其无名也，疾其无实也；非疾人不见知也，疾我之无可知也。推此心，则当其未没之先，而汲汲焉以求尽其实者，不容已矣。夫子此言盖勉人及时进修也。"康有为《论语注》："然身不过数十年，名可以千载……顾念生前，淹忽随化，未有不以荣名为宝者。名在则其人如在，虽隔亿万里亿万年而丰采如生……其光荣过于有身时万万，故没世无称，君子以为疾也。名盖孔子大义，重之如此。宋贤固笃于务实者，而惑于道家之攻名……此则背孔子之义矣。"

含义引申：

此两章中前一章（5—19）将自强与求名对比，而二者间恰为因果关系，仁学强调学者唯当关念如何提升自我精神，而不应该关念如何索获名利。后一章（5—20）中"称"字之意涵多有异解，颇多人将其曲解为"应为后人称名"，即应积极于获后世之名（所谓"藏之名山"动机亦然）。此类曲解，即使确为此章写者之原义，其意涵亦违反仁学宗旨。如系孔门弟子所加，亦表现出其人自我矛盾之处。其正确义解应为：以名实不副之虚誉附身为耻。实际上，仁者心态本来无关于名之有无，但客观上随之而来的名利，或可成为检验自身实践品质的客观标志。

此两章的深意在于防止学者之自欺。凡自欺者，一来当其"出"时，即孜孜于当世名之求索，二来当其"处"时，则孜孜于身后名之布营。二者均违反仁学之教，并自然易入导致读书人曲学阿世、趋炎附势。后一章含两方面意义。就仁学义理言，仁者切忌好名，本应无求人知（名）之心，故必首先戒除世人好名之累，将其排除于仁者价值观之外。而第二个意义相关于实践学技术性、智慧性方面，即目的和手段的合理次序性关系问题：为达目的，必须讲求手段。实践者的"心思"和"关切"应该落在手段层上，而非目的层上，即只应关注手段的改进，而不该心系于未来名利预期及热衷于当前可致名利的条件。而时人多反其道而行之：其实践不认真朝向手段层面上的切实努力，而反积极朝向对目的可带来的名利效果本身之预期。结果，后者的负面性即可直接强化前者的负面性。

本章的仁学智慧观指令，也表现出仁学实践学内涵的一种理性主义：讲究手段和目的之间关联之有效性问题。但对"与手段有效性之关系"的关切本身，不等于有效性本身，因后者尚取决于实践者可能获得的技术性手段与客观贯彻条件问题。康有为批评宋儒所言，虽违背《论语》精神，但如下降至实践技术智慧性层次，则其言或含有另一种合理性。一者，名声之求，无论现世还是后世，均相关于自身学术思想成就之效果大小问题；再者，"兼济"之学一方面涉及自身学术之影响力规模，另一方面涉及该影响力规模与其"兼济"实践规划的效力，故关切"求名"一事，亦当含有二义：出于主观"爱名"，还是出于以"名"作为自身学术思想推进效果之"客观标志"。前者不合仁学宗旨，后者则不违仁学宗旨，可视之为一种自身实践力效果验证的手段。学者必定关心其实践之效果，因后者不仅可反映其动机、方法的恰当性，而且可反映其目的的达成性。但在原则上，康氏的说法仍须在本章总原则的限定下来判定，毕竟"好名"与"验名"的意涵不同。此一辨析在今日媒体文化蓬勃发展、世人唯知求名逐利的时代，可谓全失其义，因"名利"本身已成绝大多数人公开追求之人生目的。因此，此两章之仁学意旨仍然仅适用于人文科学理论工作者，后者之科研品质可谓"因果逻辑地"相关于学者本人的"道德品质"（即"以学求真善"心志，此必对立于"以学求名利"心态）。

现代意义：

本章之劝诫极其适用于现代。一因全球化今日为由科技工商主导的大众娱乐时代，个人为名而求名已属天经地义，以至于今日世情已将"名利"视为人类应有之普世价值；二因人文科学事业必须与今日被全面技术化了的社会大众所遵行之俗常价值观保持距离，不可为社会求名习俗所诱所制，否则学人必趋炎附势，急求名利，以之作为其向上攀升之阶梯，如此则必致戕害自身科研品质。如此看似无碍之小失，实乃精神文明发展之大失。在不可逆转的全球商业化唯物质主义建设时代，人类亦应调节其传统理想观念，即将致力于物质性生产的大多数人与献身于高端现世精神文化建设的极少数人加以合理的分隔，一如将少数高等数学家和大多数仅须知普通数学者加以分隔。进而言之，还应该把人文学术整体领域中的大多数从业者和其中少数致力于高端人文科学理论者加以分隔。此种不难理解的必要性，今可因新仁学的提出而获得进一步的合理性支持。

15-21. 子曰："君子求诸己，小人求诸人。"

对比项：自强/依他。

意旨：士君子独立自强、不随物移，俗众依强借势、随波逐流。

旧解摘要：

《集注》："谢氏曰：'君子无不反求诸己，小人反是，此君子小人所以分也。'杨氏曰：'君子虽不病人之不己知，然亦疾没世而名不称也。虽疾没世而名不称，然所以求者亦反诸己而已。小人求诸人，故违道干誉无所不至。三者文不相蒙而义实相足，亦记言者之意。'"梁氏《旁证》："胡氏泳曰：'杨氏合三章为一意，文义反复，互相周备，虽非夫子立言之旨，或记者取而相足也。'"《论语稽》："求字当兼何氏、杨氏二义。行者不得而反求诸己，则其责己也必严；违道干誉而望人之知己，则其责人也必甚。"《四书诠义》："求诸己者，凡事只求自尽，见得尽伦践形皆己正当事务，不可不求，而穷通夭寿俟之天，用舍毁誉听之人，于己无与也。然非勉为也，必求自尽，心始安耳。若著一念勉强，则故为隐晦，与求诸人者同。"

含义引申：

本章与前两章大意相通，均强调君子行己有耻，动机与目的均须醇正，坚守独立心志。有此自强心、独立性，当可在环境不利时有足够内力支撑自身抵制外部之压力。能"求诸己"即表现出自强、自立、自决的意志力。本章求己求人之教，非仅相关于不干扰他人之谓，而且主要相关于仁者实践中之动机、目的、手段、意志四者之间的次序及相互关系的一致性。"依赖或求他"心理，不仅代表自信之不足及求成之心切，而且反映其人最终关念落实于名利效果，故必易于不择手段、唯利是图。就学术言，个人学术实践之动机与方向必随之歪曲，遂不可能在面对"威武"与"富贵"双重压力下我行我素。以上相关于闻达之辨或名实之别的几章中的原则辨析，自然应该参照今日远为复杂的相关因素（如动机层或目的层与技术层或智慧层等各个方面）予以综合分析判断。

现代意义：

孔子时代的心理分析习惯未备，但可通过心言行三者间相关诸因素之恰当布列方式以间接显示心言行过程中的结构性细部之合宜性，此即动机、目的、手段、方式、动力、意指、效果诸行为方面之间的互动关系的一致性及合理性。以上三章均涉及一种可称为心言行间微妙的"关系形态学"，也即"达与闻的动机关系学"。《论语》曾明示达与闻间的似是而非的关联性，指出二者之间的异同。但孔子显然知道二者之间如影随形、相应而生，在事实上大多是叠合在一起的。正因如此，反倒特别强调合中求离、同中求异的必要性。此种"析分"的要求首先发生于动机层上，所谓"自反"即反思此离合关系形态：实践之目的在达还是在闻？而闻多半会随达而生，因此心理习惯往往同时朝向二者。仁学实践学则要求逆反于此习惯，而故意将两种心志朝向性加以劈分，并以此劈分后之闻达关系作为仁者实践的方向正确性和步骤适宜性之指南。如果在心志层上完成了此种历练，实践方向可保持端正，在此情况下，或者可以进而活用此闻达分裂关系，即承认二者之间的事实层次上的相随关系，并使其中之闻（其形态较具象）作为其中之达（其形态较抽象）的"记号"，使之作为具体施作中的"方便"。此时方有本章杨氏解中所谓的"然亦疾没世而名不称"。急于事功的康有为等不能细察此意（此为急于事功为康有为学行无得而徒有一时影响力的根本原因），将其粗略涉入性理与事功关系问题，在此心学层次上，其思维之细致度反不如两千年前的人士，可见儒家的理性能力本身两千年来大体停滞不前。此种闻达间的分合关系问题影响到今日学人的治学动机与目的问题，可以说极具伦理学设问意义之现代启示性。特别因为世界泛商业化之后，追名逐利为商业化之本质，绝大多数人均已改换其心态标准。当此周围世界人人视名利为人生当然目标的时代，人文学者是否有在心志层上逆势而行之勇，可说将直接关系到人文科学革新事业之前途。本章多以直接和间接的君子小人对比法来呈现两种人品与人格倾向。

【关于君子小人二分法的历史解释学申论】

此一二元对比式虽可出现于一人之身，但更多出现于两人之间的对比关系中。广义而言，君子与小人的对比，可呈现人品的一个"对立轴"的存在，轴心两侧为正负数，各有其自身量度。此一"君子小人对立轴"模式可以显现于一个人身上（在不同时段、不同方面、不同环境内表现程度可不同），此时该人可随境而异地表现出不同的君子性或小人性。此一看似主观的人格类型判断法，实际上，在其判断人事之是非因果上有其特定的贴切性，因为此模式的准确功能在于精化动机层的某"契机"的构成因素之特质，以在源头处精细化相关行为的"原动机因素"为何。对此原动机因素的构成之评断则可大致分为善恶维（严式）和正误维（宽式）。对于前者，包括最原初的与人为善和与人为恶，以及最原初的"学为己"（求真善美）心态和"学为人"（求名利权）心态；对于后者，可包括风格、性格、态度、趣味等偏技术性层次上的"正"与"误"区分。所以，无论"君子"还是"小人"都可以用于严式（此时可称之为"正人君子"和"无耻小人"），或者用于宽式（高尚与俗常）。

15-22. 子曰："君子矜而不争，群而不党。"

对比项：群/党，矜/争，求义/逐势。

意旨：仁者自尊，争义而不争利，爱友亲贤，不结党以营私。

旧解摘要：

《集解》："孔曰：'君子虽众，不相私助。义之与比。'"《集注》："庄以持己曰矜，然无乖戾之心，故不争。和以处众曰群，然无阿比之意，故不党。"《皇疏》引江熙云："君子以道相聚，聚则为群，群则似党。群居所以切磋成德，非于私也。"《明史》："宪成既废，名益高……当是时士大夫抱道忤时者，率退处林野……讲习之余，往往讽议朝政，裁量人物，朝士慕其风者多遥相应和，由是东林名大著，而忌者亦多。"

含义引申：

本章前句关系仁者风度，即君子耻于争名夺利，后句则涉及人际关系，即君子爱友而厌憎结党营私。"不争"指不为一己私利而争，"不党"指不为私利而聚势谋功。此类命令句均含有潜在的前提或条件。故同一"结党"或"聚众"，由于动机与目的不同而意涵和后果迥异。此章以全称判断式表达特称判断意，此类句式均省略了前提限定的部分，故须参照《论语》整体以为确解。党同伐异乃指，结党的目的是聚势，聚势的目的是与人斗争，斗争的目的是夺利（损人利己）。学界如亦持追求名利权之治学观，视学术文化活动为求利之工具，自然首须经营党同伐异、结党营私之策，此为个人与集团增势之不二法门。而人文学术反较自然科学与社会科学更适合于经营结党营私之事，因其学术欠缺明显可察之客观正误标准，故最适合于进行各种欺骗，"假仁假义"与"浑水摸鱼"自可得心应手。此所以唯人文学术特别要求学人主体品德之营建。作为自察自控之"内学"的"耻学"即为此而设。

现代意义：

本章指令句据千古不变之人性而发，其今日之意义不仅无变，甚至远适切于古代。因今日商业化时代，结帮聚势，集群争利，实为现代社会文化中最普遍的现象。然而此种盛行于商业化时代之社会风习，却深深戕害人文学术的进步。而事实上，无论中外，学界几乎无不"结党营私"，学派、中心、集团、刊物、学会、奖项等等之设，无不用于扩大个人与派系之影响力与垄断力。人文学界乏实利（金钱与权势）可图，遂变本加厉地集中于追求学誉或名势之"利"（"好名"遂易于成为人文学者之"第二天性"），其结果导致学界性质类同于商场，学者纷纷以求学界名利为其治学的唯一动机。结果，投机取巧和哗众取宠，自然更易于导致个人达其获取名利的目的。以学求真的治学观，因要求较高"投资成本"反大多无助于个人急功近利目的之达成，故难以推行，致使今日"科学时代"人文学术之科学性成就竟然每况愈下。持"以学求利"治学观者，在采取哗众取宠、结党营私方略后，必参照"商场策术"和"媒体技术"将其学术实践重点从纯学术思考转移至人际关系经营与市场化经营，遂导致种种学术集团及学派中心之营建，其学界行为大方向也就自然促成了"以学谋势"的学界生态。不言而喻，此等商业化时代的新人文学术生态，将从结构与功能上彻底瓦解人文学术思想理论之理性化、科学化发展。

15-23. 子曰："君子不以言举人，不以人废言。"

对比项：智慧/人格，技能/思想。

意旨：仁者既须慎于察言识真，不轻信人言，又须善于为公择人，用人之长。

旧解摘要：

《集解》："王曰：'不可以无德而废善言。'"《反身录》："三代举人一本于德，两汉举人意犹近古，自隋季好文，始专以言辞举人，相沿不改，遂成定制。"

含义引申：

本章亦同于查其言观其行及知人善任意，前句指出仅凭言论不足以识人。而自古至今人们大多习于"以言举人"，即轻易相信人言（关于许诺未来和解释过去的任何貌似有理之言论）。故本章属如何识人的仁学智慧学之教。后句则将人品和能力分别对待，因人无全善，自须依照扬长避短原则以尽量选用人才。任何事业必须依赖众力，所依赖者首先为其能力，非为其人品，如人品足以害其能力之用，则另行处之。此处之"言"可泛指表达或表现。

此章的对比项为以言举人和以人废言。其实质的对比项为人与言，因人与言在现实中合于一人，习常以为人与言为一事（同一人之事），故因其言而断其人或因其人而断其言。但二者实非一事。此章之极深意在于指出：二者必应分离视之，因人之动机和目的如直接表之于言（假定其人正派或为君子），此时其言可为其心志之符号；而其人动机和目的如不直接表之于言（假定其人虚伪狡诈），此时其言在"语用学表达中"则可另有"妙用"，即借助"伪造真言"话语以惑世欺人，其术必通过"言"之特意制作以期行之有效。凡哗众取宠之（伪）言，一方面起着掩盖自身真意的作用，另一方面起着有意误导听者的作用。故本章之诫具双重性：言之真伪须据正确原则客观断之；发言者其人品德之好坏或动机之善恶，则可与其人言论之"正误"相对分离。特因狡黠之徒为达阶段性营私目的，必善于交替性运作"以言惑人"之术：有时通过谎言以误导，而有时通过真言以作为下一步谎言行欺之工具性步骤（以此时之行真言策术，作为来时行谎言策术之策略性预备。一切都是为了赢其未来之大私，"思想话语"无所谓真伪，一切因时因地从效果出发，该出手真言即言真，该出手伪言即言伪）。狡黠者亦必同时为善于更有智慧之思考者及更善于表达正确判断者，以期产生更大的赚名聚势效果，作为其日后进而追求另一真正目的之"手段性准备"（野心家在聚势之初，资本欠缺之时，必更多运用"正确言谈"以作为营建个人名利权目标之"人气积累术"，等到聚势成功后方可无所顾忌地真面毕露）。因此，不可将一时一地善于表达"正确言论"者视为"正人君子"，因其言论的"正确性"可能恰可成为其后时机来临时用以"行诈"之自我宣传性工具或口实！"正确言论"可以成为"罪恶目的"之有效工具，这才是本章最深刻之告诫。不过，本章后句则相关于如何同样善于处置有能力而非善类者，虽然在任务实行中应贯彻"不以人废言"的原则，但同时亦必须贯彻"不因言而受欺"的原则。二者须交相并用，即应该在充分掌握相关人之长短两端后，再遵行扬长避短、用长防短之正确用人术。

现代意义：

本章的现代意义或较其古代意义更显重要，因现代社会、文化、思想、学术、技术等均较古代繁杂千百倍，人之心言行关系也自然较古代复杂曲折无数倍。如何透过"言表"看透言者之"实意"绝非易事，并须待长期察验始可获得真相，但却可能因识察之延误而受害。在民主社会或资讯发达社会，以言"动"人之术无远弗届，特意华而不实、繁而不明之"泛广告术"，亦已成为人文学界进行交流和"自我兜售"之无上法门。对于心言行三者之间的"记号表达关系"和"因果关联性"的精确性了解，遂成为学人学派间相互"合纵连横"谋利策略运用中的主要根据之一。一般而言，言与人的功能性区分意识对于学术与人格的准确判断，今日成为一种实践学的必要性。据此，通过精细辨析学术同行成就之知识技术面价值和其理论思想类价值，从而可相应地最佳决定从何角度"接触"或"善用"对方之学术。这样，即使国内外大多数学人以私利动机治学，而其技术性成果（特指西学理论）仍可有利于学界公益，并因了解其人之学术人格品质，遂可预先确定不废其言的合理限度何在（不可盲从西学理论的根本性原因亦在于此）。就今日国内外人文学界现状言，学识与品德的普遍分离性导致了技术性价值与思想类价值呈结构性分离态势，学而无德者比比皆是，故学界为谋求更高、更远、更深之精神目标，在技术层与思想层之间加以辨析之需要亦较古代更为迫切。

15-24. 子贡问曰："有一言而可以终身行之者乎？"子曰："其恕乎！己所不欲，勿施于人。"

［12-2. 仲弓问仁。子曰："出门如见大宾，使民如承大祭。己所不欲，勿施于人。在邦无怨，在家无怨。"仲弓曰："雍虽不敏，请事斯语矣。"］

对比项：利己/利他，人己/一体。

意旨：仁者持"人我一体、天下一家"的人本理念，故以损人利己为耻，以急公好义为荣。

旧解摘要：

《集注》："推己及物，其施不穷，故可以终身行之。"《此木轩四书说》："圣贤学问无不从人己相接处做功夫，既有此身，决无与人不交关之理，自家而国而天下，何处无人，何处不当行之以恕。"《皇疏》："恕己及物，则为仁也。先二事明敬，后一事明恕，恕敬二事乃为仁也。"黄氏《后案》："《韩诗外传》三曰：'己饿饥寒焉，则知天下之欲衣食也。己恶劳苦焉，则知天下之欲安佚也。己恶衰乏焉，则知天下之欲富足也。知此三者，圣王所以不降席而匡天下。故君子之道，忠恕而已矣。'以此言恕，即絜矩之道也。"

含义引申：

此二章中首章的意思似与《论语》系统主旨不同，因"恕"字难以担当此"统一"仁学精神的作用。据胡志奎分辨上论和下论编写者属不同时代人之推断，本章仅为曾子言，非孔子言（非即指两位历史人物，而是指《论语》文本全体中两条主要"编撰路线"）。因"今依论语上论所记，实未见孔子尝言'恕'字。考'恕'之一字，诗、书亦未见用及；如将'恕'字本义，于古代经典求之，实不可得"（胡志奎，235）。因此他认为此章意仅为下论编者言。按胡志奎之言，上下论均有曾子言"己所不欲勿施于人"，而于下论此句中却多出"子曰：其恕乎"，显系后加。有关本章形成的实迹自然无从考定，为此甚至不必泥执于上下论何为"真本"或"原本"的分辨，而是一切最后诉诸指令句在我们接受的《论语》系统内的一致性大小（其最小者相当于矛盾性）而定其义（此亦我们新仁学对于《论语》文本中仁学伦理学部分进行重编之原则）。因此，本章所谓"一言定终身"的说法显然违背仁学主旨，其直接效果是削弱了仁学的"斗争性"或"疾恶如仇"的本质。这样的判断并未排除"恕"作为德行之一种的价值，正如其他仁学品德名称一样（如忠、信、勇等等），但这些品德都需要在特定条件下（前提、环境、事项等）加以综合地运用，不可能如本章诸解中那样将品德类单字作为一绝对性指令句之指南。

【关于"恕"字的历史解释学申论】

以上辨疑均基于"恕"字之后世主要采纳的引申义——宽恕，后者特表之于"忠恕"作为单一品德名称内，而"忠恕"连用之始义未必是作为单一品德之专称，而可能为由该二字代表两义之联称，故亦指"忠实理会他人处境"意。按朱子等人诸解，"恕"字义更明确指"推己及物"，此即"推己及人"之泛称，也即今日所言"同理心"或"设身处地"之意。当君子彻底践行此义时自然可达"无我"之境，即人我一体之境，此正为仁学伦理性合理性之根由，亦可谓"恕"字之本义。故在此"恕"可有"主意素"与"引申意素"二解：一者作为"人己同心"，另一者作为"对他人之各种宽谅"。只有"恕"之主要义可作为仁学认识论基础之一，"恕"之引申义则否。后世对此所加的"喧宾夺主"的义解偏移倾向，实相关于儒家对仁学伦理学认识论有意无意进行曲解以达削弱主体意志独立性之意图。其主要目的或在于引导读书人一般而言"不与人争"及"与世无争",从而有助于其性格之塑造,以使其(结构性地)成为皇权之顺民。

现代意义:

己所不欲勿施于人,为中国古代通行的格言,亦为世界各国信仰体系所共同含有者,此即人际关系中的一种人类一体观和人己平等观。此原则非基于理论推导,而基于人性之自然。此一伦理价值观原则唯法家派人士以及作为其衍生体的商业主义所不取,因其意向正在于如何用权术以达损人利己的目标。"恕"义如用于今日人文学界,则具有特殊适切性。今日学界亦持相互竞争的个人主义人生观,均因乏此人我一体、共进求真之人生观信仰。

15-26. 子曰:"吾犹及史之阙文也,有马者借人乘之。今亡矣夫!"

对比项:史记/缺漏,纪实/饰短,忠厚/虚滑。

意旨:仁学根基于实证性人性经验,故君子为学求知必实事求是,以不知为不知,宁缺毋滥,故勉虚言欺世、以学煽名之鄙行。

旧解摘要:

《路史发挥》:"古谓字书为史,故有仓颉《史篇》之类。扬雄曰'史哉史哉',非史记也。"《论语发微》:"汉律,太史试学童,能讽书九千字以上乃得为史,又以六体试之,课最者以为尚书、御史、史书。吏民上书字或不正,辄举劾。史书令史者,为掌史书之令史,以正书字为职,故曰史书,曰史篇,皆为书字掌于太史,而保氏以教……《包注》云:'古之良史于书字有疑,则阙之以待知者,有马不能调良而借人乘习。'"《论语补疏》:"我有马不能服习,藉人之能服习者,乞其代为调良,此谨笃服善之事也。"《集解》:"孔子自谓及见其人如此,至今无有矣。言此者,以俗多穿凿也。"《皇疏》:"当孔子末年时,史不识字,辄擅而不阙;有马不调,则耻云其不能,必自乘之,以致倾覆。"《集注》:"杨氏曰:'史阙文,马借人,此二事孔子犹及见之，今亡矣夫，悼时之益偷也。'"蔡节《论语集说》："刘安世曰：'圣人在衰周犹及见此等史存而不敢削，亦见忠厚之意。后人见此语颇无谓，遂从而削去之。'"

含义引申：

本章可显示孔子思想如何重视"可验证之真知"而不喜"凭空想象之虚饰"，不妨视之为仁学原始实证主义之本色，此一古典思维形态即"以史实为据"。本章以传说为例言，史家如遇不识之字时（可泛喻"遇无据资料时"），宁可存阙，不可虚假填补、以伪为真（此警示几乎完全相当于今日史学界和考古学界间"相互取证"的陋习，如"本业"〔金石学〕中遇阙即以"彼业"〔史学〕之字面相合者补阙，不知两业之构成性逻辑根本不同。众多甲骨金文大家均不免此。可叹现代杰出史学家和考古学家亦难免此。）本章之例可呈现一种识字之道，因远古"字"与"史"二字相同，而"史"字在古代意指多端，后世渐渐专以之指"史书"，因此本章之警示范围亦自然扩及"历史记载"之忠实性问题。揆诸后世为史，或因心术不正或因理智未足，或因世人追求史学记录之功绩，遂导致史家大量编造伪史以达欺世盗名之目的。此种仁学实事求是的精神，至战国智术发展以来，自进一步强化的法家思想流行之后，早已荡然无存。谋士说客者流斥忠实为无能之代称，遂可各逞心智，信口开河，随兴编造，以想象或杜撰之故事的"合经验可断之情理性"（即合乎当时日常情理性）为"历史真实"之判准（仅以"言辞上听着通顺"为取信于人之不二法门），于是概将随意编造的故事称为"史事"。复因书写、刻写不便，信息流通以口体传诵为主，叙事过程中更易于任意增减文字，以"圆合"其故事编造路线。至汉代造书时代以来，口体传说渐渐落实为字书或书本，世人遂自然视之为"真史"之积存。此种孔子所持的"史记"忠实精神，自后汉掌握的"可征史事记录"出现后，遂在一定程度上陆续体现于"二十二史"中。

【关于据实书史的历史解释学申论】

关于古史中的真伪问题，可参见《古史辨》与《儒学解释学》以及梁启超先生的相关史著。古史中所谓的"秉笔直书"以及其难以充分实现的原因，极其复杂，此地无法深论。中华精神文化史上重视"记史"与"写史"的传统，既有政治意识形态上的原因，也有中国人"重实重事"心态上的原因。秦汉以来连续编史两千年之久，世无其匹，其官方推动力当然是源于统治者意图通过权力系谱学的编制，以象征性地扩展自身权势的时空"占有幅度"。为此，史官自然受到统治者出于种种隐恶扬善目的而加以的种种限制。至于传统历史上的"史学"本身的学术缺欠部分，自然与前科学时代的认知与技术条件的限制有关。但是在这样的条件下历代所编著的史书的确包含着"大量纪实"的可贵资料，其编写学上的原因在于"隔代编史"的习惯，这有助于史家排除当世皇权的禁忌而根据前朝传承史料进行尽量如实编写（其"真实性"程度首先取决于传承史料本身的"质量"）。如系为被取代的前朝编史，更可以放手书其统治者的错误与罪恶。因此二十二史中最可贵的"真实"竟然主要表现在其"书恶"的部分（其"书善"的部分容有史料夸张的动机在）。不少怀有良知的史家于是趁此为前朝写史的方便性，将该统治者的残暴和罪恶"记录在案"，遂为后世留下了关于封建统治者自私自利、残民以逞的历史真实黑暗面。（本人在读南北朝时期的南朝汉人历史时，对于其中暴露的祖先人性无耻与残暴之纪实性，大为感佩！我们学者要知道的就是真相，无真相何以做科学的研究？）这类记录因针对具体事件，其事件真实性甚高，也最为可贵。其价值与其说在于史学的学术性，不如说在于史事的伦理思想性。史家正是在仁学精神及其善恶是非标准的"引导"下记录下这些中华权力史上的正反面史实的。至于传统史学的"科学性成就"方面，因古代儒教意识形态限制、史学思想眼界以及前科学时代史料记载等技术性限制，其有关事件的因果分析与价值判断方面的结论，详略根据不齐。对于现代的传统史学研究而论，学者应该视之为重要的史料，但不可一律视之为当时历史过程的如实再现，只可视之为现实之相对性、片面性、局部性再现。为了有效地利用这些前科学时代编写的史料，今日历史科学应该借助现代多学科知识与史学技术工具对之进行进一步科学化的研究。

现代意义：

本章关于学术文化应重真实性及诚实性的警示例，可被视为原始仁学具有经验实证主义精神之表征。就现代人文学术重建事业言，本章此一尚未受到充分重视之古代格言反而弥足珍贵。其中要点为二：就方法论言，强调经验事实的基本性；就道德性言，强调学者治学的诚实性。学者如取急功近利的态度，必难以诚实治学，因市场化竞争态势激烈，个人名利与之密切相关，故商业化社会必多有为之推波助澜的条件，鼓动学人不择手段地追求学术成果的市场成功。如此，则标新立异、哗众取宠、耸人听闻的治学方略自然会频频发生。而今日来自西方人文理论界的一些脱离事实根基的各种"人文理论话语"的流行，之所以不尽可靠，主要即因其倾向于忽视经验性事实。而后现代主义者们反而正是要主张理论话语脱离各种现实而玩弄文字文本编写修辞学。未来人文科学发展必须在经验真实性与基于真实性的理论分析之间展开。二者均首先要求学人具有向真除伪之诚心。

15-27. 子曰："巧言乱德，小不忍，则乱大谋。"

对比项：巧言/虚伪，忍小/图大，先失/后得。

意旨：君子审时度势，善用智权，避免因小失大，因近害远。

旧解摘要：

吴嘉宾《论语说》："圣人之所恶，常在于似是而非者。巧言乱德，所谓恶佞足以乱义也。小不忍则乱仁，或曰必有忍，其乃有济。"《集注》："巧言变乱是非，听之使人丧其所守。小不忍，如妇人之仁、匹夫之勇皆是。"

含义引申：

本章二句无直接联系，但均相关于仁学智慧术。前者警惕佞口者惑众，后者强调能制怒以谋远。在君子的自控能力和其实践计划之间存在有直接的因果关联。因此主体的自身性格也是其"实践手段"的组成部分之一，故应据"讲究手段"的同一原则来调节自己的心态、性格和自控力。广义的"实践手段"含有内外两界因素，因此心理因素具有主体内外实践学之"手段"功能。

现代意义：

本章前段之"巧言乱德"，具有的现代警示意义十分显著，相关之意，本书前已屡有阐发。今日以现代西方"理论式修辞学术"制造的人文理论话语泛滥的主要害处，除提供不实思想判断（泯是非）外，更主要的是其"乱德"效果（除善恶），其目的在于直接削弱学者之独立伦理意识能动性，从而根本上断裂了人文学术与伦理思想之间的因果逻辑性关联。此即为以其言之"巧"来惑乱学者之"德"，以达学术思想失其"正解"之目的。

本章后段涉及学术实践过程中革新思想面对守旧霸权势力时该如何运用智慧以处置理论实践中的仁与反仁（真与反真）的冲突关系。即革新学者既须本仁义原则正其方向，又须审时度势以确保其实行，从而随境而异地构思其应对挑战、克难前进之方略，其进退之间自然须善用一正反两面之"忍"字。"忍"者，如御者之缰绳，须随境而灵活其收放技巧，以期综合平衡地调控其在实践进程中之节奏。

15-28. 子曰："众恶之，必察焉；众好之，必察焉。"

对比项：众意/真伪，听闻/察验。

意旨：仁者断事，必广闻见而后查证，不可满足于随众附和及趋潮顺势。

旧解摘要：

《皇疏》引卫瓘云："贤人不与俗争，则莫不好爱也；俗人与时同好，亦则见好也；凶邪害善则莫不恶之；行高志远与俗违忤亦恶之，皆不可不察也。"《集解》："王曰：'或众阿党比周，或其人特立不群，故好恶不可不察也。'"《集注》："杨氏曰：'惟仁者能好恶人，众好恶之而不察，则或蔽于私矣。'"刁包《四书翊注》："或以独行滋多口，或以大义冒不韪，众虽恶之，所当鉴谅于行迹之外者也。或违道以干时誉，或矫情以博名高，众虽好之，所当推测于心术之微者也。"

含义引申：

本章属仁学智慧学范围。断事论人不仅不能盲从众论亦不能以众人之喜恶为断事之据。即群众的好恶是非惯习不能作为仁学实践学依从的权衡标准。这也是强调仁学者在断事论人之时须维持独立自主。朱子之所以说唯仁者必须并善于其好恶是非评判,不仅言仁者因动机端正故其评断可倾向于公正,而且言及仁者必应有能力(有学识)进行善恶是非评断始可运思、论学、处事。理性的人文学术实践,亦无处不涉及是非善恶之论断问题。因果论断与善恶辨析二者均依存于思想主体本身之能力问题,故不可简单信从无此能力准备的大众也。大众者,知其自身喜好,但不知可造成喜好之客观条件如何可得。这也正是民主制度未来应面对的一个大问题。

现代意义:

衡之以今日学界与文化界,在学术商业化泛滥的今日,人文学者追求学术市场上个人作品知名度(品牌知名度)的大小,此已成为其职场取得成功之标志。而知名度大小即基于"人头票数"之多少,故"哗众取宠"(逻辑上)必成为今日人文学界的第一施用手段,"能言善道"者及据势称霸者,自然由于其掌控自我宣传资源而较他人易于得胜取利。而受到哗众取宠影响者以及乐于趋炎附势者,则必易于成为社会文化流行之主导者,故本章之警示具有高度现代学界切要性。此即,不能以众人对作品之态度(好恶)作为衡量该作品价值的基本标准。而"察"字在此即批评性检讨之意。此又涉及"察"的学术检验能力的问题。实际上,对于众人和对于察验者,都有一个本身学术知识是否足够的问题。本章之重点则在于指出:察验者本身须首先具备进行有效察验之意识与方法。今日科技工商时代的问题则在于,绝大多数人均为专业性技术人员,各自所熟悉者多限于本业范围,对于无数倍大于自身认知的社会文化问题,欠缺相应知识和经验以做正确有效判断。对于今日越来越被边缘化的人文科学理论而言,不仅遭遇教育与知识已被技术化了的广大民众之轻忽,亦遭受同一人文职场内朝向以学求利的大多数职业主义者之拒斥(因职场学者必坚持职场行之有效的规范始可获利)。处于此几乎"孤立无援"境地的人文学术理论探讨者们,对于如何有效贯彻学术实践的问题,也就不得不相关于如何处理"人己关系"的问题。

15 - 29. 子曰："人能弘道，非道弘人。"

对比项：人/道，主观/客观，主动/受动。

意旨：仁学为主体伦理学，伦理实践力只能根源于主体意志力，故君子必以自力致仁道，而非被动依赖于（虽然必定积极借助于）任何外力之推动，此为人本主义（而非神本主义）之另一意涵。

旧解摘要：

《皇疏》引蔡谟曰："人可适道，故曰人能弘道。道不适人。故曰非道弘人也。"《集注》："人外无道，道外无人，然人心有觉，而道体无为。故人能大其道，道不能大其人也。"《论语述要》："此章最不烦解而最可疑……此谁不知，夫子何必为此闲言？意必有一义也……老氏之流曰人法天，天法道，道法自然。曰道无为而无不为，是道能弘人之说也。"《集解》："王曰：'才大者道随大，才小者道随小，故不能弘人。'"黄仲元《四如讲稿》："弘有二义……容受之弘……廓大之弘。其容受也，人心揽之若不盈掬，而万物皆备于我，此弘之体。其廓大也，四端虽微，火然泉达，充之足以保四海，此弘之用。性分之所固有者——收入，职分之所当为者——推出，方是弘。"

含义引申：

本章为《论语》中"金句"之一，因涉及仁学伦理学认识论之根本，即人本主义之根本，此即：伦理学的价值标准和实践力均基于人的心志本身，而非基于任何客观规律或外在力势。因此其非宗教信仰的特点一目了然。仁学认为不存在可控导人类命运的怪力乱神，人类一切创造性实践均发生于人心而已。仁学作为信仰学与各种宗教学的本质歧异性，首先即表现在本章言简意赅所宣表的实践学原则上，其要则可归结于：人不仅为万事之价值学尺度，而且为万事推进之本源，为此必须弘扬人本身的意志力本位说，以摆脱各种神祇决定观与外力决定论。

【关于"人能弘道"的历史解释学申论】

此章意涵极为丰富与深刻：

1. 人主体意志的独立自主性事实表明，道德行为来自个人伦理意志力之品质，主体性素质决定着伦理实践者的能动性及其品质的大小。伦理学实践力非来自超越性力势（神、天道、天理、宇宙规律之类），遂澄清了伦理实践力的真实来源。

2. 凸显主体的能动性和独立性，不仅排除了任何来世性和现世性的"超越性主宰"的神话，而且区分了政治法律机制和主体伦理机制的异质性，即澄清了伦理学认识论前提。

3. "道"字为多义字，儒法之道均属外在属性，或代表某种神秘的宇宙势力，或代表抽象的宇宙规律，而孔孟之"道"则只可能指仁学实践目标及途径本身，其价值由人类主观赋予，而非外加者（人类不存，即无所谓人之道，因那时主观不存，所存者当然只有客观自然规律）。因此"弘道"的"道"既指个人精神之伦理性目标，又指集体精神之伦理性目标，随之则可继续指目标的社会性实现。"弘"字自然指可能实现于前三个不同的层次上的伦理实践之规模。此章可与"朝闻道"章相互发明。

现代意义：

衡之以今日人文学术，本章与实践伦理学性质极为相关。今日身处内外交困局面中的人文学者正面对着大量内外挑战。克服挑战和迎难而上，均需具备坚强的主体意志力，此意志力即体践于各种艰困实践过程中。人文学术真理目标能否达成，取决于实践者自身的主观行动力大小，而本章断言，主体如具备此仁学精神即可正确而有效趋向于目标，而如无此主体意志力则不可能朝向及达至仁学目标。此一伦理实践学认识论完全不同于自古以来的特别是儒教社会建设以来的儒家所信奉之天道观。天道者，存在超越人的意志的非自然力（神格"天"及诸路"鬼神"）在决定着人间命运，故须时时体察顺从此"天道"或神所制造的"客观规律"以求恩助。仁学实践论则使一切实践项目的运作基于自身伦理意志。这样的学术真理实践观当然与现代相对主义、虚无主义、神怪主义完全不同。也只有根据这样的人本主义伦理实践观，才有可能投入现代人文科学全面改革事业。这就是新仁学要着重强调人文科学理论的正向发展与学者主体的伦理意志力的建设息息相关的道理所在。有此独立伦理意志力，思考者才可能有充分自反、对外反思以及积极自改与勇于改造外在学界的主体视角与动力。这正是今日西方人文学界所欠缺者，因其主流完全陷入按照现行学界"棋格"与"棋法"进行规范性操作的僵化渠道而难以自拔。

15-30. 子曰："过而不改，是谓过矣。"

对比项：过错/改正，改过/前进。

意旨：仁学为人本主义伦理实践学。作为自然性与社会性的个人必时有过错发生，有鉴于此"人之天性"，故仁学视过错及其改正既为人之进德之机，亦为人之失德之验，"改过学"遂成为仁学的重要实践学方法论之一，其可行性则取决于良知及耻学存在否。

旧解摘要：

《集注》："过而能改，则复于无过。惟不改，则其过遂成，而将不及改矣。"《皇疏》引江熙云："一过容恕又文，则成罪也。"

含义引申：

此章看似浅白，实则关乎仁者实践法之正误原则。仁学视过错为人性之自然，故明智地视之为难免，而将要点移于"改过"问题上。仁学的"过学"与宗教教义视过错为"罪孽"（原罪或业障）等"不近人情"和"不合逻辑"的看法不同，而是将与过错相连的道德问题归于如何改正过错的态度与方法问题，此亦为仁学实践学的一个方面，用以督促学者不断通过纠错以自我改进。故仁学并不依赖超越性外力之助以纠正自身行为偏误，如依靠祷告神祇等，而是首先依靠人主体之良知自觉，其次依靠主体之意志力建设。

本章要点在于：通过肯定自我改错的可能性和必要性来间接认证过错乃人之自然，其源在于"人性"本身，并非来自凭空想象的"原罪"或"业障"。改过学遂成为仁学实践学的一个重要分支，即仁学自进实践中的时时践行的步骤之一。但如拒绝自行改过则学者无从推进其仁学实践任务。"三省吾身"即为"改过学"之第一步，即积极审查过错之存在与缘由。仁学之改过学为仁学伦理学基于经验人本主义立场的佐证之一，亦为其处置人性内含正反两种人性本能消长关系的一种方法论。广义而言，"改过"与"进步"为一币之两面，学术思想的"前进"正是不断纠正"前失"的结果。在此扩大解释下，本章之重要性可更显著。

现代意义：

所谓"改过学"包括以下诸端：错误发生乃自然，主体具有改过之心，主体须有意志力如实发现改过之方，主体须有不拘世誉而有"弃旧革新"之德与勇，此"过"字应涵括主体心言行的方方面面。衡之以今日人文学术革新问题，本章的要求尤为切合需要。

人文学术实践中发生的"错误"（过错）必须加以改正。改正过错即批评审视现行各种观点理论的是是非非，其含义是学者不可不问学术理论之是非而仅视之为职场功利主义的可行的有效的手段。在此领域，重视错误的发现和改正与人文科学的理性主义真理观完全一致，为科学真理追求中的必要步骤之一。但如依今日国内外学术功利主义原则，传统的真伪之别已被转化为有利无利之辨，因此即使历史上证明为错且不当者，如其曾经在历史上一度产生过重大影响，具有过"实际影响力"（学界一度发生过的一定流行度），即可被视为在学术思想史上取得了永久性"使用价值"，遂可成为后世长期使用的"正当"研学对象及标准。（历史上的不少陈旧之言，其当前的"学术价值"，不是定之于当代科学学理，而是定之于其学界行之有效的"共识"。）因此之故，人文学术理论尽管在历史上正误对错思想纷呈却无须加以批评梳理，其历史上的影响力大小遂可永续地成为现代及未来人文科学职场上"有用的"（此"有用性"定之于人为"共识"，不是像自然科学那样定之于客观道理）标准。

此类人文学术几千年来不问是非、唯名是问的陋习，实际上即为未来人文科学难以发展的最大绊脚石。此种本质上属实用主义的治学观点，当然为自然科学所不取，故自然科学可最终成为科学，而人文科学最终仅成为"玩赏"或"职业工具"。问题在于，此供理智性玩赏之学却被有些人用于与自然科学相比拟的"伪科学"领域，用之引导人类善恶是非问题的解决，此正为人类文明几千年之痼疾而为今人必须正面面对之挑战。其中尤为严重之障碍即属来自人文学术伪科学观的各种非理性主义思维方式，此类思维方式之易于传染的本质是：因其虚夸、虚空、无法查证真伪，故最便于作为"弄虚作假""哗众取宠"的邀名取利手段。当前西方后现代主义的种种荒谬表现正为此类肤浅思想流行之代表，彼辈动辄古今中外不分地随意摘取古人言论以作为连缀自身"巧言乱德"话语的方便。而偏偏此类哗众取宠之言，因不须受到严格学理逻辑限制，反最易于产生"欺世盗名"的效果。又由于此类被制造的"效果"一旦成立，遂即取得了"名势投资银行"内保本保利的"历史地位"，其后利用人文学界欠缺科学理性之环境，即可行之于久远，产生其永恒的误导价值观的作用。

15-31. 子曰："吾尝终日不食，终夜不寝，以思，无益，不如学也。"

对比项：思/学，学/行。

意旨：君子以学为思，非以信弃思，学思交织，以履践其为仁之学。

旧解摘要：

《集注》："此为思而不学者言之，盖劳心以必求，不如逊志而自得也。"

含义引申：

本章再申学与思的互动关系。学与思二者之间学在思前，此为仁学认识论、实践论的经验主义学习次序性主张：学的对象即外在经验性知识。此一学习实践的次序性也是仁学人本主义观的间接证明。即先秦原始仁学认知观已经脱离商周神怪迷信惯习，而以对实际经验的观察思考作为提升智慧的途径。神怪迷信不诉诸自身经验理性之求知努力，而是诉诸天神鬼怪类之想象性护佑。但如朱子本章所注，此为就能思者言，非云单只学习即可有成。实则有学无思者其蔽相同，必学思相辅始成仁学之为文成学之方。思与学的关系问题在现代自然科学中早已不成为问题，而在人文科学方面实为古今中外几千年来始终存在的认识论与实践论领域内的基本困惑所在。

在儒学思想史上前有孔子的思学之别,后有理学家的"道问学-尊德性"之辨。因古之所谓"思"者即伦理道德性"思辨",并兼及认识论与实践论两个层次上的治学观问题。本章在思与学之间首言学之在先性,也就相当于显示中华文明古代思想发展的大方向为现世经验主义的,所谓"学"即掌握此经验世界之"知识"意。加以中国古代思想家重人事远过于重自然,其思维兴趣和经验对象反而使其特别相近于现代人文科学的大方向。

现代意义:

衡之以今日人文科学事业,"学"正可扩解为内外经验知识的学习和研究,可证仁学内含某种原始的"科学理性"。此基于事实经验之"学"字正为今日人类精神提升之唯一基础,而学之内容、类别、功能则已古今大别。近代以来,知识专业化分工发展为人类认知突飞猛进的第一阶段,如今跨学科阶段的到来,则开启了综合理性运用知识材料以求创造性突进的第二阶段。在此第二阶段,中华古典仁学的"准整体论"读解忽然显示出空前的启发力与可运作性,并可成为人类人文知识跨文化伦理学发展方向的导引。

"不学而思",包括不充分、不适当之学,今日可遍指诸多社会文化现象。其一为,通过想象类故事的编撰以迎合广大"不学"的(对于人文社会科学介入甚少的)技术化民众,满足其非精神性、非思想性的感官消遣需要;大众文化相当于一种低阶"感性文化品"之制造企业,形成了"买卖"双方之"不用学"(人文)即可达其消遣性"思"的文化形态。其二为,全人类绝大部分之学,不仅集中于科技工商医等科技类之学,因此对有关人生意义与价值问题的人文理论学习极少介入,而且偏于技术性的政经法等传统上的"准文科"之学,其对于人文科学的理论性问题也基本很少涉入,更不要说全球退休的老人在后几十年中几乎彻底无"学"的吃喝玩乐人生方式了。此现象可证:当社会政治良性发展后,其所服务的大多数技术化人员在脱离其技术职场后,立即弃学弃业,无所事事,遂将先前的技术化之学也抛掷于身后,自然更与仁学追求的精神文化创造性实践没有任何关系。此种"福利社会"的状态难道即19世纪众多各类社会主义者们所理想的"人生幸福"形态吗?

所谓"学",无非指对一切相关对象之认知,而众人一向对于所相关的对象易于随意思考论断却并无事先充分严肃认知的准备(如自然科学家须先行长期研修以建立数理化基础)。而此严肃认知即"学"也。再深入谈,即使在现代人文科学领域,由于学科分划和商业制度化垄断,其人文理论之"学",业已演变为功利主义导向的、制度上被多方面人为限定之"为学程序"。此类用于职场功利主义所需之学,对于今日人文学术理论必须掌握的跨学科类知识而言,成为一种制度性、职业性的阻力。而这些专业化的人文学者,何人不是在既定框架内"积极于用思"者?因相关之"学"自然须参照学术实践之目标与方法,如不能行合理充分之学,该"片面之学"(即专业化之学)即不能说充分践行了本章所谓的"为学"之意。此外,最极端之"思而无学"类别则由后现代主义与反理性主义的各路理论家们之"理论话语编造修辞术"所代表。此类学人首先将"经验事实真理"观念本身加以排除,使"学"之真实对象不存;其次在无经验事实基础上凭借纯然想象编织"理论式文本",以表达"思高于'学'",遂从根本上排除人本经验主义方向的伦理性思考,也就从结构上瓦解了人文科学之科学化的(即合理全面地致其"学"的)发展基础。

对此,本章之明确教谕为:学在思先,学思相长。如持"废学而思"或"轻学乱思"的态度,岂非必然成为哗众取宠、惑人取利之徒?今日国内外网站上到处可见此类张扬其具有独到之"思"的文字,其中多可暴露其人之"不学"背景,而其"运思"之意图又明显表现于哗众取宠上(增加点击率)。重要的是,以点击率为目标的"思想家们",其理想中的"思想受取者"恰是网上无数的也无"为学"兴趣者,二者一拍即合,共同影响着网上舆论,共同生产着"点击率",遂形成了一个庞大的"伪思想界"。实际上,今日拉帮结派以增名势的风气正泛滥于互联网,不少网站成为新型聚势山头。此种依靠"网文人海战术"经营人文社会思想传播,正成为"不学而思"的典型现象。所谓"网上思想家",实属于当代"大众文化界"之组成部分。此一现象遂也成为新仁学主张严肃的人文理论工作者必须甘愿成为"学界小众"的社会学理由之一。

15-32. 子曰:"君子谋道不谋食。耕也,馁在其中矣;学也,禄在其中矣。君子忧道不忧贫。"

对比项:道/利,耕/馁,学/禄。

意旨:君子义在利先,谋不损道之食,不为食而损道,若二者抵触可思孟子鱼与熊掌之言。

旧解摘要:

《皇疏》引江熙云:"董仲舒曰:'遑遑求仁义,常患不能化民者,大人之意也。遑遑求财利,常恐匮乏者,小人之意也。'此君子小人谋之不同者也。虑匮乏,故勤耕;恐道阙,故勤学。耕未必无饿,学亦未必得禄,禄在其中,恒有之势,是未必君子,但当存大而遗细,故忧道不忧贫也。"《集注》:"耕所以谋食而未必得食,学所以谋道而禄在其中。然其学也,忧不得乎道而已,非为忧贫之故,而欲为是以得禄也。"《此木轩四书说》:"使谋道谋食了不相涉,则谋道之君子不须以谋食疑之。惟夫谋食莫如耕,而馁在其中,竟有时不得食也。谋道莫如学,而禄在其中,可以兼得食也。然而君子之心,则忧道不忧贫也,曷尝为禄而学乎?不然,则以道而谋食,所谓修天爵以要人爵者耳,其不流为小人之归者几希。"

含义引申:

本章为《论语》名句之一,几千年来对于儒者立身行事影响甚著,其要在于本章凸显了"道大于食"以及因此导致"君子之忧"的"对象明确化"。这是就本章的"读解效果史"而言的一种普遍性判断。但是,如果严格按照全句进行释义就会产生诸多含混性。本章的读解正面性,可以说在于读者的"选择性读解"。今日对其进行的一个合理的解释为:古人的直观实用性组句法,相关于当时的汉字与句法的使用法,故与后世(儒教时代与现代)的使用法容有不同。首先,什么是"谋"与"忧"二字的确义?二者都含有心理行为的程度性意素。"郑重谋划"与"目标思虑"均不同于并均不排除任何"日常对付"或"最低限度'解决'"。在此意义上，（郑重）谋道、忧道与（随意）解决温饱完全可以同时实行，而二者之间在精神关注的层次上和心言行涉入的程度上当然明显不同。此意正与《论语》谈颜回"在陋巷"意等同，该句中之"一箪食一瓢饮"与其志行之高洁可以并存。因此，本章之基本内容即为"君子谋道不谋食，忧道不忧贫"，其中之"不谋食"与"不忧贫"不是可不食意。

本来已经完善的指令却被其中间二句"耕也馁在其中，学也禄在其中"造成理解的混乱。特别是"学也禄在其中"的意思与仁学的精神根本违背。我们有理由怀疑本章，至少其中的中间两句，为后儒所加，其既符合秦后现实也符合儒家思想。儒教时代已形成"为服务皇朝而学"的制度与共识，此两句的合解或为：农耕因自然条件甚或不免于挨饿，而学以受谏或中举为官则必可得禄——学而得禄较耕而获食更可靠！大多数儒家对于这样的含混句法愿意接受，"勤学"与"得禄"两得之，却未理解这样的"折中主义"恰损害了仁学高标仁义大道的精神，此精神正要将道与禄作为目标对立的双方，造成读书人的价值观高低对比的张力，以促使其矢志于弃禄而求道，哪里会是提供一种"旱涝保收"的生意人策略？再者，此中间二句的互比性并不适当。耕之目的，本来即为食，而学的目的并非为禄（而是为道）。如此明显的句法不谐性，历代儒家读者竟然不注意区别之。此一现象正可以说明仁学与儒学的本质性区别。

仁学作为伦理思想，必须逻辑上一贯；而儒学为皇权制度内之"道德章法"，遂将本章转换为这样的暗示：读书人唯按照儒家规矩治学才得以"旱涝保收"，从而将本章之真实结论定为：儒者应"全心全意献身于皇权之大道"。"谋"与"忧"之精神性高度遂可具体地朝向"皇权"，并附加以合乎人性之私的恩惠暗示：禄。因此，如按俗解，此章内所含矛盾性可视为后儒（自古至今解家均泥解之，从董仲舒到今人等）泥解本章要义之故，如强调为公耕耘与为私收获的关系等。实际上中间两句大违首句、末句意旨，我们应该从此句式结构中分清主次。前句与末句应合于"朝闻道夕死可也"意，不可曲解为谋道或为谋禄之最佳途径意。

【关于谋道谋食二分法的历史解释学申论】

让我们进一步来观察和分析本章文句之构成，从其内部不协中来揣测其中含蕴的潜在意涵。本章实际的双对比项为"耕/食"与"学/道"，按照儒家读解法，每句之前者的确与其后者之间构成了准确的直线因果关系。然而最后却将"馁在其中"与"禄在其中"作为同样的对称关系句理解，于是立即出现了明显不伦的类比错误。"馁"自然相关于"食"，但"禄"为什么相关于"学"呢？前者易解不须多谈，后者的错误类比则源于对学与禄之间的因果关系的判断上。这也是《此木轩四书说》提出批评的原因，但为什么其他解者均视此不当增解仍为重要呢？表面上这是因为增解者或原编写者将后句的论述层次做了改换。按照我的解释，此一"跑道改换"属于实用性增解以使本章发挥综合的促动性作用。但进一步看，也许并非如此简单，而可能也是后世儒家之增附者，用以达成更为符合儒教制度所需的原则。此即儒教制度在"学"与"禄"之间在社会政治层面上人为地实现了因果关联之事实反映，从而完成了一次解释学的扭曲性转换：将学与道之间的原始仁学教诲层次转换为学与禄之间的儒教层次上的行为指令。如果此一推测有理，本章的修辞学逻辑的不谐性，岂非正可反映仁学与儒学之间本质上的不谐性或二重性？即究竟以"道"（仁学义理之基）为目的还是以"禄"（儒教权势之赐）为目的？或者，其逻辑含混性是在有意传达着两种指令：仁学的与儒学的，自由的与限定的。此一含混性的直接效果正是要在不知不觉中在仁学之"道"与儒教之"禄"间架一桥梁，或将仁学之伦理性理念之"道"偷换为儒教制度性之"道"。

现代意义：

本章的教导与现代社会文化及其人生观可谓正相反对，但却与理想人文科学革新事业直接相关，其绝对性语气代表着一种对人本主义伦理学实践论内涵的理性主义及独立实践力的强调。即，有志于献身人文科学理论的理论家们，如无此等理想主义情怀及献身意志力，其余免谈。为理想事业"献身者"会将其献身实践视为谋求名利权回报的变相手段吗？至于为实现此为科学真理而献身，其过程中所必然需要的基本物质生存条件，则属于第二位的实践技术性部分，应当以实用智慧"另行合理关注"之，其中的"基本生存的智慧术"与本章伦理性献身指令分属不同的关注层次，彼此可以互不冲突。因为，"求禄"与"有食"二者在目的和规模上有天地之别，不可视之为同类的"求利行为"。本章之意旨实际上在于凸显主体"心志之强度"，而非在于思考"为维持主体物质性生存所需的必要条件"。对于后者而言，在现代社会中反较古代更易于克服。就此而言，本章之真正的对立项双方应为"道/禄"，此"禄"字今非指"基本生存物质条件"，而是指名利权全部。

15－33. 子曰："知及之，仁不能守之，虽得之，必失之。知及之，仁能守之，不庄以莅之，则民不敬。知及之，仁能守之，庄以莅之。动之不以礼，未善也。"

对比项：认知/实践，偏执/兼全。

主旨：君子须同时修炼仁（目标）、智（能力）、庄（心态）、礼（方式）诸端以履践其实践学全程之修炼节目。

旧解摘要：

《集注》："知足以知此理，而私欲间之，则无以有之于身矣。莅，临也，谓临民也。知此理而无私欲以间之，则所知在我而不失矣。然犹有不庄者，盖气习之偏，或有厚于内而不严于外者，是以民不见其可畏而慢易之。下句放此。动之，动民也，犹曰鼓舞而作兴之云尔。礼，谓义理之节文。"李氏《论语劄记》："此章似专为临民者发。知及仁守，所谓道之以德也。庄莅动礼，所谓齐之以礼也。"程树德："此章十一之字皆指民言，毛氏之说是也。朱注以之字指此理言，所谓强人就我也，不可从。"黄氏《后案》："此章言治民之道也。以知得民，以不仁失民，残刻之害为大。"

含义引申：

本章的直接意指为从仕者之治道。诸旧解多反对朱子注释，但此章实宜于扩大解释以增扩其喻示力，如仅视之为治者应具之态度，则不免限制了其伦理性喻示力。知（认知）、仁（仁爱）、庄（严肃）、礼（合度），此四种要求实际上均可相关于一般仁者之伦理性实践。此即：理性主义态度、道义价值观、严格治学程序与切当实践方式等。朱子以扩大之"理"使其进一步一般化，遂方便于现代解者对其进一步合理扩解。仁学实践学自然须兼顾价值目标、认知能力、行为动机、行为方式诸实践学步骤间的协同一致运作，以确保其实践在价值观方向上和理性方法上的一以贯之效果。

现代意义：

孔孟时代的理想读书人即士君子，也即官吏后备者。按文句直意，其学之内部主要指品德修养，其学之外部既指礼仪实践亦指为官之道，总归一以仁道仁政为依归，故"学与政"可一体视之。经此扩解，理性主义方式、道义价值观、严格治学程序与切当实践方式此四者，完全适用于现代人文学者之心言行三方面之要求。正是此兼顾伦理价值学方向和理性实践方法的"仁学伦理实践论"，可作为现代有志于人文科学之学理现代化及伦理科学化革新者所大可借鉴与遵循者。古代所谓"为政之道"与现代"为学之道"，在伦理动机学层面上（而非在实践领域或方法细节上），可均统一于仁学伦理学系统之内。

15-34. 子曰："君子不可小知而可大受也；小人不可大受而可小知也。"

对比项：小知/大受，大节/小失。

意旨：仁学实践学区分学者在伦理学方向和技术性方向上的大事小事、大节小节、大能小能，在二者之间进行权衡选择，以根据现实情境求最佳实践效果。

旧解摘要：

《淮南子·主术训》："有大略者不可责以捷巧，有小智者不可任以大功。"《朱子文集》："一事之能否不足以尽君子之蕴，故不可小知。任天下之重而不惧，故可大受。小人一才之长亦可器而使，但不可以任大事尔。"《集注》："此言观人之法。知，我知之也。受，彼所受也。盖君子于细事未必可观，而材德足以任重；小人虽气量浅狭，而未必无一长可取。"《四书说约》："用违其才，不止亏君子之长，并且弃小人之用。可不可两边皆有此，即圣人治天下手段。"《四书存疑》："以小节而观人，小人未有不胜君子，君子或置之无用之地矣。"

含义引申：

本章实可从对己对人两个角度解义。对人：区分君子小人的特点不同而可分别据不同标准看待。对己：应在自进中求其大者，即区分大节小节之别，以及意识到天下国家关怀与个人家族关怀之别。此句极其重要，意指君子的人格表现与常人不同，多可于大是大非面前表现出其突出才具，日常之间则显平庸而无可称道。孔子以此指示，仁者与仁学为生活中求其"大"者。孟子后来据此描述"大人"之义，遂进而对其做透彻发挥。

现代意义：

本章涉及的大节小节、大人小人、大德小德之间的区别，可极为确当地转义于现代人文科学事业。所谓"大节"，在学术界，即指有关于学术思想实践的大局、前景、价值意义、人类命运、人生观、认识论等等学理层面上的宏观课题；所谓"小节"，在学术界，即指技术性、职业相关性、市场利得性、主题实用性等层面的窄小课题。当然，所谓"学术大节"，非指学界今日随处泛滥之"宏大空论"，而是确指学人应有此等大局关怀（即价值与方向的关怀）意识及相应设题的严肃心态，并可实证于学术表现中者；所谓"学术小节"，则包括学人课题之技术性、狭小性与治学态度之庸常性。此一有关学人心志大小的描述，实乃直接相关于人文学术理论未来之提升。实际上，所谓大节小节于此比喻中应兼容并蓄，可谓同其重要，学人既须有大志又须有技能，唯于实践学次序上有主次轻重之别。就人文学术之精神、方向、历史命运关联等言，大节者显然最关乎人文学术之生命力存续问题，却恰为今日世界人文学界所普遍弱化或丧失者。其于大节之失首先即指其伦理价值学方向上的人生观之失与人文学术间整体关联性认识论之失（此技术性之失亦源于在先"大节"之失），而且此类大节之失正体现为"学术小节"之不当泛滥及其排斥"大节"之效果。人文学术遂有全面蜕化为职场求利的技术性学术之虞，并进而蜕化为学术市场商业化规律所操控之物。"大节"者，学人主体意志力确立之谓也。

15-36. 子曰："当仁不让于师。"

对比项：仁/师，争利/争义，价值/权威。

意旨：仁道高于师道，学者据仁行义，尊师者尊其所授仁道，非尊其个人威权也。

旧解摘要：

《集注》："当仁，以仁为己任也。虽师亦无所逊，言当勇往而必为也。盖仁者人所自有而自为之，非有争也，何逊之有？"《集解》："孔曰：'当行仁之事，不复让于师，行仁急也。'"

含义引申：

本章朱注何其切当！无怪乎其视见远高于古今他儒。本章强调作为个人的师长和作为最终标准的理念"仁"之间的对比性选择。此选择之两端实属不同类别：仁学作为最高伦理学价值与师长作为研学关系中之教学主导，一为理念，一为人事。二者在性质与大小两方面均不可相比。为人师者甚众，不过是学之在先者引导学之在后者，师与生均为前后学人，并均具有作为人之实际局限性，而"仁"作为伦理价值总称和其最高义，即作为仁学之"道"，乃人类共同之精神向导。本章专谈个人在面对此最高义理任务时之实践学抉择，故如朱子言，此纯为仁者自身与其信奉之仁道间的践诺关系，与具体师生关系无干也。因此，作为伦理理性之标称的仁理念才是仁学实践学之目标，任何师尊（圣贤）个人不能作为仁学目标之替代者。

此章之义实为：在仁（理念）与师（圣贤）的对比关系中，作为理之仁远高于作为人之师。近代学界所谓"大师"等头衔完全违背孔教而故意在学界制造等级制度。即使被誉为大师者亦必须据仁学标准不断重新衡量之，如何能以其人言行本身作为标准？此章的实践学教益乃针对世情狡诈之痼疾，学人往往通过特意拉帮结派、树立权威，以作为党同伐异的手段，故孔学特别指出师尊本人并非即"命令权威"，以排除将师生间的讲授关系歪曲为"命令关系"。另外，从实践学看，"不让"二字亦可突出仁者"抗势"之勇，因社会势力和势利往往通过制造人际关系等级系统推行其垄断学界方向与风格之目的。如将个人学术权威神圣化即等于降低了仁学伦理性价值标准本身的重要性，即从一般理念层降至（部分地、一时地体现了该理念的）诸个体权势者层。正是学界的法家式思想企图通过拔高学术权威的地位以压低仁学理念地位，用以达到以人事威权架空理念权威之意图。本章对于广大学界而言，强调不应迷信圣贤个人。此与儒教时代神话"圣人""国师"的做法正好相反。本章因此亦在暗示：仁者应当见义勇为，如实践目标合乎正义，则必能抗拒不当权势阻挠（包括师尊的阻挠在内）而勇为天下先。

本章言简意赅，实亦相关于仁学精神与儒教精神间的对立性。儒教学术之本质为强迫性规条之编撰，而"师生关系"亦为此学术意识形态机制的一部分，此即将教学（人际关系）制度与（软性思想）意识形态制度结合在一起，促使"师位"充当意识形态纪律监管者角色，通过强调学生对师尊的绝对服从，以有效贯彻儒教意识形态纪律之遵行。而本章将作为价值观之"仁"理念与作为教育学技术性之"师"职责，加以异质性对比，定其价值观高低关系，以端正"以仁领师"之仁学实践的正当次序，从而在历史上预先地破除了儒教"教师爷"的持有"绝对命令"执行者的功能。按照儒教教学制度，此一尊师重道观（包括将孔子其名圣化），即使其发挥一种变相的"封圣术"作用，也即通过"师道"实行儒教意识形态监管者职位之聘任。此种由儒教规条约制的尊师重道观，不可错误地等同于正常社会中的"师生情谊"观，后者则应衡之以"见贤思齐""以友辅仁""里仁为美"等基于共同仁学理念的师生人际关系。

现代意义：

就现代人文学术言，本章义理益明，为师者仅教育初阶之引导者，非学者一生言行之统御者，师者不过为"先行"十年者而已，学生仅为"后行"十年者而已，彼此学养于十年后即可持平，何来毕生为师之义？仁学伦理学本身学理之丰厚，哪里是任何为师者能够涵括的？现代学术职场商业化以来，师生之间结成职场共利关系，不肖师长更以帮派首领自居，运用权谋控制由本派学生组成的学派团体，以共谋集团性职场私利。当此之时，按照帮派运作规则，必无限膨胀师道，以确保本派势力集团之有效运作（故学生习于以共同哄抬师尊之成绩为巩固本派集体共利之逻辑性步骤；为师者亦可故意吹捧青年弟子以强化其对己的依附意愿）。此为学术商业化后，借学术谋求集体私利之必然时代趋势，将师尊塑造为学界绝对权威的计谋，实属学界拉帮结派、结党营私运作之组成部分，故帮派集体乐意遵行此"高树帮派领袖权威之行规"，其本质类似于企业垄断之趋于托拉斯化倾向。如此，学将不学！这就是今日全球商业化时代世界人文科学生态之现实。当此之时，本章的现代教益在于：回归原始仁学的伦理学本位主义，学术目标不仅不能朝向天道神祇，也不能朝向准圣化的师道之绝对权威意志。无论师与生，均须遵从人类集体的普适正义公平标准。而任何基于人为炒作形成的学术权威及其"人间"代表，皆不应涉入人文科学的科学实践领域。

15-37. 子曰："君子贞而不谅。"

对比项：忠贞/信诺，经/权。

意旨：仁学实践学须同时坚持方向之正固及方法之变通，以维持信仰、目的、方法之间的一以贯之的效力。

旧解摘要：

《集注》："贞，正而固也。谅则不择是非而必于信。"黄氏《后案》："此言君子之危行逊言也。贞，信乎正也。谅者，言之信也。君子行事必守道之正，而言之信有时不拘守也。"《孟子·离娄下》："大人者，言不必信，行不必果，唯义所在。"《孟子正义》："《论语》云：'好信不好学，其蔽也贼。'盖好信不好学，则执一而不知变通，遂至于贼道。君子贞而不谅，正恐其执一而蔽于贼也。"

含义引申：

刘氏《正义》言本句"贵正道而轻小信"。"贞"（正）与"谅"（信）的对比为仁学"用权"之思想。人际间如有"信诺"，在具体情境中还须因轻重缓急之权衡而另为综合、变通之抉择。即于必要时可失小信而行大义。此一因大而弃小之择，自然易于成为自欺欺人之借口，其要在于弃信行权之理由是否"贞固"。其中的正误是非决之于主体之心术，而不必就外部行为定之。本章对于仁学实践学的正确运作非常重要，涉及诸品德因素之词义与其语境句法之调整义的关系问题。单一品德在实践中与其他品德及环境条件产生互动关系时，其本身的"固有义"（相当于"单词义"）将被相应地"变义"。因外部行为的直观性即自然粗糙性，只得用同一品德词"信"（谅）随其语境而变换其义。韩愈将本章之"谅"解释为"让"之误，谓其义可等同于前章"当仁不让于师"，显然不当。

本章意旨纯粹相关于仁学实践学的策略性方面，特别相关于原则与施用、品德本身之性质以及其具体运作之技术、目标与手段间的用权方式等等，可谓均属在实践中难以掌握、难以测识、难以判断其是非正误的方面。而仁学实践学的运作中处处相关于诸单一品德及其灵活搭配运用的适当性操作技术性问题，其中伦理性因素与功利性因素呈现多方面错综复杂的缠结，遂考验着仁者之悟性及其实践智慧。

现代意义：

全球化现代社会的结构和功能均无数倍复杂于古代，人文科学革新事业的拓展涉及无数动态的运作，即须面对无数多种多样的压力。如何有效对应之，以便可有效前进，此不仅须坚持"择善固执"，亦须防止简单化的"执一无权"。在伦理价值目标上的同一性与方法手段的变通性之间如何拿捏分寸，须依赖主体兼备信仰坚实与实践智慧。伦理学信仰与其现实有效实践之间存在着变化纷杂而相互牵扯的关系，故须同时而一贯地践行智仁勇三达德，以便达至既能确保实践方向正确又能确保方法有效的双重目的。《论语》中的仁学伦理学在古代环境内的实践经验，可在转换语境后，同构地反射于现代社会、历史、学术情境之内。对于独立学者主体而言，因须跳脱职场既定程序而规划自身的创造性学术思考，故须智慧地处置学界以及学界与社会文化间的种种复杂关系，其中的关键即在于如何在价值性因素与可行性因素之间进行最佳搭配，经权相应，以有效推进学术实践。

15-39. 子曰："有教无类。"

对比项：精英/庶众，高段实践/初段实践。

意旨：仁学区分君子高段之教与常人初段之教，因材施教，使各得其所。

旧解摘要：

《皇疏》引缪播云："世咸知斯旨之崇教，未信斯理之谅深。生生之类，同禀一极，虽下愚不移，然化所迁者其万倍也。若生而闻道，长而见教，处之以仁道，养之以德，与道终始，乃非道者，余所以不能论之也。"《集注》："人性皆善，而其类有善恶之殊者，气习之染也。故君子有教，则人皆可以复于善，而不当复论其类之恶也。"

含义引申：

本章相关于仁学实践的高低两段上的义理教授问题，也就间接地相关于"精英仁学"和"普及仁学"的二分法。《论语》大部分章句均属高段仁学之教导，本章则相关于"常人"的仁学之教。人各有业，即各有专长之准技术性"知识"，多不直接相关于仁义之学。本章孔子特言"有教无类"，其教在方向上（不是在程度上）自然仍须指仁义之学。按照孔子一般品德教育观，已有进德层次上的"风与草"之比喻，庶众之朝向仁义的心言行程度需要由"君子"带动之。仁学在其高端精神文化追求之外的此种"社会教化"功能，在现代社会中已然大幅度弱化或基本消失，而代之以法制化与公民教育。但是，如进一步考虑，就仁学之高初段教化功能的关系言，如何把握《论语》中"惟上智下愚不移"与"有教无类"两种指令之间的"表面矛盾"呢?换言之,既然好仁者稀,即多数人天性难以成仁,如是,教之何益?

实则,本章不可泥解,孔子既然有"朽木不可雕"之断,而且其七十二弟子均属朝向仁学高端努力者。按照直意,其所说的学生也是当时居于可教之类者,并不相关于广大"小人"(如同时期希腊哲学无关于奴隶人群)。其所谓"有教无类",在当时,必已限于当时极少数读书人群体,而其中自然仍有品级的差异。如果扩解之,此"有教无类"中之"教"可分级、分形式实行之,包括直接授学与间接影响等等。应该承认在传统社会中由各处读书人乡绅家族维持督导一乡风俗的历史事实,的确可为"有教无类"做注脚。其中自然含有君子之教与小人之教的区别。这是儒教社会两千年最具文化风俗影响力及以道德风气维持礼法的功绩之一。然而,如果按照历史解释学观点进一步扩解,前述各种所谓孔子言论中之自我矛盾,都可以其原始表述之"不规范"解之,即各单句间的貌似"全称判断",实乃各种"特称判断"之简化表达,因均未列出"限制性前提"之故。甚而此"前提性省略法"非相关于当时言者之自意识行为,而是由当时之社会文化条件所自然限定者。当社会文化条件改变后,诸"相应或相关"前提条件遂可"历史地"浮现出来。相应的,"学"与"教"的范围扩大化、内容丰富化和分类多元化的历史事实,将一方面在基本结构上与古典仁学完全一致或同构,另一方面将在外实践领域内大幅更新。此扩大和更新的结果,将可在更高层次、更广范围内促进原始仁学本身的意涵与解释的完满性。

《论语》编作的古代条件和其经验主义的实用性,未曾将其一切思想和联想做一完整、系统的表述,但诸个别性章句文字的拟定都是有其直观的、甚至下意识的"背景支持"的。我们不妨将广义的原始仁学之内容分划为三大类:(1)士君子之全面培养;(2)家庭、社会、官场道德风气之宣扬;(3)全体文明人类之精神境界之提升。本章之教主要相关于第三项,其重要性相关于人类文明目标问题。因通常的"幸福观"多指物财充裕与分配正义,仁学的幸福观则提出衣食无忧后的进一步努力之方向问题，也就是人类生存的意义不仅是感官享乐，而且是在此之后的更高现世精神性追求。（此一现世精神追求与来世精神追求必须严格划分，因前者为现实世界内的真善美创造，后者为物质享乐之永生与对神祇权力的崇拜。）但是，此三类层级不同、程度不同、范围不同的仁学目标在价值观上是完全一致的。《论语》之所以侧重于"成君子学"，在其三类教育学事业中，正是要使"君子"承担社会文教兴盛的枢纽与核心的作用，以之带动社会各界人士不同程度上朝向现世精神文化的生存方向，而非仅满足于成为"快乐动物"而已。

现代意义：

"有教无类"提出于古代社会文化环境，有其高低两方面的具体适用性：精英培养的目的和广大民众的品德教养目的。二者虽有高低不同，但在学之内容与方向上大体具价值观一致性（非相等性）。而在现代社会二者已然形成本质性的差别。现代社会为高技术性、制度化社会，各领域的技艺训练较古代无数倍地丰富化，而技艺的养成无不需要教育。在此背景下，"有教无类"似乎失去了其特殊喻指力，因此亦仅已成为现代社会教育学之常识：人人须受教育（品德与技能之学习）。但本章所言之"教"为仁学之教，非技艺性及法制性之教，所关系者超出现代教育目标之外，特别在政法等技术性教育之外另辟精神文化与伦理之教。此一传统精神教育领域，可成为在科技工商时代多数国民在其掌握技术化和娱乐化价值观之外相对提升其人生观伦理性素养的机会。

本章之"教"须结合与其相关的"学"与"文"来把握。除相当于现代"公民教育"范畴之外，本章此一未加限定的"教"与"类"，另行呈现出一种意指的开放性，可牵连到仁学精神之根本。即仁学之"学"与"教"除品德教育、技能教育等基本教育学含义外，还相关于人类之人生观问题：除品德与技能之外，还应扩及人的精神素质提升方面。这样，"有教无类"即含有人人均应进而增加其精神性诉求方面，也就是相关于人类文明的目的性思考。尽管就高段仁学言必定是"好仁者稀"，但此一事实并不排除大多数人之精神文化提升目标的合理性。"精神文化"作为价值观方向为一事，其作为实践的水平和程度为另一事；换言之，仁学培养士君子人格为一事，仁学努力于促进大众的现世精神文化兴趣的提升为另一事。我们于此可见，仁学的外实践学，在现代历史条件下，已获得明显的扩大化和丰富化，并相应地可与现代知识论和社会实践发生多层次的互通关联。如在其初级、中级外实践目标上与现代社会科学及实践可广泛融通（参与全民伦理性教育），并除此之外另行坚持其伦理价值观的推行。简言之，正是在现代历史条件下仁学才获得了可有效地同时坚持其伦理学 E1、E2、E3 的实践。在社会性公平正义的古典目标外，于此科技工商主导的现时代，再次重申其"精神文化"的价值观，即在社会性的公平正义价值观之外，重申个人性的精神文化方向的人生观。个人人生观问题将可纳入 E3 范畴与仁学整体形成逻辑一致性。当然，按照仁学的一贯、多元、分类性原则，此"精神文化"本身也是分级和分类的。《论语》中表达的仁学义理的主体当然是高级仁学，即"士学"，此一伦理性要求自然与初、中级的伦理性目标不同。

15-40. 子曰："道不同，不相为谋。"

对比项：道异/途分，志同/交心。

意旨：仁学之友学，目的在于以友辅仁，互助行道，非为相互利用以满足私利。

旧解摘要：

刘氏《正义》："《老庄申韩列传》：'世之学老子者则绌儒学，儒学亦绌老子。"道不同，不相为谋"，岂谓是耶？'亦以老子之学与儒不同，未可厚非也。若夫与时偕行，无可无不可，夫子之谓集大成，安有所谓不相谋哉？不相谋者，道之本。能相为谋者，圣人之用。后世儒者举一废百，始有异同之见。而自以为是，互相攻击，既非圣人复焘持载之量，亦大昧乎'不相为谋'之旨。"《集注》："不同如善恶邪正之类。"黄氏《后案》："孟子言禹、稷、颜子同道，曾子、子思同道，故君子与君子有时而意见不同，行迹不同，而卒能相谋者，其道同也。此言道不同，指异端小人之贼道者，注义是也。"

含义引申：

本章刘氏《正义》解义代表着传统儒学典型的实用主义观点，今无足取。本章言简却意涵深远。朱熹本章之注亦过于简略，所指欠明。所谓善恶邪正如指一般品行，其义至显，何须如此强调？如指"异端"，其指相关于"道本"，难以称之为善恶。朱熹对此实践学上极重要者反而语焉不详，或因其不欲深入涉及道之同与不同这个关涉儒教社会认知的意识形态问题。严格说，仁学首应提出道释为异端与否的问题。如非可视之为异端，则其"道"有可采行否？朱子自知其学大受道释两家理论影响，不可谓"不相谋"也。但是就"理论根据"言，理学自然要强调其与道释之大不同，特别是与佛学之互异。自然，本章所谓"相谋"，乃道本之大端上相互合作之谓，非不相往来之谓，因《论语》之"恕之""三人行""有教无类"等均暗指交往于俗常时须持宽容态度。

本章提及的"道""同""谋"均属泛指，故未可具体规定，但其重要性体现在其实践智慧学方面。首先，士君子必须在价值观和认识论上区分人己之间在人生观"大方向"上之异同。如孔孟与老庄在这两方面均根本不同，孔子的"避势"与隐者的"避世"貌似而实异，也即"颜子独善"与"魏晋风度"之迥异，但都显示有表面上的类似一面。如果彼此混同，仁学伦理学的清晰实践学逻辑必遭损坏。朱子之"疑"或许正在于此。至如仁学与儒学以及仁学与佛学各自在政治观、认识论、实践观等方面，两千年来混杂难分，而实际上彼此在价值观和认识论上存在着根本性对立。我们今天重解《论语》《孟子》，正是首先要将其从认识论、价值论角度加以分离。此正所谓道不同也。而宋明以来"三教一体"之论，纯属帝王势力政治意识形态之实用主义的操控结果，欲将仁学伦理学进一步纳入准宗教类信仰体系以方便其心言行之控制。本章所言之"道"，不可孤立地用单字词"道"加以随意包括，而应首先判定各种"道"在认识论与价值观上的规定性如何。在此意义上，本章可首先破解后世所谓"三教合一"之论，因三者之间正是"道不同"也。

现代意义：

对于现代社会文化而言，本章之喻指力更为显明。首先，在现代国学、儒学、佛学、国故学等学术领域，混杂态势延续百年，成为阻碍中国思想理论现代化的根本原因之一。至于现代西学理论领域，类似现象亦极严重，如诸哲学流派，为结党扩势而随意兼容不同派系，以至于将胡塞尔和海德格尔之类截然立场相反之学，因某方面之相关性，强行纳入一派，从而造成严重的认识论、伦理学误导。（"学派"名目几乎成为拉帮结派、党同伐异之工具。）其他类似现象，所在多有。这类貌似而实异的派系混杂现象，成为人类思想理论不得精细分辨的主要外在阻碍因素，此均因其道本不相同，而世人因功利主义之需故意促其进行实用主义的"相谋"，以达聚势取利的目的。故本章对其"道"之大本间的同与不同严格思辨，对于今日学界违反科学学术实践原则来说，可谓具一针见血的警示义。因此本章的现代寓意有其多方面启示性。一方面，传统社会文化中因儒教实用主义主导一切，而社会认知水平不高，故历史上出现的文化思想现象呈混杂存在，并在实用性层面上被加以混杂利用，凡此种种今应从现代学术角度对之重新研究，以准确厘清混杂思想形态中被掩盖的不同思想及其社会作用。而另一方面，本章今日之特殊启示性，直接相关于人文科学改进努力中应该首先辨明的伦理学认识论与实践学上的正确认知问题。为此也首先需要将学术文化界混杂存在的思想理论派系间的关系，进行更为精细的分析与澄清，以认清彼此不同的内容、功能与方向。此一目的正与现代跨学科、跨文化、理论化的目标相当一致。只有在进一步清晰呈现对象的构成与性质后，人文科学革新实践者才可以更明确地认知自身的目标与方法，以在更准确地邀集"同道"和离弃"异端"的前提下，更好地推进其科学理性的一以贯之之学。

15-41. 子曰："辞，达而已矣。"

对比项：言/思，达义/炫辞。

意旨：君子以言辞表达义理思想，非用言辞以哗众取宠或欺世盗名。

旧解摘要：

《集注》："辞取达意而止，不以富丽为工。"《集解》："孔曰：'凡事莫过于实，辞达则足矣，不烦文艳之辞。'"

含义引申：

本章原始旨意自然源于当时社会文化情境。彼时之文化简单，春秋尚属无书籍与文章之时代，所谓"辞"乃指从政者表达的外交辞令与实行的仪节方面之艺术性。一方面，"学诗"之教相关于交际中"表达技巧"之"辞"，此时如需"炫辞"，仍须受到客观情境之合理性限制；另一方面，如超出实用需要而以玩弄繁辞丽句为务，则损害了思想表达之效力。其后文化发展，本章之意随之扩解，因"辞"所代表的"文辞"意已经出现在战国以来表之于"篇章形式"的论说与著述中了。本章之旨乃特指论说性言谈中之辞与义的表达修辞学问题，类同于唐代提出的"文以载道"主张对六朝时期偏于美文修饰的流俗之批评。于是，不论是本章的原始朴素意还是文章文化发展后呈现的美文丽句与思想论说间的冲突，都关系到"表达面"与"内容面"之间的关系如何可谓正当，而此正当性概念却又相关于"文字话语"的功用为何。显然，不同的文字表达目的所需的"辞与意"之间的联系方式可以不同。如就此扩大而论，人们对"美词丽句"本身的爱好自然具有超出其作为思想表达工具的表现性作用之理由，况且此种唯美性的语词爱好正是推动后世文学意识发展的促动力之一。因此，本章之普适性合理寓意须参照应增补之前提来重新规定。特别当涉及学术理论表达问题时，本章之教可谓正确之论。所强调者为：文字表达应以其能否有效传达思想为标准，为此不应将"借辞藻以表现情绪"的文字功能与"借文字以表达思想"的文字功能相混淆。此一辨析相关于思想义理表达和艺术美学再现的关系问题。本章教谕之重点相关于义理思想之表达，亦可于此看出仁学思想偏重于实证性思想类别，故与现代人文科学话语具有内在的同质性。

现代意义：

本章关于论述性话语中义理与文辞之间的关系，广泛深刻地适用于当前中外人文学术领域。因现代以来，思想理论流派类别纷呈，人文思想的义理构架空前混乱，思想家和理论家往往强化其美学性与理论性的修辞学运作以丰富其"话术构成"，最终增加其吸引力。其中所谓"辞"的部分，不仅可指美词丽句，而且可指推理上的"玄虚之奥"，其所实际意指者反倒模糊不清。当此倾向关涉各种伦理性和价值性话语方式时，其偏误足以扰乱人类之间的正常共识而增加彼此异同关系的复杂性。因此，"辞达"首先指用词之准确清晰，语义学、符号学、解释学均针对此类以辞害义话语现象而发。符号学作为一种泛语义学，与国学中"辞达"之教可谓具内在的精神相通性。因此，所谓"辞达"之教，在现代社会，可关涉作者之动机、语言之精确、思想之清晰、目的之醇正等各个方面。就本章原始意侧重于动机而言，今亦仍可将其视之为第一要因，因仁学伦理学及其现代人文科学实践均须强调思想实践与表达的理性化一致性这一科学原则。"辞达"正是符合科学性思想话语表达之要求的。本章辞达之教有助于人文学者细致区分语言的不同功能，并可立即看出后现代主义思想之失正在于意图混淆语言的不同功能，其结果即扰乱破坏了语言精确表达思想的功能，包括特意编造无法实指的语词，以使其因失去现实指涉性作用而成为可任意操弄的"语辞游戏"。

季氏第十六

【作者注】本篇多有与全书其他章节内容、风格明显不一致者，特别是大段叙事之章节，识者疑为后儒所插入，而且内容亦显平庸，如若干以"三"项格式表达的警句等，极其俗浅，非智者所为，故本书除少数章句外多不收入。

16-1. 季氏将伐颛臾。冉有、季路见于孔子曰："季氏将有事于颛臾。"孔子曰："求！无乃尔是过与？夫颛臾，昔者先王以为东蒙主，且在邦域之中矣，是社稷之臣也。何以伐为？"冉有曰："夫子欲之，吾二臣者皆不欲也。"孔子曰："求！周任有言曰：'陈力就列，不能者止。'危而不持，颠而不扶，则将焉用彼相矣？且尔言过矣。虎兕出于柙，龟玉毁于椟中，是谁之过与？"冉有曰："今夫颛臾，固而近于费。今不取，后世必为子孙忧。"孔子曰："求！君子疾夫舍曰欲之，而必为之辞。丘也闻有国有家者，不患寡而患不均，不患贫而患不安。盖均无贫，和无寡，安无倾。夫如是。故远人不服，则修文德以来之。既来之，

则安之。今由与求也，相夫子，远人不服而不能来也，邦
分崩离析而不能守也，而谋动干戈于邦内。吾恐季孙之忧，
不在颛臾，而在萧墙之内也。"

对比项：贪婪/虚饰，贫穷/不安，德政/归附，暴力/裹胁。

意旨：仁政与霸政对立，前者以仁爱利民，后者以威逼役民，
前者以政行仁，后者以军行霸。

旧解摘要：

《集解》："孔曰：'季氏贪其地，欲灭而有之。'"《集解》："孔
曰：'冉有与季路为季氏臣，来告孔子。冉求为季氏宰，相其室为之
聚敛，故孔子独疑求教之。'"《皇疏》引蔡谟云："然守文者众，达
微者寡也。睹其见轨而昧其玄致，但释其辞，不释所以辞。"《集
注》："社稷，犹云公家。是时四分鲁国，季氏取其二，孟孙、叔孙
各有其一，独附庸之国尚为公臣，季氏又欲取以自益。""言二子不
欲则当谏，谏而不听则当去也。""言在柙而逸，在椟而毁，典守者
不得辞其过。""固，谓城郭完固。费，季氏之私邑。此则冉有之饰
辞，然亦可见其实与季氏之谋矣。""子路虽不与谋，而素不能辅之
以义，亦不得谓无罪，故并责之。"

含义引申：

如此长篇记叙文与《论语》大多数章句为短小格言体迥异，本
章疑为（必为）后人以孔子名义插入者，以表达某种仁学伦理政治
观，其要旨为：统治者内外应施仁政，致力于均富民安，严戒对外
侵伐、对内压迫，即勿以强兵扩土为政治目的。其后历史表明，儒
教帝国一律贯彻皇帝独裁统治，对外扩张，对内维持财富与权力的
等级制度，可谓大违孔子精神。仁学之政治伦理平等观和儒教之封
建主义等级观形成鲜明对比，此为仁学与儒学在政治伦理学层次上
的基本对立！但是，原始仁学不是政治学，儒家制度和儒学意识形
态却是在综合了先秦政治斗争经验和各派思想、特别是法家思想后
的一种成功的社会政治制度新综合的结果。一方面出现了由秦始皇
法家思想成功完成的、绵延两千年的中华帝国制度，另一方面出现

了以法家思想为主导的、配合帝国社会政治制度的"儒家综合意识形态",彼此"软硬""表里"相互配合于统一社会文化体系内,有效承载了两千年中华帝政史。此一政治文明体系的伦理学方向与《论语》中勾勒的人本主义的、公平正义的政治哲学图景,其实大异其趣。本章表达了孔子的国际政治伦理学实践原则:如何正确处理本国与他国及其他民族的关系:侵夺还是睦邻?对于在某方面弱于自己的民族,是应通过自身提升物质与精神文化水准,与他国"以文会友",共扩文明世界,还是通过武力征服以扩张势力?此一"不同治域"(国、族)间的和平共处原则与从战国直至秦汉以来的儒教内政外交制度和惯习,竟然呈现出截然相反的形态。

本章表达的仁学政治观原则,以及其后孟子在战国时代提出的禁征伐、民为贵的政治观,与现代民主政治的道德原则可谓在动机层上颇为一致。仅就此内政外交两方面的两千年历史看,儒教政治制度本质上当然是异于孔孟仁学伦理学原则的。但是儒教意识形态的巧妙策略是:通过将孔子其名圣化、神化以将其"架空",遂可任意以其人之名义贯彻违反其人之精神的各类内外侵夺行为,也即行借"善名"以掩盖"恶行"之术。此种正好违反孔子"正名论"的法家伎俩,遂成功地支撑了两千多年的儒教专制主义制度。孔子的仁政观可直接、间接地表达于《论语》诸篇章,而此类论政言论只应视为仁学的"政治伦理学"思想而非可视为"政治学思想",因仁学思想体系并未触及政治制度及政策规划之实际,所言政治事务多借故事表达其伦理价值观而已。

现代意义:

我们之所以把本章根据纯属传说的孔门师徒间的对话所表达的仁学政治伦理学态度收入本书,并视为具有现代意义,一者,乃因本章可以明显表达孔子前述仁政观,此一观点与现代民主政治的道德原则可谓一脉相承;再者,本章观点显示了原始仁学的政治学态度并不等同于儒教长期实行的帝王专制政治学精神。据此认知我们可以理解今日必须将仁学与儒学,特别是与儒教制度及其意识形态加以严格分离的理由所在。

16-2. 孔子曰："天下有道，则礼乐征伐自天子出；天下无道，则礼乐征伐自诸侯出。自诸侯出，盖十世希不失矣；自大夫出，五世希不失矣；陪臣执国命，三世希不失矣。天下有道，则政不在大夫。天下有道，则庶人不议。"

对比项：等级/防乱，礼制/克私。

意旨：仁学深识人性私欲无所不在，故希图以外在礼制约束人心，以防止人际间之争权夺利肆虐。

旧解摘要：

《论语述何》："齐自僖公小霸，桓公合诸侯，历孝昭懿惠顷灵庄景，凡十世，而陈氏专国。晋自献公启疆，历惠怀文而代齐霸，襄灵成景厉悼平昭顷而公族复为强臣所灭，凡十世。鲁自隐公僭礼乐灭极，至昭公出奔，凡十世。"冯季骅《春秋三变说》："隐桓以下，政在诸侯。僖文以下，政在大夫。定哀以下，政在陪臣。当其初，会盟征伐，皆国君主之。"《集解》："周幽王为犬戎所杀，平王东迁，周始微弱。诸侯自作礼乐，专行征伐，始于隐公。"《困学纪闻》："古者士传言谏，其言责与公卿大夫等。及世之衰，公卿大夫不言而士言之。"《集注》："上无失政，则下无私议，非钳其口使不敢言也。"黄氏《后案》："上有私议，则下兴公议；上无正议，则下恣横议。"

含义引申：

本篇论政诸章所据史事多出于《春秋经传》，特别是《左传》，此遂成为诸旧解据以解释章句含义之资料来源。本篇内诸长句段显系后世据史事传说演绎编写者，今日仅可视之为理解章句之思想观念背景，不必视之为历史史事（如"十世""五世""三世"等只可理解为泛指历时长短而已）。本篇诸章据事言理，欲借故事以表达仁政道义观，其政治伦理学意义首先在于依此泛泛之论指出一客观历史事实倾向：如无制度限制，统治者与被统治者一旦条件具备，无不伺机扩张或夺取现有等级制度，以作为新权力机制之运作基础，遂以此暴露出人性普遍倾向：普遍存在的、或明或暗的人性争权夺利之本能。所谓"春秋大义"无非为视周天子封建制度为维持客观公正政治秩序之条件，用以阻遏诸权势者出于私欲而相互侵夺之势。故此一主张也可视为一种原始形态的"法治主义"表达：周天子名义上的集权制度可发挥一种客观上抑制诸国霸权兴起的作用。此一实用主义政治观非相关于对周之天下封建制度本身合理性之思考（古人视之为社会性天然，并非视之为反思对象），而是相关于借助该现存封建制度以有效维系当时统治者之权力。因此，在此章中，"周礼"作为封建社会的道德规范与规则，其意义非在于所定之礼制礼仪本身是否充分合乎正义（虽然大体符合当时人情人性之常，因此"常"亦为其前数千年之一贯性社会积累之人心效果），而在于其验证"野心存在"的有效性，即违礼事件可暴露出违礼者僭礼觊觎的心言行，以有助于对其加以发现和阻遏。简言之，仁政伦理学的中心课题即如何抑制诸国及其各级官吏私欲膨胀、争权夺利倾向。同时有史以来按照丛林法则逐渐形成和发展的泛法家策术思想，正演变为一种"侵略意识形态"及"争权夺利技术学"。仁学不是"政治学"，此事实也表现于其维护周礼立场的呆板性上：将现行制度视为唯一正当典范，仅以维护其正当存在作为防治权力挑战者的手段，却从不曾对周礼制度本身的正当性及现存支配者的资格性进行辨析，并进而据以提出"改进"或"改变"之积极方略。而其"政治伦理性"性格则表现在被动地"利用历史现实"以表达人际间"侵犯他人之负面人性"的错误人生观。与之对立的法家权力学则要开发、组织、改进、促动此人性中的"嗜权之恶"，以形成一种系统的人生观与世界观。

【关于仁学思想与儒教制度互动关系的历史解释学申论】

《论语》故事最终即成为当"周礼"大势已去、仁政不得施之于周代政治领域、仁学从此转向文化领域后的一出历史"悲喜剧"。孔孟时代的知识论水平所能够想象的"周礼仁政"模型仅停留于观念层次上，遂与秦汉法家违反仁学价值学精神的帝王专制主义形成价值观对比。孔孟之"仁学周礼观"，遂为秦汉的"儒教周礼观"所取代。"周礼"及其历史模型，与为帝王专制制度服务的儒学和孔孟主张的政治伦理学，其后分别被加以重点不同的解释，而传统历史的"故事编造文化"则借助相同的人名、地名、事件名所充塞的历史故事传说以自欺欺人。我们在回顾中华文明史中的正面精神文化成就时，亦须深识由法家传统所鼓励与阐发的各种"造假文化史"和"以伪乱真"技术史。其中最常见的手法就是利用汉字形体不变而内容意义可人为加以改变的特点所形成的"以伪乱真术"。仁学政治实践学在春秋战国的历史性"失败"（可能也无相应的政治性努力），开启了其后中华文明的精神文化世界历程。儒教的政治专制化世界，遂成为仁学精神事业展开之特定环境；仁学精神及其文化实践则存在于长期儒教逆境过程中。其政治学上的教益为：人性之恶（好仁者稀）必然导致争权夺利的法家政治文化，此倾向今可验证于自古及今、自中及外之人类文明史发展之全域。法治民主文明时代即从外部建立强制约束性制度以防止相互暴力侵夺行为的发生，此种社会政治公平目标绝非单纯依靠伦理学教化观所可促成者。实则，所谓仁学政治伦理学的历史失败，只是一种思想史表达法，并非证明春秋战国时代实际上存在着一个孔门政治活动集团并曾经实际对抗于法家主导的中华文明发展史。毋宁说，孔孟思想乃为在此实际历史过程中出现的一种纯粹伦理理念的思想性表达，而此种实际提出的思想意识（而非传说中的历史事件）其后却对中华法家-儒家政治史中存在的伦理精神文化发展产生着持久的价值观引导作用。但是按照历史解释学观点，我们也应充分认定历史与观念互动关系的复杂性结构。虽然儒教专制制度与仁学仁政制度的本质不同，但正因为仁学观念被儒教势力加以系统性利用（通过以伪乱真术）的事实，仁学观念遂可借助孔孟文本的物理性实存而在社会文化内有效地延存下来，并在其各类文史哲的创造性实践领域内，表现出其相对独立的思想运作轨迹和产物。此一仁学思想的精神文化业绩，遂与儒教的政治权力成功史，构成了相互平行的历史存在。

现代意义：

本章提出的孔孟仁政观的现代意义是：其政治伦理学价值观与现代民主政治观在原则上完全一致（指其原则和目的，而非指其方法内容）。我们应该将孔孟文本中提出的政治改革建议话语区分为伦理性部分与政治实用性部分，其中后者只是为前者服务的，即后者只是表达（而非实行）前者的手段而已。其中重要的思想内涵为其目的而非手段，因前者符合人类伦理价值观，后者不过是根据当时的历史现实所能想到的"维护及改善现实的技术性方法建言"（其作为"手段"的价值，不在于其政治学建言在政治学层面上的有效性，而在于其表达"伦理性观念"的有效性)。认识到此一区别则可一方面了解仁学伦理学与现代政治学在伦理价值观上基本一致,而另一方面对于仁学在历史认知条件下提出的"政治方法论"则应视为仁学的"表达面"而非其"内容面"。经此解释后,现代人对于《论语》及仁学的现代价值将可更适切地把握。我们从"儒教社会文化史"整体中区分出其"仁学理念"成分的主张,亦可有助于现代国学研究者之方法论改进。在读解历史话语时,应该善用"同中有异、异中有同"法,从而可不至固执于孤立的字义。

16-11. 孔子曰:"'见善如不及,见不善如探汤。'吾见其人矣,吾闻其语矣。'隐居以求其志,行义以达其道。'吾闻其语矣,未见其人也。"

对比项:爱善/憎恶,隐居/行志,退隐/弃志。

意旨:仁者无论外境顺逆,其心志不可须臾松懈,至于出处之择则须随时随境而异。

旧解摘要:

《集解》:"孔曰:'探汤,喻去恶疾也。'"《皇疏》引颜特进云:"好善如所慕,恶恶如所畏。"《集注》:"真知善恶而诚好恶之。""求其志,守其所达之道也。达其道,行其所求之志也。"《反身录》:"隐居求志,斯隐不徒隐。行义达道,斯出不徒出。若隐居志不在道,则出必无道可达,纵有建树,不过诡遇,君子不贵也。"

含义引申:

本章在两类仁者行为类型间分辨价值性高低,大致即相当于暗示在狷者与狂者二者的比较中,狂者似应稍胜一筹。也即:为善不作恶者,因较具被动性而风格略低;顺逆不拘而积极奋进有为者,因其刚强勇进故尤应赞许。此即"善人"与"仁者"的品格之别。在此意义上,颜子作为孔子之外的仁者最高典范不应只代表被动为善的狷者型,而应为兼具狂狷二者之"全才"。也即,其长期安贫乐道的形象必属隐居求志、外柔内刚类型,即虽因故须退缩陋巷,但时刻准备时机来时奋起而用世。本章之教在于，"独善"节目与"兼济"节目分属不同行为策略安排，而其向仁之心志不因处境及出处之异而改变。质言之，本章欲在消极不为恶与积极为善之间划出仁学实践学上的等差来。应该注意，古人用的"善"字有广狭二义，其广义相当于"做好事，不做坏事"，其中的"好"或"善"乃一般"品德优良"之意。而"善"也可等同于"仁"，如此即纳入了"积极为善"之意，此时之"善"须包含仁之全节目。本章中后者另以"志"与"道"的有无为其是否"升等"之标志。本章之要在于亟言仁学之"道"的完满性，此"道"字在此含有两个要素：价值观朝向与朝向之意志力。相对而言，后者比前者更为具"实在性"。此一"向道性"无关于人之出处、狂狷与独善兼济之择。故不可仅从人之外在行为判断其人之志节。换言之，本章也可谓呼应在先所谈"善人"与"仁者"间的区别，特别是在行为上同为"隐者"或"守独"者之间进行"善"与"仁"的区别。仁者，非仅"做好人"而已。按照新仁学的理解，高段仁学并不等同于中段或初段仁学，其仁者意涵远远超过通常之"好人""善人"。在本章诸旧解中，以《反身录》之区分较为清晰，可特别参照之。

现代意义：

本章在消极与积极"为善"（致仁）之间的对比修辞学，意在以"更好"对比于"稍好"，此区分方式再次凸显（高段或本真）仁者应属积极有为类型，而非仅属随处可见的明哲保身（亦不作恶）类型。按此，仁者应兼具"隐居求志"和"行义达道"之静动两维上的坚强冲力，方有可能善用智仁勇三达德以成就智勇双全之事业。此即为"静亦动，动亦动"，所"动"者，即指求仁途中方方面面的积极有为。此种人格品质正为学人参加现代人文科学革新事业所必需有的品质。此种主体人格学品质明显对立于职场庸碌求利学者。治人文之学非为计私谋利，而为行义达道。仁学与现代人文科学革新的逻辑性、因果性关联，正是首先实现于此一纯粹伦理性层面上的。新仁学的人文科学改造事业也同时为人类人文科学发展前途增添了必备的一个伦理学维面，如无人本主义理性伦理学的方向指南与促动，现代人文科学的改造事业前途将难以设想。伦理学和人文科学的联系，也正是中华伦理思想与西方科学理论相互结合实践中之切入点。就仁学体现于现代人文科学而言，其具体行为选择类型当然完全不同于社会文化形态迥异的古代，在智仁勇三达德的外实践方式上必与古人大为不同。但是就基本伦理学价值标准言，古今仁学在义理上则完全同构（二者的"内实践"可谓同一）。即一方面，在动机层，现代仁者须与古人完全一样，但在"独善兼济"的具体行为选择上，则必须与时俱进，在当代现实社会文化条件下进行全新构想与安排。其中变化最大者表现于"智维"上，因所谓"智慧"今必指现代人类知识全域，仅此一点即可知现代新儒学的"儒学泥古主义"者，其实践方向在本质上"与仁相悖"有多么严重。对于仁学内外实践学之本质及结构认识不清，对于其现时代的意义与有效实践方法自然认知模糊，于是只能将儒家经典视为静态永恒教条而不知其当代之大用。

16-12. 齐景公有马千驷，死之日，民无德而称焉。伯夷叔齐饿于首阳之下，民到于今称之。其斯之谓与？

对比项：富贵/仁义。

意旨：富贵利于一己，节义传诵千秋。

旧解摘要：

《皇疏》："千驷，四千匹马也。生时无德而多马，一死则身名俱消。""言多马而无德，亦死即消；虽饿而有德，称义无息。"黄氏《后案》："夷齐之饿，守义而不食周禄也。"《四书近指》："此《春秋》所谓荣义不荣势也。"

含义引申：

本章旧解多据传说史事为解，景公多财，得之不义，夷齐重义，传诵后世。今日理解本章，自然不必按照史事传说及周礼"节义观"进行判断。其泛指之义，则体现于"富贵权势者"与"无势无财守义者"之间的伦理价值观对比上。然而在一般"义利"对比间的价值观,与在封建历史情境中具体化的"义利"对比价值观,并非一事。前者可俗常化为"义气观",即仅关注所处人际关系中的信诺遵守问题,而未涉及该人际关系本身的价值学性质问题。对此,政治关系与盗匪关系虽然在统治形态上有一致性而在各自的道德身份上毕竟不同。就此而言,殷商节义之士与孟子所说的"一夫纣"之间的伦理性含义完全不同,前者为在封建制度内具体化的"义",具有其意识形态的局限性,后者为通过"纣"作为"普遍恶"的象征所体现的一般"义"。

现代意义:

本章的现代意义更无关于例示本身的历史传说内容,而仅相关于不义之权势富贵与仁义之贫穷孤独之间的伦理人格的对比上,更可具体体现于权势者与道义者之间的永恒伦理性对立上,可用以象征文化学术行为中的趋炎附势谋利观与特立独行求真观之间的永恒对立。当趋炎附势以达荣华富贵已成为人类商业化时代唯一大众伦理价值观之际,在合法求富的物利人生观和逆势求真的精神追求间存在着永恒对立性时,伦理价值区分性直接连通于人文学术的科学性发展。

阳货第十七

17-1. 阳货欲见孔子，孔子不见，归孔子豚。孔子时其亡也，而往拜之。遇诸涂。谓孔子曰："来！予与尔言。"曰："怀其宝而迷其邦，可谓仁乎？"曰："不可。""好从事而亟失时，可谓知乎？"曰："不可。""日月逝矣，岁不我与。"孔子曰："诺。吾将仕矣。"

对比项：怀仁/隐遁，望仕/拒仕，权势/良知。

意旨：君子志于兼济，而于道不可行之际，则独善以养志待时。

旧解摘要：

《集注》："阳货，季氏家臣，名虎，尝囚季桓子而专国政，欲令孔子来见己，而孔子不往。""（孔子）但不仕于货耳，故直据理答之，不复与辩，若不谕其意者。"《集解》："孔曰：'言孔子栖栖好从事，而数不遇失时，不得为有知者也。言将仕，以顺辞免害也。'"

含义引申：

此章应反向解之，所陈述者均为孔子生平遭遇之特点，其寓意为：仁者虽有才学而无以行仁政之道；个人积极奋进但始终不得施展其才干；生命短暂，故宏伟计划于理永不得行。这些特点等于昭示：在任何封建等级制度历史环境中仁者从无主客观条件行其仁政抱负之历史事实。因此本章故事中，孔子面对权势时所表现出的在求仕与拒仕间的"乖离"行为，正喻示了一种历史戏剧性效果：内心求仕（兼济）而行为拒仕（独善）的共同存在，也即，仁者积极于寻觅理想中之政治途径，却坚定拒绝被纳入现行权势主导的政治轨道。本章为有关仁学之政治外实践途径已先天地遭受内在阻绝之判断，《论语》编者以此辩证性表达法——高扬仁学义理价值的心志和堵绝其仁政实行之路的现实——来呈现二事：一者，仁学之深意不在有能力改进社会环境；二者，仁学实践之外在场域永远负面。故，仁学的真实功能为：仁者于逆境中追求真善美精神目标的一种实践学指南。逆境遂成为仁学实践之相关运作环境，此场域虽然永远相对于其内实践而客观存在，却并不可能成为其外实践对象之一。更准确说，对于高段仁学言，其直接目标为朝向精神文化实践，而逆境一方面为其内外实践之客观环境，另一方面也为其认知对象，但非为其施为对象。仁学的主要目标是朝向精神文化创造及主体伦理学建设的。

现代意义：

此一"仁学实践逆境说"今可指涉任何阻碍仁学精神目标实践之各种客观力势环境，特别指各种唯物财是求的社会环境及在其作用影响下被定式化歪曲的呆滞化人文学术职场环境。古典仁学在历史上封建等级制度及其各种迷信意识形态精神压力下所完成的传统人文精神成果，可作为全球化时代新仁学于泛商业化的文化逆境中克难而上的精神激发力。历史上体现逆境者主要属于政治性范畴——政军权势集体（以暴力压制自由思想），现时代体现逆境者主要指社会文化性范畴——泛商业化、制度化的学术环境（其全球化表现之一为：制造了以学求利的治学观）。

17-2. 子曰："性相近也，习相远也。"子曰："唯上知与下愚不移。"

对比项：性/习，上智/下愚。

意旨：虽然环境影响人之性向，但为善最优者与为恶最劣者秉性均不移。

旧解摘要：

戴震《孟子字义疏证》："孔子但言性相近，意在于警人慎习，非因论性而发，故不必直断以善。"李光地《论语劄记》："先儒谓孔子所言者，气质之性，非言性之本。孟子所言，乃极本穷源之性。"《论语足征记》："王仲任曰：'孟子言性善，中人以上也。荀子言性恶，中人以下也。扬雄言善恶混，中人也。'"《集注》："程子曰：'此言气质之性，非言性之本也。若言其本，则性即是理。理无不善，孟子之言性善是也，何相近之有哉?'""人之气质，相近之中，又有美恶一定，而非习之所能移者。"程树德："《皇疏》兼采诸说，六朝旧籍，赖以保存。《集注》惟知称其师，虽有他说，了不兼采。如此章韩子三品之说（上善、中可上下、下恶），原本孔氏，不采者，恐其争道统也。余向主《皇疏》胜于《集注》，于兹益信。"《四书改错》："孔孟前后总是一辙，何专何兼? 何本何气质? 皆门外语也。"《传习录》："问：'上智下愚如何不可移?'先生曰：'不是不可移，只是不肯移。'"《反身录》："上知明善诚身，之死靡他；下愚名利是耽，死而后已，非不移而何?"

含义引申：

此章为关于外实践智慧学之判断，一方面强调外界条件的不同导致仁德教育的难以贯彻，而另一方面强调人性共同具有向仁的潜质。故仁学一方面应着力于改善环境，一方面应着力于改进自身。按照孔孟人本经验主义，后句之正确性毫无异议，前句中的"性"自然含两方面：正与负，或偏于君子或偏于小人，呈现出正负双向之人性光谱。"习"本身也含正负两方面，二者对"性向光谱"的后天作用可导致其"最终结果"或偏正向或偏负向。简言之，后天之习可对人之"性向"产生改善效果，故有倡学之必要。但任何外界影响只能作用于各人与生俱来的"人性光谱"本身的固有幅度及结构内，特别难以影响者为"上智下愚"。仁学实践学实含有"促善学"与"对恶学"两端，就后者言，永远存在天性作恶之徒，故仁学必须永远持坚决对恶斗争之学，所谓直道而行也。本章其实含有更具普适性的仁学意涵。本章前句的"可善可恶"代表大众，"习"则代表对大众现实之"性"进行左右的"教"的宗旨所在，虽然其教之效果具有先天局限性（由"好仁者稀"与"性相近习相远"表示），此为属于初段或初、中段之仁学；本章后句的"上智"则属高段仁学范畴。因此全章可涵括三段仁学之全域。

现代意义：

人性善恶论为有关人性的简单化的直观经验性的描述法，实际上其论乃相关于人性之善恶根苗论。孔子之"上智下愚不移论"较孟子之"性善论"更为周全，已如上述。但孟子的"性善论"非应直意理解为一种有关人性事实的客观性论断，其相关话语应按促动性句式理解：以此夸张性强调语势达激发向善感动力之效果。"上智下愚不移论"与"好仁者稀"同义，由之可以认识在现代化的今日，大多数人本合法求私利原则，人文学者欲专意于人文科学真理事业之求，只可期待于极少数人（仁者类型）本其先天本能以献身事业（也就是将"高段仁学"加以大力充实化）。此种献身真纯学术的意志与行为，必因逆势而损及当事人个人物利，因此只能由少数天生"好仁"者（现代人文理论领域的"志愿者"）自愿率先为之。而在求知的技术性层面上，此理可相当于如下事实：即使在自然科学中，纯理论部分也只能由少数"好者"为之，此类人士必定亦为爱好科学真理远大于爱好个人名利权者也（只不过世人习惯于承认自然科学中的此一分类，却不了解人文科学亦须如此）。至于因"性相近"故"善可广"的部分，在现实中必与社会文化中相应的发展效果有关。民主法制社会或可有助于"大众仁学"（作为民族的价值观总方向，而非指其高端实践内容）之形成，即仁学可起到精神文化和人生观信仰方面的教化与提升作用。

17-3. 子之武城，闻弦歌之声。夫子莞尔而笑，曰："割鸡焉用牛刀?"子游对曰："昔者偃也闻诸夫子曰：'君子学道则爱人，小人学道则易使也。'"子曰："二三子！偃之言是也。前言戏之耳。"

对比项：德育/品性，仁道/博爱，教学/致道。

意旨：仁学即伦理教育学，可不同程度上有助于君子与俗众强化其趋善避恶性向；世如无教或失教，则民人必迅即退化为准兽类，其为恶之心、之行可顿时无所不至其极。

旧解摘要：

《皇疏》引江熙云："小邑但当令足衣食教敬而已，反教歌咏先王之道也，如牛刀割鸡，非其宜也。"《集解》："孔曰：'道，谓礼乐也。乐以和人，人和则易使也……戏以治小而用大道也。'"《集注》："君子小人以位言之……言君子小人皆不可以不学。"《论语稽》："礼乐之治，冉有以俟君子，公西华亦曰愿学，而皆无以自见。子游不得行其化于天下国家，而唯于武城小试焉，夫子牛刀割鸡之喻，其辞若戏之，其实乃深惜之也。"

含义引申：

本章叙事以幽默语气由衷盛赞弦歌之教，"牛刀"之讽非真正针对该礼乐之教加以针砭，而是间接表现仁者借机惋叹大道之不行，即虽于此初见仁教之端倪却已知其继后之展开无望。孔子忧道不行之感怀，既相关于"以仁行政"之失败，也相关于已知大众向学之心有限。后一人性倾向恰可成为法家作恶者加以充分利用之对象。历史表明，野心家与无学庶众相辅相成，前者志在驾驭他人，后者习于甘为驱使。此乃无可奈何之事，而孔子欲逆势以正之。但一般而言，本章与前两章呼应，均于逆境中力申学道（向仁）有激发一切人相对向上之效用，君子学道可获实践力上的主动性，小人学道则可获实践力上的受动性。同一仁学之道可对不同人产生向道之"一致性"效用，虽然效用有大小，但二者的方向一致。此亦为仁学智慧学之一：人性潜在善恶成分有异，而对于大多数人而言，其中偏上者可通过仁学教养增加其致仁实践的主动性，即使其中偏下者通过仁学教养亦易于遵从外在道义规范（小人学道则易使）。仁学所含此"教育三论",相关于人性光谱正负全轴中之正向轴一侧,而与之对应的还有负向轴一侧,此即由微恶至极恶的一侧。历史上,仁学专意经营者为正向轴,法家专意经营者为负向轴。

现代意义:

本章在有限现实成就和无限理想期待之间的心理张力的表现,仍然具有重要的现实性喻示力:仁学理想作为永远向前之展望与心志指南,仁学实践作为该理想方向引导下之仁者心言行现实。人文科学的现代化革新为人类文明发展史上的至高目标或最新目标,参与者须同时兼备正确理想之朝向和现实有效之践行。故仁者必顺逆不拘,巨细不遗,在真实理想的引导下勇往直前。本章的初级与高级仁学目标的区分原则,今日正可对称于通常教学职场现象与人文科学理论革新理念间的异同关系。本章对于人文科学革新实践任务的教谕实体现于两个方面:一为认知准确性上的辨析,另一为实践动力学上的辨析。仁学实践学,有史以来,一直意指着一种历史复合体:一方面"物质上"生存于权势压力场内,另一方面"精神上"在此场域内破茧而出、勇力向前,其(物质)存在方式与其(精神)实践方式并非一事。本章故事寓意在于,"弦歌不辍"为对一切人之"学"人生观之践行,也即推进仁学之(有教无类的)普及教育计划。而孔子之"学观"使其实怀初高两阶之"忧":普及层与提高层。本章表现的弟子文教成绩为孔子排遣了"无学之忧",却又引生出弟子难以达至仁学高度之叹。此一情境则反映在职场文教与人文科学的关系上:职场人文学术为易,理想人文科学为难。新仁学必须在此错综复杂的学术文化情境中探讨人文科学科学化发展的有效途径。

17-4. 公山弗扰以费畔,召,子欲往。子路不说,曰:"末之也已,何必公山氏之之也。"子曰:"夫召我者,而岂徒哉?如有用我者,吾其为东周乎?"

17-6. 佛肸召,子欲往。子路曰:"昔者由也闻诸夫子曰:'亲于其身为不善者,君子不入也。'佛肸以中牟畔,子之往也，如之何？"子曰："然。有是言也。不曰坚乎，磨而不磷？不曰白乎，涅而不缁。吾岂匏瓜也哉？焉能系而不食？"

对比项：抱负/逆境，理想/现实。

意旨：君子知不可为而为之，因现实之"不可"却可成为理想之"必为"的伦理实践激发力。

旧解摘要：

金履祥《通鉴前篇》："公山不狃以费畔季氏，佛肸以中牟畔赵氏，皆家臣畔大夫也。而召孔子。孔子虽卒不往，而云欲往者，盖大夫畔诸侯，而陪臣以张公室为名也。"《洙泗考信录》："（按春秋传）此必无之事也。"《陔余丛考》："世人读《论语》，童而习之，遂深信不疑，而不复参考《左传》，其亦陋矣……战国及汉初人书所载孔子遗言轶事甚多，《论语》所记本亦同。此记载之类，齐鲁诸儒讨论而定，始谓之《论语》。语者，圣人之遗语；论者，诸儒之讨论也。于杂记圣人言行真伪错杂中，取其纯粹，以成此书。固见其有识，然安必无一二滥收也，固未可以其载在《论语》，而遂一一信以为实事也。"《翟氏考异》："按《左传》《史记》各与《论语》事不同。"程树德："弗扰之召，崔氏、赵氏以为必无之事，陈氏天祥以弗扰非即不狃。翟氏灏、黄氏式三以召属季氏。三说互异，此等处止宜阙疑。"《皇疏》："若必不空然而用我时，则我当为兴周道也。"《孙氏示儿篇》："言如有用我，则必兴起西周之盛，而肯复为东周之衰乎？"《皇疏》引江熙云："夫子岂实之公山、佛肸乎？故欲往之意耶？泛示无系，以观门人之情，如欲居九夷，乘桴浮于海耳。子路见形而不及道，故闻乘桴而喜，闻之公山而不悦，升堂而入室，安知圣人之趣哉！"《笔解》："韩曰：'此段与公山氏义同，有以知仲尼意在东周，虽佛肸小邑亦往矣。'"《集解》："匏，瓠也。言瓠瓜得系一处者，不食故也。吾自食物，当东西南北，不得如不食之物系滞一处。"《论语集注考证》："盖春秋之初，诸侯专恣，习以为常；春秋之末，大夫专制，又习以为常，故当时以二子欲张公室为大辠……其可与有为，则圣人自是之必自有道。使其不可与有为，则圣人行止久速其权在我，彼何足以浼之？又岂足以拘之哉？凡此皆圣人可为之微机在不言之表者。"

含义引申：

本章与下论其他较长叙事段落的篇章，可能均为后儒补充插入者，故包含其后在儒教新的社会环境下的各种变通之言。我们的研究立场在于从各"儒学释义学增补"语句中把握其大致合乎原始仁学义理的部分。本章表现孔子抱负远大，然其思想实非践行于现实政治层面，其所谓政治理想仅为其想象中的周初礼制。但《论语》章句涉及的史事内容绝非来自信史记录，不过是借某传说以表达思想意愿而已。诸家旧解多据不同相关史事传说记载而各自随意发挥，此类据传说史事为解的方法，本书一概不取。

《论语》对孔子言语形象之塑造看似矛盾，一方面急于用世，另一方面慎于受召，实则二者各以不同句式表达，传达一种明确的意思：介入现实政治之意愿（主观之真实）和永无条件介入现实政治之条件（客观之真实）共同存在。此一通过政治外实践之客观上不可行的故事以实际开启精神上内实践可行性领域的表达方式，使其思想在历史现实中仅成为品德内实践及文化精神创造之伦理性指南。而《论语》中的所谓孔子文教实践方面的言行表达，亦仅是一种想象传说之编撰，非可视为历史史事之记录。虽然《论语》中的相关礼仪和政治行为的描述仅为想象中的概述法，但其涉及的行为与心态的关联性则具有人性描述的永恒真实性。《论语》之"真实性"非指其内含的各种史事记载方面，而指其有关人性心理关系之真实概括方面，故《论语》之"真实性价值"表现在其所谓心学上，而非表现在其所谓史学上。

【关于《论语》之"真实性"问题的历史解释学申论】

由传说中的周初文武周公所创立的"周礼"，作为原始法典之文字记录及相关行为实录（钟鼎文等文物）固然稀缺（《周礼》一书为千百年后所撰而妄称为著于周初者，此或合于当时正当著述方式——以古人名义著述为当时之惯例），而由东周政治社会现实所间接片面反映者以及春秋思想界形成的相应社会政治理想价值观，已于历史上初次呈现。此种基本伦理价值观的确定性可成为孔门思想的精神基础，孔门一切主张均可由之衍生。此种心理精神层面上的"正面价值观确定性"（仁义观）和当时及后世显现的政治人物言行表现中流露的"负面价值观确定性"（私利观）二者，作为正反人性之实际表现，共同构成了《论语》文本内容的所谓"伦理学真实性"。此真实性非应指涉及的社会及史事细节记录上，而应指其相关人性心理层面上所真实流露者。即《论语》之"真实"指其相关于永恒正反人性之"心理事实"，而非指其正反人性的事迹记载之"社会事实"。前者显然比后者更为珍贵，并使得《论语》具有永恒人本主义伦理学价值的可能性。

现代意义：

本章的简短故事所呈现者仍然为伦理理想与历史现实之间的永恒价值学反差：人性恶与人性善之间的永恒对峙，以及在心理与精神层面上由此善恶对峙关系衍生的主体永恒的"择善固执"心志。此种伦理心志层上的历史永恒真实性，也成为现代及未来人类社会在文化精神层面上伦理正向前进之永恒人性动力源。本章据历史传说表达的孔子急于致仕以行道乃竟至于不免举措失当的幽默描述，固然意在表现孔子在理想主义精神激发下的一种"天真态"，但也由此间接表现出其诚挚与激情。此种诚挚与激情也正为现代人文科学革新志愿者所必须具有的品格。伦理理想主义的实践形式随境有异，而其载有者的心志情态则始终同一。心理因素之诚挚与激情才是人类精神文化创造之根本性动力，其他皆外缘而已。

17-8. 子曰："小子！何莫学夫《诗》？《诗》，可以兴，可以观，可以群，可以怨。迩之事父，远之事君。多识于鸟兽草木之名。"子谓伯鱼曰："女为《周南》《召南》矣乎？人而不为《周南》《召南》，其犹正墙面而立也与？"

对比项：诗/文，文化/伦理。

意旨：诗文化为精神文明之始，亦是伦理意志发源之基。

旧解摘要：

《论语补疏》："《诗》之教温柔敦厚，学之则轻薄嫉疾之习消，故可以群居相切磋。"《集注》："感发志意，考见得失，和而不流，怨而不怒，人伦之道，《诗》无不备。二者举重而言，其绪余又足以资多识。"《集注》："《周南》《召南》，《诗》首篇名，所言皆修身齐家之事。正墙面而立，言即其至近之地，而一物无所见，一步不可行。"《论语述要》："此章即夫子告伯鱼善处夫妇之意。《周南》十一篇，言夫妇男女者九；《召南》十五篇，言夫妇男女者十一。皆无淫荡狎亵之私，而有肃穆庄敬之德；无乖戾伤义之苦，而有敦笃深挚之情，夫妇道德之圣极矣。"

含义引申：

《论语》下论显为补续于《论语》上论之后，最后五篇似乎为时序上更靠后者所补续，而末篇尤为最后补加者。下论中除第16篇和第20篇内容明显乖离主旨几乎全不可取外，其他三篇中也不同程度上含有偏离主题之内容，因秦汉大一统后人的思想已远离较自由的战国前期人之思想。至于《论语》与《诗经》之关系，应从多个角度看待。就"诗"作为最早口头抒情韵文言而言，其始源必甚早，自为《论语》思想重要来源之一，甚至为其最主要思想来源，因二者均为据天然人性发展而成的思想情感之表达。此类不可考之远古数千年间断断续续流传中更新存替之口头"诗作"，至春秋战国时代，其口头传承方式的集体性"积存"，或已可视为具有内容相对稳定性的"流动文本"，其中或许不少为孔孟时代所共同诵习使用者。但该阶段流传之"口头诗集"之构成必定不同于秦汉著书、成书时代最终搜集编选的《诗经》中之内容，尽管二者之间可能存在着相当程度上的重合性（传承性）。原因即在于，直到春秋战国时期尚无大量可刻写于竹帛并保存下来的文化技术条件。因此作为后代编成出版的"新著"《诗经》，不仅其中主要部分"国风"只可能部分地重合于（传承于）孔孟时代假定存在的"口头诗集"，而且其中所谓"雅""颂"二部分应该均系秦汉大一统后之制作。所谓"商颂"者，亦不可能为当时真实记载。即使传承历史最久的"国风"部分，在秦汉编辑成书时亦已多次经过"宫廷文人"的文字修饰加工与编辑。（以"十"为篇的编辑格式可谓旁证。）况且，凭靠常识，所谓采风只可能是官方大致搜寻到的（可能不少仅为"美其名曰'采风自民间'而实为宫廷文人受命之作"）民间"文艺"，既然为民间文艺，哪里可能有如此现成完美的文字之作？至于后世历代解诗诸家普遍涉及"猜测"诗文之"史事影射"，从大小序起，可谓全属"借题发挥"之编造。以"国风"（多属抒情表现的纯文学性作品）为主的诗作，在摆脱了作为"经学"的《诗经》解释窠臼后，却可从中看出其在价值观、人生观、实践观方面与《论语》思想情感相对而言具有较多的相合之处。本章孔子强调学诗的重要性，自然应从人性情感思想的艺术性表现角度加以把握。（本章虽推为后世编作，但其重诗思想合于仁学，故加以收入。）所以，本章之"诗"只应理解为自古以来存在的原始文学形态，而非指后世编写的《诗经》。

在文化精神演变类别上，诗歌的萌发与发展代表着人本意识与文化的出现，与之对比的是前神鬼主义意识与文化。从《诗经》所含最早的抒情诗文本看，其所谓"抒情"即各种人际关系间之情感思想交流，此与巫术文化时代之人神之间的"利害崇拜"类型的交流，在对象、动机与目的上显著不同。这是远古诗歌为《论语》伦理思想的文化心理根源的证明之一。作为人性情感美学式自然抒发的诗歌（实为诗文与歌舞之综合表现物），不仅为周代文化摆脱殷商"神教迷信风气"之开端，亦为前于秦汉帝王专制时代的、偏于人性情感自然流露的原始文学现象。孔子之"诗教"不仅与其仁学人本主义精神一致，而且通过此一在仁政观念外朝向于"文"的价值朝向，象征了人类历史发展中朝向"精神文化"（后世出现的文艺与学术实践）的伦理学价值观。《论语》思想萌芽于数千年来之口头诗歌，仁学即为伦理性诗学，以其无韵格言诗集合，为表达和激发伦理信仰与实践之工具。仁学伦理学兼含人际公平观与个人人生观，其原初表现方式即负面政治现实与正面文学理想间之反差性对比，而其引申义即权势与良知之对比，诗"可以怨"即根源于现实与理想的对立性。

现代意义：

古诗与《论语》在情感与志趣方面的密切关联性可表明，二者均基于中华文明所内蕴的现世经验人性观传统。此种文学人性论作为伦理学人性论的基础和根源一事，间接表明《论语》思想确为千古集人本精神大成之总结，即不仅为西周数百年文化突飞猛进以来的历史、文化、思想之总结，而且更为其前以口头方式传播之情感意识演进（超出生物性实用智慧需要之外的原始精神性文化之发展）之结果。此正因二者均为基于人性论的伦理精神之源泉（超出商代神祇文化的生存自保利害意识水平），并可在一定程度上体现于今传《国风》中。此一源远流长的、源于现世经验的人性论思想情感结晶，正因其根据于古今未变之人性，一直成为现代化后新世界文化中的重要精神资源。此种精神资源因极少受到超越经验和自然的神祇观的影响，故可与现代人文科学的经验主义科学观，在价值观大方向上相互一致。如果各文明圈的历史上宗教性信仰与西方形而上学信仰等思维方式，难以与现代人文科学的经验科学主义协同一致，那么基于中华文明中人本主义精神传统的仁学，则奇迹般地充分显露出其合于科学时代的精神现代性。因"科学"必为理性的，必为现世经验性的。本章宣表的"诗学"，同时也为仁学伦理学双维价值观的宣示：公平正义与精神文化。前者相关于狭义伦理学——人际关系公平论，后者相关于广义伦理学——生存目的方向论。人类社会不仅要维持现世公平正义，而且要促进现世精神文化（在娱乐文化与超自然文化之外）的不断提升。

17-9. 子曰："礼云礼云，玉帛云乎哉？乐云乐云，钟鼓云乎哉？"

对比项：礼行/礼意，外饰/内真，媒介/目的。

意旨：礼学为仁学内外伦理实践之"象征工具学"，外部仪节行为之合度与内在动机之醇正之间存在有紧密对应及互动关系。

旧解摘要：

《集注》："敬而将之以玉帛则为礼，和而发之以钟鼓则为乐，遗其本而专事其末，则岂礼乐之谓哉？"《皇疏》引王弼云："礼以敬为主，玉帛者，敬之用饰也。乐主于和，钟鼓者，乐之器也。于时所谓礼乐者，厚赘币而所简于敬，盛钟鼓而不合《雅》《颂》，故正言其义也。"

含义引申：

礼行、礼器、礼意三者之间的一致性关系，是孔子验证及促动行礼者在参礼时具有真心诚意之客观证据，即从外在表现察验内在心态的一种回溯式察验法。在一定的行礼环境内，礼器的丰简可以成为行礼者心态之迹象，但礼行本身也可成为察验心态的手段，即如本句所言，行礼者通过履行礼仪形式与程序之规定，以实行各种人际情义交流过程。此一礼仪程序中的三方面一致性要求，不仅可起到监察和激发人际正当交流行为的作用，而且可成为察验主体心向是否方向正确且合节合度的手段。此外，通过检验三者之间维持一致性的程度，可察验行礼者之心态实际，并通过此察验法反过来强化行礼者之伦理心志。

现代意义：

衡之以现代人文学术革新事业，学者主体表面上合乎规范的行为及其学术结果，并非即可视为符合仁学标准之"达"。此正可象征今日人文科学理论全面革新事业的情境：仅合乎规范地实行了研读与著述的程序（合乎礼乐规范）是不够的，须进而察验其学术行为之动机与目的，否则，该学术行为完全可直接、间接地成为主体实际致力于个人名利权追求过程中之有意伪饰过程（俗常学术行为中普遍存在的伪饰倾向，可比喻为古代行礼时相应的伪饰倾向），该伪饰法之有效性正须基于表面上的合乎规范和能够"取悦"于学界。于是，在全面功利主义笼罩下的现代人文学术理论思考方向，已经促成了一种"第二学术实践程序"：在自私动机、合乎公共规范（符合市场使用价值）的修辞术制作以及最终可因此曲折步骤而达至个人名利权目的这三者之间，形成一种以伪乱真的"实用主义治学术"。在此过程中，"效用"原则（市场机制）已经彻头彻尾地贯彻于其中，并根本上排除了"致真"动机与目的。"效用"在此含二义：对己利之达成"有效"，以及对符合现行学界市场规范与程序"有效"。此种学术实用主义遂从结构上排除了学者主体的"真理"意识与因素，也就是从心术界排除了主客观真理意识。这样，本章所谈的"礼敬之心"之有无，即相当于今日所谈的"以学求真"动机之有无。只有真理动机存在，才可在实践过程中依据"致真理规范与程序"，而非依据"学界市场之规范与程序"，来推进学术思想计划，从而最终可将此真理动机（求真知心）与其实践结果之间的科学性相符程度，作为学术实践成功与否的检验标准。其结论必为：如无以学求真之诚心，即无达成符合科学性标准之真理结果。

17-10. 子曰："色厉而内荏，譬诸小人，其犹穿窬之盗也与？"

对比项：外勇/内怯，大言/诈欺。

意旨：仁者以内实弱、外饰强为耻，并蔑之为窃盗之流，以暗示"窃取类"较"强夺类"之可耻为甚。

旧解摘要：

黄氏《后案》："刘孔才《人物志》曰：'处虚义则色厉，顾利欲则内荏，厉而不刚者，私欲夺之也。'"《集解》："孔曰：'荏，柔也。谓外自矜厉而内柔佞。'"《集注》："厉，威严也。荏，柔弱也。小人，细民也。穿，穿壁。窬，窬墙。言其无实盗名，而常畏人知也。"《皇疏》："外形恒欲进为取物，而心恒畏人，常怀退走之路，是形进心退，内外心乖，如色外矜正而心内柔佞者也。"《四书辨疑》："夫色厉而内荏者，外饰严正之色以影人，内怀柔媚之心以取事，惟以隐暗中穿壁之窃盗方之为是，与彼逾墙排户无所畏惮之强盗，大不相类。况窬字分明以穴居上，而训门边小窦，窦又训穴，穿窬乃穿穴也。改窬为逾，解为逾墙，非也。"

含义引申：

本章亦为辨别言行之伪善或诚敬的方法之一。乡愿辈伪善之术多端，孔孟仁学辨伪学对其特点多有察验，其中之一即为本章指出的"色厉内荏"。其人格本质或软弱，或狡诈，其似真而实伪的根源，或源于不敢逆势而进（懦弱而虚荣），或仅意在假仁学话语以掩饰其追求违仁之心言行（狡诈而具野心），二者表现于外者皆为利用仁义话头以虚伪而狡猾地谋求私利（假仁假义）。此种人格与策术特点导致其言行不一，以至于在其所假之仁义话语表达中反倾向于夸张其力度，而在其实际的实行中则无以副之。"荏"者或出于实际软弱（不敢践行），或出于欺诈（无意践行），其一致结果为（强烈）"表现"与（薄弱）"实行"间的明显不一致。然而此种言行不一之实践风格，却可能在任何由实用主义支配的环境内有效取得其预期结果，因其预期结果本非求真而为求成，即求在相关场域内取得的一时被众人信服之效力。"强烈表现术"本身产生的煽发效果已可部分地达成了预期目的——"名利权"之获取；而众人观察的欠缺与思考上的注意力难以持久，即难以保持对"原因-结果"观察间所需时延之全程集中力（大众对诸事只能维持短程注意力），此一"群众验收过程之时间差"正是狡黠者利用"愚民易动"特点以达其隐蔽私意的社会学法宝（此情可谓古今同然）。

重要的是，此类易于得逞的乡愿辈或狡黠辈之"色厉内荏"竟可起到一种积极效用："强烈表现"与"怯于实行"的因果链本身，反而更有效于达成欺世盗名目的，也就是可导致其"因"之时段（强烈表现本身）独立产生效用而不致受到其后"无以践行"结果的"反作用"（否定其强烈表现之许诺）。由此策术产生的最终社会性效果为狡黠者的名势权力之形成，而名势权力本身可继而成为对具有趋炎附势倾向之受众产生进一步吸引力的原因。这样，假仁假义的有效运作不仅可在社会上得逞，而且可据其"聚众"效果进而有助于营造权势实体，后者反过来成为进一步增扩其名利权收益的条件。质言之，其自身作伪方式实际上迎合及促动了人性共同的弱点，最终形成了学界文化界的伪善风气（以至于唯

1067

讲求伪善之方，方可取得业界成功）之社会性传播。以上的个人本位倾向，当有效扩展至全社会时，即可在社会下意识气氛中形成社会文化风气，遂可以其（因行伪善而获致成功的）"社会惯习"从根本上取代或压制大众"辨伪求真"的意识。此一历史上屡见不鲜之倾向，有助于我们理解为何仁学伦理学必为"逆势"（逆社会性积习环境）而进之学。

现代意义：

对于多数乡愿辈学人而言，其中源于懦弱者居多，源于狡黠者居少，"色厉内荏"主要指一切欠缺意志力之读书人，习于通过"大言不惭惑众"产生的自淫效果，以掩盖诚实面对自心的真诚意识。正因意志软弱故不能、不愿努力于艰苦治学程序而希图于侥幸。一旦得逞（投机主义因着眼于欺人效果之营造，故最易得逞），即获得名利鼓励而可沿此路线继续前进并持续产生社会文化效果，内心之原始伪善遂可继续被有意无意地掩埋于心。社会文化上彼辈制造的文化学术风习遂可成为主流方向。故仁学解释学今日之意义可扩大深化到这样的程度！就人文学术言，无论中外，在科技工商主导的商业物质化世界环境内，人文学者更加易于在本领域弃艰苦治学动机及目的，而改为以制度化、职场化的学术活动为谋求名利权之工具，而此类作为当然必同时须以伪善方式行之（以"求真"之伪示人）。究其实际，"色厉内荏"的学人一因惧怕艰苦，一因不抵利诱而曲学以阿世。仁学治学观之所以对此特别批评，还因据此实用主义治学策略自然最易"功成名就"（通过假仁假义运作以成功于学界），并在占据学界名利权之后进而追逐学术垄断地位，其阻碍人文科学健康成长之效果不言而喻。以学求真的治学方向，因朝向学术真理探求，学者除因此而处境艰难外，复必因曲高和寡而人单势孤；以学求成的治学方向，因朝向业界及社会之"效果"，学者在利用环境并迎合俗论上，遂必易于成功。两种治学观在目的、对象和方法上完全不同，结果上也完全不同。此一倾向之所以可能"于今为烈"，乃因在全球商业化的文明大环境内，相互谋利竞争动机和竞争策术的生活逻辑已然无远弗届，人文学界亦不能免。竞争逻辑的运作必然含有尔虞我诈、钩心斗角的部分，其表现及结果自然即为"伪善真理话语制作术"的流行。此种世界文明整体大方向的确立，可谓有助于煽发人文学界上述"哗众取宠"（借各种美词丽句欺人）与"色厉内荏"（哗众取宠以聚势）的治学方式之泛滥。

17-11. 子曰："乡原，德之贼也。"

对比项：伪善/窃仁，虚誉/掩实。

意旨：辨伪与求真为一币之两面，二者貌同实反，残暴欺诈之"明枪"易躲，假仁害义之"暗箭"难防，法家权力学最善于交相运用之。

旧解摘要：

《中论·考伪篇》："乡愿无杀人之罪，而仲尼深恶之。"《履斋示儿篇》："所谓乡原，实推原人之情意以求苟合于世，而曰一乡之原人，而为德之贼也。"《孟子》："阉然媚于世也者，是乡愿也。"《集解》："乡，向也。古字同。谓人不能刚毅，而见其人辄原其趋向，容媚而合之，言此所以贼德也。"《集注》："乡者，鄙俗之意。原与愿同……乡原，乡人之愿者也。盖其同流合污以媚于世，故在乡人之中独以愿称。夫子以其似德非德，而反乱乎德，故以为德之贼而深恶之。"黄氏《后案》："乡愿能伸其是非之不忤于世者，而怵然于忤世之是非，随众依违，模棱而持两端，乡之人以其合君子者而贤之，则其合小人者或谅之，或惑之矣。"

含义引申：

此为前章引例之典型化表现，即标榜仁义者即使其言行俱伪却最易取得社会性成功。自古至今各种"伪仁话语制作术"在社会、文化、学术场域最易成功，其操作性关键为：不对受众谈其难以理解的客观之真，而对受众谈其易于被欺之伪。狡黠文人深识大众欠缺深思兴趣遂大加利用之，在以伪乱真烟幕下实现其欺世盗名、聚势夺利之隐蔽目的。本章之教谕为：不可轻信号称仁义者之自我表白，而应通过察验其人长期以来心言行三者是否具一致性而判断其人内心之真际。仁学的反乡愿学思想亦为其仁学实践学之重要组成部分：因除伪与求真为一币之两面。故仁学必兼行反乡愿学。反乡愿学实为仁学一般辨伪学的重要组成部分。孔子称乡愿为德之"贼"（相当于前章称"色厉内荏"者为"穿窬之盗"），可见其负面效果之严重性。孔孟仁学深识人性之表里深浅，故知"以伪乱真"者较直接作恶宣伪者更可阻碍仁学事业之践行。

现代意义：

以上两章，特别是反乡愿学及概括言之的一般辨伪学，对于现代社会中的文化与人文学术建设具有无比重要的启示性。求真与辨伪为一币之两面，而学人一贯忽略后者，因假仁假义、以伪乱真者精心设计之伎俩不易察觉故。今日人文学术世界何人不用"人文科学"名目？而究其实际，多为据学术职场制度化规范与程序以追求个人名利权而已。此种根深蒂固的人性宿疾，实为人文科学革新任务之大敌。首先，研究历史上仁学话语的真实作用和反仁学的歪曲作用之共存态势，将是现代"新仁学"的重要课题之一。其中一项就是儒学中的真仁学部分和伪仁学部分的历史关系问题。新仁学据此古今中外人文学术及文化生活中的虚实关系考察，可深识人文学者因陷入名利场而难以自拔的事实。之后可据此深刻认知以思考对应之策。再如今日后现代主义及极端论虚无主义，出于求个人名利权之隐蔽动机，专注于学理上哗众取宠的话语技巧之发明，亦应被视为一种世界人文学术界之乡愿学倾向：不仅按照通常假仁假义、以伪乱真方式，而且特意设计一种凿空"理论话语"修辞术，以在认识论层次上产生其貌似更为深奥的假仁假义方式，通过发明"去真之'真'"理论，以期从最根本处颠覆人类的辨析"善恶是非理性能力"。海德格尔和德里达则为其中最突出的惑乱人类理性和伦理的巨擘，而其虚无主义更为"阴险"（不论其有意无意）的效果则是瓦解学术求真者的"战斗意志"。（此所以本人在2012年南京国际符号学大会上宣称：海德格尔为全球商业化时代的代表哲学家，其哲学为20世纪最大的人类理性之敌。）

17－12. 子曰："道听而涂说，德之弃也。"

对比项：听闻/盲信，传伪/害德。

意旨：世人轻信，易受蛊惑，故作恶者多借假仁假义之术以欺众、行伪、取利。

旧解摘要：

《皇疏》："记问之学，不足以为人师……江熙云：'今之学者，不为己者也，况乎道听者哉。逐末愈甚，弃德弥深也。'"《集注》："虽闻善言，不为己有，是自弃其德也。"《四书辨疑》："道途之间烂听将来，不考其实，即于道途传说与人，如此轻妄，则必不为雅德君子所与，故曰德之弃也。"《反身录》："道听途说，乃书生通病，若余则殆有甚焉。读圣贤遗书，嘉言善行，非不饫闻，然不过讲习讨论，伴口度日而已，初何尝实体诸心，潜修密诣，以见之行耶？每读《论语》至此，惭悚踟蹰，不觉汗下。同人当鉴余覆车，务以深造默成为吃紧，以腾诸口说为至戒。慎勿入耳出口，如流水沟，则幸矣。"

含义引申：

本章不仅相关于为学之道，且关乎为人之道。一者，闻者须慎重判断他人言行，不可轻信言说之表面意，而应仅将其视为对其全面核实之初步材料而已。换言之，任何他人的佳言美句只应为受者将其置于现实观察与相关学术思想整体内加以考验并进而批评性重组之对象。道听途说不仅显示闻者之轻浮，更如以上诸旧解所暗示者，即使佳言美句足为闻者进德之资，而如闻者仅以传诵为能，止于被动欣赏或分沾名势，却未能对其积极吸纳与批评性消化，亦非符合读书进德之义。本章句简，反可兼含二义：一者为"学而不求甚解"，另一者为"学而不能体践"。后者正为古今读书为学者之通病，在此所谓体践含有二阶：领悟其意旨以及践行其意旨。领悟不等于践行，读书不等于达学。于是才会出现：读赏阳明学者众，而践行阳明学者阙，古今同然，于今为烈。

现代意义：

本章引申之义对于现代社会中的人文学术及文化创造的正当方

式亦极具启示性。因今日一切媒体信息及书籍文本的知识来源不可计数，故均不应轻率视之为可靠资讯。人文学术及其理论之文本资料亦当如是视之。而因职场功利主义泛滥，学人如急功近利，必投机取巧，习于援引名家作品以壮自身论述之声势（今日西方传来的所谓"写作规范"鼓励"详征博引"，遂造成了广泛的合法转录或抄袭之风）。特别是由历代学术权威一时选定之名著，如被征引均可增加写作之"身价"，故轻率学人必急于趋附，以期迅即借以提升自身"附权贵骥尾"之身价也。此类随处可见的人文学界通病，特别是对难以"征实"的理论性话语之轻率引用，均应属于本章所谓"道听途说"之列。进而言之，对于社会、职场惯常之共识及规则，乃至制度化的权威论断，均不可仅因其言在学界占据位势而即采纳为自身为学之"有用工具"，而须对其学理价值另行独立判断，以便对其正确取舍。

就古今中外之"群众运动"现象而言，本章教益还具有另一层适切性，史称"愚民易动"者，其"愚"非仅指文盲之类，而必涉及或主要涉及读书听闻不求甚解、人云亦云之跟风者。古代如以此指历史上文盲之"愚"，今应转义为"读书人之愚"。凡随波逐流、趋炎附势者即今之学界"愚者"。社会政治现象如此，学术文化现象亦然，其共同性均为对于所获信息不加考证深思即予信从。此所以乡愿之徒因善于经营假仁假义、以俗美乱雅真之术，而可通过欺弄和利用道听途说者，以达其隐蔽之不可告人之目的。此外，时当文化学术全面商业化时代，思想书物均须在学术文化市场内取得其使用价值，而学人以学求利，讲述传授具有使用价值的学术话语之惯习将导致学人不必独立判断学术话语之"内在价值"或"科学价值"，而多直接诉之于其"使用价值"并将其纳入程序化运作，如此即可完成体制内所需的治学要求而获利。于是教师可"不思而授"，学生可"不思而学"，即双方可仅据学术市场上既定的使用价值来进行合乎程序的"名家话语"传播。故学术市场之"使用价值"决定着学界"道听途说"之方式。换言之，人文学术的教学与思考实践将从学术思想的"本身价值"层次转移至其"使用价值"层次来进行，以便具体完成人文学术运作的商业化转化。人文学术过程将从其传统上的"真理探索"方向转化为"职场运作"方向。师生主体在此研学过程中不仅无关于其人之品德养成，亦并无相关于其人自身思想理论之发展。

17-13. 子曰："鄙夫可与事君也与哉？其未得之也，患得之。既得之，患失之。苟患失之，无所不至矣。"

对比项：私利/公义，嗜贪/行恶，未得/怨恨。

意旨：伪善行私者，得失之间，贪婪毕露，利之所在，必悖德以求之。

旧解摘要：

《集注》："鄙夫，庸恶陋劣之称。何氏曰：'患得之，谓患不能得之。'小则吮痈舐痔，大则弑父与君，皆生于患失而已。胡氏曰：'……士之品大概有三。志于道德者，功名不足以累其心。志于功名者，富贵不足以累其心。志于富贵而已者，则亦无所不至矣。'志于富贵，即孔子所谓鄙夫也。"《反身录》："苟图富贵，便是鄙夫，此非生来如此，学术使然也。当为学之始，所学者正谊明道之术，及登仕版，自靖共尔位，以道事君。若为学之始，所学者梯荣取贵之术。及登仕版，止知耽荣固宠，患得患失，不依阿即逢迎，情所必至，无足怪者，故术不可不慎也。"

含义引申：

孔子以从政者患得患失为诫，强调仁者行事目的须端正，尔后方可减少自身利得之贪婪。患得患失者因欠缺行仁义之真志向，其志在于利得，故多避难就易，避险求安，为此而自然不可能坚持仁义操守。本章侧重于描述小人言谈行迹，而非为表达臣下对君上的愚忠。既有"忠而无诲乎"，此"诲"字意即已包括于"事"字内。故本章所诫只相关于仁学实践者之动机与目的的纯正性方面，亦为义利之辨的类型之一。

现代意义：

"患得患失"自古至今成为中华文化警言中之普遍贬义词，但客观地反映出了一项根本的历史事实：文明人发展自丛林时代，故人性中天然含有与人为善和损人利己之两面性，因而绝大多数人不能免除其私利心。一方面，本章诸旧解，从汉至清，以此标准加以评判者，其实均为读书人，即知识分子。而另一方面，按照仁学品德标准，纯粹私利欲求为仁德实践目的之大敌，而此大敌却正无所不在。此所以有"好仁者稀"及"上智下愚"的事实性判断。所谓仁学伦理学即在人类大多数为自利本能驱使下参与集体或合作公务（士农工商）时，须受到针对此私欲本能的道德性和法律性规则的限制。现代社会的合理性在于遵照民主法治制度对全民进行外在性约束，以维持社会公平，但不会主要诉诸个人之内在道德自我约束力（宗教与道德仅可起到辅助性教化作用）。但是对于人文科学而言，单只在职场制度内维持公平自利原则是完全不够的，甚至其副作用可直接弱化或排除学人通过学术活动追求有关社会、历史、文化等"科学认知"的可能性。原因前已详述。所以，本章之意实为激活人性趋善本能，以使之践行"克己复礼"（自克私欲以利于士君子人之内外品德，以助其朝向真善美目标努力）。

此一古代通过社会政治律则表达的道德格言，今可完全解释学地转换为人文科学及精神文化工作者的实践格律。特别是当现代全球商业化社会已将此作为个人自我约束的古典律则完全排除之后，参与推动人类文明精神生活方向的现代"文人"，反而正应借助此古典律则以使自身获有主观条件以有效致力于现代化人文科学改造事业。患得患失实乃以学求利者在其求利过程中必有的表现，也即为其难以有勇气或意志力在任何外部压力及诱惑下坚持以学求真正当目标的直接原因：担心失去名利权之得也。然而，另一方面，按照仁学解释学，古代伦理学之原则或理念为一事，体现该理念的规条与内容为另一事。现代新仁学则须将二者分离，此即区分仁学与儒学的理由之一，尽管在历史现实中二者紧密地"纠缠"在一起。我们的"历史解释学"则一方面要将二者剥离，以彻底还原仁学理念本身，另一方面又须将儒学儒教所设定的相应方法与规条代之以现代社会中的、与时俱进的新方法与新规条。在此意义上，"义"与

"利"的定义自然必须予以现代化的调整，以便将原始仁学从儒教专制主义意识形态中解脱出来。这样，例如，今日的"仁政"观当然不可再以儒教的"王道观"教条为准则，而须按照现代政治科学和经济科学加以重新规定。（古典仁政观和现代政治科学在价值观大方向上完全一致，而在社会实践方式上已完全不同。海外新儒家对此古今中外间之异同关系的辨析是不深入的。）

17－16. 子曰："恶紫之夺朱也，恶郑声之乱雅乐也，恶利口之覆邦家者。"

对比项：似同/实异，佞口/颠覆。

意旨：仁者智辨善恶是非，乡愿精于以伪乱真。

旧解摘要：

潘氏《集笺》："'紫衣，君服'……则当时（春秋末）竟尚紫矣……齐桓公……下令贵紫。"《中论》："利口者，心足以见小数，言足以尽巧辞，给足以应切问，难足以断俗疑。然而好说而不倦，谍谍如也。夫类族辨物之士者寡，而愚暗不达之人者多，孰知其非乎？此其所以无用而不见废也，至贱而不见遗也。先王之法，析言破律、乱名改作者，杀之；行僻而坚，言伪而辨，记丑而博，顺非而泽者，亦杀之。为其疑众惑民，而溃乱至道也。"《集解》："孔曰：'朱，正色。紫，间色之好者。恶其邪奸而夺正色也。利口之人多言少实。'"《集注》："范氏曰：'天下之理正而胜者常少，不正而胜者常多，圣人所以恶之也。利口之人以是为非，以非为是。'"《四书通》："（佞：辨给；利：捷给）捷则颠倒是非于片言之顷，使人悦而信之，有不暇致详者，视佞为尤甚。"《论语注义问答通释》："是非善恶最相反也，圣人不之恶者，以人心自有正理，而正不正之相反易辨也。惟夫似是而实非，似善而实恶，则人心疑惑而足以乱正，此孔子所以深恶乡愿而又及乎此也。"黄氏《后案》："古今覆邦家者，皆以利口变乱黑白者也。故为邦必远佞人。"《四书翼注》："佞人骈辨逞才，有入耳处，亦有取憎处。利口者迎刃而解，要言不烦……伊尹谓有言顺于汝志，必求诸非道，盖以此也。"

含义引申：

本章可称为本篇以上诸仁学警诫句之总述。紫朱之辨乃强调佞者所言真伪难辨，各式作伪者专从言行外表"似真处"入手开始其作伪伎俩之第一步，故仁学者对此必应深识细辨。似是而非的言论不仅在义理上易于破坏仁学之正解和践行，而且可造成社会文化界欺诈风气之流行。此一警告的深切意涵是：不可依据话语本身在"论述、感受上的吸引力大小"，即哗众取宠的效力大小（听众的直接感觉），来判断其真伪及相关事物之是非。因为多数受者主要熟悉本业之经验与知识，欠缺对于社会、政治、历史、人文等方面的一般知识及关切，故普遍不具备察验本业之外社会文化现象内心言行实四者之间一致性关系的能力与关注力（常人此类直观性思考的特点就是：只注意个别性事件，而并不进而串联诸跨时空相关事件之间的"关系"以提升综合判断的品质），因此习惯于在原无知识经验准备的情况下直接被动地容受对方话语本身吸引力之左右，而迅即予以直观的反应。故自古至今，"花言巧语"与话语外相应的"组织运作"二者之合力，往往可成为掌控舆论之不二法门。此章与《论语》其他指令句一样，均为借一具体性个例以喻示一般性道理。世人对于"善佞者"之美词丽句不应止于直观、直意把握，而应结合各种相关内外语境，特别是通过察验话者之动机与效果因素，综合地推测话语的"背后真意"。此一关于辨伪学指令句列的内容，涉及一切社会文化学术领域，其中真伪之辨、义利之辨、忠奸之辨、虚实之辨等等均可归结于动机层上的"仁与不仁"原始意念之辨。故此处所言的真伪混杂言谈之辨，多可溯源至此原始之"心辨"，并以之作为进而全面掌握话语（特别是故事类和理论类话语）相关语境之肯綮。

现代意义：

本章"以紫乱朱"之警示，为仁学辨伪学的重要智慧学之一，与仁学反乡愿学可合称为仁学实践学之"辨伪学双中心"，一者从其动机层"还原论"入手，一者从其作伪手法"运作面"入手。此二

"辨伪基准"可谓自古至今、古今中外常存，并因此成为仁学实践学的重要固有课题之一。现代以来，由于生活、学术、文化中的各类实践均改以通过外在法治法规之约束来取代内在道德之约束，上述两种负面现象反可被投机者或心术不正者变本加厉地加以技巧性操弄，其中尤以"以伪乱真"术最具得逞之可能性。今日人文学术难以朝向科学理性方向发展，其实正因各种以伪乱真、以虚代实之学界策术技巧学之空前发展与提升。前述仁学正名论也为对此普遍存在的以伪乱真术进行反制的思想：通过操弄"A名"，使其实质上传达"B意"，以传输以伪乱真之思想。仁学辨伪术之所以与现代较与古代更具适切性，首因社会文化全方位商业化发展的结果。"以计取胜"和"私密至上"成为社会行为合法原则，而另一方面亦可成为各种"利己损人"设计有效实行之"合法性掩护"。于是在社会秩序有效维持的状态下也实质上促成了一种"人可合法谋私"的人生观与治学观。在以追求职场成功为目的的共识下，"如何求成"的学术思考取代了"何为真理"的传统思考。后现代主义甚而为此社会文化商业化大趋势提供了"泯真伪"的新的"人生哲学"和"混世方法"。于是新时代反正好为孔孟深戒的乡愿辈读书人准备了合法求利的全球化土壤。此一历史事实遂导致仁学辨伪学面临着历史上空前吃重的拨乱反正任务。在人文学界实行"合法谋私"的最佳途径即后现代主义所玩弄的各种理论话语上的"紫朱混淆手法"，以从根本上瓦解学人之是非真伪辨识能力，从而为其另行经营的学术山头势力所左右。学人从此所追求者，最终即名利权而已，理论话语仅成为达此目的的工具。

17-17. 子曰："予欲无言。"子贡曰："子如不言，则小子何述焉？"子曰："天何言哉？四时行焉，百物生焉，天何言哉？"

对比项：无知/默言，无为/有为。

意旨：此为孔子于大道不行之际之自然感叹，其顾左右而言他的回答中隐含着关于未来如何发扬仁学精神的思考。

旧解摘要：

《荀子·天论篇》："列星递旋，日月递炤，四时代御，阴阳大化，风雨博施，万物各得其和以生，各得其养以成，不见其事而见其功，夫是之谓神。皆知其所以成，莫知其无形，夫是之谓天。"《皇疏》引王弼云："予欲无言，盖欲明本，举本统末而示物于极者也。夫立言垂教，将以通性，而弊至于湮。寄旨传辞，将以正邪，而势至于繁。既求道中，不可胜御，是以修本废言，则天而行化，以淳而观，则天地之心见于不言，寒暑代序，则不言之令行乎四时，天岂谆谆者哉？"《集注》："学者多以言语观圣人，而不察其天理流行之实有不待言而著者，是以徒得其言，而不得其所以言。故夫子发此以警之。子贡正以言语观圣人者，故疑而问之。"《经正录》："夫子蓦地说予欲无言，意义自是广远深至。先儒于此只向子贡转语中求意旨，不在夫子发言之本旨上理会……圣人见道之大，非可以言说为功，而抑见道之切，诚有其德，斯诚有其道。知而言之著其道，不如默成者之厚其德以敦化也。故尝曰讷，曰耻，曰切，至此而更云无言，则终日乾乾，以体天之健而流行于品物各正其性命者，不以言间之而有所息，不以言显之而替所藏也。"《反身录》："陆象山有云：'寄语同游二三子，莫将言语坏天常。'邹南皋亦云：'寄语芸窗少年者，莫将章句送青春。'合二诗观之，吾曹得无惕然乎？"

含义引申：

因秦汉以来道家渐兴，其后解者思想趋于多元，而原始仁学中所用"天"与"道"等"半抽象字"遂多沾染形而上意涵，从而可能曲解了本章之实意。孔子时代及孔子本人尚无抽象的或形上学的思维习惯，而本章之意在《论语》中反最近乎形上学性隐喻，故颇似后儒据儒道释思想所增补者。但因为儒教两千年在儒道释思想语境内为士人所"熟读"，今应据仁学本义予以"现代性重读"，以便删除其中道释思想之暗示。如《论语稽》中竟然妄自申言："孔子自比于天，耶士亦自谓上帝之子，盖宗教家皆自谓与天合德，中外一也。"本章表面上似属于《论语》单纯感叹句式系列之一，其意为

"天下无道，无从矫正，论多而效缺，仁为至道而不得解惑，夫复何言"。今日解之，依据孔子持不知而阙疑的理性主义立场，其言下之意应为"人间尚有众多不知者为人类难以断言而不可妄言者也"。因此本章"仁学相关性"意涵可为：仁学毕竟无方策以易世，故在对仁学放弃其"第一志愿"（匡正权势）时抒发自然感叹；但于此第一实践之"绝境"处复有"绝处逢生"之"转机"，此即仁学改行其"第二志愿"（精神文化）。本章流露之怅惘心绪岂非亦同时呈现为其"新生"之意象？

【关于仁学理性主义的历史解释学申论】

《论语》文本形成的几百年，正处于中华精神文化与独立思想初次形成阶段，在前为殷商神教迷信统治时代，在后为皇帝专制制度与儒教教条主义思想并行时代。形成于二者之间的孔孟思想之现世人本价值观与其以学求真之思想大方向，不仅因其全部保存于孔孟文本中而得以物质性地延存下来，而且在其与儒教两千年专制史漫长共存期间，得以以积极主动性方式在精神文化领域内奇迹般地展开了甚或相对发展了其精神生命力。本章的确在主题与风格上与他章迥异，如属于《论语》原初编写之列，编者也许直观地感受到一种超乎仁学伦理学范围的认识论层次上的有关生存意义问题的思考冲动。因此种接近于宇宙论、本体论、人生观的初步思辨性意识仍然可相通于仁学伦理学的"伦理认识论"论域，即人际关系问题并不是无关于一般人类生存意义的问题，后者自然将伦理性思维扩展至人之生存的时空环境，将其作为另类伦理性思考对象：在此生存论问题面前思考人何以"必须"遵从人本主义的仁学义理（通向其主体意志论核心），以及如何以朝向现世精神世界（而非朝向内容高度空疏的死后世界想象，后者的唯一"价值观逻辑"基于人性对死亡之恐惧及对保障个人长生之大力势之崇拜）的价值观来填充"生死论之空虚观"。如果对于儒教文化思想史与仁学精神的互动关系加以进一步分析，也应看到，道学、理学、佛学后来的发展所形成的儒教思想史环境，必然相应地刺激了仁学的"第二伦理学"的坚实化展开：在诸多不同人生价值观的压力与激发下，仁学进一步朝向"文史哲理论化文化"方向的展开，其性格是现世经验主义理性化的，与理学形上学、佛学本体论和道学宇宙论等非经验理性的思想方向形成了认识论上的根本对立（如我们在阳明心学和宗羲史学中所瞥见者）。此种儒学与仁学互动关系的进一步发展，遂直接通向了现代科学时代。不难理解，民初以来中华文明在科学理性上迅速与时俱进并突飞猛进，其"文明论上的"历史根源即在于此：仁学精神作为中华精神文明史上唯一具有普遍永恒价值的伦理信仰传统，与科学理性精神是具有高度一致性的。

现代意义：

对于本章的现代意义，我们只应该从人本主义伦理学认识论与实践论的关系入手加以把握，以便从中合理地认识到：仁学的人本主义主体实践论的必要性与仁学实践论的客观实现条件为两事，但二者之间欠缺客观性连接的历史事实与仁学实践论的现世合理性之间并不矛盾。主体实践与客观条件之间的人本主义联系的合理性，直接相关于人类现代人文科学的科学化改进的合理性。此一合理性自然含有其自然界限。伦理实践学当然也是运行于历史现实界限之内的，而仁学认识论与实践论的合理性自然是在认知客观先天局限性内加以理性化的把握的。

17-20. 子曰："饱食终日，无所用心，难矣哉！不有博弈者乎，为之犹贤乎已。"

对比项：安逸/奋进，物欲/精神，平庸/崇高。

意旨：君子怀志奋进，俗众图利求安，仁学以此生活方式上的对比，喻示生存价值观上的高低之别。仁学不仅为求人际正义之学，而且为求理性精神文化之学。

旧解摘要：

《集注》："李氏曰：'圣人非教人博弈也，所以甚言无所用心之不可尔。'"《论语稽》："博弈之事，不惟使人废时失业，而又易启贪争之心，是岂可为者哉？然饱食而心无所用，则淫辟之念生，而将无所不为矣，故不如博弈者之为害犹小也。"

含义引申：

一些旧时解家泥执字义，欲实解"博弈"与"无所用心"，但本章实非相关于与博弈之真正比较，亦非据"无心"之态以推测其副作用，而仅为针对人世俗常庸碌度日惯习予以讽喻。俗众随遇而安，因循苟且，耽于玩乐。此与他章言"言不及义"者意同。本章以仁学人生观评论庶众庸俗生存惯习，虽不免有"论述逾界"之"疑"，但亦反映仁学价值观并非与大众无关，而可暗示古今"大众人生观"内含之庸俗性亦属应该克服者。此即涉及第二仁学伦理观（按照"成人"学，人应持有两类现世朝向性：社会人际正义与个人精神文化），也即凡为"人"者均应于物质性享乐（其他动物亦有此）之外另有现世精神文化性要求。后者绝非仅限于宗教性的"属灵"类要求。因宗教的喻指不过是通过"永生"的许诺以延长现世的物质享乐的生活方式而已，并无其他积极的精神性要求（如人文与文化方面的思想创造等。彼等描述的来生"天堂论"，姑不论其虚实，而其"内容平庸——衣食无忧地、无限期地存活着"之宣表，即与仁学朝向无限精神文化追求的价值观形成对比）。仁学一方面盛言爱民，而另一方面复言（仅作为自然界一员般存在着的）"民"实乏可敬可爱之处。此通贬之言，岂非为对现实"庸常事态"本身之深刻否定？故本章呈现了仁学的一种深刻的精神性意涵：提出了仁学生存观与俗常生存观之间的基本价值性对立，精神文明的创造乃基于前者的实践而与后者无直接关系。世人追求轻松安逸生活的事实，即为大多数人不可能采纳仁学人生观之明证。而正因时人无求学向仁之志，故温饱之余乃流于心思空荡、无所事事，故视"无忧无虑活着"本身即为人生之唯一目的（再加上：想象着死后可永远延长着同一"活着"的方式）。本人旅德期间偶然与一传教"环长"彻夜辩论，并不时看到彼等重复着的同一宣传内容。尽管资料瀚如烟海，但终究存在着一个大家尚未涉及的问题：永生后就这么一成不变地"快乐地活着"？没有别的事情做了吗？永远没有求知的欲望了吗？我没有看到任何天堂的许诺中有"科学研究"一类项目。难道此天堂只是为大多数没有精神文化追求者所设？否则为什么没有一句话涉及那时的永生者的精神文化性活动内容？自然，19世纪的不少无政府主义者和空想社会主义者们对于"现世人间天堂"建立后，人除了劳动享乐、无忧无虑之外，还有什么精神文化性活动要做，多半语焉不详。也就是根本没有对之进行思考，于是就规划了各自的"救世纲领",彼此拉帮结派,坚持己见,争辩不休,而多不思考"救世"成功后的问题(想到的都是当下社会物财不公的问题),即到时人除了吃饱喝足外还应该干什么呢?我中华仁学却在几千年前就想到了对这个问题的回答:追求精神文化的提升,以完成使人"成人"之人类文明目标。

现代意义:

本章实与前数章共同显示了仁学伦理学的另一种运作边界之存在,即常人(古之小人,今之技术人)群体不可能直接参与仁学高段外实践事业,故仁学仅为少数具仁学根苗者所可从事者。虽然常人之生存仍为仁学伦理实践学之运作对象(协助其人生价值观的树立),却非其运作主体(非参与精神文化创造者)。同理,人际关系之外的宇宙自然为仁学运作边界的另一外域。仁学宗旨号称"爱人",而本章明明表明作为"民"的自然人似并无可爱之处。此一爱民原则和仁学的泛爱生原则(弋不射宿)一致,仁学运作域止于"俗常域"边界,虽然,仁学仍有"德风德草"之说,将此运作边界域视为一幅度上可伸缩之域,一方面只能现实地期待少数"贤者"致仁,而另一方面仍对大多数非致仁者寄予其精神生活提升之望(如何促使"自然社会人"提升其精神境界)。仁学三段论对于人类,乃至对于生物,均采分门别类的方式提出其人生观建言。

【关于物质幸福与精神追求间关系的历史解释学申论】

当现代化社会全部商业化后,民主社会作为消极维持社会秩序的法制环境,历史上空前成功地为人民的追名逐利观及安逸享乐观做了(民主时代的)"正名",所完成者相当于仁学初段目标,但无涉于仁学高段目标。在此现代历史时期,对于淹没在"公平而庸俗的大众社群"中的少数有志"向仁者"来说,仁学伦理学的时代意义遂表现为恢复了其历史上的"木铎"功能:提醒世人其精神生存面上的缺失,以及传统精神生活今应演进为高端精神科学创造之历史必要性。仁学特通过此一对现世俗常生活观之价值学评定以期提醒:超越经验性现世并超经验地虚谈来世永恒延续的"现世幸福"生活形态,相当于倡言人类无论现世还是来世都不须具有高段精神生活创造(人类的使命就仅是"好好活着")。因为现时代理解的精神生活必须是理性主义的和经验伦理性的。在今日全球商业化或商人化时代,世界各地人民于节假日以及在退休之后的漫长余生里，其大部分生命岂非均以如此"消费与娱乐"的非精神性方式加以"虚掷"？本章及前章均在仁学实践学场域之外启发了另类伦理实践的开放域，以作为人类在新时代强化思考其精神生活内涵的新出发点。实际上，仁学伦理性义理除关注社会公平正义问题外（第一仁学），更进而朝向提升一切人类精神境界之目标（第二仁学）。如果说，一切宗教精神的中心要求就是人民要对某种超越性"大力势"信仰并服从，以换取由其虚诺的对现世生存有限性之恐惧的排除，那么仁学伦理学所要求信众的则是对理性本身的信仰与服从，以及如何在有限生命期间努力提升自身的精神境界（真善美创造），其核心即扩大与提升科学理性认知。仁学伦理学和一切其他信仰学（包括对神祇、帝王、财富、暴力、权力的崇拜与屈从）的本质性区别在于：中华文明的仁学信仰及信从的对象是伦理性理念本身，而非体现任何理念的权力者本身。

17-21. 子路曰："君子尚勇乎？"子曰："君子义以为上。君子有勇而无义为乱，小人有勇而无义为盗。"

对比项：勇/义，勇/乱，勇/恶。

意旨：仁学实践学强调智仁勇三者并存合用，不可偏颇，有勇无义反为乱阶恶源。

旧解摘要：

《史记·仲尼弟子列传》："子曰：'义之为上，君子好勇而无义则乱，小人好勇而无义则盗。'"《集注》："君子为乱，小人为盗，皆以位而言也。"《皇疏》引李充云："既称君子，又谓职为乱阶也。若遇君亲失道，国家昏乱，其于赴患致命而不知居止顾义者，亦畏陷乎为乱，而受不义之责也。"

含义引申：

本章朱注首先指出君子小人用法的两义性：道德性和位阶性。本章特从位阶性进行品德区分。此为一种有关仁学"勇观"的辩证式的讨论：勇与义的互依关系以及其相关因果分析。仁学之勇非仅指血气之勇，而是兼含血气与仁义及二者之协同一致性的综合性规定。本章之深义当表现在社会政治领域时，特对具权势者之无义而持勇、逞勇的惯习加以贬斥。孔子特借此对"勇武"品质本身的道义性进行质疑以提醒世人辨析世情正误是非之真伪。仁政之学对霸权、侵略、仗势欺人等"威武"行径予以根本否定，也就是相当于对历史上的政治军事扩张主义的否定。诸旧解，包括朱子之解，对本章之释义多从皇权统治者角度评定臣民之勇敢品质与行为，此原则之对象实应包括统治者集团本身，甚至尤其应涉及统治者，因最大作恶者为已具权势者之仗势欺人行为，包括以君王谱系名义进行武力扩张和相互争权斗勇的行为，此正为人类历史上之常态。本章《皇疏》之解即暗示，所言的义与勇之间的关系自然涉及一切当事人，包括具权势者本身。此一原则性表达固然明确，但如何具体判断之，则涉及诸多复杂因素，相关的正确决断须取决于主体在"智仁勇"三维面上有效协同运作的结果。其关键性判准即据勇武者是否具有仁义品质而定。

现代意义：

仁学的"勇学"比西方哲学史上对于"勇敢"品德的分析更为精细，虽然是以诸具体性例示来直观表达的。在中外历史上，"威力"与"伟大"往往被相提并论、视为一体，而按照仁学道德标准，则应一律对之加以贬低与谴责。义勇合体的勇观，遂凸显了世界文明历史上中华仁学具有的伦理精神高度。至于在具体历史情境和行为事件中的此一勇观的体现，则颇为复杂难辨。本章今日之正解，仍须将动机层的表现和现实中的表现加以分别疏理，不必混为一谈。本章所诫者实为单纯"逞勇"行为，其义自然可以泛指一切类型的抗争权势的行为（挑战者）。挑战者之勇决，并不足以论其是非善恶，而须另行衡之以其合乎仁义标准否。而当权势方显为恶时，世俗习惯于将任何挑战恶权势之"勇士"视为英雄，而于其人之动机目的则不暇探究。历史上此一人间惯习，因而往往成为另一轮历史乱阶发生之因。批评、批判、反叛者中，其人之勇与其人之义，必须分层次加以区别，故不可简单化地将能正确指出及反对恶行恶事者，视为此反对者或挑战者本身人品端正之证明，即不应将任何"积极并正确攻恶者"视为其自身具有与当前为恶者相反的良善品质。

本章此一"义勇"关系论，比之于现代人文学术领域内的现象，如"勇"代表"勇往直前"意和"积极活动"意，其行为效果亦必为"出版品"较多者。在此即使不谈其学内容本身之高低真伪而假定为高并真者，一时积极于"真学问"者其所具之"义"（人品与最终目的）未必即具有正面性。同理，一时的正确学术实践（指内容之正确）可能正为其人赢取声名、拉帮结派之"有效手段"（如公认国外某"大师"之学术必为较有效获得学界赞许之途径），而当此一轮"借国外名家理论"邀名取势过程完成后，遂可能将其结果（学派、中心、山头之势力营建）作为基础改行其"第二阶段"之纯粹的争权夺利目标。此类现象中外比比皆是。因此，按照本章教谕，对于任何学术活动都应全面综合地观察分析其构成与表里的"动机与因果关系网"之实情，以预先对学术活动本身的（近期与远期）"真相"进行把握。此一"勇为与正误"间关系的问题，直接相关于学术质量之真实提升（而非相关于学术名势之宣表）。

【关于勇进与善恶关系的历史解释学申论】

揆诸历史实际，对于当下作恶的权势者进行最正确、最有效的批评反对者，往往可能为其后另一重复作恶者。因为"乱世造英雄"的深刻意思是：乱局中其行为最积极并最能以道义方向指责是非者，往往也即其人最具"野心家"能力与资质者，而根本无关于其人之真实品德问题（其正确判断源于其人之智慧，并无关于其人之品德，而世人往往将二者混为一谈：以为谁品评社会是非正确谁就是"好人"。不知此"正确批判记录"可能正是其人积累日后野心发挥之"手段"。"智慧"可成为日后作恶得逞之"资本"）。因为在该局面下，行为的积极性（伦理性勇敢）与方向的正确性（伦理性智慧）均可能仅为其人最具有野心家资质之"证明"，因为，"道义言行表现"和"善恶是非判断"之正确性，此时正成为任何争权夺利行为必须具有的"聚众条件"。即任何野心家或狡黠野心家也必须具有此"正确断事"与"假仁假义惑众"的智慧，否则无以挑战成功。也就是，野心家在争权夺利过程中必然采取"正确判断"（道义与效力两方面）作为其有效手段之一，但其作为手段的一时言谈举止并无关于其本人真实信仰，而其目的之一正在于使人相信其具有此道义信仰。"假仁假义"就是此意。因此道义言辞之正误与言说者本身之正误善恶，没有任何内在关联。因此道义判断正确性表达，实际上为反对当下作恶者时所要求的一种智慧能力。简言之，道德判断的正确性本身，往往仅是挑战者行为有效性的必要工具而已。"勇"作为品德，也是一样，勇武能力为任何挑战者、冒险犯难者或野心家必具之品德，此时之"勇敢"品质仅只发挥着一种工具类作用，不可视之为独立的道德品质的流露。孔子特别将此世人赋予勇品质的绝对肯定性加以合理的相对化。

仁学的正向品德，是指针对具体实践情境而进行的相对品质因素之结构性的心理因素集合体。简言之，孔子告诫，不可仅据有勇行为者之一时表面上的心言行表现，来预测其未来行为的发展方向，而应按照仁学智慧学的教导，由表及里地察验其动机层之真相，以作为对于历史上及当下任何勇敢有为者之言行及其"潜势"真际的参照。况且，本章"义勇关系"之辨还关系到行为主体本身的自然变化方面，即其人在动机层上由好变坏的可能性大小。"动机变化概率"为仁学察验心术的更为高层的心学智慧术，因动机之存在及演变同样相关于主体的智仁勇三达德及其相关关系本身的"素质"，此一关系于品德，即关系于品德间关系的"潜力"，直接相关于主体在其动机层的演变态势。（所谓"权力使人腐化""出身微贱而后获势者必更凶狠"等历史观察，都是人之心志可变之征；所谓"前为好人，后成坏人"现象是历史上普遍存在的。）以上论述的种种当涉及现代人文科学改革事业场域时将完全适用。政治领域和学术领域内的三达德关系与义利之辨问题可谓彼此具有同构性。

17-22. 子贡曰："君子亦有恶乎？"子曰："有恶：恶称人之恶者，恶居下流而讪上者，恶勇而无礼者，恶果敢而窒者。"曰："赐也亦有恶乎？""恶徼以为知者，恶不孙以为勇者，恶讦以为直者。"

对比项：讪/谏，污蔑/疾恶，抄袭/窃誉，义勇/凶暴。

意旨：仁者识人断事，兼察动机、效果、方式、目的间之一致性，尤重动机与效果间的相关性。

旧解摘要：

《集解》："孔曰：'徼，钞也。钞人之意为己有。'包曰：'讦，

1086

谓攻发人之阴私。'"黄氏《后案》:"《集注》徼训伺察者,《汉书》以巡察为行徼……(唐太宗)恶发人细失者也。宋蒋之奇诬奏欧阳永叔阴事,当时恶之者,以阴事无可征据而诬之也。"

含义引申:

此长句段内容前部分不仅显为后儒所加,且字义含混,表面上看,前问句及二答句均不合"疾恶如仇"的仁学主旨。后半段有脱漏,不应为孔子反问子贡言。仁学为伦理批评之学,而非"禁言"之令。所谓"下讪上"意指颇含混,实为有利于巩固皇权专制文化论者,而与仁学揭示伪善的"直道而行"等指令句相反。"讪上"之"讪"字与仁学之"诲""谏"字复又何别?此章相当于直接将任何"促君行仁"的批评言论加以否定。而所谓子贡言的最后三句则与《论语》精神合拍,却反而相似于孔子言语风格。儒教时代,客观上儒学与仁学混杂难分,主观上儒士思想亦兼含二者,故本章内容含混的句式因可提供读者随境而异的不同需要,反而可容许其存在。《论语》第二十篇的内容明显为后世所编造者,历代儒生何尝对其"作者"身份有所质疑?

现代意义:

本章最后三句相关于辨析言行真伪或紫朱之别。"传袭"(徼)他人言行可能出于某种性格孱弱(无自创之勇)或品德卑劣(故意掠取他人成果)的动机,以此方式当然不能够产生创造性的思想和行动。如今日学界中的急功近利者,对古人或西人的学术话语进行实质性"抄袭",均假之以"遵循大师脚步"的口实。"勇敢"和"狂悖"在"敢拼"的表现上类似,虽然彼此动机和目的迥异。"勇力"和"侵凌"亦然。"正当批评"和"恶意攻击"的区别不在于批评言论的外在表现之严重性大小,而在于动机和目的上的隐蔽性"恶"之有无,二者均可表之于"心直口快"或"坦直率真"。古人欠缺表达的严格性及逻辑性,所谓欠缺逻辑性即不善于将复杂事理完整清晰地表之于普遍判断语式中,但此习惯非表示古人言行不合"逻辑",因其言语理解方式多依据具体语境,对话双方均可据具体语境以综合地(兼顾字词本义及相关语境)把握和表达合理的思想。

本长句中诸多批评性断言均须参照具体相关语境把握之，而古字本身的多意素及兼含褒贬意素的特点尤易产生歧义，如"讦"字实含二主意素："揭短"与"恶意"。后者如意思明确，前者之引申义复含二义："揭发错误"（错误为实有）和"揭发不实"（错误为不实或虚构）。而因"讦"之所含"揭发行为"意素亦可有二含义：一为所揭发者为正确，二为揭发之动机正确，二者可同在或只具其一。批评性话语是否为"讦"，将取决于相关内外验证，而实际上因头绪多端，难以验证，故而可随意将大量似是而非、似非而是的言语表现均安上"讦"字加以攻击。（历代皇朝臣子间相互争权夺利，相互攻讦，而貌似各有其理，多因当事人可根据言谈表面作为攻讦之材料。）实际上，相关记载如不明晰即不应随意使用此字以表达任何无法证实其动机之"揭恶"行为。实际上，本章贬斥者反多属此类。今日理解必须加以适当前提，即言者于动机层上具"不实""污蔑""恶意"等特点时，始可将此类批评行为归类于诬陷。然而孔子辨伪之教，岂非正在于鼓励批评与揭发各种似真实伪的言行？而正确的批评与揭蔽如不可行，仁学实践学亦将形同具文。

在儒教专制主义时代，皇权意识形态正倾向于将《论语》及其仁学加以"供奉"以作为大众"崇拜之具"，却于若干根本处避免据之以践行，因仁学伦理学的"本色"正在于批评不义与讥讽庸碌也。就现代人文学界学风言，新仁学之所以恢复强调"心术学"，即学人首应重视动机正确，因如此才可减少出于恶性动机的所谓"人身攻击"言行而可确保学人间坦率诚挚批评之可行。学人如"心术不正"，任何正面批评材料均可用于达到攻讦他人或党同伐异的目的。因此，如学术批评行为的双方心术不端，意在"损人利己"而非为"严辨是非"，其"批评言论"不管如何组织均归无效，正因人文学术的语言本身是难以客观界定是非的。扩大至今日世界人文学术领域看，因多采取"以学谋利"治学观，外国学人参与交流只为了扩大自身思想影响力，国内学者参与国际交流只想借着老外依洋自重，何人又真想着客观地讨论学术之是非？人文科学的国际会议因此广泛地流于相互"名利交易"的场合，根本无助于彼此的学术理论的真实提升。这就是新仁学为什么有理由提出，以及国际人文科学发展事业需要中华仁学伦理学介入的原因之一。

17－23. 子曰："唯女子与小人为难养也，近之则不孙，远之则怨。"

对比项：近狎/远怨。

意旨：（本章据古代等级社会中男尊女卑及"治人者"与"被治者"二分法立意，今日不宜直解。）小人者，乞恩贪利，趋炎附势，得势欺人，失势怨怼。

旧解摘要：

《左传》杜《注》："妇女之志，近之则不知止足，远之则忿怨无已。"《集注》："此小人，亦谓仆隶下人也。君子之于臣妾，庄以莅之，慈以蓄之，则无二者之患矣。"

含义引申：

朱注于本章首先重新明确字义，将古人的多义字加以限定，遂可预先免除不必要之争执与混淆。如对"小人"与"女子"加以语义限定后，可二分为地位身份义和道德品质义。如按其远古"泛称"义解，先秦时代二者之社会性品德倾向或不同于后世文教发展后之情况，更完全不同于现代社会情况（古代之"女子"的品性相当大程度上决定于当时社会结构，其"本性"与"习性"二者间不易区分）。人之天生品性与其地位引生的习性应该加以区分。因此，社会性身份地位与道德品质间的后天因果关联性，也须分别论析。按此，本章之"小人与女子"之标称，均应理解为"天性品德不佳或可能不佳者"之代称。本章寓意一方面存在有明显不妥及偏见性，但另一方面确是自古至今世人习于使用的谚语，其原因即在于古代汉语表达法的特点：用当时"具体事项"作为表达"一般性质"的"汉字表意法"（以具象表抽象），而中文读者则可按照汉语的此一"双元造义法"灵活使用之，既取其一般意涵，又取其表达此意涵的古代具体形象性"标志"所富有的"具体生动性"。

现代意义：

此一按照中国封建社会数千年重男轻女特定历史制度与风习所总结得出的人性概括，其真实意义仅在于确认一种"小人型人格"之客观存在。如此理解后，此一概念自然可以适用于古今中外各境。本章中所谓"女子"与"小人"仅为古代社会形态中之具体人物身份之称呼，此种社会身份与其品性间的"相关性"，即使在古代也不可绝对化视之。我们今日更须只将此二"人格类型之具体化标志"转化为任何社会身份者均可能禀具的一般品性或性向之标称，不须勾连于其性别与地位问题。而只是为了表达此概念仍出于《论语》，故仍选择带贬义的"小人"一词作为此负面人格类型之"专有名称"。这样的做法还因为在"君子小人"对举中，我们也在特定的意义上承认其作为人之天赋本性分类法的现代有效性。所谓"小人品德"，乃因其具有根深蒂固之自私本性，故在与他人关系中其主要不当品性表现于两方面：如接近之则放肆而贪求，如疏远之则怨怼而憎恨，二者均无关于相关事理本身之正误是非。因此，"小人"与他人之交往关系，必非出于"以友辅仁"的目的，而是出于"利用"与"盘剥"的目的，故有可能因处境不同带来的自身利益变化而随之发生"近孙""远怨"之情态。在此"近孙"和"远怨"的连举式中，承载此四意素"近""远""孙""怨"的具体标志物则不须相同。尽管如此，此类人格形态仍然具有一种超时空的普遍性，其主要特点可概括为"唯利是图"和"趋炎附势"。当商业化风气蔓延于人文学界时，此类人格倾向岂非更易于发生而最终影响到学术实践之品质？而当学术社会环境趋于制度性固化后，人格类型也就随之趋于固定化，其心言行表现也就易于定式化。"小人人格类型"的存在客观性就可更清晰地显现出来。这类人士岂非最易成为人文学界内呼朋引类、呼风唤雨的"学派山头"之领袖人物？

微子第十八

18-2. 柳下惠为士师，三黜。人曰："子未可以去乎？"曰："直道而事人，焉往而不三黜？枉道而事人，何必去父母之邦。"

对比项：直道/枉道，屈从/抗势，避恶/周旋。

意旨：本章特言君子志于仁而必与世不谐之宿命，故应随境安于应对，而无需妄求他人之恩幸。

旧解摘要：

《集解》："孔曰：'士师，典狱之官。焉往而不三黜者，苟直道以事人，所至之国，俱当复三黜。'"《皇疏》引李充云："举世丧乱，不容正直，以国观国，何往不黜也？"《集注》："柳下惠三黜不去，而其辞气雍容，如此可谓和矣。然其不能枉道之意，则有其确乎其不可拔者，是则所谓必以其道，而不自失焉者也。"《论语集说》："然遗佚而不怨，厄穷而不悯。降志辱身而不以为屈，彼顾自谓有直以行乎其间，是以不屑去也。"《四书诠义》："此篇所纪，往古实行及当时隐逸之人，皆当以夫子对看。孔子行二章，见孔子可去而去，不苟合，而非遁世；而楚狂三章，又见孔子惓惓救世之志，不能一日忘，仁至义尽，而必非徇人枉己，此子之无可无不可也。三仁无间，亦是所处之时位当然。若柳下惠，则视一世皆枉道；楚狂沮、溺、丈人辈，又视斯世之人为若浼其趣，皆异于圣人，而各有所偏主矣……以下二章参之，则孔子之时中，而惠之不恭，亦可见矣。孟子每以孔子与伯夷、伊尹、柳下惠并言，而要归愿学孔子，皆此篇之意也。"

含义引申：

本篇数章多谈论孔子与隐者遭遇及对话的故事，自然全属杜撰，不必如诸旧解泥执于故事。本章连句中前句所谈之意为：君子如正直行仁，必与反仁学的现实时势违逆而遭挤压，以此暗示仁者命运注定多舛而多难，而其仁学使命复使之必不能与历史浊世合流，故亦必难以在功业上有所建树。后句所谈之意为：君子如为己利而事人，则无仁学义理限制，自然可通过趋炎附势与世俗权势合流，此时更无去国之必要。两句均暗含有"不须去国"的结论，却各出于两种对立的人生观。对前者，因各处封建统治者均一样，因此不必对他国统治者心存幻想，本国之遭黜实乃自然，去国非更佳选择也。对后者，道理简明，不须解释。二者最后的合义岂非正为仁学政治学不可行于现世？原始仁学实践学之唯一实际期待仅为"贤君圣主"的偶然出现。而此出现概率又并无现实经验支持，岂非纯然幻想？《论语》故事最后将孔门行仁集团"安顿"于鲁地。此一叙事表达法遂开启了仁学伦理学的真实宗旨所在："一方面关注社会政治，另一方面践行精神文化"，即仁学的实际任务乃朝向精神文化之创造实践！仁学实践学的此一内在的双重性格为：将从"政治关注"中得来的正义感用为"精神创造"之逆向激发力。

【关于仁者行道问题的历史解释学申论】

此一判断正好与儒教时代读书为官原则相反。孔子时的政治标准为"道"，即直通伦理原则本身，而后世之"道"已具体化为皇帝专制制度轨则本身。两句均表不必去国之意，也即无处可使仁者施为之意。在此情况下，从大局计，从个人计，均须委曲求全。此句似与"危邦不居"之教相违。由于"《论语》读解学"实发生于秦后两千年，柳下惠之情境岂非恰为后世作喻：仁者从政遭遇无处可迁，唯有受之。（此所以正人君子立朝者屡遭贬逐、诛杀，乃至满门抄斩，可谓史不绝书。书写至此，笔者不觉又记起海外新儒家的"浪漫主义怀古病"暴露出他们如何不能从结构上对于皇帝制度进行合乎逻辑的判断！）但本章的故事设置于春秋战国诸国并存时代，为士者恰有选择自身行止之可能性。旧解谈及仁者的三种选择——勉为其难（柳下惠）、彻底遁世（沮溺丈人）与知不可为而为之（孔子）。孟子所谓的孔子"时中"，实为"无可选择之选择"意，何来"时中"？不过反映一种心志朝向性而已。可见《论语》命令句须在整体和前提、语境中获其确解。本章之教表面上类似于"危言危行，危行言孙"，而异于"危邦不入，乱邦不居"，实则各于不同背景或情境中表达一端之见。本章乃为感叹世局无可救药，"天下乌鸦一般黑"之意，以此方式对古代政治社会进行的普遍否定判断，相当于对仁学实践学的对象与目标的自我调整，此即从政治实践面转移至精神创造面，遂形成了其后几千年的双元历史观的一种展望：权势物质性与文教精神性的永世并存之中华文明史。

现代意义：

本章及相关章句代表着古人的实际社会政治处境及其心路历程。本章所蕴含之义均相关于权势与良知对峙情境中士君子之真实生存情境，此即：虽于外实践走投无路，此客观处境却反映出一种士君子之内心积极于伦理性实践，也即积极于自我主动选择价值标准的生存意志。此种面对伦理价值性选择的意志施为本身，遂可凝聚为中华精神文明历史内一种具有主体伦理选择意识与意志的精神表现，此历史精神现象其后可以各种不同形式延存于世世代代，直到现代。

本章对现代社会文化及文人的启迪性意义在于：主体对于客观环境应该具有价值性判断力和人生观选择意志，不论此客观环境具有如何强大的权势，主体的生存意义不可被随意裹胁而毫无主动积极之因应。此一教谕在涉及人文科学革新事业时，可谓尤其具有重要而关键的、促之自反的启迪性。如果古代的历史双元性表现为政治权势与精神创造的对立并存性，那么在全球现代化的新人类文明史上，此一古典历史双元性或将呈现为一种"商业技术化权势"与"精神性人文科学"之间的历史并存性。

18-5. 楚狂接舆歌而过孔子曰："凤兮凤兮！何德之衰？往者不可谏，来者犹可追。已而已而！今之从政者殆而！"孔子下，欲与之言。趋而辟之，不得与之言。

18-6. 长沮、桀溺耦而耕，孔子过之，使子路问津焉。长沮曰："夫执舆者为谁？"子路曰："为孔丘。"曰："是鲁孔丘与？"曰："是也。"曰："是知津矣。"问于桀溺。桀溺曰："子为谁？"曰："为仲由。"曰："是鲁孔丘之徒与？"对曰："然。"曰："滔滔者天下皆是也，而谁以易之？且而与其从辟人之士也，岂若从辟世之士哉？"耰而不辍。子路行以告。夫子怃然曰："鸟兽不可与同群，吾非斯人之徒与而谁与？天下有道，丘不与易也。"

对比项：隐/现，有道/无道，无道/志坚。

意旨：君子自主抉择，不随世浮沉，其或现或隐，均为其曲折行道之方。

旧解摘要：

程树德："曹氏之升曰：'《论语》所记隐士皆以其事名之，门者谓之晨门，杖者谓之丈人，津者谓之沮、溺，接孔子之舆者则谓之接舆，非名亦非字也。'"《集注》："凤有道则现，无道则隐，接舆以比孔子，而讥其不能隐为德衰也。来者可追，言及今尚可隐去。"《四书诠义》："以下数章，皆见圣人之不忍于避世也……顾天下无不可为之时，而隐士必以为不可为，则圣人之见达，而隐士之见缪……圣人之情仁，而隐士之情忍。天下有不可逃之义，而隐士只洁其一身。"《皇疏》引沈居士云："世乱，贤者宜隐而全身，圣人宜出以宏物，故自明我道以救大伦。彼之绝迹隐世，实由世乱，我之蒙尘栖遑，亦以道丧，此即彼与我同患世也。彼实中贤，无道宜隐，不达教者也。我则至德，宜理大伦，不得已者也。我既不失，彼亦无违，无非可相非……我自得耳，以体大居正，宜宏世也……如江熙所云'大汤武而亦贤夷齐，美管仲亦不讥邵忽'也。"《集解》：

"孔曰:'滔滔者,周流之貌。言当今天下治乱同。'"《读书丛录》:
"鲁读作'滔滔',古论作'悠悠'。"

含义引申:

《论语》中多有仁者对隐士类贤者的矛盾态度表现:一方面对之颇感亲切并赞佩有加,另一方面又自知不会与之苟同。其意义为:借隐士之存在喻示社会现实之永恒黑暗(无处无时不如是,故实乃不可救药);隐士为能不同流合污而自甘淡泊之近乎狷者;而仁者在以上二认知前提下坚持知不可为而为之的生存态度,遂表现出一种"不能忘情于世"的仁者心志。此一所谓"不能忘情"即指其怀具"疾恶如仇"并"拨乱反正"之本能,即使于不可救药之黑暗时代,认为仍应存在有朝向正义之意志力本身,此乃仁者必为之本分。此一对黑暗现实之批判性精神与态度所导致的实际历史结果是:改换士君子"跑道",即开启文化性、精神性追求之门径。由此可证明:仁学非匡正现实之术,而为在批判现实的前提下创建文化精神之学。中华精神文明之创造即完成于历代士君子对各代负面政治社会现实的批判态度中。

此两章故事含义均合于仁学义理:仁者对于为何不避世之回答,即为"知不可为而为之",此为仁者之本分。其根据在于人本主义价值观,即士君子良知之天然内具性。后章较前章更积极地强调:正因为天下无道故有仁者出现,而其意义不在于"易世",而在于首先"警世",通过自身言行得失以显示现实真相和问题所在,并倡导在历史黑暗时刻担负道义精神上的承前启后、守先待后之人本伦理性的重责大任。仁学实践学的美学意义即为:在黑暗时代敢于逆世而行。仁者与无道实为历史共生物。而仁学义理并将同时提供士君子如何在无道世界实现个人仁学朝向的生活方式的"手则"。后章之重要引申为:一者,"鸟兽不可与同群"语,以经验直观方式确立了"人本主义伦理学"之合理框架,既非反生物主义,亦非自行错身于超自然力。"天下滔滔无与易"即排除了任何外力介入人世的可能性,以此清晰界定人类之现世环境为唯一生活实在场。再者,"知不可为而为之"的确义为:非执意求救世之得,而为通过"救世意愿之表达"以呈现"抵制或更正不义"意愿本身。而此"为"字进而被历史过程所改换：仁者实践目标与对象非针对"救世"，而是改为朝向于"文化创造"。儒教几千年的"天下无道"的现实，客观上反而成为中华精神文化创造性发展的实际促动力：负向社会性现实成为正向精神性创造的"良知激发力"。本章以孔门政治实践之失败意象喻示仁学之正务在于精神文化建设，故古典仁学可成为促生、促进中华古典文史哲艺精神文化之实践伦理学。仁学伦理学之最深意表现为一种历史价值观：人类生存之手段为社会政治（物质），而人类生存之目的为文化学术（精神）。

现代意义：

纵观《论语》全书之旨，实为处处以仁政不可能实行的客观论断对自身完成了"自我否定"，而其从政治跑道转换至文化跑道之历史文明深意则表现在：人类历史生存的价值并非体现于社会政治过程中，而是体现于文化与精神的创造过程中。"权势争夺"固极卑陋，"秩序维持"亦仅相当于"生物性生存条件之维持"而已。几千年来人们因"死亡畏惧"故"高视"可致自身死亡之物质性势力，因而对帝王之"尊奉"的深层原因为"畏惧"而非"崇敬"。其崇敬之心理外表，乃畏惧之心理深层之符号而已，而此"畏惧心态"本身绝非精神性、伦理性价值，因此政治现象本身仅具有相当于"衣食住行保障"一类的物质实用性"价值"。从政治跑道向文化跑道的转换之深意，非在于呈现仁学伦理学之失败，而在于通过此"表面上的失败"传达一种历史哲学的启示：人类生存之价值与意义何在？人类文明史因继承其前文明期的准动物性暴力争斗史而导致人类将（实现文明的）"手段"误当成了"目的"（以为文明的中心为表现人际权势争夺的政治军事过程。只要读一段魏晋南北朝史，就知道这个过程是什么历史现象了）。而历史逻辑却默默调整了此价值学的"历史误植"：渐渐在政治军事过程中充实以文教实践内容及其产物。而中华仁学即被历史选择来承担此一凸显人类生存价值观、意义观的历史使命。此解释学的转换过程，于此现代化、全球化的新世纪，又将再次解释学地转化为新的文化形态：促生真正的人文科学的到来！而其必要的精神实践的促动力同样须来自中华文明的仁学伦理学。参与现代人文科学科学化重建的历史任务标志着中华仁学在人类历史上迈进全新阶段的事实，中华传统中的文化学术实践层面今须提升至世界人文科学实践层面。为什么中华仁学可擅此人类殊荣？只因其伦理学本质基于（与各种科学精神完全一致的）现世人本经验理性主义！

子张第十九

19-1. 子张曰："士见危致命，见得思义，祭思敬，丧思哀，其可已矣。"

对比项：士/勇，危难/牺牲，利/义。

意旨：仁学实践学为义勇学，或进或守，唯义是从。

旧解摘要：

《皇疏》："此篇凡有二十四章，大分为五段，总明弟子禀仰记言行皆可轨则。"《集注》："致命，谓委致其命，犹言授命也。四者立身之大节，一有不至，则余无足观。"真德秀《四书集编》："义敬哀皆言思，而致命独不言思者，盖生死之际，惟义是徇，有不待思而决也。"

含义引申：

本篇皆弟子语，无夫子语。本章及类似诸章均泛论士君子之"死义"，而未涉及死义之背景与环境，并特别含混于两种不同死义情境：是面对无道君主以身殉仁，还是为尽忠君主而殉死？二者情况实大不同，古人旧解对此多含混处之，实因旧儒在政治学及政治伦理学层次上未敢越雷池一步也。但除却相关情境条件不论外，两种情况下士君子均需禀赋同样的个人品质条件，也就是智仁勇三达德兼具者方可担此重任。如此方可坚持信仰，不为利诱，不为势屈，卒至必要时视死如归。孟子其后发挥此义以成"大丈夫"精神（威武不能屈，富贵不能淫，乃出于抵抗无道权势的义勇精神）。孔子时代所述为仁学一般原则，孟子时代则进一步具体化为有关"拒利对危"之义勇要求。仁学实践学的基础是个人"成德"式的狂狷君子学，此君子式人格的形成也就是仁学之有效存在的经验性保障。唯君子人格足以不惧危难，不受利诱，唯义是从。

"君子"词义如含后世儒家所加"温良恭俭让"般偏狷者型的品德系列，那么单字词"士"字最可显示仁学勇者之意涵，如此而可谓仁学实践学即内含有"士学"。简言之，君子、士君子、士，此三个同义词，各自所含狂者型成色逐级加重。由"温良恭俭让"表达的狷者型和由本章表达的狂者型，或在特定意义上的"君子型"（有所不为）和"士型"（必有所为），或可分别称之为孔门之"右派"（保守派）和"左派"（激进派）。而以"士君子"标称涵括二者的意指，或可由颜子、曾子和孟子、子路作为二者之代表者（在此诸故事人物只应作"型例"解，不可泥执于其历史身份，不仅因绝不可考，而且因无此必要）。此二极端型例之综合意，体现着高段仁学之"柔中有刚"的性质，而其在历史现实中作为精神文化创造者之"功能"形成如下：（1）"无道现实"在集体政治力学场的运作成了个体良知意志力滋生的"伦理性实践激发力"；（2）后者的历史运作场则转化为人类文明中的精神创造平台。现世精神文化对物质权势的依赖、摆脱、升扬之历史关系，遂构成了人类生存真实方向的指南。孔子"木铎"之喻的普适精神性意涵亦在于此。

现代意义：

自秦汉大一统以来，所谓仁者士君子的"义勇"品质已被法家具体化为"忠君之勇"。孟子于战国时期形成的士君子面对来自君主的"威武"之压与"富贵"之诱时所产生的仁者之勇，遂被儒教权势系统彻底歪曲，因孟子精神挑战的对象正为封建统治者。正如儒教完成的"移孝为忠"曲解过程一样，儒教也成功地移仁学之"义勇"为儒教之"忠勇"。而在本章原始仁学的"士勇"之教，实可摆脱具体历史环境进行一般性理解。其义勇的含义应该定义于《论语》之"智仁勇"三达德本身，而非定义于任何具体的政权形态和权势关系。因儒教之"忠勇"已预先固定了皇权至高神圣的意识形态框架，从而歪曲了仁学的本义。

本章原始仁学对儒教所歪曲的"儒教仁学"之批评还并非在于法家意识形态歪曲了仁者之对象与目标，而是因其介入了前章所论仁学遭遇的解释学的历史角色转换：从政治域"解释学地"转换到文化域。只有进入仁学伦理学的此一深层解释学领域，才可更正确完整地把握孔孟的"义勇学"之意涵。此一"勇学"之对象与目标也同样应该转换到文化学术领域内加以把握，并在此领域保持住原始仁学的相应原则。也就是士君子在文化学术领域如何在面对皇权统治的软硬权势压制下坚持贯彻独立的仁学伦理学原则的问题。此一"勇"学，必是"智仁勇"框架内之勇，因此其品质特色相关于另外二品德维"仁"与"智"，后二者均未必与儒教皇权意识形态相符合。当仁学伦理学介入现代全球化时代的人文科学改造领域后，其三达德之教应该完整地纳入学界与精神文化界的实践过程，其主要结果之一必为排除或避开此领域内之权势框架而有勇气独立思考经营其"本分"令其所朝向的科学真理目标。"见危致命，见得思义"则应从社会政治领域转换到人文学术领域，其中的"危""命""得""义"等字符均应象征性地理解之，也即解释学地理解之。此即均应针对其人文学术领域内的"对应方"把握之，以在此领域内，在"智仁勇"总体框架内，有效地进行伦理精神性实践。仁学三达德理论与未来人文科学发展方向之间存在逻辑上的因果关系，此一关系可视为古今中外人文学术综合之重要历史发展。

19-2. 子张曰："执德不弘，信道不笃，焉能为有？焉能为亡？"

对比项：仁德/笃信，行道/恒一，百难/不馁。

意旨：士君子笃信仁道，必以智仁勇三达德践行之，信与德则相辅相成。

旧解摘要：

《集注》："有所得而守之太狭则德孤，有所闻而信之不笃则道废。焉能为有无，犹言不足为轻重。"《反身录》："执德是持，守坚定宏，则扩所未扩。信道是心，孚意契笃，则始终如一。既宏且笃，方足以任重致远，做天地间大补益之事，为天地间有关系之人……每读《论语》至'焉能为有？焉能为无？'中心不胜惧悚，不胜怅怅……虚度待死，与草木何异？猛然一醒，痛自振奋，少自别于草木，庶不负此一生。"

含义引申：

本章警示力甚强，其所宣示者为，如为仁而不能贯彻始终，则等于仁之不行或反害之。也即，仁者智仁勇三达德须内具与践行均充分，始可真实形成仁者之全人格。本章以此警戒浅尝辄止者或功亏一篑者。仁者如无充分的智仁勇三达德则无以行仁，即德性不足与无德性就仁者的积极作为而言，并无不同。不仅不足以行仁，而且因其稍识仁学即据之自以为仁者，反而易于成为自欺欺人的乡愿之流，结果适足以为大多数庸人所效法，故反成为害仁者。因此，本章的深意在于：士君子必须自我惕厉，高扬志节，不断自我提升，以使自身成为始终有能力行仁者。如果满足于浅尝辄止，半途而废，或急功近利，则此一"初步成就"反恰足以成为害仁之阶。我们当然注意到《论语》中的各种其他鼓励世人习仁志仁之教诲，如"小人学仁而易使""有教无类"等，此即无论如何学比不学为好。这些表面上的"矛盾"教诲应参照不同语境理解。本章为具有"高段"仁学志向者所设，而其夸张式要求，不过是在鼓励士人为德必卒、有始有终而已。

现代意义：

本章的教诲对于现代人文科学改造事业来说，可谓极其贴合与必要。本章涉及的人性中隐藏的负面人性，足以促成为德不卒反害德的倾向。现代历史上随处可见人文学术活动中好谈道义却因循苟且、浅尝辄止的学人，此辈参与人文学术活动，完全顺从职场功利主义及社会风习，故必因各种现代形式的"威武富贵"压力诱力而弃仁学之一以贯之之教，结果多随机应变、改弦易辙，而背弃其道义者反可援引其先前一度正面的表现以作为其后惑众之借口。今日人文科学界在职场功利主义框架下生存，学人遂易于蜕化为此类"言仁而违仁者"，因其"执德不弘，信道不笃"，圣贤言论反而成为其惑众取利之工具。不仅如此，比古代更为严重的伤仁效果在于：现代工具手段的空前发达可将历史上的一切人文言论加以系统的管控，使其在制度化渠道内成为定向、定性、定用之纯职场技术化材料，从而将其"良知元气"从结构上加以"去势"，使其成为职场功利主义使用之工具。本章在学者动机与目标之最原初层次上立论，以促使学者在心理深处正本清源，以形成抵制学术话语被彻底工具化的意志力基础。新仁学之所以特重阳明学-宗羲学，也即强调必须在心理动机层上发心立志，才有望成为参与推进现代人文科学重建事业的中流砥柱。

19-4. 子夏曰："虽小道，必有可观者焉，致远恐泥，是以君子不为也。"

对比项：大道/小能，适中/泥执。

意旨：仁者实践区分大事小事，大能小技，轻重缓急，不可陷入细枝末节而失其大本。

旧解摘要：

《集注》："小道如农圃医卜之属。泥，不通也。杨氏曰：'百家众技犹耳目口鼻，皆有所用而不能相通，非无可观也，致远则泥矣，故君子不为也。'"《四书通》引黄勉斋曰："小道安知非指杨墨佛老之类邪？曰：小道，合圣人之道而小者也。异端，违圣人之道而异者也。小者犹可以施之于近，异端不可以顷刻施也。"程树德："黄氏之说意在申朱注，而不知已蹈于党同伐异之蔽。"《论语补疏》："圣人一贯，则其道大。异端执一，则其道小……能通天下之志，故大。执己不与人同，其小可知。"《四书辨疑》："农圃医卜，皆古今天下之所常用，不可无者，君子未尝疾恶也。况农又人人赖以为生，其尤不容恶之也。《注》文为见夫子尝鄙樊迟学稼之问，故以农圃为小道，此正未尝以意逆志也。盖樊迟在夫子之门，不问其所当问，而以农圃之事问于夫子，夫子以是责之耳，非以农为不当为也。"

含义引申：

本章极其重要，而诸旧解多因泥执字义"小道""小人"而模糊了重点，其旨意正合于"君子不器"章。朱注与《四书辨疑》所辨并非不同，朱注完全正确，而陈天祥所言"非以农为不当为也"可谓误解朱注。至于黄勉斋"小道"包括"异端"之解更是歪曲本章之义。严格来说，君子如陷于此二者自然均导致"为害"，虽各自理由不同。本章亦完全合于孟子所说"大人事"与"小人事"之别，此处之"大小"以其与仁学相关的重要性大小论，故非相关于其身份地位（职业性质而已）。本章属仁学智慧选择学类别，仁者对相关技术性知识掌握的程度应设定在适中程度上，以合于仁者整体实践规划之需要。此需要则须从质与量上适度衡量，即对各类技术性知识的掌握，只应、只能在实践整体内定其分量之度，而不能因对技术性知识本身之爱好而沉溺其中。（专业学者因对该专业内含的技术性细节本身之爱好，或因技术性部分易于在职场受高评，而最终喧宾夺主地成为满足于该技术性本身之"技匠"，并转而将技术性成就视作与人争比之主要学术标准，从而全失为学求真求善之目标。现代西方哲学中此类倾向比比皆是。）

一般来说，士君子急于学、勇于事，而其学行均须在实践整体框架内进行选择，不可离开相应框架而随性为之。此所以有"雕虫小技""诗词余事"等谚语，以为其可妨害"正事"之诫，但非因其技、其艺、其事本身之不当（其本身甚至极具正面价值）。在此意义上，如今日不应普遍推广书法诗学等"古人风雅"，即因今日为学创文者之"大事"已与时俱进地大不同于古人了。再者，现世人性论排除了宗教普遍加以限制的各种感性欲望禁忌（"食色，性也"），一方面在伦理原则上为"人欲"正名（因而本质上不同于基督教的根深蒂固的"性禁忌观"），而另一方面在具体行为规范上反而要防止任何"人欲放纵"。其中之理由亦本质上不同于宗教对人之自然性欲本身的"贬低"与"蔑视"（此为历史上最具幼稚性的"原罪观"）。基于自然人性论而对"食色"持最大开放性观点的仁学伦理学，仍然须防止任何"纵欲"行为，其理由正与其防止普遍倡导"诗琴书画"的理由一样，都是惧其"以小害大"之故。价值观问题与实践条件问题分属不同的认知层面。但是，古代孔孟思想关于区分价值大小的原则与当时社会条件下体现此原则的具体方式，也不是一回事，今日读解须通过后者而把握前者（借由个别把握一般）。随着历史社会条件的发展，在古代作为不可调和的"二中择一"的模式，今日或可有物质性、技术性条件对其"两端"加以调节之，以尽量达至可"二者相对兼全"的结果。（如食色享受与精神追求的冲突性，经合理安排，或可大为松缓以至于"两全其美"。）

【关于"食色，性也"的历史解释学申论】

孟子所言"食色，性也"的观点与孔子仁学完全一致，并可视为中华原始伦理思想史上一次重大的"文明观突破"，这就是合情合理地解决了作为"人兽合体"的"文明人"之价值观平衡的问题。早在两千多年前，中华士君子虽不善科学化的数理思维，却雅善人文义理之思维，遂可思虑成熟地（而非如其他文明那样"幼稚地"）通过其实践论智慧，合理调和了"文化"（善）与"自然"（性）的互动关系问题。二者必须兼存而不可人为排斥其一。如把如此关键性的"善"问题幼稚地建立在生物性的"性"上，就会引生一系列反人性的弊端。孔孟基于人性论的"灵肉兼取论"（此"灵"指现世人本精神，非指超世神祇崇拜），则是从价值观和认识论上对纯粹来自自然界的"性价值"做了合理的"解释学处理"：二者间的合理互动关系完全是一个技术性、实用性的问题（至今仍然如是）。仁学伦理学遂将其他文明中视为伦理学基础之一的"性"概念，干脆排除于"伦理性要件"之外，从而将其任何具体的合理解决开放于未来历史条件的可能安排。将性排除于"伦理因素相关项"外，等于是保护了这个"生物性价值"的合法权利。不是指在明显社会性意义上的保护，而是指在潜在价值观-认识论层次上的"认知性保护"：中国士君子不会为此生理性事实及其文化性观念间的可能冲突所烦恼。（古代中国的"色情意识"之丰富可为其证）至于"性"在中国历史上的各种具体遭遇情节与表现方式则相关于种种社会历史条件之变迁，其所造成的各种相互冲突是外在性的（所以古代色情文化属于"地下产业"），而非内在性的。（如诚实的出家人所遭遇的那样，但佛教文化完全是外来文化，与中华本土仁学伦理学本质上不同。两宋理学家受其影响提出的禁欲主义则为仁学思想史上的"失误"之一。）

现代意义：

本章今日之意义表现在两个层次上。对于人文科学理论的仁学实践者而言（而非对一切知识分子而言），一方面，不应对技术性知识本身过于投入；而另一方面，又必须适合个人学术过程诸阶段的不同需要而"合理而不同程度地"介入技术性知识。而今日此一普遍陷入技术性知识的人文学界倾向，却可能是源于学术社会感染于名利（随波逐流、合于世道）与消遣（求安逸快乐）之诱惑的负面产物。因今日人文学术在高度职场化、程序化、技术化后，技术转而喧宾夺主，合乎各种技术性规范的程度成为学人职场（易于系统量化判定的）成功之标志。本章对"君子不器"章的进一步强调在于，不是否定技术学本身，而是指出技术性本身并非仁学伦理价值的相关项。因此，仁学实践学必须处理好自身及事业中的义理学和技术学之间的关系。对于后世仁学文化学的历史发展而言，任何相关部门均有相应的技术学需要，而且仁者的心志甚至体现在必要的技术学掌握的程度上（如古代经学与小学的关系，现代理论与外语的关系，甚至也包括学者知识才艺之专深与广博的关系）。但此中有一个目的和手段的功能性分辨的问题。如若不然，即会将作为手段工具的技术学部分视作目的效果本身，遂导致学术实践中的本末倒置。

更深入看，本章有关"大小""正偏"之教，并非仅限于价值观和动机论层次，而且也相关于认识论-实践论层次上的合理配置问题。现代西方人文理论在技术性上较古代已无数倍丰富化，但因受限于思想史本身的惯性，仍须时时反躬自省其基本原则的正当性问题。如西方思想的根深蒂固的逻辑主义，一方面在理性的技术面上大为提升，而另一方面在认识论上反而限制了"理性"本身的视域深广度，以至于人文理论家们往往倾向于在其单维理论性思考中不断在技术性环节上无限深入，从而易于失去理论视界之整体画面，其最终之"结论"，或许自以为是沿着逻辑路线严格前进，却反因此而陷入了技术化思考的片面性中。其中最明显的一种双失误在于：逻辑性思考易于失去其伦理价值观方向，价值学思考易于失去其逻辑性与科学性框架。

19-5. 子夏曰："日知其所亡，月无忘其所能，可谓好学也已矣。"

对比项：温故/知新，好学/为己。
意旨：仁学以学为人生观，唯持之以恒、真积力久始可有成。
旧解摘要：
《皇疏》："此劝人学也……令人日新其德，日日知所未识者……然此即是温故而知新也。"刘宗周《学案》："所谓学如不及，犹恐失之者矣。"《反身录》："日日反观内省，知某道未尽，某理未明，某德未立，某业未成，诚一一知其所亡，斯不安于亡，求所以尽之明之立之成之，即已尽已明已立已成……若不在道理上潜心，德业上操存，舍本逐末，区区致察于名物训诂以为学……谓之好古则可，谓之好学则未也。"杨名时《论语劄记》："每月所得会聚于心，交相参伍印证，渐至融洽贯通，有心得之趣矣。"
含义引申：
《论语》全书，特别是在具有总结意味的、最后补写的本篇中，多有劝学章句，均凸显了"学"对于仁学伦理学整体之重要性及中心性。仁学之所以反复谈论为学之要，正在于为学之事看似简易，实甚艰难，盖因持之以恒、持之以正为难。温故知新是为学之第一基本要领，目的在于促使学人诚挚为学，务求态度端正，方法正确，以达深造自得之结果。本章所言集中于学习过程本身，不涉外务，以表示学者之学首先为"为己"之学，即以自身精神境界提升为唯一目的之学（独善）。自学之外的应用乃下一阶段之事（兼济）。前者在先，后者于次。前者为必可有成之独立自足域，后者为前者在外实践上之可能延伸。学为己原则内含仁学实践过程中先后主次阶段之分。

【关于为政与为学关系的历史解释学申论】

大致而论，《论语》全书的内容一为独立的"为学观"，一为主要的"从政观"，而本应更为着重展开的"为文观"反倒多属点到为止。从"文本构造学"角度看，这显然与当时的学术文化条件未备有关。也正因为如此，在学术思想"萌芽期"所明确表现出来的对未来精神文化史方向的"意图"，反而弥足珍贵。就《论语》文本中这两大主要主题（为政与为学）来看，新仁学的"解释学细读法"可指出，此二主题的"因果关系"今日应该被颠倒过来。表面上，"为学为从仕"（其后儒教所谈的"学而优则仕"即为利用此"原字列"进行的一种仁学之曲解），实质上反而应成为"从仕为为学"。一方面，此种对于学的特殊强调与内政外交之政治实务的关联较不明显；另一方面，孔子为学之教诲也似乎往往超出治世实务之必要。此一"超越政治范围"的思维倾向正好显示仁学之本义确乎有其朝向纯精神世界之本质，从而间接地、下意识地显露了一种《论语》修辞学"特色，即"以政论之关注行其以人文为目标的实践论"，通过参与改造腐败政治之愿望（作为心志之媒介，即作为实践之手段）来最终达到文学、文化、学术、思想建设（作为实践之目的）之目标。一者，此一双重性表明了仁学实践论的两段论：由政治入门而趋于文化；另一者，按照仁学伦理学，政治者仅为通向精神文化世界之"物质性手段"而已，其本身并不独立具有伦理精神性价值（暴力杀戮、争权夺利、宫室营建、器玩享乐等皇帝集团行为并不内含精神性价值）。

现代意义：

仁学为学之人生哲学，以学为志，温故知新，持之以恒，死而后已。此种治学为己的人生观，大异于今日之以学为用、以学之成绩取得社会承认之职业化人生观，后者于在职期间或不得不积极为（定式化之）学以应承工作，退职后即多止学停修，而以"荒废岁月般"为其余生（尚有数十年）行"快乐人生"之方式。此种实用主义治学观，大有损于人文科学理论建设之推进。而新人文科学建设的突进正需要此无关于名利权目标的"以学为生"之人生态度（此态度必表现为"以学为乐"），如此才可强化学人全身心投入人文科研探索之兴趣、信心与勇气。因爱之、好之，故"以为学为幸福"，这就是仁学的人生观。

　19-6.　子夏曰："博学而笃志，切问而近思，仁在其中矣。"

　　对比项：立志/博学，问学/自思。
　　意旨：仁者必立志而笃学，勤问而反思。
　　旧解摘要：
　　《论语述要》："笃志即厚记，亦无忘所能意……朱子云：'圣贤之言，常要在目头过，口头转，心头运。'此非笃记而何？"《集注》："四者皆学问思辨之事耳，未及乎力行而为仁也。然从事于此，则心不外驰，而所存自熟，故曰仁在其中矣。苏氏曰：'博学而志不笃，则大而无成；泛问远思，则劳而无功。'"《四书集编》："切问，谓以切己之事问于人也。近思，谓不驰心高远，就其切近者而思之也。外焉问于人，内焉思于心，皆先其切近者，则一语有一语之益，一事有一事之功，不比泛然驰骛于外，而初无补于身心也。"刘开《论语补注》："盖所谓切问者，乃'切切偲偲'之切，谓恳到也。审问致详，反复就正，极其周密恳到，而不敢以率意出之，故谓之切问。《尔雅释训》云：'丁丁，嘤嘤，相切直也。'《毛诗笺》云：'犹以道德相切。'正亦言尽诚竭直以相正也。"
　　含义引申：
　　本章再言仁学与立志和治学的内在关系。仁、志、学可谓三位一体。此即智仁勇三达德在学之实践过程中之体现。仁学即"为仁"之学。仁以"学"为其认识论、方法论、实践论的基础、对象、方法。学之成果为精神文化品的产生，此中含有文化与非文化的价值性对立；学之行动代表仁学之方法途径；学为心志存在之外显，亦为行仁之动力、目标、方法的三合一根源。此三者在历史上和现代期均各有其不同的相应具体体现形式。
　　现代意义：
　　本章关于为学之教，亦极其适切于现代学术世界，其要点在于指出志与学的关系，以及"知识"与"反思"的关系。此两类关系恰为学术信息量百倍于古代之今日学界所显著欠缺者。因今日为学之事多受到外力与客观条件之限定，现代社会发展以来，制度性的严密化反而削弱或排除了主体独立意志介入为学之过程，从而易于出现"无志之学"及"无思之知"的风气。其中之"志"字包括意志力、选择性、方向规定性等主体侧之自决性因素，而非被决定性。同样，闻见之知及人类知识积累，现时代与古代相比虽千百倍地增加，但主体对其独立自由思考捡择的意愿与实践力，反而结构性地、系统性地弱化。人文学界人云亦云、被动、重复、模仿、抄袭之风，不仅成为今日人文学界之常态，且已成为其职场竞争生存方式之必需。故商业技术化潮流对于人文科学理论发展之阻碍具有结构上的深刻性。

19 - 7. 子夏曰："百工居肆以成其事，君子学以致其道。"

对比项：集群/聚学，谋道/研学。

意旨：仁者求道之方，非为信祷而为力学，仁学为理性信仰学。

旧解摘要：

《集注》："肆，谓官府造作之处。致，极也。工不居肆，则迁于异物而业不精；君子不学，则夺于外诱而志不笃。尹氏曰：'学所以致其道也。百工居肆，必务成其事。君子之于学，可不知所务哉？'愚按二说相须，其义始备。"《四书训义》："学者侈言道而疏于学，则无体道之实功，而其求至于道之心亦未笃也。夫学何为也？非侈诵习之博也，非慕仿古人之迹以自表异为君子也。"黄氏《后案》："日省月试，不见异而迁也。君子之于道，非读书稽古，安能造其极哉？"赵佑《温故录》："学乃学校之学，对居肆，省一居耳。即《国语》所谓'不见异物而迁'，《学记》所谓'退息必有居学'。"《论语集说》："百工居肆，则朝于斯，夕于斯，其志勤矣，其习专矣，故能以成其事。君子之于道亦犹是也。"

含义引申：

本章与前章类同，皆论为学之道。本章仍应本朱熹等的"间接比喻法"解释为妥，其上下句间的实际比喻意为：劳工→产品，学习→仁道。但按此比喻理解时，前后两句的喻项之对称性较弱。此时前句的"喻项"非"居肆"，而为"（居肆带来的）劳作"。本章的主旨为相关于求"道"（真理，理想）的"认识论-方法论"大方向之设定：以理智性、现世经验性之"学"作为增长主体求道能力培养之方。其要一在于仁学之"思维方向"（理性而非非理性），另一在于仁学之"思维方法"（自动学习知识而非被动乞求神启）。

本章的要中之要仍归结于"学"。"道"作为目标之代称，并无具体之规定，而具有具体实践性者则为致道之"方"，即"学"。仁与道均作为提纲挈领之"射的"，主体所具体施为者为"向的"之"射道"（习术过程）。本章言简意赅，其中"虚"与"实"，"主"与"次"之间的实践学关系，均具有其两面性：看似目的者，反为手段（作为实践之"条件"）；看似手段者，反为目的（作为具体施为之学习）。

现代意义：

本章的现代意义亦极为显著，所强调的是"道"（目标）与"学"（手段）的因果性关系，此"学"为孔子的现世、经验、理性之学，亦为动机层上的体践之学。现代人文之"目标（道）"自然为人文科学，与其相关之科学性之"学"岂非与上述仁学之学间具有结构及功能上的对应性？因此本章之义也凸显着仁学伦理学为一种理性实践学，其目标和手段均根基于知识和理性。特别是凸显了伦理价值目标和知识智慧手段之间的内在关联，仁学即"学的伦理学""学的信仰学""学的宗教""学的人生观"；即以学之手段达到真理的目标，正如百工通过劳作之过程以达到制作产品的目的。"学"字包含着：理性、知识、人性、经验、现世、社会、人间共识等意涵。衡之以现代人文学术革新事业，我们更可见仁学具有的深刻现代性。君子学或士学，今日即可完全地体现于"学之学"的人生观内，此"学"字同样体现于现代历史社会文化的方方面面。此所以说"仁"

学今可成为人类人文科学理论革新事业的伦理学指南。此一"学"字在新仁学的扩解中，则须进而在其理性形态上与时俱进，一方面对峙于一切反理性之论，另一方面对峙于"唯自然科学主义"之论。因为即使是科学也须区分其自然、社会与人文三大界域，而古之东方仁学精神岂非正可体现于现代人文科学的正向发展中？

19-8. 子夏曰："小人之过也，必文。"

对比项：过失/改正，过失/弥缝，正误/利害。

意旨：致仁者必具改过之诚与勇，小人者无诚无勇，故必掩过藏失，希图侥幸。

旧解摘要：

《皇疏》："君子有过是己误行，非故为也，故知之则改。而小人有过，是知而故为，故愈文饰之，不肯言己非也。"《集注》："小人惮于改过而不惮于自欺，故必文以重其过。"《史记·孔子世家》："君子有过则谢以质，小人有过则谢以文。"

含义引申：

仁学的君子小人对比法体现了动机本位的伦理学思想，动机之心理品质即品德及其综合性运用。既然以"学"为道，其学即正向德性之学，而"正性之增"与"负性之减"为一币之两面。进德之诚遂可从改过之诚中看出，因德性不易实证，过错易于实证，于是对自身过错的态度遂可成为瞥见其德性之"窗"。小人文过饰非，对自身的错误与欠缺必加掩盖和弥缝，而其掩饰弥缝行为易于察见也。故诚学者首先表现在勇于承认过错上。仁学之"过错学"非仅关乎品行养成，同样关乎进学之效。

现代意义：

仁学的"过错学"具有深刻的现代性意义，其广义可指改正学术过错的良知和认识，此正为人文学术进步之根本。"过错学"首先体现在学者积极于发现自身学术实践中的（伦理性层面上的）"过失"，其认识论前提即承认存在有是非正误标准，其学为理性之学。

乐于承认自身不足与错误代表着积极于自身学术实践之理性化方向的进步。而功利主义者及极端相对论者，或以学求利或以学致虚，二者均无须受此以学求真之理性化前提的约束，故必也不受是非正误标准之限制。虚无主义和极端相对主义实为另类功利主义，而一切不顾真伪标准而只求其理论话语被承认者，必取各种学术投机取巧伎俩，为此而倾向于文过饰非，岂非理所必然。因此，今日人文科学进步之条件，首先即在于发现自己和他人的学术作风、方向与方法诸层面上的不足、过失、偏误。如以以学求真为动机和言行之导向，此乃属于学术实践上的逻辑性必然，如此必然倾向于承认、批评和检讨自身和他人的学术上的不足、过错、落后之真相，并积极于改进。

然而揆诸实际，今日人文学术几乎全部陷于职业化功利主义窠臼，学人易于成为以学求成、以学求利者，其学术状态乃成为其人在职场争名夺利之利器，或其学术成果已蜕化为商业化市场之学术商品品牌，如承认自家"品牌"之有失，岂非在自行"败坏商誉"，故必极力弥缝掩盖之。复因人文学术商品，与物质性商品具有其可据外在品质以检验"正误"之特点不同，恰恰正因欠缺客观检验标准故便于"文过饰非"，以有助于自身"品牌"声誉之宣传。这就是今日国内外人文学术界越来越少有自我批评和相互批评风气之根本原因。或维持"一团和气"，彼此掩饰缺失；或党同伐异，学派山头一味宣传"本学术品牌"之优良。二者均表现为不可能自己暴露自家之弱点。学界竞争团体所宣导的学术品牌仅成为集团间争名夺利之工具，并无关于其内容之是非正误，而仅相关于其产品之市场行销价值之高低（此市场价值之高低则可主要依靠市场广告术和市场垄断术加以运作）。因此，以学求利集团治学之重点不在于学术正误之追求，而在于学术市场价值大小之讲求，从而可于根本处排除学术性本身正误之相关性。其结果演变为：世界人文学界，通过科系、中心、派别、刊物、学会、会议、评比等竞争术环节，以达到维持及巩固各自学术派系利益和权势地位之目的。对此类后现代主义的"学术文化"而言，其学人遂于认识论和实践论两个层次上根本失去了辨析自身学术正误之意识或良知。"观过知仁",故仁学之"过错学"今日实应扩解为积极反省察验自身为学缺失之意识与意志的"学风品德论"。其目的并非要在人文学界推广品德教育,而是为了以此作为提升学人及全体学术之科学化进步之根本方法。

19-11. 子夏曰:"大德不踰闲,小德出入可也。"

对比项:大德/小疵,大德/小失。

意旨:学术实践必权衡相关对象及诸多因素间之小大轻重,以求适当之决断。

旧解摘要:

《集解》:"孔曰:'闲犹法也。小德不能不踰法,故曰出入可也。'"《集注》:"大德小德,犹言大节小节。闲,阑也。所以止物之出入。言人能先立乎其大者,则小节虽或未尽合理,亦无害也。"《四书训义》:"观人者有不必求备之道焉,责之于动履之微而曲谨之士进,而志义之君子且见疵焉,失之也多矣。"

含义引申:

本章诸旧解多泥于"德"字,而不知此字本身极具歧义性或多义性,非仅指品德,亦可泛指"性向"。按本章之语气,两个"德"字可分具不同意素之偏。大体而言,自以朱解较为恰当。由于人性"孰能无过",圣贤不免,前章为有过与改过之论,本章则说明君子实践中"行权"之必要。因言行正误程度分布各异,正误大小的准衡均相关于相关因素间之比例之别,故需综合处之。本章之重点与其说在于谈小失可有,不如说特偏重于谈大德之有无。因实践者均非完美无缺者,其人品德能力大小长短各异,为此须首先重其品德能力中之"大"者,以确保实践之方向,为此可以相应合理忽略其小疵,以实现该过程。

本章可视为仁学智慧学或"权学"之一种,并适用于个人与集体两个层次。即仁者须动态辩证地、结构整体性地灵活处理原则和方法之间的互动关系,二者之间容有关系上的消长而在实践学上则应求其最佳平衡值。在一个阶段上的原则和方法上的偏颇，或可在下一阶段、下一情境内调整之，二者或许并不妨害甚至有利于实践过程之"整体进度"。而在大小原则与方法正误之间，如互相冲突，则须因地制宜地加以伸缩权衡，不可泥执于一端之是。此种"结构性的权衡"能力，也相关于仁学实践学之实践效力。此外，本章的引申之义涉及多方。就个人生活艺术而言，仁者亦有事业外之个人生活内容，其中凡无损于仁学事业者，应充分给予个人行为选择自由。"出入可也"固然给予仁者个人生活更多的自由，也意味着仁学不同于各种教条主义的道德禁忌论，后者往往以各种无关于伦理性的戒律、规矩作为控制他人绝对服从之手段。仁学之"大德"和"小德"说，均须按仁学人本主义伦理学标准加以适切地、相对地规定。具体而言，仁者绝非修道院修士类禁欲者，学者如何在治学与享乐、在个人目标与集体目标之间求其实践学的最佳平衡点，则取决于今日学界"权学"之恰当运用。

现代意义：

本章论及的大德与小德的关系，实际上相关于仁学伦理学的人本主义认识论与实践论的立场问题。此一道德相对论反映了仁学的人性相对论，故不同于西方严格的逻辑主义及力势威权主义之"超越情理"的机械性规定论，仁学伦理学可以说突破了人类历史上的各种道德形上学意识形态的"独断主义封条"。几千年来许多持守莫明其理其因的持戒教派，都是以其对信徒生活提出的具体限制规条著称的。特别是对本来最属自然本能的两性行为的限制最为严格。而按照仁学人本主义（而非按照儒教教条主义），其道德标准重点只相关于人际正义性的大是大非问题，而对于"无关于"大是大非的人性本能需要反而要为个人提供最大的生活自由。在此意义上，新仁学更加不会是提倡"儒教封建主义"的复古者，反而是要最大限度地深合于现代人类新启蒙主义者。一般来说，仁学智慧学表现为一种平衡理想与现实之不同方面的、具实践可行性的理性方略；尤其侧重于区分相关的"原则性大端"与"技术性小端"，而非如宋儒泥执儒学教条主义反倒违背了仁学之本义。（理学在人性论上有回归原始仁学的正面性，而在社会政治实践上仍然受制于儒教权势系统。）仁学讨论大德小德、大人事小人事等人性相对性问题，并非在损害仁学伦理学本身之严格性，而是表现出其勇于面对和介入社会与个人之社会经验生活中的复杂现实，因此其有关原则、态度、方向、方法等实践学参量的非教条主义的灵活立场，正可用以平衡（来自西方传统的绝对信仰主义与逻辑主义的）机械主义固执性。而揆诸事实，恰恰是貌似欠缺逻辑严格性的仁学系统，反可对现代人文科学革新事业提供更为适切有效的人本主义伦理学的认识论与实践论基础。正如本书屡次指出的，伦理学的人本主义，不仅在价值学上（与各种神学对立）而且在认识论上（按照广义经验实证主义）与现代人文科学精神一致。

尧曰第二十

【作者注】本篇因全文过长，内容荒诞无谓，并为《论语》读者所熟知，故省略。研究者可参照《论语》原文。

旧解摘要：

《论语稽》：此盖郑氏考验《古论》，取补《鲁论》之阙者，亦续编之例也。程树德："'尧曰'一章是《论语》全书后序，古人序文常在篇末，如《庄子》天下篇，《史记》自序……'子张'以下，《古论语》本系别为一篇，郑玄就《鲁论》篇章考之《齐古》，取《鲁论》所未及者附载于后，犹今人之补遗也。"

【作者注】本篇与第十篇基本删除，因诸章均无关于或甚而有悖于原始仁学之精神，并据现代专家考证推测，两篇或亦全为后儒所加，以合乎儒教思想之要求。

附录1 《论语》《孟子》语录[*]

【《论语》语录】

【作者注】《论语》句选中的长句内的着重线为本书作者所加，作为重点提示，无着重线者表明全句重要。句后数字为洪业等编《论语引得 孟子引得》中的编号。

子曰："学而时习之，不亦说乎？有朋自远方来，不亦乐乎？人不知而不愠，不亦君子乎？"（1-1）

子曰："巧言令色，鲜矣仁！"（1-3）

曾子曰："吾日三省吾身：为人谋而不忠乎？与朋友交而不信乎？传不习乎？"（1-4）

子曰："弟子入则孝，出则弟，谨而信，泛爱众，而亲仁。行有余力，则以学文。"（1-6）

子曰："君子不重则不威，学则不固。主忠信。无友不如己者。过则勿惮改。"（1-8）

———————

* 本部分各段之间并非连续引文，系作者从原文中摘取。

子曰："君子食无求饱，居无求安，敏于事而慎于言，就有道而正焉，可谓好学也已。"（1－14）

子贡曰："贫而无谄，富而无骄，何如？"子曰："可也。未若贫而乐，富而好礼者也。"（1－15）

子曰："不患人之不己知，患不知人也。"（1－16）

子曰："吾十有五而志于学，三十而立，四十而不惑，五十而知天命，六十而耳顺，七十而从心所欲，不逾矩。"（2－4）

子曰："视其所以，观其所由，察其所安。人焉廋哉？人焉廋哉？"（2－10）

子曰："温故而知新，可以为师矣。"（2－11）

子曰："君子不器。"（2－12）

子贡问君子。子曰："先行其言而后从之。"（2－13）

子曰："君子周而不比，小人比而不周。"（2－14）

子曰："学而不思则罔，思而不学则殆。"（2－15）

子曰："由！诲女知之乎？知之为知之，不知为不知，是知也。"（2－17）

子曰："人而无信，不知其可也。大车无輗，小车无軏，其何以行之哉？"（2－22）

子曰："非其鬼而祭之，谄也。见义不为，无勇也。"（2－24）

子曰："君子无所争，必也射乎！揖让而升，下而饮。其争也君子。"（3－7）

子曰："射不主皮，为力不同科，古之道也。"（3－16）

仪封人请见。曰："君子之至于斯也，吾未尝不得见也。"从者见之。出，曰："二三子，何患于丧乎？天下之无道也久矣，天将以夫子为木铎。"（3－24）

子曰："里仁为美。择不处仁，焉得知？"（4－1）

子曰："不仁者不可以久处约，不可以长处乐。仁者安仁，知者利仁。"（4－2）

子曰："唯仁者能好人，能恶人。"（4－3）

子曰："富与贵，是人之所欲也，不以其道得之，不处也。贫与贱，是人之所恶也，不以其道得之，不去也。**君子去仁，恶乎成名？君子无终食之间违仁，造次必于是，颠沛必于是。**"（4-5）

子曰："我未见好仁者、恶不仁者。好仁者，无以尚之；恶不仁者，其为仁矣，不使不仁者加乎其身。有能一日用其力于仁矣乎？我未见力不足者。盖有之矣，我未之见也。"（4-6）

子曰："人之过也，各于其党。观过，斯知仁矣。"（4-7）

子曰："朝闻道，夕死可矣。"（4-8）

子曰："士志于道，而耻恶衣恶食者，未足与议也。"（4-9）

子曰："君子之于天下也，无适也，无莫也，义之与比。"（4-10）

子曰："君子怀德，小人怀土；君子怀刑，小人怀惠。"（4-11）

子曰："不患无位，患所以立；不患莫己知，求为可知也。"（4-14）

子曰："参乎！吾道一以贯之。"曾子曰："唯。"子出，门人问曰："何谓也？"曾子曰："夫子之道，忠恕而已矣。"（4-15）

子曰："君子喻于义，小人喻于利。"（4-16）

子曰："见贤思齐焉，见不贤而内自省也。"（4-17）

子曰："古者言之不出，耻躬之不逮也。"（4-22）

子曰："以约失之者，鲜矣。"（4-23）

子曰："君子欲讷于言而敏于行。"（4-24）

子曰："德不孤，必有邻。"（4-25）

子曰："吾未见刚者。"或对曰："申枨。"子曰："枨也欲，焉得刚？"（5-11）

子贡曰："夫子之文章，可得而闻也；夫子之言性与天道，不可得而闻也。"（5-13）

子路有闻，未之能行，唯恐有闻。（5-14）

子曰："巧言、令色、足恭，左丘明耻之，丘亦耻之。匿怨而友其人，左丘明耻之，丘亦耻之。"（5-25）

子曰："已矣乎！吾未见能见其过而内自讼者也。"（5-27）

子曰："十室之邑，必有忠信如丘者焉，不如丘之好学也。"（5-28）

子曰："回也，其心三月不违仁，其余则日月至焉而已矣。"（6-7）

子曰:"贤哉,回也! 一箪食,一瓢饮,在陋巷。人不堪其忧,回也不改其乐。贤哉,回也!"(6-11)

冉求曰:"非不说子之道,力不足也。"子曰:"力不足者,中道而废。今女画。"(6-12)

子谓子夏曰:"女为君子儒,无为小人儒。"(6-13)

子曰:"质胜文则野,文胜质则史。文质彬彬,然后君子。"(6-18)

子曰:"知之者不如好之者,好之者不如乐之者。"(6-20)

子曰:"中人以上,可以语上也;中人以下,不可以语上也。"(6-21)

樊迟问知。子曰:"务民之义,敬鬼神而远之,可谓知矣。"问仁。曰:"仁者先难而后获,可谓仁矣。"(6-22)

宰我问曰:"仁者,虽告之曰:'井有仁焉',其从之也?"子曰:"何为其然也? 君子可逝也,不可陷也;可欺也,不可罔也。"(6-26)

子贡曰:"如有博施于民而能济众,何如? 可谓仁乎?"子曰:"何事于仁,必也圣乎! 尧舜其犹病诸! 夫仁者,己欲立而立人,己欲达而达人。能近取譬,可谓仁之方也已。"(6-30)

子曰:"述而不作。信而好古。窃比于我老彭。"(7-1)

子曰:"默而识之,学而不厌,诲人不倦,何有于我哉?"(7-2)

子曰:"德之不修,学之不讲,闻义不能徙,不善不能改,是吾忧也。"(7-3)

子曰:"甚矣吾衰也! 久矣吾不复梦见周公。"(7-5)

子曰:"志于道,据于德,依于仁,游于艺。"(7-6)

子曰:"自行束脩以上,吾未尝无诲焉。"(7-7)

子曰:"不愤不启,不悱不发,举一隅不以三隅反,则不复也。"(7-8)

子谓颜渊曰:"用之则行,舍之则藏,唯我与尔有是夫!"子路曰:"子行三军则谁与?"子曰:"暴虎冯河,死而无悔者,吾不与也。必也临事而惧,好谋而成者也。"(7-11)

子曰:"富而可求也,虽执鞭之士,吾亦为之。如不可求,从吾所好。"(7-12)

子之所慎：齐，战，疾。(7-13)

子在齐闻《韶》，三月不知肉味。曰："不图为乐之至于斯也!"(7-14)

子曰："饭疏食饮水，曲肱而枕之，乐亦在其中矣。不义而富且贵，于我如浮云。"(7-16)

叶公问孔子于子路，子路不对。子曰："<u>女奚不曰：'其为人也，发愤忘食，乐以忘忧，不知老之将至云尔。'</u>"(7-19)

子曰："我非生而知之者，好古，敏以求之者也。"(7-20)

子不语怪、力、乱、神。(7-21)

子曰："三人行，必有我师焉。择其善者而从之，其不善者而改之。"(7-22)

子曰："二三子以我为隐乎？吾无隐乎尔。吾无行而不与二三子者，是丘也。"(7-24)

子以四教：文，行，忠，信。(7-25)

子曰："圣人，吾不得而见之矣，得见君子者，斯可矣。"子曰："善人，吾不得而见之矣，得见有恒者，斯可矣。亡而为有，虚而为盈，约而为泰，难乎有恒矣。"(7-26)

子钓而不纲，弋不射宿。(7-27)

子曰："盖有不知而作之者，我无是也。多闻，择其善者而从之，多见而识之，知之次也。"(7-28)

子曰："仁远乎哉？我欲仁，斯仁至矣。"(7-30)

子与人歌而善。必使反之，而后和之。(7-32)

子曰："文，莫吾犹人也。躬行君子，则吾未之有得。"(7-33)

子曰："若圣与仁，则吾岂敢？<u>抑为之不厌，诲人不倦</u>，则可谓云尔已矣。"公西华曰："正唯弟子不能学也。"(7-34)

子疾病，子路请祷。子曰："有诸?"子路对曰："有之。诔曰：'祷尔于上下神祇。'"子曰："<u>丘之祷久矣。</u>"(7-35)

子曰："奢则不孙，俭则固。与其不孙也，宁固。"(7-36)

子曰："君子坦荡荡，小人长戚戚。"(7-37)

曾子曰："以能问于不能，以多问于寡，有若无，实若虚，犯而

不校。昔者吾友尝从事于斯矣。"(8-5)

曾子曰："可以托六尺之孤，可以寄百里之命，临大节而不可夺也，君子人与？君子人也。"(8-6)

曾子曰："士不可以不弘毅，任重而道远。仁以为己任，不亦重乎？死而后已，不亦远乎？"(8-7)

子曰："兴于诗，立于礼，成于乐。"(8-8)

子曰："好勇疾贫，乱也。人而不仁，疾之已甚，乱也。"(8-10)

子曰："三年学，不至于谷，不易得也。"(8-12)

子曰："笃信好学，守死善道。危邦不入，乱邦不居。天下有道则见，无道则隐。邦有道，贫且贱焉，耻也；邦无道，富且贵焉，耻也。"(8-13)

子曰："不在其位，不谋其政。"(8-14)

子曰："学如不及，犹恐失之。"(8-17)

子罕言利，与命，与仁。(9-1)

达巷党人曰："大哉孔子！博学而无所成名。"子闻之，谓门弟子曰："吾何执？执御乎？执射乎？吾执御矣。"(9-2)

子绝四：毋意，毋必，毋固，毋我。(9-4)

子畏于匡。曰："文王既没，文不在兹乎？天之将丧斯文也，后死者不得与于斯文也；天之未丧斯文也，匡人其如予何？"(9-5)

大宰问于子贡曰："夫子圣者与？何其多能也？"子贡曰："固天纵之将圣，又多能也。"子闻之，曰："大宰知我乎！吾少也贱，故多能鄙事。君子多乎哉？不多也。"(9-6)

子曰："吾有知乎哉？无知也。有鄙夫问于我，空空如也，我叩其两端而竭焉。"(9-8)

颜渊喟然叹曰："仰之弥高，钻之弥坚，瞻之在前，忽焉在后。夫子循循然善诱人，博我以文，约我以礼。欲罢不能，既竭吾才，如有所立卓尔。虽欲从之，末由也已。"(9-11)

子贡曰："有美玉于斯，韫椟而藏诸？求善贾而沽诸？"子曰："沽之哉！沽之哉！我待贾者也。"(9-13)

子欲居九夷。或曰："陋，如之何！"子曰："君子居之，何陋之

有?"(9-14)

子曰:"吾自卫反鲁,然后乐正,《雅》《颂》各得其所。"(9-15)

子在川上,曰:"逝者如斯夫!不舍昼夜。"(9-17)

子曰:"吾未见好德如好色者也。"(9-18)

子曰:"譬如为山,未成一篑,止,吾止也;譬如平地,虽覆一篑,进,吾往也。"(9-19)

子谓颜渊,曰:"惜乎!吾见其进也,未见其止也。"(9-21)

子曰:"后生可畏,焉知来者之不如今也?四十、五十而无闻焉,斯亦不足畏也已。"(9-23)

子曰:"主忠信,毋友不如己者,过则勿惮改。"(9-25)

子曰:"三军可夺帅也,匹夫不可夺志也。"(9-26)

子曰:"衣敝缊袍,与衣狐貉者立,而不耻者,其由也与?'不忮不求,何用不臧?'"子路终身诵之。子曰:"是道也,何足以臧?"(9-27)

子曰:"岁寒,然后知松柏之后凋也。"(9-28)

子曰:"知者不惑,仁者不忧,勇者不惧。"(9-29)

子曰:"可与共学,未可与适道;可与适道,未可与立;可与立,未可与权。"(9-30)

厩焚。子退朝,曰:"伤人乎?"不问马。(10-11)

入太庙,每事问(10-15)

季路问事鬼神。子曰:"未能事人,焉能事鬼?""敢问死。"曰:"未知生,焉知死?"(11-12)

子贡问:"师与商也孰贤?"子曰:"师也过,商也不及。"曰:"然则师愈与?"子曰:"过犹不及。"(11-16)

季氏富于周公,而求也为之聚敛而附益之。子曰:"非吾徒也。小子鸣鼓而攻之,可也。"(11-17)

子张问善人之道。子曰:"不践迹,亦不入于室。"子曰:"论笃是与,君子者乎?色庄者乎?"(11-19)

子畏于匡,颜渊后。子曰:"吾以女为死矣。"曰:"子在,回何

敢死?"(11-21)

子路使子羔为费宰。子曰:"贼夫人之子。"子路曰:"<u>有民人焉,有社稷焉。何必读书,然后为学?</u>"子曰:"<u>是故恶夫佞者。</u>"(11-23)

仲弓问仁。子曰:"出门如见大宾,使民如承大祭。己所不欲,勿施于人。在邦无怨,在家无怨。"(12-2)

司马牛问君子。子曰:"君子不忧不惧。"曰:"不忧不惧,斯谓之君子已乎?"子曰:"内省不疚,夫何忧何惧?"(12-4)

司马牛忧曰:"人皆有兄弟,我独亡。"子夏曰:"商闻之矣:'死生有命,富贵在天。君子敬而无失,与人恭而有礼。四海之内,皆兄弟也。'君子何患乎无兄弟也?"(12-5)

子张问明。子曰:"浸润之谮,肤受之愬,不行焉,可谓明也已矣。浸润之谮,肤受之愬,不行焉,可谓远也已矣。"(12-6)

棘子成曰:"君子质而已矣,何以文为?"子贡曰:"惜乎!夫子之说君子也!驷不及舌。<u>文犹质也,质犹文也。虎豹之鞟,犹犬羊之鞟。</u>"(12-8)

哀公问于有若曰:"年饥,用不足,如之何?"有若对曰:"盍彻乎?"曰:"二,吾犹不足,如之何其彻也?"对曰:"<u>百姓足,君孰与不足?百姓不足,君孰与足?</u>"(12-9)

子曰:"君子成人之美,不成人之恶。小人反是。"(12-16)

季康子问政于孔子,孔子对曰:"<u>政者,正也。子帅以正,孰敢不正?</u>"(12-17)

季康子问政于孔子曰:"如杀无道以就有道,何如?"孔子对曰:"子为政,焉用杀?子欲善而民善矣。<u>君子之德,风,小人之德,草。草上之风,必偃。</u>"(12-19)

子张问:"<u>士何如,斯可谓之达矣?</u>"子曰:"何哉,尔所谓达者?"子张对曰:"在邦必闻,在家必闻。"子曰:"是闻也,非达也。<u>夫达也者,质直而好义,察言而观色,虑以下人。在邦必达,在家必达。夫闻也者,色取仁而行违,居之不疑。在邦必闻,在家必闻。</u>"(12-20)

樊迟从游于舞雩之下,曰:"敢问崇德、修慝、辨惑。"子曰:

"善哉问！先事后得，非崇德与？攻其恶，无攻人之恶，非修慝与？一朝之忿，忘其身，以及其亲，非惑与？"（12-21）

樊迟问仁，子曰："爱人。"问知，子曰："知人。"樊迟未达，子曰："举直错诸枉，能使枉者直。"樊迟退，见子夏曰："乡也，吾见于夫子而问知，子曰：'举直错诸枉，能使枉者直。'何谓也？"子夏曰："富哉言乎！舜有天下，选于众，举皋陶，不仁者远矣。汤有天下，选于众，举伊尹，不仁者远矣。"（12-22）

曾子曰："君子以文会友，以友辅仁。"（12-24）

子路曰："卫君待子而为政，子将奚先？"子曰："必也正名乎！"子路曰："有是哉，子之迂也！奚其正？"子曰："野哉由也！君子于其所不知，盖阙如也。名不正，则言不顺；言不顺，则事不成；事不成，则礼乐不兴；礼乐不兴，则刑罚不中；刑罚不中，则民无所措手足。故君子名之必可言也，言之必可行也。君子于其言，无所苟而已矣。"（13-3）

樊迟请学稼，子曰："吾不如老农。"请学为圃，曰："吾不如老圃。"樊迟出。子曰："小人哉，樊须也！上好礼，则民莫敢不敬；上好义，则民莫敢不服；上好信，则民莫敢不用情。夫如是，则四方之民襁负其子而至矣，焉用稼？"（13-4）

子曰："其身正，不令而行；其不正，虽令不从。"（13-6）

子适卫，冉有仆。子曰："庶矣哉！"冉有曰："既庶矣，又何加焉？"曰："富之。"曰："既富矣，又何加焉？"曰："教之。"（13-9）

子曰："'善人为邦百年，亦可以胜残去杀矣。'诚哉是言也！"（13-11）

叶公问政，子曰："近者说，远者来。"（13-16）

子夏为莒父宰，问政。子曰："无欲速，无见小利。欲速，则不达；见小利，则大事不成。"（13-17）

子贡问曰："何如斯可谓之士矣？"子曰："行己有耻，使于四方，不辱君命，可谓士矣。"曰："敢问其次。"曰："宗族称孝焉，乡党称弟焉。"曰："敢问其次。"曰："言必信，行必果，硁硁然小人哉！抑亦可以为次矣。"曰："今之从政者何如？"子曰："噫！斗

筲之人，何足算也。"(13-20)

子曰："不得中行而与之，必也狂狷乎！狂者进取，狷者有所不为也。"(13-21)

子曰："南人有言曰：'人而无恒，不可以作巫医。'善夫！'不恒其德，或承之羞。'"子曰："不占而已矣。"(13-22)

子曰："君子和而不同，小人同而不和。"(13-23)

子贡问曰："乡人皆好之，何如？"子曰："未可也。""乡人皆恶之，何如？"子曰："未可也。不如乡人之善者好之，其不善者恶之。"(13-24)

子曰："君子易事而难说也。说之不以道，不说也。及其使人也，器之。小人难事而易说也。说之虽不以道，说也。及其使人也，求备焉。"(13-25)

子曰："君子泰而不骄，小人骄而不泰。"(13-26)

子曰："刚、毅、木、讷，近仁。"(13-27)

宪问耻。子曰："邦有道，谷；邦无道，谷，耻也。""克、伐、怨、欲不行焉，可以为仁矣？"子曰："可以为难矣，仁则吾不知也。"(14-1)

子曰："士而怀居，不足以为士矣。"(14-2)

子曰："邦有道，危言危行；邦无道，危行言孙。"(14-3)

子曰："有德者必有言，有言者不必有德。仁者必有勇；勇者不必有仁。"(13-4)

子曰："君子而不仁者有矣夫，未有小人而仁者也。"(14-6)

子曰："爱之，能勿劳乎？忠焉，能勿诲乎？"(14-7)

子曰："贫而无怨难，富而无骄易。"(14-10)

子路问成人。子曰："若臧武仲之知，公绰之不欲，卞庄子之勇，冉求之艺，文之以礼乐，亦可以为成人矣。"曰："今之成人者何必然？见利思义，见危授命，久要不忘平生之言，亦可以为成人矣。"(14-12)

子路问事君。子曰："勿欺也，而犯之。"(14-22)

子曰："君子上达，小人下达。"(14-23)

子曰："古之学者为己，今之学者为人。"（14-24）

子曰："不在其位，不谋其政。"曾子曰："君子思不出其位。"（14-26）

子曰："君子耻其言而过其行。"（14-27）

子曰："君子道者三，我无能焉：仁者不忧，知者不惑，勇者不惧。"子贡曰："夫子自道也。"（14-28）

子曰："不患人之不己知，患其不能也。"（14-30）

微生亩谓孔子曰："丘！何为是栖栖者与？无乃为佞乎？"孔子曰："非敢为佞也，疾固也。"（14-32）

子曰："骥不称其力，称其德也。"（14-33）

或曰："以德报怨，何如？"子曰："何以报德？以直报怨，以德报德。"（14-34）

子曰："莫我知也夫！"子贡曰："何为其莫知子也？"子曰："不怨天，不尤人。下学而上达。知我者其天乎！"（14-35）

子曰："贤者辟世，其次辟地，其次辟色，其次辟言。"子曰："作者七人矣。"（14-37）

子路宿于石门。晨门曰："奚自？"子路曰："自孔氏。"曰："是知其不可而为之者与？"（14-38）

子击磬于卫。有荷蒉而过孔氏之门者，曰："有心哉！击磬乎！"既而曰："鄙哉！硜硜乎！莫己知也，斯己而已矣。'深则厉，浅则揭。'"子曰："果哉！末之难矣。"（14-40）

阙党童子将命。或问之曰："益者与？"子曰："吾见其居于位也，见其与先生并行也。非求益者也，欲速成者也。"（14-44）

卫灵公问陈于孔子。孔子对曰："俎豆之事，则尝闻之矣；军旅之事，未之学也。"（15-1）

明日遂行。在陈绝粮，从者病，莫能兴。子路愠见曰："君子亦有穷乎？"子曰："君子固穷，小人穷斯滥矣。"（15-2）

子曰："赐也，女以予为多学而识之者与？"对曰："然，非与？"曰："非也，予一以贯之。"（15-3）

子曰："可与言而不与之言，失人；不可与言而与之言，失言。

知者不失人，亦不失言。"（15 - 8）

子曰："志士仁人，无求生以害仁，有杀身以成仁。"（15 - 9）

子贡问为仁。子曰："工欲善其事，必先利其器。居是邦也，事其大夫之贤者，友其士之仁者。"（15 - 10）

子曰："人无远虑，必有近忧。"（15 - 12）

子曰："已矣乎！吾未见好德如好色者也。"（15 - 13）

子曰："臧文仲其窃位者与？知柳下惠之贤而不与立也。"（15 - 14）

子曰："群居终日，言不及义，好行小慧，难矣哉！"（15 - 17）

子曰："君子义以为质，礼以行之，孙以出之，信以成之。君子哉！"（15 - 18）

子曰："君子病无能焉，不病人之不己知也。"（15 - 19）

子曰："君子疾没世而名不称焉。"（15 - 20）

子曰："君子求诸己，小人求诸人。"（15 - 21）

子曰："君子矜而不争，群而不党。"（15 - 22）

子曰："君子不以言举人，不以人废言。"（15 - 23）

子贡问曰："有一言而可以终身行之者乎？"子曰："其恕乎！己所不欲，勿施于人。"（15 - 24）

子曰："吾之于人也，谁毁谁誉？如有所誉者，其有所试矣。斯民也，三代之所以直道而行也。"（15 - 25）

子曰："吾犹及史之阙文也，有马者借人乘之。今亡矣夫！"（15 - 26）

子曰："巧言乱德，小不忍则乱大谋。"（15 - 27）

子曰："众恶之，必察焉；众好之，必察焉。"（15 - 28）

子曰："人能弘道，非道弘人。"（15 - 29）

子曰："过而不改，是谓过矣。"（15 - 30）

子曰："吾尝终日不食，终夜不寝，以思，无益，不如学也。"（15 - 31）

子曰："君子谋道不谋食。耕也，馁在其中矣；学也，禄在其中矣。君子忧道不忧贫。"（15 - 32）

子曰："君子不可小知而可大受也；小人不可大受而可小知也。"（15-34）

子曰："当仁不让于师。"（15-36）

子曰："有教无类。"（15-39）

子曰："道不同，不相为谋。"（15-40）

子曰："辞，达而已矣。"（15-41）

子曰："性相近也，习相远也。"子曰："唯上知与下愚不移。"（17-2）

子曰："礼云礼云，玉帛云乎哉？乐云乐云，钟鼓云乎哉？"（17-9）

子曰："色厉而内荏，譬诸小人，其犹穿窬之盗也与？"（17-10）

子曰："乡原，德之贼也。"（17-11）

子曰："鄙夫可与事君也与哉？其未得之也，患得之。既得之，患失之。苟患失之，无所不至矣。"（17-13）

子曰："恶紫之夺朱也，恶郑声之乱雅乐也，恶利口之覆邦家者。"（17-16）

子曰："饱食终日，无所用心，难矣哉！不有博弈者乎？为之犹贤乎已。"（17-20）

子路曰："君子尚勇乎？"子曰："君子义以为上。君子有勇而无义为乱，小人有勇而无义为盗。"（17-21）

柳下惠为士师，三黜。人曰："子未可以去乎？"曰："直道而事人，焉往而不三黜？枉道而事人，何必去父母之邦。"（18-2）

子路从而后，遇丈人，以杖荷蓧。子路问曰："子见夫子乎？"丈人曰："四体不勤，五谷不分。孰为夫子？"植其杖而芸。子路拱而立。止子路宿，杀鸡为黍而食之，见其二子焉。明日，子路行以告。子曰："隐者也。"使子路反见之。至则行矣。子路曰："不仕无义。长幼之节，不可废也；君臣之义，如之何其废之？欲洁其身，而乱大伦。君子之仕也，行其义也。道之不行，已知之矣。"（18-7）

子张曰："士见危致命，见得思义，祭思敬，丧思哀，其可已矣。"（19-1）

子张曰："执德不弘，信道不笃，焉能为有？焉能为亡？"（19-2）

子夏曰："虽小道，必有可观者焉，致远恐泥，是以君子不为也。"（19-4）

子夏曰："日知其所亡，月无忘其所能，可谓好学也已矣。"（19-5）

子夏曰："博学而笃志，切问而近思，仁在其中矣。"（19-6）

子夏曰："百工居肆以成其事，君子学以致其道。"（19-7）

子夏曰："小人之过也，必文。"（19-8）

子夏曰："大德不踰闲，小德出入可也。"（19-11）

【《孟子》语录】

梁惠王上

孟子见梁惠王。王曰："叟！不远千里而来，亦将有以利吾国乎？"孟子对曰："王何必曰利？亦有仁义而已矣。"

苟为后义而先利，不夺不餍。

古之人与民偕乐，故能乐也。《汤誓》曰："时日害丧，予及女偕亡！"民欲与之偕亡，虽有台池鸟兽，岂能独乐哉？

养生丧死无憾，王道之始也。

人死，则曰"非我也，岁也"，是何异于刺人而杀之，曰"非我也，兵也"。王无罪岁，斯天下之民至焉。

庖有肥肉，厩有肥马，民有饥色，野有饿莩，此率兽而食人也。

仲尼曰："始作俑者，其无后乎！为其象人而用之也，如之何其使斯民饥而死也？"

孟子见梁襄王，出，语人曰："望之不似人君，就之而不见所畏焉。卒然问曰：'天下恶乎定？'吾对曰：'定于一。''孰能一之？'对曰：'不嗜杀人者能一之。'"

今夫天下之人牧，未有不嗜杀人者也。如有不嗜杀人者，则天下之民皆引领而望之矣。诚如是也，民归之，由水之就下，沛然谁能御之!

仲尼之徒无道桓文之事者,是以后世无传焉,臣未之闻也。无以,则王乎?

无伤也,是乃仁术也,见牛未见羊也,君子之于禽兽也,见其生,不忍见其死;闻其声,不忍食其肉。是以君子远庖厨也。

然则王之所大欲可知已,欲辟土地,朝秦楚,莅中国而抚四夷也。以若所为求若所欲,犹缘木而求鱼也。

无恒产而有恒心者,惟士为能。

梁惠王下

惟仁者为能以大事小,是故汤事葛,文王事昆夷。惟智者为能以小事大,故大王事獯鬻,勾践事吴。

王曰:"大哉言矣!寡人有疾,寡人好勇。"对曰:"王请无好小勇。夫抚剑疾视曰:'彼恶敢当我哉!'此匹夫之勇,敌一人者也。王请大之!《诗》云:'王赫斯怒,爰整其旅,以遏徂莒,以笃周祜,以对于天下。'此文王之勇也。文王一怒而安天下之民……一人衡行于天下,武王耻之。此武王之勇也。而武王亦一怒而安天下之民。今王亦一怒而安天下之民,民惟恐王之不好勇也。"

老而无妻曰鳏,老而无夫曰寡,老而无子曰独,幼而无父曰孤。此四者,天下之穷民而无告者。文王发政施仁,必先斯四者。

王曰:"寡人有疾,寡人好货。"对曰:"……王如好货,与百姓同之,于王何有?"

王曰:"寡人有疾,寡人好色。"对曰:"……王如好色,与百姓同之,于王何有?"

贼仁者谓之贼,贼义者谓之残,残贼之人谓之一夫。闻诛一夫纣矣,未闻弑君也。

取之而燕民悦,则取之。古之人有行之者,武王是也。取之而燕民不悦,则勿取。古之人有行之者,文王是也。以万乘之国伐万乘之国,箪食壶浆以迎王师,岂有他哉?避水火也。如水益深,如火益热,亦运而已矣。

民望之，若大旱之望云霓也。归市者不止，耕者不变，诛其君而吊其民，若时雨降。民大悦……今燕虐其民，王往而征之，民以为将拯己于水火之中也，箪食壶浆以迎王师。

凶年饥岁，君之民老弱转乎沟壑，壮者散而之四方者，几千人矣，而君之仓廪实，府库充，有司莫以告，是上慢而残下也。

君子创业垂统，为可继也。若夫成功，则天也。君如彼何哉！强为善而已矣。

行，或使之；止，或尼之。行止，非人所能也。吾之不遇鲁侯，天也。臧氏之子焉能使予不遇哉！

公孙丑上

公孙丑问曰："夫子加齐之卿相，得行道焉，虽由此霸王，不异矣。如此，则动心否乎？"孟子曰："否。我四十不动心。"曰："若是，则夫子过孟贲远矣？"曰："是不难，告子先我不动心。"曰："不动心有道乎？"曰："有。北宫黝之养勇也，不肤挠，不目逃；思以一毫挫于人，若挞之于市朝；不受于褐宽博，亦不受于万乘之君；视刺万乘之君，若刺褐夫；无严诸侯，恶声至，必反之。孟施舍之所养勇也，曰：'视不胜犹胜也。量敌而后进，虑胜而后会，是畏三军者也。舍岂能为必胜哉？能无惧而已矣！'孟施舍似曾子，北宫黝似子夏。夫二子之勇，未知其孰贤，然而孟施舍守约也。昔者曾子谓子襄曰：'子好勇乎？吾尝闻大勇于夫子矣：自反而不缩，虽褐宽博，吾不惴焉；自反而缩，虽千万人，吾往矣。'孟施舍之守气，又不如曾子之守约也。"曰："敢问夫子之不动心与告子之不动心，可得闻与？""告子曰：'不得于言，勿求于心；不得于心，勿求于气。'不得于心，勿求于气，可；不得于言，勿求于心，不可。夫志，气之帅也；气，体之充也。夫志至焉，气次焉。故曰：'持其志，无暴其气。'""既曰'志至焉，气次焉'，又曰'持其志，无暴其气'者，何也？"曰："志壹则动气，气壹则动志也。今有蹶者趋者，是气也，而反动其心。""敢问夫子恶乎长？"曰："我知言，我善养吾浩然之气。""敢问何谓浩然之气？"曰："难言也。其为气也，至大至刚，以直养而无害，则塞于天地之间。其为气也，配义与道；无是，馁矣。是集义所生者，非义袭而取之也。行有不慊于心，则馁矣。我故曰，告子未尝知义，以其外之也。必有事焉，而勿正；心勿忘，勿助长也……天下之不助苗长者寡矣。以为无益而舍之者，不耘苗者也；助之长者，揠苗者也，非徒无益，而又害之。""何谓知言?"曰："诐辞知其所蔽，淫辞知其所陷，邪辞知其所离，遁辞知其所穷。生于其心，害于其政；发于其政，害于其事。圣人复起，必从吾言矣。"

"伯夷、伊尹何如?"曰："不同道。非其君不事，非其民不使；治则进，乱则退，伯夷也。何事非君，何使非民；治亦进，乱亦进，伊尹也。可以仕则仕，可以止则止，可以久则久，可以速则速，孔子也。皆古圣人也，吾未能有行焉。乃所愿，则学孔子也。"

圣人之于民，亦类也。出于其类。拔乎其萃。自生民以来，未有盛于孔子也。

孟子曰："以力假仁者霸，霸必有大国；以德行仁者王，王不待大——汤以七十里，文王以百里。以力服人者，非心服也，力不赡也；以德服人者，中心悦而诚服也，如七十子之服孔子也。"

孟子曰："人皆有不忍人之心。先王有不忍人之心，斯有不忍人之政矣。以不忍人之心，行不忍人之政，治天下可运之掌上。所以谓人皆有不忍人之心者，今人乍见孺子将入于井，皆有怵惕恻隐之心——非所以内交于孺子之父母也，非所以要誉于乡党朋友也，非恶其声而然也。由是观之，无恻隐之心，非人也；无羞恶之心，非人也；无辞让之心，非人也；无是非之心，非人也。恻隐之心，仁之端也；羞恶之心，义之端也；辞让之心，礼之端也；是非之心，智之端也。人之有是四端也，犹其有四体也。"

夫仁，天之尊爵也，人之安宅也。莫之御而不仁，是不智也。不仁不智，无礼无义，人役也。人役而耻为役，由弓人而耻为弓，矢人而耻为矢也。如耻之，莫如为仁。仁者如射：射者正己而后发，发而不中，不怨胜己者，反求诸己而已矣。

公孙丑下

恶，是何言也！齐人无以仁义与王言者，岂以仁义为不美也？其心曰，"是何足与言仁义也"云尔，则不敬莫大乎是。我非尧舜之道，不敢以陈于王前，故齐人莫如我敬王也。

曾子曰："晋楚之富，不可及也。彼以其富，我以吾仁；彼以其爵，我以吾义，吾何慊乎哉？"夫岂不义而曾子言之？是或一道也。天下有达尊三：爵一，齿一，德一。朝廷莫如爵，乡党莫如齿，辅世长民莫如德。恶得有其一以慢其二哉？故将大有为之君，必有所不召之臣，欲有谋焉，则就之。其尊德乐道，不如是，不足与有为也。

孟子曰："皆是也。当在宋也，予将有远行，行者必以赆；辞曰：'馈赆。'予何为不受？当在薛也，予有戒心，辞曰：'闻戒，故为兵馈之。'予何为不受？若于齐，则未有处也。无处而馈之，是货之也。焉有君子而可以货取乎？"

吾闻之也：有官守者，不得其职则去；有言责者，不得其言则去。我无官守，我无言责也，则吾进退，岂不绰绰然有余裕哉？

且古之君子，过则改之；今之君子，过则顺之。古之君子，其过也，如日月之食，民皆见之；及其更也，民皆仰之。今之君子，岂徒顺之，又从为之辞。

孟子去齐。尹士语人曰："不识王之不可以为汤武，则是不明也；识其不可然且至，则是干泽也。千里而见王，不遇故去，三宿而后出昼，是何濡滞也？士则兹不悦。"高子以告。曰："夫尹士恶知予哉！千里而见王，是予所欲也；不遇故去，岂予所欲哉？予不得已也。予三宿而出昼，于予心犹以为速，王庶几改之，王如改诸，则必反予。夫出昼，而王不予追也，予然后浩然有归志。予虽然，岂舍王哉！王由足用为善。王如用予，则岂徒齐民安，天下之民举安。王庶几改之！予日望之！予岂若是小丈夫然哉！谏于其君而不受，则怒，悻悻然见于其面，去则穷日之力而后宿哉！"尹士闻之，曰："士诚小人也。"

夫天未欲平治天下也，如欲平治天下，当今之世，舍我其谁也？吾何为不豫哉？

滕文公上

孟子曰："世子疑吾言乎？夫道一而已矣！成覵谓齐景公曰：'彼，丈夫也；我，丈夫也，吾何畏彼哉？'颜渊曰：'舜，何人也？予，何人也？有为者亦若是。'"

然则治天下独可耕且为与？有大人之事，有小人之事。且一人之身而百工之所为备。如必自为而后用之，是率天下而路也！故曰：或劳心，或劳力。劳心者治人，劳力者治于人；治于人者食人，治人者食于人。天下之通义也。

且天之生物也，使之一本，而夷子二本故也。

滕文公下

孟子曰："昔齐景公田，招虞人以旌，不至，将杀之。'志士不忘在沟壑，勇士不忘丧其元。'孔子奚取焉？取非其招不往也。如不待其招而往，何哉？且夫枉尺而直寻者，以利言也。如以利，则枉寻直尺而利，亦可为与？"

以顺为正者，妾妇之道也。居天下之广居，立天下之正位，行天下之大道。得志，与民由之；不得志，独行其道。富贵不能淫，贫贱不能移，威武不能屈，此之谓大丈夫。

古之人未尝不欲仕也，又恶不由其道。不由其道而往者，与钻穴隙之类也。

彭更问曰："后车数十承，从者数百人，以传食于诸侯，不以泰乎？孟子曰：非其道，则一箪食不可受于人；如其道，则舜受尧之天下，不以为泰。子以为泰乎？"曰："否。士无事而食，不可也。"曰："子不通功易事，以羡补不足，则农有余粟，女有余布；子如通之，则梓匠轮舆皆得食于子。于此有人焉，入则孝，出则悌，守先王之道，以待后之学者，而不得食于子。子何尊梓匠轮舆而轻为仁义者哉？"曰："梓匠轮舆，其志将以求食也。君子之为道也，其志亦将以求食与?"曰:"子何以其志为哉!其有功于子,可食而食之矣。且子食志乎?食功乎?"曰:"食志。"曰:"有人于此,毁瓦画墁,其志将以求食也,则子食之乎?"曰:"否。"曰:"然则子非食志也,食功也。"

救民于水火之中,取其残而已矣。《太誓》曰:"我武惟扬,侵于之疆,则取于残,杀伐用张,于汤有光。"不行王政云尔,苟行王政,四海之内皆举首而望之,欲以为君。齐、楚虽大,何畏焉?

曾子曰:"胁肩谄笑,病于夏畦。"子路曰:"未同而言,观其色赧赧然,非由之所知也。由是观之,则君子之所养,可知已矣。"

予岂好辩哉?予不得已也!天下之生久矣,一治一乱。

圣王不作,诸侯放恣。处士横议,杨朱、墨翟之言盈天下。天下之言不归杨,则归墨。杨氏为我,是无君也;墨氏兼爱,是无父也。无父无君,是禽兽也。公明仪曰:"庖有肥肉,厩有肥马,民有饥色,野有饿莩,此率兽而食人也!"杨墨之道不息,孔子之道不著,是邪说诬民,充塞仁义也。仁义充塞,则率兽食人,人将相食。吾为此惧。闲先圣之道,距杨墨,放淫辞,邪说者不得作。作于其心,害于其事;作于其事,害于其政。圣人复起,不易吾言矣。

我亦欲正人心,息邪说,距诐行,放淫辞,以承三圣者,岂好辩哉?予不得已也。能言距杨、墨者,圣人之徒也。

离娄上

是以惟仁者宜在高位。不仁而在高位,是播其恶于众也。上无道揆也,下无法守也,朝不信道,工不信度,君子犯义,小人犯刑,国之所存者幸也。故曰,城郭不完,兵甲不多,非国之灾也;田野不辟,货财不聚,非国之害也。上无礼,下无学,贼民兴,丧无日矣。

孔子曰:"道二,仁与不仁而已矣。"暴其民甚,则身弑国亡;不甚,则身危国削。

孟子曰:"天下有道,小德役大德,小贤役大贤;天下无道,小役大,弱役强。斯二者,天也。顺天者存,逆天者亡。齐景公曰:

'既不能令，又不受命，是绝物也。'"

孟子曰："自暴者，不可与有言也；自弃者，不可与有为也。言非礼义，谓之自暴也；吾身不能居仁由义，谓之自弃也。仁，人之安宅也；义，人之正路也。旷安宅而弗居，舍正路而不由，哀哉！"

诚者，天之道也；思诚者，人之道也。至诚而不动者，未之有也；不诚，未有能动者也。

孟子曰："求也为季氏宰，无能改于其德，而赋粟倍他日。孔子曰：'求非我徒也，小子鸣鼓而攻之可也'。由此观之，君不行仁政而富之，皆弃于孔子者也，况于为之强战？争地以战，杀人盈野，争城以战，杀人盈城，此所谓率土地而食人肉，罪不容于死。故善战者服上刑，连诸侯者次之，辟草莱、任土地者次之。"

孟子曰："人不足与适也，政不足间也。惟大人为能格君心之非。君仁，莫不仁；君义，莫不义；君正，莫不正。一正君而国定矣。"

离娄下

孟子告齐宣王曰："君之视臣如手足，则臣视君如腹心；君之视臣如犬马，则臣视君如国人；君之视臣如土芥，则臣视君如寇仇。"王曰："礼，为旧君有服，何如斯可为服矣？"曰："谏行言听，膏泽下于民；有故而去，则君使人导之出疆，又先于其所往；去三年不反，然后收其田里。此之谓三有礼焉。如此，则为之服矣。今也为臣，谏则不行，言则不听，膏泽不下于民；有故而去，则君搏执之，又极之于其所往；去之日，遂收其田里。此之谓寇仇，寇仇，何服之有？"

孟子曰："无罪而杀士，则大夫可以去；无罪而戮民，则士可以徙。"

孟子曰："大人者，言不必信，行不必果，惟义所在。"

孟子曰："大人者，不失其赤子之心者也。"

孟子曰："君子深造之以道，欲其自得之也。自得之，则居之安；居之安，则资之深；资之深，则取之左右逢其原，故君子欲其自得之也。"

徐子曰："仲尼亟称于水，曰：'水哉，水哉！'何取于水也？"孟子曰："源泉混混，不舍昼夜，盈科而后进，放乎四海。有本者如是，是之取尔。苟为无本，七八月之间雨集，沟浍皆盈，其涸也，可立而待也！故声闻过情，君子耻之。"

孟子曰："人之所以异于禽兽者几希，庶民去之，君子存之。舜明于庶物，察于人伦，由仁义行，非行仁义也。"

孟子曰："王者之迹熄而《诗》亡，《诗》亡然后《春秋》作。晋之《乘》，楚之《梼杌》，鲁之《春秋》，一也。其事则齐桓、晋文，其文则史。孔子曰：'其义则丘窃取之矣。'"

孟子曰："君子所以异于人者，以其存心也。君子以仁存心，以礼存心。仁者爱人，有礼者敬人。爱人者，人恒爱之；敬人者，人恒敬之。"

君子有终身之忧，无一朝之患也。乃若所忧则有之：舜，人也；我，亦人也。舜为法于天下，可传于后世，我由未免为乡人也，是则可忧也。忧之如何？如舜而已矣！若夫君子所患则亡矣。非仁无为也，非礼无行也。如有一朝之患，则君子不患矣。

孟子曰："禹、稷、颜回同道。禹思天下有溺者，由己溺之也；稷思天下有饥者，由己饥之也，是以如是其急也。禹、稷、颜子易地则皆然。"

万章上

"天不言，以行与事示之而已矣。"曰："以行与事示之者，如之何？"曰："天子能荐人于天，不能使天与之天下；诸侯能荐人于天子，不能使天子与之诸侯；大夫能荐人于诸侯，不能使诸侯与之大夫。昔者，尧荐舜于天，而天受之；暴之于民，而民受之。故曰，天不言，以行与事示之而已矣"。曰："敢问荐之于天，而天受之；暴之于民，而民受之，如何？"曰："使之主祭，而百神享之，是天受之；使之主事，而事治，百姓安之，是民受之也。天与之，人与之。故曰，天子不能以天下与人。"

天之生此民也,使先知觉后知,使先觉觉后觉也。予,天民之先觉者也,予将以斯道觉斯民也。非予觉之,而谁也?思天下之民匹夫匹妇有不被尧、舜之泽者,若己推而内之沟中。其自任以天下之重如此。

万章下

孟子曰:"伯夷,圣之清者也;伊尹,圣之任者也;柳下惠,圣之和者也;孔子,圣之时者也。孔子之谓集大成。集大成也者,金声而玉振之也。金声也者,始条理也;玉振之也者,终条理也。始条理者,智之事也;终条理者,圣之事也。智,譬则巧也;圣,譬则力也。由射于百步之外也,其至,尔力也;其中,非尔力也。"

万章问曰:"敢问友。"孟子曰:"不挟长,不挟贵,不挟兄弟而友。友也者,友其德也,不可以有挟也。"

夫义,路也;礼,门也。惟君子能由是路,出入是门也。

告子上

孟子曰:"鱼,我所欲也,熊掌,亦我所欲也;二者不可得兼,舍鱼而取熊掌者也。生亦我所欲也,义亦我所欲也;二者不可得兼,舍生而取义者也。生亦我所欲,所欲有甚于生者,故不为苟得也;死亦我所恶,所恶有甚于死者,故患有所不辟也。如使人之所欲莫甚于生,则凡可以得生者,何不用也?使人之所恶莫甚于死者,则凡可以辟患者,何不为也?由是则生而有不用也,由是则可以辟患而有不为也,是故所欲有甚于生者,所恶有甚于死者。非独贤者有是心也,人皆有之,贤者能勿丧耳。一箪食,一豆羹,得之则生,弗得则死。嘑尔而与之,行道之人弗受;蹴尔而与之,乞人不屑也。万钟则不辨礼义而受之,万钟于我何加焉?为宫室之美、妻妾之奉、所识穷乏者得我与?乡为身死而不受,今为宫室之美为之;乡为身死而不受,今为妻妾之奉为之;乡为身死而不受,今为所识穷乏者得我而为之,是亦不可以已乎?此之谓失其本心。"

孟子曰:"仁,人心也;义,人路也。舍其路而弗由,放其心而不知求，哀哉！人有鸡犬放，则知求之；有放心而不知求。学问之道无他，求其放心而已矣。"

公都子问曰："钧是人也，或为大人，或为小人，何也？"孟子曰："从其大体为大人，从其小体为小人。"曰："钧是人也，或从其大体，或从其小体，何也？"曰："耳目之官不思，而蔽于物。物交物，则引之而已矣。心之官则思，思则得之，不思则不得也。此天之所与我者，先立乎其大者，则其小者不能夺也。此为大人而已矣。"

孟子曰："有天爵者，有人爵者。仁义忠信，乐善不倦，此天爵也；公卿大夫，此人爵也。古之人修其天爵，而人爵从之。今之人修其天爵，以要人爵；既得人爵，而弃其天爵，则惑之甚者也，终亦必亡而已矣。"

孟子曰："欲贵者，人之同心也。人人有贵于已者，弗思耳矣。人之所贵者，非良贵也。赵孟之所贵，赵孟能贱之。"

孟子曰："仁之胜不仁也，犹水胜火。今之为仁者，犹以一杯水救一车薪之火也；不熄，则谓之水不胜火，此又与于不仁之甚者也，亦终必亡而已矣！"

孟子曰："羿之教人射，必志于彀；学者亦必志于彀。大匠诲人必以规矩，学者亦必以规矩。"

告子下

孟子曰："今之事君者皆曰：'我能为君辟土地，充府库。'今之所谓良臣，古之所谓民贼也。君不乡道，不志于仁而求富之，是富桀也。'我能为君约与国，战必克。'今之所谓良臣，古之所谓民贼也。君不乡道，不志于仁而求为之强战，是辅桀也。由今之道，无变今之俗，虽与之天下，不能一朝居也。"

今居中国，去人伦，无君子，如之何其可也？陶以寡，且不可以为国，况无君子乎？欲轻之于尧舜之道者，大貉小貉也；欲重之于尧舜之道者，大桀小桀也。

故天将降大任于是人也，必先苦其心志，劳其筋骨，饿其体肤，空乏其身行，拂乱其所为，所以动心忍性，曾益其所不能。人恒过，然后能改；困于心，衡于虑，而后作；征于色，发于声，而后喻。入则无法家拂士，出则无敌国外患者，国恒亡。然后知生于忧患而死于安乐也。

尽心上

孟子曰："尽其心者，知其性也。知其性，则知天矣。存其心，养其性，所以事天也。殀寿不贰，修身以俟之，所以立命也。"

孟子曰："莫非命也，顺受其正。是故知命者不立乎岩墙之下。尽其道而死者，正命也；桎梏死者，非正命也。"

孟子曰："求则得之，舍则失之，是求有益于得也，求在我者也。求之有道，得之有命，是求无益于得也，求在外者也。"

孟子曰："万物皆备于我矣。反身而诚，乐莫大焉。强恕而行，求仁莫近焉。"

孟子曰："行之而不著焉，习矣而不察焉，终身由之而不知其道者，众也。"

孟子曰："人不可以无耻。无耻之耻，无耻矣。"

孟子曰："耻之于人大矣。为机变之巧者，无所用耻焉。不耻不若人，何若人有？"

孟子曰："古之贤王好善而忘势，古之贤士何独不然？乐其道而忘人之势，故王公不致敬尽礼，则不得亟见。见且由不得亟，而况得而臣之乎？"

孟子谓宋句践曰："子好游乎？吾语子游。人知之，亦嚣嚣；人不知，亦嚣嚣。"曰："何如斯可以嚣嚣矣？"曰："尊德乐义，则可以嚣嚣矣。故士穷不失义，达不离道。穷不失义，故士得己焉；达不离道，故民不失望焉。古之人，得志，泽加于民；不得志，修身见于世。穷则独善其身，达则兼善天下。"

孟子曰："待文王而后兴者，凡民也。若夫豪杰之士，虽无文王犹兴。"

孟子曰："人之所不学而能者，其良能也；所不虑而知者，其良知也。孩提之童无不知爱其亲者，及其长也，无不知敬其兄也。亲亲，仁也；敬长，义也；无他，达之天下也。"

孟子曰："舜之居深山之中，与木石居，与鹿豕游，其所以异于深山之野人者几希。及其闻一善言，见一善行，若决江河，沛然莫之能御也。"

孟子曰："人之有德慧术知者，恒存乎疢疾。独孤臣孽子，其操心也危，其虑患也深，故达。"

孟子曰："有事君人者，事是君则为容悦者也；有安社稷臣者，以安社稷为悦者也；有天民者，达可行于天下而后行之者也；有大人者，正已而物正者也。"

孟子曰："君子有三乐，而王天下不与存焉。父母俱存，兄弟无故，一乐也；仰不愧于天，俯不怍于人，二乐也；得天下英才而教育之，三乐也。君子有三乐，而王天下不与存焉。"

孟子曰："广土众民，君子欲之，所乐不存焉；中天下而立，定四海之民，君子乐之，所性不存焉。君子所性，虽大行不加焉，虽穷居不损焉，分定故也。君子所性，仁义礼智根于心，其生色也睟然，见于面，盎于背，施于四体，四体不言而喻。"

孟子曰："孔子登东山而小鲁，登太山而小天下，故观于海者难为水，游于圣人之门者难为言。观水有术，必观其澜。日月有明，容光必照焉。流水之为物也，不盈科不行；君子之志于道也，不成章不达。"

孟子曰："鸡鸣而起，孳孳为善者，舜之徒也；鸡鸣而起，孳孳为利者，蹠之徒也。欲知舜与跖之分，无他，利与善之间也。"

孟子曰："杨子取为我，拔一毛而利天下，不为也。墨子兼爱，摩顶放踵利天下，为之。子莫执中，执中为近之。执中无权，犹执一也。所恶执一者，为其贼道也，举一而废百也。"

孟子曰："饥者甘食，渴者甘饮，是未得饮食之正也，饥渴害之也。岂惟口腹有饥渴之害？人心亦皆有害。人能无以饥渴之害为心害，则不及人不为忧矣。"

孟子曰："有为者辟若掘井，掘井九轫而不及泉，犹为弃井也。"

公孙丑曰："《诗》曰：'不素餐兮。'君子之不耕而食，何也？"

孟子曰:"君子居是国也,其君用之,则安富尊荣;其子弟从之,则孝悌忠信。'不素餐兮',孰大于是?"

王子垫问曰:"士何事?"孟子曰:"尚志。"曰:"何谓尚志?"曰:"仁义而已矣。杀一无罪非仁也,非其有而取之,非义也。居恶在?仁是也;路恶在?义是也。居仁由义,大人之事备矣。"

孟子自范之齐,望见齐王之子,喟然叹曰:"居移气,养移体。大哉居乎!夫非尽人之子与!"孟子曰:"王子宫室、车马、衣服多与人同,而王子若彼者,其居使之然也。况居天下之广居者乎?鲁君之宋,呼于垤泽之门。守者曰:'此非吾君也,何其声之似我君也?'此无他,居相似也。"

孟子曰:"大匠不为拙工改废绳墨,羿不为拙射变其彀率。君子引而不发,跃如也。中道而立,能者从之。"

孟子曰:"天下有道,以道殉身;天下无道,以身殉道。未闻以道殉乎人者也。"

孟子曰:"知者无不知也,当务之为急;仁者无不爱也,急亲贤之为务。尧舜之知而不遍物,急先务也;尧、舜之仁不遍爱人,急亲贤也。不能三年之丧,而缌、小功之察;放饭流歠,而问无齿决,是之谓不知务。"

尽心下

孟子曰:"不仁哉,梁惠王也!仁者以其所爱及其所不爱,不仁者以其所不爱及其所爱。"公孙丑曰:"何谓也?""梁惠王以土地之故,糜烂其民而战之,大败,将复之,恐不能胜,故驱其所爱子弟以殉之,是之谓以其所不爱及其所爱也。"

孟子曰:"春秋无义战。彼善于此,则有之矣。征者,上伐下也,敌国不相征也。"

孟子曰:"尽信《书》,则不如无《书》。吾于《武成》,取二三策而已矣。仁人无敌于天下,以至仁伐至不仁,而何其血之流杵也?"

孟子曰:"有人曰:'我善为陈,我善为战。'大罪也。国君好仁，天下无敌焉。南面而征，北狄怨；东面而征，西夷怨。曰：'奚为后我?'武王之伐殷也，革车三百两，虎贲三千人。王曰：'无畏！宁尔也，非敌百姓也。'若崩厥角稽首。征之为言正也，各欲正已也，焉用战?"

孟子曰："梓匠轮舆能与人规矩，不能使人巧。"

孟子曰："舜之饭糗茹草也，若将终身焉。及其为天子也，被袗衣，鼓琴，二女果，若固有之。"

孟子曰："好名之人，能让千乘之国。苟非其人，箪食豆羹见于色。"

孟子曰："民为贵，社稷次之，君为轻。是故得乎丘民而为天子，得乎天子为诸侯，得乎诸侯为大夫。诸侯危社稷，则变置。牺牲既成，粢盛既洁，祭祀以时，然而旱干水溢，则变置社稷。"

孟子曰："圣人，百世之师也，伯夷、柳下惠是也。故闻伯夷之风者，顽夫廉，懦夫有立志；闻柳下惠之风者，薄夫敦，鄙夫宽。奋乎百世之上，百世之下，闻者莫不兴起也。非圣人而能若是乎?而况于亲炙之者乎?"

孟子曰："仁也者，人也。合而言之，道也。"

孟子曰："孔子之去鲁，曰：'迟迟吾行也，去父母国之道也。'去齐，接淅而行，去他国之道也。"

孟子曰："人皆有所不忍，达之于其所忍，仁也；人皆有所不为，达之于其所为，义也。人能充无欲害人之心，而仁不可胜用也；人能充无穿逾之心，而义不可胜用也；人能充无受尔汝之实，无所往而不为义也。士未可以言而言，是以言餂之也；可以言而餂不言，是以不言餂之也，是皆穿逾之类也。"

孟子曰："言近而指远者，善言也；守约而施博者，善道也。君子之言也，不下带而道存焉；君子之守，修其身而天下平。人病舍其田而芸人之田——所求于人者重，而所以自任者轻。"

孟子曰："说大人，则藐之，勿视其巍巍然。堂高数仞，榱题数尺，我得志，弗为也。食前方丈，侍妾数百人，我得志，弗为也。般乐饮酒，驱骋田猎，后车千乘，我得志，弗为也。在彼者，皆我所不为也；在我者，皆古之制也，吾何畏彼哉？"

"何以谓之狂也？"曰："其志嘐嘐然，曰：'古之人，古之人。'夷考其行，而不掩焉者也。狂者又不可得，欲得不屑不洁之士而与之，是獧也，是又其次也。孔子曰：'过我门而不入我室，我不憾焉者，其惟乡原乎！乡原，德之贼也。'"曰："何如斯可谓之乡原矣？"曰："'何以是嘐嘐也？言不顾行，行不顾言，则曰："古之人，古之人。"行何为踽踽凉凉？生斯世也，为斯世也，善斯可矣。'阉然媚于世也者，是乡原也。"

万子曰："一乡皆称原人焉，无所往而不为原人，孔子以为德之贼，何哉？"曰："非之无举也，刺之无刺也，同乎流俗，合乎污世，居之似忠信，行之似廉洁，众皆悦之，自以为是，而不可与入尧、舜之道，故曰'德之贼'也。孔子曰：'恶似而非者：恶莠，恐其乱苗也；恶佞，恐其乱义也；恶利口，恐其乱信也；恶郑声，恐其乱乐也；恶紫，恐其乱朱也；恶乡原，恐其乱德也。'君子反经而已矣。经正，则庶民兴；庶民兴，斯无邪慝矣。"

附录2　《论语》文本考证研究资料摘选[*]

程树德：《论语集释》1－4册，程俊英、蒋见元点校，北京：中华书局，1990。详见本书正文各章句内"旧解摘要"。

王夫之：《读四书大全说》

除孔子是上下千万年语，自孟子以下，则莫不因时以立言。

赵翼：《陔余丛考》

世人读《论语》，童而习之，遂深信不疑，而不复参考《左传》，其亦陋矣……战国及汉初人书所载孔子遗言轶事甚多，《论语》所记本亦同。此记载之类，齐鲁诸儒讨论而定，始谓之《论语》。语者，圣人之遗语；论者，诸儒之讨论也。于杂记圣人言行真伪错杂中，取其纯粹，以成此书。固见其有识，然安必无一二滥收也。固未可以其载在《论语》，而遂一一信以为实事也。

---

* 本附录中文句，均系各作者著作原文中的摘录（除崔述《崔东壁遗书》和胡志奎《论语辨证》外，其他书引文未注原书页码）。各引录文含有删节部分，均予标示。各书选录文段仅供参考。

崔述：《崔东壁遗书》，含《洙泗考信录》《洙泗考信余录》《孟子事实录》《〈论语〉余说》等，顾颉刚编订，上海：上海古籍出版社，1983。

自明以来，儒者多辟象山、阳明，以为阳儒隐释，而罕有辨《尚书》《家语》之伪者……自汉以后诸儒，功之大者，朱子以外，无过赵岐；过之大者，无过汉张禹、隋二刘、唐孔颖达、宋王安石等。何者？岐删《孟子》之外四篇，使《孟子》一书精一纯粹，不为邪说所乱，实大有功于圣人之经。禹采《齐论》章句杂入于《鲁论》中，学者争诵张文，遂弃汉初所传旧本。（11）

《论语》前十五篇言简义宏，深得圣人之旨，大小两戴所记则多肤浅，不类圣人之言；他书所述尤多舛谬。意此十五篇者，虽后人所汇辑，然皆及门诸贤取圣言而书之于策以传于后者，故能久而不失其意。向无《论语》一书，后之学者但据"两记"百家之言，何由得识圣人之真！（363）

盖世之所谓杨、墨者名焉而已，不知夫不明称为杨、墨者其为杨、墨正多也。汉人之所谓道德、名、法，即杨氏也；所谓农家，亦墨氏也。（430）

韩子谓"孟子之功不在禹下"，又谓"求孔子之道当自孟子始"，诚然，非虚语也。乃后人疑孟非孟者颇多，虽有二三大儒尊崇孟子，然好求圣道于精微杳冥之地，故见《戴记》"费隐""诚明""无声无臭"之言以为道之极致，而于孟子推阐王政圣学之切于实用者反视以为寻常。（431）

圣人之教人学，欲何为乎？学为仁而已矣，故前章言学，次二三章即言仁也。仁也者，天所以与我之德也。然仁不专在心而兼在事。仁之取数多矣，然最要者莫过于孝弟，最有害于仁者莫甚于粉饰。故第二章即言孝弟为本。第三章即以巧言令色为戒，所以著仁之实也。（609）

孔子曰："学而时习之。"又曰："十室之邑必有忠信如某者焉，不如某之好学也。"圣人何为如是之重学也？盖凡天下之理皆寓于事,而事非闻见阅历不能知;闻、见、阅历,所谓学也。故曰:"我非生而知之者,好古敏以求之者也。"又曰:"多闻阙疑,多见阙殆"……学之为功大矣!圣人之教人,如是而已。(609)

圣人教人惟务平实……庄子、佛氏则惟谈空虚,不屑实事,其论似高于圣人之上;然措之于事,一毫无所用之。何者?有不可以为无,无不可以为有,黑不可以为白,白不可以为黑,此天下之定理。(610)

按朱子《论语集注》精实切当,多得圣人之旨,远非汉、晋诸儒之所能及。然亦间有一二未合于经者,或沿旧说之误而未及正,或过于求深而反失其平。(615)

余窃疑:前十篇皆有子、曾子门人所记,去圣未远,礼制方明;后十篇则后人所续记,其时卿位益尊,卿权益重,盖有习于当世所称未尝详考其体例者,故不能无异同也。(616)

按《论语》后五篇,惟《张子篇》专记弟子之言,无可疑者。至于季氏、阳货、微子、尧曰四篇中,可疑者甚多。而前十五篇之末亦间有一二章不类者。(617)事实不可信者六章:"子见南子章""季氏将伐颛臾章""公山弗扰章""佛肸召章""齐景公待孔子章""齐人归女乐章"。事实有可疑者六章:"孺悲欲见孔子章""楚狂接舆章""长沮桀溺耦而耕章""子路从而后章""陈亢问于伯鱼章""大师挚适齐章"。(618)义无可疑而文体不类者九章:"益者三友章""益者三乐章""侍于君子有三愆章""君子有三戒章""君子有三畏章""君子有九思章""由也女闻六言六蔽章"。文体大可疑者二章:"子张问仁于孔子章""子张问于孔子章"。门人于孔子前称'夫子'而事亦可疑者二章:"子路曾皙冉有公西华侍坐章""子之武城章"。(618-619)

梁启超:《古书真伪及其年代》

《论语》只有一部分是孔子弟子记的,这并不稀奇。古时写字不便,所以有许多相传很久,前数十年听的,后数十年才记写成文。《论语》所以有大部分是孔子再传三传弟子记的，就是这个道理……譬如我讲话，你们几十个人各有所记，不经我看过，自有异同，而且难得真相……最后辑为一书，不知参加了多少人的主观见解，荒谬传说。我们明白了这点，才可以读《论语》……《论语》各篇末尾几乎都有一二章不相关的话，那自然是读者在这种情形之下添上去的……《论语》虽说是这样一部杂凑的书，但自汉至隋历代尊重，他的力量在学术界比任何书都大，所以大家始终不敢怀疑，几乎议及一字就是大逆不道……后人为非作恶常常假托《论语》上那些荒谬事……清代乾隆、嘉庆之间有位崔东壁……他是竭力尊重《论语》的人，但和别人不一样。他对于《论语》的精粹真确处尽情发挥，对《论语》的驳杂伪讹处细心辨别……崔东壁的结论：（一）从文体看，《论语》的词句是最简单不过的……所以那些长篇大论，洋洋数百言的，我们不免怀疑……（二）从称呼看，《论语》前十篇，弟子问孔子，只记做"子夏问孝"……不会记做"子夏问孝于孔子"……后十篇可不然……这类不合文法的称呼，恐怕不见得是当时的真相罢。前十篇称孔子说为"子曰"，后十篇称孔子说为"孔子曰"，又不同……（三）从事实看，《论语》的记事很有可笑的地方……（四）从学说思想看，《论语》也有些部分不大对的……说孔子称赞曾皙的志趣，后来宋学最重这一章……这章固然很好，但和孔子思想却不十分对……又如"长沮、桀溺耦而耕"一章，那种避世的思想带了极浓厚的老庄色彩，不应在春秋时有……（五）从突兀的事语看，《论语》有许多不是孔子或孔门的话和记事杂在里面，很没有道理。如"尧曰篇"共三章，三百六十九字……既不是孔子或孔门的话，又不和孔子或孔门有关系的事，记上去干吗？这类在后数篇最末，差不多篇篇都有……有一章近于污蔑孔子、挖苦孔子的，如"雍也篇"的"子见南子……"子路何必不喜欢，孔子又何必发誓呢？……《论语》是驳杂的书，从传授方面也可看出……我们要想精察求真，与其轻信，不如多疑。诸君欲知其详，可看《洙泗考信录》。

胡志奎：《论语辨证》，台北，联经出版事业公司，1983。

本部分对《论语辨证》的引录采用两种方式：1. 直接引语部分：标引号标识。2. 转述概要部分不加引用号。括弧内数字表示原书页码，如表示年代时用字标识。此书为杂志文章之汇集，因诸文均相关于《论语》内容，论述主题多有重复。此处的直接、介接引录语后所附页码仅为相关主题例之一，类似提法也往往出现于此书他页上，故本引录中的语句、语段仅为选择性例示。

《论语》初编时代：孔死后 31－43 年，即公元前 448－公元前 436。当时尚无"论语"之名（10）当时流传孔子言论或传说必已甚多，真伪难辨（孟，荀）。孔死至荀子约 150 年。（10－11）

荀子所载孔子言均未见于《论语》。《论语》编本流传记录初见于《艺文志》。（12）

经籍志：张禹本授《鲁论》，晚讲《齐论》，合考后定为 20 篇，非《鲁论》旧编。郑玄为之注，参考《齐论》《古论》，成于成帝即位（公元前 44 年），距初编 400 年。（14）张禹主观上"删其烦惑"，据鲁、齐、古定，"焉知无后儒因辗转相传，致将'增添'材料混入其中？"（15）崔述《洙泗考信录》云："张禹何知？……圣人之言，乌能测其万一，乃公然辑而合之，其不当删而删，不当采而采者，盖亦不少也。"（16）

梁启超及钱穆均指张禹为佞臣（启王氏专权）。胡志奎言："平心度之：今观《论语》一书之篇章组合，张禹似尚未将《论语》所收各篇章，悉依己见先后颠倒重编（如：《鲁》《齐》二论之旧编篇章及原分别独立之各篇），故其第一手之原始资料，尚依稀可辨（如：上下论思想之差异）。他如于当时西汉并行之他书所记有关孔子之言论（如：墨、庄等书），乃至离奇不经之说（如纬书之类），亦未同予掺入，似尚无有意作伪之迹。"（17）

后十篇多阙误，疑其有齐论。末五篇尤可疑。《陔余丛考》：

"安必无一二滥收者，固未可以其载在《论语》，而遂一一信以为实事。"（17）

如下论为续编之作，"必当在年代上有较长之距离，始能有之"。（18）

《孟子》"成书距《论语》最近，所记孔子之言，则多有见于《论语》者。"（18）下论出于孟子前后（据称为夫子或孔子，丘，子曰，孔丘判定年代），含出于《孟子》之后者。（19）

《宪问》《微子》记孔子轶事，称"孔丘"者，语意类庄周。（21）

《泰伯》所记："巍巍乎……"未见于《孟子》，"疑均系后儒之批注语之类，经传抄而误掺其中"。（30）"可推见似乃转录孟子所述孔子语，经割裂增添而成"。（30）

《论语》上下论篇末均有可疑之"章末语"。"下论尤显然。"（41）

下论增加政事、文学事项。（31）上论"学"字仅指德行，下论增"读书""文学"字样。（35）

孔子无"三年"语，"谅暗"等均出于孟子后。（37-38）

上论无"兵"事，下论则将其置于"子路"篇末，可疑。（41）上论思想均属德行。下论含与孟子书略同者（因增掺，转移而纳入者）。（41）

下论续编时期当在孟子死后（公元前 372—公元前 289 年）。《孟子》编辑在孔子死后 200 年左右。（42）

《论语》至汉宣帝时犹名之曰"传"。（42）

今本《论语》编成日期在张禹为博士（公元前 49 年）之后至成帝即位（公元前 44 年）之前，距孔子死已 430 年。此时"论语"书名乃立。（43）

上论篇名，除第九篇外，均为以首章（不含数字）字词表示……下论除首篇同上论外，余均直接以首章首句之二三字为篇名。上论仅公冶长、雍也、泰伯以人名为篇名，下论除首篇外余皆以人名为篇名。（46）

上论篇名均以孔子所曾言及者为主，而以德性思想为中心。下论除首篇外均非以孔子所曾言及者为主。孔子之言渐居宾位，多含弟子等赞孔子语。(46-47)

上论孔子形象多类似于安贫乐道，怡然自得。下论形象未为时君所用，或伤孔子不遇或孔子自伤不遇，其"记言内容，每下愈况，日趋低调……与上论所记孔子气象迥异，且多记有迹近道家遁世之言。于相反者，其记孔子汲汲于求'仕''政'之意，亦显然可见"。(47-48)

上论各章字数，最多120字，超过80字者仅二章，"公冶长"（"令尹子文"111字，"孟武伯"86字）、"乡党"（"君子不以"83字，"食不厌精"110字）两篇。下论超出80字者为16章，超越120字者为7章。(51)

上论各章多为40字左右。下论主要亦40字左右，但超出者大增。(51)

上论"八佾"贬管子，下论"宪问"盛赞管仲之仁（连三章赞管仲），二者欠一致。(58-59)

"宪问"三章起多记政事，侧重仕、谷、禄。全篇除盛赞管仲还累述大夫之名，"与上论所记孔子思想，亦复判然为二"。(60)

"《论语》下论乃多有齐论之疑"。(61)"齐论之作，似即《论语》今传本之下论；至上论则正为《鲁论》之原编"。(62)《艺文志》："鲁传19篇，齐说29篇"。(62)

上论孔子之说未见"恕"字，"里仁"篇仅曾子转述"忠恕"。孔子仅说"忠信"。下论"卫灵公"孔子告子贡其学乃一以贯之，乃非涉"忠""恕"而言。上论"里仁"记曾子言，归于"德性"，下论"卫灵公"所记孔子说则归重于博学之"约"（读书）。"然则孔子'一以贯之'之传，当有'德性'（忠恕）与'读书'（约）之异乎？今未敢判其为必然。"(71)

"子见南子"其人其事俱可疑，并位于篇末，为后人续入。(81)

"中庸之为德"紧接"子见南子"，亦当出于后儒增羼。《论语》记孔子言《中庸》一词，仅见于此，其出现颇唐突。古书中《诗》《书》《易》《春秋》《孟子》均无"中庸"一词。至《荀子·王制》始有，且仅用作"中民"之意。（82）"今'雍也'此章，记'中庸'一词，其语义既欠明，且其出现于史亦无征，实已有晚出之疑。"（83）

"子不语""子钓而不网""子与人歌而善"均出现于篇末，与全篇记言体例尚一致，未敢必断其为晚出。（84）

"巍巍乎""大哉！尧之为君也"二章疑来自《孟子》（"滕文公"章）。孟子仅及"尧""舜""泰伯"增一"禹"字，借以引出下一章"殷""周"之说，"而为一历史连贯性列述"。（84）

《论语》之称"尧""舜""禹"事，于上论均见于篇末（85）"疑上论原编，实本无类此之说，乃俱系后儒增羼附益之篇章。"（85）"'言必称尧舜'者乃孟子之说。孔子时或未之有也。"（85）

"禹，吾无间然……致孝乎鬼神"章与孔子不重鬼神思想不类。"考古籍记禹与鬼神有关之说，乃见于战国末期之典籍中，迄孟子时犹未之见。"（86）《国语鲁语》"丘闻之，昔禹致群神于会稽之上"，《国语周语》"言必及鬼神"，《墨子明鬼》"察山川鬼神之所以莫敢不宁者，以谋佐禹也"。（86）

权：宋儒主尊德性，不重"权"字。"考重'权'思想，当起于孟子"。上论用"权"字仅见"可与共学"章。"疑孔子本无言'权'之说，乃后儒依孟子重权思想，附加于'子罕'篇末。复考下论言'权'计有二见"，"尧曰"中"谨权量"，"微子"言"身中权"亦在篇末。均当属后儒所增羼。（87）

蒋伯潜《诸子通考》："吾与点也"章315字，为《论语》中最长者，"纯为避世之士之言，热心救世之孔子，乃竟有'吾与点也'之赞，抑又何也？"此正与上论"公冶长"所记，"殆亦传说记纂者所渲染也。"胡志奎曰："乃若特意汇集上论所记孔子与其弟子之说，而更予专篇重述者然；此章殆亦属综合性

'重同语'之类也"。（90－91）

兵："'善人教民七年'，'以不教民战'二章，乃联袂居于'子路'篇末，疑乃由孟子之说而来。"（91）上论无孔子言兵，下论记孔子言兵亦仅见于此。"盖当出孔门后学转引孟子之说，而易言之。"（93）

《卫灵公》篇末"师冕见"章，"记事涉琐细，而无关宏旨……此章之可疑，当由其前、后篇之篇末语相互反证之。"（93）

此书后十篇多阙误。"邦君之妻"章"乃注解、诠释类，无关宏旨，与《论语》记言体例不合"。（94）"今疑此章当属后儒于篇末偶加劄记之备忘语，经辗转传抄，致混入正文。"（94）

"女子小人"章，二词语义欠明。朱子解释为增字解经。"按孔子平日极重'君子'而轻'小人'，'女子'固不与也。《论语》言'女子'仅此一见。"孔子慎言，不至于语气如此绝断，逻辑欠周延。本章可疑。但与同篇"上智下愚"语法同。（95）

考《孟子》一书多用"唯"字（44个）与"必"字（101个），多用作绝断性推论。《论语》用"唯"字于绝断性推论语气者，多见于下论。上论中仅有：《里仁》篇"唯仁者"章，《泰伯》篇末"唯天为大"章。凡此篇末用"唯"字者疑均来自《孟子》。（95）

《微子》篇末语："大师挚适齐"章，记鲁乐官离散事，与孔门无涉，体例不合。朱注："此记贤人之隐遁，以附前章，然未必夫子之言也。"故当属附缀记录一类。于《卫灵公》篇末记与乐师事同类。（96）

"周公谓鲁公曰"章，远涉史实，语词奇特艰滞，属可疑"重同语"。（97）

"周有八士"章为注解诠释类，同于"邦君之妻"。再者，八士两两排比形式出现，极可疑。"既与体例不合，且亦无征信价值。"可能为了与篇首"殷有三人"章对应。骈比对称，语字

修整，非记言体例宜有。（98）

后五篇中仅"子张"章记弟子言无可疑者。（98）

《尧曰》篇末语"不知命，无以为君子"章，郑玄注言"《鲁论》无此章"。张侯论原编当无此章，故为后儒增益之章。（99）

上论多为"子曰"，下论多为"孔子曰"。（100）

上论下论均有可疑篇末语。上论中，尧、舜、禹字（如"雍也"章，"泰伯"章）及鬼字（如"为政"章，"泰伯"章）于篇末有共出情事，还有"权"字，余则多属义理记事可疑（均于孟子后插入）。下论中，尧、舜、禹当为其本有，故乃分散于各篇中，而非累叠出现于篇末。（101）

"言必称尧舜"语自孟子始，"权"字亦然。（101）

下论末五篇多增益语，而前五篇亦复多属义理或记事可疑者。下论各篇之可疑篇末语，当系于下论篇集完成后陆续增益入内。一般言，上下论篇末语当出现于上下论编辑完成后，亦即张禹结合《鲁论》《齐论》成书后，而"当为《论语》一书之续编乃至扩编之作也"。（102）

《论语》含"仁"字109个。孔子言仁79次。（上论中47字，下论中32字）（107）

甲骨文无"仁"字。《周易》卦爻词中无"仁"字。《尚书》仅含一个"仁"字（晚出之"金滕"篇中的"予仁若考"，意为赞美），却未见于早期周诰。《诗经》含二"仁"字（"洵美且仁"，"其人美且仁"）均东周以来产物。义为赞美。诗书中"仁"字不仅孤立出现，且均非为德目。（109－110）

下论中孔子言仁，其内涵有推广过甚之感。可兼摄恭、宽、信、敏、惠、孝、忠等14个德目。（123）

下论言仁兼摄德目，于上论均未见。下论：多记弟子问仁，占十之六；均特指一端言；均多涉政事言。（123）

"如将下论视为后学深体孔子言'仁'之意，而做一种推度、演绎之辞，乃追记为孔子之说；则《论语》上下论，诚所

谓'分之则两全，合之则两伤'。"（124）

"今如从下论言'仁'兼摄至广之诸德之中，反求'仁'之一义之统一解释，则诚属难能。除以'相人偶'一义，就诸德之'共相'中，推为'仁'之义外，实觉有舍此无他途之感。"（129）

下论中，"仁"之地位常相矛盾。上论中"仁"与"智"等同，下论中则仁较智高。（《卫灵公》："智及之，仁不能守之"）。上论中，仁与礼等同，下论中仁高于礼（"克己复礼为仁"）或低于礼（"仁能守之……动之不以礼，未善也。"）。仁与信、刚关系亦然。（129）

下论中，仁有时与智、勇平列（《宪问》），有时较二者高。"今如从下论言'仁'之地位，或上或下之变动现象，求'仁'之固定地位，实不可得；此一现象于上论中实未之见。"（130）

"上论当不出孔子弟子所实录，至下论当系孔弟子以下之门人后学所记；因承孔子重'仁'思想之发展，乃将'仁'之一字，予以广义申延，致将'仁'字地位不觉提高，渐居诸德之上……然孔门后学既重'仁'字，复不能使其孤立而外在，不与他德作并列之叙述，致使'仁'字地位，常相抵牾。"（131）

"孔子'仁'字思想本真"为：1. 为爱，此与孟荀言仁一致，而非为郑康成解释之"相人偶"；2. 发自内心之人之性情真迹流露，其表现于外在，乃见于平日言行，而为人之修身理想。故"孔子言仁乃一本人之行为为说，平易近人，未尝涉及高远"。3. 仁与诸德同等，彼此为实行先后之顺逆关系。4. 非居诸德之上，非兼摄诸德目之总称，故亦无广狭之义。有其不易之理则，寓于其间。即非"道"之意。（131－133）

关于"学"字。伊川言颜子之学为何？学以至圣人之道——明诸心，行以求至——"视、听、言、动皆礼矣。"胡安定见之大惊，因学应为"德行"，释"学"为效，改旧说（孔子之学系读书意）为德行与德性。胡志奎评曰：此因宋儒主"尊德性"故。毛西河言自来学字并无此训。胡志奎曰：实已见

《尚书大传》，《广雅释诂》中，并曰："梁启超先生以为'孔子所谓"学"，是要"学"来养成自己人格'。"(137－138)

学字在上论中为"德性"意，含"德行"，"教"字亦同；下论主为"读书"意（自荀子起）(146)。上论中"五十学易"为"学"之唯一例外，"易"字应为"亦"字之改。(146，148)

上论中"文"字亦指德性 (143)，即"礼之文"，与"文籍""文辞"等无涉。(144) 文属孔子四教之一，属礼之一端。孔子重"文"，然尤重"行"，即德之行，故言"行有余力"。"文章"属"礼之文章"，而非"文辞"之文章。何平叔《集解》："章"为"明"意，文采形质著见，可以耳目循。朱注："文章、德之见于外者：威仪、文辞皆是也。"胡志奎评曰：何较朱更得其旨，朱注未尽合古义。朱子以"六艺"注"学"，为晚起之意。(145－146)

下论中"学"多为读书义。(160)

《论语》《孟子》书均无关"学易"，至《荀子》始有。《孔子世家》亦仅云"退而学诗书礼乐"，未言及修易。"易"在《鲁论》中应为"亦"。"五十以学"者乃求其"亦可以无大过矣"，故属德行。(147－148)

孔子言诗乃本礼而言。"盖孔子所贵乎'学'者，端在'德行'"。(149) 所谓诗、书、执礼，实在于陶冶其性行，而更趋于"思无邪"乃至更"雅"而已。

孔子所言之"道"亦指德行之道。"孔子之道乃一以德行为依归。"(151)

古代之"士"唯指武士，"诗三百"亦然。"自孔子而一变为重'德行'之'士'。"（"士志于道"）"'士'既在'德行'，实亦非必为'仕'。"(155)【作者注】但非为"不忮不求"，而含对"任何一种道义行为"中之"刚勇"义素之强调。即在摆脱了"为仕"的具体可能性后而得以朝向于刚勇义素的一般性。

关于"一以贯之"：上论对曾子言为"忠恕而已"，指德行，

下论对子贡言为"多学而识之"似乎含"读书"义。二者之异当为后学传闻异辞。(153)

关于穀字，胡氏言，上论实未有关于"禄""谷""仕"等字。下论忽言"学也，禄在其中"，则有学之目的在于禄意。下论变学之目的在为仕。(162)

关于"道"字，胡氏言，上论中孔子之道为相关于德行（计有39见），并无反面意。下论之道（计有50见）忽有君子小人各有学道说，似乎同于战国末期诸子百家所言之"道"。(166-167)

上论中"德"字共13见，下论中共27见。故下论渐重"道""德"思想。下论中之"学道"亦表示重道思想。(167)

"孔子所言之'学'，乃在'学'为'士'"（非为仕）。(168)

"如能分别而观，则孔子之学与夫孔门后学之学，实两得其当，其演进之血脉，当可据此而更考见……下论既为续编之本，亦当有孔子之真实思想寓于其间……必当先洞识孔学之全体，然后试别上、下论所记之微言大义，而反求孔子之'学'，则庶乎有得矣。是故，《论语》一书之真实价值，固将随时代之进展，而愈显其光辉。至下论终不可以其间有与上论思想有异而轻忽之，要之皆孔'学'思想意蕴所在。深造而自得，惟在读者。"(170)

胡志奎言，本书经曾约农先生（1893—1986，曾国藩曾孙）百年大师之核阅。大师"谆谆告诫，勿以主观之我见，而致失其公正……亦欲仿大师之意，而密推孔子学说之真髓，然于个人情感所囿，推理辨析，容有未周延，大师当可明察焉！"(1963年9月28日版《孔孟学报》第六期)(171)

关于"中"字，上论中"举对待两端之词而用中"，共9见，孔子言中，共6见，意为内、中间、中等。用作"中庸"仅1见，为后人掺入（首次见于刘向）。下论中思想多重"一偏"之论，17见，孔子言14见，意谓：内（5见），用中（1见），恰当、适宜（8见）。表明后学对"中"字义之发展。(174-178)

关于"权"字，上论孔子言"权"仅 1 见。汉儒重权。《孟子》甚重权，意谓"权之中"（权衡意），于"中"义尚未积极推赞，故未见单独用"中"字。《论语》中"未可与权"中之权似乎在道、学之上，此与其重德行不合。上论中仅此一见，居于篇末，可疑。下论孔子言权仅 1 见："中权"（微子"废中权"章），有用中意。另尧曰篇有"谨权量"，为权之本意。(183-187)

重权思想当起于孟子，有礼权相对意。荀子进一步发展，提出道与权合一主张。"孟、荀二子，均同重权字，而荀学多传于汉，且汉儒承战国各家思想，亦极重权；然此时'经学'时期已起，故亦重'经'。"经为常道之意，权有变之意，故相对。"故汉儒乃依荀子'道即正权'之意而有'反经合道'之说。"(206)

《微子》中"无可无不可"章，必为《论语》与《孟子》互抄结果。难断谁抄谁。(192)

孔子泛指用中思想，如"子绝四"亦可谓用中思想。(196)

上论之对比句法隐含用中意：甲同时应有乙之相辅相成，或各归其当之分相离，或由甲推乙之综合同异类比。总之，"乃合两端而言，且肯定两端者"。(207) 其用中为伦理性之"中"(208)。用中为衡量尺度，无形象可求，"而非预设的'中'"(208)。二者中重一偏。下论之两端多非对比句法，多侧重一种事实原则："非甲与非乙"（狂狷，过犹不及），"明指两端之非，而特显其'中'之思想必然性"。其"正"与"止"多就实用原则立说。(208)

关于"道德"，孔孟均无二字合用例。荀子始有，视之为为学之终极目的。因受道家影响，晚期道家之"道德"为"天道"，非如孔孟所言指德行。(214-216)

上论中"道"字 89 见，孔子言"道"字 31 见。"德"字 13 见，孔子言"德"字 12 见。下论中"道"字 50 见，孔子言"道"字 33 见。"德"字 27 见，孔子言"德"字 20 见。(216)

思想史上本重于德，至孔子始提高"道"字重要性。(217)

孔子所重"德目"类多为古代所无，如以下诸字：仁礼道学信孝德耻智直俭恭勇义忠敬敏刚惠恕。(218)孔孟所常言之德目如仁学耻智勇俭忠恕，于"诗书"罕言或未言。"孔子所侧重之'德行'思想乃至其屡言之'德目'，当多系个人之独见创获，深体而自得者；此一重'德行'思想乃系中国思想史上之一大转变，开后世重'德行'思想之先河。"(219)

孔子主张"'士'应以行'道'为目的，且应不惜其生命以固守之。"其所谓道乃德行之道。(220)

下论中的"德"字已申延其义，如指"马之德"。(225)

"窃以为孔子既为一大思想家，《论语》所记虽出于弟子见闻之说，吉光片羽，已难获全貌⋯⋯其原始必依凭一先定之体系⋯⋯当必暗合逻辑之条理也。"(225)【作者注】此为现代优秀《论语》解家的理论层次上的错解例。文字考据性研究与思想理论类研究不属同一思维类别。而现代国学家对此区别性尚无明确意识。考据家非义理家，传统义理家亦非现代理论家。

"学"字于《论语》中共43见（上论19见，下论24见）。上论指德行，下论指读书、政事。古代典籍实罕见"学"字，《今文尚书》无"学"字，《伪古文尚书》"学"字7见。《诗经》仅"周颂""敬之"有"学"字1见，其出现当在东周。"东周乃至周代以前是否有'学'字，实有疑问。"(232)学字来自"教"字，意谓：教而后觉。"教"字似来自"孝"字，意谓：致于孝。(232)

恕字上论中未见出现。《诗》《书》中无此字。"己所不欲勿施于人"的恕字义，属下论。(235)

"艺"字《论语》中仅4见（上论3，下论1）。"艺"字本意为"种植"，属智类。"文"与"艺"相通，含含诗书礼乐。(240)

孔子言《诗》《书》时均涉"礼"义。"言《诗》《书》屡见'言'字（5见）而未见'学'字；可知孔子之学（德行）非指读书（如下论中所见），唯为平日所'游'耳。"(243)【作者

注】胡先生所断正确，但为何可由此判断而想象孔子当初会有"体系"和"逻辑条理"等现代观念?

六艺均深寓"礼"规范。博学于文（艺）的目的为启发德行。（243）

"义"即善，原属德行范围，"义"为智与勇之鉴衡尺度。"善"义近"好"，均为形容性动词。"义"为"合乎德行之适宜标准"（尺度），善为"合乎德行之至当表现"（原则）。（248）

部分参考资料选目

（一）本书作者

中西哲学互动问题刍议：论必须建立独立自主的中国人文科学理论体系//学灯：第二辑. 上海：上海古籍出版社，2017.

结构与意义. 扩大版. 北京：中国人民大学出版社，2015.

儒学解释学. 北京：中国人民大学出版社，2009.

历史与伦理. 北京：中国人民大学出版社，2008.

仁学解释学. 北京：中国人民大学出版社，2004.

历史符号学. 北京：广西师大出版社，2003.

形上逻辑和本体虚无：现代德法伦理学认识论研究. 北京：商务印书馆，2000.

The Structure of the Chinese Ethical Archetype，Peter Lang，1997.（中国伦理学原型的结构.）

The Constitution of Han-Academic Ideology，Peter Lang，1997.（汉代学术意识形态的构成.）

Epistemological Problems in the Comparative Humanities-A Semiotic/Chinese Perspective，Peter Lang，1997.（比较人文学的认识论问题：从中国符号学观点看.）

Distinguishing Reality from Discourse in History：Historiography from a Point of View of Historical Semiotics// The American Journal of Semiotics，Volume 23，2007.（区分历史中的现实与话语：历史符号学概述.）

Nonwestern Semiotics and Its Possible Impact on the Composition of Semiotics Theory// Semiotica，Volume 187 Nr. 1/4 ，2011.（非西方符号学及其对于符号学理论组成的可能影响.）

On the Institutional Aspect of Institutionalized and Institutionalizing Semiotics//Semiotica，Volume 202 ，2014. （论被制度化的及施予制度化的符号学之制度性问题.）

General Semiotics（GS）as the All-Round Interdisciplinary Organizer：GS Versus Philosophical Fundamentalism// Semiotica，Volume 208，2014；The Semiotics and Its Masters Series of Lectures, de Gruyter 2016—2017. （一般符号学（GS）作为全面跨学科组织者：GS 对比于哲学原教旨主义.）

Cross-Political Pan-Commercialism in the Postmodern Age and Proposed Readjustment of Semiotic Practices// Semiotica，Nr. 213，2016.（后现代主义时代的泛商业化文化及符号学实践改进刍议.）

Globalization and Its Determinative Influence upon the Humanities：A Semiotic/Hermeneutic Diagnosis// Semiotica，Nr. 215，2017.（全球化及其对人文学术的决定性影响：一个符号学–解释学的诊断.）

（二）**经典出版物**（因均系名著，出版信息从略）

【作者注】所谓"参考书目"，可兼含"最广""相关""引证"等不同参照范围。影响作者本身思想者，何止数千部？陈列书名殊无意义。之所以详列作者本人著作，是为了提示此类非合乎国学与汉学主流的中西理论性论著，才是本书如此撰写、如此布局的直接原因。但也仅能说明至此而已。关于"相关资料"的信息，如必要可参见本人上引之"参考书目"。以下列举者则为相关国学经典中最为相关者，略以示意。因本书并未从中引用文句，故亦未注出版信息。

现代：

饮冰室文集点校.

伪书通考.

古史辨.

古代：

资治通鉴.

续资治通鉴长编.

册府元龟.

崔东壁遗书.

二程遗书.

近思录.

传习录.

明儒学案.

宋明学案.

诸子集成.

十三经注疏.

图书在版编目（CIP）数据

《论语》解释学与新仁学：仁学与现代人文科学的关系论/李幼蒸著. —北京：中国人民大学出版社，2018.3
ISBN 978-7-300-25371-8

Ⅰ.①论… Ⅱ.①李… Ⅲ.①儒家 ②《论语》-研究 Ⅳ.①B222.25

中国版本图书馆 CIP 数据核字（2018）第 002600 号

《论语》解释学与新仁学（上、下卷）
仁学与现代人文科学的关系论
李幼蒸 著
Lunyu Jieshixue yu Xinrenxue

出版发行	中国人民大学出版社		
社　　址	北京中关村大街 31 号	**邮政编码**	100080
电　　话	010 - 62511242（总编室）	010 - 62511770（质管部）	
	010 - 82501766（邮购部）	010 - 62514148（门市部）	
	010 - 62515195（发行公司）	010 - 62515275（盗版举报）	
网　　址	http://www.crup.com.cn		
	http://www.ttrnet.com（人大教研网）		
经　　销	新华书店		
印　　刷	涿州市星河印刷有限公司		
规　　格	155 mm×235 mm　16 开本	**版　次**	2018 年 3 月第 1 版
印　　张	74.5 插页 4	**印　次**	2018 年 3 月第 1 次印刷
字　　数	1 027 000	**定　价**	259.80 元（上、下卷）